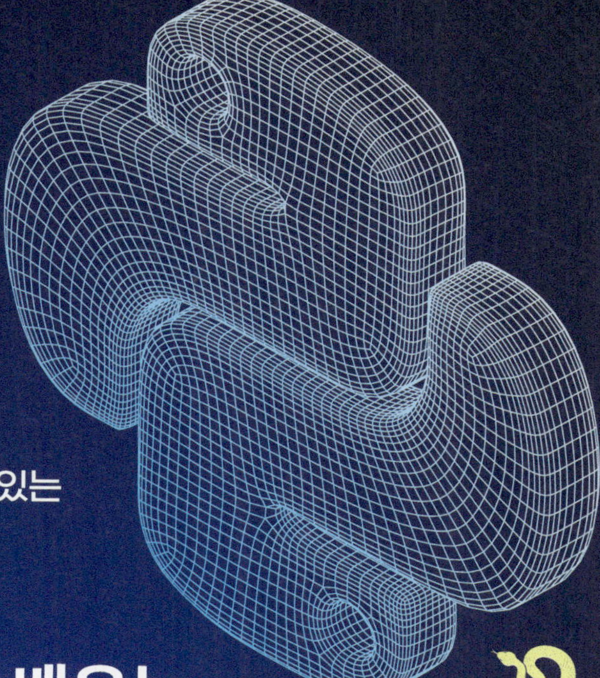

기본을 제대로 **이해**할 수 있는

자료구조와
알고리즘을 **함께 배우는**

파이썬 프로그래밍

김영탁 지음

좋은 예제를 많이 보면서 **컴퓨팅 사고**와 **프로그래밍의 기본 지식**을 배우며
파이썬의 확장 패키지/모듈과 **파이썬 기반 자료구조 및 알고리즘**을 심도 있게 다루는 교재

도서출판 홍릉

저자소개

김영탁 ytkim@yu.ac.kr

- 1978년 미국 육군 방공 포병 (Air Defense Artillery) 학교 개량형 HAWK 미사일 시스템 사격통제장치 (Information Control Center) 정비 교육과정 이수
- 1979년 ~ 1982년: 육군 방공포병학교 교관
- 1984년 영남대학교 공과대학 전자공학과 공학사
- 1986년 한국과학기술원 (KAIST) 전기및전자공학과 공학석사 (컴퓨터공학전공)
- 1990년 한국과학기술원 (KAIST) 전기및전자공학과 공학박사 (컴퓨터공학전공)
- 1990년 ~ 1994년: 한국통신 (KT) 통신망연구소 선임연구원 / 실장
- 1994년 ~ 현재: 영남대학교 공과대학/기계IT대학 정보통신공학과 교수
- 2001년, 2008년, 2015년: 미국 국립표준기술연구원 (NIST) 방문연구원
- 2019년 ~ 현재: 영남대학교 기계IT대학 학장

자료구조와 알고리즘을 함께 배우는

파이썬 프로그래밍

인　쇄 : 2020년 1월 10일 초판 1쇄
발　행 : 2021년 8월 10일 수정판 2쇄

저　자 : 김영탁
발행인 : 송 준
발행처 : 도서출판 홍릉
주　소 : 01093 서울시 강북구 인수봉로 50길 10
등　록 : 1976년 10월 21일 제5-66호

전　화 : 02-999-2274~5, 903-7037
팩　스 : 02-905-6729
e-mail : hongpub@hongpub.co.kr
http://www.hongpub.co.kr
ISBN : 979-11-5600-718-0(93000)

정　가 : 34,000원

저자와의
협의하에
인지생략

서 론

최근 전세계적으로 중요한 화두가 되어 있는 "4차산업 혁명"에서는 인공지능 (AI), 사물인터넷 (IoT), 빅데이터, 클라우드 기반 분산 수퍼컴퓨팅, 5G 통신을 통한 초연결 등의 핵심 기술이 강조되고 있다. 이들 핵심 기술 중에서도 인공지능 (artificial intelligence)이 가장 강조가 되고 있으며, 이 인공지능을 구현할 때 주로 사용되는 파이썬 프로그래밍언어도 함께 큰 관심을 끌고 있다. 파이썬 (Python) 프로그래밍 언어는 기존에 많이 사용되고 있는 Java, C/C++와 함께 4차 산업 혁명 시대에서의 다양한 분야에서 가장 널리 사용될 것으로 예측되고 있다.

파이썬 (Python) 프로그래밍언어는 1991년 네덜란드 출신의 프로그래머인 귀도 반 로섬 (Guido van Rossum)이 발표한 고급 프로그래밍언어로, 플랫폼 독립적이며 인터프리터를 사용하는 객체지향적의 동적 자료형(dynamically typed)의 대화식 프로그래밍 언어 (interactive programming language)이다. 파이썬은 범용 프로그래밍언어이며 높은 수준의 자료구조들이 내장되어 있어 과학 계산, 네트워킹, 인공지능 등에서 매우 우수한 성능을 제공하는 라이브러리들이 제공되고 있어 간결하면서도 효율적인 프로그램을 빠르게 작성할 수 있게 한다. 따라서 파이썬 프로그래밍언어를 사용하면 기본적으로 제공되는 라이브러리 패키지와 모듈을 사용하여 필요한 응용 프로그램을 짧은 시간에 구성하여 다양하게 시험해 볼 수 있다.

파이썬은 인터프리터 기반 스크립트 언어 (interpreter-based script language)이며, 파이썬은 복잡하고 까다로운 문법으로 프로그램을 작성하는 대신 간결하며 쉽게 이해할 수 있는 스크립트 (script) 언어로 프로그램을 작성한다. 프로그램 작성자가 한 줄의 실행문장을 입력하고 엔터키를 치면 프로그램 번역기 (interpreter)가 이 한 줄을 번역하여 실행하며, 자신이 작성한 실행 문장의 실행 결과를 즉시 볼 수 있기 때문에 초보 프로그래머도 사용하기 매우 쉬운 프로그래밍언어이다. 또한 C/C++나 Java 보다는 덜 복잡하고 쉬운 문법을 사용하기 때문에 컴퓨팅 사고를 처음 배우는 학생들에게도 많이 권장되고 있다.

"자료구조와 알고리즘을 함께 배우는 파이썬 프로그래밍" 교재는 컴퓨팅 사고를 처음 배우는 학생으로부터 기본적인 C/C++ 프로그래밍 지식을 갖춘 학생들이 다양한 자료구조와 알고리즘을 체계적으로 배울 수 있도록 구성하였으며, 다양한 전공에서 직접 응용할 수 있는 예제들을 많이 준비하였다. 일반적인 언어와 마찬가지로 프로그래밍 언어 역시 좋은 예제를 많이 보면서 컴퓨팅 사고와 프로그래밍의 기본 지식을 배우며, 이를 확장하여 본인의 전문 분야에 활용할 수 있는 실력을 갖추어 나갈 수 있도록 구성하였다.

현재 컴퓨팅 사고와 파이썬 프로그래밍 기초에 관련된 교재는 많이 판매되고 있으나 파이썬의 확장 패키지/모듈과 파이썬 기반 자료구조 및 알고리즘을 심도 있게 다루는 교재는 없으며, 특히 C/C++ 기반의 파이썬 확장 모듈을 직접 구현하는 방법을 체계적으로 설명하는 교재는 없어 학부 고학년이나 대학원에서의 종합설계 프로젝트에서 포함되어야 하는 파이썬 프로그램 설계 및 구현에 어려움을 겪는 학생들을 많이 볼 수 있었다. 본 교재는 파이썬 프로그램을 처음 배우는 과정뿐만 아니라 계속 참고서로서 파이썬 프로그래밍의 사전으로써 사용될 수 있도록 구성하였다.

본 교재의 첫 부분은 컴퓨팅 사고를 개괄적으로 설명하며, 컴퓨터를 활용하여 다양한 문제를 효율적으로 해결하기 위하여 반드시 필요한 자료구조와 알고리즘에 대한 개념을 설명하였다. 이어서 파이썬 프로그램의 기본 구조와 기본 자료형 및 연산자, 파이썬 프로그램의 조건문과 반복문을 설명하여 간단한 프로그램을 쉽게 작성할 수 있게 하였고, 아울러 파이썬이 제공하는 고급 자료형과 관련 연산에 대하여 설명하였다.

파이썬 프로그램의 모듈을 함수로 만들어 보다 체계적인 모듈화 개념을 이해하게 하였으며, 파이썬의 패키지와 모듈들이 제공하는 기본 기능들을 이해할 수 있게 한다. 또한 파이썬이 객체 지향형 프로그래밍을 기반으로 구성되는 점을 잘 이해할 수 있도록 클래스 구현과 객체의 메소드 활용 및 상속을 통한 소프트웨어 재활용 개념을 이해할 수 있게 하였다. 파이썬 프로그래밍 환경에서 파일을 사용하는 방법에 대해서도 설명한다.

파이썬을 가장 즐겁게 사용할 수 있게 하는 터틀 그래픽과 좀 더 전문적인 tkinter GUI (graphic user interface)를 사용하여 기본적인 그래픽 기능으로부터 전문적인 애니메이션까지 체계적으로 차근차근 배워갈 수 있도록 설명하였다.

본 교재의 후반부에서는 전문적인 분야의 문제해결에 많이 사용되는 파이썬 확장 패키지에 대한 설명을 하였으며, NumPy, 유니버설 함수, Matplotlib, SciPy에 대하여 많은 예제 프로그램을 제공하였다. 파이썬 프로그램에서 동시처리와 병렬처리를 구성하는 방법에 대하여 설명하고, 다중 스레드와 다중 프로세스를 사용하는 방법에 대하여 설명하였다. 아울러 기본적인 자료구조와 알고리즘을 파이썬으로 구현하는 방법에 대하여 설명하고, 성능을 측정하며 비교 분석하는 방법에 대해서도 상세한 예제를 제공하였다.

본 교재의 마지막 장에서는 사용자 정의 패키지와 모듈을 만들어 사용하는 방법에 대하여 설명하였으며, C/C++를 기반으로 파이썬 확장 모듈을 만드는 방법에 대하여 설명하였다. 이를 활용하여 파이썬 프로그램으로만 구성하였을 때의 인터프리터 방식의 스크립트 프로그램이 가지는 성능 상의 제한점을 대폭 개선할 수 있는 방법을 제공하며, 하드웨어와 소프트웨어를 함께 다루어야 하는 사물인터넷과 임베디드 시스템의 응용 프로그램을 파이썬 체계로 개발할 수 있는 방법을 제시하였다.

끝으로 본 교재를 저술하는 과정에서 많은 도움을 주신 분들에게 감사를 드린다. 먼저 이 교재를 출판할 수 있게 지원하여 주신 홍릉과학출판사에 감사를 드리며, 다양한 예제 프로그램 개발에 큰 도움을 준 영남대학교 정보통신공학과 차세대 네트워킹 연구실 (YU-ANTL) 학생들에게 감사를 드린다. 아울러 빅데이터 전문회사에서 데이터 엔지니어로 근무하면서 직접 파이썬 프로그래밍을 수행하며 최근 소프트웨어 개발 실무 환경에서 많이 활용되고 있는 자료구조와 알고리즘, 인공지능 등에 대한 경험과 고려사항에 대하여 조언을 많이 제공한 아들 김석주에게도 고마움을 전한다. 특히 전산학 전공을 기반으로 한국 최초의 전전자교환기 개발에 핵심 시스템 소프트웨어 개발자로 참여하였던 경험을 바탕으로 프로그래밍 교육의 전반적인 부분에 많은 조언을 하여 주었고, 이 교재의 모든 내용을 꼼꼼하게 교정하여 준 사랑하는 아내 여선숙에게 깊은 감사를 드린다.

2021년 8월
김 영 탁

목 차

1장 컴퓨팅 사고 (Computational Thinking)와 파이썬 프로그래밍 준비

학습목표

- 컴퓨터 활용과 컴퓨팅 사고에 대한 이해
- 컴퓨팅 사고에서 고려할 수 있는 소프트웨어 패키지의 활용 방법에 대한 이해
- 알고리즘과 프로그래밍에 대한 이해
- 프로그래밍언어의 특성에 대한 이해
- 과학 분야의 간단한 프로그래밍 예제에 대한 이해

개요

1.1 컴퓨팅 사고 (Computational Thinking)

1.1.1 컴퓨팅 사고란?

(1) 4차 산업혁명과 컴퓨팅 사고

인류 문명의 역사를 되돌아보면 새로운 도구와 생산 기술을 끊임없이 개발하였으며 이러한 추세는 현재에도 진행되고 있다. 구석기 시대의 원시 사회에서는 가공되지 않은 돌을 사용하여 만든 석기도구나 동물 뼈 또는 나무 작대기들을 사용하였으며, 신석기 시대에서는 이 도구들을 좀 더 날카롭게 가공하거나 무기들을 좀 더 먼 거리까지 던져 보낼 수 있는 기술을 발전시켜 사냥과 식물 채집의 생산성을 증대시켰다. 아울러 도구와 무기를 만드는 재료를 돌(석재)에서 부터 구리, 청동, 철, 강철 등 가벼우면서도 단단한 재료를 끊임없이 개발하여 도구와 무기의 효율성을 증가시켰다.

농경시대에서는 자연 상태의 식물 채집이나 사냥 대신 경작된 논과 밭에서 농사를 지으며 제한된 공간에서 가축을 직접 기르는 방법으로 생산성을 더욱 증대시켰고 생활이 안정되면서 인구가 폭발적으로 증가할 수 있었다. 산업시대에서는 전기를 사용함으로써 좀 더 큰 힘을 생산할 수 있는 에너지를 장거리로 전송하여 효율적으로 사용할 수 있게 되었으며, 대규모 생산을 할 수 있게 하고, 인터넷 기술을 사용하여 전 세계적으로 정보의 교류를 원활하게 하여 다

양한 원격 협력 작업이 이루어 질 수 있게 하여 생산성을 더욱 증대 시키는 방향으로 인류 문명의 발전이 지속되고 있다.

(a) 석기 망치, 창 (b)철기 농기구 (c) 증기기관 (d) 전기, 산업용로봇 (e) 컴퓨터, 인터넷, 분산처리 (f) 인공지능, 빅데이터, 사물인터넷

그림 1.1 인류 문명의 발전 – 도구의 발전

효율적인 도구의 발전은 생산성의 증대로 이어지며 국가의 경쟁력으로 이어진다. 사람이나 동물의 힘으로만 생산 활동이 이루어 졌던 농경시대는 산업혁명을 거치면서 도구와 생산기술이 혁명적 수준으로 발달하게 되었고, 이러한 변화를 신속하게 수용한 나라들은 국가 경쟁력을 확보할 수 있었다. 18세기에 있었던 1차 산업 혁명에서는 증기 기관을 사용하여 사람과 동물의 힘보다 훨씬 더 큰 힘을 발생시킬 수 있게 되었으며 이를 활용하여 영국의 섬유 생산 능력이 대규모로 확장될 수 있었다. 19세기와 20세기 초반에 있었던 2차 산업혁명에서는 전기 에너지를 사용할 수 있는 기술이 개발되고, 표준화된 모듈들을 컨베이어 벨트에서 조립하는 대량생산 기술이 개발됨으로써 미국의 자동차 생산성이 획기적으로 증대되었다.

20세기 후반에 있었던 3차 산업 혁명에서는 컴퓨터와 인터넷 기반의 지식 정보 혁명이 이루어져 멀리 떨어져 있는 사람들 간에 정보 전달이 신속하게 이루어 질 수 있고 분산 처리 및 원격 협업이 다양하게 이루어 질 수 있게 되어 생산성이 더욱 증대되었다. 2015년 이후로부터 현재에 진행되고 있는 4차 산업 혁명에서는 사물인터넷 (IoT: Internet of Things), 빅데이터, 인공지능, CPS(Cyber Physical System) 기술의 개발로 사람, 사물, 공간을 초연결 시키며, 초지능화 시키고 있다.

4차 산업 혁명 시대에서는 다양한 사물인터넷 단말장치들이 인터넷을 통하여 연결되어 빅데이터와 인공지능을 활용할 수 있게 됨으로써 사람들이 세부적인 부분까지 개입하지 않아도 스마트 지능형 장치들이 스스로 맡은바 업무를 수행할 수 있게 되며, 생산성과 에너지 효율성이 더욱 증대될 것이다. 4차 산업 혁명 시대에서는 이미 개발되어 널리 사용되고 있는 컴퓨터 장치 (스마트폰 포함)와 소프트웨어들을 잘 활용하여 주어진 문제의 해결 방법을 신속하게 찾을 수 있고, 에너지 효율적 해결방안을 구현할 수 있는 능력이 매우 중요하게 된다. 매우 우수한 성능을 제공하는 소프트웨어들이 공개되어 있기 때문에 이들을 잘 이해하고, 잘 활용할 수 있는 능력을 갖추는 것이 필수적이며, 이는 인류 문명의 발전에서 도구와 장치를 잘 사용하여 생산성을 높이는 방향으로 끊임 없이 발전되었던 맥락과 일치하는 것이다.

표 1.1 1 ~ 4차 산업혁명

산업혁명	시기	주요 변화
1차	18세기	증기 기관 (steam engine)의 발명으로 사람과 동물의 힘보다 더욱 더 큰 힘을 효율적으로 발생시킬 수 있었으며, 영국에서는 이를 활용하여 섬유생산을 획기적으로 증대시킴
2차	19세기 ~ 20세기 초반	전기 에너지 생산 및 공급 기술이 개발되고, 표준화된 모듈을 컨베이어 벨트에서 조립하는 대량 생산 기술이 개발됨
3차	20세기 후반	컴퓨터와 인터넷 기술의 개발로 과학 기술 분야의 대용량 데이터 처리가 가능하게 되었으며, 서로 다른 지역에 떨어져 있는 사람과 장치간의 협동 작업이 가능하게 되어 기술 발전이 더욱 가속화 됨
4차	2015년 ~ 현재	사물인터넷, 빅데이터, 인공지능, CPS (Cyber Physical System) 기술의 개발로 사람, 사물, 공간을 초연결, 초지능화 시킴

(2) 컴퓨터를 활용한 문제해결 능력의 중요성

오늘날에는 우수한 성능을 가진 컴퓨터를 저렴한 비용으로 다양한 분야에서 활용할 수 있게 되었으며, 다양한 전문 분야의 컴퓨터 프로그램을 사용할 수 있게 되었고, 일상생활에서도 인터넷에 접속된 컴퓨터 기능을 다양하게 사용하여 개인 생활의 편리성이 향상되고, 업무 효율성도 높아지며, 결과적으로 생산성이 향상될 수 있다. 이렇게 컴퓨터와 인터넷이 일상생활의 기반 환경이 된 상황에서 다양한 문제를 보다 효율적으로 해결하기 위해서는 그 문제를 단순히 수학•과학 과목의 공리•명제•정리와 수작업으로만 해결하지 않고 컴퓨터 프로그램을 활용하고, 필요한 경우 직접 프로그램을 용도에 따라 쉽게 구성할 수 있는 능력을 배양시키는 교육과정이 필요하게 되었다.

초•중•고등학교 학생들도 쉽게 배울 수 있는 프로그래밍 언어를 사용하여 수학•과학 과목의 공리•정리들의 계산을 수행하는 다양한 소프트웨어 모듈들을 활용할 수 있는 프로그램을 작성하고, 이 프로그램을 실행시켜 생산되는 결과 데이터를 그래프 등으로 쉽게 표시하여 그 실제 문제를 정확하게 이해하고 신속하게 해결 방안을 찾을 수 있는 능력을 갖추게 하는 것이다. 컴퓨터와 프로그램을 활용하면 동일한 문제에 다양한 입력데이터를 입력하여 모의실험을 할 수 있고, 사람이 직접 참여하지 않아도 매우 빠른 계산 능력으로 24시간 계속 실험을 진행할 수 있기 때문에 훨씬 더 복잡한 문제를 다룰 수 있게 된다.

컴퓨터와 프로그램을 활용한 문제해결 능력은 단순히 수학•과학 지식을 직접적으로 활용하는 이학과 공학계열에만 국한되는 것이 아니라 의학 및 약학 계열, 인문사회 계열, 음악과 미술 등의 예술 및 스포츠 계열에도 필요한 것이다. 예를 들어 전 세계의 병원들에서 진단하고 치료한 다양한 질병들을 빅데이터로 처리하여 새로운 질병이 발견되었을 때 그 원인을 신속하게 파악하고, 가장 효과적인 치료 방법을 사용할 수 있도록 인공지능을 활용하는 방법이 이미 개발되어 사용되고 있다. 또 다른 예로서 다양한 스포츠 분야에서 선수들의 상태와 기록을 빅데이터로 분석하고 이를 기반으로 최상의 결과를 도출 할 수 있도록 훈련 프로그램과 성적이 부진할 때 그 원인을 신속하게 찾아 주는 스마트 스포츠 인공지능 시스템을 개발하여 활용할 수 있다.

다양한 분야의 데이터를 수집하여 분석하고, 그 분석 결과를 기반으로 최적의 처리방법을 찾는 것은 사회 모든 분야에서 필수적인 능력이 되고 있다. 특히 사람이 직접 접근하여 작업하기에는 힘들고 어려운 환경에서의 문제 해결에서도 활용할 수 있다. 아울러 다양한 자동화 기계장치를 고안하여 생산비용을 줄이면서도 생산효율을 증대시킬 수 있는 기술개발에 활용된다.

(3) 컴퓨팅 사고 (computational thinking)

컴퓨터를 활용한 문제해결 능력을 갖추기 위해서는 먼저 주어진 문제들에 대해 컴퓨팅 사고를 할 수 있게 하여야 한다. 컴퓨팅 사고 (computational thinking)란 컴퓨터나 사람이 문제해결을 효과적으로 수행할 수 있도록 문제를 일반화(generalize)/추상화(abstract)하여 정의하고, 그 문제를 해결하는 방법을 체계적으로 정리하며, 이 문제와 유사한 다양한 변종 문제 해결에서도 사용할 수 있게 하는 사고 과정 (thinking process) 전체를 의미한다. 컴퓨팅 사고에서는 먼저 문제를 분석(analyze)하고 분해 (decompose)하여 그 문제에 포함된 기본적인 규칙 (rule)과 패턴 (pattern)을 파악하고, 연관된 데이터/자료 중에서 변화하지 않는 상수 (constant)와 변화하는 변수 (variable)를 식별하여 일반화된 모형 (generalized model)으로 나타낸 후, 컴퓨터의 도움으로 문제를 해결할 수 있는 알고리즘을 구성하는 것이 핵심이다.

다양하고 복잡한 문제들을 컴퓨터와 프로그램으로 해결하는 과정에는 다음과 같은 단계별 세부 항목들이 포함 된다:

표 1.2 컴퓨팅 사고 기반의 문제해결 단계

단계	세부 실행 내용
문제 요구사항 분석	▪ 주어진 문제의 요구사항을 분석(analyze)하고 논리적으로 타당한 요구인지 파악
주어진 큰 문제를 작은 문제로 분해	▪ 주어진 큰 문제를 작은 문제/작업 단위로 분해 (decompose)
데이터 수집 분석, 규칙과 패턴 파악	▪ 데이터를 수집하여 분석하고, 문제에 포함된 규칙과 패턴을 파악
모형화(modeling)/ 추상화(abstraction)	▪ 규칙과 패턴을 기반으로 모형화/추상화 ▪ 특징 추출과 일반화 (generalization)
알고리즘 구상 및 설계	▪ 작은 단위 문제들에 대하여 이미 개발되어 있는 컴퓨터 기반 해결 방법을 활용하여 문제를 해결할 수 있도록 문제해결의 단계적 과정을 알고리즘으로 구성하고, 순서도나 유사코드로 표현
프로그램으로 구현 (코딩)	▪ 구성된 알고리즘을 프로그램으로 구현하고 컴퓨터를 사용하여 모의시험 수행
실행 결과 확인, 분석	▪ 모의시험 수행 결과를 측정 및 분석하여 당초 주어진 문제를 해결하는 방안이 되었는지 확인
알고리즘의 개선	▪ 모의시험 수행 결과 분석에 따라 알고리즘을 개선 ▪ 알고리즘 구상 및 설계를 보완하며, 구현 및 실험을 다시 실행

프로그램과 소프트웨어 개발은 그림 1.2에서 보는 것과 같이 설계와 구현의 두 가지 부분으로 크게 나누어지는데, 우선적으로 설계가 잘 수행되어야 하며, 잘 완성된 설계에 따라 구현을 진행하여야 짧은 기간 내에 목표 시스템 구현을 성공적으로 완료할 수 있다. 설계의 첫 번째 단계에서는 먼저 목표 시스템이 어떤 기능과 성능을 가져야 하는가에 대한 정확한 이해가 필요하며, 그 목표 시스템이 제공할 수 있어야 하는 여러 가지 기능들과 성능에 대한 범위를 분석하여야 한다. 특히 각 성능 목표 값들을 달성하기 위하여 필요한 세부 기능을 정확하게 파악하여야 한다. 이러한 분석을 바탕으로 어떤 자료구조와 알고리즘으로 구현하여야 하는지, 어떤 하드웨어 및 소프트웨어 플랫폼을 사용할 수 있는지 먼저 파악하여야 한다.

설계 단계에서는 목표 시스템을 개발하기 위하여 핵심적인 알고리즘과 자료구조에 대한 상세한 결정을 하여야 한다. 즉, 주어진 목표 기능과 성능을 제공하기 위한 가장 효과적인 알고리즘과 자료구조를 찾아야 하고, 그 최적의 알고리즘과 자료구조를 기반으로 시스템들을 설계하며, 큰 시스템을 작은 단위인 서브시스템으로 나누고, 이 서브시스템을 다시 나누어 블록과 모듈(module)들로 정의한 후, 각 모듈들을 설계하여야 한다.

하드웨어가 포함되는 시스템 개발에서는 대부분의 경우에는 C나 C++를 많이 사용하고 있으며, C++ 인 경우에는 이 모듈들과 블록이 전부 클래스 (class)로 설계된다. C 인 경우에는 함수와 구조체의 형태로 만들어 지게 된다. 이 모듈단위 설계를 거쳐서 전체 시스템의 설계가 완료된 후에, 구현해야 하는 구체적인 내용이 정리되며, 이들을 체계적으로 개발할 수 있게 된다. 파이썬 프로그래밍 언어를 사용하는 경우 세부적인 모듈들이 C/C++ 또는 Java로 구현될 수 도 있으며, 이들 패키지와 모듈들을 하나의 체계로 통합시킬 수 있는 구조를 가져야 한다.

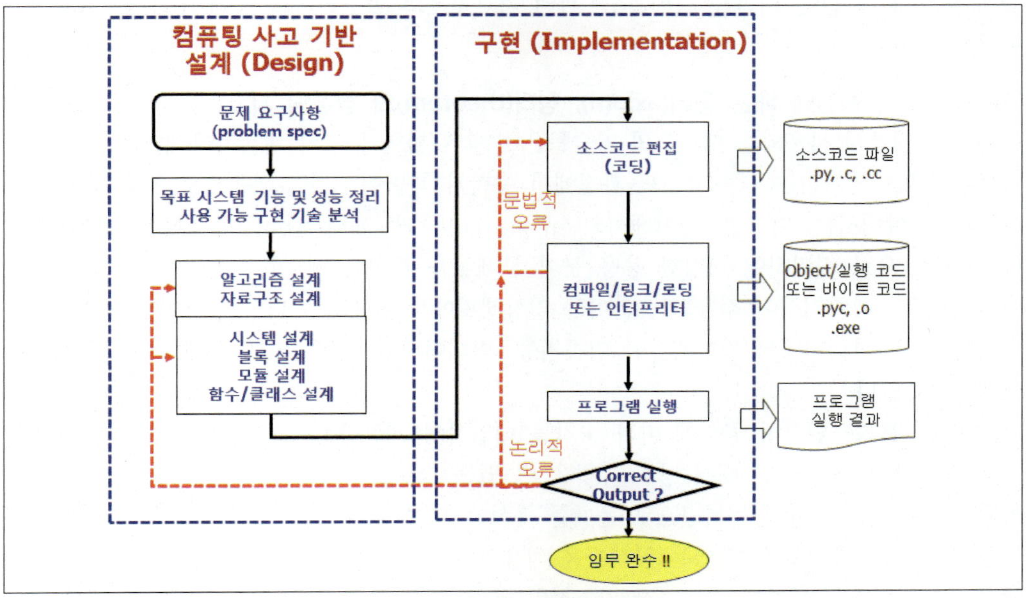

그림 1.2 컴퓨팅 사고를 기반으로 한 프로그램 설계 및 구현 절차

구현은 소스코드를 작성하는 단계부터 시작하는데 각각의 세부적인 소프트웨어 모듈들을 .c, .cpp, .cc, .py 첨자의 파일 단위로 편집하여 소스 코드를 준비하고, 각각의 소스코드들이 모듈 단위로 결합된 이후에 목적코드 (object code)나 바이트 코드가 생성되어 저장된다. 그리고 여러 가지의 모듈들이 시스템 라이브러리 (library) 모듈들과 함께 링커(linker)에 의하여 결합되고, 실행할 수 있는 실행코드 (executable code)로 만들어진다.

이렇게 만들어진 실행코드는 하드디스크와 같은 저장 장치에 보관되어 있다가 프로그램의 실행단계에서 운영체제에 의해 시스템 메모리에 탑재되고, CPU가 프로그램의 시작 부분으로부터 순서대로 각 명령어들을 한 줄 한 줄씩 실행시켜가면서 그 결과를 생성하며, 생성된 결과는 화면으로 출력되거나 사전에 지정되어있는 기억장치로 저장된다.

프로그램의 실행에서 사전에 목표하였던 내용들이 잘 생성되고, 그 성능이 목표 범위를 달성하면 전체적인 소프트웨어 개발이 완료되었다고 볼 수 있다. 그렇지만, 대부분의 경우에 이런 소프트웨어 개발이 한 번에 성공적으로 끝나는 것은 매우 드물게 나타나며, 대부분의 경우에 논리적인 오류가 있거나 여러 가지 추가적인 오류가 같이 수반되어 수정과 보완을 계속 반복하게 된다. 만약 오류가 발생 되었지만 작은 단위의 오류인 경우에는 소스 코드의 해당 부분을 간단하게 수정해서 다시 재 컴파일하고 프로그램을 실행시킴으로써 올바른 결과를 만들 수 있다. 그러나 큰 단위 오류가 발생되었거나 성능을 만족하지 못하는 문제가 발생하게 되면 기본적인 알고리즘과 자료구조를 다시 설계해야 하고 이를 기반으로 전체 소스 코드를 처음부터 다시 작성하여야 하는 경우도 많이 있다.

일부 소스코드에서 수정하여 문제를 해결할 수 있는 정도의 오류인 경우에는 큰 문제없이 쉽게 오류를 개선 할 수 있겠지만, 만약 전체 설계 부분의 핵심 알고리즘과 핵심 자료구조에서 문제가 있으면 시스템 전체를 처음부터 다시 개발해야 되어 개발 기간의 연장이 필요하게 되고, 개발 비용이 추가되는 심각한 문제가 될 수 있다. 그러므로 구현보다는 전체 시스템의 설계 부분에 더 많은 시간을 할애하고, 관련 자료구조와 알고리즘의 설계 부분에서 더 많은 중점을 두어야 한다.

(4) 수학·과학 시간에 배운 공리(axiom), 정리(theorem)와 컴퓨팅 사고

현대 문명에서 사용되는 대부분의 기술들은 수학과 과학 분야의 체계적인 발전에 기반하고 있으며, 모든 국가의 초•중•고 교육과정에서 수학과 과학이 정규교과목으로 포함되어 있다. 수학과 과학에서는 다양한 분야에서의 규칙 (rule)과 패턴 (pattern)들을 찾아 공식(formula)으로 정리하여 다양한 응용 분야 문제들을 해결할 때 이를 활용할 수 있게 하고 있다. 수학과 과학지식이 적용되는 분야는 일상생활에서 활용되는 다양한 스마트 기기들로부터 최근 4차 산업혁명의 기반기술인 인공지능, 빅데이터과 사물인터넷 등에 이르는 넓은 영역에 걸쳐 있다.

수학과 과학은 단순히 공식에 따라 숫자를 대입하여 계산하는 것이 아니라 논리적으로 문제를 해석하고, 체계적인 해결 방법을 찾을 수 있는 요령을 가르치는 학문이다. 컴퓨터가 개발되기 이전에는 사람의 두뇌만으로 문제를 분석하고 그 문제 속에 포함된 작은 단위의 규칙들을 찾아 이전에 정리되어 있는 공식들을 적용하여 최종 해답을 찾는 방법들을 주로 사용하였다. 수학과 과학 분야에서는 가장 기초적인 규칙들을 다양한 공리(axiom)로 정리하여 다른 명제 (proposition)들을 증명하는데 사용하였으며, 그 공리들을 전제 (precondition)로 연역적 추론(deductive reasoning)에 의해 유도되는 명제들을 정리 (theorem)로 체계화시켜 다양한 문제 해결에 활용하였다.

초•중•고등학교에서 배우는 대부분의 수학과 과학 교과과정에서 배우는 것이 바로 이 공리, 명제, 정리 등에 대하여 이해하고 이를 활용할 수 있는 방법을 습득하는 것이다. 그러나 초•중•고등학교 교육과정의 수학•과학 과목에서 배웠던 내용을 일상생활과 회사의 실무에 적용하기 위해서는 실제 문제를 수학/과학 과목에서 배웠던 공식들로 표현할 수 있어야 하고, 그 공식들에 입력 데이터를 적용하여 생성되는 결과 데이터를 대부분 계산기나 Excel표를 사용한 수작업으로 생산하여야하기 때문에 해당 분야 전문가들을 제외한 일반인들에게는 쉽지 않은 일이다. 특히 복잡한 문제를 수학•과학 시간에 배운 공리와 정리로 분해하고, 이를 해결하기 위한 방법을 찾아내는 것은 전문가들에게도 매우 어려운 작업이 된다.

1.1.2 컴퓨팅 사고와 프로그래밍 교육

(1) 컴퓨팅 사고는 코딩교육만을 의미하는 것이 아니다

코딩(coding)이란 컴퓨터 프로그램을 수행하는 절차를 적어둔 소스 코드(source code)를 작성하는 것을 의미한다. 즉 컴퓨터를 사용하여 주어진 기능을 실행하여 목적을 달성하도록 프로그램 소스코드를 작성하는 일을 코딩이라고 한다. 넓은 의미에서는 코딩에 알고리즘의 구상 및 설계가 포함되기도 하지만 좁은 의미에서는 이미 다른 사람에게 의하여 구상되고 설계된 프로그램을 주어진 프로그래밍 언어의 소스코드로 작성하는 것만을 의미할 수 도 있다. 즉 일반적으로 코딩이라고 하는 것은 설계 단계를 거친 알고리즘 구상을 순서도 (flow chart)나 유사코드 (pseudo code)로 표현하고, 이렇게 구상된 알고리즘을 특정 프로그래밍언어로 구현하는 것을 의미한다.

따라서 컴퓨팅 사고를 하도록 교육과정에서 가르치는 것은 코딩교육만을 의미하는 것은 아니라는 점을 잘 이해해야 한다. 표 1.2에서 보았던 것과 같이 컴퓨팅 사고에서는 문제의 요구사항 분석으로부터 알고리즘 구상을 거쳐 프로그램으로 구현 (코딩)하고, 그 실행 결과를 확인 및 분석하며, 최종적으로 알고리즘 개선으로 이어지는 전체 과정을 포함하고 있다.

소프트웨어 개발에서 실제 많은 시간이 필요한 부분은 주어진 문제를 해결할 수 있는 방법인 알고리즘을 설계하는 부분이며, 주어진 문제를 다양하게 분석하고, 더 작은 문제들로 분해하여 각 단위 문제들의 해결에 가장 적절한 자료구조와 알고리즘을 구상하는 단계이며, 이 부분에서 많은 논리적인 컴퓨팅 사고가 필요하다. 일단 알고리즘 구상과 설계가 완료되면 실제 소스코드를 작성하는 코딩은 기계적인 작업으로 수행할 수도 있다. 코딩 교육이 필요 없다는 의미가 아니라 컴퓨팅 사고를 더 강조하여야 하며, 이 컴퓨팅 사고를 포함한 교육의 일환으로 코딩 교육이 진행되어야 한다는 것이다.

(2) 알고리즘과 자료구조 설계의 중요성

주어진 문제를 해결하기 위한 컴퓨팅사고에서 알고리즘과 자료구조 (data structure)를 설계하는 것은 특정 프로그래밍 언어를 고려하지 않고 일반적인 구조관점 (예를 들어 병렬처리, 분할 및 정복, 동적 계획법 등)에서 완성할 수 있는 부분과 구현에서 사용되는 프로그래밍언어의 특성 (자료구조의 구현 등)을 고려하여 최적화하여야 하는 부분으로 구성된다. 알고리즘은 일반적으로 프로그래밍의 문법에 상관없이 흐름도나 유사코드로 표현된다.

소스 코딩은 이미 설계가 완성된 알고리즘을 지정된 프로그래밍언어 (예를 들어 C, C++, Java, Python 등)의 소스코드로 작성하는 것을 의미하며, 그 프로그래밍 언어의 문법에 따라 정확하게 작성되어야 한다. 알고리즘과 자료구조를 특정 프로그래밍 언어를 사용하여 구현하여 최종적으로 완성되는 소프트웨어의 전체 성능에서 큰 영향을 끼치는 것은 대부분 프로그래밍 언어에 독립적인 구조 관점의 설계가 더 큰 영향을 주며, 따라서 소프트웨어 개발에서는 항상 알고리즘과 자료구조의 설계에 더 많은 비중을 두어야 한다. 아울러, 알고리즘과 자료구조의 설계에서 공통적으로 적용할 수 있는 기법들은 컴퓨팅 사고 교육에서 체계적으로 습득하여 효율적으로 활용할 수 있도록 실력을 차근차근 향상 시켜야 한다.

(3) 프로그래밍언어별 특성과 코딩

각 프로그래밍언어는 표 1.3에서 보는 것과 같이 개별적으로 서로 다른 특성을 가진다. C 프로그래밍 언어는 하드웨어를 직접 제어하는 성능이 좋아 많은 운영체제 (operating system)의 구현에 사용되며, C++ 프로그래밍 언어는 객체 지향형 (object-oriented) 프로그래밍 언어로서 큰 규모의 소프트웨어를 개발 할 때 각 기능 모듈들은 클래스 (class)와 객체 (object)를 설계 및 구현하고, C 프로그래밍 기능을 함께 사용하는 경우가 많다. 파이썬 프로그래밍 언어에서 사용되는 많은 패키지와 모듈들은 실제 C/C++를 기반으로 구현되어 있으며, 알고리즘의 처리 속도가 중요한 응용 프로그램에서는 C/C++ 패키지와 모듈로 구현한 후 파이썬 프로그래밍 체계로 통합하는 방법을 사용하고 있다.

Java 프로그래밍언어는 하드웨어 플랫폼과 운영체제의 종류에 구속되지 않도록 Java 가상 머신 환경을 구성한 후 실행하도록 하며, 인터넷 접속 기반의 분산 처리 및 클라우드 응용 프로그램 구현에 많이 사용되고 있다.

표 1.3 주요 프로그래밍언어와 특성

주요 프로그래밍 언어	특성
C	▪ 하드웨어를 직접 제어하는 성능이 좋아 많은 운영체제 (operating system, OS)의 구현에 사용됨 ▪ 절차 위주의 프로그래밍 구성, 컴파일러 사용
C++	▪ 큰 규모의 소프트웨어 개발에서 객체 지향형 (object-oriented)의 클래스와 객체 (object)를 사용하며, C의 기능도 함께 포함 ▪ 컴파일러 사용
C#	▪ .NET 환경에 최적화되어 있으며 컴포넌트 기반의 소프트웨어 개발 패러다임을 지원하는 컴포넌트 지향 프로그래밍 언어 ▪ 단순한 콘솔 응용 프로그램부터 인터넷 및 분산환경 시스템, 모바일 시스템을 위한 응용 프로그램, 게임과 같은 멀티미디어 콘텐츠에 이르기까지 다양한 소프트웨어를 쉽게 제작할 수 있도록 설계된 범용 프로그래밍 언어 ▪ C++의 객체지향성과 자바의 분산환경 처리에 적합한 다중성을 지님
Java	▪ 하드웨어 플랫폼에 상관없이 사용할 수 있다는 장점이 있음 ▪ 객체지향형의 클래스와 객체 가능 사용 ▪ 인터프리터 또는 컴파일러 사용 ▪ 안드로이드 앱이 Java 기반이며, 웹 기반의 업무 시스템에서 Java가 많이 사용됨

주요 프로그래밍 언어	특성
Java Script	▪ Java 스크립트 프로그래밍
Python	▪ 객체 지향형 클래스와 객체 사용가능 ▪ 인터프리터 사용
Visual Basic	▪ 영상 처리 관련 전문 프로그래밍
Go	▪ 2009년 Google이 개발한 프로그래밍언어. Garbage collection 기능 제공, concurrent (동시처리/병행처리) 지원
Swift	▪ 애플의 iOS와 macOS를 위한 프로그래밍 언어 ▪ 기존의 애플 운영체제용 언어인 오브젝티브-C와 함께 공존하도록 개발. 오브젝티브-C와 마찬가지로 LLVM으로 빌드되고 같은 런타임을 공유. 클로저, 다중 리턴 타입, 네임스페이스, 제네릭스, 타입 유추 등 오브젝티브-C에는 없었으나 현대 프로그래밍 언어가 갖고 있는 기능을 많이 포함시켰으며 코드 내부에서 C나 오브젝티브-C 코드를 섞어서 프로그래밍하거나 스크립트 언어처럼 실시간으로 상호작용하며 프로그래밍 할 수 있음

1.2 컴퓨터 구조와 핵심 기능

다양한 분야에서의 문제 해결 방법을 컴퓨팅 사고를 기반으로 찾기 위해서는 먼저 컴퓨터의 기본 기능과 프로그램에 대하여 잘 이해하고 있어야 한다. 이 절에서는 컴퓨터 기본 구조와 기능, 프로그램의 실행과 데이터 처리, 컴퓨터에서 사용할 수 있는 전문 기능 소프트웨어 패키지에 대하여 살펴본다.

1.2.1 컴퓨터 기본 구조

컴퓨터는 그림 1.3에서 보는 것과 같이 크게 하드웨어, 운영체제, 응용 프로그램으로 구성된 기본 구조를 가진다. 하드웨어 영역에는 중앙 연산처리 장치 (CPU: central processing unit), 메모리, 입출력장치 (키보드, 모니터 등), 디스크 저장장치 (HDD: hard disk 등), 네트워크 접속 장치 (Ethernet LAN 및 WiFi 무선 LAN 접속 카드 등), 특수 데이터 처리 기능을 가지는 보조 연산 장치 (Co-Processor: Graphic 카드 등), 센서와 구동기 (actuator) 등이 포함된다. 컴퓨터 장치의 용도에 따라 추가적인 하드웨어 기능 모듈들이 포함될 수 있다.

컴퓨터 하드웨어 중 가장 핵심은 CPU이며, 대표적으로 Intel이 생산하여 데스크 탑 컴퓨터와 노트북에 많이 사용되는 i 시리즈 멀티코어 CPU가 있으며, 임베디드 시스템을 위한 ARM의 Cortex 계열 CPU들이 있다. 컴퓨터의 메모리 장치로는 초고속 데이터 저장이 가능한 SRAM (static random access memory) 방식의 캐시 메모리 (cache memory)와 DRAM (dynamic random access memory) 방식의 주 기억 (main memory) 장치, 대용량 데이터 저장을 위한 플래시 메모리 등이 사용된다.

컴퓨터 기본 구조에서 운영체제 (OS : Operating System)는 컴퓨터가 가진 모든 하드웨어 및 소프트웨어 자원을 관리하고 컴퓨터에서 실행되는 태스크들의 실행을 관리하며 파일 저장 기능과 통신 기능 등을 총괄 제어한다. 범용 운영체제의 대표적인 예는 마이크로 소프트사의 Windows system, Linux, MAC OS, iOS 등이 있으며, 실시간 임베디드 시스템을 위하여 다수의 실시간 운영체제들이 있다. 컴퓨터 운영체제의 핵심기능들은 주로 C/C++ 프로그래밍 언어를 사용하여 구현되며, 하드웨어에 종속되지 않는 상위 응용 계층을 구성할 수 있도록 가상 장치 (virtual machine) 환경을 제공하는 경우도 있다.

컴퓨터 하드웨어와 운영체제는 시스템 영역에 해당하며, 대부분의 시스템에서 사용자가 직접 이를 조작할 수 없도록 관리한다. 대부분의 컴퓨터에서 응용 프로그램은 그림 1.3에서 보는 것과 같이 쉘 (shell) 환경 위에서 실행되도록 구성되며, 다양한 라이브러리 함수들이 제공하는 시스템 콜 (system call)을 통하여 운영체제가 제공하는 시스템 기능을 사용할 수 있게 구성된다. 특별한 경우를 제외하고 사용자 응용 프로그램이 컴퓨터 시스템의 하드웨어에 직접 접근하여 제어할 수 없도록 구성되며, 반드시 운영체제를 거쳐 사용하도록 구성된다. 컴퓨터 응용 프로그램은 다양한 프로그래밍언어로 구현되며 대표적으로 C/C++, Java, Python 등의 언어가 많이 사용된다.

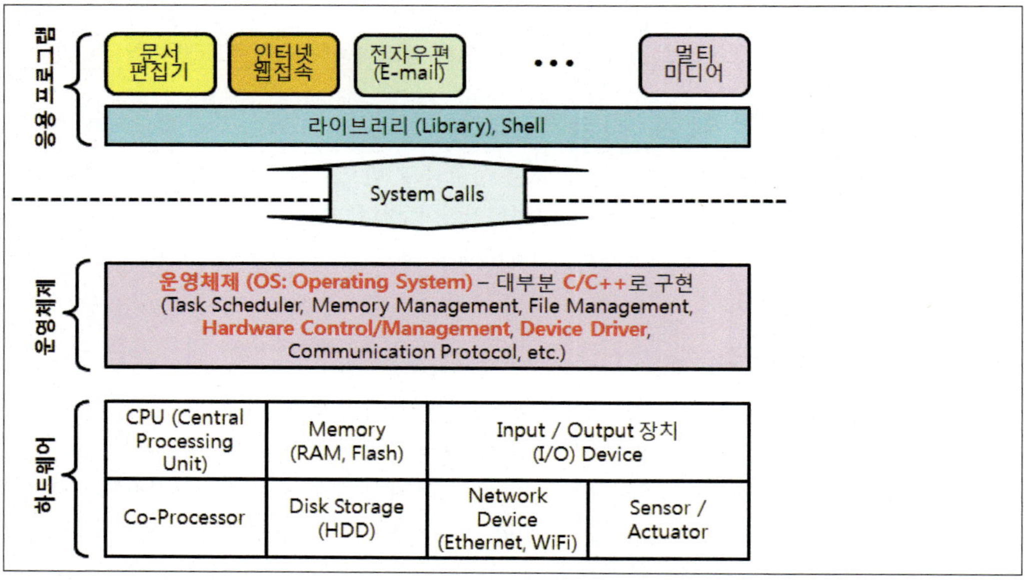

그림 1.3 컴퓨터 기본 구조

1.2.2 컴퓨터에서 사용되는 데이터 표현 단위 – 비트, 바이트

컴퓨터에서의 데이터 표현에서는 가장 기본적으로 0과 1의 두 가지 값으로 표현되는 비트 (bit : binary digit)와 8개의 비트로 구성되는 바이트 (byte)가 사용된다. 표 1.4는 비트와 바이트의 데이터 값 표현 범위를 비교하여 보여준다.

표 1.4 비트 (bit)와 바이트 (byte)

데이터 표현 단위	비트 수	바이트 수	데이터 값 범위	설명
비트 (bit)	1		0 또는 1을 표시	On/Off 상태 표현
바이트 (byte)	8	1	0 ~ 255	최대 256가지의 값을 구분하여 표현

실제 컴퓨터 프로그램에서 사용하는 데이터 자료형에는 8비트 크기의 바이트 이외에 16비

트 단위의 short 또는 32비트 단위로 정수 (integer)를 표현하거나, 32비트 단위 또는 64비트 단위로 소숫점 이하 값을 포함하는 실수를 float 자료형으로 표현한다. 표 1.5는 컴퓨터에서 사용되는 기본 자료형인 문자 (character), 정수 (integer), 실수 (float)에 대하여 바이트 수와 데이터 값의 범위에 대하여 비교하여 설명한다.

컴퓨터 프로그램에서 문자 (character)는 1바이트 또는 2바이트로 표현되는데, 영문자와 단위 숫자의 표현은 1바이트로 나타내며, 전세계 문자를 하나의 체계로 표현하는 유니코드 (unicode)에서는 문자를 2바이트로 표현한다. 한글 역시 유니코드에서는 2바이트로 표현된다.

숫자의 표현은 정수 (integer) 자료형과 부동소수점 실수 (float) 자료형으로 구분하여 표현된다. 먼저 정수 자료형은 1, 2, 4 바이트 크기로 표현되며 정수 데이터 값에서 음수 (minus) 범위를 포함하지 않는 경우와 포함하는 경우를 구분한다. 만약 음수를 구분하는 경우 1개 비트를 부호 (sign)를 나타내기 위하여 사용하며, 데이터 값의 표현 범위는 표 1.5에서 보는 것과 같다. 소수점 이하 자리의 값을 가지는 실수 자료형의 경우, 4바이트로 표현할 때에는 1개의 부호 비트와 8비트의 지수 (exponent), 23비트의 유효자리수로 구성하며, 8바이트로 표현할 때에는 1개의 부호 비트, 11비트의 지수, 50비트의 유효자리수로 구성하여 표 1.5에서 설명한 데이터 값의 범위를 나타낸다.

표 1.5 컴퓨터에서 사용되는 기본 자료형

기본 자료형	바이트 수	데이터 값 범위	주요 용도
문자 (character)	1	0 ~ 255	ASCII 문자 표현
	2	0 ~ 65535	unicode 문자 표현
정수 (integer)	1	0 ~ 255	부호 (sign)를 사용하지 않는 양수 범위의 정수
		-128 ~ +127	부호 (sign)를 사용하는 정수
	2	0 ~ 65535	양수 범위의 정수
		-32768 ~ +32767	부호 (sign)를 사용하는 정수
	4	0 ~ 4294967295	부호 (sign)를 사용하지 않는 양수 범위의 정수
		-2147483648 ~ +2147483647	부호 (sign)를 사용하는 정수
실수 (float)	4	3.4×10^{-38} ~ 3.4×10^{38}	부호 (sign): 1 비트 지수 (exponent): 8비트 유효숫자: 23비트
	8	1.79×10^{-308} ~ 1.79×10^{308}	부호 (sign): 1 비트 지수 (exponent): 11비트 유효숫자: 52비트

표 1.6은 컴퓨터에서 표현되는 문자 자료형의 ASCII (American Standard Code for Information Interchange) 코드표를 보여준다. 이 코드표에는 영문자 (대문자 및 소문자), 숫자, 기호 (symbol), 제어 문자 등을 1바이트 (8 비트)로 표현하며, 각 문자의 값을 16진수로 표시하고 있다.

최근 세계 많은 나라들의 언어를 컴퓨터 프로그램에서 하나의 체계로 표현하기 위하여 유니코드를 국제 표준화하였으며, 한글도 유니코드로 표현된다. 유니코드는 각 문자를 2바이트로 표현하며, 한글의 경우 조합형 글자들에 대한 2바이트 유니코드가 표준화되어 있다.

데이터 자료형은 컴퓨터 프로그래밍언어에 따라 약간 다른 정의를 하고 있어 프로그램을 개발할 때 사용되는 프로그래밍언어에서의 기본 자료형에 대하여 확인하고, 각 자료형이 몇 비트로 표현되며, 그 자료형 데이터가 어떤 범위의 값을 가질 수 있는가에 대하여 정확하게 이해하여야 한다.

표 1.6 ASCII Code Table

	0x00	0x01	0x02	0x03	0x04	0x05	0x06	0x07	0x08	0x09	0x0A	0x0B	0x0C	0x0D	0x0E	0x0F
0x00	NUL	SOH	STX	ETX	EOT	ENQ	ACK	BEL	BS	HT	LF	VT	FF	CR	SO	SI
0x10	DLE	DC1	DC2	DC3	DC4	NAK	SYN	ETB	CAN	EM	SUB	ESC	FS	GS	RS	US
0x20	SP	!	"	#	$	%	&	'	(	)	*	+	,	-	.	/
0x30	0	1	2	3	4	5	6	7	8	9	:	;	<	=	>	?
0x40	@	A	B	C	D	E	F	G	H	I	J	K	L	M	N	O
0x50	P	Q	R	S	T	U	V	W	X	Y	Z	[	\	]	^	_
0x60	`	a	b	c	d	e	f	g	h	i	j	k	l	m	n	o
0x70	p	q	r	s	t	u	v	w	x	y	z	{	|	}	~	DEL

1.2.3 자료의 입출력, 10진수 (decimal), 2진수 (binary), 8진수 (octal)

컴퓨터 장치에 자료가 입력 및 출력되는 기능을 위하여 기본적으로 키보드 (key board)와 모니터 디스플레이 기능이 구성되며, 사용자 편의를 위하여 마우스 등이 추가되고, 멀티미디어 정보의 입출력을 위하여 카메라, 마이크, 스피커 등이 구성될 수 있다. 컴퓨터 입출력에서 숫자 데이터의 경우 사람들이 사용하는 10진수(decimal) 표현의 값을 컴퓨터 내부에서는 1 ~ 16 바이트 크기의 2진수(binary)로 변경하여 저장하게 된다. 표 1.7에 10진수와 2진수간의 관계를 보여준다.

표 1.7 10진수, 2진수, 16진수, 8진수

10진수 (decimal)	2진수 (binary)	16진수 (hexadecimal)	8진수 (octal)
0	0000	0x0	00
1	0001	0x1	01
2	0010	0x2	02
3	0011	0x3	03
4	0100	0x4	04
5	0101	0x5	05
6	0110	0x6	06
7	0111	0x7	07
8	1000	0x8	10
9	1001	0x9	11
10	1010	0xA	12
11	1011	0xB	13
12	1100	0xC	14
13	1101	0xD	15
14	1110	0xE	16
15	1111	0xF	17

실제 프로그램에서 컴퓨터에 저장된 2진수를 0과 1로 표시할 경우 길이가 매우 길어지기 때문에 4비트 단위의 값을 16진수 (hexadecimal)로 표현하는 경우가 많다. 16진수는 0 ~ 15의 값을 가지며 0 ~ 9 범위는 10진수와 16진수가 동일하나, 10 ~ 15의 10진수 값은 16진수에서 A ~ F로 표시된다. 16진수를 표현할 때 10진수 표시와 구별하여 숫자 앞에 0x의 접두어 (prefix)를 함께 표시하는 방법을 사용한다. 컴퓨터 프로그램의 데이터 입출력에서 별도의 표시가 없으면 10진수의 숫자 데이터 표현으로 해석하며, 만약 숫자 데이터 앞에 0x가 표시되어 있으면 16진수 숫자 데이터로 해석한다. 컴퓨터에 저장되어 있는 이진 숫자 데이터 값을 8진수로 표시하는 경우도 있다.

8진수 (octal)는 각 단위 숫자가 0 ~ 7 범위의 값을 가지며, 이는 3비트로 표현된 숫자 데이터가 가지는 값의 범위이다. 표 1.7는 10진수, 2진수, 16진수와 8진수의 관계를 보여준다.

1.2.4 프로그램 실행과 데이터 처리

대부분의 컴퓨터 프로그램들이 가지는 기본 기능은 데이터를 입력받아 미리 준비된 알고리즘에 따라 처리하고, 그 처리결과를 저장하며, 필요에 따라 출력하는 기능을 포함한다. 표 1.8은 다양한 컴퓨터 프로그램에서 데이터 입력, 데이터 처리, 결과 출력 및 활용의 예를 비교하고 있다. 스마트 온실의 온도 및 습도 제어 프로그램에서는 온도/습도 센서 데이터를 주기적으로 입력받은 후 기준값과 비교하고 통계 분석을 하여 스마트 온실 내부가 정상적인 온도와 습도로 유지되는가를 판단한다. 스마트 온실 제어 프로그램의 분석 결과 온도의 상승이 필요하다고 판단되면 히터를 가동하며, 온도가 기준보다 높다고 판단되고 이를 낮추는 것이 필요하면 환기를 하거나 냉방기를 가동하여 온도를 낮추게 된다.

표 1.8 컴퓨터 프로그램의 실행: 입력 데이터, 데이터 처리, 결과 출력 및 활용

컴퓨터 프로그램 예	데이터 입력	데이터 처리	결과 출력 및 활용
스마트 온실의 온도/습도 제어	온도 센서 데이터 습도 센서 데이터	온도와 습도 데이터를 기준값과 비교, 통계 분석	액추에이터 (히터, 냉방기)의 구동
스마트 자율 주행	GPS 위치 데이터 차선 영상 데이터 도로 표지판 영상 데이터 근접 센서 데이터	차선 및 경로 유지 분석, 근접 차량 및 장애물 분석	속도 및 방향 제어
네비게이션의 최단 경로 탐색	목표 지점 GPS 위치 데이터	현재 위치에서 목표 지점까지의 최단 경로 탐색	목표지점까지의 경로 제어
스마트 단말 장치의 예측 문자열 제시	문자 입력	현재까지 입력된 문자열에 가능성이 높은 문자열들의 검색	현재까지 입력된 문자열에 가장 확률이 높은 상위 문자열 제시

스마트 자율 주행의 경우 GPS (global positioning system)의 위치 데이터, 차선 및 도로 표지판 영상, 근접 센서 데이터를 입력 받으며, 이들 데이터를 기반으로 차선 및 경로 유지에 대한 분석과 판단, 근접 차량 및 장애물 분석을 수행한다. 스마트 자율 주행 프로그램의 수행 결과로 차량의 속도 및 방향을 제어하여 사전에 계획된 경로를 따라 안전하게 주행

할 수 있게 한다. 네비게이션의 최단 경로 탐색 프로그램의 경우 목표 지점 데이터와 현재 위치의 GPS 데이터를 입력받은 후 현재 위치로부터 목표 지점까지의 최단 경로를 탐색한다. 프로그램의 실행 결과는 목표 지점까지의 최단 경로에 따라 운행할 수 있게 한다.

스마트 단말장치의 예측 문자열 제시 프로그램에서는 입력 장치로부터 문자를 입력 받고 현재까지 입력된 문자열을 기반으로 완성 가능성이 높은 문자열들을 검색하여 가장 확률이 높은 상위 문자열들을 몇 개 출력하여 사용자가 선택하고, 쉽게 문자열을 완성 할 수 있게 한다.

1.3 컴퓨팅사고에서의 공개 소프트웨어 패키지 활용

컴퓨팅사고에서는 주어진 문제를 해결하기 위한 전체 알고리즘 구성에서 컴퓨터를 활용하는 기능이 반드시 포함되며, 이미 개발되어 다양한 문제 해결에 사용될 수 있는 컴퓨터 장치와 소프트웨어 패키지들을 효율적으로 활용하는 방안을 함께 고려하여야 한다. 특히 초•중•고등학교나 대학교 교양과정 수준의 프로그래밍 교육에서는 새로운 프로그램을 개발하기 전에 기존에 이미 개발되어 사용할 수 있는 공개 (open)소프트웨어 패키지들을 파악하고, 이들을 많이 사용하여 주어진 목표 기능을 구현해 보는 것이 컴퓨팅사고의 장점을 쉽게 이해할 수 있게 한다. 유사한 사례로 스마트폰을 어떻게 구현하였는지에 대한 상세한 방법을 알지 못해도 스마트폰의 다양한 기능과 앱 (app)을 사용하여 생활에 편리함을 더하는 것과 같은 원리이다.

1.3.1 기초 수학 함수와 그래프 표현

중•고등학교나 대학 교양과정에서 다양한 기초수학 함수들을 사용하고 있으나 대부분 공식 유도나 간단한 수치를 대입한 계산에 그치며 실제 다양한 값을 대입하여 결과를 그래프로 표현하여 비교 분석하거나 이를 활용하여 더 복잡한 시스템을 구성하는 프로젝트을 수행하는 경우가 많지 않다. 실제 기초 수학 분야의 삼각함수, 로그함수과 제곱근 (square root)계산은 거의 모든 프로그래밍언어에서 기본적인 함수로 제공하고 있어 쉽게 구성할 수 있으며, 행렬 (matrix)의 연산 (덧셈, 뺄셈, 곱셈)을 위한 소프트웨어 패키지는 파이썬 프로그래밍언어에 NumPy 또는 SciPy 패키지와 함께 Matplotlib 패키지를 사용하면 쉽게 구성할 수 있다.

그림 1.4 (a)는 파이썬 프로그램에서 NumPy와 Matplotlib 패키지를 함께 사용하여 정규 분포함수를 표준 편차에 따라 다른 특성을 쉽게 비교할 수 있게 한다. 그림 1.4 (b)는 측정된 데이터에 대한 예측 2차 방정식을 최소 자승해 (least square solution) 기법으로 찾아 표시하여 쉽게 이해할 수 있게 하는 예를 보여준다.

그림 1.4에서 살펴 본 것과 같이 기초수학의 함수들을 다양한 입력 값에 따라 생성한 결과값을 그래프 표현하고 비교분석함으로써 그 함수들이 가지는 특성을 쉽고 정확하게 이해할 수 있게 된다. 데이터 값을 그래프로 표현하는 방법은 Excel 툴을 사용하여 생성하는 방법을 고려할 수 있으나 이는 이미 생성된 데이터에 대한 그래프 표현에서 주로 사용되며 실시간으로 변화하는 데이터에 대한 동적그래프를 표현할 수 없다는 단점이 있다. 이러한 기능은 파이썬 프로그래밍언어에서 제공하는 Matplotlib 패키지를 함께 사용하면 쉽게 사용할 수 있다.

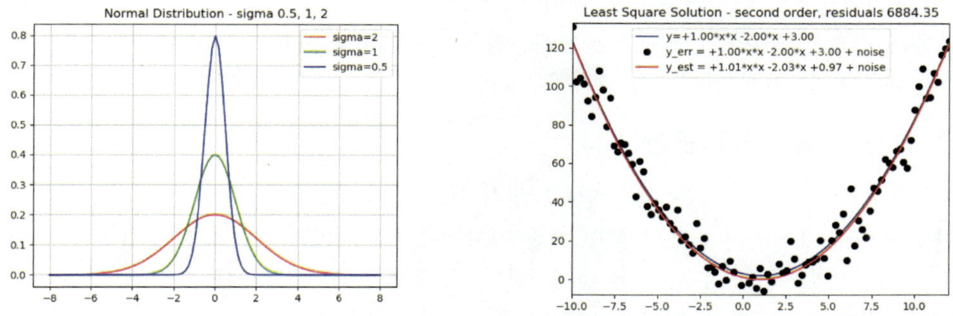

(a) 정규분포 함수 (normal distribution) (b) 최소 자승해 2차 방정식

그림 1.4 NumPy 패키지와 Matplotlib 패키지를 함께 사용하여 수학 함수를 그래프로 표현

1.3.2 자료의 정리 정돈 (정렬, sorting)과 정보 탐색 (search)

컴퓨터를 사용하여 대규모의 데이터를 처리하는 응용 분야에서는 수집된 정보 데이터들을 체계적으로 정리하기 위하여 다양한 기준에 따라 정렬(sorting)하는 기능이 대부분 포함되며, 정렬된 데이터들로부터 지정된 검색 값이 포함된 항목을 찾아내는 탐색(search) 기능을 수행하고, 해당 항목을 추출(extract)하여 다음 단계에서 사용하는 경우가 많이 있다. 다양한 방식의 정렬 알고리즘을 하나씩 구현하고 직접 성능을 분석하는 것은 기본 프로그래밍 능력 배양을 위한 좋은 실습이 될 수 있지만, 정렬 모듈 개발 자체가 연구 개발의 목표가 되지 않고 정렬 모듈을 사용하는 응용 프로그램의 개발이 목표인 경우에는 먼저 우수한 성능의 정렬 기능이 제공되는 소프트웨어 패키지를 사용하여 전체 시스템을 완성한 후 그 목표 시스템에서 필요한 기능만을 포함하는 효율적인 정렬 모듈을 개발하여 사용하는 것이 좋은 개발 전략이 된다.

가장 대표적인 정렬 알고리즘에는 선택정렬 (selection sorting)과 퀵정렬(quick sorting)이 있으며, 그 이외에도 삽입정렬 (insertion sorting), 버킷정렬(bucket sorting), 병합정렬(merge sorting) 등의 다양한 정렬 알고리즘들이 있다. 각 정렬 알고리즘은 각각 서로 다른 특성이 있으며, 정렬 대상 데이터 배열의 크기, 새로운 데이터의 추가 삽입 빈도수나 정보 탐색 빈도수 등에 따라 다른 성능을 보일 수 있으므로 시스템이 요구하는 조건과 필요한 성능에 따라 가장 적합한 정렬알고리즘이 사용될 수 있어야 한다.

정보탐색 알고리즘에서도 탐색 대상 데이터가 정렬되어 있지 않는 경우와 정렬이 되어 있는 경우에 대한 탐색 방법이 달라지며 대상 데이터의 규모가 커짐에 따라 성능에서 큰 차이가 날 수 있다. 보통 탐색 데이터가 정렬되어 있지 않은 경우 처음부터 차례대로 모두 찾아보는 선형 탐색 (linear search) 방식을 사용하게 되나 탐색 대상 데이터가 정렬되어 있는 경우 탐색 구간을 절반씩 줄여가며 신속하게 탐색할 수 있게 하는 이진탐색 (binary search) 방식을 사용할 수 있다.

C/C++ 프로그래밍언어에서는 정렬과 탐색 기능이 기본 패키지에 포함되어 있지 않기 때문에 별도의 패키지를 추가로 포함시키거나 별도로 구현을 하여야 한다, 그러나 파이썬 프로

그래밍언어는 NumPy 패키지를 추가함으로써 정렬기능과 탐색기능을 쉽게 구성할 수 있다. 만약 목표시스템에서 다루는 특별한 데이터 블록을 대상으로 성능이 우수한 정렬 및 탐색 기능 블록이 필요한 경우 C/C++ 프로그래밍언어로 구현하고 이를 모듈화하여 파이썬 프로그램에서 사용할 수 있게 한다.

1.3.3 과학 기술 분야 연산

공학 분야의 많은 문제들은 선형 연립방정식 (linear equations)으로 모델링 될 수 있으며 이를 행렬로 표현하여 다양한 행렬 계산 알고리즘으로 처리할 수 있다. 대표적으로 사용되는 행렬 계산 알고리즘으로는 행렬 덧셈, 뺄셈, 곱셈 계산과 고유값 (Eigenvalue) 계산 등이 있다. 과학 기술 분야 연산에 관련된 함수들은 파이썬 프로그램에서 사용할 수 있는 NumPy와 SciPy 패키지에서 유니버설 함수 (universal function)로 제공한다. 예를 들어 선형 대수 관련 연산 기능으로 벡터의 내적과 외적을 위한 inner(), outer(), dot() 함수가 제공되며, 행렬 곱셈을 위한 matmul(), 고유값 계산을 위한 eig(), 역행렬 계산을 위한 inv(), 행렬식 계산을 위한 det(), 선형 시스템 해법 도출을 위한 solve() 등이 제공된다. 파이썬의 선형대수 관련 함수들에 대해서는 12장에서 상세하게 설명한다.

1.3.4 빅데이터 통계 분석 및 예측

많은 응용 프로그램에서 수집된 수치데이터(number data) 들을 통계 처리하여 최댓값, 최솟값, 평균값, 분산 (variance), 표준편차(standard variation) 등을 찾아내고 이를 기반으로 다음 단계의 시스템 제어를 하는 경우가 많이 있다. 특히 현재까지의 데이터 변화 추세를 기반으로 앞으로의 상태를 예측하여 다양한 제어를 하는 경우, 보다 정밀한 통계 분석과 추세 분석이 필요하며 머신 러닝 (machine learning)이나 딥러닝 (deep learning)기법을 사용하기도 한다. 특히 분석 대상 데이터의 규모가 크고 복잡한 정보들을 포함하고 있는 경우 이를 짧은 시간 안에 처리하는 성능을 제공하기 위해서는 처리 대상 데이터의 특성에 알맞은 알고리즘을 설계하여야 한다.

기본적인 데이터 통계 분석 기능은 파이썬의 NumPy 패키지에서 제공하는 통계처리 관련 유니버설 함수 (universal function) 들인 amin(), amax(), sum(), mean(), var(), std(), cov() 등의 함수를 사용하여 프로그램을 구성할 수 있고 주어진 데이터의 통계 분석 특성을 쉽게 파악할 수 있다. 또한 앞에서 설명하였던 Matplotlib 패키지를 함께 사용하면 주어진 데이터와 통계 분석 결과를 그래프로 쉽게 확인할 수 있다. 파이썬의 유니버설 함수에 대해서는 12.4절에서 보다 상세하게 설명한다.

데이터의 통계 분석에서는 파이썬의 확장모듈인 Pandas를 사용하면 쉽게 구현할 수 있다.

이렇게 데이터 통계 분석 결과를 활용한 응용 프로그램을 개발할 때 모든 기능을 직접 구현하지 않고 오픈 소스로 제공되는 소프트웨어 모듈들을 최대한 활용하고 나머지 기능들만 구현함으로써 빠르게 목적을 달성할 수 있다.

1.3.5 영상처리

많은 컴퓨터 응용 프로그램에서 입력된 영상을 분석하여 활용하는 예를 많이 볼 수 있다. 예를 들어 사진에 포함된 사람의 인식 및 데이터베이스 검색, 자율 주행 자동차의 도로 표지판 및 차선 인식, 사람 얼굴로 부터의 표정 인식, 손 및 손가락 제스처의 인식을 활용한 스마트 장치 원격 제어 등 다양한 분야에서 영상 처리 기능을 사용한다.

영상처리 기능의 오픈 소스로 가장 많이 활용되는 것이 OpenCV 패키지이다. OpenCV는 C++로 구현되었으며, 파이썬에서 이를 활용할 수 있게 되어 있다. OpenCV 패키지를 사용함으로써 사진의 색상 처리나 경계선 도출 등의 기능을 쉽게 구현할 수 있고, 이를 사용하여 다양한 응용 프로그램을 쉽게 구현할 수 있다.

1.3.6 인공지능 (AI)

4차 산업혁명에서 가장 중요한 기술이 사물인터넷, 빅데이터, 인공지능이며, 특히 인공지능 관련 기술은 최근 다양하게 개발되고 있다. 가장 쉬운 사례가 구글이 바둑 게임을 할 수 있는 인공지능으로 개발한 알파고 (AlphaGo)가 사람을 이긴 사례이며, 이를 더욱 개발하여 바둑에서는 인공지능을 이길 수 없게 된 상태이다. 또 다른 예로서는 IBM이 병원에서의 환자 진료를 위하여 개발한 왓슨 (Watson)이 있으며, 인간 의사가 진단하는 것보다 더 정확한 진단을 할 수 있는 수준에 도달하고 있다.

컴퓨터 프로그램에서 인공 지능 기능을 제공하는 오픈 소스로 파이썬 환경에서 사용할 수 있는 TensorFlow와 Keras가 있으며, 이를 사용하여 다양한 인공지능 알고리즘을 쉽게 사용할 수 있다.

1.4 알고리즘 (algorithm)의 표현과 프로그래밍

1.4.1 순서도 (Flow Chart)

알고리즘(algorithm)이란 일을 처리하는 작업들을 지정된 절차에 따라 수행하게 하는 업무 처리 순서를 정리한 것으로, 이 알고리즘에 따라서 명령이 실행되면, 입력 데이터가 지정된 절차에 따라서 가공 및 처리되고, 지정된 곳으로 저장되거나 출력 된다. 그리고 실행된 명령들은 유한한 단계의 지정된 절차를 걸쳐서 데이터를 가공 처리하게 된다. 지정된 절차에 따라서 명령들이 실행된 이후에 이 프로그램은 일정한 시간 내에 실행이 종료되어야 한다. 만약 프로그램 실행이 종료가 되지 못하는 무한 루프가 발생되면, 알고리즘에 문제가 있는 것이다.

알고리즘을 표현하는 방법으로 크게 두 가지가 많이 사용된다. 첫 번째가 그림 1.5에서 보는 것과 같이 순서도(flow chart)로 표현하는 방법이다. 알고리즘을 표현하는 방법 중 하나인 순서도 (flow chart)는 프로그램에서 실행하게 되는 명령어들의 논리적인 순서나 작업 순서 등을 도형으로 표현한 것이다. 표 1.9는 알고리즘의 순서도에서 많이 사용되는 기호와 의미를 설명한다.

그림 1.5의 알고리즘에서는 N개의 원소를 가지는 데이터를 입력하여 배열 dataArray[]에 저장하고, 그 데이터 배열 dataArray[0..N−1]에서 가장 큰 원소를 찾아내는 업무 처리 순서를 표현하고 있다. 배열의 각 원소는 색인 (index)을 사용하여 읽고 쓰며, 맨 처음 원소 (dataArray[0])의 값을 잠정적으로 최댓값 (max)으로 설정한 후 배열의 나머지 원소를 차례로 읽어 현재까지 파악된 최댓값과 비교하고, 만약 현재까지의 최댓값 보다 더 큰 값이 발견되는 경우 최댓값을 이 새롭게 파악된 더 큰 값으로 교체하는 작업을 인덱스 N−1까지 반복 실행하게 한다. 순서도에서는 데이터 처리에 대한 내용은 사각형 박스 내에 표시를 하

며, 조건부 분기를 하는 곳은 마름모 내부에 조건 검사를 표현한다. 또한 화살표에 따라 실행 순서를 변경함으로써 순차적인 실행과 반복 실행을 나타내고 있다.

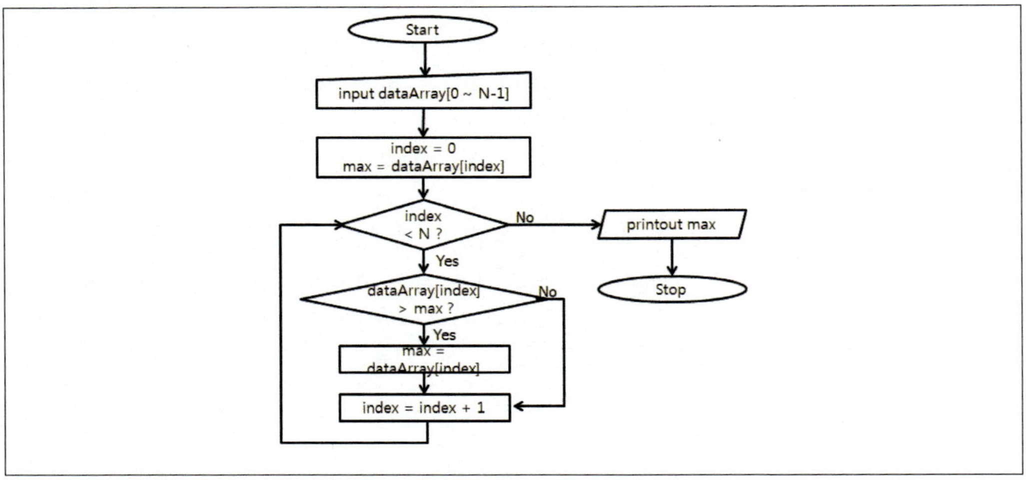

그림 1.5 순서도 예 (FindMax)

표 1.9 알고리즘 순서도에서 사용되는 기호와 의미

순서도 기호	의미	순서도 기호	의미
	단말(단자): 알고리즘의 시작과 끝을 표시		순서 흐름선 (flow line)
	데이터의 입력과 출력	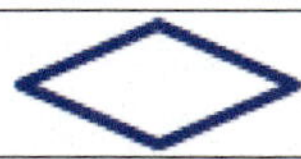	판단, 분기
	데이터의 수동입력		지연 (delay)
	준비		논리접합, 가산접합
	데이터 처리		정렬, 분류
	미리 준비된 처리 (서브 루틴)		대조
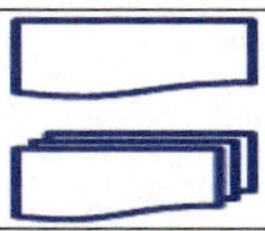	문서, 서류		다른 페이지 연결자
	디스플레이		페이지 내 연결자

표 1.9는 순서도를 사용하여 알고리즘을 표현할 때 사용하는 기호들과 의미를 정리한 것이

다. 순서도에서 사용되는 기호에는 알고리즘의 시작과 끝, 데이터의 입력과 출력, 데이터의 수동입력, 준비, 데이터 처리, 서브루틴, 문서, 서류, 디스플레이 등의 기능을 나타내는 기호와 함께 프로그램의 제어를 의미하는 순서 흐름선, 판단 및 분기, 지연, 논리접합, 가산접합, 정렬 및 분류, 대조 등을 나타내는 기호들이 사용된다.

하나의 순서도로 전체 알고리즘을 표현할 수 없는 경우에는 여러 개의 순서도를 연결하여 전체 알고리즘을 표현하여야 하며, 이를 위하여 페이지 내 연결자와 다른 페이지로의 연결자가 사용된다. 복잡한 알고리즘의 일부분을 서브루틴으로, 별도의 순서도로 상세하게 표현한 후, 이 서브루틴들을 연결하는 상위계층의 순서도를 사용하여 전체 알고리즘을 쉽게 파악할 수 있게 한다.

1.4.2 유사코드 (Pseudo Code)

알고리즘을 순서도로 표현하는 방법은 알고리즘이 간단한 경우에는 쉽게 표현할 수 있는 장점이 있다. 그러나 알고리즘이 복잡해지게 되면 순서도로 표현하기가 매우 힘들어 지고, 전체적인 부분이 혼잡해 보이기 때문에 복잡한 알고리즘을 나타내는 기술 문서와 논문 등에서는 순서도 표현 방법 보다는 유사 코드 (pseudo-code) 표현 방법을 주로 사용하고 있다.

유사코드는 일반적인 프로그래밍언어가 가지고 있는 모든 문법적인 상세한 내용들을 다 포함하는 것이 아니라 기본적인 골격만 이해할 수 있도록 소스코드와 비슷하지만 간략화된 표현 방법을 사용하는 것이다. 즉, 전체 프로그램의 실행 순서와 각 단계별 기능에 대하여 쉽게 파악할 수 있게 하고, 각각의 프로그래밍 언어가 가지고 있는 상세한 문법적인 내용들은 간단하게 표현하여 전체 골격 위주로 빨리 이해할 수 있게 한다. 따라서 유사코드를 이용하면 그 알고리즘이 어떤 절차를 통해서 그 문제를 어떻게 해결하고 있는가를 쉽게 파악하고, 이해할 수 있다.

그림 1.6은 그림 1.5에서 표현하였던 알고리즘 (즉 주어진 데이터 배열로부터 가장 큰 값을 찾아내는 알고리즘)을 유사코드로 표현한 예이다. 먼저 각각의 데이터들은 N 개의 항목들을 포함할 수 있는 배열에 포함이 되어있는 것으로 초기단계에서 가정하며, 첫 번째 실행하는 부분에서 0-번째에 있는 원소로 부터 찾기 위해서 인덱스(index)를 0으로 설정한다. 그리고 이 인덱스를 사용하여, 우선 0-번째에 있는 원소(dataArray[0])를 지금까지 파악된 가장 큰 값 (max)으로 설정한다. 그 후, while-반복문 구조에서 나머지 원소들을 차례로 읽어 내어, 현재까지 파악된 최댓값 보다 더 큰 값이 나타나면, 그 값으로 max를 변경한다. While-loop내에서는 인덱스 값을 하나씩 증가를 시켜가며 그 배열에 포함되어 있는 원소들의 값과 지금까지 파악된 가장 큰 값을 서로 비교하여 만약에 더 큰 값으로 판단되면, 그 값을 새로운 최댓값 (max)으로 저장한다. 이 반복문을 인덱스가 N-1이 될 때까지 수행하면, 마지막 단계에 남아있는 그 최댓값이 그 배열 안에 있는 여러 개의 원소들의 값 중에서 가장 큰 값이 되며, 그 최댓값을 가진 원소를 다음 단계에서 활용할 수 있게 된다. 이와 같이 알고리즘 설계는 먼저 기본적인 절차와 각 절차에서의 데이터 연산과 세부적인 실행 내용들을 간략하게 유사코드로 표현하는 것으로 시작된다.

```
Procedure FindMax(dataArray, N)
//input argument: int dataArray[0..N-1];
// array of data with N elements
// output result: maximum value of the given data array

int index = 0;  // define local variable and initialize
int max;  // define local variable

max = dataArray[index];
while (index < N) {
    if (dataArray[index] > max )
            max = dataArray[index];
    index = index + 1;
}  // end of while

printout max;
end  // end of Algorithm FindMax()
```

그림 1.6 유사코드 (pseudo code)의 예 - FinxMax()

```
Procedure FindMax_and_Avg(dataArray, N)
//input argument: int dataArray[0..N-1];
// array of data with N elements
// output result: the maximum and average values
//  of the given data array

int index = 0; //define and initialize index
int max;
double sum = 0.0;
double avg = 0.0;

max = dataArray[index];
while (index < N) {
    if (dataArray[index] > max)
            max = dataArray[index];
    sum = sum + dataArray[index];
    index = index + 1;
}  // end while

avg = sum / N;
printout max, sum, avg;
end  // end of Algorithm FindMax_and_Avg()
```

그림 1.7 유사코드의 예 - FindMax_and_Avg()

그림 1.7은 N개의 원소를 포함하고 있는 배열의 각 원소 값들 중 가장 큰 값을 찾으면서, 아울러 이들 원소 값들의 평균값을 계산하는 알고리즘을 유사코드로 표현한 것이다. 이 유사

코드는 그림 1.6의 유사코드를 기본으로 필요한 기능을 쉽게 추가 편집하여 완성할 수 있다. 이 알고리즘에서는 추가적인 평균값 계산 기능을 구현하기 위하여 double 데이터 타입의 변수 2개 (sum, avg)를 추가로 사용하고 있다. 전체 구성에서 while-반복문의 내부에 각 원소 값들을 sum에 합산시키는 기능이 line 14에 추가되었고, while-반복문을 종료한 후, 합산 값 (sum)을 배열 원소의 개수 (N)으로 나누어 주는 기능 (line 18)이 추가로 포함되었다. 이와 같이 기존의 알고리즘을 문자 편집기를 사용하여 쉽게 수정할 수 있다는 것이 유사코드의 큰 장점이며, 유사 코드 표현방식에서는 이에 대한 설명을 위하여 줄(line) 번호를 함께 표시하는 것이 일반적이다.

1.5 일상생활속의 알고리즘과 자료구조

보통 사람들의 일상생활 속에서도 많은 사람들이 공평하고 편리하며 신속하게 업무를 처리할 수 있는 다양한 알고리즘을 활용하는 것을 쉽게 파악할 수 있다. 즉 효율적인 알고리즘은 컴퓨터 프로그래밍에 국한된 것이 아니라 일상생활에서도 많이 활용되는 것이며 다양한 업무를 신속 정확하게 수행할 수 있게 하며, 많은 사람들이 질서를 유지하며 공평한 서비스를 받을 수 있도록 하게 하는 방법이다.

효율적인 알고리즘의 성능을 향상시키기 위하여 함께 고려하여야 하는 것이 알고리즘에서 처리하여야 하는 데이터를 어떻게 보관하고 연관성이 있는 데이터를 어떻게 쉽게 찾아 갈 수 있게 구성하는 것이다. 이렇게 데이터를 체계적으로 보관하고, 연관성 있는 데이터를 쉽게 찾아갈 수 있게 구성하는 것을 자료구조 (data structure)라고 한다.

1.5.1 사전의 단어 찾기와 도서관의 서적 찾기

일상생활에서 많이 사용하는 인터넷 서비스 중 하나는 새로운 정보를 인터넷 포털 시스템이 보유하고 있는 방대한 자료로부터 검색하여 가장 중요도가 높다고 생각되는 정보를 차례로 보여주는 정보 검색 (information search)이다. 그리고 인터넷 사용이 불가능할 경우에는 개인이 사용하는 사전이나 도서관에서 정보를 찾아보게 된다. 이 때 사전이나 도서관은 사용자들이 검색하고자 하는 정보를 신속하고 정확하게 찾아 볼 수 있도록 미리 체계적으로 저장하고 있으며, 정보를 검색하는 동안에도 신속하게 처리할 수 있는 알고리즘을 사용한다.

(a) 사전에서의 단어 검색 (b) 도서관에서의 도서 검색

그림 1.8 사전에서의 단어 찾기와 도서관에서의 도서 찾기

그림 1.8은 사전에서의 단어 검색과 도서관에서의 도서 검색 상황을 보여준다. 사전에서의 단어 검색에서는 수십만 개 이상의 단어들을 단어 순서대로 미리 정렬하여 해당 단어를 쉽게 찾아 갈 수 있도록 구성하고 있으며, 도서관에서도 해당 제목의 도서를 쉽게 찾을 수 있도록 도서 목록을 미리 만들어 두고, 이 목록에 해당 도서가 어떤 위치에 보관되어 있는지 쉽게 찾아 갈 수 있도록 구성하고 있다. 이렇게 단어나 서적을 쉽게 찾아 갈 수 있도록 관련 정보를 체계적으로 구성하는 것이 자료구조이며, 이렇게 체계적으로 구성되어 있는 중간 정보를 사용하여 실제 찾고자 하는 정보 (단어 또는 서적)를 찾아 가는 것이 알고리즘이다.

(1) 탐색 정보가 저장되어 있는 자료구조 - 배열 (array)

탐색 기능의 프로그램에서는 우선 탐색 대상 정보를 컴퓨터에 체계적으로 저장하여야 하며, 이 때 다양한 종류의 자료구조를 고려할 수 있다. 우선 그림 1.9 (a)에서 보는 것과 같이 탐색 대상 정보들이 개별적인 이름을 가지며 다양한 위치에 저장되어 있는 경우 이들을 개별적으로 호출하여 검사를 수행하여야 한다. 만약 탐색 대상 원소들의 개수가 수십 만 개 수준으로 증가하는 경우, 이 많은 원소들을 개별 이름으로 사용하는 것은 알고리즘 설계 및 구현에서 매우 번거로운 문제가 발생한다.

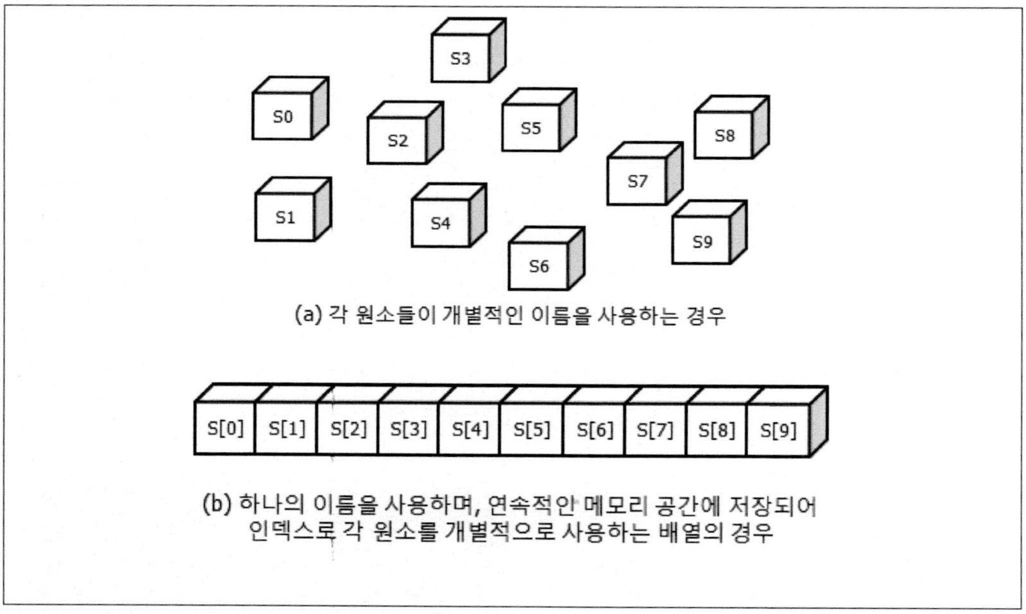

그림 1.9 탐색 정보를 저장하는 자료 구조

실제 많은 알고리즘 설계와 구현에서 탐색과 관리 대상 정보가 동일한 구조를 가지며, 개수가 클 경우에는 그림 1.9 (b)에서 보는 것과 같이 배열 (array)를 구성하여 사용하는 것이 일반적이다. 배열은 다양한 정보를 체계적으로 저장하고, 이를 기반으로 탐색 기능을 수행하기 위하여 많이 사용되는 기본 자료구조이다. 배열은 동일한 자료형의 원소 (element)들을 컴퓨터 메모리의 연속적인 주소 영역에 저장하며, 원소가 저장된 위치를 순서에 따라 가리키는 인덱스 (index)를 사용하여 지정된 원소를 읽어 오거나 새로운 값으로 변경할 수 있다.

대부분의 프로그래밍언어에서 배열의 인덱스 값은 0부터 시작하며 전체 원소 개수가 N일 때 N－1까지의 인덱스 값을 가진다.

(2) 순차 탐색 (sequential search) 과 이진 탐색 (binary search)

사전에서 단어를 찾아보는 방법은 사전의 맨 첫 단어로부터 찾고자 하는 단어가 나올 때까지 차례대로 모든 단어를 비교하여 보는 방법을 생각할 수 있다. 그림 1.10에서 무작위 순서로 저장되어 있는 단어들 중에서 지정된 단어를 찾는 알고리즘을 예로 들어 보여주고 있다. 총 20개의 단어가 값의 크기 순서에 상관없이 저장되어 있는 상태에서 'N' 와 'Q' 문자를 검색하는 경우를 보여 준다. 순차탐색에서는 배열에 저장되어 있는 문자들을 처음부터 차례대로 비교하며 검색대상 문자인가를 확인하고, 만약 검색대상 문자가 발견된 경우 그 위치 (배열의 인덱스)를 반환한다.

만약 탐색 대상 데이터의 개수가 많지 않고 수시로 새로운 데이터가 추가되고 기존 데이터가 삭제되어야 하는 상황에서 데이터 탐색 빈도수가 높지 않을 경우에는 순차탐색 기능을 사용할 수 있다. 탐색 대상 데이터의 개수가 매우 큰 상황에서 순차 탐색 방법을 사용하는 경우 사전이 포함하고 있는 단어들 중 첫 부분에서 단어를 찾는 경우 (예를 들어 그림 1.10에서 'N'을 찾는 경우) 매우 신속하게 결과를 얻을 수 있지만 만약 사전의 맨 끝 부분에 있는 단어를 찾는 경우 (예를 들어 그림 1.10에서 'Q'를 찾는 경우) 거의 모든 단어를 다 찾아 본 후에야 결과를 얻을 수 있기 때문에 시간이 매우 오래 걸리게 된다. 따라서 탐색 대상 데이터 규모가 크고 탐색 회수가 빈번할 경우에는 순차탐색이 좋은 방안이 되지 않는다.

일상생활에서 많이 사용되는 대부분의 사전들은 수십만 개 이상의 단어를 포함하고 있으며 이 방대한 단어들로부터 찾고자 하는 단어를 보다 신속하게 찾을 수 있도록 단어를 순서에 따라 미리 정렬하여 둔다. 그림 1.8 (a)에서 보는 것과 같이 한글사전에서는 가나다라 순서로 단어들이 정렬되어 있으며, 영어 사전에서는 알파벳 순서로 단어들이 정렬되어 있는 상태에서 탐색을 하게 한다.

이진 탐색 (binary search)은 탐색 대상 데이터들이 정렬되어 있는 상황에서 사용할 수 있다. 그림 1.11에서 보는 것과 같이 20개의 문자들이 문자코드 크기 순서대로 정렬되어 있는 상태에서 탐색 대상 키 문자가 주어지면 이를 배열의 중간값 (그림 1.10의 경우 mid 인덱스가 가리키는 'M' 문자 값)과 비교하여 탐색 키의 값이 중간값과 동일하면 그 mid 값을 반환한다. 만약 탐색 키 값이 mid 인덱스 위치의 중간값보다 작으면 0 ~ mid－1 인덱스 구간을 이진 탐색 방법을 탐색하며, 만약 탐색 키 값이 중간값 보다 크면 mid+1 ~ N－1 구간을 이진 탐색 방법으로 탐색한다.

이진 탐색 알고리즘에서는 탐색의 단계가 진행될 때 마다 탐색 대상 구간이 절반씩 줄어들기 때문에 전체 탐색 대상 배열이 N개의 원소를 가질 때 대략 $\log_2(N)$번의 이진 탐색이 진행되면 탐색 결과를 확정지을 수 있어 탐색 대상 배열의 규모가 클 경우 순차 탐색보다 훨씬 빠른 탐색 성능을 가진다.

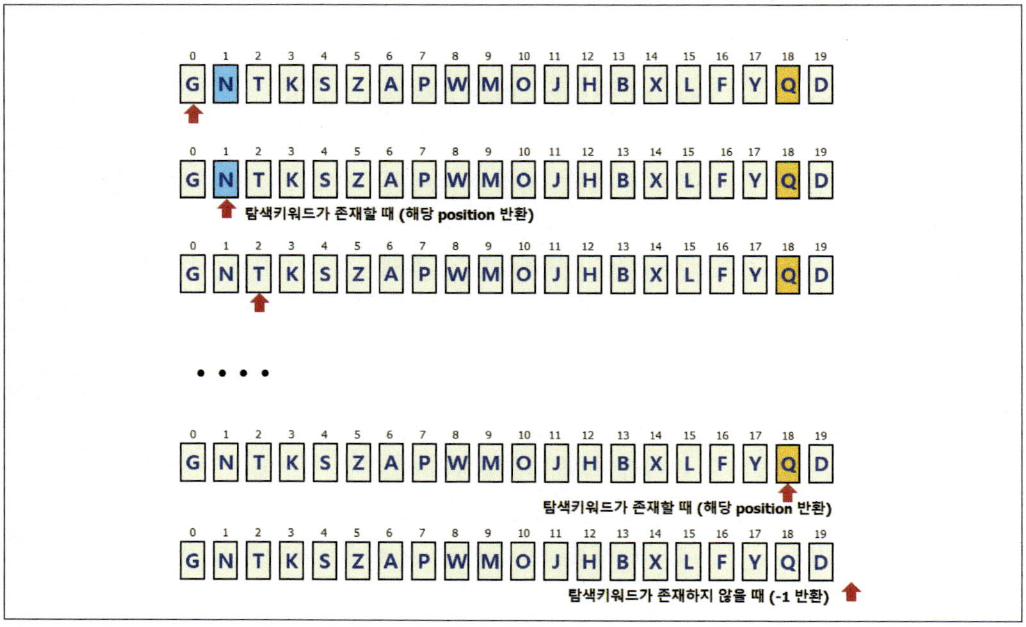

그림 1.10 순차 탐색 (sequential search)

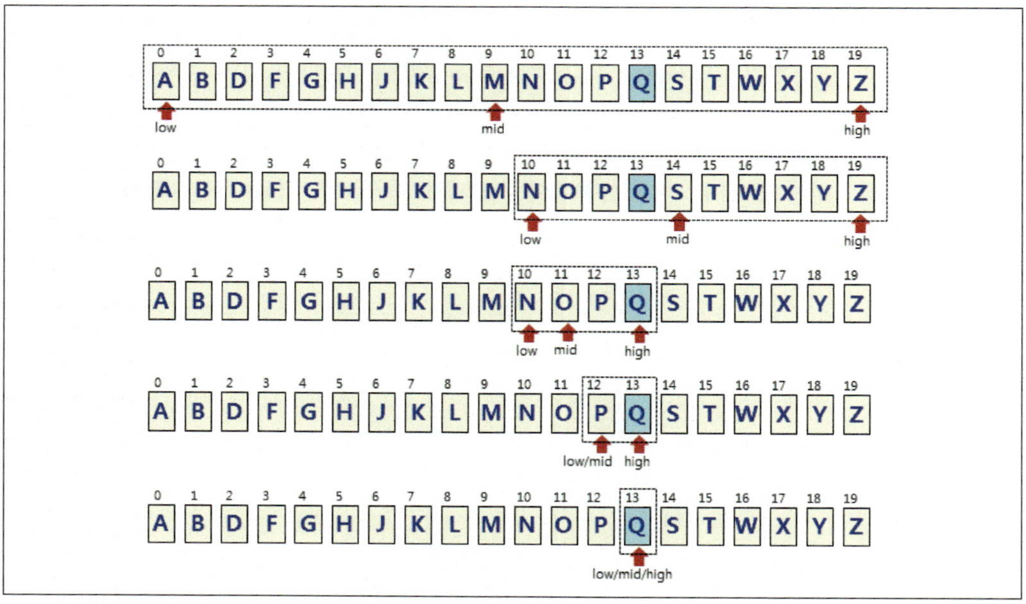

그림 1.11 이진 탐색 (binary search)

(3) 도서관에서의 카테고리별 분류 및 목차를 사용하는 탐색

실제 탐색 기능을 사용하는 응용 프로그램에서 다루는 데이터는 매우 다양한 정보들을 포함할 수 있으며, 이들이 하나의 탐색 키 로만 탐색하지 않고 카테고리별로 먼저 구분된 분류를 수행한 후 해당 카테고리에 포함된 정보들만을 대상으로 탐색 알고리즘을 실행함으로써 훨씬 빠른 탐색 성능을 가질 수 있다. 예를 들어 도서관의 서가 (대형 책꽂이) 들에 꽂혀있는 서적들의 경우 그 책 내용의 분류 기준에 따라 일단 분류되어 카테고리별로 서가들을 그룹지어 관리하며, 그 카테고리 내부에서는 다시 세부 카테고리 별로 구분하는 단계적 그룹 정리 방법을 사용한다. 이렇게 카테고리별로 분류한 후 각 그룹 내부에서 추가적으로 정렬 기능을 수행한 상태에서 이진 탐색을 하게 되면 탐색 대상 원소 개수가 작아지기 때문에 매우 우수한 탐색 성능을 가질 수 있다.

실제 정보 검색에서는 다양한 탐색 기준을 사용하여 정보를 검색하는 방법도 사용할 수 있으며, 이 경우 각 정보 검색 기준에 따라 별도의 목차를 준비하고, 그 목차 항목들을 정렬된 상태로 유지하면 탐색이 매우 편리하며 신속할 수 있다. 예를 들어 도서관의 서적 검색에서 책의 제목과 저자, 내용의 분류, 발행연도, 출판사 등의 정보들에 대하여 각각 목록을 별도로 만들고 이를 검색에서 활용할 수 있게 하면 다양한 정보 검색 서비스에서 매우 효율적으로 사용할 수 있게 된다. 예를 들어 어떤 시기 (시작 연도 ~ 종료 연도) 동안에 발행된 서적 중 지정된 저자가 저술한 모든 학술자료 (예를 들어 시, 소설, 평론, 논문 등)를 검색하는 경우 탐색 성능을 크게 향상시킬 수 있다.

(4) 해시 ('#') 태그 (hashtag)를 사용한 정보 등록과 정보 검색

인터넷 사용자들이 개인적으로 생산하여 인터넷에 게시하는 다양한 정보들을 체계적으로 관리하고 많은 사용자들이 편리하게 검색할 수 있도록 하기 위하여 해시('#') 태그를 사용하고 있다. 예를 들어 인터넷 이용자 개인이 어떤 관광지에서 찍은 사진 또는 동영상을 인터넷 SNS, 블로그, 페이스북, 또는 YouTube 등에 게시할 때 그 관광지 이름을 해시태그와 함께 등록하면 다른 사람들이 그 관광지에 대하여 검색할 때 이를 쉽게 활용할 수 있게 하는 것이다.

해시 기호 ('#')는 정보기술 (IT) 분야에서 중요한 정보에 대한 특별한 의미를 강조할 때 사용하고 있는 표시이며, 개인들에 의한 인터넷 공개 정보 등록에서 해시태그를 표시하면 해시태그가 표시된 키워드를 검색할 때 그 정보가 연결될 수 있게 구성하는 것이다.

1.5.2 신속한 탐색을 위한 자료 정렬 (Sorting)

(1) 정렬이란? 단어가 정렬되어 있는 사전

배열에 포함되어 있는 원소들을 지정된 기준 항목 값의 크기에 따라 차례대로 저장 위치를 조정하는 것을 정렬 (sorting)이라고 한다. 앞서 신속한 정보 검색 성능을 제공하기 위하여 검색 대상 정보들을 검색 키를 기준으로 정렬시킨 후 이진 탐색 방법으로 신속하게 검색결과를 확인하고 이를 반환할 수 있다는 것을 설명하였다. 이 때 검색 대상 정보들을 지정된 검색 키를 기준으로 순서에 맞추어 정렬하는 알고리즘도 좋은 성능을 가질 수 있어야 한다.

수십만 단어를 포함하고 있는 사전을 사용할 때에도 단어들이 순서에 따라 정렬되어 있기 때문에 몇 번의 이진 탐색 과정을 거치면 신속하게 탐색 대상 단어가 수록되어 있는 페이지로 이동 할 수 있는 것 이다.

(2) 정렬 방법

배열에 저장되어 있는 원소들을 지정된 기준 값에 따라 저장 순서를 변경하는 정렬 알고리즘은 다양한 분야에서 많이 사용되며, 정보 검색 기능이 포함되어야 하는 응용 프로그램에서는 반드시 구현되어야 하는 기능이다. 정렬 방법에서는 정렬 대상 배열의 크기나 원소에 포함된 정보의 종류, 정렬 및 탐색 빈도 수 등에 따라 다양한 알고리즘이 사용되고 있다. 비교적 작은 규모의 배열에 포함된 원소들을 기준에 따라 정렬하는 방법으로 그림 1.12에서 보여주는 선택정렬 (selection sort)이 있다.

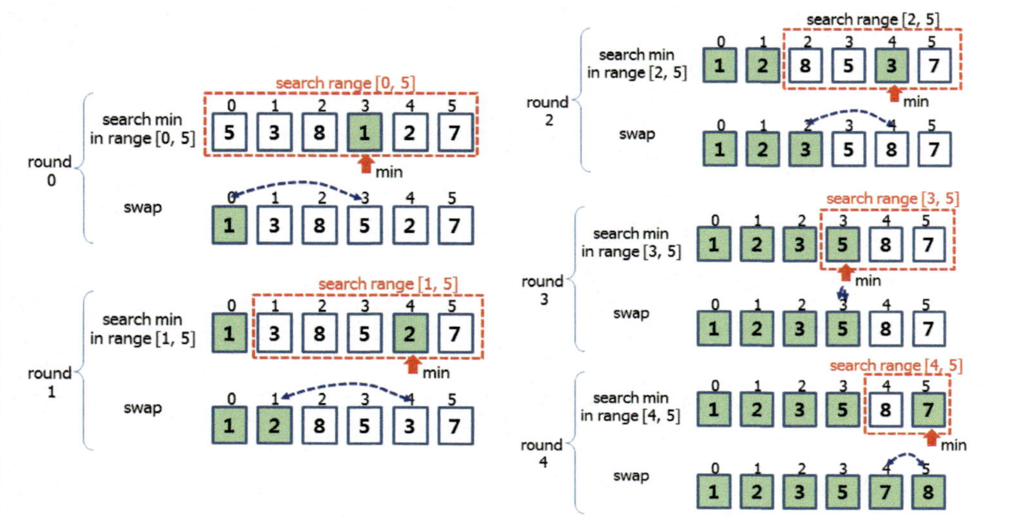

(a) 선택 정렬 (part 1) (b) 선택 정렬 (part 2)

그림 1.12 선택 정렬 (selection sort) 알고리즘

선택정렬은 그림 1.12에서 보여주는 절차에 따라 단계적으로 진행된다. 선택 정렬의 맨 첫 단계 (round 0)에서는 주어진 배열의 원소들 중 가장 작은 값을 가진 원소를 전체 구간 (인덱스 0 ~ N−1)에서 찾아 이를 배열의 인덱스 0 위치의 원소와 자리바꿈을 하여 전체 배열의 원소 중에서 가장 작은 값의 원소가 맨 첫 번째 위치에 저장되도록 한다. 다음 단계 (round 1)에서는 배열의 인덱스 1 ~ N−1 구간에 있는 원소들 중 가장 작은 값을 가진 원소를 찾아 인덱스 1 위치에 저장하도록 자리바꿈 (swap)을 실행한다. 이러한 단계를 N−1 번 실행하면 전체 원소들을 값의 크기 순서로 정렬할 수 있다. 경우에 따라서는 각 검색 구간의 맨 첫 번째 원소의 값이 가장 작은 경우가 있을 수 있으며, 이 경우에는 자리바꿈이 실행되지 않게 된다.

선택 정렬에서 각 단계별로 그 구간에서의 가장 작은 원소를 찾기 위하여 필요한 값의 비교 회수는 N−1, N−2, N−3, . . . 2, 1로 표현되며, 이들을 모두 합하면 $(N-1)(N-2)/2 = (N^2 - 3N + 2)/2$이 되어 배열의 크기 N의 제곱에 비례하는 값을 가지게 된다. 따라서 정렬 대상이 되는 원소들의 개수가 매우 큰 경우에는 선택 정렬의 성능이 낮을 수 있다.

정렬대상 원소들의 개수가 매우 큰 경우에도 좋은 성능을 유지하는 정렬 알고리즘으로는 병합 정렬 (merge sort)과 퀵 정렬 (quick sort)등이 있다. 이들 정렬 알고리즘에 대한 상세한 내용은 12장과 14장에서 설명한다.

1.5.3 탐색 대상 원소들의 입력에서 자동적으로 정렬 상태를 유지하는 자료구조

(1) 배열 (array)

탐색 기능이 수시로 수행되고 있는 상황에서 새로운 원소가 추가될 수 있게 하고, 이진 탐색을 수행하고자 하는 경우 새로운 원소를 포함한 전체 배열을 다시 정렬하여야 한다. 이러한 응용 분야에서는 원소들이 입력되면서 자동적으로 정렬 상태가 유지되는 자료구조를 사용할 수 있어야 한다. 기본적인 배열 (array)의 경우 새롭게 추가되는 원소를 정렬된 순서의 위치에 추가하기 위해서는 그 위치 다음의 모든 원소들을 한자리씩 뒤로 옮기고 비워진 위치에 새로운 원소를 저장하는 절차를 수행하여야 한다.

그림 1.13 (a)는 배열에서 새로운 원소를 추가하면서 정렬 상태를 유지하기 위하여 중간에 삽입하는 절차를 보여준다. 예를 들어 레코드 1과 2, 레코드 4 ~ 6이 순서대로 저장되어 있는 상태에서 레코드 3이 추가되는 경우 레코드 4 ~ 6의 모든 원소들은 맨 뒤 원소로부터 한 자리씩 모두 자리를 옮겨서 레코드 3을 위한 공간을 만든 후 이곳에 새로운 원소 (레코드 3)을 저장하여야 전체 배열의 정렬 상태가 유지된다. 배열에 포함되어 있는 원소 중 하나를 삭제하는 경우에도 삭제 위치 다음의 모든 원소들을 앞으로 한자리씩 옮기는 작업이 필요하다. 그림 1.13 (b)에서 레코드 2를 삭제하는 경우 레코드 3 ~ 6을 앞으로 한자리씩 옮겨야 전체 배열의 순서가 유지된다.

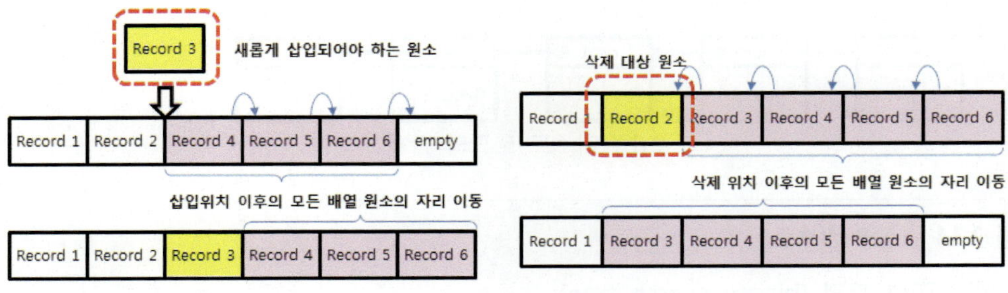

(a) 새로운 원소의 삽입 (b) 기존 원소의 삭제

그림 1.13 정렬 상태가 유지되는 배열에서의 새로운 원소 삽입과 기존 원소의 삭제

(2) 연결형 리스트 (linked list)

정렬 상태가 유지되어야 하는 배열에서 새로운 원소를 삽입하거나 기존의 원소를 삭제할 때 삽입 또는 삭제되는 원소 위치 다음의 모든 배열 원소들을 자리 옮김을 실행하여야 하는 부담을 줄이는 방법으로 그림 1.14에서 보여주는 연결형 리스트를 구성하는 방법이 있다. 연결형 리스트는 모든 원소들을 연속된 메모리 공간에 저장하는 것이 아니라 각 원소들을 개별적인 리스트 노드로 구성하고, 각 리스트 노드에는 다음 (next) 또는 이전 (previous) 리스트 노드를 가리키는 연결 포인터 (pointer)를 포함시켜 데이터를 저장하는 자료구조이다.

연결형 리스트에 새로운 데이터가 추가되기 위해서는 해당 데이터를 저장할 수 있는 리스트 노드를 생성하고, 그 데이터가 저장되어야 할 위치를 찾은 후, 그 위치 앞과 뒤의 리스트 노드들의 연결 포인터를 조정하는 세부절차를 수행한다. 연결형 리스트에 새로운 리스트 노드를 추가할 때, 삽입된 위치 다음 리스트 노드 이후에는 연결 포인터들을 변경할 필요가 없다. 연결형 리스트에 포함되어 있는 원소를 삭제할 경우에도 해당 리스트 노드의 앞과 뒤에 위치한 리스트 노드들의 연결 포인터들을 조정하는 세부 절차를 수행한다. 이 경우에도 삭제 대상 노드 다음의 리스트 노드 이후에는 연결 포인터의 조정이 별도로 필요 없다.

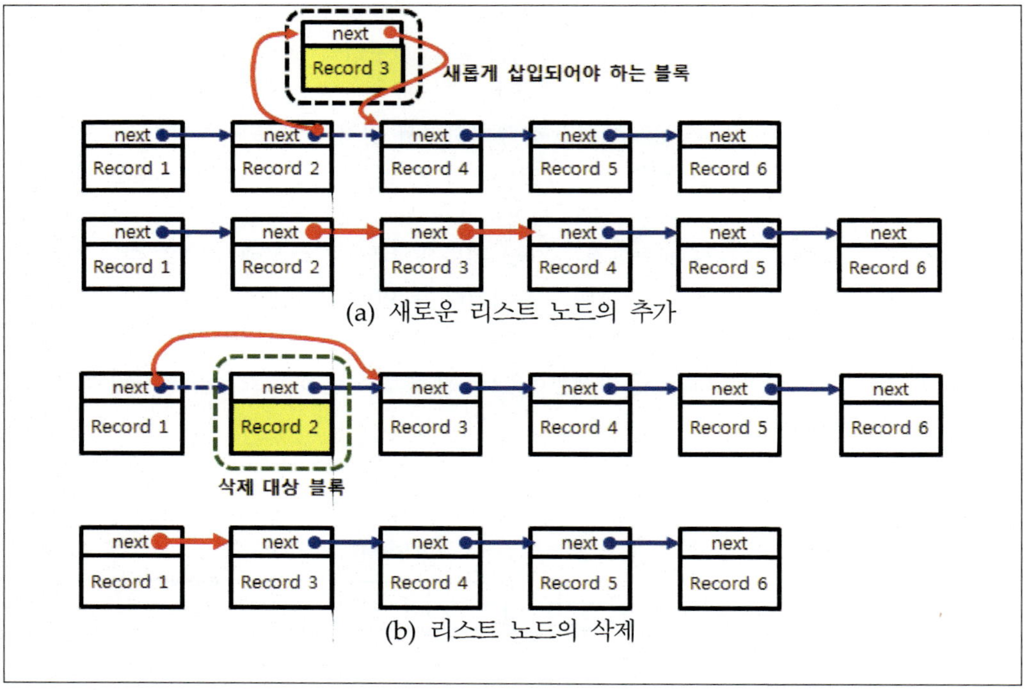

그림 1.14 연결형 리스트

(3) 이진 탐색 트리 (binary search tree)

정렬 및 탐색 기능이 필요한 응용 프로그램에서 빈번하게 새로운 원소가 추가되고 기존 원소가 삭제되는 경우 효율적인 또 다른 자료구조로서 그림 1.15에서 보여 주는 이진 탐색 트리가 있다. 이진 탐색 트리는 데이터가 저장되어 있는 트리 노드 (tree node)가 나무 가지가 밑으로 뻗어 나가는 모습으로 구성된다. 이진탐색트리에서 각 트리노드는 최대 2개의 자식 노드 (child node)를 연결할 수 있으며, 경우에 따라 자식 노드가 하나만 있거나 자식 노드가 없는 경우가 있다. 트리노드가 상위 트리노드에 연결되어 있는 경우, 그 상위 노드를 부모 노드 (parent node)라고 한다. 자식 노드가 없는 트리노드를 리프 노드 (leaf node)라고 하며, 트리 구성에서 가장 위에 있는 트리 노드는 부모 노드가 없는 특별한 경우이며,

이를 루트 노드 (root node)라고 한다.

이진 탐색 트리에 포함되는 트리 노드들이 구성되는 기본 원칙으로 기준이 되는 트리노드의 값 보다 작은 값들을 가지는 트리 노드는 왼쪽 자식노드 또는 그 왼쪽 자식 노드의 자손 노드들로 구성될 수 있으며, 기준 트리노드의 값보다 같거나 큰 값들은 그 트리노드의 오른쪽 자식 노드 또는 오른쪽 자식 노드의 자손들 노드로 구성될 수 있다. 새로운 값을 가지는 트리 노드가 추가되거나 기존의 트리 노드가 삭제되는 경우에도 항상 이러한 기본 원칙이 유지되어야 한다.

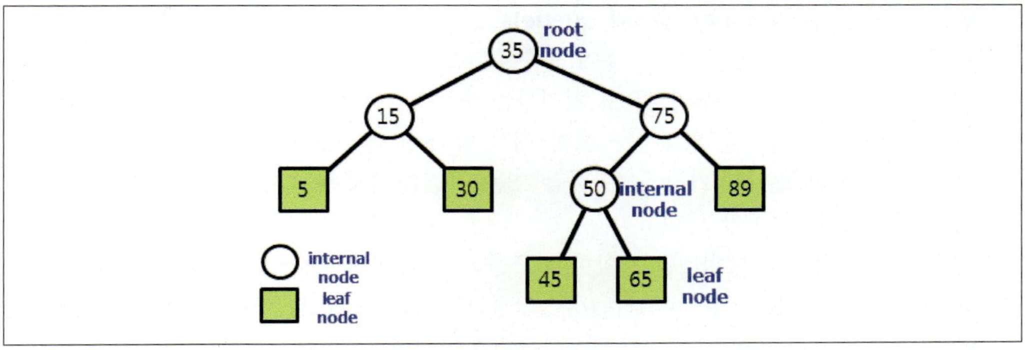

그림 1.15 이진 탐색 트리 (binary search tree)

이진 탐색 트리가 균형 잡힌 상태로 유지되는 경우 새로운 원소의 삽입과 기존 원소의 삭제, 그리고 탐색에 걸리는 시간이 전체 트리 노드 수 (N)에 대하여 $\log_2 N$에 비례하는 값을 가지므로 매우 우수한 성능을 제공한다. 따라서 새로운 원소의 삽입이 빈번하게 발생하며 정렬된 상태를 유지하여 우수한 탐색 성능을 가져야 하는 응용 프로그램에서는 이진 탐색 트리 자료구조를 사용하여 좋은 성능을 제공할 수 있다.

1.5.3 선착순 또는 우선 순위 기반의 처리를 위한 대기열 (queue)

(1) FIFO (First In First Out) 기반 선착순 처리 방식

많은 사람들이 차례로 서비스를 받아야 하는 구내식당, 은행, 극장의 티켓 부스, 공항 항공사 체크인 데스크, 열차권 발매 창구 등에서는 대부분 도착 순서대로 줄을 서서 차례를 기다린 후 본인의 차례가 도착하면 서비스 제공이 가능한 창구로 이동하여 서비스를 받게 된다. 이러한 방식은 먼저 도착한 사람이 먼저 서비스를 받는 선착순 개념이며 이를 다른 표현으로는 선입 선출 (FIFO: first in fist out) 방식이라고 한다.

컴퓨터 프로그램에서도 다양하게 발생하는 사건 (event)들을 발생된 순서에 따라 처리할 때 FIFO 방식으로 처리하며, 이 때 사용하는 자료구조가 그림 1.16에서 개념적인 구조를 보여 주는 큐 (queue)이다. 큐에는 처리 대상 사건들이 차례로 저장되어 있으며, 새로운 사건이 도착하면 이 대기열 (queue)의 맨 뒤 (back)에 저장한다. 만약 대기 중인 사건을 추가로 처리할 수 있게 되면 대기 중인 사건들 중 가장 앞에 있는 (가장 오래 기다린) 사건을 추출하여 처리하도록 한다.

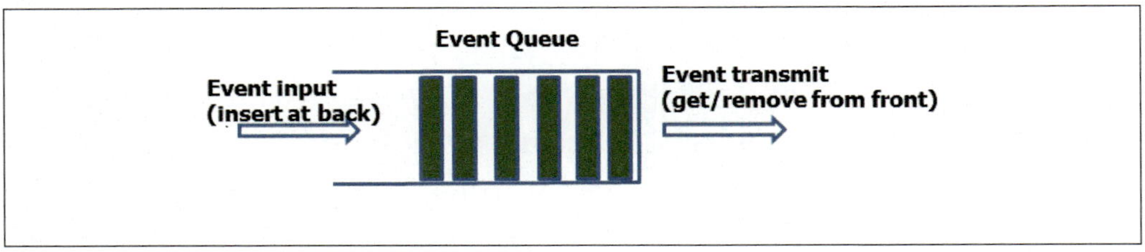

그림 1.16 FIFO 방식의 큐 (queue)

(2) 우선순위 대기열 (priority-based queue)

일상생활에서도 많이 볼 수 있는 것이 우수 고객 (premium customer)에 대한 서비스를 일반 고객과 차별화하여 우선적으로 처리하는 우선 순위 대기열 방식이다. 이렇게 우선 순위를 고려한 서비스 제공을 위해서는 현재 대기 중인 고객이나 사건들을 우선 순위에 따라 정렬하고 항상 우선 순위가 가장 높은 사람 또는 사건을 추출하여 우선적으로 처리할 수 있는 자료 구조를 사용하여야 한다.

우선 순위를 고려하여 데이터를 포함한 노드들을 저장하는 자료구조로 배열을 사용하여 완전이진트리 (complete binary tree)를 구성하는 힙 (heap) 자료구조가 있으며, 그림 1.17에서 기본 개념을 보여준다. 힙 자료구조에서는 노드가 항상 키 (key)와 값을 쌍으로 가지며, 키를 기준으로 정렬하며, 항상 가장 작은 (또는 큰) 키 값의 노드가 root node에 위치하도록 관리된다. 새로운 노드가 추가될 때에는 last node 위치에 배치한 후, 힙 노드간의 순서에 따라 root node 방향으로 위치를 재조정하는 절차를 수행하여 항상 우선 순위가 가장 높은 노드가 root node 자리에 위치하도록 한다. 힙 자료구조로부터 가장 우선 순위가 높은 데이터를 추출하는 경우 root node의 원소 값을 반환하며, last node를 root node로 이동시킨 후, 각 노드들의 우선 순위에 따라 노드간 위치를 재 조정하는 절차를 거친다. 완전이진트리 구조와 힙 자료구조에 대해서는 15장에서 상세하게 설명한다.

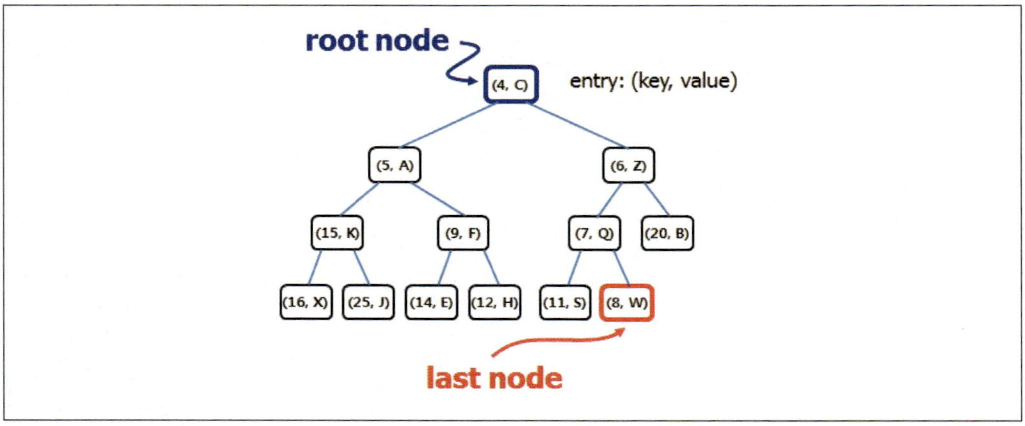

그림 1.17 완전이진트리 기반의 힙 (heap) 자료구조

1.5.4 가장 최근에 수행된 문서 편집 내용의 복원을 위한 스택 (stack)

(1) LIFO (Last In First Out) 처리 방식

대규모의 데이터를 처리하는 과정에서 문제가 발생한 경우, 처리된 내용들을 처리 순서의 반대 순서로 되돌려 주면서 잘못 처리된 내용을 원상 복구 시키도록 처리하는 경우가 많이 있다. 이 경우에는 사건들의 처리 순서를 역순으로 열거할 수 있는 자료구조가 사용되며, 가장 나중에 처리된 항목을 가장 먼저 되돌려 주는 last in first out (LIFO) 구조의 스택 자료구조가 사용된다. 그림 1.18은 LIFO 처리 방식의 스택 구조를 보여준다.

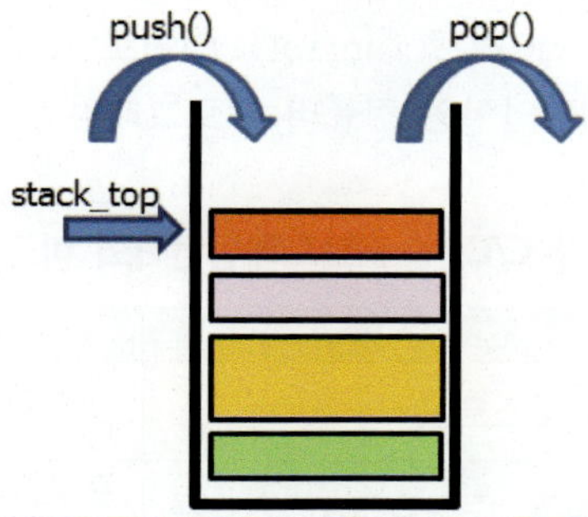

그림 1.18 Last In First Out (LIFO) 처리 방식의 스택 (stack)

LIFO 구조의 스택에서는 항상 데이터가 새롭게 추가되는 경우, 스택의 가장 위 (top)에 데이터를 저장하며, 스택으로부터 데이터를 추출할 때에도 스택의 top 위치에 있는 항목을 추출하게 된다. 따라서 항상 추출되는 데이터는 가장 나중에 추가된 데이터이며, 가장 먼저 삽입되었던 데이터는 가장 나중에 반환된다.

(2) 문서 편집기에서의 되돌리기 (undo, redo)

LIFO 처리 방식의 스택을 사용하는 응용 프로그램 예제로서 문서 편집기에서의 되돌리기 (undo) 기능을 들 수 있다. 문서 편집 작업 중에 잘못된 사항이 발생하면 undo 명령을 내리게 되는데 이 때 가장 나중에 변경된 항목부터 역순으로 되돌리기 작업이 실행된다.

1.6 파이썬 프로그래밍 준비

1.6.1 파이썬 프로그래밍언어

파이썬 (Python) 프로그래밍언어는 1991년 네덜란드 출신의 프로그래머인 귀도 반 로섬 (Guido van Rossum)이 발표한 고급 프로그래밍언어로, 플랫폼 독립적이며 인터프리터를 사용하는 객체지향적의 동적 자료형(dynamically typed)의 대화식 프로그래밍 언어 (interactive programming language)이다. 파이썬은 범용 프로그래밍언어이며 높은 수준의 자료구조들이 내장되어 있어 과학 계산, 네트워킹, 인공지능 등에서 매우 우수한 성능을 제공하는 라이브러리들이 제공되고 있어 간결하면서도 효율적인 프로그램을 빠르게 작성할 수 있다. 파이썬은 다양한 응용 프로그램을 짧은 시간에 구성하여 시험해 볼 수 있는 시제품(prototype)을 만들어 볼 수 있는 스크립트 프로그래밍언어이다.

또한 파이썬은 인터프리터 기반 스크립트 언어 (interpreter–based script language)이며, 프로그램 작성자가 한 줄의 실행문장을 입력하고 엔터키를 치면 프로그램 번역기(interpreter)가 이 한 줄을 번역하여 실행하며, 자신이 작성한 실행 문장의 실행 결과를 즉시 볼 수 있기 때문에 초보 프로그래머도 사용하기 매우 쉬운 프로그래밍언어이다. C/C++ 프로그래밍언어에서는 작성된 프로그램을 실행 단계 이전에 전체 프로그램 소스코드를 컴파일러를 사용하여 기계어 코드로 번역하는 컴파일러 방식을 사용하나, 파이썬 프로그래밍에서는 프로그램에 포함된 명령어 한 줄 한 줄을 개별적으로 번역하여 실행하는 인터프리터 방식의 프로그래밍언어이다. 파이썬은 복잡하고 까다로운 문법으로 프로그램을 작성하는 대신 간결하며 쉽게 이해할 수 있는 스크립트 (script) 언어로 프로그램을 작성한다.

표 1.10은 파이썬 프로그래밍언어와 컴퓨터 프로그래밍 교육에 많이 사용되는 C/C++프로그래밍언어를 비교하여 준다.

표 1.10 파이썬 프로그래밍언어와 C/C++ 프로그래밍언어의 비교

비교항목	C/C++	파이썬
프로그램 소스코드	C/C++ 문법 소스코드	스크립트 형식의 파이썬 문법 소스코드
문법 특징	프로그램 블록을 중괄호 ({}) 기호를 사용하여 구분 프로그램 명령어 마지막을 세미콜론 (;)으로 표시	프로그램 블록을 들여쓰기로 구분 프로그램 명령어 마지막은 줄바꿈으로 표시 (한 줄에 여러 명령어를 사용하는 경우 각 명령어를 세미콜론으로 구분)
실행코드 준비	컴파일러를 사용	프로그램 번역기 (interpreter) 사용
장점	사전에 실행코드를 생성한 후 프로그램이 실행되므로 성능이 우수함 포인터와 구조체를 사용하여 하드웨어 관리 및 제어 프로그램에 우수함	스크립트 형식의 소스코드 작성이 C/C++에 비교하여 상대적으로 쉬움 다양한 프로그래밍언어로 구현된 패키지/모듈들이 제공되며, 이들을 쉽게 설치하여 사용할 수 있음
단점	포인터와 구조체 관련 C/C++ 문법이 어려우며, 각 자료형에 정확한 데이터 처리가 명시되어야 함	프로그램 실행 단계에서 명령어를 한 줄 한 줄 인터프리터 방식으로 실행되므로 프로그램 성능이 낮음 하드웨어를 직접 제어할 수 있는 기능 구성이 어려움
주요 응용 분야	하드웨어 제어가 필요한 운영체제 알고리즘 실행 성능이 필요한 데이터 처리	다양한 프로그래밍언어로 구현된 패키지/모듈을 쉽게 설치하여 사용할 수 있어 시스템 통합

1.6.2 파이썬 설치 및 간단한 프로그램 실행

(1) 파이썬 다운로딩 및 설치 (www.python.org)

파이썬은 그림 1.19에서 보는 것과 같이 파이썬 홈페이지 (www.python.org)에서 제공하는 "Download" 메뉴에서 내려 받아 설치할 수 있다. 파이썬은 계속 진화하고 있으며 그림 1.19에서 보는 것은 Python 3.8 버전의 예를 보여준다. 파이썬 프로그램을 다운로드

한 후 "Install Now" 메뉴를 사용하여 설치할 수 있다.

파이썬의 설치 화면의 하단에 있는 "Add Python 3.8 to PATH" 를 함께 설정하여 파이썬이 설치된 경로를 컴퓨터 프로그램 실행 시 별도로 경로를 설정하지 않아도 사용할 수 있게 하는 것이 좋다. 파이썬의 설치에서 기본적으로 사용되는 경로 대신 별도의 경로를 지정하고자 하면 "Customize installation" 메뉴를 사용하여야 한다.

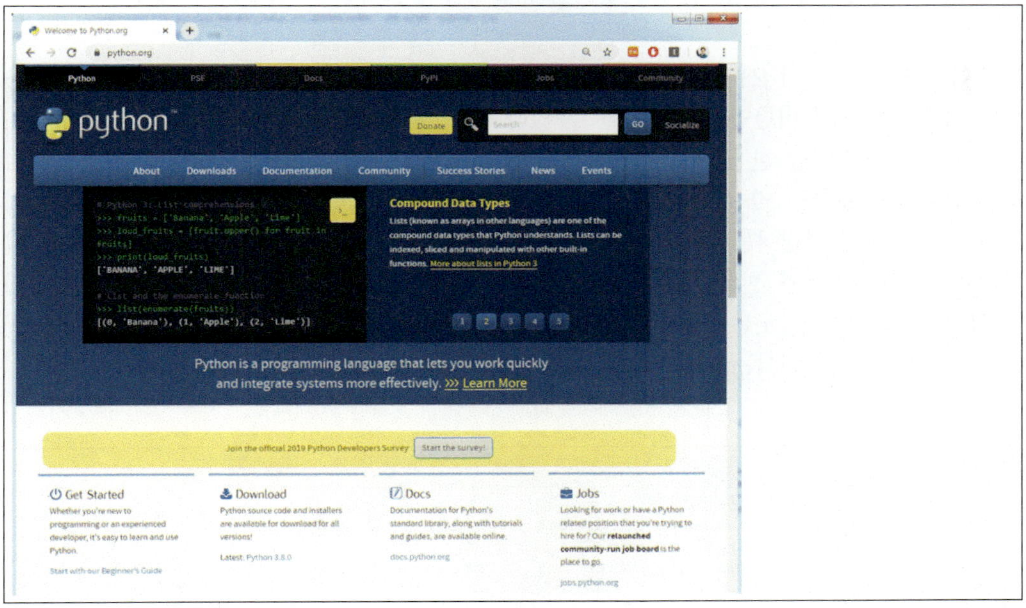

그림 1.19 파이썬 홈페이지 (www.python.org)

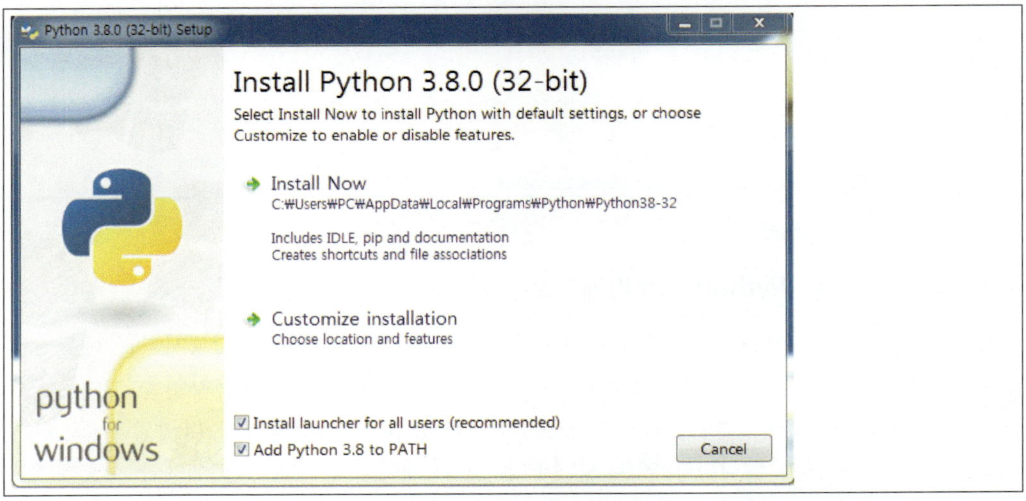

그림 1.20 파이썬 설치

1.6.3 파이썬 실행하기

설치된 파이썬을 실행시키면 그림 1.21에서 보는 것과 같은 파이썬 쉘이 실행되며, 명령어를 받아들일 준비를 하고 대기하는 상태가 된다. “>>>” 는 명령어를 입력할 수 있다는 프롬프트(prompt)이며, 그 다음에 커서가 위치하여 명령어를 입력할 수 있게 한다. 프롬프트는 명령어가 실행된 후 다시 다음 명령어를 받아들이기 위하여 즉시 다시 나타나서 대기한다.

파이썬 쉘은 그림 1.21에서 보는 것과 같이 파이썬 버전 정보를 보여 주므로 현재 사용중인 파이썬이 최선 버전인가를 확인할 수 있다. 파이썬 쉘 환경에서는 프롬프트 다음에 파이썬 프로그램 명령어를 한 줄 씩 입력하며 그 실행 결과를 확인할 수 있으므로 간단한 프로그램을 대화형으로 작성 및 실행 시킬 수 있다. 그러나 틀린 명령어가 입력되면 오류 메시지가 표시되며, 입력된 명령어들이 별도의 파일에 저장되지 않기 때문에 매번 처음 부터 입력을 다시하여야 하는 경우가 발생할 수 있어 긴 파이썬 프로그램 개발에서는 통합 개발 환경인 IDLE (Integrated Development Environment)나 파이썬 전용 툴을 사용하는 것을 권장한다. IDLE에 대해서는 다음 절에서 상세하게 설명한다.

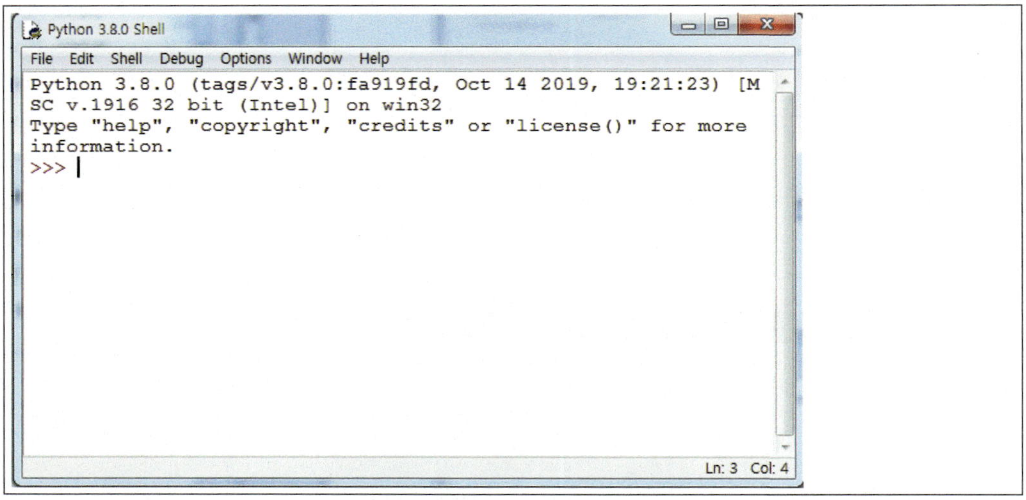

그림 1.21 Python Shell

1.6.4 파이썬 쉘 (Python Shell)에서의 간단한 프로그램 실행

그림 1.22는 파이썬 쉘 환경에서 명령어를 한 줄 단위로 입력하여 실행시키는 예를 보여준다. print() 명령어는 괄호 안에 따옴표(“...”)로 포함되어 있는 문자열을 그대로 출력하여 준다. 다음으로 정수 데이터에 대한 덧셈(+), 뺄셈(−), 곱셈(*)과 나눗셈 (/ 및 //)을 계산하여 그 결과값을 출력하는 예를 보여준다. 정수 데이터에 대한 나눗셈에는 소숫점 이하 값을 함께 포함하는 실수 자료형의 나눗셈 (‘/’)과 소숫점 이하 값을 버리고 정수부분의 값으로만 나타내는 정수 자료형 나눗셈(“//”)이 있다. 실수 자료형의 나눗셈에서는 소수점 이하의 값을 표시하여 주며, 정수형 나눗셈의 경우 소수점 이하 자리의 데이터를 무시하고 정

수 부분의 값만 출력한다.

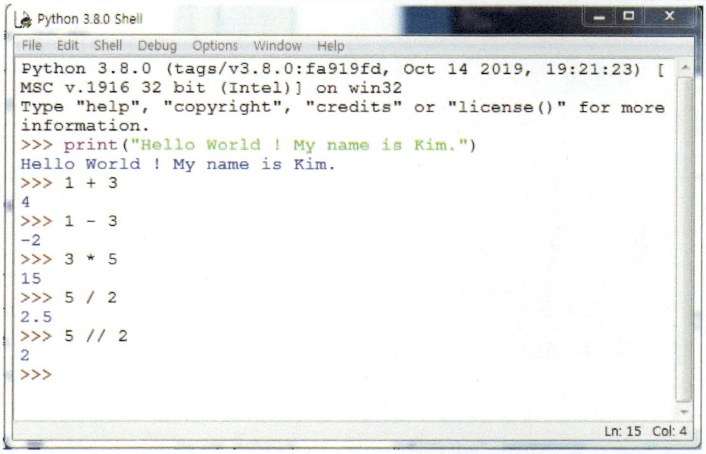

그림 1.22 파이썬 쉘과 간단한 프로그램 실행

예를 들어 그림 1.22의 예에서 5 / 2의 실행 결과는 2.5가 되며, 이는 실수 자료형의 나눗셈을 실행한 결과이다. 그러나 5//2의 경우에는 결과가 2이며, 이는 정수 자료형 나눗셈으로 나눗셈 결과에서 소수점 이하 값은 무시되며, 정수 부분만을 사용하게 되기 때문이다.

파이썬 쉘을 사용하여 한 줄 한 줄 명령어를 입력하고 실행시키는 방법은 이미 준비가 되어 있는 프로그램을 간단하게 실행시키는 것에는 편리하나, 프로그램의 각 명령어들을 한 줄 한 줄 개별적으로 실행시키며 결과를 확인하는 방법으로 진행되므로 만약 프로그램의 중간에서 입력된 명령어가 잘못되는 경우 그 줄 전체를 다시 입력하여야하기 때문에 매우 번거롭다. 따라서 많은 프로그램 개발에서는 쉘 환경에서 프로그램을 개발하지 않고 통합 개발 환경에서 프로그램 소스코드를 작성하며 여러 번의 수정 단계와 알고리즘 보완 절차에서도 소스코드의 수정 작업을 최소화할 수 있도록 한다.

1.6.5 IDLE (Integrated Development Environment)를 사용한 프로그램 작성 및 실행

파이썬 쉘의 "File" 메뉴에서 "New File" 서브 메뉴를 사용하면 새로운 파일을 만들 수 있고, IDLE (Integrated Development Environment)를 사용하여 그림 1.23과 같은 파이썬 프로그램을 입력할 수 있다. 파이썬 프로그램 소스코드가 포함된 파일은 "File" 메뉴의 "Save As" 메뉴를 사용하여 지정된 디렉토리에 특정 파일이름으로 저장할 수 있다.

파이썬 프로그램의 입력이 완료된 후, "Run" 메뉴의 "Run Module F5"를 실행하면 파일에 입력되어 있는 파이썬 프로그램이 실행된다. 그림 2.24는 그림 2.23에서 입력된 프로그램이 실행된 결과를 보여준다.

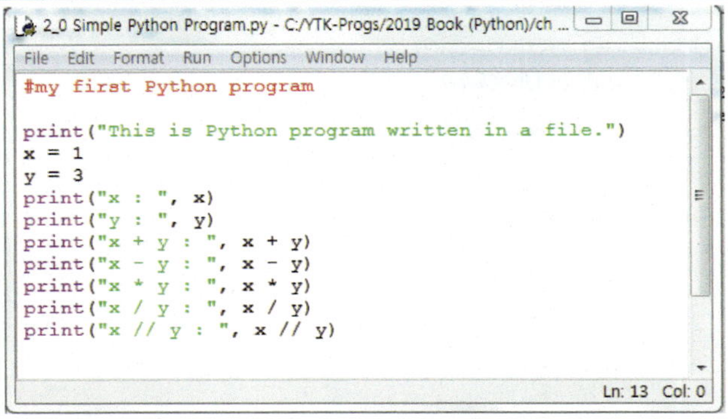

그림 1.23 IDLE를 사용하여 작성한 간단한 파이썬 프로그램

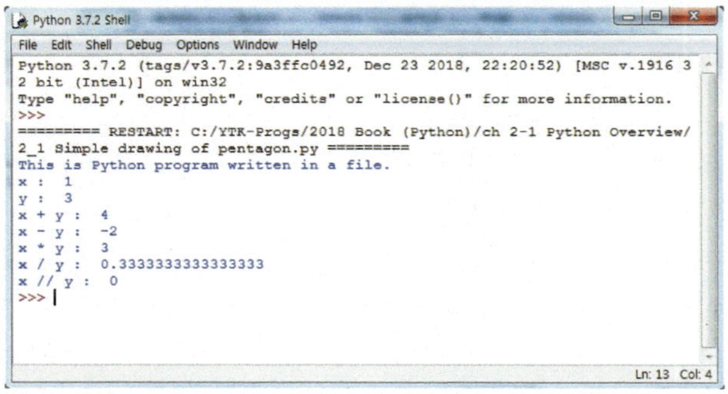

그림 1.24 간단한 파이썬 프로그램의 실행 결과

1.6.6 Microsoft Visual Studio Code (VS Code)를 사용한 파이썬 프로그램 작성 및 실행

최근 MS-Windows, Linux, MAC OS 등 다양한 운영체제 환경에서 C/C++, Java, Python, Go 등의 다양한 프로그래밍 언어를 하나의 프로그램 개발 환경으로 구현할 수 있도록 하는 장점을 제공하는 VS Code가 인기를 얻고 있으며, 다양하게 활용되고 있다. VS Code는 https://code.visualstudio.com/download에서 다운로드 받을 수 있으며, 프로그램 개발환경 확장 (extensions) 설치에서 파이썬 확장 모듈을 설치하여야 한다.

그림 1.25는 VS Code를 사용하여 파이썬 프로그램을 개발하고 있는 예를 보여 준다. VS Code를 사용하면 작성된 파이썬 프로그램을 디버깅 모드로 실행시킬 수 있으며, 각 실행 단계에서 프로그램의 상황이 어떻게 변경되는지를 쉽게 파악할 수 있다. VS Code를 사용한 파이썬 프로그램의 디버깅 방법에 대해서는 2장에서 보다 상세하게 설명한다.

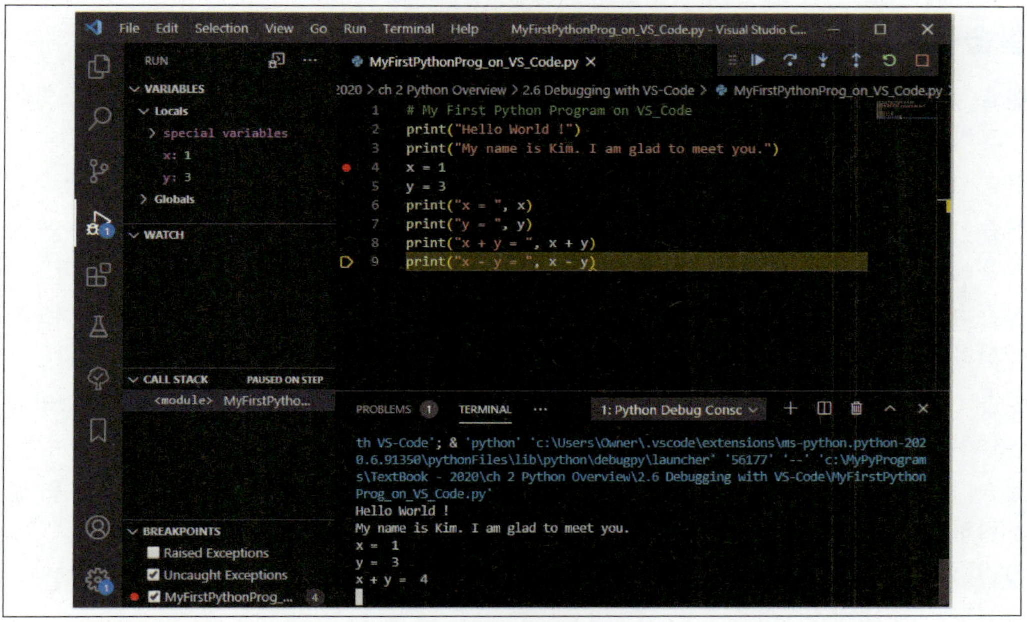

그림 1.25 VS Code에서의 파이썬 프로그래밍

연습문제

1.1 다음 용어를 예를 들어 설명하라.

1) 컴퓨팅사고
2) 컴퓨터 기본 구조
3) 컴퓨터 소프트웨어
4) 알고리즘
5) 자료구조
6) 흐름도 (flow chart)
7) 유사코드(pseudo code)

1.2 시스템 개발 절차 및 단계 대하여 설명하라.

1.3 알고리즘 설계 단계에서 수행되어야 하는 업무에 대하여 설명하라.

1.4 소프트웨어 시스템 개발에서 알고리즘과 자료구조의 설계 단계가 구현 단계보다 더 중요한 이유에 대하여 설명하라.

1.5 대표적인 자료구조들에 대하여 예를 들어 설명하라.

1.6 대표적인 알고리즘들에 대하여 예를 들어 설명하라.

실습문제

실습 1.1 직사각형의 가로 (width)와 세로 (length) 값을 입력받고, 화면에 도형을 그리는 알고리즘을 유사코드 (pseudo code)로 작성하라.

실습 1.2 5각형 별 모양의 도형을 그리는 알고리즘을 유사코드로 작성하라.

실습 1.3 10개의 데이터를 차례대로 입력받고, 입력 데이터 중 가장 큰 값, 가장 작은 값과 평균값을 계산하는 알고리즘을 유사코드 (pseudo code)로 작성하라.

실습 1.4 영어사전에서 단어를 탐색하는 알고리즘을 유사코드 (pseudo code)로 작성하라.

실습 1.5 10개의 숫자 데이터를 오름 차순으로 정렬하는 선택 정렬 알고리즘 (selection sorting)을 유사코드 (pseudo code)로 작성하라.

실습 1.6 최신 파이썬 버전을 설치하고, “Hello World, My Name Is 000 !"을 출력하는 파이썬 프로그램을 IDLE를 사용하여 작성하고, 실행하라.

실습 1.7 Microsoft Visual Studio Code를 설치하고, 파이썬 프로그램을 작성할 수 있도록 준비하라.

2장 파이썬 프로그램 기본 구조

학습목표

- Python 프로그램 기본 구성에 대한 이해
- 파이썬과 관련 패키지 설치 및 실행 요령 습득
- 파이썬 프로그램 예제 이해
- 포맷지정 데이터 입력과 출력 방법 이해
- 조건문과 반복문 구성 방법에 대한 이해
- Turtle Graphic 예제에 대한 이해
- 파이썬 프로그램의 문법적 오류와 논리적 오류 및 디버깅

개요

2.1 파이썬 프로그램 기본 구성

2.1.1 간단한 파이썬 프로그램 예제

(1) My First Python Program

그림 2.1은 간단한 파이썬 프로그램 예제를 보여주며, 그림 2.2는 이 파이썬 프로그램이 실행된 결과를 보여준다. 이 파이썬 예제프로그램은 별도의 모듈이나 패키지의 추가없이 파이썬이 제공하는 기본적인 기능으로만 구성된 프로그램의 예제이다. 먼저 큰 따옴표 (") 3개가 연속으로 나타나는 것은 주석문 (comment)이 시작되는 것을 의미하며 이중 따옴표 3개가 연속으로 나타나는 다음 표시까지의 구간을 주석문 내용으로 하고, 이 주석문은 프로그램 실행에는 포함되지 않는다. '#' 표시는 주석문 (comment)의 시작을 표시하는 또 다른 방법이며, # 문자 위치로부터 그 줄의 마지막까지가 주석문으로 취급되고, 프로그램실행에 아무런 영향을 주지 않으며, 프로그램에 대한 보충 설명을 제공한다.

파이썬 프로그래밍에서는 기본적인 기능만을 사용하는 경우 별도의 모듈이나 패키지의 추가 없이 간단하게 프로그램을 구성할 수 있다. 그림 2.1에서 보는 것과 같이 x와 y는 이 프로그램에서 사용하는 변수 (variable) 들이며, 별도로 자료형을 지정하지 않으면 이 변수에 값이 대입 (assign)될 때 그 값의 자료형에 따라 자동적으로 결정된다. 그림 2.1의 경우 x

와 y는 각각 정수 (integer) 자료형인 5와 2의 값으로 대입되므로 x와 y의 자료형은 정수형으로 설정된다.

```
"""
 Project : My first Python Program
 Author: Chul-Soo Kim
 Date of last update: July 15, 2019
 Update list:
    - v1.0 : March 1, 2019
        . My first Python program with simple
          prints of variables
    - v1.1 : July 15, 2019
        . Include str and mathematical operations
"""

print("Hello world ! I am glad to meet you !")
my_name = "Chul-Soo Kim"
print("My name is", my_name, ".")

# definitions of variables
x = 5 # variable
y = 2 # variable
print("x : ", x)
print("y : ", y)

# operations
sum_xy = x + y
sub_xy = x - y
mul_xy = x * y
div_xy = x / y
int_div_xy = x // y
print("x + y : ", sum_xy)
print("x - y : ", sub_xy)
print("x * y : ", mul_xy)
print("x / y : ", div_xy)
print("x // y : ", int_div_xy)
```

그림 2.1 간단한 파이썬 프로그램 – FirstPythonProg.py

```
Hello world ! I am glad to meet you !
My name is Chul-Soo Kim .
x :  5
y :  2
x + y :  7
x - y :  3
x * y :  10
x / y :  2.5
x // y :  2
```

그림 2.2 파이썬 프로그램의 실행 결과

print() 함수는 괄호 안의 인수(argument)로 지정된 문자열 (string), 변수의 값 또는 연산 결과 값을 출력한다. 문자열은 작은 따옴표 (') 또는 큰 따옴표 (")로 지정된다. print() 함수 내부에 x + y나 x // y와 같은 산술 연산 (mathematical operation)이 직접 실행될 수도 있으며, 그 실행 결과가 print() 함수의 실행에서 출력된다.

그림 2.2는 그림 2.1의 파이썬 프로그램이 실행된 결과를 보여준다.

(2) 데이터 입력 기능을 가지는 간단한 파이썬 프로그램

그림 2.3은 데이터 입력 기능을 가지는 간단한 파이썬 프로그램 예를 보여준다. 이 프로그램은 그림 2.1과 동일한 기능을 가지나, line 13~15에서 input() 함수를 사용하여 10진수 문자열을 입력 받고, int() 함수를 사용하여 입력받은 문자열을 정수로 변환하여 사용한다.

```
 1: """
 2:  Project : My simple Python program with data input
 3:  Author: Chul-Soo Kim
 4:  Date of last update: July 16, 2019
 5:  Update list:
 6:     - v1.0 : March 1, 2019
 7:          . My first Python program with simple
 8:            prints of variables
 9:     - v1.1 : July 16, 2019
10:          . Include input function of integer data
11: """
12: # definitions of variables
13: x_str = input("input x = ") # variable
14: y_str = input("input y = ") # variable
15: x, y = int(x_str), int(y_str)
16: print("x, y = {}, {}".format(x, y))
17:
18: # operations
19: sum_xy = x + y
20: sub_xy = x - y
21: mul_xy = x * y
22: div_xy = x / y
23: int_div_xy = x // y
24: print("x + y : ", sum_xy)
25: print("x - y : ", sub_xy)
26: print("x * y : ", mul_xy)
27: print("x / y : ", div_xy)
28: print("x // y : ", int_div_xy)
```

그림 2.3 데이터 입력 기능을 가진 파이썬 프로그램

```
input x = 7
input y = 3
x, y = 7, 3
x + y :  10
x - y :  4
x * y :  21
x / y :  2.3333333333333335
x // y :  2
```

그림 2.4 데이터 입력 기능을 가진 파이썬 프로그램의 실행 결과

2.1.2 주석문 (comment)

프로그램 작성 및 유지보수에서 주석문은 매우 중요한 역할을 하며, 회사의 실무 프로그램 개발에서는 주석문을 전체 소스코드 분량의 1/3 이상 유지되도록 하는 것이 일반적이다. 각 프로그램의 중요한 알고리즘이 어떻게 구성되었으며, 어떻게 실행되는가에 대한 보충 설명을 제공함으로써 이 프로그램을 지속적으로 개선할 때 참조할 수 있게 하고, 어떤 부분의 문제점을 해결하였을 때 이러한 문제점 다시 발생하였을 때 많은 시간이 허비되지 않다.

파이썬 프로그램에서 주석문 (comment)을 작성하는 것은 그림 2.1 line 1~8에서 2중 따옴표 3개를 연속으로 사용하여 주석문의 시작과 끝을 나타내고, 그 사이에 여러 줄에 걸친 주석문들을 작성하는 방법을 사용할 수 있다. 또 다른 방법으로는 그림 2.1 line 17~18에서 보는 것과 같이 '#' 문자를 사용하여 주석문의 시작을 알리고, 그 줄 끝까지의 구간에 주석문을 작성하는 방법을 사용할 수 있다. '#' 문자를 줄의 시작 부분에 설정하면 그 줄 전체가 주석문이 되며, 실행문 뒷 부분에 #' 문자를 사용하면 그 위치로부터 그 줄의 끝까지에 있는 내용이 주석문으로 처리된다.

표 2.1 파이썬 프로그램의 주석문

파이썬 프로그램 주석문 형식	설 명
""" comment_line_1 comment_line_2 """	여러 줄에 걸친 주석문
# comment to the end of line	'#' 문자로부터 그 줄 끝까지 주석문

프로그램 소스코드를 부분적으로 수정 및 보완하였을 때 이 수정 내용을 반드시 주석문으로 추가하여야 한다. 특히, 어떤 부분을 왜 수정하였으며, 언제 수정하였는지, 그리고 담당자가 누구였는지를 기록하여 혹시 추가적인 문제가 발견되었을 때 신속하게 처리할 수 있도록 기록으로 남겨두어야 한다. 주석문으로 상세한 설명을 남겨두지 않는 경우 소스코드의 수정 및 보완 과정에서 추가적인 오류가 발생될 수 있으며 이는 문제 해결을 더욱 어렵게 만들 수 있고, 최악의 경우에는 전체 소스코드를 다시 작성하여야 하는 문제가 발생될 수 있으며 이는 불필요한 시간 지연과 추가 비용이 발생하기 때문에 반드시 정확한 주석문으로 기록을 남겨두어야 한다.

2.1.3 변수 (variable)의 선언 및 사용

(1) 변수의 선언과 자료형 결정

프로그램의 실행이 진행되면서 중간 상태를 저장하여 다음 단계에서 사용할 수 있도록 임시로 저장하여야 하는 경우가 많으며 이를 위하여 다양한 자료형의 변수 (variable)들을 사용하게 된다. 그림 2.1에서 x와 y는 정수 (integer) 값을 가지는 변수들이며 이들이 저장하고 있는 데이터 값은 프로그램 실행 중에 다른 값으로 변경될 수 있다.

C/C++ 프로그램과는 달리 파이썬 프로그램에서는 변수를 선언할 때 자료형을 별도로 지정하지 않는다. 파이썬 프로그램 변수의 자료형은 그 변수에 값이 대입될 때 사용되는 자료형

에 따라 결정된다. 파이썬 프로그램 변수의 자료형은 프로그램 실행 도중에 변경될 수도 있다.

그림 2.5는 동일한 변수 x가 대입에 따라 다른 자료형으로 변환되는 상황을 확인할 수 있는 프로그램이다. Line 3에서는 x에 정수 1을 대입하며, line 5에서 type() 함수를 사용하여 자료형을 출력하면 <class 'int'>가 출력되는 것을 그림 2.6에서 확인할 수 있다.

```
1: # Python program variables
2:
3: x = 1 # integer
4: print("x = ", x)
5: print("type(x) = ", type(x))
6:
7: x = 2.345 #float
8: print("x = ", x)
9: print("type(x) = ", type(x))
10:
11: x = [1, 2, 3, 4] # list
12: print("x = ", x)
13: print("type(x) = ", type(x))
14:
15: x = (7, 8, 9, 10) # tuple
16: print("x = ", x)
17: print("type(x) = ", type(x))
18:
19: x = {'A':1, 'B':2, 'C':3} # dict
20: print("x = ", x)
21: print("type(x) = ", type(x))
22:
23: x = {1, 2, 3, 4} # set
24: print("x = ", x)
25: print("type(x) = ", type(x))
```

그림 2.5 변수의 자료형 확인 프로그램

```
x =  1
type(x) =  <class 'int'>
x =  2.345
type(x) =  <class 'float'>
x =  [1, 2, 3, 4]
type(x) =  <class 'list'>
x =  (7, 8, 9, 10)
type(x) =  <class 'tuple'>
x =  {'A': 1, 'B': 2, 'C': 3}
type(x) =  <class 'dict'>
x =  {1, 2, 3, 4}
type(x) =  <class 'set'>
```

그림 2.6 변수의 자료형 확인 프로그램의 실행 결과

그림 2.5 line 7, 11, 15, 19, 23에서는 각각 변수 x에 실수 (float), 리스트 (list), 튜플(tuple), dict 및 set 자료형 데이터를 대입하고, x의 자료형이 대입된 데이터에 따라 각각 <class 'float'>, <class 'list'>, <class 'tuple'>, <class 'set'>으로 변

경되는 것을 그림 2.6에서 확인할 수 있다.

자료형들이 클래스 (class)로 표시되는 것은 파이썬 프로그래밍 언어가 객체 지향형 프로그래밍 언어이며 각 자료형들이 클래스로 구현되어 있고, 변수들은 이 클래스로부터 생성되는 객체 (object)라는 것을 의미한다. 객체 지향형 프로그래밍의 클래스와 객체에 대해서는 2.4절과 8장에서 상세하게 설명한다.

2.1.4 상수 (constant)의 선언 및 사용

(1) 상수의 선언

원의 면적을 계산할 때 사용하는 원주율 (PI= 3.141592)은 값이 고정되어 있으며, 변경되지 않는 성질을 가지며, 이를 상수 (constant)라고 한다. 과학, 기술 및 수학 분야에서는 다양한 상수들이 사용되며, 이 분야의 문제들을 소프트웨어로 모델링하고 프로그램을 개발할 때 그 내용을 잘 표현할 수 있는 이름으로 상수를 지정하여 사용한다. 프로그램에서 상수를 잘 사용하면 프로그램 소스 코드를 쉽게 이해할 수 있도록 하여 프로그램 가독성 (readability)을 높인다.

```
# variables and constants in Python program

PI = 3.141592

radius = 5.0
circle_area = radius * radius * PI
print("Area of circle (radius : {}) : {}".format(radius, circle_area))

width = 5.0
length = 4.0
rectangle_area = width * length
print("Area of rectangle (width: {}, length: {}) : {}".format(width, length, rectangle_area))

base = 5.0
height = 4.0
triangle_area = (base * height) / 2.0
print("Area of triangle (base: {}, height: {}) : {}".format(base, height, triangle_area))
```

그림 2.7 파이썬 프로그램에서의 변수와 상수를 사용한 원, 삼각형, 사각형 면적 계산의 예

```
Area of circle (radius : 5.0) : 78.5398
Area of rectangle (width: 5.0, length: 4.0) : 20.0
Area of triangle (base: 5.0, height: 4.0) : 10.0
```

그림 2.8 원, 삼각형, 사각형 면적 계산 프로그램 실행 예

(2) STEM (Science, Technology, Engineering, Mathematics) 프로그램에서 많이 사용되는 기호 상수 선언 예

과학기술, 공학, 수학 분야의 프로그램에서는 다양한 공식들이 사용되고, 이 공식들에서 매우 복잡한 숫자들로 구성된 상수들을 많이 사용하게 된다. 예를 들어 원의 면적이나 둘레를 계산할 때 사용하는 원주율 (PI)은 3.14159265358979323846264338327950288 4197169...의 무한 소수 값을 가지기 때문에 프로그램에서 소수점 이하의 많은 숫자들을 원주율이 포함되는 계산을 실행할 때마다 반복하여 기입하는 경우 소스코드 상에서 잘못 입력될 가능성이 매우 높다. 이런 경우 기호상수로 한번 선언한 후 계산식이 실행되는 프로그램 코드에서는 그림 2.7 line 6에서 보는 것과 같이 기호 상수를 사용하는 것이 편리하며, 타이핑 오류가 발생하는 것을 줄일 수 있다.

표 2.2는 STEM (Science, Technology, Engineering, Mathematics) 프로그램에서 많이 사용되는 기호 상수들의 예를 보여준다.

표 2.2 STEM (Science, Technology, Engineering, Mathematics) 프로그램에서 많이 사용되는 기호 상수 예

기호 상수의 예	설 명
PI = 3.141592653589793238	원주율의 값을 의미하며, 원면적, 원둘레, 삼각함수 등에서 사용
INT_MAX = 2147483647	32비트로 표현되며 부호가 포함된 정수 중 가장 큰 값
INT_MIN = -2147483638	32비트로 표현되며 부호가 포함된 정수 중 가장 작은 값
RAND_MAX = 32767	16비트값으로 생성되는 난수 (random number)의 최대값

2.1.5 기본 수학 연산

파이썬 프로그램에서는 과학기술, 공학, 수학 분야의 프로그램에서 사용되는 기본 수학 연산 (operation) 들을 기본적으로 제공하며, 표 2.3에서 정리되어 있는 기본 연산자(operator)들을 숫자데이터에 대하여 사용할 수 있다. 파이썬의 나눗셈은 나눗셈 결과값이 정수로 정리되어 소수점 이하 값들이 생략되는 정수형 나눗셈과 소수점 이하 값을 제공하는 실수형 나눗셈을 구분하여 사용할 수 있게 한다.

표 2.3 파이썬 프로그램의 기본 수학 연산 예

파이썬 기본 연산자	예제 및 설명
+	주어진 데이터가 숫자 인 경우: 덧셈 주어진 데이터가 문자열일 경우: 문자열 병합
-	주어진 숫자 데이터에 대한 뺄셈
*	주어진 데이터가 숫자 인 경우: 곱셈 주어진 데이터가 문자열일 경우: 문자열 병합
/	주어진 숫자 데이터에 대한 실수형 나눗셈 (소수점 이하 값 유지)
//	주어진 숫자 데이터에 대한 정수형 나눗셈 (소수점 이하 값 생략)
%	주어진 숫자 데이터에 대한 모듈로 계산

파이썬 프로그램의 기본 수학 연산자들이 숫자 데이터외에 문자열 등에 사용되는 경우 숫자 데이터와는 다른 의미를 가지게 되므로 이를 잘 구분할 수 있어야 한다. 예를 들어 '+' 연산의 경우 숫자 데이터에 대해서는 덧셈 연산이 수행되지만 문자열 (str) 데이터에 대한 '+' 연산은 두 개의 문자열을 차례로 접합(concatenate)시켜 하나의 문자열을 만들어

반환하는 기능을 수행한다. 파이썬 프로그램에서 사용되는 연산 및 연산자에 대해서는 3장과 5장에서 상세하게 설명한다.

2.1.6 함수의 호출 및 실행

대부분의 프로그램은 전체 처리 기능을 적절한 단위의 업무를 담당하는 함수들로 구성하며, 주어진 업무를 처리하기 위하여 이 함수들을 호출하고 주어진 업무를 실행하게 한다. 실제 프로그래밍 언어는 다양한 업무들을 처리할 수 있는 함수들을 미리 준비하여 라이브러리 함수로 제공한다. 예를 들어 프로그램에서의 데이터 입력과 출력 기능, 많이 사용되는 수학 공식 계산 기능, 통계 및 분석 기능 등의 업무를 담당하는 함수들이 제공된다. 프로그래밍언어가 기본적으로 제공하지 않는 기능은 사용자가 정의하는 함수들도 구성하여 프로그램을 개발하게 되며, 개발된 함수는 다양한 응용 분야에 재사용될 수 있도록 개발된다.

표 2.4는 앞서 설명한 예제 프로그램에서 사용된 파이썬의 기본 함수들을 설명하고 있다. input() 함수는 표준 입력장치인 키보드로부터 문자열을 입력 받아 반환하며, 만약 input() 함수 호출에서 인수 (argument)로 문자열이 전달되었다면 이 프롬프터 문자열을 먼저 출력하여 안내 정보로 제공하고, 사용자가 입력한 문자열을 받아 반환한다. int() 및 float() 함수는 인수로 전달된 숫자 문자열을 각각 정수 및 실수로 변환하여 그 값을 반환한다. 만약 int() 함수에 소수점이하 값을 가지는 숫자 문자열이 전달되면 소수점이하 값들을 생략한 정수 값으로 변환되어 반환된다.

print() 함수는 인수로 전달된 문자열과 출력 형식 (포멧) 및 함께 전달되는 데이터들을 지정된 형식에 따라 표준 출력장치 (모니터)로 출력한다. print() 함수의 포맷 지정 방법 및 예제 프로그램은 다음 2.2절에서 상세하게 설명한다.

표 2.4 파이썬의 기본 함수 예

파이썬 기본 함수 예시	예제 및 설명
x_str = input("prompt string");	표준 입력 장치로부터 문자열 입력 prompt 문자열이 지정되어 있으면 이를 먼저 출력하고, 문자열 입력
x = int(x_str)	주어진 숫자 문자열을 정수 (integer)로 변환
y = float(y_str)	주어진 숫자 문자열을 실수 (float)로 변환
print("output string", data);	print("sum = ", sum)

2.2 파이썬 프로그램의 입력과 출력

2.2.1 파이썬 프로그램의 데이터 입출력

파이썬 프로그램 실행 중에 데이터를 입력받아 처리하여야 하는 경우 input() 함수를 사용하며, 출력은 print() 함수를 사용하게 된다. 표 2.4에서 설명하고 있는 input() 함수는 표준입력장치 (키보드)로부터 입력 문자열을 받아 반환하여 주며, 대입연산자 ('=') 왼편에 지정되어 있는 변수에 그 입력 문자열을 저장하여 준다. 한 가지 주의할 점은 이렇게 입력된 것이 숫자가 아니라 숫자를 표시한 문자열(string)이라는 점이다. 따라서 입력 문자열을 숫자로 변환하기 위한 처리를 별도로 실행하여야 한다. 표 2.4에서 설명한 것과 같이 입력 문자열을 정수형 데이터로 변환시키기 위해서는 int() 함수를 사용하여야 한다.

파이썬 프로그램의 실행 결과를 출력하기 위해서는 print() 함수를 사용한다. print() 함수의 괄호 안에는 출력 대상 문자열이 따옴표 안에 지정되며, 그 다음에 출력하고자 하는 변수를 지정할 수 있다.

그림 2.9는 파이썬 프로그램에서 문자열을 입력 받고 그 자료형을 확인하며, 입력 받은 두 개의 문자열에 덧셈 연산을 하여 출력하는 프로그램의 예를 보여준다. 그림 2.9 line 3과 7에서 입력받는 결과는 문자열이며 각각 a와 b에 저장되고, line 4와 8에서 출력하면 입력된 문자열들이 출력되는 것을 확인할 수 있다. Line 5와 9에서 a와 b이 자료형을 type() 함수를 사용하여 확인하면 그림 2.10에서 보는 것과 같이 <class 'str'>이라고 표시되며 이는 문자열 (string) 클래스 자료형인 것을 의미한다.

```
 1 :  # Python input and output
 2 :
 3 :  a = input("input a data : ")
 4 :  print("input data a = ", a)
 5 :  print("type of a is ", type(a))
 6 :
 7 :  b = input("input an integer data : ")
 8 :  print("input data b = ", b)
 9 :  print("type of b is ", type(b))
10 :  sum = a + b
11 :  print("sum is : ", sum)
```

그림 2.9 파이썬 입력 및 출력 예 – 문자열 입력과 문자열 출력

```
>>>
= RESTART: C:/YTK-Progs/2019 Book (Python)/ch 2-1 Python Overview
/2_1 Simple Python Program with input and output.py =
input a data : 10
input data a =  10
type of a is  <class 'str'>
input an integer data : 20
input data b =  20
type of b is  <class 'str'>
sum is :  1020
>>> |
```

그림 2.10 파이썬 문자열 입출력의 실행 결과

2.2.2 입력 문자열의 숫자 데이터 변환

그림 2.9 line 10에서 입력받은 두 개의 문자열에 대한 덧셈 연산을 수행하며, 그 결과를 line 11에서 출력하는데 그림 2.9에서 보는 것과 같이 두 개의 문자열이 차례로 연결되어 출력되는 것을 확인할 수 있다.

그림 2.11은 입력받은 데이터를 정수로 변환하여 프로그램에서 사용하는 예를 보여준다. Line 3과 9에서 문자열로 입력받은 후, line 6과 12에서 각각 정수형 데이터로 변환시킨 후 덧셈 연산을 하고, 그 결과를 출력한다. 그림 2.12의 파이썬 프로그램 실행 결과는 입력

된 10진수 데이터의 덧셈을 정상적으로 실행하여 출력하는 것을 알 수 있다.

```
# Simple Python program with input and output

a_str = input("input a_str : ")
print("input a_str = ", a_str)
print("type of a_str is ", type(a_str))
a = int(a_str)
print("type of a is ", type(a))

b_str = input("input b_str : ")
print("input b_str = ", b_str)
print("type of b_str is ", type(b_str))
b = int(b_str)
sum = a + b
print("sum is : ", sum)
```

그림 2.11 파이썬 문자열 입력, 정수 변환, 정수 계산 및 정수 출력 프로그램

```
>>>
 RESTART: C:/YTK-Progs/2019 Book (Python)/ch 2-1 Pyth
2_1 Simple Python Program with input and output 2.py
input a_str : 10
input a_str =  10
type of a_str is  <class 'str'>
type of a is  <class 'int'>
input b_str : 20
input b_str =  20
type of b_str is  <class 'str'>
sum is :  30
>>>
```

그림 2.12 파이썬 문자열 입력, 정수 변환, 정수 계산 및 정수 출력 프로그램의 실행 결과

2.2.3 포맷 지정 데이터 출력

(1) 출력 포맷 지정 방법

파이썬 프로그램에서 처리된 데이터를 출력할 때 포맷을 지정하여 출력하여야 할 경우가 많이 있다. 특히 다양한 자료형의 데이터들을 일정한 포맷에 맞추어 출력함으로써 전체 데이터의 차이점이나 변화를 쉽게 파악할 수 있게 한다. 파이썬 프로그램에서 출력 포맷을 지정하는 방법은 표 2.5에서 설명하는 것과 같이 %d, %s, %f과 같은 형식 지정자를 사용하여 출력 형식을 지정하는 방법과, {n:md}, {n:ms}, {n:mf} 형식을 지정하고 .format() 함수로 출력 형식을 지정하는 방법을 사용할 수 있다. 아울러 format() 함수 내부에 출력형식을 지정하는 방법을 사용할 수 있다.

(2) % 형식 지정자

그림 2.13의 print() 출력문에서는 표 2.5에서 설명한 포맷을 지정하는 예를 보여준다. 그림 2.13 line 3~4에서는 %d, %s, %f의 형식 지정자를 사용하여 출력 포맷을 지정하고 있다.

표 2.5 문자열 서식 지정

문자열 서식 지정	서식 지정 예
%d, %s, %f의 형식 지정자를 사용한 출력 형식 지정	print("%d %5d %10s, %7.3f" % (123, 456, "Python", 123.456)) %d : 10진수를 출력 %5d : 5칸을 확보하여 오른쪽으로 정렬된 10진수로 출력 %05d : 5칸을 확보하여 오른쪽으로 정렬된 10진수로 출력하며, 왼쪽에 남은 공간에 0을 출력 %c : 문자 (character) 출력 %s : 문자열 (string) 출력 %10s : 10칸을 확보하여 오른쪽으로 정렬된 문자열을 출력 %-10s : 10칸을 확보하여 왼쪽으로 정렬된 문자열을 출력 %f : 실수 출력 %7.3f : 7칸을 확보하여 오른쪽으로 정렬된 실수를 출력하며, 소수점 아래 3자리까지 출력하며, 오른쪽 빈칸은 0으로 채움
{n:x}와 .format 메소드를 사용한 서식 지정	print("{0:d} {1:5d} {2:05d} {3:10s} {4:7.3f}".format(123, 456, 678, "Python", 123.456)) {i:>} i-번째 항을 오른쪽 정렬 {i:^} i-번째 항을 중앙정렬 {i:<} i-번째 항을 왼쪽 정렬
format() 함수를 사용한 서식 지정	format(123456789, ',d') : 1000단위로 comma (,)를 삽입한 형식으로 출력

```
# Python print() with %formatting

print("%5d %7d %07d %10s %7.3f" % (123, 456, 678, "Python", 123.456789))
print("%5d %7d %07d %-10s %10.6f" % (12, 34, 5, "Python", 123.456789))

# Python print() with .format()
print("{0:5d} {1:7d} {2:07d} {3:10s} {4:7.3f}".format(123, 456, 678, "Python",
    123.456789))
print("{0:5d} {1:7d} {2:07d} {3:<10s} {4:10.6f}".format(12, 34, 5, "Python",
    123.456789))
print("{0:5d} {1:7d} {2:07d} {3:^10s} {4:10.6f}".format(12, 34, 5, "Python",
    123.456789))
print("{0:5d} {1:7d} {2:07d} {3:>10s} {4:10.6f}".format(12, 34, 5, "Python",
    123.456789))
print("Long integer with comma at each 1000 unit : ", format(123456789, ',d'))
```

그림 2.13 출력 포맷 지정 예제 - %형식 지정자, .format() 형식 지정자

%d는 십진수의 출력 포맷을 지정하며, %와 d사이에 포함된 정수 5는 총 5칸의 공간에 출력되도록 하며, 05는 5칸에 표시되는 십진수의 앞부분에 빈칸을 0으로 채워 출력하게 한다. %10s는 문자열 (string)의 출력을 지정하며 %와 s사이에 포함된 정수 10은 문자열이 총 10칸의 공간에 오른쪽 맞춤으로 정렬되어 출력되도록 한다. %-10s는 10칸에 출력되는 문자열이 왼쪽 맞춤으로 정렬되어 출력되도록 한다. %7.3f는 실수를 출력할 때 총 7칸의 공간에 소수점 이하 3자리까지 출력하도록 형식을 지정한다. 만약 소수점 이하 출려되는 자리수를 늘리기 위해서는 %10.6f와 같이 전체 칸 수를 늘리고, 소수점 이하 출력되는 자리수를 늘리도록 지정하여야 한다. 그림 2.14의 첫 두 줄에서 이 양식의 출력 결과를 볼 수 있다.

```
>>>
========= RESTART: C:\YTK-Progs\2019 Book (Python)\ch 2-1
  123      456 0000678      Python 123.457
   12       34 0000005 Python      123.456789
  123      456 0000678 Python      123.457
   12       34 0000005 Python      123.456789
   12       34 0000005   Python    123.456789
   12       34 0000005      Python 123.456789
Long integer with comma at each 1000 unit :  123,456,789
>>> |
```

그림 2.14 출력 포맷 지정 예제의 실행 결과

(3) {n:x}와 .format()을 사용한 숫자 데이터 출력

그림 2.13 line 7~10에서는 {n:x}와 .format() 함수를 사용하는 방법으로 출력 포맷을 지정하고 있다. .format() 함수를 사용하는 방법에서는 중괄호 ({})내에 콜론으로 구분되는 두 가지 항목 중 앞에 있는 n은 format() 함수에 전달되는 항목 중에서 몇 번째인가를 나타내며, 0부터 시작한다. 콜론 다음에 있는 항목이 출력대상의 출력 형식을 지정한다. %d, %c, %f, %s를 사용하여 형식을 지정하는 것과 동일한 방식으로 d는 10진수 (decimal), c는 문자(character), f는 실수 (float), s는 문자열 (string)의 의미하며, 이 자료형 문자 앞에 지정되는 숫자는 전체 칸수와 소수점 이하 자리수를 지정한다.

(4) 좌우 정렬

.format() 함수를 사용하여 출력형식을 지정할 때 해당 범위 내에서의 왼쪽, 중앙, 오른쪽 정렬을 각각 <, ^, > 문자를 사용하여 지정한다. 그림 2.13 line 9~11에서 "Python" 문자열을 10칸 범위 내에 출력할 때 차례로 왼쪽, 중앙, 오른쪽 정렬을 하여 출력하도록 하며, 그림 2.14에서 보는 것과 같다.

(5) 출력 포맷의 지정

그림 2.13 line 11에서는 format() 함수에 출력 대상 숫자와 함께 출력 포맷을 전달하는 예를 보여준다. 출력 포맷을 ',d' 로 설정하면 출력 대상 정수를 1000단위로 나누어서 콤마로 구분하여 준다. 이 방식은 큰 값의 정수를 출력할 때 쉽게 그 값을 1000단위로 나누어서 확인할 수 있도록 한다.

2.3 조건문과 반복문 개요

파이썬 프로그램 실행을 제어하기 위하여 if와 if - else의 조건문을 사용할 수 있고, 반복적인 구문 실행을 위하여 for와 while 반복문을 사용할 수 있다.

2.3.1 조건문 개요 – if, if-else

그림 2.15는 if를 사용하여 조건문을 만든 예를 보여준다. 먼저 2개의 정수 데이터를 입력하고 이 두 정수 데이터의 크기를 비교하여 결과를 출력한다. 파이썬 프로그래밍에서는 if 조건문 지정에서 괄호를 사용하지 않을 수 있으며, if 조건문의 끝에 콜론을 사용하고 있다. 조건문에 해당하는 실행 구문의 영역은 별도의 괄호없이 들여쓰기 (indent)로 구분하고 있다.

그림 2.16의 실행 결과에서 두 개의 정수 데이터 입력과 크기 비교한 결과를 보여준다.

```
# simple program to input two integers and compare
x = int(input("input first integer (x) : "))
y = int(input("input second integer (y) : "))
if x == y:
    print("x(%d) is equal to y(%d)"%(x, y))
if x < y:
    print("x(%d) is less than y(%d)"%(x, y))
if x > y:
    print("x(%d) is greater than y(%d)"%(x, y))
```

그림 2.15 조건문 if 구조 프로그램 예

```
>>>
============= RESTART: C:\YTK-Progs\2019
input first integer (x) : 7
input second integer (y) : 5
x(7) is greater than y(5)
>>>
============= RESTART: C:\YTK-Progs\2019
input first integer (x) : 3
input second integer (y) : 3
x(3) is equal to y(3)
>>>
============= RESTART: C:\YTK-Progs\2019
input first integer (x) : 4
input second integer (y) : 8
x(4) is less than y(8)
>>> |
```

그림 2.16 조건문 if의 실행 결과

그림 2.17은 if - elif - else 구조의 조건문를 사용하여 입력된 데이터가 어떤 구간에 있는가에 따라 출력을 달리하는 파이썬 프로그램 예제를 보여준다.

```
# conditional branch with if - elif - else
score = int(input('course score [0..99] = '))
if 90 <= score <= 100:
    grade = 'A'
elif 80 <= score:
    grade = 'B'
elif 70 <= score:
    grade = 'C'
elif 60 <= score:
    grade = 'D'
else:
    grade = 'F'
print("score = %d, grade = %s" %(score, grade))
```

그림 2.17 if – elif – else 구조의 조건문 예

그림 2.18은 그림 2.17의 if - elif - else 구조의 조건문의 실행 결과를 보여주며, 입력된 데이터가 속한 구간에 따라 등급을 출력하는 결과를 확인할 수 있다.

```
>>>
================ RESTART: C:\YTK-Progs\
course score [0..99] = 95
score = 95, grade = A
>>>
================ RESTART: C:\YTK-Progs\
course score [0..99] = 74
score = 74, grade = C
>>>
```

그림 2.18 if – elif – else 구조의 조건문 실행 결과

2.3.2 for 반복문 개요

(1) range() 함수를 사용한 반복 구간 지정

그림 2.19는 정수 n을 입력하고 for−loop을 사용하여 0~n까지 합산을 하는 파이썬 프로그램 예를 보여준다. 이 예제에서 사용하는 range(n, m) 함수는 n으로부터 m−1까지 차례로 숫자를 발생시켜 주며 for 반복문에서 이 숫자들의 덧셈을 순차적으로 실행한 후, line 6에서 결과를 출력한다. 그림 2.20은 입력된 n의 값이 실행 결과를 보여준다.

```
1:  # for-loop with range()
2:  n = int(input('Input n to calculate sum of [0..n] : '))
3:  nSum = 0
4:  for i in range(0, n+1): #sSum = sum(range(0, n+1))
5:      nSum += i
6:  print("Sum of [0..%d] = %d" %(n, nSum))
```

그림 2.19 for 반복문과 range() 함수를 사용하는 프로그램 예

```
>>>
================== RESTART: C:\YTK-Progs\2019
Input n to calculate sum of [0..n] : 10
Sum of [0..10] = 55
>>>
================== RESTART: C:\YTK-Progs\2019
Input n to calculate sum of [0..n] : 100
Sum of [0..100] = 5050
>>>
```

그림 2.20 for 반복문과 range() 함수 기반의 합산 프로그램 실행 결과

(2) for 반복문과 continue, break

반복문 구조에서 continue가 나타나면 그 반복문의 나머지 구간을 생략하고 다음 반복 구간을 실행하며, break가 나타나면 그 반복문을 빠져 나간다. 그림 2.21 line 8~16에서는 최대 100개의 정수를 입력받아 0이나 음수는 제외하고 합을 계산하는 프로그램이며, 만약 -1이 입력되면 for−loop을 중지하도록 한다. Line 8에서는 for−loop이 최대 100번 반복될 수 있도록 range() 함수를 사용하여 0~MAX_NUM_DATA−1 범위의 i가 생성되도록 한다. Line 9에서는 10진수 문자열을 입력받아 int() 함수를 사용하여 정수로 변환하고 그 결과를 지역 변수 data에 저장한다. 만약 입력된 정수 데이터가 -1인 경우 line 12의

break에 의해 for-loop 반복 실행이 중단된다. 그리고 만약 입력된 정수 데이터가 0보다 같거나 작은 경우, line 14의 continue에 의해 line 16에서의 합계 계산이 생략되고 다음 for-loop 반복으로 진행된다.

```
 1: # for-loop, break, continue
 2: #
 3:
 4: MAX_NUM_DATA = 100
 5: num_data = 0
 6: data_sum = 0
 7: print("Input (up to {} ) integer data.".format(MAX_NUM_DATA))
 8: for i in range(MAX_NUM_DATA):
 9:     data = int(input("Data (-1 to finish) = "))
10:     num_data = num_data + 1
11:     if data == -1:
12:         break
13:     elif data <= 0:
14:         continue
15:     else:
16:         data_sum = data_sum + data
17:
18: print("Total {} data input, sum of positive data = {}".format(num_data,
      data_sum))
```

그림 2.21 continue와 break를 사용하는 for 반복문

```
Input (up to 100 ) integer data.
Data (-1 to finish) = 10
Data (-1 to finish) = 2
Data (-1 to finish) = 7
Data (-1 to finish) = 1
Data (-1 to finish) = -5
Data (-1 to finish) = -9
Data (-1 to finish) = 2
Data (-1 to finish) = 3
Data (-1 to finish) = 13
Data (-1 to finish) = -1
Total 10 data input, sum of positive data = 38
```

그림 2.22 continue와 break를 사용하는 for 반복문이 포함된 프로그램의 실행 결과

그림 2.21의 경우와 같이 사전에 지정된 특별한 값이 입력되면 반복문을 중단하도록 하는 방법은 입력 데이터의 개수를 정확하게 알지 못한 상태에서 데이터 처리를 하여야 할 경우에 많이 사용되는 기법이며, 데이터 입력의 마지막을 표시하는 특별한 값의 데이터를 센티널(sentinel)이라고 한다.

2.3.3 while 반복문 개요

(1) while loop의 기본 구조

반복문을 구성하는 방법에는 for-loop이외에 while-loop을 사용할 수 있다. 그림 2.23

은 리스트를 생성하고 while−loop을 사용하여 반복적으로 정수를 입력받아 리스트에 추가한 후 sum에 합산하도록 한다. Line 8의 while 반복문의 실행 조건이 입력 데이터 값이 0보다 같거나 큰 경우이며, 음수가 입력되면 while−loop이 종료된다.

```
 1 :  # while-loop
 2 :
 3 :  L = list()
 4 :  print("Input integers (-1 to end)")
 5 :  x = int(input("data : "))
 6 :  n = 0
 7 :  sum = 0
 8 :  while x >= 0:
 9 :      L.append(x)
10 :      n += 1
11 :      sum += x
12 :      x = int(input("data : "))
13 :
14 :  print("Total", n, " integers were input: ", L)
15 :  print("Sum is : ", sum)
```

그림 2.23 while-loop을 사용한 데이터 입력 및 리스트 구성 예

그림 2.23 line 8~12에서 구성된 while−loop은 for−loop의 구조로도 쉽게 변경할 수 있으며, for−loop과 while−loop은 상호 호환성이 존재한다. 일반적으로 while−loop은 실행 조건을 설정하는 방법으로 반복문 실행이 제어되며, for−loop은 반복회수를 설정하는 방법으로 반복문 실행이 제어된다.

그림 2.24는 while−loop의 실행 결과를 보여준다. 이 실행에서는 7개의 정수가 입력되어 리스트에 추가되고, 그 합산된 sum이 출력되는 것을 볼 수 있다.

```
>>>
================= RESTART: C:/YTK-Progs/2019 Book (Python)
Input integers (-1 to end)
data : 3
data : 4
data : 5
data : 6
data : 7
data : 8
data : 9
data : -1
Total 7  integers were input:  [3, 4, 5, 6, 7, 8, 9]
Sum is :  42
>>>
```

그림 2.24 while-loop을 사용한 데이터 입력 및 리스트 구성 예제 프로그램의 실행 결과

(2) while 반복문과 continue, break

for 반복문에서와 마찬가지로 while 반복문에서도 continue명령문을 사용하여 반복문의 나머지 구간의 실행을 생략하고 다음 반복문 실행으로 진행하게 하며, break 명령문을 사용하여 반복문을 벗어나게 할 수 있다. 그림 2.25는 while 반복문을 구성하고 있으며 최대 100개의 정수 데이터를 입력하며 입력된 데이터를 data_sum로 합산하여 결과를 출력할 수 있게 한다.

```
 1: # for-loop, break, continue
 2: #
 3:
 4: MAX_NUM_DATA = 100
 5: num_data = 0
 6: data_sum = 0
 7: print("Input (up to {} ) integer data.".format(MAX_NUM_DATA))
 8: while num_data < MAX_NUM_DATA:
 9:     data = int(input("Data (-1 to finish) = "))
10:     num_data = num_data + 1
11:     if data == -1:
12:         break
13:     elif data <= 0:
14:         continue
15:     else:
16:         data_sum = data_sum + data
17:
18: print("Total {} data input, sum of positive data = {}".format(num_data,
    data_sum))
```

그림 2.25 while 반복문에서의 break와 continue 사용

그림 2.25 line 11~12에서는 입력 데이터가 -1이면 while 반복문을 중단하고 빠져 나갈 수 있도록 break 명령어를 실행시키며, line 13~14에서 입력 데이터가 음수이면 합산에서 제외시키도록 continue를 실행시킨다. 그림 2.26에서 break와 continue를 사용한 결과를 보여주고 있다.

```
Input (up to 100 ) integer data.
Data (-1 to finish) = 10
Data (-1 to finish) = 2
Data (-1 to finish) = 7
Data (-1 to finish) = 1
Data (-1 to finish) = -5
Data (-1 to finish) = -9
Data (-1 to finish) = 2
Data (-1 to finish) = 3
Data (-1 to finish) = 13
Data (-1 to finish) = -1
Total 10 data input, sum of positive data = 38
```

그림 2.26 while 반복문에서의 break와 continue 사용 실행 결과

3) 한줄로 입력된 정수형 데이터 중의 최댓값, 최솟값 찾기

그림 2.27은 지정된 개수의 데이터를 입력받으며 최댓값과 최솟값을 찾는 프로그램의 예제를 보인다. Line 3에서 상수 TARGET_NUM_DATA를 10으로 설정하여 line 4에서 입력 데이터 개수를 안내한다. Line 4의 input() 함수는 표준 입력장치로부터 데이터 문자열을 입력받아 int_str에 저장하게 하며, 이 데이터 문자열에는 한 줄에 10개의 정수형 데이터 문자열이 공란 (space)으로 분리되어 입력되어 있게 된다. Line 5에서는 입력 데이터 문자열의 각 정수형 데이터를 split() 함수를 사용하여 공란을 기준으로 분리시키고, 정수형

(int) 데이터로 변환시켜 리스트 L_data의 원소로 각각 매핑 시켜준다. Line 6에서 입력된 정수형 데이터 리스트를 출력하면 그림 2.28에서 보는 것과 같이 입력된 순서로 정확하게 변환되어 리스트가 구성된 것을 알 수 있다. split()과 map() 함수에 대해서는 5장 5.5.1 절에서 보다 상세하게 설명한다.

```
 1: # while-loop, find min and max of input data list
 2:
 3: TARGET_NUM_DATA = 10
 4: int_str = input("Input {} integer data in one line : ".format(TARGET_NUM_DATA))
 5: L_data = list(map(int, int_str.split(sep=' ')))
 6: print("input data = ", L_data)
 7: data_min = data_max = L_data[0]
 8: index = 1
 9: while index < len(L_data):
10:     data = L_data[index]
11:     index = index + 1
12:     if data < data_min:
13:         data_min = data
14:     if data > data_max:
15:         data_max = data
16: print("Min_data = {}, Max_data = {}".format(data_min, data_max))
```

그림 2.27 while-loop을 이용한 데이터 입력과 최솟값, 최댓값 파악

Line 7에서는 리스트의 첫 번째 원소를 data_min과 data_max로 설정하여 주며, line 8에서 index를 1로 설정하여 1 ~ 9번째 리스트 원소와 비교할 수 있게 한다. Line 9~15에서는 1 ~ 9의 값으로 설정되는 index 값을 리스트의 인덱스로 사용하여 L_data[index]의 값과 현재까지 파악된 최솟값 (data_min)과 최댓값 (data_max)과 비교하며, 만약 최솟값 보다 더 작은 경우 그 값을 새로운 최솟값으로 설정한다. 만약 L_data[index] 값이 현재까지 파악된 최댓값 (data_max)보다 더 큰 경우, 이를 새로운 최댓값으로 설정한다.

Line 16에서는 while-loop에서 파악된 입력 데이터 원소들 중 최솟값과 최댓값을 출력하여 준다. 그림 2.28에서는 입력된 10개의 정수형 데이터 값으로부터 최솟값과 최댓값을 찾아 출력한 결과를 확인할 수 있다.

```
Input 10 integer data in one line : 10 2 7 1 -5 -9 2 3 13 25
input data =  [10, 2, 7, 1, -5, -9, 2, 3, 13, 25]
Min_data = -9, Max_data = 25
```

그림 2.28 while-loop을 이용한 데이터 입력과 최솟값, 최댓값 파악 결과

2.4 객체 지향형 (object-oriented) 프로그래밍 개요

파이썬 프로그램은 기본적으로 객체 지향형 (object-oriented) 프로그래밍 언어이며 사용되는 소프트웨어 패키지와 모듈들이 대부분 C/C++ 기반의 클래스 (class)로 구현되어 있다. 따라서 파이썬 프로그래밍에 관련된 설명에서는 객체 지향형 프로그램의 용어인 클래스와 객체 등이 많이 사용된다. 이 절에서는 파이썬 프로그래밍 관련 설명에서 사용되는 용어들을 쉽게 이해할 수 있도록 객체 지향형 프로그래밍에 대한 기본 개념과 관련 용어들을 설명한다.

2.4.1 객체 지향형 프로그래밍 개요

객체 (object)란 우리 주변에서 살펴볼 수 있는 다양한 사물과 생물들을 의미하며 크기, 색깔, 위치 등의 상태 (state) 정보와 스스로 또는 다른 객체에 의하여 이루어지는 행동 (behavior)을 가진다. 예를 들어 사람에게는 이름, 생년월일, 키, 몸무게, 현재 위치, 소속기관 등의 상태 정보와 그 사람이 다른 곳으로 이동하거나, 키와 몸무게가 변하거나, 노래를 부르거나, 소속기관이 변경되는 등의 행동이 이루어질 수 있다.

소프트웨어에서 객체의 상태(state)는 데이터 멤버들로 표현되며, 행동(behavior)은 멤버 함수로 나타난다. 예를 들어 사람의 이름, 키, 몸무게 등은 데이터 멤버로 표현되고, 위치 이동 (move)이나 노래 부르기 (sing) 등은 멤버 함수로 구현될 수 있다. 사람의 상태 정보에서 생년월일이나 소속 기관 등은 단순한 자료형 하나로 표현되는 것이 아니라 복합적인 항목을 가진 또 다른 객체로 표현된다.

컴퓨터 프로그램으로 문제를 해결하고자 하는 경우, 대상 문제의 상태 정보를 객체로 표현하고, 이 객체의 행동을 멤버함수로 구현하여 소프트웨어로 구성할 수 있으며, 이 객체에 가장 적합한 자료구조와 알고리즘을 가질 수 있게 함으로써 그 문제의 효과적인 해결 방안을 도출하기 위한 소프트웨어를 개발할 수 있다.

객체 지향형 프로그래밍 (object-oriented programming)은 소프트웨어 시스템을 객체 (object) 단위로 나누고, 각 객체는 그 내부에 데이터와 관련 함수를 함께 포함하게 함으로써 독립성을 유지하게 하는 프로그래밍 기법이다. 객체 지향형 프로그래밍에서는 문제를 해결하는 함수 호출의 절차적 실행 순서보다는 각 객체가 어떻게 상호 연관성을 가지며, 각 객체 내부에서 데이터를 어떻게 정상적인 범위 내에 유지하게 하고, 그 데이터를 어떤 자료구조를 사용하여 가장 효율적으로 표현하며, 어떤 알고리즘을 사용하여 가장 효율적으로 처리할 수 있는가에 대하여 중점을 두게 된다. 객체 지향형 프로그래밍에서는 작은 단위의 객체를 모아 큰 단위의 객체를 구성하게 하고, 각 단계별 객체는 그 자체로서 독립성을 가질 수 있도록 데이터 멤버와 멤버 함수들을 관리하는 것에 중점을 둔다.

각 객체는 외부로 공개되는 인터페이스와 내부적으로 이를 구현하는 기능을 분리하여 동일한 인터페이스에 대해서도 내부적으로는 다른 알고리즘이나 기법을 사용하여 구현하는 것을 허용함으로써 새로운 기술이 쉽게 도입될 수 있게 한다. 아울러, 기존 객체를 상속받고 추가적인 상태정보와 행동을 구현함으로써 쉽게 확장된 기능의 객체를 만들 수 있도록 하는 소프트웨어 재활용의 장점도 제공한다.

2.4.2 파이썬 클래스

(1) 클래스 (class)

그림 2.5와 2.6에서 파이썬 프로그램의 자료형을 type() 함수를 사용하여 확인하였을 때 <class 'int'>, <class 'float'>, <class 'list'>등으로 표시되었으며, 이는 파이썬 자료형들이 클래스로 구현되어 있다는 것을 의미한다. 클래스는 객체 지향형 프로그래밍에서 객체의 속성을 표현하는 데이터 멤버 (data member)와 이 속성 값들을 읽거나 변경하며 관련 알고리즘을 구현하는 멤버 함수 (member function)들을 통합 모듈 개념으로 구현하고 관리할 수 있게 하며, 객체 지향형 프로그래밍의 기본 단위가 된다.

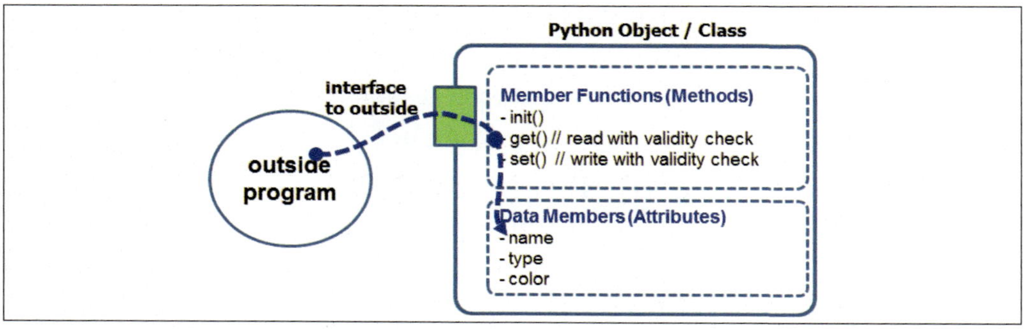

그림 2.29 객체 지향형 클래스 (class) 개념

그림 2.29에서 보는 것과 같이, 클래스 및 클래스를 기반으로 구현되는 객체에 포함되는 데이터 멤버는 그 클래스가 가질 수 있는 다양한 클래스 속성 (attribute)을 나타내는 기능을 제공한다.

클래스에서 데이터 멤버와 함께 그 데이터 멤버에 관련되는 클래스 멤버 함수 (member function)가 함께 정의되며, 이는 그 클래스의 속성을 읽거나 변경시키는 기능을 수행할 때 그 속성 값이 지정된 범위 내에 유지될 수 있도록 관리할 수 있는 기능이 클래스 속성이 정의되는 곳에 함께 포함되어 있도록 하는 것이다.

(2) 데이터 멤버와 기본 멤버 함수

클래스에는 기본적인 속성(attribute) 정보를 저장할 수 있도록 데이터 멤버가 선언되며, 클래스의 사용 용도에 따라 필요한 정보들이 가장 적합한 자료형으로 정의된다. 클래스 속성 정보는 일반적으로 외부에 공개되지 않고 보호될 수 있도록 한다. 따라서 데이터 멤버를 읽거나 쓰기 위해서는 반드시 외부로 공개된 인터페이스 멤버 함수를 경유하여야 하며, 간접적으로 사용할 수 있게 되어있다. 인터페이스 멤버 함수는 데이터 멤버의 값이 항상 정상적인 범위 내에서 유지되고 있는가, 또는 변경하고자 하는 값이 정상적인 범위 내에 있는가를 확인하는 기능을 기본적으로 제공하여야 한다.

클래스 정의에서 데이터 멤버를 관리하기 위한 기능들을 멤버 함수로 정의하게 된다. 기본적인 클래스 멤버 함수로는 표 2.6에서 보는 것과 같이 그 클래스를 사용하여 객체를 생성할 때 반드시 실행되는 생성자 (constructor)와 그 객체가 소멸될 때 실행되는 소멸자 (destructor)가 있으며, 각 데이터 멤버의 값을 읽기 위한 접근자 (accessor)와 데이터 멤버의 값을 변경하기 위한 변경자 (mutator)가 기본적인 멤버 함수이다.

표 2.6 클래스의 기본 멤버 함수

클래스의 기본 멤버 함수	설 명
생성자 (constructor)	클래스를 사용하여 객체가 생성될 때 실행되며, 초기화 기능 수행
데이터 멤버 접근자 (accessor)	클래스의 데이터 멤버 값을 읽기 위하여 접근하는 기능 제공. 예) getXXX()
데이터 멤버 변경자 (mutator)	클래스의 데이터 멤버 값을 변경하기 위한 기능 제공. 예) setXXX()

(3) dot (.) 연산자

클래스나 객체에 포함된 멤버 데이터와 멤버 함수를 사용할 때 dot (.) 연산자를 사용하여 어떤 클래스/객체의 멤버 데이터/함수인가를 지정한다. 예를 들어 class A의 멤버함수인 get()이 있을 때, A.get()으로 표현하여 클래스 A의 멤버함수 get()이 호출되는 것을 지정하게 된다. 또 다른 예로 파이썬에서 가장 많이 사용되는 리스트가 제공하는 멤버함수로 새로운 항목을 추가하여 주는 append()가 있다. 리스트 L에 새로운 항목 x를 추가하고자 하는 경우 L.append(x) 함수 호출을 하여 새로운 항목을 추가할 수 있다.

(4) 생성자 (constructor)와 초기설정자(init) 멤버함수

클래스 생성자는 그 클래스를 사용하여 새로운 객체가 생성될 때 실행되며 클래스에서 사용하고 있는 데이터 멤버들의 초기화 기능을 수행한다. C++ 객체 지향형 프로그램에서는 항상 시스템이 정상적이며 안정적인 상태에서 유지될 수 있도록 하는 시스템 안정성 (system stability)을 가장 우선적으로 강조하는데, 클래스 생성자는 새로운 객체가 생성되는 시점에서부터 모든 데이터 멤버가 정상적인 범위에서 유지되도록 하는 기능을 제공한다. 클래스 생성에 포함되는 기능이 초기설정자이며 주로 __init__()의 함수 이름으로 구현된다.

클래스 생성자는 아무런 정보가 제공되지 않는 기본 생성자 (default constructor)와 생성자에 초기화 정보가 제공되어 데이터 멤버들을 이 초기화 정보로 설정할 수 있게 하는 생성자 등으로 구현할 수 있다.

(5) 데이터 멤버 접근자 (accessor) 멤버 함수

일반적으로 데이터 멤버는 private 접근 지정 구역에 선언되어 외부로 직접 공개되지 않고 반드시 접근자 멤버 함수를 거쳐서 간접으로 사용할 수 있게 한다. 이는 외부 사용자에 의하여 데이터에 접근할 때, 그 데이터 멤버의 정보가 항상 정상적이며 안정적인 범위에 있는가를 확인한 후 외부에 제공될 수 있도록 하기 위한 것이며, 접근자 멤버 함수는 클래스 객체 내부에 있는 데이터 멤버의 값이 항상 올바른 범위에 유지되고 있는가를 확인하여야 한다.

접근자 멤버함수는 일반적으로 get_XYZ()의 이름으로 구현되어, 해당 속성값을 읽는다는 의미를 쉽게 이해할 수 있도록 한다.

(6) 데이터 멤버 변경자 (mutator) 멤버 함수

클래스에 포함된 데이터 멤버의 값을 변경하고자 할 때 클래스 외부의 다른 클래스나 함수에서 데이터 멤버에 직접 접근할 수 없도록 하는 것은 데이터가 비정상적인 값으로 변경되는 것을 방지하고, 항상 올바른 범위의 값을 가지도록 보호하기 위한 것이다. 데이터 멤버의 값을 변경할 때에는 반드시 인터페이스 멤버 함수를 사용하여 변경하도록 권고하고 있으며, 데이터 멤버의 변경을 위하여 인터페이스 함수로 선언되어 있는 멤버함수를 변경자(mutator) 멤버함수라고 한다.

변경자 멤버 함수는 일반적으로 set_XYZ()의 함수 이름을 사용하며, 클래스의 해당 속성 값을 변경시킨다는 의미를 쉽게 이해할 수 있도록 한다.

(7) 클래스 별로 특성화된 기능 함수

파이썬 프로그래밍에서 사용되는 패키지와 모듈에서는 많은 클래스들이 사용되며, 각 클래스마다 특성화된 기능 함수들이 멤버함수로 포함되어 있다. 예를 들어 int.bit_length(), float.hex(), complex.conjugate() 등이 각각 정수 자료형 (int), 실수 자료형 (float), 복소수 자료형 (complex)에 포함된 멤버 함수들이다.

2.4.3 파이썬 패키지와 모듈

(1) 파이썬 패키지와 모듈

파이썬 프로그래밍 언어는 다양한 기능들을 패키지와 모듈 형태로 필요에 따라 추가 설치하여 사용할 수 있게 한다. 이 패키지와 모듈들은 모두 객체 지향형으로 설계되고 구현되어 있으며 각 패키지와 모듈들이 제공하는 다양한 멤버함수를 사용할 수 있게 한다. 모듈은 개별적인 소스코드 파일에 다수의 멤버 함수들이 포함되어 있으며, 패키지는 다수의 모듈들을 포함하는 구조를 가진다.

(2) 파이썬 패키지의 예

표 2.7은 파이썬 프로그램의 대표적인 패키지들에 대하여 간단하게 설명하고 있다. 상세한 내용은 12장과 13장에서 설명하고 있다.

표 2.7 파이썬 패키지 예

파이썬 패키지	설명
NumPy	수학 계산용 패키지
SciPy	과학 기술 계산용 패키지이며 NumPy, SciPy, Matplotlib,IPython, Sympy, pandas등을 포함
Matplotlib	2차원 평면에 그래프와 도형을 그리는 패키지
OpenCV	영상처리용 패키지
TensorFlow	AI (인공지능) 패키지
Keras	파이썬으로 구현된 딥러닝 라이브러리이며, TensorFlow위에서 딥러닝 모델을 쉽게 구성할 수 있게 함
Pandas	데이터 분석 확장 패키지 https://pandas.pydata.org/pandas-docs/stable/
R	통계처리 패키지

2.5 Turtle Graphic 개요

파이썬 프로그래밍에서는 Turtle 그래픽 기능을 사용하여 다양한 도형을 간단하게 그릴 수 있으며 이를 사용하여 다양한 알고리즘을 시각적으로 확인하면서 적절한 프로그래밍 기법을 배울 수 있다.

2.5.1 터틀 그래픽 모듈

(1) 윈도우와 캔버스

파이썬 프로그램의 실행 결과가 출력되는 곳을 창 (즉, 윈도우 window)이라고 하며, 윈도우에는 실제 도형들이 그려지는 캔버스가 사용된다. 하나의 윈도우에 여러 개의 캔버스가 포함될 수 있으며, 각 캔버스마다 그래픽 도형들이 별도로 관리될 수 있다. 윈도우에 다수의 캔버스를 설치하고 관리하는 방법은 11장에서 상세하게 설명한다.

(2) 캔버스 상의 좌표 (coordinate)

터틀 그래픽에서 사용되는 캔버스에 도형을 그리거나 문장을 출력할 때 지정되는 위치들은 2차원 평면상의 x축과 y축의 좌표 (coordinate)로 지정된다. 터틀 그래픽에서는 하나의 윈도우에 하나의 캔버스가 사용되며, 캔버스의 중심점의 x, y좌표는 (0, 0)이 된다. 캔버스의 좌표들은 픽셀 단위로 표시되며, 가로축에서는 오른쪽으로 갈수록 x좌표가 증가하며, 세로축에서는 위로 올라 갈수록 y좌표가 증가된다.

(3) 터틀의 기본 멤버 함수

파이썬 프로그램에서 터틀 그래픽을 사용하기 위해서는 import turtle 명령을 사용하여 터틀 모듈을 추가 설치하여야 하고, turtle.Turtle() 멤버 함수를 사용하여 터틀 객체를 생성한다. 표 2.8은 터틀 그래픽의 기본 함수를 설명한다. 보다 상세한 내용은 10장에서 설명한다.

표 2.8 터틀 그래픽의 기본 함수

터틀 그래픽 기본 함수	설 명
Turtle()	터틀 객체의 생성
title(titleString)	터틀 객체가 표시되는 윈도우의 제목 설정
window_width()	윈도우 넓이 읽기
window_height()	윈도우 높이 읽기
setup(width, height)	캔버스의 크기를 가로 (width)와 세로(height)로 설정
shape()	터틀 객체의 모양을 설정 (classic: 화살 촉, circle: 원, square: 사각형, triangle: 삼각형, arrow: 화살 촉)
shapesize()	터틀의 크기를 설정
bgcolor(color)	배경색을 설정
circle(radius, steps)	주어진 반지름 (radius)의 원을 그림, steps가 주어지면 다각형을 그림
color(color)	터틀 객체의 색상을 설정
dot(size, *color)	size 크기의 color 색상의 점을 그림
goto(x_coord, y_coord)	x좌표와 y좌표로 이동
home()	중앙 (0, 0)좌표로 이동
forward(distance)	지정된 거리만큼 현재의 방향으로 전진
backward(distance)	지정된 거리만큼 현재의 반대 방향으로 후진
left(angle)	왼쪽 (반 시계방향)으로 지정된 각도만큼 회전
right(angle)	오른쪽 (시계방향)으로 지정된 각도만큼 회전

터틀 그래픽 기본 함수	설 명
penup(); up()	터틀의 펜을 위로 들어 이동에 따른 그리기가 나타나지 않게 함
pendown(); down()	터틀의 펜을 아래로 내려 이동에 따라 그리기가 나타나게 함
setposition(x, y)	터틀의 위치를 지정된 좌표(x, y)로 설정
speed()	터틀 이동 속도를 설정: 1:가장느림 ~ 9:빠름, 0: 가장빠름
textinput()	입력창을 사용하여 문자열 입력
write(label)	현재의 터틀 위치에 label 문자열을 출력

2.5.2 윈도우 크기와 좌표 확인

(1) 터틀 그래픽 기본 설정, 윈도우 크기 및 좌표 확인

그림 2.30은 터틀 그래픽에서 사용하는 기본 환경을 설정하기 위한 터틀 그래픽 기본 함수 사용 예를 보여준다. 먼저 line 3에서 터틀 윈도우의 제목을 설정하며, line 4에서 setup() 함수를 사용하여 윈도우의 가로와 세로 크기 및 화면에서의 시작 지점을 설정한다. 다음으로 현재 사용 중인 윈도우의 가로 크기와 세로 크기를 window_width()와 window_height()를 사용하여 확인한다. 윈도우에 그릴 도형의 범위를 설정하기 위하여 x_max와 y_max 값을 윈도우 가로와 세로 크기의 절반에서 margin 만큼 줄인 값으로 설정한다.

터틀 객체를 Turtle() 함수를 사용하여 생성한 후, 터틀의 모양을 화살촉 모양인 classic으로 설정한다. 그림 2.30 line 15에서는 write() 함수를 사용하여 좌표 (0, 0) 값을 현재의 터틀 위치인 (0, 0)위치에 출력한다.

Line 16에서는 원점 (0, 0)위치에 반경 (radius) 5의 원을 붉은색 선으로 그린다. Line 17~18에서는 터틀 객체를 (−x_max, 0)의 위치로 이동하여 반경 (radius) 5의 원을 녹색 선으로 그리며, 그 위치에 (−x_max, 0)의 값을 출력하여 좌표를 알려 준다. Line 19에서는 좌표 (−x_max, 0)에서 (x_max, 0)까지 goto() 함수를 사용하여 이동하면서 가로축 선을 그린 후, 푸른색 점을 표시하고, line 20에서 좌표값을 출력한다. Line 21~24에서는 penup()을 사용하여 그리기를 중단시킨 후, 좌표 (0, y_max)위치로 이동하고, pendown()으로 그리기를 계속하게 하며, dot() 함수를 사용하여 원 표시를 그린 후, 좌표를 출력한다. Line 25~26에서는 goto() 함수를 사용하여 좌표 (0, −y_max)까지의 선을 그리며, 노란색 원을 표시하고, 좌표를 출력한다. Line 27에서 penup()을 사용하여 그리기를 중단시킨 후, home() 함수를 사용하여 원점(0, 0)으로 위치를 이동한다.

실행 결과는 그림 2.31에서 볼 수 있다.

```
# turtle graphic - window size, coordinates
import turtle
turtle.title("Turtle window with coordinates")
turtle.setup(500, 500, 100, 100) # width, height, start_x, start_y
turtle.bgcolor("light grey")
win_width, win_height = turtle.window_width(), turtle.window_height()
margin = 50
x_max, y_max = win_width // 2 - margin, win_height // 2 - margin
t = turtle.Turtle()
#t.shape("turtle") #shape can be ‘arrow’, ‘classic’, ‘turtle’, 'triangle', 'square' or ‘circle’
t.shape('classic')

#t.penup()
size = 5
t.write("({}, {})".format(0, 0))
t.dot(size, 'red')
t.goto(-x_max, 0); t.dot(size, 'green')
t.write("({}, {})".format(-x_max, 0))
t.goto(x_max, 0); t.dot(size, 'blue')
t.write("({}, {})".format(x_max, 0))
t.penup(); t.goto(0, y_max)
t.pendown()
t.dot(size, 'purple')
t.write("({}, {})".format(0, y_max))
t.goto(0, -y_max); t.dot(size, 'yellow')
t.write("({}, {})".format(0, -y_max))
t.penup(); t.home() # t.goto(0, 0)
```

그림 2.30 윈도우 크기와 좌표 확인

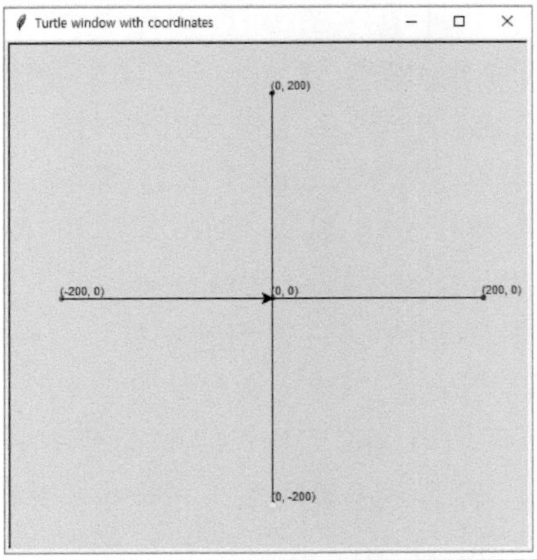

그림 2.31 윈도우 크기와 좌표 확인 결과

(2) 삼각형 그리기

터틀 그래픽을 사용하여 가장 기본적인 도형을 그리는 방법에 대하여 살펴보자. 그림 2.32는 파이썬 터틀 그래픽 모듈을 사용하여 삼각형을 그리는 방법에 대하여 설명하고 있다.

Line 3에서 터틀 그래픽 모듈을 import 명령을 사용하여 설치하며, line 4에서 터틀 그래픽 윈도우의 제목을 설정하며, line 5에서 터틀 그래픽이 사용할 윈도우의 크기 (가로 500 픽셀, 세로 500 픽셀)와 윈도우의 시작 위치 (화면에서 x좌표 100 픽셀, y좌표 100픽셀)를 turtle 모듈의 setup() 함수를 사용하여 설정한다.

```
 1: # turtle - drawing of triangle
 2:
 3: import turtle
 4: turtle.title("Turtle graphic - drawing a triangle")
 5: turtle.setup(500, 500, 100, 100) # width, height, start_x, start_y
 6: t = turtle.Turtle()
 7: t.shape("turtle")
     #shape can be 'arrow', 'classic', 'turtle', 'triangle', 'square' or 'circle'
 8: t.pensize(10)
 9: t.pencolor("red") # color can be 'blue', 'green', 'yellow', 'orange', 'black', and ...
10: t.speed(1) # 1: slowest, 9: fast, 0: fastest
11:
12: side = 200
13: turn_angle = 120
14: t.forward(side)
15: t.left(turn_angle)
16: t.forward(side)
17: t.left(turn_angle)
18: t.forward(side)
19: t.left(turn_angle)
```

그림 2.32 파이썬 터틀을 사용한 삼각형 그리기

Line 6에서는 Turtle() 함수를 사용하여 터틀 객체인 t를 생성하고, line 7에서 shape() 함수를 사용하여 터틀 객체 t의 모양을 설정한다. 터틀 객체 모양을 'turtle' 로 설정하면 그림 2.33에서 보는 것과 같은 조그마한 거북이 모양의 커서를 생성하여 사용하도록 준비한다. 이 shape() 함수를 사용할 때 turtle 모듈의 함수가 아니라 터틀 객체의 함수를 실행시키기 때문에 t.shape() 형식으로 실행 시키며, 이는 함수 shape()이 터틀 객체 t의 함수 인 것을 의미한다. 같은 요령으로 line 8 ~ 10에서는 pensize() 함수를 사용하여 펜의 굴기 (즉, 선의 굴기)와 펜의 색깔, 펜 움직임 속도를 각각 설정한다. 펜의 색깔은 붉은색 (red) 이외에도 다양한 색상을 설정할 수 있다. t.speed() 함수는 터틀 객체의 이동 속도를 설정하여 실제 거북이가 움직이는 속도를 천천히 (1) ~ 빠르게 (9)로 설정할 수 있다.

Line 12 ~ 19에서는 설정된 터틀 객체의 속성을 사용하여 삼각형을 그린다. 먼저, 삼각형 크기는 변의 길이 (side)를 200 픽셀로 설정하며, 회전 각도 (turn angle)는 120도로 설정한다. t.forward(side) 명령을 사용하여 현재 거북이가 향하고 있는 방향 (초기 방향은 수평으로 오른쪽 방향)으로 side 거리만큼 전진하며, 다음에 t.left(turn_angle) 명령에 따라 turn_angle 각도 만큼 왼쪽 (반시계 방향)으로 회전한다. 이 전진과 회전 동작을 세 번 반복하면 터틀 그래픽 모듈이 사용하는 윈도우 상에 붉은색의 삼각형이 나타나게 된다.

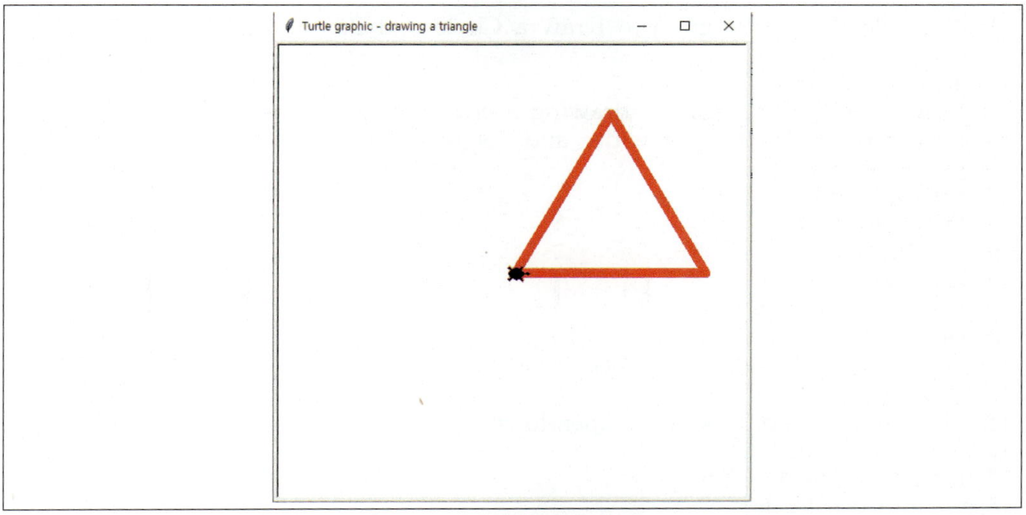

그림 2.33 파이썬 터틀을 사용한 삼각형 그리기 실행 결과

그림 2.32의 삼각형 그리기 파이썬 터틀 그래픽 프로그램에서 삼각형을 그리기 시작하는 위치가 윈도우의 중앙에서 시작하며, 시작 시점에서의 움직임 방향이 오른쪽으로 설정되어 있기 때문에 그려진 삼각형이 윈도우의 오른쪽 상단으로 치우쳐 있는 것을 알 수 있다.

(3) 윈도우의 중심에 원과 박스 십자 도형 그리기

터틀 그래픽에서 도형을 그릴 때 윈도우의 중심에 배치하기 위해서는 도형 그리기 시작 지점을 수정하여 주어야 한다.

그림 2.34의 line 13에서는 t.goto() 명령어를 사용하여 터틀 그래픽 시작 위치를 조정하고 있다. 이 때 이동 중에 표시를 남기지 않아야 하는데, line 13에서는 시작 위치로 이동하기 전에 t.up() 함수를 사용하여 터틀의 이동 중에 표시가 남지 않게 한 후, t.goto(0, −side) 함수를 사용하여 원의 반지름만큼 중앙 위치에서 수직 아래쪽으로 이동하게 하여 원이 중앙에 정렬될 수 있게 하고, t.down()을 사용하여 터틀 이동에 따라 도형이 그려지도록 한다. Line 13에서는 t.circle()을 사용하여 원을 그린다.

Line 15에서는 중앙 위치에서 수직으로 side×2만큼 아래쪽으로 이동하게 하여 박스형 십자가 모습이 윈도우의 중앙에 정렬될 수 있게 한다. Line 17 ~ 24에서는 for−loop 반복문을 사용하며, t.forward(), t.left(), t.right() 함수들을 조합하여 박스형 십자가 도형을 그리도록 한다.

```
# Simple Python Program to Draw a Circle and Box Cross

import turtle
turtle.title("Turtle graphic - drawing a circle and box cross")
turtle.setup(500, 500) #set width and height of canvas
t = turtle.Turtle()
t.shape('turtle')
t.pencolor('red')
t.width(5)
t.speed(1)

side = 50
t.up(); t.goto(0, -side); t.down()
t.circle(side)
t.penup();  t.goto(0, -side*2); t.pendown()
t.pencolor('blue')
for i in range(4):
    t.forward(side)
    t.left(90)
    t.forward(side)
    t.right(90)
    t.forward(side)
    t.left(90)
    t.forward(side)
t.up(); t.home(); t.down()
```

그림 2.34 윈도우 중심에 원과 박스 십자가 도형 그리기 (part 1)

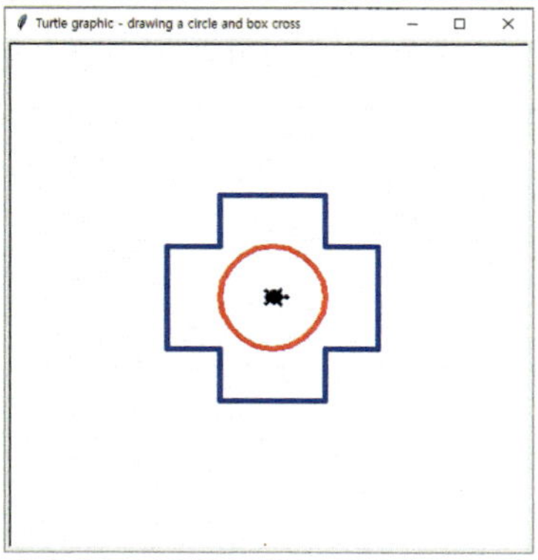

그림 2.35 윈도우 중심에 원과 박스 십자 도형 그리기 실행 결과

(4) 윈도우 기본 정보 확인 및 테두리를 따라 사각형 그리기

터틀 그래픽 프로그램이 사용하는 윈도우의 테두리를 따라 사각형을 그려보면 윈도우의 크기와 윈도우 내부에서의 각 지점의 좌표에 대하여 정확하게 이해할 수 있다. 그림 2.36의 예제 프로그램에서는 터틀 그래픽 윈도우의 크기를 window_width() 함수와 window_height() 함수로 읽어 오며, 이 값을 사용하여 윈도우의 좌우측 좌표값과 상하측 좌표값 들을 계산할 수 있다.

```
 1: # turtle - rectangle of window
 2:
 3: import turtle
 4: turtle.setup(500, 500, 100, 100) # width, height, start_x, start_y
 5: turtle.bgcolor("light grey")
 6: win_width = turtle.window_width()
 7: win_height = turtle.window_height()
 8: margin = 30
 9: x_max = win_width // 2 - margin
10: y_max = win_height // 2 - margin
11: t = turtle.Turtle()
12: t.shape('classic')
13: t.color('blue')
14: t.speed(1)
15: PEN_WIDTH = 10
16: t.width(PEN_WIDTH)
17:
18: t.penup(); t.goto(-x_max, -y_max); t.pendown()
19: t.forward(x_max * 2); t.left(90)
20: t.forward(y_max * 2); t.left(90)
21: t.forward(x_max * 2); t.left(90)
22: t.forward(y_max * 2); t.left(90)
23: t.penup(); t.home(); t.pendown()
```

그림 2.36 윈도우 기본 정보 확인 및 테두리를 따라 사각형 그리기

Line 9~10의 x_max, y_max 값을 계산할 때 실제 윈도우 크기 보다 Line 8에서 설정한 margin 값 만큼 줄여서 사각형 테두리를 그릴 수 있게 한다.

Line 11~16에서는 터틀 객체를 생성한 후, 모양과 색상 및 펜 굵기를 설정하고, line 18 에서 사각형의 좌측 하단 모서리로 이동한 후, line 19~ 22에서 forward() 및 left() 함수를 사용하여 윈도우의 테두리를 따라 사각형을 그리도록 한다. 그림 2.37에서 실행 결과를 확인할 수 있다.

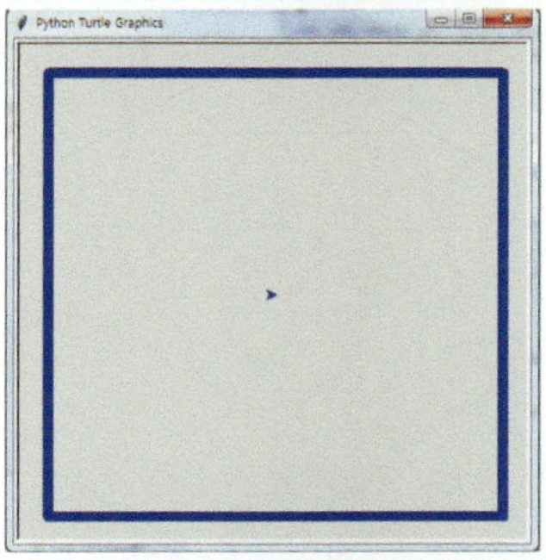

그림 2.37 윈도우 테두리를 따라 사각형 그리기 실행 결과

2.5.3 터틀을 사용한 기본 도형 그리기 - 원, 삼각형, 사각형, 오각형, 육각형

그림 2.38은 터틀 그래픽을 사용하여 원과 다각형을 윈도우의 중심에 정렬하여 그리는 예제를 보여준다. Line 3에서 터틀 모듈을 설치한 후, line 5~10에서 터틀 객체의 모양을 설

정하며, 다양한 색상을 리스트로 준비한 후, 다각형의 꼭지점 개수를 색상의 가지수로 설정한다. Line 8에서는 원의 반지름을 설정하고, line 9에서 t.speed(1)을 사용하여 터틀의 이동 속도를 가장 낮은 속도로 설정한 후, line 10에서 터틀이 사용하는 펜의 굵기를 설정한다.

```
 1: #Simple Python Program for Shape Drawing with Text Inputs
 2: #
 3: import turtle
 4: t = turtle.Turtle()
 5: t.shape('classic')
 6: colors = ["red", "green", "blue", "orange", "magenta", "purple", “black”]
 7: num_vertices = len(colors)
 8: radius = 50
 9: t.speed(1)
10: t.width(3)
11:
12: for i in range(num_vertices):
13:     circle_steps = i
14:     t.color(colors[i])
15:     if i == 0:
16:         t.up(); t.setposition(0, -radius//2); t.down()
17:         t.circle(radius//2)
18:     elif i == 1 or i == 2:
19:         t.up(); t.setposition(0, -radius * i); t.down()
20:         t.circle(radius * i)
21:     else:
22:         t.up(); t.setposition(0, -radius * i); t.down()
23:         t.circle(radius * i, steps = circle_steps)
24:     t.up(); t.setposition(0, 0); t.down() # return to the origin
```

그림 2.38 터틀 그래픽을 사용한 원 및 다각형 그리기

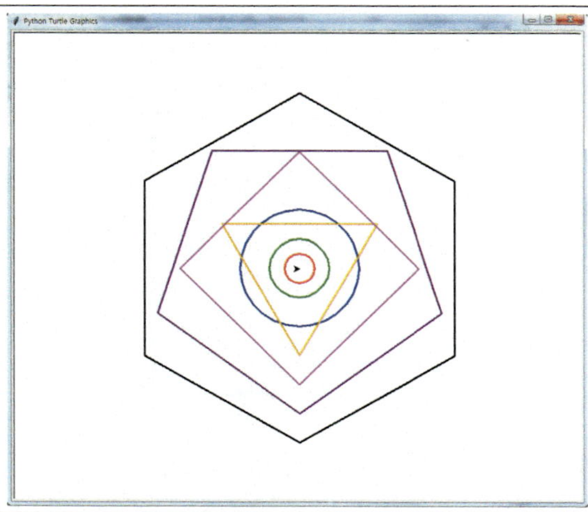

그림 2.39 터틀 그래픽을 사용한 원 및 다각형 그리기 실행 결과

그림 2.38 line 12~24에서는 for-loop을 사용하여 원 및 다각형을 t.circle() 함수를

사용하여 윈도우의 중심에 정렬하여 그린다. Line 16, 19, 22에서는 도형의 모양에 따라 시작 위치를 조정하여 터틀 객체가 그리는 도형들이 윈도우 중앙에 정렬될 수 있도록 t.setposition()을 사용하여 Y축의 아래쪽 방향으로 이동하여 시작하게 한다.

Line 17, 20, 23에서는 t.circle(radius, steps) 함수를 사용하여 원과 다각형을 그린다. 만약 t.circle() 함수에 전달되는 인수가 반경 (radius)만 전달하면 원을 그리며, steps 인수를 함께 전달하면 반지름 (radius)을 가지는 원 둘레 상에 steps 개수 만큼의 꼭지점을 가지는 다각형을 그린다. 꼭지점의 시작은 Y축 상의 하단에서 시작하게 된다. 그림 2.34에 터틀 그래픽을 사용한 원 및 다각형 그리기 실행 결과를 보여준다.

2.5.4 Turtle을 이용한 별 그리기

그림 2.40은 Turtle 그래픽 기능을 사용하여 별 (star)를 그리는 파이썬 프로그램 예제를 보여준다. Turtle 그래픽 기능을 사용하기 위해서는 그림 2.40 line 4에서 보는 것과 같이 먼저 turtle 모듈을 import 시켜야 한다. Line 5에서는 turtle 그래픽에서 사용하게 될 캔버스의 크기를 setup() 멤버함수를 사용하여 500 × 500 픽셀 크기로 설정한다. 다음으로 line 6에서 turtle 모듈의 Turtle() 생성자가 반환하는 그래픽 객체를 t로 사용하도록 설정하며, line 7~9에서 커서의 모양 (classic은 화살촉 모양), 펜 색깔, 펜 굵기를 각각 설정한다.

Turtle 그래픽에서는 별도로 지정하지 않으면 항상 캔버스의 중앙 위치에서 그리기 시작하므로 전체 도형이 캔버스의 중앙에 정렬되지 않을 경우가 있으며, 이를 보정하기 위하여 line 11에서 보는 것과 같이 시작 위치를 goto(x, y) 멤버함수를 사용하여 지정된 x, y 좌표로 이동시킬 수 있다. 이 때 penup()을 미리 실행하는 것은 캔버스 중앙 위치에서 지정된 시작 위치로 커서를 이동시킬 때 이동 궤적이 선으로 나타나지 않도록 방지한다. 커서가 지정된 시작위치로 이동한 후에는 line 12와 같이 pendown()을 실행시켜 이후에는 커서의 이동 궤적에 따라 선이 나타나도록 한다.

그림 2.40 line 14~16에서는 for 반복문을 사용하여 i 값이 0~4 범위의 정수값일 때 현재의 커서 위치와 이동 방향 (초기에는 오른쪽 수평 이동 방향 기준)으로 지정된 거리만큼 forward() 함수를 사용하여 이동시키며, 그 다음에 right() 함수를 사용하여 지정된 각도로 시계방향으로 방향을 전환한다. range(n) 함수는 인수로 전달된 n값에 따라 0~n−1 범위의 정수를 차례로 생성하여 반환하므로, for−loop과 결합하여 전체적으로 n번 반복 실행하도록 한다.

그림 2.41은 그림 2.40의 파이썬 프로그램이 실행된 결과를 보여준다. 이 turtle 그래픽 프로그램에서 지정된 캔버스 크기 (500 × 500 픽셀 크기)로 새로운 창이 생성되며, 시작위치는 캔버스의 정 중앙이 아니라 goto(−125, 50)에서 지정한 것과 같이 x 좌표로는 중앙에서 왼쪽으로 125만큼 이동하며, y축으로는 위쪽으로 50만큼 이동하여 그리기가 시작된 것을 알 수 있다.

for 반복문의 실행에서 현재의 커서 이동 방향으로 200 픽셀만큼 이동한 후, 시계방향으로 144° 만큼 커서 이동방향을 회전시킨다. 이러한 동작을 5번 반복하면 그림 2.41에서 보는 것과 같은 별이 그려지게 된다.

```
# Simple Python Program to Draw a Star
#

import turtle
turtle.setup(500, 500) #set width and height of canvas
t = turtle.Turtle()
t.shape('classic')
t.pencolor('red')
t.width(10)
t.penup() #pen up to prohibit drawing
t.goto(-125, 50) # moving to starting position
t.pendown() #pen down to draw

for i in range(5):
    t.forward(200)
    t.right(144)
```

그림 2.40 Turtle 그래픽 기능을 이용한 별 (star) 그리기

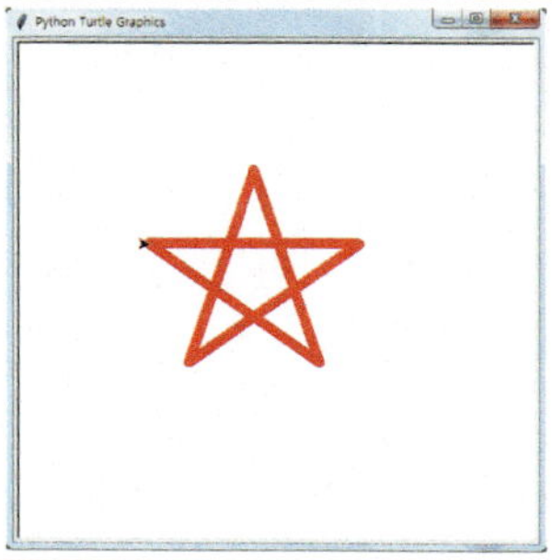

그림 2.41 Turtle 그래픽 기능을 이용한 별 그리기 결과

2.5.5 Turtle textinput() 함수

(1) 꼭지점의 개수를 입력 받아 다각형 그리기

그림 2.42는 터틀 그래픽 패키지를 사용하여 다각형 그리기를 실행하는 예제를 보여준다. Line 2에서 turtle 패키지를 포함시키며, line 4에서 turtle 패키지의 Turtle()을 t로 사용할 수 있게 설정한다. t.shape() 메소드에서 커서의 모양을 화살촉 모양인 'classic' 으로 설정한다.

그림 2.42 line 6에서 t.width()는 펜의 굵기를 설정하며, pencolor()는 펜의 색깔을 설정한다. textinput() 메소드는 별도의 입력창을 만들어 데이터를 입력할 수 있게 한다. 이 입력 정수 데이터는 line 11~13에서 다각형을 그릴 때 사용된다. 그림 2.43의 실행 예제에서는 7을 입력받아 7각형을 그리는 실행결과를 볼 수 있다.

```
# Sample program that draws a polygon with input N
import turtle

t = turtle.Turtle()
t.shape('classic')
t.width(3)# set pen thickness
t.pencolor("red")
s = turtle.textinput("", "Number of points in polygon?")
n = int(s)

for i in range(n):
    t.forward(100)
    t.left(360/n)
```

그림 2.42 Turtle 그래픽 기능을 이용한 다각형 그리기 예제

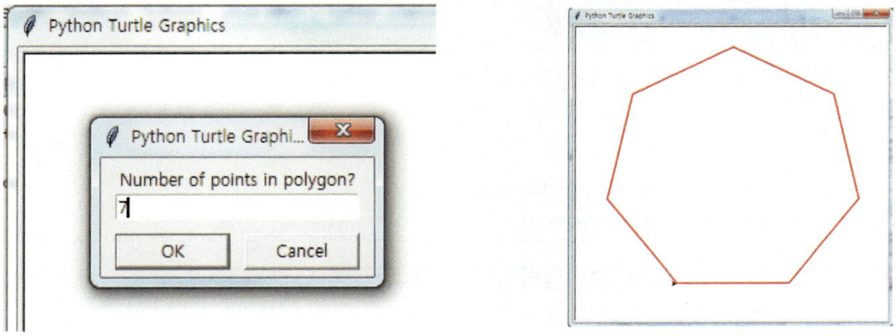

(a) textinput()을 사용한 입력 (b) 터틀 그래픽 결과

그림 2.43 Turtle 그래픽 기능을 이용한 다각형 그리기 예제 프로그램의 실행 결과

(2) 도형의 중심 좌표 값과 반지름을 입력 받아 원과 다각형 그리기

그림 2.44에서는 turtle.textinput() 함수를 사용하여 텍스트 입력창으로 도형의 중심 좌표 (x, y) 데이터의 문자열을 입력받고, 반지름 (radius) 값과 circle의 steps 값의 문자열을 입력 받으며, line 13~15에서 int() 함수를 사용하여 정수 데이터로 변환한다. Line 16에서는 setposition()함수를 사용하여 지정된 위치로 이동하여, write() 함수를 사용하여 해당 위치에 원을 그린다는 문자열을 출력한다.

Line 10에서는 도형의 중심위치에 dot() 함수를 사용하여 붉은색 점을 그린다. Line 20~23에서는 circle() 함수를 사용하며, circle_steps 값에 따라 원 또는 다각형을 그린다. Line 24에서는 setposition(0,0) 함수를 사용하여 윈도우의 중심으로 이동하여 다음 도형을 그릴 준비를 한다. 그림 2.45에서 5개의 도형을 각각 다른 위치에 그리는 결과를 살펴볼 수 있다.

```
#Simple Python Program for Shape Drawing with Text Inputs
import turtle
t = turtle.Turtle()
t.shape('classic')

while True:
    #text input for shape type
    pos_x_str = turtle.textinput("", "position_x : ")
    pos_y_str = turtle.textinput("", "position_y : ")
    radius_str = turtle.textinput("", "radius : ")
    circle_steps_str = turtle.textinput("", "circle steps (0 means simple circle) : ")
    pos_x, pos_y = int(pos_x_str), int(pos_y_str)
    radius = int(radius_str)
    circle_steps = int(circle_steps_str)
    t.up(); t.setposition(pos_x, pos_y); t.down()
    t.write("Drawing a circle of radius ({}) at position({}, {})"\
     .format(radius, pos_x, pos_y))
    t.dot(10, "red")
    t.up(); t.setposition(pos_x, pos_y - radius); t.down()
    if circle_steps == 0:
        t.circle(radius)
    else:
        t.circle(radius, steps = circle_steps)
    t.up(); t.setposition(0, 0); t.down() # return to the origin
```

그림 2.44 도형의 중심 좌표값과 반지름을 입력받아 원과 다각형 그리기

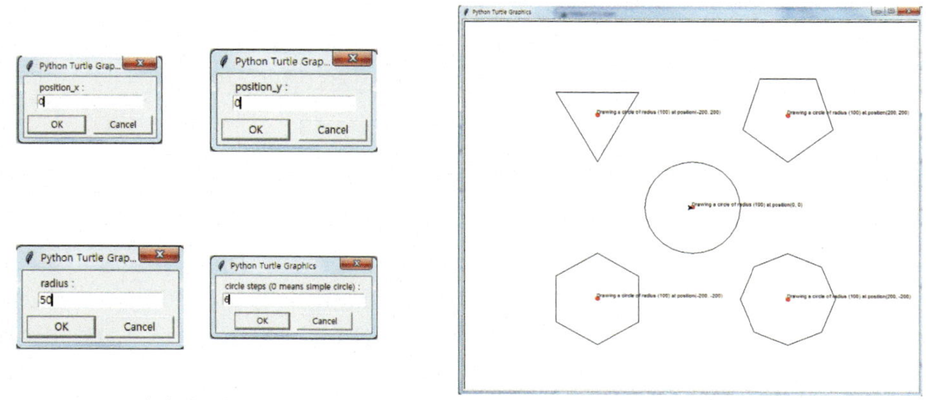

(a) 데이터 입력 (예) (b) 도형 그리기 결과

그림 2.45 도형의 중심 좌표값과 반지름을 입력받아 원과 다각형 그리기 실행 결과

2.5.6 그래픽 도형에 색상 지정하기

그림 2.46은 터틀 그래픽에서 도형에 색상을 지정하는 방법을 보여준다. Line 3에서 사용하게되는 파이썬 터틀 그래픽 색상들을 리스트로 열거하고, line 5~8에서 터틀 객체를 생

성하며, 배경색을 light grey로 설정하고, 터틀의 이동 속도를 가장 낮은 속도 (1)로 설정하며, 선 굵기를 3으로 설정한다. Line 10에서 길이 (length) 값을 10의 초기값으로 설정하며, 회전 각도를 59 (또는 89)로 설정한다.

```
 1 :  #turtle graphic and while-loop
 2 :  import turtle
 3 :  colors = ["red", "purple", "blue", "green", "yellow", "orange", "xian"]
 4 :
 5 :  t = turtle.Turtle()
 6 :  turtle.bgcolor("light grey")
 7 :  t.speed(1)
 8 :  t.width(3)
 9 :
10 :  length = 10
11 :  turn_angle = 59 # 89
12 :  while length < 200:
13 :      t.forward(length)
14 :      t.pencolor(colors[length %6])
15 :      t.right(turn_angle)
16 :      length += 5
```

그림 2.46 색상 지정 기능이 포함된 확장하는 사각형 및 육각형

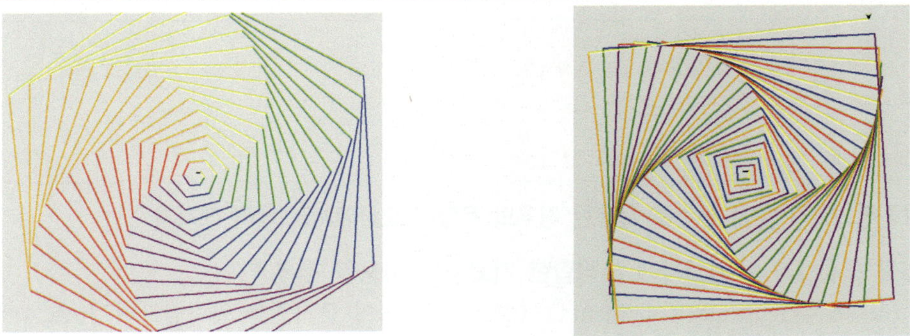

(a) turn_angle = 59　　(b) turn_angle = 89

그림 2.47 색상 지정 기능이 포함된 확장하는 사각형 및 육각형의 실행 결과

Line 12 ~ 16에서는 while-loop을 사용하여 점차 확장하는 6각형 또는 4각형을 각 선분마다 다른 색상을 사용하며 그린다. Line 14에서는 line 3에서 준비한 색상 리스트를 차례대로 사용할 수 있게 하며, 모듈로 (%) 연산을 사용하여 0 ~ 5번째 색상을 차례대로 선정하여 선을 그릴 수 있게 한다. Line 16에서는 선분의 길이를 5씩 증가시키며 점차 확장하게 한다. Line 11에서 회전 각도를 59로 하면 확장하는 6각형의 모습이 되며, 회전 각도를 89로 설정하면 확장하는 사각형 모습으로 그려지게 된다. 그림 2.47에 확장하는 육각형과 사각형의 결과를 확인할 수 있다.

2.6 파이썬 프로그램의 디버깅

2.6.1 파이썬 프로그램 문법적 오류 및 오류 메시지의 이해

파이썬 프로그램 작성 및 실행에서 문법적인 오류가 있는 경우 인터프리터가 각 명령어를 실행하는 단계에서 오류가 확인되고 오류 메시지를 출력하게 된다.

(1) 문법적 오류 (1) – 정의되지 않은 변수 사용

그림 2.48은 정의되지 않은 변수가 사용된 경우에 문법적 오류가 발생하는 예를 보여준다. 그림 4.48 line 4에서는 c = a + b의 덧셈 계산을 하게 되는데, a는 line 3에서 10으로 설정되어 있지만 b는 사전에 설정되어 있지 않기 때문에 문법적 오류가 발생된다. 그림 2.49에서 NameError가 발생된 것을 확인할 수 있으며, b가 정의되어 있지 않다는 메시지가 발생되는 것을 확인할 수 있다.

```
1: # python program - syntax error & debugging
2:
3: a = 10
4: c = a + b
```

그림 2.48 정의되지 않은 변수를 사용한 경우의 문법적 오류

```
Traceback (most recent call last):
  File "C:/MyPyPackage/TextBook (Python) - 2019-8/ch 2 Python
y", line 4, in <module>
    c = a + b
NameError: name 'b' is not defined
```

그림 2.49 정의되지 않은 변수를 사용한 경우의 문법적 오류에서의 에러 메시지

(2) 문법적 오류 (2) – 연산자에 부적합한 자료형을 사용한 경우

그림 2.50에서는 line 3에서 input() 함수를 사용하여 문자열을 입력받으며, line 4에서 변수 b를 10의 초기값으로 설정하고, line 5에서 c = a + b의 덧셈을 실행하도록 되어 있다. 이 때 a와 b는 각각 문자열과 정수형 데이터로 서로 다른 자료형으로 구성되어 있어 덧셈 (+) 연산이 실행될 수 없는 문법적 오류가 있다.

그림 2.51에서 TypeError가 발생된 것을 확인할 수 있으며 변수 a가 문자열 (str)인 경우 덧셈 (+) 연산은 문자열에만 결합 (concatenation) 연산이 가능하다는 오류메시지가 출력된 것을 확인할 수 있다.

그림 2.50의 문제를 해결하기 위해서는 line 3에서 입력받은 문자열 a를 정수 (integer)로 변환시키는 기능을 수행한 후, line5의 덧셈 연산을 수행하도록 수정하여야 한다. 이를 위해서는 a_str = input("input integer data = "); a = int(a_str)로 수정하여 실행시키면 정상적인 정수형 데이터의 덧셈 연산이 실행되게 된다.

```
1: # python program - syntax error & debugging
2:
3: a = input("input integer data = ")
4: b = 20
5: c = a + b
6: print("a = ", a)
7: print("b = ", b)
8: print("a + b = ", c)
```

그림 2.50 연산자에 부적합한 자료형을 사용한 경우

```
Traceback (most recent call last):
  File "C:/MyPyPackage/TextBook (Python) - 2019-8/ch 2
not defined function.py", line 5, in <module>
    c = a + b
TypeError: can only concatenate str (not "int") to str
```

그림 2.51 연산자에 부적합한 자료형을 사용한 경우의 실행 결과

2.6.2 논리적 오류의 디버깅

프로그램 작성 및 실행에서 문법적인 오류가 없는 상태에서도 정상적인 프로그램 실행이 되지 않거나 올바른 결과를 생성하지 않는 경우를 논리적 오류 (logical error)라고 한다. 논리적인 오류가 발생하는 경우 프로그램의 실행 결과를 확인하여 오류가 발생된 지점을 확인하고 이를 수정할 수 있어야 한다.

(1) 논리적 오류 (logical error)

논리적인 오류란 문법적으로는 문제가 없지만 실제 프로그램 실행에서 문제가 발생되는 오류를 의미한다. 논리적인 오류가 발생한 예로서 실행 순서를 잘못 설정한 경우를 생각하여 볼 수 있다.

/* 올바른 제빵 알고리즘 */	/* 논리적 오류가 포함된 제빵 알고리즘 */
1: 재료 준비: 밀가루, 우유, 계란 2: 그릇 준비: 반죽용 그릇 3: 그릇에 밀가루, 우유, 계란을 넣고 반죽 4: 그릇을 오븐에 넣기 5: 오븐을 1시간 동안 가열 6: 오븐을 끄기 7: 그릇을 꺼내기	1: 재료 준비: 밀가루, 우유, 계란 2: 그릇 준비: 반죽용 그릇 3: 그릇을 오븐에 넣기 4: 오븐을 1시간 동안 가열 5: 오븐을 끄기 6: 그릇을 꺼내기 7: 그릇에 밀가루, 우유, 계란을 넣고 반죽
(a) 올바른 제빵 알고리즘	(b) 논리적 오류가 있는 제빵 알고리즘

그림 2.52 알고리즘의 실행 순서상에 논리적 오류가 있는 경우

그림 2.52에서는 간단하게 빵을 만드는 절차를 알고리즘으로 표현하고 있으며, 정상적인 절차는 그림 2.52 (a)에서 보는 것과 같이 빵의 재료들인 밀가루, 우유, 계란을 준비하고, 반죽용 그릇을 준비한 후 그릇에 재료들을 넣고 반죽을 만든 다음 이 그릇을 오븐에 넣어 1시간 동안 가열함으로써 빵을 굽는 절차를 수행하게 된다. 그런데 이 절차를 잘못 실행하여, 그림 2.52(b)와 같이 반죽을 만드는 과정을 맨 뒤 순서에 실행한다면 빈 그릇 만 오븐에 넣어, 한 시간 동안 가열하고도 빵이 제대로 만들어지지 않는 오류가 발생한다. 물론 각 단계를 실행하는 것에는 문제가 없지만, 전체 절차가 수행되고 난 후에 제대로 된 결과물이 생성되지 않는 상황이 발생하는 것이다. 바로 이러한 경우와 같이, 문법적으로 오류는 없지만, 실제 정확한 결과가 사전에 목표하였던 것이 아니라면, 알고리즘에 논리적인 오류가 포함되어 있는 것이다.

(2) while-loop에서의 논리적 오류

그림 2.53은 while-loop에서 발생될 수 있는 논리적 오류의 예를 보여준다. 그림 2.53 line 3, 4에서 count와 total_sum을 각각 0으로 초기화 시키며, line 5~7의 while-loop에서 count을 total_sum에 합산을 하며, 중간 결과를 출력하도록 되어 있다. Line 5에서 while-loop의 실행 조건이 count < 10으로 count값이 10보다 작을 때 까지 계속 반복하게 되는데 while-loop 블록에서 count 값을 증가시키는 기능을 구현하지 않아 while-loop이 무한 반복하는 결과를 발생시킨다. 그림 2.54에서 무한 반복 실행 결과를 확인할 수 있다.

```
1: # python program - logical error in while-loop & debugging
2:
3: total_sum = 0
4: count = 0
5: while count < 10:
6:     total_sum = total_sum + count
7:     print("At count {:3}, total_sum = {:3}".format(count, total_sum))
```

그림 2.53 while-loop에서의 논리적 오류

```
At count   0, total_sum =   0
At count   0, total_sum =   0
At count   0, total_sum =   0
At count   0, total_sum =   0
At count   0, total_sum =   0
At count   0, total_sum =   0
At count   0, total_sum =   0
At count   0, total_sum =   0
At count   0, total_sum =   0
At count   0, total_sum =   0
```

그림 2.54 while-loop에서의 논리적 오류가 있는 경우의 실행 결과

(3) 파이썬 키워드를 임의로 재지정한 경우

파이썬에서 이미 키워드로 지정되어 있는 용어를 변수로 재지정하는 경우 당초 제공되고 있는 기능을 사용할 수 없게 되므로 예상하지 못한 문법적 오류나 논리적 오류가 발생할 수 있다. 그림 2.55의 프로그램 예에서 line 3에서 정수형 데이터의 문자열을 정의한 후 line 5에서 int() 파이썬 기본 함수를 사용하여 정수 데이터로 변환하고, 그 결과를 line 6에서 출력하고 있다. 그림 2.56에서 n_str와 n의 자료형이 각각 <class 'str'>과 <class 'int'>로 정의되어 있는 것을 알 수 있다.

```
1 :  # Python program - debugging
2 :
3 :  n_str = "100"
4 :  print("n_str= {}, type(n_str) = {}".format(n_str, type(n_str)))
5 :  n = int(n_str)
6 :  print("n = {}, type(n) = {}".format(n, type(n)))
7 :
8 :  int = 123 # re-definition of Python keyword => generates error
9 :  m_str = "200"
10 : m = int(m_str)
11 : print("m = {}, type(m) = {}".format(m, type(m)))
```

그림 2.55 파이썬 키워드를 임의로 재정의하여 논리적 오류가 발생하는 경우

그림 2.55 line 8에서 int를 정수 123의 값을 가지는 정수형 변수로 재정의 (redefine)하는데 이는 파이썬 키워드로 정의되어 있는 int 클래스의 의미를 상실하고 정수 자료형으로 재설정되도록 하는 것으로 line 10에서 정수 데이터 문자열을 정수 데이터로 변환시키고자 할 때 문법적 오류를 발생시킨다. 그림 2.56에서 TypeError의 문법적 에러가 발생되는 것을 확인할 수 있다. 실제 이 문법적 오류는 파이썬 키워드를 일반 변수로 잘못 재 지정함으로써 발생되는 것이다.

```
n_str= 100, type(n_str) = <class 'str'>
n = 100, type(n) = <class 'int'>
Traceback (most recent call last):
  File "H:/MyPyPackage/TextBook (Python) - 2019-8/ch 2 Pyth
tax error - redefinition of keyword.py", line 10, in <module>
    m = int(m_str)
TypeError: 'int' object is not callable
```

그림 2.56 파이썬 키워드를 임의로 재정의하여 논리적 오류가 발생된 실행 결과

2.6.3 Python Tutor를 사용한 파이썬 프로그램 디버깅

파이썬 프로그램의 디버깅 방법으로 Python Tutor를 사용할 수 있다. 파이썬 튜터는 Philip Guo가 개발하여 온라인으로 제공하는 파이썬 도구이며, 파이썬 소스코드를 입력 받아 한줄 씩 실행하면서 어떤 작업이 이루어지는 가를 그림으로 확인할 수 있게 해 준다. 파이썬 튜터는 인터넷을 사용할 수 있고 웹브라우저만 있으면 사용가능하기 때문에 쉽게 활용할 수 있다. 파이썬 튜터는 http://www.pythontutor.com/에 접속하여 사용할 수 있으며 Edit Code 버튼을 눌러 파이썬 소스 코드를 편집할 수 있다. 만약 편집 모드로 직접 실행하고자 하면 웹 브라우저에서 http://www.pythontutor.com/visualize.html#mode=edit을 실행하여 사용할 수 있다.

그림 2.57은 파이썬 튜터의 편집 모드에서 간단한 파이썬 프로그램을 편집하는 예를 보여준다. 이 파이썬 프로그램은 리스트 L과 M을 초기화 정수 데이터로 준비하고, 리스트 L을 대입 연산 (=)을 사용하여 리스트 N으로 대입 시킨 후 P = N + M의 리스트 결합 연산을

실행한다. Line 9에서는 copy 모듈의 deepcopy() 함수를 사용하여 리스트 P를 복사하여 리스트 X를 만들고, 초기값이 설정된 리스트 Y를 선언한 후, X와 Y를 결합하여 리스트 Z를 만드는 기능을 수행한다.

그림 2.57 Python Tutor를 사용한 파이썬 프로그램 편집 예제

그림 2.57의 파이썬 프로그램의 프로그램이 실행하는 과정을 시각적으로 확인하기 위하여 "Visualize Execution" 버튼을 누르면 파이썬 프로그램을 한 줄 한 줄씩 실행시키며 생성되는 변수들과 이름이 어떻게 연결되는지, 그리고 어떤 값이 들어 있는지를 그림 2.58과 같이 확인할 수 있다.

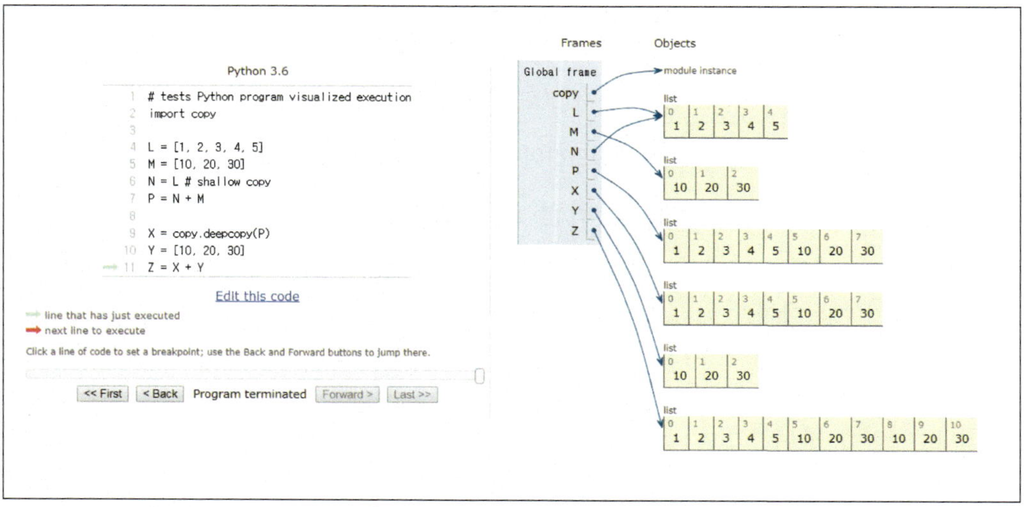

그림 2.58 Python Tutor를 사용한 파이썬 프로그램의 실행과정 확인

파이썬 튜터를 사용하여 파이썬 프로그램의 실행 과정을 쉽게 확인할 수 있고, 변수의 복사가 이루어 질 때 얕은 복사 (shallow copy)인지 깊은 복사 (deep copy)인지를 쉽게 확인할 수 있다. 얕은 복사란 실제 데이터가 저장된 곳은 공유하면서 접근에서 사용되는 이름만 다른 이름을 사용할 수 있게 하는 것이며, 깊은 복사란 실제 데이터가 저장된 곳을 별도로 준비하는 것이다. 얕은 복사가 되어 있는 항목들인 경우 하나의 이름으로 해당 항목의 값을 변경하면 다른 이름으로 접근한 경우에도 변경된 값을 읽게 된다. 그러나 깊은 복사를 한 경우 각 이름에 해당하는 데이터 저장 공간이 별도로 사용되기 때문에 하나의 항목의 값을 변경시켜도 다른 이름의 항목이 함께 변경되지는 않는다.

그림 2.58에서 하나의 리스트 L의 원소들이 저장되어 있는 곳을 화살표로 나타내고 있는데 리스트 N 역시 동일한 저장 위치를 가리키고 있다. 이는 두 개의 리스트가 동일한 메모리 공간을 가리키고 있는 것이며, 그림 2.57 line 6에서의 얕은 복사에 의하여 리스트 변수 N이 생성되었다는 것을 확인할 수 있다. 그림 2.57 line 9에서 copy 모듈의 deepcopy() 함수에 의하여 생성된 리스트 X에 대하여 그림 2.58을 확인하면 리스트 P와 리스트 X가 가리키는 곳이 서로 다른 것을 알 수 있으며, 이는 깊은 복사에 의하여 별도의 객체가 생성되었다는 것을 확인할 수 있다.

2.6.4 Visual Studio Code (VS Code)를 사용한 파이썬 프로그램 디버깅

프로그램 실행 단계에서 발생되는 여러 가지 논리적인 오류를 찾아내기 위해서는 상당히 많은 경험이 필요하다. 대부분 논리적인 오류를 발견하고 해결하기 위해서 프로그램 실행 중간 단계 상태를 화면으로 출력시켜서 그 중간 상태를 파악하는 방법들을 많이 사용하고 있으나 이런 화면 출력 방법은 프로그램 소스코드의 전체적인 규모가 커지게 될 때 상당히 많은 어려움을 겪게 된다. 그리고 화면 출력 양이 너무 많을 수 있기 때문에 그 자체를 가지고 논리적인 오류를 찾아내기란 매우 힘들게 된다. 그래서 실제 큰 규모의 프로그램 개발에서 더 많이 사용하고 있는 방법은 통합 개발 환경에서 제공하는 디버그 (debugger)를 사용하는 방법이다. 이 디버그를 사용함으로써 그 프로그램 실행 중간 단계에 있는 여러 가지의 중간 상태들, 즉 각각의 변수들이 가지고 있는 값들을 직접 우리가 확인할 수 있고, 그 변수들의 값들을 잘 검사함으로써 프로그램이 왜 그런 상태로 빠졌는지, 왜 잘못된 중간단계가 발생되는지를 파악할 수 있다.

실제 Windows 기반 데스크 탑 PC에서 많이 사용되는 Visual Studio Code (VS Code)에서는 그림 2.59에서 보여 주는 디버그 메뉴가 제공되고 있다. 디버그 메뉴에는 디버깅 시작 (F5)과 디버깅하지 않고 시작 하는 기능(Ctrl + F5)을 별도로 구분하여 실행할 수 있으며, 프로그램 실행을 한 단계씩 단계별로 실행하거나 (F11 키 사용), 프로시저 단위로 실행 (F10) 할 수 있다. 중단점 (break point) 설정/해제 (F9)에서는 지정된 중단점까지 프로그램을 실행하고, 그 중단점 위치에 정지를 함으로써 중단점 위치까지의 진행 상태를 확인할 수 있게 한다. 그림 2.59는 프로그램의 line 8에서 중단하게 하고, 이 상태에서의 지역변수 값들을 확인할 수 있게 하는 기능을 보여준다. Debugging 모드에서는 VS Code의 왼쪽에 지역 변수들의 값을 확인할 수 있는 창을 제공한다.

이렇게 상세하게 점검하고자 하는 위치에 중단점을 설정하고 프로그램을 디버깅 모드로 실행시키면, 해당 중단점에 정지하여 중간 상태를 확인할 수 있고, 이 곳으로 부터 F11 키를 사용하여 한 단계씩 코드를 실행하면 프로그램이 진행되면서 각 지역 변수들이 어떻게 변경되는지를 확인할 수 있다.

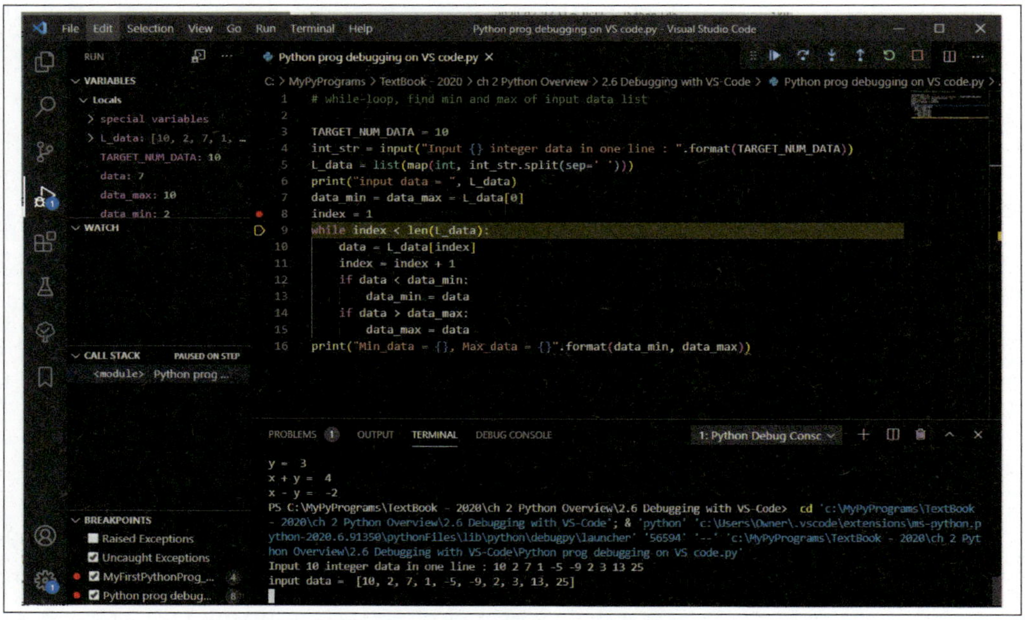

그림 2.59 Visual Studio Code (VS Code)를 사용한 파이썬 프로그램 디버깅 예

디버깅 동안에는 표 2.9에서 설명하고 있는 여러 가지 단축 기능 키 (function key)들을 많이 사용하게 되는데, F5는 프로그램을 디버깅 모드로 실행시킬 때 사용하며, 중단점 (break point)의 설정/해제는 F9, 프로그램의 단계별 실행은 F10 또는 F11을 사용한다. 먼저 어떤 함수의 호출이나 전체적인 프로그램 실행 단계에서 일정한 위치까지는 정상적으로 진행을 하고 난 이후에, 그 지점에 정지하여 중간 상태를 확인 할 수 있는 기능이 바로 중단점 (break point)이다. 일반적으로 전체 프로그램을 디버깅 할 때, 일정 부분까지는 우리가 이미 정상적인 실행을 확인한 상태이기 때문에 그 위치까지는 중단 없이 정상적으로 진행하게 만들고, 그 위치부터 다시 한 단계, 한 단계씩 단계적 진행 기능을 거치며, 중간 상태들을 정확하게 파악 할 수 있는 기능들을 혼합해서 사용하게 된다.

표 2.9 Visual Studio에서 프로그램 디버깅에 사용되는 대표적인 단축키

단축 키	기능
F5	프로그램의 디버깅 시작 Ctrl + F5는 디버깅 없이 프로그램 실행
F9	중단점 (break point) 설정 및 해제
F10	프로그램의 한 줄 실행 (함수 호출에 있는 경우, 함수 실행 다음 단계로 진행)
F11	프로그램의 한 줄 실행 (함수 호출에 있는 경우, 그 함수로 진입하여 한 줄 실행)

프로그램의 단계별 실행 및 상태 확인을 트레이싱 (tracing)이라고 하며, 트레이싱은 크게 스탭 오버 (step-over)와 스텝 인투 (step-into) 두 가지 종류가 사용된다. 먼저 스탭 오버 (step-over) 트레이싱에서는 함수 호출이 있는 경우, 그 함수로 이동하지 않고 함수 호출 이후 단계로 계속 한 단계씩 진행하여 전체적인 프로그램 실행을 신속하게 파악할 수 있는 기능을 제공한다. 만약 호출된 함수 내부에서 어떤 동작이 일어나는가를, 즉 중간 단

계를 상세하게 확인하고 싶으면 스텝 인투 (step-into) 트레이싱 기능을 사용하여야 한다. 즉 스텝 인투라고 하는 것은 실제 호출된 함수 내부로 가서 그 함수 내부에 있는 프로그램을 한 줄 한 줄 단위로 실행하면서 중간 단계를 확인하는 것 이다. 이 두 가지 트레이싱 기능은 프로그램 디버깅에서 가장 많이 사용하는 기능들이다.

연습문제

2.1 다음 용어를 예를 들어 설명하라.

1) 변수 (variable)
2) 상수 (constant)
3) 연산자 (operator)
4) 연산 (operation)
5) 정수 (integer)
6) 실수 (float)

2.2 파이썬 프로그램의 출력 포맷 지정 방법에 대하여 설명하라.

2.3 파이썬 프로그램의 출력에서 출력 문자열을 좌측 정렬, 중앙 정렬, 우측 정렬하는 방법 대하여 설명하라.

2.4 객체 지향형 프로그래밍에서 객체란 무엇이며 어떻게 구현하는가에 대하여 설명하라.

2.5 파이썬에서 제공하는 패키지와 모듈에 대하여 설명하라.

실습문제

실습 2.1 ASCII 문자표에서 영문 대문자, 소문자, 숫자를 리스트 (list)로 구성하고 출력하는 파이썬프로그램을 작성하라.

(출력 예제)

```
====== RESTART: C:/YTK-PythonProg/HW2_1 printing ASCII A_Z, a-z, 0_9.py ======
Upper case alphabets :  ['A', 'B', 'C', 'D', 'E', 'F', 'G', 'H', 'I', 'J', 'K',
'L', 'M', 'N', 'O', 'P', 'Q', 'R', 'S', 'T', 'U', 'V', 'W', 'X', 'Y', 'Z']

Lower case alphabets :  ['a', 'b', 'c', 'd', 'e', 'f', 'g', 'h', 'i', 'j', 'k',
'l', 'm', 'n', 'o', 'p', 'q', 'r', 's', 't', 'u', 'v', 'w', 'x', 'y', 'z']

Numbers :  ['0', '1', '2', '3', '4', '5', '6', '7', '8', '9']
```

실습 2.2 표준입력장치 (키보드)로부터 10개의 정수를 한줄로 입력 받고, 입력된 정수 데이터 중 최솟값, 최댓값, 평균값을 출력하는 파이썬 프로그램을 작성하라. 입력 데이터는 양수 및 음수가 될 수 있도록 하라. 이 파이썬 프로그램의 중간 실행 단계를 디버거를 사용하여 확인하라.

실습 2.3 표준입력장치 (키보드)로부터 원의 반지름(radius)을 입력 받고, 그 원의 넓이(area)와 원둘레(circumference)를 출력하는 파이썬 프로그램을 작성하라.

실습 2.4 직사각형의 가로 (width)와 세로 (length)를 입력 받아 넓이(area)와 둘레 (perimeter)를 계산하여 출력하는 파이썬 프로그램을 작성하라.

실습 2.5 4개 꼭지점의 좌표를 튜플리스트로 설정한 직사각형을 파이선터틀그래픽으로 그리는 프로그램을 작성하라. 각 꼭지점 좌표를 해당 위치에 출력할 것.

(예) 꼭지점 좌표 : coordinates=[(0,0),(200,0),...]

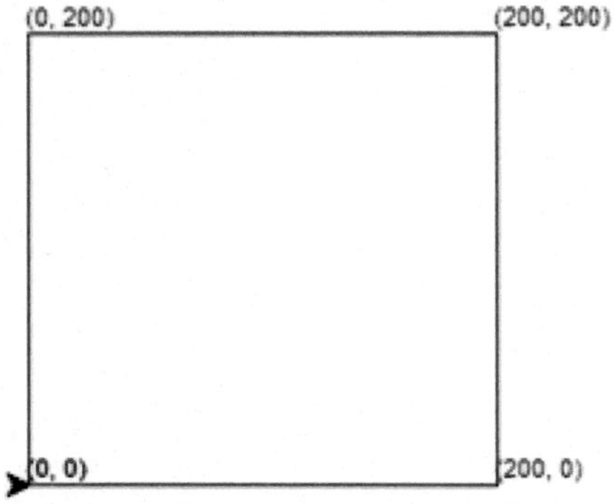

실습 2.6 표준입력장치 (키보드)로부터 원의 중심 (center)의 x좌표 및 y좌표와 원의 반지름(radius)을 각각 입력 받고, 터틀 그래픽을 사용하여 지정된 중심 위치에 지정된 크기의 원을 그리는 파이썬 프로그램을 작성하라.

실습 2.7 표준입력장치 (키보드)로부터 직사각형(rectangle)의 중심 위치 (x좌표, y좌표)와 가로(width)와 세로(length)를 입력 받고, 터틀 그래픽을 사용하여 지정된 중심 위치에 지정된 크기의 직사각형을 그리는 파이썬 프로그램을 작성하라.

3장 파이썬 프로그램 식별자, 기본 자료형과 연산

학습목표

- 파이썬 프로그램의 기본 자료형에 대한 이해
- 파이썬 프로그램의 기본 연산에 대한 이해
- 파이썬 프로그램의 입력 및 출력 방법에 대한 이해

개요

3.1 파이썬 프로그램 식별자

3.1.1 파이썬 프로그램의 식별자 (identifier)와 키워드(keyword)

프로그램 소스 코드에서 사용되는 변수 (variable), 상수 (constant), 함수 (function)의 이름들을 식별자 (identifier)라고 하며, 그 용도나 기능을 가장 잘 표현할 수 있도록 설정되어야 한다. 표 3.1은 프로그램에서 많이 사용되는 식별자의 예를 보여준다. 예를 들어 도형 그리기에 관련된 프로그램에서는 원의 반지름은 radius로, 직사각형의 밑변은 width, 높이는 length 등으로 실제 해당 학문 분야에서 사용하는 전문용어의 영어 표현을 사용하는 것이 좋다.

표 3.1 프로그램의 식별자 예

구분		식별자 예
기하, 도형	원	radius (반지름), diameter (지름), circumference(원둘레), height (원기둥 높이)
	삼각형	base(밑변), side (대각선), vertex (꼭지점), height (삼각형 높이), prism (삼각기둥), prism_height(삼각기둥 높이)
	사각형	width(가로), length(세로), height(사각기둥 높이)
도형 그리기		draw(그리기), rotate(회전), move(이동)
산술 계산		add (덧셈), subtract(뺄셈), multiply(곱셈), divide(나눗셈), modulo(모듈로)

일반적인 프로그래밍 언어에서 식별자들은 영문자 (대문자 또는 소문자)나 밑줄 (under bar)문자로 시작할 수 있으나 숫자로 시작할 수는 없고, 그 프로그래밍언어에서 미리 예약되

어 있는 키워드 (keyword)들은 별도의 의미가 부여되어 있기 때문에 사용될 수 없다. 즉, 프로그래밍 언어에서 식별자를 선정할 때 고려하여야 하는 추가 사항은 그 프로그래밍언어가 제공하는 기본 라이브러리 함수들에서 설정하여 사용하는 함수이름이나 기본 자료형의 이름인 키워드(keyword)들은 사용할 수 없다는 점이다. 파이썬에서도 이러한 기본 규칙은 그대로 적용된다.

파이썬 프로그램에서 정의되어 있는 키워드들은 keyword 모듈을 import 시켜 장착한 후 그림 3.1에서 보여주는 것과 같이 keyword.kwlist 명령을 사용하여 확인할 수 있다. 파이썬 프로그래밍 언어의 키워드에는 False, None, True 로부터 while, with, yield까지 포함되어 있다. 만약 파이썬 확장 모듈들이 설치되는 경우 이 확장 모듈들에서 사용하는 키워드들이 추가되므로 각 모듈별로 추가되는 키워드들을 사전에 확인할 필요가 있다.

```
Python 3.7.2 (tags/v3.7.2:9a3ffc0492, Dec 23 2018, 22:20:52) [MSC v.1916 32 bit (Intel)] on win32
Type "help", "copyright", "credits" or "license()" for more information.
>>> import keyword
>>> keyword.kwlist
['False', 'None', 'True', 'and', 'as', 'assert', 'async', 'await', 'break', 'class', 'continue', 'def', 'del', 'elif', 'else', 'except', 'finally', 'for', 'from', 'global', 'if', 'import', 'in', 'is', 'lambda', 'nonlocal', 'not', 'or', 'pass', 'raise', 'return', 'try', 'while', 'with', 'yield']
>>>
>>>
```

그림 3.1 Python 키워드 확인

3.1.2 식별자 설정 기본 원칙

(1) 식별자 작명 기본 원칙

파이썬 프로그램에서 사용되는 식별자의 설정에서 가장 기본이 되는 원칙은 그 용도를 가장 잘 표현하는 이름으로 설정하여야 한다는 것이다. 즉, 그 식별자 이름으로 어떤 자료형의 데이터가 저장되어 있는지, 어떤 처리를 하는지에 대하여 쉽게 이해할 수 있도록 하는 것이 좋다. 예를 들어 정수 (integer) 자료형의 데이터가 저장되는 경우 'i' 를 사용하며, 실수형의 데이터가 저장되는 경우 float을 의미하는 'f' 를 사용할 수 있고, 문자 (character) 자료형인 경우 'c' 를 사용하여 자료형을 의미할 수 있다. 다수의 정보들을 종합하여 만들어지는 복합 자료형인 경우 표현되는 정보에 따라 복소수 (complex number), 학생 (student), 날짜 (date), 시간 (time) 등의 단어를 사용할 수 있다.

그 프로그램 또는 함수가 실행하는 기능을 해당 영어 단어로 표현하는 경우도 많이 있다. 예를 들어 초기화 (initialize), 출력 (print), 도형 그리기 (draw), 4칙 연산 (add, subtract, multiply, divide) 단어를 사용하여 실행되는 동작을 나타낸다. 만약 실행되는 동작과 대상 자료형을 복합적으로 표현하는 경우 여러 개의 영어 단어로 표현하여야 하며, 이 경우 각 단어를 연결하여 사용한다.

(2) 식별자에 포함된 단어들의 구분 : camel casing과 GNU 작명 관례

이 때 각 단어를 쉽게 구분하여 이해할 수 있도록 구성하는 방법에는 첫 번째 문자는 소문자로 시작하고, 두 번째 복합어의 시작 단어를 대문자로 표시하는 카멜 케이싱 (camel casing) 방법을 사용하거나 단어 사이를 밑줄 문자 (under bar)로 표시하는 GNU 작명 관례 (naming convention) 방법을 주로 많이 사용한다. Camel casing은 낙타 등의 혹이 솟아 있는 것처럼 여러개의 단어로 구성된 식별자 이름에서 단어의 첫 문자를 대문자로 표시하여 식별자에 포함된 단어들을 쉽게 구분할 수 있도록 표시하는 것이다. 예를 들어 복소수 (complex number)를 출력(인쇄)하는 함수의 경우 printComplex()로 하거나 print_complex()로 함수 이름을 설정할 수 있다.

함수나 변수의 이름의 첫 번째 문자는 항상 소문자로 설정하며, 상수 (constant)의 첫 번째 문자는 대문자로 설정하는 것이 일반적으로 통용되는 기본 원칙이다. 식별자의 이름이 너무 길어지는 경우, 그 의미를 쉽게 파악할 수 있는 약자 또는축약 단어를 사용할 수 있다. 예를 들어 complex 대신 cmplx로 줄여 사용하여도 쉽게 원래의 의미를 파악할 수 있도록 식별자를 구성하는 방법을 사용할 수 있다. 파이썬 프로그램에서 식별자의 길이에는 제한이 없다.

표 3.2 식별자 이름 작명 방법

식별자 이름 작명 방법	설 명
camel casing	단어들을 연속적으로 나열하며, 각 단어의 첫 문자를 대문자로 표시 (단 첫 번째 단어는 소문자로 사용가능) 예) printComplex(), drawRectangle(), drawPolygon()
GNU 작명관례	단어들을 연속적으로 나열하며, 각 단어사이에 밑줄 문자를 삽입 예) print_complex(), draw_rectangle(), draw_polygon()

(3) 파이썬 식별자 지정 사례별 사용 가능 여부

표 3.3는 식별자 지정 사례를 통해 사용가능 여부를 설명하고 있다. 식별자의 첫 번째 문자가 영어 대문자 또는 소문자이거나 밑줄 문자 ('_')로 시작하고 나머지 문자들이 영문자 또는 숫자로 구성되어 있는 경우 정상적인 식별자로 인식되며 사용가능하다. 만약 그 프로그래밍언어에서 키워드로 설정되어 있는 단어를 식별자로 사용하는 경우 사용이 제한되거나, 사용은 가능하나 해당 프로그래밍 언어에서 기본적으로 정의한 기능을 사용할 수 없을 수도 있기 때문에 특별한 이유가 없는 한 키워드 사용은 하지 않는 것이 좋다.

표 3.3 식별자 지정 예

파이썬 식별자 예	사용 가능 여부	설명
average, avg, avg1	사용 가능	문자와 숫자
num_data, numData,	사용 가능	문자, 밑줄
ch, ch1, ch_1	사용 가능	문자, 밑줄
i, d, f	사용 가능	
_avg, __area	사용 가능	밑줄, 문자

파이썬 식별자 예	사용 가능 여부	설명
NUM_DATA	사용 가능	대문자, 밑줄
and, char, class, elif, float, if, pass, while	사용 불가능	keyword
3avg	사용 불가능	숫자로 시작
avg!, avg%, &avg, dollor$	사용 불가능	특수문자 포함

단어의 첫 번째 문자가 숫자이거나 식별자에 특수 문자가 포함된 경우에는 식별자로 사용할 수 없으며 문법적인 오류가 발생하게 된다. 파이썬 식별자의 단어 길이에는 제한이 없으나 식별자의 단어 길이가 너무 긴 경우 소스코드 작성 단계에서 오류가 발생할 수 있으므로 적절한 길이를 사용하도록 하여야 하고, 필요한 경우 약자를 사용하거나 단어 첫 부분 만을 사용하는 방법을 고려하여야 한다.

(4) 잘못된 식별자 지정 사례 (1) - 키워드를 식별자로 재지정

그림 3.3은 이미 파이썬 키워드로 설정되어 있는 단어를 식별자로 재설정하는 경우에 발생되는 오류를 보여준다. 키워드 int는 그림 3.2 line 3에서 사용된 것과 같이 파이썬에서 전달된 문자열을 정수 (integer) 수치 데이터로 변환시켜 주는 함수 이름이며 키워드로 등록되어 있다. 따라서 line 4에서는 정상적으로 "12345" 문자열을 정수 데이터로 변환한 값을 출력하는 것을 그림 3.3에서 확인할 수 있다.

그러나 line 6에서 이 int를 정수 데이터 3을 대입하면 int가 함수가 아닌 정수 데이터 3으로 변경되기 때문에 line 7에서 line 3과 동일한 방식으로 문자열 "6789"를 정수 데이터로 변환하고자 할 때 그림 3.3에서 보는 오류가 발생하게 된다. 이처럼 이미 키워드로 등록되어 있는 문자를 식별자로 재지정하는 경우 원래의 기능을 사용할 수 없기 때문에 특별한 이유가 없는 한 키워드를 식별자로 재지정하지 않도록 하는 것이 좋다.

```
1: # Python identifier
2:
3: x = int("12345")
4: print("x = ", x)
5:
6: int = 3   # warning !! - redefinition of keyword
7: y = int("6789")
8: print("y = ", y)
```

그림 3.2 파이썬 키워드를 식별자로 사용한 경우

```
x =  12345
Traceback (most recent call last):
  File "C:/MyPyPackage/Z-TextBook (Python)
sic Operations, input, output/3.1 Python ic
    y = int("6789")
TypeError: 'int' object is not callable
```

그림 3.3 파이썬 키워드를 식별자로 사용한 경우의 실행 결과

(5) 잘못된 식별자 지정 사례 (2) - 단어를 숫자로 시작하거나 특수 문자가 포함된 오류

그림 3.4는 식별자 이름 규칙을 지키지 않아 발생하는 문법적 오류를 보여준다. 먼저 a, _b, c_ 들은 정상적인 식별자 규칙에 따라 작명되어 있기 때문에 사용에 문제가 없으나, 4d의 경우 단어의 첫 문자가 숫자이므로 식별자 규칙에 어긋나며, 프로그램 실행 단계에서 그림 3.4에서 보는 것과 같이 "invalid syntax(유효하지 않는 문법)" 이라는 오류 메시지가 발생하게 된다. 그림 3.5도 식별자 이름에 특수 문자가 포함된 경우에 발생되는 문법적 오류를 보여준다.

그림 3.4 단어 첫 글자가 숫자로 시작되는 식별자에 발생하는 문법적 오류

그림 3.5 단어에 특수 문자가 포함되어 있는 경우의 문법적 오류

3.2 Python 기본 숫자 자료형 - bool, int, float, complex

3.2.1 Python 기본 자료형 개요

파이썬 프로그램에서 기본적으로 제공되는 내장 자료형은 표 3.4에서 보는 것과 같이 불리언(boolean), 숫자형 (numeric), 순서형 (sequence), 매핑형 (mapping), 집합 (set) 자료형으로 구분된다. 이 기본 자료형은 파이썬에서 기본적으로 제공되는 자료형이며 별도의 패키지를 포함시키지 않아도 사용할 수 있다.

표 3.4에서 객체의 고유번호 (object identifier) 변경 없이 값이 변경할 수 있으면 변경 가능 (mutable), 고유번호 변경 없이 값을 변경될 수 없으면 변경 불가능 (immutable)이라고 표시되어 있다. 예를 들어 불리언, 숫자형, 문자열, 바이트, 튜플 자료형 들은 고유번호 변경없이는 자료형에 포함된 원소값을 변경될 수 없는 경우이며, bytearray, list, dict, set 등은 고유번호 값의 변경 없이도 자료형 객체에 포함된 원소값의 변경이 가능하다.

표 3.4에서 자료형이 반복가능 (iterable)이라는 표현은 반복문 for에서 자료형 객체에 포함된 원소들을 한 번에 하나씩 꺼내어 사용할 수 있는 자료형을 의미한다.

표 3.4 Python 주요 내장 자료형

자료형		변경가능 (mutable)	반복가능 (iterable)	remarks
boolean	bool	no	no	True, False
numeric	int	no	no	소수점 이하 값을 사용하지 않는 정수형
	float	no	no	소수점 이하 값을 사용하는 실수형
	complex	no	no	실수부와 허수부를 포함하는 복소수
sequence	str	no	yes	문자열
	bytes	no	yes	바이트들의 묶음
	bytearray	yes	yes	바이트 배열
	memoryview	no/yes	yes	자료형의 메모리 공간을 직접 접근하게 하는 메모리뷰
	list	yes	yes	[0, 1, 2, 3],
	tuple	no	yes	(1, 2, 1, 2, 3)
	range	no	yes	연속적인 정수를 생성
mapping	dict	yes	yes	{1:'A', 2:'B', 3:'C'}
set	set	yes	yes	{1, 2, 3}
	frozenset	no	yes	변경할 수 없이 고정된 집합

3.2.2 range()와 list

(1) range()

파이썬의 자료형 중 가장 많이 사용되는 것으로 다양한 자료형의 시험을 for-loop 구조로 처리하기 위한 시퀀스 자료형인 range()과 리스트 (list)가 있다. 파이썬의 range() 자료형은 범위의 시작 (start), 끝 (stop), 증분 (step)이 지정되며, 그 범위에 있는 숫자를 차례로 반환하여 준다. range는 for 반복문에서 반복문 실행을 제어하거나 인덱스로 편리하게 사용할 수 있고, list나 tuple을 초기화하거나 포함된 항목들을 차례로 열거할 때 편리하게 사용할 수 있다. range(start, stop[, step])의 형식으로 새로운 range가 생성되며, 만약 start가 생략되는 경우 start는 0으로 설정되고, step이 생략되는 경우 step은 1로 설정된다.

표 3.5 range() 사용 예

range() 사용 예	설 명
range(10)	0부터 9까지 1씩 증가하며 정수를 생성
range(1, 10)	1부터 9까지 1씩 증가하며 정수를 생성
range(1, 10, 2)	1부터 9까지 2씩 증가하며 정수를 생성
range(10, 100, 5)	10부터 99까지 5씩 증가하며 정수를 생성
range(100, 0, -1)	100부터 1까지 1씩 감소하며 정수를 생성
range(0.0, 10.0, 0.1)	range()에는 정수만 사용 가능 NumPy 패키지의 arange() 기능에서는 실수 (float)형 지원

(2) list

파이썬에서 제공하는 list는 대괄호 ([,])로 표시되며, 포함되는 항목들은 콤마로 구분된다. 파이썬 list는 배열과 유사한 기능을 제공하나 서로 다른 자료형의 항목도 포함할 수 있다는 점에서 배열과는 차이가 난다. List는 항목의 값을 변경할 수 있는 변경가능 (mutable) 시퀀스 자료형이다. 리스트 자료형에 대한 상세한 내용은 5장에서 설명하나 리스트 자료형과 for-loop을 사용하여 다양한 예제 프로그램을 구성하는 경우가 많이 있으므로 이 절에서 리스트 사용 예제를 간략히 소개한다.

표 3.6 list 자료형의 기본 함수

구분	list 자료형의 기본 함수	설명
list 생성	L = [] L = list()	포함된 항목이 없는 빈 (empty) 리스트 자료형 객체 생성
	L = [1, 2, 3, 4]	콤마로 나누어진 원소들을 차례대로 포함하는 리스트 객체 생성
	L = list(range(10))	range() 함수가 생성하는 정수 데이터를 원소로 하는 리스트 객체 생성
list 기본 연산	len(L)	리스트의 원소 개수 (길이)를 반환
	L.append(7)	리스트 L의 맨 뒤에 7을 새로운 원소로 추가
	L.expand([5, 6, 7])	리스트 L 뒤에 인수로 주어진 리스트 [5, 6, 7]의 원소들을 차례로 추가
인덱싱	L[i]	리스트에 포함된 원소를 인덱스 i로 접근하며 그 원소 값을 읽거나 변경
	L[i][j]	2차원 리스트에 포함된 원소를 인덱스 i, j로 접근하며 그 원소 값을 읽거나 변경
	del L[i]	리스트 L의 i 번째 원소를 삭제
슬라이싱	L[i:j] = [4, 5, 6, 7]	리스트 L의 i~j-1번째 원소를 대입식 오른쪽에서 제공하는 리스트의 원소들로 변경
	L2 = L1[i:j]	리스트 L1 i~j-1번째 원소를 읽어 새로운 리스트 L2를 생성
	L[i:j] = []	리스트 L1 i~j-1번째 원소를 삭제
	del L[i:j]	리스트 L1 i~j-1번째 원소를 삭제

표 3.6의 리스트 자료형에서 제공하는 기본 함수 몇 가지를 예로 설명하고 있다. 리스트의 생성은 대괄호로 표시하거나 list() 함수를 사용하여 생성할 수 있으며, 전달되는 원소가 없는 경우 비어 있는 (empty) 리스트가 생성되고, 다른 리스트나 range() 함수 등으로 생성된 데이터를 인수로 전달하는 경우 이들을 원소로 포함하는 리스트가 생성된다.

리스트에 포함된 원소의 개수는 len() 함수를 사용하여 파악할 수 있다. 리스트의 append() 함수는 리스트의 맨 뒤에 새로운 원소를 추가하게 하며, expand() 함수는 인수로 전달된 리스트의 원소들을 기존 리스트의 맨 뒤에 차례로 추가한다.

리스트에 포함된 원소들은 인덱스 (index)를 사용하여 지정할 수 있으며, 이를 인덱싱 (indexing)이라 한다. 리스트이 모든 원소들을 인덱싱을 사용하여 읽거나 쓸 수 있으며, 삭제할 수 있다. 1차원 리스트의 경우 인덱스를 하나 사용하며, 2차원 리스트의 경우 행과 열의 인덱스 2개를 사용하여 특정 원소를 읽거나 쓸 수 있고, 삭제할 수 있다.

리스트에 포함된 원소들 중 지정된 구간 (예: 인덱스 i~인덱스 j-1 구간)의 원소들을 지정하는 것을 슬라이싱 (slicing)이라 하며, 슬라이싱 기능을 사용하여 지정된 구간의 원소들을 추출하여 새로운 리스트를 만들 수 있으며, 이 구간의 원소 값들을 다른 원소값으로 설정할 수 있고, 이 구간의 원소들을 삭제할 수도 있다.

(3) 리스트 기본 기능 시험

그림 3.6은 리스트 자료형의 기본 기능을 시험하고 있다. Line 3에서 5개의 정수 값을 원소로 하는 리스트를 생성하며, line 4에서 print() 함수를 사용하여 그 내용을 출력한다. 그림 3.7의 첫 부분에서 리스트의 내용이 정확하게 출력되는 것을 볼 수 있다.

```
 1: # list
 2:
 3: L = [1, 3, 5, 7, 9]
 4: print("L = ", L)
 5: print("len(L) = ", len(L))
 6:
 7: sum_L = 0
 8: for i in range(len(L)):
 9:     sum_L = sum_L + L[i] #iterable
10: print("sum_L = ", sum_L)
11:
12: L[0] = 100 # checking mutability
13: print("After L[0] = 100, L = ", L)
```

그림 3.6 list 자료형 시험 프로그램

그림 3.6 line 5에서는 len() 함수를 사용하여 리스트의 길이 (즉, 리스트에 포함된 원소의 개수)를 반환받아 출력하고 있다. Line 8~9에서는 range() 함수를 사용하여 0~(리스트 L의 길이 값 -1)에 해당하는 인수 i를 생성하게 하고, 이 인수를 사용하여 리스트에 포함된 원소들을 차례로 읽어 내고, 그 값을 sum_L에 더한다. 이 for-loop이 실행을 종료하면 리스트에 포함된 모든 원소들의 값을 합산한 결과를 sum_L이 가지게 되며, line 10에서 출력된 결과를 그림 3.7에서 확인할 수 있다.

그림 3.6 line 12에서는 리스트 L의 특정 원소를 인덱싱을 사용하여 지정하고, 그 원소값

을 다른 값으로 변경하는 내용을 실행하며, 그림 3.7에서 그 결과를 확인할 수 있다.

```
L =  [1, 3, 5, 7, 9]
len(L) =  5
sum_L =  25
After L[0] = 100, L =  [100, 3, 5, 7, 9]
```

그림 3.7 list 자료형 시험 프로그램의 실행 결과

(4) range()함수와 append() 함수를 사용한 리스트 확장

그림 3.8은 range() 함수와 append() 함수를 사용하여 리스트를 확장하는 예제 프로그램을 보여주고 있다. Line 3에서 list() 함수를 사용하여 빈 리스트 L1을 생성한 후 line 4에서 range(10)이 생성하는 0~9의 정수들을 line 5에서 append() 함수를 사용하여 리스트 L1 맨 뒤에 차례로 추가한다. 그림 3.9에서 L1이 0~9의 값을 가지는 것을 확인할 수 있다.

Line 8~11과 line 13~16에서는 동일한 방법으로 리스트를 생성하는데, 다른 점은 line 9에서 range(1, 10, 2)를 사용함으로써 1~9 범위의 정수 중 홀수만을 선택하여 원소로 사용하게 한다. 이는 range() 함수에서 start = 1, stop=10, stride=2로 설정하기 때문에 1부터 10보다 작은 정수 구간을 2씩 증가하며 정수를 선택하도록 하기 때문이다. Line 14에서는 0~14 범위 내에서 3의 배수를 골라 리스트 L3의 원소로 사용하도록 구성하고 있으며, line 16에서의 출력 결과를 그림 3.9에서 확인할 수 있다.

```
 1 :  # list, append()
 2 :
 3 :  L1 = list()
 4 :  for n in range(10):
 5 :      L1.append(n)
 6 :  print("L1 : ", L1)
 7 :
 8 :  L2 = list()
 9 :  for n in range(1, 10, 2):
10 :      L2.append(n)
11 :  print("L2 : ", L2)
12 :
13 :  L3 = list()
14 :  for n in range(0, 15, 3):
15 :      L3.append(n)
16 :  print("L3 : ", L3)
```

그림 3.8 append() 함수를 사용한 list 확장

```
L1 :  [0, 1, 2, 3, 4, 5, 6, 7, 8, 9]
L2 :  [1, 3, 5, 7, 9]
L3 :  [0, 3, 6, 9, 12]
```

그림 3.9 append() 함수를 사용한 리스트 확장 실행 결과

(5) 데이터 입력 기능을 사용하여 list 생성 및 최댓값, 최솟값, 평균값 산출

그림 3.10은 리스트에 포함되는 원소들을 input() 함수를 사용하여 입력 받아 설정하며, 입력된 원소들의 최댓값과 최솟값 및 평균값을 계산하여 출력하는 예제 프로그램을 보여준다. Line 4에서 생성된 리스트를 line 7~10의 while 반복문에서 10개의 데이터를 입력 받아 저장하며, line 12~15에서 파이썬의 기본 함수인 min(), max(), sum(), len() 함수를 사용하여 각각 최솟값, 최댓값, 전체 합산, 길이를 각각 반환 받는다. line 17에서는 입력된 데이터들을 원소로 사용하는 리스트를 출력하며, 입력된 순서대로 저장되어 있는 것을 확인할 수 있다. 아울러, 입력된 데이터들의 최솟값, 최댓값, 평균값을 정확하게 계산하여 출력하는 것을 볼 수 있다.

```
 1: # while-loop, find min and max of input data list
 2:
 3: TARGET_NUM_DATA = 10
 4: L = [] # empty list
 5: num_data = 0
 6: print("Input {} integer data.".format(TARGET_NUM_DATA))
 7: while num_data < TARGET_NUM_DATA:
 8:     data = int(input("data = "))
 9:     L.append(data)
10:     num_data = num_data + 1
11:
12: L_min = min(L)
13: L_max = max(L)
14: L_sum = sum(L)
15: L_len = len(L)
16:
17: print("L (num_data = {}) = {}".format(L_len, L))
18: print("Min = {}, Max = {}, Avg = {}".format(L_min, L_max, L_sum/L_len))
```

그림 3.10 input() 함수를 사용한 데이터 입력으로 리스트 생성 및 통계 분석

```
Input 10 integer data.
data = 3
data = 7
data = 1
data = 0
data = 2
data = 8
data = 9
data = 5
data = 4
data = 6
L (num_data = 10) = [3, 7, 1, 0, 2, 8, 9, 5, 4, 6]
Min = 0, Max = 9, Avg = 4.5
```

그림 3.11 input() 함수를 사용한 데이터 입력으로 리스트 생성 및 통계 분석 실행 결과

3.2.4 불리언 (boolean) 자료형과 논리 연산

불리언 자료형은 참 (True) 또는 거짓 (False)의 값을 가질 수 있으며, 주로 조건문의 설정에서 사용된다. 불리언 자료형에 대해서는 표 3.7의 논리 연산자 (or, and, not)가 사용될 수 있다. or는 논리합으로 x와 y가 모두 False일 때 결과가 False가 되며, 둘 중 하나라도 True이면 결과가 True가 된다. and는 논리곱이며 x와 y가 모두 True일 때 그 결과가 True가 되며, 둘 중에 하나라도 False이면 그 결과가 False가 된다. Not은 x의 값이 True이면 False로, False이면 True로 반전된다.

표 3.7 불리언 연산자

논리 연산자	의미
x or y	x와 y가 모두 False이면 결과는 False x와 y중 하나라도 True이면 결과는 True
x and y	x와 y가 모두 True이면 결과는 True x와 y중 하나라도 False이면 결과는 False
not x	x가 True이면 결과는 False x가 False이면 결과는 True

그림 3.12는 불리언 자료형 원소들을 가지는 리스트 자료형 객체에 대한 연산을 수행하는 파이썬 프로그램 예를 보여준다.

```
 1: # Boolean operations wth lists of boolean elements
 2:
 3: BL_1 = [False, False, True, True]
 4: BL_2 = [False, True, False, True]
 5:
 6: print("BL_1 = ", BL_1)
 7: print("BL_2 = ", BL_2)
 8:
 9: BL_and = []
10: BL_or = []
11: BL_not = []
12: for i in range(len(BL_1)):
13:     da = BL_1[i] and BL_2[i]
14:     BL_and.append(da)
15:
16:     do = BL_1[i] or BL_2[i]
17:     BL_or.append(do)
18:
19:     dn = not BL_1[i]
20:     BL_not.append(dn)
21:
22: print("BL_1 and BL_2 = ", BL_and)
23: print("BL_1 or BL_2 = ", BL_or)
24: print("not BL_1 = ", BL_not)
```

그림 3.12 Boolean 원소의 list 시험

그림 3.12 line 3, 4에서는 두 개의 리스트에 4개씩의 불리언 데이터를 가지도록 구성하

고, line 6~7에서 리스트의 내용을 출력하게 한다. Line 9~11에서는 불리언 연산 결과를 담기 위한 리스트 3개를 생성하며, line 12~20에서 리스트에서 동일한 인덱스의 항목별로 and, or, not 연산을 수행하여 결과를 담게 한다.

그림 3.12의 프로그램에서 and, or 및 not 연산은 표 3.8에서 보여주는 두 개의 불리언 변수 x, y에 대한 and 및 or 연산을 실행한 결과와 x에 대한 not 연산과 같은 결과를 생성하게 되며, 그림 3.13에서 결과를 확인할 수 있다.

표 3.8 불리언 연산 예

x	y	x and y	x or y	not x
True	True	True	True	False
True	False	False	True	False
False	True	False	True	True
False	False	False	False	True

```
BL_1 =  [False, False, True, True]
BL_2 =  [False, True, False, True]
BL_1 and BL_2 =  [False, False, False, True]
BL_1 or BL_2 =  [False, True, True, True]
not BL_1 =  [True, True, False, False]
```

그림 3.13 Boolean 원소의 list 시험 결과

3.2.5 숫자 자료형 데이터에 대한 산술 연산

(1) 숫자 자료형

파이썬 프로그램에서 사용되는 숫자 자료형에는 표 3.9에서 열거한 것과 같이 정수 (int), 실수 (float), 그리고 복소수 (complex)가 있다.

표 3.9 파이썬 프로그램의 숫자 자료형

숫자 자료형	의미
int	<class 'int'> 소숫점 이하 값이 사용되지 않는 정수
float	<class 'float'> 소숫점 이하 값이 사용되는 실수
complex	<class 'complex'> 실수부와 허수부가 포함되는 복소수

(2) 숫자 데이터 관련 파이썬 내장 함수

파이썬 프로그램에서는 숫자 데이터의 연산을 위하여 표 3.10에서 보여주는 내장 함수 (embedded function) 들을 사용할 수 있다. abs() 함수는 절대값 (absolute value)를 계산하여 주며, bin(x) 함수는 인수로 전달된 정수 데이터 x의 2진 비트 문자열을 생성하여 반환한다. hex(x)와 oct(x)는 인수로 전달된 정수 데이터 x의 16진수 문자열 및 8진수 문자열을 각각 만들어 반환한다.

divmode(a, b) 함수는 a를 b로 나눈 후 몫과 나머지를 튜플로 반환하여 준다. pow(x, y) 함수는 x의 y 거듭 제곱을 계산하여 반환한다. pow(x, y, z)의 형식으로 호출되는 경우에는 x의 y거듭 제곱을 계산한 결과를 z로 나눈 나머지 값 (즉, pow(x, y) % z)을 반환한다. round(number, ndigits) 함수는 주어진 실수 number를 소수점 이하 ndigits에서 반올림 처리하여 결과를 반환한다.

표 3.10 숫자관련 내장 함수

내장 함수	의미
abs(x)	숫자 x의 절대값을 반환
int(n_str)	정수형 문자열 n-str을 정수 데이터로 변환
float(f_str)	실수형 문자열 f_str을 실수 데이터로 변환
complex(c_str)	복소수형 문자열 c_str을 복소수 데이터로 변환
bin(x)	정수 x를 2진 binary digit 문자열로 변환하여 반환
hex(x)	정수 x를 16진 bytes 문자열로 변환하여 반환
oct(x)	수 x를 8진 bytes 문자열로 변환하여 반환
divmod(a, b)	a를 b로 나눈 후 몫과 나머지를 tuple로 반환 a = q * b + a % b 정수: (a//b, a%b) 실수: (q = math.floor(a, b), a%b)
pow(x, y[, z])	z가 없으면 x의 y 거듭제곱 결과를 반환; z가 있으면 x의 y 거듭제곱 결과를 z로 나눈 나머지 (pow(x, y) % z)를 반환
round(number[, ndigits])	실수 number를 소숫점 이하 ndigits에서 반올림;

그림 3.14는 숫자 데이터에 대한 내장 함수 abs(), divmode(), pow(), round() 들을 실행시켜 정상적인 동작을 확인할 수 있게 하였으며, 실행 결과는 그림 3.15에서 보는 것과 같다.

```
# embedded functions for number data
x = -123
print("x       = {:4d}".format(x))
print("abs(x) = {:4d}".format(abs(x)))

a, b = 7, 2
print("a = ", a)
print("b = ", b)

q, r = divmod(a, b)
print("q, r = divmod(a, b)")
print("q = ", q)
print("r = ", r)

a_b = pow(a, b)
print("pow({}, {}) = {}".format(a, b, a_b))

c = 3.1415926535
c_r = round(c, 4)
print("c = ", c)
print("c_r = ", c_r)
```

그림 3.14 숫자 데이터에 대한 내장 함수 – abs() divmode(), pow(), round()

```
x      = -123
abs(x) =  123
a =  7
b =  2
q, r = divmod(a, b)
q =  3
r =  1
pow(7, 2) = 49
c =  3.1415926535
c_r =  3.1416
```

그림 3.15 숫자 데이터에 대한 내장 함수 (abs() divmode(), pow(), round()) 실행 결과

그림 3.16은 숫자 데이터 함수를 위한 파이썬 내장 함수인 bin(), hex(), oct() 함수를 10진수 255를 대상으로 문자열 변환 시험을 하게 한다. 10진수 255는 이진수로는 1111 1111에 해당하며, 16진수로는 0xFF, 8진수로는 0o377에 해당하며, 그림 3.17에서 정확한 결과가 출력된 것을 확인할 수 있다.

```
# embedded functions for number data
x = 255
bin_x = bin(x)
print("bin(x) = {}".format(bin_x))
hex_x = hex(x)
print("hex(x) = {}".format(hex_x))
oct_x = oct(x)
print("oct(x) = {}".format(oct_x))
```

그림 3.16 숫자 데이터에 대한 내장 함수 – bin(), hex(), oct()

```
bin(x) = 0b11111111
hex(x) = 0xff
oct(x) = 0o377
```

그림 3.17 숫자 데이터에 대한 내장 함수 (bin(), hex(), oct()) 실행 결과

(6) 숫자 자료형 클래스의 주요 메소드

표 3.11은 숫자 자료형인 int, float, complex에 관련된 내장 함수를 정리하여 보여주고 있다. 정수 (int) 클래스의 bit_length() 함수는 인수 (argument)로 전달된 정수를 이진수로 표현할 때 필요한 비트수를 반환하며, 이 비트 수에서 부호 (+ 또는 −)와 유효 숫자 앞에 있는 0 (leading zeroes)는 제외한 숫자를 반환한다. to_byte()와 from_byte() 함수는 컴퓨터에 사용된 CPU의 바이트 저장 순서 (byte order)를 고려하여 바이츠 (bytes)로 변환하거나, 바이츠로 표현된 숫자 데이터를 바이트 저장 순서를 고려하여 정수로 변환시켜 준다.

실수 (float) 클래스의 hex() 함수는 실수를 16진수 표현 문자열로 변환하여 반환하며, fromhex(s) 함수는 16진수 문자열로 표현된 실수 s로부터 실수를 계산하여 반환한다. float.integer_ratio() 함수는 실수 데이터 값을 가지는 분자와 분모 튜플로 반환한다. is_integer() 함수는 실수 데이터의 소수점 이하 값이 없어 정수에 해당하는지 판단한다.

복소수 (complex)자료형 클래스의 주요 속성으로는 복소수의 실수부와 허수부 값을 반환하는 .real과 .imag가 있으며, 주어진 복소수의 켤레 복소수 (conjugate)를 반환하는 conjugate() 함수가 있다.

표 3.11 숫자 자료형 클래스의 주요 메소드와 속성

분류	내장 함수	의미
정수 자료형	int.bit_length(x)	정수 x를 이진수로 표현하는데 필요한 비트수를 반환 (부호와 leading 0은 제외)
	int.to_bytes(length, byteorder, *, signed=False)	정수를 length로 길이가 지정되는 바이트로 표현하는 bytes를 반환. byteorder는 "big" 또는 "little" 중 하나의 값을 가짐. signed=True이면 음수를 위해 2의 보수 (2's complement) 표현을 사용
	int.from_bytes(bytes, byteorder, *, signed=False)	bytes를 byteorder (big 또는 little)를 고려하여 정수로 변환
실수 자료형	float.hex()	실수의 16진수 표현 문자열로 변환하여 반환
	float.fromhex(s)	16진수 문자열 실수 표현 s로부터 실수를 계산하여 반환
	float.as_integer_ratio()	실수에 대한 비율을 갖는 분자와 분모를 tuple로 반환
	float.is_integer()	실수에 대응하는 오차 없는 정수가 있는지 판단
복소수 자료형	.real	복소수의 실수부
	.imag	복소수의 허수부
	complex.conjugate()	켤레복소수를 반환

```
# methods of number data types classes

d = 10
for e in range(0, 10, 1):
    de = pow(d, e)
    bit_len = int.bit_length(de)
    print("bit_length for {:12} = {:3}".format(de, bit_len))
```

그림 3.18 pow()와 bit_length() 함수을 사용하여 10의 지수승에 필요한 비트 수 계산

```
bit_length for            1 =   1
bit_length for           10 =   4
bit_length for          100 =   7
bit_length for         1000 =  10
bit_length for        10000 =  14
bit_length for       100000 =  17
bit_length for      1000000 =  20
bit_length for     10000000 =  24
bit_length for    100000000 =  27
bit_length for   1000000000 =  30
```

그림 3.19 pow()와 bit_length() 함수 응용 프로그램의 실행 결과

그림 3.18은 지수 승을 계산하여 주는 pow() 함수와 주어진 정수를 표현할 때 몇 비트가 필요한가를 계산하여 주는 bit_length() 함수를 사용하는 예제 프로그램이다. 지수 승 계산

에서 밑수를 10으로 하고 지수를 0~9까지 차례로 증가시키면서 pow() 함수를 사용하여 10의 지수 승을 계산하고, 이 숫자를 표현하기 위하여 필요한 비트 수를 bit_length() 함수를 사용하여 구한 후 이들을 출력한다. 그림 3.19에서 결과를 확인할 수 있다.

(4) 숫자 데이터에 대한 기본 산술 연산

숫자형의 기본 자료형에는 정수 (integer), 실수 (float)과 복소수 (complex) 자료형들이 기본적으로 제공된다. 실수 (float)은 8바이트 (64비트)로 표현되는 배정도 (double precision) 실수이다. 복소수 자료형에는 내부에 실수부와 허수부의 데이터 멤버가 포함되어 있다.

숫자형 데이터에 대한 산술연산은 표 3.12에서 보는 산술연산자를 사용하여 계산할 수 있다. 산술연산에는 기본적인 사칙 연산으로 덧셈, 뺄셈, 곱셈, 나눗셈이 있으며, 나눗셈은 소숫점 이하 값을 고려하는 실수 나눗셈과 소숫점 이하 값을 고려하지 않는 정수 나눗셈이 있다. c = a % b의 모듈로 (%) 연산은 a를 b로 나눈 후 몫은 버리고 나머지를 반환한다. c = a ** b의 거듭제곱은 a의 b 지수 승 (a^b)를 반환한다.

숫자형 데이터는 표 3.13의 비교 연산자 (relative operator)를 사용하여 상대적인 크기를 비교할 수 있으며, 그 결과에 따라 프로그램 실행을 제어할 수 있다. 크기의 비교에는 큰가, 크거나 같은가, 작은가, 작거나 같은가, 같은가 (동일한가), 서로 다른 가 등이 있다. 비교 연산자에서 "is" 와 "is not" 은 두 개의 파이썬 객체가 동일한 객체인지 또는 서로 다른 객체인지를 확인하여 준다. 두 개의 객체는 서로 다른 객체이면서 동일한 값을 가진 경우 "==" 연산 결과는 True가 되지만 "is" 연산 결과는 False가 된다.

표 3.12 숫자 데이터에 대한 산술연산자

산술연산자	의미
c = a + b	덧셈
c = a - b	뺄셈
c = a * b	곱셈
c = a / b	실수 나눗셈
c = a // b	정수 나눗셈
c = a % b	모듈로, 나머지
c = a ** b	거듭제곱

표 3.13 숫자 데이터에 대한 비교연산자

비교 연산자	의미
a < b	a가 b보다 작으면 True; 아니면 False
a <= b	a가 b보다 같거나 작으면 True
a > b	a가 b보다 크면 True; 아니면 False
a >= b	a가 b보다 같거나 크면 True; 아니면 False
a == b	a와 b가 같으면 True; 아니면 False
a != b	a와 b가 다르면 True; 같으면 False
a is b	a와 b가 동일한 객체이면 True; 아니면 False
a is not b	a와 b가 서로 다른 객체이면 True; 아니면 False

(5) 16진수 정수형 데이터 입력 및 출력

16진수 형식의 정수형 데이터 입력에서는 0x1234ABCD의 형식으로 0x의 접두어가 표시된 문자열을 입력받게 되며, 이를 정수형으로 변환시키기 위하여 a = int(input("hexadecimal a = "), 16)에서와 같이 int()함수에 문자열과 함께 밑수(base)를 16으로 설정하여야 한다.

(6) 숫자 데이터의 이진 표현에 대한 비트 단위 연산

숫자형 데이터의 이진 (binary) 표현에 대한 비트 단위 연산은 표 3.14에서 보는 비트 단위 연산자를 사용하여 계산할 수 있다. 이진 데이터에 대한 비트 단위 연산에는 bit-wise and (‘&’), bit-wise or (‘|’), bit-wise exclusive or (‘^’), bit-wise not (‘~’), bit-wise shift left (‘<<’), bit-wise shift right (‘>>’) 등이 있다.

표 3.14 비트 단위 연산자

<table>
<tr><th>비트 연산자</th><th>의미</th></tr>
<tr><td>x & y</td><td>비트단위 and</td></tr>
<tr><td>x | y</td><td>비트단위 or</td></tr>
<tr><td>x ^ y</td><td>비트단위 exclusive or</td></tr>
<tr><td>~x</td><td>비트단위 not</td></tr>
<tr><td>x << n</td><td>왼쪽 방향 n비트 자리 시프트; 오른쪽 빈 자리는 0으로 채움</td></tr>
<tr><td>x >> n</td><td>오른쪽 방향 n비트 자리 시프트</td></tr>
</table>

표 3.15는 비트단위 연산 공식을 정리하고 있다. 비트 단위 and 연산에서는 두 개의 비트가 모두 1이면 결과가 1이며, 둘 중에 하나라도 0이면 결과가 0이 된다. 비트 단위 or 연산에서는 두 비트가 모두 0일 경우에만 결과가 0이 되며, 둘 중에 하나라도 1이 있으면 결과는 1이 된다.

표 3.15 비트 단위 연산 공식

<table>
<tr><th>x</th><th>y</th><th>x & y</th><th>x | y</th><th>x ^ y</th><th>~x</th></tr>
<tr><td>0</td><td>0</td><td>0</td><td>0</td><td>0</td><td>1</td></tr>
<tr><td>0</td><td>1</td><td>0</td><td>1</td><td>1</td><td>1</td></tr>
<tr><td>1</td><td>0</td><td>0</td><td>1</td><td>1</td><td>0</td></tr>
<tr><td>1</td><td>1</td><td>1</td><td>1</td><td>0</td><td>0</td></tr>
</table>

비트 단위 xor에서는 두 비트가 동일하면 0, 서로 다르면 1이 된다. 비트 단위 not에서는 1을 0으로, 0을 1로 반전시킨다.

표 3.16에 비트 단위 연산 예로 간단한 이진 데이터 x = 0000 0111과 y = 1010 0011을 대상으로 비트 단위 and (&), or (|), xor (^), not (~), shift left, shift right 등을 실행한 결과를 비트 단위 표현과 함께 16진수로 보여준다.

표 3.16 비트 단위 연산 예

변수 및 연산	연산 결과 (비트 단위 표시)	값 (16진수)
x	0000 0111	0x07
y	1010 0011	0xA3
x & y	0000 0011	0x03
x | y	1010 0111	0xA7
x ^ y	1010 0100	0xA4
~x	1111 1000	0xF8
x << 2	0001 1100	0x1C
x >> 2	0000 0001	0x01
y << 2	1000 1100	0x8C
y >> 2	1110 1000 (MSB가 sign 비트일 때)	0xE8

그림 3.20은 표 3.16에서 이진 데이터에 대한 비트 단위 연산 예시를 파이썬 프로그램으로 작성한 내용을 보여준다. 이 예제 프로그램에서는 16진수 데이터 입력을 위하여 line 3~5에서 int() 함수를 호출할 때 밑수를 16으로 설정한 것을 볼 수 있다. 숫자 데이터의 이진 비트 표현을 보여주기 위하여 bin() 함수를 사용하고 있다. 그림 3.21은 실행 결과를 보여준다.

```
 1 :  # bit-wise operations
 2 :
 3 :  x = int(input("hexadecimal x = "), 16)
 4 :  y = int(input("hexadecimal y = "), 16)
 5 :  z = int(input("hexadecimal z = "), 16)
 6 :  print(" x = {:4} in decimal, {:>18s} in bits".format(x, bin(x)))
 7 :  print(" y = {:4} in decimal, {:>18s} in bits".format(y, bin(y)))
 8 :  print(" z = {:4} in decimal, {:>18s} in bits".format(z, bin(z)))
 9 :
10 :  xy_bw_and = x & y
11 :  xy_bw_or = x | y
12 :  xy_bw_xor = x ^ y
13 :  x_bw_not = ~x
14 :  x_bw_SL_2 = x << 2
15 :  y_bw_SR_2 = y >> 2
16 :  z_bw_SR_2 = z >> 2
17 :
18 :  print(" xy_bw_and = {:>18s}".format(bin(xy_bw_and)))
19 :  print(" xy_bw_or  = {:>18s}".format(bin(xy_bw_or)))
20 :  print(" xy_bw_xor = {:>18s}".format(bin(xy_bw_xor)))
21 :  print(" x_bw_not  = {:>18s}".format(bin(x_bw_not)))
22 :  print(" x_bw_SL_2 = {:>18s}".format(bin(x_bw_SL_2)))
23 :  print(" y_bw_SR_2 = {:>18s}".format(bin(y_bw_SR_2)))
24 :  print(" z_bw_SR_2 = {:>18s}".format(bin(z_bw_SR_2)))
```

그림 3.20 16진수 데이터에 대한 비트 단위 연산

비트 단위 연산 중 시프트 연산은 왼쪽 또는 오른쪽으로 지정된 비트 자리 수만큼 이동을 하게 된다. Shift-left의 경우 왼쪽 끝 부분의 비트는 밀려나게 되고, 오른쪽 끝 (비트 0 위치)는 0이 채워지게 된다. Shift-right의 경우 오른쪽 끝 (비트 0)은 밀려나게 되며, 왼쪽 끝 비트 (MSB: most significant bit 또는 sign bit)의 값이 1이면 1이 반복적으로 채워지며 MSB/sign 비트가 0인 경우 0이 반복적으로 채워진다.

```
hexadecimal x = 0x07
hexadecimal y = 0xA3
hexadecimal z = -0x07
 x =    7 in decimal,             0b111 in bits
 y =  163 in decimal,        0b10100011 in bits
 z =   -7 in decimal,            -0b111 in bits
 xy_bw_and =              0b11
 xy_bw_or  =        0b10100111
 xy_bw_xor =        0b10100100
 x_bw_not  =           -0b1000
 x_bw_SL_2 =           0b11100
 y_bw_SR_2 =          0b101000
 z_bw_SR_2 =             -0b10
```

그림 3.21 16진수 데이터에 대한 비트 단위 연산 프로그램 실행 결과

(7) 복소수 (complex) 자료형 관련 함수 - .real, .imag, conjugate()

복소수를 사용하는 응용 프로그램의 예를 그림 3.22에서 볼 수 있다. 복소수 자료형은 type() 함수로 확인하면 <class ‘complex’>라고 표시되며, 복소수 데이터 값의 실수부는 .real, 허수부는 .imag로 각각 확인할 수 있다. 복소수를 print() 함수로 출력하면 “실수부 +/- 허수부 j” 의 형식으로 출력된다. 소수의 켤레 복소수 (conjugate)는 실수부 값은 동일하나 허수부 값의 부호가 반대로 되어 있는 복소수를 의미한다. 그림 3.22 line 3에서 c1 = 3 + 4j로 설정한 후, line 9에서 c1의 켤레복소수를 계산하면 cj = 3 - 4j가 되는 것을 그림 3.23의 출력 결과에서 확인할 수 있다.

```
 1: # complex, conjugate
 2:
 3: c1 = complex(3, 4)
 4: print("c1 = ", c1)
 5: print("type(c1) = ", type(c1))
 6: print("c1.real = ", c1.real)
 7: print("c1.imag = ", c1.imag)
 8:
 9: cj = complex.conjugate(c1)
10: print("conjugate(c1) = ", cj)
11: print("cj.real = ", cj.real)
12: print("cj.imag = ", cj.imag)
13:
14: c2 = complex(5, 6)
15: print("c2 = ", c2)
16: print("c1 + c2 = ", c1 + c2)
17: print("c1 - c2 = ", c1 - c2)
18: print("c1 * c2 = ", c1 * c2)
19: print("c1 / c2 = ", c1 / c2)
```

그림 3.22 복소수 설정 및 연산 프로그램

그림 3.22 line 16~19에서는 복소수에 대한 덧셈, 뺄셈, 곱셈, 나눗셈 연산을 수행하며,

실행 결과는 그림 3.23에서 볼 수 있다.

```
c1 =  (3+4j)
type(c1) =  <class 'complex'>
c1.real =  3.0
c1.imag =  4.0
conjugate(c1) =  (3-4j)
cj.real =  3.0
cj.imag =  -4.0
c2 =  (5+6j)
c1 + c2 =  (8+10j)
c1 - c2 =  (-2-2j)
c1 * c2 =  (-9+38j)
c1 / c2 =  (0.6393442622950819+0.03278688524590165j)
```

그림 3.23 복소수 설정 및 연산 프로그램 실행 결과

3.3 시퀀스 자료형 개요 – str, bytes, bytearray, list, tuple, range

3.3.1 시퀀스 자료형 개요

(1) 시퀀스 자료형 관련 연산 및 함수

파이썬의 자료형에서 시퀀스, 매핑 및 집합은 다수의 원소들이 포함되는 자료형이며, 순서에 따라 원소들을 차례로 접근할 수 있는 자료형이다. 예를 들어 문자열을 포함하는 str은 문자들이 차례로 저장되어 있는 자료형이며, 바이츠(bytes)는 8비트 단위의 바이트가 차례로 저장되어 있다. 바이트 배열 (bytearray) 역시 바이트가 차례로 저장되어 있으며, bytes 자료형과 다른 점은 각 원소의 값을 변경할 수 있다는 점이다. memoryview 자료형은 bytes와 bytearray 객체를 별도의 복사없이 내부 데이터를 접근할 수 있게 하여준다.

리스트 (list)는 여러 개의 원소 데이터가 차례로 저장되어 있는 자료형이며, 포함된 원소의 자료형이 한 가지로 고정되어 있는 일반적인 배열 (array)과는 다르게 리스트에 포함되어 있는 원소의 자료형들이 다를 수도 있다. 예를 들어 숫자형의 원소와 함께 문자열 원소가 포함될 수 있다.

표 3.17은 시퀀스 자료형에 사용할 수 있는 연산과 함수의 사용 예를 보여주고 있다. 시퀀스 자료형인 문자열 (str), 바이츠(bytes), 바이트 배열 (bytearry), 메모리뷰(memoryview), 리스트(list), 튜플(tuple), range에 사용할 수 있는 가장 기본적인 함수로는 시퀀스 자료형 객체의 길이를 알려 주는 len(), 시퀀스에서 제일 작은 요소와 제일 큰 요소를 알려 주는 min()과 max()가 있다. 주어진 2개의 시퀀스을 접합 (concatenate)시키는 '+' 연산과 지정된 회수만큼 시퀀스를 반복 생성하여 주는 '*' 연산을 사용할 수 있으며, 시퀀스 자료형 객체에 주어진 항목이 포함되어 있는지 여부를 확인하는 in과 not in이 제공된다. 시퀀스 자료형에서 개별적인 항목을 사용하거나 지정된 구간에 대하여 처리할 수 있게 하는 인덱싱 연산은 다양한 응용 프로그램에서 많이 사용된다.

표 3.17 시퀀스 자료형에 사용할 수 있는 연산과 함수

연산, 함수	기능	사용 예
len()	시퀀스 자료형 객체의 길이	len([0, 1, 2, 3, 4])
+	2개의 시퀀스를 접합 (concatenation)	[1, 2, 3, 4] + [5, 6, 7, 8, 9]
*	지정된 횟수만큼 시퀀스를 반복 (repetition)	['ABC'] * 3
in	시퀀스에 포함되어 있는지 확인	strList['Mon', 'Tue', Wed'] 'Mon' in strList
not in	시퀀스에 포함되어 있지 않는지 확인	5 not in [0, 1, 2, 3, 4]
[ ]	인덱싱	strList[0]
min()	시퀀스에서 제일 작은 요소	min([3, 1, 5, 7])
max()	시퀀스에서 제일 큰 요소	max([3, 1, 5, 7])
sum()	시퀀스에 포함된 원소들의 합	sum([3, 1, 5, 7])
sorted()	시퀀스에 포함된 원소들을 정렬한 결과를 반환	L = [3, 1, 5, 7, 0, 4, 2, 6] L_sorted = sorted(L)
for 반복문	반복문 구성	for n in [3, 1, 5, 7, 0, 4, 2, 6] : print(n)

(2) len(), min(), max(), sum(), sorted()

시퀀스 자료형의 기본적인 기능으로 길이를 계산하여 주는 len(), 포함된 원소 중에서 가장 큰 값을 찾아 주는 max(), 가장 작은 값을 찾아 주는 min(), 원소들의 값을 합산하여 알려 주는 sum()이 있다. sorted() 함수는 인수로 전달되는 시퀀스 자료형을 순서대로 정렬하여 새로운 시퀀스 객체를 제공한다.

```
1: # Application of sequence type
2:
3: L = [4, 5, 6, 1, 3, 8, 9, 2, 0, 7]
4: sum_L = sum(L)
5: max_L = max(L)
6: min_L = min(L)
7: len_L = len(L)
8: avg_L = sum_L / len_L
9: print("L (size: {}) : {}".format(len_L, L))
10: print("Statistics of L : Max ({}), Min ({}), Avg({:7.2f})".format(max_L, min_L,
 avg_L))
11:
12: L_sorted = sorted(L)
13: print("Sorted L : ", L_sorted)
14: print("Original L : ", L)
```

그림 3.24 시퀀스 자료형 객체에 대한 기본 연산 실행 예제

그림 3.24는 시퀀스 자료형 객체인 리스트에 대하여 통계처리를 하는 간단한 예제를 보여준다. Line 3에서 정수형 데이터 원소들을 포함하는 시퀀스 자료형인 리스트 객체 L이 정의되어 있으며, line 4~7에서 기본 함수 sum(), max(), min(), len()을 사용하여 각각 합산, 최댓값, 최솟값, 길이 정보를 얻는다. Line 8에서는 합산 결과와 길이 정보를 사용하여 평균값을 계산하며, line 9~10에서 리스트 L의 통계 분석 정보들을 차례로 출력한다.

그림 3.25는 리스트 L의 내용을 출력한 결과와 통계 분석 결과의 출력 내용을 보여주고 있다. 그림 3.24 line 12에서는 sorted() 함수를 사용하여 리스트 L의 정렬된 결과를 새로운 리스트로 반환 받아 L_sorted에 저장한다. Line 13~14에서는 L_sorted와 원래의 리스트 L을 서로 비교한다. 그림 3.25에서 볼 수 있는 것과 같이 sorted() 함수는 인수로 전달된 시퀀스 자료형 객체의 내용을 변경하지는 않으며, 정렬된 결과를 새로운 시퀀스 객체로 만들어 반환시켜 준다.

```
L (size: 10) : [4, 5, 6, 1, 3, 8, 9, 2, 0, 7]
Statistics of L : Max (9), Min (0), Avg(    4.50)
Sorted L :  [0, 1, 2, 3, 4, 5, 6, 7, 8, 9]
Original L :  [4, 5, 6, 1, 3, 8, 9, 2, 0, 7]
```

그림 3.25 시퀀스 자료형 객체에 대한 기본 연산 실행 예제의 실행 결과

(3) 접합 (concatenation), 반복 (repetition)

시퀀스 자료형 객체에 대한 '+' 연산은 주어진 두 개의 시퀀스 자료형 객체를 연속 연결 (concatenate)하여 새로운 시퀀스 객체를 생성하여 준다. 예를 들어 그림 3.26 line 3~4에서 두 개의 문자열 Str_A와 Str_B를 선언한 후, line 7에서 '+' 연산을 실행하고, 그 결과를 출력한다. 그림 3.27에서 볼 수 있는 것과 같이 두 개의 문자열에 대한 '+' 연산은 이 두 개의 문자열을 연속 연결하여 새로운 문자열이 만들어진 것을 알 수 있다.

그림 3.26 line 17, 18에서는 두 개의 리스트 객체를 만들고, line 21에서 두 리스트 객체에 대한 '+' (접합) 연산을 수행한 후 그 결과를 출력한다. 그림 3.27에서 볼 수 있는 것과 같이 리스트에 대한 '+' 연산은 두 개의 리스트 원소를 차례로 포함시켜 새로운 리스트를 만들어 준다.

시퀀스 자료형 객체에 대한 '*' (반복) 연산은 지정된 횟수 만큼 시퀀스 객체를 반복하여 새로운 시퀀스를 만들어 준다. 예를 들어 그림 3.26 line 8에서 "Str_A * 3" 연산을 수행하면 문자열 Str_A의 단어들이 차례로 세 번 반복 포함되는 새로운 문자열을 만들어 반환한다. 같은 방식으로 그림 3.26 line 22의 "L_A * 3" 은 리스트 L_A의 원소들이 차례로 3번씩 포함되는 새로운 리스트를 생성하여 반환한다. 그림 3.27에서 그 결과를 볼 수 있다.

시퀀스 자료형인 튜플에 대한 '+' 접합 연산 및 '*' 반복 연산은 각각 연속 연결과 반복 기능을 제공하는 것을 확인할 수 있다.

```
# Application of sequence type - concatenation, repeat

Str_A = "ABCD" # str
Str_B = "1234"
print("Str_A = ", Str_A)
print("Str_B = ", Str_B)
print("Str_A + Str_B = ", Str_A + Str_B)
print("Str_A * 3 = ", Str_A * 3)

Bytes_1 = bytes(b"ABCD")
Bytes_2 = bytes(b"1234")
print("Bytes_1 = ", Bytes_1)
print("Bytes_2 = ", Bytes_2)
print("Bytes_1 + Bytes_2 = ", Bytes_1 + Bytes_2)
print("Bytes_1 * 3 = ", Bytes_1 * 3)

L_A = [1, 3, 5, 7, 9] # list
L_B = [0, 2, 4, 6, 8]
print("L_A = ", L_A)
print("L_B = ", L_B)
print("L_A + L_B = ", L_A + L_B)
print("L_A * 3 = ", L_A * 3)

T_A = (1, 3, 5, 7, 9) # tuple
T_B = (0, 2, 4, 6, 8)
print("T_A = ", T_A)
print("T_B = ", T_B)
print("T_A + T_B = ", T_A + T_B)
print("T_A * 3 = ", T_A * 3)
```

그림 3.26 시퀀스 자료형 객체에 대한 '+' 및 '*' 연산

```
Str_A =  ABCD
Str_B =  1234
Str_A + Str_B =  ABCD1234
Str_A * 3 =  ABCDABCDABCD
Bytes_1 =  b'ABCD'
Bytes_2 =  b'1234'
Bytes_1 + Bytes_2 =  b'ABCD1234'
Bytes_1 * 3 =  b'ABCDABCDABCD'
L_A =  [1, 3, 5, 7, 9]
L_B =  [0, 2, 4, 6, 8]
L_A + L_B =  [1, 3, 5, 7, 9, 0, 2, 4, 6, 8]
L_A * 3 =  [1, 3, 5, 7, 9, 1, 3, 5, 7, 9, 1, 3, 5, 7, 9]
T_A =  (1, 3, 5, 7, 9)
T_B =  (0, 2, 4, 6, 8)
T_A + T_B =  (1, 3, 5, 7, 9, 0, 2, 4, 6, 8)
T_A * 3 =  (1, 3, 5, 7, 9, 1, 3, 5, 7, 9, 1, 3, 5, 7, 9)
```

그림 3.27 시퀀스 자료형 객체에 대한 '+' 및 '*' 연산 실행 결과

(4) in, not in

시퀀스 자료형 객체에 대하여 in 및 not in 연산은 주어진 항목이 시퀀스 자료형 객체에 포함되어 있는지를 확인하여 준다. 그림 3.28 line 3에서는 색상 이름들의 문자열을 가지는 리스트 L을 선언하고, line 4에서 검색 대상 색상 이름을 리스트로 선언한다.

```
 1: # sequency type - in, not in
 2:
 3: L = ["black", "white", "yellow", "red", "green", "blue", "orange", "purple"]
 4: Color_to_Search = ["red", "blue", "cyan", "violet"]
 5:
 6: print("L = ", L)
 7: print("Color_to_search = ", Color_to_Search)
 8:
 9: for color in Color_to_Search:
10:     if color in L:
11:         print("{} is in L".format(color))
12:     elif color not in L:
13:         print("{} is not in L".format(color))
14:     else:
15:         print("{} is not determined in L".format(color))
```

그림 3.28시퀀스 자료형 객체에 대한 in 및 not in 연산

```
L =  ['black', 'white', 'yellow', 'red', 'green', 'blue', 'orange', 'purple']
Color_to_search =  ['red', 'blue', 'cyan', 'violet']
red is in L
blue is in L
cyan is not in L
violet is not in L
```

그림 3.29 시퀀스 자료형 객체에 대한 in 및 not in 연산 실행 결과

Line 9~15에서는 Color_to_Search 리스트에 포함된 검색 대상 색상들이 리스트 L에 포함되어 있는지 in과 not in 연산을 사용하여 확인하며, 그 결과를 출력한다. 그림 3.29에 그 결과들을 보여주며, 시퀀스 자료형인 리스트에 주어진 항목이 포함되어 있는지를 정확하게 판단하여 주는 것을 볼 수 있다.

(5) range()

range(start, end, stride) 시퀀스 자료형은 인수로 전달 받는 정수형 데이터 start, end, stride가 지정하는 인덱스를 차례로 생성하여 제공한다. 맨처음 start 값의 인덱스로 제공하며, 이어서 end 값 직전까지 stride 값을 더해가며 인덱스를 생성한다. stride는 range()에서 생성되는 인덱스 값들의 간격을 지정한다.

표 3.18은 start, end, stride 값이 다르게 설정됨에 따라 생성되는 결과값이 차이가 나는 것을 비교하여 보여준다. 인수로 정수 하나만 전달되는 경우 start와 stride가 생략되어 end 값만이 설정되는 것으로 해석된다. 만약 인수가 2개의 정수로 전달되면 start와 end 값이 전달된 것으로 해석된다. range() 호출에서 start 인수가 생략되어 있으면 start=0의 초기값으로 설정된다. 만약 stride 인수가 생략되어 있으면 stride = 1의 초기값으로 설정된다.

표 3.18 range(start, end, stride)의 인수에 따른 인덱스 생성

range(start, end, stride)	생성된 값
range(10)	0, 1, 2, 3, 4, 5, 6, 7, 8, 9
range(0, 10)	0, 1, 2, 3, 4, 5, 6, 7, 8, 9
range(1, 10)	1, 2, 3, 4, 5, 6, 7, 8, 9
range(10, 0, -1)	10, 9, 8, 7, 6, 5, 4, 3, 2, 1
range(9, -1, -1)	9, 8, 7, 6, 5, 4, 3, 2, 1, 0

```
 1: # sequency type - list and range()
 2:
 3: print("range(10)         : ", end='')
 4: for i in range(10):
 5:     print("{:2}".format(i), end=' ')
 6: print()
 7:
 8: print("range(0, 10)      : ", end='')
 9: for i in range(0, 10):
10:     print("{:2}".format(i), end=' ')
11: print()
12:
13: print("range(0, 10, 2)   : ", end='')
14: for i in range(0, 10, 2):
15:     print("{:2}".format(i), end=' ')
16: print()
17:
18: print("range(1, 10, 2)   : ", end='')
19: for i in range(1, 10, 2):
20:     print("{:2}".format(i), end=' ')
21: print()
22:
23: print("range(10, -1, -1): ", end='')
24: for i in range(10, -1, -1):
25:     print("{:2}".format(i), end=' ')
26: print()
```

그림 3.30 range() 함수와 for 반복문의 활용 예제

인수로 제공된 stride 값이 양수이면 start에서 시작하여 end보다 작을 때까지 stride 만큼씩 증가시킨 정수들이 생성되어 전달된다. 만약 stride 값이 음수이면 start에서 시작하여 end보다 클 때까지 stride 만큼씩 감소시킨 정수들을 생성하여 전달한다.

그림 3.30에서는 다양한 range() 설정을 사용하여 원소들을 출력하는 예제를 보여준다. Line 4와 line 9에서는 range(10)과 range(0, 10)으로 0~9의 정수 값들이 인덱스로 생성된다. Line 14과 line 19에서는 range(0, 10, 2)과 range(1, 10, 2)로 0~8의 짝수와 1~9의 홀수를 각각 생성하여 반환한다. Line 24에서는 range(10, −1, −1)이 실행되면서 10로부터 0까지의 정수를 역순으로 생성한다. 그림 3.31에서 각 range()에서 생성한 결과를 확인할 수 있다.

```
range(10)          :  0  1  2  3  4  5  6  7  8  9
range(0, 10)       :  0  1  2  3  4  5  6  7  8  9
range(0, 10, 2)    :  0  2  4  6  8
range(1, 10, 2)    :  1  3  5  7  9
range(10, -1, -1): 10  9  8  7  6  5  4  3  2  1  0
```

그림 3.31 실행 결과

(6) 순차 반복 접근 가능 자료형들에 대한 all(), any() 함수

자료형이 순차 반복 접근 가능 (iterable)이라는 표현은 반복문 for에서 항목을 한 번에 하나씩 꺼내어 사용할 수 있는 자료형을 의미한다. 기본 자료형 중 불리언과 숫자는 순차 반복 접근이 가능하지 않으며, 시퀀스, 매핑과 집합 자료형은 순차 반복 접근이 가능하여 for 반복문에서 차례로 원소들을 접근하여 처리할 수 있다.

반복 가능한 자료형 객체에 대하여 all() 함수를 실행하면 그 객체의 모든 항목들이 True일 때 True를 반환하고, 항목 중 하나라도 False이면 False를 반환한다. 반복 가능한 자료형 객체에 포함된 항목 중 하나라도 True인 경우 any() 함수는 True를 반환하며, 모든 항목이 False인 경우에만 any() 함수가 False를 반환한다.

표 3.19 순차 반복 접근 가능한 자료형 (str, list, tuple, dict 등)에 대한 all(), any() 함수

함수	의미
all(iterable)	반복 가능한 자료형 (iterable)의 모든 항목 (item) 들이 True이면 함수의 결과는 True; 어떤 항목 하나라도 False이면 결과는 False
any(iterable)	반복 가능한 자료형 (iterable)의 어떤 항목 (item) 이 True이면 함수의 결과는 True; 모든 항목이 False이면 결과는 False

```
# Application of sequence type - all, any

L_A = [True, True, False, True] # list of boolean
L_B = [False, False, True, True]
print("L_A = ", L_A)
print("L_B = ", L_B)

print("any(L_A) = ", any(L_A))
print("all(L_B) = ", all(L_B))

L_C = []
for i in range(len(L_A)):
    L_C.append(L_A[i] and L_B[i])
print("L_A and L_B = ", L_C)

L_D = []
for i in range(len(L_A)):
    L_D.append(L_A[i] or L_B[i])
print("L_A or L_B = ", L_D)
```

그림 3.32 시퀀스 자료형에 대한 all(), any() 시험

그림 3.32에서 True 및 False 항목을 포함하는 두 개의 리스트 L_A와 L_B를 준비하

고, 이에 대한 all(), any() 함수 사용과, and 및 or 연산을 수행하며, 그림 3.33에 결과를 보여준다.

```
L_A =  [True, True, False, True]
L_B =  [False, False, True, True]
any(L_A) =  True
all(L_B) =  False
L_A and L_B =  [False, False, False, True]
L_A or L_B =  [True, True, True, True]
```

그림 3.33 시퀀스 자료형에 대한 all(), any() 시험 결과

3.3.2 매핑 자료형 - dict

파이썬 프로그램에서 매핑 자료형으로는 dict 자료형이 기본적으로 제공된다. dict 자료형은 시퀀스 자료형이 아니며, 따라서 인덱스를 사용하여 원소를 개별적으로 접근할 수 없다. dict 자료형 객체에서는 키 (key)와 원소값(value)을 {key:value} 쌍 (pair)으로 저장하며, 키를 사용하여 원소값을 찾을 수 있도록 구성된다.

그림 3.34는 dict 자료형을 사용하여 다양한 색상을 컴퓨터에서 표현할 때 사용하는 RGB (red, green, blue) 코드를 쉽게 검색할 수 있는 파이썬 프로그램 예를 보여준다. Line 3에서 Colors는 dict 자료형 객체로 선언되며, 포함되는 원소들은 { “keyword” : “RGB code” } 값의 쌍으로 정리되어 포함된다.

```
 1: # dict - color_RGBcode
 2:
 3: Colors = {'Red':'FF0000', 'Green':'008000', 'Blue':'0000FF',\
 4:           'Black':'000000', 'White':'FFFFFF','Gray':'808080',\
 5:           'Acqua':'00FFFF', 'Azure':'F0FFFF', 'Beige':'F5F5DC',\
 6:           'Orange':'FFA500', 'Yellow':'FFFF00'}
 7:
 8: color_name_to_be_searched = ['Red', 'Green', 'Blue', 'Pink', 'Orange', 'Yellow']
 9:
10: for cn in color_name_to_be_searched:
11:     cn_RGB = Colors.get(cn)
12:     if cn_RGB == None:
13:         print("Color ({:7s}) - not included in current Colors dict".format(cn))
14:     else:
15:         print("Color ({:7s}) - RGB Code ({})".format(cn, cn_RGB))
```

그림 3.34 dict를 사용한 색상이 RGB 컬러코드 관리

Line 8은 검색하고자 하는 색상의 이름을 문자열로 정리하며, line 10에서 검색 대상 색상 이름을 키로 사용하여 dict 자료형 객체인 Colors으로부터 get() 멤버함수를 사용하여 검색하도록 한다. 만약 주어진 키에 해당하는 항목이 dict 객체에 포함되어 있지 않으면 None이 반환된다. 만약 키에 해당하는 항목이 dict 객체에 포함되어 있으면 그 원소의 값이 반환되며, Colors의 경우 주어진 색상 이름에 해당하는 RGB 코드값이 된다.

그림 3.35에서 검색 대상 색상에 해당하는 RGB 코드를 출력하는 프로그램의 실행 결과를 확인할 수 있다.

```
Color (Red     ) - RGB Code (FF0000)
Color (Green   ) - RGB Code (008000)
Color (Blue    ) - RGB Code (0000FF)
Color (Pink    ) - not included in current Colors dict
Color (Orange  ) - RGB Code (FFA500)
Color (Yellow  ) - RGB Code (FFFF00)
```

그림 3.35 dict를 사용한 색상이 RGB 컬러코드 관리 프로그램 실행 결과

3.3.3 집합 자료형 – set, frozenset

파이썬 프로그램에서 집합 자료형으로 set과 frozenset 자료형이 기본적으로 제공된다. 집합 자료형은 다양한 집합 기반 연산에 효율적으로 사용될 수 있는 연산들을 제공한다. 그림 3.36은 간단한 집합 연산을 수행하기 위하여 set을 사용하는 파이썬 프로그램 예제를 보여준다. Line 3~7에서 다양한 종류의 집합들을 예로 들고 있다. UpperCase는 대문자 중에서 일부를 포함하고 있는 집합이며, LowerCase는 소문자 일부를 포함하고 있는 집합이다. Decimal은 10진수 표현에 사용되는 문자들의 집합이며, Hexa는 16진수 표현에 사용되는 문자 중 영문자에 해당하는 문자들의 집합을 나타낸다. Operators는 수학 연산에 사용되는 연산자들의 집합이다.

```
 1: # set - simple set
 2:
 3: UpperCase = {'A', 'B', 'C', 'D', 'E'}
 4: LowerCase = {'a', 'b', 'c', 'd', 'e'}
 5: Decimal = {'0', '1', '2', '3', '4', '5', '6', '7', '8', '9'}
 6: Hexa = {'A', 'B', 'C', 'D', 'E', 'F'}
 7: Operators = {'+', '-', '*', '/', '%'}
 8:
 9: Alphabet = UpperCase.union(LowerCase)
10: HexaDecimal = Decimal.union(Hexa)
11: AlphaNumeric = Alphabet.union(Decimal)
12:
13: print("UpperCase = ", UpperCase)
14: print("LowerCase = ", LowerCase)
15: print("Alphabet = ", Alphabet)
16: print("Decimal = ", Decimal)
17: print("Hexa = ", Hexa)
18: print("HexaDecimal = ", HexaDecimal)
19: print("AlphaNumeric = ", AlphaNumeric)
```

그림 3.36 set 자료형을 사용한 간단한 집합 연산

Line 9~10에서는 기본적인 집합 연산의 예를 보여준다. 먼저 집합 Alphabet은 집합 UpperCase와 집합 LowerCase의 합집합이며, 합집합 연산은 set 자료형의 union() 멤버함수를 사용하여 실행한다. HexaDecimal은 16진수를 표현하기 위한 단어들의 집합으로 정의하며, 이를 위하여 집합 Decimal과 집합 Hexa의 합집합을 구한다. Alphanumeric은 알파벳 또는 숫자를 나타내는 문자들의 집합이며, 집합 Alphabet과 집합 Decimal의 합집합을 계산하여 설정한다. 그림 3.37에는 그림 3.36에서 실행한 집합 연산 결과를 보여준다.

```
UpperCase =  {'E', 'C', 'A', 'D', 'B'}
LowerCase =  {'d', 'e', 'a', 'b', 'c'}
Alphabet =  {'d', 'e', 'a', 'b', 'E', 'C', 'c', 'A', 'D', 'B'}
Decimal =  {'5', '8', '9', '4', '6', '3', '2', '7', '0', '1'}
Hexa =  {'F', 'E', 'C', 'A', 'D', 'B'}
HexaDecimal =  {'5', '8', '9', '4', '6', 'B', '3', 'F', '2', '7', 'E', '0
', 'C', 'A', 'D', '1'}
AlphaNumeric =  {'d', '9', '6', '3', 'a', '2', '0', 'A', 'B', '1', '5', '
8', 'e', '4', 'b', 'E', 'C', '7', 'c', 'D'}
```

그림 3.37 간단한 집합 연산의 실행 결과

3.4 Indexing, slicing 개요

시퀀스 자료형 객체들은 그 내부에 포함된 각 원소(element)들을 인덱스를 사용하여 개별적으로 접근할 수 있으며, 일정 구간의 항목들을 복사하여 다른 시퀀스 자료형 객체를 만들 수 있다. 시퀀스 자료형 객체의 개별 원소들을 인덱스를 사용하여 추출하는 것을 indexing이라고 하며, 시작 지점과 종료 지점 및 인덱스 증감 단위를 지정하여 일정 구간에 포함된 항목들을 추출하는 것을 slicing이라고 한다.

시퀀스 자료형에 사용되는 인덱스의 값은 정상적인 범위가 0에서 시퀀스 객체의 길이 - 1의 값 (len(sequence_object) - 1)이며, 인덱스 값이 음수인 경우 그 시퀀스 객체의 마지막 원소부터 역순으로 위치가 결정된다. 예를 들어 시퀀스 자료형 L이 10개의 원소를 가질 때, L[0]는 맨 처음 0번째 원소이며, L[-1]은 맨 마지막 원소를 의미한다.

3.4.1 Immutable 객체에 대한 Indexing

그림 3.38은 시퀀스 자료형 객체인 문자 리스트의 각 원소를 인덱스를 사용하여 개별적으로 추출하고 이를 출력하는 예를 보여준다. 시퀀스 자료형의 객체에서 가장 첫 번째 원소의 인덱스는 0이며, 가장 마지막 원소의 인덱스는 -1로 표기된다. 그림 3.38 line 3에서는 총 17개의 문자가 포함되는 문자열 S를 정의하며, line 4에서 이 자료형과 길이를 확인한다. 그림 3.39에 출력된 결과에서 S는 자료형이 str 이라는 점과 길이가 17이라는 점을 확인할 수 있다.

```
 1: # indexing of str data type
 2:
 3: S = "0123456789ABCDEFG"
 4: print("S (type: {}, length: {})= {}".format(type(S), len(S), S))
 5: for i in range(len(S)):
 6:     print("S[{:2}] = {:2}".format(i, S[i]), end=' ')
 7:     if i % 5 == 0:
 8:         print()
 9: print("\nS[0] = {}, S[-1] = {}".format(S[0], S[-1]))
10: S[0] = "X"
```

그림 3.38 인덱스를 사용한 str 자료형 원소 추출

```
S (type: <class 'str'>, length: 17)= 0123456789ABCDEFG
S[ 0] = 0
S[ 1] = 1  S[ 2] = 2  S[ 3] = 3  S[ 4] = 4  S[ 5] = 5
S[ 6] = 6  S[ 7] = 7  S[ 8] = 8  S[ 9] = 9  S[10] = A
S[11] = B  S[12] = C  S[13] = D  S[14] = E  S[15] = F
S[16] = G
S[0] = 0, S[-1] = G
Traceback (most recent call last):
  File "C:\MyPyPackage\Z-TextBook (Python) - 2019-8\ch 5
ing\5.2 indexing, slicing\(1) indexing.py", line 10, in <
    S[0] = "X"
TypeError: 'str' object does not support item assignment
```

그림 3.39 인덱스를 사용한 str 자료형 원소 추출 실행 결과

Line 5~8에서는 S에 포함된 각 원소들을 인덱스와 함께 한 줄에 5개의 원소가 출력되는 포맷을 사용하고 있다. Line 9에서는 문자열 S의 맨 처음 원소와 맨 마지막 원소를 인덱스 0과 인덱스 -1로 각각 추출하는 것을 볼 수 있다. 그림 3.38 line 10에서는 str 자료형 객체의 특정 원소를 다른 값으로 변경시키고자 하는데, 이 경우 문자열 자료형은 immutable 이기 때문에 변경할 수 없으며, 따라서 그림 3.39에서 보는 것과 같이 프로그램 실행 오류가 발생되는 것을 알 수 있다.

3.4.2 Mutable 객체에 대한 Indexing

그림 3.40은 바이트 배열 (bytearray) 자료형 객체의 원소들을 인덱스를 사용하여 추출하는 예제 프로그램을 보여준다. 문자열을 기반으로 바이트 배열 객체를 생성할 때에는 line 3에서 보는 것과 같이 반드시 인코딩 방식(예: ascii, cp949, utf-8, utf-16 등)을 지정하여야 한다.

그림 3.38과 3.39에서 str 자료형 객체의 원소들을 인덱스 기반으로 추출한 것과 동일한 기능이 제공되며, 다만 각 원소의 출력 값은 해당 원소 (즉, 바이트)의 이진 코드 값을 출력한다. 그림 3.40 line 6에서 각 원소의 값의 출력 포맷을 "{:2x}"로 설정한 것은 2자리 간격에 16진수로 표시하도록 한 것이며, 그림 3.41에서 16진수 형식으로 원소 값들이 출력된 것을 확인할 수 있다. 예를 들어 BA[0]은 '0' 문자가 들어 있으며, BA[10]은 'A' 문자가 들어 있는데, '0'과 'A'를 ASCII 코드로 인코딩할 때 그 값이 각각 0x30 (10진수로 48) 및 0x41 (10진수로 65)이며, 그림 3.41에서 정확하게 출력되는 것을 확인할 수 있다.

```
1: # indexing of bytearray
2:
3: BA = bytearray("0123456789ABCDEFG", "ascii")
4: print("BA (type: {}, length: {})= {}".format(type(BA), len(BA), BA))
5: for i in range(len(BA)):
6:     print("BA[{:2d}] = {:2x}".format(i, BA[i]), end=' ')
7:     if i % 5 == 0:
8:         print()
9: print("\nBA[{:2}] = {:2x}, BA[{:2}] = {:2x}".format(0, BA[0], -1, BA[-1]))
10: BA[0] = ord('X')
11: print("After BA[0] = ord('X'), BA = ", BA)
```

그림 3.40 인덱스를 사용한 bytearray 자료형 원소 추출

그림 3.40 line 10~11에서는 인덱스를 사용하여 바이트배열 원소의 값을 변경하고, 그

결과를 출력하게 한다. 그림 3.38에서 인덱스를 사용하여 str 객체의 원소를 변경하였을 때에는 프로그램 실행 에러가 발생하였지만 바이트배열인 경우 mutable 자료형이므로 인덱싱에 의한 개별 원소 변경이 가능하다. 그림 3.40 line 10에서 BA[0] 원소를 현재 '0' 으로부터 'X' 의 ASCII 코드 값으로 변경하며, line 11에서 변경된 BA를 출력하도록 하는데 그림 3.41에서 BA[0]가 X로 변경된 결과가 출력됨을 확인할 수 있다.

```
BA (type: <class 'bytearray'>, length: 17)= bytearray(b'0123456789ABCDEFG'
BA[ 0] = 30
BA[ 1] = 31 BA[ 2] = 32 BA[ 3] = 33 BA[ 4] = 34 BA[ 5] = 35
BA[ 6] = 36 BA[ 7] = 37 BA[ 8] = 38 BA[ 9] = 39 BA[10] = 41
BA[11] = 42 BA[12] = 43 BA[13] = 44 BA[14] = 45 BA[15] = 46
BA[16] = 47
BA[ 0] = 30, BA[-1] = 47
After BA[0] = ord('X'), BA =  bytearray(b'X123456789ABCDEFG')
```

그림 3.41 인덱스를 사용한 bytearray 자료형 원소 추출 결과

3.4.3 Immutable 객체에 대한 Slicing

슬라이싱 (slicing)은 시퀀스 자료형 객체에 대하여 인덱스 기준으로 일정 구간의 원소들을 추출하거나 인덱스가 일정한 간격으로 증가하면서 해당 원소들을 선별적으로 추출하여 사용할 수 있게 한다.

슬라이싱에서 인덱스를 지정하는 방법은 "[start:end:stride]" 의 형식을 사용하며, start는 시작하는 지점의 인덱스, end는 끝나는 지점 바로 다음의 인덱스, stride는 시작 인덱스로부터 다음 인덱스를 계산할 때 증가되는 값을 의미한다. start, end, stride 값은 생략될 수 있으며, 생략되는 경우 start는 0, end는 그 시퀀스의 길이, stride는 1의 기본값으로 각각 설정된다.

그림 3.42의 예제 프로그램에서는 문자열 객체 S에 대한 슬라이싱 기능을 보여준다. S[1:4]는 문자열 S에서 0번째 문자를 제외하고, 1번째~3번째 (즉, end = 4 앞에까지)문자가 포함되는 부분 문자열을 의미한다. S[0:-1]은 S 문자열의 첫 번째 (즉, start = 0) 문자로부터 마지막 문자 직전 (즉, end = -1)문자까지 포함하는 부분 문자열이며, 따라서 S의 마지막 문자인 'G' 는 포함되지 않는다. S[::2]는 start = 0, end = len(S), stride = 2이며, 따라서 S의 문자들에서 인덱스가 짝수인 경우만을 모아서 만들어지는 부분 문자열을 의미한다. S[1::2]는 start = 1, end = len(S), stride = 2이며, 따라서 S에 포함된 문자들에서 인덱스가 홀수인 경우만을 모아서 만들어 지는 부분 문자열을 의미하게 된다. S[::3]은 문자열 S의 시작부터 인덱스가 3의 배수인 문자들로 만들어 지는 부분 문자열을 의미한다. 그림 3.43에서 그 결과들을 확인할 수 있다.

그림 3.42 line 12에서는 문자열 객체의 0~2 인덱스 위치의 일부 문자들을 "XYZ" 로 변경하는 것을 시도하고 있다. 그러나 문자열 (str) 자료형은 immutable이므로 개별적인 원소의 변경이 허용되지 않기 때문에 실행 오류가 발생하게 되며, 그림 3.43 마지막 부분에서 이를 확인할 수 있다.

```
# slicing of str object

S = "0123456789ABCDEFG"
print("S (type: {}, length: {})= {}".format(type(S), len(S), S))
print("S[1:4] = {}".format(S[1:4]))
print("S[0:-1] = {}".format(S[0:-1]))
print("S[::2] = {}".format(S[::2])) # characters of even-number index
print("S[1::2] = {}".format(S[1::2])) # characters of odd-number index
print("S[::3] = {}".format(S[::3])) # characters of every third position

# next statement will occur error, because str is immutable
S[0:3] = "XYZ"

```

그림 3.42 str 객체에 대한 slicing 예

```
S (type: <class 'str'>, length: 17)= 0123456789ABCDEFG
S[1:4] = 123
S[0:-1] = 0123456789ABCDEF
S[::2] = 02468ACEG
S[1::2] = 13579BDF
S[::3] = 0369CF
Traceback (most recent call last):
  File "C:\MyPyPackage\Z-TextBook (Python) - 2019-8\ch 5 I
ing\5.2 indexing, slicing\(2) slicing - str.py", line 12,
    S[0:3] = "XYZ"
TypeError: 'str' object does not support item assignment
```

그림 3.43 str 객체에 대한 slicing 실행 결과

3.4.4 Mutable 객체에 대한 Slicing

시퀀스 자료형 중 바이트배열 (bytearray)은 개별 원소를 인덱스나 슬라이싱으로 변경할 수 있는 변경 가능 (mutable) 자료형이다. 그림 3.44는 바이트 배열 객체에 대한 슬라이싱 기능을 시험하는 예제 프로그램으로 line 3에서 문자열로부터 바이트 배열 BA를 생성하고 있다. Line 4 ~8에서 실행되는 내용은 그림 3.42에서의 슬라이싱 기능과 동일하며, 그 결과를 그림 3.45에서 확인할 수 있다.

그림 3.44 line 10에서는 바이트 배열 BA의 0~2번째 원소 값을 문자열 XYZ의 ASCII 코드 값으로 변경하는 명령문을 준비하고 line 11에서 exec() 함수를 사용하여 이를 실행한다. 그림 3.42에서 문자열 (str) 객체에 대한 슬라이싱 기능이 허락되지 않는 것과는 다르게 바이트 배열의 경우 인덱싱과 슬라이싱에 의한 변경이 가능한 mutable 자료형이므로 바이트 배열의 일부 구간 원소들의 값을 변경할 수 있고, 그림 3.44에서 BA의 첫부분 3개 원소값이 변경된 실행 결과를 확인할 수 있다.

```
# slicing of bytearray

BA = bytearray("0123456789ABCDEFG", "ascii")
print("BA (type: {}, length: {})= {}".format(type(BA), len(BA), BA))
print("BA[1:4] = {}".format(BA[1:4]))
print("BA[0:-1] = {}".format(BA[0:-1]))
print("BA[::2] = {}".format(BA[::2])) # string of characters at even-number index
print("BA[1::2] = {}".format(BA[1::2])) # string of characters at oddnumber index
print("BA[::3] = {}".format(BA[::3]))
command = "BA[0:3] = bytearray('XYZ', 'ascii')"
exec(command)
print("After exec({}) ".format(command))
print(" BA = ", BA)
```

그림 3.44 바이트 배열 객체에 대한 슬라이싱

```
BA (type: <class 'bytearray'>, length: 17)= bytearray(b'0123456789ABCDEFG')
BA[1:4] = bytearray(b'123')
BA[0:-1] = bytearray(b'0123456789ABCDEF')
BA[::2] = bytearray(b'02468ACEG')
BA[::3] = bytearray(b'0369CF')
After exec(BA[0:3] = bytearray("XYZ", "ascii"))
 BA =  bytearray(b'XYZ3456789ABCDEFG')
```

그림 3.45 바이트 배열 객체에 대한 슬라이싱 결과

3.5 파이썬의 기본 연산자와 기본 명령어

3.5.1 파이썬 기본 연산자

표 3.20은 파이썬 프로그램의 각 자료형에서 사용할 수 있는 기본 연산자들을 기능별로 구분하여 종합 정리하고 있다. 각 자료형의 사용가능 연산자는 이번 3장에서 설명하였으며, 추가적으로 5장에서 고급 자료형과 관련 연산자에 대하여 상세하게 설명한다.

3.5.2 파이썬 연산자 우선 순위 (Operator Precedence)

표 3.21은 파이썬에서 사용되는 연산자들을 우선 순위에 따라 열거하여 보여준다. 먼저 dictionary, set, list과 tuple를 정의하는 연산자들이 가장 높은 우선 순위를 가진다. 다음으로 객체의 멤버 속성 (attribute)을 지정하는 점 (.) 연산자, 함수 호출, slicing 및 배열의 원소를 지정하는 인덱싱 연산자 순서로 우선 순위가 주어진다. 다음으로 수치 데이터의 연산자들에서는 거듭제곱, 비트단위 NOT, negation 및 identity가 높은 우선순위를 가진다. 4칙 연산에서는 실수형 및 정수형 나눗셈, 모듈로, 곱셈, 빨셈, 덧셈의 순서로 우선순위가 높다. 이후에는 비트 단위 연산자인 쉬프트 연산자, 비트단위 AND, 비트단위 OR 순서로 우선순위가 주어진다.

표 3.20 파이썬 기본 연산자

<table>
<tr><th>자료형</th><th>구분</th><th>사용가능 연산자</th></tr>
<tr><td>불리언</td><td>불리언 연산</td><td>and, or, not</td></tr>
<tr><td rowspan="3">숫자형</td><td>산술 계산</td><td>+ (덧셈), - (뺄셈), *(곱셈), / (실수 나눗셈), // (정수 나눗셈), % (모듈로)</td></tr>
<tr><td>비교 연산</td><td>>, >=, <, <=, ==</td></tr>
<tr><td>비트 단위 연산</td><td>& (bit-wise and), | (bit-wise or), ^(bit-wise exclusive or),~(bit-wise not), << (bit-wise left shift), >> (bit-wise right shift)</td></tr>
<tr><td rowspan="3">시퀀스
(str, bytes, bytearray, memoryview, list, tuple)</td><td>접합, 반복</td><td>+ : 두 개가 시퀀스 객체를 순차적으로 접합 (concatenation)
* : 시퀀스 객체를 지정된 회수만큼 반복</td></tr>
<tr><td>인덱싱</td><td>[i] : 시퀀스 자료형 객체의 i번째 항목</td></tr>
<tr><td>슬라이싱</td><td>[i:j:k] : 시퀀스 자료형 객체의 i번째 항목부터 k씩 인덱스를 증가하면서 j-1번째 까지의 항목</td></tr>
<tr><td>매핑(dict)</td><td>인덱싱</td><td>[keyword] : dict 자료형 객체에서 키워드 (keyword)로 지정된 항목</td></tr>
<tr><td>집합(set)</td><td>집합 관계</td><td><= (부분집합), < (진부분 집합), > (진부분 집합), >= (부분집합), | (합집합), & (교집합), - (차집합), ^ (대칭 차집합)</td></tr>
</table>

비교 연산자들이 다음 우선순위를 가지며, 같은가 또는 다른가를 판단하는 연산자가 다른 비교 연산자들보다 높은 우선순위를 가진다. 다음으로 두 개의 객체가 동일한 가를 확인하는 연산자와 집합에 멤버로 포함되어 있는가를 확인하는 연산자의 우선순위가 주어진다. 다음으로 논리 연산자들이 not, and, or의 우선순위를 가지며, ternary selection 연산자, lambda 연산자의 우선순위를 가지며, yield 연산자가 가장 낮은 우선순위를 가진다.

표 3.21 Python 연산자 우선 순위

우선 순위	연산자	설 명
higher	{ . . . }	dictionary, set, set and dictionary comprehensions
	[. . .]	list, list comprehension
	(. . .)	tuple, expression, generator expression
	x.attr	attribute reference
	x(. . .)	call (function, method, class, other callable)
	x[i:j:k]	slicing
	x[i]	indexing(sequence, mapping, others)
	x**y	power (exponentiation)
	~x	bitwise NOT (inversion)
	-x, +x	negation, identity
	x/y, x//y	division, true and flow
	x % y	remainder, format
	x * y	multiplication, repetition
	x - y	subtraction, set difference
	x + y	addition, concatenation
	x << y, x >> y	shift x left or right by y bits
	x & y	bitwise AND, set intersection
	x ^ y	bitwise XOR, set symmetric difference

우선 순위	연산자	설 명
	x | y	bitwise OR, set union
	x == y, x != y	value equality operators
	x < y, x <= y, x > y, x >= y	magnitude comparison, set subset and superset
	x is y, x is not y	object identity tests
	x in y, x not in y	membership (iterable, sets)
	not x	logical negation
	x and y	logical AND (y is evaluated only if x is true)
	x or y	logical OR (y is evaluated only if x is true)
	x if y else z	ternary selection (x is evaluated only if y is true)
	lambda args: expression	anonymous function generation
lower	yield x	generator function send protocol

3.5.3 파이썬 프로그램의 기본 명령어

표 3.22는 파이썬 프로그램에서 사용하는 기본 명령어를 열거하고 있다. 파이썬의 대입 연산자는 다수의 항목에 대한 대입을 하나의 대입연산자를 사용하여 표현할 수 있으며, 이 때 대입연산자의 왼쪽에 열거되는 항목들이 대입 연산자의 오른쪽에 열거되는 항목들의 순서에 따라 대입된다. 이러한 표현은 다수의 관련성 있는 항목들을 간결하게 대입시킬 수 있도록 한다. 예를 들어 a와 b을 값을 서로 교체 (swap)시키고자 하는 경우 a, b = b, a로 간단하게 표현할 수 있다.

함수의 호출인 경우 해당 함수이름 다음에 괄호()를 사용하고, 그 괄호안에 인수 (argument)를 넣어 호출하며, 반환값이 있을 때에는 result = func(a, b)의 형식으로 호출되는 함수 앞에 대입 연산을 시켜 결과 값을 반환 받아 저장하게 한다. print() 함수는 인수로 전달되는 객체를 내용을 출력한다.

if, elif, else는 조건문을 구성할 때 사용되며, for와 while은 반복문을 구성할 때 사용된다. pass는 블록을 구성하는 항목을 포함할 수 있도록 자리를 준비하여 주며, 해당 위치에 구체적인 실행문이 추가될 수 있게 한다. break는 반복 실행문에서 나머지 반복을 중지하고 빠져나가게 하며, continue는 반복 구문의 나머지 부분을 생략하고 다음 반복으로 진행하게 한다. 조건문과 반복문은 4장에서 보다 상세하게 설명한다.

def은 함수를 선언할 때 사용하며, return은 함수로부터 결과값을 반환할 때 사용한다. yield는 제네레이터 함수에서 중간 결과값을 전달할 때 사용한다. 함수의 선언 및 구현 방법에 대해서는 6장에서 상세하게 설명하며, 제네레이터 함수에 대해서는 14장에서 설명한다.

global은 전역 변수 (global variable) 선언에서 사용되며, 변수가 특정 함수 영역으로 구속되지 않고 모든 함수에서 사용할 수 있도록 선언할 때 사용된다. nonlocal은 해당 변수가 선언된 함수의 영역에 속하는 지역 변수가 아니라는 것을 설정할 때 사용된다.

import는 모듈을 추가할 때 사용되며, from은 모듈에서 특정 함수나 속성을 추가할 때 사용된다. with / as는 파이썬 실행 환경에 설치되는 모듈의 이름을 간략화 시켜 사용할 수 있게 한다. class는 객체 지향형 프로그램의 클래스를 구현할 때 사용되며, 파이썬의 객체 지향형 프로그래밍과 클래스 설계에 대해서는 8장에서 상세하게 설명한다.

표 3.22 파이썬 기본 명령어

기본 명령어	구분	상세설명, 예
대입 (assignment), =	creating references	a, b = 'good', 'bad' a, b = b, a # swap a, b
func(args)	invoke function with arguments	log.write("spam, ham")
print	printing objects	print('Welcome to Python")
if, elif, else	selecting actions	조건문
for	iteration	for-반복문
while	general loops	while-반복문
pass	entry placeholder	블록의 항목
break	loop exit	반복문을 탈출
continue	loop continue	반복문의 나머지 구간을 생략
def	functions and methods	함수의 정의
return	functions results	함수의 결과값 반환
yield	generator functions	제네레이터 함수의 값 전달
global	namespaces	전역 네임스페이스 지정
nonlocal	namespaces	지역 네임스페이스에 해당되지 않음을 지정
import	module access	모듈을 추가
with / as	context managers	모듈의 이름 간략화
from	attribute access	모듈에서의 특정 함수/속성 추가
class	building objects	클래스
try / except / else/ finally	catching exceptions	예외상황 처리
raise	triggering exceptions	예외상황 발생
assert	debugging checks	실행 조건 지정 및 검사
del	deleting references	지정된 객체를 삭제

try / except / else / finally는 파이썬 프로그램의 실행 도중 발행하는 예외 상황 처리 (exception handling)에서 사용되며, raise는 예외상황 발생시 이를 통보하기 위하여 사용되고, assert는 실행 조건을 지정하고 검사하기 위하여 사용되며, 예외 상황이 발생되지 않도록 사전에 예방하기 위한 기능 구성에 사용된다. 예외상황 처리에 대해서는 4장에서 상세하게 설명한다. del은 지정된 객체를 삭제할 때 사용된다.

연습문제

3.1 다음 용어를 예를 들어 설명하라.

1) 식별자 (identifier)
2) 숫자 데이터에 대한 산술 연산
3) 비트 단위 연산
4) 논리 연산

5) 문자열 접합 (concatenation)
6) 배열의 인덱싱
7) 배열의 슬라이싱
8) 연산자의 우선 순위 (precedence)

3.2 파이썬의 주요 내장 자료형에 대하여 설명하라.

3.3 파이썬의 기본 자료형 별 기본 연산자에 대하여 설명하라.

3.4 Mutable 객체와 immutable 객체의 차이점에 대하여 설명하라.

3.5 숫자관련 파이썬 내장 함수에 대하여 설명하라.

실습문제

실습 3.1 공란 (sapce)로 구분된 15개의 정수 데이터를 키보드로부터 한줄로 입력받아 리스트 L에 저장하고, 시퀀스 자료형에 사용할 수 있는 파이썬 기본 함수를 사용하여 최솟값과 최댓값을 찾으며, 평균값을 계산하여 출력하고, 입력된 데이터들을 파이썬 기본 함수를 사용하여 정렬하며, 정렬된 결과를 출력하는 파이썬 프로그램을 작성하라.

(실행 결과 예제)

```
input 15 integers : 9 1 5 7 14 3 12 4 11 0 13 2 8 6 10
list of input data :  [9, 1, 5, 7, 14, 3, 12, 4, 11, 0, 13, 2, 8, 6, 10]
L_min = 0, L_max = 14, L_avg = 7.0
sorted list :  [0, 1, 2, 3, 4, 5, 6, 7, 8, 9, 10, 11, 12, 13, 14]
```

실습 3.2 두 개의 16진수를 입력받아, 이 16진수의 bit-wise and, bit-wise or, bit-wise exclusive or 값을 각각 계산하여 출력하는 파이썬 프로그램을 작성하라.

(실행 예제)

```
hexadecimal a = 0xA3
hexadecimal b = 0x3A
a & b =     0x22
a | b =     0xbb
a ^ b =     0x99
```

실습 3.3 0~32 범위의 정수들을 10진수, 2진수, 8진수, 16진수 형식으로 각각 출력하는 파이썬 프로그램을 작성하라. 각 출력 항목들은 오른쪽으로 줄맞춤할 것.

(실행 예제)

```
 0 =        0b0 =   0o0 =   0x0
 1 =        0b1 =   0o1 =   0x1
 2 =       0b10 =   0o2 =   0x2
 3 =       0b11 =   0o3 =   0x3
 4 =      0b100 =   0o4 =   0x4
 5 =      0b101 =   0o5 =   0x5
 6 =      0b110 =   0o6 =   0x6
 7 =      0b111 =   0o7 =   0x7
 8 =     0b1000 =  0o10 =   0x8
 9 =     0b1001 =  0o11 =   0x9
10 =     0b1010 =  0o12 =   0xa
11 =     0b1011 =  0o13 =   0xb
12 =     0b1100 =  0o14 =   0xc
13 =     0b1101 =  0o15 =   0xd
14 =     0b1110 =  0o16 =   0xe
15 =     0b1111 =  0o17 =   0xf
16 =    0b10000 =  0o20 =  0x10
17 =    0b10001 =  0o21 =  0x11
18 =    0b10010 =  0o22 =  0x12
19 =    0b10011 =  0o23 =  0x13
20 =    0b10100 =  0o24 =  0x14
21 =    0b10101 =  0o25 =  0x15
22 =    0b10110 =  0o26 =  0x16
23 =    0b10111 =  0o27 =  0x17
24 =    0b11000 =  0o30 =  0x18
25 =    0b11001 =  0o31 =  0x19
26 =    0b11010 =  0o32 =  0x1a
27 =    0b11011 =  0o33 =  0x1b
28 =    0b11100 =  0o34 =  0x1c
29 =    0b11101 =  0o35 =  0x1d
30 =    0b11110 =  0o36 =  0x1e
31 =    0b11111 =  0o37 =  0x1f
32 =   0b100000 =  0o40 =  0x20
```

실습 3.4 16진수 0x1을 1~16 자리수 만큼 bit-wise left shift 시킨 값을 차례로 출력하는 파이썬 프로그램을 작성하라. 각 출력 항목은 오른쪽으로 줄맞춤 할 것. (실행예제)

```
0x1 <<  1 =                0b10
0x1 <<  2 =               0b100
0x1 <<  3 =              0b1000
0x1 <<  4 =             0b10000
0x1 <<  5 =            0b100000
0x1 <<  6 =           0b1000000
0x1 <<  7 =          0b10000000
0x1 <<  8 =         0b100000000
0x1 <<  9 =        0b1000000000
0x1 << 10 =       0b10000000000
0x1 << 11 =      0b100000000000
0x1 << 12 =     0b1000000000000
0x1 << 13 =    0b10000000000000
0x1 << 14 =   0b100000000000000
0x1 << 15 =  0b1000000000000000
0x1 << 16 = 0b10000000000000000
```

실습 3.5 16진수 0xABCDABCD를 1~16 자리수 만큼 bit-wise right shift 시킨 값을 차례로 출력하는 파이썬 프로그램을 작성하라.

4장 파이썬 프로그램 실행 제어 - 조건문, 반복문

학습목표

- 파이썬 프로그램의 실행 제어에 대한 이해 및 활용 능력 습득
- 파이썬 프로그램의 조건식과 조건문에 대한 이해 및 활용 능력 습득
- 파이썬 프로그램의 for-반복문, while-반복문에 대한 이해
- 반복문 블록 내부에서의 continue, break 기능에 대한 이해
- 파이썬 프로그램의 예외 처리 방법에 대한 이해

개요

4.1 프로그램 실행 제어
4.2 조건식과 조건문 - if, if-else, if-elif-else
4.3 for 반복문
4.4 while 반복문
4.5 반복문 블록 내부의 continue, break
4.6 예외처리 (Exception Handling)

4.1 프로그램 실행 제어

4.1.1 프로그램 실행 제어란?

프로그램은 실행 중에 다양한 상황이 발생될 수 있으며, 데이터 처리 중간 상태의 값에 따라 다른 기능을 수행할 수도 있고 지정된 조건이 만족되는 동안 계속 반복 작업을 수행하는 등 조건에 따라 수행되는 내용을 다르게 진행하는 경우가 대부분이다. 프로그램의 실행 제어를 위하여 다양한 조건을 검사하는 조건식을 구성하게 되고, 복합적인 조건을 조건문으로 구현하여야 한다. 또한 주어진 조건이 만족될 때 반복 수행하여야 하는 반복문 블록을 구성하고, 특정 조건이 발생되면 반복문을 중단하거나 반복문의 나머지 구간을 생략하는 등의 세부적인 실행 제어를 정확하게 구현하여야 한다.

파이썬의 프로그램 실행 제어 구조는 다른 프로그래밍언어와 다르지 않으나 조건식의 표현과 반복문을 구성하는 문법에서 차이가 있다. 파이썬 프로그래밍은 스크립트 프로그래밍언어로 쉽게 작성하고 인터프리터 방식으로 실행되는 조건식의 표현과 반복문 구성을 좀 더 간략한 표현이 가능한 문법을 사용할 수 있게 한다. 일반적으로 프로그램 실행 제어 구조는 다양한 알고리즘 개발에 핵심적인 사항이며, 소프트웨어 프로그램으로 문제를 해결하고자 할 때 가장 적합한 자료구조를 선택하여야 하고, 가장 효율적으로 프로그램 실행이 진행될 수 있는 프로그램 실행 제어 구조를 가지도록 구성하여야 한다.

4.1.2 조건식, 조건문 – if, if-else, if-elif-else

if조건식은 그림 4.1 (a)에서 보는 것과 같은 구조를 가진다. if 조건식에서는 주어진 조건식 (condition)의 연산결과가 True이면 다음에 블록으로 구성되어 있는 블록이 실행되며, False이면 해당 블록은 무시하고, 다음 단계로 넘어가게 된다. if-else 조건식은 그림 4.1(b)에서와 같이 주어진 조건식의 연산 결과가 True이면 True에 해당하는 블록이 실행되며, False이면 False에 해당하는 블록이 실행된다.

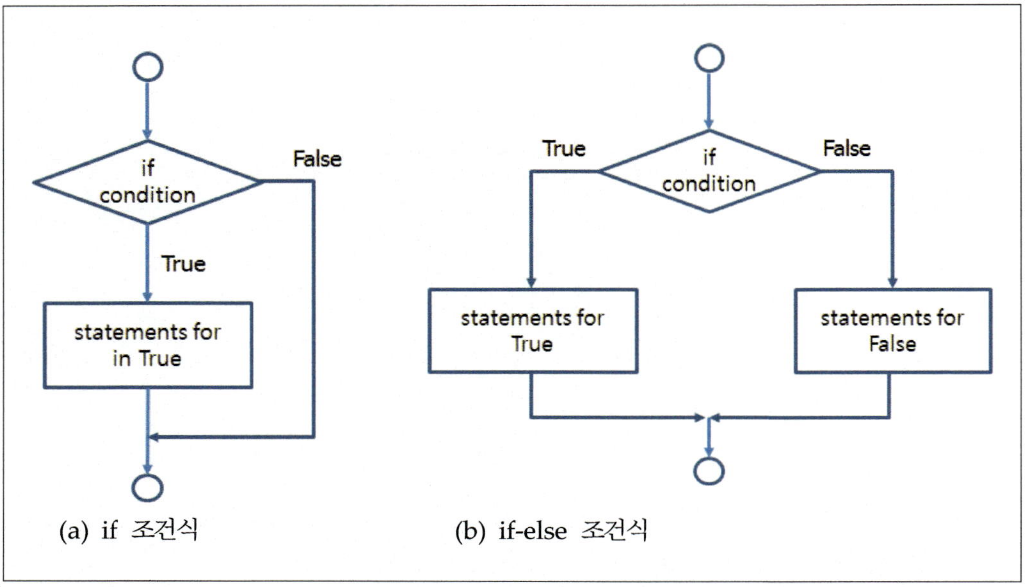

그림 4.1 if , if-else 조건식

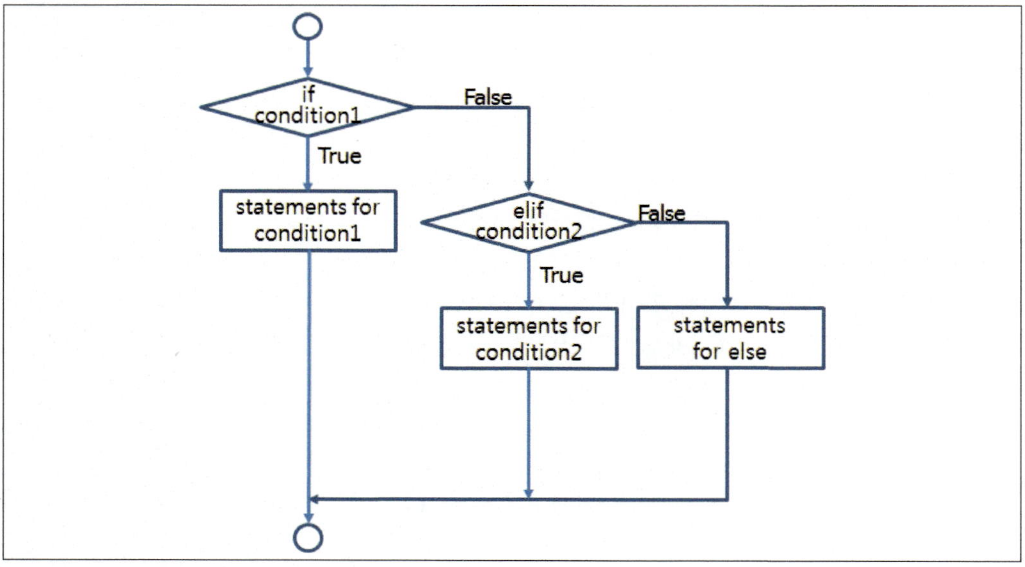

그림 4.2 if-elif-else 조건식

if-elif-else 구조의 조건문인 경우 그림 4.2에서 보는 것과 같이 if 다음의 조건식 condition1의 연산결과가 True이면 condition1의 블록이 실행되며, 만약 False인 경우 elif의 조건식 condition2를 다시 검사하고, 그 결과가 True이면 condition2의 블록을 실행하며, 만약 False 인 경우에는 else 블록이 실행된다. elif는 동일한 구조가 계속 반복될 수 있다.

4.1.3 반복문 – for 반복문, while 반복문

파이썬 프로그램의 반복문은 for 반복문과 while 반복문으로 구성할 수 있다. 먼저 for 반복문 구조는 그림 4.3에서 보는 것과 같이 for 키워드 다음에 변수가 선언되며, 그 다음에 "in 시퀀스 객체" 가 선언된다. 시퀀스 자료형으로는 range, list, bytearray 등이 사용될 수 있다. 즉, for 반복문은 시퀀스 객체에 포함된 원소들을 하나 하나 사용하여 해당 원소에 대한 반복구문이 실행되는 구조를 가진다. for 반복문의 경우 시퀀스 객체가 가지는 원소의 개수만큼 실행된다.

```
for 변수 (variable) in 시퀀스 객체 (range, list, bytearray 등) :
    반복 구문
    반복 구문
    . . . .
    반복 구분
```

그림 4.3 파이썬 for 반복문 구조

파이썬 프로그램의 while 반복문은 그림 4.4에서 보는 것과 같이 while 키워드 앞에 조건의 초기값 설정을 실행하며, while 다음에 설정되어 있는 조건식의 연산 결과가 True이면 반복 구문 블록이 실행되며, 만약 False이면 while 반복문을 실행하지 않는 구조이다. 반복문 블록 내부에는 반드시 while 실행 조건의 갱신 (update) 기능이 있어야 하며, 이 조건 값의 갱신에 따라 while 반복 구문 블록의 실행 여부가 결정된다. while 반복문에서는 while 조건식의 결과에 따라 블록의 실행 여부가 결정되므로 사전에 반복 실행 회수가 결정되기보다는 반복 실행에 따라 조건이 변화하는 내용에 따라 실행 회수가 결정되는 구조를 가진다.

```
조건의 초기값 설정
while 조건식 (condition):
    반복 구문
    반복 구문
    . . . .
    반복 구분
    조건의 갱신 (update)
```

그림 4.4 파이썬 while 반복문 구조

4.1.4 break, continue

for 반복문과 while 반복문의 실행 도중 어떤 조건이 발생하면 반복문을 중단하거나 반복구문의 나머지 구간을 생략하고 계속 반복문을 진행하도록 break와 continue 실행문을 사용하여 구성할 수 있다. 그림 4.5에서는 for 반복문 변수 n이 0~99의 값을 가지는 구간으로 실행되며, for 반복구문 내부에서 정수 데이터를 입력 받아 sum에 합산을 하게 된다. 그림 4.5 (a)에서 만약 입력된 데이터값이 -1이면 break에 의해 for 반복문을 중단하고 빠져나가게 한다. 그림 4.5 (b)에서는 만약 입력된 데이터가 0 보다 작은 음수 값인 경우 이 데이터를 sum에 합산하지 않고 계속 for 반복문을 실행하면서 다음 데이터를 받아 들이도록 한다.

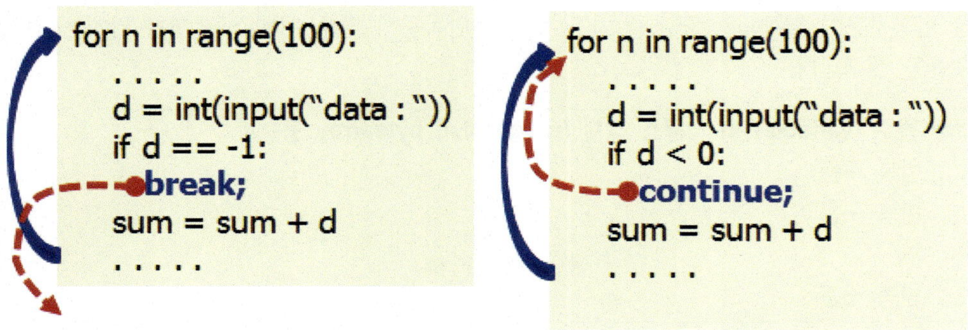

(a) break in for-loop (b) continue in for-loop

그림 4.5 for 반복문에서의 break, continue

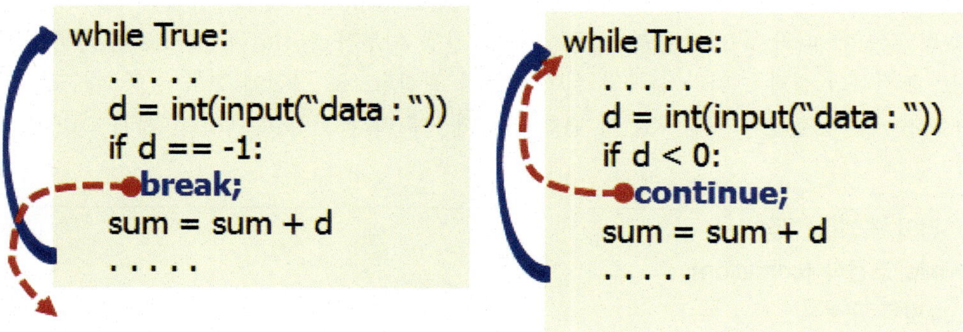

(a) break in while-loop (b) continue in while-loop

그림 4.6 while 반복문에서의 break, continue

while 반복문의 구조에서도 for 반복문과 마찬가지로 break와 continue 실행문을 사용하여 반복문을 중단시키거나 나머지 구간을 무시하고 계속 반복문을 실행할 수 있게 구성한다. 그림 4.6 (a)에서는 while 반복구문을 실행하는 도중 입력 데이터 값이 -1이면 while

반복문을 중단하도록 하고, 그림 4.6 (b)에서는 입력된 데이터가 0 보다 작은 음수인 경우 이를 합산시키지 않고 무시하며, 다음 데이터를 입력 받아 처리를 하도록 구성하고 있다.

표 4.2는 파이썬 프로그램의 반복문에서 break와 continue가 사용되는 내용을 표로 정리하여 설명한다.

표 4.2 파이썬 프로그램의 반복문에서의 break, continue

반복문	설 명
for n in sequence-type_object: statements	▪ 시퀀스 객체에 있는 원소들을 차례로 사용하면서 for 반복 구문을 실행

for n in sequence-type_object:
    if condition1:
        break
    if condition2:
        continue
    statements
	▪ 시퀀스 객체에 있는 원소들을 차례로 사용하면서 for 반복 구문을 실행
	▪ 만약 condition1이 True이면 for 반복문을 중단하고 빠져 나감
	▪ 만약 condition2가 True이면 continue 이후 구간을 생략하고 for 반복문을 계속 실행

condition initialize
while condition:
    statements
    condition update
	▪ 먼저 while 반복문 조건식의 초기화를 실행
	▪ 조건식의 연산 결과가 True이면 while 반복 구문을 실행
	▪ while 반복 구문 내에서 조건식을 update

condition initialize
while condition1:
    if condition2:
        break
    if condition3:
        continue
    statements
	▪ 만약 condition1이 True이면 while 반복 구문 실행
	▪ 만약 condition2가 True이면 while 반복문을 중단하고 빠져 나감
	▪ 만약 condition3가 True이면 continue 이후 구간을 생략하고 while 반복문을 계속 실행

4.2 조건식과 조건문

4.2.1 조건식 (condition) 및 관련 연산자

프로그램 수행에서 다양한 중간 상황이 발생할 수 있으며, 각 단계별로 조건에 따라 처리 경로를 다르게 설정하는 경우가 많다. 이 때 다양한 조건을 조합하여 결정을 하게 되며, 표 4.3에서 보는 다양한 조건식 관련 연산자들을 사용하게 된다. 조건식을 만들기 위해서는 관계연산자, 논리연산자와 조건에 따라 선택을 하게하는 조건연산자를 사용할 수 있다.

관계연산자는 두 개의 값의 크기를 서로 비교할 때 사용되며, 상대적으로 큰가, 상대적으로 작은가, 동일한가, 다른가를 판단하거나, 같거나 큰가, 같거나 작은가를 판단할 때 사용된다. 관계연산자는 프로그램의 실행이 지정된 조건을 만족할 경우에만 실행되게 하는 if, if-else, 또는 if-elif-else 구조의 조건문을 구성할 때 사용된다. 관계연산자는 반복문이 지정된 조건인 경우에만 실행되도록 for, while, do-while 구문과 함께 반복문 제어구조를 구성할 때에도 사용된다.

논리연산자는 논리식으로 표현된 항목들에 대한 논리합, 논리곱, 논리 역 등의 연산에서 사용된다. 두 가지의 조건이 모두 참일 때에만 이들의 조합이 참이 되는 논리곱 (logical AND)과 두 가지의 조건이 모두 거짓일 때에만 이들의 조합이 거짓이 되는 논리합 (logical OR)이 있고, 주어진 조건의 반대를 의미하는 NOT이 있다. 여러 개의 논리연산자로 구성되는 다수의 논리식을 사용하여 복합적인 조건을 표현할 수 있으며, 복합적인 조건을 만족하는 경우에만 조건문과 반복문의 실행되도록 구성할 수 있다.

조건연산자는 조건에 따라 다음 단계의 처리 내용을 다르게 구성할 때 사용된다.

표 4.3 조건식 관련 연산자

연산자의 분류	연산자	의미, 예
관계연산자 (relationship)	>	a > b : a가 b보다 크면 True, 아니면 False
	>=	a >= b : a가 b보다 같거나 크면 True, 아니면 False
	<	a < b : a가 b보다 작으면 True, 아니면 False
	<=	a <= b : a가 b보다 같거나 작으면 True, 아니면 False
	==	a == b : a와 b가 같으면 True, 아니면 False
	!=	a != b : a와 b가 다르면 True, 아니면 False
논리연산자 (logical)	and (논리 곱)	A and B : A와 B가 모두 True이면 True, 아니면 False
	or (논리 합)	A or B : A나 B 둘 중 하나가 True이면 True, 아니면 (즉, A와 B모두 False이면) False
	not	not A : A가 True이면 False, A가 False이면 True
Ternary selection	x if condition else y	조건에 따라 선택 max = x if x > y else y; 만약 x가 y보다 크면 x를 선택, 아니면 y를 선택

4.2.2 논리연산자를 사용한 복합 조건식 표현

표 4.4는 논리연산자를 사용하여 조건식을 표현한 예를 보여 준다. 관계연산자를 사용하여 각각 만들어진 다수의 조건식을 조합하여 복합적인 판단을 하고자 할 때 다수의 조건식을 논리연산자를 사용하여 결합시킬 수 있다. 예를 들어 학생들의 성적 처리에서 점수 (score)가 90보다 같거나 크고 95보다 작은 경우 평점 (grade)은 'A'가 주어진다. 이러한 조건을 판단하는 복합 조건식은 표 4.4에서 보는 것과 같이 if 90 <= score < 95로 표현할 수 있다. C/C++ 프로그램에서와는 달리 복합 조건식을 표현할 때 "90 <= score < 95" 조건식을 표현함으로써 간결하게 복합 조건식을 구성할 수 있는 장점이 있다.

표 4.4 논리연산자를 사용한 조건식의 표현 예

주어진 조건	산술 연산자를 사용한 수식의 표현
성적 (score)이 90보다 같거나 높고, 95보다 낮은 경우	if 90 <= score < 95: print("Your grade is A")

윤년 (leap year)의 조건: 연도가 4의 배수이며 100의 배수가 아니거나, 또는 400의 배수이면 윤년	if ((year % 4 == 0) and (year % 100 != 0)) or
	    (year % 400 == 0):
	    print("Year(%d) is a leap year"%(year))
	else:
	    print("Year(%d) is not a leap year"%(year))

기온이 30도 이상이며, 날씨가 화창할 때	if ((temp >= 30) and
	    (weather == "SUNNY")):
	    print("It's good for picnic !!")

또 다른 예로 어떤 해가 윤년(leap year) 인가를 판단하여야 하는 경우 4의 배수이며 100의 배수가 아닌 연도이거나 400의 배수가 되는 연도인 경우 윤년으로 판단하며, 이를 위한 복합 조건식은 표 4.4에서 보는 것과 같이 "if ((year % 4 == 0) and (year %

100 != 0)) or (year % 400 == 0)” 조건식으로 표현할 수 있다.

복합 조건식을 구성할 때 서로 다른 자료형의 데이터를 비교하는 조건식을 복합적으로 사용할 수 있다. 예를 들면 “기온이 30도 이상이며, 날씨가 화창할 때” 라는 복합 조건을 사용하여야 하는 경우 “temp >= 30” 의 조건과 “weather == SUNNY” 의 조건을 and 연산자를 사용하여 논리곱 연산으로 구성하여야 한다.

4.2.3 if 분기문

많은 프로그램의 실행은 중간 상태에 따라 다른 실행 경로를 따라 진행할 수 있도록 구성할 수 있어야 한다. 예를 들어 그 날의 날씨에 따라 야외 소풍을 갈 것인지 아니면 실내 박물관 견학을 갈 것인지 결정하거나, 날씨는 맑은데 기온이 5도 이하이면 실내에서 체육수업을 하고, 기온이 5~25도 범위이면 운동장에서 체육수업을 하며, 기온이 25도를 초과하면 실내 체육관에서 수업을 하는 결정을 내리고, 해당 후속 업무가 실행되도록 하여야 한다. 프로그램의 실행에 조건부 제어를 하기 위하여 파이썬에서는 if, if-else, if-elif-else 구조의 분기문을 사용한다.

(1) if 분기문

그림 4.7의 if 단일 분기문 예제에서는 두 개의 정수를 입력 받아 각각 x와 y에 저장하고, 만약 x와 y값이 같으면 동일하다는 내용을 출력하며, 만약 작거나 크면 각각 작다는 내용과 크다는 내용을 출력하게 한다. 그림 4.8에서 실행 결과를 확인할 수 있다. 그림 4.7 line 6, 8, 10에서는 두 개의 정수 x와 y의 크기를 비교하기 위하여 관계 연산자 ‘==’, ‘<’, ‘>’ 를 각각 사용하고 있다.

```
 1: # if statements
 2:
 3: x = int(input('x : '))
 4: y = int(input('y : '))
 5:
 6: if x == y:
 7:     print("x (%d) is equal to y (%d)"%(x, y))
 8: if x < y:
 9:     print("x (%d) is less than y (%d)"%(x, y))
10: if x <= y:
11:     print("x (%d) is less than or equal to y (%d)"%(x, y))
12: if x > y:
13:     print("x (%d) is greater than y (%d)"%(x, y))
14: if x >= y:
15:     print("x (%d) is greater than or equal to y (%d)"%(x, y))
16: if x != y:
17:     print("x (%d) is not equal to y (%d)"%(x, y))
```

그림 4.7 if 단일 분기문의 사용 예제

```
>>>
 RESTART: C:\MyPyPackage\Z-TextBook (Python)
else, if-elif-else\(1) if x, y.py
x : 5
y : 7
x (5) is less than y (7)
x (5) is less than or equal to y (7)
x (5) is not equal to y (7)
>>>
 RESTART: C:\MyPyPackage\Z-TextBook (Python)
else, if-elif-else\(1) if x, y.py
x : 7
y : 3
x (7) is greater than y (3)
x (7) is greater than or equal to y (3)
x (7) is not equal to y (3)
>>>
 RESTART: C:\MyPyPackage\Z-TextBook (Python)
else, if-elif-else\(1) if x, y.py
x : 5
y : 5
x (5) is equal to y (5)
x (5) is less than or equal to y (5)
x (5) is greater than or equal to y (5)
>>>
```

그림 4.8 실행 결과

(2) 범위를 지정하는 if 분기문

if 분기문에서 조건식의 데이터 값이 지정된 구간에 있는가를 비교하도록 구성할 수 있다. 그림 4.9는 학생 성적을 입력 받은 후 성적 값이 어떤 구간에 있는가에 따라 평점을 A, B, C, D, F로 구분하여 출력하도록 한다. 예를 들어 평점 A에 해당하는 성적은 "90 <= score <= 100"으로 표현되며, 이는 score가 90보다는 같거나 크고, 100보다는 같거나 작은 경우 True가 되어 "Your score (97) is A, congratulations !!"이 출력된다.

```
# if statements with value range

score = int(input('score : '))

if 90 <= score <= 100:
    print("Your score (%d) is A, congratulations !!"%(score))
if 80 <= score < 90:
    print("Your score (%d) is B; Good, not bad !!"%(score))
if 70 <= score < 80:
    print("Your score (%d) is C; You need some efforts"%(score))
if 60 <= score < 70:
    print("Your score (%d) is D; You need great efforts"%(score))
if score < 60:
    print("Your score (%d) is F; Study once more!!"%(score))
```

그림 4.9 성적 입력에 따라 학점을 출력하는 예제

Line 7~14에서는 입력된 성적이 80~89, 70~79, 60~69, 60미만에 대하여 각각 성적을 B, C, D, F로 평가하는 복합 조건문들을 구성하며, 그림 4.10에서 실행결과들을 보여준다.

```
>>>
 RESTART: C:\MyPyPackage\Z-TextBook (Python)
else, if-elif-else\(2) if with range.py
score : 97
Your score (97) is A, congratulations !!
>>>
 RESTART: C:\MyPyPackage\Z-TextBook (Python)
else, if-elif-else\(2) if with range.py
score : 83
Your score (83) is B; Good, not bad !!
>>>
 RESTART: C:\MyPyPackage\Z-TextBook (Python)
else, if-elif-else\(2) if with range.py
score : 79
Your score (79) is C; You need some efforts
>>>
 RESTART: C:\MyPyPackage\Z-TextBook (Python)
else, if-elif-else\(2) if with range.py
score : 60
Your score (60) is D; You need great efforts
>>>
 RESTART: C:\MyPyPackage\Z-TextBook (Python)
else, if-elif-else\(2) if with range.py
score : 59
Your score (59) is F; Study once more!!
>>>
```

그림 4.10 성적 입력에 따라 학점을 출력하는 프로그램의 실행 결과

```
 1: # conditional branch with if - else
 2: x, y = map(int, input('input two integers (x, y) : ').split())
 3: if x>y:
 4:     Max = x
 5:     Min = y
 6: else:
 7:     Max = y
 8:     Min = x
 9: print("x = %d, y = %d"%(x, y))
10: print("Max = %d, Min = %d"%(Max, Min))
```

그림 4.11 if-else 구문의 크기 비교

4.2.4 if-else 문

if-else 구조의 조건문에서는 주어진 조건이 만족되는 경우와 만족되지 않는 경우 모두에 각각의 실행 구문이 구성되어 있는 경우이다. 그림 4.11에서는 2개의 정수를 입력 받아 변수 x, y에 저장한 후 두 값을 비교하여 큰 값을 Max에 작은 값을 Min에 저장하고, 이를 출력하도록 한다. 그림 4.11 line 3에서 x가 y보다 큰 경우 x를 Max 값으로 설정하고, y를 Min 값으로 설정한다. 만약 x가 y보다 크지 않는 경우 y를 Max 값으로 x를 Min 값으로 설정한다. 만약 x와 y가 같은 값을 가지는 경우 line 6~8 의 구간이 실행된다.

그림 4.12는 x와 y의 값을 서로 다르게 입력하면서 조건식이 어떻게 실행되는 가를 보여준다.

```
>>>
 RESTART: C:\MyPyPackage\Z-TextBook (Python)
else, if-elif-else\(3) if_else.py
input two integers (x, y) : 9 3
x = 9, y = 3
Max = 9, Min = 3
>>>
 RESTART: C:\MyPyPackage\Z-TextBook (Python)
else, if-elif-else\(3) if_else.py
input two integers (x, y) : 2 9
x = 2, y = 9
Max = 9, Min = 2
>>>
 RESTART: C:\MyPyPackage\Z-TextBook (Python)
else, if-elif-else\(3) if_else.py
input two integers (x, y) : 5 5
x = 5, y = 5
Max = 5, Min = 5
>>>
```

그림 4.12 if-else 구문의 크기 비교 실행 결과

```
1 :  # if-else statements to check leap year
2 :
3 :  year = int(input('year : '))
4 :
5 :  if ((year % 4 == 0) and (year % 100 != 0)) or (year % 400 == 0):
6 :      print("Year (%d) is a leap year"%(year))
7 :  else:
8 :      print("Year (%d) is not a leap year"%(year))
```

그림 4.13 윤년 (leap year)을 판단하는 프로그램

```
>>>
 RESTART: C:\MyPyPackage\Z-TextBook (Python)
else, if-elif-else\(5) if else to check leap
year : 2019
Year (2019) is not a leap year
>>>
 RESTART: C:\MyPyPackage\Z-TextBook (Python)
else, if-elif-else\(5) if else to check leap
year : 2020
Year (2020) is a leap year
>>>
```

그림 4.14 윤년 (leap year) 판단 프로그램의 실행결과

그림 4.13은 윤년인가를 확인하는 조건문을 구현하고 있다. 윤년의 조건은 연도가 4의 배수이며 100의 배수가 아닌 연도와 400의 배수가 되는 연도로 정의된다. 그림 4.13 line 5에서 모듈로 연산을 사용하여 year가 4의 배수, 100의 배수, 400의 배수를 각각 확인하도록 한다. 그림 4.14는 연도를 입력받고, 그 연도가 윤년인지를 판단하여 출력하는 결과를 보

여준다.

4.2.5 if-elif-else 문

if-elif-else 조건문에서는 첫 번째 if에 해당하는 조건식의 연산 결과가 True인 경우 해당 블록을 실행한다. 만약 첫 번째 if 조건식의 연산 결과가 False인 경우 다음에 있는 elif의 조건식을 검사하며 True인 경우 해당 블록을 실행한다. 만약 elif 조건식의 연산 결과가 False인 경우 다음에 elif가 있으면 해당 조건식을 검사하고, 만약 다음에 else가 있으면 이 블록이 실행된다.

```
# conditional branch with if - elif - else
score = int(input('course score [0..99] = '))
if 90 <= score <= 100:
    grade = 'A'
elif 80 <= score:
    grade = 'B'
elif 70 <= score:
    grade = 'C'
elif 60 <= score:
    grade = 'D'
else:
    grade = 'F'
print("score = %d, grade = %s" %(score, grade)
```

그림 4.15 if-elif-else 예제

```
>>>
 RESTART: C:\MyPyPackage\Z-TextBook (Python)
else, if-elif-else\(6) if_elif_else for grad
course score [0..99] = 96
score = 96, grade = A
>>>
 RESTART: C:\MyPyPackage\Z-TextBook (Python)
else, if-elif-else\(6) if_elif_else for grad
course score [0..99] = 81
score = 81, grade = B
>>>
 RESTART: C:\MyPyPackage\Z-TextBook (Python)
else, if-elif-else\(6) if_elif_else for grad
course score [0..99] = 77
score = 77, grade = C
>>>
 RESTART: C:\MyPyPackage\Z-TextBook (Python)
else, if-elif-else\(6) if_elif_else for grad
course score [0..99] = 69
score = 69, grade = D
>>>
 RESTART: C:\MyPyPackage\Z-TextBook (Python)
else, if-elif-else\(6) if_elif_else for grad
course score [0..99] = 57
score = 57, grade = F
>>>
```

그림 4.16 if-elif-else 예제의 실행 결과

그림 4.15는 학생 성적을 입력 받아 평점을 A, B, C, D, F로 구분하여 출력한다. 4.2.3절의 그림 4.9와 다른 점은 if-elif-else의 구조를 사용하는 것이며, 처리 결과는 동일한 것을 그림 4.16에서 확인할 수 있다.

4.2.6 Ternary selection 구조의 조건문

파이썬 프로그램의 3원 선택 (ternary selection) 조건문 구조는 if - else 조건식 구조를 간단하게 표현할 수 있는 장점을 제공한다. 그림 4.17은 두 개의 정수를 입력 받아 변수 x와 y에 저장하며, 이 둘 중에 큰 값을 찾아 Max로 설정하고 나머지를 y에 설정한다. 그림 4.17 line 5~6에서 3원 선택 조건문 구조를 사용하여 두 변수 중의 큰 값과 작은 값을 각각 찾아 Max와 Min에 저장하도록 한다. 그림 4.17 프로그램의 실행 결과를 그림 4.18에서 확인할 수 있다.

```
1: # ternary selection statements to find max and min
2:
3: x, y = map(int, input('input two integers (x, y) : ').split())
4:
5: Max = x if x > y else y
6: Min = x if x < y else y
7:
8: print("Input data (%d, %d) => max (%d), min (%d)"%(x, y, Max, Min))
```

그림 4.17 Ternary selection 구조를 사용한 최댓값, 최솟값 찾기

```
>>>
 RESTART: C:\MyPyPackage\Z-TextBook (Python)
else, if-elif-else\(4) ternary selection.py
input two integers (x, y) : 7 1
Input data (7, 1) => max (7), min (1)
>>>
 RESTART: C:\MyPyPackage\Z-TextBook (Python)
else, if-elif-else\(4) ternary selection.py
input two integers (x, y) : 3 9
Input data (3, 9) => max (9), min (3)
>>>
 RESTART: C:\MyPyPackage\Z-TextBook (Python)
else, if-elif-else\(4) ternary selection.py
input two integers (x, y) : 4 4
Input data (4, 4) => max (4), min (4)
>>>
```

그림 4.18 Ternary selection 구조를 사용한 최댓값, 최솟값 찾기 프로그램 실행 결과

4.3 for 반복문

4.3.1 for 반복문 기본구조

프로그램 작성 및 실행에서 가장 많이 사용되는 기본 구조가 주어진 조건이 만족될 때까지 지정된 업무를 반복 실행하는 것이다. 예를 들어 주어진 데이터를 모두 검사하여 가장 큰 값 또는 가장 작은 값을 찾아내거나 전체 데이터들의 평균값을 계산하는 업무를 수행하기 위하여 반복문을 구성하여야 한다. 파이썬 프로그램에서 반복문을 구성하는 방법은 for-loop으로 구성하는 방법과 while-loop으로 구성하는 방법을 사용할 수 있다.

(1) for 반복문에서의 list, len(), range() 사용

파이썬 프로그래밍의 for 반복문 기본 구조는 "for" 키워드 다음에 변수가 지정되고 "in" 다음에 시퀀스 자료형 변수가 지정된다. 이렇게 지정된 for 반복문에서는 지정된 시퀀스형 변수 (list, range, bytearray 등)에 있는 각 항목을 차례로 열거하면서 해당 항목을 변수로 사용하여 반복 구문 구역에 포함되어 있는 구문들을 차례로 실행한다. for 반복구문의 맨 끝에는 콜론(:)이 반드시 포함되어야 하며, 반복구문 구역은 들여쓰기로 구분된다. for 반복문의 반복 구역에는 또 다른 반복문이나 조건문들이 포함될 수 있다.

```
 1 :  # for-loop with range()
 2 :  L = [1, 3, 5, 7, 9, 2, 4, 6, 8, 10]
 3 :  n = len(L)
 4 :  L_sum = 0
 5 :  print("L = ", L)
 6 :  print("len(L) = ", len(L))
 7 :  for i in range(n): #L_sum = sum(range(0, n+1))
 8 :      d = L[i]
 9 :      L_sum += d
10 :      print("L[%2d] = %2d" %(i, d))
11 :  print("L_sum = {}, avg = {}".format(L_sum, L_sum/len(L)))
```

그림 4.21 for 반복문을 사용한 리스트 데이터 처리

```
L =  [1, 3, 5, 7, 9, 2, 4, 6, 8, 10]
len(L) =  10
L[ 0] =  1
L[ 1] =  3
L[ 2] =  5
L[ 3] =  7
L[ 4] =  9
L[ 5] =  2
L[ 6] =  4
L[ 7] =  6
L[ 8] =  8
L[ 9] = 10
L_sum = 55, avg = 5.5
```

그림 4.22 실행 결과

for 반복문에서 시퀀스 자료형 변수을 지정할 때 많이 사용되는 것이 range 자료형이다. range 자료형은 3.3.1절에서 상세하게 설명하였으며, range(start, stop[, step])의 형식으로 설정된다. 만약 range()의 인수에 값이 하나만 설정되어 있는 경우 start가 생략되고 end만 지정된 것으로 해석되며, 이 경우 start는 0으로, step은 1의 값으로 설정된다. 만약 두 개의 값이 지정되면 이들은 start와 end의 값으로 설정되며, step은 1로 설정된다.

그림 4.21은 for 반복문과 range() 자료형을 사용하는 프로그램 예를 보여준다. Line 7~10에서는 for 반복문을 사용하여 리스트에 포함된 데이터를 처리하는 예를 보여준다. Line 2에서 10개의 정수 데이터를 원소로 가지는 리스트를 준비한 후, line 3~6에서 준비

된 리스트의 내용과 원소 개수를 출력하게 한다. Line 7에서 for 반복문을 선언하며, line 8~10 구간에서 들여쓰기로 구분된 for 반복문 블록으로 구성한다.

for 반복문의 실행 제어를 위하여 line 7에서는 range(len(L))을 사용하여 인덱스 i를 0~9 값으로 생성하며, 리스트 L의 원소를 L[i] 인덱싱 방법으로 차례로 읽어 변수 d에 저장한다. Line 9에서는 각 원소의 값을 L_sum에 합산하고, line 10에서 L[i] 원소 값을 출력하여 리스트 내용을 확인할 수 있게 한다. for 반복문이 종료된 후 line 11에서 합산된 결과인 L_sum과 평균값을 계산하여 출력한다. 그림 4.22는 실행 결과를 보여준다.

(2) for 반복문을 사용한 최댓값, 최솟값 산출

그림 4.23은 for 반복문을 사용하여 입력받은 데이터 중 최댓값과 최솟값을 찾아 출력하는 프로그램의 예를 보여준다. Line 3에서 입력하고자 하는 정수형 데이터 개수를 입력받아 변수 n에 저장하고, 이를 line 8~13의 for 반복문 구간의 반복 회수로 사용한다.

```
 1 : #for_loop to find max and min
 2 :
 3 : n = int(input("Input the number of data to process: "))
 4 : print("Input %d integers"%(n))
 5 : count = 0
 6 : d = int(input())
 7 : Max = Min = d
 8 : for i in range(n-1):
 9 :     d = int(input())
10 :     if d > Max:
11 :         Max = d
12 :     if d < Min:
13 :         Min = d
14 : print("Max : ", Max)
15 : print("Min : ", Min)
```

그림 4.23 for 반복문을 사용한 최댓값과 최솟값 산출 프로그램

```
Input the number of data to process: 5
Input 5 integers
3
5
-7
-1
9
Max :  9
Min :  -7
```

그림 4.24 for 반복문을 사용한 최댓값과 최솟값 산출 프로그램의 실행 예

그림 4.19 line 6에서 첫 번째 데이터를 입력받은 후, 이 값을 line 7에서 Max와 Min 값으로 설정한다. Line 8의 for 반복문에서는 range(n−1)을 사용하여 첫 번째 데이터를 제외한 n−1개의 데이터를 for 반복문 블록에서 받아들이며, 입력된 데이터 중 가장 큰 값과 가장 작은 값을 각각 Max와 Min에 저장한다. 프로그램의 실행 결과로 입력된 데이터의 최

댓값과 최솟값을 찾아 이를 출력하게 된다. 그림 4.24에서 실행 결과를 확인할 수 있다.

(3) for-loop에서의 iter()와 next() 사용

리스트 자료형에 포함된 원소들을 차례로 추출하는 방법으로 iter() 함수와 next() 함수를 사용할 수 있다. 그림 4.25 line 2에서 10개의 원소를 가지는 리스트를 준비하고, line 4에서 iter() 함수를 실행하여 리스트의 원소를 next()를 사용하여 차례로 추출할 수 있는 준비를 한다. it = iter(L) 함수는 반복자 (iterator) it를 반환하며, next(it) 함수를 사용하여 리스트에 포함된 원소를 차례로 반환하게 한다.

그림 4.25 line 6에서는 next(it)를 사용하여 리스트의 다음 원소를 읽어 오며, 변수 d에 저장한 후, 이를 출력한다. 그림 4.26에서 실행 결과를 볼 수 있다.

```
1 :  # for-loop with range()
2 :  L = [1, 3, 5, 7, 9, 2, 4, 6, 8, 10]
3 :  n = len(L)
4 :  it = iter(L)
5 :  for i in range(n): #sSum = sum(range(0, n+1))
6 :       d = next(it)
7 :       print("L[%2d] = %2d" %(i, d))
```

그림 4.25 iter()와 next() 함수를 사용한 리스트 데이터 순차 접근

```
L[ 0] =  1
L[ 1] =  3
L[ 2] =  5
L[ 3] =  7
L[ 4] =  9
L[ 5] =  2
L[ 6] =  4
L[ 7] =  6
L[ 8] =  8
L[ 9] = 10
```

그림 4.26 iter()와 next() 함수를 사용한 리스트 데이터 순차 접근 실행 결과

4.3.2 for-loop과 enumerate()

(1) 리스트 원소를 for-loop과 enumerate()로 접근

리스트에 포함된 원소들을 차례로 접근하는 방법에 enumerator() 함수를 for 반복문과 함께 구성하는 방법을 사용할 수 있다. 그림 4.27 line 5에서 "for item in enumerate(L)" 실행문은 리스트 L에 포함된 항목을 (순서, 값)의 튜플 자료형인 item을 차례로 받아올 수 있으며, 이 튜플 item의 0번째 항목은 순서를 나타내며, 1번째 항목은 값을 나타낸다. 그림 4.27 line 8에서 리스트 L의 item[0]번째 원소값을 item[1]로 출력하게 하며, 실행 결과는 그림 4.28 (a)에서 확인할 수 있다.

그림 4.27 line 12의 "for i, value in enumerate(L)" 실행문에서는 리스트 L의 각 원소 위치와 값을 각각 i와 value에 담아 반환하며, 이를 line 13에서 출력하여 각 인덱스 위치에 있는 원소 값을 확인할 수 있다.

그림 4.27 line 18의 "for item in enumerate(L, 100)" 실행문에서는 리스트 L의 원소를 반환할 때 item[0]의 값이 100부터 시작할수 있게 한다. 그림 4.28 (c)에서 이를 확인할 수 있다.

```
 1: # for-loop with enumerate()
 2: L = [10, 30, 50, 70, 90, 20, 40, 60, 80, 100]
 3:
 4: # part 1
 5: for item in enumerate(L):
 6:     #print("type(item) : ", type(item))
 7:     #print(item)
 8:     print("L[{:2}] = {:4}".format(item[0], item[1]))
 9: print()
10:
11: # part 2
12: for i, value in enumerate(L):
13:     print("L[{:2}] = {:4}".format(i, value))
14:
15: print()
16:
17: # part 3
18: for item in enumerate(L, 100):
19:     print("item[0] = {:4}, item[1] = {:4}".format(item[0], item[1]))
```

그림 4.27 enumerator() 함수를 사용한 리스트 데이터 순차 접근

```
L[ 0] =   10
L[ 1] =   30
L[ 2] =   50
L[ 3] =   70
L[ 4] =   90
L[ 5] =   20
L[ 6] =   40
L[ 7] =   60
L[ 8] =   80
L[ 9] =  100
```

(a) part 1

```
L[ 0] =   10
L[ 1] =   30
L[ 2] =   50
L[ 3] =   70
L[ 4] =   90
L[ 5] =   20
L[ 6] =   40
L[ 7] =   60
L[ 8] =   80
L[ 9] =  100
```

(b) part 2

```
item[0] =  100, item[1] =   10
item[0] =  101, item[1] =   30
item[0] =  102, item[1] =   50
item[0] =  103, item[1] =   70
item[0] =  104, item[1] =   90
item[0] =  105, item[1] =   20
item[0] =  106, item[1] =   40
item[0] =  107, item[1] =   60
item[0] =  108, item[1] =   80
item[0] =  109, item[1] =  100
```

(c) part 3

그림 4.28 enumerator() 함수를 사용한 리스트 데이터 순차 접근 실행 결과

(2) 문자열 리스트 원소들을 for-loop과 enumerate() 함수로 접근

그림 4.29는 문자열 리스트 Month_name의 각 원소를 for 반복문과 enumerate() 함수로 접근하여 사용하는 방법을 보여준다. 그림 4.29 line 7, 12, 17의 for 반복문 구성에서 enumerate(list) 형식과 enumerate(list, start)의 형식을 사용하며, start 값을 1로 설정하지 않으면 리스트에 포함된 첫 번째 원소의 인덱스 값이 0부터 시작되는 것을 그림 4.30에서 알 수 있다.

```
# for-loop with enumerate()
Month_name = ["January", "February", "March", "April",\
              "May", "June", "July", "August",\
              "September", "October", "November", "December"]

#case A
for item in enumerate(Month_name):
    print(item)
print()

#case B
for item in enumerate(Month_name, 1):
    print(item)
print()

#case C
for i, item in enumerate(Month_name, 1):
    print("%2d"%i, item)
print()
```

그림 4.29 문자열 리스트에 포함된 원소를 for 반복문과 enumerate() 함수로 접근

```
(0, 'January')
(1, 'February')
(2, 'March')
(3, 'April')
(4, 'May')
(5, 'June')
(6, 'July')
(7, 'August')
(8, 'September')
(9, 'October')
(10, 'November')
(11, 'December')
```

(a) case A

```
(1, 'January')
(2, 'February')
(3, 'March')
(4, 'April')
(5, 'May')
(6, 'June')
(7, 'July')
(8, 'August')
(9, 'September')
(10, 'October')
(11, 'November')
(12, 'December')
```

(b) case B

```
 1 January
 2 February
 3 March
 4 April
 5 May
 6 June
 7 July
 8 August
 9 September
10 October
11 November
12 December
```

(c) case C

그림 4.30 실행 결과

4.3.3 for 반복문을 사용한 터틀 그래픽 예

그림 4.31은 for 반복문을 사용한 터틀 그래픽의 예를 보여준다. Line 3에서 터틀(turtle) 모듈을 설치하고, line 4~5에서 윈도우 크기를 900 x 600으로 설정하고, 배경 색상을 light gray로 설정한다. Line 6에서는 터틀 객체를 생성하여 변수 t에 대입한 후, line 7에서 터틀의 모양을 classic으로 알려진 화살촉 모양으로 설정한다.

그림 4.31 line 9에서 원의 반지름의 초기값을 200으로 설정하며, line 10~11에서는 터틀의 그리기 시작 지점을 start_pos인 (−150, −200)으로 이동시킨다. Line 12에서는 터틀 그래픽에서 사용하게 될 색상들을 리스트 color_list로 만들어 사용할 준비를 한다. Line 14~19에서 리스트 color_list에 포함된 색상을 차례로 선정하여 사용하며, line

16~17에서 터틀 객체의 circle() 함수를 사용하여 지정된 반지름의 원을 그리고 선정된 색상으로 fill() 함수를 사용하여 채운다. Line 18에서는 for 반복문이 실행될 때 마다 반지름을 20씩 줄이며, line 22에서 그리는 위치를 50 픽셀만큼 이동하여 새로운 원을 그리도록 한다. 그림 4.32는 이 터틀 그래픽 프로그램의 실행 결과를 보여준다.

```
 1: # drawing with for-loop
 2:
 3: import turtle
 4: turtle.setup(900, 600)
 5: turtle.bgcolor("light gray")
 6: t = turtle.Turtle()
 7: t.shape("classic")
 8:
 9: radius = 200
10: start_pos = (-150, -200)
11: t.up(); t.goto(start_pos); t.down() # move to start_pos without drawing
12: color_list = ["red", "yellow", "blue", "orange", "purple",\
13:               "green", "white", "black", "pink", "brown"]
14: for x in range(len(color_list)):
15:     color = color_list[x]
16:     t.fillcolor(color)
17:     t.begin_fill();    t.circle(radius);    t.end_fill()
18:     radius -= 20
19:     t.up();    t.forward(50);    t.down()
```

그림 4.31 for 반복문을 사용한 터틀 그래픽 예

그림 4.32 for 반복문을 사용한 터틀 그래픽 실행 결과

4.3.4 2중 for-loop

(1) 구구단 작성

for−loop 내부에 다른 for−loop을 다단계에 걸쳐 구성하는 방법으로 중첩된 for 반복문을 만들 수 있다. 그림 4.33은 2중 for−loop을 구성하여 구구단을 출력하는 파이썬 프로그램 예제를 보여준다. 그림 4.33 line 3에서는 i값을 1~9의 정수가 발생되도록 구성하며, line 4에서 j값이 1~9의 정수값이 되도록 구성한다. 각각의 i 값에 대하여 line 4~6 블록이 반복 실행되는데, 이 블록 내부에 line 4~5의 또 다른 for 반복문이 j = 1~9에 대하여 실행되면서 2중 for 반복문이 구성된다. 그림 4.34에서 2중 for 반복문의 실행결과로 생성되는 구구단의 출력 결과를 확인할 수 있다.

```
1 :  # nested for_loop that generates multiplication table
2 :
3 :  for i in range (1, 10):
4 :      for j in range (1, 10):
5 :          print("{0}x{1} ={2:>3}, ".format(i, j, i*j), end= ")
6 :      print() # new line
```

그림 4.33 구구단 출력을 위한 2중 for-loop

```
1x1 =  1, 1x2 =  2, 1x3 =  3, 1x4 =  4, 1x5 =  5, 1x6 =  6, 1x7 =  7, 1x8 =  8, 1x9 =  9,
2x1 =  2, 2x2 =  4, 2x3 =  6, 2x4 =  8, 2x5 = 10, 2x6 = 12, 2x7 = 14, 2x8 = 16, 2x9 = 18,
3x1 =  3, 3x2 =  6, 3x3 =  9, 3x4 = 12, 3x5 = 15, 3x6 = 18, 3x7 = 21, 3x8 = 24, 3x9 = 27,
4x1 =  4, 4x2 =  8, 4x3 = 12, 4x4 = 16, 4x5 = 20, 4x6 = 24, 4x7 = 28, 4x8 = 32, 4x9 = 36,
5x1 =  5, 5x2 = 10, 5x3 = 15, 5x4 = 20, 5x5 = 25, 5x6 = 30, 5x7 = 35, 5x8 = 40, 5x9 = 45,
6x1 =  6, 6x2 = 12, 6x3 = 18, 6x4 = 24, 6x5 = 30, 6x6 = 36, 6x7 = 42, 6x8 = 48, 6x9 = 54,
7x1 =  7, 7x2 = 14, 7x3 = 21, 7x4 = 28, 7x5 = 35, 7x6 = 42, 7x7 = 49, 7x8 = 56, 7x9 = 63,
8x1 =  8, 8x2 = 16, 8x3 = 24, 8x4 = 32, 8x5 = 40, 8x6 = 48, 8x7 = 56, 8x8 = 64, 8x9 = 72,
9x1 =  9, 9x2 = 18, 9x3 = 27, 9x4 = 36, 9x5 = 45, 9x6 = 54, 9x7 = 63, 9x8 = 72, 9x9 = 81,
```

그림 4.34 구구단 출력 결과

(2) 2차원 리스트의 덧셈과 뺄셈

과학 기술 분야에서는 for 반복문을 2중으로 구성하여 2차원 데이터들을 처리하는 응용 프로그램들을 많이 볼 수 있다. 2차원 리스트로 표현된 두 개의 행렬의 덧셈, 뺄셈이나 곱셈을 계산하기 위해서는 행렬의 각 원소들이 저장된 2차원 리스트의 개별 원소들을 순차적으로 접근하여야 한다. 예를 들어 C = A + B의 계산에서 C 행렬의 i번째 행의 j번째 항목은 $C_{ij} = A_{ij} + B_{ij}$ 공식에 따라 그림 4.35와 같이 계산되어야 하며, i와 j는 각각 0부터 SIZE−1의 값 범위내에서 반복 실행하여야 한다.

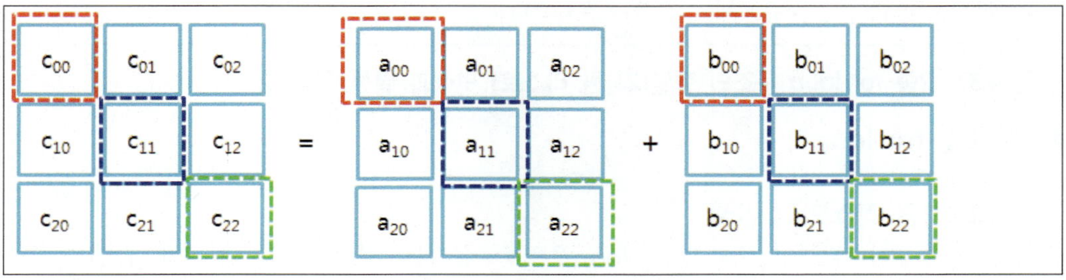

그림 4.35 3 x 3 행렬의 덧셈

그림 4.36은 2차원 리스트로 구현된 행렬 (matrix)의 덧셈과 뺄셈 연산을 수행하는 프로그램 예제이다. 이 예제에서는 2차원 리스트를 사용하여 행렬을 구현하고 있으며, 2중

for-loop을 사용하여 행 (row)의 인덱스 i와 열 (column)의 인덱스 j를 사용하여 2차원 리스트 A와 B의 각 원소들을 차례대로 읽어 덧셈과 뺄셈 연산을 수행한 후 그 결과를 행렬 C와 D에 저장한다.

그림 4.36의 line 3, 4에서 행렬 A와 B의 초기값을 설정하며, line 10~11의 2중 for-loop 구조의 반복문 블록에 포함된 line 12에서 $C_{ij} = A_{ij} + B_{ij}$ 덧셈 연산을 수행한 후 덧셈 결과 값이 담긴 행렬 C를 출력한다. Line 15~16에서 같은 요령으로 2중 for-loop을 구성하며, line 17에서 $D_{ij} = A_{ij} - B_{ij}$의 뺄셈 연산을 수행한 후 line 18에서 결과 값이 담긴 행렬 D를 출력한다. 그림 4.37에서 행렬의 덧셈과 뺄셈 결과를 확인할 수 있다.

```
 1 :  # nested for_loop for 2-dimensional lists' addition and subtraction
 2 :
 3 :  A = [[1,2,3], [4,5,6], [7,8,9]]
 4 :  B = [[1,0,0], [0,1,0], [0,0,1]]
 5 :  C = [[0,0,0], [0,0,0], [0,0,0]]
 6 :  D = [[0,0,0], [0,0,0], [0,0,0]]
 7 :
 8 :  print("A : ", A)
 9 :  print("B : ", B)
10 :  for i in range (3):
11 :      for j in range (3):
12 :          C[i][j] = A[i][j] + B[i][j]
13 :  print("A+B => ", C)
14 :
15 :  for i in range (3):
16 :      for j in range (3):
17 :          D[i][j] = A[i][j] - B[i][j]
18 :  print("A-B => ", D)
```

그림 4.36 2중 for-loop 구조의 행렬(2차원 리스트) 덧셈과 뺄셈

```
A :  [[1, 2, 3], [4, 5, 6], [7, 8, 9]]
B :  [[1, 0, 0], [0, 1, 0], [0, 0, 1]]
A+B =>  [[2, 2, 3], [4, 6, 6], [7, 8, 10]]
A-B =>  [[0, 2, 3], [4, 4, 6], [7, 8, 8]]
```

그림 4.37 2중 for-loop 구조의 행렬(2차원 리스트) 덧셈과 뺄셈 실행 결과

4.3.5 3중 for-loop

(1) 행렬(2차원 리스트)의 곱셈

행렬의 덧셈과 뺄셈이 2중 for-loop으로 구성되는 것과 달리, 행렬의 곱셈은 3중 for-loop이 구성되어야 한다. 먼저 그림 4.38에서 보여주고 있는 행렬의 곱셈에서 각 항목들은 $C_{ij} = \sum_{k=0}^{SIZE-1} A_{ik} * B_{kj}$ 공식에 따라 계산이 수행되어야 한다. 이를 위하여 인덱스 i와 j를 사용하는 두 개의 for-loop에 추가하여, 그 내부에 인덱스 k를 사용하는 for-loop을 하나 더 구성하여야 한다. 그림 4.39는 행렬의 곱셈을 계산하는 프로그램 모듈을 보여준다. 그림 4.39 line 11~12에서 E_{ij}를 지정하기 위한 2중 for-loop을 구성하고 있고, line 14~15에서 인덱스 k를 사용하여 행렬 A의 i번째 행과 행렬 B의 j번째 열의 각 원소를 순서에 따라 곱하여, 그 합산 결과를 E_{ij}에 저장하도록 한다.

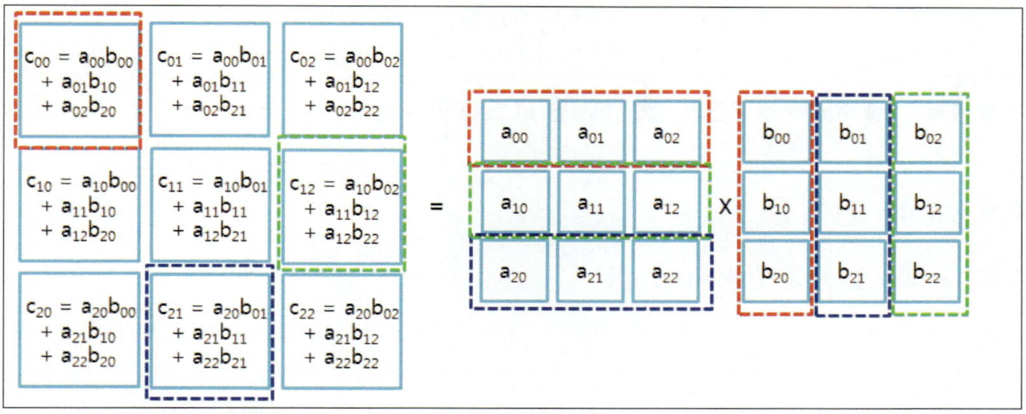

그림 4.38 3 x 3 행렬의 곱셈

```
1: # nested for_loop for Matrix addition, subtraction, multiplication
2:
3: A = [[1,2,3], [4,5,6], [7,8,9]]
4: B = [[1,0,0], [0,1,0], [0,0,1]]
5: E = [[0,0,0], [0,0,0], [0,0,0]]
6: F = [[0,0,0], [0,0,0], [0,0,0]]
7:
8: print("A = ", A)
9: print("B = ", B)
10:
11: for i in range (3):
12:     for j in range (3):
13:         E[i][j] = 0
14:         for k in range (3):
15:             E[i][j] += A[i][k] * B[k][j]
16: print("E = A*B = ", E)
17:
18: for i in range (3):
19:     for j in range (3):
20:         F[i][j] = 0
21:         for k in range (3):
22:             F[i][j] += A[i][k] * A[k][j]
23: print("F = A*A = ", F)
```

그림 4.39 3중 for-loop 구조의 행렬 (3차원 리스트) 곱셈

그림 4.39의 line 11~15에서는 행렬 A와 행렬 B에 대하여 3중 for-loop 구조의 행렬 곱셈을 수행하며, 결과값을 행렬 E에 저장한다. 행렬 B가 대각선 원소만 1이며 나머지는 모두 0인 단위 행렬이므로 행렬 곱셈의 결과는 A와 동일한 값이 되며, 그림 4.40에서 행렬 A

와 행렬 E가 동일한 값을 가진다는 점을 확인할 수 있다.

그림 4.39 line 18~22에서는 행렬 A에 동일한 행렬 A를 곱하는 연산을 하며, 그림 4.40에서 실행된 결과를 확인할 수 있다.

```
A =  [[1, 2, 3], [4, 5, 6], [7, 8, 9]]
B =  [[1, 0, 0], [0, 1, 0], [0, 0, 1]]
E = A*B =  [[1, 2, 3], [4, 5, 6], [7, 8, 9]]
F = A*A =  [[30, 36, 42], [66, 81, 96], [102, 126, 150]]
```

그림 4.40 3중 for-loop 구조의 행렬 (3차원 리스트) 곱셈 결과

4.4 while 반복문

4.4.1 while 반복문 (while-loop)

파이썬 프로그램의 while 반복문 구조는 다음 그림과 같이 while 키워드 다음에 조건을 설정하며, 이 조건이 True이면 콜론 (':')의 반복 구문들을 차례로 실행하고 조건을 다시 검사한다. 일반적으로 반복 구문 내에서 조건에 해당하는 변수 값을 변경시키는 기능을 포함시켜 일정한 범위에서 while 반복문을 반복 실행하고 그 범위를 벗어나는 순간 while 반복문을 더 이상 실행하지 않고 다음 단계로 진입하도록 한다. while 반복문의 조건 지정에서는 4.2절에서 설명하였던 if, if-else, if-elif-else 등의 다양한 조건문을 구성하여 주어진 조건을 표현할 수 있다.

```
 1 : # while_loop with list and finding max and min
 2 :
 3 : Max_Num_Data = int(input("Input the number of data to process: "))
 4 : print("Input %d integers"%(Max_Num_Data))
 5 : L = [] # create an empty list
 6 : count = 0
 7 : while count < Max_Num_Data:
 8 :     d = int(input())
 9 :     L.append(d)
10 :     if count == 0:
11 :         Max = Min = d
12 :     else:
13 :         if d > Max:
14 :             Max = d
15 :         if d < Min:
16 :             Min = d
17 :     count = count + 1
18 : print("Input data : ", L)
19 : print("Max : ", Max)
20 : print("Min : ", Min)
```

그림 4.41 while-loop 구조의 데이터 입력 및 리스트 저장, 최댓값 및 최솟값 검색

그림 4.41에 사용자가 지정하는 개수의 정수를 입력받아 리스트 L에 저장하고, 입력된 데이터 중 최댓값과 최솟값을 찾아 출력하는 while-loop의 간단한 예제를 보여준다. Line 3

에서는 먼저 입력 데이터 개수를 사용자가 입력하도록 하고 그 값을 변수 Max_Num_Data에 설정한다. Line7의 while 반복문 조건식에서는 입력된 데이터의 개수 (count)가 사용자가 미리 설정한 최대 개수 Max_Num_Data 보다 작은 범위에서 line 8~17 구간에 들여쓰기로 구분되어 있는 while-loop 블록을 반복 실행하게 한다. Line 8에서는 input() 함수를 사용하여 입력된 정수 문자열을 int() 함수를 사용하여 정수로 변환시키고, line 9에서 리스트 L에 추가한다. 입력된 정수 데이터의 최댓값과 최솟값을 찾기 위하여 line 10~11에서는 첫 번째로 입력된 정수 데이터를 Max와 Min의 초기값으로 설정하며, 이후 데이터를 현재까지 파악된 최댓값 (Max)과 비교하여 더 큰 값이 입력되었으면 Max값을 새로운 값으로 변경하고, 현재까지 파악된 최솟값 (Min)과 비교하여 더 작은 값이 입력되었으면 Min 값을 변경하도록 한다.

Line 17에서는 입력된 데이터 개수를 의미하는 변수 count 값을 증가시켜 전체 데이터 개수가 line 3에서 설정된 Max_Num_Data를 초과하지 않도록 관리한다. 만약 count 값이 Max_Num_Data과 같아지면 line 7의 조건식에서 count < Max_Num_Data 연산의 결과가 False가 되어 while-loop을 중단하고 line 18~20에서 리스트 L과 최댓값 (Max) 및 최솟값 (Min)을 출력한다. 그림 4.42에서 실행된 결과를 확인할 수 있다.

```
Input the number of data to process: 5
Input 5 integers
1
9
-5
2
-9
Input data :  [1, 9, -5, 2, -9]
Max :  9
Min :  -9
```

그림 4.42 while-loop 구조의 데이터 입력 및 리스트 저장, 최댓값 및 최솟값 검색 결과

4.4.2 sentinel 데이터를 사용한 while 반복문 제어

while 반복문을 사용하여 데이터들을 입력받고 이들 데이터를 원소로 사용하는 리스트를 생성하는 응용 프로그램 (그림 4.41)의 경우 전체 입력 데이터 개수를 미리 설정하고 입력 데이터 수가 지정된 최대 개수를 초과하지 않는 범위 내에서 반복문이 실행되는 구조를 사용하였다. 그림 4.43에서는 입력 데이터 개수를 미리 설정하지 않는 대신 입력 데이터의 마지막을 특별한 값을 가지는 보초 (sentinel) 데이터를 입력하는 방법으로 반복문 실행을 제어하는 방법을 사용한다.

그림 4.43 line 4에서는 while 반복문의 조건을 True 값으로 설정하기 때문에 무한 반복할 수 있는 상태이다. 그러나 line 5에서 입력받은 데이터가 -1 값을 가질 경우 line 6의 if 조건식을 거쳐 line 7에서 break를 실행함으로써 while-loop을 빠져 나가게 된다. 만약 -1의 값이 아닌 경우 line 8에서 리스트 L에 추가된다. 그림 4.43 구조의 while 실행문은 사전에 입력 데이터 개수가 설정되어 있지 않고 상황에 따라 개수가 달라질 수 있을 때 사용하는 구조이다.

```
# while-loop

L = list()
while True:
    data = int(input("Input integers (-1 to stop) : "))
    if data == -1 :
        break
    L.append(data)
    print("L = ", L)
```

그림 4.43 sentinel 데이터를 사용한 while 반복문 제어

```
Input integers (-1 to stop) : 1
L =  [1]
Input integers (-1 to stop) : 2
L =  [1, 2]
Input integers (-1 to stop) : 3
L =  [1, 2, 3]
Input integers (-1 to stop) : 4
L =  [1, 2, 3, 4]
Input integers (-1 to stop) : 5
L =  [1, 2, 3, 4, 5]
Input integers (-1 to stop) : -1
```

그림 4.44 sentinel 데이터를 사용한 while 반복문 제어 실행 결과

4.4.3 while-loop에서의 무한 반복 오류

while 반복문은 앞에서 살펴본 바와 같이 실행 조건이 만족되면 무한히 반복될 수 있는 구조이므로 while-loop 실행 조건식에 포함되어 있는 변수의 초기화 및 반복 실행 구간에서의 갱신 (update) 기능을 잘 확인하여야 한다.

```
1: # while-loop
2:
3: Target_Num_Data = 5
4: L = list()
5: print("Input up to {} integers ".format(Target_Num_Data))
6: n = 0
7: while n < Target_Num_Data:
8:     # n = n + 1
9:     x = int(input("data : "))
10:    L.append(x)
11:    print("L = ", L)
```

그림 4.45 무한 반복이 발생되는 while-loop

그림 4.45는 사전에 지정된 최대 개수만큼 입력하게 하는 while 반복문 예제 프로그램이다. 이 프로그램의 while 반복문 실행 조건식은 line 7에 있는 "n < Target_Num_Data"이며, 이 조건식 연산 결과가 True인 동안 line 8~11의 while-loop 반복 블록은 계속 실행하게 된다. 그림 4.45 while-loop에서 조건식의 초기

화 작업으로 line 6에서 입력된 데이터 개수를 나타내는 변수 n 값을 0으로 설정한다. 이후 while 반복문이 실행되면서 n 값이 하나씩 증가되고, 그 n값이 Target_Num_Data 보다 같거나 크게 될 때 (즉, 작지 않을 때) line 7의 조건식 연산 결과가 False가 되어 while-loop이 중단된다.

```
Input up to 5 integers
data : 1
L =  [1]
data : 2
L =  [1, 2]
data : 3
L =  [1, 2, 3]
data : 4
L =  [1, 2, 3, 4]
data : 5
L =  [1, 2, 3, 4, 5]
data : 6
L =  [1, 2, 3, 4, 5, 6]
data : 7
L =  [1, 2, 3, 4, 5, 6, 7]
data : 8
L =  [1, 2, 3, 4, 5, 6, 7, 8]
data : |
```

그림 4.46 무한 반복이 발생되는 while-loop의 실행 결과

만약 그림 4.45 line 8의 n = n + 1 실행문이 생략된다면 n 값은 초기값인 0의 상태로 계속 유지될 것이며 따라서 while-loop은 무한히 계속 반복될 것이다. while 반복문에서 조건식의 변수에 대한 갱신 (update)을 적절히 구현하지 않으면 문법적인 오류는 없지만 while-loop이 무한히 반복되는 논리적 오류 (logical error)가 발생되는 것이다.

그림 4.46은 그림 4.45 line 8이 생략되어 while-loop 조건식의 변수 (n)이 갱신되지 못하고 입력 데이터 개수가 당초 목표인 Target_Num_Data = 5를 초과하여도 계속 실행되며, 무한히 반복되는 논리적 오류가 발생하는 것을 보여준다.

4.4.4 while 반복문의 응용

(1) while 반복문과 이분법 (bisection)을 사용한 제곱근 탐색

while 반복문은 STEM (science, technology, engineering, mathematics) 분야의 다양한 문제 해결에 사용될 수 있다. 예를 들어 방정식의 근 (root)을 구하는 방법 중에 이분법 (bisection)을 사용하여 근사값을 반복적으로 찾아가는 방법을 while-loop으로 구현할 수 있다.

예를 들어 그림 4.47에서 보여주는 y = f(x) 함수가 x_low와 x_high 구간에서 근 (x_root)를 가진다고 할 때, 이분법으로 근을 찾아 갈 수 있다. 먼저 탐색 구간이 y_low = f(x_low)와 y_high = f(x_high)를 계산하고, y_low와 y_high 값의 부호가 서로 반대이면, y = 0에 근접한 근 (x_root)를 찾을 수 있다고 판단한다. 만약 y_min과 y_max의 차이의 절대값이 EPSILON보다 더 큰 경우, x_mid = (x_low + x_high)/2.0으로 x_mid를 계산하고, y_mid = f(x_mid) 값을 계산하여 근의 탐색 구간을 줄인다. 이 때 y_mid × y_high 값이 음수이면 이 구간에 근이 존재하기 때문에 x_low를 x_mid 값으로 대입하여 탐색 구간을 절반으로 줄인다. 만약 y_low × y_min 값이 음수이면, 이 구간에 근이 존재하기 때문에 x_high를 x_min으로 대입하여 담색 구간을 줄인 후 이분법을 계속 반복 수행하게 된다.

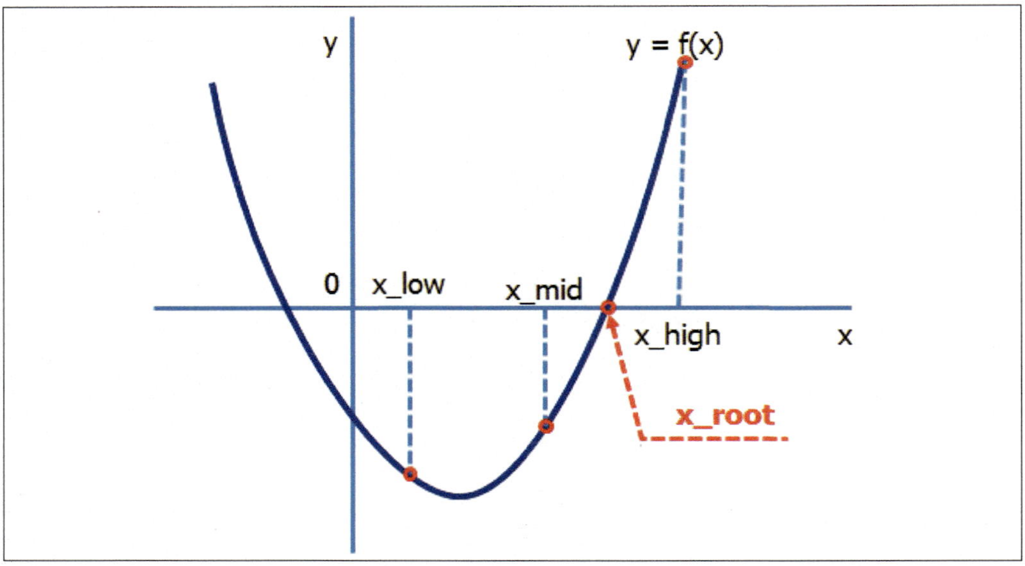

그림 4.47 이분법 (bisection) 방법을 사용하여 y=f(x) 함수의 근 (root)을 찾는 방법

그림 4.48은 이분법을 사용하여 $y = x^2-25$ 방정식의 근을 찾는 예를 보여준다. 이 파이썬 프로그램 예제에는 Matplotlib 확장 패키지를 함께 사용하여 실제 근을 이분법으로 탐색할 때 단계별 중간 결과와 오차를 그래프로 표시하여 준다. Matplotlib 확장 패키지에 대한 상세한 내용은 13장에서 설명한다. 그림 4.48 line 5~7은 이분법으로 해 (solution)를 찾아야 하는 함수 fx()를 정의하며, 인수 (argument)로 전달되는 x값을 사용하여 $y = x^2-25$ 방정식 값을 계산하여 반환한다. 함수 (function)에 대한 상세한 내용은 6장에서 설명한다.

그림 4.48 line 9에서는 fx(x_high)와 fx(x_low) 값의 차이가 EPSILON에서 정의한 값보다 작아지면 정확도가 충분하게 확보되었다는 의미로 해석할 수 있도록 10^{-5}의 값으로 설정한다. Line 19~21에서는 그래프로 이분법에 따라 근사값 탐색이 진행될 때 반복 회수 (count)에 따라 근의 추정치와 그 추정치가 실제 정확한 근의 값과 얼마만큼의 오차를 가지는 가를 담을 수 있는 리스트를 3개 준비한다. Line 22, 23에서는 최초의 탐색 시작 구간으로 x_low = 0.0, x_high = 25.0으로 설정하며, line 26~44에서 while 반복문을 구성한다. Line 28에서 x_mid 값을 계산하고, fx(x_high), fx(x_mid), fx(x_low) 값을 함수 fx()를 호출하여 각각 계산한 후, y_high, y_mid, y_low에 저장한다.

Line 34에서는 만약 fx(x_high)와 fx(x_low)의 값의 차이의 절대값이 EPSILON 보다 작을 경우 while 반복문을 중단하도록 한다. Line 37~40에서는 x_low~x_mid 구간 또는 x_mid~x_high 구간 중에서 근이 존재하는 구간으로 탐색 구간을 1/2로 줄이며 조정하도록 한다. 이 때 근이 존재하는 경우 항상 fx(x_low)의 값과 fx(x_high)의 값의 부호가 서로 다르다는 점을 활용하여 근이 존재하는 구간을 판단하고, 탐색 범위를 조정한다.

Line 42~44에서는 이분법의 중간 상태를 3개의 리스트에 각각 기록하여 matplotlib 패키지의 그래프 기능으로 표현할 수 있도록 준비한다. 이분법을 사용한 반복 탐색의 중간 상태는 line 32에서 print() 함수를 사용하여 출력하며, 그림 4.49에서 x_low, x_high, x_mid 값의 변화를 볼 수 있다.

```
 1: # while-loop and bisection to find square root
 2: import matplotlib.pyplot as plt
 3: import math
 4:
 5: def fx(x):
 6:     y_x = x**2 - 25
 7:     return y_x
 8: x_sq = 25.0 # x**2
 9: EPSILON = 0.00001
10: # while-loop and bisection to find square root
11: import matplotlib.pyplot as plt
12: import math
13:
14: def fx(x):
15:     y_x = x**2 - 25
16:     return y_x
17: x_sq = 25.0 # x**2
18: EPSILON = 0.00001
19: X = list()
20: Y = list()
21: E = list()
22: x_low = 0.0
23: x_high = max(1.0, x_sq)
24:
25: count = 0
26: while True:
27:     count += 1
28:     x_mid = (x_low + x_high)/2.0
29:     y_low = fx(x_low)
30:     y_mid = fx(x_mid)
31:     y_high = fx(x_high)
32:     print("{:2}-th guess : x_low ({:10.5f}), x_high({:10.5f}, x_mid({:10.5f}))"\
33:         .format(count, x_low, x_high, x_mid))
34:     if abs(y_high - y_low) < EPSILON:
35:         break
36:
```

그림 4.48 while 반복문 구조의 이분법 (bisection) 구현 (part 1)

그림 4.48 line 49~56에서는 이분법에 의하여 근을 찾아가는 중간 단계의 값 (x_mid)와 실제 x_root 인 5와의 차이를 계산하여 절대값으로 표시하여 그래프로 나타나게 한다.

그림 4.50에서 살펴 볼 수 있는 것처럼, 추정 값 (ans_guess)인 x_mid의 값은 이분법 반복회수가 증가함에 따라 5의 값에 수렴하는 것을 알 수 있으며, 추정치의 오차 (guess_error)는 처음 단계에서는 7 이상의 값을 가지나 점차 줄어 들어 0으로 (최종적으로는 EPSILON 미만) 수렴하는 것을 알 수 있다.

```
    if y_low * y_mid < 0.0:
        x_high = x_mid
    elif y_mid * y_high < 0.0:
        x_low = x_mid
    guess_error = abs(math.sqrt(x_sq) - x_mid)
    X.append(count)
    Y.append(x_mid)
    E.append(guess_error)

print("Square root of {:3} at {:2}-th guess : {:10.5}".format(x_sq, count, x_mid))

# plot the approaches
plt.plot(X, Y, "b-", X, Y, "ro", label="ans_guess")
plt.plot(X, E, "r--", X, E, "bD", label="guess_error" )
plt.xlabel("guess_round")
plt.ylabel("ans_guess")
plt.title("y = x**2 - 25")
plt.grid(True)
plt.legend(loc="best")
plt.show()
```

그림 4.48 while 반복문 구조의 이분법 (bisection) 구현 (part 2)

```
 1-th guess : x_low (  0.00000), x_high( 25.00000, x_mid( 12.50000))
 2-th guess : x_low (  0.00000), x_high( 12.50000, x_mid(  6.25000))
 3-th guess : x_low (  0.00000), x_high(  6.25000, x_mid(  3.12500))
 4-th guess : x_low (  3.12500), x_high(  6.25000, x_mid(  4.68750))
 5-th guess : x_low (  4.68750), x_high(  6.25000, x_mid(  5.46875))
 6-th guess : x_low (  4.68750), x_high(  5.46875, x_mid(  5.07812))
 7-th guess : x_low (  4.68750), x_high(  5.07812, x_mid(  4.88281))
 8-th guess : x_low (  4.88281), x_high(  5.07812, x_mid(  4.98047))
 9-th guess : x_low (  4.98047), x_high(  5.07812, x_mid(  5.02930))
10-th guess : x_low (  4.98047), x_high(  5.02930, x_mid(  5.00488))
11-th guess : x_low (  4.98047), x_high(  5.00488, x_mid(  4.99268))
12-th guess : x_low (  4.99268), x_high(  5.00488, x_mid(  4.99878))
13-th guess : x_low (  4.99878), x_high(  5.00488, x_mid(  5.00183))
14-th guess : x_low (  4.99878), x_high(  5.00183, x_mid(  5.00031))
15-th guess : x_low (  4.99878), x_high(  5.00031, x_mid(  4.99954))
16-th guess : x_low (  4.99954), x_high(  5.00031, x_mid(  4.99992))
17-th guess : x_low (  4.99992), x_high(  5.00031, x_mid(  5.00011))
18-th guess : x_low (  4.99992), x_high(  5.00011, x_mid(  5.00002))
19-th guess : x_low (  4.99992), x_high(  5.00002, x_mid(  4.99997))
20-th guess : x_low (  4.99997), x_high(  5.00002, x_mid(  5.00000))
21-th guess : x_low (  5.00000), x_high(  5.00002, x_mid(  5.00001))
22-th guess : x_low (  5.00000), x_high(  5.00001, x_mid(  5.00000))
23-th guess : x_low (  5.00000), x_high(  5.00000, x_mid(  5.00000))
24-th guess : x_low (  5.00000), x_high(  5.00000, x_mid(  5.00000))
25-th guess : x_low (  5.00000), x_high(  5.00000, x_mid(  5.00000))
26-th guess : x_low (  5.00000), x_high(  5.00000, x_mid(  5.00000))
Square root of 25.0 at 26-th guess :        5.0
```

그림 4.49 이분법 (bisection)에 의한 $y = x^2 - 25$ 함수의 근 탐색 중간 결과

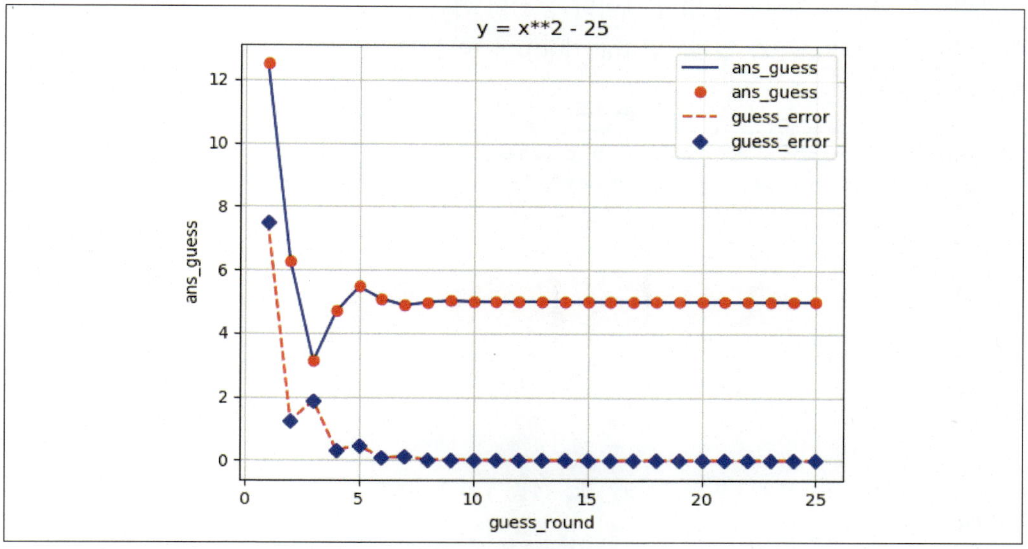

그림 4.50 이분법 (bisection)에 의한 $y = x^2 - 25$ 함수의 근 탐색 진행 상황

4.5 반복문 블록 내부의 break, continue

for 반복문과 while 반복문의 실행 도중 continue를 만나면 나머지 구간을 무시하고 다음 반복으로 진행하게 되며, 만약 break를 만나면 반복문을 빠져 나가도록 한다.

4.5.1 for-loop과 continue, break

```
#for_loop with break and continue

n = int(input("Input the number of data to process: "))
L = list()
sum = 0
print("Input %d non-negative integers"%(n))
for i in range(n):
    d = int(input())
    if d == 0:
        continue
    elif d < 0:
        break
    else:
        L.append(d)
        sum += d
print("Input data : ", L)
print("Sum = ", sum)
```

그림 4.51 for-loop에서 continue와 break의 사용

그림 4.51은 for-loop을 사용하여 사전에 설정된 정수 데이터를 입력하게 하며, 이 정수 데이터들의 합산을 계산할 때 데이터가 0이면 합산을 생략하고 다음 반복 단계로 진행하며, 만약 음수가 입력되면 for 반복문을 빠져나가도록 한다.

음수가 입력되기 전까지의 입력 데이터 중 0이 아닌 값들은 리스트에 저장되어 line 16에서 출력된다. 만약 음수가 입력되면 for-loop이 중단되게 된다. 그림 4.52에서 실행 결과를 확인할 수 있다.

```
Input the number of data to process: 10
Input 10 non-negative integers
3
8
2
9
1
4
5
7
6
0
Input data :  [3, 8, 2, 9, 1, 4, 5, 7, 6]
Sum =  45
```

그림 4.52 for-loop에서 continue와 break의 사용 프로그램 실행 결과

```
#while_loop with break and contibue to find max and min

n = int(input("Input the number of data to process: "))
print("Input %d non-negative integers"%(n))
L = [] # create an empty list
count = 0
while count < n:
    d = int(input())
    if d < 0:
        continue
    L.append(d)
    if count == 0:
        Max = Min = d
    else:
        if d > Max:
            Max = d
        if d < Min:
            Min = d
    count = count + 1
print("Input data : ", L)
print("Max : ", Max)
print("Min : ", Min)
```

그림 4.53 while-loop에서 continue 사용과 최댓값, 최솟값 산출 프로그램

4.5.2 while 반복문과 continue

while-loop에서도 continue를 만나면 나머지 구간을 실행하지 않고 생략한 채로 다음 단계의 반복문으로 진행한다. 그림 4.53은 while-loop에서 continue 사용하여 음수를 제외하도록 처리하고, 음수가 아닌 입력 데이터 중에서 최댓값과 최솟값을 산출하는 프로그램 예제이다.

```
Input the number of data to process: 5
Input 5 non-negative integers
1
2
3
-1
4
5
Input data :  [1, 2, 3, 4, 5]
Max :  5
Min :  1
```

그림 4.54 while-loop에서 continue 사용과 최댓값, 최솟값 산출 프로그램 실행 결과

그림 4.54에서 실행 결과를 확인할 수 있으며, 입력 데이터 중에서 음수를 제외시키고 양수만을 리스트에 포함시키며, 입력 데이터 중 최댓값과 최솟값을 찾아 출력하는 결과를 보여준다.

4.5.3 while 반복문과 break

```
1 :  #while_loop with list and break at sentinel data
2 :
3 :  Max_Num_Data = 100
4 :  print("Input up to %d positive integers (-1 to stop)"%(Max_Num_Data))
5 :  L = [] # create an empty list
6 :  count = 0
7 :  while count < Max_Num_Data:
8 :      d = int(input())
9 :      if d < 0:
10 :         break
11 :     L.append(d)
12 :     if count == 0:
13 :         Max = Min = d
14 :     else:
15 :         if d > Max:
16 :             Max = d
17 :         if d < Min:
18 :             Min = d
19 :     count = count + 1
20 : print("Total ", count, " input data : ", L)
21 : print("Max : ", Max)
22 : print("Min : ", Min)
```

그림 4.55 while-loop에서 break 사용과 최댓값, 최솟값 파악

그림 4.55는 입력 데이터 개수가 사전에 설정될 수 없는 경우에 특수 값을 가진 센티널(sentinel) 데이터를 사용하여 데이터 구간의 끝을 알리고, 이를 while-loop 반복 제어에 활용하는 예를 보여준다. Line 3에서 최대 입력 데이터 개수로 100을 Max_Num_Data 상수를 설정하며, line 7의 while 반복문의 조건식에 이를 사용하여 최대 100번 이내로 반

복 구문이 수행되게 한다.

```
Input up to 100 positive integers (-1 to stop)
1
3
5
7
9
-1
Total  5  input data :  [1, 3, 5, 7, 9]
Max :  9
Min :  1
```

그림 4.56 while-loop에서 break 사용과 최댓값, 최솟값 파악 프로그램 실행 결과

그림 4.55 line 8에서 정수형 입력 데이터를 받으며, 이를 리스트 L의 맨 뒤에 추가한다. 만약 처음 입력된 데이터인 경우 이를 Max와 Min의 값으로 설정한다. Line 15~18에서는 현재까지 파악된 최댓값 보다 큰 값이 입력되었을 때 Max를 변경하게 하고, 현재까지 파악된 최솟값 보다 작은 값이 입력되었을 때 Min 값이 변경되게 하여 입력된 전체 데이터 중 최댓값과 최솟값을 찾아 출력하도록 한다. 그림 4.56에서 실행 결과를 확인할 수 있다.

4.5.3 while 반복문에서 sentinel 데이터와 break 활용

입력 데이터의 개수가 사전에 확정되어 있지 않을 때에는 데이터의 마지막 부분에 정상적인 범위가 아닌 특별 의미의 센티널 (sentinel) 데이터를 설정하여 그 이전의 데이터까지를 정상적으로 처리하는 방법을 생각할 수 있다. 센터널이란 보초를 의미하며, 여러 명이 단체로 이동할 때 맨 앞 또는 맨 뒤에 배치하는 안전 요원으로 생각할 수 있다.

```
 1: # while-loop
 2: 
 3: input_int_strs = input("Input integers (-1 at the end as sentinel) : ")
 4: int_strs = input_int_strs.split(sep= ' ')
 5: print("int_strs = ", int_strs)
 6: L = list(map(int, int_strs))
 7: i = 0
 8: L_sum = 0
 9: while True:
10:     if i >= len(L) or L[i] == -1 :
11:         break
12:     L_sum = L_sum + L[i]
13:     i = i + 1
14: print("Sum of Input data (except sentinel(-1)) = ", L_sum)
```

그림 4.57 while-loop에서 센티널 데이터를 사용한 반복 제어

그림 4.57의 line 3에서는 input() 함수를 사용하여 정상적인 데이터들과 마지막에 -1로 표시되는 센터널이 포함되어 있는 입력 문자열을 받는다. Line 4에서는 이 정수형 데이터 문자열을 .split() 함수를 사용하여 개별적인 정수형 데이터 문자열들로 구분한다. split() 함수를 사용하여 구분된 정수형 데이터들의 문자열은 그림 4.58에서 입력된 숫자 문자열에 대

하여 구분된 문자열들을 살펴볼 수 있다.

Line 6에서 map() 함수를 사용하여 각각의 정수형 데이터 문자열을 정수 데이터로 변환하고, 이들을 원소로 사용하는 리스트 L을 생성한다. map() 함수에 대해서는 6.6절 파이썬 내장 함수에서 상세하게 설명한다. Line 9~13에서는 정수형 리스트로 변환된 각 원소를 점검하여 -1의 값을 가지면 break로 while-loop을 중단시킨다. 리스트의 데이터가 -1이 아니며, 인덱스 i의 값이 리스트 L의 길이보다 작은 경우 정상적인 데이터로 판단할 수 있어 L_sum에 합산하며, 인덱스 i를 하나 증가시킨다.

그림 4.58의 두 번째 실행 결과에서 입력 데이터 순서에 -1이 포함되어 있으면 그 뒤에 있는 정수형 데이터들은 L_sum에 합산되지 않고 while-loop을 중단시키는 것을 알 수 있다.

```
 RESTART: C:/MyPyPackage/TextBook (Python) - 2019-8/ch 4 Control, if, if-else, if-p/(6) infinitive while-loop with True condition.py
Input integers (-1 at the end as sentinel) : 1 2 3 4 5 6 7 8 9 10
int_strs =  ['1', '2', '3', '4', '5', '6', '7', '8', '9', '10']
Sum of Input data (except sentinel(-1)) =  55
>>>
 RESTART: C:/MyPyPackage/TextBook (Python) - 2019-8/ch 4 Control, if, if-else, if-p/(6) infinitive while-loop with True condition.py
Input integers (-1 at the end as sentinel) : 1 2 3 4 5 6 7 8 9 10 -1 11 12
int_strs =  ['1', '2', '3', '4', '5', '6', '7', '8', '9', '10', '-1', '11', '12']
Sum of Input data (except sentinel(-1)) =  55
>>>
```

그림 4.58 while-loop에서 센티널 데이터를 사용한 반복 제어 실행 결과

4.6 예외 처리 (Exception Handling)

4.6.1 try-except-finally 구조의 예외 처리

프로그램의 실행 과정에서 비 정상적인 상황이 발생하였을 때 프로그램을 중단시키지 않은 상태에서 문제를 해결할 수 있게 하는 것은 시스템 안정성에서 매우 중요하다. 파이썬 프로그래밍 언어에서는 예외 상황이 발생할 수 있는 경우에 그림 4.59 line 4~11의 try-except-finally 구조를 사용한다.

그림 4.59 프로그램에서는 나눗셈을 수행할 때 분모가 0의 값을 가지는 비정상적인 상황을 대비하기 위하여 try-except-finally 구조를 사용하는 예를 보여준다. 만약 분모가 0이 되면 zeroDivisionError가 발생하며, 프로그램이 중단되지 않고 except 구문 중 ZeroDivisionError 블록에서 비정상적인 상황을 처리하게 한다. try-except-finally 구조에서는 except 블록을 처리한 후 finally 블록을 수행하며 마무리 처리를 할 수 있게 한다.

그림 4.59 line 14~21에서는 math.sqrt() 함수를 사용하여 제곱근을 계산하도록 한다. 만약 math.sqrt() 함수에 전달되는 값이 음수인 경우 ValueError가 발생하게 된다. 그림 4.59 line 15에서 math.sqrt(-1)로 실행되면 ValueError의 except가 발생하는 것을 그림 4.60에서 확인할 수 있다.

```
# Exception handling with try, except, ArithmeticError, ZeroDivisionError,
#  ValueError
import math
print("Trying : z = 10 / 0")
try:
    z = 10 / 0
except ArithmeticError as e:
    print("ArithmeticError:", e.args)
except ZeroDivisionError as e:
    print("ZeroDivisionError:", e.args)
finally:
    print("At final stage of exception handling in z = 10/0")

print("Trying : math.sqrt(-1)")
try:
    result = math.sqrt(-1)
except ValueError:
    print("ValueError in math.sqrt() : the given number is negative !!")
except TypeError:
    print("Please enter a number")
finally:
    print("At final stage of exception handling in math.sqrt()")
```

그림 4.59 try-except-finally 구조의 예외 상황

```
Trying : z = 10 / 0
ArithmeticError: ('division by zero',)
At final stage of exception handling in z = 10/0
Trying : math.sqrt(-1)
ValueError in math.sqrt() : the given number is negative !!
At final stage of exception handling in math.sqrt()
```

그림 4.60 try-except-finally 구조의 예외 상황의 실행 예제

4.6.2 try-except-else-finally 구조의 예외 처리

파이썬 프로그램에서는 예외 처리를 위하여 try-except-else-finally 구조를 사용한다. 그림 4.61은 그림 4.59와 동일한 구조이며 ZeroDivisionError 예외 상황이 발생할 수 있으나, 만약 분모가 0이 아니면 비정상 상황이 발생되지 않으며 except 블록 대신 else 블록이 실행된 후 finally 블록이 실행된다. 그림 4.62에서 실행 결과를 확인할 수 있다.

그림 4.63은 try-except-else-finally 구조의 예외 처리가 포함된 나눗셈 연산 프로그램의 예를 보여준다. 이 예에서는 while-loop 구조에서 분자 (numerator)와 분모 (denominator)를 차례로 입력 받은 후 try블록에서 나눗셈 연산을 수행한다. 만약 분모 값이 0이 되어 예외상황이 발생하면 ZeroDivisionError except 블록이 실행되며, 예외상황이 발생되지 않으면 else 블록과 finally 블록이 차례로 수행된다.

그림 4.63 프로그램을 실행하며 분자와 분모의 값을 다양한 조합으로 실행하였을 때 발생되는 상황을 그림 4.64에서 확인할 수 있다.

```
# Exception handling with try, except, else and finally

try:
    z = 10 / 10
except ArithmeticError as e:
    print("ArithmeticError:", e.args)
except ZeroDivisionError as e:
    print("ZeroDivisionError:", e.args)
else:
    print("No exceptions")
finally:
    print("At final.")
```

그림 4.61 try-except-else-finally 구조의 예외처리

```
No exceptions
At final.
```

그림 4.62 try-except-else-finally 구조의 예외처리 실행 결과

```
# Exception handling with try, except, and finally

print("Calculation of division for input data")
while True:
    numerator = int(input("numerator : "))
    denominator = int (input("denominator : "))
    try:
        result = numerator / denominator
    except ZeroDivisionError as e:
        print("ZeroDivisionError:", e.args)
    else:
        print("No exceptions")
    finally:
        print("At final stage of try-except-finally structure.")

    if denominator == 0:
        print("Denominator ({}) must not be zero in division !!!".format(denominator))
    else:
        print("{} / {} = {}".format(numerator, denominator, result))
    print("Hit enter key to continue ('q' to quit) : ", end='')
    ch = input()
    if ch == 'q' or ch == 'Q':
        break
    else:
        print()
```

그림 4.63 try-except-else-finally 구조의 예외 처리가 포함된 나눗셈 연산 프로그램

```
Calculation of division for input data
numerator : 3
denominator : 10
No exception
At final stage of try-except-finally structure.
3 / 10 = 0.3
Hit enter key to continue ('q' to quit) :

numerator : 10
denominator : 3
No exception
At final stage of try-except-finally structure.
10 / 3 = 3.3333333333333335
Hit enter key to continue ('q' to quit) :

numerator : 5
denominator : 0
ZeroDivisionError: ('division by zero',)
At final stage of try-except-finally structure.
Denominator (0) must not be zero in division !!!
Hit enter key to continue ('q' to quit) :
```

그림 4.64 try-except-else-finally 구조의 예외 처리가 포함된 나눗셈 연산 프로그램 실행 예

4.6.2 raise

파이썬 프로그램의 예외 처리 구조에서 지정된 예외상황 이외에도 raise Exception() 기능을 사용하여 의도적으로 예외 상황을 발생 시킬 수 있으며, 이를 except 블록의 Exception으로 처리할 수 있다.

```
#Exception handling with raise, traceback

import sys
import traceback
try:
    raise Exception("Exception message 1", "Exception message 2")
except Exception as inst:
    print("type(inst) : ", type(inst)) # the exception instance
    print("inst.args : ", inst.args)  # arguments stored in .args
    print("inst : ", inst)          # __str__ allows args to be printed
    msg1, msg2 = inst.args
    print("msg1 : ", msg1)
    print("msg2 : ", msg2)
finally:
    print("At final")
```

그림 4.65 raise Exception() 기능을 사용한 예외 상황 발생 프로그램

```
type(inst) :  <class 'Exception'>
inst.args :  ('Exception message 1', 'Exception message 2')
inst :  ('Exception message 1', 'Exception message 2')
msg1 :  Exception message 1
msg2 :  Exception message 2
At final
```

그림 4.66 raise Exception() 기능을 사용한 예외 상황 발생 프로그램의 실행 결과

그림 4.65의 try 블록 구역인 line 6에서 raise Exception() 함수를 사용하여 의도적인 예외 상황을 발생시키며, line 7~13의 except Exception 블록에서 이를 처리하는 것을 그림 4.66에서 확인할 수 있다.

4.6.3 assert

프로그램 실행 중의 변수값이 정상적인 프로그램 실행에 문제를 발생 시킬 우려가 있을 경우 정상적인 범위의 값을 확인하는 방법으로 assert 명령어를 사용할 수 있다. 그림 4.67 line 3~6의 try 블록 내부에서 나눗셈 연산을 수행하게 되어 있는데 분모값이 0이 아닌 것을 확인하고 만약 0이라면 예외 상황을 발생시키기 위하여 assert를 사용한다. 만약 assert에서 0이 아닌 것이 확인되면 line 6의 나눗셈이 실행된다.

그림 4.67에서는 line 4에서 denominator가 0으로 설정되어 있기 때문에 line 5의 assert denominator != 0 실행 중에 예외 상황이 발생되며, line 7~8의 except AssertionError 블록이 실행된다. 그림 4.68에서 AssertionError의 예외 상황이 발생하는 것을 확인할 수 있다.

```
 1: # Exception handling with try, assert
 2:
 3: try:
 4:     denominator = 0
 5:     assert denominator != 0, "denominator must not be zero"
 6:     z = 10 / denominator
 7: except AssertionError as e:
 8:     print('AssertionError : ', e.args)
 9: finally:
10:     print("At final.")
```

그림 4.67 assert를 사용한 예외 상황 발생

```
AssertionError :  ('denominator must not be zero',)
At final.
```

그림 4.68 assert를 사용한 예외 상황 발생 결과

연습문제

4.1 다음 용어를 예를 들어 설명하라.

1) 프로그램 실행 제어
2) 조건식
3) 조건문
4) 반복문
5) for-loop
6) while-loop
7) 반복문에서의 break

8) 반복문에서의 continue
9) 이분법 (bisection)
10) 예외처리 (exception handling)

4.2 관계연산자와 논리연산자를 사용하여 윤년 (leap year)를 판단하는 방법에 대하여 설명하라.

4.3 행렬의 덧셈과 곱셈 연산을 for-loop으로 구현하는 방법에 대하여 설명하라.

4.4 while-loop에서 무한 반복이 발생하는 경우에 대하여 설명하라.

4.5 파이썬 프로그램에서의 예외처리 (exception handling) 방법에 대하여 설명하라.

실습문제

실습 4.1 2중 for-loop을 사용하여 1~12의 곱셈표를 출력하는 파이썬 프로그램을 작성하라.
(실행 결과 예시)

```
 1x 1 =  1,  1x 2 =  2,  1x 3 =  3,  1x 4 =  4,  1x 5 =  5,  1x 6 =  6,  1x 7 =  7,  1x 8 =  8,  1x 9 =  9,  1x10 = 10,  1x11 = 11,  1x12 = 12,
 2x 1 =  2,  2x 2 =  4,  2x 3 =  6,  2x 4 =  8,  2x 5 = 10,  2x 6 = 12,  2x 7 = 14,  2x 8 = 16,  2x 9 = 18,  2x10 = 20,  2x11 = 22,  2x12 = 24,
 3x 1 =  3,  3x 2 =  6,  3x 3 =  9,  3x 4 = 12,  3x 5 = 15,  3x 6 = 18,  3x 7 = 21,  3x 8 = 24,  3x 9 = 27,  3x10 = 30,  3x11 = 33,  3x12 = 36,
 4x 1 =  4,  4x 2 =  8,  4x 3 = 12,  4x 4 = 16,  4x 5 = 20,  4x 6 = 24,  4x 7 = 28,  4x 8 = 32,  4x 9 = 36,  4x10 = 40,  4x11 = 44,  4x12 = 48,
 5x 1 =  5,  5x 2 = 10,  5x 3 = 15,  5x 4 = 20,  5x 5 = 25,  5x 6 = 30,  5x 7 = 35,  5x 8 = 40,  5x 9 = 45,  5x10 = 50,  5x11 = 55,  5x12 = 60,
 6x 1 =  6,  6x 2 = 12,  6x 3 = 18,  6x 4 = 24,  6x 5 = 30,  6x 6 = 36,  6x 7 = 42,  6x 8 = 48,  6x 9 = 54,  6x10 = 60,  6x11 = 66,  6x12 = 72,
 7x 1 =  7,  7x 2 = 14,  7x 3 = 21,  7x 4 = 28,  7x 5 = 35,  7x 6 = 42,  7x 7 = 49,  7x 8 = 56,  7x 9 = 63,  7x10 = 70,  7x11 = 77,  7x12 = 84,
 8x 1 =  8,  8x 2 = 16,  8x 3 = 24,  8x 4 = 32,  8x 5 = 40,  8x 6 = 48,  8x 7 = 56,  8x 8 = 64,  8x 9 = 72,  8x10 = 80,  8x11 = 88,  8x12 = 96,
 9x 1 =  9,  9x 2 = 18,  9x 3 = 27,  9x 4 = 36,  9x 5 = 45,  9x 6 = 54,  9x 7 = 63,  9x 8 = 72,  9x 9 = 81,  9x10 = 90,  9x11 = 99,  9x12 =108,
10x 1 = 10, 10x 2 = 20, 10x 3 = 30, 10x 4 = 40, 10x 5 = 50, 10x 6 = 60, 10x 7 = 70, 10x 8 = 80, 10x 9 = 90, 10x10 =100, 10x11 =110, 10x12 =120,
11x 1 = 11, 11x 2 = 22, 11x 3 = 33, 11x 4 = 44, 11x 5 = 55, 11x 6 = 66, 11x 7 = 77, 11x 8 = 88, 11x 9 = 99, 11x10 =110, 11x11 =121, 11x12 =132,
12x 1 = 12, 12x 2 = 24, 12x 3 = 36, 12x 4 = 48, 12x 5 = 60, 12x 6 = 72, 12x 7 = 84, 12x 8 = 96, 12x 9 =108, 12x10 =120, 12x11 =132, 12x12 =144,
```

실습 4.2 한줄에 연(year), 월(month), 일(day)의 3개 정수를 입력받아 정수 데이터 year, month, day에 저장한 후, 이를 출력하는 프로그램을 작성하라.
(실행 결과 예시)

```
input year month day : 2020 4 9
Input yr_mn_dy_strings :  ['2020', '4', '9']
Input date : year(2020), month(4), day(9)
```

실습 4.3 오늘의 연(year), 월(month), 일(day)의 3개 정수를 입력받고, 오늘부터 올 해의 크리스마스까지 며칠이 남았는지를 계산하는 파이썬 프로그램을 작성하라.
(실행 결과 예시)

```
input year month day : 2020 12 24
Input yr_mn_dy_strings :  ['2020', '12', '24']
Day (year(2020), month(12), day(24)) : Elapsed 737783 days from Jan01AD01
1 days left to the Christmas of this year
```

실습 4.4 날짜를 나타내는 연(year), 월(month), 일(day)의 3개 정수를 입력받고, 이 날이 서기 1년 1월 1일부터 몇 번째 날짜인지를 계산하며, 이 날이 무슨 요일인지 계산하여 출력하는 파이썬 프로그램을 작성하라. 참고로 서기 1년 1월 1일은 월요일이다.
(실행 결과 예시)

```
input year month day : 1 1 1
Input yr_mn_dy_strings :  ['1', '1', '1']
Day (year(1), month(1), day(1)) : Elapsed 1 days from Jan01AD01
input year month day : 2020 4 9
Input yr_mn_dy_strings :  ['2020', '4', '9']
Day (year(2020), month(4), day(9)) : Elapsed 737524 days from Jan01AD01
input year month day : 2020 12 25
Input yr_mn_dy_strings :  ['2020', '12', '25']
Day (year(2020), month(12), day(25)) : Elapsed 737784 days from Jan01AD01
input year month day : 0 0 0
Input yr_mn_dy_strings :  ['0', '0', '0']
```

실습 4.5 시간을 나타내는 시(hour), 분(minute), 초(second)의 3개 정수를 입력받고, 오늘 자정 (24:00:00) 까지 몇 초가 남았는지 계산하여 출력하는 파이썬 프로그램을 작성하라.

(실행 결과 예시)

```
input hour min sec : 0 0 0
Input time : hour(0), minute(0), second(0)
Elapsed seconds from last midnight =  0
Remaining seconds to next-midnight =  86400
input hour min sec : 0 0 1
Input time : hour(0), minute(0), second(1)
Elapsed seconds from last midnight =  1
Remaining seconds to next-midnight =  86399
input hour min sec : 0 1 0
Input time : hour(0), minute(1), second(0)
Elapsed seconds from last midnight =  60
Remaining seconds to next-midnight =  86340
input hour min sec : 1 0 0
Input time : hour(1), minute(0), second(0)
Elapsed seconds from last midnight =  3600
Remaining seconds to next-midnight =  82800
input hour min sec : 23 59 59
Input time : hour(23), minute(59), second(59)
Elapsed seconds from last midnight =  86399
Remaining seconds to next-midnight =  1
input hour min sec : 25 0 0
Input time : hour(25), minute(0), second(0)
```

실습 4.6 오늘의 연(year), 월(month), 일(day)를 입력 받고, 이 달의 달력을 출력하는 파이썬 프로그램을 작성하라. 달력의 첫 줄은 요일을 의미하는 영문 약자 (SUN, MON, TUE, WED, THR, FRI, SAT)을 출력하고, 이 달의 1일부터 해당 요일 위치에 맞추어 출력되도록 하라.

(실행 결과 예시)

```
input year month day : 1 1 1
Day (year(1), month(1), day(1)) : Elapsed 1 days from Jan01AD01
  week day =  Monday

January of Year 1
============================
 SUN MON TUE WED THR FRI SAT
----------------------------
       1   2   3   4   5   6
   7   8   9  10  11  12  13
  14  15  16  17  18  19  20
  21  22  23  24  25  26  27
  28  29  30  31
============================

input year month day : 2020 4 9
Day (year(2020), month(4), day(9)) : Elapsed 737524 days from Jan01AD01
  week day =  Thursday

April of Year 2020
============================
 SUN MON TUE WED THR FRI SAT
----------------------------
                   1   2   3   4
   5   6   7   8   9  10  11
  12  13  14  15  16  17  18
  19  20  21  22  23  24  25
  26  27  28  29  30
============================

input year month day : 2020 1 1
Day (year(2020), month(1), day(1)) : Elapsed 737425 days from Jan01AD01
  week day =  Wednesday

January of Year 2020
============================
 SUN MON TUE WED THR FRI SAT
----------------------------
               1   2   3   4
   5   6   7   8   9  10  11
  12  13  14  15  16  17  18
  19  20  21  22  23  24  25
  26  27  28  29  30  31
============================
```

5장 파이썬 고급 자료형과 관련 연산

학습목표

- 파이썬 기본 자료형 되돌아 보기
- 문자열 (string) 및 관련 함수 이해
- Byte, ByteArray, MemoryView에 대한 이해
- List, 2차원 list에 대한 이해
- tuple에 대한 이해
- dict에 대한 이해
- set과 frozenset에 대한 이해

개요

5.1 파이썬 기본 자료형 되돌아보기

5.1.1 Python 기본 자료형 개요

표 5.1은 3.2절에서 소개하였던 파이썬 기본 자료형 들을 다시 한번 간단히 정리하여 보여준다. 파이썬 기본 자료형으로는 불리언(boolean), 숫자형 (numeric), 시퀀스 (sequence), 매핑형 (mapping)과 집합 (set)이 있다. 이 기본 자료형들은 파이썬에서 기본적으로 제공되는 자료형이며 별도의 패키지를 포함시키지 않아도 사용할 수 있다. C/C++ 프로그램에서 사용하는 short 자료형과 double 자료형은 파이썬에서 사용되지 않으며, 파이썬 프로그램에서는 float 자료형으로 실수를 표현한다. 파이썬에서는 복소수 (complex number)를 표현하기 위한 complex 자료형도 제공된다.

표 5.1에서 변경가능 (mutable) 이란 객체의 고유번호 (object identifier) 변경없이 값이 변경될 수 있으면 변경가능이라고 표현되며, 고유번호 변경없이 값을 변경할 수 없으면 변경 불가능 (immutable)이라고 표현되어 있다. 예를 들어 불리언, 숫자형, 문자열, 바이트, 튜플 자료형들은 고유번호 변경없이 값을 변경할 수 없는 경우이며, bytearray, list, dict, set 등은 고유번호 값의 변경 없이도 변경 가능한 자료형 들이다.

표 5.1 파이썬 기본 자료형

자료형		변경 가능 여부 (mutable)	순차 반복 접근 가능 여부(iterable)	사용 예
불리언 (boolean)	bool	불가능	불가능	True, False
숫자 (numeric)	int	불가능	불가능	정수형
	float	불가능	불가능	실수형
	complex	불가능	불가능	복소수
시퀀스 (sequence)	str	불가능	가능	"abcdefg"
	bytes	불가능	가능	b'\0x00\0x01\0x02\0x03'
	bytearray	가능	가능	b'\0x00\0x01\0x02\0x03'
	memoryview	가능/불가능	가능	
	list	가능	가능	[0, 1, 2, 3],
	tuple	불가능	가능	(1, 2, 1, 2, 3)
	range	불가능	가능	range(start, end[, step])
매핑 (mapping)	dict	가능	가능	{1:'A', 2:'B', 3:'C'}
집합 (set)	set	가능	가능	{1, 2, 3, 4, 5}
	frozenset	불가능	가능	{1, 2, 3, 4, 5}

5.1.2 불리언 및 숫자 자료형

(1) 불리언 (boolean)

불리언 자료형은 참 (True) 또는 거짓 (False)의 값을 가질 수 있으며, 주로 조건문의 설정에서 사용된다. 불리언 자료형에 대해서는 3.2.4절에서 설명하였던 논리 연산자 (or, and, not)가 사용될 수 있다. or는 논리합으로 x와 y가 모두 False일 때 결과가 False가 되며, 둘 중 하나라도 True이면 결과가 True가 된다. and는 논리곱이며 x와 y가 모두 True일 때 그 결과가 True가 되며, 둘 중에 하나라도 False이면 그 결과가 False가 된다. Not은 x의 값이 True이면 False로, False이면 True로 반전된다.

(2) 숫자 자료형 - int, float, complex

숫자형의 기본 자료형에는 정수 (integer), 실수 (float)와 복소수 (complex) 자료형들이 기본적으로 제공된다. 실수 (float)는 8바이트 (64비트)로 표현되는 배정도 (double precision) 실수이다. 복소수 자료형에는 내부에 실수부 (real part)와 허수부 (imaginary part)의 데이터 멤버가 포함되어 있다.

숫자형 데이터에 대한 산술연산은 3.2.5절에서 설명하였던 산술연산자를 사용하여 계산할 수 있다. 산술연산에는 기본적인 사칙 연산으로 덧셈, 뺄셈, 곱셈, 나눗셈이 있으며, 나눗셈은 소숫점 이하 값을 고려하는 실수 나눗셈과 소숫점 이하 값을 고려하지 않는 정수 나눗셈이 있다. c = a % b의 모듈로 (%) 연산은 a를 b로 나눈 후 몫은 버리고 나머지를 반환한다. c = a ** b의 거듭제곱은 a의 b 지수 승 (a^b)를 반환한다.

숫자형 데이터는 3.2.5절에서 설명하였던 비교 연산자 (relative operator)를 사용하여 상대적인 크기를 비교할 수 있으며, 그 결과에 따라 프로그램 실행을 제어할 수 있다. 크기의 비교에는 큰가(>), 크거나 같은가(>=), 작은가(<), 작거나 같은가(<=), 같은가(==) (동일한가), 서로 다른 가 (!=) 등이 있다. 비교 연산자에서 "is" 와 "is not" 은 두 개의 파이썬 객체가 동일한 객체인지 또는 서로 다른 객체인지를 확인하여 준다. 두 개의 객체는 서로 다른 객체이면서 동일한 값을 가진 경우 "==" 연산 결과는 True가 되지만 "is" 연산 결과는 False가 된다.

복소수 (complex)자료형 클래스의 주요 속성으로는 로는 복소수의 실수부와 허수부 값을 반환하는 .real과 .imag가 있으며, 주어진 복소수의 켤레 복소수 (conjugate)를 반환하는 conjugate() 함수가 있다.

5.1.3 시퀀스 자료형

파이썬의 자료형에서 시퀀스, 매핑 및 집합은 다수의 원소들이 포함되는 순차반복접근가능 자료형이며, 순서에 따라 원소들을 차례로 접근할 수 있는 열거형 자료형이다. 예를 들어 문자열을 포함하는 str은 문자들이 차례로 저장되어 있는 자료형이며, 바이츠(bytes)는 8비트 단위의 바이트들이 차례로 저장되어 있다. 바이트 배열 (bytearray) 역시 바이트가 차례로 저장되어 있으며, 바이츠 자료형과 다른 점은 각 원소의 값을 변경할 수 있다는 점이다. 메모리뷰(memoryview) 자료형은 bytes와 bytearray 객체를 별도의 복사없이 내부 데이터를 접근할 수 있게 하여준다.

리스트 (list)는 여러 개의 원소 데이터가 차례로 저장되어 있는 자료형이며, 포함된 원소의 자료형이 한 가지로 고정되어 있는 일반적인 배열 (array)과는 다르게 리스트에 포함되어 있는 원소의 자료형들이 다를 수 도 있다. 예를 들어 숫자형의 원소와 함께 문자열 원소가 포함될 수 있다. 시퀀스 자료형에서 사용할 수 있는 기본 함수들에 대해서는 3장에서 설명하였으나 고급 자료형에 대하여 쉽게 이해할 수 있도록 이 절에서 간단하게 다시 요약 설명한다. 상세한 내용은 5.3절~5.6절에서 설명한다.

시퀀스 자료형인 문자열 (str), 바이츠(bytes), 바이트 배열 (bytearry), 메모리뷰(memoryview), 리스트(list), 튜플(tuple), range에 사용할 수 있는 가장 기본적인 함수로는 3.3절 표 3.16에서 설명한 것과 같이 시퀀스 자료형 객체의 길이를 알려 주는 len(), 시퀀스에서 제일 작은 요소와 제일 큰 요소를 알려 주는 min()과 max()가 있다. 주어진 2개의 시퀀스을 연결시키는 '+' 연산과 지정된 회수만큼 시퀀스를 반복 생성하여 주는 '*' 연산을 사용할 수 있다. 시퀀스 자료형 객체에 주어진 항목이 포함되어 있는지 여부를 확인하는 in과 not in이 제공된다. 시퀀스 자료형에서 개별적인 항목을 사용하거나 지정된 구간에 대하여 처리할 수 있게 하는 인덱싱 연산은 다양한 응용 프로그램에서 많이 사용된다. 시퀀스 자료형 객체에 대하여 in 및 not in 연산은 주어진 항목이 시퀀스 자료형 객체에 포함되어 있는지를 확인하여 준다.

range(start, end, stride) 시퀀스 자료형은 인수로 전달 받는 정수형 데이터 start, end, stride가 지정하는 인덱스를 차례로 생성하여 제공한다. 맨처음 start 값의 인덱스로 제공하고, 이어서 end 값 직전까지 stride 값을 더해가며 인덱스를 생성하며, end는 포함하지 않는다. stride는 range()에서 생성되는 인덱스 값들의 간격을 지정한다. 인수로 정수 하나만 전달되는 경우 start와 stride가 생략되어 end 값만이 설정되는 것으로 해석된다. 만약 인수가 2개의 정수로 전달되면 start와 end 값이 전달된 것으로 해석된다. range() 호출에서 start 인수가 생략되어 있으면 start=0의 초기값으로 설정된다. 만약 stride 인수가 생략되어 있으면 stride = 1의 기본값으로 설정된다.

인수로 제공된 stride 값이 양수이면 start에서 시작하여 end보다 작을 때까지 stride 만큼씩 증가시킨 정수들이 생성되어 전달된다. 만약 stride 값이 음수이면 start에서 시작하여 end보다 클 때까지 stride 만큼씩 감소시킨 정수들을 생성하여 전달한다.

자료형이 순차 반복 접근 가능 (iterable)이라는 표현은 반복문 for에서 항목을 한 번에 하나씩 꺼내어 사용할 수 있는 자료형을 의미한다. 기본 자료형 중 불리언과 숫자는 순차 반복 접근이 가능하지 않으며, 시퀀스, 매핑과 집합 자료형은 순차 반복 접근이 가능하여 for 반복문에서 차례로 원소들을 접근하여 처리할 수 있다. 순차 반복 접근이 가능한 자료형 (str, list, tuple, dict 등)에 대한 논리적 연산 함수로 all()과 any()가 있다. all() 함수는 인수로 전달된 반복 가능한 자료형 (iterable)의 모든 항목 (item) 들이 True이면 함수의 결과를 True로 반환하며, 어떤 항목 하나라도 False이면 결과를 False로 반환한다. any() 함수는 인수로 전달된 반복 가능한 자료형 (iterable)의 어떤 항목 (item) 이 True 이면 함수의 결과는 True를 반환하고, 모든 항목이 False이면 결과를 False로 반환 한다.

5.1.4 매핑 자료형 - dict

파이썬 프로그램에서 매핑 자료형으로는 dict 자료형이 기본적으로 제공된다. dict 자료형은 시퀀스 자료형이 아니며, 따라서 인덱스를 사용하여 원소를 개별적으로 접근할 수 없다. dict 자료형 객체에서는 키(key)와 원소값을 {키:원소값}의 쌍(pair)으로 저장하며, 키를 사용하여 원소를 찾을 수 있도록 구성된다.

dict 매핑 자료형은 내부 원소를 개별적으로 변경할 수 있는 mutable 자료형이며, 원소들을 차례로 열거할 수 있는 iterable 자료형이다. dict 자료형 d에 저장된 원소를 키 k를 사용하여 d[k] 형식으로 접근할 수도 있으며, 열거자 (iterator) 함수인 iter(d)를 사용하여 차례로 열거할 수 있다. 매핑 자료형에 대한 상세한 내용은 5.7절에서 다양한 응용 프로그램 예제와 함께 설명한다.

5.1.5 집합 자료형 –set, frozenset

파이썬 프로그램에서 집합 자료형으로 set과 frozenset 자료형이 기본적으로 제공된다. 파이썬 집합 자료형은 다양한 집합 기반 연산 (예: 합집합 (union), 교집합(intersection), 차집합 (difference), 부분 집합(subset) 등)에 효율적으로 사용될 수 있는 연산들을 제공한다.

집합 자료형인 set과 frozenset에 대한 상세한 내용은 5.8절에서 설명하며, 다양한 예제를 사용하여 집합 자료형의 활용 방법에 대하여 살펴본다.

5.2 Indexing, slicing

시퀀스 자료형 객체들은 그 내부에 포함된 각 원소(element)들을 인덱스를 사용하여 개별적으로 접근할 수 있으며, 일정 구간의 항목들을 복사하여 다른 시퀀스 자료형 객체를 만들 수 있다. 시퀀스 자료형 객체의 개별 원소들을 인덱스를 사용하여 추출하는 것을 indexing이라고 하며, 시작 지점과 종료 지점 및 인덱스 증감 단위를 지정하여 일정 구간에 포함된 항목들을 추출하는 것을 slicing이라고 한다.

시퀀스 자료형에 사용되는 인덱스의 값은 정상적인 범위가 0에서 시퀀스 객체의 길이 - 1의 값 (len(sequence_object) − 1)이며, 인덱스 값이 음수인 경우 그 시퀀스 객체의 마지막 원소부터 역순으로 위치가 결정된다. 예를 들어 시퀀스 자료형 L이 10개의 원소를 가질 때, L[0]는 맨 처음 0번째 원소이며, L[−1]은 맨 마지막 원소 (인덱스 9)를 의미한다.

5.2.1 Indexing

인덱싱 (indexing)은 시퀀스 자료형 객체 (예: 문자열, 바이츠, 바이트 배열, 리스트, 튜플)의 각 원소를 인덱스를 사용하여 개별적으로 읽거나 쓰는 것을 의미한다. 인덱싱을 사용하는 시퀀스 자료형이 immutable인 경우, 시퀀스 객체의 개별 원소를 인덱스를 사용하여 읽는 것은 가능하나 원소 값을 개별적으로 변경하는 것은 불가능하다. 예를 들어 immutable 시퀀스 자료형인 str, bytes, tuple, range, frozen set은 인덱싱을 사용하여 개별 원소의 값을 변경하는 것을 허락하지 않는다. 그러나 mutable 자료형인 바이트 배열 (bytearray)과 리스트의 경우 인덱싱을 사용하여 개별 원소의 값을 변경할 수 있다.

5.2.2 Slicing

슬라이싱 (slicing)은 시퀀스 자료형 객체에 대하여 인덱스 기준으로 일정 구간의 원소들을 추출하거나 인덱스를 일정한 간격으로 증가하면서 해당 원소들을 선별적으로 추출하여 사용할 수 있게 한다. 슬라이싱에서 인덱스를 지정하는 방법은 "[start:end:stride]"의 형식을 사용하며, start는 시작하는 지점의 인덱스, end는 끝나는 지점 바로 다음의 인덱스, stride는 시작 인덱스로부터 다음 인덱스를 계산할 때 증가되는 값을 의미한다. start, end, stride 값은 생략될 수 있으며, 생략되는 경우 start는 0, end는 그 시퀀스의 길이, stride는 1의 기본값으로 각각 설정된다.

슬라이싱을 사용하는 시퀀스 자료형이 immutable인 경우, 시퀀스 객체의 지정된 구간 원소를 인덱스를 사용하여 읽는 것은 가능하나 이 구간의 원소들 값을 변경하는 것은 불가능하다. 예를 들어 immutable 시퀀스 자료형인 str, bytes, tuple, range, frozen set은 슬라이싱을 사용하여 지정된 구간의 원소들 값을 변경하는 것을 허락하지 않는다. 그러나 mutable 자료형인 바이트 배열 (bytearray)과 리스트의 경우 슬라이싱을 사용하여 지정된 구간의 원소들 값을 변경할 수 있다.

5.3 문자열 (string)

5.3.1 문자열 자료형 (str)

파이썬 프로그램에서 문자열은 시퀀스 자료형으로 관리된다. str 자료형은 immutable이며, 문자열에 포함된 원소를 개별적으로 접근하여 읽을 수 있으나 개별 원소를 다른 값으로 변경할 수 없다. 문자열은 다양한 인코딩 방법으로 표현될 수 있으며, 기본적으로 ASCII (American Standard Code for Information Interchange) 표준의 인코딩과 uni-code 표준의 인코딩을 많이 사용한다. 한글은 완성형 2-바이트를 사용하는 확장 ASCII 코드 또는 유니코드를 사용한다. ASCII 코드표는 1.2절의 표 1.6에서 설명하였다.

표 5.2는 str 자료형에 사용할 수 있는 내장 함수 (embed function)들을 보여준다. 시퀀스 자료형에 공통적으로 사용되는 내장 함수 이외에 문자열에 사용되는 문자의 정보를 알려 주는 내장 함수로 chr()와 ord()가 있다. chr(i)는 코드표에서 i번째 문자를 알려주며, ord(c)는 코드표에서 문자 c의 위치를 알려 준다. repr(object)는 주어진 객체를 print() 함수를 사용하여 출력할 때 사용되는 문자열을 반환한다. ascii(object)는 주어진 객체의 출력 가능한 문자열을 반환한다.

eval(expression) 함수는 인수로 전달된 문자열을 파이썬 코드 실행문으로 해석하여 그 결과를 제공하며, exec() 함수는 인수로 전달된 문자열 또는 파이썬 코드를 실행하고, 그 결과를 반환한다. input([prompt]) 함수는 입력 장치로 부터 문자열을 입력받아 이를 반환하며, 만약 prompt가 전달된 경우 이를 먼저 출력하고 문자열 (string)을 입력받아 반환한다.

표 5.2 str 자료형의 내장 함수

str 자료형의 내장형 함수	설 명
len(object)	시퀀스 또는 콜렉션 자료형인 object의 원소 개수를 반환
chr(i)	문자 코드표에서 i-번째 문자 예) chr (97) = 'a' i의 범위: 0<= i <= 0x10FFFF
ord(c)	유니코드 문자 c의 코드표에서의 위치 예) ord('a') = 97, ord('\u2020') = 8224
repr(object)	객체 object의 출력 문자열을 반환
ascii(object)	객체 object의 출력 가능한 ASCII 문자열을 반환
eval(expression)	인수로 전달된 스크립트 프로그램 expression을 검사하고 실행
exec(object [, globals [, locals]])	object로 전달된 파이썬 프로그램 코드를 실행 object는 문자열이거나 객체
input([prompt])	표준 출력장치에 prompt (안내문구)를 출력하고, 표준 입력장치로부터 한 줄을 읽어 문자열로 변환하여 반환

(1) len()

문자열 (str) 자료형의 내장형 함수인 len() 함수는 문자열에 포함된 문자 개수를 의미하며 그림 5.1 line 5에서 보는 예와 같이 사용할 수 있다. 문자열은 리스트를 생성할 때 초기화 원소값으로 설정할 수 있다. 그림 5.2는 문자열 자료형에 대한 len() 함수 사용 결과와 문자열을 사용하여 리스트를 생성하고, 생성된 리스트의 각 원소를 개별적으로 접근하는 방법에 대한 결과를 보여준다.

```
# str - len()

str_abc = "ABCDEFG"
print("str_abc = ", str_abc)
print("len(str_abc) = ", len(str_abc))

L_str = list(str_abc)
print("L_str = ", L_str)
for i in range(len(L_str)):
    print("L_str[{:2}] = {}".format(i, L_str[i]))
```

그림 5.1 str 자료형 – len()

```
str_abc =  ABCDEFG
len(str_abc) =  7
L_str =  ['A', 'B', 'C', 'D', 'E', 'F', 'G']
L_str[ 0] = A
L_str[ 1] = B
L_str[ 2] = C
L_str[ 3] = D
L_str[ 4] = E
L_str[ 5] = F
L_str[ 6] = G
```

그림 5.2 str 자료형 – len() 프로그램 실행 결과

(2) chr(), ord() 함수

그림 5.3 line 3~5는 문자열 자료형의 기본 기능을 시험하기 위하여 16진수 0x41~0x45에 해당하는 코드값을 가진 문자를 ASCII 코드표에서 chr() 함수를 사용하여 찾고, 그 결과를 출력하는 기능을 구현하고 있다. 그림 5.4에서 볼 수 있듯이 이 코드값에 해당하는 문자는 영문 대문자 'A' ~ 'E'에 해당하는 것을 알 수 있다.

```
 1 :  # Handling str data type
 2 :
 3 :  L = [0x41, 0x42, 0x43, 0x44, 0x45]
 4 :  print("L = ", L)
 5 :  for i in range(len(L)):
 6 :      print("chr({}) = {}".format(L[i], chr(L[i])))
 7 :
 8 :  STR = ['A', 'B', 'C', 'D', 'E']
 9 :  for ch in range(len(STR)):
10 :      print("ord({}) = {}, 0x{:2x}".format(STR[ch], ord(STR[ch]), ord(STR[ch])))
```

그림 5.3 파이썬 문자 코드표에서의 chr()과 ord() 함수 사용

그림 5.3 line 8에서는 영문 대문자 'A' ~ 'E'를 리스트 STR로 만들고, 이 문자가 ASCII 코드표에서 어떤 값을 가지는 가를 ord() 함수를 사용하여 찾고 결과를 10진수와 16진수로 출력하는 프로그램을 구성하고 있다. 그림 5.4에서 영문 대문자 'A' ~ 'E'에 해당하는 코드표의 값은 65~69 (16진수로는 0x41~0x45)에 해당하는 것을 확인할

수 있다.

```
L =  [65, 66, 67, 68, 69]
chr(65) = A
chr(66) = B
chr(67) = C
chr(68) = D
chr(69) = E
ord(A) = 65, 0x41
ord(B) = 66, 0x42
ord(C) = 67, 0x43
ord(D) = 68, 0x44
ord(E) = 69, 0x45
```

그림 5.4 파이썬 문자 코드표에서의 chr()과 ord() 함수 사용 결과

(3) repr(), ascii()

repr() 함수와 ascii() 함수는 인수로 전달된 객체를 print() 함수로 출력할 때 나타나는 문자열을 반환한다. 그림 5.5 line 3~11에서 정수형 데이터 객체 i의 repr() 및 asccii() 함수의 실행 결과를 repr_i와 ascii_i로 받아 오는데 이들의 자료형은 <class 'str'>인 것을 그림 5.6에서 알 수 있다. 아울러 repr_i와 ascii_i의 내용은 정수형 데이터 i의 값을 출력하는 문자열인 것을 확인할 수 있다.

```
 1 :  # str - repr(), ascii()
 2 :
 3 :  i = 100
 4 :  print("i = ", i)
 5 :  print("type(i) = ", type(i))
 6 :  repr_i = repr(i)
 7 :  print("type(repr_i) = ", type(repr_i))
 8 :  print("repr(i) = ", repr_i)
 9 :  ascii_i = ascii(i)
10 :  print("type(ascii_i) = ", ascii_i)
11 :  print("ascii(i) = ", ascii_i)
12 :
13 :  L = [1, 2, 3, 4]
14 :  print("L = ", L)
15 :  print("type(L) = ", type(L))
16 :  repr_L = repr(L)
17 :  print("type(repr_L) = ", type(repr_L))
18 :  print("repr(L) = ", repr_L)
19 :  ascii_L = ascii(L)
20 :  print("type(ascii_L) = ", type(ascii_L))
21 :  print("ascii(L) = ", ascii_L)
```

그림 5.5 repr() 함수와 ascii() 함수의 실행

그림 5.5 line 13~21에서는 리스트 L에 대한 repr()과 ascii() 함수의 실행 결과를 확인하며, 그림 5.6에서 <class 'str'> 자료형인 것을 확인할 수 있고, 그 내용은 리스트의 내용으로 print() 함수를 사용하여 리스트를 출력할 때 제공되는 문자열인 것을 확인할 수 있다.

```
i =  100
type(i) =  <class 'int'>
type(repr_i) =  <class 'str'>
repr(i) =  100
type(ascii_i) =  100
ascii(i) =  100
L =  [1, 2, 3, 4]
type(L) =  <class 'list'>
type(repr_L) =  <class 'str'>
repr(L) =  [1, 2, 3, 4]
type(ascii_L) =  <class 'str'>
ascii(L) =  [1, 2, 3, 4]
```

그림 5.6 repr() 함수와 ascii() 함수의 실행 결과

(4) eval(), exec() 함수

파이썬 프로그램이 인터프리터 방식으로 실행되기 때문에 프로그램 중의 일부를 문자열로 직접 편집하고 이를 eval()과 exec() 함수를 사용하여 프로그램 명령으로 실행시킬 수 있다. 예를 들어 그림 5.7 line 5에서는 eval(“a+1”)을 수행하고 그 결과를 출력하게 하는데 eval() 함수는 문자열로 전달된 a+1을 수행하고, 그 결과를 반환한다. Line 3에서 a가 10으로 설정되어 있기 때문에 eval(“a+1”)의 수행 결과는 11이 되고, 그림 5.8에서 정확한 실행 결과를 확인할 수 있다.

```
1: # Handling str data type - eval(), exec()
2:
3: a = 10
4: print("a = {}".format(a))
5: print("eval('a+1') = {}".format(eval("a+1")))
6:
7: sum = 0
8: command = "for i in range({}): sq = i*i; print('%2d %3d'%(i, sq))".format(a)
9: print("command = ", command)
10: exec(command)
```

그림 5.7 eval()과 exec() 함수의 사용

```
a = 10
eval('a+1') = 11
command =  for i in range(10): sq = i*i; print('%2d %3d'%(i, sq))
 0   0
 1   1
 2   4
 3   9
 4  16
 5  25
 6  36
 7  49
 8  64
 9  81
```

그림 5.8 eval()과 exec() 함수의 사용 결과

그림 5.7 line 8에서는 문자열 command를 "for i in range({}): sq = i*i; print('%2d %3d'%(i, sq))".format(a)로 설정하고, line 10에서 exec() 함수를 사용하여 실행시키고 있다. 이 문자열 command는 .format() 함수에서 지정하는 형식에 따라 문자열이 생성되며, a가 line 3에서 10으로 설정되어 있으므로 range(a)는 range(10)으

로 해석되어 0~9의 정수를 생성하여 차례로 반환하게 된다. for i in range():의 반복문에서는 range(a)에서 차례로 반환하는 값을 i로 대입하며, sq = i*i; print('%2d %3d'%(i, sq))의 실행문을 차례로 실행하게 되어 0~9와 이 값의 제곱을 출력하는 프로그램 소스코드가 된다. 그림 5.7 line 10에서 exec(command)가 실행되면 command 문자열에 포함된 내용이 프로그램으로 실행되고, 그림 5.8에서 보는 결과를 생성하게 된다.

그림 5.7에서 보여주는 예제는 파이썬 프로그램 자체에서 문자열 편집 기능을 사용하여 파이썬 소스 코드의 일부분을 자동적으로 생성하고, 이를 exec()를 사용하여 실행시킬 수 있게 하는 프로그램 융통성을 보여 주며, 이러한 점은 인터프리터 기반의 프로그래밍 언어가 가지는 장점으로 생각할 수 있다. 이와 같은 기능은 파이썬 소스코드를 문자열 형식으로 다른 컴퓨터에 E-mail로 전달한 후, 이를 해당 컴퓨터의 E-mail 환경에서 실행시킴으로써 사용자 편의성이 제공되는 다양한 응용 프로그램을 구성할 수 있게 하는 기본이 된다.

(5) input()

파이썬 프로그램이 표준 입력 장치로부터 입력을 받기 위해 사용되는 input() 함수는 문자형 데이터를 반환하며 따라서 숫자 데이터를 입력받기 위해서는 숫자를 나타내는 문자열을 입력받은 후 이를 int(), float() 및 complex() 함수를 사용하여 각각 정수, 실수 및 복소수로 변환시켜야 한다.

```
 1 : # str - input(), int(), float(), complex()
 2 :
 3 : str_i = input("input integer string : ")
 4 : i = int(str_i)
 5 : print("str_i = {}, type(str_i) = {}, type(i) = {}, i = {}".format(str_i, type(str_i),
     type(i), i))
 6 :
 7 : str_hex = input("input hexadecimal string : ")
 8 : hx = int(str_hex, 16) #convert hexadecimal string into integer
 9 : hx_str = hex(hx)
10 : print("str_hex = {}, type(str_hex) = {}, type(hx) = {}, hx = {},
     hx_str={}".format(str_hex, type(str_hex), type(hx), hx, hx_str))
11 :
12 : str_float = input("input float string : ")
13 : f = float(str_float)
14 : print("str_float = {}, type(str_float) = {}, type(f) = {}, f = {}".format(str_float,
     type(str_float), type(f), f))
15 :
16 : str_cmplx = input("input complex string : ")
17 : c = complex(str_cmplx)
18 : print("str_cmplx = {}, type(str_cmplx) = {}, type(c) = {}, c =
     {}".format(str_cmplx, type(str_cmplx), type(c), c))
```

그림 5.9 input(), int(), float(), complex() 함수의 활용 예

그림 5.9 line 3~5에서는 정수 데이터 입력을 수행하며, 우선 input() 함수를 사용하여 정수 자료형 문자열을 입력받고 int() 함수를 사용하여 정수형 데이터로 변환한 후, 결과를 출력한다. Line 7~10에서는 16진수 데이터 입력을 수행하며, 우선 input() 함수를 사용하여 16진수 포맷의 문자열 (0x로 시작하는 문자열)을 입력받아 int() 함수를 사용하여 정수

형 데이터로 변환한다. 16진수 문자열을 정수형으로 변환할 때 int() 함수에 문자열과 함께 16진수 형식의 문자열이라는 의미로 16을 함께 전달하는 것에 주의하여야 한다.

그림 5.9 line 12~14에서는 실수 (float) 자료형 문자열을 입력받아 이를 float() 함수를 사용하여 변환하는 예를 보여준다. 실수 자료형 문자열에는 소수점 이하의 10진수 문자들이 포함될 수 있다. Line 16~18에서는 복소수 (complex) 자료형 문자열을 입력받아 이를 complex() 함수를 사용하여 복소수 데이터로 변환시키는 예를 보여준다. 복소수 자료형 문자열은 "123+456j" 형식이며 + 또는 - 부호 앞에 있는 값이 실수부이며, 부호 다음에 있으며 j 문자 앞에 있는 값이 허수부가 된다. 복소수 자료형 문자열에 공란 문자 (space, tab 등)이 포함되면 에러가 발생하게 된다.

```
input integer string : 12345
str_i = 12345, type(str_i) = <class 'str'>, type(i) = <class 'int'>, i = 12345
input hexadecimal string : 0x100
str_hex = 0x100, type(str_hex) = <class 'str'>, type(hx) = <class 'int'>, hx = 256, hx_str=0x100
input float string : 1.2345
str_float = 1.2345, type(str_float) = <class 'str'>, type(f) = <class 'float'>, f = 1.2345
input complex string : 10.5-21.78j
str_cmplx = 10.5-21.78j, type(str_cmplx) = <class 'str'>, type(c) = <class 'complex'>, c = (10.5-21.78j)
...
```

그림 5.10 input(), int(), float(), complex() 변환 실행 결과

5.3.2 문자열 관련 함수

표 5.3은 문자열 (str) 자료형에 사용되는 함수를 정리하여 설명하고 있다.

표 5.3 문자열 함수

문자열 (str) 관련 함수	의미
str.lower()	영문 소문자로 변환
str.upper()	영문 대문자로 변환
str.swapcase()	대문자를 소문자로, 소문자를 대문자로 변환
str.capitalize()	대문자로 변환
str.title()	각 단어의 첫문자를 대문자로 변환
str.center(width [, fillchar])	지정된 구역의 중앙 정렬, fillchar로 채우기
str.ljust(width [, fillchar])	지정된 구역의 좌측 정렬, fillchar로 채우기
str.rjust(width [, fillchar])	지정된 구역의 우측 정렬, fillchar로 채우기
str.format(*args, **kwargs)	지정된 포맷으로 문자열 생성
str.count(sub[, start[, end]])	문자열에 포함된 서브문자열의 발생 회수
str.encode(endocding="utf-8", errors="strict")	지정된 문자표시 (코딩) 방식으로 인코딩
str.startswith(prefix[, start[, end]])	문자열이 지정된 접두어 (prefix)로 시작되는가를 확인
str.endswith(suffix[, start[, end]])	문자열이 지정된 접미사 (suffix)로 끝나는지 확인
str.find(sub[, start[, end]])	문자열에서 지정된 패턴 문자열을 찾기
str.rfind(sub[, start[, end]])	문자열에서 지정된 패턴 문자열을 역순으로 찾기
str.index(sub[, start[, end]])	문자열에서 지정된 패턴의 위치 (인덱스) 반환
str.isalnum(), str.isalpha() str.isdecimal(), str.isdigit() str.isidentifier(), str.islower(), str.isnumeric(), str.isspace(),	문자열이 특정 양식 (10진수, 영문자, 소문자, 대문자, 출력 가능, title 등)인가를 확인하여 결과 반환

문자열 (str) 관련 함수	의미
str.isprintable(), str.istitle(), str.isupper()	
str.join(iterable)	문자열을 결합
str.strip([chars])	문자열에 포함된 공란(space, tab 등)을 삭제
str.lstrip([chars])	문자열이 시작되기 전에 포함된 공란(space, tab 등)을 삭제
str.rstrip([chars])	문자열이 끝난 후에 포함된 공란(space, tab 등)을 삭제
str.partition(sep)	문자열을 sep 문자 위치에서 분할
str.rpartition(sep)	문자열의 끝 부분으로부터 역순으로 맨 먼저 나타나는 sep 문자 위치에서 분할
str.replace(old, new[, count])	문자열의 특정 문자를 다른 문자로 변환
str.split(sep=None, maxsplit=-1)	문자열을 분할
str.rsplit(sep=None, maxsplit=-1)	문자열을 역순으로 분할
str.splitlines([keepends])	문자열을 줄 바꿈에 따라 분할
str.zfill(width)	문자열을 지정된 공간에 출력하며, 빈 공간을 0으로 채움
static str.maketrans(x[, y[, z]])	문자열 변환표 생성
str.translate(table)	문자열 변환표에 따라 변환

(1) lower(), upper(), capitalize(), title()

```
# str - upper(), lower(), capitalize(), title()

s1 = "a sample string"
s1_upper = s1.upper()
print("s1 = {}, s1.upper() => {}".format(s1, s1_upper))

s2 = "Another Sample String"
s2_lower = s2.lower()
print("s2 = {}, s2.lower() => {}".format(s2, s2_lower))

s3 = "test capitalize() function"
s3_capitalize = s3.capitalize()
print("s3 = {}, s3.capitalize() => {}".format(s3, s3_capitalize))

s4 = "test title() function"
s4_title = s4.title()
print("s4 = {}, s4.title() => {}".format(s4, s4_title))
```

그림 5.11 문자열 기본 함수 (1) - lower(), upper(), capitalize(), title()

그림 5.11은 문자열 자료형에서 사용되는 기본 함수들인 lower(), upper(), capitalize(), title()에 대한 사용 예를 보여준다. lower() 함수는 주어진 문자열에 포함된 대문자를 소문자로 변경시키며, upper() 함수는 주어진 문자열의 소문자를 대문자로 변경시킨다. capitalize() 함수는 문장의 첫 글자를 대문자로 변경시키며, title() 함수는 문장의 모든 단어의 첫 글자를 대문자로 변경시킨다. 그림 5.12에서 결과를 확인할 수 있다.

```
s1 = a sample string, s1.upper() => A SAMPLE STRING
s2 = Another Sample String, s2.lower() => another sample string
s3 = test capitalize() function, s3.capitalize() => Test capitalize() function
s4 = test title() function, s4.title() => Test Title() Function
```

그림 5.12 문자열 기본 함수 (1) - lower(), upper(), capitalize(), title() - 실행 결과

(2) center(), ljust(), rjust()

문자열 자료형에서 제공되는 center(), ljust(), rjust() 함수를 사용하여 문자열을 주어진 공간에 정렬시킬 수 있다. 그림 5.13에서는 line 3에서 설정된 문자열 s를 line 6에서 중앙 정렬한 후 출력하며, line 9에서는 중앙 정렬을 하며 빈 공간을 under-bar ('_') 문자로 채우는 예를 보여준다.

```
 1 :  # str - center(), ljust(), rjust()
 2 :
 3 :  s = "a sample string"
 4 :  s_len = len(s)
 5 :  print("s = {}, len(s) = {}".format(s, s_len))
 6 :  s_center = s.center(s_len+10)
 7 :  print("s.center(s_len + 10)          => {}".format(s_center))
 8 :
 9 :  s_center_fill_underline = s.center(s_len+10, '_')
10 :  print("s.center(s_len + 10, '_') => {}".format(s_center_fill_underline))
11 :
12 :  s_ljust_fill_underline = s.ljust(s_len+10, '_')
13 :  print("s.ljust(s_len + 10, '_')  => {}".format(s_ljust_fill_underline))
14 :
15 :  s_rjust_fill_underline = s.rjust(s_len+10, '_')
16 :  print("s.rjust(s_len + 10, '_')  => {}".format(s_rjust_fill_underline))
```

그림 5.13 문자열의 정렬 – center(), ljust(), rjust()

```
s = a sample string, len(s) = 15
s.center(s_len + 10)      =>      a sample string
s.center(s_len + 10, '_') => _____a sample string_____
s.ljust(s_len + 10, '_')  => a sample string__________
s.rjust(s_len + 10, '_')  => __________a sample string
```

그림 5.14 문자열의 정렬 – center(), ljust(), rjust() - 실행 결과

그림 5.14에서 출력 결과를 확인할 수 있다. 그림 5.13 line 9, 12, 15에서는 문자열 s를 문자열 길이 + 10의 공간에서 중앙정렬, 왼쪽 정렬, 오른쪽 정렬을 하며, 빈 공간을 밑줄 문자 ('_')로 채우는 기능을 수행한다.

(3) format()

문자열을 주어진 양식에 따라 출력하는 기능은 프로그램에서 많이 사용된다. 그림 5.15는 상품 이름과 상품 가격을 각각 다른 리스트로 준비하고, format() 함수를 사용하여 상품 이름과 상품 가격을 지정된 양식에 따라 출력하는 예를 보여준다. Line 6에서 상품의 이름은 총 12칸에 출력하며, 상품 가격은 10칸에 출력하되 소숫점 이하 2자리의 실수 (float) 형식으로 출력하게 한다. 그림 5.16에서 정렬되어 출력되는 결과를 확인할 수 있다.

```
# str - format(), keyword arguments
Goods = ["Sedan", "Sport Car", "Family Car", "Off-road", "Jeep", "Toy Ferrari"]
Prices = [25000, 47123.45678, 35123.45678, 40000.1234, 45000.12345, 25]

for i in range(len(Goods)):
    s = "The price of {good:12} is {price:10.2f} dollars.".format(good=Goods[i],
        price=Prices[i])
    print(s)
```

그림 5.15 주어진 양식에 따라 문자열 출력

```
The price of Sedan        is   25000.00 dollars.
The price of Sport Car    is   47123.46 dollars.
The price of Family Car   is   35123.46 dollars.
The price of Off-road     is   40000.12 dollars.
The price of Jeep         is   45000.12 dollars.
The price of Toy Ferrari  is      25.00 dollars.
```

그림 5.16 주어진 양식에 따라 문자열 출력 결과

(4) encode()

파이썬 프로그램의 문자열 인코딩 방식은 다양한 문자 체계를 지원하며, 다양한 언어들에 대한 표준 인코딩 방식은 파이썬 공식 라이브러리 표준(https://docs.python.org/2.4/lib/standard-encodings.html)에서 확인할 수 있다. 영문의 경우 ascii, utf_8 또는 cp437을 사용할 수 있으며, 한글은 cp949, iso2022_kr, 또는 euc-kr을 사용할 수 있다. 유니코드 체계의 인코딩은 utf_16, utf_16_be (big endian), utf_16_le(little endian)를 사용할 수 있다.

```
# str - encode()

s_decimal = "0123456789"
print("s_decimal = ", s_decimal)
s_decimal_ascii = s_decimal.encode(encoding = "ascii")
print("s_decimal.encode(encoding = 'ascii') = ", s_decimal_ascii)
print("type(s_decimal_ascii) = ", type(s_decimal_ascii))
print("len(s_decimal_ascii) = ", len(s_decimal_ascii))
print()

s_alphaNum = "abcdefg0123456789"
print("s_alphaNum = ", s_alphaNum)
s_alphaNum_utf_16 = s_alphaNum.encode(encoding = "utf_16")
print("s_alphaNum.encode(encoding = 'utf_16') = ", s_alphaNum_utf_16)
print("type(s_alphaNum_utf_16) = ", type(s_alphaNum_utf_16))
print("len(s_alphaNum_utf_16) = ", len(s_alphaNum_utf_16))
print()
```

그림 5.17 encode() 함수를 사용한 인코딩 (part 1)

그림 5.17에서 encode() 함수를 사용하여 10진수 숫자 문자열 s_decimal, 영문자 및 숫자 문자열 s_alphaNum, 한글 문자열 s_kr을 각각 ascii, utf_16 및 cp949 코드 체계

로 인코딩하는 예를 보여준다. 숫자 문자열을 ascii 코드로 인코딩하는 결과인 s_decimal_ascii의 길이는 원래 문자열 s_decimal과 동일한 것을 확인할 수 있다. 그러나 s_alphaNum을 utf_16으로 인코딩하면 각 문자를 2바이트 크기로 인코딩하기 때문에 변환된 s_alphaNum_utf_16의 길이가 길어진 것을 알 수 있다.

한글에 대한 인코딩에서 s_kr을 cp949 코드로 인코딩하면 한글 1문자를 2바이트 크기로 표현하기 때문에 인코딩 결과인 s_kr_cp949의 길이는 한글 문자열 s_kr의 길이에 2배가 되는 것을 그림 5.18에서 확인할 수 있다.

```
s_kr = "가나다라마바사"
print("s_kr = ", s_kr)
s_kr_cp949 = s_kr.encode(encoding = "cp949")
print("s_kr.encode(encoding = 'cp949') = ", s_kr_cp949)
print("type(s_kr_cp949) = ", type(s_kr_cp949))
print("len(s_kr_cp949) = ", len(s_kr_cp949))
```

그림 5.17 encode() 함수를 사용한 인코딩 (part 2)

```
s_decimal =  0123456789
s_decimal.encode(encoding = 'ascii') =  b'0123456789'
type(s_decimal_ascii) =  <class 'bytes'>
len(s_decimal_ascii) =  10

s_alphaNum =  abcdefg0123456789
s_alphaNum.encode(encoding = 'utf_16') =  b'\xff\xfea\x00b\x00c\x00d\x00e\x00f\x00g\
x000\x001\x002\x003\x004\x005\x006\x007\x008\x009\x00'
type(s_alphaNum_utf_16) =  <class 'bytes'>
len(s_alphaNum_utf_16) =  36

s_kr =  가나다라마바사
s_kr.encode(encoding = 'cp949') =  b'\xb0\xa1\xb3\xaa\xb4\xd9\xb6\xf3\xb8\xb6\xb9\xd
9\xbb\xe7'
type(s_kr_cp949) =  <class 'bytes'>
len(s_kr_cp949) =  14
```

그림 5.18 encode() 함수를 사용한 인코딩 실행 결과

(5) startswith(), endswith()

문자열이 특정 접두어 (prefix)로 시작되는가와 특정 접미사 (suffix)로 종료되는가를 확인하는 방법으로 startswith()와 endswith() 함수를 사용할 수 있다.

```
1 :  # str - startswith, endswith
2 :
3 :  s = "Hello World! I am glad to meet you.“
4 :  prefix_word = "Hello"
5 :  suffix_word = "."
6 :  print("s = ", s)
7 :  print("s starts with {} = {}".format(prefix_word, s.startswith(prefix_word)))
8 :  print("s ends with {} = {}".format(suffix_word, s.endswith(suffix_word)))
```

그림 5.19 startswith(), endswith() 사용 프로그램

그림 5.19에서는 line 3에서 문자열 s를 설정하고, 이 문자열이 prefix_word인 Hello로 시작하고, suffix_word인 '.' 으로 종료되는가를 line 7, 8에서 startswith()함수와 endswithd()함수로 확인하고 있다. 실행 결과는 그림 5.20에서 확인할 수 있으며, 주어진 문자열의 접두 문자와 접미 문자를 확인하는 방법을 잘 파악할 수 있다.

```
s =  Hello World! I am glad to meet you.
s starts with Hello = True
s ends with . = True
```

그림 5.20 startswith(), endswith() 사용 프로그램 실행 결과

(6) find(), rfind(), index()

주어진 문자열 내부에 특정 문자나 단어가 포함되어 있는지 여부와 어느 위치에 포함되어 있는가는 find(), rfind() 및 index() 함수를 사용하여 확인할 수 있다. 그림 5.21 line 3에서 설정된 문자열 s에서 'm' 문자와 'M' 문자가 포함된 위치를 찾기 위하여 line 8~11에서 find(), rfind() 및 index() 함수를 사용하고 있다. 이 함수들의 실행 결과는 그림 5.22에서 볼 수 있는 것과 같이 해당 문자가 포함된 위치 (인덱스)를 출력한다. rfind()는 문자 탐색을 문자열의 끝 부분부터 역순으로 실행한다.

```
 1 :  # str - find, rfind, index
 2 :
 3 :  s = "Hello World! I am glad to meet you."
 4 :  kw_1 = "m"
 5 :  kw_2 = "W"
 6 :  print("s = ", s)
 7 :  print("kw_1 = {}, kw_2 = {}".format(kw_1, kw_2))
 8 :  print("s.find({}) = {}".format(kw_1, s.find(kw_1)))
 9 :  print("s.rfind({}) = {}".format(kw_1, s.rfind(kw_1)))
10 :  print("s.find({}) = {}".format(kw_2, s.find(kw_2)))
11 :  print("s.index({}) = {}".format(kw_2, s.index(kw_2)))
```

그림 5.21 find(), rfind(), index() 사용 예

```
s =  Hello World! I am glad to meet you.
kw_1 = m, kw_2 = W
s.find(m) = 16
s.rfind(m) = 26
s.find(W) = 6
s.index(W) = 6
```

그림 5.22 find(), rfind(), index() 사용 프로그램 실행 결과

(7) isalnum(), isdecimal(), isprintable()

문자열에 포함된 문자들에 대하여 10진수 숫자, 영문자, 출력 가능 문자 등의 여부를 확인하기 위하여 isalpha(), isdecimal(), isnumeric(), isalnum(), isprintable() 함수를 사용할 수 있다. 주어진 문자열이 영문자의 문자열일 때 isalpha()는 True를 반환하며, 10진수 숫자 문자열일 경우 isdecimal() 함수가 True를 반환한다. 숫자 문자열일 경우 isnumeric() 함수가 True를 반환하며, 영문자 또는 숫자 문자들의 문자열일 경우 isalnum() 함수가 True를 반환한다.

```
# str - isalnum, isdecimal, isprintable

s_1 = "0123456789"
s_2 = "ABCDEFG"

print("s_1 = {}".format(s_1))
print("s_1.isalpha() = {}".format(s_1.isalpha()))
print("s_1.isdecimal() = {}".format(s_1.isdecimal()))
print("s_1.isnumeric() = {}".format(s_1.isnumeric()))
print("s_1.isalnum() = {}".format(s_1.isalnum()))
print("s_1.isprintable() = {}".format(s_1.isprintable()))
print()

print("s_2 = {}".format(s_2))
print("s_2.isalpha() = {}".format(s_2.isalpha()))
print("s_2.isdecimal() = {}".format(s_2.isdecimal()))
print("s_2.isnumeric() = {}".format(s_2.isnumeric()))
print("s_2.isalnum() = {}".format(s_2.isalnum()))
print("s_2.isprintable() = {}".format(s_2.isprintable()))
print("s_2.istitle() = {}".format(s_2.istitle()))
print("s_2.isupper() = {}".format(s_2.isupper()))
```

그림 5.23 isalnum(), isdecimal(), isprintable() 함수 사용 예

```
s_1 = 0123456789
s_1.isalpha() = False
s_1.isdecimal() = True
s_1.isnumeric() = True
s_1.isalnum() = True
s_1.isprintable() = True

s_2 = ABCDEFG
s_2.isalpha() = True
s_2.isdecimal() = False
s_2.isnumeric() = False
s_2.isalnum() = True
s_2.isprintable() = True
s_2.istitle() = False
s_2.isupper() = True
```

그림 5.24 isalnum(), isdecimal(), isprintable() 함수 사용 실행 결과

문자열에 포함된 문자들이 모두 출력 가능한 문자열일 경우 isprintable() 함수가 True를 반환하며, 만약 출력할 수 없는 제어 문자 (예: '\a' 경고음 문자)가 포함되어 있는 경우 False가 반환된다. 주어진 문자열의 모든 단어들의 시작 문자가 대문자이면 title에 해당하며, istitle() 함수가 True를 반환한다. 문자열의 모든 문자들이 대문자이면 isupper() 함수가 True를 반환한다. 그림 5.24에서 예제 프로그램의 실행 결과를 확인할 수 있다.

(8) join()

두 개의 문자열을 join() 함수를 사용하여 결합시킬 수 있다. 그림 5.25는 join() 함수를 사용하는 예를 보여준다. Line 3, 4에서 단어들을 포함하는 리스트 A와 B를 준비하고, line 9, 11에서 '' .join() 함수를 사용하여 결합시킨다. 이 때 공란 (space)이 없는 문자열의 join() 함수로 실행시키면 리스트에 포함되었던 단어들을 공란없이 결합시키므로 결과 문자열이 그림 5.26 s1, s2, s3과 같이 단어 사이에 공란이 추가되지 않은 형태가 된다.

만약 " ".join()과 같이 공란이 포함된 문자열의 join() 함수로 실행하면 그림 5.26의 s4, s5, s6과 같이 각 단어 사이에 공란이 포함되는 문자열을 생성할 수 있다. 문자열은 그림 5.25 line 20과 같이 '+' 연산자를 사용하여 결합시킬 수도 있다.

```
 1 :  # str - join, lstrip, rstrip
 2 :
 3 :  A = ["Welcome", "to", "my", "world"]
 4 :  B = ["My", "dear", "friends"]
 5 :
 6 :  print("A = ", A)
 7 :  print("B = ", B)
 8 :
 9 :  s1 = "".join(A)
10 :  print("s1 = ", s1)
11 :  s2 = "".join(B)
12 :  print("s2 = ", s2)
13 :  s3 = s1 + s2
14 :  print("s3 = ", s3)
15 :
16 :  s4 = " ".join(A)
17 :  print("s4 = ", s4)
18 :  s5 = " ".join(B)
19 :  print("s5 = ", s5)
20 :  s6 = s4 + "! " + s5 + "!"
21 :  print("s6 = ", s6)
```

그림 5.25 join() 함수의 사용 예

```
s1 =  Welcometomyworld
s2 =  Mydearfriends
s3 =  WelcometomyworldMydearfriends
s4 =  Welcome to my world
s5 =  My dear friends
s6 =  Welcome to my world! My dear friends!
```

그림 5.26 join() 함수 예제 프로그램의 실행 **결과**

(9) strip(), lstrip(), rstrip()

문자열 앞 또는 뒤에 포함된 공란 (space)들을 제거하는 것은 strip(), lstrip() 및 rstrip()으로 처리할 수 있다. 그림 5.27에서는 line 3에서 설정한 문자열의 앞과 뒤에 포함된 공란들을 line 6, 9, 12에서 각각 strip(), lstrip(), rstrip() 함수를 사용하여 제거하는 예를 보여준다. 그림 5.28에서 결과를 확인할 수 있다.

```
# str - strip, lstrip, rstrip

s = "      Welcome to my world!  My dear friends!       "
print("s = ", s)

s1 = s.strip()
print("s.strip()  = ", s1)

s2 = s.lstrip()
print("s.lstrip() = ", s2)

s3 = s.rstrip()
print("s.rstrip() = ", s3)
```

그림 5.27 strip(), lstrip(), rstrip() 함수의 활용 예제

```
s =       Welcome to my world!  My dear friends!
s.strip()  =  Welcome to my world!  My dear friends!
s.lstrip() =  Welcome to my world!  My dear friends!
s.rstrip() =       Welcome to my world!  My dear friends!
```

그림 5.28 strip(), lstrip(), rstrip() 함수의 활용 예제 프로그램의 실행 결과

(10) partition(), rpartition(), replace()

하나의 긴 문자열을 지정된 문자 위치에서 분할하는 기능은 partition()과 rpartition() 함수를 사용하여 구현할 수 있다. 그림 5.29 line 3에서 과일 이름들이 열거된 문자열에서 각 단어들은 공란 (space)로 구분되어 있다.

```
 1 :  # str - partition, rpartition, replace
 2 :
 3 :  fruits = "apple banana grape orange"
 4 :  print("fruits = ", fruits)
 5 :
 6 :  f1 = fruits.partition(' ')
 7 :  print("fruits.partition(' ') = ", f1)
 8 :
 9 :  f2 = fruits.rpartition(' ')
10 :  print("fruits.rpartition(' ') = ", f2)
11 :
12 :  f3 = fruits.replace(' ', ',')
13 :  print("fruits.replace(' ', ',') = ", f3)
```

그림 5.29 partition(), rpartition(), replace() 함수의 활용 예제

Line 6에서 이 문자열을 첫 번째 공란에서 분할하는 것을 partition() 함수를 사용하여 구현하고 있으며, line 9에서는 문자열의 맨 끝에서 역순으로 처음 나타나는 공란을 기준으로 문자열을 분할하기 위하여 rpartition() 함수를 사용한다. 문자열의 분할 결과는 그림 5.30에서 확인할 수 있다.

문자열에 포함된 특정 문자를 다른 문자로 변경하는 것은 replace() 함수를 사용할 수 있다. 그림 5.29 line 13에서는 replace() 함수를 사용하여 공란 문자를 콤마 (,) 문자로 변경시키며, 그림 5.30에서 결과를 확인할 수 있다.

```
fruits =  apple banana grape orange
fruits.partition(' ') =  ('apple', ' ', 'banana grape orange')
fruits.rpartition(' ') =  ('apple banana grape', ' ', 'orange')
fruits.replace(' ', ', ') =  apple, banana, grape, orange
```

그림 5.30 partition(), rpartition(), replace() 함수의 활용 예제 실행 결과

(10) split(), rsplit(), splitlines()

문자열에 포함된 단어들을 분리하는 기능은 split(), rsplit() 및 splitlines() 함수를 사용하여 구현할 수 있다. 예를 들어 그림 5.31 line 3에서 설정하고 있는 동물 이름들의 문자열 animals를 line 6에서는 공란(space)을 기준으로 분할하며, 그 결과는 그림 5.32에서 각 동물 이름 다음의 공란을 기준으로 여러 개의 문자열로 분할되는 것을 알 수 있다. Line 10에서는 maxsplit = 1로 나누어진 문자열을 각각 최대 1개로 설정하며, 결과는 첫 번째 공란을 기준으로 그 앞의 문자열과 그 뒤의 문자열로 구분되어 2개의 문자열이 생성되는 것을 확인할 수 있다.

```
1 :  # str - split, rsplit, splitlines
2 :
3 :  animals = "lion tiger giraffe monkey rabbit dog cat"
4 :  print("animals = ", animals)
5 :
6 :  animals_split = animals.split(" ")
7 :  print("animals.split(' ') = ", animals_split)
8 :  print("type(animals_split) = ", type(animals_split))
9 :
10 :  animals_split_mxsplt_1 = animals.split(" ", maxsplit = 1)
11 :  print("animals.split(' ', maxsplit=1) = ", animals_split)
12 :
13 :  animals_rsplit = animals.rsplit(" ")
14 :  print("animals.rsplit(' ') = ", animals_rsplit)
15 :
16 :  animals_rsplit_mxsplt_1 = animals.rsplit(" ", maxsplit = 1)
17 :  print("animals.rsplit(' ', maxsplit = 1) = ", animals_rsplit_mxsplt_1)
18 :
19 :  s = "Welcome to my world! \n My dear friends! \n I am so glad to see you guys!"
20 :  s_splitlines = s.splitlines()
21 :  print("s = ", s)
22 :  print("s.splitlines() = ", s_splitlines)
```

그림 5.31 split(), rsplit(), splitlines() 함수 예제

그림 5.31 line 13과 15에서는 rsplit() 함수를 사용하여 문자열을 분리하여 준다. 만약 maxsplit = 1을 설정하면 문자열의 끝 부분으로부터 역순으로 첫 번째 나타나는 공란을 기준으로 2개의 문자열로 분리된다. 그림 5.32에서 maxsplit의 설정이 없는 경우에는 각 단어들을 개별적인 문자열로 구분하여 리스트가 생성되지만, maxsplit=1로 설정되는 경우 마지막 공란을 기준으로 그 앞의 문자열과 그 뒤 문자열을 구분하여 2개의 문자열 만을 생성하는 것을 확인할 수 있다.

```
animals =  lion tiger giraffe monkey rabbit dog cat
animals.split(' ') =  ['lion', 'tiger', 'giraffe', 'monkey', 'rabbit', 'dog', 'cat']
type(animals_split) =  <class 'list'>
animals.split(' ', maxsplit=1) =  ['lion', 'tiger giraffe monkey rabbit dog cat']
animals.rsplit(' ') =  ['lion', 'tiger', 'giraffe', 'monkey', 'rabbit', 'dog', 'cat']
animals.rsplit(' ', maxsplit = 1) =  ['lion tiger giraffe monkey rabbit dog', 'cat']
s =  Welcome to my world!
 My dear friends!
 I am so glad to see you guys!
s.splitlines() =  ['Welcome to my world! ', ' My dear friends! ', ' I am so glad to see you guys!']
```

그림 5.32 split(), rsplit(), splitlines() 함수 예제 실행 결과

(11) zfill()

문자열을 지정된 공간의 크기 안에 출력할 때 문자열이 차지하는 공간 이외의 남는 공간을 지정된 문자로 채워넣을 수 있으며, zfill() 함수를 사용하면 남는 공간에 0을 채워 넣어 준다. 그림 5.33은 zfill()의 응용 프로그램 예를 보여준다. Line 4에서 문자열 word를 10칸의 공간에 출력하고 남는 공간에 0을 채우도록 word.zfill(10)을 실행시키면 그림 5.34에서 확인할 수 있는 것과 같이 hello를 10칸의 공간에서 오른쪽으로 정렬한 후, 왼쪽에 남아 있는 공란을 0으로 채우는 것을 확인할 수 있다.

```
1 :  # str - zfill
2 :
3 :  word = "hello"
4 :  word_zfill = word.zfill(10)
5 :
6 :  print("word = ", word)
7 :  print("word.zfill(10) = ", word_zfill)
```

그림 5.33 zfill() 함수 활용 예

```
word =  hello
word.zfill(10) =  00000hello
```

그림 5.34 zfill() 함수 활용 결과

(12) replace(), maketrans(), translate()

문자열에 포함된 특정 문자를 다른 문자로 변경하는 것은 replace() 함수를 사용하여 쉽게 구현할 수 있다. 그림 5.35 line 4에서는 문자열 shapes에 포함된 문자들 중에서 소문자 'g'를 대문자 'G'로 변경하도록 replace() 함수를 사용한다. 변경된 결과는 그림 5.36에서 확인할 수 있다. 그림 5.35 line 8에서는 maketrans('t', 'T', 'x') 함수를 사용하여 소문자 't'를 대문자 'T'로 변경하며, 소문자 'x'를 삭제하도록 하는 변경 테이블 transTbl을 생성한다. Line 10에서는 문자열 shapes에 대하여 변경 테이블 transTbl을 사용한 문자열 변환을 translate() 함수를 사용하여 실행한다. 그림 5.36에서 변환된 결과를 확인할 수 있다.

```
# str - replace, transplate

shapes = "circle, triangle, rectangle, square, pentagon, hexagon"
shapes_replace = shapes.replace('g', 'G', 3)
print("shapes = ", shapes)
print("shapes.replace('g', 'G', 3) = ", shapes_replace)

transTbl = str.maketrans('t', 'T', 'x')
shapes_trans = shapes.translate(transTbl)
print("shapes.translate(transTbl) = ", shapes_trans)
```

그림 5.35 replace(), translate() 함수 활용 예제

```
shapes =  circle, triangle, rectangle, square, pentagon, hexagon
shapes.replace('g', 'G', 3) =  circle, trianGle, rectanGle, square, pentaGon, hexagon
shapes.translate(transTbl) =  circle, Triangle, recTangle, square, penTagon, heagon
```

그림 5.36 replace(), translate() 함수 활용 예제 프로그램 실행 결과

5.3.3 Escape Sequence

파이썬 프로그램에서 사용되는 문자에 역슬래시 ('\')를 함께 사용하면 그 문자가 일반 문자가 아니라 특별한 의미를 가지는 기능으로 사용될 수 있게 한다. 예를 들어 소문자 'a' 앞에 역슬래시 '\'를 함께 사용하면 '\a'가 되고, 이 문자의 출력은 컴퓨터 시스템에서 경고음(alarm)을 발생시키는 기능으로 실행된다. 표 5.4에는 파이썬 프로그램에서 역슬래시 문자를 함께 사용하여 특수한 의미를 가지게 하는 escape sequence들을 보여준다.

표 5.4 이스케이프 시퀀스 (scape sequence)

Escape Sequence	의미
\\	역슬래시 (backslash)
\'	작은 따옴표 (Single quote)
\"	큰 따옴표 (Double quote)
\a	경고음 (ASCII bell (BEL))
\b	한칸 뒤로가기 (ASCII Backspace (BS))
\f	한 페이지 단위 전진 (ASCII Formfeed (FF))
\n	줄 바꿈 (ASCII Linefeed (LF))
\r	줄의 맨 처음으로 이동 (ASCII Carriage Return (CR))
\t	수평 탭 (ASCII Horizontal Tab (TAB))
\v	수직 탭 (ASCII Vertical Tab (VT))
\ooo	8진법 표시 (Octal digit ooo)
\xhh	16진법 표시 (Hexa-decimal digit hh)
\N{name}	유니코드에서 정의되어 있는 유니코드 문자열 (예: BEL, NULL, NUL, TAB)
\uxxxx	16-bit 16진수 데이터 xxxx
\Uxxxxxxxx	32-bit 16진수 데이터 xxxxxxxx

5.4 바이츠(Bytes), 바이트 배열(ByteArray), 메모리뷰(Memory View)

8-비트 단위로 구성된 바이트 정보를 파이썬 프로그램에서 다룰 수 있도록 바이츠 (bytes), 바이트 배열 (bytearray), 메모리 뷰 (memory view) 자료형이 제공된다. 바이츠는 바이트가 시퀀스 형으로 구성되어 있는 자료형이며, 각 원소의 값을 개별적으로 변경할 수 없는 자료형이다. 바이트 배열은 바이츠와 유사하게 바이트들이 시퀀스 형으로 구성되어 있는 자료형이며, 바이츠와는 다르게 각 원소값을 변경할 수 있는 mutable 자료형이다.

5.4.1 바이츠 (Bytes)

바이츠 (bytes) 자료형은 8비트 단위로 구성된 숫자 정보를 직접 이진코드로 쉽게 다룰 수 있게 한다. 바이츠 자료형 객체를 생성하는 방법은 그림 5.37과 같이 bytes() 함수에 인수를 전달하여 생성하며, 전달되는 인수에는 정수, range(), 문자열 등이 사용될 수 있다. bytes() 함수호출에서 인수가 전달되지 않으면 비어있는 (empty) 바이츠 객체가 생성된다.

bytes(10)과 같이 정수가 전달되면, 그 정수 값의 개수 만큼의 바이트로 구성되는 바이츠 객체가 생성되며, 원소의 초깃값은 0x00으로 설정된다. bytes(range(10))은 range(10)이 생성하는 0~9의 정수값으로 설정되는 바이트들로 구성되는 바이츠를 생성한다. bytes(b "ABCDEFG")와 같이 문자열이 전달되면 문자열의 각 문자의 코드값을 원소값으로 설정하는 바이트들로 구성되는 바이츠를 생성한다.

```
# bytes

B0 = bytes()
B1 = bytes(10)
B2 = bytes(range(10))
B3 = bytes(b"ABCDEFG")
print("bytes()              : {}".format(B0))
print("bytes(10)            : {}".format(B1))
print("bytes(range(10)) : {}".format(B2))
print("bytes(b'ABCDEFG') : {}".format(B3))
```

그림 5.37 bytes()를 사용한 bytes 객체 생성

```
bytes()           : b''
bytes(10)         : b'\x00\x00\x00\x00\x00\x00\x00\x00\x00\x00'
bytes(range(10)) : b'\x00\x01\x02\x03\x04\x05\x06\x07\x08\t'
bytes(b'ABCDEFG')  : b'ABCDEFG'
```

그림 5.38 bytes()를 사용한 bytes 객체 생성 결과

그림 5.39는 리스트를 인수로 전달하여 bytes 객체를 생성하는 예를 보여준다. bytes([0, 1, 2, 3, 4, 5])와 같이 리스트가 제공되면, 리스트의 원소값을 데이터 값으로 설정한 바이트들로 구성되는 bytes 객체를 생성하여 반환한다. bytes 객체의 각 원소들은 인덱스를 사용하여 개별적으로 읽을 수 있다. 그림 5.39 line 10~11에서는 for 반복문을

사용하여 bytes 객체 B의 각 원소를 읽고 이를 16진수로 출력하는 예를 보여준다. 앞서 설명한 것과 같이 bytes 객체는 원소 값을 변경할 수 없는 immutable이므로 bytes 객체 원소값을 다른 값으로 변경할 수는 없다. 그림 5.39 line 15에서 bytes 객체 B의 0번째 원소를 0xAB 값으로 변경하고자 할 때 실행 오류가 발생하는 것을 그림 5.40에서 확인할 수 있다.

```
 1 :  # bytes - list argument
 2 :
 3 :  L = [0, 1, 2, 3, 4, 5, 6, 7, 8, 9, 10, 11, 12, 13, 14, 15]
 4 :
 5 :  B = bytes(L)
 6 :  print("L = ", L)
 7 :  print("B = bytes(L) =  ", B)
 8 :
 9 :  print("Access individual element in B : ")
10 :  for i in range(len(B)):
11 :      print("0x{:02X}".format(B[i]), end=' ')
12 :  print()
13 :
14 :  # next statement generates error
15 :  B[0] = 0xAB
```

그림 5.39 리스트를 사용한 bytes 객체 생성

```
L =  [0, 1, 2, 3, 4, 5, 6, 7, 8, 9, 10, 11, 12, 13, 14, 15]
B = bytes(L) =   b'\x00\x01\x02\x03\x04\x05\x06\x07\x08\t\n\x0b\x0c\r\x0e\x0f'
Access individual element in B :
0x00 0x01 0x02 0x03 0x04 0x05 0x06 0x07 0x08 0x09 0x0A 0x0B 0x0C 0x0D 0x0E 0x0F
Traceback (most recent call last):
  File "H:/MyPyPackage/Z-TextBook (Python) - 2019-8/ch 5 Python Adv Data types, Data
ueue, RandnumGen, Sorting/bytes, bytearray/bytes - list argument.py", line 15, in <moc
    B[0] = 0xAB
TypeError: 'bytes' object does not support item assignment
```

그림 5.40 리스트를 사용한 bytes 객체 생성 결과

```
# bytes - to_bytes, from_bytes

i = 0xABCDEF01
i_bytes_BE = int.to_bytes(i, length=4, byteorder='big') # big endian
i_bytes_LE = int.to_bytes(i, length=4, byteorder='little') # little endian

print("i = 0x{:X}".format(i))
print("i_bytes_BE = ", i_bytes_BE)
print("i_bytes_LE = ", i_bytes_LE)

i_BE = int.from_bytes(i_bytes_BE, byteorder='big')
i_LE = int.from_bytes(i_bytes_LE, byteorder='little')
print("i_BE = 0x{:X}".format(i_BE))
print("i_LE = 0x{:X}".format(i_LE))
```

그림 5.41 to_bytes(), from_bytes() 함수 활용 예제

5.4.2 to_bytes(), from_bytes()

4바이트로 구성되는 정수 (integer)와 같이 다수의 바이트들로 구성되는 데이터를 메모리에 저장하는 방식은 컴퓨터에서 사용된 CPU의 종류에 따라 big endian (Apple 컴퓨터와 임베디드 프로세서)와 little endian (인텔 CPU)가 있다. 그림 5.41은 정수 데이터를 to_byte() 함수를 사용하여 big endian 또는 little endian 바이트 순서의 바이츠로 저장하는 방법과 바이츠로부터 정수를 생성하기 위하여 from_bytes() 함수를 사용하는 예를 보여준다. 그림 5.42에서 실행 결과를 확인할 수 있다.

```
i = 0xABCDEF01
i_bytes_BE =  b'\xab\xcd\xef\x01'
i_bytes_LE =  b'\x01\xef\xcd\xab'
i_BE = 0xABCDEF01
i_LE = 0xABCDEF01
```

그림 5.42 to_bytes(), from_bytes() 함수 활용프로그램 실행 결과

5.4.3 바이트 배열 (ByteArray)

바이트 배열 (bytearray)은 bytes 자료형과 유사하게 8비트의 바이트 단위로 정보를 처리할 수 있는 기능을 제공하는 시퀀스 자료형이다. 바이트 배열은 개별 항목 원소를 변경할 수 없는 바이츠 (bytes)와는 달리 개별 원소의 값을 변경할 수 있다는 점이 다르다. 바이트 배열의 생성은 그림 5.43에서 보는 것과 같이 원소 개수를 정수 (integer) 데이터로 전달하는 bytearray(n) 형식이나, 열거형 바이트 데이터를 전달하는 bytearray([1, 2, 3, ...]) 형식, 또는 문자열을 인코딩 방식과 함께 전달하는 bytearray("string", "encoding") 형식을 사용한다.

그림 5.43 line 3에서와 같이 bytearray() 호출에서 인수가 정의되어 있지 않으면 비어있는 (empty) 바이트 배열이 생성되고, line 4와 같이 bytearray(10) 형식으로 원소의 개수가 정수 인수로 전달되면 바이트 값이 0x00인 원소가 지정된 개수만큼 생성되어 포함되는 바이트 배열 객체가 생성된다.

```
 1: # bytearray
 2:
 3: BA0 = bytearray()
 4: BA1 = bytearray(10)
 5: BA2 = bytearray(range(10))
 6: BA3 = bytearray("ABCDEFG", "ascii")
 7: print("bytearray()                : {}".format(BA0))
 8: print("bytearray(10)              : {}".format(BA1))
 9: print("bytearray(range(10)) : {}".format(BA2))
10: print("bytearray('ABCDEFG', 'ascii'): {}".format(BA3))
```

그림 5.43 바이트 배열 (bytearray) 생성 예제

그림 5.43 line 5에서와 같이 bytearray(range(10))의 경우 0~9의 정수 데이터가 전달되며, 이 전달된 데이터가 바이트 값으로 설정되는 바이트 배열이 생성된다. Line 6에서

보는 것과 같이 문자열이 인수로 전달되면 문자열의 각 문자들이 바이트의 값으로 설정되는 바이트 배열이 생성된다. 그림 5.43의 바이트 배열 생성 결과는 그림 5.44에서 확인할 수 있다.

```
bytearray()             : bytearray(b'')
bytearray(10)           : bytearray(b'\x00\x00\x00\x00\x00\x00\x00\x00\x00\x00')
bytearray(range(10))    : bytearray(b'\x00\x01\x02\x03\x04\x05\x06\x07\x08\t')
bytearray('ABCDEFG', 'ascii'): bytearray(b'ABCDEFG')
```

그림 5.44 바이트 배열 (bytearray) 생성 예제 실행 결과

바이트 배열을 생성할 때 그림 5.45 line 9~13에서 보는 것과 같이 리스트에 초기값을 담아 인수로 전달하는 방법을 사용할 수 있다. 그림 5.45 line 15~16에서는 바이트 배열의 각 항목에 0x20을 더하는 연산을 한다. 바이트 배열의 경우 바이츠와는 달리 각 원소의 값을 변경할 수 있기 때문에 이 연산에서는 오류가 발생하지 않고, 정상적인 계산 결과를 그림 5.46에서와 같이 보여 준다.

```
 1: # bytearray - list
 2:
 3: L1 = [0x21, 0x22, 0x23, 0x24, 0x25, 0x26, 0x27]
 4: print("L1 : ", end='')
 5: for i in range(len(L1)):
 6:     print("0x{:02X}".format(L1[i]), end=' ')
 7: print()
 8:
 9: BA1 = bytearray(L1)
10: print("BA = bytearray(L1) = ", end = '')
11: for i in range(len(L1)):
12:     print("0x{:02X}".format(BA1[i]), end=' ')
13: print()
14:
15: for i in range(len(BA1)):
16:     BA1[i] += 0x20
17: print("After adding 0x20, BA = {}".format(BA1))
18:
19: BA2 = bytearray("ABCDEFG", "ascii")
20: print("BA2 = {}".format(BA2))
21:
22: for i in range(len(BA2)):
23:     BA2[i] += 0x20
24: print("After adding 0x20, BA = {}".format(BA2))
```

그림 5.45 리스트 기반의 바이트 배열 생성 및 바이트 배열 원소 변경

```
L1 : 0x21 0x22 0x23 0x24 0x25 0x26 0x27
BA = bytearray(L1) = 0x21 0x22 0x23 0x24 0x25 0x26 0x27
After adding 0x20, BA = bytearray(b'ABCDEFG')
BA2 = bytearray(b'ABCDEFG')
After adding 0x20, BA = bytearray(b'abcdefg')
```

그림 5.46 리스트 기반의 바이트 배열 생성 및 바이트 배열 원소 변경 결과

Line 9에서 리스트 L1을 사용하여 바이트 배열을 생성하고, line 15~16에서 각 원소의 값을 0x20씩 증가시키며, line 17에서는 결과를 출력하며, 당초 0x21~0x27의 값이 0x41~0x47의 값이 되어 ASCII 문자 'A' ~ 'G' 로 변경된 것을 확인할 수 있다.

그림 5.45 line 19에서는 문자열 "ABCDEFG" 와 encoding "ascii" 로 전달된 인수를 사용하여 바이트 배열을 생성한다. Line 22~23에서 각 원소의 값을 0x20씩 증가시키는데, 이는 0x41~0x47의 값을 0x61~0x67로 변경시키며, 이는 대문자 'A' ~ 'G' 를 소문자 'a' ~ 'g' 로 변경시킨 것과 동일하다. 그림 5.46에서 문자 배열에 대한 연산 결과를 확인할 수 있다.

5.4.4 메모리뷰 (Memory View)

메모리뷰 자료형은 파이썬 프로그램에서 사용되는 객체나 변수들이 저장된 메모리상의 바이트들을 직접 살펴볼 수 있게 하며, 이들을 bytes나 list의 다른 자료형으로 변환시키거나 다른 메모리 뷰 자료형으로 변경시킬 수 있게 한다. 표 5.5는 메모리 뷰 자료형에 관련된 함수들을 정리하여 보여준다.

표 5.5 Memory View 관련 함수

메모리뷰 메소드	설 명
mv.readonly()	읽기 전용 (readonly)인가를 확인
mv.format()	메모리뷰 형식 지정
mv.itemize()	메모리뷰의 항목 (entry)의 크기를 바이트 단위로 반환
mv.obj()	메모리뷰가 어떤 객체를 대상으로 하는지 확인
mv.nbytes()	전체 바이트 수; len(memoryview.tobytes())와 동일
mv.tobytes()	메모리뷰의 내용을 메모리 버퍼에 문자열로 저장시켜줌; bytes()와 동일한 결과
mv.tolist()	메모리 버퍼에 데이터의 리스트를 저장; list()와 동일한 결과
mv.release()	메모리 버퍼에 있는 데이터를 해제시킴
mv.cast()	메모리뷰를 새로운 형식이나 구성으로 변환시킨 새로운 메모리뷰를 반환

(1) memoryview()와 to_bytes(), from_bytes()

그림 5.47은 간단한 숫자형 데이터 변수의 내부 값들을 메모리 뷰를 사용하여 직접 바이트 단위로 살펴보는 함수의 예제이다. Line 3에는 16진수로 변수 n을 선언하고 초기값을 설정한다. Line 5에서는 int.to_bytes() 함수를 사용하여 변수 n을 4바이트 (32비트) 크기의 big-endian 바이트 순서로 생성하여 변수 n_bytes_BE로 설정한다. Line 6에서는 memoryview(n_bytes_BE) 함수를 사용하여 메모리상의 바이트들을 직접 접근할 수 있도록 하고 이를 mv_n에 대입시킨다. Line 8에서는 mv_n의 자료형을 확인하며, 그림 5.48에서 볼 수 있는 것과 같이 <class 'memoryview'>로 확인할 수 있다.

Line 9 ~10에서는 for-loop을 사용하여 mv_n의 각 바이트 값을 확인할 수 있으며, 그림 5.48에서 볼 수 있는 것과 같이 4개의 바이트에 big-endian 바이트 순서로 16진수 값이 저장되어 있는 것을 확인할 수 있다.

Line 12에서는 동일한 n값을 little-endian 방식으로 바이츠 (bytes)로 변환시켜 변수 n_bytes_LE에 대입한다. Line 13에서는 memoryview(n_bytes_LE)를 사용하여 직접 메모리상의 바이트들에 접근할 수 있게 하며, line 16~17의 for-loop을 사용하여 바이트들을 직접 출력한다. 그림 5.48에서 볼 수 있는 것과 같이 little-endian 바이트 순서로 저장된 메모리상의 바이트들은 big-endian 바이트 순서에 따라 저장된 바이트들과는 순서가 반대로 되어 있는 것을 확인할 수 있다.

```
 1 : # bytes - to_bytes, big-endian, little-endian
 2 :
 3 : n = 0xABCDEF01
 4 : print("n = {:X}".format(n))
 5 : n_bytes_BE = int.to_bytes(n, length=4, byteorder='big')
 6 : mv_n_BE = memoryview(n_bytes_BE)
 7 : print("mv_n_BE = memoryview(n_bytes_BE) = ", mv_n_BE)
 8 : print("type(mv_n_BE) = ", type(mv_n_BE))
 9 : for i in range(len(mv_n_BE)):
10 :     print("mv_n_BE[{:2}] = {:02X}".format(i, mv_n_BE[i]))
11 :
12 : n_bytes_LE = int.to_bytes(n, length=4, byteorder='little')
13 : mv_n_LE = memoryview(n_bytes_LE)
14 : print("mv_n_LE = memoryview(n_bytes_LE) = ", mv_n_LE)
15 : print("type(mv_n_LE) = ", type(mv_n_LE))
16 : for i in range(len(mv_n_LE)):
17 :     print("mv_n_LE[{:2}] = {:02X}".format(i, mv_n_LE[i]))
```

그림 5.47 memoryview() 함수의 사용 예제

```
n = ABCDEF01
mv_n_BE = memoryview(n_bytes_BE) =  <memory at 0x02C5C578>
type(mv_n_BE) =  <class 'memoryview'>
mv_n_BE[ 0] = AB
mv_n_BE[ 1] = CD
mv_n_BE[ 2] = EF
mv_n_BE[ 3] = 01
mv_n_LE = memoryview(n_bytes_LE) =  <memory at 0x02C5C5E0>
type(mv_n_LE) =  <class 'memoryview'>
mv_n_LE[ 0] = 01
mv_n_LE[ 1] = EF
mv_n_LE[ 2] = CD
mv_n_LE[ 3] = AB
```

그림 5.48 memoryview() 함수의 사용 예제 프로그램 실행 결과

컴퓨터에서 사용되는 중앙연산처리장치 (CPU)의 종류에 따라 여러 바이트로 구성된 자료형 데이터 (예를 들어 4 바이트의 정수 (integer), 8바이트의 float_64 실수 등)를 메모리에 저장할 때 little-endian 또는 big-endian 바이트 저장 순서 (byte ordering)에 따라 저장하므로 CPU의 바이트 저장 순서가 서로 다른 컴퓨터 간에 이진 데이터 (binary data)를 직접 전달하는 경우 문제가 발생할 수 있다. 이러한 문제를 확인하고 해결하기 위하여 memoryview를 사용하면 각 자료형 데이터가 사용하는 메모리상의 실제 바이트별 값을 쉽게 확인할 수 있고 이를 사용하여 바이트 저장 순서의 차이 때문에 발생하는 문제의 해결 방안을 쉽게 찾을 수 있다.

```
1: # memory view - bytes, hexadecimal, tolist()
2:
3: b1 = b"ABCDEFG"
4: m1 = memoryview(b1)
5: L1 = m1.tolist()
6: print("b1 = ", b1)
7: print("m1 = ", m1)
8: print("m1.format = ", m1.format)
9: print("m1.obj = ", m1.obj)
10: print("m1.tolist() = ", L1)
11:
12: b2 = 0xABCDEF01
13: m2 = memoryview(int.to_bytes(b2, length=4, byteorder='big'))
14: L2 = m2.tolist()
15: print("b2 = 0x{:X}".format(b2))
16: print("m2 = ", m2)
17: print("m2.format = ", m2.format)
18: print("m2.obj = ", m2.obj)
19: print("m2.tolist() = ", L2)
```

그림 5.49 memoryview()와 tolist() 함수의 응용 프로그램

(2) memoryview()와 tolist()

memoryview 자료형 객체의 tolist() 함수를 사용하면 현재 메모리뷰 객체의 바이트들을 리스트로 만들어 반환하여 준다. 그림 5.49는 "ABCDEFG" 바이츠의 객체 b1을 생성하고, 이 바이츠 객체의 메모리 뷰 m1을 생성한 후, line 5에서 tolist() 함수를 사용하여 리스트 L1을 생성한다.

```
b1 =  b'ABCDEFG'
m1 =  <memory at 0x02DDC578>
m1.format =  B
m1.obj =  b'ABCDEFG'
m1.tolist() =  [65, 66, 67, 68, 69, 70, 71]
b2 = 0xABCDEF01
m2 =  <memory at 0x02DDC5E0>
m2.format =  B
m2.obj =  b'\xab\xcd\xef\x01'
m2.tolist() =  [171, 205, 239, 1]
```

그림 5.50 memoryview()와 tolist() 함수의 응용 프로그램 실행 결고

Line 6~ 10에서 출력되는 결과를 살펴보면, m1의 바이트들이 차례로 리스트 L1의 원소들로 저장되어 있는 것을 알 수 있으며, m1.obj를 사용하여 바이츠를 확인할 수 있다. Line 12~19에서는 16진수 데이터 b2를 0xABCDEF01의 초기값으로 설정하고, int.to_bytes() 함수를 사용하여 4바이트 크기의 big-endian 바이트 저장순서로 저장시킨 후 memoryview() 함수를 사용하여 메모리뷰 객체 m2를 생성한다. Line 18과 19에서 각각 출력된 결과에서 big-endian 바이트 저장 체계로 구성된 4바이트의 16진수 값을 확인할 수 있다.

5.5 리스트 (List)

파이썬 프로그래밍에서 리스트 (list)는 가장 많이 사용되는 시퀀스 자료형이다. 리스트에 포함된 개체들은 배열 (array)와 같이 동일한 자료형으로 구성할 수도 있으며, 서로 다른 자료형의 객체들로 리스트를 구성할 수도 있다. 또한 리스트는 2차원 또는 3차원 리스트의 다중 리스트로도 구성하여 다양한 응용 프로그램에서 활용할 수 있다.

5.5.1 list 관련 함수

리스트 자료형 객체에는 5.1.3절에서 설명한 시퀀스 자료형에 공통적인 함수들을 활용할 수 있으며, 인덱싱과 슬라이싱 등의 기능을 사용할 수 있다. 표 5.6은 리스트에 사용할 수 있는 함수들을 정리하여 보여 준다.

표 5.6 리스트 관련 함수

구분	list (L) operation	설명
리스트 생성	L = []	비어있는 (empty) 리스트 생성
	L = [123, ‘abc’, 1.23, {}]	서로 다른 자료형의 원소를 포함, index는 0..3
	L = [‘Bob’, 40.0, [‘dev’, ‘mgr’]]	리스트 내부에 리스트가 포함된 중첩 (nested) 리스트
	L = list(“ABCDEFG”)	순차반복접근 가능 자료형으로 리스트 생성
	L = list(range(-4, 4))	range()함수를 사용하여 -4, -3 ... 2, 3의 원소를 가지는 리스트 생성
	L = [x**2 for x in range(5)]	range()와 계산식을 사용하여 원소 초기값 설정
	list(map(ord, ‘spam’)	주어진 열거형 객체의 각 원소를 포함하는 리스트 생성
기본 연산	len(L)	리스트 L의 길이 (원소 개수)
	L1 + L2	접합 (concatenation)
	L * 3	반복 (repeat)
	L.append(4)	첨가
	L.extend([5, 6, 7])	확장 (인수로 전달된 리스트의 각 원소를 개별적으로 첨가)
	L.clear()	리스트 원소들을 모두 삭제
	L.copy()	리스트를 복사
	L.count(x)	리스트에 x가 포함되어 있는 개수 반환
	L.remove(x)	리스트로부터 원소 x를 삭제
	3 in L	membership; 리스트 L에 인수로 주어진 원소가 포함되어 있는지 확인
정렬	L.sort()	정렬
	L.reverse()	역순 정렬
인덱싱	L[i] = 3	index
	L.insert(i, x)	i번째 위치에 x를 삽입
	L[i][j]	index of index
	L.pop(i)	L.pop() : L.pop(0): L.pop(-1)

구분	list (L) operation	설명
	del L[i]	i번째 원소를 삭제
슬라이싱	L[i:j] = [4, 5, 6]	i번째~j-1번째 구간의 원소를 주어진 값으로 변경
	L[i:j] = []	i번째~j-1번째 구간의 원소를 삭제
	del L[i:j]	i번째~j-1번째 구간의 원소를 삭제
반복문	for x in L: print(x)	리스트 L의 각 원소를 차례로 열거하여 사용하는 for-반복문 실행

(1) 리스트 생성 – [ ] 연산자 및 list() 함수

리스트를 생성하는 여러 방법 중 가장 기본적인 방법은 대괄호 ([,]) 사용이며, 리스트에 포함될 원소들을 대괄호 속에 나열하거나 list() 함수에 시퀀스 객체를 전달하여 생성하는 방법이다.

```
 1: # list creations
 2:
 3: L1 = [1, 2, 3, 4, 5]
 4: print("L1 = ", L1)
 5:
 6: L2 = ["abc", "def", "gold", "silver", "bronze"]
 7: print("L2 = ", L2)
 8:
 9: L3 = list("ABCDEFG")
10: print("L3 = ", L3)
```

그림 5.51 리스트 생성

그림 5.51 line 3, 6에서는 대괄호 안에 정수 데이터들과 문자열을 각각 제공하여 정수 데이터 리스트 L1과 문자열 리스트 L2를 생성한다. 생성된 L1과 L2의 내용은 print() 함수를 사용하여 확인할 수 있으며, 그림 5.52에서 보는 것과 같다.

그림 5.51 line 9에서는 list() 함수에 문자열 "ABCDEFG"를 전달하여 리스트를 생성하며, 그림 5.52에서 확인할 수 있는 것과 같이 문자열의 각 문자들이 개별적으로 분해되어 리스트의 원소로 포함된다.

```
L1 =  [1, 2, 3, 4, 5]
L2 =  ['abc', 'def', 'gold', 'silver', 'bronze']
L3 =  ['A', 'B', 'C', 'D', 'E', 'F', 'G']
```

그림 5.52 리스트 생성 실행 결과

(2) range()를 사용한 리스트 생성

연속적인 숫자 데이터를 원소들로 구성된 리스트를 생성하는 방법으로 range()를 사용할 수 있다. 3장 3.2.2절에서 설명하였던 range(start, stop, step)은 start로부터 step 간격으로 stop -1까지의 정수 데이터를 순차적으로 생성하는 반환하므로, 이렇게 생성된 순차적 데이터들을 리스트의 원소로 사용할 수 있다. 그림 5.53은 range()를 사용하여 리스트를 생성하는 예를 보여준다. Line 3에서는 range(−4, 4)을 사용하여 -4, −3, −2, . . . 2, 3까지의 정수를 원소로 하는 리스트 L1을 생성하며, print() 함수를 사용하여 결과를 보여주고 있다.

Line 6에서는 range(5)를 사용하여 0~4의 정수를 순차적으로 생성한 후 이 정수 데이터의 제곱 값인 0, 1, 4, 9, 16을 원소로 하는 리스트를 생성하고 있다. 결과는 그림 5.54에서 확인할 수 있다. Line 9에서는 다양한 자료형을 원소로 하는 리스트를 생성하는 예를 보여준다. 리스트 L3에는 정수, 문자열, 실수, 튜플, dict 자료형 원소들이 포함되어 있으며, 각 원소들을 L3[i]와 같이 인덱스를 사용하여 출력하는 예를 보여준다.

```
 1: # Creations of list - range(), len()
 2:
 3: L1 = list(range(-4, 4))
 4: print("L1 = ", L1)
 5:
 6: L2 = [x**2 for x in range(5)]
 7: print("L2 = ", L2)
 8:
 9: L3 = [1234, "ABC", 1.234, ('a', 'b', 'c'), {'x':1, 'y':2, 'z':3}]
10: for i in range(len(L3)):
11:     print("L3[{}]: {}".format(i, L3[i]))
```

그림 5.53 range()와 len()을 사용한 리스트 생성

```
L1 =  [-4, -3, -2, -1, 0, 1, 2, 3]
L2 =  [0, 1, 4, 9, 16]
L3[0]: 1234
L3[1]: ABC
L3[2]: 1.234
L3[3]: ('a', 'b', 'c')
L3[4]: {'x': 1, 'y': 2, 'z': 3}
```

그림 5.54 range()와 len()을 사용한 리스트 생성 결과

(3) split()과 map()을 사용한 리스트 생성

데이터 입력에서 한 줄로 입력된 데이터를 단어별로 구분할 수 있으면 데이터 입력기능을 매우 편리하게 구성할 수 있다.

```
# Creation of list of integers using split(), map()

input_int_strings = input("input integers : ")
int_strs = input_int_strings.split(sep=' ')
print("int_strs = ", int_strs)
L = list(map(int, int_strs))
print("L = ", L)
```

그림 5.55 split()과 map()을 사용한 리스트 생성

```
input integers : 123 456 789 1234 5678
int_strs =  ['123', '456', '789', '1234', '5678']
L =  [123, 456, 789, 1234, 5678]
```

그림 5.56 split()과 map()을 사용한 리스트 생성 결과

그림 5.55 line 3에서는 input() 함수를 사용하여 문자열을 입력 받은 후 line 4에서 split(sep=' ') 함수를 사용하여 단어 사이의 공란 (space)를 기준으로 분리시켜 리스트를 생성한다. 리스트의 각 항목은 여전히 문자열 (단어)이므로 이들이 숫자 데이터의 문자열인 경우 int(), float(), complex() 함수를 사용하여 각각 정수 (integer), 실수 (float), 또는 복소수로 변환시켜야 한다. Line 6에서는 정수 문자열 리스트의 각 항목들에 int() 함수를 적용하도록 하는 map() 함수를 사용하여 정수 데이터로 변환시키고, 이들을 원소로 하는 정수 리스트를 생성하는 예를 보여준다. 생성된 정수 데이터 리스트는 그림 5.56에서 입력된 숫자 문자열이 정수 데이터로 정확하게 변환된 것을 확인할 수 있다.

5.5.2 리스트 기본 연산

(1) append(), extend()

리스트를 추가시키거나 결합시킬 때 append() 함수와 extend() 함수를 사용한다. 그림 5.57 line 3~5에서 리스트 A, B, C를 준비한 후, line 11에서 A.append(C)를 사용하여 리스트 A에 리스트 C를 추가한다. A.append(C) 함수는 인수로 전달된 항목인 리스트 C를 리스트 A의 마지막 원소로 추가하며, 결과는 그림 5.58의 A 출력결과와 같다.

그림 5.57 line 13의 B.extend(C)는 리스트 B에 리스트 C를 결합시키며, C의 모든 원소들을 차례로 B의 원소로 추가한다. 추가된 결과는 그림 5.58에서 확인할 수 있다.

```
 1: # List functions
 2:
 3: A = [1, 2, 3, 4, 5]
 4: B = [3, 4, 5, 6, 7]
 5: C = [10, 11, 12, 13]
 6:
 7: print("A : ", A)
 8: print("B : ", B)
 9: print("C : ", C)
10:
11: A.append(C)
12: print("A.append(C) ==> A: ", A)
13: B.extend(C)
14: print("B.extend(C) ==> B: ", B)
```

그림 5.57 리스트의 append(), extend() 함수

```
A :  [1, 2, 3, 4, 5]
B :  [3, 4, 5, 6, 7]
C :  [10, 11, 12, 13]
A.append(C) ==> A:  [1, 2, 3, 4, 5, [10, 11, 12, 13]]
B.extend(C) ==> B:  [3, 4, 5, 6, 7, 10, 11, 12, 13]
```

그림 5.58 리스트의 append(), extend() 함수 실행 결과

(2) 리스트의 정렬 – sort(), reverse()

리스트에 포함된 원소들을 크기 순서대로 정렬하는 방법은 리스트의 멤버함수인 sort()를

사용하여 간단하게 처리할 수 있다. 만약 내림차순으로 정렬하고자 하면 reverse() 함수를 사용할 수 있다. 그림 5.59는 sort() 함수와 reverse() 함수를 사용하여 오름차순 또는 내림차순으로 리스트 원소들을 정렬하는 예를 보여준다. 정렬된 결과는 그림 5.60에서 확인 할 수 있다.

```
# List sorting - sort(), reverse()

A = [4, 2, 9, 7, 1, 3, 5, 6, 8, 0]
B = ['b', 'f', 'a', 'd', 'e', 'c', 'g']

print("A = ", A)
A.sort()
print("After A.sort(), A = ", A)
A.reverse()
print("After A.reverse(), A = ", A)

print("B = ", B)
B.sort()
print("After B.sort(), B = ", B)
B.reverse()
print("After B.reverse(), B = ", B)
```

그림 5.59 sort() 함수와 reverse() 함수를 사용한 리스트 원소들의 정렬

```
A =  [4, 2, 9, 7, 1, 3, 5, 6, 8, 0]
After A.sort(), A =  [0, 1, 2, 3, 4, 5, 6, 7, 8, 9]
After A.reverse(), A =  [9, 8, 7, 6, 5, 4, 3, 2, 1, 0]
B =  ['b', 'f', 'a', 'd', 'e', 'c', 'g']
After B.sort(), B =  ['a', 'b', 'c', 'd', 'e', 'f', 'g']
After B.reverse(), B =  ['g', 'f', 'e', 'd', 'c', 'b', 'a']
```

그림 5.60 sort() 함수와 reverse() 함수를 사용한 리스트 원소들의 정렬 결과

(3) 리스트 인덱싱과 insert(), pop(), remove()

리스트의 인덱스를 사용하여 원소들을 개별적으로 접근하여 값을 읽거나 변경할 수 있다. 그림 5.61 line 3에서 리스트 A를 준비한 후, line 6에서 0번째 원소 값을 100으로 변경한다. 변경된 이후 리스트 A의 원소 값들은 그림 5.62에서 확인할 수 있다. Line 8에서 insert() 함수를 사용하여 0번째 위치에 200을 삽입하며 결과를 그림 5.62에서 확인할 수 있다. Line 10에서는 del A[0]을 사용하여 0번째 원소를 삭제한다.

Line 12의 pop(0)은 del A[0]와 동일한 기능을 가지며, 0번째 원소를 삭제한다. Line 14의 pop()은 리스트의 맨 마지막 항목을 삭제하며, pop(-1) 역시 마지막 항목을 삭제한다. 리스트의 remove() 함수는 지정된 항목을 리스트로부터 삭제하며, line 18에서 리스트 A로부터 항목 3을 삭제한다. Line 20의 in 연산자는 리스트에 해당 원소가 있는가를 확인한다.

```
# List indexing, pop(), remove()

A = [0, 1, 2, 3, 4, 5]
print("A = ", A)

A[0] = 100
print("After A[0] = 100, A = ", A)
A.insert(0, 200)
print("After A.insert(0, 200), A = ", A)
del A[0]
print("After del A[0], A = ", A)
A.pop(0)
print("After A.pop(0), A = ", A)
A.pop()
print("After A.pop(),  A = ", A)
A.pop(-1)
print("After A.pop(-1),A = ", A)
A.remove(3)
print("After A.remove(3),A=", A)
print("3 in A = ", 3 in A)
```

그림 5.61 리스트 인덱싱, insert(), pop(), remove()

```
A =  [0, 1, 2, 3, 4, 5]
After A[0] = 100, A =  [100, 1, 2, 3, 4, 5]
After A.insert(0, 200), A =  [200, 100, 1, 2, 3, 4, 5]
After del A[0], A =  [100, 1, 2, 3, 4, 5]
After A.pop(0), A =  [1, 2, 3, 4, 5]
After A.pop(),  A =  [1, 2, 3, 4]
After A.pop(-1),A =  [1, 2, 3]
After A.remove(3),A= [1, 2]
3 in A =  False
```

그림 5.62 리스트 인덱싱, insert(), pop(), remove() 실행 결과

(4) 리스트 슬라이싱

리스트의 특정 구간에 포함된 원소들을 묶어서 함께 처리하는 것을 슬라이싱이라고 한다. 리스트 원소들에 대한 슬라이싱에서는 A[i:j:k]으로 구간을 설정하며, i번째 원소로부터 k 간격으로 j−1까지의 원소들을 처리하게 된다. 그림 5.63 line 6에서는 0~2 번째 원소들을 [10, 11, 12] 리스트의 값들로 변경시키며, line 8의 A[0:3] = []에서는 0~2번째 원소들을 삭제한다. 리스트에 슬라이싱 기능을 사용하여 원소를 변경 또는 삭제한 결과는 그림 5.64에서 확인할 수 있다.

```
# List sorting - slicing

A = [0, 1, 2, 3, 4, 5]

print("A = ", A)
A[0:3] = [10, 11, 12]
print("After A[0:3] = [10, 11, 12], A = ", A)
A[0:3] = []
print("After A[0:3] = [], A = ", A)
A = [0, 1, 2] + A
print("After A = [0, 1, 2] + A, A = ", A)
```

그림 5.63 리스트에 대한 슬라이싱

```
A =  [0, 1, 2, 3, 4, 5]
After A[0:3] = [10, 11, 12], A =  [10, 11, 12, 3, 4, 5]
After A[0:3] = [], A =  [3, 4, 5]
After A = [0, 1, 2] + A, A =  [0, 1, 2, 3, 4, 5]
```

그림 5.64 리스트에 대한 슬라이싱 결과

5.5.3 2차원 리스트

과학 기술 분야 프로그램에서 많이 사용되는 행렬 (matrix)는 2차원 배열 또는 2차원 리스트로 구현된다. 그림 5.65는 2차원 리스트를 사용하여 행렬을 구성하고, 행렬에 대한 덧셈, 뺄셈 및 곱셈 연산을 수행하는 예제 프로그램이다. Line 3~5에서는 3 × 3 크기의 행렬 A와 행렬 B를 초기값을 사용하여 준비하며, line 6~8에서는 연산 결과를 담을 행렬을 미리 준비한다. 행렬 A와 B의 원소들의 값은 line 10~11에서 print() 함수를 사용하여 출력하며, 결과를 그림 5.66에서 볼 수 있다.

Line 12~14에서는 2중 for-loop 구조로 행렬 A와 B의 원소들을 차례로 읽어 덧셈 연산을 한 후, 결과를 행렬 C에 저장한다. A[i][j]처럼 2차원 리스트에 사용되는 2개의 인덱스 i와 j는 각각 행렬 (matrix)의 행 (row)와 열(column)의 인덱스가 된다. Line 17~19에서는 2중 for-loop 구조로 행렬 A와 B의 원소들을 차례로 읽어 뺄셈 연산을 한 후, 결과를 행렬 D에 저장한다. 행렬의 뺄셈 구조는 행렬의 덧셈 구조와 동일하나 단지 연산이 +를 사용한 덧셈에서 -를 사용한 뺄셈으로 변경된 것이다.

Line 22~25에서는 3중 for-loop을 사용하여 행렬의 곱셈 연산을 수행한다. Line 25의 E[i][j] += A[i][k] * B[k][j]에서 실행하는 것은 4장의 그림 4.38에서 보여 주었던 행렬 곱셈 연산을 구현한 것이다.

```
# two-dimensional list for matrix

A = [[1,2,3], [4,5,6], [7,8,9]]
#B = [[1,2,3], [4,5,6], [7,8,9]]
B = [[1,0,0], [0,1,0], [0,0,1]]
C = [[0,0,0], [0,0,0], [0,0,0]]
D = [[0,0,0], [0,0,0], [0,0,0]]
E = [[0,0,0], [0,0,0], [0,0,0]]

print("A : ", A)
print("B : ", B)
for i in range (3):
    for j in range (3):
        C[i][j] = A[i][j] + B[i][j]
print("A+B => ", C)

for i in range (3):
    for j in range (3):
        D[i][j] = A[i][j] - B[i][j]
print("A-B => ", D)

for i in range (3):
    for j in range (3):
        for k in range (3):
            E[i][j] += A[i][k] * B[k][j]
print("A*B => ", E)
```

그림 5.65 2차원 리스트를 사용한 행렬 및 행렬 연산 프로그램

```
A :   [[1, 2, 3], [4, 5, 6], [7, 8, 9]]
B :   [[1, 0, 0], [0, 1, 0], [0, 0, 1]]
A+B =>   [[2, 2, 3], [4, 6, 6], [7, 8, 10]]
A-B =>   [[0, 2, 3], [4, 4, 6], [7, 8, 8]]
A*B =>   [[1, 2, 3], [4, 5, 6], [7, 8, 9]]
```

그림 5.66 2차원 리스트를 사용한 행렬 및 행렬 연산 프로그램 실행 결과

5.5.4 리스트 복사 - copy()

(1) 리스트의 대입 연산자와 copy() 함수를 사용한 복사

리스트의 복사는 대입 (=) 연산자를 사용하거나 copy 모듈의 copy() 함수 또는 deepcopy() 함수를 사용하여 실행시킬 수 있다. 그림 5.67의 line 3에서 리스트 내부에 또 다른 리스트가 원소로 있는 리스트 A를 생성하며, line 4에서 대입 연산자를 사용하여 리스트 B로 복사를 한다. 복사 이후에 line 8에서 id() 함수를 사용하여 리스트 A와 B의 object ID를 살펴보면 두 리스트의 객체 식별 번호가 동일한 것을 알 수 있고, 리스트 A에서 리스트 B로 얕은 복사 (shallow copy)가 이루어 진 것을 알 수 있다. Line 9에서 A와 B가 동일한 가를 is 연산자로 확인하며, 그림 5.68에서 "A is B : True" 출력으로 이들이 동일한 객체인 것을 확인할 수 있다.

그림 5.67 line 14에서는 copy() 함수를 사용하여 리스트 A를 리스트 C로 복사하며,

line 18에서 id() 함수를 사용하여 확인하면 리스트 A와 리스트 C가 서로 다른 객체 식별번호를 가지는 것을 알 수 있어, 깊은 복사 (deep copy)가 이루어 진 것을 알 수 있다. Line 19에서 A is C를 실행한 결과에서 False인 것을 확인할 수 있다. Line 20에서는 리스트 C의 1번째 원소의 값을 변경하며, line 21에서는 리스트 C의 2번째 원소인 내부 리스트의 0번째 원소 값을 C[2][0] 인덱싱으로 변경한다. 리스트 C에 대한 원소값 변경은 그림 5.68에서 확인할 수 있다.

```
 1: # List copy functions
 2:
 3: A = [1, 2, [31, 32, 33]]
 4: B = A # shallow copy
 5: print("A : ", A)
 6: print("B = A # shallow copy")
 7: print("B : ", B)
 8: print("id(A) : {0}, id(B) : {1}".format(id(A), id(B)))
 9: print("A is B : ", A is B)
10: B[1] = 20
11: print("A : ", A)
12: print("B : ", B)
13:
14: C = A.copy() # B = A[:], deep copy
15: print("\nC = A.copy() # deep copy")
16: print("A : ", A)
17: print("C : ", C)
18: print("id(A) : {0}, id(C) : {1}".format(id(A), id(C)))
19: print("A is C : ", A is C)
20: C[1] = 200
21: C[2][0] = 201
22: print("A : ", A)
23: print("C : ", C)
```

그림 5.67 리스트의 복사 – shallow copy, deep copy

```
A :  [1, 2, [31, 32, 33]]
B = A # shallow copy
B :  [1, 2, [31, 32, 33]]
id(A) : 38399712, id(B) : 38399712
A is B :  True
A :  [1, 20, [31, 32, 33]]
B :  [1, 20, [31, 32, 33]]

C = A.copy() # deep copy
A :  [1, 2, [31, 32, 33]]
C :  [1, 2, [31, 32, 33]]
id(A) : 38399032, id(C) : 48705984
A is C :  False
A :  [1, 2, [201, 32, 33]]
C :  [1, 200, [201, 32, 33]]
```

그림 5.68 리스트의 복사 – shallow copy, deep copy – 실행 결과

(2) copy 모듈의 copy()와 deepcopy() 함수를 사용한 리스트 복사

그림 5.69 line 2에서는 copy 모듈을 설치하며, line 5에서 copy 모듈의 copy() 함수

를 사용하여 리스트 A를 리스트 D로 복사한다. Line 9에서 리스트 A와 리스트 D의 id 값를 확인하는데 그림 5.70의 결과에서 두 개의 리스트가 서로 다르다는 것을 확인할 수 있다.

그림 5.69 line 11에서는 D[1]의 원소 값을 300으로 변경하며, line 12에서 D[2][0] 원소 값을 301로 변경한다. Line 13~14에서 리스트 A와 리스트 D를 출력하면 D[1] 원소 값의 변경은 A[1]에 영향을 주지 않았으나 D[2][0] 원소값의 변경은 A[2][0]의 값도 변경 시킨 것을 확인할 수 있다. 이를 다시 살펴보면 copy 모듈의 copy() 함수는 리스트 내부에 있는 리스트는 얕은 복사 (shallow copy)가 실행되는 것을 알 수 있다.

그림 5.60 line 17에서는 copy 모듈의 deepcopy() 함수를 사용하여 리스트를 복사하며 line 21에서의 객체 식별 번호 확인을 통하여 리스트 A와 리스트 E가 서로 다른 객체인 것을 확인할 수 있다. Line 23~24에서 E[1] 원소값의 변경과 E[2][0] 원소값의 변경 후 line 25~26에서 두 리스트의 원소값들을 살펴보면 리스트 내부에 있는 리스트 A[2]와 리스트 E[2] 역시 서로 다른 리스트 인 것을 알 수 있다.

```
1: # list copy using copy module
2: import copy
3: print("\nTesting copy function in copy module")
4: A = [1, 2, [31, 32, 33]]
5: D = copy.copy(A) # shallow copy function in copy module
6: print("D = copy.copy(A) # shallow copy")
7: print("A : ", A)
8: print("D : ", D)
9: print("id(A) : {0}, id(D) : {1}".format(id(A), id(D)))
10: print("D is A : ", D is A)
11: D[1] = 300
12: D[2][0] = 301
13: print("A : ", A)
14: print("D : ", D)
15: print("D[1] is A[1] : ", D[1] is A[1])
16:
17: E = copy.deepcopy(A) # deep copy function in copy module
18: print("\nE = copy.deepcopy(A) #deep copy")
19: print("A : ", A)
20: print("E : ", E)
21: print("id(A) : {0}, id(E) : {1}".format(id(A), id(E)))
22: print("E is A : ", E is A)
23: E[1] = 500
24: E[2][0] = 501
25: print("A : ", A)
26: print("E : ", E)
```

그림 5.69 리스트의 복사와 개별 항목의 변경 가능 여부

```
Testing copy function in copy module
D = copy.copy(A) # shallow copy
A :  [1, 2, [31, 32, 33]]
D :  [1, 2, [31, 32, 33]]
id(A) : 45101184, id(D) : 45101424
D is A :  False
A :  [1, 2, [301, 32, 33]]
D :  [1, 300, [301, 32, 33]]
D[1] is A[1] :  False

E = copy.deepcopy(A) #deep copy
A :  [1, 2, [31, 32, 33]]
E :  [1, 2, [31, 32, 33]]
id(A) : 45083784, id(E) : 45101184
E is A :  False
A :  [1, 2, [31, 32, 33]]
E :  [1, 500, [501, 32, 33]]
```

그림 5.70 리스트의 복사와 개별 항목의 변경 가능 여부 실행 결과

5.6 튜플 (tuple)

파이썬의 시퀀스 자료형 중 하나인 튜플(tuple)은 여러 개의 나열된 항목들을 하나의 묶음으로 사용할 수 있는 자료형이다. 튜플은 또 다른 시퀀스 자료형인 리스트와 기능적으로 유사하나 리스트가 포함된 원소들을 변경할 수 있는 것과는 달리 튜플에 포함된 원소들은 맨 처음 생성된 이후에는 개별적으로 변경할 수 없다. 튜플은 소괄호 "(a, b, c)" 안에 콤마로 구분되는 원소들을 차례로 열거하는 형식을 사용한다. 튜플에 포함되는 원소들은 파이썬의 다양한 자료형 객체들이 될 수 있으며, 여러 가지 자료형 객체들을 혼합하여 사용할 수도 있다.

파이선 tuple 정의

tuple_A = (element_0, element_1, ... , element_n-1)

5.6.1 tuple의 생성 및 연산

튜플은 시퀀스 자료형이므로 5.1절과 5.2절에서 설명하였던 연산들을 모두 사용할 수 있다. 표 5.7에 튜플에 사용할 수 있는 연산과 함수를 튜플 예제를 사용하여 설명하고 있다.

표 5.7 튜플에 사용할 수 있는 연산과 함수

연산, 함수	기능	사용 예
len()	튜플에 포함된 객체의 개수	len((1, 2, 3, 4, 5))
+	2개의 튜플을 접합 (concatenation)	(1, 2, 3) + (4, 5, 6)
*	지정된 횟수만큼 시퀀스를 반복 (repetition)	('a', 'b', 'c') * 3
in	튜플에 포함되어 있는지 확인	tuple_A['Mon', 'Tue', Wed'] 'Mon' in tuple_A
not in	튜플에 포함되어 있지 않는지 확인	'x' not in ('a', 'b', 'c', 'd', 'e')
[start:end: stride]	인덱싱	T = (3, 1, 5, 7, 0, 4, 2, 6) T_1 = T[0:5:2]

min()	튜플에서 제일 작은 요소	min((3, 1, 5, 7))
max()	튜플에서 제일 큰 요소	max((3, 1, 5, 7))
sum()	튜플에 포함된 원소들의 합 (tuple에 포함된 원소에 + 연산이 가능한 경우에만 사용)	sum((3, 1, 5, 7))
sorted()	튜플에 포함된 원소들을 정렬한 결과를 반환	T = (3, 1, 5, 7, 0, 4, 2, 6) T_sorted = sorted(T)
for 반복문	반복문 구성	for n in (3, 1, 5, 7, 0, 4, 2, 6) : print(n)

(1) 튜플의 생성 – str, list, range()

튜플의 생성을 위하여 tuple() 함수에 시퀀스 자료형인 문자열, 리스트, range()를 사용하여 원소들을 제공하는 방법을 사용할 수 있다. 그림 5.71의 line 3에서는 문자열을 tuple()에 제공하여 튜플 t1을 생성하며, 문자열의 개별 문자들이 튜플 t1의 원소들이 된다. Line 6에서는 tuple() 함수에 리스트를 제공하여 튜플 t2를 생성하며, 튜플 t2의 원소들은 리스트의 원소들로 구성된다.

Line 9에서는 range(5)에서 생성되는 정수들을 tuple() 함수에 제공하여 정수 데이터들을 원소로 가지는 튜플 t3을 생성한다. Line 12에서는 다양한 자료형의 데이터를 가지는 리스트의 원소들을 포함하는 튜플 t4를 tuple() 함수를 사용하여 생성한다. 그림 5.72에서 결과들을 확인할 수 있다.

```
 1: # tuple - creations
 2:
 3: t1 = tuple("one") # tuple creation with string
 4: print("t1 = ", t1)
 5:
 6: t2 = tuple(["one", "two", "three"]) # tuple creation with list
 7: print("t2 = ", t2)
 8:
 9: t3 = tuple(range(5)) # tuple creation with range()
10: print("t3 = ", t3)
11:
12: t4 = tuple([0, 1.0, 'a', b"xyz"]) # tuple creation with list of different types
13: print("t4 = ", t4)
```

그림 5.71 튜플의 생성 – 문자열, 리스트, range 사용

```
t1 =  ('o', 'n', 'e')
t2 =  ('one', 'two', 'three')
t3 =  (0, 1, 2, 3, 4)
t4 =  (0, 1.0, 'a', b'xyz')
```

그림 5.72 튜플의 생성 실행결과

(2) 괄호 없이 데이터 목록으로 튜플 생성

튜플의 생성에서 괄호를 사용하지 않고 그림 5.73에서 보는 것과 같이 데이터 목록을 제공하여도 튜플을 생성할 수 있다. Line 3, 4에서는 과일들과 동물들의 이름을 문자열로 열거하여 대입시킴으로써 튜플 fruits와 animals를 생성한다. Line 6과 9에서 type() 함수로 출력된 결과를 그림 5.74에서 살펴보면 <class 'tuple'>이 정상적으로 생성된 것을 확인할 수 있다.

```
 1 :  # tuple definition without parenthesis
 2 :
 3 :  fruits = 'apple', 'orange', 'banana', 'mango', 'cherry', 'plum', 'pear', 'peach'
 4 :  animals = 'lion', 'tiger', 'monkey', 'rabbit', 'cat', 'dog'
 5 :
 6 :  print("type(fruits) = ", type(fruits))
 7 :  print("fruits = ", fruits)
 8 :
 9 :  print("\ntype(animals) = ", type(animals))
10 :  print("fruits = ", animals)
```

그림 5.73 데이터 목록으로 튜플 생성

```
type(fruits) =  <class 'tuple'>
fruits =  ('apple', 'orange', 'banna', 'mango', 'cherry', 'plum', 'pear', 'peach')

type(animals) =  <class 'tuple'>
fruits =  ('lion', 'tiger', 'monkey', 'rabbit', 'cat', 'dog')
```

그림 5.74 데이터 목록으로 튜플 생성 결과

(3) 튜플의 생성 – zip()

튜플을 생성할 때 복수의 리스트들과 zip() 함수를 사용하여 각 리스트의 원소들을 순서대로 추출하여 튜플들의 리스트를 생성할 수 있다. 그림 5.73 line 3~5에서는 학생의 이름을 원소들로 가지는 리스트 A, 학생들의 성적을 원소들로 가지는 리스트 B, 학생의 남녀 성별을 나타내는 리스트 C가 준비된다.

```
 1: # creation of list of tuples with zip
 2:
 3: A = ["Kim", "Lee", "Park", "Yoon", "Choi"]
 4: B = [20, 30, 40, 50, 60]
 5: C = ["Male", "Female", "Female", "Male", "Female",]
 6:
 7: Persons = list(zip(A, B, C))
 8: print("A = ", A)
 9: print("B = ", B)
10: print("C = ", C)
11: print("Persons = list(zip(A, B, C)) = \n", Persons)
12: for i in range(len(Persons)):
13:     print("Persons[{:2}] = {}".format(i, Persons[i]))
```

그림 5.73 zip()을 사용하는 튜플의 생성

Line 7에서는 zip(A, B, C)를 사용하여 리스트 A, B, C의 각 원소를 차례로 읽어 내어 같은 위치에 있는 원소들을 모아 튜플을 만든다. 이어서 list() 함수를 사용하여 튜플들의 리스트를 만들어 Persons에 저장한다. 이렇게 3개의 리스트에 zip() 함수를 사용하여 만들어진 튜플 리스트 Persons는 그림 5.74에서 보는 것과 같다.

```
A =  ['Kim', 'Lee', 'Park', 'Yoon', 'Choi']
B =  [20, 30, 40, 50, 60]
C =  ['Male', 'Female', 'Female', 'Male', 'Female']
Persons = list(zip(A, B, C)) =
 [('Kim', 20, 'Male'), ('Lee', 30, 'Female'), ('Park'
, 40, 'Female'), ('Yoon', 50, 'Male'), ('Choi', 60, '
Female')]
Persons[ 0] = ('Kim', 20, 'Male')
Persons[ 1] = ('Lee', 30, 'Female')
Persons[ 2] = ('Park', 40, 'Female')
Persons[ 3] = ('Yoon', 50, 'Male')
Persons[ 4] = ('Choi', 60, 'Female')
```

그림 5.74 zip()을 사용하는 튜플의 생성 결과

5.6.2 튜플의 기본 함수

(1) 튜플의 복사 – copy()

튜플을 복사하는 방법에는 대입 연산자 (=)를 사용하거나 copy 모듈의 copy() 함수를 사용할 수 있다. 그림 5.75 line 4에서 튜플 t1을 생성하고, line 8에서 대입 연산자를 사용하여 튜플 t1을 t2로 복사한다. Line 10, 11에서 튜플 t1과 t2의 객체 식별 번호를 확인하면 t1과 t2는 동일한 튜플인 것을 확인할 수 있다. 즉, 대입 연산자를 사용하여 튜플을 복사하는 경우 얕은 복사가 실행되는 것을 알 수 있다.

Line 15에서 주석 처리되어 있는 내용은 튜플 클래스의 객체는 copy() 멤버함수가 제공되지 않는다는 것을 확인할 수 있는 항목이며, 대신 line 16에서 보는 것과 같이 copy 모듈의 copy() 함수를 사용하여 t1을 t3로 복사를 할 수 있으며, line 19~20에서 객체 식별 번호를 확인하면 동일한 객체인 것을 확인할 수 있다. Line 24에서는 copy 모듈의 deepcopy() 함수를 사용하여 복사를 하며, line 27~28에서 객체 식별 번호가 동일한 것을 확인할 수 있다. 즉 튜플의 경우 튜플에 포함되는 원소들을 개별적으로 변경할 수 없는 immutable 이기 때문에 copy 모듈의 copy()나 deepcopy() 모두 얕은 복사를 하는 것을 알 수 있다.

```
# Testing copy operations of tuple
import copy

t1 = (1, 2, 3)
print('t1 : ', t1)

print('t2 = t1')
t2 = t1
print("t2 == t1 : ", t2 == t1)
print('id(t1) : ', id(t1))
print('id(t2) : ', id(t2))
print("t2 is t1 : ", t2 is t1)
print('\nt3 = copy.copy(t1)')

#t3 = t1.copy() # tuple does not have .copy() member function
t3 = copy.copy(t1)
print('t3 : ', t3)
print("t3 == t1 : ", t3 == t1)
print('id(t1) : ', id(t1))
print('id(t3) : ', id(t3))
print("t3 is t1 : ", t3 is t1)
print('\nt4 = copy.deepcopy(t1)')
t4 = copy.deepcopy(t1)
print('t4 : ', t4)
print("t4 == t1 : ", t4 == t1)
print('id(t1) : ', id(t1))
print('id(t4) : ', id(t4))
print("t4 is t1 : ", t4 is t1)
```

그림 5.75 튜플의 복사

```
t1 :  (1, 2, 3)
t2 = t1
t2 == t1 :  True
id(t1) :  11752472
id(t2) :  11752472
t2 is t1 :  True

t3 = copy.copy(t1)
t3 :  (1, 2, 3)
t3 == t1 :  True
id(t1) :  11752472
id(t3) :  11752472
t3 is t1 :  True
```

(a) part 1

```
t4 = copy.deepcopy(t1)
t4 :  (1, 2, 3)
t4 == t1 :  True
id(t1) :  11752472
id(t4) :  11752472
t4 is t1 :  True
```

(b) part 2

그림 5.76 튜플의 복사 실행 결과

(2) 튜플의 개별 원소의 자료형에 따른 변경 가능 여부

표 5.1에서 설명한 것과 같이 튜플에 포함된 원소가 변경 불가능 (immutable)인 자료형인 경우 개별적으로 변경할 수 없으나, 튜플의 원소가 변경 가능 (mutable) 자료형인 경우

그 원소의 값을 변경할 수 있다. 그림 5.77은 튜플의 원소를 개별적으로 변경할 수 있는가를 확인한다. Line 3에서 정수형 원소와 리스트 원소를 함께 가지는 튜플 a를 생성하며 line 5에서 리스트형 튜플 원소를 변경하고, line 7에서는 리스트형 튜플 원소 하나를 삭제한다. 그림 5.78에서 변경 가능한 리스트형 튜플 원소의 변경 및 삭제는 문제없이 실행되는 것을 확인할 수 있다.

```
 1: # tuple - immutability
 2:
 3: a = (1, 2, 3, [10, 20, 30])
 4: print("a = ", a)
 5: a[3][0] = 100 # list is mutable
 6: print("after a[3][0] = 100, a = ", a)
 7: del a[3][2]
 8: print("after del a[3][2], a = ", a)
 9:
10: a[0] = 10 # integer is immutable
```

그림 5.77 튜플의 원소에 따른 변경 가능 여부 시험

```
a =  (1, 2, 3, [10, 20, 30])
after a[3][0] = 100, a =  (1, 2, 3, [100, 20, 30])
after del a[3][2], a =  (1, 2, 3, [100, 20])
Traceback (most recent call last):
  File "C:\MyPyPackage\TextBook (Python) - 2019-8\ch 5 Python
g\5.6 tuple\(2) tuple - immutable.py", line 10, in <module>
    a[0] = 10 # integer is immutable
TypeError: 'tuple' object does not support item assignment
```

그림 5.78 튜플의 원소에 따른 변경 가능 여부 시험 결과

그러나 line 10에서 변경 불가능인 정수형 데이터 튜플 원소인 a[0]을 변경하고자 하면 에러가 발생하는 것을 알 수 있다. 이를 통하여 튜플의 원소에 대한 변경 가능 여부는 그 튜플 원소의 자료형에 따라 결정되는 것을 알 수 있다.

(3) 튜플의 '+' 연산 (접합, concatenation)과 '*' 연산 (반복, repetition)

표 5.7에서 설명하였던 것과 같이 튜플에 '+' 연산자와 '*' 연산자를 사용할 수 있다. 그림 5.79 line 8에서와 같이 두개의 튜플 들에 '+' 연산자를 사용하는 것은 튜플들을 접합 (concatenate)시켜 하나의 튜플을 생성하며, line 11에서와 같이 튜플에 "t4 = t1 * 3" 과 같은 연산을 실행하면 튜플 t1원소들을 3번 반복하여 포함시키는 새로운 튜플을 생성하게 된다. 튜플의 +연산 (concatenation)과 *연산 (repetition) 실행 결과는 그림 5.80에서 확인할 수 있다.

```
# tuple - concatenation, repetition

t1 = ('a', 'b', 'c')
t2 = ('x', 'y', 'z')
print('t1 = {}'.format(t1))
print('t2 = {}'.format(t2))

t3 = t1 + t2
print('t3 = t1 + t2 = {}'.format(t3))

t4 = t1 * 3
print('t4 = t1 * 3 = {}'.format(t4))
```

그림 5.79 튜플의 +연산 (concatenation)과 *연산 (repetition)

```
t1 = ('a', 'b', 'c')
t2 = ('x', 'y', 'z')
t3 = t1 + t2 = ('a', 'b', 'c', 'x', 'y', 'z')
t4 = t1 * 3 = ('a', 'b', 'c', 'a', 'b', 'c', 'a', 'b', 'c')
```

그림 5.80 튜플의 +연산 (concatenation)과 *연산 (repetition) 실행 결과

```
 1: # tuple - in, not in
 2:
 3: t1 = ('a', 'b', 'c')
 4: t2 = ('x', 'y', 'z')
 5: print('t1 = {}'.format(t1))
 6: print('t2 = {}'.format(t2))
 7:
 8: result = 'a' in t1
 9: print("'a' in t1 : ", result)
10:
11: result = 'x' in t1
12: print("'x' in t1 : ", result)
13:
14: result = 'x' not in t1
15: print("'x' not in t1 : ", result)
```

그림 5.81 튜플의 in, not in 연산

(4) in, not in

튜플 객체에는 여러 원소들이 포함되어 있으며, 특정 원소의 포함 여부는 in과 not in 연산을 통하여 확인할 수 있다. 그림 5.81 line 3~4에서 생성하는 튜플 t1, t2에 대하여 line 8, 11에서 in과 not in 연산을 사용하여 'a'와 'x'가 포함되어 있는가를 확인하며, 그림 5.82과 같은 결과를 확인할 수 있다.

```
t1 = ('a', 'b', 'c')
t2 = ('x', 'y', 'z')
'a' in t1 :  True
'x' in t1 :  False
'x' not in t1 :  True
```

그림 5.82 튜플의 in, not in 연산 결과

(5) 튜플에 대한 min(), max(), sum()

튜플에 포함된 원소들의 최솟값, 최댓값, 합산은 min(), max(), sum() 함수를 사용하여 구할 수 있다. 그림 5.83 line 3, 4에서 생성한 튜플 t1, t2들에 대한 기본 정보 확인을 line 5~13에서 실행하며, 결과를 그림 5.84에서 볼 수 있다. Line 15에서는 t1과 t2를 합산하여 t4를 만들며, line 17에서는 min(t4)와 max(t4) 함수를 사용하여 튜플 t4의 최솟값과 최댓값을 찾아 출력한다. 그림 5.84에서 t4에 포함된 6개의 알파벳 영문자 중 최솟값으로 'a', 최댓값으로 'f'를 각각 정확하게 찾아 내는 것을 알 수 있다.

```
 1 :  # tuple - =, +, min(), max(), sum()
 2 :
 3 :  t1 = ('a', 'b', 'c')
 4 :  t2 = ('d', 'e', 'f')
 5 :  print('t1 : {}, id(t1) = {}'.format(t1, id(t1)))
 6 :  print('t2 : {}, id(t2) = {}'.format(t2, id(t2)))
 7 :  print("t1 == t2 : ", t1 == t2)
 8 :
 9 :  print('\nt3 = t1')
10 :  t3 = t1
11 :  print('t3 : {}, id(t3) = {}'.format(t3, id(t3)))
12 :  print("t3 == t1 : ", t3 == t1)
13 :  print("t3 is t1 : ", t3 is t1)
14 :
15 :  t4 = t1 + t2
16 :  print('t4= t1 + t2 = {}, id(t4) = {}'.format(t4, id(t4)))
17 :  print("min(t4) = {}, max(t4) = {}".format(min(t4), max(t4)))
18 :
19 :  t5 = (1, 3, 5, 7, 9)
20 :  print('t5 : {}, id(t5) = {}'.format(t5, id(t5)))
21 :  print("sum(t5) = {}".format(sum(t5)))
22 :
23 :  # following sum() generates error
24 :  print("sum(t4) = {}".format(sum(t4)))
```

그림 5.83 튜플의 min(), max(), sum() 함수

그림 5.83 line 19에서는 정수형 데이터 5개 원소를 가지는 튜플을 생성하며 line 21에서 sum() 함수를 사용하여 원소들의 합산을 계산한다. 그림 5.84에서 정상적인 합산 결과를 확인할 수 있다. Line 24에서 튜플 t4에 대한 sum() 연산 실행에서는 오류가 발생하게 되는데 이는 튜플의 sum() 함수에서 사용하는 '+' 연산은 문자열에 대한 연산을 지원하지 않기 때문이다.

```
t1 : ('a', 'b', 'c'), id(t1) = 3343464
t2 : ('d', 'e', 'f'), id(t2) = 46194776
t1 == t2 :  False

t3 = t1
t3 : ('a', 'b', 'c'), id(t3) = 3343464
t3 == t1 :  True
t3 is t1 :  True
t4= t1 + t2 = ('a', 'b', 'c', 'd', 'e', 'f'), id(t4) = 46034480
min(t4) = a, max(t4) = f
t5 : (1, 3, 5, 7, 9), id(t5) = 46160272
sum(t5) = 25
Traceback (most recent call last):
  File "H:/MyPyPackage/Z-TextBook (Python) - 2019-8/ch 5 Python Adv Data
types, Data Structures, Queue, RandnumGen, Sorting/tuple/tuple - min, max
, sum.py", line 24, in <module>
    print("sum(t4) = {}".format(sum(t4)))
TypeError: unsupported operand type(s) for +: 'int' and 'str'
```

그림 5.84 튜플의 min(), max(), sum() 함수 실행 결과

5.6.3 tuple들의 비교, 정렬, 인덱싱, 슬라이싱

(1) 튜플의 비교 - <, <=, >, >=, ==

튜플 들의 상대적인 크기를 비교할 때 그림 5.85에서 볼 수 있는 것과 같이 파이썬 기본 비교연산자 (<, <=, >, >=, ==)를 사용할 수 있다. Line 3~7에서 각각 학생이름, 학과 코드, 성적 평점 (GPA), 학번 데이터를 포함하는 5개의 튜플들을 생성하고, line 9~13에서 상대적인 크기를 비교한다. 튜플들의 비교에서는 튜플 원소들의 차례대로 비교하게 되며, 만약 첫 번째 원소가 동일한 경우 (예를 들어 s2와 s3, s4와 s5) 두 번째 원소로 비교하며, 두 번째 원소까지 동일한 경우 그 다음 원소를 비교한다. Line 12의 s4 > s5 연산에서는 학생의 이름, 학과, 성적평점이 동일한 경우 마지막 원소인 학번으로 비교되는 것을 그림 5.86에서 확인할 수 있다.

```
 1 :  # tuple - comparisons by >, >=, <, <=, ==
 2 :
 3 :  s1 = ("Kim", "CE", 4.17, 19001234)
 4 :  s2 = ("Lee", "EE", 3.78, 21003234)
 5 :  s3 = ("Lee", "ICE", 4.13, 18001547)
 6 :  s4 = ("Park", "ICE", 4.10, 20001545)
 7 :  s5 = ("Park", "ICE", 4.10, 20001546)
 8 :
 9 :  print("{}  >  {} = {}".format(s1, s2, s1 > s2))
10 :  print("{}  <  {} = {}".format(s1, s2, s1 < s2))
11 :  print("{}  >  {} = {}".format(s3, s4, s3 > s4))
12 :  print("{} >=  {} = {}".format(s4, s5, s4 >= s5))
13 :  print("{} <   {} = {}".format(s4, s5, s4 < s5))
```

그림 5.85 튜플들의 비교 연산

```
('Kim', 'CE', 4.17, 19001234)  >  ('Lee', 'EE', 3.78, 21003234) = False
('Kim', 'CE', 4.17, 19001234)  <  ('Lee', 'EE', 3.78, 21003234) = True
('Lee', 'ICE', 4.13, 18001547)  >  ('Park', 'ICE', 4.1, 20001545) = False
('Park', 'ICE', 4.1, 20001545) >=  ('Park', 'ICE', 4.1, 20001546) = False
('Park', 'ICE', 4.1, 20001545) <  ('Park', 'ICE', 4.1, 20001546) = True
```

그림 5.86 튜플들의 비교 연산 결과

(2) 튜플의 정렬 – sorted()

튜플에 포함된 원소들을 정렬해야할 필요가 있을 때 파이썬의 기본 함수인 sorted()를 사용할 수 있다. 그림 5.87 line 3에서 영문자 원소들을 가지는 튜플 t1을 생성한 후 line 5에서 sorted() 함수를 사용하여 정렬하며, 정렬된 결과를 튜플 t2에 저장하고, 그 내용을 출력하면 그림 5.88에서 볼 수 있는 것과 같이 정렬되는 것을 확인할 수 있다. Line 8에서 정수형 데이터 원소를 가지는 튜플 t3을 생성하고, line 10에서 정렬하여 t4에 저장한 후 출력으로 확인하면 그림 5.88에서와 같이 정상적으로 정렬된 것을 확인할 수 있다.

```
 1 :  # tuple - sorted()
 2 :
 3 :  t1 = ('x', 'y', 'z', 'w', 'a', 'b', 'c')
 4 :  print('t1 : {}, id(t1) = {}'.format(t1, id(t1)))
 5 :  t2 = sorted(t1)
 6 :  print('t2 : {}, id(t2) = {}'.format(t2, id(t2)))
 7 :
 8 :  t3 = (3, 5, 1, 0, 6, 9, 2, 8, 7, 4)
 9 :  print('t3 : {}, id(t3) = {}'.format(t3, id(t3)))
10 :  t4 = sorted(t3)
11 :  print('t4 : {}, id(t4) = {}'.format(t4, id(t4)))
```

그림 5.87 sorted() 함수를 사용한 튜플 원소들의 정렬

```
t1 : ('x', 'y', 'z', 'w', 'a', 'b', 'c'), id(t1) = 46206680
t2 : ['a', 'b', 'c', 'w', 'x', 'y', 'z'], id(t2) = 46500280
t3 : (3, 5, 1, 0, 6, 9, 2, 8, 7, 4), id(t3) = 46461840
t4 : [0, 1, 2, 3, 4, 5, 6, 7, 8, 9], id(t4) = 38390480
```

그림 5.88 sorted() 함수를 사용한 튜플 원소들의 정렬 결과

(3) 튜플의 인덱싱, 튜플의 슬라이싱

튜플에 포함된 원소들에 대하여 인덱싱과 슬라이싱 기능을 사용할 수 있다. 예를 들어 그림 5.89 line 3에서 생성된 정수 데이터 튜플을 line 5에서 sorted() 함수로 정렬하여 t2를 생성하고, line 9에서와 같이 t3 = t2[0:len(t2):2] 슬라이싱 연산을 하면 t2에 포함된 튜플 중 짝수 번째 원소들만을 추출하여 새로운 튜플을 생성할 수 있다. 그림 5.90에서 실행 결과를 확인할 수 있다. 같은 요령으로 line 11에서 t4 = t2[1:len(t2):2]를 수행하면 t2에 포함된 원소들 중 홀수 번째 원소들만을 추출하여 새로운 튜플 t4가 만들어 진 것을 그림 5.90에서 확인할 수 있다.

```
# tuple - indexing, slicing

t1 = (3, 5, 1, 0, 6, 9, 2, 8, 7, 4)
print('t1 : {}, id(t1) = {}'.format(t1, id(t1)))
t2 = sorted(t1)
print('t2 : {}, id(t2) = {}'.format(t2, id(t2)))

# testing slicing
t3 = t2[0:len(t2):2]
print('t3 = t2[0:len(t2):2] = {}'.format(t3))
t4 = t2[1:len(t2):2]
print('t4 = t2[1:len(t2):2] = {}'.format(t4))

# testing indexing => following statement generates error
t1[0] = 11
```

그림 5.89 튜플에 포함된 원소들에 대한 인덱싱과 슬라이싱

```
t1 : (3, 5, 1, 0, 6, 9, 2, 8, 7, 4), id(t1) = 46510776
t2 : [0, 1, 2, 3, 4, 5, 6, 7, 8, 9], id(t2) = 33933912
t3 = t2[0:len(t2):2] = [0, 2, 4, 6, 8]
t4 = t2[1:len(t2):2] = [1, 3, 5, 7, 9]
Traceback (most recent call last):
  File "H:\MyPyPackage\Z-TextBook (Python) - 2019-8\ch 5 F
es, Queue, RandnumGen, Sorting\tuple\tuple - indexing, slic
    t1[0] = 11
TypeError: 'tuple' object does not support item assignment
```

그림 5.90 튜플에 포함된 원소들에 대한 인덱싱과 슬라이싱 결과

5.6.4 튜플 리스트

(1) 날짜 (date)를 튜플 자료형으로 표현

```
# tuple - dates, sorted

dates = [
    (2000, 12, 25),
    (2019, 9, 1),
    (2019, 3, 1),
    (1, 1, 1)
    ]

print("dates = ", dates)
sorted_dates = sorted(dates)

print("sorted_dates = ", sorted_dates)
```

그림 5.91 날짜 (date) 튜플의 리스트 구성 및 정렬

그림 5.91은 날짜를 나타내기 위하여 (연, 월, 일) 날짜 튜플 구조를 사용하고, 여러 날짜 튜플 들을 원소로 포함하는 리스트를 생성한 후 sorted() 함수를 사용하는 예를 보여준다. 이 날짜 튜플에 포함된 원소들은 모두 정수형 데이터이며, sorted() 함수에서 이들 날짜들을 비교할 때 튜플의 원소 순서인 연, 월, 일을 차례로 비교하여 날짜들을 정렬한다. 그림

5.91 line 3~8에 포함된 4개의 날짜들을 정렬한 결과는 그림 5.92에서 확인할 수 있다.

```
dates =  [(2000, 12, 25), (2019, 9, 1), (2019, 3, 1), (1, 1, 1)]
sorted_dates =  [(1, 1, 1), (2000, 12, 25), (2019, 3, 1), (2019, 9, 1)]
```

그림 5.92 날짜 (date) 튜플의 리스트 구성 및 정렬 결과

(2) 학생 정보 (student record) 튜플의 리스트 구성 및 알고리즘 구현

개별 학생의 정보를 튜플로 구성하고, 다수의 학생 정보 튜플들을 리스트로 구성한 후 다양한 알고리즘을 구현할 수 있다. 학생 정보 레코드는 그림 5.93 line 4~8에서 볼 수 있는 것과 같이 이름, 학번, 학과코드, 성적 항목들을 원소들로 포함하는 튜플로 구성할 수 있다. 필요한 추가 정보가 있을 경우 같은 요령으로 튜플의 구조를 확장할 수 있다. Line 3~8에서는 5명의 학생 정보 튜플들을 포함하는 리스트를 생성하는 방법을 보여준다. Line 10~13에서는 학생 레코드 튜플의 리스트를 차례로 출력하여 튜플 리스트의 초기 상태를 확인할 수 있게 한다. 그림 5.94의 첫 부분에 출력된 내용으로 초기 상태를 확인할 수 있다.

```
 1 :  # tuple - student, sorting by key element, reverse order
 2 :
 3 :  students = [
 4 :       ("Kim", 19001234, "CE", 4.17),\
 5 :       ("Lee", 18003234, "EE", 3.78),\
 6 :       ("Park", 21001547, "ICE", 4.13),\
 7 :       ("Yoon", 17002571, "ME", 3.55),\
 8 :       ("Hong", 20003257, "ICE", 4.45)]
 9 :
10 :  for i in range(len(students)):
11 :       (name, st_id, major, GPA) = students[i]
12 :       print("students[{:2}] : name({:^8s}), st_id({:8d}), major({:3s}), GPA({:5.2f})"\
13 :             .format(i, name, st_id, major, GPA))
14 :
15 :  sorted_students = sorted(students, key=lambda student: student[3],
          reverse=True)
16 :
17 :  print("After sorting according to GPA, decreasing order :")
18 :  for i in range(len(sorted_students)):
19 :       (name, st_id, major, GPA) = sorted_students[i]
20 :       print("students[{:2}] : name({:^8s}), st_id({:8d}), major({:3s}), GPA({:5.2f})"\
21 :             .format(i, name, st_id, major, GPA))
```

그림 5.93 학생 정보의 튜플 리스트 구성 및 정렬

그림 5.93 line 15에서는 sorted() 함수를 사용하여 학생 정보 튜플 리스트를 정렬한다. 이 sorted() 함수 호출에서 전달되는 인수들로 "students, key=lambda student: student[3], reverse=True" 가 제공된다. students는 line 3~8에서 준비한 학생 정보 튜플 리스트를 의미한다. key=lambda student:student[3]은 리스트의 원소인 튜플에 포함된 튜플 원소 중 3번째인 GPA를 기준으로 정렬을 하게 하는 것이며, reverse=True는 내림 차순 (decreasing order)으로 정렬할 것을 지정한다. 그림 5.94에서 정렬된 결과를 확인할 수 있다.

```
students[ 0] : name(  Kim   ), st_id(19001234), major(CE ), GPA( 4.17)
students[ 1] : name(  Lee   ), st_id(18003234), major(EE ), GPA( 3.78)
students[ 2] : name(  Park  ), st_id(21001547), major(ICE), GPA( 4.13)
students[ 3] : name(  Yoon  ), st_id(17002571), major(ME ), GPA( 3.55)
students[ 4] : name(  Hong  ), st_id(20003257), major(ICE), GPA( 4.45)

After sorting according to GPA, decreasing order :
students[ 0] : name(  Hong  ), st_id(20003257), major(ICE), GPA( 4.45)
students[ 1] : name(  Kim   ), st_id(19001234), major(CE ), GPA( 4.17)
students[ 2] : name(  Park  ), st_id(21001547), major(ICE), GPA( 4.13)
students[ 3] : name(  Lee   ), st_id(18003234), major(EE ), GPA( 3.78)
students[ 4] : name(  Yoon  ), st_id(17002571), major(ME ), GPA( 3.55)
```

그림 5.94 학생 정보의 튜플 리스트 구성 및 정렬 결과

5.7 딕셔너리 (dictionary)

파이썬 프로그램에서 매핑 자료형으로는 dict 자료형이 기본적으로 제공된다. dict 자료형은 시퀀스 자료형이 아니며, 따라서 인덱스를 사용하여 원소를 개별적으로 접근할 수 없다. dict 자료형 객체에서는 키 (key)와 원소값을 쌍 (pair)으로 저장하며, 키를 사용하여 원소를 찾을 수 있도록 구성된다.

5.7.1 딕셔너리 (dict) 자료형

(1) dict 자료형의 관련 연산

표 5.8은 dict 자료형에서 사용할 수 있는 연산들을 기능 분야별로 정리하여 열거하고 있다.

표 5.8 사전 (dict) 에서의 연산

기능 분야	사전 (dict d)에서의 연산	의미
공통	len(d)	사전 d의 항목 개수
복사, 삭제	d.copy()	d의 얕은 복사 (shallow copy)로 새로운 사전 반환
	d.clear()	사전 d의 모든 항목을 삭제
dict 항목, 키, 값 추출	d.items()	d의 항목 (key, value)에 대한 사전 뷰 (dictionary views) 객체 반환
	d.keys()	d의 키(keys)의 사전 뷰 (dictionary views) 객체 반환
	d.values()	d의 값 (values)의 사전 뷰 (dictionary views) 객체를 반환
키 포함 여부 확인	key in d	d에 key가 있으면 True
	key not in d	d에 key가 없으면 True
키를 사용한 항목 추출	d[key]	d에서 key인 항목의 value를 반환, key가 없으면 KeyError
	d[key] = value	d[key]의 값을 value로 변경
	d.get(key[, default])	key가 있으면 value를 반환 (d[key]와 동일), key가 없으면 default 값 반환 (암묵적으로 default = None)
	del d[key]	d[key]의 항목을 삭제, key가 없으면 KeyError
	d.pop(key[, default])	key가 있으면 해당 항목을 삭제하고 value를 반환, 만약 key가 없으면 default를 반환하며, key가 없고 default가 없으면 KeyError 발생

기능 분야	사전 (dict d)에서의 연산	의미
	d.fromkeys(seq[, value])	시퀀스 seq를 키로 설정하고, value를 값으로 설정한 새로운 사전을 반환, 디폴트는 value = None.
항목 삭제	d.popitem()	d에서 임의의 항목을 삭제하고, 튜플 (key, value)로 반환; d가 공백이면 KeyError
설정 및 갱신	d.setdefault(key, [, default])	d에 key가 있으면 value를 반환, 없으면 key: default 항목을 추가하고 default 반환 (암묵적으로 default = None)
	d.update(key = new_value])	사전 객체 또는 key와 new_value 쌍의 반복 가능한 other를 가지고 사전 d를 갱신하며 None을 반환 key가 있으면 갱신하고, 없으면 삽입
열거자	iter(d)	d의 key에 의한 열거자 (iterator)를 반환, iter(d.keys())

(2) dict 자료형 객체 생성 (1) - {key:value}, dict()

dict 자료형 객체를 생성하는 가장 기본적인 방법으로 그림 5.95 line 3과 같이 중괄호 ({, })내에 키와 값을 콜론 (:)으로 구분하여 차례대로 포함시키며, 각 "{키:값}" 쌍을 콤마로 구분하는 방법을 사용할 수 있다. 또 다른 방법으로는 line 7과 같이 dict() 함수를 사용하며, 인수로 키 = 값의 쌍을 콤마로 구분하여 차례대로 열거하는 방법을 사용하는 것이다. 이 두가지 방법으로 생성된 객체의 자료형은 그림 5.96에서 확인할 수 있는 것과 같이 <class 'dict'>이며, 키와 값의 쌍으로 구성되는 원소들이 동일할 경우 두 dict 객체는 동일한가를 비교하는 '==' 연산자의 결과로 True가 반환되며, 동일하다고 판단한다.

```
1: # dict - creations by {key:value}, dict()
2:
3: d1 = {"one":1, "two":2, "three":3}
4: print("d1 = ", d1)
5: print("type(d1) = ", type(d1))
6:
7: d2 = dict(one=1, two=2, three=3)
8: print("d2 = ", d2)
9: print("type(d2) = ", type(d2))
10: print("d1 == d2 = ", d1==d2)
11: print("d1 is d2 = ", d1 is d2)
```

그림 5.95 {key:value}와 dict()를 사용한 dict 자료형 객체의 생성

```
d1 =  {'one': 1, 'two': 2, 'three': 3}
type(d1) =  <class 'dict'>
d2 =  {'one': 1, 'two': 2, 'three': 3}
type(d2) =  <class 'dict'>
d1 == d2 =  True
d1 is d2 =  False
```

그림 5.96 {key:value}와 dict()를 사용한 dict 자료형 객체의 생성

(3) dict 자료형 객체 생성 (2) – 튜플 리스트, 튜플의 튜플

dict 자료형 객체의 생성 방법으로 (키, 값)의 튜플들을 리스트로 구성하거나 튜플로 구성하여 dict() 함수에 제공하는 방법을 사용할 수 있다.

```
1: # dict - creations by list of tuple, tuple of tuple
2:
3: d3 = dict([("one", 1), ("two", 2), ("three", 3)])
4: print("d3 = ", d3)
5: print("type(d3) = ", type(d3))
6:
7: d4 = dict((("one", 1), ("two", 2), ("three", 3)))
8: print("d4 = ", d4)
9: print("type(d4) = ", type(d4)
```

그림 5.97 (키, 값) 튜플의 리스트 또는 튜플의 튜플을 사용한 dict 객체 생성

그림 5.97 line 3에서는 (키, 값)의 튜플들을 리스트로 구성하고, dict() 함수에 인수로 제공하여 dict 객체 d3을 만든다. 생성된 d3의 내용은 그림 5.98에서 보는 것과 같이 그림 5.96과 동일한 내용인 것을 확인할 수 있다. Line 7에서는 (키, 값)의 튜플들을 포함하는 튜플을 구성하고, 이를 dict() 함수에 제공하여 dict 객체를 만들며, 생성된 d4의 내용은 d1, d2, d3와 동일한 항목들을 포함하는 것을 그림 5.98에서 확인할 수 있다.

```
d3 =  {'one': 1, 'two': 2, 'three': 3}
type(d3) =  <class 'dict'>
d4 =  {'one': 1, 'two': 2, 'three': 3}
type(d4) =  <class 'dict'>
```

그림 5.98 (키, 값) 튜플의 리스트 또는 튜플의 튜플을 사용한 dict 객체 생성 결과

(4) dict 자료형 객체 생성 (3) – zip()

dict 자료형 객체를 생성하는 또 다른 방법으로는 키 값들의 리스트를 별도로 생성하고, 이 키들에 대응하는 값들을 순서대로 리스트로 만든 후, zip() 함수를 사용하여 (키, 값)의 튜플들을 생성하여 dict() 함수에 제공하는 방법으로 dict 객체를 만들 수 있다. 그림 5.99 line 3, 4에는 keys와 values의 리스트가 각각 준비되며, line 6에서 zip(keys, values)를 사용하여 (key, value) 튜플 들을 생성한 후, 이를 dict() 함수의 인수로 사용하도록 구성하고 있다. 이렇게 생성된 결과인 d5는 그림 5.100에서 보는 것과 같이 이전에 생성하였던 d1~d4와 동일한 항목들을 포함하는 <class ‘dict’> 객체인 것을 확인할 수 있다.

```
1: # dict - creations by keys, values, zip()
2:
3: d_keys = ["one", "two", "three"]
4: d_values = [1, 2, 3]
5:
6: d5 = dict(zip(d_keys, d_values))
7: print("d5 = ", d5)
8: print("type(d5) = ", type(d5))
```

그림 5.99 zip() 함수를 사용한 dict 객체 생성

```
d5 =  {'one': 1, 'two': 2, 'three': 3}
type(d5) =  <class 'dict'>
```

그림 5.100 zip() 함수를 사용한 dict 객체 생성 결과

5.7.2 딕셔너리 (dict) 관련 기본 함수

(1) items(), keys(), values()

dict 자료형의 기본 연산으로는 dict 객체가 포함하는 모든 키 : 값의 쌍을 열거하여 주는 items(), 키들만 추출하여 주는 keys(), 값들만 추출하여 주는 values() 들이 있다. 그림 5.101에서 이들 기본 함수들을 시험하는 예제를 보여준다. Line 3에서 구성한 dict는 3개의 항목을 가지며, line 6에서 items()로 각 항목들을 추출하여 line 10에서 출력하면 그림 5.102에서 보여주는 것과 같이 (키, 값)의 튜플들로 구성된 리스트가 dict_items()에 포함되어 있는 것을 알 수 있다.

```
1: # dict - creations
2:
3: a = {"one":1, "two":2, "three":3}
4: print("a = ", a)
5:
6: a_items = a.items()
7: a_keys = a.keys()
8: a_values = a.values()
9:
10: print("a.items() = ", a_items)
11: print("a.keys() = ", a_keys)
12: print("a.values() = ", a_values)
13:
14: b = dict(zip(a_keys, a_values))
15: print("b = ", b)
16:
17: print("a == b : ", a == b)
```

그림 5.101 dict 객체에 대한 items(), keys(), values() 함수 실행 예제

키들과 값들을 분리하여 추출하는 것은 line 7과 8에서 각각 keys() 함수와 values() 함수를 dict 객체의 함수로 실행시켜 리스트로 받아 올 수 있다. 키들과 값들을 분리 추출한 결과는 line 11, 12에서 출력하여 그림 5.102에서 확인할 수 있다.

그림 5.101 line 14에서는 키와 값을 분리 추출하여 각각 리스트로 만든 후, zip() 함수를 사용하여 (키, 값)의 튜플들로 만들고, 이 튜플들을 dict() 함수에 제공하여 dict 객체를 다시 만드는 예를 보여준다. 이렇게 생성된 dict 객체는 line 17에서 원래의 dict 객체 a와 동일하다는 것을 "==" 연산자를 사용하여 확인할 수 있다.

```
a =  {'one': 1, 'two': 2, 'three': 3}
a.items() =  dict_items([('one', 1), ('two', 2), ('three', 3)])
a.keys() =  dict_keys(['one', 'two', 'three'])
a.values() =  dict_values([1, 2, 3])
b =  {'one': 1, 'two': 2, 'three': 3}
a == b :  True
```

그림 5.102 dict 객체에 대한 items(), keys(), values() 함수 실행 결과

(2) in, not in, iter()

dict 객체에 포함된 (키, 값) 원소들 중에서 지정된 키의 원소가 포함되어 있는지 또는 포함되어 있지 않는지의 여부는 in과 not in으로 확인할 수 있다. 그림 5.103의 line 3에서 3개의 키-값 항목을 가지는 dict 객체 a를 준비하며, line 4에서 print() 함수를 사용하여 a에 포함된 항목들을 출력하고, 그림 5.104에서 확인할 수 있다. Line 6~8에서는 in과 not in을 사용하여 'one'과 'five'가 dict 객체 a에 포함되어 있는가를 확인하며, 결과는 그림 5.104에서 보는 것과 같이 one은 포함되어 있지만 five는 포함되어 있지 않은 것을 확인할 수 있다.

Line 11~13에서는 iter()을 사용하여 dict 객체 a에 포함되어 있는 키들을 추출하여 리스트를 만들고, for-loop에서 키 리스트에 포함된 키를 하나씩 사용하여 그 키에 해당하는 값을 함께 출력한다. 그림 5.104에서 dict 객체 a의 키와 해당 값들을 확인할 수 있다.

```
 1 :  # dict - in, not in, iter()
 2 :
 3 :  a = {"one":1, "two":2, "three":3}
 4 :  print("a = ", a)
 5 :
 6 :  print("'one' in a : ", 'one' in a)
 7 :  print("'five' in a : ", 'five' in a)
 8 :  print("'five' not in a : ", 'five' not in a)
 9 :
10 :  print("\nListing items in a using iter():")
11 :  keys = list(iter(a))
12 :  for k in keys:
13 :      print("a[{:5}] = {}".format(k, a[k]))
```

그림 5.103 dict 자료형에 대한 in, not in, iter() 함수 실행

```
a =  {'one': 1, 'two': 2, 'three': 3}
'one' in a :  True
'five' in a :  False
'five' not in a :  True

Listing items in a using iter():
a[one  ] = 1
a[two  ] = 2
a[three] = 3
```

그림 5.104 dict 자료형에 대한 in, not in, iter() 함수 실행 결과

(3) d[key], getkey(), update(key=new_value)

dict 객체에 포함되어 있는 항목을 키를 사용하여 읽기 위하여 d[key] 형식으로 추출하거나 get(key)함수를 사용하여 값을 읽을 수 있다. 그림 5.105 line 3에서 준비된 dict 객체 d에서 키 값이 'c'인 항목의 값을 추출하기 위하여 line 5에서 d.get('c')를 사용하고, line 6에서 d['c']를 사용한다. 그림 5.106에서 동일한 결과를 정확하게 추출한 것을 확인할 수 있다. dict 객체에 포함된 원소의 값을 변경할 때에는 update() 함수를 사용하거나 d[key]를 사용하여 값을 변경시킬 수 있다. 그림 5.105 line 8에서는 update() 함수를 사용하여 키가 c인 항목의 값을 30으로 변경시키며, line 11에서는 d['f'] = 60으로 키 가 f인 항목의 값을 60으로 변경한다. Line 14에서 update(g = 70)은 이전까지 포함되어 있는 않는 항목 'g = 70'을 받아 해당 항목의 값을 70으로 변경시킨다. 그림 5.106에서 변경된 결과를 확인할 수 있다.

```
 1 :  # dict - get(), d[key], update(key = new_value)
 2 :
 3 :  d = {"a":1, "b":2, "c":3, "d":4, "e":5, "f":6}
 4 :  print("d = ", d)
 5 :  print("d.get('c') = ", d.get('c'))
 6 :  print("d['c'] = ", d['c'])
 7 :
 8 :  d.update(c = 30)
 9 :  print("after update(c = 30), d['c'] = ", d['c'])
10 :
11 :  d['f'] = 60
12 :  print("after d['f'] = 60, d['f'] = ", d['f'])
13 :
14 :  d.update(g = 70)
15 :  print("after update(g = 70),\n d = ", d)
```

그림 5.105 d[key], get(), update()

```
d = {'a': 1, 'b': 2, 'c': 3, 'd': 4, 'e': 5, 'f': 6}
d.get('c') = 3
d['c'] = 3
after update(c = 30), d['c'] = 30
after d['f'] = 60, d['f'] = 60
after update(g = 70),
 d = {'a': 1, 'b': 2, 'c': 30, 'd': 4, 'e': 5, 'f': 60, 'g': 70}
```

그림 5.106 d[key], get(), update() 실행 결과

(4) pop(), popitem(), clear()

dict 객체에 포함되어 있는 특정 항목을 삭제하기 위하여 pop() 함수를 사용하며, 현재 dict 객체에 포함되어 있는 항목 중 가장 뒤에 위치한 항목을 삭제하기 위하여 popitem() 함수를 실행한다. 그림 5.107 line 3~4에서 3개의 항목을 가지는 dict객체 a를 생성하며, a의 내용을 print() 함수로 출력한다. 그림 5.108에서 a의 항목들을 확인할 수 있다. Line 6에서는 pop('three')를 사용하여 키가 three인 항목을 삭제하며, 삭제 후 dict 객체 a이 항목들을 출력시켜보면 그림 5.108에서 볼 수 있는 것과 같이 키 값이 three인 항목은 삭제되고 없는 것을 알 수 있다.

Line 9에서는 update(four=4)를 사용하여 키가 four인 항목을 추가하며, 그 값을 4로 설정한다. (‘four’ , 4) 항목이 추가된 후의 dict 객체 a의 항목들을 출력하면 그림 5.108에서 볼 수 있듯이 ‘four':4 항목이 포함되어 있는 것을 확인할 수 있다. Line 12에서 a.popitem()을 실행하면 현재 dict에 포함되어 있는 항목 중 가장 뒤에 있는 (key:value) 항목이 삭제된다. 그림 5.108에서 맨 뒤 항목인 ('four':4) 항목이 삭제된 것을 확인할 수 있다. clear() 함수는 dict 객체에 포함된 모든 항목들을 삭제한다.

```
 1: # dict - pop(), popitem()
 2:
 3: a = {"one":1, "two":2, "three":3}
 4: print("a = ", a)
 5:
 6: print("a.pop('three') = ", a.pop('three'))
 7: print("after a.pop('three'), a = ", a)
 8:
 9: a.update(four = 4)
10: print("after a.update(four = 4), a = ", a)
11:
12: print("a.popitem() = ", a.popitem())
13: print("afer a.popitem(), a = ", a)
14:
15: a.clear()
16: print("afer a.clear(), a = ", a)
```

그림 5.107 pop(), popitem(), clear()

```
a =  {'one': 1, 'two': 2, 'three': 3}
a.pop('three') =  3
after a.pop('three'), a =  {'one': 1, 'two': 2}
after a.update(four = 4), a =  {'one': 1, 'two': 2, 'four': 4}
a.popitem() =  ('four', 4)
afer a.popitem(), a =  {'one': 1, 'two': 2}
afer a.clear(), a =  {}
```

그림 5.108 pop(), popitem(), clear() 실행결과

5.8 집합 (set)

파이썬 프로그램에서 집합 자료형으로 set과 frozenset 자료형이 기본적으로 제공된다. 집합 자료형은 다양한 집합 기반 연산에 효율적으로 사용될 수 있는 연산들을 제공한다.

5.8.1 집합(set)이란?

(1) 집합 (set) 자료형 개요

집합 (set) 자료형은 중복이 되지 않는 원소들을 포함하며 합집합 (union), 교집합 (intersection), 차집합 (difference), 부분집합 (subset) 등의 집합에 관련된 연산을 지원한다. 파이썬 프로그램에서 집합 자료형은 중괄호 ({, })속에 항목들이 포함되는 형식을 사용한다. 표 5.9는 집합에서 사용할 수 있는 연산들을 정리하여 보여주고 있다.

표 5.9 모든 집합 (set, frozenset)에서 가능한 연산

집합 S와 T의 연산	의미
len(S)	집합 S의 원소 개수
x in S	x ∈ S, 집합 S에 x가 있으면 True
x not in S	x ∉ S, 집합 S에 x가 없으면 True
S.isdisjoint(T)	S ∩ T = ∅ 집합 S와 집합 T의 교집합이 공집합이면 True
S.issubset(T) S <= T	S ⊂ T, 집합 S가 집합 T의 부분 집합이면 True
S < T	S ⊂ T and S ≠ T 집합 S가 집합 T의 진부분집합이면 True
S.issuperset(T) S >= T	S ⊃ T, 집합 T가 집합 S의 부분 집합이면 True
S > T	S ⊃ T and S ≠ T 집합 T가 집합 S의 진부분집합이면 True
S.union(T, ...) S | T | ...	S ∪ T 집합 S와 집합 T의 합집합을 계산하여 새로운 집합을 반환
S.intersection(T, ...) S & T & ...	S ∩ T 집합 S와 집합 T의 교집합을 계산하여 새로운 집합을 반환
S.difference(T, ...) S – T - ...	S – T 집합 S와 집합 T의 차집합을 계산하여 새로운 집합을 반환
S.symmetircdifference(T) S ^ T	(S – T) ∪ (T – S) 두 집합에 모두 있지 않는 요소들의 새로운 집합을 반환
S.copy()	집합 S의 얕은 복사 (shallow copy)로 새로운 집합을 반환

(2) 집합 (set) 자료형 객체 생성 - {}, set()

집합 자료형 객체의 생성은 그림 5.109 line 3, 5에서 볼 수 있는 것과 같이 중괄호 ({, })안에 항목들을 차례로 열거함으로써 생성할 수 있다. 그런데 line 5에서와 같이 중복된 항목들이 존재하면 집합 객체에서는 중복된 항목들을 생략한 상태로 객체가 만들어 지고, 그림 5.110에서 이를 확인할 수 있다.

```
1: # Creations of set
2:
3: S1 = {'a', 'b', 'c'}
4: print("S1 = ", S1)
5: S2 = {1, 2, 3, 4, 1, 2, 3}
6: print("S2 = ", S2) # set maintains non-overlapped items
7: S3 = set(range(5))
8: print("S3 = ", S3)
```

그림 5.109 집합 (set) 객체 생성

```
S1 =  {'a', 'b', 'c'}
S2 =  {1, 2, 3, 4}
S3 =  {0, 1, 2, 3, 4}
```

그림 5.110 집합 (set) 객체 생성 결과

집합 객체를 생성할 때 set() 함수를 사용할 수도 있으며, 그림 5.109 line 7에서 range(5)를 사용하여 0~4구간의 5개 정수를 생성하고 이를 set() 함수에 인수로 전달하여 집합 객체 s3를 생성하며, print() 함수의 실행 결과에서 이를 확인할 수 있다.

(2) in, not in, isdisjoint(), issubset(), issuperset()

집합 객체에 특정 항목이 포함되어 있는 지는 in 또는 not in을 사용하여 확인할 수 있다. 그림 5.111의 line 3~8에서는 3개의 집합 객체 S1, S2, S3를 생성하며, print() 함수를 사용하여 출력한다. 그림 5.111 line 3에서 S1을 생성할 때 열거한 항목들의 차례와 line 6에서 print() 함수를 사용하여 출력한 항목들의 차례가 서로 다른 것을 알 수 있는데, 이는 집합 객체 생성에서의 열거 순서와 달리 별도로 집합 객체 내부에서 각 항목들을 저장하고 관리하는 방법을 사용하기 때문이다.

```
 1: # set - in, not in, isdisjoint(), issubset(), issuperset()
 2:
 3: S1 = {'a', 'c', 'b', 'd', 'e'}
 4: S2 = set("abc")
 5: S3 = {'d', 'g', 'h'}
 6: print("S1 = ", S1)
 7: print("S2 = ", S2)
 8: print("S3 = ", S3)
 9: print("'c' in S1 = ", 'c' in S1)
10: print("'g' in S1 = ", 'g' in S1)
11: print("'a' not in S3 = ", 'a' not in S3)
12: print("S1.isdisjoint(S2) = ", S1.isdisjoint(S2))
13: print("S2.issubset(S1) = ", S2.issubset(S1))
14: print("S1.issuperset(S2) = ", S1.issuperset(S2))
```

그림 5.111 집합 객체에 대한 in, not in, isdisjoint(), issubset(), issuperset()

Line 9~11에서 in과 not in을 사용하여 집합 객체에 특정 항목이 포함되어 있는가를 확인하며, 그림 5.112에서 결과를 확인할 수 있다. Line 12~14에서는 isdisjoint(), issubset(), issuperset()을 사용하여 집합 객체간의 관계를 확인한다. isdisjoint()는 대상 객체들이 서로 중복된 항목을 가지지 않을 때 True가 반환되며, 만약 중복된 항목이 존재하면 False가 반환된다. s2.issubset(s1)은 집합 객체 s2가 s1의 부분 집합이면 True가 반환된다. s1.issuperset(s2)는 집합 객체 s1이 s2의 초집합 (superset)이면 True가 반환된다.

```
S1 =  {'b', 'e', 'a', 'c', 'd'}
S2 =  {'a', 'c', 'b'}
S3 =  {'d', 'h', 'g'}
'c' in S1 =  True
'g' in S1 =  False
'a' not in S3 =  True
S1.isdisjoint(S2) =  False
S2.issubset(S1) =  True
S1.issuperset(S2) =  True
```

그림 5.112 집합 객체에 대한 in, not in 실행 결과

(3) union(), intersection(), difference(), symmetric_difference()

집합 객체들의 합집합 (union), 교집합 (intersection), 차집합 (difference), 대칭차집합 (symmetric difference) 연산은 각각 union(), intersection(), difference(), symmetric_difference() 함수로 구할 수 있다. 그림 5.113에서는 3개의 집합 S1, S2, S3를 생성하며, line 7~12에서 이들 집합 객체 간의 집합 연산을 시험하고 있다.

Line 7에서의 S1.union(S3)은 집합 S1과 S3의 합집합 결과를 산출하며, 그림 5.114에서 결과를 확인할 수 있다. Line 10의 차집합 (difference)은 S1.difference(S2)는 S1의 원소들에서 S2의 원소들를 제외시키고 남을 원소들을 의미한다. 대칭 차집합 (symmetric difference)는 둘 중 한 집합에는 포함되지만 두 집합 모두에는 포함되지 않는 원소들을 의미한다. Line 12에서의 S1.symmetric_difference(S3)는 S1과 S3의 합집합에서 S1과 S2의 교집합을 뺀 결과이며, 그림 5.114에서 확인할 수 있다.

```
 1: # set - union(), intersection(), difference(), symmetric_difference()
 2:
 3: S1 = {'a', 'c', 'b', 'd', 'e'}
 4: S2 = set("abc")
 5: S3 = {'d', 'g', 'h'}
 6:
 7: print("S1.union(S3) = ", S1.union(S3))
 8: print("S1.intersection(S2) = ", S1.intersection(S2))
 9: print("S1.intersection(S3) = ", S1.intersection(S3))
10: print("S1.difference(S2) = ", S1.difference(S2))
11: print("S1.symmetric_difference(S2) = ", S1.symmetric_difference(S2))
12: print("S1.symmetric_difference(S3) = ", S1.symmetric_difference(S3))
```

그림 5.113 집합 객체에 대한 union(), intersection(), difference(), symmetric_difference()

```
S1.union(S3) =  {'b', 'c', 'a', 'g', 'd', 'h', 'e'}
S1.intersection(S2) =  {'b', 'c', 'a'}
S1.intersection(S3) =  {'d'}
S1.difference(S2) =  {'d', 'e'}
S1.symmetric_difference(S2) =  {'d', 'e'}
S1.symmetric_difference(S3) =  {'h', 'b', 'c', 'a', 'g', 'e'}
```

그림 5.114 집합 객체에 대한 union(), intersection(), difference(), symmetric_difference() 실행 결과

5.8.2 집합 (set)에서만 가능한 연산

집합 자료형에는 set과 frozenset이 있는데 set은 원소의 수정이 가능하지만 frozenset에서는 원소의 수정이 불가능하다. 표 5.10은 set 자료형에서만 가능한 연산을 정리하여 보여준다. 집합 (set)에서는 기존 원소들에 새로운 원소가 추가될 수 도 있으며, 합집합, 교집합, 차집합, 대칭 차집합 등을 계산하여 새로운 원소 구성으로 갱신할 수 있다.

S |= T는 S = S ∪ T를 의미하며, 집합 S와 집합 T의 합집합을 계산하여 S를 갱신한다. S &= T는 = S ∩ T를 의미하며, 집합 S와 집합 T의 교집합을 계산하여 S를 갱신한다. S -= T은 S = S - T을 의미하며, 집합 S와 집합 T의 차집합을 계산하여 S를 갱신한다. S ^= T은 S = (S - T) ∪ (T - S)을 의미하며, 두 집합에 모두 있지 않는 요소들의 새로운 집합을 계산하여 S를 갱신한다.

표 5.10 집합 (set) 에서만 가능하며 frozenset에서는 가능하지 않는 연산

집합 S와 T의 연산	의미
S.update(T, ...) S |= T |	S = S ∪ T 집합 S와 집합 T의 합집합을 계산하여 S를 갱신
S.intersection_update(T, . . .) S &= T & . . .	S = S ∩ T 집합 S와 집합 T의 교집합을 계산하여 S를 갱신
S.difference_update(T, . . .) S -= T | . . .	S = S – T 집합 S와 집합 T의 차집합을 계산하여 S를 갱신
S.symmetric_difference_update(T) S ^= T	S = (S – T) ∪ (T – S) 두 집합에 모두 있지 않는 요소들의 새로운 집합을 계산하여 S를 갱신
S.add(elem)	집합 S에 원소 elem을 추가
S.remove(elem)	집합 S에 원소 elem이 있으면 삭제 원소가 없으면 KeyError 발생
S.discard(elem)	집합 S에 원소 elem이 있으면 삭제
S.pop()	집합 S에서 임의의 원소 하나를 삭제하고, 반환 공 집합이면 KeyError 발생
S.clear()	집합 S의 모든 원소를 삭제

(1) update() - |=, &=, add(), pop(), clear()

그림 5.115는 집합에 대한 기본 연산자 및 갱신 기능들과 add(), pop(), clear() 함수의 실행 예제를 보여준다. s1 |= s2은 집합 s1 = s1∪s2를 의미하며, s1과 s2의 합집합으로 s1의 값을 변경한다. s1 &= s2은 집합 s1 = s1∩s2를 의미하며, s1과 s2의 교집

합으로 s1의 값을 변경한다.

s1.add(1)은 집합 s1에 새로운 항목 1을 추가한다. 그림 5.115 line 10에서 출력된 s1의 원소에 1이 포함되어 있기 않기 때문에 s1에 1이 추가되며, 결과는 그림 5.116에서 볼 수 있다. Line 14에서 s1.pop()을 수행하면 집합 s1에 포함되어 있던 첫 번째 항목이 삭제되며, 그 결과를 그림 5.116에서 확인할 수 있다. Line 15의 s1.clear()는 집합 s1의 모든 원소들을 삭제하여 공집합 (empty set)이 되도록 한다.

```
 1: # set - |=, &=, add(), pop(), clear()
 2: s1 = {1, 2, 3, 4}
 3: s2 = {5, 6, 7, 8}
 4: print('s1 : ', s1)
 5: print('s2 : ', s2)
 6:
 7: s1 |= s2
 8: print("after s1 |= s2, s1 = ", s1)
 9: s1 &= s2
10: print("after s1 &= s2, s1 = ", s1)
11: s1.add(1)
12: print("after s1.add(1), s1 = ", s1)
13: s1.pop()
14: print("after s1.pop(), s1 = ", s1)
15: s1.clear()
16: print("after s1.clear(), s1 = ", s1)
```

그림 5.115 집합에 대한 연산 및 갱신, add(), pop(), clear() 함수 사용

```
s1 :  {1, 2, 3, 4}
s2 :  {8, 5, 6, 7}
after s1 |= s2, s1 =  {1, 2, 3, 4, 5, 6, 7, 8}
after s1 &= s2, s1 =  {8, 5, 6, 7}
after s1.add(1), s1 =  {1, 5, 6, 7, 8}
after s1.pop(), s1 =  {5, 6, 7, 8}
after s1.clear(), s1 =  set()
```

그림 5.116 집합에 대한 연산 및 갱신, add(), pop(), clear() 함수 사용 결과

```
# set - add(), pop(), remove(), discard(), clear()
s1 = {1, 2, 3, 4, 5, 6, 7, 8}
print('s1 : ', s1)

s1.add(9)
print("after s1.add(1), s1 = ", s1)
s1.pop()
print("after s1.pop(), s1 = ", s1)
s1.remove(9)
print("after s1.remove(9), s1 = ", s1)
s1.discard(2)
print("after s1.discard(2), s1 = ", s1)
s1.clear()
print("after s1.clear(), s1 = ", s1)
```

그림 5.117 집합에 add(), remove(), discard(), pop(), clear() 함수 사용

(2) add(), remove(), discard(), pop(), clear()

집합에 add() 함수를 사용하여 새로운 원소를 추가할 수 있으며, pop() 함수를 사용하여 첫 번째 원소을 삭제할 수 있다. 그림 5.117 line 5와 7에서 집합 s1에 9를 추가한 결과와 첫 번째 원소를 삭제하며, 그림 5.118에서 결과를 확인할 수 있다.

Line 9, 11에서는 remove() 함수와 discard() 함수를 사용하여 특정 원소를 삭제하며, line 13에서 clear() 함수를 사용하여 집합에 포함된 모든 원소를 삭제하고 공집합이 되게 한다. 그림 5.118에서 결과들을 확인할 수 있다.

```
s1 :  {1, 2, 3, 4, 5, 6, 7, 8}
after s1.add(1), s1 =  {1, 2, 3, 4, 5, 6, 7, 8, 9}
after s1.pop(), s1 =  {2, 3, 4, 5, 6, 7, 8, 9}
after s1.remove(9), s1 =  {2, 3, 4, 5, 6, 7, 8}
after s1.discard(2), s1 =  {3, 4, 5, 6, 7, 8}
after s1.clear(), s1 =  set()
```

그림 5.118 집합에 add(), remove(), discard(), pop(), clear() 함수 사용 결과

5.8.3 Frozen Set

파이썬 프로그램의 frozenset은 원소를 읽기만 할 수 있고 추가 또는 삭제의 변경을 할 수 없는 집합 자료형이다. 그림 5.119 line 2~5에서 집합 s1을 add() 함수를 사용하여 변경하고 있으며, 정상적으로 새로운 원소가 추가되는 것을 확인할 수 있다.

```
1: # set and frozenset
2: s1 = {1, 2, 3, 4, 5, 6, 7, 8}
3: print('s1 : ', s1)
4: s1.add(100) # set is mutable
5: print('after s1.add(100), s1 : ', s1)
6:
7: s2 = frozenset("ABCDEFG")
8: print("s2 = ", s2)
9: s2.add('Z')
```

그림 5.119 frozenset의 사용 예

그러나 그림 5.119 line 7에서 frozenset으로 선언된 동결집합 s2에 add() 함수를 사용하여 새로운 원소를 추가하려고 하면 그림 5.120에서 보는 것과 같이 AttributeError 오류가 발생하며, 오류의 이유는 frozenset에 add의 속성이 없기 때문이다. 즉, frozenset 객체에는 add() 함수를 사용할 수 없기 때문이다.

```
s1 :  {1, 2, 3, 4, 5, 6, 7, 8}
after s1.add(100), s1 :  {1, 2, 3, 4, 5, 6, 7, 8, 100}
s2 =  frozenset({'A', 'B', 'F', 'D', 'E', 'G', 'C'})
Traceback (most recent call last):
  File "C:/MyPyPackage/TextBook (Python) - 2019-8/ch 5 Python
g/5.8 set/(7) set, frozenset.py", line 8, in <module>
    s2.add('Z')
AttributeError: 'frozenset' object has no attribute 'add'
```

그림 5.120 rozenset의 사용결과

연습문제

5.1 다음 용어를 예를 들어 설명하라.
1) 리스트 (list)
2) 바이트 배열 (bytearray)
3) 바이츠 (bytes)
4) 메모리뷰 (memoryview)
5) 튜플 (tuple)
6) 딕셔너리 (dict)
7) 집합 (set)
8) ASCII 코드
9) escape sequence

5.2 파이썬 프로그램에서 기본적으로 사용할 수 있는 리스트를 사용하여 행렬을 구성하는 방법에 대하여 설명하라.

5.3 파이썬 프로그램의 리스트와 튜플의 차이점에 대하여 설명하라.

5.4 파이썬 프로그램의 dict 자료형의 용도에 대하여 설명하라.

5.5 파이썬 프로그램의 set 자료형의 용도에 대하여 설명하라.

실습문제

실습 5.1 튜플(year, month, day)로 표현되는 날짜 (date)을 표준 입력장치로 부터 10개 입력하여 날짜 튜플리스트 (list of date-tuples)에 포함시킨 후, 이 날짜들을 오름차순으로 정렬하는 파이썬프로그램을 작성하라. 입력 날짜는 무작위로 설정할 것.

(실행 예시)

```
input year month day : 2000 12 25
input year month day : 2019 9 1
input year month day : 1 1 1
input year month day : 2020 7 31
input year month day : 2019 3 1
input year month day : 2020 2 28
input year month day : 2021 1 1
input year month day : 2020 12 25
input year month day : 1 2 3
input year month day : 1985 8 15
Input dates =  [(2000, 12, 25), (2019, 9, 1), (1, 1, 1), (2020, 7, 31), (2019, 3
, 1), (2020, 2, 28), (2021, 1, 1), (2020, 12, 25), (1, 2, 3), (1985, 8, 15)]
Sorted dates =  [(1, 1, 1), (1, 2, 3), (1985, 8, 15), (2000, 12, 25), (2019, 3,
1), (2019, 9, 1), (2020, 2, 28), (2020, 7, 31), (2020, 12, 25), (2021, 1, 1)]
```

실습 5.2 학생의 정보를 포함하는 튜플 (학생이름, 학과명, 학번, (연, 월, 일), 평균성적)들을 리스트에 포함시킨 후, 학번 오름차순으로 정렬하는 프로그램을 작성하라.

(실행 예시)

```
List of students :
students[ 0] : name(Kim  ), major(CE ), st_id(21901234), dob(2000, 3, 5), GPA( 4.17)
students[ 1] : name(Lee  ), major(EE ), st_id(22003234), dob(1998, 10, 7), GPA( 3.78)
students[ 2] : name(Park ), major(ICE), st_id(21801547), dob(1998, 2, 15), GPA( 4.13)
students[ 3] : name(Yoon ), major(ME ), st_id(21902571), dob(1999, 7, 10), GPA( 3.55)
students[ 4] : name(Hong ), major(ICE), st_id(22003257), dob(2000, 3, 5), GPA( 4.45)

students sorted by student id :
students[ 0] : name(Park ), major(ICE), st_id(21801547), dob(1998, 2, 15), GPA( 4.13)
students[ 1] : name(Kim  ), major(CE ), st_id(21901234), dob(2000, 3, 5), GPA( 4.17)
students[ 2] : name(Yoon ), major(ME ), st_id(21902571), dob(1999, 7, 10), GPA( 3.55)
students[ 3] : name(Lee  ), major(EE ), st_id(22003234), dob(1998, 10, 7), GPA( 3.78)
students[ 4] : name(Hong ), major(ICE), st_id(22003257), dob(2000, 3, 5), GPA( 4.45)
```

실습 5.3 위 문제의 학생 정보 튜플 리스트를 평균성적의 내림차순으로 정렬하도록 프로그램을 재 구성하라.

(실행 예시)

```
List of students :
students[ 0] : name(Kim  ), major(CE ), st_id(21901234), dob(2000, 3, 5), GPA( 4.17)
students[ 1] : name(Lee  ), major(EE ), st_id(22003234), dob(1998, 10, 7), GPA( 3.78)
students[ 2] : name(Park ), major(ICE), st_id(21801547), dob(1998, 2, 15), GPA( 4.13)
students[ 3] : name(Yoon ), major(ME ), st_id(21902571), dob(1999, 7, 10), GPA( 3.55)
students[ 4] : name(Hong ), major(ICE), st_id(22003257), dob(2000, 3, 5), GPA( 4.45)

students sorted by GPA (decreasing order):
students[ 0] : name(Hong ), major(ICE), st_id(22003257), dob(2000, 3, 5), GPA( 4.45)
students[ 1] : name(Kim  ), major(CE ), st_id(21901234), dob(2000, 3, 5), GPA( 4.17)
students[ 2] : name(Park ), major(ICE), st_id(21801547), dob(1998, 2, 15), GPA( 4.13)
students[ 3] : name(Lee  ), major(EE ), st_id(22003234), dob(1998, 10, 7), GPA( 3.78)
students[ 4] : name(Yoon ), major(ME ), st_id(21902571), dob(1999, 7, 10), GPA( 3.55)
```

실습 5.4 국가 (country)의 기본정보를 (국가이름, 인구수, 수도 도시 이름, 사용 언어)의 튜플로 표현하고, 국가 기본 정보 튜플들을 리스트에 포함시킨 후, 인구수가 지정된 규모보다 더 큰 국가들만 골라 출력하는 프로그램을 작성하라. 인구수의 지정된 규모는 표준입력장치로 부터 입력받도록하며, 결과를 출력하도록 할 것.

(실행 예시)

```
countries[ 0] : name( Korea  ), population(     56000000), capital(Seoul          , language(Korean   ))
countries[ 1] : name( Japan  ), population(    120000000), capital(Tokyo          , language(Japanese ))
countries[ 2] : name( China  ), population(   1300000000), capital(Beijing        , language(Chinese  ))
countries[ 3] : name(  USA   ), population(    170000000), capital(Washington DC  , language(English  ))
countries[ 4] : name( Canada ), population(     30000000), capital(Ottawa         , language(English  ))
countries[ 5] : name(   UK   ), population(     50000000), capital(London         , language(English  ))

After sorting countries according to population, decreasing order :
countries[ 0] : name( China  ), population(   1300000000), capital(Beijing        , language(Chinese  ))
countries[ 1] : name(  USA   ), population(    170000000), capital(Washington DC  , language(English  ))
countries[ 2] : name( Japan  ), population(    120000000), capital(Tokyo          , language(Japanese ))
countries[ 3] : name( Korea  ), population(     56000000), capital(Seoul          , language(Korean   ))
countries[ 4] : name(   UK   ), population(     50000000), capital(London         , language(English  ))
countries[ 5] : name( Canada ), population(     30000000), capital(Ottawa         , language(English  ))

Countries whose population is greater than 50000000 :
countries[ 0] : name( China  ), population(   1300000000), capital(Beijing        , language(Chinese  ))
countries[ 1] : name(  USA   ), population(    170000000), capital(Washington DC  , language(English  ))
countries[ 2] : name( Japan  ), population(    120000000), capital(Tokyo          , language(Japanese ))
countries[ 3] : name( Korea  ), population(     56000000), capital(Seoul          , language(Korean   ))
countries[ 4] : name(   UK   ), population(     50000000), capital(London         , language(English  ))
```

실습 5.5 딕셔너리 (dict) 자료형을 사용하여 {국가이름:수도이름}의 간단한 데이터베이스를 구성하고, 구성된 국가들의 정보를 출력하는 파이썬 프로그램을 작성하라.

(실행 예시)

```
Input nation and its capital (. to quit) : Korea Seoul
Input nation and its capital (. to quit) : Japan Tokyo
Input nation and its capital (. to quit) : China Beijing
Input nation and its capital (. to quit) : . .
dict_nation_capital :  {'Korea': 'Seoul', 'Japan': 'Tokyo', 'China': 'Beijing'}
The capital of Korea is Seoul
The capital of Japan is Tokyo
The capital of China is Beijing
```

실습 5.6 아시아, 유럽, 북미, 남미, 아프리카, 오세아니아의 각 대륙에 포함되어 있는 국각들을 각각 집합으로 (set) 구성하라. 각 대륙별로 국가들을 입력받은 후, 입력된 대륙별 나라를 출력하는 파이썬 프로그램을 작성하라.

(실행 예시)

```
Input continent (. to quit) : Asia
Input nations in continent(Asia) : Korea Japan China Taiwan Korea Korea
Input continent (. to quit) : Europe
Input nations in continent(Europe) : UK UK France Germany Italy Italy
Input continent (. to quit) : Africa
Input nations in continent(Africa) : Nigeria Egypt Moroco Ethiopia
Input continent (. to quit) : North_America
Input nations in continent(North_America) : USA Canada
Input continent (. to quit) : .
dict_continent_nations :  {'Asia': {'China', 'Korea', 'Japan', 'Taiwan'}, 'Europe
': {'France', 'Germany', 'Italy', 'UK'}, 'Africa': {'Egypt', 'Ethiopia', 'Nigeria
', 'Moroco'}, 'North_America': {'Canada', 'USA'}}
The nations in continent (Asia) are {'China', 'Korea', 'Japan', 'Taiwan'}
The nations in continent (Europe) are {'France', 'Germany', 'Italy', 'UK'}
The nations in continent (Africa) are {'Egypt', 'Ethiopia', 'Nigeria', 'Moroco'}
The nations in continent (North_America) are {'Canada', 'USA'}
```

실습 5.7 두 도시 이름과 이 도시들 간의 거리 (Km 단위)를 입력받아 반환하는 함수 getInterCityDist() 함수를 구현하라. 함수 getInterCity_Dist()에서는 city_1, city_2 이름 쌍을 문자열로 입력받고, 그 도시간의 거리를 정수로 입력받아 city_1, city_2, dist로 반환한다. 도시 이름과 이 도시간의 거리를 인수로 전달받아 딕셔너리 dict_inter_city_distance에 포함시키는 함수 setInterCityDist(dict_ICD, city_1, city_2, dist)를 구현하라. 함수 setInterCityDist()에서는 인수로 전달받은 도시 이름 2개 (city_1, city_2)의 문자열로 입력 받고, 거리를 Km 단위의 정수 dist을 인수로 전달받은 후, 딕셔너리 dict_ICD에 {(city_1, city_2) : dist} 형식으로 추가한다.

딕셔너리 dict_inter_city_distance로부터 두 도시 간의 거리를 찾아 반환하는 함수 findInterCityDist(dict_ICD, city_1, city_2)를 구현하라. 함수 findInterCityDist(dict_ICD, city_1, city_2)에서 인수로 전달되는 dict_ICD는 딕셔너리 interCityDist이며, city_1과 city_2는 두 개의 도시 이름이다. 두 개의 도시 이름 순서가 바뀌어도 해당 도시간의 거리를 찾아 반환할 수 있게 구현할 것.

도시 간의 거리표를 작성하고, 활용하는 main() 함수를 작성하라. main() 함수에서는 먼저 딕셔너리 interCityDist를 생성한 후, getInterCityDist() 함수를 사용하여 총 5개 쌍의 도시 이름 쌍과 그 도시 간의 거리를 정수로 입력받은 후, setInterCityDist() 함수를 사용하여 딕셔너리 interCityDist에 저장한다. 다음으로 main() 함수에서 2개의 도시 이름을 입력받고, 딕셔너리 interCityDist로부터 그 도시간의 거리를 찾아 출력한다. 만약 도시간의 거리가 딕셔너리에 입력되어 있지 않으면 데이터가 없다는 출력을 한다. 만약 도시간 거리를 찾기 위하여 입력된 도시 이름이 점 ('.')이면 반복문을 종료하도록 할 것.

main() 함수는 __name__ 변수가 "__main__" 일 때 실행될 수 있도록 구성할 것.

(실행 예시)

```
Input name of two cities and distance in Km: Seoul Daegu 300
Input name of two cities and distance in Km: Seoul Daejon 150
Input name of two cities and distance in Km: Seoul Busan 430
Input name of two cities and distance in Km: Daegu Busan 130
Input name of two cities and distance in Km: Daegu Gwangju 180
Inter_City_Distance_Table :  {('Seoul', 'Daegu'): 300, ('Seoul', 'Daejon'): 150,
 ('Seoul', 'Busan'): 430, ('Daegu', 'Busan'): 130, ('Daegu', 'Gwangju'): 180}
Input name of two cities to find distance : Seoul Daegu
Distance between (Seoul - Daegu) is 300 Km.
Input name of two cities to find distance : Daegu Busan
Distance between (Daegu - Busan) is 130 Km.
Input name of two cities to find distance : Busan Daegu
Distance between (Busan - Daegu) is 130 Km.
Input name of two cities to find distance : Busan Seoul
Distance between (Busan - Seoul) is 430 Km.
Input name of two cities to find distance : Daejon Seoul
Distance between (Daejon - Seoul) is 150 Km.
Input name of two cities to find distance : . .
```

6장 함수 (Function)

학습목표

- 파이썬 프로그램의 함수 기본 구조에 대한 이해
- 파이썬 함수의 인수 전달 및 결과값 반환 방법에 대한 이해
- 파이썬 내장 함수에 대한 이해
- 기본 알고리즘의 파이썬 함수 구현 방법에 대한 이해
- 1급 함수 (first class function)에 대한 이해
- 재귀함수에 대한 이해
- 파이썬 내장 함수의 활용 방법에 대한 이해

개요

6.1 파이썬 함수 정의
6.2 함수의 인수 전달
6.3 호출된 함수에서 인수의 변경 가능 여부
6.4 네임 스페이스의 유효 범위 - global, local, built-in
6.5 파이썬 함수의 변수 (variable)
6.6 파이썬 내장 함수 (embedded functions)
6.7 1급 함수 (first class function)
6.8 재귀 함수 (recursive function)
6.9 파이썬 내장 함수의 활용

6.1 파이썬 함수 정의

6.1.1 파이썬 함수 정의와 속성 파악

규모가 큰 소프트웨어 시스템 개발에서는 보다 체계적인 프로그램 개발 및 개발된 소프트웨어 관리를 위하여 각 부분별 기능을 함수단위로 구성하고, 이 함수들을 결합하여 구현하고자 하는 전체 기능을 완성하는 방법으로 프로젝트를 진행한다. 이렇게 세부적인 함수 또는 모듈 단위로 구분하여 개발하는 것은 개별 모듈별로 독립적인 변경이나 수정 및 보완이 가능하게 하며, 잘 개발된 모듈을 다른 프로젝트에서 재사용할 수 있는 장점을 제공한다. 파이썬 기반 프로그래밍에서는 기본 단위가 함수 또는 클래스이며, 이번 장에서는 함수에 대하여 상세하게 설명하고, 클래스에 대해서는 8장에서 보다 상세하게 설명한다.

파이썬 프로그램에서의 함수 기본 구조는 다음 그림에서 보는 것과 같다. 파이썬 프로그램 함수의 선언은 def (define function) 키워드 다음에 add()와 같이 함수이름과 매개변수 (parameter)가 차례로 열거되는 괄호가 지정되며, 그 줄 마지막은 콜론(:)으로 표시된다. 함수 정의에서 매개변수들을 열거할 때 별도의 자료형을 지정하지 않으며, 다양한 자료형의 매개변수가 지정될 수 있다. 함수 선언에서 매개변수로 설정된 데이터를 실제 함수 호출에

서 전달할 때에는 인수 (argument)라고 한다. 함수 호출에서 인수들을 전달하는 방법에는 전달되는 순서에 따라 값을 전달하는 방법과 매개변수의 이름을 사용하여 순서에 관계없이 전달하는 방법을 사용할 수 있다.

파이선 함수 기본 구조

```
def function_name(<parameter list>):
    statement_1
    statement_2
    sub_block_1:
        sub_block_statement_1_1
        sub_block_statement_1_2
    statement_3
    return ret_val
```

그림 6.1은 파이썬 프로그램에서 함수를 정의하는 방법과 함수 속성을 알아보는 방법을 예로 보여준다. Line 3에서 def add(x, y=None)으로 함수를 선언하며, 함수 호출에서 사용될 매개변수 (parameter)로 x와 y를 선언한다. 만약 y값이 전달되지 않으면 y의 기본값으로 None이 사용된다. 함수에 포함되는 영역은 들여쓰기 (indentation)된 상태로 표시한다. 함수의 첫 부분에 따옴표로 표시된 문자열 (string)은 그 함수를 설명하는 내용을 포함하며, 함수이름.__doc__를 사용하여 출력할 수 있다. 이 함수 설명 문서의 내용은 프로그램 실행 중에도 __doc__ 속성을 변경하여 새로운 내용으로 교체할 수 있다. 함수 내부에서 수행되는 기능을 구현하기 위하여 각 함수 내부에서만 사용되는 지역 변수를 개별적으로 선언하여 사용할 수 있다. 함수의 각종 속성들은 표 6.1에서 열거하고 있는 속성들을 출력하여 파악할 수 있다.

표 6.1 Python 함수의 속성

속성	설명
__doc__	함수를 설명하는 문서 또는 문자열
__name__	함수의 이름
__qualname__	전역 (global scope)에서 함수가 포함된 모듈의 경로 (path)을 나타내며 dot (.)을 포함하여 표시
__module__	함수가 선언되어 있는 모듈의 이름
__defaults__	매개 변수와 기본값 (default value) 의 튜플
__code__	함수를 컴파일하여 생성된 코드 객체
__globals__	함수가 포함된 모듈의 전역 이름 영역에 대한 딕셔너리
__closure__	함수의 변수 바인딩에 대한 셀 튜플

그림 6.1 line 6에서는 인수 (argument)로 전달된 x와 y를 합산하여 그 결과를 저장하는 sum 지역 변수를 선언하고, 합산 결과를 대입하고 있다. sum의 자료형은 x와 y에 따라 결정된다. 예를 들어 x와 y가 정수 (integer)이면 sum 역시 정수 자료형으로 설정되며, x와 y가 리스트 또는 문자열 (string)이면 sum이 리스트 또는 문자열로 설정된다. 대부분의 함수에서 마지막 기능은 그 함수에서 수행된 결과 데이터를 반환시키는 return 명령어를 사

용한다. 그림 6.1 line 6에서는 인수로 전달된 x와 y의 합산 결과를 sum에 저장하였다가 이를 반환하기 위하여 return sum 명령어를 사용하는 예를 보여준다.

함수의 속성들은 사용자가 지정하는 변수들과 구분하기 위하여 속성 이름 앞뒤에 두 개씩의 밑줄 (underline)을 첨가하는 형식을 사용한다. __doc__ 속성은 그 함수의 설명 문서(document) 내용을 보여주며, __name__은 함수의 이름을 제공한다. __qualname__은 그 함수의 경로를 디렉토리 이름들을 점으로 구분한 형식으로 알려 준다. __module__은 그 함수가 선언되어 있는 모듈 이름을 알려 준다. __defaults__는 기본값 (default value)이 지정된 매개변수들을 알려 준다. __code__ 속성은 컴파일된 객체의 바이트 코드 정보를 알려 준다. __globals__ 속성은 그 함수가 포함되어 있는 모듈의 글로벌 영역에 포함되어 있는 정보를 알려 준다. __closure__은 그 함수에서의 변수들이 어떻게 바인딩되어 있는가에 대한 정보를 알려준다.

```
 1 :  # Python function definition and attributes
 2 :
 3 :  def add(x, y=None):
 4 :       "add x and y"
 5 :        sum = x + y
 6 :       return sum
 7 :
 8 :  print('add.__doc__ : ', add.__doc__)
 9 :  add.__doc__ = "sum of two arguments"
10 :
11 :  print('add.__doc__ : ', add.__doc__)
12 :  print('add.__name__ : ', add.__name__)
13 :  print('add.__qualname__ : ', add.__qualname__)
14 :  print('add.__module__ : ', add.__module__)
15 :  print('add.__defaults__ : ', add.__defaults__)
16 :  print('add.__code__ : ', add.__code__)
17 :  print('add.__globals__ : ', add.__globals__)
18 :  print('add.__closure__ : ', add.__closure__)
```

그림 6.1 함수의 정의와 함수 속성

그림 6.1 파이썬 프로그램의 실행 결과는 그림 6.2에서 보는 것과 같다.

```
add.__doc__ :  add x and y
add.__doc__ :  sum of two arguments
add.__name__ :  add
add.__qualname__ :  add
add.__module__ :  __main__
add.__defaults__ :  (None,)
add.__code__ :  <code object add at 0x02F1CEE8, file "C:\MyPyPackage\Z-TextBo
ok (Python) - 2019-8\ch 6  Function def, generator, trigonometric\Basic Funct
ions, Parameter, Argument\5_1 function attributes.py", line 3>
add.__globals__ :  {'__name__': '__main__', '__doc__': None, '__package__': N
one, '__loader__': <class '_frozen_importlib.BuiltinImporter'>, '__spec__': N
one, '__annotations__': {}, '__builtins__': <module 'builtins' (built-in)>, '
__file__': 'C:\\MyPyPackage\\Z-TextBook (Python) - 2019-8\\ch 6  Function def
, generator, trigonometric\\Basic Functions, Parameter, Argument\\5_1 functio
n attributes.py', 'add': <function add at 0x02F46738>}
add.__closure__ :  None
```

그림 6.2 함수 속성 출력의 결과

6.1.2 함수의 호출 및 인수 전달

(1) 함수 정의에서의 매개변수 (parameter)와 함수 호출에서의 인수 (argument)

함수 정의에서는 그 함수가 호출될 때 전달되는 정보를 매개변수 (parameter) 리스트로 선언하여 어떤 정보가 전달되어야 하는지, 만약 전달되지 않으면 어떤 기본 값을 사용하게 되는지에 대하여 선언하여 둔다. 그림 6.3 line 3~4에서는 간단한 덧셈 연산을 수행하는 add() 함수를 정의하고 있다. 그림 6.3의 add() 함수에는 x와 y 두 개의 매개 변수가 선언되어 있고, 매개 변수의 기본값 (default value)에 대해서는 별도로 선언하고 있지 않다.

파이썬 프로그램의 함수 정의에서는 매개 변수의 자료형을 정의하지 않는다. 예를 들어 그림 6.3의 add(x, y) 함수의 경우 매개변수인 x와 y의 자료형이 정수형인지 또는 문자열인지에 대하여 정의하지 않고 있다.

```
 1 :  # Function call with arguments
 2 :
 3 :  def add(x, y):
 4 :      return x + y
 5 :
 6 :  #
 7 :  print('add(1, 2) : ', add(1, 2)) #addition of integers
 8 :  print('add(1.0, 2.0) : ', add(1.0, 2.0)) #addition of float data
 9 :  print('add("abc", "def") : ', add("abc", "def")) # addition of strings
10 :  print('add([1, 2, 3], [3, 4, 5]) : ', add([1, 2, 3], [3, 4, 5])) #addition of list
11 :  print('add((1, 2, 3), (3, 4, 5)) : ', add((1, 2, 3), (3, 4, 5))) #addition of tuples
12 :  print('add({1, 2, 3}, {3, 4, 5}) : ', add({1, 2, 3}, {3, 4, 5})) #addition of sets
```

그림 6.3 다양한 자료형의 인수을 사용한 함수 add () 함수 호출 응용 프로그램

함수 정의에서 선언되어 있는 매개변수 (파라메타)는 실제 프로그램이 실행되면서 그 함수가 호출될 때 매개변수에 해당하는 값을 전달하게 되는데 이 함수 호출 단계에서는 매개변수 대신 인수 (argument)라고 부른다. 매개변수의 자료형이 지정되지 않는 것과는 달리 함수 호출 단계에서 인수가 전달되면 전달되는 정보의 자료형이 명확하게 결정되고, 따라서 인수는 자료형은 함수호출 시점에 동적으로 결정된다.

(2) 함수 호출 및 인수 (argument) 전달

파이썬 프로그램에서 함수를 선언한 후 이를 호출하여 사용하는 예를 그림 6.3에서 보여준다. 그림 6.3의 첫 부분에서 선언되어 있는 add() 함수가 호출되면 그림 6.1에서 보았던 함수와 동일한 기능을 수행하며, 인수로 전달되는 x와 y에 덧셈 연산을 수행하여 결과를 반환한다. 파이썬의 add() 함수의 선언에서는 매개 변수 x와 y의 자료형을 별도로 지정되어 있지 않았으며, 함수 호출 시점에서 전달되는 인수 (argument)의 자료형에 따라 결정되고, 덧셈 연산도 그 인수 자료형에 따라 결정된다. 예를 들어 line 7에서 add(1, 2)로 호출되면 정수형 데이터에 대한 덧셈 연산이 수행되고, line 8에서 add(1.0, 2.0)로 호출하면 float64 자료형의 실수 덧셈 연산을 수행한다.

6.1.3 함수 실행

그림 6.3 line 7~12에서는 다양한 자료형에 대한 덧셈 연산을 실행하고 있다. 먼저 정수 (integer) 또는 실수 (float) 자료형의 인수를 사용하여 add() 함수를 호출하는 경우, 그림 6.4의 실행결과에서 볼 수 있는 것과 같이 숫자에 대한 덧셈 연산을 수행하여 결과를 반환한다. add() 함수 호출에서 문자열을 인수로 전달하는 경우 '+' 연산은 문자열의 연결 (concatenation) 연산을 수행하며, 리스트나 튜플의 인수를 전달하는 경우 리스트를 추가하거나 튜플을 추가하는 연산을 수행하는 것을 그림 6.4에서 확인할 수 있다.

그림 6.3 line 12에서는 집합 (set) 자료형에 대한 덧셈 연산을 수행하는 경우 그림 6.4에서 보는 것과 같이 집합 자료형에 대한 '+' 연산은 제공되지 않아 TypeError 오류가 발생하게 된다. 이렇게 자료형에 따라 연산자의 기능이 제공되지 않는 경우가 있으며, 각 자료형에서 사용할 수 있는 연산자를 미리 파악하고 있어야 한다.

또한 연산자들의 의미는 자료형에 따라 달라진다. 예를 들어 '*' 연산자의 경우 숫자 (정수, 실수, 복소수) 데이터에 대해서는 곱셈 연산을 하며, 문자열이나 리스트 또는 튜플의 경우 반복 (repetition)을 의미한다. 파이썬 프로그램의 각 자료형에서 사용할 수 있는 연산자에 대해서는 3장과 5장에서 설명한 내용을 다시 확인하고 정리하기 바란다.

```
add(1, 2) :  3
add(1.0, 2.0) :  3.0
add("abc", "def") :  abcdef
add([1, 2, 3], [3, 4, 5]) :  [1, 2, 3, 3, 4, 5]
add((1, 2, 3), (3, 4, 5)) :  (1, 2, 3, 3, 4, 5)
Traceback (most recent call last):
  File "C:/MyPyPackage/Z-TextBook (Python) - 2019-8/ch 6  Function def, generato
r, trigonometric/Basic Functions, Parameter, Argument/(2) function calls - add()
.py", line 12, in <module>
    print('add({1, 2, 3}, {3, 4, 5}) : ', add({1, 2, 3}, {3, 4, 5})) #addition o
f sets
  File "C:/MyPyPackage/Z-TextBook (Python) - 2019-8/ch 6  Function def, generato
r, trigonometric/Basic Functions, Parameter, Argument/(2) function calls - add()
.py", line 4, in add
    return x + y
TypeError: unsupported operand type(s) for +: 'set' and 'set'
```

그림 6.4 다양한 자료형의 인수을 사용한 함수 add () 함수 호출 실행 결과

6.1.4 함수 실행 결과 반환 (return)

함수가 실행을 마무리한 후 결과 값을 반환하며 그 값은 다음 단계에서 사용될 수 있다. 파이썬 함수의 결과 값 반환에서도 다양한 자료형이 사용될 수 있으며, 여러 개의 반환 값을 한 번에 전달할 수 도 있다. 그림 6.5는 복수개의 결과 값을 반환하는 예를 보여준다. circle_AreaCircum() 함수는 원의 반지름을 인수로 전달받은 후 원 면적 (area)과 원 둘레 (circumference)를 계산하여 반환한다. 그림 6.5 line 7에서는 계산된 결과값 2개를 동시에 반환하며, line 10에서 반환된 2개의 데이터를 받아 area와 circumference에 각각 저장한다.

파이썬에서 다수의 반환값을 함께 전달할 수 있는 기능은 프로그램 소스코드를 간략하게 정리할 수 있는 장점을 제공하며, 함수의 반환 구조를 단순하게 만들 수 있는 장점을 제공한다.

```
# Python function that returns multiple data

PI = 3.141592
def circle_AreaCircum(radius):
    ar = PI * radius * radius # calculation of area
    circum = 2.0 * PI * radius # calculation of circumference
    return ar, circum

r = 10.0
area, circumference = circle_AreaCircum(r)

print("Circle of radius ({}) :\n Area({}),\n Circumference({})"\
        .format(r, area, circumference))
```

그림 6.5 circle_AreaCircum() - 복수의 결과값을 반환하는 함수 예

```
Circle of radius (10.0) :
 Area(314.1592),
 Circumference(62.83184)
```

그림 6.6 circle_AreaCircum() 함수 호출의 실행 결과

6.2 함수의 인수 전달 (argument passing) 형식

6.2.1 위치 인수와 키워드 인수 (positional argument, keyword argument)

(1) 함수 선언에서의 파라메타 형식 정의

함수가 호출될 때 전달받는 정보에 대한 형식을 정의하는 것을 매개변수 (또는 파라메타)의 형식 정의라고 한다. 파이썬 함수의 매개변수 형식 정의는 표 6.5에서 보는 것과 같이 가장 기본적으로 설정된 위치/순서에 따라 전달된 값이 설정되는 보통 파라메타 형식 지정 (또는 위치 파라메타 형식 지정)이 있으며, 함수 호출에서 이 파라메타에 해당하는 인수(argument)가 전달되지 않는 경우, 사전에 설정된 기본값을 사용할 수 있게 하는 기본값 설정 보통 파라메타 지정 형식이 있다. 이 보통 파라메타 형식 지정 함수를 호출할 때 인수의 이름을 명시하지 않는 경우, 함수 선언에 명시되어 있는 파라메타 순서대로 매핑되어 값이 전달된다. 보통 파라메타 (위치 파라메타)가 설정되어 있는 함수를 호출할 때에는 별도의 인수 이름 없이 값을 차례로 나열하여 위치 파라메타에 차례로 설정되게 하는 방법과 인수 이름을 명시하고 그 값을 설정하는 키워드 인수로 호출하는 방법을 모두 사용할 수 있다.

함수 선언에서 def func(*varargs)의 형식으로 파라메타 이름 앞에 별표 ('*')가 표시되어 있는 경우, 함수 호출에서 전달되는 인수들의 개수가 가변적일 수 있다. 이 가변 개수의 위치 파라메타가 선언되어 있는 함수를 호출할 때 인수 (argument)를 전달하는 방법으로 나열되는 인수의 순서인 위치를 이용할 수 있으며, 매개변수 (parameter)의 이름으로 전달 할 수 있다. 함수 정의 부분의 <매개변수 목록>에서 매개 변수 이름만 지정되어 있으면 위치 인수 또는 키워드 인수를 전달 받을 수 있다. 함수 정의의 매개변수 목록에서 "매개변수 = 기본 값"으로 설정하면 함수 호출에서 인수의 값이 별도로 설정되지 않을 경우 지정되어 있는 기본 값 (default value)을 사용하게 된다. 함수 호출에서 기본값이 설정되어 있는 파라메타에 해당하는 인수를 전달하면 그 값이 사용된다. 또한 기본 값이 설정되어 있는 파라메타 뒤에는 기본 값이 설정되지 않는 파라메타가 올 수 없다. 즉, 매개변수 목록의 맨 뒤로부터 기본 값이 지정되는 파라메타들이 열거된다.

표 6.5 파이썬 함수의 파라메타 (parameter) 형식 지정과 인수 (argument) 전달 방법

형식지정 위치	Parameter/Argument Syntax	설명
함수 선언 (파라 메터 형식 정의)	def func(arg)	보통 파라메타 (위치 파라메타) 선언
	def func(arg=value)	보통 파라메타 (위치 파라메타)에 기본값 설정
	def func(*args)	가변적 개수의 위치 파라메타 선언
	def func(**kwargs)	가변적 개수의 키워드 파라메타 선언
	def func(arg, *other)	보통 파라메타와 키워드 파라메타 사용 선언
	def func(*args, **kwargs)	가변적 개수의 위치 파라메타와 가변적 개수의 키워드 파라메타 사용 선언
	def func(*, name=value)	*표시 이후에는 키워드 파라메타만 사용하도록 선언하며, 기본값 설정
함수 호출 (인수 정의)	func(arg1, arg2, , . . .)	보통 인수 설정, 위치 파라메타로 전달
	func(arg=value)	키워드 인수, 이름으로 파라메타에 연계
	funct(**iterable*)	열거 가능 *iterable* (e.g., string, list, tuple) 객체로 인수를 전달, iterable 객체의 각 개체들이 위치 인수로 연계됨
	funct(**dict)	키워드:값으로 표현되는 항목들을 dict 자료형 인수로 전달되며, 인수에 포함된 키워드를 사용하여 키워드 파라메타에 전달됨

6.2.2 위치 인수 (positional argument), 보통 인수 (normal argument)

파이썬 함수 호출에서 인수의 이름을 명시하지 않고 전달되는 데이터를 함수 선언에서 설정된 파라메타 순서 (위치)에 따라 인수에 할당되도록 하는 방식을 위치 인수(positional argument)라고 하며, 많은 프로그래밍 언어에서 사용되는 방식으로 보통 인수 (normal argument)라고도 한다. 그림 6.7 line 7에서 함수 func_posargs()를 호출할 때 정수 1, 2, 3을 인수로 설정하여 함수 func_posargs() 함수를 호출하면 line 3에서 x, y, z에 차례로 대입된다.

```
# Python function with positional arguments

def func_posargs(x, y, z):
    print("passed arguments: x = {0}, y = {1}, z = {2}".format(x, y, z))
    return 3*x + 2*y + z

w = func_posargs(1, 2, 3) # positional arguments
print('w = func_posargs(1, 2, 3) ==> w : ', w)
```

그림 6.7 보통 인수 형식 지정 (위치 인수 (Positional argument))의 예

```
passed arguments: x = 1, y = 2, z = 3
w = func_3_args(1, 2, 3) ==> w :  10
```

그림 6.8 위치 인수를 가지는 함수의 호출 결과

6.2.3 기본값을 지정하는 위치인수

함수 호출에서 위치인수 방식으로 인수를 전달할 때 경우에 따라 별도로 인수를 전달하지 않고 사전에 설정되어 있는 기본값을 사용하도록 함수를 정의할 수 있다. 그림 6.9 line 3에서 3개의 파라메타를 선언하고 있으며, 파라메타에 width=1의 형식으로 기본값 (default value)을 설정하고 있다. 이 기본값 설정은 인수가 별도로 전달되지 않는 경우 해당 인수를 함수 선언에서 설정되어 있는 기본값으로 대치한다는 의미이다. 예를 들어 line 7에서 volume() 함수를 호출할 때 인수를 하나도 전달하지 않으며, 이 경우 width, length, height는 기본값으로 설정된 1로 대치되어 함수가 실행된다. 그림 6.10의 첫 번째 출력에서 이를 확인할 수 있다.

```
 1 :  # Positional arguments with default values
 2 :
 3 :  def volume(width=1, length=1, height=1):
 4 :      print("passed arguments: width = {:3}, length = {:3}, height = {:3}"\
 5 :            .format(width, length, height))
 6 :      return width * length * height
 7 :
 8 :  print("volume() = ", volume())
 9 :  print("volume() = ", volume(10))
10 :  print("volume() = ", volume(10, 20))
11 :  print("volume() = ", volume(10, 20, 30))
```

그림 6.9 기본값이 설정된 위치 인수를 사용하는 volume() 함수

함수 선언에서 위치인수의 기본값이 설정되어 있을 때, 함수 호출에서 전달되는 인수의 개수가 부족한 경우 전달된 인수들은 첫 위치인수로부터 차례대로 매핑되고, 인수가 전달되지 않은 매개변수에게는 함수 선언에서 설정되어 있는 기본 값이 사용된다. 그림 6.9 line 9에서 함수 호출에 전달되는 인수가 1일 때 매개변수 width에 매핑되며, 매개변수 length와 height는 각각 1의 기본값으로 설정된다. 만약 전달되는 인수가 2개이면 매개변수 width와 length에 차례대로 매핑되고 매개변수 height는 기본값 1로 설정된다. 물론 인수 3개가 모두 전달되면 width, length, height에 차례대로 매핑된다. 그림 6.10에서 실행결과를 확인할 수 있다.

```
passed arguments: width =   1, length =   1, height =   1
volume() =  1
passed arguments: width =  10, length =   1, height =   1
volume() =  10
passed arguments: width =  10, length =  20, height =   1
volume() =  200
passed arguments: width =  10, length =  20, height =  30
volume() =  6000
```

그림 6.10 기본값이 설정된 위치 인수를 사용하는 volume() 함수의 실행 결과

6.2.4 위치인수를 키워드 인수 (keyword argument)로 호출

파이썬 함수를 호출할 때 인수의 이름을 명시하고 값을 그 인수에 대입하여 호출하는 것을 키워드 인수 (keyword argument) 호출이라고 한다. 그림 6.11 line 7~8에서는 위치 인수로 함수를 호출하며, 첫 번째 인수는 x에, 두 번째 인수는 y에 대입된다. Line 7, 8에서 전달되는 인수가 1, 2의 순서인 경우 1/2를 계산하게 되며, 전달되는 인수가 2, 1의 순서인 경우 2/1를 계산하게 된다. 그림 6.12에서 그 처리 결과를 확인할 수 있다.

그림 6.7 line 9~10에서는 함수 호출에서 인수의 이름을 명시하고 값을 대입하여 호출하는 형식의 키워드 인수를 사용한다. 키워드 인수를 사용하는 경우 위치 또는 순서에 상관없이 지정된 인수에 지정된 데이터를 전달할 수 있다. 그림 6.11 line 9에서 x=3, y=4의 키워드 인수로 div() 함수를 호출하는 것과 line 10에서 y=4, x=3의 키워드 인수로 div() 함수를 호출하는 것은 모두 x/y의 계산으로 동일한 결과를 산출한다. 그림 6.12에서 동일한 결과를 확인할 수 있다.

```
 1 :  # Function call with positional arguments vs keyword arguments
 2 :
 3 :  def div(x, y):
 4 :      return x / y
 5 :
 6 :  #
 7 :  print('div(1, 2) : ', div(1, 2)) # function call with positional arguments
 8 :  print('div(2, 1) : ', div(2, 1)) # function call with positional arguments
 9 :  print('div(x = 3, y = 4) : ', div(x = 3, y = 4)) # function call with keyword
      arguments
10 :  print('div(y = 4, x = 3) : ', div(y = 4, x = 3)) # function call with keyword
      arguments
```

그림 6.11 위치인수로 지정된 함수를 키워드 인수로 호출 – div(x, y)

```
div(1, 2) :  0.5
div(2, 1) :  2.0
div(x = 3, y = 4) :  0.75
div(y = 4, x = 3) :  0.75
```

그림 6.12 위치인수와 키워드 인수의 비교 프로그램 실행 결과

6.2.5 함수 호출에서 dict 자료형으로 키워드 인수 전달

함수 호출에서 매개변수의 이름을 지정하여 값을 전달하는 키워드 인수 방식의 함수 호출을 dict 자료형을 사용하여 구현할 수도 있다. 그림 6.13 line 3의 func_3_args() 함수 선언에서 3개의 매개변수가 선언되어 있으며, line 7의 함수 호출에서 dict 자료형 **{ 'x':1, 'y':2, 'z':3} 을 인수로 전달하고 있다. dict 자료형의 "키:값" 쌍들을 "키워드 인수 이름 : 전달되는 값" 으로 설정하여 전달하는 것이며, 그림 6.14의 실행결과에서 알 수 있는 것과 같이 해당 키워드 인수에 정확하게 전달되는 것을 알 수 있다.

```
1 :  # Passing keyword arguments using dict
2 :
3 :  def func_3_args(x, y, z):
4 :      print("passed arguments: x = {0}, y = {1}, z = {2}".format(x, y, z))
5 :      return 3*x + 2*y + z
6 :
7 :  w = func_3_args(**{'x':1, 'y':2, 'z':3}) # passing keyword arguments using dict
8 :  print('w = func_3_args(1, 2, 3) ==> w : ', w)
```

그림 6.13 dict 자료형으로 키워드 인수를 전달하는 함수호출

```
passed arguments: x = 1, y = 2, z = 3
w = func_3_args(1, 2, 3) ==> w :  10
```

그림 6.14 dict 자료형으로 키워드 인수를 전달하는 함수 호출의 실행 결과

6.2.6 키워드 인수만을 사용하도록 지정하는 함수

함수 선언에서 매개변수 리스트에 '*' 문자가 표시되어 있으면 그 표시 이후의 매개변수들은 키워드 인수 방식으로만 값을 전달할 수 있다는 의미가 된다.

```
1 :  # Keyword-only arguments
2 :
3 :  def keywordOnlyFunc(x, *, y, z):
4 :      print("passed arguments: x = {0}, y = {1}, z = {2}".format(x, y, z))
5 :      return 3*x + 2*y + z
6 :
7 :  keywordOnlyFunc(1, y=2, z=3)
8 :  keywordOnlyFunc(1, **{'z':3, 'y':2})
9 :  keywordOnlyFunc(1, 2, 3)
```

그림 6.15 키워드 인수만을 사용하도록 지정한 함수 - keywordOnlyFunc()

그림 6.15 line 3의 함수 선언 keywordOnlyFunc(x, *, y, z)에서는 매개변수 x는 위치 인수로 전달되어야 하며, '*' 문자 뒤에 있는 매개변수 y, z는 반드시 키워드 인수 방식으로 값이 전달되어야 한다는 것을 의미한다. 키워드 인수 전달 방식에는 dict 자료형으로 전달하는 방법도 사용할 수 있다. Line 7에서는 매개변수 x에 대한 값은 위치 인수 방식으로 전달하며, y와 z에 대해서는 키워드 인수 방식으로 전달하며, 그림 6.16에서 정상적으로 처리된 것을 알 수 있다. Line 8에서는 매개변수 x에 대한 값은 위치 인수 방식으로 전달하며,

y와 z에 대해서는 dict 자료형을 사용하여 전달한다. 그림 6.16에서 y와 z의 값이 정확하게 전달되어 처리된 것을 알 수 있다.

그림 6.15 line 9에서는 위치 인수 방식으로 값들을 전달하려고 하는데 그림 6.16 후반부에서 볼 수 있는 것과 같이 하나의 위치 인수만 사용되어야 하는데 3개의 위치 인수가 전달되었다는 TypeError가 발생되는 것을 볼 수 있다.

```
passed arguments: x = 1, y = 2, z = 3
passed arguments: x = 1, y = 2, z = 3
Traceback (most recent call last):
  File "C:\MyPyPackage\Z-TextBook (Python) - 2019-8\ch 6  Fun
ction def, generator, trigonometric\Basic Functions, Paramete
r, Argument\(8) keyWordOnly Arguments - keywordOnlyfunc().py"
, line 9, in <module>
    keywordOnlyFunc(1, 2, 3)
TypeError: keywordOnlyFunc() takes 1 positional argument but
3 were given
```

그림 6.16 키워드 인수만을 사용하도록 지정한 함수의 실행 결과

6.2.6 가변적 위치인수 (variable positional argument)

함수에 전달되는 인수의 개수가 사전에 정의되어 있지 않고 가변적일 경우 그림 6.17 line 3에서 보는 것과 같이 매개변수 이름 앞에 '*' 표시를 붙여 가변적 위치인수라고 선언하여 전달되는 인수의 개수가 달라져도 정확하게 처리할 수 있게 한다. 그림 6.17 line 11~13에서는 함수 호출에 사용되는 위치 인수 개수를 1~3개로 다르게 설정하고 있다.

```
1 :  # Variable positional arguments
2 :
3 :  def varPosArgsFunc(*args):
4 :      print(type(args))
5 :      print("args = ", args)
6 :      s = 0
7 :      for x in args:
8 :        s += x
9 :      return s
10 :
11 :  varPosArgsFunc(1)
12 :  varPosArgsFunc(1, 2)
13 :  varPosArgsFunc(1, 2, 3)
```

그림 6.17 varPosArgsFunc()

그림 6.17 line 4에서 가변적 위치인수로 전달받은 args의 자료형을 확인하면 그림 6.18에서 <class 'tuple'>이라는 것을 확인할 수 있다. 즉 가변적 위치인수 방식으로 전달되는 값들은 튜플 자료형으로 전달되며 포함된 데이터의 개수가 달라도 문제없이 처리할 수 있게 한다. 전달되는 위치 인수의 개수가 달라지면 사용된 가변적 위치 인수의 튜플에 포함된 데이터 개수만 달라지며 전체 처리 구조에서는 변화가 없도록 구성되어 있다.

```
<class 'tuple'>
args =  (1,)
<class 'tuple'>
args =  (1, 2)
<class 'tuple'>
args =  (1, 2, 3)
```

그림 6.18 다양한 인수로 varPosArgsFunc() 호출 및 실행한 결과

가변적 위치 인수로 설정된 함수를 호출할 때 다양한 자료형의 값들을 전달하여 처리할 수 있다. 그림 6.19 line 3에서는 가변적 위치 인수를 사용하는 함수 varPosArgsFunc()이 선언되어 있으며, line 21~26에서 함수를 호출할 때 정수 a, 실수 b, 리스트 L, 튜플 T를 인수로 전달한다.

```
 1: # Variable Positional arguments
 2:
 3: def varPosArgsFunc(*args):
 4:     print("args = <{}>, type= {}, len={}".format(args, type(args), len(args)))
 5:     num_arg = len(args)
 6:     for a in range(num_arg):
 7:         t_arg = type(args[a])
 8:         print("args[{}]: type = {}".format(a,t_arg))
 9:         if t_arg == int:
10:             print("arg ({}) : ".format(t_arg), args[a])
11:         elif t_arg == float:
12:             print("arg ({}) : ".format(t_arg), args[a])
13:         elif (t_arg == list) or (t_arg == tuple):
14:             print("arg ({}) : ".format(t_arg), end='')
15:             len_list = len(args[a])
16:             for n in range(len_list):
17:                 print(args[a][n], end=', ')
18:             print()
19:         else:
20:              print("Currently argument type {} cannot be processed
                     !!".format(t_arg))
21: a, b = 1, 2.5
22: L = [1, 2, 3, 4, 5]
23: T = ('one', 'two', 'three')
24: print("L : ", L)
25: print("T : ", T)
26: varPosArgsFunc(a, b, L, T)
       # invoke function with variable positional arguments
```

그림 6.19 가변적 위치 인수를 사용하는 함수 호출에서 다양한 자료형 인수를 전달

그림 6.19 line 4에서는 가변적 위치 인수로 전달받은 args의 값과 자료형, 길이를 출력하는데 그림 6.20에서 args가 튜플 자료형이며, 그 내부에 정수, 실수, 리스트, 튜플을 포함하는 것을 알 수 있다. args 튜플에 포함된 각 인수들은 튜플 자료형 객체에 인덱싱 방법을 사용하는 args[i] 형식을 사용하여 개별적으로 추출할 수 있다. 만약 args[i]의 자료형이 시퀀스 (예: 리스트나 튜플)인 경우 args[i][j]의 형식으로 시퀀스 자료형 인수의 원소들을 개별적으로 추출할 수 있다.

```
L :  [1, 2, 3, 4, 5]
T :  ('one', 'two', 'three')
args = <(1, 2.5, [1, 2, 3, 4, 5], ('one', 'two', 'three'))>, type= <class 'tuple'>, len=4
args[0]: type = <class 'int'>
arg (<class 'int'>) :  1
args[1]: type = <class 'float'>
arg (<class 'float'>) :  2.5
args[2]: type = <class 'list'>
arg (<class 'list'>) : 1, 2, 3, 4, 5,
args[3]: type = <class 'tuple'>
arg (<class 'tuple'>) : one, two, three,
```

그림 6.20 실행 결과

6.2.7 위치인수와 가변적 위치 인수 (variable positional argument) 혼합

함수의 매개변수 설정에서 위치 인수와 가변적 위치인수가 함께 사용되는 경우 위치 인수를 먼저 설정하고 이어서 가변적 위치 인수를 열거하도록 하여야 한다. 그림 6.21은 위치 인수와 가변적 위치 인수를 차례로 설정하여 사용하는 예를 보여준다. Line 3에서 함수 varPosArgsFunc(a, *args)는 위치 인수로 a를, 가변적 위치인수로 *args를 선언하고 있다.

```
 1 :  # Positional argument + variable positional arguments
 2 :
 3 :  def varPosArgsFunc(a, *args):
 4 :      print("a = ", a, "args = ", args)
 5 :      print(type(args))
 6 :      s = 0
 7 :      for x in args:
 8 :        s += x
 9 :      return s
10 :
11 :  varPosArgsFunc(1)
12 :  varPosArgsFunc(1, 2)
13 :  varPosArgsFunc(1, 2, 3)
14 :  varPosArgsFunc(1, 2, 3, 4, 5)
```

그림 6.21 위치인수와 가변적 위치인수를 함께 사용하는 예제

위치인수와 가변적 위치인수를 함께 사용하는 경우 전달된 인수들 중 첫 번째 인수로부터 위치 인수에 차례대로 매핑되며, 모든 위치 인수에 대한 매핑이 완료된 이후에 남은 인수들은 가변적 위치 인수에 매핑된다. Line 11~14에서 함수 varPosArgsFunc()를 호출할 때 제공하는 인수를 1 하나만 제공하는 경우로부터 1 부터 5까지의 5개 인수를 제공하는 경우까지 다양하게 시험을 하고 있으며, 실제 위치 인수와 가변적 위치인수에 매핑된 결과는 그림 6.22에서 확인할 수 있는 것처럼 맨 첫 번째 인수는 a에 매핑되고, 나머지 인수들은 튜플로 전달되어 가변적 위치 인수 args에 매핑되는 것을 알 수 있다.

```
a =  1 args =  ()
<class 'tuple'>
a =  1 args =  (2,)
<class 'tuple'>
a =  1 args =  (2, 3)
<class 'tuple'>
a =  1 args =  (2, 3, 4, 5)
<class 'tuple'>
```

그림 6.22 위치인수와 가변적 위치인수를 함께 사용하는 예제 프로그램의 실행결과

6.2.8 가변적 키워드 인수 (variable keyword argument)

파이썬 프로그램의 함수에 전달되는 키워드 인수의 개수가 사전에 확정되어 있지 않고 가변적일 때 그림 6.23 line 3에서의 파라메타 정의 (**kswargs)와 같이 별표 2개를 키워드 인수 이름 앞에 붙여 가변적 키워드 인수 (variable keyword argument)로 선언한다.

```
1: # Variable keyword arguments
2:
3: def varKwArgsFunc(**kwargs):
4:     print("kwargs = <{}>, type= {}, len={}".format(kwargs, type(kwargs),
         len(kwargs)))
5:     num_arg = len(kwargs)
6:     print("num_arg : ", num_arg)
7:     for kw in kwargs:
8:         arg_type = type(kwargs[kw])
9:         #print("kwargs({}): type = {}".format(kw, type(kwargs[kw])))
10:        if arg_type == int:
11:            print("kwarg ({}) : {}".format(kw, kwargs[kw]))
12:        elif arg_type == float:
13:            print("kwarg ({}) : {}".format(kw, kwargs[kw]))
14:        elif arg_type == str:
15:            print("kwarg ({}) : {}".format(kw, kwargs[kw]))
16:        elif (arg_type == list) or (arg_type == tuple):
17:            print("kwarg ({}) : {}".format(kw, kwargs[kw]), end=' ')
18:            kwarg = kwargs[kw]
19:            len_list = len(kwarg)
20:            print("; elements of {} : ".format(type(kwarg)), end=' ')
21:            for n in range(len_list):
22:                print(kwarg[n], end=', ')
23:            print()
24:        else:
25:             print("Currently argument type {} cannot be processed
               !!".format(kw_arg))
26:
```

그림 6.23 가변적 키워드 인수를 사용하는 파이썬 프로그램 예 (part 1)

가변적 키워드 인수를 사용하는 함수 내부에서는 line 5와 같이 kwargs의 길이 정보를 확인한 후 각 키워드 인수를 kwargs[i]와 같이 인덱싱을 사용하여 개별적으로 추출할 수 있다. 그림 6.23 line 31~34에서는 함수 varKwArgsFunc()을 호출 할 때 키워드 인수를 정수, 실수, 리스트, 튜플 자료형으로 개수를 달리하며 호출하고, 호출된 함수에서 전달된 키워드 인수들을 정확하게 처리하는 가를 확인다. 그림 6.24에서 정확하게 처리된 내용을 확인할 수 있다.

```
L = [1, 2, 3, 4, 5]
T = ('one', 'two', 'three')
print("L : ", L)
print("T : ", T)
varKwArgsFunc(a=1)  # invoke function with variable keywords arguments
varKwArgsFunc(a=1, b=2.5)  # invoke function with variable keywords arguments
varKwArgsFunc(a=1, b=2.5, c=L)  # invoke function with variable keywords arguments
varKwArgsFunc(a=1, b=2.5, c=L, d=T)  # invoke function with variable keywords arguments
```

그림 6.23 가변적 키워드 인수를 사용하는 파이썬 프로그램 예 (part 2)

```
L :  [1, 2, 3, 4, 5]
T :  ('one', 'two', 'three')
kwargs = <{'a': 1}>, type= <class 'dict'>, len=1
num_arg :  1
kwarg (a) : 1
kwargs = <{'a': 1, 'b': 2.5}>, type= <class 'dict'>, len=2
num_arg :  2
kwarg (a) : 1
kwarg (b) : 2.5
kwargs = <{'a': 1, 'b': 2.5, 'c': [1, 2, 3, 4, 5]}>, type= <class 'dict'>, len=3
num_arg :  3
kwarg (a) : 1
kwarg (b) : 2.5
kwarg (c) : [1, 2, 3, 4, 5] ; elements of <class 'list'> :  1, 2, 3, 4, 5,
kwargs = <{'a': 1, 'b': 2.5, 'c': [1, 2, 3, 4, 5], 'd': ('one', 'two', 'three')}>, type= <class 'dict'>, len=4
num_arg :  4
kwarg (a) : 1
kwarg (b) : 2.5
kwarg (c) : [1, 2, 3, 4, 5] ; elements of <class 'list'> :  1, 2, 3, 4, 5,
kwarg (d) : ('one', 'two', 'three') ; elements of <class 'tuple'> :  one, two, three,
```

그림 6.24 가변적 키워드 인수를 사용하는 파이썬 프로그램의 실행 결과

6.2.9 가변적 위치인수와 가변적 키워드 인수의 혼합사용

파이썬 함수에서 가변적 위치 인수와 가변적 키워드 인수를 혼합사용하고자 할 때에는 그림 6.25 line 3과 같이 함수 선언에서의 매개변수 목록에 (*args, **kwargs) 형식으로 선언하여야 한다. 항상 순서는 가변적 위치 인수가 먼저 선언되고 그 다음으로 가변적 키워드 인수가 선언되어야 한다.

그림 6.25 line 15~22에서 varPosVarKeywordFunc() 함수를 호출할 때 가변적 위치 인수를 1, 2, 3으로 변경하며, 가변적 키워드 인수를 A=10, B=20, C=30으로 변경하며 호출하고, 호출된 함수에서 인수의 개수가 변경되어도 정상적으로 처리하며, 전달된 위치 인수 및 키워드 인수들을 개별적으로 다룰 수 있는가 확인하고 있다. 이 함수의 반환값은 전달된 가변 위치 인수 및 가변 키워드 인수들을 개별적으로 추출하여 문자열을 만들어 반환함으로써 가변 위치 인수들과 가변 키워드 인수들이 정확하게 전달되었는가를 확인할 수 있게 한다. 그림 6.26에서 정확하게 처리된 결과를 확인할 수 있다.

```
# Variable Positional arguments and variable Keyword arguments

def varPosVarKeywordFunc(*args, **kwargs):
    print("args = ", args)
    print("kwargs = ", kwargs)
    s = "var args: ( "
    for x in args:
        s += "{}, ".format(str(x))
    s += " ); var kwargs: { "
    for x in kwargs:
        s += "{}:{}, ".format(x, str(kwargs[x]))
    s += "}"
    return s

r1 = varPosVarKeywordFunc(1, A=1)
print('varPosVarKeywordFunc(1, A=1) ==> : \n', r1)

r2 = varPosVarKeywordFunc(1, 2, A=10, B=20)
print('varPosVarKeywordFunc(1, 2, A=10, B=20) ==> : \n', r2)

r3 = varPosVarKeywordFunc(1, 2, 3, A=10, B=20, C=30)
print('varPosVarKeywordFunc(1, 2, 3, A=1, B=2, C=30) ==> : \n', r3)
```

그림 6.25 가변적 위치인수와 가변적 키워드 인수의 혼합 사용 함수 - varPosVarKeywordArgsFunc()

```
args =  (1,)
kwargs =  {'A': 1}
varPosVarKeywordFunc(1, A=1) ==> :
 var args: ( 1,  ); var kwargs: { A:1, }
args =  (1, 2)
kwargs =  {'A': 10, 'B': 20}
varPosVarKeywordFunc(1, 2, A=10, B=20) ==> :
 var args: ( 1, 2,  ); var kwargs: { A:10, B:20, }
args =  (1, 2, 3)
kwargs =  {'A': 10, 'B': 20, 'C': 30}
varPosVarKeywordFunc(1, 2, 3, A=1, B=2, C=30) ==> :
 var args: ( 1, 2, 3,  ); var kwargs: { A:10, B:20, C:30,
```

그림 6.26 가변적 위치인수와 가변적 키워드 인수의 혼합 사용 함수 – varPosVarKeywordArgsFunc() - 호출 및 실행 결과

6.3 함수에서 인수로 전달된 값의 변경

6.3.1 호출된 함수에서 간접 변경을 할 수 있는 경우

함수 호출에서 전달된 인수는 호출된 함수의 지역 변수 (local variable)로 사용된다. 호출된 함수에서 전달된 인수의 자료형에 따라 전달된 인수를 변경하였을 때 호출한 곳에서의 변수 값이 변경될 수 있는 경우와 변경될 수 없는 경우가 있고, 이 기능을 잘 활용하여 다양한 알고리즘을 수행할 수 있다.

그림 6.27 line 3에서 정의하고 있는 funcA(x)함수에서는 인수 x를 전달받은 후 그 인수의 자료형에 따라 다른 처리를 하고, 처리결과가 호출하는 곳의 변수에 어떤 영향을 주는가를 확인하고 있다.

```
 1: # Mutable arguments
 2:
 3: def funcA(x):
 4:     print("at funcA(), before assignment :: x = {}, id = {}".format(x, id(x)))
 5:     if isinstance(x, list): # mutable list element
 6:         x[0] = 10
 7:     if isinstance(x, dict): # mutable dict element
 8:         x['color'] = 'red'
 9:         x['price'] = 300
10:     print("at funcA(), after assignment :: x = {}, id = {}".format(x, id(x)))
11:
12: a = [1, 2, 3] # list
13: print("at main(), before function call :: x = {}, id = {}".format(a, id(a)))
14: funcA(a)
15: print("at main(), after function call :: x = ", a)
16:
17: b = {'color':'blue', 'price':100} # dictionary
18: print("at main(), before function call :: x = {}, id = {}".format(b, id(b)))
19: funcA(b)
20: print("at main(), after function call :: x = ", b)
```

그림 6.27 함수된 함수에서 인수 값을 변경할 수 있는 경우

```
at main(), before function call :: x = [1, 2, 3], id = 39395736
at funcA(), before assignment :: x = [1, 2, 3], id = 39395736
at funcA(), after assignment :: x = [10, 2, 3], id = 39395736
at main(), after function call :: x =  [10, 2, 3]
at main(), before function call :: x = {'color': 'blue', 'price': 100}, i
at funcA(), before assignment :: x = {'color': 'blue', 'price': 100}, id
at funcA(), after assignment :: x = {'color': 'red', 'price': 300}, id =
at main(), after function call :: x =  {'color': 'red', 'price': 300}
```

그림 6.28 함수된 함수에서 인수 값을 변경할 수 있는 경우의 실행 결과

그림 6.27 line 12에서는 리스트 a를 선언하고, line 14에서 funcA()를 호출할 때 리스트 a를 인수로 전달한다. 함수 funcA()에서는 isinstance() 함수를 사용하여 전달 받은 인수의 자료형을 확인하며, 리스트 a의 경우 isinstance(x, list)에서 True가 반환되어 x[0] = 10이 실행된다. 함수 funcA()에서 전달된 리스트의 원소 값을 변경한 후, line

15에서 리스트 a를 출력하면 그림 6.28에서 볼 수 있는 것과 같이 a[0]의 값이 변경되어 있는 것을 알 수 있다.

Line 17에서는 dict 자료형 객체 b를 생성하며, line 19에서 함수 funcA()를 호출할 때 b를 인수로 전달한다. Line 3의 함수 funcA()에서 전달 받은 인수의 자료형이 dict이므로 line 7의 isintance(x, dict)가 True를 반환하고 line 8~9에서 전달된 dict 객체의 'color' 항목과 'price' 항목을 변경한다. 함수 호출 및 실행이 완료된 후 line 20에서 dict 객체 b를 출력하면 line 17에서 초기 설정하였던 color와 price 값이 변경되어 있는 것을 확인할 수 있다.

6.3.2 호출된 함수에서 지역변수로 사용되고 간접 변경되지 않는 경우

함수 호출에서 전달된 인수는 호출된 함수내부에서 지역변수로 사용되며, 이 지역변수를 변경할 때, 함수 호출에서 사용된 해당 인수의 값을 설정할 때 사용되었던 변수의 값이 변경되지 않는 경우가 많이 있다. 그림 6.29의 funcB()는 함수 호출에서 인수 x를 전달받고, 인수 x의 자료형에 따라 line 6, 8, 10에서 해당 자료형의 새로운 객체로 값을 대입하도록 되어 있다. Line 13, 19, 25에서는 각각 정수, 튜플, 리스트 객체를 변수로 만들어 이를 funcB() 함수 호출 이전에 출력하고, 함수 호출에서 인수로 전달하며, 함수로부터 귀환한 후 인수 값을 설정할 때 사용하였던 변수의 값을 출력한다.

```
1: # Immutable arguments
2:
3: def funcB(x):
4:     print("at funcB(), before assignment :: x = {}, id = {}".format(x, id(x)))
5:     if isinstance(x, int): # int is immutable
6:         x = 10
7:     if isinstance(x, tuple): # tuple is immutable
8:         x = (10, 20, 30)
9:     if isinstance(x, list): # whole list is immutable
10:        x = [10, 20, 30]
11:    print("at funcB(), after assignment :: x = {}, id = {}".format(x, id(x)))
12:
13: a = 1 # int
14: print("at main(), before function call :: a = {}, id = {}".format(a, id(a)))
15: funcB(a)
16: print("at main(), after function call :: a = {}, id = {}".format(a, id(a)))
17: print()
18:
19: b = (1, 2, 3) # tuple
20: print("at main(), before function call :: b = {}, id = {}".format(b, id(b)))
21: funcB(b)
22: print("at main(), after function call :: b = {}, id = {}".format(b, id(b)))
23: print()
24:
25: c = [1, 2, 3] # list
26: id(c)
27: print("at main(), before function call :: c = {}, id = {}".format(c, id(c)))
28: funcB(c)
29: print("at main(), after function call :: c = {}, id = {}".format(c, id(c)))
```

그림 6.29 호출된 함수에서 간접 변경을 할 수 없는 경우

그림 6.30의 실행 결과에서 볼 수 있듯이 함수 funcB()의 실행 단계에서는 전달받은 인

수를 지역변수로 사용하고, 그 지역변수 값을 새로운 값으로 대입할 수 있으나, 함수의 실행을 종료하고 귀환되면 인수값 설정에 사용되었던 변수들의 값은 변경되지 않고 이전의 값으로 계속 유지되는 것을 알 수 있다.

그림 6.27과 그림 6.29의 차이점은 함수 호출에서 인수로 사용된 리스트와 dict 자료형의 원소들은 표 5.1에서 mutable로 정의된 자료형이며, 호출된 함수에서 개별 원소 값을 변경하면 인수로 연결된 원래의 변수 (리스트 또는 dict 자료형)의 원소 값이 간접 참조에 의하여 변경되는 것이다. 그러나 정수 (int)와 문자열 (str), 튜플 등은 immutable이며, 전달된 인수가 호출된 함수 내부에서 새로운 객체의 값으로 대입되며 함수 내부에서만 적용되는 지역변수로 재설정되기 때문에 함수 호출에서의 인수값 설정에 사용되었던 변수와는 상관없는, 함수 내부에서 제한적으로 사용되는 지역변수로 사용되는 것이다.

```
at main(), before function call :: a = 1, id = 1534187696
at funcB(), before assignment :: x = 1, id = 1534187696
at funcB(), after assignment :: x = 10, id = 1534187840
at main(), after function call :: a = 1, id = 1534187696

at main(), before function call :: b = (1, 2, 3), id = 49528384
at funcB(), before assignment :: x = (1, 2, 3), id = 49528384
at funcB(), after assignment :: x = (10, 20, 30), id = 11361016
at main(), after function call :: b = (1, 2, 3), id = 49528384

at main(), before function call :: c = [1, 2, 3], id = 38346880
at funcB(), before assignment :: x = [1, 2, 3], id = 38346880
at funcB(), after assignment :: x = [10, 20, 30], id = 38346800
at main(), after function call :: c = [1, 2, 3], id = 38346880
```

그림 6.30 호출된 함수에서 간접 변경을 할 수 없는 경우의 실행 결과

6.4 코드 블록, 네임스페이스와 유효범위

6.4.1 파이썬 프로그램 코드 블록 (code block)

파이썬 프로그램은 다양한 함수들로 구성되고, 각 함수 내부에는 조건에 따라 실행이 달라질 수 있는 블록과 반복이 실행되는 블록 등으로 계층적인 구조를 가지게 된다. 그림 6.31 (a)에서 보는 것과 같이 파이썬 프로그램의 각 블록들은 그 줄 마지막에 콜론이 표시되는 헤더 라인으로 시작하며, 그 블록에 해당하는 내용들은 들여쓰기 (indentation)으로 구분된다. 하나의 블록 내부에는 다른 서브 블록이 포함될 수 있으며, 들여쓰기 단계가 한번 더 나타나게 하여 그 구역을 구분한다.

그림 6.31 (b)의 파이썬 예제 프로그램에서 line 3~9는 함수 fibo()의 코드 블록이며, 이 함수 내부에서는 주어진 인수 n의 값의 범위에 따라 3가지 종류의 조건 분기가 발생하게 되어 있고, 각 조건 분기에 대한 코드 블록이 각각 지정된다. Line 13~15에서는 main()에 해당하는 기능이 별도의 코드 블록으로 지정되어 있다. 이 메인 코드 블록에서는 0~9 범위의 n 값에 대하여 fibo() 함수를 각각 호출하고, 그 결과를 출력하도록 하고 있다.

```
Block_0
Header-line:
    Block_1
    Header-line:
        Block_2
        Header-line:
        . . . . .
        Block_2
    Block_1
Block_0
```

(a) 파이썬 프로그램 코드블록

```python
# Example of code block - fibo()

def fibo(n):
    if n < 0:
        return None
    elif 0 <= n < 2:
        return n
    else:
        return fibo(n-2) + fibo(n-1)


# -----------
for n in range(10):
    fibo_n = fibo(n)
    print("fibo({:3}) = {:7}"\
      .format(n, fibo_n))
```

(b) 파이썬 프로그램 예

그림 6.31 파이썬 프로그램의 코드 블록 개념

6.4.2 이름 공간 (name space)

그림 6.31에서 살펴본 바와 같이 파이썬 프로그램의 코드블록은 계층적으로 구성될 수 있으며, 표 6.6에서 보는 것과 같이 각 코드블록마다 그 블록 내부에서만 개별적으로 관리되고 사용되는 지역 (local) 정보가 있으며, 모든 코드블록들이 공용으로 사용할 수 있는 전역 (global) 정보가 있고, 파이썬에 내장되어 모든 파이썬 프로그램에서 공통적으로 사용할 수 있는 내장 (built-in) 정보가 있다.

그림 6.32에서 보는 것과 같이 내장 이름 공간 (built-in name space)은 모든 파이썬 프로그램에서 공통적으로 사용될 수 있으며, dir(__builtins__)로 확인할 수 있다. 전역 (global) 네임스페이스에 포함된 정보는 코드블록이 포함된 모듈에서 공용으로 사용할 수 있으며, globals() 함수를 호출하여 확인할 수 있다. 전역 네임스페이스가 내장 네임 페이스와 다른 점은 하나의 모듈에서 선언되어 있는 전역 정보는 다른 모듈에서는 사용될 수 없다는 점이다. 지역 네임 스페이스 (local name space)에 선언되어 있는 정보는 그 코드블록에서만 사용되며, 그 코드블록 영역을 벗어나면 사용될 수 없게 된다.

표 6.6 Name Space

Name Space	설 명
지역 (local)	함수 또는 클래스 코드 블록의 내부에서 바인딩된 이름 locals() 함수로 확인 가능
전역 (global)	코드 블록이 속한 모듈의 최상위 (top-level) 네임 스페이스이며, 모듈 전체에서 사용가능한 이름으로 globals() 함수로 확인 가능
내장 (built-in)	파이썬에 내장되어 있는 객체: 내장 모듈 (__builtins__) 또는 dir(__builtins__)로 확인 가능

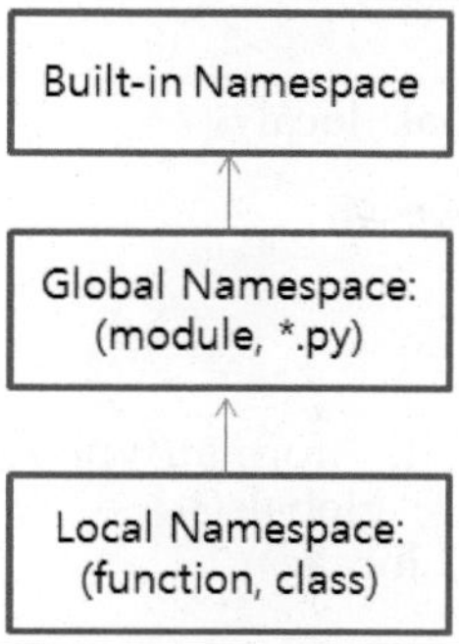

그림 6.32 네임 스페이스 (name space)의 상속 관계

그림 6.33은 네임스페이스 관계를 파악하기 위한 예제 프로그램이다. Line 3에서 이 모듈의 모든 함수들이 공용으로 사용할 수 있는 변수 global_x를 선언하고 있고, line 12와 line 22에서 추가적으로 global_y, global_z를 선언하고 있다. Line 5~11은 함수 funcA()의 영역이며, line 5에서는 함수 호출에서 전달되는 인수 arg_a가 정의되어 있고, line 6에서는 함수 내부에서 사용하게 되는 변수 local_a를 선언하고 있고, line 10에서 추가적으로 local_b를 선언하고 있다. 함수 인수에서 전달되는 인수는 그 함수의 지역 영역에 사용될 수 있는 지역 변수에 해당하며, 이 값을 다른 값으로 변경할 수 있는가는 6.3절에서 설명한 것과 같이 인수의 자료형에 따라 달라진다. Line 8~9에서는 locals()와 globals() 함수를 사용하여 함수 funcA() 지역 영역에서 현재까지 정의되어 있는 정보들과 모듈 전체 영역에서 정의되어 있는 정보를 출력하게 한다. 그림 6.33의 line 12~26은 함수 funcA() 영역을 벗어난 영역이며, 특정 함수 내부가 아닌 외부에서 locals()와 globals() 함수를 호출하여 정보들을 확인한다.

그림 6.34에서 각 영역에서의 locals() 함수와 globals() 함수의 출력된 결과를 확인할 수 있다. 그림 6.33 line 16에서 실행된 locals() 함수의 실행 결과는 그림 6.34 part1의 main::locals()의 출력 결과이며, 이 영역에서는 global_x 변수와 funcA 함수 이름이 포함되어 있다. Line 18에서 실행된 globals() 함수의 실행 결과는 그림 6.33의 main::globals()의 출력 결과로 나타나며, global_x, global_y 변수와 funcA 함수 이름이 포함되어 있다. 즉, 그림 6.33 line 12~20의 구간은 이 모듈의 전역 (global) 구간에 해당하며, 특정 함수나 클래스에 포함된 것이 아니라는 점을 알 수 있다. 그림 6.32 line 22에서 추가적으로 global_z를 선언하고 있는데, line 16 및 line 18에서 실행하였던 locals() 및 globals()의 결과에는 포함되어 있지 않고, line 23에서 실행한 locals() 실행결과에서는 그림 6.34 part 2에서 보는 것과 같이 포함되어 있다. 이렇게 지역 변수나 전역변수는 그 변수가 선언되어 있는 지점 이후에만 사용가능하며, 네임 스페이스에 포함된다는 것을 알 수 있다.

그림 6.33 line 26에서 funcA() 함수를 호출하며, 전달되는 인수로 global_z 값을 전달하면, 그림 6.34 part 2에서 보는 것과 같이 funcA()가 실행되면서 출력된 결과를 볼 수 있다. 그림 6.33 line 8의 globals() 실행 결과에서는 global_x, global_y, global_z가 모두 포함되어 있으며, 이는 이 함수가 실행되는 시점까지 과정에서 선언된 모든 전역 변수들

을 모두 포함하고 있는 것이다.

```
 1: # Name space: built_in, global, local
 2:
 3: global_x = 1
 4:
 5: def funcA(arg_a):
 6:     local_a = arg_a
 7:     print("local_a (type: {}) = {} ".format(type(local_a), local_a))
 8:     print("funcA::globals() = ", globals())
 9:     print("funcA::locals() = ", locals())
10:     local_b = 300
11:     print("funcA::locals() = ", locals())
12: global_y = 100
13:
14: # ------------
15: print("1. main::locals() ---------------")
16: print("main::locals() = ", locals())
17: print("\n2. main::globals() ---------------")
18: print("main::globals() = ", globals())
19: print("\n3. main::dir(__builtins__) ---------------")
20: print("main::dir(__builtins__) = ", dir(__builtins__))
21:
22: global_z = 200
23: print("\n4. main::locals() ---------------")
24: print("main::locals() = ", locals())
25: print("\n5. main:: calling funcA() ---------------")
26: funcA(global_z)
```

그림 6.33 Name space 관련 locals(), globals(), __builtins__의 시험 프로그램

```
1. main::locals() ---------------
main::locals() =  {'__name__': '__main__', '__doc__': None, '__package__': None, '__loader__': <class '_frozen_importlib
.BuiltinImporter'>, '__spec__': None, '__annotations__': {}, '__builtins__': <module 'builtins' (built-in)>, '__file__':
 'C:/MyPyPackage/Z-TextBook (Python) - 2019-8/ch 6  Function def, generator, trigonometric/6.4 Name space, Scope/name sc
ope, built_ins, global, local.py', 'global_x': 1, 'funcA': <function funcA at 0x02EE1540>, 'global_y': 100}

2. main::globals() ---------------
main::globals() =  {'__name__': '__main__', '__doc__': None, '__package__': None, '__loader__': <class '_frozen_importli
b.BuiltinImporter'>, '__spec__': None, '__annotations__': {}, '__builtins__': <module 'builtins' (built-in)>, '__file__'
: 'C:/MyPyPackage/Z-TextBook (Python) - 2019-8/ch 6  Function def, generator, trigonometric/6.4 Name space, Scope/name s
cope, built_ins, global, local.py', 'global_x': 1, 'funcA': <function funcA at 0x02EE1540>, 'global_y': 100}

3. main::dir(__builtins__) ---------------
main::dir(__builtins__) =  ['ArithmeticError', 'AssertionError', 'AttributeError', 'BaseException', 'BlockingIOError', '
BrokenPipeError', 'BufferError', 'BytesWarning', 'ChildProcessError', 'ConnectionAbortedError', 'ConnectionError', 'Conn
ectionRefusedError', 'ConnectionResetError', 'DeprecationWarning', 'EOFError', 'Ellipsis', 'EnvironmentError', 'Exceptio
n', 'False', 'FileExistsError', 'FileNotFoundError', 'FloatingPointError', 'FutureWarning', 'GeneratorExit', 'IOError',
'ImportError', 'ImportWarning', 'IndentationError', 'IndexError', 'InterruptedError', 'IsADirectoryError', 'KeyError', '
KeyboardInterrupt', 'LookupError', 'MemoryError', 'ModuleNotFoundError', 'NameError', 'None', 'NotADirectoryError', 'Not
Implemented', 'NotImplementedError', 'OSError', 'OverflowError', 'PendingDeprecationWarning', 'PermissionError', 'Proces
sLookupError', 'RecursionError', 'ReferenceError', 'ResourceWarning', 'RuntimeError', 'RuntimeWarning', 'StopAsyncIterat
ion', 'StopIteration', 'SyntaxError', 'SyntaxWarning', 'SystemError', 'SystemExit', 'TabError', 'TimeoutError', 'True',
'TypeError', 'UnboundLocalError', 'UnicodeDecodeError', 'UnicodeEncodeError', 'UnicodeError', 'UnicodeTranslateError', '
UnicodeWarning', 'UserWarning', 'ValueError', 'Warning', 'WindowsError', 'ZeroDivisionError', '__build_class__', '__debu
g__', '__doc__', '__import__', '__loader__', '__name__', '__package__', '__spec__', 'abs', 'all', 'any', 'ascii', 'bin',
 'bool', 'breakpoint', 'bytearray', 'bytes', 'callable', 'chr', 'classmethod', 'compile', 'complex', 'copyright', 'credi
ts', 'delattr', 'dict', 'dir', 'divmod', 'enumerate', 'eval', 'exec', 'exit', 'filter', 'float', 'format', 'frozenset',
'getattr', 'globals', 'hasattr', 'hash', 'help', 'hex', 'id', 'input', 'int', 'isinstance', 'issubclass', 'iter', 'len',
 'license', 'list', 'locals', 'map', 'max', 'memoryview', 'min', 'next', 'object', 'oct', 'open', 'ord', 'pow', 'print',
 'property', 'quit', 'range', 'repr', 'reversed', 'round', 'set', 'setattr', 'slice', 'sorted', 'staticmethod', 'str', '
sum', 'super', 'tuple', 'type', 'vars', 'zip']
```

그림 6.34 Name space 관련 locals(), globals(), __builtins__의 시험 프로그램 실행 결과 (part 1)

그림 6.33 line 9, 11에서는 함수 funcA() 내부에서 locals() 함수를 호출하는데 그림 6.34에서 살펴 볼 수 있는 것과 같이, line 9의 locals()함수가 실행되는 단계에서는 arg_a와 local_a만 포함하고 있는데, line 11의 locals() 가 실행될 때에는 line 10에서 선언된

local_b도 포함되어 있는 것을 볼 수 있다.

```
4. main::locals() ---------------
main::locals() =  {'__name__': '__main__', '__doc__': None, '__package__': None, '__loader__': <class '_frozen_importlib
.BuiltinImporter'>, '__spec__': None, '__annotations__': {}, '__builtins__': <module 'builtins' (built-in)>, '__file__':
 'C:/MyPyPackage/Z-TextBook (Python) - 2019-8/ch 6  Function def, generator, trigonometric/6.4 Name space, Scope/name sc
ope, built_ins, global, local.py', 'global_x': 1, 'funcA': <function funcA at 0x02F11540>, 'global_y': 100, 'global_z':
200}

5. main:: calling funcA() ---------------
local_a (type: <class 'int'>) = 200
funcA::globals() =  {'__name__': '__main__', '__doc__': None, '__package__': None, '__loader__': <class '_frozen_importl
ib.BuiltinImporter'>, '__spec__': None, '__annotations__': {}, '__builtins__': <module 'builtins' (built-in)>, '__file__
': 'C:/MyPyPackage/Z-TextBook (Python) - 2019-8/ch 6  Function def, generator, trigonometric/6.4 Name space, Scope/name
scope, built_ins, global, local.py', 'global_x': 1, 'funcA': <function funcA at 0x02F11540>, 'global_y': 100, 'global_z'
: 200}
funcA::locals() =  {'arg_a': 200, 'local_a': 200}
funcA::locals() =  {'arg_a': 200, 'local_a': 200, 'local_b': 300}
```

그림 6.34 Name space 관련 locals(), globals(), __builtins__의 시험 프로그램 실행 결과 (part 2)

6.4.3 Scope

계층적으로 구성되어 있는 파이썬 프로그램의 코드 블록들에서 각 변수나 함수를 사용할 때 동일한 이름이 지역과 전역에 사용되는 경우, 우선 순위는 지역 -> 전역 -> 파이썬 내장의 순서로, 그림 6.35와 같은 네임 스페이스별 검색 우선 순위 절차를 거쳐 결정한다.

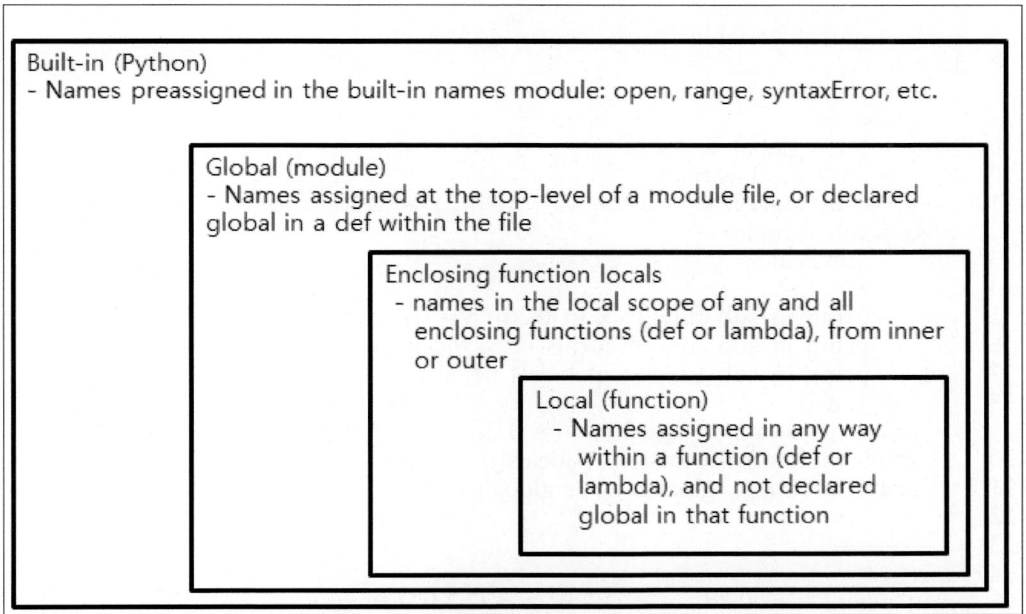

그림 6.35 네임 스페이스 별 검색 우선 순위 절차

예를 들어, 지역 변수와 전역 변수가 동일한 이름으로 설정되어 있는 상황에서 함수 내부에서 변수를 사용하게 되면 우선 지역 변수가 선정되어 사용되도록 한다. 만약 지역 변수에 해당 이름이 포함되어 있지 않으면 그 함수를 포함하는 바로 외부 코드 블록에서 찾게 되며, 그 외부 코드 블록에서 찾을 수 없는 경우 모듈 단위의 전역 (global)에서 찾게 되고, 전역에서도 찾을 수 없는 경우 파이썬 내장 영역에서 찾게 된다.

6.5 파이썬 프로그램의 변수 (variable)

파이썬 프로그램의 변수 (variable)는 그 변수가 선언되어 있는 위치나 코드 블록에 따라 지역 변수 (local variable) 또는 전역 변수 (global variable)로 구분된다. 다양한 코드 블록에서 변수를 사용할 때 그 변수가 설정되어 있는 영역과 상관없이 전역 변수를 선정하여 사용할 수 있도록 지정할 수 있다.

6.5.1 지역변수(local variable)와 전역변수 (global variable)

파이썬 프로그램에서 함수 내부에서 선언된 변수는 그 함수의 지역 변수 (local variable)이며, 특정 함수에 포함되지 않고 그 모듈의 나머지 부분에서 공용으로 사용할 수 있도록 선언하는 것이 전역 변수 (global variable)이다. 지역 변수와 전역 변수 모두 선언된 후에 사용할 수 있으며, 선언을 하기 전에 사용하면 오류 메시지가 발생된다.

```
1: # Global vs. Local, Name space, scope
2:
3: x = 1 # global variable
4: y = 3 # global variable
5: z = 5 # global variable
6: def func():
7:     x = 10 # local variable
8:     global y
9:     y = 30 # global variable
10:    z = 50 # local variable
11:    print("in func():: x = {0:2d}, y = {1:2d}, z = {2:2d}".format(x, y, z))
12:    def sub_func():
13:        nonlocal z
14:        z = 100
15:        print("in sub_func():: x = {0:2d}, y = {1:2d}, z = {2:2d}".format(x, y, z))
16:        print("in sub_func():: locals() : ", locals())
17:        print("in sub_func():: globals() : ", globals())
18:    sub_func()
19:    print("in func():: x = {0:2d}, y = {1:2d}, z = {2:2d}".format(x, y, z))
20:    print("in func():: locals() : ", locals())
21:    print("in func():: globals() : ", globals())
22:
23: # ------------
24: func()
25: print("main:: x = {0:2d}, y = {1:2d}, z = {2:2d}".format(x, y, z))
```

그림 6.36 지역변수와 전역변수 시험 프로그램

그림 6.36에서 line 3~5에서 선언되어 있는 변수 x, y, z는 어떤 특정 함수에 포함되어 있지 않기 때문에 전역 변수가 된다. 그러나 line 7과 10에서 선언된 x와 z는 함수 func()의 지역 변수가 된다. 즉, line 7에서는 함수 func() 내부에서 새롭게 변수 x가 선언되어 사용될 수 있게 하며, 이는 line 3에서 선언한 전역 변수와는 별도로 선언된 것이다. Line 9에서 사용되는 변수 y는 line 8에서 global y로 선언하기 때문에 지역 변수가 새롭게 선언되지 않고, line 4에서 선언한 전역 변수 y를 사용할 수 있게 한다.

그림 6.36 line 12~17에서는 함수 내부에서 서브 함수 sub_func()가 선언되며, line

18에서 이를 호출하고 있다. 이 서브 함수에서도 새로운 지역 변수를 선언할 수 있으나, line 13~14에서 nonlocal z로 선언하여 변수 z가 지역 변수가 아니라 그 외부에서 선언된 변수이며, 이 경우에는 line 10에서 선언한 함수 func()의 지역변수 z가 연계된다.

그림 6.37은 지역 변수와 전역 변수를 시험한 그림 6.25 파이썬 프로그램의 실행 결과를 보여준다.

```
in func():: x = 10, y = 30, z = 50
in sub_func():: x = 10, y = 30, z = 100
in sub_func():: locals() :  {'x': 10, 'z': 100}
in sub_func():: globals() :  {'__name__': '__main__', '__doc__': None, '__package__': None, '_
_loader__': <class '_frozen_importlib.BuiltinImporter'>, '__spec__': None, '__annotations__':
{}, '__builtins__': <module 'builtins' (built-in)>, '__file__': 'C:\\MyPyPackage\\Z-TextBook (
Python) - 2019-8\\ch 6  Function def, generator, trigonometric\\6.5 Variables - local, global\
\local vs global variables - func(), inner().py', 'x': 1, 'y': 30, 'z': 5, 'func': <function f
unc at 0x02F17DB0>}
in func():: x = 10, y = 30, z = 100
in func():: locals() :  {'sub_func': <function func.<locals>.sub_func at 0x02F17DF8>, 'x': 10,
'z': 100}
in func():: globals() :  {'__name__': '__main__', '__doc__': None, '__package__': None, '__loa
der__': <class '_frozen_importlib.BuiltinImporter'>, '__spec__': None, '__annotations__': {},
'__builtins__': <module 'builtins' (built-in)>, '__file__': 'C:\\MyPyPackage\\Z-TextBook (Pyth
on) - 2019-8\\ch 6  Function def, generator, trigonometric\\6.5 Variables - local, global\\loc
al vs global variables - func(), inner().py', 'x': 1, 'y': 30, 'z': 5, 'func': <function func
at 0x02F17DB0>}
main:: x =  1, y = 30, z =  5
```

그림 6.37 지역변수와 전역변수 시험 프로그램의 실행 결과

6.5.2 이름 영역의 명시적 지정 – global, nonlocal

그림 6.36에서 살펴본 것과 같이 함수 내부에서 사용되는 변수 이름 앞에 global을 선언하면 이 변수를 함수의 지역 변수로 설정하지 않고 전역 변수 중에서 해당 이름의 변수를 사용하도록 한다. 같은 요령으로 코드 블록 내부에서 사용될 변수 이름 앞에 nonlocal을 선언하면 그 이름의 지역 변수를 새롭게 만들지 않고, 그 코드 블록 외부에 있는 변수를 사용할 수 있게 한다.

global과 nonlocal은 코드 블록에서 설정한 변수를 그 블록 내부에서의 지역 변수로 설정하지 않고 그 코드블록 외부에서 선언한 변수로 사용하도록 이름 영역 (name scope)을 재설정하여 주는 것이다.

표 6.7 네임 스코프 지정 명령

Name scope 지정 선언	의미
global	지역 변수로 선언된 것을 사용하지 않고 전역 변수로 선언된 것을 사용
nonlocal	지역 변수로 선언된 것을 사용하지 않고, 그 코드 영역 바깥에서 선언한 변수를 사용

6.6 파이썬 내장 함수

6.6.1 파이썬 내장 함수 (Python embedded functions)

파이썬 프로그램에서는 표 6.8에서 열거된 내장함수들을 제공하며, 이 파이썬 내장 함수를 별도로 특정 모듈을 import 시키지 않아도 사용가능할 수 있다. 이들 내장 함수를 효율적으로 사용하여 새로운 파이썬 프로그램을 쉽게 개발할 수 있는 것이 파이썬 프로그래밍의 큰 장점이다.

표 6.8 파이썬 내장 함수

분류	파이썬 내장 함수	설명
자료형 변수 생성/변환	bool(x)	x를 bool 형태로 변환 출력
	complex(r, i)	실수 r과 i를 전달받아 실수부 (real part)가 r, 허수부(imaginary part)가 i인 복소수 객체를 생성
	int(i_str, base)	문자열 i_str을 정수 데이터로 변환하여 반환 base는 기본적으로 10진법을 의미하나, base값을 8 또는 16으로 설정하여 8진수 또는 16진수 변환을 실행
	float(f_str)	문자열 f_str을 부동 소수점으로 변환하여 반환
	complex(c_str)	문자열 c_str (예: 123.45+567.89j)을 복소수로 변환하여 반환
	bin(x)	정수값 x를 전달받아 이진수 문자열로 변환하여 반환
	hex(x)	정수값 x를 전달받아 16진수 문자열로 변환하여 반환
	oct(x)	정수 형태의 데이터 x를 전달받아 8진수 문자열로 변경하여 반환
	str(object)	객체 object를 문자열 형태로 변환하여 반환
	list(s)	반복 가능한 자료형 데이터 s를 전달받아 리스트로 만들어 반환
	tuples(s)	반복 가능한 문자열 s를 전달받아 tuple 형태로 변환하여 반환
수치 데이터 연산	abs(x)	x의 절대값 (absolute value) 복소수 (x + yj)인 경우 절대값 sqrt(x**2 + y**2)
	divmod(a, b)	a를 b로 나눈 몫과 나머지 (모듈로 계산)를 tuple로 출력 >>> divmod(7, 3) (2, 1)
	max(i)	반복 가능한 자료형 데이터 i를 전달받아 최댓값을 찾아 반환
	min(j)	반복 가능한 자료형 데이터 i를 전달받아 최솟값을 찾아 반환
	pow(x, y)	x를 y 제곱한 지수승 결과값을 반환
	round(n, r)	숫자 n을 소수점 r자리까지 반올림하여 반환
문자/문자열 연산	chr(i)	ASCII 코드 값 i에 해당하는 문자를 출력
	ord(c)	문자 c의 UNICODE 코드 값을 출력
반복 가능 자료형 연산	all(x)	반복 (iterate) 가능한 자료형 x의 모든 값이 True이면 True, 그렇지 않으면 False
	any(x)	반복 (iterate) 가능한 자료형 x의 값 중 하나라도 True이면 True, 그렇지 않으면 (모두가 False 이면) False
	enumerate()	순서가 있는 자료형 데이터를 전달받아 차례로 출력
	filter(a, b)	반복가능한 자료형 데이터 b를 함수 a에 대입하였을 때 결과가 True인 것만 출력
	len(s)	전달받은 s의 길이를 반환
	map(f, x)	함수 f와 반복 가능한 자료형 데이터 x를 전달받고 전달 받은 데이터 x의 각 요소를 함수 f에 적용하여 실행된 결과를 반환. (예: map(int, L))
	sorted(L)	인수 L을 정렬하여 리스트로 반환
	sum(L)	리스트 L에 포함된 모든 항목들을 합산하여 반환
	zip(i)	동일한 개수로 이루어진 자료형 (list, tuple)을 차례대로 짝으로

분류	파이썬 내장 함수	설명
		묶어 줌
객체	dir()	객체가 자체적으로 가지고 있는 변수나 함수를 표시
	id(object)	객체 object의 고유 주소 (identifier) 값을 출력
	isinstance(o, c)	객체 o가 클래스 c의 인스탄스인가를 판단하여 참이면 True, 거짓이면 False를 반환
	type(object)	전달된 객체 object의 자료형을 반환
파일/디렉토리 관리	open(f, m)	파일이름 f를 모드 m으로 열고 그 파일 객체를 반환 >>> fin = open("InputData.txt", 'r')
	compile(s, f, n)	파일 f로부터 소스 s의 문자열을 읽어 컴파일하고 Python code object를 생성하며, 생성된 객체는 exec() 또는 eval()를 사용하여 실행
실행 가능 문자열	eval(expression)	실행 가능한 문자열을 전달받아 이를 실행한 후 결과값을 반환
	exec()	문자열로 된 Python 실행문을 전달받아 실행
입출력	input(prompt)	화면에 prompt를 출력하고, 표준입력장치(키보드)로부터 데이터를 입력
함수	lambda()	def와 같은 기능을 제공하며, 함수를 생성

6.6.2 람다(lambda) 함수

람다 (lambda) 함수란 ?

함수의 이름을 설정하지 않고 함수의 기능만을 설정한 함수이며, 주로 함수의 호출에서 인수로 전달되어, 해당 함수에서 처리해야 하는 데이터들에 대하여 람다 함수의 기능이 수행되도록 함.

(1) Lambda 함수의 정의 및 사용

람다(lambda) 함수는 함수의 이름을 설정하지 않고 함수의 기능만을 설정한 함수이며, 주로 함수의 호출에서 인수로 전달되어, 해당 함수에서 처리해야 하는 데이터들에 대하여 람다 함수의 기능이 수행되도록 한다. 그림 6.38 line 3에서 보는 것과 같이 람다 함수 선언에서는 lambda 키워드 다음에 이 람다 함수가 사용할 인수를 설정하고, 콜론 다음에 그 인수에 대하여 실행할 연산을 정의하는 형식을 사용한다.

그림 6.38 line 3, 4에서는 람다 함수 double과 triple을 선언하며 각각 인수 x에 대하여 x * 2 연산을 수행하는 double과 x + x + x 연산을 수행하는 triple 람다 함수를 선언한다. Line 6~12에서는 람다 함수 double과 triple에 인수로서 정수 5와 문자열 'ABC' 를 전달하여 수행시키고 그 결과를 print() 함수에서 출력하게 한다. 그림 6.39에서 확인할 수 있듯이 정수와 문자열에 대한 * 연산과 + 연산이 정확하게 수행되는 것을 볼 수 있다.

```
# Lambda function - double, triple

double = lambda x : x * 2
triple = lambda x : x + x + x

print("double : ", double)
print("double(5) = ", double(5))
print("double('ABC') = ", double('ABC'))

print("triple : ", triple)
print("triple(5) = ", triple(5))
print("triple('ABC') = ", triple('ABC'))
```

그림 6.38 Lambda 함수 – triple

```
double :  <function <lambda> at 0x02EF1348>
double(5) =  10
double('ABC') =  ABCABC
triple :  <function <lambda> at 0x00E02108>
triple(5) =  15
triple('ABC') =  ABCABCABC
```

그림 6.39 Lambda 함수 triple의 실행 결과

```
1: # Lambda function - used as parameter
2:
3: from types import * # types.LamdaType, types.FunctionType
4: def G(f, n=0):
5:     f_type = type(f)
6:     print("G(f)::f_type = ", f_type)
7:     if f_type is LambdaType or f_type is FunctionType:
8:         return [f(x) for x in range(n)]
9:     else:
10:        return None
11:
12: # --------------
13: print("G(10) => ", G(10))
14: print("G(lambda x: x**2, 10) => ", G(lambda x: x**2, 10))
15: print("G(lambda x: x**3, 5) => ", G(lambda x: x**3, 5))
```

그림 6.40 Lambda 함수를 인수로 전달하는 예제

(2) Lambda 함수를 함수의 인수로 전달

람다 함수는 한줄로 표현할 수 있는 간단한 연산 기능을 수행하도록 구성되며 주로 다른 함수에 인수로 전달되어 그 함수에서 사용되는 데이터를 지정된 람다 함수로 처리하도록 하는 프로그램 구성에서 사용된다. 그림 6.40 line 4에서 함수 G()는 인수로 람다 함수 f와 정수형 인수 n을 받는다. Line 5에서 전달 받은 첫 번째 인수 f의 자료형을 파악하며, line 7에서 그 자료형이 LambdaType이거나 FunctionType인 경우 해당 함수에 인수 x를 보내어 실행되게 한다. Line 8에서는 람다 함수 f()를 수행할 때 range(n)이 생성한 정수

0~n−1을 차례로 보내어 f(x) 람다 함수가 실행되게 한다.

그림 6.40 line 14에서는 람다 함수 x**2와 함께 n=10을 보내어 0~9에 대한 제곱 값을 원소로 하는 리스트를 생성하게 한다. Line 15에서는 람다 함수 x**3과 함께 n=5를 보내어 0~4에 대한 세제곱 값을 원소로 하는 리스트를 생성하게 한다. 그림 6.41에서 결과를 확인할 수 있다.

```
G(f)::f_type =  <class 'int'>
G(10) =>  None
G(f)::f_type =  <class 'function'>
G(lambda x: x**2, 10) =>  [0, 1, 4, 9, 16, 25, 36, 49, 64, 81]
G(f)::f_type =  <class 'function'>
G(lambda x: x**3, 5) =>  [0, 1, 8, 27, 64]
```

그림 6.41 Lamda 함수를 인수로 전달하는 예제의 실행 결과

6.6.3 반복가능 자료형의 연산을 위한 내장 함수 (embedded function)

파이썬 프로그램의 자료형 중 반복 가능 (iterable) 자료형인 시퀀스형(문자열, 바이츠, 바이트 배열, 메모리 뷰, 리스트, 튜플, range), 매핑 (dict), 집합 (set)들에 사용될 수 있는 파이썬 내장함수로 all(), any(), enumerate(), filter(), map(), len(), sorted(), sum(), zip() 등이 있다. 표 6.8에서 각 내장함수에 대한 간략한 설명을 하였으며, 이 절에서 예제 프로그램을 사용하여 상세하게 설명한다.

(1) map()

map() 함수는 람다 함수 f와 반복가능 한 열거형 데이터 인수를 전달받고, 열거형 데이터 인수에 대하여 람다함수를 적용한 결과 값을 생성하여 반환한다. 그림 6.42 line 4에서는 map() 함수에 제곱을 계산하는 람다 함수와 정수형 원소 1~5를 가진 리스트 X를 전달하고, 결과 값을 원소로 하는 리스트 Sq_X를 생성한다. Sq_X의 원소들은 그림 6.43에서 보는 것과 같이 1~5의 값을 제곱한 정수들로 구성되어 있다.

```
 1: # map() function
 2:
 3: X = [1, 2, 3, 4, 5]
 4: Sq_X = list(map(lambda x : x**2, X))
 5: print("X     : ", X)
 6: print("Sq_X : ", Sq_X)
 7:
 8: Y = [1, 2, 3, 4, 5]
 9: print("Y     : ", Y)
10: Pow_X_Y = list(map(pow, X, Y))
11: print("X^Y  : ", Pow_X_Y)
```

그림 6.42 파이썬 map() 내장함수

그림 6.42 line 10에서는 pow() 함수를 map() 함수의 첫 번째 인수로 전달하며, X와 Y 리스트를 두 번째 및 세 번째 인수로 전달하여 pow(X[i], Y[i])를 계산하여 결과 값을

원소로 하는 리스트 Pow_X_Y를 생성한다. Pow_X_Y은 1^1, 2^2, 3^3, 4^4, 5^5를 원소로 하는 리스트인 것을 그림 6.43에서 확인할 수 있다.

```
X    :  [1, 2, 3, 4, 5]
Sq_X :  [1, 4, 9, 16, 25]
Y    :  [1, 2, 3, 4, 5]
X^Y  :  [1, 4, 27, 256, 3125]
```

그림 6.43 파이썬 map() 내장함수의 실행 결과

(2) filter()

filter() 함수는 람다 함수와 열거형 데이터 인수를 전달 받고, 반복 열거형 데이터 중 람다 함수의 조건을 만족시키는 원소들만 골라내어 반환한다. 그림 6.44 line 3에서는 반복 열거형 데이터 리스트 X를 range(−5, 6, 1) 함수를 사용하여 생성한 후, line 5, 8, 11에서 람다 함수 x<0, x>=0, None와 함께 filter() 함수를 호출한다. filter() 함수는 전달 받은 X 리스트 원소들 중 람다 함수로 지정된 조건이 만족하는 원소들만을 골라내어 반환하여 준다. 그림 6.45에 결과를 확인할 수 있으며, filter()에 주어진 람다 함수가 x < 0이면 음수만을 골라내고, x >= 0이면 0보다 같거나 큰 양수만을 골라내며, None일 경우 별도의 filter 기능없이 모든 원소를 차례대로 반환하는 것을 알 수 있다.

```
 1: # Python embedded function - filter()
 2:
 3: X = list(range(-5, 6, 1))
 4: print("X : ", X)
 5: Negative_X = list(filter(lambda x : x<0, X))
 6: print("X with filtering(x < 0)  : ", Negative_X)
 7:
 8: Positive_X = list(filter(lambda x : x>=0, X))
 9: print("X with filtering(x >= 0) : ", Positive_X)
10:
11: Non_zero_X = list(filter(None, X))
12: print("X with filtering(None) : ", Non_zero_X)
```

그림 6.44 filter() 함수의 활용

```
X :  [-5, -4, -3, -2, -1, 0, 1, 2, 3, 4, 5]
X with filtering(x < 0)  :  [-5, -4, -3, -2, -1]
X with filtering(x >= 0) :  [0, 1, 2, 3, 4, 5]
X with filtering(None) :  [-5, -4, -3, -2, -1, 1, 2, 3, 4, 5]
```

그림 6.45 filter() 함수의 활용 결과

(3) zip()

zip() 함수는 동일한 크기로 구성된 리스트나 튜플들을 인수로 전달 받아 각 리스트/튜플에서 동일한 순서에 해당하는 원소들을 추출하고, 이들 같은 순서의 원소들로 구성된 튜플을 차례로 생성하며, 튜플들의 리스트를 생성하여 반환한다. 그림 6.46 line 3~5에서는 각각 정수 자료형, 문자 자료형, 정수 자료형의 리스트 X, Y, Z를 생성하고, line 6에서 zip(X, Y)와 list() 함수를 사용하여 Zip_XY를 생성한다. Zip_XY는 그림 6.47에서 볼 수 있는 것과 같이 리스트 X와 Y의 원소를 차례대로 추출하여 같은 순서에 있는 X[i] 원소와 Y[i] 원소로 구성되는 튜플을 차례로 생성하고, list() 함수에서 튜플 리스트를 만든 것을 알 수 있다.

```
1 :  # zip(), zip(*)
2 :
3 :  X = [1, 2, 3]
4 :  Y = ['a', 'b', 'c']
5 :  Z = [100, 200, 300]
6 :  Zip_XY = list(zip(X, Y))
7 :  print('X : ', X)
8 :  print('Y : ', Y)
9 :  print('Z : ', Z)
10 : print('Zip_XY : ', Zip_XY)
11 :
12 : A, B = zip(*Zip_XY)
13 : print('A : ', A)
14 : print('B : ', B)
15 :
16 : D = list(zip(X, Y, Z))
17 : print('D : ', D)
18 :
19 : d1, d2, d3 = zip(*D)
20 : print('d1 = ', d1)
21 : print('d2 = ', d2)
22 : print('d3 = ', d3)
```

그림 6.46 zip()을 사용한 튜플 리스트 생성

```
X :  [1, 2, 3]
Y :  ['a', 'b', 'c']
Z :  [100, 200, 300]
Zip_XY :  [(1, 'a'), (2, 'b'), (3, 'c')]
A :  (1, 2, 3)
B :  ('a', 'b', 'c')
D :  [(1, 'a', 100), (2, 'b', 200), (3, 'c', 300)]
d1 =  (1, 2, 3)
d2 =  ('a', 'b', 'c')
d3 =  (100, 200, 300)
```

그림 6.47 zip()을 사용한 튜플 리스트 생성 결과

Line 11에서는 zip(X, Y)의 결과인 Zip_XY에 '*' 연산을 수행하는데 이 zip(*) 연산은 unzip()에 해당하며, Zip_XY 리스트에 포함된 각 튜플의 원소들을 차례대로 추출하여 개별 리스트로 만들어 반환한다. 이렇게 unzip() 결과를 A와 B에 대입시키면 실제 A와 B는 리스트 X, Y와 동일한 것을 그림 6.47에서 확인할 수 있다.

그림 6.46 line 15에서는 zip() 함수에서 리스트 X, Y, Z를 사용하여 튜플들을 생성하고, 이 튜플들의 리스트 D를 생성한다. D를 구성하는 원소들은 그림 6.47에서 확인할 수 있

다. Line 18에서의 zip(*D) 연산은 D에 포함되어 있는 각 튜플의 원소들을 분리시켜 각각 새로운 리스트 d1, d2, d3가 생성되며, 이들은 X, Y, Z와 동일한 값을 가지는 것을 그림 6.47에서 확인할 수 있다.

(4) sorted()

sorted() 내장함수는 주어진 시퀀스형 원소들을 차례대로 정렬하여 준다. Line 3에서는 정수 숫자 리스트 L을 생성하며, line 5에서 sorted(L)을 사용하여 L의 숫자 원소들을 오름차순으로 정렬한다. 만약 내림차순으로 정렬하여야 하면 sorted(L, reverse=True)로 reverse 키워드 인수를 True로 설정하여 정렬의 방향이 반대인 것을 설정하여 주면 된다. 정렬된 결과는 그림 6.49에서 볼 수 있다.

튜플들의 리스트에 대한 정렬도 sorted() 함수를 사용하여 간단하게 구현할 수 있다. Line 8에서 사람의 이름, 나이, 키 높이로 구성된 튜플들을 생성하고, 이들을 리스트 TL로 구성한다. Line 10에서 sorted(TL)을 실행시키면 튜플의 첫 번째 항목으로부터 차례대로 비교하여 오름차순으로 정렬한다. 튜플 리스트 TL에 포함된 튜플들의 첫 번째 원소가 문자열이며, 다음 원소가 정수형, 실수형이므로 이들 원소들을 차례대로 비교하여 정렬한다. 만약 내림차순 정렬이 필요하면 sorted(TL, reverse=True)로 reverse 키워드 인수를 True로 설정하여 호출하면 된다.

```
 1: # Python embedded function - sorted()
 2:
 3: L = [5, 7, 3, 1, 9, 2, 4, 6, 8, 0] # list
 4: print("L : ", L)
 5: print("sorted(L) : ", sorted(L))
 6: print("sorted(L, reverse=True) : ", sorted(L, reverse=True))
 7:
 8: TL = [("Park", 26, 77.4), ("Kim", 25, 74.7), ("Lee", 23, 80.5), ("Ahn", 24, 82.2)]
 9: print("TL : ", TL)
10: print("sorted(TL) : ", sorted(TL))
11: print("sorted(TL, reverse=True) : \n",\
12:       sorted(TL, reverse=True))
13: print("sorted(TL, key = lambda person : person[1]) : \n",\
14:       sorted(TL, key = lambda person : person[1]))
15: print("sorted(TL, key = lambda person : person[2]) : \n",\
16:       sorted(TL, reverse=True, key = lambda person : person[2]))
```

그림 6.48 sorted() 함수를 사용한 숫자 리스트와 튜플 리스트의 정렬

```
L :  [5, 7, 3, 1, 9, 2, 4, 6, 8, 0]
sorted(L) :  [0, 1, 2, 3, 4, 5, 6, 7, 8, 9]
sorted(L, reverse=True) :  [9, 8, 7, 6, 5, 4, 3, 2, 1, 0]
TL :  [('Park', 26, 77.4), ('Kim', 25, 74.7), ('Lee', 23, 80.5), ('Ahn', 24, 82.2)]
sorted(TL) :  [('Ahn', 24, 82.2), ('Kim', 25, 74.7), ('Lee', 23, 80.5), ('Park', 26, 77.4)]
sorted(TL, reverse=True) :
 [('Park', 26, 77.4), ('Lee', 23, 80.5), ('Kim', 25, 74.7), ('Ahn', 24, 82.2)]
sorted(TL, key = lambda person : person[1]) :
 [('Lee', 23, 80.5), ('Ahn', 24, 82.2), ('Kim', 25, 74.7), ('Park', 26, 77.4)]
sorted(TL, key = lambda person : person[2]) :
 [('Ahn', 24, 82.2), ('Lee', 23, 80.5), ('Park', 26, 77.4), ('Kim', 25, 74.7)]
```

그림 6.49 sorted() 함수를 사용한 리스트의 정렬

튜플 리스트에 대한 정렬에서 정렬 기준을 튜플 원소들의 순서대로 하지 않고 다른 기준을 설정하고자 할 때에는 line 13에서 보는 것과 같이 lambda 함수를 설정하며, 각 튜플의 기준 원소를 인덱스로 지정하면 된다. lambda person : person[1]은 튜플 리스트의 각 튜플을 차례로 읽어서 person으로 대입하며, 이 튜플 person이 가진 원소들 중 1-번째 원소를 정렬의 기준으로 사용하라는 의미이다. 튜플의 1번째 원소 (즉, 나이)기준으로 오름차순 정렬한 결과는 그림 6.49에서 확인할 수 있다.

만약 튜플의 2번째 원소를 기준으로 내림 차순 정렬을 하여야 하는 경우 그림 6.48 line 16에서와 같이 sorted(TL, reverse=True, key = lambda person : person[2])를 수행하면 된다. 튜플 리스트 TL에 포함된 튜플들의 두 번째 원소 (즉, 키 높이)를 기준으로 내림 차순 정렬의 결과는 그림 6.49 마지막 부분에서 확인할 수 있다.

6.6.4 파이썬 객체 (object) 관리에 관련된 내장 함수

(1) type(), dir()

파이썬 프로그램에서 사용되는 다양한 객체의 자료형은 type() 함수를 사용하여 확인할 수 있으며, 그 객체에서 사용할 수 있는 기능들은 dir() 함수를 사용하여 확인할 수 있다. 그림 6.50 line 3~5에서는 리스트, 튜플, dict 자료형의 객체들을 생성한다. Line 7 ~9에서는 리스트 L에 대하여 자료형과 제공 기능들을 type() 함수와 dir() 함수를 사용하여 확인한다. 같은 요령으로 튜플 T에 대해서는 line 11~13에서 자료형과 사용가능 기능들을 출력하며, dict 객체 D에 대해서는 line 15~17에서 각각 type() 함수와 dir() 함수를 사용하여 출력한다.

```
1: # Python embedded function - type(), dir()
2:
3: L = [0, 1, 2] # list
4: T = (0, 1, 2, 3, 4) # tuple
5: D = {'A':10, 'B':11, 'C': 12, 'D': 13} #dict
6:
7: print("L : ", L)
8: print("type(L) = ", type(L))
9: print("dir(L) = ", dir(L))
10:
11: print("\nT : ", T)
12: print("type(T) = ", type(T))
13: print("dir(T) = ", dir(T))
14:
15: print("\nD : ", D)
16: print("type(D) = ", type(D))
17: print("dir(D) = ", dir(D))
```

그림 6.50 type(), dir() 내장 함수

그림 6.51의 출력 결과를 살펴보면 리스트, 튜플, dict 객체의 자료형은 각각 <class 'list'>, <class 'tuple'>, <class 'dict'>로 표시되는 것을 알 수 있으며, 각 자료형에 따라 제공되는 기본 함수들에 차이가 있는 것을 알 수 있다. 예를 들면 리스트 자료형과

튜플 자료형의 경우 덧셈 (__add__) 기능이 제공되는데, dict 자료형에는 덧셈 기능이 제공되지 않는다. 또한 리스트 자료형에는 append() 함수와 sort() 함수가 제공되는데, 튜플이나 dict 자료형에는 제공되지 않는다. 튜플과 dict 자료형에서는 items(), keys(), values(), update() 등의 함수가 제공된다.

```
L :  [0, 1, 2]
type(L) =  <class 'list'>
dir(L) =  ['__add__', '__class__', '__contains__', '__delattr__', '__delitem__', '__dir__', '__do
c__', '__eq__', '__format__', '__ge__', '__getattribute__', '__getitem__', '__gt__', '__hash__',
'__iadd__', '__imul__', '__init__', '__init_subclass__', '__iter__', '__le__', '__len__', '__lt__
', '__mul__', '__ne__', '__new__', '__reduce__', '__reduce_ex__', '__repr__', '__reversed__', '__
rmul__', '__setattr__', '__setitem__', '__sizeof__', '__str__', '__subclasshook__', 'append', 'cl
ear', 'copy', 'count', 'extend', 'index', 'insert', 'pop', 'remove', 'reverse', 'sort']

T :  (0, 1, 2, 3, 4)
type(T) =  <class 'tuple'>
dir(T) =  ['__add__', '__class__', '__contains__', '__delattr__', '__dir__', '__doc__', '__eq__',
'__format__', '__ge__', '__getattribute__', '__getitem__', '__getnewargs__', '__gt__', '__hash__'
, '__init__', '__init_subclass__', '__iter__', '__le__', '__len__', '__lt__', '__mul__', '__ne__'
, '__new__', '__reduce__', '__reduce_ex__', '__repr__', '__rmul__', '__setattr__', '__sizeof__',
'__str__', '__subclasshook__', 'count', 'index']

D :  {'A': 10, 'B': 11, 'C': 12, 'D': 13}
type(D) =  <class 'dict'>
dir(D) =  ['__class__', '__contains__', '__delattr__', '__delitem__', '__dir__', '__doc__', '__eq
__', '__format__', '__ge__', '__getattribute__', '__getitem__', '__gt__', '__hash__', '__init__',
'__init_subclass__', '__iter__', '__le__', '__len__', '__lt__', '__ne__', '__new__', '__reduce__'
, '__reduce_ex__', '__repr__', '__setattr__', '__setitem__', '__sizeof__', '__str__', '__subclass
hook__', 'clear', 'copy', 'fromkeys', 'get', 'items', 'keys', 'pop', 'popitem', 'setdefault', 'up
date', 'values']
```

그림 6.51 type(), dir() 내장 함수의 실행 결과

(2) id(), isinstance()

파이썬 프로그램에서 생성된 객체 (object)의 식별 번호 (id)를 확인하여 객체들이 동일한 것인지 아니면 서로 다른 객체인지를 확인할 수 있다. isinstance(x, type)을 사용하면 객체 x가 자료형 type (int, list, tuple, dict 등)인가를 확인할 수 있고, 자료형에 따라 구분된 기능을 수행할 수 있다.

```
 1: # Python embedded function - id(), ininstance()
 2:
 3: def funcA(arg):
 4:     print("funcA:: arg (type({}) = {}".format(type(arg), arg))
 5:     if isinstance(arg, int):
 6:         print("arg(id({})) is integer of bit_length ({})“
              .format(id(arg), arg.bit_length()))
 7:     elif isinstance(arg, list):
 8:         print("arg(id({})) is list of len ({})".format(id(arg), len(arg)))
 9:     elif isinstance(arg, tuple):
10:         print("arg(id({})) is tuple of len ({})".format(id(arg), len(arg)))
11:     elif isinstance(arg, dict):
12:         print("arg(id({})) is dict of len ({})".format(id(arg), len(arg)))
13:     else:
14:         print("arg(id({})) is unknown, yet".format(id(arg)))
15:     print()
16:
```

그림 6.52 id(), isinstance()의 사용 예 (part 1)

그림 6.52에서는 line 3~15에서 각 자료형에 대한 객체 식별 번호를 id()를 사용하여

확인하고, isinstance() 함수를 사용하여 자료형을 확인한 후 각 자료형에 따라 다른 처리를 하도록 구현하고 있다. Line 17~20에서는 숫자, 리스트, 튜플, dict 자료형 객체를 각각 생성하며, line 23~26에서 id() 함수를 사용하여 객체 식별 번호를 확인한다. Line 27~30에서는 d, L, T, D를 함수 funcA()의 호출에 각각 사용하면서 자료형에 따라 구분된 데이터 처리 기능을 구현하도록 한다. 실행 결과는 그림 6.53에서 볼 수 있다.

```
17: d = 1234567
18: L = [0, 1, 2]
19: T = (0, 1, 2, 3, 4)
20: D = {'A':10, 'B':11, 'C': 12, 'D': 13}
21:
22: # --------------------
23: print("d = {}, id(d) = {}".format(d, id(d)))
24: print("L = {}, id(L) = {}".format(L, id(L)))
25: print("T = {}, id(T) = {}".format(T, id(T)))
26: print("D = {}, id(D) = {}".format(D, id(D)))
27: funcA(d)
28: funcA(L)
29: funcA(T)
30: funcA(D)
```

그림 6.52 id(), isinstance()의 사용 예 (part 2)

```
d = 1234567, id(d) = 49693328
L = [0, 1, 2], id(L) = 45556440
T = (0, 1, 2, 3, 4), id(T) = 49571760
D = {'A': 10, 'B': 11, 'C': 12, 'D': 13}, id(D) = 46931328
funcA:: arg (type(<class 'int'>) = 1234567
arg(id(49693328)) is integer of bit_length (21)

funcA:: arg (type(<class 'list'>) = [0, 1, 2]
arg(id(45556440)) is list of len (3)

funcA:: arg (type(<class 'tuple'>) = (0, 1, 2, 3, 4)
arg(id(49571760)) is tuple of len (5)

funcA:: arg (type(<class 'dict'>) = {'A': 10, 'B': 11, 'C': 12, 'D': 13}
arg(id(46931328)) is dict of len (4)
```

그림 6.53 id(), isinstance()의 실행 결과

6.6.5 내장 함수를 사용한 배열의 통계 분석

파이썬 프로그램에서 반복 가능한 (iterable) 시퀀스 자료형 데이터 (예: 리스트)를 전달받아, 최댓값, 최솟값, 전체 합산 등의 통계 분석을 간단하게 할 수 있는 내장함수로 min(), max(), sum()이 있으며, 시퀀스 객체의 길이를 알려주는 len()이 있다. 그림 6.54는 리스트에 포함된 원소들의 통계 분석 자료를 제공하는 함수 statistics(L)를 파이썬 내장함수로 구현하고 있다.

그림 6.54 line 3에서는 리스트 L을 전달받아, line 4~7에서 내장함수 sum(), max(), min(), len()을 사용하여 각각 합산, 최댓값, 최솟값, 길이를 찾고, line 8에서 평균값을 계산한다. Line 10~11에서는 리스트에 포함된 각 원소 값과 평균으로 부터의 차이값을 제곱

하여 합산하여 sq_diff_sum에 저장하며, line 12에서 sq_diff_sum 값을 원소의 개수로 나누어 분산 (variance)을 계산한다. 표준편차 (standard deviation)는 분산 값의 제곱근 (square root) 값으로 정의된다. 그림 6.54 line 11에서는 원소값의 평균값과의 차이를 제곱하기 위하여 pow() 함수를 사용하였고, 제곱근을 구하기 위하여 line 13에서 math 모듈의 sqrt() 함수를 사용하였다.

그림 6.54 line 19~24에서는 10개의 연속적인 정수들을 원소로 하는 리스트를 준비하고, 이 리스트에 포함된 원소들의 통계 분석 정보를 출력한다. 3개의 리스트는 모두 다른 구간의 값을 가지나 분산 및 표준편차는 동일한 값을 가진다.

```
 1 : # Application of Python embedded functions - array statistics
 2 : import math
 3 : def statistics(L):
 4 :     sum_L = sum(L)
 5 :     max_L = max(L)
 6 :     min_L = min(L)
 7 :     len_L = len(L)
 8 :     avg_L = sum_L / len_L
 9 :     sq_diff_sum = 0
10 :     for x in L:
11 :         sq_diff_sum += pow((x - avg_L), 2)
12 :     var = sq_diff_sum / len_L
13 :     std_dev = math.sqrt(var)
14 :     print("L (size: {}) : {}".format(len_L, L))
15 :     print("Statistics of L : Max ({}), Min ({}), Avg({:7.2f})"\
       .format(max_L, min_L, avg_L))
16 :     print("   var ({:10.2f}), std_dev ({:10.2f})".format(var, std_dev))
17 :
18 : #--------------------
19 : A = list(range(10))
20 : statistics(A)
21 : B = list(range(-5, 5))
22 : statistics(B)
23 : C = list(range(0, -10, -1))
24 : statistics(C)
```

그림 6.54 내장함수 sum(), max(), min(), len()을 사용한 리스트의 통계 분석 - statistics()

```
L (size: 10) : [0, 1, 2, 3, 4, 5, 6, 7, 8, 9]
Statistics of L : Max (9), Min (0), Avg(   4.50)
  var (      8.25), std_dev (      2.87)
L (size: 10) : [-5, -4, -3, -2, -1, 0, 1, 2, 3, 4]
Statistics of L : Max (4), Min (-5), Avg(  -0.50)
  var (      8.25), std_dev (      2.87)
L (size: 10) : [0, -1, -2, -3, -4, -5, -6, -7, -8, -9]
Statistics of L : Max (0), Min (-9), Avg(  -4.50)
  var (      8.25), std_dev (      2.87)
```

그림 6.55 내장함수 sum(), max(), min(), len()을 사용한 리스트의 통계 분석 결과

6.7 1급 함수 (First Class Function)

파이썬 함수는 변수 이름에 바인딩 할 수 있고, 함수 호출에서 인수로 전달할 수 있으며, 함수의 실행 결과로 또 다른 함수를 반환할 수 있다. 프로그래밍 언어에서는 이러한 기능을 가지는 함수를 1급 함수 (first class function)이라 한다. 6.6.2절에서 설명하였던 람다 함수도 1급 함수에 해당하며, 다른 함수에 인수로 전달되고, 함께 전달되는 데이터들에 대하여 주어진 기능을 수행할 수 있다.

6.7.1 일급 함수(first class function)를 변수에 바인딩

그림 6.56은 이름 (name)을 문자열 인수로 전달받아 "Hello, name" 형식으로 출력하여 주는 간단한 함수 Greeting()을 정의하고, line 6에서 이를 sayHello 객체로 연계 (binding) 시킨다. Line 7에서는 sayHello()를 호출하면서 'Kim' 문자열을 인수로 전달하여 'Hello, Kim' 문자열이 출력될 수 있게 한다. Line 8에서 sayHello에서 제공하는 기본 속성들을 dir() 함수를 사용하여 살펴볼 수 있다. 그림 6.57는 sayHello에 대한 dir() 함수 실행 결과를 보여준다.

```
1: # First class function - Greeting
2:
3: def Greeting(name):
4:     return "Hello, " + name
5:
6: sayHello = Greeting # binding first class function to a variable name
7: print("sayHello('Kim') ==> ", sayHello('Kim'))
8: print("dir(sayHello) : ", dir(sayHello))
```

그림 6.56 1급 함수를 변수에 바인딩

```
sayHello('Kim') ==>  Hello, Kim
dir(sayHello) :  ['__annotations__', '__call__', '__class__', '__c
'__defaults__', '__delattr__', '__dict__', '__dir__', '__doc__', '
'__ge__', '__get__', '__getattribute__', '__globals__', '__gt__',
 '__init_subclass__', '__kwdefaults__', '__le__', '__lt__', '__mod
ne__', '__new__', '__qualname__', '__reduce__', '__reduce_ex__', '
', '__sizeof__', '__str__', '__subclasshook__']
```

그림 6.57 1급 함수를 변수에 바인딩한 결과

6.7.2 일급 함수를 다른 함수 호출에서 인수로 전달

1급 함수는 함수의 실행 결과로 반환할 수도 있으며, 다른 함수를 실행할 때 인수로 전달하여 호출된 함수에서 실행시킬 수도 있다. 그림 6.58은 1급 함수를 다른 함수 호출에 인수로 전달하여 실행하게 하는 예를 보여준다. Line 4~5에서는 인수 n을 전달 받아 세제곱 (cubic) 연산을 실행한 후 결과를 반환하는 함수 cubic(n)을 선언하며, line 7~10과 line 12~17에서는 각각 재귀함수 구조의 피보나치 수열 생성 함수 rFibo()와 재귀함수 구조의 팩토리얼 계산을 위한 함수 rFact()를 정의하고 있다.

```
 1: # Function as Object/Argument to Another Function
 2: import copy
 3:
 4: def cubic(n):
 5:     return n * n * n
 6:
 7: def rFibo(n):
 8:     if n <= 1:
 9:         return n
10:     return rFibo(n-1) + rFibo(n-2)
11:
12: def rFact(n):
13:     if n <= 1:
14:         return n
15:     else:
16:         d = rFact(n-1)
17:         return n * d
18:
```

그림 6.58 1급 함수를 다른 함수 호출에 인수로 전달 (part 1)

```
19: def ApplyFunctionToAnotherFunction(L, f):
20:     """ Assume L is a list, f a function.
21:         Apply each element in L into function f,
22:         generates the result list, and return """
23:     L_result = []
24:     L_result.clear()
25:     for i in range(len(L)):
26:         d = L[i]
27:         res = f(d)
28:         L_result.insert(i, res)
29:     return L_result
30:
31: # ------------------------
32: #   Application
33:
34: L = [0, 1, 2, 3, 4, 5, 6, 7, 8, 9]
35: print("L = ", L)
36:
37: print("\nApply cubic() for each element of list L :")
38: L_res = ApplyFunctionToAnotherFunction(L, cubic)
39: print(L_res)
40:
41: print("\nApply rFact() for each element of list L :")
42: L_res = ApplyFunctionToAnotherFunction(L, rFact)
43: print(L_res)
44:
45: print("\nApply rFibo() for each element of list L :")
46: L_res = ApplyFunctionToAnotherFunction(L, rFibo)
47: print(L_res)
```

그림 6.58 1급 함수를 다른 함수 호출에 인수로 전달 (part 2)

Line 19~29의 ApplyFunctionToAnotherFunction(L, f) 함수는 리스트 인수 L과

1급 함수인 f 인수를 전달 받고, L의 각 항목 d에 대하여 1급 함수 f(d)를 실행한 후 그 반환값을 리스트 L_result의 i번째 원소로 삽입한다. 인수로 전달된 리스트 L의 모든 원소 d에 대하여 f(d)를 수행한 후 결과값을 담은 L_result가 완성되면 이를 반환시킨다.

그림 6.58 line 34에서는 0~9의 정수값을 가지는 리스트 L을 생성하고, line 38, 42, 46에서 각각 리스트 L에 대한 cubic(), rFact(), rFibo() 함수가 실행시킨 결과를 반환받아 출력하고 있다. 그림 6.59에서 실행 결과를 확인할 수 있다.

```
L =  [0, 1, 2, 3, 4, 5, 6, 7, 8, 9]

Apply cubic() for each element of list L :
[0, 1, 8, 27, 64, 125, 216, 343, 512, 729]

Apply rFact() for each element of list L :
[0, 1, 2, 6, 24, 120, 720, 5040, 40320, 362880]

Apply rFibo() for each element of list L :
[0, 1, 1, 2, 3, 5, 8, 13, 21, 34]
```

그림 6.59 1급 함수를 다른 함수 호출에 인수로 전달하는 프로그램의 실행 결과

그림 6.60은 함수의 실행 시간을 측정하는 기능을 line 3~11에서 measureTime() 함수로 구현하고, 이를 사용하여 재귀함수 구조의 rFibo()에 걸리는 시간을 측정하는 예를 보여준다. measureTime(f) 함수에서는 내부 함수 wrapper(n)을 선언하는데, 이 wrapper() 함수에서는 주어진 함수 f가 실행되기 직전의 시간을 time 모듈의 time() 함수를 사용하여 측정하고 이를 t_before에 저장한다.

```
 1: #First class function as argument to another function
 1: import time
 2: def measureTime(f):
 3:     def wrapper(n): # n is argument
 4:         t_before = time.time()
 5:         ret = f(n)
 6:         t_after = time.time()
 7:         elapsed_time = t_after - t_before
 8:         #print("Execution time : {0}".format(elapsed_time))
 9:         return ret, elapsed_time
10:     return wrapper
11:
12: def rFibo(n):
13:     if n <= 1:
14:         return n
15:     return rFibo(n-1) + rFibo(n-2)
16:
17:
18: measureTime_rFibo = measureTime(rFibo)
19: for n in range(1, 40, 1):
20:     fibo_n, t_elapsed = measureTime_rFibo(n)
21:     print("Fibo({:3d}) = {:8d}, took {:10.3f} milli-seconds".format(n, fibo_n,
          t_elapsed * 1000))
```

그림 6.60 함수의 실행 시간을 측정하는 measureTime() 함수를 rFibo() 함수에 적용

그림 6.60 line 6에서는 인수로 전달된 1급함수 f()에 wrapper 함수에 전달된 인수 n을 전달하여 f(n)이 실행되도록 한다. f(n)의 실행이 종료되면 time() 함수를 사용하여 종료시간을 측정하고 이를 t_after에 저장하며, t_before에서 t_after까지의 경과시간을 계산하여 elapsed_time에 저장한다. wrapper() 함수는 f(n)의 실행 결과와 elapsed_time을 반환한다. Line 11에서 measureTime() 함수는 wrapper() 함수를 반환값으로 전달한다.

Line 19에서 measure_Time(rFibo)를 변수 measureTime_rFibo에 바인딩시키며, line 20~22의 for-loop에서 1~39 범위의 정수에 대한 피보나치 수열 값을 rFibo() 함수를 사용하여 구하고, 그 함수가 실행될 때 걸리는 시간을 측정하여 출력하게 한다. 그림 6.61에 실행 결과를 확인할 수 있으며, 재귀함수 구조의 피보나치 수열의 계산은 n값이 증가함에 따라 실행 시간이 급격히 증가하는 것을 알 수 있다.

```
Fibo(  1) =        1, took      0.000 milli-seconds
Fibo(  2) =        1, took      0.000 milli-seconds
Fibo(  3) =        2, took      0.000 milli-seconds
Fibo(  4) =        3, took      0.000 milli-seconds
Fibo(  5) =        5, took      0.000 milli-seconds
Fibo(  6) =        8, took      0.000 milli-seconds
Fibo(  7) =       13, took      0.000 milli-seconds
Fibo(  8) =       21, took      0.000 milli-seconds
Fibo(  9) =       34, took      0.000 milli-seconds
Fibo( 10) =       55, took      0.000 milli-seconds
Fibo( 11) =       89, took      0.000 milli-seconds
Fibo( 12) =      144, took      0.000 milli-seconds
Fibo( 13) =      233, took      0.000 milli-seconds
Fibo( 14) =      377, took      0.000 milli-seconds
Fibo( 15) =      610, took      1.000 milli-seconds
Fibo( 16) =      987, took      1.000 milli-seconds
Fibo( 17) =     1597, took      1.000 milli-seconds
Fibo( 18) =     2584, took      1.000 milli-seconds
Fibo( 19) =     4181, took      2.001 milli-seconds
Fibo( 20) =     6765, took      4.000 milli-seconds
Fibo( 21) =    10946, took      5.000 milli-seconds
Fibo( 22) =    17711, took      8.001 milli-seconds
Fibo( 23) =    28657, took     13.001 milli-seconds
Fibo( 24) =    46368, took     21.001 milli-seconds
Fibo( 25) =    75025, took     33.002 milli-seconds
Fibo( 26) =   121393, took     55.003 milli-seconds
Fibo( 27) =   196418, took     89.005 milli-seconds
Fibo( 28) =   317811, took    145.009 milli-seconds
Fibo( 29) =   514229, took    232.013 milli-seconds
Fibo( 30) =   832040, took    378.021 milli-seconds
Fibo( 31) =  1346269, took    607.035 milli-seconds
Fibo( 32) =  2178309, took    987.056 milli-seconds
Fibo( 33) =  3524578, took   1594.091 milli-seconds
Fibo( 34) =  5702887, took   2580.148 milli-seconds
Fibo( 35) =  9227465, took   4214.241 milli-seconds
Fibo( 36) = 14930352, took   6769.387 milli-seconds
Fibo( 37) = 24157817, took  10964.627 milli-seconds
Fibo( 38) = 39088169, took  17811.018 milli-seconds
Fibo( 39) = 63245986, took  28671.640 milli-seconds
```

그림 6.61 함수의 실행 시간을 측정하는 measureTime() 함수를 rFibo() 함수에 적용한 실행 결과

6.7.3 함수 수식자 (Function decorator)

함수의 실행 직전과 직후에 미리 설정되어 있는 기능을 수행하게 하는 기능을 파이썬 프로그래밍에서는 함수 수식자 (function decorator)로 구현할 수 있다. 그림 6.60 line 3~8에서는 entryExit(func) 함수를 선언하는데, entryExit() 함수는 내부에 wrapper() 함수를 구현한다. wrapper() 함수에서는 인수로 전달받은 1급함수 func()이 실행되기 이전에 entry 관련으로 지정된 기능이 수행되게 하고, func() 함수를 수행하며, 그 이후에 exit에 관련된 또 다른 기능을 수행하도록 구성되어 있다. 함수 수행 이전에 시간을 측정하고, 함수가 수행을 완료한 후 종료 시간을 측정하는 것을 entry와 exit 관련 기능으로 구현할 수 있다.

그림 6.62 line 11에서는 entryExit 함수 이름 앞에 '@' 표시를 붙여 함수 수식자(function decorator)로 선언한 후, 수식 대상 함수인 testFunc() 앞에 명시한다. 이렇게 testFunc() 함수에 함수 수식자를 설정한 후, line 16에서 testFunc() 함수가 실행되면 함수 수식자에서 정의한 entryExit() 함수가 실행되면서 wrapper() 함수 내부에 선언되어 있는 entry 기능 및 exit 기능이 지정된 함수의 실행 이전과 이후에 각각 실행된다.

그림 6.63에 함수 수식자가 설정된 함수의 실행 결과를 보여준다.

```
 1: # First class function - decorator
 2:
 3: def entryExit(func):
 4:     def wrapper():
 5:         print("Entering {}".format(func.__name__))
 6:         ret = func()
 7:         print("Returned from {}".format(func.__name__))
 8:         return ret
 9:     return wrapper
10:
11: @entryExit
12: def testFunc():
13:     print("Processing at inside of testFunc() ....")
14:
15: #--------------------
16: testFunc()
```

그림 6.62 function decorator의 예

```
Entering testFunc
Processing at inside of testFunc() ....
Returned from testFunc
```

그림 6.63 function decorator를 사용한 함수 실행 예

6.8 재귀함수 (Recursive Function)

6.8.1 재귀함수

함수가 실행 중에 자신을 호출하는 구조의 함수를 재귀함수 (recursive function)라고 한다. 재귀함수 형태로 구성되어 있는 대표적인 알고리즘으로 Fibonacci 수열, 병합 정렬(merge sort), 퀵 정렬 (quick sort) 등이 있다. 재귀 함수의 경우 함수를 순환적으로 호출하기 때문에 함수 호출과 결과값 반환에서 발생하는 부담이 있다.

6.8.2 피보나치 수열 (Fibonacci Series)

피보나치 수열 (Fibonacci series)에서 맨 처음 2개의 피보나치 수는 0과 1로 정의되며, 그 다음부터의 피보나치 수는 그 직전 2개의 피보나치 수를 더한 값으로 정의된다. 수식으로 $F_0 = 0$, $F_1 = 1$, $F_n = F_{n-1} + F_{n-2}$ 의 관계식을 가진다. 피보나치 수열을 재귀

함수로 계산할 때에는 그림 6.64에서 보는 것과 같이 동일한 인수에 대한 계산을 여러 번 반복하는 경우가 발생한다. 예를 들어 그림 6.64에서 함수 Fibo(3)은 Fibo(4)를 계산할 때와 Fibo(5)를 계산할 때 항상 실행되며, 피보나치 수열 계산에 주어지는 숫자가 커질수록 동일한 계산이 더 많이 발생하며, 따라서 계산에 걸리는 시간이 지수 함수적으로 증가하게 된다.

피보나치 수열

$F_0 = 0$

$F_1 = 1$

$F_n = F_{n-1} + F_{n-2}$

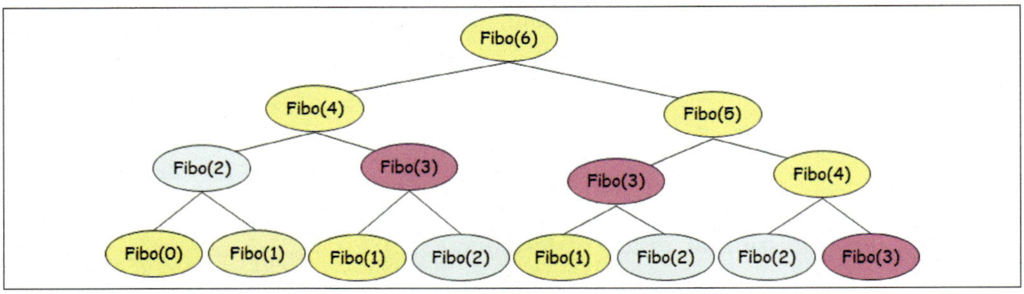

그림 6.64 피보나치 함수 계산에서 발생하는 재귀함수의 구성

그림 6.65는 피보나치 함수 계산에 걸리는 시간을 줄이기 위하여 memo 기능을 사용하는 동적 계획법 (dynamic programming) 구조로 구현하는 예를 보여준다.

```
 1: # Dynamic Programming of Fibonacci with memoization
 2:
 3: memo = dict()
 4: def dynFibo(n):
 5:     if n in memo:
 6:         return memo[n]
 7:     elif n <= 1:
 8:         memo[n] = n
 9:         return n
10:     else:
11:         fibo_n = dynFibo(n-1) + dynFibo(n-2)
12:         memo[n] = fibo_n
13:         return fibo_n
14:
15: N = int(input("inpt N for fibo : "))
16: for n in range(0,N+1,5):
17:     print("dynFibo({:3d}) : {:25}".format(n, dynFibo(n)))
```

그림 6.65 memo 기능을 사용한 동적 계획법 구조의 피보나치 수열 함수 구현 - dynFibo()

n번째 피보나치 수열을 계산하는 dynFibo(n) 함수는 line 4 ~ 13에서 정의되어 있으며, line 3에서 피보나치 수열 중 현재까지 계산이 완료된 n번째 피보나치 수열 값을 저장하도록 dict 객체를 생성하고 있다. 만약 dynFino(n) 함수 호출에서 지정된 n 번째 피보나치

수열이 이미 계산되었다면 line 5~6에서 memo[n]으로 dict객체로 부터 읽어 반환하며, 이에 따라 동일한 n번째 피보나치 수열 계산을 여러 번 반복하지 않아도 된다. Line 7 ~ 9에서는 n이 1보다 같거나 작은 경우 메모에 등록하고, n 값을 반환하게 하며, line 11에서는 현재까지 피보나치 수열 계산을 실행한 적이 없는 n값에 대하여 fibo_n = dynFibo(n−2) + dynFibo(n−1)의 재귀함수 호출을 사용하여 n번째 피보나치 수열을 계산한 후, 이를 memo에 저장한다.

Line 15에서는 0 ~ N번째 피보나치 수열을 계산하기 위한 N 값을 입력 받고, line 16 ~ 17에서는 dynFibo() 함수를 사용하여 0 ~ N 범위에서 5씩 증가하며 n−번째 피보나치 수열을 계산하여 결과를 출력한다. 만약 메모 기능을 사용하여 않으면 n 값이 커질수록 매우 긴 계산 시간이 필요하나 memo 기능을 dict 객체로 구현하면 계산 시간이 크게 단축되는 것을 볼 수 있다.

```
inpt N for fibo : 100
dynFibo(  0) :                       0
dynFibo(  5) :                       5
dynFibo( 10) :                      55
dynFibo( 15) :                     610
dynFibo( 20) :                    6765
dynFibo( 25) :                   75025
dynFibo( 30) :                  832040
dynFibo( 35) :                 9227465
dynFibo( 40) :               102334155
dynFibo( 45) :              1134903170
dynFibo( 50) :             12586269025
dynFibo( 55) :            139583862445
dynFibo( 60) :           1548008755920
dynFibo( 65) :          17167680177565
dynFibo( 70) :         190392490709135
dynFibo( 75) :        2111485077978050
dynFibo( 80) :       23416728348467685
dynFibo( 85) :      259695496911122585
dynFibo( 90) :     2880067194370816120
dynFibo( 95) :    31940434634990099905
dynFibo(100) :   354224848179261915075
```

그림 6.66 memo 기능을 사용한 피보나치 수열 함수 - dynFibo() - 실행 결과

6.8.3 16진수 (hexa-decimal)의 변환 처리

(1) 정수의 16진수 문자열 변환 - itoxstr()

정수 (integer)를 16진수 문자열로 변환하는 기능을 재귀함수 구조를 사용하여 쉽게 구현할 수 있는 방법을 그림 6.67에서 보여주고 있다. Line 3에서는 0~15 범위의 정수값에 대한 16진수 문자를 문자열로 구성한다. Line 4의 itoxstr() 함수에서는 정수 n과 현재까지 변환된 16진수 문자열을 담고 있는 hex_str, 재귀함수 호출의 단계를 나타내는 level을 전달 받는다. Level은 들여쓰기를 사용하여 itoxstr() 함수의 재귀함수 호출이 어떤 단계로 진행되는가를 쉽게 이해할 수 있도록 line 5~7에서 출력한다.

Line 8~9에서는 만약 전달된 n값이 16보다 같거나 클 경우에는 n//16에 대한 16진수 문자열 변환 기능을 재귀함수 호출로 실행하게 하고 hex_str에 결과를 받아 온다. Line

10~11에서는 16보다 작은 n값에 대하여 hexDeciChar의 해당 문자를 찾아 str()을 사용하여 문자열로 변환한 후 hex_str에 덧붙인다. Line 13~14에서는 현재까지 변환된 16진수 문자열을 level에 맞추어 들여쓰기로 출력하며, line 15에서 변환된 16진수 문자열을 반환한다. 그림 6.68에 변환과정과 최종 변환된 결과를 확인할 수 있다.

```
 1 :  # Converting integer into hexadecimal string
 2 :
 3 :  hexDeciChar = "0123456789ABCDEF"
 4 :  def i_to_hexDeciStr(n, hex_str, level):
 5 :      for i in range(level):
 6 :          print(" ", end='') # make indentation
 7 :      print("i_to_hexDeciStr ({:3}, {}, {:2}) :: ".format(n, hex_str, level))
 8 :      if n >= 16:
 9 :          hex_str = i_to_hexDeciStr(n//16, hex_str, level+1)
10 :      n = n % 16
11 :      hex_str += str(hexDeciChar[n])
12 :      for i in range(level):
13 :          print(" ", end='')
14 :      print("  => hexDeciStr = ", hex_str)
15 :      return hex_str
16 :
17 :  n = 65535
18 :  level = 0
19 :  hexStr_n = str()
20 :  hexStr_n = i_to_hexDeciStr(n, hexStr_n, level)
21 :  print("integer ({}) => hexadecimal string ({})".format(n, hexStr_n))
```

그림 6.67 정수의 16진수 문자열 변환 - itoxstr()

```
i_to_hexDeciStr (65535, ,  0) ::
 i_to_hexDeciStr (4095, ,  1) ::
  i_to_hexDeciStr (255, ,  2) ::
   i_to_hexDeciStr ( 15, ,  3) ::
     => hexDeciStr =  F
    => hexDeciStr =  FF
   => hexDeciStr =  FFF
  => hexDeciStr =  FFFF
integer (65535) => hexadecimal string (FFFF)
```

그림 6.68 정수의 16진수 문자열 변환 - itoxstr() - 실행 결과

(2) 16진수 문자열의 정수 변환 - hexDeciStr_to_int()

그림 6.67의 정수 (integer) 데이터에 대한 16진수 문자열을 변환하는 기능의 반대 처리 기능 (즉, 16진수 문자열을 전달받아 정수 데이터로 변환)을 재귀함수 구조로 구현할 수 있다. 그림 6.69 line 3~5에서는 16진수의 문자들에 대한 10진수 정수 값을 dict 객체 hexDeci로 설정하며, 16진수 문자를 키로 사용하여 해당 10진수 데이터 값을 쉽게 찾을 수 있도록 구성한다.

Line 6의 hexDeciStr_to_int(hexDeciStr, level) 함수 호출에서는 16진수를 나타내는 문자열과 현재의 재귀함수 호출 level을 전달받는다. 인수로 전달받은 level 값은 line 11~12에서 들여쓰기를 사용하여 재귀함수 호출의 과정을 쉽게 구분할 수 있게 한다. Line

15~21에서는 변경시켜야할 16진수 문자가 1개 (즉 마지막 문자)일 때 주어진 16진수 문자에 해당하는 정수 값 hex_n을 dict 객체 hexDeci로부터 찾아 출력하며, 이 정수 값 hex_n을 반환한다.

```
 1: # Converting hexadecimal string into int
 2:
 3: hexDeci = {'0':0, '1':1, '2':2, '3':3, '4':4, '5':5, '6':6, '7':7, '8':8, '9':9,\
 4:            'A':10, 'B':11, 'C':12, 'D':13, 'E':14, 'F':15,\
 5:            'a':10, 'b':11, 'c':12, 'd':13, 'e':14, 'f':15}
 6: def hexDeciStr_to_int(hexDeciStr, level):
 7:     for i in range(level):
 8:         print(" ", end='') # make indentation
 9:     print("hexDeciStr_to_int ({}) => ".format(hexDeciStr))
10:     if len(hexDeciStr) <= 0:
11:         for i in range(level):
12:             print(" ", end='') # make indentation
13:         print(0)
14:         return 0
15:     elif len(hexDeciStr) == 1:
16:         hxChar = hexDeciStr[0]
17:         for i in range(level):
18:             print(" ", end='') # make indentation
19:         hex_n = hexDeci[hxChar]
20:         print(hex_n)
21:         return hex_n
22:     else:
23:         subHxdStr = hexDeciStr[0:len(hexDeciStr)-1]
24:         endHxChar = hexDeciStr[-1]
25:         ret = 16 * hexDeciStr_to_int(subHxdStr, level+1)
26:         ret += hexDeci[endHxChar]
27:         for i in range(level):
28:             print(" ", end='') # make indentation
29:         print(ret)
30:         return ret
31:
32: level = 0
33: hexDeciStr_n = "FFFF"
34: #hexDeciStr_n = "ABCD"
35: n = hexDeciStr_to_int(hexDeciStr_n, level)
36: print("HexaDecimalstring ({}) => int ({})".format(hexDeciStr_n, n))
```

그림 6.69 16진수 문자열을 정수로 변환 - hexDeciStr_to_int()

그림 6.69 line 22~30은 주어진 16진수 문자열의 정수 값을 계산하기 위하여 재귀함수 호출 구조를 가진다. Line 23에서 현재 16진수 문자열의 마지막 문자를 제외한 서브 문자열 subHxdStr을 hexDeciStr[0:len(hexDeciStr)−1]이 슬라이싱으로 구하여 line 25에서 재귀함수 호출을 하고, 그 반환값에 16을 곱하여 맨 마지막 문자 (endHxChar)의 정수 값을 더한다. 이렇게 계산된 값 (ret)를 반환하면 주어진 16진수 문자열을 정수로 변환시킨 결과가 된다.

그림 6.69 line 32~36에서는 16진수 문자열 "FFFF"를 hexDecStr_to_int() 함수를 사용하여 정수로 변환시키며, 변환된 결과를 출력한다. 그림 6.70에서 변환된 결과를 확

인할 수 있다.

```
hexDeciStr_to_int (FFFF) =>
 hexDeciStr_to_int (FFF) =>
  hexDeciStr_to_int (FF) =>
   hexDeciStr_to_int (F) =>
   15
  255
 4095
65535
HexaDecimalstring (FFFF) => int (65535)
```

그림 6.70 6진수 문자열을 정수로 변환 - hexDeciStr_to_int() - 실행결과

6.8.4 파이썬 프로그램의 재귀함수 호출 깊이 재설정

파이썬 프로그램의 재귀함수 호출에서는 기본적으로 최대 1000번 정도의 재귀함수 호출이 가능하도록 설정되어 있다. 그림 6.71은 RuntimeError 예외상황이 발생할 때까지 재귀함수 test_recursive_call()를 반복호출하여 최대 재귀함수 호출 깊이를 파악하는 시험 프로그램이다. 실행 결과에서 1024에서 예외 상황이 발생된 것을 확인할 수 있다. 실제 재귀함수 호출 최대 깊이는 sys 모듈의 line 10에서와 같이 getrecursionlimit() 함수를 사용하여 확인할 수 있으며, 그림 6.72에서 볼 수 있는 것과 같이 1000으로 설정되어 있다.

```
 1: # Checking and resetting Python recusive call limits
 2: import sys
 3: def test_recursive_call(depth):
 4:    try:
 5:       test_recursive_call(depth + 1) # actually, re-cursing
 6:    except RuntimeError as RE:
 7:       print("RuntimeError occurred at depth = {} !!".format(depth))
 8:
 9: test_recursive_call(0)
10: recursive_call_depth_limit = sys.getrecursionlimit()
11: print("recursive_call_depth_limit = ", recursive_call_depth_limit)
```

그림 6.71 파이썬 프로그램의 재귀함수 호출 깊이 측정 프로그램

```
RuntimeError occurred at depth = 1024 !!
recursive_call_depth_limit =  1000
```

그림 6.72 파이썬 프로그램의 재귀함수 호출 깊이 측정 프로그램 실행 결과

파이썬 프로그램의 재귀함수 호출의 최대 깊이는 그림 6.73 line 13에서 보는 것과 같이 sys 모듈의 setrecursionlimit() 함수를 사용하여 재설정할 수 있다. 이렇게 설정한 후, test_recursive_call() 함수를 다시 호출하면, 그림 6.74에서 보는 것과 같이 최대 깊이가 2000으로 설정되며, 최대 2024회 재귀함수 호출이 실행된 것을 확인할 수 있다.

```
# Checking and resetting Python recusive call limits
import sys
def test_recursive_call(depth):
    try:
        test_recursive_call(depth + 1) # actually, re-cursing
    except RuntimeError as RE:
        print("RuntimeError occurred at depth = {} !!".format(depth))

test_recursive_call(0)
recursive_call_depth_limit = sys.getrecursionlimit()
print("recursive_call_depth_limit = ", recursive_call_depth_limit)

sys.setrecursionlimit(2000)
print("after setting recursion limit = 2000")
test_recursive_call(0)
```

그림 6.73 setrecursionlimit() 함수를 사용한 파이썬 프로그램의 재귀함수 호출 깊이 설정

```
RuntimeError occurred at depth = 1024 !!
recursive_call_depth_limit =  1000
after setting recursion limit = 2000
RuntimeError occurred at depth = 2024 !!
```

그림 6.73 파이썬 프로그램의 재귀함수 호출 깊이 재 설정 후 프로그램 실행 결과

연습문제

6.1 다음 용어를 예를 들어 설명하라.

1) 매개변수 (parameter)
2) 인수 (argument)
3) 위치 인수 (positional argument)
4) 키워드 인수 (keyword argument)
5) 이름 공간 (name space)
6) 지역 변수 (local variable)
7) 전역 변수 (global variable)
8) lambda 함수
9) 1급함수 (first class function)
10) 함수 수식자 (function decorator)
11) 재귀함수 (recursive function)

6.2 함수 정의 및 호출에서의 매개 변수와 인수의 차이점에 대하여 설명하라.

6.3 위치 인수와 키워드 인수의 사용 방법에 대하여 설명하라.

6.4 지역 변수와 전역 변수의 차이점에 대하여 설명하라.

6.5 lambda 함수를 사용하는 예를 들어 설명하라.

6.6 1급함수를 사용하는 예를 들어 설명하라.

6.7 재귀함수를 사용하는 예를 들어 설명하라.

실습문제

실습 6.1 학생의 정보를 포함하는 튜플 (학생이름, 학과명, 학번, (연, 월, 일), 평균 성적)들을 리스트에 포함시킨 후, 파이썬 내장함수 sum(), max(), min(), len()을 사용하여 학생들의 성적 분포 (최대, 최소, 평균)를 파악하여 출력하는 함수 statistics_student_GPA() 함수를 구현하라.

(실행 예시)

```
students =  [('Kim', 'EE', 12345, (2000, 12, 25), 4.0), ('Lee', 'ME', 11234, (20
19, 9, 1), 4.2), ('Park', 'ICE', 10234, (2019, 3, 1), 4.3), ('Hong', 'CE', 13123
, (2021, 1, 1), 4.1), ('Yoon', 'ICE', 11321, (2001, 8, 15), 4.2), ('A', 'ICE', 1
2321, (2000, 7, 31), 4.2)]
L_GPAs =  [4.0, 4.2, 4.3, 4.1, 4.2, 4.2]
L_GPAs size = 6
Statistics of GPAs : Max (4.3), Min (4.0), Avg (4.166666666666667)
```

실습 6.2 국가의 기본정보를 (국가이름, 인구수, 수도 도시 이름, 사용 언어)의 튜플로 표현하고, 국가 기본 정보 튜플 들을 리스트에 포함시킨 후, 리스트에 포함된 국가들의 인구 분포 (최대, 최소, 평균)를 파악하여 출력하는 함수 statistics_country_population() 함수를 구현하라.

(실행 예시)

```
countries =  [('Korea', 56000000, 'Seoul', 'Korean'), ('Japan', 120000000, 'Toky
o', 'Japanese'), ('China', 1300000000, 'Beijing', 'Chinese'), ('USA', 170000000,
 'Washington DC', 'English'), ('Canada', 30000000, 'Ottawa', 'English'), ('UK',
50000000, 'London', 'English')]
L_demography =  [56000000, 120000000, 1300000000, 170000000, 30000000, 50000000]
L_demography size = 6
Statistics of demography : Max (1300000000), Min (30000000), Avg (287666666.6666
667)
```

실습 6.3 파이썬 터틀 그래픽 기능을 사용하여 지정된 위치에 지정된 크기의 다각형을 그리는 drawPolygon() 함수를 구현하라. 이 함수에 전달되는 인수로는 중심 위치 (x좌표, y좌표), 다각형의 꼭지점 수, 다각형 한 변의 길이가 주어지도록 하라.

(실행 예시)

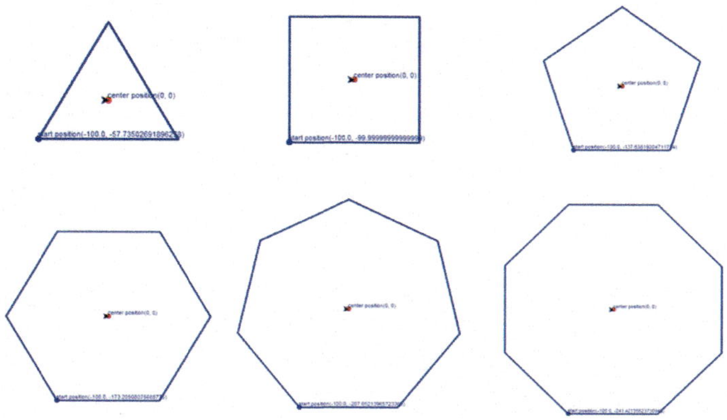

실습 6.4 Fibonacci 수열을 신속하게 계산할 수 있도록 동적 계획법 (dynamic programming) 구조의 memo 기능을 포함하는 재귀함수 dynFibo(n)를 구성하고, 시작 (start), 끝 (end), 간격 (stride)의 정수를 입력 받은 후 해당 순서의 피보나치 수열을 출력하는 프로그램을 작성하라. 이 프로그램에서는 dynFibo(n)에서 걸린 경과 시간을 time() 함수를 사용하여 측정한 후, 계산된 피보나치 수열과 함께 출력하도록 하라. start = 50, end = 100, stride = 5로 설정하여 실행 결과를 출력하라.

(실행 예시)

```
start, stop, step for Fibo calculation : 0 101 5
dynFibo(  0) =                      0
dynFibo(  5) =                      5
dynFibo( 10) =                     55
dynFibo( 15) =                    610
dynFibo( 20) =                   6765
dynFibo( 25) =                  75025
dynFibo( 30) =                 832040
dynFibo( 35) =                9227465
dynFibo( 40) =              102334155
dynFibo( 45) =             1134903170
dynFibo( 50) =            12586269025
dynFibo( 55) =           139583862445
dynFibo( 60) =          1548008755920
dynFibo( 65) =         17167680177565
dynFibo( 70) =        190392490709135
dynFibo( 75) =       2111485077978050
dynFibo( 80) =      23416728348467685
dynFibo( 85) =     259695496911122585
dynFibo( 90) =    2880067194370816120
dynFibo( 95) =   31940434634990099905
dynFibo(100) =  354224848179261915075
```

실습 6.5 행렬을 표현하는 2차원 리스트 2개와 이 행렬의 행 및 열의 크기를 지정하는 정수 2개를 전달받아 행렬의 덧셈을 계산하여 반환하는 matrixAdd(A, B, n, m)을 작성하고, 이를 호출하여 기능을 시험하는 파이썬 프로그램을 작성하라.

(실행 예시)

```
A :  [[1, 2, 3, 4], [5, 6, 7, 8], [9, 10, 11, 12], [13, 14, 15, 16]]
B :  [[1, 0, 0, 0], [0, 1, 0, 0], [0, 0, 1, 0], [0, 0, 0, 1]]
A+B =>  [[2, 2, 3, 4], [5, 7, 7, 8], [9, 10, 12, 12], [13, 14, 15, 17]]
```

실습 6.6 두 도시 이름과 이 도시들 간의 거리 (Km 단위)를 입력받아반환하는 함수 getInterCityDist()함수를 구현하라. 함수 getInterCity_Dist()에서는 city_1, city_2 이름 쌍을 문자열로 입력받고, 그 도시간의 거리를 정수로 입력받아 city_1, city_2, dist로 반환한다.

도시 이름과 이 도시간의 거리를 인수로 전달받아 딕셔너리dict_inter_city_distance에 포함시키는 함수 setInterCityDist(dict_ICD, city_1, city_2, dist)를 구현하라. 함수 setInterCityDist()에서는 인수로 전달받은 도시 이름 2개 (city_1, city_2)의 문자열로 입력 받고, 거리를 Km 단위의 정수 dist을 인수로 전달 받은 후, 딕셔너리dict_ICD에 {(city_1, city_2) : dist} 형식으로 추가한다.

딕셔너리 dict_inter_city_distance로부터 두 도시 간의 거리를 찾아 반환하는 함수

findInterCityDist(dict_ICD, city_1, city_2)를 구현하라. 함수 findInterCityDist(dict_ICD, city_1, city_2)에서 인수로 전달되는 dict_ICD는 딕셔너리interCityDist이며, city_1과 city_2는 두 개의 도시 이름이다. 두 개의 도시 이름 순서가 바뀌어도 해당 도시간의 거리를 찾아 반환할 수 있게 구현할 것.
도시 간의 거리표를 작성하고, 활용하는 main()함수를 작성하라. main() 함수에서는 먼저 딕셔너리interCityDist를 생성한 후, getInterCityDist() 함수를 사용하여 총 5개 쌍의 도시 이름 쌍과 그 도시 간의 거리를 정수로 입력받은후, setInterCityDist() 함수를 사용하여 딕셔너리interCityDist에 저장한다. 다음으로 main() 함수에서 2개의 도시 이름을 입력받고, 딕셔너리interCityDist로부터 그 도시간의 거리를 찾아 출력한다. 만약 도시간의 거리가 딕셔너리에입력되어 있지 않으면 데이터가 없다는 출력을 한다. 만약 도시간 거리를 찾기 위하여 입력된 도시 이름이 점 ('.')이면 반복문을종료하도록 할 것.
main() 함수는 __name__ 변수가 "__main__" 일 때 실행될 수 있도록 구성할 것.
(실행 예시)

```
2020-1 MidExam_5 학번: 22000000, 성명: 홍00
Input name of two cities and distance in Km: Seoul Daegu 300
Input name of two cities and distance in Km: Seoul Daejon 150
Input name of two cities and distance in Km: Seoul Busan 430
Input name of two cities and distance in Km: Daegu Busan 130
Input name of two cities and distance in Km: Daegu Gwangju 180
Inter_City_Distance_Table :  {('Seoul', 'Daegu'): 300, ('Seoul', 'Daejon'): 150,
 ('Seoul', 'Busan'): 430, ('Daegu', 'Busan'): 130, ('Daegu', 'Gwangju'): 180}
Input name of two cities to find distance : Seoul Daegu
Distance between (Seoul - Daegu) is 300 Km.
Input name of two cities to find distance : Daegu Busan
Distance between (Daegu - Busan) is 130 Km.
Input name of two cities to find distance : Busan Daegu
Distance between (Busan - Daegu) is 130 Km.
Input name of two cities to find distance : Busan Seoul
Distance between (Busan - Seoul) is 430 Km.
Input name of two cities to find distance : Daejon Seoul
Distance between (Daejon - Seoul) is 150 Km.
Input name of two cities to find distance : . .
```

7장 파이썬의 모듈과 패키지

학습목표

- 파이썬 모듈과 패키지에 대한 이해
- 파이썬 내장 모듈의 제공 기능에 대한 이해 및 활용 방법 이해
- 파이썬 확장 패키지에 대한 이해 및 활용방법 이해
- ctype, regular expression (re) 모듈에 대한 이해

개요

7.1 파이썬 모듈과 패키지
7.2 sys, os, os.path, copy 모듈
7.3 time, calendar
7.4 math, random
7.5 bisect, array, sortedcontainer, queue
7.6 winsound 모듈
7.7 ctype 모듈
7.8 regular expression (re) 모듈

7.1 파이썬 모듈과 패키지

7.1.1 파이썬 모듈과 패키지 개요

파이썬 프로그램 소스코드는 다수의 함수들과 클래스를 포함하는 모듈들로 구성되며, 다수의 모듈을 하나의 폴더에 모아 패키지로 만들어 사용한다. 파이썬 프로그램에 포함되는 모듈과 패키지는 그림 7.1과 같은 관계를 가진다. 하나의 모듈은 파이썬 정의들과 서술문들을 담고 있는 .py 소스코드 파일이며, 이 소스코드로부터 파이썬 바이트 코드 (.pyc 확장자)가 생성되어 사용된다. 파이썬 확장 모듈이 C 확장 DLL로 구현된 경우 .pyd 확장자를 가진다. 각 파이썬 모듈은 .py 파일 확장자를 사용하는 파이썬 소스코드와 .pyc 확장자를 사용하는 파이썬 바이트 코드, 그리고 .pyd 확장자를 사용하는 C 확장 DLL파일 등으로 구성된다.

모듈에 포함된 파이썬 함수들은 "모듈이름.함수이름" 형식으로 그 모듈에 포함된 함수를 호출할 수 있다. 예를 들어 파이썬에서의 수학 계산을 위하여 사용되는 math 모듈에 포함된 제곱근 계산 함수 sqrt()를 호출할 때에는 먼저 import math를 사용하여 math 모듈을 설치한 후 이 모듈에 포함된 제곱근 함수를 math.sqrt()로 호출할 수 있다.

패키지는 모듈들을 하나의 폴더에 저장하며, 그 패키지의 바이트 코드를 포함하는 __pycache__ 폴더(디렉토리)를 포함한다. 패키지는 계층적으로 구성된 다수의 모듈들과 서브 패키지들을 포함할 수 있다. 사용자가 개인적으로 패키지를 생성하여 파이썬 프로그램 개발에 사용할 수도 있다.

그림 7.1은 다수의 함수 (method)를 포함하는 파이썬 모듈들을 파일 단위의 포듈에 포함하고 있으며, 다수의 모듈들이 폴더에 체계적으로 정도되어 있는 사례를 보여준다. 패키지는 폴더에 저장되어 있다.

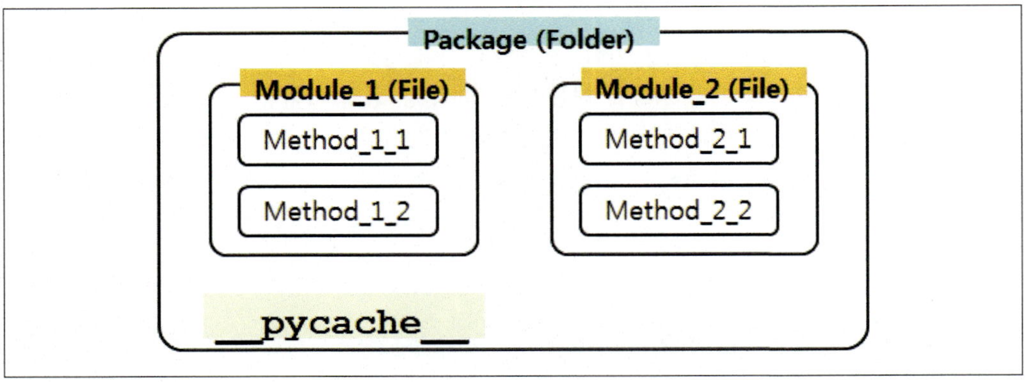

그림 7.1 파이썬 모듈과 패키지 관계

7.1.2 모듈과 패키지의 import

파이썬 프로그램에서 모듈이나 패키지를 사용하기 위하여 표 7.1과 같은 import 명령어를 사용한다. import <module_name_list> 형식에서는 이름으로 지정된 모듈들을 시스템 메모리에 장착시키며, import <module_name> as <new_name> 형식에서는 지정된 모듈을 보다 간편한 이름으로 설정하여 사용할 수 있게 한다. from <module_name> import <name_list>에서는 지정된 모듈로부터 지정된 서브 모듈을 장착시키며, from <module_name> import *에서는 지정된 모듈에 포함되어 있는 모든 서브 모듈들을 장착시킨다.

from <module_name> import <name_list> 형식으로 지정된 모듈로부터 함수/메소드를 설치하면 해당 모듈의 이름을 생략하고 함수 이름을 직접 사용할 수 있게 된다.

표 7.1 모듈과 패키지의 import 예

형식	사용 예
import <module_name_list>	import sys import math import random import turtle
import <module_name> as <new_name>	import numpy as np import matplotlib.pyplot as plt
from <module_name> import <name_list>	from matplotlib import pyplot as plt
from <module_name> import *	from array import *

장착되어 있는 모듈을 삭제하고 다시 장착하기 위해서는 표 7.2에서 보는 것과 같이 del 명령어를 사용하여 지정된 모듈을 삭제하고, import 명령어를 사용하여 다시 장착하여야 한다.

표 7.2 모듈과 패키지의 del 예

형식	사용 예
del <module_name>	del sys
reload <module_name>	reload mypackage

7.1.3 파이썬의 표준 모듈 (Python Standrd Modules)

표 7.3은 파이썬의 표준 모듈들을 기능 분야별로 구분하여 열거하고 있다. 파이썬 표준 모듈은 파이썬 공식 홈페이지의 라이브러리 설명 페이지 (https://docs.python.org/3/library)에서 최신 정보를 확인할 수 있다. 파이썬 프로그래밍 언어는 다양한 종류의 패키지와 모듈을 제공하고 있으므로 새로운 자료구조와 알고리즘을 직접 구현하기 전에 반드시 동일한 기능이나 유사한 기능을 제공하는 파이썬 패키지와 모듈이 있는지를 확인하여 기존에 제공되는 자료구조와 알고리즘을 최대한 잘 활용하고 기능이나 성능에서 부족한 부분이 있는 경우에 직접 개발을 하는 것이 좋은 방안이 될 것이다. 또한 파이썬을 처음 배우는 과정에서도 본인이 작성한 자료구조나 알고리즘을 파이썬이 제공하는 모듈의 관련 자료구조 클래스나 알고리즘 함수들과 비교하는 것도 프로그래밍 실력을 향상 시키는 매우 좋은 방법이 된다.

표 7.3 Python Standard Modules (`https://docs.python.org/3/library/`)

기능 분류	파이썬 표준 모듈
Data Types	array, types, copy, enum, datetime, calendar, collections, heapq, bisect, weakref
Numeric and mathematical	numbers, math, cmath, decimal, fractions, random, statistics
Binary data service	struct, codecs
Text processing	re (regular expression), readline, string
File and directory access	pathlib, os.path, fileinput, stat, filecmp, tempfile
Data persistence	pickle, copyreg, shelve, marshal, dbm, sqlite3
Data compression and archiving	zlib, gzip, bz2 lzma, zipfile, tarfile
Generic operating system services	os, io, time, argparse, getopt, logging, getpass, curses, platform, erroctypes
Concurrent execution	threading, multiprocessing, concurrent, subprocess, sched, queue, _thread, _dummy_thread, dummy_threading
Networking and inter-process communication	asyncio, socket, ssl, select, selector, asyncore, asynchat, signal, mmap
Internet data handling	email, json, mailcap, mailbox, mimetypes, base64, binhex, binascii, quopri, uu
Internet protocols and support	webbrowser, cgi, http
Multimedia services	audioop, aifc, sunau, wave, chunk, colorsys, imghdr, sndhdr, ossaudiodev
Internationalization	gettext, locale
Program framework	turtle, cmd, shlex
Graphical User Interface	tkinter, tkinter.ttk, tkinter.tix, tkinter.scrolledtext

기능 분류	파이썬 표준 모듈
(GUI)	
Python runtime services	sys, sysconfig, builtins, __main__, warnings, dataclasses, abc, atexit, traceback, __future__, gc (garbage collector), inspect, site
Python language services	parser, token, keyword, tokenize
MS windows specific services	msilib, msvcrt, winreg, winsound
Linux specific services	posix, pwd, grp, tty, pty, fcntl, pipes, resource, syslog

표 7.4는 파이썬에 추가 확장할 수 있는 모듈들을 열거하고 있다. 대표적인 파이썬 확장 패키지로서 과학기술 계산에 많이 사용되는 NumPy와 SciPy가 있으며, 파이썬 프로그램의 데이터를 차트나 그래프 등으로 데이터 시각화 시켜주는 Matplotlib가 있다. 아울러 영상 처리 기능을 제공하는 Pillow와 OpenCV가 있으며, 데이터 분석 기능을 제공하는 pandas가 있고, 인공지능과 딥러닝에서 사용되는 TensorFlow와 Keras가 있다.

표 7.4 Python 확장 패키지 (extension packages)

Python Extension Package	설명 및 관련 methods
NumPy SciPy	과학 계산을 위한 라이브러리로서 다차원 배열을 처리하는데 필요한 여러 유용한 기능을 제공 ndarray, universal function
Matplotlib	파이썬에서 데이타를 차트나 그래프 등으로 데이타 시각화(Data Visualization) 시켜주는 라이브러리 패키지 라인 플롯, 바 차트, 파이차트, 히스토그램, Box Plot, Scatter Plot 등을 비롯하여 다양한 차트와 플롯 스타일 등을 지원 Matplotlib.org 갤러리 웹페이지에서 다양한 샘플 차트를 볼 수 있음
Pillow	PIL (Python Imaging Library)-friendly image processing
OpenCV	영상처리 기능 제공
pandas	데이타 분석(Data Analysis) 기능 제공
TensorFlow	인공지능, 딥러닝 분야에 많이 사용되는 확장패키지
keras	파이썬으로 구현된 딥러닝 라이브러리, TensorFlow위에서 딥러닝 모델을 쉽게 구성할 수 있게 함

7.2 sys, os, os.path, copy 모듈

7.2.1 sys 모듈

파이썬 프로그래밍 언어의 sys 모듈은 시스템에 관련된 기본 정보들을 제공한다. 그림 7.2에서 보는 것과 같이 import sys를 사용하여 sys 모듈을 설치하고, sys.builtin_module_names을 실행하면 현재 파이썬 프로그래밍 환경에서 사용할 수 있는 모듈들 (예: array, math, cmath, time, sys 등)을 열거하여 준다.

파이썬 모듈에 포함된 함수 또는 메소드를 실행시키거나 값을 읽을 때에는 항상 "모듈이름.함수이름" 의 형식을 사용한다. 즉 모듈의 멤버 함수나 속성을 사용하기 위하여 어떤 모듈에 포함되어 있는 멤버인지 구분하기 위하여 dot('.')연산자를 사용한다. 예를 들어 sys

모듈의 path 함수는 "sys.path"로 실행시킬 수 있으며, 파이썬 프로그래밍 환경에서 설정되어 있는 프로그램 실행 가능 경로를 보여준다. 그림 7.3에서 볼 수 있는 것과 같이 파이썬 실행 프로그램이 저장되어 있는 곳과 site-packages들이 있는 위치, 기타 파이썬 프로그램 실행에 추가되어 있는 경로 등이 열거된다. sys 모듈의 다른 함수들인 float_info는 파이썬 프로그램의 실수 (float)에 관련된 정보를 상세하게 제공한다.

```
>>> import sys
>>> sys.builtin_module_names
('_ast', '_bisect', '_blake2', '_codecs', '_codecs_cn', '_codecs_hk', '_codecs_iso
2022', '_codecs_jp', '_codecs_kr', '_codecs_tw', '_collections', '_csv', '_datetim
e', '_functools', '_heapq', '_imp', '_io', '_json', '_locale', '_lsprof', '_md5',
'_multibytecodec', '_opcode', '_operator', '_pickle', '_random', '_sha1', '_sha256
', '_sha3', '_sha512', '_signal', '_sre', '_stat', '_string', '_struct', '_symtabl
e', '_thread', '_tracemalloc', '_warnings', '_weakref', '_winapi', 'array', 'atexi
t', 'audioop', 'binascii', 'builtins', 'cmath', 'errno', 'faulthandler', 'gc', 'it
ertools', 'marshal', 'math', 'mmap', 'msvcrt', 'nt', 'parser', 'sys', 'time', 'win
reg', 'xxsubtype', 'zipimport', 'zlib')
>>> sys.platform
'win32'
>>> sys.version
'3.6.0 (v3.6.0:41df79263a11, Dec 23 2016, 07:18:10) [MSC v.1900 32 bit (Intel)]'
>>> sys.prefix
'C:\\Users\\Administrator\\AppData\\Local\\Programs\\Python\\Python36-32'
>>> sys.exec_prefix
'C:\\Users\\Administrator\\AppData\\Local\\Programs\\Python\\Python36-32'
>>> sys.executable
'C:\\Users\\Administrator\\AppData\\Local\\Programs\\Python\\Python36-32\\pythonw.
exe'
```

그림 7.2 sys 모듈의 사용 예 (1) - builtin_module_names, platform, version, prefix

```
>>> sys.path
['', 'C:\\Users\\Administrator\\AppData\\Local\\Programs\\Python\\Python36-32\\Lib
\\idlelib', 'C:\\Users\\Administrator\\AppData\\Local\\Programs\\Python\\Python36-
32\\python36.zip', 'C:\\Users\\Administrator\\AppData\\Local\\Programs\\Python\\Py
thon36-32\\DLLs', 'C:\\Users\\Administrator\\AppData\\Local\\Programs\\Python\\Pyt
hon36-32\\lib', 'C:\\Users\\Administrator\\AppData\\Local\\Programs\\Python\\Pytho
n36-32', 'C:\\Users\\Administrator\\AppData\\Local\\Programs\\Python\\Python36-32\
\lib\\site-packages', 'C:\\tmp']
>>> sys.float_info
sys.float_info(max=1.7976931348623157e+308, max_exp=1024, max_10_exp=308, min=2.22
50738585072014e-308, min_exp=-1021, min_10_exp=-307, dig=15, mant_dig=53, epsilon=
2.220446049250313e-16, radix=2, rounds=1)
>>> sys.float_info.dig
15
>>> |
```

그림 7.3 sys 모듈의 사용 예 (2) - path, float_info

7.2.2 os 모듈

파이썬 프로그래밍언어의 os 모듈은 운영체제가 제공하는 멤버 함수들을 포함한다. 표 7.5는 os 모듈이 포함하는 멤버 함수들을 열거하고 있다. os.access(path, mode)는 path로 경로가 지정된 파일이나 폴더 (디렉토리)에 지정된 mode (읽기, 쓰기 등)로 접근할 수 있는가를 확인하여 준다.

표 7.5 os module method

os module method	설명
os.access(path, mode)	지정된 경로 (path)를 지정된 모드로 접근할 수 있는지 확인 mode = os.F_OK, os.R_OK, os.W_OK, os.X_OK
os.chdir(path)	지정된 경로의 디렉토리로 이동 (change directory)

os module method	설명
os.getcwd()	현재 방문중인 current working directory의 경로를 반환
os.listdir(path='.')	지정된 경로의 디렉토리에 있는 폴더와 파일들의 이름들을 반환
os.mkdir(path)	지정된 경로에 디렉토리를 생성
os.remove(path)	지정된 경로의 파일을 삭제
os.rename(src, dst)	src 이름의 파일 또는 폴더를 dst 이름으로 변경
os.rmdir(path)	지정된 경로의 디렉토리를 삭제
os.walk(top, topdown=True)	top으로 지정된 디렉토리에 포함된 파일과 디렉토리를 탐색
os.startfile(path[, operation])	지정된 경로의 파일에 대하여 지정된 조작 (operation: open, print, edit)을 수행 만약 operation이 지정되어 있지 않으면 'open' 실행
os.system(command)	지정된 명령어 (e.g., calc, mspaint)를 수행

os.getcwd()는 파이썬 프로그램이 현재 사용하는 디렉토리 (current working directory) 위치를 반환하여 준다. os.chdir(path)는 지정된 path (디렉토리)로 프로그램 실행 위치를 옮겨간다. listdir(path= '.')은 path로 지정된 디렉토리에 포함된 파일과 디렉토리들을 열거한다. 만약 path가 설정되지 않으면 '.' 가 기본값으로 사용되는데 이는 현재 디렉토리 (current directory)를 의미한다. mkdir(path)는 경로가 path로 설정된 곳에 디렉토리를 생성하며, rmdir(path)는 지정된 경로의 디렉토리를 삭제한다. remove(path)는 지정된 경로의 파일을 삭제한다. rename(src, dst)는 src로 지정된 파일이나 디렉토리 이름을 dst로 변경한다. walk(top, topdown=True)는 top으로 지정된 위치의 디렉토리로부터 차례대로 파일과 디렉토리들을 검색하여 (dirpath, dirnames, filenames)의 튜플을 반환한다.

```
# os module - getcwd(), chdir(), walk()

import os
cwd_str = os.getcwd()
print("os.getcwd() = ", cwd_str)
os.chdir("C:/MyPyPackage")
cwd_str = os.getcwd()
print("after os.chdir('C:/MyPyPackage'), os.getcwd() = ", cwd_str)
print("os.listdir() : \n", os.listdir())
os.chdir("./mySorting")
print("os.chdir('./mySorting')")
cwd_str = os.getcwd()
print("after os.chdir('./mySorting'), os.getcwd() = ", cwd_str)

print("os.walk() : ")
for t in os.walk('.'):
    print(t)
```

그림 7.4 os module의 getcwd(), chdir(), walk() 실행 예

그림 7.4는 os 모듈을 설치한 후 getcwd(), chdir(), walk() 함수들을 실행 시켜보는 예제 프로그램이다. 그림 7.5에서 확인할 수 있는 것과 같이, os.getcwd()는 이 파이썬 프로그램이 위치하는 디렉토리를 알려주며, chdir()를 사용하여 지정된 위치로 이동할 수 있

다. os.listdir()을 사용하면 현재 위치한 디렉토리에 포함되어 있는 파일들과 디렉토리들의 이름을 리스트로 받아 올 수 있다.

chdir(path)를 사용하여 path에서 지정한 디렉토리 위치로 이동한 후 walk('.')를 실행하면 이동한 디렉토리에 포함된 파일과 디렉토리들를 검색하여 (dirpath, dirnames, filenames) 튜플을 차례대로 반환하여 준다. 그림 7.4 line 16~17에서 walk() 결과인 튜플들을 for-loop 구조로 받아온 후 출력하며, 그림 7.5에서 실행 결과를 확인할 수 있다.

```
os.getcwd() =  C:\MyPyPackage\TextBook - 2019\ch 7 Python Module, Package\os,
os.path
after os.chdir('C:/MyPyPackage'), os.getcwd() =  C:\MyPyPackage
os.listdir() :
 ['desktop.ini', 'myAlgorithms', 'myArray', 'myFibonacci', 'myGraph', 'mySorti
ng', 'myTree', 'Spyder', 'Test_myPyPackage', 'TextBook - 2019', '__init__.py',
'__pycache__']
os.chdir('./mySorting')
after os.chdir('./mySorting'), os.getcwd() =  C:\MyPyPackage\mySorting
os.walk() :
('.', ['__pycache__'], ['mergeSort.py', 'quickSort.py', 'selectionSort.py', '_
_init__.py'])
('.\\__pycache__', [], ['mergeSort.cpython-37.pyc', 'quickSort.cpython-37.pyc'
, 'selectionSort.cpython-37.pyc', '__init__.cpython-37.pyc'])
...
```

그림 7.5 os module의 getcwd(), chdir(), walk() 실행 결과

```
# os module - getcwd(), chdir(), walk()

import os
commands = ['calc', 'mspaint']

for i in range(len(commands)):
    print("performing os.system({})".format(commands[i]))
    os.system(commands[i])
    input("hit any key to continue")
```

그림 7.6 os.system() 함수 예제

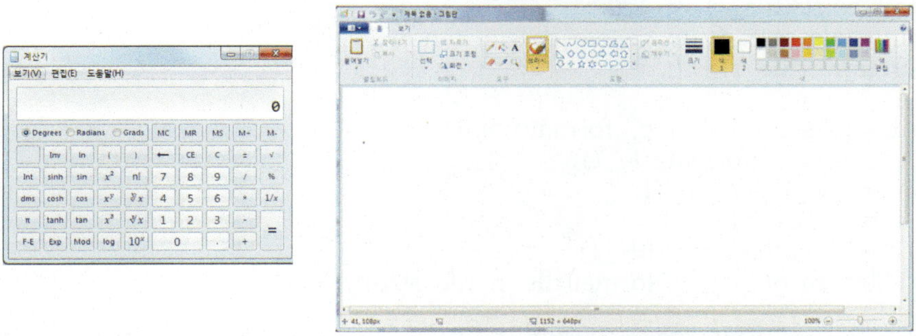

(a) os.system('calc') (b) os.system('mspaint')

그림 7.7 os.system() 함수 예제 실행 결과

os 모듈의 system(command) 함수는 시스템이 제공하는 명령어를 파이썬 프로그램 환경에서 실행할 수 있도록 한다. 예를 들어 그림 7.6에서 보는 것과 같이 Windows 시스템에서 파이썬 프로그램의 os.system('calc')를 실행하면 그림 7.7 (a)와 같이 계산기를 사용할 수 있게 되고, os.system('mspaint')를 실행하면 그림 7.7(b)와 같이 그림판을 사용할 수 있게 된다.

7.2.3 os.path 모듈

os.path 모듈은 지정된 경로에 있는 파일의 존재 여부를 확인할 수 있는 exists(), 파일 또는 디렉토리 여부를 확인하는 isfile()와 isdir(), 파일/디렉토리의 크기를 알려주는 getsize(), 입력된 경로(path)를 운영체제에서 사용하는 형식으로 결합시켜주는 join() 함수 등을 제공한다.

표 7.5 os.path module method

os.path module method	설 명
os.path.exists()	파일이 존재하는지 확인
os.path.isfile()	파일인지 확인
os.path.isdir()	디렉토리인지 확인
os.path.getsize()	파일 또는 디렉토리의 크기를 확인
os.path.join()	운영체제 (OS)의 지정 형식에 따라 경로를 결합

```
# File and Directory Handling with functions of os.path

import os
import os.path
import shutil # shell utility for file copy

test_dir = "C:/tmp/pyTest"
file_1 = "C:/tmp/pyTest/test_file_1.txt"
file_2 = "C:/tmp/pyTest/test_file_2.txt"
if os.path.exists(test_dir) == False:
    os.mkdir(test_dir)

if os.path.exists(file_1) == True:
    print("File already exists, so delete it now.")
    os.remove(file_1)
else:
    print("{} is not existing.".format(file_1))
print("Creating {}".format(file_1))
with open(file_1, 'w') as f1:
    f1.write("Test file 1.")
file_size = os.path.getsize(file_1)
print("File size of {} = {}".format(file_1, file_size))
f1.close()
print("Contents in File {}".format(file_1))
with open(file_1, 'r') as f1:
    for line in f1:
        print(line)
f1.close
```

그림 7.8 os.path 모듈을 사용한 파일 생성 및 입출력 예제 (part 1)

그림 7.8은 os.path 모듈을 사용하여 파일을 생성하며, 입출력을 시험적으로 실행하는 예

제 프로그램이다. Line 3~5에서 os, os.path, shutil (shell utility) 모듈을 설치하며, line 7~8에서 파일 생성 및 삭제에 사용할 디렉토리 및 파일 이름을 설정한다. Line 10~11에서는 test_dir (line 7에서 설정한 문자열) 디렉토리가 존재하지 않으면 test_dir를 생성한다. Lin 8에서 설정하였던 파일 이름 (file_1)이 만약 존재하면 line 13~15에서 그 파일을 삭제하여 다시 생성 시험을 할 수 있게 한다. Line 19에서 open(file_1, 'w') 함수를 사용하여 file_1 파일을 쓰기 (write) 모드로 생성하며, line 20에서 "Test file 1." 문자열을 파일에 쓴다. Line 21에서는 file_1의 크기를 확인하고, 이를 출력한 후, line 23에서 파일 객체의 close() 함수를 사용하여 닫는다.

Line 25~27에서는 file_1을 읽기 모드로 open시킨 후 f1으로 사용하며, f1에 포함된 내용을 한 줄씩 읽어 출력한다.

Line 30에서는 shutil 모듈의 copy() 함수를 사용하여 file_1을 file_2로 복사하며, line 31~32에서 file_2를 첨가 (append) 모드로 open시켜 f2로 사용하게 한 후, f2에 ".... Appended lines in file 2." 문자열을 추가한다. Line 33에서는 os.path 모듈의 getsize() 함수를 사용하여 파일의 크기를 파악하여 출력한다. Line 36에서는 file_2를 읽기 모드로 open시켜 파일에 포함된 내용을 한줄 씩 읽고 출력한다.

```
29 :  print("\nCopy from {} to {}".format(file_1, file_2))
30 :  shutil.copy(file_1, file_2)
31 :  with open(file_2, 'a') as f2:
32 :      f2.write("..... Appended lines in file 2.")
33 :  file_size = os.path.getsize(file_2)
34 :  print("File size of {} = {}".format(file_2, file_size))
35 :  print("Contents in File {}".format(file_2))
36 :  with open(file_2, 'r') as f2:
37 :      for line in f2:
38 :          print(line)
39 :  f2.close
40 :
41 :  print("\nFiles in {} :".format(test_dir))
42 :  for dirName, subDirList, fileNames in os.walk(test_dir):
43 :      for fileName in fileNames:
44 :          print(os.path.join(dirName, fileName))
45 :
46 :  print("\nDelete both test files and directory")
47 :  os.remove(file_1)
48 :  os.remove(file_2)
```

그림 7.8 os.path 모듈을 사용한 파일 생성 및 입출력 예제 (part 2)

Line 41~44에서는 test_dir 디렉토리 및 하부 디렉토리들에 포함된 파일들과 디렉토리들을 walk() 함수를 사용하여 차례로 읽어 내며, walk() 함수가 제공하는 (dirName, subDirList, fileName) 튜플을 열거하고, dirName에 fileName을 join() 함수를 사용하여 결합한 후 출력한다.

그림 7.9에 file_1과 file_2의 내용 및 walk() 함수의 실행 결과를 확인할 수 있다. 그림 7.8 line 47~48에서는 file_1과 file_2를 삭제하여 os.path 모듈의 파일 생성, 파일 입력/출력, 파일 복사, os.walk() 함수 시험 기능을 새롭게 실행할 수 있게 한다.

```
C:/tmp/pyTest/test_file_1.txt is not existing.
Creating C:/tmp/pyTest/test_file_1.txt
File size of C:/tmp/pyTest/test_file_1.txt = 12
Contents in File C:/tmp/pyTest/test_file_1.txt
Test file 1.

Copy from C:/tmp/pyTest/test_file_1.txt to C:/tmp/pyTest/test_file_2.txt
File size of C:/tmp/pyTest/test_file_2.txt = 43
Contents in File C:/tmp/pyTest/test_file_2.txt
Test file 1...... Appended lines in file 2.

Files in C:/tmp/pyTest :
C:/tmp/pyTest\myFact.py
C:/tmp/pyTest\test_file_1.txt
C:/tmp/pyTest\test_file_2.txt

Delete both test files and directory
```

그림 7.9 os.path 모듈을 사용한 파일 생성 및 입출력 예제 실행 결과

7.2.4 shutil 모듈

shutil 모듈은 파일과 디렉토리 관련 함수들을 제공하며, 이들을 사용하여 파일을 복사하거나 특정 디렉토리 산하에 있는 모든 파일과 디렉토리 내용을 다른 디렉토리 산하로 복사할 수 있다. 표 7.6은 shutil 모듈이 제공하는 함수들을 열거하여 설명한다. shutil 모듈의 copy() 함수는 그림 7.8 line 30에서 파일을 복제할 때 사용하였던 함수이다.

표 7.6 shutil 모듈 함수

shutil 함수	설 명
shutil.copyfile(src, dst)	파일 src의 내용을 파일 dst로 복사. dst는 파일 이름으로 한정됨
shutil.copy(src, dst)	파일 src를 dst 파일 또는 디렉토리에 복사
shutil.copytree(src, dst)	src 디렉토리 산하에 있는 모든 파일들과 디렉토리들을 dst로 복사

7.3 time, calendar 모듈

7.3.1 time

time 모듈은 시간에 관련된 다양한 함수들을 제공한다. 표 7.7에서 열거되어 있는 시간 관련 함수들을 사용하여 프로그램 모듈의 실행 경과 시간을 측정하거나 지정된 시간 동안 프로그램 실행을 중지시키는 sleep 기능 등을 활용할 수 있다. time 모듈의 time() 함수는 1970년 1월 1일 0시 0분 0초로부터 현재까지의 누적된 초단위 시간을 환산하여 반환한다.

gmtime()은 그리니치 천문대 기준 시간을 알려 주며, time_ns()는 현재의 시간을 나노초 (nanosecond) 단위로 알려준다. perf_counter는 performance counter의 값을 읽어 반환하며, 시스템 클록 단위의 높은 정밀도를 제공한다. perf_counter_ns는 performance counter의 값을 나노초 (nanosecond) 단위로 알려 준다.

표 7.7 time 모듈

메소드	설 명
time.time()	기준시점인 (Jan. 1, 1970, 00:00:00 sec)으로부터 경과된 초단위 시간을 float형 실수로 반환
time.asctime([t])	gmtime() 또는 localtime()에 의해 생성된 시간을 나타내는 구조체 정보를 문자열로 변환
time.ctime([secs])	초단위의 경과 시간을 문자열로 변환 time.ctime()과 time.asctime(time.localtime())는 현재 시간을 문자열로 변환
time.gtime([secs])	UTC의 기준시점으로 부터의 경과시간을 반환
time.localtime([secs])	UTC의 기준시점으로 부터의 현지 경과시간을 반환
time.mktime(t)	localtime()의 반대 기능을 수행
time.sleep(secs)	secs로 설정된 초단위 시간 동안 실행을 중지
time.time_ns()	time() 함수와 동일하나 나노 초 (nano-second) 단위의 시간을 반환
time.process_time()	현재 프로세스의 시스템 및 사용자 CPU 시간을 반환 sleep()에 의하여 중단되었던 시간은 포함하지 않음
time.process_time_ns()	process_time()과 동일하나 나노 초 (nano-second) 단위의 경과 시간을 반환
time.perf_counter()	performance counter의 값을 반환하며, 짧은 경과시간을 매우 정밀하게 측정할 수 있게 함
time.perf_counter_ns()	perf_counter()와 동일하나 나노 초 (nano-second) 단위로 측정할 수 있도록 함

그림 7.10은 time 모듈을 설치하여 다양한 함수들을 실험하는 예제 프로그램이다. Line 3에서 time 모듈을 설치하고, line 5에서 time() 함수를 사용하여 현재 시간을 기록한다. Line 6에서는 perf_counter_ns() 함수를 사용하여 performance counter를 nano-second 단위로 측정하여 기록한다. time()과 perf_counter_ns() 함수의 실행 결과는 line 7~8에서 출력하며, 그림 7.11에서 확인할 수 있다.

Line 9에서는 gmtime()을 사용하여 영국 그리니치 천문대의 세계 표준시를 출력한다. Line 11~12에서는 sleep(10)으로 10초 동안 프로그램 실행을 중지시키며, 중지된 시간이 경과한 후, line 14~15에서 각각 time() 및 perf_counter_ns()를 사용하여 시간을 측정한다. Line 17, 19에서는 time() 및 perf_counter_ns()로 측정된 시간 정보를 기반으로 경과 시간을 계산하여 출력하며, 그림 7.11에서 보는 것과 같은 결과를 가진다. time() 함수를 사용하여 초단위 경과시간을 측정한 결과와 perf_counter_ns()로 측정한 나노초 단위 경과시간은 0.001초 (밀리초) 단위에서 차이가 있는 것을 확인할 수 있다.

```
1 : # using time module
2 :
3 : import time
4 :
5 : t1 = time.time()
6 : pc_ns_1 = time.perf_counter_ns()
7 : print("time.time() : {} [sec]".format(t1))
8 : print("time.perf_counter_ns() : {} [nsec]".format(pc_ns_1))
9 : print("time.gmtime() :\n ", time.gmtime())
10 :
11 : print("sleeping 10 secs .....")
12 : time.sleep(10)
13 :
14 : t2 = time.time()
15 : pc_ns_2 = time.perf_counter_ns()
16 : print("time.time() : {} [sec]".format(t2))
17 : print("elapsed time = {} [sec]".format(t2 - t1))
18 : print("time.perf_counter_ns() : {} [nsec]".format(pc_ns_2))
19 : print("elapsed perf_counter_ns : {} [nsec]".format(pc_ns_2 - pc_ns_1))
20 : print("time.process_time() : {} [sec]".format(time.process_time()))
21 : print("time.process_time_ns(): {} [ns]".format(time.process_time_ns()))
22 : ascii_t = time.asctime()
23 : print("time.asctime() : ", ascii_t)
24 : t = time.localtime()
25 : print("t = time.localtime() :\n ", t)
26 : print("t.tm_year : ", t.tm_year)
27 : print("t.tm_mon : ", t.tm_mon)
28 : print("t.tm_mday : ", t.tm_mday)
```

그림 7.10 time 모듈의 활용

```
time.time() : 1567427066.1204278 [sec]
time.perf_counter_ns() : 339426137 [nsec]
time.gmtime() :
  time.struct_time(tm_year=2019, tm_mon=9, tm_mday=2, tm_hour=12, tm_min=24,
tm_sec=26, tm_wday=0, tm_yday=245, tm_isdst=0)
sleeping 10 secs .....
time.time() : 1567427076.1340003 [sec]
elapsed time = 10.013572454452515 [sec]
time.perf_counter_ns() : 10352186591 [nsec]
elapsed perf_counter_ns : 10012760454 [nsec]
time.process_time() : 0.1716011 [sec]
time.process_time_ns(): 171601100 [ns]
time.asctime() :  Mon Sep  2 21:24:36 2019
t = time.localtime() :
  time.struct_time(tm_year=2019, tm_mon=9, tm_mday=2, tm_hour=21, tm_min=24,
tm_sec=36, tm_wday=0, tm_yday=245, tm_isdst=0)
t.tm_year :  2019
t.tm_mon :  9
t.tm_mday :  2
```

그림 7.11 time 모듈의 활용 결과

Line 22에서 asctime() 함수를 사용하여 얻는 시간 정보는 문자열이며, 이를 출력하면 요일, 월 이름, 날짜, 시:분:초, 연도의 포맷으로 구성된 시간 정보를 제공한다. Line 24에서 localtime()을 사용하여 반환받는 시간 정보는 해당 지역의 표준시를 기준으로 한 시간 정보를 반환받으며, gmtime()를 사용하여 반환 받는 시간 정보와는 다르다. 즉, 그리니치 천문대 기준 표준 시간과 그 지역의 표준시의 시간차를 고려한 시간 정보를 반환받는다.

7.3.2 calendar

calendar 모듈은 달력에 관련된 함수들을 제공한다. calendar 모듈의 isleap(year)은 인수로 전달된 연도가 윤년 (leap year)인지 확인하여 True 또는 False를 반환한다. weekday(year, month, day)는 인수로 전달된 날짜의 요일을 계산하여 0 (월요일)~6 (일요일)의 값을 반환한다. prcal(year) 함수는 지정된 연도의 달력을 출력한다.

그림 7.12에서는 calendar 모듈의 isleap(), weekday(), prcal() 함수를 사용하는 예를 보여주며, 실행 결과는 그림 7.13과 그림 7.14에서 보는 것과 같다.

```
# using calendar module

import calendar
weekday_names = ["Monday", "Tuesday", "Wednesday", "Thursday", "Friday", "Saturday", "Sunday"]
print("calendar : ", calendar)
for yr in range(2010, 2021):
    isLY = calendar.isleap(yr)
    print("calendar.isleap({0}) : {1}".format(yr, isLY ))
for dy in range(1, 10):
    wkD =calendar.weekday(2019, 8, dy)
    print("Week day of (2019, 8, {}) : {}".format(dy, weekday_names[wkD]))

calendar.prcal(2019)
```

그림 7.12 calendar 모듈의 isleap(), weekday(), prcal() 함수 활용

```
>>>
= RESTART: C:\YTK-Progs\2019-8 Book (Pyt
calendar :  <module 'calendar' from 'C:\
dar.py'>
calendar.isleap(2010) : False
calendar.isleap(2011) : False
calendar.isleap(2012) : True
calendar.isleap(2013) : False
calendar.isleap(2014) : False
calendar.isleap(2015) : False
calendar.isleap(2016) : True
calendar.isleap(2017) : False
calendar.isleap(2018) : False
calendar.isleap(2019) : False
calendar.isleap(2020) : True
Week day of (2019, 8, 1) : Thursday
Week day of (2019, 8, 2) : Friday
Week day of (2019, 8, 3) : Saturday
Week day of (2019, 8, 4) : Sunday
Week day of (2019, 8, 5) : Monday
Week day of (2019, 8, 6) : Tuesday
Week day of (2019, 8, 7) : Wednesday
Week day of (2019, 8, 8) : Thursday
Week day of (2019, 8, 9) : Friday
```

그림 7.13 calendar 모듈의 isleap(), weekday() 함수 활용 결과

```
                              2019

      January                   February                   March
Mo Tu We Th Fr Sa Su      Mo Tu We Th Fr Sa Su      Mo Tu We Th Fr Sa Su
    1  2  3  4  5  6                   1  2  3                   1  2  3
 7  8  9 10 11 12 13       4  5  6  7  8  9 10       4  5  6  7  8  9 10
14 15 16 17 18 19 20      11 12 13 14 15 16 17      11 12 13 14 15 16 17
21 22 23 24 25 26 27      18 19 20 21 22 23 24      18 19 20 21 22 23 24
28 29 30 31               25 26 27 28               25 26 27 28 29 30 31

       April                      May                       June
Mo Tu We Th Fr Sa Su      Mo Tu We Th Fr Sa Su      Mo Tu We Th Fr Sa Su
 1  2  3  4  5  6  7             1  2  3  4  5                      1  2
 8  9 10 11 12 13 14       6  7  8  9 10 11 12       3  4  5  6  7  8  9
15 16 17 18 19 20 21      13 14 15 16 17 18 19      10 11 12 13 14 15 16
22 23 24 25 26 27 28      20 21 22 23 24 25 26      17 18 19 20 21 22 23
29 30                     27 28 29 30 31            24 25 26 27 28 29 30

        July                     August                  September
Mo Tu We Th Fr Sa Su      Mo Tu We Th Fr Sa Su      Mo Tu We Th Fr Sa Su
 1  2  3  4  5  6  7                1  2  3  4                         1
 8  9 10 11 12 13 14       5  6  7  8  9 10 11       2  3  4  5  6  7  8
15 16 17 18 19 20 21      12 13 14 15 16 17 18       9 10 11 12 13 14 15
22 23 24 25 26 27 28      19 20 21 22 23 24 25      16 17 18 19 20 21 22
29 30 31                  26 27 28 29 30 31         23 24 25 26 27 28 29
                                                    30

      October                   November                  December
Mo Tu We Th Fr Sa Su      Mo Tu We Th Fr Sa Su      Mo Tu We Th Fr Sa Su
    1  2  3  4  5  6                   1  2  3                         1
 7  8  9 10 11 12 13       4  5  6  7  8  9 10       2  3  4  5  6  7  8
14 15 16 17 18 19 20      11 12 13 14 15 16 17       9 10 11 12 13 14 15
21 22 23 24 25 26 27      18 19 20 21 22 23 24      16 17 18 19 20 21 22
28 29 30 31               25 26 27 28 29 30         23 24 25 26 27 28 29
                                                    30 31
```

그림 7.14 calendar.prcal(2019)의 실행 결과

7.4 math, random 모듈

7.4.1 math

math 모듈은 수학 계산에 필요한 다양한 함수들을 표 7.8과 같이 제공한다. math 모듈에서 상수 (constant)로 원주율 PI와 자연 상수 e를 제공한다. 통계 관련으로는 min(), max()가 제공되며, 절대값과 근사값 관련 함수로는 abs(), fabs(), round(), ceil(), floor()가 제공된다. 지수 및 로그 관련 함수로 pow(), exp(), log(), log10() 함수가 제공되며, 팩토리얼 계산을 위한 factorial(), 제곱근 계산을 위한 sqrt(), 삼각함수 계산 관련 함수들로 sin(), cos(), tan(), asin(), acos() 등이 제공된다. 삼각함수 관련 계산에서 인수들은 모두 라디안 (radian) 단위를 사용하며, degrees()와 radians() 함수가 각도의 단위 변환을 위하여 제공된다.

표 7.8 math module 함수

분류	math 모듈 함수	설 명
상수	math.pi	원주율
	math.e	자연상수
통계	math.max()	시퀀스 자료형의 최댓값
	math.min()	시퀀스 자료형의 최솟값
절대값	math.abs(x)	절대값 (정수형)

분류	math 모듈 함수	설 명
근사값	math.fabs()	절대값 (실수형)
	math.round()	근사값
	math.round(x, n)	근사값 (소숫점 n자리에서 반올림)
	math.ceil(x)	x보다 큰 정수 중에서 가장 작은 정수
	math.floor(x)	x보다 작은 정수 중에서 가장 큰 정수
지수, 로그	math.pow(a, b)	지수 (a^b)
	math.exp(x)	지수 e^x
	math.log(x, base)	밑수 base의 로그
	math.log10(x)	밑수 10의 로그
팩토리얼	math.factorial(x)	팩토리얼
제곱근	math.sqrt(x)	제곱근
삼각함수	math.sin(x)	sin(x), x는 라디안 단위
	math.cos(x)	cos(x), x는 라디안 단위
	math.tan(x)	tan(x), x는 라디안 단위
	math.asin(x)	arc sine, x는 라디안 단위
	math.acos(x)	arc cosine, x는 라디안 단위
각도	math.degrees(x)	라디안 단위의 x를 도 (degree) 단위로 변환
	math.radians(x)	도 (degree) 단위의 x를 라디안 단위로 변환

(1) 기본 상수 및 숫자 데이터 통계 – math.pi, math.e, max(), min()

그림 7.15는 math 모듈의 상수 (constant)인 pi와 e를 출력하며, 정수 및 실수 데이터가 혼합되어 있는 데이터 리스트의 최솟값 및 최댓값을 min() 함수와 max() 함수로 구하는 예제 프로그램을 보여준다.

```
# math module - constants, min(), max()

from math import *

print("pi = ", pi) # math.pi
print("e = ", e) # math.e

L = [-0.1, 85.7, 75, -5.5, 8.7]
print("L = ", L)
print("min(L) = ", min(L))
print("max(L) = ", max(L))
```

그림 7.15 math 모듈의 pi, e, min(), max()

그림 7.16에서 볼 수 있는 것과 같이 math.pi와 math.e는 정밀한 계산을 위하여 소숫점 이하 15자리까지의 유효자리 숫자를 제공한다. min()과 max()는 주어진 숫자 시퀀스에 포함된 원소들 중 가장 작은 값과 가장 큰 값을 찾아 준다.

```
pi =  3.141592653589793
e =  2.718281828459045
L =  [-0.1, 85.7, 75, -5.5, 8.7]
min(L) =  -5.5
max(L) =  85.7
```

그림 7.16 math 모듈의 pi, e, min(), max() 실행 결과

(2) 절대값, 근사값 – abs(), fabs(), round(), ceil(), floor()

파이썬 math 모듈은 절대값과 근사값 계산을 위하여 abs(), fabs(), round(), ceil(), floor() 함수가 제공된다. 그림 7.17은 -1.0~+1.0까지의 값들에 대하여 abs(), fabs(), round(), ceil(), floor() 함수를 적용하는 예를 보여주며, 결과는 그림 7.18에서 보는 것과 같다. abs()와 fabs()는 절대값을 반환하며, 주어진 값이 음수 (negative)인 경우 해당 양수 값을 반환한다. abs()는 정수 자료형의 인수를 사용하며, fabs()는 가능한 경우 인수를 실수 (float)으로 변환하여 절대값을 계산하며, 실수 자료형으로 반환한다.

```
# math module - abs(), fabs(), round(), round(x, n), ceil(), floor()

from math import *

for n in range(-10, 11):
    x = n / 10
    print("x ({:5.2f}) : abs(x) ({:5.2f}), fabs({:5.2f}), round(x)({:3}),
        ceil(x)({:3}), floor(x)({:3})".format(x, abs(x), fabs(x), round(x), ceil(x),
        floor(x)))
```

그림 7.17 math 모듈의 절대값, 근사값 계산 – abs(), fabs(), round(), ceil(), floor()

```
x (-1.00) : abs(x) ( 1.00), fabs( 1.00), round(x)( -1), ceil(x)( -1), floor(x)( -1)
x (-0.90) : abs(x) ( 0.90), fabs( 0.90), round(x)( -1), ceil(x)(  0), floor(x)( -1)
x (-0.80) : abs(x) ( 0.80), fabs( 0.80), round(x)( -1), ceil(x)(  0), floor(x)( -1)
x (-0.70) : abs(x) ( 0.70), fabs( 0.70), round(x)( -1), ceil(x)(  0), floor(x)( -1)
x (-0.60) : abs(x) ( 0.60), fabs( 0.60), round(x)( -1), ceil(x)(  0), floor(x)( -1)
x (-0.50) : abs(x) ( 0.50), fabs( 0.50), round(x)(  0), ceil(x)(  0), floor(x)( -1)
x (-0.40) : abs(x) ( 0.40), fabs( 0.40), round(x)(  0), ceil(x)(  0), floor(x)( -1)
x (-0.30) : abs(x) ( 0.30), fabs( 0.30), round(x)(  0), ceil(x)(  0), floor(x)( -1)
x (-0.20) : abs(x) ( 0.20), fabs( 0.20), round(x)(  0), ceil(x)(  0), floor(x)( -1)
x (-0.10) : abs(x) ( 0.10), fabs( 0.10), round(x)(  0), ceil(x)(  0), floor(x)( -1)
x ( 0.00) : abs(x) ( 0.00), fabs( 0.00), round(x)(  0), ceil(x)(  0), floor(x)(  0)
x ( 0.10) : abs(x) ( 0.10), fabs( 0.10), round(x)(  0), ceil(x)(  1), floor(x)(  0)
x ( 0.20) : abs(x) ( 0.20), fabs( 0.20), round(x)(  0), ceil(x)(  1), floor(x)(  0)
x ( 0.30) : abs(x) ( 0.30), fabs( 0.30), round(x)(  0), ceil(x)(  1), floor(x)(  0)
x ( 0.40) : abs(x) ( 0.40), fabs( 0.40), round(x)(  0), ceil(x)(  1), floor(x)(  0)
x ( 0.50) : abs(x) ( 0.50), fabs( 0.50), round(x)(  0), ceil(x)(  1), floor(x)(  0)
x ( 0.60) : abs(x) ( 0.60), fabs( 0.60), round(x)(  1), ceil(x)(  1), floor(x)(  0)
x ( 0.70) : abs(x) ( 0.70), fabs( 0.70), round(x)(  1), ceil(x)(  1), floor(x)(  0)
x ( 0.80) : abs(x) ( 0.80), fabs( 0.80), round(x)(  1), ceil(x)(  1), floor(x)(  0)
x ( 0.90) : abs(x) ( 0.90), fabs( 0.90), round(x)(  1), ceil(x)(  1), floor(x)(  0)
x ( 1.00) : abs(x) ( 1.00), fabs( 1.00), round(x)(  1), ceil(x)(  1), floor(x)(  1)
```

그림 7.18 math 모듈의 절대값, 근사값 계산 – abs(), fabs(), round(), ceil(), floor() - 결과

round() 함수는 0.5 단위의 반올림 결과를 짝수 값으로 설정하기 때문에 그림 7.18에서 round(−0.5)와 round(0.5)가 모두 0의 값을 가지는 것으로 확인할 수 있다. ceil()은 주어진 실수형 인수보다 큰 정수 중에서 가장 작은 정수를 반환하며, floor()는 주어진 실수형 인수보다 작은 정수 중에서 가장 큰 정수를 반환한다. 따라서 0.1~0.9에 대한 ceil() 결과는 1이며, floor() 결과는 0이 된다.

(3) 지수, 로그 – pow(), exp(), log(), log10()

그림 7.19는 math 모듈의 지수, 로그 함수인 pow(), exp(), log(), log10() 함수들을 간단하게 실험하는 예제 프로그램이다. n = 0~9에 대한 pow(10, n)과 exp(n)을 계산하여 출력하며, log(exp(n)) = n으로 log() 함수와 exp() 함수가 대칭적 상관관계를 가지며, log10(pow(10, n)) = n으로 log10() 함수와 pow(10, n)이 서로 대칭적 상관관계를 가지는 것을 확인할 수 있다.

```
# math module - pow(), exp(), log(), log10()

from math import *

for n in range(10):
    print("n={0:2} : pow (10,{0:2}) = ({1:5.0}), exp({0:2}) = ({2:8.2f}),
        log(exp({0:2}) = ({3:4}), log10(pow(10,{0:2})) = ({4:4})"\
        .format(n, pow(10, n), exp(n), log(exp(n)), log10(pow(10, n))))
```

그림 7.19 지수, 로그 함수 – pow(), exp(), log(), log10()

```
n= 0 : pow (10, 0) = (1e+00), exp( 0) = (    1.00), log(exp( 0) = ( 0.0), log10(pow(10, 0))
n= 1 : pow (10, 1) = (1e+01), exp( 1) = (    2.72), log(exp( 1) = ( 1.0), log10(pow(10, 1))
n= 2 : pow (10, 2) = (1e+02), exp( 2) = (    7.39), log(exp( 2) = ( 2.0), log10(pow(10, 2))
n= 3 : pow (10, 3) = (1e+03), exp( 3) = (   20.09), log(exp( 3) = ( 3.0), log10(pow(10, 3))
n= 4 : pow (10, 4) = (1e+04), exp( 4) = (   54.60), log(exp( 4) = ( 4.0), log10(pow(10, 4))
n= 5 : pow (10, 5) = (1e+05), exp( 5) = (  148.41), log(exp( 5) = ( 5.0), log10(pow(10, 5))
n= 6 : pow (10, 6) = (1e+06), exp( 6) = (  403.43), log(exp( 6) = ( 6.0), log10(pow(10, 6))
n= 7 : pow (10, 7) = (1e+07), exp( 7) = ( 1096.63), log(exp( 7) = ( 7.0), log10(pow(10, 7))
n= 8 : pow (10, 8) = (1e+08), exp( 8) = ( 2980.96), log(exp( 8) = ( 8.0), log10(pow(10, 8))
n= 9 : pow (10, 9) = (1e+09), exp( 9) = ( 8103.08), log(exp( 9) = ( 9.0), log10(pow(10, 9))
```

그림 7.20 지수, 로그 함수 – pow(), exp(), log(), log10() - 실행 결과

(4) 제곱근 – sqrt()

그림 7.21은 n = 0~9에 대하여 pow(n, 2)로 제곱승을 계산한 후, sqrt() 함수를 사용하는 예제 프로그램을 보여준다.

```
1 : # math module - sqrt()
2 :
3 : from math import *
4 :
5 : for n in range(10):
6 :     pow_n_2 = pow(n, 2)
7 :     sqrt_pow_n_2 = sqrt(pow_n_2)
8 :     print("n={0:2} : pow ({0:2}, 2) = {1:5}, sqrt(pow({0:2}, 2)) = {2:6.2f}"\
9 :         .format(n, pow(n, 2), sqrt(pow(n, 2))))
```

그림 7.21 제곱근 계산 예 – sqrt()과 pow(n, 2)

그림 7.21 line 8~9에서는 sqrt(pow(n, 2)) = n 관계를 살펴볼 수 있게 하며, 그림 7.22에 실행 결과를 확인할 수 있다.

```
n= 0 : pow ( 0, 2) =   0.0, sqrt(pow( 0, 2)) =   0.00
n= 1 : pow ( 1, 2) =   1.0, sqrt(pow( 1, 2)) =   1.00
n= 2 : pow ( 2, 2) =   4.0, sqrt(pow( 2, 2)) =   2.00
n= 3 : pow ( 3, 2) =   9.0, sqrt(pow( 3, 2)) =   3.00
n= 4 : pow ( 4, 2) =  16.0, sqrt(pow( 4, 2)) =   4.00
n= 5 : pow ( 5, 2) =  25.0, sqrt(pow( 5, 2)) =   5.00
n= 6 : pow ( 6, 2) =  36.0, sqrt(pow( 6, 2)) =   6.00
n= 7 : pow ( 7, 2) =  49.0, sqrt(pow( 7, 2)) =   7.00
n= 8 : pow ( 8, 2) =  64.0, sqrt(pow( 8, 2)) =   8.00
n= 9 : pow ( 9, 2) =  81.0, sqrt(pow( 9, 2)) =   9.00
```

그림 7.22 제곱근 계산 예 – sqrt()과 pow(n, 2) - 실행 결과

(5) 각도 변환, 삼각함수 – radians(), sin(), cos()

그림 7.23은 파이썬 math 모듈이 제공하는 각도 변환 함수와 삼각함수관련 내장함수들의 사용 예를 보여준다. Line 4에서 math 모듈이 제공하는 math.pi를 기호상수 PI로 설정하며, line 7에서 0~360° 구간의 30° 단위 각도를 math.radians() 함수를 사용하여 라디안 단위로 변환하고, math 모듈의 sin() 및 cos() 함수를 사용하여 값을 계산한다.

```
 1 : # Example usages of Python math module
 2 :
 3 : import math
 4 : PI = math.pi
 5 : print("{:>10s} {:>10s} {:>10s} {:>10s}".\
 6 :         format("d(degree)", "x(radian)", "sin(x)", "cos(x)"))
 7 : for d in range(0, 361, 30):
 8 :     x = math.radians(d) # convert degree into radian; x = d * PI / 180
 9 :     sin_x = math.sin(x)
10 :     cos_x = math.cos(x)
11 :     print("{:10.2f} {:10.2f} {:10.2f} {:10.2f}".\
12 :           format(d, x, sin_x, cos_x))
```

그림 7.23 math module의 sin(), cos() 활용 예

```
 d(degree)  x(radian)     sin(x)     cos(x)
      0.00       0.00       0.00       1.00
     30.00       0.52       0.50       0.87
     60.00       1.05       0.87       0.50
     90.00       1.57       1.00       0.00
    120.00       2.09       0.87      -0.50
    150.00       2.62       0.50      -0.87
    180.00       3.14       0.00      -1.00
    210.00       3.67      -0.50      -0.87
    240.00       4.19      -0.87      -0.50
    270.00       4.71      -1.00      -0.00
    300.00       5.24      -0.87       0.50
    330.00       5.76      -0.50       0.87
    360.00       6.28      -0.00       1.00
```

그림 7.24 math module의 sin(), cos() 활용 프로그램 실행 결과

그림 7.23 line 11~12에서 출력한 결과를 그림 7.24에서 확인할 수 있다.

7.4.2 random - seed(), randrange(), randint(), random(), gauss(), shuffle()

파이썬 프로그램의 random 모듈은 다양한 난수 생성 기능을 제공하여 여러 형태의 실험에 사용할 수 있게 한다. 표 7.9는 random 모듈에서 제공하는 함수들을 열거하고 있다. random 모듈의 seed() 함수는 난수 생성에서 사용하는 seed 값을 설정하게 한다. 만약 seed 값을 별도로 설정하지 않으면 현재의 시스템 시간을 seed 값으로 설정하여 프로그램 실행에서 항상 서로 다른 난수 생성 순서를 사용할 수 있게 한다. randrange(start, stop, step) 함수는 start~stop−1 구간에서 step 간격의 정수를 임의 순서의 난수로 생성한다.

randint(a, b)는 a~b구간의 정수를 임의로 발생시켜준다. choice(seq)는 시퀀스 자료형 객체 seq로부터 임의의 원소를 선정하여 반환한다. random()은 [0.0~1.0) 구간의 실수를 임의로 선택하여 반환한다. uniform(a, b) 함수는 a~b구간의 값을 동일한 (uniform) 확률로 생성하며, gauss(mu, sigma)는 평균값 mu, 표준편차 sigma인 확률 분포를 가지는 난수를 생성하여 준다.

표 7.9 random 모듈 method

분류	난수 모듈의 메소드	설 명
seed 설정	random.seed(a=None, version=2)	난수 발생기를 초기화시킴. 만약 a=None으로 설정되어 있으면 현재 시스템 시간을 seed로 사용함
range 구간내의 난수 생성	random.randrange(stop) random.randrange(start, stop[, step])	(start, stop, step) 범위의 난수를 생성 start가 설정되어 있지 않으면 0의 기본값 사용 step이 설정되어 있지 않으면 1의 기본값 사용
	random.randint(a, b)	(a, b+1) 범위의 정수형 난수 생성
	random.random()	[0.0, 1.0) 범위에서 균일 확률 분포의 난수를 생성
	random.uniform(a, b)	[a, b] or [b, a] 범위에서 균일 확률 분포의 난수를 생성
	random.gauss(mu, sigma) random.normalvariate(mu, sigma)	평균이 mu이며 표준편차가 sigma인 정규분포 (Gaussian, Normal distribution) 난수를 생성
	random.lognormvariate(mu, sigma)	평균이 mu이며 표준편차가 sigma인 Log-Gaussian 분포의 난수를 생성
샘플 선정	random.choice(seq)	주어진 시퀀스 seq에서 임의로 선정하여 반환
	random.sample(population, k)	주어진 시퀀스 population으로부터 k 개를 임의로 선정하여 반환
뒤섞기	random.shuffle(x[, random])	주어진 시퀀스 x를 뒤섞어 줌 random은 [0.0, 1.0] 구간의 난수를 사용하여, 기본값으로 random()을 사용

shuffle(x)은 시퀀스 자료형 객체 x의 원소들의 순서를 임의로 변경 시켜준다. sample(population, k)는 시퀀스 자료형 객체 population으로부터 k개의 원소를 샘플로 선정하여 준다. shuffle(x) 함수는 시퀀스 자료형 객체 x의 원소들을 뒤섞어 준다.

그림 7.25는 random 모듈의 함수들을 사용하여 난수를 생성시키는 예를 보여주며, 생성된 결과는 그림 7.26에서 확인할 수 있다.

```
# random module (1) - random(), randrange(), uniform(), gauss()

import random
print("random.random() : ", random.random())
    #uniform distribution random value in [0.0, 1.0)
print("random.random() : ", random.random())
    #uniform distribution random value in [0.0, 1.0)
print("random.randrange(10) : ", random.randrange(10))
    # integer random value in range(start, stop, step)

print("random.uniform(1, 10) : ", random.uniform(1, 10))
    # uniform distribution random value in [1, 10]
print("random.uniform(10, 1) : ", random.uniform(10, 1))
    # uniform distribution random value in [10, 1]
print("random.gauss(0, 1) : ", random.gauss(0, 1))
  # gauss distribution random value with avg 0, sigma 1
print("random.gauss(0, 1) : ", random.gauss(0, 1))
  # gauss distribution random value with avg 0, sigma 1
```

그림 7.25 난수 생성 - random(), randrange(), uniform(), gauss()

```
>>>
 RESTART: C:\YTK-Progs\2019-8 Book (Python)\ch 6
random.random() :  0.3996920353094483
random.random() :  0.9015253274000709
random.randrange(10) :  0
random.uniform(1, 10) :  1.8926422420270306
random.uniform(10, 1) :  1.9054292925006866
random.gauss(0, 1) :  -0.06101577791187918
random.gauss(0, 1) :  0.9733905871444073
>>>
```

그림 7.26 난수 생성 - random(), rangrange(), uniform(), gauss() - 실행 결과

```
 1 :  # random module (2) - choice(), shuffle(), sample()
 2 :
 3 :  import random
 4 :  print("random.choice('abcdefg')) : ", random.choice('abcdefg'))
 5 :  print("random.choice('abcdefg')) : ", random.choice('abcdefg'))
 6 :  items = [1, 2, 3, 4, 5]
 7 :  random.shuffle(items)
 8 :  print("items : ", items)
 9 :
10 :  print("random.sample('abcdefg', 3) : ", random.sample('abcdefg', 3))
11 :  print("random.sample('abcdefg', 3) : ", random.sample('abcdefg', 3))
12 :  print("random.sample([1, 2, 3, 4, 5], 3) : ", random.sample([1, 2, 3, 4, 5], 3))
13 :  print("random.sample([1, 2, 3, 4, 5], 3) : ", random.sample([1, 2, 3, 4, 5], 3))
```

그림 7.27 random 모듈의 choice(), shuffle(), sample() 함수

그림 7.27은 random 모듈의 choice(), shuffle(), sample() 함수를 사용하는 예제 프로그램이다. 실행 결과는 그림 7.28에서 볼 수 있다. 그림 7.27 line 4~5에서는 주어진 문자열로부터 임의의 문자를 choice() 함수를 사용하여 선정하는 예를 보여주며, line 7~8에서는 정수 데이터의 리스트 items를 shuffle() 함수를 사용하여 뒤섞은 후 출력한다. Line 10~13에서는 문자열로부터 임의의 문자 3개를 sample() 함수를 사용하여 선택하는

것과 정수형 리스트로부터 숫자 3개를 임의로 선택하는 예를 보여준다. 그림 7.27의 예제 프로그램 실행 결과는 그림 7.28에서 확인할 수 있다.

```
>>>
 RESTART: C:\YTK-Progs\2019-8 Book (Python)\ch 6
random.choice('abcdefg')) :  c
random.choice('abcdefg')) :  e
items :  [1, 3, 5, 2, 4]
random.sample('abcdefg', 3) :  ['a', 'e', 'c']
random.sample('abcdefg', 3) :  ['b', 'a', 'f']
random.sample([1, 2, 3, 4, 5], 3) :  [5, 1, 3]
random.sample([1, 2, 3, 4, 5], 3) :  [3, 5, 1]
>>>
```

그림 7.28 random 모듈의 choice(), shuffle(), sample() 함수 - 실행 결과

7.5 bisect, array, sortedcontainer, queue 모듈

7.5.1 bisect

파이썬 프로그램의 bisect 모듈은 시퀀스 자료형 (예: 리스트)에 대하여 이진 분할 알고리즘을 사용하는 함수이며, 정렬된 상태에서 새로운 원소가 추가 삽입되어도 정렬 상태가 유지되도록 관리한다. bisect_left(L, x)는 정렬된 순서를 유지할 수 있도록 리스트 L에서 원소 x를 삽입할 위치를 찾아 준다. L에 x가 이미 존재하면 삽입 위치는 기존 항목 앞(왼쪽)이 된다. bisect_right()와 bisect()도 정렬된 순서를 유지할 수 있도록 리스트 a에서 원소 x를 삽입할 위치를 찾아 주며, bisect_left()와 다른 점은 L에 x가 이미 존재하면 삽입 위치는 기존 항목 뒤(오른쪽)가 된다.

insort_left(L, x) 함수는 주어진 시퀀스 자료형 객체에 새로운 원소를 추가하며, 정렬상태를 유지할 수 있도록 순서에 맞추어 삽입한다. 새로운 원소가 삽입되어도 전체 시퀀스 객체의 원소들이 정렬된 상태가 유지되도록 한다. 만약 리스트 L에 이미 x가 존재하면 기존 x 앞(왼쪽)에 x를 추가한다. insort_right(L, x)와 insort(L, x)는 insort_left(L, x)와 유사하지만 리스트 L에 이미 x가 존재하면 기존 x 뒤 (오른쪽)에 x를 추가한다.

표 7.10 bisect 모듈의 함수

bisect 모듈 함수	설 명
bisect.bisect_left(a, x)	정렬된 순서를 유지하도록 리스트 a에 x를 삽입할 위치를 찾아 반환. 만약 리스트에 x가 이미 있으면, x의 앞쪽 (왼쪽)을 반환
bisect.bisect_right(a, x)	정렬된 순서를 유지하도록 리스트 a에 x를 삽입할 위치를 찾아 반환. 만약 리스트에 x가 이미 있으면, x의 뒷쪽 (오른쪽)을 반환
bisect.bisect(a, x)	리스트 a로부터 x의 위치를 찾아 반환
bisect.insort_left(a, x)	리스트 a에 x를 정렬된 순서로 삽입
bisect.insort_right(a, x)	리스트 a에 x를 순서에 맞추어 삽입. x의 기존 항목 다음에 삽입
bisect.insort(a, x)	리스트 a에 x를 순서에 맞추어 삽입. 만약 리스트 a에 이미 x가 포함되어 있으면 기존 항목 다음에 x를 삽입. 삽입 후에도 정렬 상태 유지

(1) 이진 탐색 (binary search)

그림 7.29는 bisect 모듈의 함수들을 사용하여 리스트가 정렬된 상태로 유지될 수 있게 하고, 정렬된 리스트에서 이진 탐색을 구현하는 예제를 보여준다. Line 7~11의 for-loop에서 리스트 B에 포함된 각 원소들을 bisect 모듈의 insort() 함수를 사용하여 리스트 A에 삽입한다. Line 10, 11에서 새롭게 추가된 원소의 위치와 리스트 A의 전체 원소를 출력한다. 그림 7.30에서 볼 수 있는 것과 같이 insort() 함수에 의하여 삽입된 원소는 정렬된 순서를 유지할 수 있는 위치에 삽입되며, 리스트 A는 항상 정렬된 상태를 유지하는 것을 알 수 있다.

```
 1 :  # using bisect module
 2 :
 3 :  import bisect
 4 :  A = []
 5 :  B = [5,3,1,9,0,8,2,7,4,6]
 6 :
 7 :  for x in B:
 8 :      bisect.insort(A, x)
 9 :      pos = bisect.bisect(A, x)
10 :      print("bisect.insort_left(A, {}) => position of {} is {}".format(x, x, pos))
11 :      print("A : ", A)
12 :
13 :  def binsearch(L, value):
14 :      pos = bisect.bisect_left(L, value)
15 :      if (pos == len(L)) or (L[pos] != value):
16 :          return False
17 :      else:
18 :          return pos
19 :  for x in B:
20 :      p = binsearch(A, x)
21 :      print("{} is at {} in A".format(x, p))
```

그림 7.29 bisect 모듈을 사용한 예 - binsearch()

그림 7.29 line 13~18에서 이진 탐색 (binary search) 기능을 수행하는 함수 binsearch(L, value)를 구현하고 있으며, line 14에서 bisect_left(L, value) 함수를 사용하여 탐색 대상 원소가 어느 위치에 있는지 확인한다. 만약 bisect_left() 함수의 결과로 받아온 pos 값이 리스트 L의 길이에 해당하면 이는 리스트 L에서 주어진 원소를 찾지 못하였다는 것을 의미하여 False를 반환하며, 만약 해당 위치의 원소가 탐색 대상 원소가 아닐 경우에도 False를 반환한다. Line 17~18에서는 탐색 대상 원소를 리스트 L에서 찾았을 때 해당 위치 pos를 반환한다.

Line 19~21에서는 리스트 B에 있는 모든 원소들을 대상으로 binsearch() 함수를 사용하여 이진 탐색 (binary search)을 수행하며, 탐색 대상 원소가 위치한 인덱스를 함께 출력한다. 그림 7.30에서 실행 결과를 확인할 수 있다.

```
bisect.insort(A, 5) => position of 5 is 1
A :  [5]
bisect.insort(A, 3) => position of 3 is 1
A :  [3, 5]
bisect.insort(A, 1) => position of 1 is 1
A :  [1, 3, 5]
bisect.insort(A, 9) => position of 9 is 4
A :  [1, 3, 5, 9]
bisect.insort(A, 0) => position of 0 is 1
A :  [0, 1, 3, 5, 9]
bisect.insort(A, 8) => position of 8 is 5
A :  [0, 1, 3, 5, 8, 9]
bisect.insort(A, 2) => position of 2 is 3
A :  [0, 1, 2, 3, 5, 8, 9]
bisect.insort(A, 7) => position of 7 is 6
A :  [0, 1, 2, 3, 5, 7, 8, 9]
bisect.insort(A, 4) => position of 4 is 5
A :  [0, 1, 2, 3, 4, 5, 7, 8, 9]
bisect.insort(A, 6) => position of 6 is 7
A :  [0, 1, 2, 3, 4, 5, 6, 7, 8, 9]
5 is at 5 in A
3 is at 3 in A
1 is at 1 in A
9 is at 9 in A
0 is at 0 in A
8 is at 8 in A
2 is at 2 in A
7 is at 7 in A
4 is at 4 in A
6 is at 6 in A
```

그림 7.30 bisect 모듈 사용 프로그램 실행 결과

(2) bisect() 함수와 구간 정보를 사용한 성적처리

그림 7.31은 bisect() 함수를 구간 정보의 리스트와 함께 사용하여 성적 처리를 하는 예를 보여준다.

```
 1 : # bisect with breakpoints
 2 : import bisect
 3 :
 4 : def grade(score, breakpoints, grades):
 5 :     i = bisect.bisect(breakpoints, score)
 6 :     return grades[i]
 7 :
 8 : Breakpoints = [59.5, 69.5, 79.5, 89.5]
 9 : Scores = [55, 80, 75, 88, 90, 100]
10 : Grades = 'FDCBA'
11 :
12 : grades = [grade(score, Breakpoints, Grades) for score in Scores]
13 : print("Breakpoints : ", Breakpoints)
14 : print("Scores : ", Scores)
15 : print("grade of each score : ", grades)
16 : score_grade = list(zip(Scores, grades))
17 : print("score_grade : ", score_grade)
```

그림 7.31 Breakpoints와 bisect() 함수를 사용한 구간별 성적 처리

Line 4~6에서는 grade() 함수를 구현하며, line 5에서 bisect(breakpoints, score)로 주어진 성적 (score)이 어떤 평점에 해당하는지 찾아낸다. bisect() 함수에서는 주어진 리스트에서 이진 탐색을 하며, breakpoints의 해당 구간의 인덱스를 찾아 준다. 예를 들어 55의 경우에는 Breakpoints[0]의 원소 값인 59.5보다 작기 때문에 인덱스 i는 0이 반환되어 grade는 'F'가 되며, score 80인 경우 Breakpoints[2]의 79.5보다는 크고

Breakpoints[3]인 89.5보다는 작기 때문에 인덱스 i가 2로 반환되어 grade가 'B'가 된다. score 90에 대해서는 같은 요령으로 Breakpoints[3]인 89.5보다 크기 때문에 인덱스 i = 4가 반환되어 grade는 'A'가 된다.

```
Breakpoints :  [59.5, 69.5, 79.5, 89.5]
Scores :  [55, 80, 75, 88, 90, 100]
grade of each score :  ['F', 'B', 'C', 'B', 'A', 'A']
score_grade :  [(55, 'F'), (80, 'B'), (75, 'C'), (88, 'B'), (90, 'A'), (100, 'A')]
```

그림 7.32 Breakpoints와 bisect() 함수를 사용한 구간별 성적 처리 결과

7.5.2 array

파이썬 array 모듈은 배열을 생성하고 사용할 수 있는 함수들을 제공한다. array 모듈을 사용하여 만들 수 있는 배열은 표 7.11에서 보여주는 다양한 숫자 자료형과 문자 자료형의 배열을 구성할 수 있다. 표 7.12는 array 모듈에서 제공하는 함수들을 보여준다.

표 7.11 array type code

배열 자료형 코드	C 프로그램 자료형	파이썬 자료형	원소 크기 (바이트)
'b'	signed char	int	1
'B'	unsigned char	int	1
'u'	wchar_t	unicode character	2
'h'	signed short	int	2
'H'	unsigned short	int	2
'i'	signed int	int	4
'I'	unsigned int	int	4
'l'	signed long	int	4
'L'	unsigned long	int	4
'q'	signed double long	int	8
'Q'	unsigned double long	int	8
'f'	float	float	4
'd'	double	double	8

표 7.12 array class method

배열 클래스 메소드	설 명
array.append(x)	x를 배열에 첨가
array.byteswap()	배열의 바이트들의 위치를 교환 (swap)
array.count(x)	배열에서 x의 발생 빈도를 파악
array.extend(iterable)	iterable에 있는 각 항목을 배열에 삽입
array.frombytes(s)	바이츠 (s)에 있는 바이트들을 배열에 삽입
array.fromfile(f, n)	파일 f에 있는 항목 n개를 배열에 삽입
array.fromlist(list)	리스트 list에 있는 항목을 배열에 삽입 for x in list:

배열 클래스 메소드	설 명
	a.append(x)
array.fromstring(s)	문자열 s에 있는 바이트들을 배열에 삽입
array.fromunicode(s)	유니코드 s에 있는 바이트들을 배열에 삽입
array.index(x)	x가 위치한 곳의 인덱스를 반환
array.insert(i, x)	x를 인덱스 i의 위치에 삽입
array.pop([i])	array.pop() : 배열의 마지막 원소를 반환하며, 그 원소를 삭제 array.pop(i) : i-번째 원소를 반환하며, 그 원소를 삭제
array.remove(x)	배열의 첫 부분에서 x 개의 원소를 삭제
array.reverse()	배열의 원소들의 순서를 거꾸로 변경
array.tobytes()	배열의 원소들을 바이츠로 반환
array.tofile(f)	배열의 원소들을 파일 f에 바이츠로 저장
array.tolist()	배열 원소들을 리스트로 반환
array.tounicode()	배열 원소들을 유니코드 문자열로 반환 (array.typecode = 'u')

(1) array()를 사용한 배열 생성, genRandArray(), printArray(), printArraySample()

그림 7.33은 array 모듈을 활용하는 프로그램 예제를 보여준다. Line 6~9에서 구현되어 있는 genRandArray(arr, size)는 배열 arr (크기 size)를 전달 받아 range(size)가 차례로 생성하는 정수를 배열에 저장한 후 line 9에서 random 모듈의 shuffle() 함수를 사용하여 순서를 섞어준다. Line 11~22의 printArray() 함수는 size 개수의 배열 arr를 전달 받아 line 17~22는 한 줄에 per_line 개수만큼씩 출력하도록 하며, 전체 배열 원소들을 차례로 출력한다.

```
 1 : # array module - array(), genRandArray(), printArray(), printArraySample()
 2 :
 3 : from array import *
 4 : import random
 5 :
 6 : def genRandArray(arr, size):
 7 :     for x in range(size):
 8 :         arr.append(x)
 9 :     random.shuffle(arr)
10 :
```

그림 7.33 array 모듈의 활용 - genRandArray(), printArray(), printArraySample() - part 1

Line 24~49의 printArraySample() 함수는 큰 배열의 첫 부분과 마지막 부분의 sample_lines 줄을 출력하여 전체 배열의 구성을 파악할 수 있게 한다. Line 25~36에서 첫 번째 sample_lines 줄을 출력하도록 하며, 배열의 출력 대상 원소가 남아 있을 때에는 line 36~49에서 남아 있는 배열 원소 중에서 sample_lines 줄을 출력시킨다.

Line 51에서 배열의 크기를 50000개로 설정하며, line 53에서 array 모듈의 array() 함수를 사용하여 정수 자료형 ('i')의 배열을 생성하고, line 54에서 genRandArray() 함수를 호출하여 중복되지 않는 정수들을 가지는 배열을 구성한다.

```
11 :  def printArray(arr, per_line = 10):
12 :      size = len(arr)
13 :      count = 0
14 :      while count < size:
15 :          s = "{0:>6}, ".format(arr[count])
16 :          count += 1
17 :          i = 1
18 :          while (i < per_line) and (count < size):
19 :              s += "{0:>6},".format(arr[count])
20 :              count += 1
21 :              i += 1
22 :          print(s)
23 :
24 :  def printArraySample(arr, per_line = 10, sample_lines = 5):
25 :      size = len(arr)
26 :      count = 0
27 :      for i in range(0, sample_lines):
28 :          s = ""
29 :          for j in range(0, per_line):
30 :              if count > size:
31 :                  break
32 :              s += "{0:>6},".format(arr[count])
33 :              count += 1
34 :          print(s)
35 :          if count > size:
36 :              break
37 :      print('. . . . . .')
38 :      if count < (size - per_line * sample_lines):
39 :          count = size - per_line * sample_lines
40 :      for i in range(0, sample_lines):
41 :          s = ""
42 :          for j in range(0, per_line):
43 :              if count > size:
44 :                  break
45 :              s += "{0:>6},".format(arr[count])
46 :              count += 1
47 :          print(s)
48 :          if count > size:
49 :              break
50 :
51 :  # ----------------------------------
52 :  #
53 :  array_size = 50000
54 :  print("Generating integer random array of {0} elements ....".format(array_size))
55 :  a1 = array('i') # create an integer array
56 :  genRandArray(a1, array_size)
57 :  print('Generated random integer array :')
58 :  printArraySample(a1, 10, 5)
```

그림 7.33 array 모듈의 활용 – genRandArray(), printArray(), printArraySample() - part 2

Line 56에서 생성된 배열을 printArraySample() 함수를 사용하여 한 줄에 10개 원소를 출력하고, sample_lines을 5로 설정하여 배열의 첫 부분 5줄과 마지막 부분 5줄을 출력한다. 그림 7.34에서 출력 결과를 확인할 수 있다.

```
>>>
 RESTART: C:/YTK-Progs/2018 Book (Python)/ch 10 Data Structure, Algorit
y, printArray, printArraySample.py
Generating integer random array of 50000 elements ....
Generated random integer array :
 23426, 19094, 14377, 32657, 41555,   337, 21908, 45005, 27517,  8262,
 33076, 11088, 25104, 30364, 30848, 45658, 16729, 46683, 34336, 40408,
 21620, 37954, 34053, 37226, 14007, 27926, 27277, 15010, 40389, 47639,
 29413,  5814, 18709, 22053, 28975, 11279,  6599, 11558, 10204, 27072,
  8308, 38383, 19132,  9707, 37370, 11419, 18619,  2850,  9124, 22492,
. . . . . .
 23745, 41195, 25860, 41464, 29633, 42943, 11277, 45616, 36174,  2052,
 26172,  4680, 43175, 45306, 37043,  7907, 23258,  7100, 19283, 40155,
 21431, 24490, 45087, 45591, 12609, 17243,  6680, 21144, 49485,  3874,
 32343, 40224, 48487, 49439, 28289,  5587, 12572, 17860, 21302, 25193,
  2569, 31862, 15191, 31642, 18632, 38543, 43766, 17046, 13057, 28168,

Quick sorting random integer array ....
>>>
```

그림 7.34 array 모듈의 활용 실행결과

(2) array와 list의 성능 비교

그림 7.35는 array 모듈과 파이썬 기본 자료형인 리스트를 사용하여 정수 원소들을 가지는 배열을 구성하고 이 배열을 정렬할 때 걸리는 시간을 비교하는 프로그램 예제이다. Line 3~5에서 성능 시험에 필요한 random, time 및 array 모듈의 함수들을 설치한다. Line 7에서는 array('i')를 사용하여 정수 자료형 배열을 생성하고, line 8에서는 리스트 L을 생성한다. Line 9에서는 배열의 크기 SIZE를 10000으로 설정한다.

```
1 :  # List vs. Array
2 :
3 :  import random
4 :  import time
5 :  from array import *
6 :
7 :  AR = array('i')
8 :  L = []
9 :  SIZE = 10000
```

그림 7.35 array와 list의 선택정렬 성능 비교 (part 1)

Line 10~21의 selectionSort() 함수는 선택정렬 (selection sorting) 알고리즘을 구현한다. 배열에 대한 선택정렬은 2중 for-loop으로 구성하며, line 12의 바깥 for-loop에서 인덱스 i=0~size-2의 기준 위치를 설정하고, line 13~21에서는 내부 for-loop을 사용하여 인덱스 i~size-1의 구간에 있는 원소 중 가장 작은 원소를 골라 인덱스 i위치의 원소와 자리바꿈을 한다. Line 19~21에서는 i 번째 원소보다 더 작은 원소를 내부 for-loop에서 발견하였을 때 이들의 자리를 서로 바꾸는 swap 기능을 구현한다.

Line 23~25에서는 array 모듈을 사용하여 생성한 배열 AR과 리스트 L에 range(SIZE, 0, -1)에서 차례대로 생성하는 정수들을 추가한다. Line 28~32에서 배열 AR의 원소들을 정렬하는 시간을 측정하고, line 34~39에서는 리스트 L의 원소들을 정렬하는 시간을 측정한다.

```
def selectionSort(L):
    size = len(L)
    for i in range(size-1):
        L_min = L[i]
        index_min = i
        for j in range(i+1, size):
            if L_min > L[j]:
                L_min = L[j]
                index_min = j
        if index_min != i:
            L[index_min] = L[i]
            L[i] = L_min

for x in range(SIZE, 0, -1):
    AR.append(x)
    L.append(x)

#print("AR before sorting : ", AR)
t1 = time.time()
selectionSort(AR)
t2 = time.time()
#print("AR after sorting : ", AR)
print("Selection sorting for array of {} integers took {:10.2} sec".format(SIZE, t2-t1))

#print("L before sorting : ", L)
t1 = time.time()
selectionSort(L)
t2 = time.time()
#print("L after sorting : ", L)
print("Selection sorting for list  of {} integers took {:10.2} sec".format(SIZE, t2-t1))
```

그림 7.35 array와 list의 선택정렬 성능 비교 (part 2)

```
>>>
 RESTART: C:\YTK-Progs\2019-8 Book (Python)\ch 6 Built-in Python Module,
Selection sorting for array of 10000 integers took        5.6 sec
Selection sorting for list  of 10000 integers took        4.4 sec
>>>
```

그림 7.36 array와 list의 선택정렬 성능 비교 결과

선택정렬 성능의 비교 결과는 그림 7.36에서 보는 것과 같다. 10000개의 원소를 가지는 배열의 선택정렬 시간은 5.6초가 걸렸으며, 동일한 개수의 원소를 가지는 리스트의 선택정렬 시간은 4.4초가 걸린 것을 확인하였다. 이 측정 결과에 따르면 파이썬 프로그램에서 리스트를 배열 대신으로 사용하면 약간 우수한 성능을 제공하는 것을 알 수 있다.

7.5.3 sortedcontainer 모듈 – SortedList(), SortedDict(), SortedSet()

파이썬의 sortedcontainers 모듈은 표 7.13에서 설명하는 것과 같이 정렬상태를 유지시켜주는 SortedList(), SortedDict(), SortedSet() 함수를 제공한다. sortedcontainers 모듈을 사용하기 위해서는 컴퓨터 명령어 창에서 “python -m pip install —upgrade sortedcontainers” 명령어를 실행하여 이 모듈을 미리 추가 설치하여야 한다. SotedList는 정렬상태를 유지하는 리스트이며, 원소를 추가하거나 삭제할 때 정렬상태가 계속 유지되도록 관리된다. SortedDict()는 포함된 dict 원소들이 정렬된 상태로 유지되도록 하며, SortedSet()은 포함된 set 원소들이 정렬된 상태를 유지하게 한다.

표 7.13 sortedcontainers 모듈 제공 함수

sortedcontainers 모듈 함수	설 명
SortedList()	정렬이 유지되는 리스트
SortedDict()	정렬이 유지되는 dict
SortedSet()	정렬이 유지되는 집합 (set)

(1) SortedList()

그림 7.37은 SortedList()를 사용하는 예를 보여준다. Line 4에서는 sortedcontainers 모듈로부터 SortedList를 설치한다. Line 5에서는 5개의 정렬되어 있지 않은 원소들을 가지는 리스트 L을 생성하며, line 7에서 SortedList() 함수를 사용하여 리스트 L에 대한 sorted list sL을 생성한다. Line 8에서 sL을 출력한 결과는 그림 7.38에서 볼 수 있으며, 리스트 L의 원소들이 sL에서는 정렬되어 있는 상태인 것을 확인할 수 있다. Line 10에서 3개의 원소를 가지는 리스트 A를 선언하며, line 12~13에서 리스트 A의 각 원소를 add() 함수를 사용하여 차례로 sL에 추가한다.

```
1 :  # Sorted containers
2 :  #    for this program, sortedcontainers module must be installed
3 :
4 :  from sortedcontainers import SortedList
5 :  L = ['z', 'y', 'x', 'i', 'j']
6 :  print("L : ", L)
7 :  sL = SortedList(L)
8 :  print("sL = SortedList(L) = ", end='')
9 :  print(sL)
10 : A = ['c', 'b', 'a']
11 : print("Adding elements in {} into SL ...".format(A))
12 : for c in A:
13 :     sL.add(c)
14 :
15 : print("After additionally appending elements in {} :".format(A) )
16 : print("Updated sL : ", sL)
```

그림 7.37 SortedList() 응용 프로그램

```
L :  ['z', 'y', 'x', 'i', 'j']
sL = SortedList(L) = SortedList(['i', 'j', 'x', 'y', 'z'])
Adding elements in ['c', 'b', 'a'] into SL ...
After additionally appending elements in ['c', 'b', 'a'] :
Updated sL :  SortedList(['a', 'b', 'c', 'i', 'j', 'x', 'y', 'z'])
```

그림 7.38 SortedList() 응용 프로그램의 실행 결과

Line 16에서 출력된 sL의 원소들은 정렬이 된 상태로 유지된 것을 그림 7.38에서 확인

할 수 있다.

(2) SortedDict()

sortedcontainers 모듈의 SortedDict() 함수는 정렬상태가 유지되는 dict 객체를 생성하여 준다. 그림 7.39 line 3에서 sortedcontainers 모듈에서 SortedDict를 추가하며, line 5에서 3개의 dict 원소를 가지는 SortedDict 객체를 생성한다. 생성된 객체의 자료형을 type() 함수를 사용하여 확인하면 그림 7.40에서 확인할 수 있는 것과 같이 <class sortedcontainers.sorteddict.SortedDict' > 자료형인 것을 알 수 있다.

```
 1 :  # sortedcontainers - SortedDict()
 2 :
 3 :  from sortedcontainers import SortedDict
 4 :
 5 :  sorted_dict = SortedDict({'c': 3, 'a': 1, 'b': 2})
 6 :  print("type(sorted_dict) = ", type(sorted_dict))
 7 :  print("sorted_dict = ", sorted_dict)
 8 :  x = sorted_dict.popitem(index=-1)
 9 :  print("sorted_dict.popitem(index=-1) = ", x)
10 :  print("after sorted_dict.popitem(index=-1), sorted_dict = \n", sorted_dict)
11 :  y = sorted_dict.popitem(index=0)
12 :  print("sorted_dict.popitem(index=0) = ", y)
13 :  print("after sorted_dict.popitem(index=0), sorted_dict = \n", sorted_dict)
14 :  sorted_dict.update({'d':4})
15 :  print("after sorted_dict.update({'d':4}), sorted_dict = \n", sorted_dict)
```

그림 7.39 SortedDict() 응용 프로그램

```
type(sorted_dict) =  <class 'sortedcontainers.sorteddict.SortedDict'>
sorted_dict =  SortedDict({'a': 1, 'b': 2, 'c': 3})
sorted_dict.popitem(index=-1) =  ('c', 3)
after sorted_dict.popitem(index=-1), sorted_dict =
 SortedDict({'a': 1, 'b': 2})
sorted_dict.popitem(index=0) =  ('a', 1)
after sorted_dict.popitem(index=0), sorted_dict =
 SortedDict({'b': 2})
after sorted_dict.update({'d':4}), sorted_dict =
 SortedDict({'b': 2, 'd': 4})
```

그림 7.40 SortedDict() 응용 프로그램 실행 결과

SortedDict 객체의 항목은 popitem(index) 함수를 사용하여 index로 지정된 위치의 원소를 삭제할 수 있다. index 값이 -1로 지정되면 맨 마지막 원소를 의미하며, index 값을 0으로 지정하면 맨 처음 원소를 의미한다. 그림 7.39 line 8과 line 11에서 index -1과 0으로 SortedDict 원소를 추출하여 결과를 그림 7.40에서 확인할 수 있으며, line 14에서 update({key:value}) 함수를 사용하여 기존 원소의 값을 변경하거나, 해당 키의 원소가 없는 경우 {key:value} 원소를 추가하는 기능을 구현하고 있다. 그림 7.40에서 { 'd' :4}가 새롭게 추가된 결과를 확인할 수 있다.

(3) SortedSet()

sortedcontainers 모듈의 SortedSet은 집합 (set)에 포함된 원소들이 항상 정렬된 상태로 유지될 수 있게 한다. set 객체에는 중복된 원소들이 존재하지 않으며, SortedSet에서는 중복되지 않는 원소들이 정렬된 상태로 유지된다. 그림 7.41 line 3에서

sortedcontainers 모듈로 부터 SortedSet를 설치하며, line 7에서 SortedSet() 함수가 문자열 input_str을 사용하여 sorted_set을 생성한다. 생성된 sorted_set은 문자열 input_str이 가지는 문자들을 개별적인 원소로 포함하며, 중복된 문자는 제거하고, 문자들을 정렬된 상태로 유지한다. sorted_set의 자료형은 line 9에서 출력하여 그림 7.42에서 확인할 수 있는 것과 같이 <class ‘sortedcontainers.sortedset.SortedSet’>이다.

```
1 :  # sortedcontainers - SortedSet()
2 :
3 :  from sortedcontainers import SortedSet
4 :
5 :  input_str = "abcdefgacbedxyz"
6 :  print("input_str = ", input_str)
7 :  sorted_set = SortedSet(input_str)
8 :
9 :  print("type(sorted_set) = ", type(sorted_set))
10 : print("sorted_set = ", sorted_set)
11 : print("sorted_set.bisect_left('c') = ", sorted_set.bisect_left('c'))
12 : print("sorted_set.bisect_right('c') = ", sorted_set.bisect_right('c'))
13 : print("sorted_set.bisect_left('k') = ", sorted_set.bisect_left('k'))
14 : print("sorted_set.bisect_right('k') = ", sorted_set.bisect_right('k'))
```

그림 7.41 SortedSet() 응용 프로그램

```
input_str =  abcdefgacbedxyz
type(sorted_set) =  <class 'sortedcontainers.sortedset.SortedSet'>
sorted_set =  SortedSet(['a', 'b', 'c', 'd', 'e', 'f', 'g', 'x', 'y', 'z'])
sorted_set.bisect_left('c') =  2
sorted_set.bisect_right('c') =  3
sorted_set.bisect_left('k') =  7
sorted_set.bisect_right('k') =  7
```

그림 7.42 SortedSet() 응용 프로그램 실행결과

SortedSet 객체에 포함된 각 원소들은 bisect_left() 함수를 사용하여 위치를 찾을 수 있으며, 해당 원소가 존재하면 그 위치를 반환 받는다. 만약 SortedSet에 탐색 대상 원소가 존재하지 않으면 정렬된 원소들의 순서에서 탐색 대상 원소보다 큰 원소의 위치를 반환받는다. 예를 들이 line 13에서 bisect_left(‘k’)를 실행하였을 때 ‘k’ 는 sorted_set에 포함되어 있지 않기 때문에 ‘g’ 보다는 크고 ‘x’ 보다는 작은 관계에 따라 ‘x’ 의 위치인 7이 반환된 것을 알 수 있다. SortedSet 객체를 탐색할 때 bisect_right() 함수를 사용할 수 있으며, 이 경우 해당 원소가 존재하면 그 원소의 위치 다음 (오른쪽) 값을 반환 받으며, 만약 해당 원소가 존재하지 않으면 그 원소가 삽입되어야 할 위치를 반환 받는다.

7.5.4 queue 모듈

기본 자료구조인 큐 (queue)는 파이썬의 queue 모듈을 설치하여 표 7.14에서 보는 것과 같이 FIFO (first in first out) 방식의 Queue, LIFO (last in first out) 방식의 LifoQueue, 우선 순위를 적용하는 PriorityQueue 자료구조를 사용할 수 있다. queue 모듈에서 지원하는 3가지 종류의 큐 (즉, Queue, LifoQueue, PriorityQueue)의 생성에서 maxsize를 설정할 수 있으며, 만약 maxsize가 설정되지 않으면 크기 제한이 없는 큐를 생성하여 준다.

파이썬 queue 모듈에서는 queue.Empty와 queue.Full 예외처리 (exception)을 지원한다. Empty 예외상황은 큐가 비어 있을 때 get()이나 get_nowait() 함수가 실행되면 추출할 대상 원소가 없기 때문에 발생되는 예외상황이며, Full 예외 상황은 큐가 가득 차 있는 상태에서 put()이나 put_nowait()이 실행되면 발생하는 예외상황이다.

표 7.14 queue 모듈에 포함된 클래스와 exception

큐모듈 클래스 및 예외상황	설 명
class queue.Queue (maxsize=0)	FIFO 큐 클래스 생성자 만약 maxsize=0이면 큐 크기에 제한없음
class queue.LifoQueue (maxsize=0)	LIFO 큐 (Stack) 클래스의 생성자 만약 maxsize=0이면 큐 크기에 제한없음
class queue.PriorityQueue (maxsize=0)	우선순위 큐 (priority queue) 클래스의 생성자 만약 maxsize=0이면 큐 크기에 제한없음 (priority, item) 튜플로 삽입 및 추출 우선순위 (priority) 값이 작으면 우선 순위가 높음
exception queue.Empty	큐가 비어있을 때 get() 이나 get_nowait() 호출이 발생하면 queue.Empty 예외상황이 발생됨
exception queue.Full	큐가 가득차 있을 때 put() 또는 put_nowait() 호출이 발생하면 queue.Full 예외상황이 발생됨

표 7.15는 파이썬 queue 모듈에서 제공하는 함수들을 열거하며, 관련 기능을 설명하고 있다. qsize() 함수는 큐에 포함된 원소의 개수를 알려 주며, empty() 함수는 큐가 비어 있는지 확인하여 주고, full() 함수는 큐가 가득 차 있는가를 확인하여 준다. 큐에 새로운 항목을 추가하는 것은 put()과 put_nowait() 함수를 사용하여 실행된다.

put() 함수에서 block =True이며 timeout=None으로 설정하면, 큐에 빈 공간이 생겨 주어진 원소를 삽입할 때까지 기다리게 되며, block=True이며 timeout > 0인 값을 설정하면 주어진 timeout 시간까지만 대기하고, 만약 그 대기시간 안에 빈 공간이 생기지 않으면, 예외상황 Full을 발생시킨다. 만약 block=False로 설정하면 큐가 가득차 있어 빈공간이 없을 때에는 기다리지 않고 즉시 예외상황 Full을 발생시킨다. put_nowait()은 block=False로 설정한 것과 동일하다.

큐로부터 항목을 추출할 때에는 get() 함수나 get_nowait() 함수를 사용할 수 있다. get() 함수에서 block=True, timeout=None으로 설정하면 큐에 항목이 추가되어 추출이 가능할 때까지 계속 기다리게 한다. 만약 block=True, timeout > 0으로 설정하면 지정된 시간 (timeout)까지만 대기하며, 대기 시간이 경과할 때까지 큐가 계속 비어 있으면 Empty 예외상황을 발생시킨다. 만약 block=False로 설정하면 큐가 비어 있는 경우 즉시 Empty 예외상황을 발생시킨다. get_nowait()은 block=False로 설정한 것과 동일하게 동작한다.

task_done() 함수는 이전에 큐에 삽입되었던 작업이 완료되었다는 것을 알려 준다. 큐를 사용하는 응용 프로그램에서 사용하며, 작업을 추출하기 위하여 사용된 get() 함수 다음에 task_done()을 실행하면 추출된 작업이 완료되었다는 것을 큐에 통보하여 준다. put() 다음에 사용된 task_done()은 큐에 넣는 작업이 완료되었음을 알려 준다. get() 함수 다음에 실행되는 task_done()은 큐로부터 추출 작업이 완료되었음을 알려 준다. join() 함수는 현재 블록 상태에 놓여 있는 모든 항목들이 처리 완료될 때까지 기다리게 한다.

표 7.15 queue method

큐 메소드	설 명
Queue.qsize()	큐의 크기를 반환
Queue.empty()	큐가 비어있으면 True, 비어있지 않으면 False
Queue.full()	큐가 가득차 있으면 True, 가득차 있지 않으면 False
Queue.put(item, block=True, timeout=None)	큐에 item을 삽입 i)block=True, timeout=None: 큐에 빈 공간이 생길 때 까지 대기 ii)block=True, timeout >0: timeout 까지 빈 공간이 생기는 것을 기다리며, 시간이 초과하면 예외상황을 발생 시킴 iii)block=False: 빈 공간이 없으면 기다리지 않고 즉시 예외 상황을 발생
Queue.put_nowait(item)	큐에 item을 삽입하며 만약 빈 공간이 없으면 기다리지 않고 즉시 예외 상황을 발생 Queue.put(item, False)와 동일
Queue.get(block=True, timeout=None)	큐로부터 item을 추출/삭제하여 반환 i)block=True, timeout=None: item이 생길 때 까지 대기 ii)block=True, timeout >0: timeout 까지 item이 생기는 것을 기다리며, 시간이 초과하면 예외상황을 발생 시킴 iii)block=False: 추출할 item이 없는 경우 기다리지 않고 즉시 예외상황을 발생 시킴
Queue.get_nowait()	Queue.get(False)와 동일
Queue.task_done()	이전에 큐에 넣어진 태스크가 완료되었음을 통보. get() 메소드로 가져온 각각의 태스크를 수행한 후에 task_done()을 사용하여 큐에 알려줌
Queue.join()	큐에 포함된 모든 항목이 처리될 때까지 대기

(1) FIFO queue

그림 7.43은 FIFO 큐를 사용하는 파이썬 프로그램 예제이다. Line 3에서 queue 모듈을 설치하며, line 4에서 Queue() 함수를 사용하여 size = 3인 큐 q1을 생성한다. Line 6에서 put() 함수를 사용하여 연속적으로 3개의 원소를 삽입하며, line 7에서 q1.full()을 실행하면 True가 반환되는 것을 그림 7.44에서 확인할 수 있다. Line 8~13에서는 try-except-finally 구조를 사용하여 가득 차 있는 큐에 항목을 추가할 때 queue.Full 예외 상황 (exception)이 발생하는 것을 확인할 수 있다. Line 13에서 실행한 qsize() 함수의 결과는 3인 것을 확인할 수 있다.

Line 15~17에서는 연속적으로 get() 함수를 사용하여 3개의 항목을 큐로부터 추출한다. 추출된 항목들은 삽입할 때의 순서를 그대로 유지하여 'a', 'b', 'c'의 순서대로 출력된 것을 알 수 있다. 3개의 항목이 추출된 후에는 큐가 비어 있는 상태가 되며, line

18~23에서는 try-except-finally 구조를 사용하여 비어 있는 큐에 get(block=Fasle)를 실행하면 queue.Empty 예외상황이 발생하는 것을 확인할 수 있다. Line 23에서 실행하는 qsize()에서 큐에 포함된 항목의 개수가 0으로 출력되는 것을 그림 7.44에서 확인할 수 있다.

```
 1 :  # usage of FIFO queue module
 2 :
 3 :  import queue
 4 :  q1 = queue.Queue(3)
 5 :  print("q1 : ", q1)
 6 :  q1.put('a'); q1.put('b'); q1.put('c')
 7 :  print("after inserting 3 items, q1.full() : ", q1.full())
 8 :  try:
 9 :      q1.put('d', False)
10 :  except queue.Full:
11 :      print("q1 is full now !")
12 :  finally:
13 :      print("q1.qsize() : ", q1.qsize())
14 :
15 :  print("q1.get() : ", q1.get())
16 :  print("q1.get() : ", q1.get())
17 :  print("q1.get() : ", q1.get())
18 :  try:
19 :      q1.get(False)
20 :  except queue.Empty:
21 :      print("q1 is empty now !")
22 :  finally:
23 :      print("q1.qsize() : ", q1.qsize())
```

그림 7.43 FIFO Queue()의 활용 예제 프로그램

```
>>>
 RESTART: C:\YTK-Progs\2019-8 Book (Python)`
fo_queue, priority_queue.py
q1 :  <queue.Queue object at 0x0275CA10>
after inserting 3 items, q1.full() :  True
q1 is full now !
q1.qsize() :  3
q1.get() :  a
q1.get() :  b
q1.get() :  c
q1 is empty now !
q1.qsize() :  0
>>>
```

그림 7.44 FIFO Queue()의 활용 예제 프로그램의 실행 결과

(2) LIFO queue

그림 7.45는 LIFO (last in first out) 방식으로 동작하는 스택 (stack) 기능의 lifo_q를 LifoQueue(5) 함수로 생성하는 기능을 보여준다. 이렇게 생성된 lifo_q는 5개의 항목을 저장할 수 있는 용량을 가진다. Line 5~9에서는 생성된 lifo_q에 'a' ~ 'e' 를 차례

로 put() 함수를 사용하여 삽입하며, 용량이 5인 lifo_q가 가득차게 한다. Line 12~17에서는 try-except-finally 구조를 사용하여 가득 차 있는 큐에 put() 함수를 사용하여 항목을 추가하려고 할 때 queue.Full 예외 상황이 발생하는 것을 확인하고 있다.

```
 1 : # usage of queue.LifoQueue module
 2 :
 3 : import queue
 4 : lifo_q = queue.LifoQueue(5)
 5 : L = ['a', 'b', 'c', 'd', 'e']
 6 : print("lifo_q : ", lifo_q)
 7 : print("inserting elements in to lifo_Q : ", L)
 8 : for n in range(len(L)):
 9 :     lifo_q.put(L[n])
10 :
11 : print("after inserting {} items lifo_q.full() : ".format(len(L)), lifo_q.full())
12 : try:
13 :     lifo_q.put('f', False)
14 : except queue.Full:
15 :     print("lifo_q is full now !")
16 : finally:
17 :     print("lifo_q.qsize() : ", lifo_q.qsize())
18 :
19 : M = []
20 : for n in range(len(L)):
21 :     x = lifo_q.get()
22 :     M.append(x)
23 :     #print("{} ".format(x), end="")
24 : print()
25 : print("dequeued elements : ", M)
26 :
27 : try:
28 :     lifo_q.get(False)
29 : except queue.Empty:
30 :     print("lifo_q is empty now !")
31 : finally:
32 :     print("lifo_q.qsize() : ", lifo_q.qsize())
```

그림 7.45 LifoQueue()의 활용 예제 프로그램

Line 19~25에서는 lifo_q의 get() 함수를 사용하여 차례로 항목을 추출하고 리스트 M에 추가한다. 리스트 M의 내용은 line 25에서 출력하며, 그림 7.46에서 line 5의 리스트 L의 역순인 것을 확인할 수 있다.

Line 27~32에서는 try-except-finally 구조를 사용하여 비어 있는 큐에 get() 함수로 항목 추출을 시도할 경우 queue.Empty 예외 상황이 발생하는 것을 확인할 수 있으며, line 32에서 qsize()를 사용하여 큐에 남아있는 항목의 개수를 확인하면 0인 것을 그림 7.46에서 확인할 수 있다.

```
>>>
 RESTART: C:\YTK-Progs\2019-8 Book (Python)\ch 6 Built-in Pyt
e.py
lifo_q :  <queue.LifoQueue object at 0x02F3CA70>
inserting elements in to lifo_Q :  ['a', 'b', 'c', 'd', 'e']
after inserting 5 items lifo_q.full() :  True
lifo_q is full now !
lifo_q.qsize() :  5

dequeued elements :  ['e', 'd', 'c', 'b', 'a']
lifo_q is empty now !
lifo_q.qsize() :  0
>>>
```

그림 7.46 LifoQueue()의 활용 예제 프로그램의 실행 결과

(3) 우선 순위 큐 (Priority queue)

파이썬 queue 모듈의 PriorityQueue를 사용하면 항목들을 우선 순위에 따라 정렬하고, 현재 큐에 포함되어 있는 항목 중 가장 우선 순위가 높은 항목을 차례로 추출할 수 있다. 그림 7.47는 PriorityQueue를 사용하는 예를 보여준다. Line 2에서 queue 모듈을 설치하며, line 5에서 queue 모듈의 PriorityQueue() 함수를 사용하여 SIZE 개수의 항목을 저장할 수 있는 우선 순위 큐를 생성한다. 우선 순위 큐는 항목들을 {priority:key}의 dict 객체로 관리하며, line 10~13에서 5개의 항목들을 (key, value)의 튜플로 구성하여 차례대로 삽입한다.

```
 1 :  # usage of queue.PriorityQueue module
 2 :
 3 :  import queue
 4 :  SIZE = 5
 5 :  priority_q = queue.PriorityQueue(SIZE)
 6 :  print("priority_q : ", priority_q)
 7 :  pri_elements = {'a':30, 'b':10, 'c':20, 'd':5, 'e':15}
 8 :  #keys = list(pri_elements.keys())
 9 :  keys = ['a', 'b', 'c', 'd', 'e']
10 :  for n in range(len(pri_elements)):
11 :      key = keys[n]
12 :      pri = pri_elements[key]
13 :      priority_q.put((pri, key))
14 :
15 :  print("after inserting 5 items, priority_q.full() : ", priority_q.full())
16 :  print("priority_q.queue = ", priority_q.queue)
17 :
```

그림 7.47 PriorityQueue()의 활용 예제 프로그램 (part 1)

5개의 항목이 삽입된 priority_q의 내부 상태를 line 15에서 priority_q.queue 항목을 출력하여 확인할 수 있다. 그림 7.48에서 볼 수 있는 것과 같이 PriorityQueue의 내부는 리스트 객체를 이진 힙 (binary heap)으로 구현하기 때문에, 실제 priority_q.queue에 있는 원소들의 순서가 우선순위에 따라 정렬되어 있지 않으며, 실제 항목을 추출할 때에는

binary heap의 항목 추출 기능을 사용하게 된다. 힙 (heap) 자료구조에 대해서는 14장에서 상세하게 설명한다.

Line 25~27에서 get() 함수를 사용하여 priority_q의 항목들을 차례대로 추출하면 그림 7.48에서 확인할 수 있는 것과 같이 우선 순위가 높은 (priority 값이 작은) 순서에 따라 항목이 추출되는 것을 알 수 있다.

Line 18~23, 29~34에서는 try-except-finally 구조를 사용하여 각각 큐가 가득 차 있을 때 put()을 시도 하거나, 큐가 비어 있을 때 get()을 시도하는 경우, queue.Full 예외 상황과 queue.Empty 예외 상황이 발생하는 것을 확인하고 있다.

```
18 :  try:
19 :      priority_q.put((1, 'f'), False)
20 :  except queue.Full:
21 :      print("priority_q is full now !")
22 :  finally:
23 :      print("priority_q.qsize() : ", priority_q.qsize())
24 :
25 :  for n in range(SIZE):
26 :      entry = priority_q.get()
27 :      print("priority_q.get() : ", entry)
28 :
29 :  try:
30 :      priority_q.get(False)
31 :  except queue.Empty:
32 :      print("priority_q is empty now !")
33 :  finally:
34 :      print("priority_q.qsize() : ", priority_q.qsize())
```

그림 7.47 PriorityQueue()의 활용 예제 프로그램 (part 2)

```
priority_q :  <queue.PriorityQueue object at 0x02BFB550>
after inserting 5 items, priority_q.full() :  True
priority_q.queue =  [(5, 'd'), (10, 'b'), (20, 'c'), (30, 'a'), (15, 'e')]
priority_q is full now !
priority_q.qsize() :  5
priority_q.get() :  (5, 'd')
priority_q.get() :  (10, 'b')
priority_q.get() :  (15, 'e')
priority_q.get() :  (20, 'c')
priority_q.get() :  (30, 'a')
priority_q is empty now !
priority_q.qsize() :  0
```

그림 7.48 PriorityQueue()의 활용 예제 프로그램 실행결과

(4) FIFO Queue, LIFO Queue, Priority Queue의 비교

그림 7.49는 Queue(), LifoQueue(), PriorityQueue()로 생성된 큐들을 서로 비교하는 프로그램이다. Line 3~6에서 각각 FIFO queue, LIFO queue, priority queue를 q, lifoQ, priQ로 생성하며, line 8~10에서 큐의 항목들을 차례대로 추출하여 출력하는 함수 printQueue()와 우선순위 큐의 항목을 차례로 추출하여 출력하는 함수 printPriQ()를 구현하고 있다. printPriQ() 함수에서는 PriorityQueue 객체의 항목을 key, item 튜플로

전달 받아 item 값을 출력한다.

```
 1 :  # Comparison of Queue, LIFO_Queue, PriorityQueue
 2 :
 3 :  import queue
 4 :  q = queue.Queue()
 5 :  lifoQ = queue.LifoQueue()
 6 :  priQ = queue.PriorityQueue()
 7 :
 8 :  def printQueue(Q):
 9 :      for i in range(Q.qsize()):
10 :          print("{:3d}".format(Q.get()), end="")
11 :  def printPriQ(priQ):
12 :      for i in range(priQ.qsize()):
13 :          key, item = priQ.get()
14 :          print("{:3d}".format(item), end="")
15 :
16 :  ########################################
17 :  # Application
18 :  inputData = [1, 2, 3, 4, 5, 0, 6, 7, 8, 9]
19 :  for x in inputData:
20 :      q.put(x)
21 :      lifoQ.put(x)
22 :      priQ.put((x, x))
23 :
24 :  print("Queue : ", q)
25 :  printQueue(q)
26 :
27 :  print("\nLIFO_Q : ", lifoQ)
28 :  printQueue(lifoQ)
29 :
30 :  print("\nPri_Q : ", priQ)
31 :  printPriQ(priQ)
```

그림 7.49 파이썬 queue 모듈의 Queue, LifoQueue, PriorityQueue 비교 프로그램

```
>>>
 RESTART: C:/YTK-Progs/2018 Book (Python)/ch 10 Data Structure
orityQueue.py
Queue :  <queue.Queue object at 0x02C8F230>
  1  2  3  4  5  0  6  7  8  9
LIFO_Q :  <queue.LifoQueue object at 0x02EE1D10>
  9  8  7  6  0  5  4  3  2  1
Pri_Q :  <queue.PriorityQueue object at 0x02EE1D90>
  0  1  2  3  4  5  6  7  8  9
>>>
```

그림 7.50 파이썬 queue 모듈의 Queue, LifoQueue, PriorityQueue 비교 프로그램 실행 결과

Line 18에서 입력 데이터를 원소들로 구성하는 리스트 inputData를 준비하며, line 19~22에서 3가지 큐 (즉, q, lifoQ, priQ)에 각각 리스트 inputData의 원소들을 put() 함수를 사용하여 추가한다. priQ의 경우 inputData 원소의 값을 우선순위 (priority)로도 사용한다. Line 24~31에서 printQueue() 및 printPriQ() 함수를 사용하여 각 큐의 항목들을 차례대로 추출하고 출력하면, 그림 7.50에서 보는 것과 같은 결과를 볼 수 있다. FIFO 방식의 Queue 객체인 q는 삽입된 순서대로 출력되는 것을 볼 수 있고, LIFO 방식의 lifoQ는 삽입되는 순서의 반대 순서로 출력되는 것을 알 수 있다. 우선 순위가 높은 (priority 값이 작은) 순서로 추출하는 priQ에서는 값이 작은 항목부터 차례로 출력되는 것을 볼 수 있다.

7.6 winsound 모듈

파이썬 표준 모듈 중 winsound는 Microsoft Windows 시스템의 기능을 사용할 수 있는 모듈이며, 이를 사용하여 컴퓨터 상에서 다양한 소리를 만들어 낼 수 있다. 이 절에서는 winsound 모듈을 사용하여 데스크 탑 컴퓨터의 키보드를 피아노 건반으로 활용하는 전자피아노를 만들어 보기로 한다.

7.6.1 옥타브 (octave) 및 음계별 주파수 (frequency)

winsound 모듈의 Beep(frequency, duration) 함수를 사용하여 마이크로 소프트사의 윈도우 운영체제 환경에서 다양한 소리를 생성할 수 있다. 표 7.16은 음악에서 사용되는 옥타브 (octave) 및 음계별 주파수를 실수 데이터로 보여주며, 이 값을 Beep(frequency, duration) 함수에 전달하면 해당 옥타브/음계의 소리를 만들 수 있다.

표 7.16 옥타브 및 음계별 주파수

	1 Octave	2 Octave	3 Octave	4 Octave	5 Octave	6 Octave	7 Octave	8 Octave
C(도)	32.7032	65.4064	130.8128	261.6256	523.2511	1046.502	2093.005	4186.009
C#	34.6478	69.2957	138.5913	277.1826	554.3653	1108.731	2217.461	4434.922
D(레)	36.7081	73.4162	146.8324	293.6648	587.3295	1174.659	2349.318	4698.636
D#	38.8909	77.7817	155.5635	311.1270	622.2540	1244.508	2489.016	4978.032
E(미)	41.2034	82.4069	164.8138	329.6276	659.2551	1318.510	2637.020	5274.041
F(파)	43.6535	87.3071	174.6141	349.2282	698.4565	1396.913	2793.826	5587.652
F#	46.2493	92.4986	184.9972	369.9944	739.9888	1479.978	2959.955	5919.911
G(솔)	48.9994	97.9989	195.9977	391.9954	783.9909	1567.982	3135.963	6271.927
G#	51.9130	103.8262	207.6523	415.3047	830.6094	1661.219	3322.438	6644.875
A(라)	55.0000	110.0000	220.0000	440.0000	880.0000	1760.000	3520.000	7040.000
A#	58.2705	116.5409	233.0819	466.1638	932.3275	1864.655	3729.310	7458.620
B(시)	61.7354	123.4708	246.9417	493.8833	987.7666	1975.533	3951.066	7902.133

그림 7.51은 winsound 모듈을 사용하여 간단한 전자피아노를 만드는 예제 프로그램을 보여준다. Line 6~11에서는 키보드의 자판 배열에서 "z, x, c, v, b, n, m"를 3옥타브 "도, 래, 미, 파, 솔, 라, 시" 음계로 매핑하며, "a, s, d, f, g, h, j"를 4옥타브 '도' ~ '시' 음계로, "q, w, e, r, t, y, u"를 5옥타브 '도' ~ '시' 음계로 각각 매핑하는 주파수를 해당 영문자 순서에 따라 설정하고 있다.

```
 1 : # Simple Electric Piano with Winsound module
 2 : from tkinter import *
 3 : from tkinter import messagebox
 4 : from winsound import Beep
 5 :
 6 : lower_cases = [262, 196, 165, 330, 659, 349, 392, 440, 1046, 494,
        #a, b, c, d, e, f, g, h, i, j,
 7 :   523, -1, 247, 220, -1, -1, 523, 698, 294, 784,
        # k, l, m, n, o, p, q, r, s, t,
 8 :   988, 175, 587, 147, 880, 131]
        # u, v, w, x, y, z,
 9 : upper_cases = [2093, 1568, 1318, 2637, 5274, 2794, 3136, 3520, -1, 3951,
        #A, B, C, D, E, F, G, H, I, J,
10 :   4186, -1, 1975, 1760, -1, -1, 4186, 5587, 2349, 6272,
       # K, L, M, N, O, P, Q, R, S, T,
11 :   7902, 1397, 4969, 1175, 7040, 1046] #U, V, W, X, Y, Z
12 :
13 : def keyEvent(event):
14 :     #key = event.keycode
15 :     if len(event.char) == 0:
16 :         return
17 :     key = ord(event.char)
18 :     if (ord('a') <= key <= ord('z')):
19 :         freq = lower_cases[key - ord('a')]
20 :     elif(ord('A') <= key <= ord('Z')):
21 :         freq = upper_cases[key - ord('A')]
22 :     else: # undefined key
23 :         return
24 :     #messagebox.showinfo("Keyboard_Event, Pressed Key : {0},
              freq {1}".format(chr(key), freq))
25 :     if freq > 40:
26 :         print("keyChar({}), freq({})".format(chr(key), freq), end=" ")
27 :         Beep(freq, 100)
28 :
29 : # main loop
30 : window = Tk()
31 : window.bind("<Key>", keyEvent)
32 : window.mainloop()
```

그림 7.51 winsound 모듈을 사용한 간단한 전자피아노 구현

Shift key를 눌러 만들어지는 대문자는 옥타브 6~8에 해당하도록 매핑 된다. 예를 들어 소문자 'a' 는 4옥타브 '도' 에 해당하며, 주파수 131Hz가 할당되며, 대문자 'A' 는 옥타브 7 '도' 에 해당하여 2093 Hz가 할당된다.

Line 13~27은 컴퓨터 키보드에서 어떤 키가 눌러 졌을 때 event로 발생된 것을 처리하는 함수 keyEvent()를 구현하고 있으며, line 16에서 이벤트의 문자 코드 값을 ord() 함수를 사용하여 찾고, 그 코드 값이 'a' ~ 'z' 사이에 있으면 lower_cases 리스트를 사용하게 하고, 'A' ~ 'Z' 사이에 있으면 upper_cases 리스트를 사용하게 한다. Line 18과 20에서는 key - ord('a') 또는 key - ord('A')를 사용하여 해당 키가 lower_cases와 upper_cases 리스트에서 몇 번째 원소에 해당하는가를 결정하게 하며, 그 키에 해당하는 옥타브/음계의 주파수를 읽어오게 한다. Line 24~26에서는 정상적인 주파수 영역에 있는 경우 Beep(freq, 100) 함수를 사용하여 해당 주파수의 음을 0.1초 동안 발생시키게 한다.

Line 29~32는 키보드 입력에서 이벤트가 발생할 수 있도록 tkinter 모듈의 Tk() 함수와 bind() 함수를 사용하며, tkinter 모듈의 Tk 객체가 제공하는 mainloop()을 사용하여 키보드 입력 및 이에 따른 키 이벤트 처리 기능을 계속 반복 수행하게 한다.

7.7 ctypes 모듈

7.7.1 ctypes 모듈에서 사용가능한 자료형

파이썬의 ctypes 모듈을 사용하면 C 프로그램과 유사한 파이썬 프로그램을 구성할 수 있다. 표 7.17는 파이썬 ctypes 모듈에서 사용가능한 자료형을 열거하며, C 프로그램에서 사용할 수 있는 기본 자료형들이 사용가능한 것을 알 수 있다. 특히, C 프로그램의 특징 중 하나인 포인터 자료형으로 c_char_p, c_wchar_p, c_void_p가 제공된다.

표 7.17 파이썬 ctypes 모듈에서 사용가능 한 자료형

ctypes 모듈 자료형	C 자료형	파이썬 자료형
c_bool	_Bool	bool (1)
c_char	char	1-character bytes object
c_wchar	wchar_t	1-character string
c_byte	char	int
c_ubyte	unsigned char	int
c_short	short	int
c_ushort	unsigned short	int
c_int	int	int
c_uint	unsigned int	int
c_long	long	int
c_ulong	unsigned long	int
c_longlong	__int64 or long long	int
c_ulonglong	unsigned __int64 or unsigned long long	int
c_size_t	size_t	int
c_ssize_t	ssize_t or Py_ssize_t	int
c_float	float	float
c_double	double	float
c_longdouble	long double	float
c_char_p	char * (NUL terminated)	bytes object or None
c_wchar_p	wchar_t * (NUL terminated)	string or None
c_void_p	void *	int or None

7.7.2 ctype의 활용 예

그림 7.52는 ctype의 활용 예제를 보여준다. Line 3에서 ctypes 모듈의 모든 함수를 설치한 후 line 5에서 c_int 자료형 10개가 반복되는 TenIntegers를 선언하고, line 6에서 1~10의 정수를 원소로 가지는 10개의 c_int 자료형인 ten_ints를 생성한다. Line 8~9에서 for-loop을 사용하여 ten_ints에 포함된 모든 정수형 데이터를 차례로 추출하여 출력한다.

```
 1 :  # ctypes - ctype array, pointer()
 2 :
 3 :  from ctypes import *
 4 :
 5 :  TenIntegers = c_int * 10
 6 :  ten_ints = TenIntegers(1, 2, 3, 4, 5, 6, 7, 8, 9, 10)
 7 :  print("ten_ints = ", ten_ints)
 8 :  for n in ten_ints:
 9 :      print("{:2}".format(n), end=' ')
10 :  print()
11 :
12 :  print("len(ten_ints) = ", len(ten_ints))
13 :  for i in range(len(ten_ints)):
14 :      print("ten_ints[{:2}] = {:2}".format(i, ten_ints[i]))
15 :
16 :  n = c_int(100)
17 :  pN = pointer(n)
18 :
19 :  print("pN = ", pN)
20 :  print("pN.contents = ", pN.contents)
21 :  pN[0] = 200
22 :  print("pN.contents = ", pN.contents)
```

그림 7.52 ctype의 활용 예제

```
ten_ints =  <__main__.c_long_Array_10 object at 0x029D1760>
 1  2  3  4  5  6  7  8  9 10
len(ten_ints) =  10
ten_ints[ 0] =  1
ten_ints[ 1] =  2
ten_ints[ 2] =  3
ten_ints[ 3] =  4
ten_ints[ 4] =  5
ten_ints[ 5] =  6
ten_ints[ 6] =  7
ten_ints[ 7] =  8
ten_ints[ 8] =  9
ten_ints[ 9] = 10
pN =  <__main__.LP_c_long object at 0x029D18F0>
pN.contents =  c_long(100)
pN.contents =  c_long(200)
```

그림 7.53 ctype의 활용 예제 실행결과

Line 12~14에서는 ten_ints에 포함된 원소들을 인덱스를 사용하여 배열과 같은 요령으로 추출하는 ten_ints[i] 사용을 보여준다. Line 16~17에서는 c_int 자료형의 변수 n을 생성하며, 초기값으로 100을 설정하고, pointer() 함수를 사용하여 변수 n의 주소를 찾아 포인터 pN에 설정하며, 포인터 pN의 contents 데이터 멤버를 사용하여 변수 n의 값을 간접으로 접근하는 예를 보여준다.

7.8 regular expression (re) 모듈

파이썬의 정규식 (regular expression) re모듈은 문자열에서 패턴 매칭 연산 관련 함수들을 제공한다.

7.8.1 정규식에서 사용되는 메타 문자와 제어문자

표 7.18은 정규식에서 사용되는 메타 문자를 설명하며, 표 7.19는 정규식에서 사용되는 제어 문자를, 표 7.20은 정규식에서 사용되는 flag 상수들을 열거하고 있다. 정규식에서 사용되는 메타 문자, 제어문자 및 플래그 상수들은 정규식으로 지정되는 패턴에 따라 match(), search() 등 re 모듈에서 제공하는 기본 함수에서 주어진 문자열을 처리하여 필요한 정보를 얻어낼 때 사용된다. 예를 들어 E-mail의 기본 패턴인 <user@host.com> 이나 "user@host.com" 에 매칭되는 문자열을 찾아 user와 host에 해당하는 항목들을 추출하여 다음 단계의 처리에 활용하도록 하는 것이다.

표 7.18 정규식에서 사용되는 메타 문자

<table>
<tr><th>메타 문자</th><th>의 미</th></tr>
<tr><td>. (dot)</td><td>줄 바꿈 (new line)을 제외한 모든 문자와 매칭
re.DOTALL과 함께 사용되면 줄 바꿈 포함</td></tr>
<tr><td>^ (caret)</td><td>문자열의 시작과 매칭.
re.MULTILINE에서는 줄 바꿈 바로 뒤와 매칭</td></tr>
<tr><td>$</td><td>문자열의 끝 또는 문자열의 끝에 있는 줄 바꿈 바로 앞과 매칭
re.MULTILINE에서는 줄 바꿈 바로 앞과 매칭</td></tr>
<tr><td>*</td><td>0번 이상 반복</td></tr>
<tr><td>+</td><td>1번 이상 반복</td></tr>
<tr><td>?</td><td>0 또는 1 반복.
*?, +?, ??, {m, n}?는 최소 길이 문자열 매칭</td></tr>
<tr><td>{m}</td><td>m 길이 문자열 매칭</td></tr>
<tr><td>{m, n}</td><td>m부터 n회까지 최대 길이 매칭, {m, n}?는 최소 길이 문자열 매칭</td></tr>
<tr><td>[ ]</td><td>문자 집합 매칭, 예를 들어 [abc]는 'a', 'b', 'c'와 매칭
'-'는 범위 지정: [a-z], [0-9]
집합 내에서 특수 문자는 의미 없음: [(+*)]는 '(', '+', '*', ')'와 매칭
'^'는 그 다음의 문자를 제외한 문자, [^5]는 '5'이외의 문자,
[^^]는'^'이외의 문자
[()[\]{}] 또는 []()[{}]는 모두 괄호와 매칭</td></tr>
<tr><td>|</td><td>A|B는 'A', 'B'와 매칭</td></tr>
<tr><td>\</td><td>escape sequence 표시</td></tr>
<tr><td>(...)</td><td>괄호안의 정규식과 매칭하고, 그룹을 생성하며, \number로 그룹을 불러와 매칭
(?...)의 확장 표현은 자신의 그룹을 생성하지 않음
(?P<name>000)은 이름이 name으로 설정되는 그룹 생성</td></tr>
</table>

메타 문자	의 미
(?aiLmsux)	각 문자는 정규식에서 re.A, re.I, re.L, re.M, re.S, re.U, re.X 등의 flag의 의미로 사용; (?i): 대소문자 구분하지 않음
(?:...)	괄호안의 정규식과 매칭하지만 자신의 그룹을 만들지 않음
(?P<name>...)	그룹에 의해 매칭되는 부분 문자열을 name 그룹 이름으로 정의
(?#...)	주석 (comment)으로 괄호의 내용을 무시
(?=...)	abc(?def)는 현재 위치에서 'def'가 앞에 있을 때에만 'abc'에 매칭
(?!...)	abc(?!def)는 현재 위치에서 'def'가 앞에 없을 때에만 'abc'와 매칭
(?<=...)	(?<=abc)def는 현재 위치에서 뒤에 'abc'가 있을 때 'def'와 매칭 괄호안의 정규식(abc)의 길이는 abc와 같이 고정길이
(?<!...)	(?<!abc)def는 현재 위치에서 뒤에 'abc'가 없을 때 'def'와 매칭
(?(id/name) yes|no)	id 혹은 name 그룹이 있으면 yes로 매칭, 없으면 no로 매칭; no는 생략 가능, (<)?(\w+@\w+(?:\.\w+)+)(?(1)>|$)는 '<user@host.com>', 'user@host.com'와 매칭

표 7.19 정규식에서 사용되는 제어문자

제어 문자	의 미
\number	number는 매칭된 그룹 번호
\A	전체 문자열의 처음과 매칭
\b	단어의 시작 또는 끝에서 공백 문자열(empty string)에 매칭
\B	\b와 반대로 단어의 시작과 끝이 아닌 곳에서 공백 문자열에 매칭
\d	유니코드인 str은 유니코드 10진수 문자에 매칭. [0-9]를 포함한 모든 숫자. ASCII와 8비트 문자열 (bytes)에서 [0-9]와 동일
\D	\d의 반대, 즉 유니코드에서는 숫자 이외의 문자. ASCII에서 [^0-9]와 동일
\s	유니코드에서는 [\t\n\r\f\v]를 포함한 모든 공백 문자 ASCII에서는 [\t\n\r\f\v]와 동일
\S	\s의 반대로 유니코드에서는 모든 공백 문자이외의 문자
\w	유니코드에서 숫자, 밑줄 문자(_) 등의 모든 단어 문자 ASCII와 bytes에서 [a-zA-Z0-9]와 동일
\W	\w의 반대. 유니코드에서는 모든 단어 문자 이외의 문자 ASCII에서 [^a-zA-Z0-9]와 동일
\Z	전체 문자열의 끝에 매칭

표 7.20 정규식의 flag 상수

flag 상수	의 미
re.A, re.ASCII	ASCII로 매칭
re.I, re.IGNORECASE	대소문자 구별하지 않음
re.L, re.LOCALE	\w, \W, \b, \B, \s, \S가 현재 locale (제어판의 국가 및 언어 설정)에 따름
re.M, re.MULTILINE	다중 행 (multi-line) 매칭, ^, $에 영향
re.S, re.DOTALL	메타 문자 .(dot)에 줄 바꿈 (newline)도 포함
re.X, re.VERBOSE	정규식에서 공백과 #이후 무시
re.U	유니코드

7.8.2 regular expression의 기본 함수

표 7.21은 정규식에서 제공하는 기본 함수들을 설명하고 있다. 정규식 (regular expression) 모듈은 스크립트 문자열로 표현된 정규식에 대한 컴파일을 실행하는 compile(), 주어진 문자열에 포함된 패턴을 찾는 search(), 주어진 문자열에 대한 패턴 매칭 기능을 제공하는 match()와 fullmatch()가 제공된다. 또한 문자열을 분할하는 split(), 주어진 문자열에 포함된 패턴을 모두 찾아 주는 findall(), 주어진 문자열로부터 패턴을 찾아 반복자 (iterator)를 반환하여 주는 finditer(), 주어진 문자열의 지정된 패턴을 지정된 대체 문자열 (repl)로 교체하여 반환하여 주는 sub(), sub() 함수를 지정된 회수 만큼만 실행하는 subn(), 문자열에 포함된 백 슬래시 ('\')을 처리하는 escape() 함수 등이 제공된다.

표 7.21 정규식의 기본 함수

regular expression 기본 함수	설 명
re.compile(pattern, flags=0)	정규식 표현인 pattern을 컴파일하여 정규식 객체 (regex)를 반환하며 match(), search() 등에 사용될 수 있게 함 rgex = re.compile(pattern); result = rgex.match(string)은 result = re.match(pattern, string)과 동일함 flag의 예 : re.A, re.I, re.L, re.M, re.S, re.X, re.U
re.search(pattern, string, flags=0)	주어진 문자열 (string)에서 정규식 'pattern'이 매칭되는 곳을 탐색하고, 매칭된 객체 (match object)를 반환; 만약 매칭되는 곳을 찾지 못하면 None을 반환
re.match(pattern, string, flags=0)	주어진 문자열 (string)에서 정규식 'pattern'이 한번 이상 발견되면 매칭된 객체 (match object)를 반환; 만약 매칭되는 곳을 찾지 못하면 None을 반환
re.fullmatch(pattern, string, flags=0)	주어진 문자열 (string) 전체가 정규식 'pattern'과 정확하게 매칭되면 그 매칭 객체를 반환
re.split(pattern, string, maxsplit=0, flags=0)	주어진 문자열 (string)을 정규식 'pattern'에 따라 문자열로 분할하고 리스트에 담아 반환
re.findall(pattern, string, flags=0)	주어진 문자열에서 정규식 'pattern'과 중복 매치되지 않는 (non-overlapping matches) 모든 문자열을 리스트에 담아 반환
re.finditer(pattern, string, flags=0)	주어진 문자열에서 정규식 'pattern'과 중복 매치되지 않는 모든 문자열의 반복자 (iterator)를 반환
re.sub(pattern, repl, string, count=0, flags=0)	주어진 문자열의 정규실 'pattern'에 매칭되는 문자열을 'repl'로 치환한 후 반환
re.subn(pattern, repl, string, count=0, flags=0)	sub() 메소드와 같이 동작하며; (new string, number of substitutions) 튜플을 반환
re.escape(string)	ASCII 문자, 숫자, 밑줄 문자를 제외한 문자에 대한 이스케이프 시퀀스 처리

7.8.2 regular expression 함수 사용 예

그림 7.54는 정규식의 match(), search() 함수를 사용하여 주어진 문자열로부터 특정 패턴을 찾거나 분석하는 예제 프로그램을 보여준다. 우선 line 3에서 정규식 처리를 위한 re 모듈을 설치한다. Line 6에서는 주어진 문자열 "5678abcd" 로부터 0~9에 속하는 10진수 문자를 찾아 위치를 반환한다. Line 7~8에서 출력된 탐색 결과는 '5' 를 반환하고 있다.

```
 1 :  # re (Regular Expression)
 2 :
 3 :  import re
 4 :
 5 :  # a decimal digit
 6 :  m1 = re.match('[0-9]', "5678abcd")
 7 :  print("m1 : ", m1)
 8 :  print("m1.group() : ", m1.group())
 9 :
10 :  # a string that starts with two decimal digits
11 :  m2 = re.match('\d\d', "56781234") # '[0-9][0-9]'
12 :  print("m2 : ", m2)
13 :  print("m2.group() : ", m2.group())
14 :
15 :  # search a string that starts with two decimal digits
16 :  m3 = re.search('\d\d', "abcd 1234")
17 :  print("m3 : ", m3)
18 :  if m3 != None:
19 :      print("m3.group() : ", m3.group())
```

그림 7.54 정규식의 match(), search() 함수 활용 예

Line 11에서는 두 개의 십진수 숫자 문자로 구성된 문자열을 찾기 위하여 패턴을 "\d\d" 로 설정하여 정규식의 match() 함수를 주어진 문자열 "56781234" 에 대하여 실행하며, line 12~13에서 결과를 출력한다. '\d\d' 로 주어진 패턴을 찾은 결과는 주어진 문자열 첫 부분의 "56" 을 찾은 것으로 확인할 수 있다.

Line 16에서도 두 개의 십진수 숫자 문자로 구성된 문자열을 찾기 위하여 패턴을 "\d\d" 로 설정하여 정규식의 match() 함수를 주어진 문자열 "abcd 1234" 에 대하여 실행하며, 실행 결과를 line 17~19에서 출력한다. 출력 결과는 그림 7.55에서 확인할 수 있다.

```
m1 :  <re.Match object; span=(0, 1), match='5'>
m1.group() :  5
m2 :  <re.Match object; span=(0, 2), match='56'>
m2.group() :  56
m3 :  <re.Match object; span=(5, 7), match='12'>
m3.group() :  12
```

그림 7.55 정규식의 match(), search() 함수 활용 결과

그림 7.56은 정규식 연산을 위하여 re 모듈을 사용하여 최소 길이 매칭을 실행하는 예제 프로그램을 보여준다. Line 5~8에서는 주어진 문자열 "1234" 에서 최소 한자 이상의 10진수가 매칭되는지 찾도록 패턴을 '\d+' 로 설정하여 match() 함수를 실행하며, 결과를 출력한다. 그림 7.57에서 확인할 수 있는 것과 같이 "1234" 전체 숫자 문자열이 해당된 것으로 탐색된 것을 볼 수 있다.

```
 1 : # re (Regular Expression) (4)
 2 :
 3 : import re
 4 :
 5 : m12 = re.match('\d+', "1234") # 1 or more digit(s)
 6 : print("m12 : ", m12)
 7 : if m12 != None:
 8 :     print("m12.group() : ", m12.group())
 9 :
10 : m13 = re.match('\d+?', "1234") # shortest match with 1 or more digit(s)
11 : print("m13 : ", m13)
12 : if m13 != None:
13 :     print("m13.group() : ", m13.group())
14 :
15 : m14 = re.search('\d*', "1234") # string of digits
16 : print("m14 : ", m14)
17 : if m14 != None:
18 :     print("m14.group() : ", m14.group())
19 :
20 : m15 = re.search('\d*?', "1234") # shortest length string with 0 or more digit
21 : print("m15 : ", m15)
22 : if m15 != None:
23 :     print("m15.group() : ", m15.group())
24 :
25 : m16 = re.search('\d{2,4}', "1234")
       # longest length string within 2~upto 4 digits
26 : print("m16 : ", m16)
27 : if m16 != None:
28 :     print("m16.group() : ", m16.group())
29 :
30 : m17 = re.search('\d{2,4}?', "1234")
       # shortest length string with 2~upto 4 digits
31 : print("m17 : ", m17)
32 : if m17 != None:
33 :     print("m17.group() : ", m17.group())
34 :
```

그림 7.56 minimum length matching 프로그램 (part 1)

Line 10~13에서는 패턴을 '\d+?' 로 설정하여 1자 또는 그 이상의 최소 매칭을 찾도록 하며, 결과는 1이 매칭되어 출력된다. Line 15~18에서는 패턴을 '\d*' 로 설정하여 10진수 문자열을 찾도록 하며, '1234' 가 매칭된 것을 확인할 수 있다.

Line 20~23에서는 패턴을 '\d*?' 로 설정하여 0 또는 1 이상의 십진수 문자열이 포함되어 있는 최소 문자열을 탐색하도록 하며, 최소 문자열은 NULL 문자로 매칭된 것으로 확인된다. Line 25~28에서는 search() 함수에 지정되는 패턴을 '\d{2,4}' 로 설정하여 2~4개의 10진수 문자가 포함된 문자열을 탐색하도록 하며, “1234” 가 탐색된 것을 확인할 수 있다.

```
1 :  m18 = re.search('5?', "5678") # shortest length string that starts with 5
2 :  print("m18 : ", m18)
3 :  if m18 != None:
4 :      print("m18.group() : ", m18.group())
5 :
6 :  m19 = re.search('5??', "5678") # shortest length (0 or more) string
7 :  print("m19 : ", m19)
8 :  if m19 != None:
9 :      print("m19.group() : ", m19.group())
10 :
```

그림 7.56 minimum length matching 프로그램 (part 1)

```
m12 :  <re.Match object; span=(0, 4), match='1234'>
m12.group() :  1234
m13 :  <re.Match object; span=(0, 1), match='1'>
m13.group() :  1
m14 :  <re.Match object; span=(0, 4), match='1234'>
m14.group() :  1234
m15 :  <re.Match object; span=(0, 0), match=''>
m15.group() :
m16 :  <re.Match object; span=(0, 4), match='1234'>
m16.group() :  1234
m17 :  <re.Match object; span=(0, 2), match='12'>
m17.group() :  12
m18 :  <re.Match object; span=(0, 1), match='5'>
m18.group() :  5
m19 :  <re.Match object; span=(0, 0), match=''>
m19.group() :
```

그림 7.57 minimum length matching 프로그램 실행결과

Line 30~33에서는 패턴을 ‘\d{2,4}?’ 로 설정하여 2~4개의 10진수 문자가 포함된 문자열을 탐색하도록 하며, 최소 길이의 결과를 반환하게 하여 “12” 가 탐색 결과로 반환된 것을 확인할 수 있다. Line 35~38에서는 패턴을 ‘5?’ 로 설정하여 10진수 5로 시작하는 문자열 중 가장 짧은 문자열을 반환하게 하며, 결과로 ‘5’ 가 탐색된 것을 확인할 수 있다. Line 40~43에서는 탐색 패턴을 ‘5??’ 로 설정하여 주어진 문자열 “5678” 에서 5로 시작되는 문자열 중 최소 길이의 문자열을 반환하게 하며, 결과로 최소 길이의 문자열이 NULL 문자열인 것을 확인할 수 있다.

연습문제

7.1 다음 용어를 예를 들어 설명하라.

1) 모듈 (module)
2) 패키지 (package)
3) 파이썬 내장 모듈 (embedded module)
4) 파이썬 확장 모듈 (extension module)

5) sorted container, SortedList, SortedDict
6) queue
7) stack
8) priority queue
9) ctypes
10) winsound
11) regular expression

7.2 파이썬 모듈과 패키지를 예를 들어 설명하라.

7.3 파이썬에서 기본적으로 제공하는 표준 모듈에 대하여 설명하라.

7.4 파이썬 프로그래밍 환경의 정보와 처리 방법을 제공하는 sys, os, os.path 모듈의 제공 기능에 대하여 설명하라.

7.5 time 모듈의 time() 메소드를 사용하여 함수의 실행 시간을 측정하는 방법에 대하여 예를 들어 설명하라.

7.6 SortedContainer 모듈이 제공하는 기능에 대하여 설명하라.

7.7 Queue와 Stack의 동작을 비교하여 설명하라.

실습문제

실습 7.1 크기가 주어진 정수 리스트 A에 중복되지 않은 난수를생성하는 파이썬함수 genRandList(A, size)을 작성하라. 정수 리스트 A은 파이썬 자료형인 list를 사용할 것. genRandList() 함수를 호출하기 이전에 A을 생성하여 인수로 전달하여야 함. 인수로 함께 전달되는 size에따라 0 ~ (size−1) 범위의 크기를 가지는 중복되지 않는 난수를생성하여 리스트 A에 저장하여야 함. genRandList() 함수가return을 사용할 필요는 없으며, 인수로 전달된 A에 저장되도록 구현할 것.

실습 7.2 주어진 정수 리스트의 원소들을 차례로 한 줄에 10개씩 출력하는 파이썬함수 printList(A, size)를 작성하라. 정수 리스트 A에는 printList() 함수를 호출하기 이전에 미리 준비되어 있어야 하며, size 개의 원소를 포함하고 있어야 함. 실습 7.1에서 구현한 genRandList() 함수와 printList() 함수를 사용하여 기능을 시험하는 파이썬프로그램을 준비하고, 100개의 중복되지 않는 난수를 생성하여, 출력하라.

(실행 예시)

```
 1, 67, 60, 83, 71, 73, 99, 45, 30, 77,
32, 24, 70, 33, 14, 23, 84, 56, 12, 55,
62, 59, 34, 75, 47, 91, 86, 98, 21, 16,
 7, 53,  6, 74, 89, 85,  2, 43,  9, 20,
49, 76,  4, 72, 22, 64, 61, 68, 19, 79,
15, 11, 65, 97, 13, 66, 90, 10, 35, 27,
41, 57, 52, 44, 38, 81, 58, 48,  0, 94,
28, 18, 88, 50, 54, 63, 95, 51, 92, 80,
39, 40, 82, 17, 46, 93, 31,  8,  3, 87,
26, 25, 96,  5, 42, 37, 29, 36, 69, 78,
```

실습 7.3 주어진 정수 리스트 A에 포함된 원소들을 오름차순으로 선택 정렬하는 파이썬함수 selectionSort(A, size)를 작성하라. 위 7.1 ~ 7.2에서 구현된 genRandList(A, size)와printList(A, size) 함수를 사용하여 정렬되기 전의 정수 리스트 A와정렬된 후의 정수 리스트 A를 각각 출력하는응용 프로그램을 작성하고, 출력 결과를 비교하라.
(실행 예시)

```
Before sorting :
 23, 45, 34, 58, 55, 93, 97, 62, 81, 28,
 89, 15, 54, 66, 78, 80, 22, 84, 38,  9,
 24, 63, 41, 96, 69,  0, 70, 85, 91,  8,
 92, 49, 86, 98, 30, 68, 47, 46, 43, 29,
 26, 27, 74, 33, 19, 42, 83, 10, 56, 12,
  3, 57, 61, 99, 95, 64,  1,  5, 50,  6,
 21, 39, 67,  7, 65, 71, 75, 48, 51,  2,
 14, 13, 20, 72, 11, 31, 35, 17, 76, 59,
 73,  4, 60, 40, 90, 94, 79, 87, 32, 44,
 25, 36, 82, 52, 18, 16, 77, 37, 53, 88,
After sorting :
  0,  1,  2,  3,  4,  5,  6,  7,  8,  9,
 10, 11, 12, 13, 14, 15, 16, 17, 18, 19,
 20, 21, 22, 23, 24, 25, 26, 27, 28, 29,
 30, 31, 32, 33, 34, 35, 36, 37, 38, 39,
 40, 41, 42, 43, 44, 45, 46, 47, 48, 49,
 50, 51, 52, 53, 54, 55, 56, 57, 58, 59,
 60, 61, 62, 63, 64, 65, 66, 67, 68, 69,
 70, 71, 72, 73, 74, 75, 76, 77, 78, 79,
 80, 81, 82, 83, 84, 85, 86, 87, 88, 89,
 90, 91, 92, 93, 94, 95, 96, 97, 98, 99,
```

실습 7.4 표준 입력 장치로 부터 정수 리스트의 크기 (size)를 입력 받고, 정수 리스트 L을 생성한 후, genRandList() 함수를 사용하여 중복되지 않는 난수리스트로 초기값을 설정하고, printList() 함수를 사용하여 출력하라. 이 정수 리스트 L을 selectionSort() 함수를 사용하여 오름차순으로 정렬한 후, printList() 함수를 사용하여 출력하는 파이썬응용 프로그램을 작성하라.
(실행 예시)

```
Size of list/array : 50
Before sorting :
  7,  4, 49, 23, 46, 25, 17,  5, 44, 48,
 32, 43, 16, 26, 37, 22, 20,  9, 18, 40,
  6, 10,  8, 31, 19, 36, 24, 45, 39, 34,
 47, 13, 38, 42, 33, 41, 15,  2,  1, 30,
  0, 29, 28, 35, 11, 14, 12, 21,  3, 27,
After sorting :
  0,  1,  2,  3,  4,  5,  6,  7,  8,  9,
 10, 11, 12, 13, 14, 15, 16, 17, 18, 19,
 20, 21, 22, 23, 24, 25, 26, 27, 28, 29,
 30, 31, 32, 33, 34, 35, 36, 37, 38, 39,
 40, 41, 42, 43, 44, 45, 46, 47, 48, 49,
```

실습 7.5 리스트에 관련된 함수 genRandList(), printList(), selectionSort()를 포함하는 사용자 정의 모듈 myList를 구성하고, 이를 MyPyPackage/myArray폴더에 포함시켜라. MyPyPackage를 import 시키고, myList모듈에 포함된 배열 관련 함수를 사용하여 100

개의 중복되지 않는 정수를 포함하는 난수배열을 생성하고, 이를 정렬하여 출력하는 파이썬프로그램을 작성하라.

(실행 예시)

```
C:/MyPyPackage/__init__.py -> importing myArray
myArray::__init__.py() --> importing myList module
Size of list/array : 100
Before sorting :
 75, 74, 21, 10, 55, 90, 78, 14, 27, 77,
 97, 20,  4, 58, 33, 87, 47, 46, 93, 64,
 41, 35, 43,  9, 26, 11, 29, 12, 38, 23,
 17, 19, 96, 54, 88, 28, 73, 68,  5, 83,
 62, 91,  0, 48, 60, 57, 98,  8, 72, 81,
 36, 25,  3, 71, 95, 67, 30, 49, 37, 66,
 76, 32, 51, 94, 63, 15, 99, 59, 85, 31,
 53, 42,  1, 34, 82, 44, 79, 61, 92,  2,
 39, 84, 45, 56, 89, 70,  7,  6, 24, 40,
 13, 80, 69, 16, 50, 22, 52, 86, 65, 18,
After sorting :
  0,  1,  2,  3,  4,  5,  6,  7,  8,  9,
 10, 11, 12, 13, 14, 15, 16, 17, 18, 19,
 20, 21, 22, 23, 24, 25, 26, 27, 28, 29,
 30, 31, 32, 33, 34, 35, 36, 37, 38, 39,
 40, 41, 42, 43, 44, 45, 46, 47, 48, 49,
 50, 51, 52, 53, 54, 55, 56, 57, 58, 59,
 60, 61, 62, 63, 64, 65, 66, 67, 68, 69,
 70, 71, 72, 73, 74, 75, 76, 77, 78, 79,
 80, 81, 82, 83, 84, 85, 86, 87, 88, 89,
 90, 91, 92, 93, 94, 95, 96, 97, 98, 99,
Selection sorting for list  of 100 integers took        0.0 sec
```

실습 7.6 time모듈의 time() 메소드를 사용하여 피보나치 수열을 계산하는 Fibo() 함수의 실행 시간을 측정하는 파이썬 프로그램을 개발하고 1~50번째 피보나치 수열을 계산할 때 걸리는 경과시간을 측정하여 출력하라. 피보나치 수열 계산은 단순 재귀함수 구조의 srFibo() 함수와 동적 계획법 (dynamic programming) 구조의 dynFibo() 함수를 구현하여 실행 시간을 측정할 것.

(실행 예시)

```
input start, stop, step of Fibonacci series : 0 40 1
input calculation mode (1: simple recursive,2: dynamic prog with memoization) :
1
srFibo(  0) =                     0, took       0.00[milli_sec]
srFibo(  1) =                     1, took       0.00[milli_sec]
srFibo(  2) =                     1, took       0.00[milli_sec]
srFibo(  3) =                     2, took       0.00[milli_sec]
srFibo(  4) =                     3, took       0.00[milli_sec]
srFibo(  5) =                     5, took       0.00[milli_sec]
srFibo(  6) =                     8, took       0.00[milli_sec]
srFibo(  7) =                    13, took       0.00[milli_sec]
srFibo(  8) =                    21, took       0.00[milli_sec]
srFibo(  9) =                    34, took       0.00[milli_sec]
srFibo( 10) =                    55, took       0.00[milli_sec]
srFibo( 11) =                    89, took       0.00[milli_sec]
srFibo( 12) =                   144, took       0.00[milli_sec]
srFibo( 13) =                   233, took       0.00[milli_sec]
srFibo( 14) =                   377, took       0.00[milli_sec]
srFibo( 15) =                   610, took       0.00[milli_sec]
srFibo( 16) =                   987, took       0.00[milli_sec]
srFibo( 17) =                  1597, took       0.99[milli_sec]
srFibo( 18) =                  2584, took       1.02[milli_sec]
srFibo( 19) =                  4181, took       1.99[milli_sec]
srFibo( 20) =                  6765, took       1.99[milli_sec]
srFibo( 21) =                 10946, took       3.97[milli_sec]
srFibo( 22) =                 17711, took       6.01[milli_sec]
srFibo( 23) =                 28657, took      10.97[milli_sec]
srFibo( 24) =                 46368, took      16.96[milli_sec]
srFibo( 25) =                 75025, took      27.96[milli_sec]
srFibo( 26) =                121393, took      43.84[milli_sec]
srFibo( 27) =                196418, took      71.78[milli_sec]
srFibo( 28) =                317811, took     116.69[milli_sec]
srFibo( 29) =                514229, took     189.49[milli_sec]
srFibo( 30) =                832040, took     306.21[milli_sec]
srFibo( 31) =               1346269, took     495.64[milli_sec]
srFibo( 32) =               2178309, took     801.85[milli_sec]
srFibo( 33) =               3524578, took    1299.55[milli_sec]
srFibo( 34) =               5702887, took    2100.38[milli_sec]
srFibo( 35) =               9227465, took    3399.93[milli_sec]
srFibo( 36) =              14930352, took    5502.27[milli_sec]
srFibo( 37) =              24157817, took    8911.15[milli_sec]
srFibo( 38) =              39088169, took   14416.46[milli_sec]
srFibo( 39) =              63245986, took   23351.60[milli_sec]
```

```
input start, stop, step of Fibonacci series : 0 101 5
input calculation mode (1: simple recursive,       2: dynamic prog with memoiza
tion) : 2
dynFibo(  0) =                     0, took       0.00[milli_sec]
dynFibo(  5) =                     5, took       0.00[milli_sec]
dynFibo( 10) =                    55, took       0.00[milli_sec]
dynFibo( 15) =                   610, took       0.00[milli_sec]
dynFibo( 20) =                  6765, took       0.00[milli_sec]
dynFibo( 25) =                 75025, took       0.00[milli_sec]
dynFibo( 30) =                832040, took       0.00[milli_sec]
dynFibo( 35) =               9227465, took       0.00[milli_sec]
dynFibo( 40) =             102334155, took       0.00[milli_sec]
dynFibo( 45) =            1134903170, took       0.00[milli_sec]
dynFibo( 50) =           12586269025, took       0.00[milli_sec]
dynFibo( 55) =          139583862445, took       0.00[milli_sec]
dynFibo( 60) =         1548008755920, took       0.00[milli_sec]
dynFibo( 65) =        17167680177565, took       0.00[milli_sec]
dynFibo( 70) =       190392490709135, took       0.00[milli_sec]
dynFibo( 75) =      2111485077978050, took       0.00[milli_sec]
dynFibo( 80) =     23416728348467685, took       0.00[milli_sec]
dynFibo( 85) =    259695496911122585, took       0.00[milli_sec]
dynFibo( 90) =   2880067194370816120, took       0.00[milli_sec]
dynFibo( 95) =  31940434634990099905, took       0.00[milli_sec]
dynFibo(100) = 354224848179261915075, took       0.00[milli_sec]
```

실습 7.7 아래 그림 (a)에서 원의 반경 (radius)과 각도 간격 (ang_stride)을 입력받아 0° ~ 360° 에서 deg_stride의 간격으로 지정되는 원 둘레상의 꼭지점의 x좌표와 y좌표를 math 모듈의 삼각함수를 사용하여 출력하라.

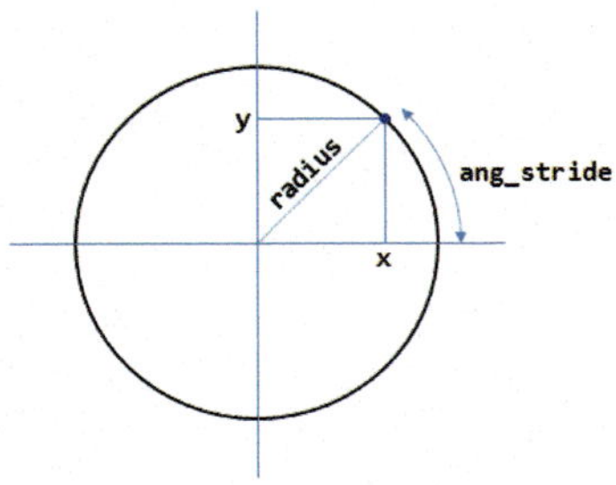

(a) 원

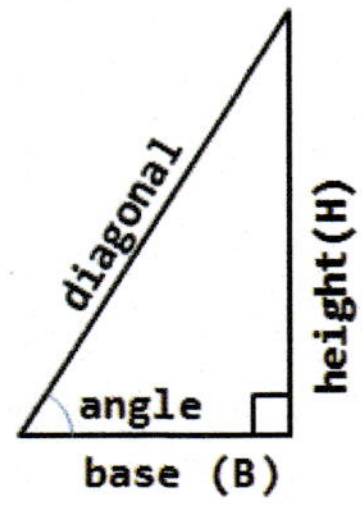

(b) 삼각형

실습 7.8 위 그림 (b)의 직각 삼각형에서 밑변 (base)과 높이 (height)를 입력 받은 후, 대각선 (diagonal)과 밑변-대각선 사이의 각도 (angle)를 계산하여 출력하는 파이썬 프로그램을 작성하라.

실습 7.9 다음 그림은 반지름이 r인 원에 외접하는 정사각형을 나타낸다.

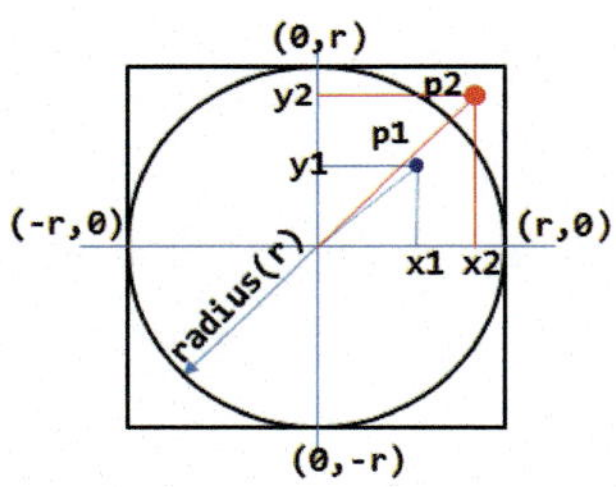

정 사각형 내부에 포함되는 점 p를 좌표 (x, y)로 나타낼 때, 그 점이 원 내부에 포함되는가는 원점으로부터 그 점까지의 대각선 길이가 r보다 같거나 작은지 ($\sqrt{(x^2+y^2)} \leq r$)판단하면 된다. 파이썬 random 모듈의 randint() 메소드를 사용하여 -r~+r 구간의 정수 x와 y를 각각 N = 10000개씩 난수로 생성하고, 이 (x, y)를 좌표로 하는 점이 반지름 R인 원의 내부에 포함되는 경우의 수를 num_inner로 할 때 num_inner / N의 값을 계산하여 출력하는 파이썬 프로그램을 작성하라. r 값이 100, 1000, 10000인 경우에 대하여 각각 계산하여 출력하고, 이 값이 (반지름 r인 원의 넓이 / 한 변의 길이가 2r인 정사각형의 넓이) $= \frac{\pi r^2}{(2r)^2} = \frac{\pi}{4}$에 근사한 값을 가진다는 점을 고려하여, 원주율 (π)값의 추정값을 출력하라.

실습 7.10 random 모듈의 gauss(mu, sigma) 메소드를 사용하여 그림 7.60과 같이 mu=0, sigma=0.5, 1, 3에 대하여 각각 실행하고, 그림 7.61과 같이 그 결과를 비교하라. 결과 분석으로 부터 정규분포에서 sigma가 가지는 의미에 대하여 설명하라.

```
# using gauss() method in random module
import random
import numpy as np
import matplotlib.pyplot as plt

mu = 0
sigma = 0.5 # 1, 3
X = []
num_data = 10000
num_bins = 50
for i in range(num_data):
    r = random.gauss(mu, sigma)
    X.append(r)
ys, xs, patches = plt.hist(X,num_bins, density=True, color='g', label='histogram')
xmin, xmax = np.amin(X), np.amax(X)
plt.xlim(xmin, xmax)
plt.xlabel('x')
plt.ylabel('Probability(x)')
plt.title("Histogram of Normal Distribution({}, {})".format(mu, sigma))
plt.grid(True)
plt.show()
```

그림 7.60 random 모듈의 gauss() 함수를 사용한 정규 분포 난수 생성 및 분석

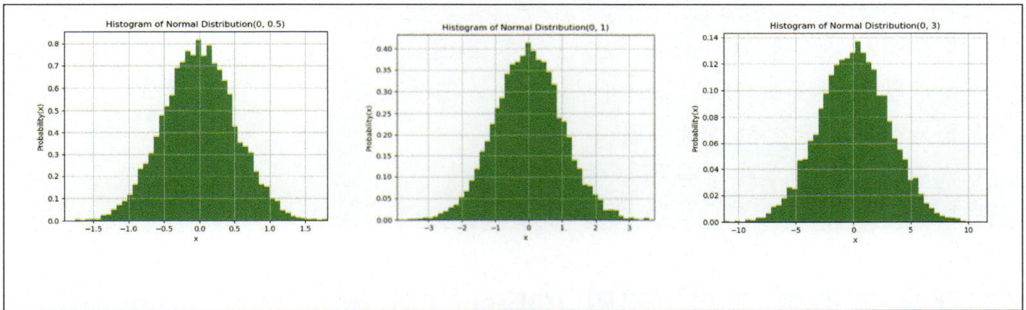

그림 7.61 random 모듈의 gauss() 함수를 사용한 정규 분포 난수 생성 및 분석 결과

8장 객체 지향형 프로그래밍, 클래스와 객체

학습목표

- 객체 지향형 프로그래밍에 대한 이해
- 파이썬의 클래스와 객체에 대한 이해
- 클래스 속성과 인스탄스 속성의 차이점에 대한 이해 및 활용방법 습득
- 클래스 메소드, 인스탄스 메소드, 정적 메소드의 차이점에 대한 이해 및 활용 방법 습득
- 연산자 오버로딩 기능에 대한 이해 및 사용자 정의 클래스에서의 활용 방법 습득
- 상속 개념을 사용하는 클래스 설계 방법 이해 및 활용 방법 습득

개요

8.1 객체 지향형 프로그래밍 (Object-Oriented Programming)

8.1.1 큰 규모의 소프트웨어 개발에서 필요한 핵심 기능

큰 규모의 소프트웨어 시스템을 개발하는 경우 많은 개발 인력들이 참여하여야 하고, 개발 기간이 오래 걸리기 때문에 보다 체계적인 시스템 구조 설계와 구현 방법을 사용할 수 있어야 한다. 특히 개발단계에서의 비용과 함께 이 소프트웨어가 설치된 후 발생되는 유지 보수비용을 함께 고려하여야 하고, 이미 개발되어 검증이 완료된 소프트웨어 모듈들을 재사용(reuse)할 수 있어야 하며, 새로운 기술이 쉽게 도입될 수 있는 구조로 설계되어야 한다. 표 8.1은 큰 규모의 소프트웨어 시스템 개발에서의 중점 고려사항의 세부사항들을 간략하게 정리하고 있다.

소프트웨어 재사용성 (software re-usability)은 기존에 개발되어 잘 관리된 소프트웨어 모듈을 새로운 기능이 추가된 소프트웨어 모듈 개발에서 쉽게 재활용할 수 있도록 하여야 한다는 점이다. 소프트웨어 재사용성과 함께 고려하여야 할 사항은 기존의 소프트웨어를 재사용하는 경우에도 기존의 기본 소프트웨어 모듈이 새로운 기술 개발 및 구현 기술의 혁신에 따라 수정 및 보완되어야 할 경우 소프트웨어 유지보수 및 관리가 용이하여야 한다는 것이다.

전체 시스템을 구성하는 소프트웨어 모듈들을 다수의 개발 인력이 분담하여 개발하고, 시스템 개발 완료 이후에는 또 다른 시스템 유지 보수 및 관리 인력이 사용하게 되며, 지속적인 기능 보완 및 문제점 해결이 이루어져야하기 때문에 각 모듈들은 사용자가 편리하게 사용할 수 있는 인터페이스를 제공하여야 한다.

대부분의 대규모 시스템 개발이나 소규모 모듈 개발에서도 개발 기간을 최소화할 수 있고 개발 비용을 최소한으로 줄일 수 있는 시스템/모듈 구조와 개발 방법을 사용하여야 한다. 특히 많은 개발 인력이 참여하는 대규모 프로젝트일수록 이러한 개발 기간 단축과 개발 비용 절감은 매우 중요한 문제이며 소프트웨어 시스템 구조와 개발 방법론에서도 종합적으로 고려되어야 한다.

표 8.1 대규모 소프트웨어 개발에서의 중점 고려사항

중점 고려사항	세부 사항
소프트웨어 재사용성	기존에 개발된 소프트웨어 모듈을 재사용함으로써 쉽게 새로운 시스템 개발이 가능하고, 시스템 개발 기간과 비용의 절감이 필요함.
시스템 기능 확장성과 신기술 도입 용이성	새로운 최신 기술이 개발되었을 때 이를 쉽게 도입하고 수용할 수 있는 확장성 필요함.
시스템 안정성	시스템이 항상 정상적인 범위/상태에 존재하도록 유지하여야 함.
시스템 유지 보수 및 관리 용이성	시스템을 쉽게 유지 보수 및 관리할 수 있는 구조가 필요함.
사용자 친화형 인터페이스와 구현의 분리	사용자가 쉽게 이해하고, 사용할 수 있는 사용자 인터페이스 제공하되, 내부 구현과 분리되어 있도록 하여 구현 방법이 일부 변경되어도 전체 시스템 구조에 문제가 없는 구조를 사용하여야 함.
개발 기간 단축과 개발 비용 절감	새로운 기능과 기술 개발 기간을 최소화 할 수 있고, 개발 비용을 줄일 수 있는 구조를 사용하여야 함.

8.1.2 소프트웨어 공학 (Software Engineering)

컴퓨터 하드웨어 성능과 용량이 지속적으로 개선되면서 대형 소프트웨어 시스템 개발 및 운영이 가능하게 되었고, 이에 따라 대규모 소프트웨어의 개발과 유지 보수에서도 큰 변화를 겪었다. 즉 신뢰성 있는 대형 소프트웨어를 개발하기 위해서는 코딩단계보다도 설계 단계에서부터 소프트웨어 신뢰성 뿐 아니라 품질 특성 전체에 대하여 체계적인 설계, 코딩 및 문서화 등의 기법과 방법론이 적용되어야 한다는 점을 인식하였으며, 소프트웨어 품질 전 특성을 생명 주기 전체에서 능률적으로 다룰 수 있는 방법을 체계화하는 소프트웨어 공학이 정립되었다.

소프트웨어 공학(software engineering)은 "소프트웨어의 개발, 운영, 유지 보수 및 폐기에 대한 체계적인 접근"으로 정의되며, 소프트웨어의 개발, 운용, 유지보수 등의 생명 주기 전반을 체계적이고 서술적이며 정량적으로 다루는 학문이다. 즉, 소프트웨어 개발에서 요구사항으로부터 설계, 개발 및 구현, 시험, 유지 보수, 형상 관리 등의 전 단계를 고려한 체계적으로 관리할 수 있는 방법을 제공하며, 규모가 크고 복잡한 소프트웨어 시스템 개발에서도 시행착오를 줄이고 개발기간을 단축시키며 개발 비용을 줄일 수 있게 하는 체계적인 방법을 소프트웨어 공학에서 제시한다. 체계적인 소프트웨어 개발 프로세스에서 효율적으로 사용할 수 있는 소프트웨어 공학 도구는 기본적인 모델링, 설계 문서 관리 및 프로그램 코드의 자동적인 생산 등을 지원하므로 큰 규모 소프트웨어 개발에서는 필수적으로 사용할 수 있어야 한다.

특히 많은 개발인력들이 함께 참여하는 대규모 소프트웨어 시스템 개발에서는 소프트웨어 설계이후에 개발이 진행되는 과정에서 문제가 발생하거나 전체 시스템 통합 이후의 기능 및 성능 시험 단계에서 심각한 기능 미흡 또는 성능 부족 결함이 발생되는 경우에는 전체 시스템 개발 절차를 거의 다시 시작하여야 하는 심각한 문제가 발생하기 때문에 초기 단계부터 체계적인 방법을 사용하여야 하며 표준화되고 구조적인 형상관리가 가능하게 하여야 한다.

소프트웨어 개발 이후에 지속적으로 발생하는 유지 보수 단계를 초기 시스템 설계 및 구현 단계에서도 고려하여야 한다. 특히 지속적인 연구 개발을 통하여 새로운 기술이 개발되어 일부 기능을 변경하여야 하는 경우에도 모듈단위로 쉽게 교체할 수 있는 형상 관리가 되어야 한다.

8.1.3 객체 (Object) 란?

객체 (object)란 일반적으로 생각할 수 있는 유형 (생물, 무생물) 개체와 무형의 개념적인 정보 세트를 컴퓨터 프로그램에서 다룰 수 있도록 소프트웨어로 모델링하는 것을 의미한다. 객체는 속성 (attribute)로 크기, 색깔, 위치 등의 상태 (state) 정보와 스스로 또는 다른 객체에 의하여 이루어지는 행동 (behavior)을 가진다. 예를 들어 사람에게는 이름, 생년월일, 키, 몸무게, 현재 위치, 소속 기관 등의 상태 정보와 그 사람이 다른 곳으로 이동하거나, 키와 몸무게가 성장하거나, 노래를 부르거나, 소속기관이 변경되는 등의 행동 또는 작업이 이루어 질 수 있다.

소프트웨어에서 객체의 상태는 데이터 멤버들로 표현되며, 행동은 멤버 함수로 나타난다. 예를 들어 사람의 이름, 키, 몸무게 등은 데이터 멤버로 표현되고, 위치 이동 (move)이나 노래 부르기 (sing) 등은 멤버 함수로 구현될 수 있다. 사람의 상태 정보에서 생년월일이나 소속 기관 등은 단순한 자료형 하나로 표현되는 것이 아니라 복합적인 항목을 가진 또 다른 객체로 표현될 수 있다.

또 다른 예로서 다양한 종류의 자동차들을 컴퓨터 프로그램으로 관리하여야 할 때 먼저 자동차 (vehicle)을 소프트웨어로 설계하고 구현하여야 하며, 자동차라는 객체의 상태 정보로 어떤 데이터들 (예를 들어 자동차 유형 (승용차, 버스, 트럭 등), 제조사, 제조 연월일, 색상, 기본 중량 등))을 포함하고 있어야 하는지, 그리고 자동차에 어떤 동작 (예: 현재 위치 변경, 운전자 정보 변경, 탑승자 명단 변경 등)이 제공되어야 하는지에 대하여 정리하여야 한다.

일반적으로 소프트웨어 설계 및 구현에서 이미 개발된 소프트웨어 모듈을 최대한 재활용할 수 있게 하며, 이를 통하여 소프트웨어 설계 및 구현에 필요한 개발 비용과 개발 기간을 단축시킬 수 있게 하여야 한다. 객체 지향형 프로그래밍 구조의 소프트웨어 재활용을 위해서는 추가적인 객체들을 소프트웨어로 설계할 때 이들 객체들 간의 관계를 잘 파악하여 공통적인 속성들을 별도로 관리하는 방안도 고려하여야 한다. 예를 들어 스포츠 카, 승용차, 트럭, 버스 등은 공통적으로 차량의 종류이지만 각각 서로 다른 부류에 속하게 되므로 각 분류에 따라 다른 정보를 관리하여야 할 경우가 있다. 객체 지향형 프로그래밍에서는 상속 (inheritance) 개념을 사용하여 체계적인 소프트웨어 재활용이 가능하도록 한다. 앞의 예에서 자동차 (vehicle)은 모든 종류의 자동차에 공통적으로 사용될 수 있는 객체가 되며, 이를 상속 받아 다양한 세부 종류의 차량들을 설계 및 구현할 수 있게 한다.

컴퓨터 프로그램으로 문제를 해결하고자 하는 경우, 대상 문제의 상태 정보를 객체로 표현하고, 이 객체의 행동을 멤버함수로 구현하여 소프트웨어로 구성할 수 있으며, 이 객체에 가장 적합한 자료구조와 알고리즘을 가질 수 있게 함으로써 그 문제의 효과적인 해결 방안을 도출하기 위한 소프트웨어를 개발할 수 있다.

객체 (object) 란?

객체 (object)란 일반적으로 생각할 수 있는 유형 (생물, 무생물) 개체와 무형의 개념적인 정보 세트를 컴퓨터 프로그램에서 다룰 수 있도록 소프트웨어로 모델링되는 것을 의미하며, 객체의 속성 (attribute)로 크기, 색깔, 위치 등의 상태 (state) 정보와 스스로 또는 다른 객체에 의하여 이루어지는 행동 (behavior)을 가진다.

8.1.4 객체 지향형 프로그래밍 (Object-Oriented Programming)

기존 C 프로그래밍에서는 소프트웨어를 사용한 문제 해결에서 데이터를 다양한 기본 자료형이나 구조체와 같은 파생 자료형으로 표현한 후, 이 데이터를 처리하는 다양한 함수들로 프로그램이 구성되며, 함수들의 실행 순서에 따라 문제를 해결하는 "절차적 프로그래밍 (procedural programming)" 방법을 사용한다. 이 절차적 프로그래밍에서는 문제 해결을 위한 함수들의 호출 절차를 중시하며, 데이터는 다양한 함수들에 의하여 처리될 수 있고, 하나의 데이터가 다수의 함수들에 의하여 직접 접근되고 사용된다.

절차적 프로그래밍의 문제점은 소프트웨어 규모가 커질 경우 하나의 데이터를 처리하는 함수들이 증가할 수 있고, 어떤 함수가 데이터의 상태 정보를 변경하였을 때 다른 함수들은 누가 이 상태 정보를 변경하였는지는 모르는 상태이므로, 시스템이 비정상적인 상태가 되었을 때 그 이유를 파악하는 것이 매우 어렵게 된다. 따라서 절차적 프로그래밍 기법은 대규모 소프트웨어 개발에서는 내부 데이터와 함수들이 스파게티처럼 얽히게 된다.

객체 지향형 프로그래밍 (object-oriented programming)은 소프트웨어 시스템을 객체 단위로 나누고, 각 객체 내부에 데이터와 관련 함수를 함께 포함하게 함으로써 독립성을 유지하게 하는 프로그래밍 기법이다. 객체 지향형 프로그래밍에서는 문제를 해결하는 함수 호출의 절차적 실행 순서보다는 각 객체가 어떻게 상호 연관성을 가지며, 각 객체 내부에서 데이터를 어떻게 정상적인 범위 내에 유지하게 하고, 그 데이터를 어떤 자료구조를 사용하여 가장 효율적으로 표현하며, 어떤 알고리즘을 사용하여 가장 효율적으로 처리할 수 있는가에 대하여 중점을 두게 된다. 객체 지향형 프로그래밍에서는 작은 단위의 객체를 모아 큰 단위의 객체를 구성하게 하고, 각 단계별 객체는 그 자체로서 독립성을 가질 수 있도록 데이터 멤버와 멤버 함수들을 관리하는 것에 중점을 둔다.

각 객체는 외부로 공개되는 인터페이스와 내부적으로 이를 구현하는 기능을 분리하여 동일한 인터페이스에 대해서도 내부적으로는 다른 알고리즘이나 기법을 사용하여 구현하는 것을 허용함으로써 새로운 기술이 쉽게 도입될 수 있게 한다. 아울러, 기존 객체를 상속받고 추가적인 상태정보와 행동을 구현함으로써 쉽게 확장된 기능의 객체를 만들 수 있도록 하는 소프트웨어 재활용의 장점도 제공한다.

8.2 클래스 (Class)와 객체 인스탄스 (Object Instance)

8.2.1 파이썬 기본 자료형과 클래스(class)

큰 규모의 소프트웨어 시스템 개발에서 필수적으로 고려하여야 하는 소프트웨어 공학을 기반으로 설계 및 구현이 실행되는 객체 지향형 프로그래밍에서는 가장 먼저 소프트웨어로 구현하게 되는 목표 시스템 및 목표 기능을 클래스 (class)로 잘 설계하여야 한다. 클래스란 자료형을 필요에 따라 새롭게 설계 및 구현하는 것이며, 이 클래스를 사용하여 객체 인스탄스 (object instance)를 생성하게 된다. 클래스를 사용하여 객체 인스탄스를 생성하는 관계는 파이썬 기본 자료형인 리스트나 튜플을 사용하여 학생 리스트 변수 L_student나 학생 정보 튜플 변수 T_student를 생성하는 관계와 동일하다.

```
# Python basic data types - class

i = 100 # integer
print("i = {}, type(i) = {}".format(i, type(i)))

f = 123.456 # float
print("f = {}, type(f) = {}".format(f, type(f)))

c = 50+70j # complex
print("c = {}, type(c) = {}".format(c, type(c)))

s = "ABCDEFG" # string
print("s = {}, type(s) = {}".format(s, type(s)))

L = [1, 2, 3, 4, 5] # list
print("L = {}, type(L) = {}".format(L, type(L)))

t = tuple([0, 1.0, 'a', b"xyz"]) # tuple creation with list of different types
print("t = {}, type(t) = {}".format(t, type(t)))

d = {"one":1, "two":2, "three":3} # dict
print("d = {}, type(d) = {}".format(d, type(d)))

S = {1, 2, 3, 4, 1, 2, 3} # set
print("S = {}, type(S) = {}".format(S, type(S))) # set maintains non-overlapped items
```

그림 8.1 파이썬 기본 자료형 변수들에 type()을 사용한 자료형 확인

실제 파이썬의 변수들의 자료형을 type() 함수를 사용하여 출력하면 클래스로 확인된다. 그림 8.1에서는 파이썬 기본 자료형인 정수 (integer), 실수 (float), 복소수 (complex), 문자열 (string), 리스트, 튜플, dict, 집합 (set) 들의 변수를 각각 생성하고, 이 변수들의 자료형을 type() 함수를 사용하여 출력하고 있다.

```
i = 100, type(i) = <class 'int'>
f = 123.456, type(f) = <class 'float'>
c = (50+70j), type(c) = <class 'complex'>
s = ABCDEFG, type(s) = <class 'str'>
L = [1, 2, 3, 4, 5], type(L) = <class 'list'>
t = (0, 1.0, 'a', b'xyz'), type(t) = <class 'tuple'>
d = {'one': 1, 'two': 2, 'three': 3}, type(d) = <class 'dict'>
S = {1, 2, 3, 4}, type(S) = <class 'set'>
```

그림 8.2 파이썬 기본 자료형 변수들에 type()을 사용한 자료형 확인 결과

그림 8.2에서 확인할 수 있는 것과 같이 이 기본 자료형 변수들의 자료형은 <class 'int' >, <class 'float' >, <class 'complex' >, <class 'str' >, <class 'list' >, <class 'tuple' >, <class 'dict' >, <class 'set' >으로 각각 출력된다. 이는 파이썬 기본 자료형들이 모두 클래스로 설계 및 구현되어 있다는 것을 의미하며, 파이썬 기본 자료형으로 변수를 생성하는 것은 실제로 클래스를 사용하여 인스턴스를 생성하는 것이라는 것을 알 수 있다.

8.2.2 클래스 설계와 추상화 (abstraction), 객체 인스턴스 (object instance) 생성

구현 대상의 실제 객체 (real object)를 파이썬 프로그램에서 클래스로 설계 및 구현하고 이를 응용 프로그램에서 활용하는 개념은 그림 8.3에서 보는 것과 같다. 실제 소프트웨어로 설계 및 구현되어야 할 대상은 응용 프로그램에서 관리 및 제어해야 하는 다양한 현실 세계의 실제 객체들이며 이들을 클래스로 표현할 때 꼭 필요한 정보만으로 추상화 (abstract) 시키며, 불필요한 상세 정보들은 제외시킨다. 실제 객체를 소프트웨어로 표현할 때 수행하는 추상화는 응용 프로그램에서 따라 달라질 수 있으며, 그 응용 프로그램에서 어떤 정보를 관리해야 하는지, 어떻게 실제 객체들을 관리하고, 제어하여야 하는지에 따라 포함되어야 하는 정보가 달라질 수 있다.

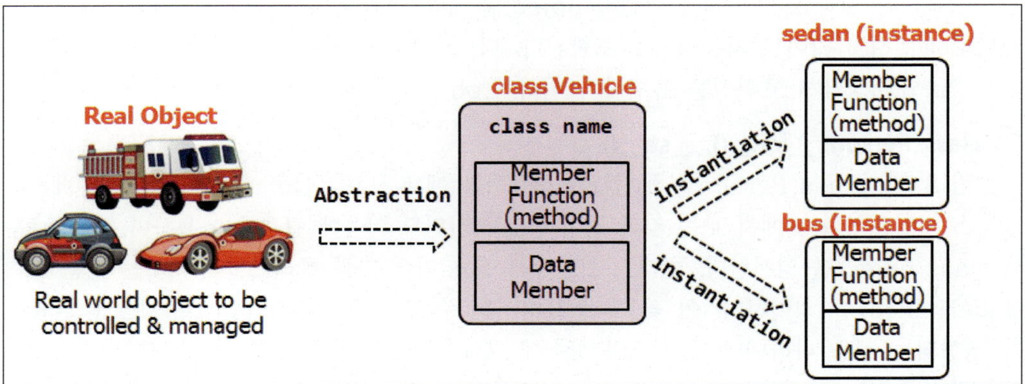

그림 8.3 현실세계의 실제 객체의 클래스 표현 및 인스턴스 생성 개념

클래스로부터 인스턴스를 생성하는 것은 기본 자료형을 사용하여 변수를 생성하는 것과 동일하다. 즉, 하나의 클래스로부터 다수의 인스턴스들을 생성할 수 있으며, 각 인스턴스들은 개별적인 정보를 가질 수 있다. 또한 하나의 클래스로부터 생성된 모든 인스턴스들에게 공통적으로 적용하는 정보나 동작을 클래스 차원에서 제공할 수 있다.

8.2.3 파이썬의 클래스 정의

(1) 클래스 기본 구조

객체 지향형 프로그래밍에서 정의하는 클래스의 기본 구조는 그림 8.4에서 보는 것과 같이 클래스 이름, 클래스 멤버 함수 (메소드), 클래스 멤버 데이터 (변수)로 구성된다. 클래스 멤버함수와 클래스 멤버 데이터를 그 클래스의 속성 (attribute)이라고 부른다. 클래스 멤버 데이터에는 클래스가 소프트웨어로 표현하고 있는 객체의 다양한 상태 정보를 나타내며, 클래스를 사용하여 생성되는 인스턴스 별로 개별적인 정보와 함께 모든 인스턴스들에게 공통적으로 적용되는 데이터를 포함한다.

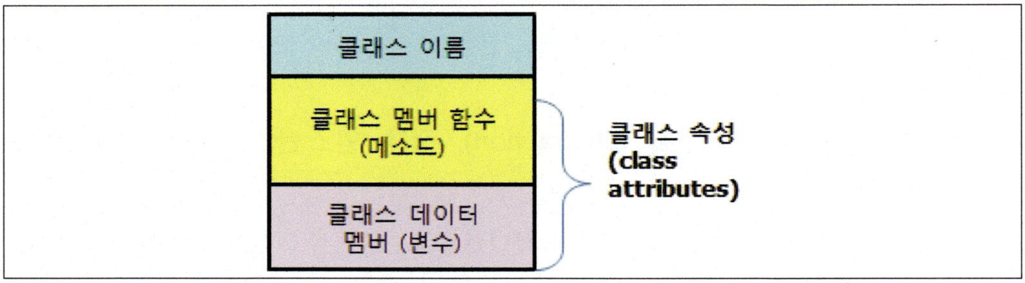

그림 8.4 클래스 기본 구조

클래스의 멤버 함수인 메소드 (method)들은 대부분 클래스의 모든 인스턴스들에게 공통적으로 적용되는 함수들을 포함하며, 각 인스턴스별로 개별적인 메소드를 추가할 수 있다.

(2) class object

파이썬 클래스의 구현에서는 내부적으로 class object를 포함하도록 구현되며, class object가 모든 파이썬 자료형과 객체들의 가장 기본적인 정보와 기능을 제공한다. 파이썬 버전 2.x에서는 클래스 선언에서 반드시 object를 추가하여야 하나, 파이썬 버전 3.x에서는 별도로 선언하지 않아도 자동적으로 포함된다. 다만, 파이썬 프로그램의 실행 환경이 파이썬 버전 2.x와 3.x에서 호환성을 유지하기 위하여 object를 명시하는 것을 권고한다.

(3) class Person, __init__(), __str__()

그림 8.5는 class Person을 구현하고 사용하는 예제 프로그램을 보여준다. 파이썬에서의 클래스 선언은 line 3에서 보는 것과 같이 class 키워드 다음에 괄호를 사용하며, 괄호 내부에 class object를 명시한다. 클래스 선언에서 괄호 안에 다른 클래스를 명시하는 것은 상속 (inheritance)을 의미하며, 이 괄호 안에 명시된 부모 클래스를 상속받으며 새로운 클래스가 생성되는 것을 나타낸다. 클래스의 상속에 대해서는 8.6절에서 상세하게 설명한다.

그림 8.5 line 4에서는 class Person을 설명하는 문자열 docstring을 설정하고 있다. 클래스 선언 내부의 첫 번째 줄에 클래스를 간단하게 설명하는 문자열을 선언하여 클래스의 docstring을 설정한다. 클래스의 docstring은 print() 함수에서 "Person.__doc__"와 속성을 출력하여 확인할 수 있다.

Line 5~8, line 9~12, line 13~14에서는 class Person에 속한 멤버함수 __init__(), __new__()와 __repr__()을 각각 구현한다. 이 두 함수의 이름에 밑줄 ('_') 문자 2개를 함수 이름 앞뒤에 붙이는 것은 클래스의 내장 함수를 의미하며 별도로 함수 이름으로 호출하지 않아도 인스탄스 생성시 자동적으로 호출되는 것을 의미한다. __new()__() 함수는 클래스 Person()을 사용하여 새로운 인스탄스가 생성될 때 호출되며, 내부적으로 super().__new__() 함수를 사용하여 자신의 부모 클래스의 __new__() 함수를 호출하여 기본 정보 (클래스 이름 등)를 설정한다.

```
 1 :  # class Person - __init__(), __new__(), __doc__(), __dict__(), __repr__()
 2 :
 3 :  class Person(object):
 4 :      "docstring of class Person (attributes: name, age)"
 5 :      def __init__(self, name=None, age=None):
 6 :          self.name = name
 7 :          self.age = age
 8 :          print("Person::__init__() is executed.")
 9 :      def __new__(cls, *args, **kwargs):
10 :          print("Person::__new__() is executing . . . ")
11 :          cls.__inst = super(Person, cls).__new__(cls)
12 :          return cls.__inst
13 :      def __str__(self):
14 :          return "Person(name={}, age={})".format(self.name, self.age)
15 :
16 :  print("Person.__doc__ : {}".format(Person.__doc__))
17 :  p = Person ("Kim", 25)
18 :  print("p = {}".format(p))
19 :  print("type(p) = {}".format(type(p)))
20 :  print("p.__dict__ : {}".format(p.__dict__))
21 :
22 :  p.name = "Lee"
23 :  p.age = 20
24 :  print("after updates, p = {}".format(p))
25 :  print("p.__dict__ : {}".format(p.__dict__))
```

그림 8.5 class Person의 구현, 객체 생성 및 활용 - __init__(), __str__()

__new__() 함수에 의하여 super().__new()__() 함수가 실행되면 자동적으로 __init__() 함수가 함께 실행된다. Line 5에서 __init__() 함수의 인수로 self, name, age가 전달되는데, self는 객체 자신을 의미하며 클래스의 멤버함수에서는 항상 기본적인 인수로 포함된다. 다음으로 name과 age는 class Person으로 인스탄스를 생성할 때 제공하는 정보들을 나타낸다. 그림 8.5 line 17의 p = Person("Kim" , 25) 실행문은 class Person의 인스탄스를 생성하며, name = "Kim" , age = 25를 위치 인수로 전달하고, 생성된 인스탄스를 p에 저장하게 한다. class Person의 인스탄스가 생성될 때 line 5~8에서 선언한 __init()__() 함수가 실행되며, 객체 내부에 name과 age 멤버 데이터를 생성하고, 함수 호출시 인수로 전달되어 온 name과 age 그 초기값으로 설정하게 된다.

Line 13~14의 __str__() 함수는 class Person으로 생성된 인스탄스를 print() 함수

에서 출력할 때 출력되는 내용을 문자열로 구성하여 반환하는 기능을 제공한다. Line 8에서 Person(name=Kim, age=25)의 포맷으로 문자열을 생성하여 반환한다. 이 출력 양식은 필요에 따라 추가적인 정보를 포함할 수 있다.

Line 17에서 class Person의 인스탄스를 생성한 후 line 16에서 print() 함수를 사용하여 p를 출력하며 출력 결과는 그림 8.6에서 볼 수 있는 것과 같이 __str__() 함수에서 문자열을 편집한 내용임을 확인할 수 있다. Line 19에서 type(p)의 실행 결과도 그림 8.6에서 <class '__main__.Person'>으로 확인할 수 있으며, 이는 main 스레드에서 정의한 Person 클래스라는 것을 의미한다.

Line 22~23에서는 클래스 Person의 인스탄스인 p의 멤버 데이터 name과 age값을 다른 값으로 변경하여 결과를 출력하는데, 그림 8.6에서 정상적으로 변경되는 것을 확인할 수 있다. 클래스 인스탄스들의 데이터 멤버 값을 파악하는 방법으로 __dict__ 속성을 사용할 수 있다. Line 20, 25에서와 같이 p.__dict__를 출력하면 인스탄스 p의 데이터 멤버의 현재 값들을 dict 객체로 반환하여 준다. 그림 8.6에서 __dict__의 출력 예를 볼 수 있다.

```
Person.__doc__ : docstring of class Person (attributes: name, age)
Person::__new__() is executing . . .
Person::__init__() is executed.
p = Person(name=Kim, age=25)
type(p) = <class '__main__.Person'>
p.__dict__ : {'name': 'Kim', 'age': 25}
after updates, p = Person(name=Lee, age=20)
p.__dict__ : {'name': 'Lee', 'age': 20}
```

그림 8.6 class Person의 구현, 객체 생성 및 활용 결과

8.2.4 파이썬 클래스 기본함수

파이썬 클래스에 포함되는 멤버 함수로 그림 8.5에서 설명한 __init__(), __new__()와 __str__() 함수 이외에도 표 8.2에서 보는 기본 함수들을 구현하여 그 클래스의 인스탄스가 새로 생성되거나, 출력하거나, 관련 정보를 확인하거나, 삭제될 때 관련함수들이 정확하게 동작할 수 있도록 준비하여야 한다. __del__() 함수는 클래스의 인스탄스가 소멸될 때 실행된다. 만약 클래스 인스탄스가 동적으로 메모리를 할당받아 사용한 경우 __del__() 함수에는 동적으로 할당 받았던 메모리를 반환하는 기능이 구현되어야 한다.

표 8.2 파이썬 클래스의 내장 함수

파이썬 클래스 내장함수	설 명
__init__()	새롭게 생성되는 클래스 객체를 위하여 자동적으로 호출되는 초기 설정자 상속된 클래스의 생성자에서는 반드시 부모 클래스 (base class)의 __init__() 메소드를 명시적으로 호출하여야 함 예) "BaseClass.__init__(*self*, [*args*...])".
__new__()	__new__() 메소드는 클래스 객체 생성자이며, __init__()는 초기 설정자 (initiailizer) 기능을 수행함
__del__()	클래스 소멸자 (destructor)이며, 클래스 객체 인스탄스가 소멸될 때 호출

	됨
__doc__()	파이썬 모듈, 함수, 클래스 및 메소드을 설명하는 문자열을 반환 파이썬 객체 선언에서 첫번째 실행문으로 문자열을 설정하여 객체의 docstring을 설정할 수 있음
__dict__()	속성 (attribute) 이름과 현재 설정된 값 (value)를 매핑시키는 딕셔너리를 반환
__slots__()	__slots__() 메소드는 dict를 사용하지 않도록 하며, 고정된 속성 집합을 위한 공간만을 할당하도록 함
__repr__()	print()를 사용하여 객체를 출력할 때 사용되는 문자열을 제공
__str__(self)	print()가 호출되어 객체를 출력할 때 사용되는 문자열을 제공

__doc__() 함수는 파이썬 클래스에 대한 설명문 (document string – docstring)을 제공하는 기능을 구현한다. 클래스의 docstring은 그림 8.5 line 4에서 본 것과 같이 클래스 선언 내부의 첫 번째 줄에 문자열을 포함시켜 클래스의 간단한 설명문으로 설정한다. __dict__() 함수는 클래스 인스턴스에서 사용가능한 속성 이름과 값을 반환하여 준다. __dict__()를 별도로 구현하지 않으면 class object의 기본 속성들이 제공된다. __slots__() 함수는 dict 기능을 사용하지 않고 단지 속성들을 저장하기 위한 고정된 공간만을 사용하도록 설정한다. __repr__() 함수는 __str__() 함수와 동일한 기능을 제공하며, print() 함수에 의하여 클래스 인스턴스가 출력될 때 사용되어야 하는 문자열을 만들어서 반환한다.

8.2.5 클래스 생성자(constructor)와 소멸자(destructor)

그림 8.7은 클래스의 생성자 및 소멸자를 구현하고 실행을 확인하는 예제 프로그램이다. Line 4에서는 class B의 docstring을 설정하며, line 5~7에서는 __init__() 멤버함수를 구현하고, 클래스의 인스턴스가 사용하게될 멤버 데이터 data를 생성하며, 인스턴스 생성에서 인수로 전달되는 값으로 초기값을 설정한다. 만약 초기값을 설정하기 위한 인수가 전달되지 않으면 0의 기본값으로 설정한다. Line 8~11에서는 __new__() 함수를 구현하며, super().__new__(cls)로 class object의 __new__()를 실행시켜 인스턴스를 생성한 후 이를 반환한다. Line 12~19에서는 __str__(), __del__() 함수를 구현한다. Line 16~19에서는 class B의 멤버 데이터인 data를 읽어 반환하는 get() 함수와 data 값을 설정하는 set() 함수를 구현한다.

Line 21에서는 클래스 B의 docstring을 B.__doc__ 속성을 출력하여 확인한다. Line 23에서는 생성자에 아무런 인수를 전달하지 않으면서 인스턴스 b를 생성한다. 그림 8.8에서 data가 0의 기본값으로 설정되는 것을 확인할 수 있다. Line 25에서는 클래스 B 생성자에 인수 10을 전달하며 인스턴스 c를 생성한다. 이 경우 __init__() 함수가 실행될 때 data 값이 10으로 설정되는 것을 볼 수 있다. Line 27에서는 첫 번째 위치 인수 20과 키워드 인수 value=100, name= "B-3" 를 전달하여 __new__() 함수와 __init__() 함수에서 정상적으로 처리하는 것을 확인할 수 있다.

Line 31, 33, 35에서는 인스턴스 b, c, d를 차례로 삭제하며, del 명령이 실행될 때 line 14~15에서 구현되어 있는 __del__() 함수가 실행되는 것을 확인할 수 있다.

```
# Class Definition with __init__, __new__, and __del__

class B(object):
    "docstring of sample class B"
    def __init__(self, data=0, *args, **kwargs):#redefinition of __init__ method
        print("B::__init__(initializer) with data={}, args={},
          kwargs={}".format(data, args, kwargs))
        self.data = data
    def __new__(cls, *args, **kwargs): # definition of __new__ method
        print("B::__new__(constructor) with cls= {}, args= {},
         kwargs={}".format(cls, args, kwargs))
        instance = super().__new__(cls)
        return instance
    def __str__(self):
        return "class B's instance with data = {}".format(self.data)
    def __del__(self):
        print("B::__del__(destructor) is executing ...")
    def get(self):
        return self.data
    def set(self, value):
        self.data = value

print("B.__doc__ = {}".format(B.__doc__))

b = B()
print("b.get() : {}".format(b.get()))
c = B(10)
print("c.get() : {}".format(c.get()))
d = B(20, value=100, name='B-3')
print("d.get() : {}".format(d.get()))

print("deleting b ...")
del b
print("deleting c ...")
del c
print("deleting d ...")
del d
```

그림 8.7 클래스 생성자, 소멸자의 구현 및 실행

```
B.__doc__ = docstring of sample class B
B::__new__(constructor) with cls= <class '__main__.B'>, args= (), kwargs={}
B::__init__(initializer) with data=0, args=(), kwargs={}
b.get() : 0
B::__new__(constructor) with cls= <class '__main__.B'>, args= (10,), kwargs={}
B::__init__(initializer) with data=10, args=(), kwargs={}
c.get() : 10
B::__new__(constructor) with cls= <class '__main__.B'>, args= (20,), kwargs={'val
ue': 100, 'name': 'B-3'}
B::__init__(initializer) with data=20, args=(), kwargs={'value': 100, 'name': 'B-3'}
d.get() : 20
deleting b ...
B::__del__(destructor) is executing ...
deleting c ...
B::__del__(destructor) is executing ...
deleting d ...
B::__del__(destructor) is executing ...
```

그림 8.8 클래스 생성자, 소멸자의 구현 및 실행 결과

8.2.6 클래스 접근자 (accessor)와 변경자 (mutator)

객체 지향형 프로그래밍에서 클래스를 설계 및 구현할 때 접근자 (accessor)는 그 클래스 객체의 데이터 멤버에 접근하는 기능을 제공한다. 일반적으로 getABC() 함수 형태로 구현되며, 해당 데이터 멤버의 값을 읽어 전달한다. 객체의 시스템 안정성 (system stability)을 향상시키기 위해서는 클래스 접근자에서 해당 데이터 멤버의 값이 정상적인 범위에 있는지 확인한 후, 정상적인 범위의 값만 반환하도록 하고, 만약 비정상적인 범위에 있는 경우에는 오류 처리하도록 하여야 한다.

객체 지향형 프로그래밍에서 클래스의 설계 및 구현에서 변경자 (mutator)는 그 클래스 객체의 데이터 멤버의 값을 설정하는 기능을 제공하며, 시스템 안정성을 유지하는 것에 매우 중요한 역할을 수행한다. 예를 들어 사람의 나이 (age)의 경우, 정상적인 값의 범위는 0 ~ 150 정도이며, 음수나 150 이상의 값을 가지는 것은 정상적인 범위를 벗어나게 된다. 다른 예로 날짜 (date)를 표현하는 class Date 객체의 경우 연, 월, 일의 멤버 데이터를 가지게 되며, 정상적인 월 (month)의 값은 1 ~ 12이고, 정상적인 일(day)의 값은 달에 따라 1~31 또는 1~30을 가진다. 다만 2월의 경우 1~28 (윤년이 아닌 경우) 또는 1~29 (윤년의 경우)의 값을 가지게 된다.

따라서 클래스 객체의 데이터 멤버 값을 설정할 때 클래스 변경자가 해당 데이터 멤버의 정상적인 값의 범위에 해당하는 값이 올바르게 설정되는가를 확인하도록 구현되며, 이는 시스템 안정성에 매우 중요한 역할을 하게된다.

그림 8.9는 앞서 그림 8.5에서 구현하였던 class Person에 접근자와 변경자를 추가하여 구현한 예를 보여준다. Line 3~5에 구현되어 있는 class Person의 생성자 __init__() 멤버함수는 setName()과 setAge() 변경자를 호출하여 사람의 이름과 나이의 초기값을 각각 설정하는데, line 12~17에서 구현되어 있는 setAge()에서는 전달된 인수 (ag)의 값을 검사하여 나이의 정상적인 범위인 0 ~ 149인 경우에만 데이터 멤버 age값을 설정하며, 만약 이 범위를 벗어난 경우 오류 메시지를 출력하고, 0으로 설정한다. 이러한 추가 기능은 그림 8.5에서 나이를 설정할 때 별도의 점검 기능없이 설정하였던 부분에서 오류가 발생할 수 있는 문제점을 방지하여 전체 시스템의 안정성이 유지되도록 한다.

그림 8.9 line 26~33에서는 class Person()의 생성자를 사용하여 6명의 정보를 생성하며, 생성자에 의한 초기값 설정에서 비 정상적인 값을 가지는 경우에 대한 검사와 오류메시지 출력 및 기본값 (default value)으로 설정하는 기능을 수행한다.

그림 8.10에서 볼 수 있는 것과 같이 (Wrong, 350)으로 생성하고자 한 경우에는 오류 메시지가 출력된 것을 확인할 수 있으며, 이 사람의 나이는 기본값인 0으로 설정되는 것을 알 수 있다.

그림 8.9의 class Date의 접근자인 getName()과 getAge() 멤버함수의 구현에서는 별도로 정상적인 범위에 대한 확인 기능이 구현되어 있지 않는데, 이는 필요에 따라 해당 클래스의 데이터 멤버 속성에 따라 추가적인 기능을 구현할 수 있다.

```
# class Person with accessor and mutator
class Person:
    def __init__(self, name, age):
        self.setName(name)
        self.setAge(age)
    def getName(self):
        return self.name
    def getAge(self):
        return self.age
    def setName(self, nm):
        self.name = nm
    def setAge(self, ag):
        if 0 <= ag < 150:
            self.age = ag
        else:
            print("*** Error in setting age (name:{}, age:{})"
              .format(self.name, ag))
            self.age = 0 # default value
    def __str__(self):
        return "Person({}, {})".format(self.getName(), self.getAge())

def printPersonList(L_persons):
    for p in L_persons:
        print("   ", p)

def main():
    persons = [
        Person("Kim", 21),
        Person("Lee", 22),
        Person("Park", 20),
        Person("Hong", 19),
        Person("Yoon", 23),
        Person("Wrong", 350)
    ]
    print("persons : ")
    printPersonList(persons)

if __name__ == "__main__":
    main()
```

그림 8.9 class Date의 접근자와 변경자 구현 예

```
*** Error in setting age (name:Wrong, age:350)
persons :
    Person(Kim, 21)
    Person(Lee, 22)
    Person(Park, 20)
    Person(Hong, 19)
    Person(Yoon, 23)
    Person(Wrong, 0)
```

그림 8.10 class Date의 접근자와 변경자 활용 결과

8.3 클래스 속성 (Class Attribute), 인스탄스 속성 (Instance Attribute)

8.3.1 클래스 속성과 인스탄스 속성

파이썬 클래스와 그 클래스를 사용하여 생성된 인스탄스들은 속성 (attribute)을 구분하여 설정할 수 있고, 각각 다른 용도로 활용할 수 있다. 클래스에 설정된 클래스 속성은 클래스로부터 생성된 모든 인스탄스들에게 공통적으로 적용되며, 인스탄스에 개별적으로 설정된 인스탄스 속성은 다른 인스탄스 들과는 상관없이 개별적으로 사용할 수 있다.

그림 8.11은 클래스 속성과 인스탄스 속성을 구분하여 보여준다. 파이썬에서는 클래스 속성과 인스탄스 속성을 프로그램 실행 중에서도 추가하거나 삭제할 수 있다.

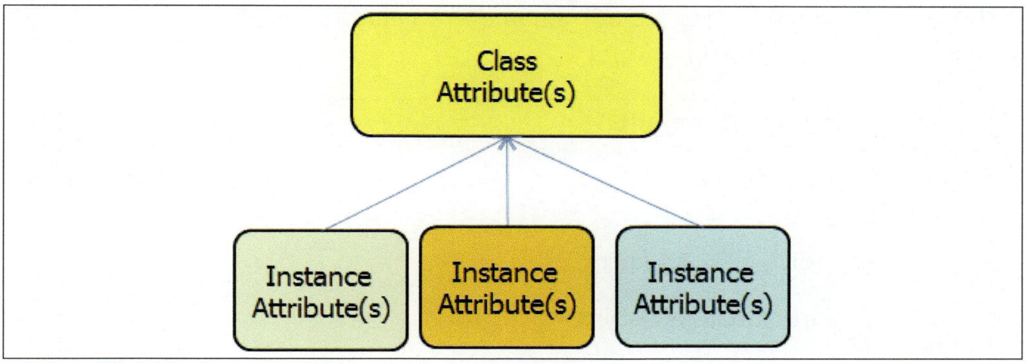

그림 8.11 클래스 속성과 인스탄스 속성

표 8.3은 클래스와 인스탄스의 속성 관리에 사용되는 함수들을 보여주고 있다. getattr() 함수는 지정된 클래스나 인스탄스의 속성 값을 읽어 주며, setattr() 함수는 지정된 객체의 속성값을 인수로 전달되는 값으로 설정한다. delattr() 함수는 지정된 객체의 지정된 속성을 삭제한다. hasattr() 함수는 지정된 객체에 지정된 속성이 있는지 확인하여 준다.

표 8.3 클래스/인스탄스 속성 관련 함수

클래스/인스탄스 속성관련 함수	설 명
getattr(obj, name[, default])	객체의 이름으로 지정된 속성 값을 반환 객체의 이름이 설정되어 있지 않으면 기본값을 반환
setattr(obj, name, value)	객체의 이름으로 지정된 속성을 전달된 값 (value)로 설정
delattr(obj, name)	객체의 이름으로 지정된 속성을 삭제
hasattr(obj, name)	객체의 이름으로 지정된 속성을 포함하고 있으면 True를 반환; 만약 해당 속성이 포함되어 있지 않으면 False를 반환

8.3.2 Class Attribute와 Instance Attribute

그림 8.12는 클래스 속성과 인스턴스 속성을 구분하여 추가하는 예를 보여준다. Line 2~3에서 class A를 선언하며, line 4의 pass는 별도의 추가 속성 정의 없이 클래스가 구성될 수 있게 하고, line 6에서 A.__dict__를 출력하면 클래스 속성에는 아직 멤버가 포함되어 있지 않을 것을 알 수 있다. Line 8, 9에서 클래스 A의 객체 a와 b를 생성하며, line 12~13에서 클래스 A의 클래스 속성으로 name과 value를 추가한다.

Line 14에서 A.__dict__을 사용하여 클래스 A의 클래스 속성으로 'name' : 'A' , 'value' :10이 포함되어 있는 것을 확인할 수 있다.

Line 16에서는 인스턴스 a의 속성으로 inst_a_attr을 추가하며, 추가된 인스턴스 속성을 a.__dict__을 출력하여 그림 8.11에서 확인하고 있다. Line 18, 19에서 클래스 속성으로 추가한 name과 value를 인스턴스 a의 a.name과 a.value로 출력하며, line 12, 13에서 설정된 값이 유지되는 것을 알 수 있다.

```
 1 : #class attr vs. instance attr
 2 : class A:
 3 :     "Sample class A"
 4 :     pass
 5 :
 6 : print("A.__dict__ :", A.__dict__)
 7 :
 8 : a = A() # instantiate an object
 9 : b = A()
10 :
11 : print("adding attributes to class A : name, value")
12 : A.name = 'A' # class attribute
13 : A.value = 10 # create a class attribute
14 : print("A.__dict__ :", A.__dict__)
15 :
16 : a.inst_a_attr = 'K' # instance attribute
17 : print("a.__dict__ :", a.__dict__)
18 : print("a.name : ", a.name)
19 : print("a.value : ", a.value)
20 :
21 :
22 : b.inst_b_attr = 20 # instance attribute
23 : print("b.__dict__ :", b.__dict__)
24 : print("b.name : ", b.name)
25 : print("b.value : ", b.value)
```

그림 8.12 클래스 속성 및 인스턴스 속성의 추가

Line 22에서는 인스턴스 b의 인스턴스 속성 inst_b_attr을 추가하며 20을 설정한다. Line 23에서 b.__dict__를 출력하여 인스턴스 속성이 정확하게 추가되어 있는 것을 알 수 있으며, line 24~25에서 클래스 속성 name과 value를 인스턴스 b의 b.name과 b.value로 출력하면 line 12, 13에서 설정된 값이 유지되는 것을 알 수 있다.

그림 8.12의 예제를 통하여 클래스 속성은 그 클래스의 모든 인스턴스들에게 공통적으로 사용되는 것을 알 수 있으며, 인스턴스 속성은 개별적으로 각 인스턴스에서 구분되어 사용되

는 것을 알 수 있다.

```
A.__dict__ : {'__module__': '__main__', '__doc__': 'Sample class A', '__dict__': <
'__weakref__': <attribute '__weakref__' of 'A' objects>}
adding attributes to class A : name, value
A.__dict__ : {'__module__': '__main__', '__doc__': 'Sample class A', '__dict__': <
'__weakref__': <attribute '__weakref__' of 'A' objects>, 'name': 'A', 'value': 10}
a.__dict__ : {'inst_a_attr': 'K'}
a.name :  A
a.value :  10
b.__dict__ : {'inst_b_attr': 20}
b.name :  A
b.value :  10
```

그림 8.13 클래스 속성 및 인스탄스 속성의 추가 결과

8.3.3 클래스 속성 (Class Attribute)과 인스탄스 속성(Instance Attribute)의 추가 및 삭제

그림 8.14는 데이터 멤버 data를 포함하는 클래스 A를 생성하고, hasattr()함수를 사용하여 지정된 속성이 포함되어 있는지를 확인하며, getattr() 함수를 사용하여 해당 속성 값을 읽고, setattr() 함수를 사용하여 새로운 속성을 추가하는 예를 보여준다. Line 3~4에서 클래스 A를 선언한 후, Line 5에서와 같이 클래스에 포함된 속성들을 모두 출력하기 위해 그 클래스 이름에 __dict__ 속성을 출력하면 그림 8.15에서 출력된 것과 같이 볼 수 있고, 멤버 데이터 data와 현재 설정된 값도 함께 출력되는 것을 확인할 수 있다.

Line 6에서 hasattr(A, ‘data’)를 실행하면 그림 8.15에서 보는 것과 같이 True가 반환된다. Line 7에서 getattr(A, ‘data’)를 수행하면 클래스 속성인 data값을 읽어 반환하여 주며, 10으로 설정되어 있는 것을 확인할 수 있다. Line 8에서는 클래스 A에 setattr(A, ‘name’, ‘A’) 함수를 사용하여 클래스 속성 name을 추가하고, 초기값으로 ‘A’로 설정한다. setattr() 함수를 사용한 클래스 속성을 __dict__로 확인하면 그림 8.13에서 볼 수 있는 것과 같이 name이 추가된 것을 알 수 있다.

그림 8.14 line 11에서는 클래스 A의 인스탄스 a를 생성하며, line 12에서 인스탄스 a의 인스탄스 속성으로 ‘data’를 추가하고, 초기값으로 20을 설정한다. Line 14에서 getattr() 함수로 인스탄스 a의 ‘data’ 속성 값을 읽을 수 있으며, 현재 20으로 설정되어 있는 것을 알 수 있다. Line 16에서 delattr()을 사용하여 인스탄스 a의 속성 ‘name’을 삭제한 후에는 line 19~21의 조건문에서 실행하는 hasattr(a, ‘data’)가 False를 반환하며, 따라서 인스탄스 a는 속성 ‘data’를 포함하지 않고 있다는 출력을 확인할 수 있다.

Line 25에서는 속성 a가 ‘color’를 포함하지 않기 때문에 hasattr(a, ‘color’)이 False를 반환하는 것을 알 수 있으며, line 26에서 setattr(a, ‘color’, ‘red’)로 인스탄스 속성 ‘color “를 추가하고, 초기값으로 ’red’를 설정한 후, line 28에서 hasattr(a, ‘color’)를 다시 확인하면 True가 반환되는 것을 확인할 수 있다.

Line 30에서는 a.__dict__를 출력하여 인스탄스 a의 인스탄스 속성들을 출력하며, 그림 8.13에서 color가 인스탄스 속성으로 포함되어 있는 것을 확인할 수 있다. Line 31에서는

A.__dict__를 출력하여 클래스 A의 클래스 속성들을 출력하며, 클래스 A 속성으로 value와 name이 포함되어 있는 것을 확인할 수 있다.

```
# class attribute and instance attribute - hasattr(), getattr(), setattr()

class A:
    value = 10 # class attribute
print("A.__dict__ :", A.__dict__)
print("hasattr(A, 'value') : ", hasattr(A, 'value'))
print("getattr(A, 'value') : ", getattr(A, 'value'))
setattr(A, 'name', 'A')
print("after setattr(A, 'name'), A.__dict__ = ", A.__dict__)

a = A() # instantiation of class A
setattr(a, 'data', 20) #instance attribute
print("after setattr(a, 'data', 20)")
print("   => getattr(a, 'data') : ", getattr(a, 'data'))
print("a.__dict__ :", a.__dict__)
delattr(a, 'data')
print("after delattr(a, 'data')")

if hasattr(a, 'data'):
    print("instance a has attribute 'data' => getattr(a, 'data') : ",
      getattr(a, 'data'))
else:
    print("instance a does not have attribute 'data'")


print("hasattr(a, 'color') : ", hasattr(a, 'color'))
setattr(a, 'color', 'red')
print("after setattr(a, 'color', 'red')")
print("   => hasattr(a, 'name') : ", hasattr(a, 'name'))

print("a.__dict__ :", a.__dict__)
print("A.__dict__ :", A.__dict__)
```

그림 8.14 setattr(), getattr(), hasattr() 사용 예

```
A.__dict__ : {'__module__': '__main__', 'value': 10, '__dict__': <attribute '__d
ict__' of 'A' objects>, '__weakref__': <attribute '__weakref__' of 'A' objects>,
 '__doc__': None}
hasattr(A, 'value') :  True
getattr(A, 'value') :  10
after setattr(A, 'name'), A.__dict__ =  {'__module__': '__main__', 'value': 10,
'__dict__': <attribute '__dict__' of 'A' objects>, '__weakref__': <attribute '__
weakref__' of 'A' objects>, '__doc__': None, 'name': 'A'}
after setattr(a, 'data', 20)
  => getattr(a, 'data') :  20
a.__dict__ : {'data': 20}
after delattr(a, 'data')
instance a does not have attribute 'data'
hasattr(a, 'color') :  False
after setattr(a, 'color', 'red')
  => hasattr(a, 'name') :  True
a.__dict__ : {'color': 'red'}
A.__dict__ : {'__module__': '__main__', 'value': 10, '__dict__': <attribute '__d
ict__' of 'A' objects>, '__weakref__': <attribute '__weakref__' of 'A' objects>,
 '__doc__': None, 'name': 'A'}
```

그림 8.15 setattr(), getattr(), hasattr() 사용결과

8.3.4 class Structure, _fields_

파이썬의 ctypes 모듈을 설치하면 class Structure를 사용할 수 있으며, C 프로그래밍에서 사용하는 포인터 기능과 구조체 기능을 사용하여 자기참조 클래스를 만들 수 있고, 다양한 자료구조를 구현할 수 있다. 그림 8.16은 ctypes 모듈을 사용한 연결형 리스트 구성 프로그램 예제를 보여준다. Line 3에서 ctypes 모듈의 모든 항목을 설치하며, line 4에서는 클래스 Structure를 상속받는 클래스 ListNode를 생성한다. Line 5는 pass를 사용하여 별도의 추가 속성 정의 없이 클래스가 구성될 수 있게 하고, 실제 클래스의 속성들은 line 6에서 (“속성 이름”, c_types 자료형)의 튜플 리스트로 정의된다. POINTER(ListNode)는 자기참조 구조체가 구성될 수 있도록 포인터를 생성하며, ‘next’라는 속성으로 사용하게 한다.

```
 1 : # Example of using ctypes - simple linked list
 2 :
 3 : from ctypes import *
 4 : class ListNode(Structure):
 5 :   pass
 6 : ListNode._fields_ = [('name', c_char_p), ('price', c_int), ('next', POINTER(ListNode))]
 7 :
 8 : fruit_prices = {"orange":100, "apple":150, "melon":200, "banana":50}
 9 : a = ListNode()
10 : a.name = b"orange"
11 : a.price = fruit_prices["orange"]
12 : a.next = None
13 :
14 : b = ListNode()
15 : b.name = b"apple"
16 : b.price = fruit_prices["apple"]
17 : b.next = pointer(a)
18 : c = ListNode()
19 : c.name = b"melon"
20 : c.price = fruit_prices["melon"]
21 : c.next = pointer(b)
22 :
23 : d = ListNode()
24 : d.name = b"banana"
25 : d.price = fruit_prices["banana"]
26 : d.next = pointer(c)
27 :
28 : p = d
29 : while p:
30 :     print(p.name, p.price)
31 :     if not p.next: # if p is None pointer
32 :         break
33 :     p = p.next[0]
```

그림 8.16 ctypes 모듈을 사용한 연결형 리스트 구성

Line 9, 14, 19, 24에서는 클래스 ListNode의 객체 a, b, c, d를 각각 생성하며, 각 객체의 이름을 문자열의 바이츠 자료형 데이터로 설정하고, price 정보를 line 8에서 선언한

dict 자료형 객체 fruit_prices에 등록되어 있는 해당 과일 이름에 해당하는 가격으로 설정한다.

Line 17, 21, 26에서는 각 ListNode 객체의 next 포인터 값을 다른 ListNode객체의 주소를 pointer() 함수로 찾아 연결시켜, d -> c -> b -> a로 연결형 리스트를 구성한다.

Line 29~ 34에서는 d 리스트노드로부터 차례로 이름과 가격을 출력하며, next 포인터를 사용하여 다음 리스트 노드를 이동하고, next 포인터 값이 Node 포인터가 될 때 까지 계속 반복한다. 그림 8.17에서 실행 결과를 보여준다.

```
>>>
 RESTART: C:\YTK-Progs'
 list.py
b'banana' 50
b'melon' 200
b'apple' 150
b'orange' 100
>>>
```

그림 8.17 ctypes 모듈을 사용한 연결형 리스트 구성의 실행 결과cty

8.4 클래스 메소드 (Class Method), 인스탄스 메소드 (Instance Method), 정적 메소드 (Static Method)

파이썬 클래스와 인스탄스의 속성을 각각 구분하여 추가하고 삭제할 수 있는 것과 같은 요령으로 클래스와 인스탄스의 멤버 함수인 메소드를 클래스 메소드와 인스탄스 메소드로 구분하여 추가할 수 있고 삭제할 수 있다. 표 8.4는 인스탄스 메소드와 클래스 메소드의 차이점을 비교하여 설명한다. 파이썬 클래스와 인스탄스에는 정적 메소드 (static method)가 있으며, 정적 메소드는 그 클래스로부터 생성된 모든 인스탄스들이 공유하게 된다.

표 8.4 파이썬 클래스 관련 메소드 종류

메소드의 종류	설 명
인스탄스 메소드 (Instance Method)	개별 인스탄스마다 별도로 설정되는 메소드 인스탄스 메소드를 설정할 때 첫 번째 인수는 반드시 self로 설정됨
클래스 메소드 (Class Method)	클래스에서 정의되는 메소드이며, 클래스의 특정 인스탄스에 상관되지 않고 사용됨. 클래스 메소드의 첫 번째 인수는 그 클래스 이름으로 설정됨
정적 메소드 (Static Method)	정적 메소드는 그 클래스로부터 생성된 모든 인스탄스들에게 공통적으로 사용됨

8.4.1 클래스 메소드 (Class Method)와 인스탄스 메소드 (Instance Method)

그림 8.18은 class A에 클래스 메소드와 인스탄스 메소드를 구분하여 사용하는 예를 보여준다. Line 4에서 클래스 속성으로 data를 선언하며, 초기값으로 0을 설정한다. Line 5~8에서는 cls_incr(cls, value)를 클래스 메소드 (class method)로 선언한다. 클래스

메소드의 경우 전달되는 첫 번째 인수는 항상 클래스 이름을 나타내어야 하며, 이는 A.cls_incr(30) 형태로 호출될 때 클래스의 멤버 함수를 호출하는 과정에서 클래스 이름이 자동적으로 첫 번째 인수로 전달된다. 클래스 메소드는 클래스 속성에 관련된 데이터 처리 기능을 하며, 그림 8.18의 클래스 메소드 cls_incr() 함수는 클래스 속성인 A.data값을 인수로 전달되는 값으로 증가시켜준다.

Line 9~ 10에서는 인스탄스 메소드 inst_incr(self, value)가 구현되며, 인스탄스 속성인 self.data를 인수로 전달된 값으로 증가시켜준다. Line 11~12의 __str__(self) 함수는 class A의 인스탄스 출력에 사용되는 문자열을 생성하여 주며, 인스탄스 속성 data의 현재 값을 알려준다.

Line 14~17에서는 클래스 A의 클래스 메소드를 사용한 클래스 속성에 대한 처리 예제를 보여준다. 이 상태에서는 아직 인스탄스를 별도로 생성하지 않은 상태이며, line 4에서 클래스 속성으로 선언된 data 값을 A.data로 읽고, A.cls_incr()함수로 증가시키며 클래스 속성 A.data의 값을 출력한다. 각 단계별 A.data 값은 그림 8.17에서 확인할 수 있다.

```
 1 : #class with instance method, class method, static method
 2 :
 3 : class A():
 4 :     data = 0 # class attribute
 5 :     @classmethod
 6 :     def cls_incr(cls, value):
 7 :         A.data += value
 8 :         return 'cls_incr invoked', cls
 9 :     def inst_incr(self, value): #instance method
10 :         self.data += value
11 :     def __str__(self):
12 :         return "instance of class A(current self.data = {})".format(self.data)
13 :
14 : print("A.__dict__ = ", A.__dict__)
15 : print("A.data = ", A.data)
16 : A.cls_incr(50)
17 : print("after A.cls_incr(50), A.data = ", A.data) # class attribute
18 :
19 : a = A()
20 : print("a.__dict__ = ", a.__dict__)
21 : print("a = ", a)
22 : a.data = 0 # icnluding instance's attribute
23 : print("after a.data = 0, a.__dict__ = ", a.__dict__)
24 : a.inst_incr(100)
25 : print("after a.inst_incr(100), a.data = ", a.data) # instance attribute
26 : print("after a.inst_incr(100), A.data = ", A.data) # class attribute
```

그림 8.18 인스탄스 메소드, 클래스 메소드의 설정 및 활용

Line 19에서는 클래스 A의 인스탄스 a를 생성하며, line 22에서 인스탄스 a가 가진 인스탄스 속성을 확인하는데 그림 8.17에서 보는 것과 같이 아무것도 없는 상태이다. Line 22에서 인스탄스 속성으로 data를 설정한 후에 line 23에서 a.__dict__로 출력하면 data가 인스탄스 속성으로 포함되어 있는 것을 확인할 수 있다. Line 26에서의 a.inst_incr(100)이 실행되면 line 9~10에서 구현하였던 인스탄스 메소드 inst_incr() 함수가 실행되며, 실행 결과는 그림 8.19에서 확인할 수 있다. Line 26에서 클래스 속성인 A.data를 출력하면 인스탄스 속성 a.data와 상관없이 유지되는 것을 알 수 있다.

```
A.__dict__ = {'__module__': '__main__', 'data': 0, 'cls_incr': <classmethod obj
ect at 0x02C1AC50>, 'inst_incr': <function A.inst_incr at 0x02C71DB0>, '__repr__
': <function A.__repr__ at 0x02C71DF8>, '__dict__': <attribute '__dict__' of 'A'
 objects>, '__weakref__': <attribute '__weakref__' of 'A' objects>, '__doc__': N
one}
A.data =  0
after A.cls_incr(50), A.data =  50
a.__dict__ =  {}
a =  instance of class A(current self.data = 50)
after a.data = 0, a.__dict__ =  {'data': 0}
after a.inst_incr(100), a.data =  100
after a.inst_incr(100), A.data =  50
```

그림 8.19 인스탄스 메소드, 클래스 메소드의 설정 및 활용 결과

8.4.2 Static Method

클래스의 메소드 중에서 정적 메소드 (static method)는 클래스와 인스탄스 모두에게 공통적으로 적용되며 클래스 속성 값을 하나의 체계로 관리할 수 있게 한다. 그림 8.20 예제 프로그램의 line 3에서 클래스 속성으로 data를 선언하며, 초기값으로 0을 설정한다. Line 4~7에서는 정적 메소드를 구현하고 있으며 클래스 속성인 A.data 값에 주어진 value 값을 더해준 후, 수정된 값을 반환한다.

Line 9~12에서는 클래스 속성 A.data를 출력하고, 정적 메소드 incr()을 사용하여 증가시키며, 변경된 결과를 출력한다. 메소드 incr()에서 value 값이 전달되지 않으면 value = 1의 기본값을 사용하도록 설정된다. 그림 8.19에서 증가된 data 값들을 차례로 확인할 수 있다.

Line 14, 15에서는 클래스 A의 인스탄스 a와 b를 생성하며, line 17~20에서 인스탄스 a를 사용하여 data를 읽어 출력하고, 정적 메소드인 incr()함수를 사용하여 증가시킨다. 그림 8.19에서 볼 수 있는 것과 같이 클래스 속성인 data 값이 인스탄스에서의 incr() 실행에서도 증가되는 것을 볼 수 있다.

Line 22~25에서는 클래스 A의 또 다른 인스탄스 b를 생성하며, b를 사용하여 클래스 A의 data를 읽고, 정적 메소드 incr()을 사용하여 값을 증가시키며 변화된 값을 출력한다. 그림 8.21에서 정적 메소드 incr()에 의하여 증가되는 data 값은 클래스 A, 인스탄스 a에서 변경되었던 값이 계속 사용되는 것을 볼 수 있다.

Line 27, 28에서는 클래스 A를 사용하여 메소드 incr()을 호출하고, A.data, a.data, b.data를 함께 비교하고 있다. 그림 8.21에서 확인할 수 있는 것과 같이 A.data, a.data, b.data는 모두 동일한 값을 가지는 것을 확인할 수 있으며, 정적 메소드를 사용하여 클래스 및 모든 인스탄스들이 공유하는 정보를 관리할 수 있다는 점을 이해할 수 있다.

```
# class A with staticmethod incr()
class A:
    data = 0 # class attribute
    @staticmethod
    def incr(value = 1): #static method
        A.data += value
        return A.data

print("A : ", A)
print("A.data : ", A.data) #
print("A.incr() : ", A.incr())
print("A.incr(10) : ", A.incr(10))

a = A()
b = A()

print("a : ", a)
print("a.data : ", a.data)
print("a.incr(50) : ", a.incr(50))
print("a.data : ", a.data)

print("b : ", b)
print("b.data : ", b.data)
print("b.incr(50) : ", b.incr(50))
print("a.data : ", a.data)

print("A.incr(10)", A.incr(10))
print("A.data ({}), a.data({}), b.data({})".format(A.data, a.data, b.data))
```

그림 8.20 정적 메소드 (static method) 설정 및 활용

```
A :  <class '__main__.A'>
A.data :  0
A.incr() :  1
A.incr(10) :  11
a :  <__main__.A object at 0x02B6DA70>
a.data :  11
a.incr(50) :  61
a.data :  61
b :  <__main__.A object at 0x02C67950>
b.data :  61
b.incr(50) :  111
a.data :  111
A.incr(10) 121
A.data (121), a.data(121), b.data(121)
```

그림 8.21 정적 메소드 (static method) 설정 및 활용 결과

8.4.3 정적메소드 (Static Method)의 동적 추가

그림 8.22는 정적 메소드를 setattr(클래스 이름, 함수이름 문자열, staticmethod(함수이름))을 사용하여 동적으로 추가하는 방법을 보여준다. Line 3~5에서 incr() 함수를 선언하며, line 6~7에서 클래스 A를 선언하고, 클래스 속성으로 data를 선언하며 초기값으로 0을 설정한다. Line 11~29에서의 프로그램 실행은 그림 8.18 line 14~28과 동일한 내용

을 수행하며 그림 8.23의 출력결과도 그림 8.21과 동일한 것을 알 수 있다.

```
# class A with dynamically included staticmethod incr()

def incr(value = 1): #function to be dynamically included as static method
    A.data += value
    return A.data
class A:
    data = 0

setattr(A, 'incr', staticmethod(incr))

print("A : ", A)
print("A.incr() : ", A.incr())
print("A.data : ", A.data)
print("A.incr(10) : ", A.incr(10))

a = A()
b = A()
print("a : ", a)
print("a.data : ", a.data)
print("a.incr(50) : ", a.incr(50))
print("a.data : ", a.data)

print("b : ", b)
print("b.data : ", b.data)
print("b.incr(50) : ", b.incr(50))
print("a.data : ", a.data)

print("A.incr(10)", A.incr(10))
print("A.data ({}), a.data({}), b.data({})".format(A.data, a.data, b.data))
```

그림 8.22 static method의 동적 추가 및 실행

```
A :  <class '__main__.A'>
A.incr() :  1
A.data :  1
A.incr(10) :  11
a :  <__main__.A object at 0x02C67950>
a.data :  11
a.incr(50) :  61
a.data :  61
b :  <__main__.A object at 0x02C67AB0>
b.data :  61
b.incr(50) :  111
a.data :  111
A.incr(10) 121
A.data (121), a.data(121), b.data(121)
```

그림 8.23 static method의 동적 추가 및 실행 결과

파이썬 클래스의 정적 메소드는 setattr() 함수를 사용하여 동적으로 추가할 수 있으며, setattr() 함수에 지정된 함수를 staticmethod()로 설정하여 추가하는 것을 알 수 있다. 앞에서도 설명한 것과 같이 정적 메소드는 클래스와 클래스의 인스턴스들이 모두 공유하는 클래스 속성을 관리할 수 있는 방법을 제공한다.

8.5 연산자(operator)와 연산자 오버로딩 (operator overloading)

파이썬 수학 계산 프로그램에서 많이 사용되는 덧셈 (+), 뺄셈 (−), 곱셈(*), 나눗셈(/ 또는 //), 모듈로 (%) 등의 연산자를 사용자가 직접 설계하고 구현한 클래스에 사용할 수 있게 하면 응용 프로그램을 매우 쉽게 구성할 수 있고 사용에서도 편리한 장점을 제공한다. 예를 들어 파이썬에서 기본적으로 제공하지 않는 클래스를 구현할 때 이 클래스의 인스탄스들이 +, −, * 등의 연산자를 사용하여 쉽게 응용 프로그램을 구성할 수 있게 하는 것이다.

객체 지향형 프로그래밍 기능을 지원하는 파이썬 프로그래밍에서는 연산자 오버로딩 기능을 지원하며, 이를 사용하여 사용자 편의성이 증대된 파이썬 프로그램을 구현하고 편리하게 활용할 수 있다.

8.5.1 연산자와 연산자 구현 method

파이썬 프로그램에서 기본적으로 제공되는 연산자는 표 8.5에서 보여주며, 새롭게 구현되는 클래스에서 이 연산자를 사용할 수 있게 지원하기 위해서는 연산자 오버로딩 함수를 그 클래스의 멤버함수로 구현하여야 한다. 연산자 오버로딩 함수에 전달되는 인수로는 self와 other가 전달되는데, 덧셈 연산 a+b의 경우 객체 a의 __add__(self, other) 함수가 호출되며, 객체 a가 self로 전달되고, 객체 b가 other로 전달된다.

표 8.5 Binary Arithmetic Operator

연산자	연산자 오버로딩 함수	설명
+	__add__(self, other)	v3 = v1 + v2
-	__sub__(self, other)	v3 = v1 - v2
*	__mul__(self, other)	v3 = v1 * v2
@	__matmul__(self, other)	matrix multiplication
/	__truediv__(self, other)	실수 나눗셈
//	_floordiv__(self, other)	정수 나눗셈 (소수점 이하 버림)
%	__mod__(self, other)	모듈로 계산 (나눗셈 후 나머지만 사용)
divmod()	__divmod__(self, other)	provides quotient and remainder
**, pow()	__pow__(self, other[, modulo])	power
<<	__lshift__(self, other)	비트단위로 왼쪽 자리 옮김
>>	__rshift__(self, other)	비트단위로 오른쪽 자리 옮김
&	__and__(self, other)	비트단위 AND
^	__xor__(self, other)	비트단위 배다적 OR
|	__or__(self, other)	비트단위 OR

표 8.5의 연산자 중 행렬 (matrix) 곱셈 연산자인 '@'는 2차원 배열 또는 리스트가 전달되는 경우이며 내부적으로 3중 반복문으로 구현되는 함수이다. 파이썬 기본 제공 클래스 이외의 클래스를 구현하면서 연산자 오버로딩 함수를 제공할 때 그 함수의 기능을 가장 잘 표현하는 연산자를 선정하여야 한다. 특히 수학 공식에서 많이 사용되는 의미를 새롭게 구현되는 클래스에서도 잘 적용할 수 있는 연산자를 사용하여야 한다.

8.5.2 class Cmplx

그림 8.24는 연산자 오버로딩 구현 방법을 예제 프로그램으로 설명하기 위하여 복소수를 클래스로 구현하며 덧셈(+), 뺄셈(−), 곱셈(*) 연산자를 위한 함수 오버로딩을 구현하는 예를 보여준다. Line 3에서 클래스 Cmplx를 선언하며, line 4~6에서 복소수에서 사용하는 실수부와 허수부 값을 저장하기 위하여 인스턴스 속성으로 real(실수부)와 imag(허수부)를 선언하고, 초기값으로 인수로 전달된 real과 imag 값으로 설정한다.

```
 1 : # class Cmplx with operator overloading (+, -, *)
 2 :
 3 : class Cmplx:
 4 :     def __init__(self, real = 0.0, imag = 0.0):
 5 :         self.real = real
 6 :         self.imag = imag
 7 :     def __add__(self, other):
 8 :         r = self.real + other.real
 9 :         i = self.imag + other.imag
10 :         return Cmplx(r, i)
11 :     def __sub__(self, other):
12 :         r = self.real - other.real
13 :         i = self.imag - other.imag
14 :         return Cmplx(r, i)
15 :     def __mul__(self, other):
16 :         r = self.real * other.real - self.imag * other.imag
17 :         i = self.real * other.imag + self.imag * other.real
18 :         return Cmplx(r, i)
19 :     def __str__(self):
20 :         s = "Cmplx({:>8.4}, {:>8.4})".format(self.real, self.imag)
21 :         return s
22 :
23 : c1 = Cmplx(1.51, 2.22)
24 : c2 = Cmplx(3.83, 4.74)
25 : c3 = c1 - c2
26 : c4 = c1 + c2
27 : c5 = c1 * c2
28 :
29 : print("c1 : ", c1)
30 : print("c2 : ", c2)
31 : print("c3 : ", c3)
32 : print("c4 : ", c4)
33 : print("c5 : ", c5)
```

그림 8.24 class Cmplx 및 연산자 오버로딩 구현

Line 7~10에서는 덧셈 계산을 위한 '+' 연산자의 오버로딩 함수 __add__(self, other) 함수를 구현하며, 복소수의 계산 공식에 따라 실수부와 허수부를 각각 분리하여 계산한 후, 결과값을 사용하여 복소수 인스턴스를 생성한 후 반환한다. Line 11~13에서는 복소수 뺄셈 계산에서 사용되는 '−' 연산자의 오버로딩 함수 __sub__(self, other) 함수를 구현하며, 실수부와 허수부에 대한 값을 각각 뺄셈으로 계산하여 결과 값을 복소수 인스턴스로 반환한다.

Line 15~18에서의 곱셈에서도 복소수 곱셈 공식에 따라 계산을 한 후 결과값을 class Cmplx의 인스탄스로 생성하여 반환한다.

Line 23~24에서 class Cmplx의 인스탄스 c1과 c2를 초기값을 설정하여 생성하며, line 25~27에서 덧셈, 뺄셈, 곱셈 연산을 '+', '−', '*' 연산자를 사용하여 계산하고, 그 결과를 line 29~33에서 출력한다. class Cmplx를 사용한 복소수 계산의 결과는 그림 8.25에서 확인할 수 있다.

```
c1 :  Cmplx(    1.51,      2.22)
c2 :  Cmplx(    3.83,      4.74)
c3 :  Cmplx(   -2.32,     -2.52)
c4 :  Cmplx(    5.34,      6.96)
c5 :  Cmplx(   -4.74,     15.66)
```

그림 8.25 class Cmplx 및 연산자 오버로딩 구현 결과

8.5.3 첨가산술대입 (Augmented Arithmetic Assignment)

첨가산술대입 (augmented arithmetic assignment)은 덧셈, 뺄셈 등의 연산과 함께 대입 (assignment)을 실행하는 연산을 의미한다. 예를 들어 a = a + b의 연산을 줄여서 a += b로 표현할 때 "+= " 연산자가 첨가 산술 대입 연산자이다. 첨가 산술 연산자를 직접 구현한 클래스에서 사용할 수 있게 하기 위해서는 표 8.6에서 보여주는 해당 첨가 산술 대입 연산자 오버로딩 함수를 구현하여야 한다.

표 8.6 Augmented Arithmeic Assignment

첨가 산술 대입 연산자	연산자 오버로딩 함수	설명
+=	__iadd__(self, other)	v1 += v2
-=	__isub__(self, other)	v1 -= v2
*=	__imul__(self, other)	v1 *= v2
@=	__imatmul__(self, other)	M1 @= M2
/=	__itruediv__(self, other)	a = a / b
//=	__ifloordiv__(self, other)	a = a // b
%=	__imod__(self, other)	n = n % m
**=	__ipow__(self, other[, modulo])	x = x ** n
<<=	__ilshift__(self, other)	b = b << n
>>=	__irshift__(self, other)	b = b >> n
&=	__iand__(self, other)	a = a & b
^=	__ixor__(self, other)	a = a^b
|=	__ior__(self, other)	a = a | b

그림 8.26은 그림 8.22에서 구현한 복소수 연산용 class Cmplx에 첨가 산술 대입기능을 구현한 예를 보여준다. 그림 8.22와 같은 구조로 구현되나 단지 계산된 결과를 self.real과 self.imag에 대입시키는 기능으로 구현되어 있다. Line 32~34에서 첨가 산술 대입 연

산을 실행한 결과는 line 36~38에서 출력한 결과로 그림 8.27에서 확인할 수 있다.

```
1 : # class Cmplx with operator overloading (+=, -=, *=)
2 : class Cmplx:
3 :     def __init__(self, real = 0.0, imag = 0.0):
4 :         self.real = real
5 :         self.imag = imag
6 :     def __iadd__(self, other):
7 :         self.real = self.real + other.real
8 :         self.imag = self.imag + other.imag
9 :         return Cmplx(self.real, self.imag)
10 :     def __isub__(self, other):
11 :         self.real = self.real - other.real
12 :         self.imag = self.imag - other.imag
13 :         return Cmplx(self.real, self.imag)
14 :     def __imul__(self, other):
15 :         r = self.real * other.real - self.imag * other.imag
16 :         im = self.real * other.imag + self.imag * other.real
17 :         self.real, self.imag = r, im
18 :         return Cmplx(self.real, self.imag)
19 :     def __str__(self):
20 :         s = "Cmplx({:>3}, {:>3})".format(self.real, self.imag)
21 :         return s
22 :
23 : c1 = Cmplx(1, 2)
24 : c2 = Cmplx(3, 4)
25 :
26 : print("c1 : ", c1)
27 : print("c2 : ", c2)
28 : c3 = c4 = c5 = c1
29 :
30 : print("c3 = {}, c4 = {}, c5 = {}".format(c3, c4, c5))
31 :
32 : c3 += c2
33 : c4 -= c2
34 : c5 *= c2
35 :
36 : print("c3 += c2; c3 = ", c3)
37 : print("c4 -= c2; c4 = ", c4)
38 : print("c5 *= c2; c5 = ", c5)
```

그림 8.26 첨가 산술 대입 (augmented arithmetic assignment) 예제

```
c1 :  Cmplx(  1,   2)
c2 :  Cmplx(  3,   4)
c3 = Cmplx(  1,   2), c4 = Cmplx(  1,   2), c5 = Cmplx(  1,   2)
c3 += c2; c3 =  Cmplx(  4,   6)
c4 -= c2; c4 =  Cmplx(  1,   2)
c5 *= c2; c5 =  Cmplx( -5,  10)
```

그림 8.27 첨가 산술 대입 (augmented arithmetic assignment) 예제 실행 결과

8.5.4 비교 연산자 (Comparison Operator)

파이썬 프로그램에서 클래스 인스탄스들 간에 상대적인 크기를 비교하여 결과에 따라 다른 처리 기능을 실행하게 해야 하는 경우가 많이 있다. 이 때 비교 연산자를 사용할 수 있으면 응용 프로그램을 매우 간결하게 표현할 수 있다. 표 8.7은 비교연산에서 사용가능한 연산자들을 열거하고, 이들을 구현하기 위한 연산자 오버로딩 함수를 열거하고 있다.

표 8.7 비교연산자 (Comparison Operator)

비교연산자	연산자 오버로딩	remark
<	__lt__(self, other)	v1 <v2
<=	__le__(self, other)	v1 <= v2
==	__eq__(self, other)	v1 == v2
!=	__ne__(self, other)	if not define, (not)(__eq__(self, other))
>	__gt__(self, other)	if not defined, (not)(__lt__(self, other))
>=	__ge__(self, other)	if not defined, (not)(__le__(self, other))

(1) class Date와 비교연산자 오버로딩 구현

연월일 정보를 가지는 날짜를 파이썬 클래스 class Date로 구현하고, 비교 연산자를 사용할 수 있도록 연산자 오버로딩 기능을 구현한 예를 그림 8.28에서 볼 수 있다. class Date의 인스탄스 간의 비교는 항상 연도, 월, 일 순서로 비교하여 앞 순서의 항목에서 차이가 있는 경우 나머지 항목들의 값과 상관없이 비교 결과를 결정한다. 예를 들어 두 개의 날짜를 비교할 때 연도가 앞서면 해당 날짜가 작은 것으로 판단되며, 연도가 동일하면 월을 기준으로 판단하고, 연도와 월이 동일하면 일자로 판단하게 된다.

Line 45~48에서 4개의 날짜 d1~d4를 생성하고, 이들 간의 상대적 크기 비교를 line 51~56에서 수행하며, 결과는 그림 8.29에서 보는 것과 같다.

```
 1 : # class Date with operator overloading
 2 :
 3 : class Date:
 4 :     def __init__(self, y=1, m=1, d=1):
 5 :         self.year = y
 6 :         self.month=m
 7 :         self.day=d
 8 :     def __str__(self):
 9 :         s = "Date({:>4}-{:>02d}-{:>02d})".format(self.year, self.month, self.day)
10 :         return s
11 :     def __eq__(self, other):
12 :         if self.year != other.year:
13 :             return False
14 :         elif self.month != other.month:
15 :             return False
16 :         elif self.day != other.day:
17 :             return False
18 :         else:
19 :             return True
```

그림 8.28 class Date와 비교 연산 오버로딩 구현 (part 1)

```
    def __lt__(self, other):
        if self.__eq__(other):
            return False
        elif self.year < other.year:
            return True
        elif self.year > other.year:
            return False
        elif self.year == other.year and self.month < other.month:
            return True
        elif self.year == other.year and self.month > other.month:
            return False
        elif self.year == other.year and self.month == other.month and self.day < other.day:
            return True
        elif self.year == other.year and self.month == other.month and self.day > other.day:
            return False
        else:
            return False
    def __le__(self, other):
        if self.__eq__(other):
            return True
        elif self.__lt__(other):
            return True
        else:
            return False

d1 = Date(2019, 7, 27)
d2 = Date(2019, 12, 25)
d3 = Date(2019, 12, 31)
d4 = Date(2019, 12, 25)
#print("d1 : ", d1)
#print("d2 : ", d2)
if d1 < d2:
    print(d1, "is less than", d2)
if d3 > d2:
    print(d3, "is greater than", d2)
if d2 == d4:
    print(d2, "is equal to", d4)
```

그림 8.28 class Date와 비교 연산 오버로딩 구현 (part 2)

```
>>>
 RESTART: C:/YTK-Progs/2019-8 Book (Python)/ch 7 O-O
h operator overloading.py
Date(2019-07-27)  is less than  Date(2019-12-25)
Date(2019-12-31)  is greater than  Date(2019-12-25)
Date(2019-12-25)  is equal to  Date(2019-12-25)
>>>
```

그림 8.29 class Date와 비교 연산 오버로딩 연산 실행 결과

8.6 파이썬 클래스의 상속 (inheritance)

8.6.1 상속이란

자연계에서는 대부분의 경우 상속 (inheritance)이라는 메커니즘으로 부모가 가진 우성 형질을 자식들이 물려받고, 이를 개선하여 다음 세대에 전달함으로써 더욱 우수한 재능과 품질로 발전할 수 있도록 진화하고 있다. 사람들은 부모로부터 재산을 상속받기 이전에 태어날 때부터 부모의 생물학적 유전 형질 일부를 상속받는다. 상속이 제공하는 큰 장점은 부모 세대 및 그 이전 조상들이 겪었던 모든 상황을 동일한 기간 동안 시행착오를 거칠 필요 없이 자연 환경에 가장 적합한 장점들을 우성 형질로 전달받고 이를 개선하여 다시 후대에 전달하여 줌으로써 후손들이 짧은 시간에 큰 시행착오 없이 더 우수한 재능과 품질을 가질 수 있게 한다.

대규모 소프트웨어 개발에서도 상속의 개념을 잘 활용하면 기존에 개발되었던 소프트웨어 모듈들의 장점들을 잘 활용하고, 오랜 기간 동안 다양한 환경과 조건에서 검증된 모듈을 사용할 수 있어 추가적인 시행착오 없이 더 우수한 기능과 품질을 짧은 시간 내에 달성할 수 있게 된다. C++ 객체 지향형 프로그래밍에서는 상속 개념을 도입함으로써 소프트웨어 개발 기간과 개발 비용을 줄일 수 있게 하였으며, 이미 개발되어 다양한 검증을 거친 소프트웨어를 체계적으로 재활용할 수 있도록 하고 있다.

객체 지향형 프로그래밍에서 다수의 클래스를 설계 및 구현해야 할 때, 상속 개념을 잘 활용하면 개발 기간과 개발 비용을 줄일 수 있다. 즉, 다수의 클래스가 가지는 특성을 잘 분석하여 공통적인 속성을 가진 항목을 별도의 공통 클래스로 정의하여 개발하고, 그 공통 클래스를 사용할 수 있는 클래스들을 개발하면 동일한 내용을 각 클래스마다 중복해서 개발할 필요가 없고, 이 공통 클래스의 기능이나 구현 방법이 변경되면 이를 즉시 다른 클래스에서 별도의 변경 작업 없이 사용할 수 있게 된다.

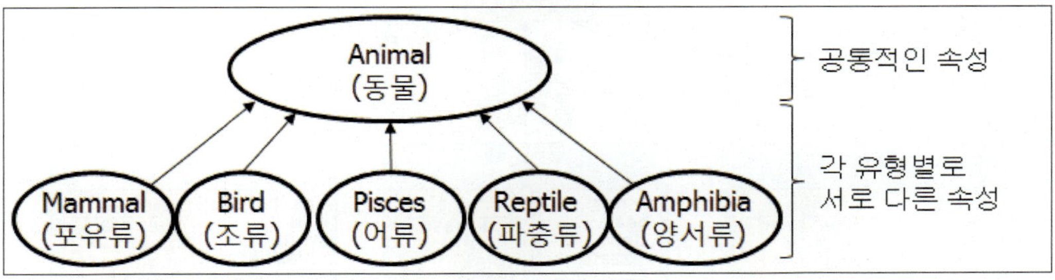

그림 8.30 공통적인 속성을 가지는 정보 모델링

예를 들어 동물에 관련된 정보 처리를 위한 소프트웨어 시스템을 개발한다고 할 때, 그림 8.30에서 보는 것과 같이 동물의 다양한 분류 (예: 포유류, 조류, 어류, 양서류, 파충류 등)별로 특성이 다르기 때문에 각각 개발하여야 하는데, 이들이 공통적으로 모두 척추, 눈, 손발과 다리 (지느러미), 혈액 등을 가진다는 특성이 있기 때문에 이 점을 잘 활용할 수 있다. 실제 동물들을 위한 클래스 설계에서는 우선 모든 동물들이 가지는 공통적인 특성을 동물

(animal) 클래스로 설계하고, 서로 특성이 다른 동물 유형에 따라 포유류(mammal), 조류(bird),어류 (pisces), 파충류(reptile), 양서류(amphibia) 클래스로 각각 설계하며, 이들 유형별 동물 클래스가 공동적으로 동물 클래스를 사용할 수 있게 함으로써 중복 개발을 방지하고, 개발 기간과 비용을 줄일 수 있을 것이다.

8.6.2 is-a와 has-a의 관계

상속관계를 가지는 클래스를 설계할 때 중요한 점이 공통적인 속성을 잘 파악하여 별도의 공통 클래스로 분리시킬 수 있어야 하는 것이다. 예를 들어 그림 8.30의 동물과 유형별 동물의 정보를 분리하여 설계하였다면, class Animal은 class Mammal, class Bird, class Pisces 등이 공통적으로 사용하는 속성을 가지도록 설계하여야 한다는 것이다. 그리고 이들 간에는 "is−a" 의 관계가 성립되는데, 예를 들어 "포유류는 동물이다" 라고 정의할 수 있으며, 이는 "조류나 어류도 동물이다." 라고도 정의할 수 있다. 그러나 반대 방향으로의 정의는 할 수 없다. 예를 들어 "동물은 포유류이다." 라고는 정의할 수 없으며, 이는 동물에는 포유류 이외에 조류나 어류 등이 있기 때문이다.

클래스에는 "has−a" 의 관계도 정의할 수 있다. 예를 들어 "동물은 눈, 척추, 다리, 혈액을 가진다." 라고 정의할 수 있다. 이 has−a 관계는 클래스를 설계할 때 그 클래스가 가지는 속성을 표현하기 위한 데이터 멤버가 정의되고, "클래스는 속성을 나타내는 데이터 멤버들을 가진다." 라고 정의할 수 있는 것이다.

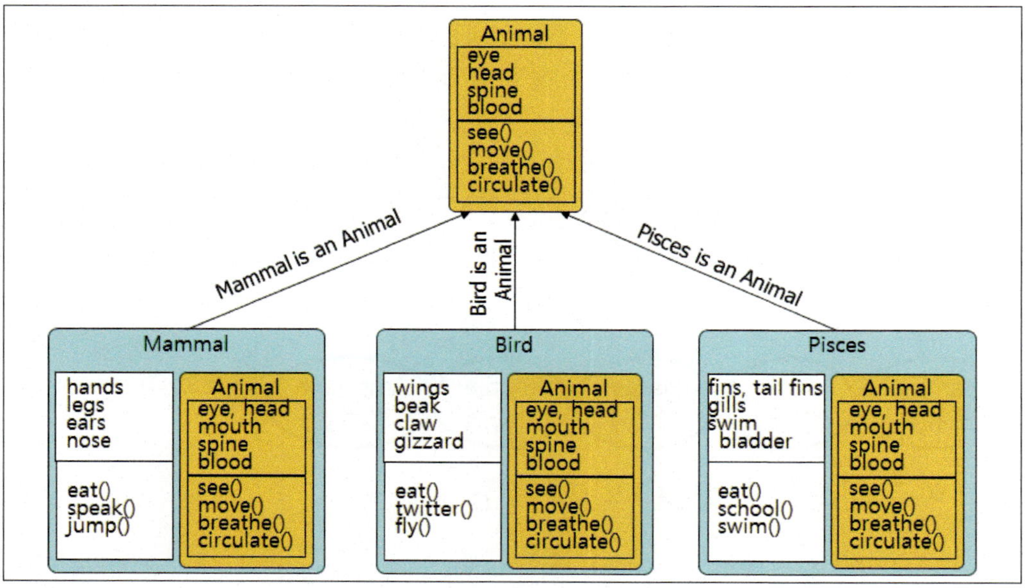

그림 8.31 Animal, Mammal, Bird, Pisces들의 속성 관계와 "is-a" 관계

그림 8.31에서 동물 (animal), 포유류 (mammal), 조류 (bird), 어류 (pisces)간의 속성 관계와 "is−a" 관계를 그림으로 나타내고 있다. 동물에는 기본적으로 눈, 머리, 척

추, 혈액의 속성이 멤버 데이터로 있으며, 멤버 함수로 눈으로 보고, 움직이며, 숨쉬고, 혈액을 순환시킬 수 있다. 포유류는 동물이 가지는 기본적인 속성을 모두 가지며, 추가적으로 손 또는 발, 귀, 코를 가지며, 먹고 말하며(또는 울음소리를 내며), 달릴 수 있다.

조류는 동물의 모든 기본 속성을 모두 가지며, 추가적으로 날개, 부리, 발톱, 모래주머니를 추가적인 속성으로 가지고, 먹이를 먹고, 재잘거리며(twitter), 날 수 있다. 어류 역시 동물의 기본적인 속성을 모두 가지며, 추가적으로 지느러미와 꼬리지느러미를 가지고, 아가미(gills)와 부레 (swim bladder)를 가진다. 그리고 어류는 먹이를 먹을 수 있고, 떼지어 다니며(school), 헤엄 (swim) 칠 수 있다.

그림 8.31에서 "is-a" 관계를 살펴보면 동물은 포유류, 조류, 어류에 공통적으로 적용되는 기본 속성을 가지고 있다. 따라서 "포유류는 동물이다." 라고 정의할 수 있으며, 마찬가지로 "조류는 동물이다." 와 "어류는 동물이다." 역시 가능하다. 그러나 반대 개념으로 "동물은 포유류이다." 라고는 정의할 수 없으며, 그 이유로 동물에는 조류와 어류 등이 함께 포함되기 때문이다.

그림 8.32는 사람을 나타내는 class Person과 학생을 나타내는 class Student 및 직원을 나타내는 class Employee의 관계에서 "is-a" 관계가 있는 것을 설명하고 있다. 우선 학생과 직원 모두 사람이며, 사람의 속성은 학생과 직원 모두에게 적용될 수 있으므로 별도의 클래스로 구현하여 class Person의 소프트웨어 모듈을 재활용 할 수 있도록 한다. 이러한 관계에서 "학생은 사람이다" 와 "직원은 사람이다" 로 정의할 수 있는 것이다.

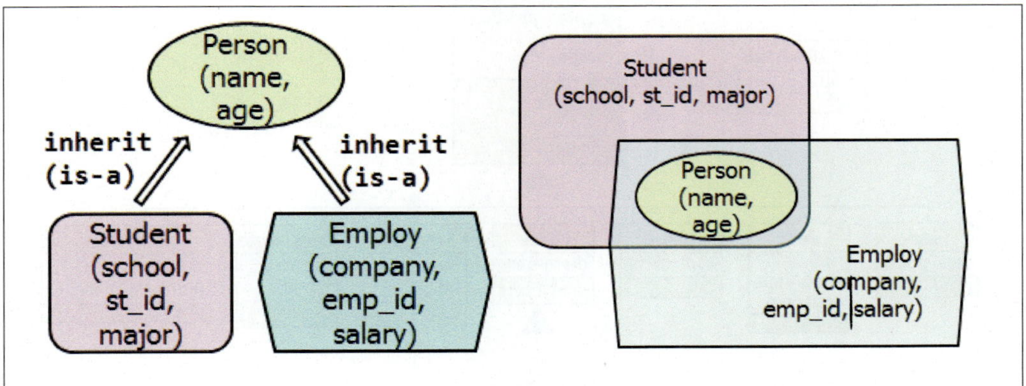

(a) Inheritance of Class (b) 상속된 클래스의 Attribute

그림 8.32 Person, Student, Employee의 "is-a" 관계

그림 8.32 (b)는 상속된 클래스로부터 생성되는 인스탄스에는 부모 클래스의 속성이 모두 포함되어 있다는 점을 강조하여 보여주고 있다. 즉, class Student의 인스탄스에는 class Person의 속성인 name과 age가 포함되어 있으며, class Employee의 인스탄스에도 class Person의 속성인 name과 age가 함께 포함되어 있는 것이다. 물론 상속된 클래스에는 부모 클래스의 공통적인 속성에 추가된 항목들이 클래스 속성 또는 인스탄스 속성으로 추가되며, 이를 통하여 좀 더 세부적으로 분류되는 특성들을 갖추게 된다.

8.6.3 다단계 계층적 상속의 예

상속관계는 다단계에 걸친 계층적 상속관계로 발전할 수 있어 체계적인 소프트웨어 재활용 및 관리를 할 수 있다. 그림 8.31은 컴퓨터 화면에 도형을 표시할 때 사용할 수 있는 다양한 클래스를 계층적 상속관계로 정의하고 있다. 이 계층적 상속관계에서는 가장 기본적으로 모든 도형에 공통적으로 적용할 수 있는 정보 (도형의 중심 위치, 선 색깔, 채우기 색깔, 선 굵기)와 공통 멤버 함수 (도형 이동, 도형 선정, 회전, 도형 그리기 등)를 포함하는 class Shape이 정의되어 있다. class Diagram은 다수의 class Shape들이 포함되는 도형의 집합으로 정의된다.

다단계 계층적 상속의 관계에서 상위 클래스는 하위 클래스들에게 공통적으로 사용되는 속성들을 담당하도록 설계하며, 공통적 속성을 관리하는 기능을 다수의 하위 클래스에서 활용할 수 있게 함으로써 상위 클래스를 구현한 소프트웨어 모듈들이 많이 재활용될 수 있게 한다.

class Shape을 상속 받아 생성되는 클래스로는 선으로 표현되는 Line, Arc, Spline과 함께 2차원 평면상에 표현되는 도형들인 Circle, Triangle, Rectangle, Polygon등이 있고, 이 평면상의 도형들을 상속 받고 높이 (height)를 추가하여 생성되는 3차원 공간상의 도형인 Cylinder, Prism, Pillar, Polygon_Pillar 등이 정의된다.

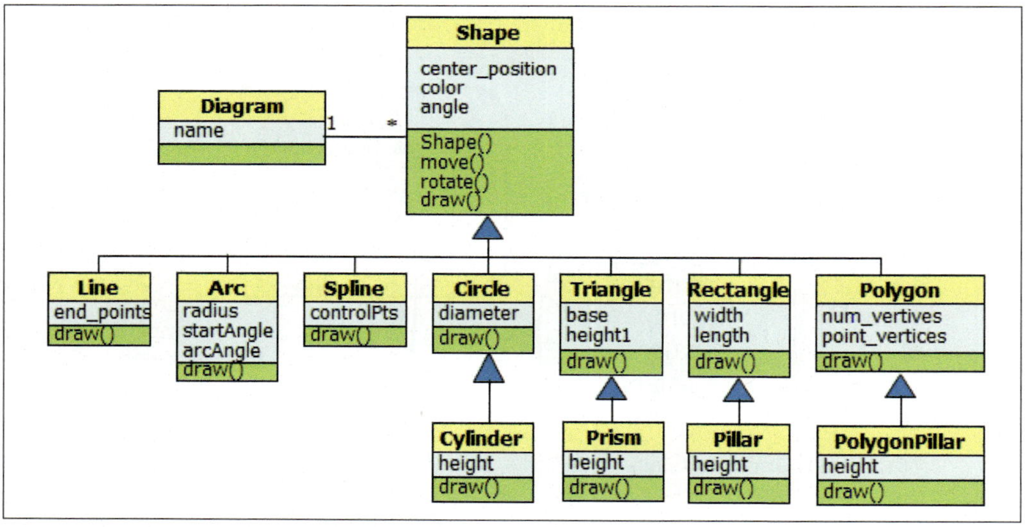

그림 8.33 다단계 계층적 상속의 예

이 계층적 상속관계의 예에서 class Cylinder (원기둥)의 경우 데이터 멤버로 자신이 정의한 height와 함께 부모 클래스가 정의한 diameter, center_position, line_color, brush_color, line_thickness 등이 포함된다. class Prism의 경우 부모 클래스인 class Triangle을 상속 받고 자신의 속성으로 height를 가진다. 즉 삼각형 도형에 높이를 추가함으로써 삼각기둥 (prism)이 생성되게 하는 것이다. class Pillar는 class Rectangle을 상속받아 height를 추가하고 있으며, class PolygonPillar는 class Polygon을 상속받고 height를 추가한다. 물론, class Cylinder, class Prism, class Pillar, class Polygon

은 내부적으로 조부모 클래스인 class Shape의 속성을 모두 포함하게 된다.

8.6.4 파이썬 클래스의 상속 - class Person, class Student, class Employee

그림 8.34는 파이썬 클래스 간 상속 기능을 사용하는 프로그램 예이다. Line 3~8에서 구현하고 있는 class Person은 그림 8.5와 그림 8.9에서 구현하였던 내용을 간략화하여 구현하고 있다. Line 10~18은 class Person을 상속받아 새롭게 만들어 지는 class Student이며, class Person의 속성인 name과 age에 추가하여 school, st_id, major를 인스탄스 속성으로 가진다. Line 11~15에서 class Student의 __init__() 함수를 구현하고 있다.

Line 12에서 부모 클래스인 class Person의 __init__() 함수를 호출하여 부모클래스의 인스탄스 속성을 초기화시킨다. 부모 클래스의 __init__() 함수는 자동적으로 호출되는 것이 아니며, 자식 클래스의 __init__() 함수가 실행될 때 부모클래스의 __init__() 함수를 명시적으로 호출하여 부모 클래스의 속성들을 생성하고 초기화할 수 있도록 처리해야 한다.

그림 8.32 line 19~26에서는 class Person을 상속받아 생성하는 또 다른 class Employee를 구현하고 있으며, class Employee는 class Person의 인스탄스 속성인 name과 age에 추가하여 company와 salary를 인스탄스 속성으로 포함한다. class Employee의 __init__() 함수에서는 모 클래스의 속성을 포함하여 자신이 사용하는 모든 모든 속성 (name, age, company, salary) 정보를 인수로 전달받으며, line 21에서 부모 클래스인 class Person의 __init__() 함수를 호출하여 부모 클래스가 관리하는 속성들에 대한 초기화를 실행한다.

```
 1 : #Example of class inheritance in Python
 2 :
 3 : class Person(object):
 4 :     def __init__(self, name, age):
 5 :         self.name = name
 6 :         self.age = age
 7 :     def __str__(self):
 8 :         return "Person(name={}, age={})".format(self.name, self.age)
 9 :
10 : class Student(Person):
11 :     def __init__(self, name, age, school, st_id, major):
12 :         Person.__init__(self, name, age)
13 :         self.school = school
14 :         self.st_id = st_id
15 :         self.major = major
16 :     def __str__(self):
17 :         return "Student({}, {}, {}, {}, {})".\
18 :             format(self.name, self.age, self.school, self.st_id, self.major)
```

그림 8.34 class Person, class Student, class Employee (part 1)

Line 28~35에서는 class Person, class Student, class Employee의 인스탄스를 각각 생성한 후 print() 함수를 사용하여 출력하는 예를 보여준다. 클래스로 부터 인스탄스들을 생성한 후 print() 함수로 출력하기 위해서는 각 클래스의 멤버 함수로 __str__() 또는 __repr__() 함수가 구현되어 있어야 한다.

```
class Employee(Person):
    def __init__(self, name, age, company, salary):
        Person.__init__(self, name, age)
        self.company = company
        self.salary = salary
    def __str__(self):
        return "Employee({}, {}, {}, {})".\
            format(self.name, self.age, self.company, self.salary)

p1 = Person("Kim", 20)
print(p1)

p2 = Student("Park", 22, "Yeungnam Univ.", 12345, "Info & Comm Eng")
print(p2)

p3 = Employee("Hong", 25, "Samsung", 2500)
print(p3)
```

그림 8.34 class Person, class Student, class Employee (part 2)

```
>>>
 RESTART: C:\YTK-Progs\2019-8 Book (Python)\ch 7 O-O Progra
Person, Student, Employee).py
Person(name=Kim, age=20)
Student(Park, 22, Yeungnam Univ., 12345, Info & Comm Eng)
Employee(Hong, 25, Samsung, 2500)
>>>
```

그림 8.35 class Person, class Student, class Employee 생성 및 출력 결과

8.6.5 class Shape, class Circle, class Rectangle, class Triangle

그림 8.36은 도형에 관련된 클래스들을 파이썬으로 구현하며 class Shape을 부모클래스로 구현하여 도형의 공통적인 기본 정보들을 관리할 수 있도록 구현하는 예를 보여준다. Line 3~8에서 구현하고 있는 class Shape은 도형의 종류 (stype), 기준 좌표 (x, y), 색상을 인스탄스 속성으로 가진다. class Shape은 다양한 도형들의 공통적인 속성들을 가지며 별도로 출력할 필요가 없기 때문에 __str__() 함수는 구현되어 있지 않다.

Line 10~16은 class Shape을 상속받으며 원 (circle)에 관련된 정보를 관리하도록 class Circle을 구현하고 있다. class Circle은 class Shape의 인스탄스 속성에 추가하여 원의 반지름 (radius)을 인스탄스 속성으로 포함한다. class Circle의 초기화 기능을 구현하는 __init__() 함수에서는 먼저 부모 클래스인 class Shape의 초기화를 실행하기 위하여 line 12에서 Shape.__init__() 함수를 호출하며, class Shape의 인스탄스 속성들인 stype, x, y, color에 대한 초기값들을 인수로 전달하고, line 4~8에서 구현되어 있는 class Shape의 초기화 함수 __init__()가 설정하도록 한다.

Line 18~25는 직사각형 (rectangle)을 다루기 위하여 class Rectangle을 구현하고 있으며, class Shape의 인스탄스 속성 (stype, x, y, color)에 추가하여 직사각형의 가로 (width)와 세로 (length)를 인스탄스 속성으로 가진다. class Rectangle의 초기화를 위

한 __init__() 함수의 실행에서도 맨 먼저 부모 클래스인 class Shape의 __init__() 함수를 호출하여 기본적인 속성을 초기화 하도록 한다.

```
1 : #Python classes with inheritance
2 :
3 : class Shape:
4 :     def __init__(self, stype, x, y, color):
5 :         self.stype = stype #type
6 :         self.x = x #coordinate x of position
7 :         self.y = y #coordinate y of position
8 :         self.color = color
9 :
10 : class Circle(Shape):
11 :     def __init__(self, x, y, radius, color='black'):
12 :         Shape.__init__(self, "Circle", x, y, color)
13 :         self.radius = radius #radius of circle
14 :     def __str__(self):
15 :         return "a {} circle: [center=({}, {}), radius ={}]".\
16 :                format(self.color, self.x, self.y, self.radius)
17 : class Rectangle(Shape):
18 :     def __init__(self, x, y, width, length, color = 'black'):
19 :         Shape.__init__(self, "Rectangle", x, y, color)
20 :         self.width = width # width of rectangle
21 :         self.length = length # length of rectangle
22 :     def __str__(self):
23 :         return "a {} rectangle: [center=({}, {}), width ={}, length = {}]".\
24 :                format(self.color, self.x, self.y, self.width, self.length)
25 :
26 : class Triangle(Shape):
27 :     def __init__(self, x, y, base, height, color = 'black'):
28 :         Shape.__init__(self, "Triangle", x, y, color)
29 :         self.base = base # base of triangle
30 :         self.height = height # height of triangle
31 :     def __str__(self):
32 :         return "a {} triangle: [center=({}, {}), base ={}, height = {}]".\
33 :                format(self.color, self.x, self.y, self.base, self.height)
34 :
35 : s1 = Circle(0, 0, 100)
36 : print(s1)
37 :
38 : s2 = Rectangle(3, 4, 10, 20, 'Red')
39 : print(s2)
40 :
41 : s3 = Triangle(6, 7, 50, 25, 'Blue')
42 : print(s3)
```

그림 8.36 class Shape, class Circle, class Rectangle, class Triangle

Line 27~34에서는 삼각형 (triangle)을 관리하기 위하여 class Triangle을 구현하며, class Shape의 인스탄스 속성 (stype, x, y, color)에 추가하여 삼각형의 밑변 (base)와 높이 (height)를 인스탄스 속성으로 가진다. class Triangle의 초기화를 위한 __init__() 함수의 실행에서도 line 29에서 부모 클래스인 class Shape의 __init__() 함수를 호출하

여 도형의 기본적인 속성들을 초기화 하도록 한다.

Line 36~43에서는 class Circle, class Rectangle, class Triangle의 인스탄스 들의 해당 속성 값들을 클래스 생성자에게 인수로 전달하여 설정하며, 생성된 인스탄스들을 print() 함수를 사용하여 출력하는 예를 보여준다. 출력된 결과는 그림 8.37에서 볼 수 있다.

```
>>>
 RESTART: C:\YTK-Progs\2019-8 Book (Python)\ch 7 O-O Prog
Shape, Circle, Rectangle, Triangle.py
a black circle: [center=(0, 0), radius =100]
a Red rectangle: [center=(3, 4), width =10, length = 20]
a Blue triangle: [center=(6, 7), base =50, height = 25]
>>>
```

그림 8.37 class Shape, class Circle, class Rectangle, class Triangle의 인스탄스 생성 및 출력 결과

8.6.6 super(), __mro__ (method resolution order)

상속관계를 사용하여 구현되는 파이썬 클래스에서 부모클래스의 멤버 함수를 호출하는 방법으로 부모 클래스 이름을 직접 사용할 수도 있지만, super() 함수를 사용하여 부모 클래스의 속성을 사용할 수 있다. 그림 8.38 line 3~6에서는 class A를 기본 클래스로 구현하고 있으며 인스탄스 속성으로 id (식별자)를 가진다.

그림 8.38 line 8~12에서는 class A을 상속받는 class B를 구현하며, 인스탄스 속성으로 category를 가진다. class B의 __init__() 함수에서는 부모 클래스인 class A의 초기화 함수를 super().__init__(id)로 호출하며, 부모 클래스 속성의 초기화를 위하여 id를 전달한다.

Line 14~18에서는 class B를 상속받는 class C를 구현하며 인스탄스 속성으로 color를 가진다. class C의 생성 및 초기화 설정을 위하여 __init__() 멤버 함수가 구현되어 있으며, line 16에서 super().__init__(id, category)를 호출하여 부모클래스인 class B의 인스탄스 생성 및 초기화가 수행되게 하고, 이 과정에서 class B의 부모 클래스인 class A의 인스탄스 생성 및 초기화가 실행된다.

Line 20~24에서는 class C를 상속받는 class D가 구현되어 있으며, 인스탄스 속성으로 title을 가진다. class D의 인스탄스 생성 및 초기화를 위한 __init__() 멤버 함수에서도 부모 클래스의 인스탄스 생성 및 초기화를 위하여 line 22에서 super().__init__(id, category, color)를 호출하며, 부모클래스를 포함한 조상클래스 (ancestor class)들의 인스탄스 속성의 초기값을 인수로 전달한다.

파이썬 클래스가 계층적으로 다단계에 걸쳐 상속받을 때 이 클래스들의 상속관계를 mro (method resolution order) 속성을 출력하여 확인할 수 있다. 그림 8.38 line 26에서는 D.__mro__를 사용하여 class D의 상속관계를 출력하며, 결과는 그림 8.39에서 볼 수 있는 것과 같이 class D가 상속받는 계층적 순서 (class D -> class C -> class B, class A -> class object)를 차례로 열거하여 준다.

```
# Python class with inheritance, super(), __mro__ (method resolution order)

class A:
    def __init__(self, id=0):
        self.id = id
        print("class A's init() is invoked to initialize id")

class B(A):
    def __init__(self, id=0, category=''):
        super().__init__(id)
        self.category = category
        print("class B's init() is invoked to initialize category")

class C(B):
    def __init__(self, id=0, category='', color=''):
        super().__init__(id, category)
        self.color =  color
        print("class C's init() is invoked to initialize color")

class D(C):
    def __init__(self, id=0, category='', color='', title=''):
        super().__init__(id, category, color) #super(D, self).__init__()
        self.title = title
        print("class D's init() is invoked to initialize title")

print("D.__mro__ : ", D.__mro__)

myCar = D(123, 'car', 'blue', 'sport_car')
print("myCar.id : ", myCar.id)
print("myCar.category : ", myCar.category)
print("myCar.color : ", myCar.color)
print("myCar.title : ", myCar.title)
```

그림 8.38 super(), __mro__ 사용 예제 프로그램

```
>>> 
 RESTART: C:\YTK-Progs\2019-8 Book (Python)\ch 7 O-O Programmin
g, Class, Inheritance\Inheritance\8_3 Super built-in function.p
y
D.__mro__ :  (<class '__main__.D'>, <class '__main__.C'>, <clas
s '__main__.B'>, <class '__main__.A'>, <class 'object'>)
class A's init() is invoked to initialize id
class B's init() is invoked to initialize category
class C's init() is invoked to initialize color
class D's init() is invoked to initialize title
myCar.id :  123
myCar.category :  car
myCar.color :  blue
myCar.title :  sport_car
>>> 
```

그림 8.39 super(), __mro__ 사용 예제 프로그램 실행 결과

8.6.7 is-a, has-a 관계를 가지는 파이썬 클래스 – class vehicle, class Driver

객체 지향형 프로그램 설계 및 구현에서 사용되는 클래스들 간에는 상속관계 (inheritance relationship)와 함께 포함관계 (containment relationship)를 함께 가질 수 있다. 상속 관계에서는 다수의 클래스들이 공통적으로 가지는 속성을 부모 클래스로 정리하여 소프트웨어 재활용성을 높이고, 이를 기반으로 소프트웨어 개발 기간과 비용을 줄이며 효율적인 소프트웨어 모듈 관리 기능이 가능하도록 한다. 클래스의 포함관계는 어떤 클래스의 속성이 다른 클래스로 구현되어 있는 경우를 의미한다.

예를 들어 그림 8.40에서 class Vehicle은 class SportsCar와 class Bus의 부모 클래스의 상속관계를 가진다. 그런데 class Vehicle의 속성에는 class Engine과 class Driver가 포함되어 있고, class Driver는 class Person으로부터 상속받아 구현되는 클래스이다.

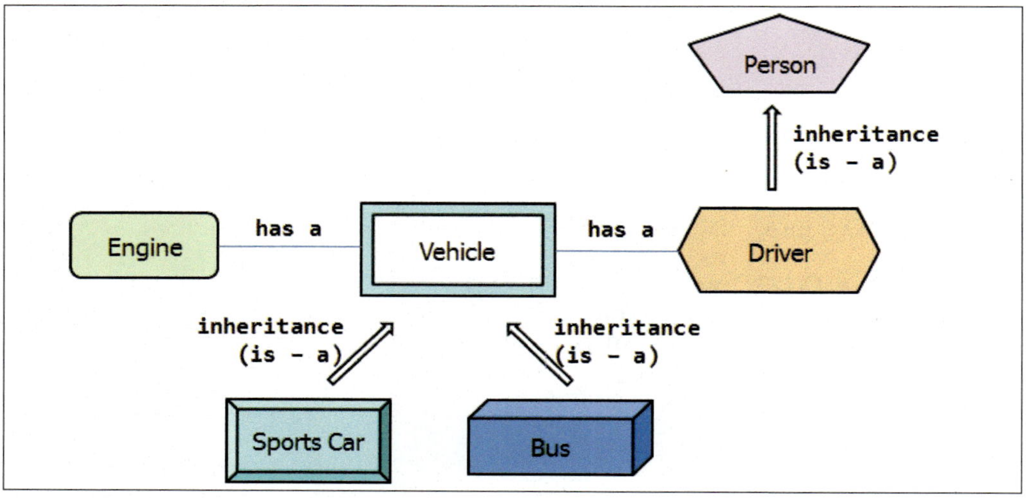

그림 8.40 클래스들 간의 is-a, has-a 관계 예시

그림 8.40에서 예를 들고 있는 클래스들의 관계에서 class Driver의 인스탄스 "is−a" class Person 인스탄스이며, class SportsCar 인스탄스 "is−a" class Vehicle 인스탄스이다. 아울러 class Bus 인스탄스 "is−a" class Vehicle 인스탄스이다. 즉, class Driver 인스탄스 내부에는 class Person의 속성을 포함하고 있으며, 추가적으로 class Driver의 추가적인 속성을 가지므로 부모 클래스와 "is−a" 관계를 가지는 것이다.

그러나 class Vehicle 인스탄스와 class Driver 인스탄스의 관계를 살펴보면 class Vehicle의 속성으로 class Driver 인스탄스가 포함되기는 하지만 class Vehicle 인스탄스 "is−not−a" class Driver 인스탄스가 된다. 즉 포함관계를 맞지만 상속관계는 아닌 것이다. 또한, class Vehicle 인스탄스 "is−not−a" class Engine 인스탄스의 관계를 가진다.

그림 8.41은 그림 8.38에서 설명하였던 상속관계와 포함관계를 가지는 클래스들을 구현

한 예를 보여준다. class Person은 name, age, job의 속성을 가지며, class Driver는 class Person을 상속받고, license_id의 속성을 가진다. class Engine은 etype, cc의 속성을 가진다.

```
 1 : # Python class inheritance, is_a vs has_a
 2 :
 3 : class Person:
 4 :     def __init__(self, name, age, job=None):
 5 :         self.name = name
 6 :         self.age = age
 7 :         self.job = job
 8 : class Driver(Person):
 9 :     def __init__(self, name, age, license_id):
10 :         super().__init__(name, age, 'Driver')
11 :         self.license_id = license_id
12 :     def __str__(self):
13 :         return "Driver {}({}, {}, {})".\
14 :                format(self.job, self.name, self.age, self.license_id)
15 : class Engine:
16 :     def __init__(self, etype, cc=1600):
17 :         self.etype = etype
18 :         self.cc = cc
19 :     def __str__(self):
20 :         return "Engine(etype={}, cc={})".\
21 :                format(self.etype, self.cc)
22 : class Vehicle:
23 :     def __init__(self, vtype, color, seats, engine, driver):
24 :         self.vtype = vtype
25 :         self.color = color
26 :         self.seats = seats
27 :         self.engine = engine
28 :         self.driver = driver
29 :     def __str__(self):
30 :         return "a {} vehicle: [vtype = {}, seats = {}, {}, {}]".\
31 :                format(self.color, self.vtype, self.seats,\
32 :                       str(self.engine), str(self.driver))
33 : class Car(Vehicle):
34 :     def __init__(self, color, engine=None, driver=None, seats=5):
35 :         super().__init__('Car', color, seats, engine,driver)
36 : class Bus(Vehicle):
37 :     def __init__(self, color, engine=None, driver=None,\
38 :                  seats=45, max_passengers=60):
39 :         super().__init__('Bus', color, seats, engine, driver)
40 :         self.max_passengers=max_passengers
41 : driver_Kim = Driver('Kim', 25, "2017-001")
42 : c1 = Car('red', Engine('Gasoline', 2500), driver_Kim, 5)
43 : print(c1)
```

그림 8.41 상속관계와 포함관계를 가지는 클래스 들의 구현 예 - class Person, class Driver, class Engine, class Vehicle, class Car, class Bus

class Vehicle은 vtype, color, seats, engine, driver의 속성을 가진다. class Car는 class Vehicle을 상속받으며, seats를 5로 설정한다. class Bus는 class Vehicle을 상속받으며, 추가적으로 max_passengers 속성을 가진다.

그림 8.41 line 41에서 class Driver의 인스턴스 driver_Kim을 생성하며, 초기값을

설정한다. Line 42에서는 class Car의 인스탄스 c1을 생성하며, driver 속성의 초기값으로 driver_Kim을 설정한다. 이렇게 생성된 c1의 속성 정보들은 print(c1)으로 출력하면 그림 8.42에서 확인할 수 있다.

```
>>>
 RESTART: C:\YTK-Progs\2019-8 Book (Python)\ch 7 O-O Programmin
g, Class, Inheritance\Inheritance\8_5 Class inheritance, Person
, Vehicle.py
a red vehicle: [vtype = Car, seats = 5, Engine(etype=Gasoline,
cc=2500), Driver Driver(Kim, 25, 2017-001)]
>>> .
```

그림 8.42 상속관계와 포함관계를 가지는 클래스들의 구현 결과

연습문제

8.1 다음 용어를 예를 들어 설명하라.
   1) 객체 지향형 프로그래밍
   2) 객체 (object)
   3) 접근자 (accessor)
   4) 변경자 (mutator)
   5) 인스탄스 (instance)
   6) 클래스 속성 (class attribute)
   7) 인스탄스 속성 (instance attribute)
   8) 클래스 메소드 (class method)
   9) 인스탄스 메소드 (instance method)
   10) 정적 메소드 (static method)
   11) 연산자 오버로딩 (operator overloading)
   12) 상속 (inheritance)

8.2 큰 규모의 소프트웨어 개발에서 고려하여야 하는 사항들에 대하여 설명하라.

8.3 객체 지향형 프로그래밍에서 제공하는 핵심적인 기능들에 대하여 설명하라.

8.4 클래스와 인스탄스의 관계를 예를 들어 설명하라.

8.5 연산자 오버로딩을 구현하는 방법에 대하여 설명하라

8.6 상속 개념을 사용하면 제공되는 장점에 대하여 설명하라.

실습문제

실습 8.1 문자열 자료형의 속성인 이름 (name)과 정수형 속성인 나이 (age)를 가지는 파이썬 클래스 Person을 구현하라. class Person의 생성자 (initiator) 및 name과 age의 접근자 (accessor)와 변경자 (mutator)를 구현하라.
(예시)

```
#Example of class Python
class Person:
    # 이 부분은 직접 구현 할 것

def printPersonList(L_persons):
    for p in L_persons:
        print("   ", p)
##########################################
#  Application

if __name__ == "__main__":
    persons = [
        Person("Kim", 21),
        Person("Lee", 22),
        Person("Park", 20),
        Person("Hong", 19),
        Person("Yoon", 23)
    ]
    print("persons : ")
    printPersonList(persons
```

```
persons :
   Person(Kim, 21)
   Person(Lee, 22)
   Person(Park, 20)
   Person(Hong, 19)
   Person(Yoon, 23)
```

실습 8.2 위 실습 8.1에서 구현한 class Person을 상속받는 class Student는 추가적인 속성으로 정수형의 학번 (student_id), 문자열의 전공명 (major), float64 실수형의 평균성적 (GPA)를 가진다. class Student의 생성자 (initiator) 및 관련 멤버 함수들을 구현하라.

(실행 예시)

```
class Student(Person):
    def__init__(self, name, age, st_id, major, gpa):
        Person.__init__(self, name, age)
        self.setMajor(major)
        self.setSTID(st_id)
        self.setGPA(gpa)
    # 필요한 멤버 함수들을 직접 구현할 것
    def __str__(self):
        return "Student({}, {}, {}, {}, {})".format(self.getName(),\
          self.getAge(), self.getSTID(), self.getMajor(), self.getGPA())
```

실습 8.3 10명의 학생 정보를 class Student로 생성하여 리스트에 포함시키고, 이 학생들을 이름 순, 학번 순, 성적 순으로 정렬하는 파이썬 프로그램을 작성하라.

(실행 예시)

```
students before sorting :
Student(Kim, 21, 12345, EE, 4.0)
Student(Lee, 22, 11234, ME, 4.2)
Student(Park, 20, 10234, ICE, 4.3)
Student(Hong, 19, 13123, CE, 4.1)
Student(Yoon, 23, 11321, ICE, 4.2)

students after sorting by name :
Student(Hong, 19, 13123, CE, 4.1)
Student(Kim, 21, 12345, EE, 4.0)
Student(Lee, 22, 11234, ME, 4.2)
Student(Park, 20, 10234, ICE, 4.3)
Student(Yoon, 23, 11321, ICE, 4.2)

students after sorting by student_id :
Student(Park, 20, 10234, ICE, 4.3)
Student(Lee, 22, 11234, ME, 4.2)
Student(Yoon, 23, 11321, ICE, 4.2)
Student(Kim, 21, 12345, EE, 4.0)
Student(Hong, 19, 13123, CE, 4.1)

students after sorting by GPA in decreasing order :
Student(Park, 20, 10234, ICE, 4.3)
Student(Lee, 22, 11234, ME, 4.2)
Student(Yoon, 23, 11321, ICE, 4.2)
Student(Hong, 19, 13123, CE, 4.1)
Student(Kim, 21, 12345, EE, 4.0)
```

실습 8.4 연(year), 월(month), 일(day)의 데이터 멤버를 가지는 class Date를 구현하라. 10개의 class Date 인스턴스들을 임의로 생성하여 리스트에 포함시킨 후, 이들을 오름차순으로 정렬하는 파이썬 프로그램을 작성하라.

(실행 예시)

```
#Example of class Date
class Date:
    def __init__(self, yr, mt, dy):
        self.setYear(yr)
        self.setMonth(mt)
        self.setDay(dy)
    def setYear(self, yr):
        self.year = yr
    # 필요한 멤버 함수들을 직접 구현할 것
    def getDay(self):
        return self.day
    def __lt__(self, other):
        # 이 부분 직접 구현할 것
    def __str__(self):
        return "({:2d}-{:2d}-{:2d})".format(self.getYear(), self.getMonth(),
          self.getDay())

def printDates(L_dates):
    for d in L_dates:
        print(d)
```

```
##########################################################

def main():
    dates = [
        Date(2000, 9, 15),
        Date(2020, 2, 29),
        Date(2020, 2, 30),
        Date(1997, 2, 20),
        Date(2001, 5, 2),
        Date(2001, 5, 1),
        Date(1999, 3, 1)
        ]
    print("dates before sorting : ")
    printDates(dates)

    dates.sort()
    print("\ndates after sorting : ")
    printDates(dates)

if __name__ == "__main__":
    main()
```

```
*** Error in date setting (2020, 2, 30)
dates before sorting :
(2000- 9-15)
(2020- 2-29)
(2020- 2- 1)
(1997- 2-20)
(2001- 5- 2)
(2001- 5- 1)
(1999- 3- 1)

dates after sorting :
(1997- 2-20)
(1999- 3- 1)
(2000- 9-15)
(2001- 5- 1)
(2001- 5- 2)
(2020- 2- 1)
(2020- 2-29)
```

실습 8.5 시(hour), 분(min), 초(sec)의 데이터 멤버를 가지는 class Time을 구현하라. 10개의 class Time 인스턴스들을 임의로 생성하여 리스트에 포함시킨 후, 이들을 오름차순으로 정렬하는 파이썬 프로그램을 작성하라.

(실행 예시)

```
#Example of class inheritance in Python
class Time:
    def __init__(self, hr, mn, sec):
        self.setHour(hr)
        self.setMinute(mn)
        self.setSecond(sec)
    # 필요한 멤버 함수를 직접 구현할 것
    def __lt__(self, other):
        # 이 부분은 직접 구현할 것
    def __str__(self):
        return "({:2d}:{:2d}:{:2d})".format(self.getHour(), self.getMinute(),
          self.getSecond())
```

```
def printTimes(L_times):
    for t in L_times:
        print(t)

#####################################################
def main():
    times = [
        Time(23, 59, 59),
        Time(9, 0, 5),
        Time(13, 30, 0),
        Time(3, 59, 59),
        Time(25, 60, 100)
        ]
    print("times before sorting : ")
    printTimes(times)

    times.sort()
    print("\ntimes after sorting : ")
    printTimes(times)

if __name__ == "__main__":
    main()
```

```
*** Error in setting time (hour: 25)
*** Error in setting time (minute: 60)
*** Error in setting time (second: 100)
times before sorting :
(23:59:59)
( 9: 0: 5)
(13:30: 0)
( 3:59:59)
( 0: 0: 0)

times after sorting :
( 0: 0: 0)
( 3:59:59)
( 9: 0: 5)
(13:30: 0)
(23:59:59)
```

실습 8.6 행렬 (matrix)의 생성 및 연산에 사용할 수 있는 class Mtrx를 구현하라. class Mtrx에는 초기화를 위한 __init__(self, name, n_row, n_col, lst_data), 출력을 위한 __str__(self), 덧셈 연산을 위한 __add__(self, other), 뺄셈을 위한 __sub__(self, other), 곱셈을 위한 __mul__(self, other) 함수를 포함하도록 하라.

행렬에 관련된 정보를 포함하는 파일로부터 행렬의 크기 (n_row, n_col)와 행렬 원소 (float형 실수 데이터)를 읽고, n_row, n_col, float_data_list를 반환하는 함수 fget_MtrxData(file_name)를 구현하라.

3 x 3 크기의 행렬에 관련된 정보를 포함하는 2개의 텍스트 파일 "Mtrx_A.txt"와 "Mtrx_B.txt"를 준비하라. 각 텍스트 파일에는 행렬의 크기 (n_row, n_col)와 행렬 원소 (float형 실수 데이터)를 포함도록 하라.

main() 함수에서 fget_MtrxData() 함수를 사용하여 파일 "Mtrx_A"와 "Mtrx_B"로부터 행렬의 크기 (n_row, n_col)와 행렬 원소 (float형 실수 데이터)를 각각 읽어 class Mtrx 인스턴스 mA와 mB을 생성하라. 생성된 mA와 mB를 print() 함수를 사용하여 출력하라.

준비된 mA와 mB의 덧셈, 뺄셈, 곱셈 연산을 수행하고 그 결과를 mC, mD, mE에 각각 저장하고, print() 함수를 사용하여 출력하라.

(실행 결과 예시)

```
3 3
1.0 2.0 3.0
7.0 3.0 5.0
4.0 3.0 9.0
```

(a) Mtrx_A.txt

```
3 3
1.0 0.0 0.
0.0 1.0 0.
0.0 0.0 1.
```

(b) Mtrx_B.txt

```
mA =
  1.00  2.00  3.00
  7.00  3.00  5.00
  4.00  3.00  9.00

mB =
  1.00  0.00  0.00
  0.00  1.00  0.00
  0.00  0.00  1.00

mC = mA + mB =
  2.00  2.00  3.00
  7.00  4.00  5.00
  4.00  3.0010.00

mD = mA - mB =
  0.00  2.00  3.00
  7.00  2.00  5.00
  4.00  3.00  8.00

mE = mA * mB =
  1.00  2.00  3.00
  7.00  3.00  5.00
  4.00  3.00  9.00
```

(c) 실행결과

9장 파일 입출력

학습목표

- 파이썬의 파일 입력과 출력 기능에 대한 이해
- 파이썬의 텍스트 파일의 입력과 출력 방법에 대한 이해
- 파이썬의 이진 파일 입력과 출력 방법에 대한 이해

개요

9.1 파일 입력과 출력

9.1.1 프로그램의 입력과 출력

대부분의 컴퓨터 프로그램 실행 과정은 그림 9.1에서 볼 수 있는 것처럼 필요한 데이터를 입력받고, 데이터의 유형이나 조건에 따라 사전에 계획되어 있는 알고리즘을 사용하여 데이터를 처리하며, 처리 결과를 화면에 출력, 파일/데이터베이스에 저장, 또는 인터넷을 통하여 다른 시스템으로 전달하는 기능을 수행하게 된다.

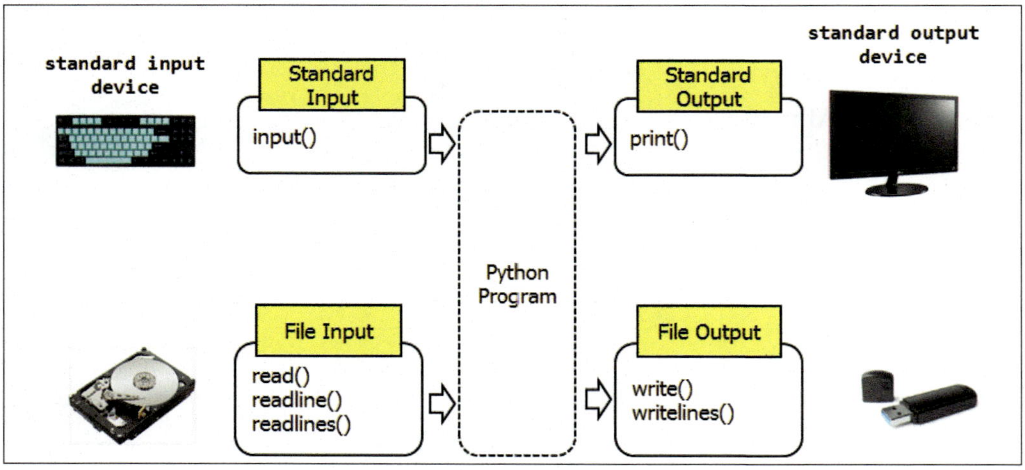

그림 9.1 컴퓨터 프로그램의 입력과 출력

사용자로 부터의 데이터의 입력은 가장 기본적인 입력장치인 키보드를 사용하여 입력하도록 하거나, 디스크에 저장되어 있는 파일을 읽어 데이터를 가져올 수 있다. 아울러, 다른 장

치에 있는 데이터를 통신 기능을 사용하여 전달받는 방법도 고려할 수 있다.

컴퓨터 프로그램의 실행 결과로 생성된 데이터는 화면으로 출력하거나 디스크에 파일 형태로 저장할 수 있다. 만약 컴퓨터 장치가 인터넷에 접속되어 있는 경우 통신 기능을 사용하여 다른 컴퓨터에 데이터를 전달할 수 있으며, 클라우드 컴퓨팅의 경우 대용량 컴퓨터에서 빅데이터로 구축하거나 수퍼 컴퓨터에 의한 데이터 처리를 위하여 전달하고, 그 결과를 되돌려 받을 수 있도록 구성하여야 한다.

9.1.2 표준 입력 장치 (standard input device)

일반적인 컴퓨터에서는 표 9.1에서 열거하는 장치들을 데이터 입력에서 사용한다. 가장 대표적인 표준 입력장치인 키보드는 한글, 영문, 숫자, 특수 기호 등을 문자 단위로 입력하며, 컴퓨터 사용자가 수작업으로 직접 입력을 할 때 사용된다. 사용자 편의성을 향상시키기 위하여 GUI (graphic user interface)를 사용하는 경우에는 마우스 (mouse)를 사용하여 GUI로 표현된 버튼, 스크롤 바, 메뉴 등의 위젯 (widget)을 선택 및 조작할 때 사용하며 이벤트를 생성시킬 수 있다.

흑백 또는 컬러 문서를 스캔하여 파일로 입력시켜 주는 스캐너, 정지 영상 또는 동영상의 입력에서 사용하는 카메라, 오디오 및 음성 입력에 사용하는 마이크로폰 등도 입력 장치에 속한다. 디스크 저장장치는 데이터 입력, 출력 및 저장에 함께 사용되는 장치이며, 데이터 통신 모듈은 다른 장치로 데이터를 보내고 받는 장치이다.

사물인터넷 (Internet of Things, IoT) 단말장치에 연결되어 있는 다양한 센서들도 데이터 입력장치에 포함된다. 많이 사용되는 IoT 센서로는 온도, 습도, 기압, 움직임, 속도 및 가속도, 회전, 휨, 뒤틀림, 전류, 전압, 미세먼지 등의 값을 읽고 이를 컴퓨터에서 처리할 수 있게 한다.

표 9.1 컴퓨터 입력 장치

컴퓨터 입력 장치	설 명
키보드	한글 및 영문, 숫자, 특수 기호 등을 문자 단위로 입력 컴퓨터 사용자의 수작업에 의한 입력
마우스	화면상에서 GUI (graphic user interface)를 사용하기 위한 마우스 이동 및 좌, 우측 버튼 클릭으로 이벤트 생성
터치 스크린	스크린에 펜 또는 손가락으로 터치하여 입력
스캐너 (scanner)	흑백 또는 컬러 문서의 스캔 입력에 사용
카메라	정지영상 또는 동영상의 입력에 사용
마이크로폰	오디오 및 음성 입력에 사용
디스크 저장장치	텍스트 또는 이진 파일의 저장 및 입력
인터넷 통신 모듈	인터넷 통신을 통한 원격 파일 전송/수신
사물인터넷 센서	사물인터넷 단말 장치에 연결된 센서 (온도, 습도, GPS, 가속도, 전압, 거리, 움직임 등)

9.1.3 표준 출력 장치 (standard output device)

컴퓨터 프로그램에서 처리된 결과 데이터를 출력하는 장치로는 표 9.2에서 열거된 출력장치들이 있다. 가장 대표적인 출력장치로 모니터가 있으며, 컴퓨터 화면에 텍스트, 사진, 동영상을 출력하여 프로그램 결과를 볼 수 있게 한다. 다음으로 문서형태로 작성된 자료를 출력할 수 있는 프린터가 있으며, 오디오와 음향을 출력할 수 있는 스피커가 있다.

디스크 저장 장치는 프로그램의 실행 결과를 텍스트 파일이나 이진 파일 형태로 저장하여 다음 단계에서 처리할 수 있게 한다. 인터넷 통신 모듈은 프로그램의 실행 결과를 다른 컴퓨터에 전달될 수 있게 하며 분산 컴퓨터 처리가 가능하게 하고, 클라우드 서버에서 대용량 데이터 처리, 인공지능, 빅데이터 구축 등에 활용할 수 있게 한다.

사물인터넷 단말장치에 연결되어 있는 액추에이터 (actuator) 역시 컴퓨터 출력장치로 볼 수 있다. 컴퓨터 프로그램의 데이터 분석 결과에 따라 구체적인 동작을 실행할 때 모터, 히터, 냉방기, 디스플레이 등의 액추에이터 (구동) 장치를 이용하게 된다.

표 9.2 컴퓨터 출력 장치

컴퓨터 출력 장치	설 명
모니터	컴퓨터 화면에 텍스트, 사진, 동영상 등으로 출력
프린터	문서 형태로 출력
스피커	오디오 및 음성 출력
디스크 저장장치	텍스트 또는 이진 파일의 저장
인터넷 통신 모듈	인터넷 통신을 통한 원격 파일 전송
사물인터넷 액추에이터	사물인터넷 단말장치에 연결된 모터, 히터, 냉방기 (에어콘), 디스플레이 등 구동장치

9.1.4 파일 저장 장치 (file storage device)

컴퓨터 장치에 저장된 파일을 신속하게 읽어 데이터를 처리한 후 다양하게 활용할 수 있고, 추가 처리된 결과를 다시 파일로 저장하여 다른 응용 프로그램에서 사용할 수 있게 한다. 요즈음의 컴퓨터 장치들이 사용하는 파일 저장 장치로는 컴퓨터 메모리, 플래시 메모리, 하드 디스크와 USB 외장 디스크 등을 생각할 수 있다.

표 9.3 파일 저장 장치

컴퓨터 파일 저장 장치	설 명
컴퓨터 메모리	RAM (random access memory), ROM (read only memory) RAM의 경우 전원이 끊어지면 데이터가 손실됨 ROM의 경우 전원이 끊어져도 데이터가 유지됨
Flash 메모리	소비 전력이 작고, 전원이 끊어져도 저장된 데이터가 손실되지 않고 유지됨. 데이터 입출력이 자유로워 디지털 카메라, 캠코더, 휴대전화 등 다양한 휴대장치에서 사용
하드 디스크 드라이버 (HDD)	비휘발성 컴퓨터 보조 기억장치이며, HDD (hard disk driver)의 디스크 상에 자기장 (magnetic field) 물질에 데이터를 저장하며, 전원이 끊어져도 데이터가 유지됨
USB 외장 디스크	USB (universal serial bus) 접속 기능을 사용하여 컴퓨터에 연결된 외장 디스크 장치. HDD보다 데이터 입력 및 출력 속도를 높은 SSD (solid state disk) 방식을 주로 사용

프로그램의 실행 단계에서 파일을 저장할 수 있는 장치로 컴퓨터 메모리인 RAM (random access memory)과 ROM (read only memory)이 있다. RAM은 컴퓨터의 주기억장치로 사용되며 수 Gigabyte 용량의 저장 능력을 제공하며, 전원이 중단되면 저장된

데이터가 손실된다. ROM은 전원이 중단되어도 데이터가 손실되지 않기 때문에 컴퓨터 장치에서 필요한 기본 정보를 저장하기 위하여 사용된다.

플래시 메모리는 소비 전력이 작고 전원이 차단되어도 저장된 데이터가 손실되지 않고 유지되며, 데이터 입출력이 자유로워 디지털 카메라, 캠코더, 휴대 전화 등 다양한 휴대 장치에 사용된다. 데스크 탑 컴퓨터에서 많이 사용되고 있는 하드 디스크 드라이버 (HDD)는 비휘발성 컴퓨터 보조 기억 장치이며, 딱딱한 디스크 (hard disk)상에 장착된 자기장 물질 (magnetic material)을 사용하여 데이터를 저장하며 전원이 중단되어도 데이터가 유지되며, 대용량의 저장 용량 기능을 제공한다.

USB (universal serial bus) 외장 디스크는 최근 대용량 보조 기억장치로 많이 사용되고 있다. 데이터 입력 및 출력 속도가 높은 SSD (solid state disk) 기술을 사용하여 제작되며, 하드 디스크 드라이버 보다 가볍고 충격에도 데이터 손상이 발생하지 않는 장점이 있다.

9.1.5 파일 입출력

파이썬 프로그램에서 파일 입력과 출력은 표 9.4에서 정리한 것과 같이 텍스트 파일 형태의 입출력과 이진 파일 형태의 입출력으로 나누어진다. 텍스트 파일 입출력은 화면으로 출력이 가능한 (printable) 문자들로 구성된 문서 (text) 자료의 입력 및 출력을 의미하며 주로 문서 편집기 (text editor)에서 작업을 할 수 있는 파일들을 다루게 된다.

이진 파일 입출력은 오디오, 음향, 사진, 동영상 등의 이진 파일의 입력과 출력을 의미하며, 이들 파일들은 JPEG, MP3, MPEG 등의 압축 표준에 따라 인코딩 되어 있기 때문에 추가적인 처리를 거쳐 모니터 화면이나 스피커로 출력될 수 있다.

표 9.4 파일 입출력 종류

파일 입출력	설 명
텍스트 파일 입출력	화면으로 출력이 가능한 문자들로 구성된 문서 (text) 자료의 입력 및 출력. 파이썬의 텍스트 파일 인코딩 방식으로 ASCII, 유니코드 등을 사용.
이진 파일 입출력	사진, 동영상, 오디오 등의 binary file 입력 및 출력 JPEG, MP3, MPEG 등의 압축 표준을 사용

9.1.6 인터넷 및 통신 장치 입출력

하나의 컴퓨터에서 구동 중인 파이썬 프로그램에서 생성된 파이썬 객체 (Python object)를 다른 컴퓨터 장치에서 구동되는 파이썬 프로그램으로 인터넷을 통하여 전달하기 위해서는 추가적으로 고려하여야 할 내용이 포함된다. 먼저 문자열의 인코딩 방식에서도 사용된 코드 (예: ASCII, cp949, utf−8, utf−16, unicode 등)를 명시하여야 하며, 컴퓨터에서 사용되는 CPU 종류에 따라 바이트 저장 순서가 big endian 또는 little endian으로 구분되기 때문에 어떤 바이트 저장순서에 따라 저장되어 있는지를 수신측에서 알 수 있도록 하거나, 표준화된 바이트 저장 순서 (byte ordering)를 사용하여야 한다.

인터넷을 사용하여 컴퓨터 간에 정보를 전달할 때 가능한 한 파일 크기가 작게 인코딩하여 전송하면 전송시간을 줄일 수 있으나 송신측과 수신측에서 모두 이해할 수 있는 인코딩 방식을 사용하여야 한다. 인터넷에서 프로그램 간에 자료를 주고 받을 때 가장 많이 사용되는 표준 포맷으로 JSON(JavaScript Object Notation)이 있으며, 이는 데이터를 속성-값 쌍(attribute-value pairs) 또는 "키-값 쌍"으로 이루어진 데이터 오브젝트를 전달하기 위해 사람들이 쉽게 읽을 수 있는 텍스트를 사용하여 표현하는 개방형 표준 포맷이다. JSON은 비동기 브라우저/서버 통신 (AJAX)을 위해 사용되며, AJAX가 사용하는 XML을 대체하는 주요 데이터 포맷이다. JSON은 자바 스크립트 언어로부터 파생되어 자바 스크립트의 구문 형식을 따르지만 언어 독립형 데이터 포맷이다. 즉, 프로그래밍 언어나 플랫폼에 독립적이므로 구문 분석 및 JSON 데이터 생성을 위한 코드는 C, C++, C#, 자바, 자바스크립트, 펄, 파이썬 등 수많은 프로그래밍 언어에서 쉽게 이용할 수 있다.

파이썬 데이터를 저장하고 불러올 때 매우 유용한 라이브러리로 pickle이 있다. 이 pickle을 사용하면 클래스 자체를 통째로 파일로 저장했다가 그것을 그대로 불러올 수 있으며, 파일을 불러오면 클래스가 그대로 복원된다. 파이썬의 list, dict 객체 등을 파일 그대로 저장하면 용량이 매우 커지는데 pickle을 사용하면 binary형태로 저장되기 때문에 용량이 매우 작아진다.

표 9.5 파이썬 객체의 인터넷 정보 전달용 표준

파이썬의 인터넷 정보 전달용 표준	설 명
json	JSON (JavaScript Object Notation)
pickle	파이썬 클래스와 자료형 객체를 binary 형태로 저장

9.2 파일 입출력을 위한 io 모듈

9.2.1 파일 입출력 관련 기본 함수

파이썬 프로그램에서 텍스트 파일 입출력 기능을 구현하기 위해서는 io (input output) 모듈을 사용하여야 하며, io모듈이 제공하는 텍스트 파일 입출력 관련 함수들은 표 9.6에서 보는 것과 같다.

표 9.6 파이썬의 텍스트 파일 입출력 함수

io 모듈의 텍스트 파일 입출력 함수	설 명
open()	입출력을 위하여 파일의 열기 (open)
close()	입출력 실행이 완료된 파일을 닫기 (close)
seek()	입력 및 출력 기능이 실행되는 지점으로 이동
tell()	파일의 시작위치로부터 현재 파일 객체의 바이트 위치를 알려줌
read()	파일로부터 읽기
readline()	파일을 줄 단위로 읽기
readlines()	파일에서 여러 줄 읽기
write()	파일에 쓰기
writelines()	파일에 줄 단위로 쓰기
flush()	파일 출력에서 버퍼에 쌓인 문자열을 파일로 밀어 냄

파일 입출력에서는 가장 먼저 입력 대상이 되는 파일을 open() 함수를 사용하여 파일 객체를 생성하여야 하며, 파일 열기에서 어떤 목적 (예를 들어 읽기 전용, 쓰기 전용, 첨가(append) 등)으로 개방하는지를 명시하여야 한다. 사용이 종료된 파일 객체는 close() 함수를 사용하여 닫는다.

seek() 함수는 파일의 읽기 및 쓰기 동작이 실행될 위치로 이동하기 위하여 사용되며, 파일 포인터를 지정된 위치로 이동시킨다. tell() 함수는 파일의 시작위치로부터 현재 파일 객체의 바이트 위치를 알려 준다.

read() 함수는 파일로부터 문자단위로 읽기를 수행하며, readline()은 한 줄 단위로 읽기를 수행하며, 문자열의 끝에 '\n'이 추가된다. 파일의 끝에 도착하여 더 이상 읽을 수 없으면 공백 문자열('')이 반환된다. readlines() 함수는 파일로부터 행 단위로 읽어 리스트로 반환하여 준다.

write()는 문자열을 파일에 출력하며, 출력된 바이트 수를 반환한다. 텍스트 파일의 경우 출력되는 문자열은 str 자료형 객체이다. 이진 파일로 출력될 문자열은 bytes, bytearray, memoryview, array.array 등의 바이트 객체이다. writelines(lines) 함수는 문자열 행들의 리스트인 lines를 파일에 출력하여 준다. 행 구분자가 자동으로 추가되지 않으며, 필요하면 각 행의 끝에 '\n' 문자를 추가하여야 한다.

9.2.2 IO 모듈 클래스

파이썬의 파일 입출력은 io 모듈이 담당하며, 그림 9.2에서 보는 것과 같이 io 모듈은 크게 텍스트 파일 입출력, 이진 파일 입출력, 그리고 raw 입출력 등 3가지 형태의 입출력 기능을 지원한다.

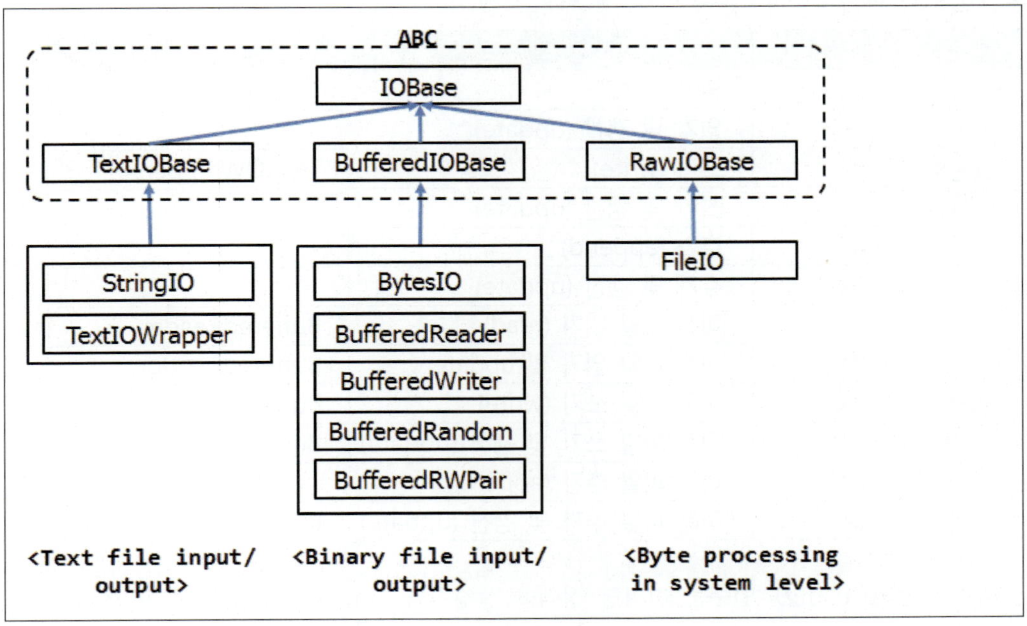

그림 9.2 파이썬 I/O 모듈 클래스

io 모듈은 그림 9.2에서 보는 계층 구조를 가진다. 입출력을 위한 최상위 추상 기반 클래스 (ABC: abstract base class)로 IOBase 클래스가 있으며, IOBase 클래스로부터 상속받은 TextIOBase, BuffererdIOBase, RawIOBase 추상 기반 클래스 들이 있다.

텍스트 파일 입출력은 TextIOBase로부터 상속받은 StringIO와 TextIOWrapper 클래스가 사용된다. 이진 파일 입출력은 BufferedIOBase로부터 상속받는 BytesIO, BufferedReader, BufferedWriter, BufferedRandom 등의 클래스를 사용한다. RawIOBase로부터 상속받는 FileIO 클래스는 운영체제 수준에서 바이트 처리를 하며, 텍스 파이 입출력과 이진 파일 입출력의 내부에서 사용된다.

9.2.3 파일 객체 open()

파일 입출력을 실행하기 위하여 먼저 파일 객체를 생성하여야 한다. 파일 객체 (file object)는 파일 입출력을 다루는 객체이며, 다양한 종류의 저장장치 또는 통신장치에 접속될 수 있는 객체이고, 내장함수인 open()에 의해 생성된다. open() 함수는 다음과 같은 기본 형식을 사용하며, 개방할 파일 이름을 문자열 file_name로 지정한다. mode는 파일의 오픈 모드를 표 9.7에서 열거한 모드로 설정한다. 'r' 은 읽기 모드이며, 'w' 는 쓰기 모드이다. 이진 파일의 경우 'rb' 또는 'wb' 로 모드 이름에 'b' 를 사용하여 이진 (binary) 입출력인 것을 명시한다.

open() 함수의 기본 형식

```
open(file_name, mode='r', buffering=-1, encoding=None,
     errors=None, newLine=None, closefd=True, opener=None)
```

표 9.7 파일 open()에서의 모드 지정 및 파일 객체

파일 종류	모드 설정	파일 오픈 모드	사용되는 파일 객체
텍스트 파일	'r'	읽기 (read)	TextIOWrapper
	'r+'	읽기 및 갱신 (update)	
	'w'	쓰기 (write)	TextIOWrapper
	'w+'	쓰기 및 갱신 (update)	
	'a'	추가 (append)	
	'a+'	추가 및 갱신 (update)	
이진 파일	'rb'	이진 파일 읽기 (read)	BufferedReader
	'rb+'	이진 파일 읽기 및 update	BufferedRandom
	'wb'	이진 파일 쓰기 (write)	BufferedWriter
	'wb+'	이진 파일 쓰기 및 갱신 (update)	BufferedRandom
	'ab'	이진 파일 추가 (append)	
	'ab+'	이진 파일 추가 및 갱신 (update)	BufferedRandom

버퍼링 (buffering) 인수는 버퍼링 정책을 설정한다. buffering = 0은 버퍼링을 하지 않으며 (unbuffered), 이진 파일 (binary file)에만 사용된다. buffering = 1은 한 줄 단위 버퍼링으로 텍스트 모드에서만 사용된다. buffering > 1인 경우 버퍼의 크기를 설정하

며, buffering = −1은 텍스트 파일과 이진 파일 모드에 따라 기본값을 사용한다. 버퍼링의 기본값은 io.DEFAULT_BUFFER_SIZE에서 설정되어 있다.

인코딩 (encoding)은 텍스트 파일 입출력에서 파일을 인코딩 또는 디코딩하기 위한 인코딩 방식을 지정한다. 인코딩의 기본값은 파이썬 프로그램 실행 플랫폼에 따라 다를 수 있으며 locale.getpreferredencoding()으로 확인할 수 있다. errors 인수는 텍스트 모드에서 인코딩 에러를 처리하는 방법을 명시하며, 'strict'와 'ignore' 등으로 설정된다. newLine 인수는 텍스트 파일 입출력에서 행을 처리하는 방법을 명시한다. 읽기 모드에서 newLine = None이면 '\n', '\r', '\r\n'을 '\n'으로 변경하여 전달하며, 쓰기 모드에서 newLine = None이면 '\n'을 os.linesep에 설정된 문자로 변경하여 저장한다. 운영체제에 따라 달라지며 Windows에서는 \r\n'으로, UNIX에서는 '\n'로 변경하여 저장한다.

closefd 는 항상 True로 설정되어야 하며, True로 설정하지 않으면 예외상황이 발생한다. opener는 사용자가 별도로 구현하는 파일 오픈 기능을 설정할 수 있으나 거의 사용하지 않고 기본값 None으로 설정한다.

9.2.4 텍스트 파일 open() 및 close()

(1) 텍스트 파일 open(), write(), read(), close()

그림 9.3은 텍스트 파일에 대한 open(), write(), read(), close()함수를 사용한 예를 보여준다. Line 3에서는 data.txt 파일을 쓰기 ('w') 모드로 개방한 후, f1에 대입하며, line 4~8에서 학생들의 정보를 차례로 저장한다. 학생들의 정보를 저장한 후, line 9에서 f1.close() 함수로 파일을 닫는다.

```
 1 :  # Text file open(), write(), read(), close()
 2 :
 3 :  f1 = open("data.txt", 'w')
 4 :  f1.write("Lee  80  90  95\n")
 5 :  f1.write("Kim  85  75  70\n")
 6 :  f1.write("Park 70  80  90\n")
 7 :  f1.write("Hong 90  85  95\n")
 8 :  f1.write("Yoon 85  85  95\n")
 9 :  f1.close()
10 :
11 :  f2 = open("data.txt", 'r')
12 :  while True: # repeat until the end of file
13 :      read_data = f2.read()
14 :      if read_data == '':
15 :          break
16 :      print(read_data)
17 :
18 :  f2.close()
```

그림 9.3 텍스트 파일의 open(), write(), read(), close()

Line 11에서는 학생 정보를 저장한 파일 data.txt를 읽기 ('r') 모드로 개방하고, f2

에 대입하며, line 12~16에서 파일의 내용을 f2.read()를 사용하여 읽고 read_data에 저장한 후, 이를 print() 함수를 사용하여 출력한다. f2.read() 함수가 실행될 때 파일의 끝부분에 도달하면 빈 문자 (empty character)를 반환하며, 이 조건이 발생하면 while-loop을 중단하게 된다. Line 18에서 f2.close()를 실행하여 data.txt 파일을 닫는다.

```
Lee  80  90  95
Kim  85  75  70
Park 70  80  90
Hong 90  85  95
Yoon 85  85  95
```

그림 9.4 텍스트 파일의 open(), write(), read(), close() 실행 결과

(2) "with"를 사용한 Text File I/O

텍스트 파일을 오픈 시킬 때 그림 9.5에서 보는 것과 같이 with open("data.txt" , 'w') as f1으로 텍스트 파일 data.txt을 쓰기 ('w') 모드로 개방한 후 f1으로 대입하여 사용하도록 한다. Line 4~8에서 학생 정보를 텍스트 파일로 출력하여 저장하고, line 9에서 파일을 닫는 기능은 그림 9.3의 절차와 동일하다.

```
 1 :  # Text file - with~as ~
 2 :
 3 :  with open("data.txt", 'w') as f1:
 4 :      f1.write("Lee   80   90   95\n")
 5 :      f1.write("Kim   85   75   70\n")
 6 :      f1.write("Park 70   80   90\n")
 7 :      f1.write("Hong 90   85   95\n")
 8 :      f1.write("Yoon 85   85   95\n")
 9 :  f1.close()
10 :
11 :  with open("data.txt", 'r') as f2:
12 :      while True: # repeat until the end of file
13 :          read_data = f2.read()
14 :          if read_data == '':
15 :              break
16 :          print(read_data)
17 :  f2.close()
```

그림 9.5 with-as를 사용한 텍스트 파일의 open(), close(), read(), write()

```
Lee  80  90  95
Kim  85  75  70
Park 70  80  90
Hong 90  85  95
Yoon 85  85  95
```

그림 9.6 with-as를 사용한 텍스트 파일의 open(), close(), read(), write()의 실행 결과

그림 9.5 line 11에서도 with open("data.txt" , 'r') as f2를 실행하여 읽기 모

드로 개방한 후 f2로 대입하여 사용하도록 한다. Line 12~16에서 파일의 내용을 read()를 사용하여 읽어 내며, 이를 read_data에 저장한 후, 이를 print()를 사용하여 출력한다. 이 절차에서 수행되는 내용은 그림 9.3에서와 동일하게 실행된다. Line 17에서 읽기 모드로 개방하였던 파일 f2를 닫는다.

9.3 텍스트 파일 입력과 출력

9.3.1 tell()과 seek() 함수를 read()와 write() 함수와 사용하는 텍스트 파일 입력 및 출력

그림 9.7은 텍스트 파일의 입력 및 출력에서 tell() 함수와 seek() 함수를 사용하는 예를 보여준다. Line 3~9에서 학생 정보를 data.txt 파일에 출력한 후, line 11에서 data.txt 파일을 읽기 모드로 개방하여 f2에 대입시킨 후, line 12~16에서 파일 내용을 읽어 출력한다. 파일 읽기 모드에서 파일의 끝까지 진행하면 파일의 현재 위치는 파일의 마지막의 값을 가지게 된다. 이 상태에서 line 18에서 f2.tell() 함수를 실행하면 현재 파일 위치의 값을 알려 준다. 만약 파일의 처음부터 다시 읽기 작업을 수행하여야 하는 경우 파일 위치를 파일의 시작 위치로 조정하여야 하며, 이는 line 19에서 보는 것과 같이 f2.seek(0) 함수를 사용하여 실행할 수 있다. seek() 함수는 지정된 위치로 파일 입출력 기준 위치를 변경할 때 사용하는 함수이다. Line 20에서 seek(0) 이후의 파일 위치를 출력하면 0의 값을 출력하는 것을 그림 9.8에서 확인할 수 있다.

```
 1 :  # Text file - with~as ~, tell(), seek()
 2 :
 3 :  with open("data.txt", 'w') as f1:
 4 :      f1.write("Lee   80  90  95\n")
 5 :      f1.write("Kim   85  75  70\n")
 6 :      f1.write("Park 70  80  90\n")
 7 :      f1.write("Hong 90  85  95\n")
 8 :      f1.write("Yoon 85  85  95\n")
 9 :  f1.close()
10 :
11 :  f2 = open("data.txt", 'r')
12 :  while True: # repeat until the end of file
13 :      read_data = f2.read()
14 :      if read_data == '':
15 :          break
16 :      print(read_data)
17 :
18 :  print("f2.tell() = ", f2.tell())
19 :  f2.seek(0)
20 :  print("after f2.seek(0), f2.tell() = ", f2.tell())
21 :
```

그림 9.7 tell() 및 seek() 함수를 read() 및 write() 함수와 함께 사용하는 예제 (part 1)

그림 9.7 line 27~32에서는 data.txt 파일로부터 readlines() 함수를 사용하여 한 줄씩 읽은 후 line에 저장하고, 이름, 한국어 성적, 영어 성적, 수학 성적을 line.split() 함수를 사용하여 분리한 후, line 22~25에서 준비한 4개의 리스트 list_name, list_kor, list_eng, list_math에 각각 추가한다. Line 35~38에서 4개의 리스트 내용을 출력하여 확인하며, line 39에서는 zip() 함수와 list() 함수를 사용하여 학생 정보 튜플들의 리스트를 구성한다. 학생 정보 튜플들의 리스트 정보는 line 40~41에서 출력하며, 그림 9.8에서 파일에 저장한 내용과 동일한 학생 정보가 구성되어 있는 것을 확인할 수 있다.

```
22 :  list_name = []
23 :  list_kor = []
24 :  list_eng = []
25 :  list_math = []
26 :
27 :  for line in f2.readlines():
28 :      name, kor, eng, math = line.split()
29 :      list_name.append(name)
30 :      list_kor.append(int(kor))
31 :      list_eng.append(int(eng))
32 :      list_math.append(int(math))
33 :  f2.close()
34 :
35 :  print("list_name = ", list_name)
36 :  print("list_kor = ", list_kor)
37 :  print("list_eng = ", list_eng)
38 :  print("list_math = ", list_math)
39 :  student_records = list(zip(list_name, list_kor, list_eng, list_math))
40 :  for i in range(len(student_records)):
41 :      print("student[{:2}] = {}".format(i, student_records[i]))
```

그림 9.7 tell() 및 seek() 함수를 read() 및 write() 함수와 함께 사용하는 예제 (part 2)

```
Lee  80  90  95
Kim  85  75  70
Park 70  80  90
Hong 90  85  95
Yoon 85  85  95

f2.tell() =  85
after f2.seek(0), f2.tell() =  0
st_name =  ['Lee', 'Kim', 'Park', 'Hong', 'Yoon']
st_kor =  [80, 85, 70, 90, 85]
st_eng =  [90, 75, 80, 85, 85]
st_math =  [95, 70, 90, 95, 95]
student[ 0] = ('Lee', 80, 90, 95)
student[ 1] = ('Kim', 85, 75, 70)
student[ 2] = ('Park', 70, 80, 90)
student[ 3] = ('Hong', 90, 85, 95)
student[ 4] = ('Yoon', 85, 85, 95)
```

그림 9.8 tell() 및 seek() 함수를 read() 및 write() 함수와 함께 사용하는 예제 프로그램 실행 결과

9.3.2 BufferedRWPair(), TextIOWrapper(), flush()

(1) 텍스트 파일 입출력에서의 버퍼링

그림 9.9는 텍스트 파일의 open()에서 사용되는 객체들의 관계를 보여준다.

TextIOWrapper는 파일 읽기 또는 파일 쓰기를 위하여 실행하는 open() 함수가 반환하는 파일 객체이며 내부적으로 읽기 모드에서는 BufferedReader를 사용하며, 쓰기 모드에서는 BufferedWriter를 사용하여 버퍼링 기능을 제공한다. BufferedReader와 BufferedWriter는 내부적으로 FileIO를 사용하여 바이트 단위로 처리한다.

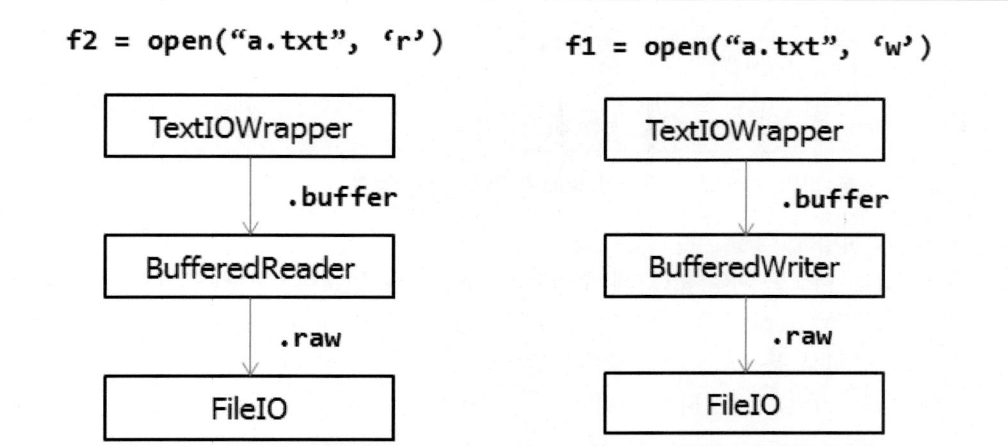

(a) read 모드 file open (b) write 모드 file open

그림 9.9 TextIOWrapper, BufferedWriter, BufferedReader, FileIO

(2) 텍스트 파일 입출력 버퍼링과 flush()

텍스트 파일의 버퍼링 기능을 사용한 입력과 출력기능을 세부적으로 살펴보기 위하여 그림 9.10 line 3~4에서는 test.txt 파일을 쓰기 모드로 생성하고 파일 객체 f1에 대입한 후, 문자열 "abcdefghij"를 f1.write() 함수를 사용하여 출력한다.

```
 1 :  # text file buffering, flush()
 2 :
 3 :  f1 = open("test.txt", 'w')
 4 :  f1.write("abcdefghij")
 5 :  print('f1.write("abcdefghij")')
 6 :
 7 :  f2 = open("test.txt", 'r')
 8 :  print("before f1.flush(), f2.read() : ", f2.read())
 9 :
10 :  f1.flush()
11 :  print("after f1.flush(), f2.read() : ", f2.read())
12 :  f1.close(); f2.close()
```

그림 9.10 텍스트 파일 입출력 버퍼링과 flush() 기능 시험

Line 7~8에서는 test.txt 파일을 읽기 모드로 개방하여 파일 객체 f2에 대입시키고 f2.read() 함수를 사용하여 파일로부터 입력받은 후 출력한다. 이 단계에서 출력된 결과를 그림 9.11에서 확인하면 입력된 내용이 없는 것으로 확인되며, 이는 line 4에서 write() 함수에 의하여 출력된 내용이 출력 버퍼에는 저장되어 있지만 실제 파일에는 저장되어 있지 않은 것으로 확인할 수 있다.

Line 10에서는 f1.flush() 함수를 실행시켜 버퍼에 들어 있는 내용을 파일로 내보내어 실제 파일에 저장하도록 한다. Line 11에서는 flush() 함수 실행 이후에 f2.read() 함수를 사용하여 다시 파일로 부터 읽고 입력된 내용을 화면으로 출력하는데 그림 9.11에서 볼 수 있는 것과 같이 파일 출력된 내용을 정상적으로 읽어 들였으며, 출력되는 것을 확인할 수 있다.

```
f1.write("abcdefghij")
before f1.flush(), f2.read() :
after f1.flush(), f2.read() :  abcdefghij
```

그림 9.11 텍스트 파일 입출력 버퍼링과 flush() 기능 시험 결과

(3) TextIOWrapper 객체

그림 9.12는 텍스트 파일 a.txt의 입력과 출력 기능을 단계적으로 확인할 수 있도록 io 모듈의 TextIOWrapper 객체를 사용하고 있다. Line 5~7에서는 a.txt 텍스트 파일을 쓰기 모드로 오픈시킨 후 empty 문자열을 출력하고 닫는다. 즉 a.txt 텍스트 파일은 내용이 없는 비어 있는 파일로 생성되어 있다.

```
1 :  # Buffered RW Pair
2 :  # file a.txt must be prepared in advance
3 :
4 :  import io
5 :  f = open("a.txt", 'w')
6 :  f.write("")
7 :  f.close()
8 :
9 :  reader = io.FileIO("a.txt", 'r')
10 :  writer = io.FileIO("a.txt", 'w')
11 :  buf_io = io.BufferedRWPair(reader, writer)
12 :  f1 = io.TextIOWrapper(buf_io)
13 :  f1.write("abcdefg")
14 :  f1.flush()
15 :  lines = f1.read()
16 :  print("contents of a.txt after writing 'abcdefg' and flushing : ", lines)
17 :
18 :  f1.write("1234567")
19 :  lines = f1.read()
20 :  print("contents of a.txt after writing '123457' before flushing : ", lines)
21 :  f1.flush()
22 :  lines = f1.read()
23 :  print("contents of a.txt after flushing : ", lines)
```

그림 9.12 TextIOWrapper() 사용 예제 프로그램

```
contents of a.txt after writing 'abcdefg' and flushing :  abcdefg
contents of a.txt after writing '123457' before flushing :
contents of a.txt after flushing :  1234567
```

그림 9.13 TextIOWrapper() 사용 예제 프로그램 실행 결과

Line 9와 10에서는 a.txt 파일의 읽기 모드 FileIO 객체인 reader와 쓰기 모드 FileIO

객체인 writer를 생성하며, line 11에서 이 두개의 객체를 함께 사용할 수 있도록 BufferedRWPair 객체 buf_io를 만든다. BufferedRWPair는 그림 9.9의 BufferedReader와 BufferedWriter 클래스 기능이 통합된 것이며, 그 내부에 읽기 모드의 FileIO 객체와 쓰기 모드의 FileIO 객체를 모두 포함하고 있다.

Line 12에서는 buf_io를 기반으로 TextIOWrapper 객체인 f1을 생성하는데 f1은 읽기와 쓰기가 모두 가능한 파일 객체이다. Line 13에서 문자열 "abcdefg"를 write() 함수를 사용하여 출력하고, line 14에서 f1.flush() 함수를 사용하여 버퍼에 있는 내용을 실제 파일로 내보낸다. Line 15~16에서 f1.read() 함수를 사용하여 파일로 부터 입력받은 후 lines에 저장하고, 그 내용을 출력한다. Line 13의 파일 출력과 line14의 flushing이 완료한 후의 파일 입력에서 받은 lines의 내용의 출력에서 확인할 수 있는 것은 실제 파일 a.txt가 write() 함수에서 출력된 내용을 정확하게 저장하고 있다는 점이다.

Line 18에서는 또 다른 문자열 "1234567" 을 f1.write() 함수를 사용하여 파일 출력하고 line 19에서 f1.read() 함수를 실행하여 파일을 읽어 line 20에서 화면으로 출력한다. 그림 9.13에서 확인할 수 있는 것과 같이 line 19의 f1.read() 함수 실행은 파일로 부터 입력받지 못한 상태이며, 이는 텍스트 파일 출력의 결과가 버퍼에는 저장되어 있지만 실제 파일에는 아직 저장되어 있지 않다는 것을 이해할 수 있다. Line 21의 f1.flush()가 실행된 이후에 line 22~23의 파일 입력 및 화면 출력에서는 정상적으로 line 18에서 파일 출력된 내용을 다시 읽어 들일 수 있다는 점을 확인할 수 있다.

9.3.3 readline(), readlines()

그림 9.14는 학생 정보를 처리하는 예제 프로그램에서 readline(), readlines() 함수를 사용하는 예를 보여준다. Line 3~9에서 학생 5명의 과목별 성적 정보를 튜플 리스트로 준비하고 있으며, line 11~19에서 지정된 파일로부터 한 줄 단위로 읽어 리스트 data_list에 첨가하는 함수 fread_data()를 구현한다. Line 13에서 인수로 전달된 file_name을 읽기 모드로 파일을 오픈시킨 후 파일 객체 f에 대입하며, line 14에서 for line in f 반복문으로 파일 f로부터 한 줄 단위로 데이터를 읽어 온다. Line 15에서는 입력된 한 줄을 split() 함수를 사용하여 학생의 이름과 과목별 성적을 분리하여 각 항목별 변수에 저장하고, line 16에서는 이 항목들을 리스트로 만들어 line 17에서 리스트 data_list에 추가한다. 파일로부터 모든 학생 정보를 입력받아 data_list에 담은 후 line 19에서 이를 반환한다.

Line 21~34에서는 인수로 전달되는 학생 정보의 리스트 data_list를 지정된 파일에 저장하는 함수 fwrite_data() 함수를 구현하고 있다. Line 22에서는 인수로 전달된 file_name의 파일을 쓰기 모드로 오픈시키고 파일 객체 f에 대입시킨다. Line 23에서는 출력 항목들의 제목을 출력하고, line 24에서 줄을 그어 제목 행과 데이터 행을 구분한다. Line 25~32에서는 data_list에 포함된 6개의 항목을 차례로 출력하여 문자열을 만들고, line 33에서 문자열 s를 파일에 저장한다.

Line 36~42에서는 학생의 과목별 성적 데이터가 담긴 리스트 data_list를 인수로 전달받고, 성적의 합산과 평균 값을 계산하여 data_list에 첨가한다.

Line 45~46에서는 데이터 파일의 이름을 f_st_name에 설정하고, 그 파일을 쓰기 모드로 개방하여 파일 객체 f_st에 대입시킨다. Line 48~52에서는 line 3~9에서 준비한 학생들의 성적 데이터 튜플 리스트를 차례로 파일에 저장한다. 각 학생별 이름과 과목 성적은 튜플 st의 인덱싱 st[i]을 사용하여 원소 별로 구분하여 문자열 st_str을 만들고 이를 파일에 저장하는 방법을 사용한다.

```
 1 :  # Student data processing with text file input/output
 2 :
 3 :  student_records = [
 4 :      ('Lee', 80, 90, 95),
 5 :      ('Kim', 85, 75, 70),
 6 :      ('Park', 70, 80, 90),
 7 :      ('Hong', 90, 85, 95),
 8 :      ('Yoon', 85, 85, 95)
 9 :      ]
10 :
11 :  def fread_data(file_name):
12 :      data_list = []
13 :      f = open(file_name, 'r')
14 :      for line in f: #f2.readlines()
15 :          name, kor, eng, math = line.split()
16 :          tmp = [name, int(kor), int(eng), int(math)]
17 :          data_list.append(tmp)
18 :      f.close()
19 :      return data_list
20 :
21 :  def fwrite_data(file_name, data_list):
22 :      f = open(file_name, 'w')
23 :      f.write("  name,  kor,  eng,  math,  sum,  avg\n")
24 :      f.write("--------------------------------------\n")
25 :      for data in data_list:
26 :          s = "{0:<8},".format(data[0])
27 :          s += "{0:>8},".format(data[1])
28 :          s += "{0:>8},".format(data[2])
29 :          s += "{0:>8},".format(data[3])
30 :          s += "{0:4d},".format(data[4])
31 :          s += "{0:6.2f}".format(data[5])
32 :          s += '\n'
33 :          f.write(s)
34 :      f.close()
35 :
36 :  def calculate_score(data_list):
37 :      i = 0
38 :      for name, kor, eng, math in data_list:
39 :          sumScore = kor + eng + math
40 :          data_list[i].append(sumScore)
41 :          data_list[i].append(sumScore/3.0)
42 :          i = i + 1
```

그림 9.14 readline(), readlines()를 사용한 학생 정보 처리 프로그램 예 (part 1)

Line 55에서는 학생 정보가 저장된 파일의 이름 f_st_name을 fread_data() 함수에 전달하여 파일에 포함된 학생 정보를 읽고, 반환 받은 정보를 students 리스트에 대입시킨 후, line 56~58에서 print() 함수를 사용하여 출력하며, 출력된 결과는 그림 9.15에서 확인할 수 있다. Line 59에서는 calculate_score() 함수를 사용하여 학생별로 성적 합산 및 평균 성적을 계산하여 해당 학생의 정보 리스트에 추가한다.

```
43 :  ##########################################
44 :  #   Application
45 :  f_st_name = "student_records.txt"
46 :  f_st = open(f_st_name, 'w')
47 :  st_count = 0
48 :  for st in student_records:
49 :      print("student_records[{:}] = {}".format(st_count, st))
50 :      st_str = "{} {} {} {}\n".format(st[0], st[1], st[2], st[3])
51 :      f_st.write(st_str)
52 :      st_count += 1
53 :  f_st.close()
54 :
55 :  students = fread_data(f_st_name)
56 :  print("\nStudent records read from {} :".format(f_st_name))
57 :  for st in students:
58 :      print(st)
59 :  calculate_score(students)
60 :
61 :  print("\nAfter calculate_student_score(students)")
62 :  for st in students:
63 :      s = ""
64 :      s = "{0:<5s},".format(st[0])
65 :      s += "{0:>3},".format(st[1])
66 :      s += "{0:>3},".format(st[2])
67 :      s += "{0:>3},".format(st[3])
68 :      s += "{0:4d},".format(st[4])
69 :      s += "{0:6.2f}".format(st[5])
70 :      print(s)
71 :  fwrite_data("result_student.txt", students)
72 :
73 :  print("\nContenst of {}:".format("result_student.txt"))
74 :  f_st = open("result_student.txt", 'r')
75 :  while True:
76 :      line = f_st.readline()
77 :      if line == '':
78 :          break
79 :      print(line, end='')
80 :  f_st.close()
```

그림 9.14 readline(), readlines()를 사용한 학생 정보 처리 프로그램 예 (part 2)

Line 61~70에서는 2중 리스트인 students의 각 원소를 차례로 문자열 s에 포함하여 학생별 정보 문자열을 완성시킨 후 화면으로 출력한다. Line 71에서는 fwrite_data() 함수를 사용하여 students에 담겨있는 학생 정보를 result_student.txt 파일에 저장한다.

Line 74에서는 result_student.txt 파일을 읽기 모드로 개방하고 파일 객체 f_st에 대입하며, line 75~79의 while-loop에서 f_st.readline() 함수를 사용하여 한 줄 단위로 읽고, print() 함수를 사용하여 화면으로 출력한다. 출력 결과는 그림 9.15에서 확인할 수 있다.

```
student_records[0] = ('Lee', 80, 90, 95)
student_records[1] = ('Kim', 85, 75, 70)
student_records[2] = ('Park', 70, 80, 90)
student_records[3] = ('Hong', 90, 85, 95)
student_records[4] = ('Yoon', 85, 85, 95)

Student records read from student_records.txt :
['Lee', 80, 90, 95]
['Kim', 85, 75, 70]
['Park', 70, 80, 90]
['Hong', 90, 85, 95]
['Yoon', 85, 85, 95]

After calculate_student_score(students)
Lee  , 80, 90, 95, 265, 88.33
Kim  , 85, 75, 70, 230, 76.67
Park , 70, 80, 90, 240, 80.00
Hong , 90, 85, 95, 270, 90.00
Yoon , 85, 85, 95, 265, 88.33

Contenst of result_student.txt:
  name,  kor,  eng,  math,  sum,  avg
-------------------------------------
Lee      ,     80,      90,      95, 265, 88.33
Kim      ,     85,      75,      70, 230, 76.67
Park     ,     70,      80,      90, 240, 80.00
Hong     ,     90,      85,      95, 270, 90.00
Yoon     ,     85,      85,      95, 265, 88.33
```

그림 9.15 readline(), readlines()를 사용한 학생 정보 처리 프로그램 실행결과

9.3.4 readlines(), writelines()

그림 9.16은 파일 입력과 출력에서 여러 줄을 한꺼번에 처리하는 readlines()와 writelines() 함수를 사용하여 학생 정보를 처리하는 프로그램 예를 보여준다. Line 2에서 text1.txt 파일을 쓰기와 갱신 (update)모드로 개방하여 파일 객체 f1에 대입한다. Line 3에서 4개의 문자열을 원소로 가지는 리스트 str_lines_1으로 준비하며, line 4에서는 파일에 저장한다. str_lines_1에 포함된 문자열 들은 줄바꿈 ('\n')이 포함되어 있지 않는 문자열 들이므로 f1.writelines() 함수를 사용하여 저장할 때 하나의 문자열로 만들어져 저장된다. Line 5에서 flush() 함수를 사용하여 버퍼에 있는 데이터를 실제 파일로 밀어내며, line 6에서는 f1.seek(0)으로 파일 위치를 0으로 이동시킨다.

Line 8에서는 f1.readlines()를 사용하여 파일 test1.txt에 포함된 데이터를 줄 단위로 모두 읽고, line 9~10에서 각 줄 단위로 출력한다. 그림 9.17에서 볼 수 있는 것과 같이 line 3에서 열거되었던 문자열들이 하나의 문자열로 묶어져 출력되는 것을 알 수 있다.

그림 9.16 line 13에서는 파일 test2.txt를 쓰기와 갱신모드로 개방하여 f2에 대입한다. Line 14에서는 4개의 문자열을 원소로 가지는 리스트 str_lines_2를 준비하는데, 각 문자열의 끝에는 줄바꿈 ('\n')이 포함되어 있어 line 15에서 writelines() 함수를 사용하여 저장하면 각 문자열들이 줄 단위로 구분되어 있게 된다.

```
 1 : # Text file readlines() and writelines()
 2 : f1 = open("test1.txt", 'w+')
 3 : str_lines_1 = ["01234", "abcde", "56789", "ABCED"]
 4 : f1.writelines(str_lines_1)
 5 : f1.flush()
 6 : f1.seek(0)
 7 :
 8 : lines1 = f1.readlines()
 9 : for i in range(len(lines1)):
10 :     print("lines1[{:}] = {}".format(i, lines1[i]))
11 : f1.close()
12 :
13 : f2 = open("test2.txt", 'w+')
14 : str_lines_2 = ["01234\n", "abcde\n", "56789\n", "ABCED\n"]
15 : f2.writelines(str_lines_2)
16 : f2.flush()
17 : f2.seek(0)
18 : lines2 = f2.readlines()
19 : for i in range(len(lines2)):
20 :     print("lines2[{:}] = {}".format(i, lines2[i]), end='')
21 : f2.close()
```

그림 9.16 writelines()와 readlines()를 사용한 학생 정보 처리 프로그램

```
lines1[0] = 01234abcde56789ABCED
lines2[0] = 01234
lines2[1] = abcde
lines2[2] = 56789
lines2[3] = ABCED
```

그림 9.17 writelines()와 readlines()를 사용한 학생 정보 처리 프로그램 실행 결과

Line 16에서 f2.flush() 함수를 사용하여 버퍼에 남아있는 모든 데이터를 실제 파일로 밀어 낸 후, line 17에서 f2.seek(0) 함수를 실행시켜 파일 위치를 맨 처음 (0)으로 이동시킨다. Line 18에서 f2.readlines()으로 여러 줄을 한꺼번에 읽어 들인 후, line 19~20에서 각 줄 단위로 나누어 출력한다. 그림 9.17에서 출력결과를 확인하면 line 14에서 준비하였던 끝 문자가 '\n' 인 각 문자열 단위로 구분되어 있는 것을 알 수 있다.

9.3.5 다양한 인코딩을 사용한 텍스트 입출력 – encoding, os.path.getsize()

파이썬 프로그램의 텍스트 파일 입출력에서는 다양한 문자 표현 인코딩 방식을 지정할 수 있다. 5.3절의 문자열 (string) encode() 함수에서 설명하였던 것과 같이, 파이썬 프로그램의 문자열 인코딩 방식은 다양한 문자 체계를 지원하며, 다양한 언어들에 대한 표준 인코딩 방식은 파이썬 공식 라이브러리 표준(https://docs.python.org/2.4/lib/ standard-encodings.html)에서 확인할 수 있다. 영문의 경우 ascii, utf_8 또는 cp437을 사용할 수 있으며, 한글은 cp949, iso2022_kr, 또는 euc-kr을 사용할 수 있다. 유니코드 체계의 인코딩은 utf_16, utf_16_be (big endian), utf_16_le(little endian)을 사용할 수 있다.

그림 9.18은 다양한 인코딩을 사용한 텍스트 파일 입출력 예제 프로그램이다. Line 2~4에서는 os, os.path, shutil 모듈을 설치하여 파일 크기를 확인하는 getsize()와 파일 복제를 위한 copy() 함수를 사용할 수 있게 준비한다.

```
 1 :  # Text IO with various encodings
 2 :  import os
 3 :  import os.path #for os.path.getsize()
 4 :  import shutil # for copy()
 5 :
 6 :  f = open("data.txt", 'w')
 7 :  f.write("0123456789ABCDEFGHIJ")
 8 :  f.close()
 9 :  f = open("data.txt", 'r')
10 :  lines = f.read()
11 :  print("contents of data.txt : ", lines)
12 :  f.close()
13 :
14 :  f1 = open("data.txt", 'r') # encoding = 'cp949'
15 :  f2 = open("data_utf8.txt", 'w', encoding='utf-8') # 'utf-16', 'utf-16be', 'utf-16le'
16 :  f3 = open("data_utf16.txt", 'w', encoding='utf-16')
17 :  f2.write(f1.read())
18 :  f1.seek(0)
19 :  f3.write(f1.read())
20 :  f1.flush(); f2.flush(); f3.flush()
21 :  f1.close(); f2.close(); f3.close()
22 :  print("data_utf8.txt : ", f2)
23 :  print("data_utf16.txt : ", f3)
24 :  f1_size = os.path.getsize("data.txt")
25 :  print("size of data.txt = ", f1_size)
26 :  f2_size = os.path.getsize("data_utf8.txt")
27 :  print("size of data_utf8.txt = ", f2_size)
28 :  f3_size = os.path.getsize("data_utf16.txt")
29 :  print("size of data_utf16.txt = ", f3_size)
```

그림 9.18 다양한 인코딩을 사용한 텍스트 파일 입출력 (part 1)

Line 6~8에서는 data.txt 파일을 쓰기 모드로 생성한 후 문자열 "0123456789ABCDEFGHIJ"를 출력 및 저장하고, line 9~12에서는 data.txt 파일을 읽어 화면으로 출력한다. 파일의 내용은 그림 9.19에서 확인할 수 있는 것과 같이 line 7에서 파일로 출력한 내용이 포함되어 있는 것을 알 수 있다.

Line 14에서는 별도의 인코딩 설정없이 data.txt파일을 읽기 모드로 개방하며, line 15~16에서는 utf-8과 utf-16으로 인코딩을 설정하여 쓰기 모드로 파일 f2와 f3을 생성한다. Line 17~22에서는 data.txt 파일의 내용을 읽어 f2와 f3 파일에 출력하며, line 2~23에서 f2와 f3을 출력하면 그림 9.19에서 보는 것과 같이 인코딩이 utf-8과 utf-16으로 설정되어 있는 것을 확인할 수 있다. Line 24~29에서 각 파일의 크기를 os.path.getsize() 함수를 사용하여 확인하여 출력하는데 f1과 f2는 같은 크기를 가지며, utf-16 인코딩을 사용한 f3는 거의 2배의 크기를 가지는 것을 볼 수 있다. 이는 문자 1개를 8비트로 표시하는 대신 16비트로 표현하기 때문에 파일 크기가 거의 2배가 된다.

Line 30~31에서는 utf-8 인코딩으로 파일 data_utf8.txt를 읽기 모드로 개방하여 f1

에 대입하며, cp949 인코딩으로 data_cp949.txt 파일을 쓰기 모드로 생성하여 f2에 대입한다. Line 32에서는 파일 f1의 내용을 읽어 f2에 encoding = 'cp949' 로 저장한다. Line 35에서 os.path.getsize() 함수를 사용하여 파일 객체 f2 (파일 이름 data_cp949.txt)의 크기를 확인하면 f1과 동일한 크기인 것을 알 수 있다.

```
30 :  f1 = open("data_utf8.txt", 'r', encoding='utf-8')
31 :  f2 = open("data_cp949.txt", 'w', encoding = 'cp949')
32 :  f2.write(f1.read())
33 :  print(f2)
34 :  f2.flush(); f2.close()
35 :  f2_size = os.path.getsize("data_cp949.txt")
36 :  print("size of data_cp949.txt = ", f2_size)
```

그림 9.18 다양한 인코딩을 사용한 텍스트 파일 입출력 (part 2)

```
contents of data.txt :  0123456789ABCDEFGHIJ
data_utf8.txt :  <_io.TextIOWrapper name='data_utf8.txt' mode='w' encoding='utf-8'>
data_utf16.txt :  <_io.TextIOWrapper name='data_utf16.txt' mode='w' encoding='utf-16'>
size of data.txt =  20
size of data_utf8.txt =  20
size of data_utf16.txt =  42
<_io.TextIOWrapper name='data_cp949.txt' mode='w' encoding='cp949'>
size of data_cp949.txt =  20
```

그림 9.19 다양한 인코딩을 사용한 텍스트 파일 입출력 실행 예

```
# Text IO with various encodings
import os
import os.path #for os.path.getsize()
file_name = "file_kor.txt"
f_kr = open(file_name, 'w')
f_kr.write("가나다라마바사")
f_kr.close()

f = open(file_name, 'r')
lines = f.read()
print("contents of {} : {}".format(file_name, lines))
print("{} : {}".format(file_name, f))
print("size of ({}) = {}".format(file_name, os.path.getsize(file_name)))
f.close()
```

그림 9.20 한글 문장의 파일 입출력

```
contents of file_kor.txt : 가나다라마바사
file_kor.txt : <_io.TextIOWrapper name='file_kor.txt' mode='r' encoding='cp949'>
size of (file_kor.txt) = 14
```

그림 9.21 한글 문장의 파일 입출력 실행 결과

9.3.6 한글 문자열의 인코딩 - cp949

한글 문장의 파일 입출력에서는 기본적으로 encoding = 'cp949', iso2022_kr, 또는 euc-kr을 사용할 수 있다. 그림 9.20 line 5에서 file_kor.txt 파일을 쓰기 모드로 생성하고, line 6에서는 한글 문장 "가나다라마바사"를 출력하여 저장한다. 이 파일 file_kor.txt에는 별도로 인코딩을 지정하지 않았으며, 쓰기 모드에서 한글 문장을 출력한 것이다.

Line 9~14에서는 이 파일을 읽기 모드로 개방하여 그 내용을 f.read()로 읽고 화면으로 출력한다. 그림 9.21에서 파일의 한글문장 내용이 line 6에서 출력하였던 내용과 동일한 것을 확인할 수 있다. Line 12에서 file_kor.txt 파일의 인코딩이 한글 문장의 기본 인코딩 방식인 cp949로 설정되어 있는 것을 확인할 수 있다.

9.4 파일 및 디렉토리 관리

9.4.1 파일 및 디렉토리 관리를 위한 파이썬 모듈

표 9.8은 파이썬 프로그램에서 파일과 디렉토리 관리에 필요한 함수들과 이 함수들을 제공하는 모듈들을 설명하고 있다. os 모듈은 디렉토리의 생성과 소멸에 사용되는 mkdir()과 rmdir() 함수를 제공하며, 디렉토리 및 서브 디렉토리에 포함된 모든 파일들의 이름을 찾아 반환하여 주는 walk(), 지정된 파일을 삭제하는 remove() 함수를 제공한다. os.path 모듈은 파일이나 디렉토리가 존재하는지 확인하여 주는 exists(), 지정된 항목이 파일인지 또는 디렉토리인지 확인하여 주는 isfile()와 isdirectory() 함수를 제공하며, 파일의 크기를 알려주는 getsize(), 디렉토리 이름과 파일 이름을 결합시켜 주는 join() 함수를 제공한다.

shutil 모듈은 파일의 복제를 위한 join(), 디렉토리 및 서브 디렉토리를 복사하여 주는 copytree(), 디렉토리 및 서브 디렉토리를 삭제하는 rmtree() 함수를 제공한다. zipfile 모듈은 압축 (아카이브) 파일을 읽기, 쓰기 또는 첨부 (append) 모드로 오픈시켜주는 ZipFile(), 인수로 전달된 파일을 압축하여 지정된 압축 파일에 포함시켜 주는 write(), 압축 파일에 포함된 모든 파일 들의 이름을 리스트로 만들어 제공하는 nameline(), 포함된 파일을 추출하여 주는 extractall(), 압축 파일을 닫는 close() 함수들을 제공한다.

표 9.8 파일 및 디렉토리 관리를 위한 파이썬 모듈

Module	Related Methods	설명
os	mkdir()	디렉토리의 생성
	rmdir()	디렉토리의 삭제
	walk()	디렉토리 및 서브 디렉토리에 포함된 모든 파일들의 이름을 반환, top-down또는 bottom-up으로 실행
	remove()	지정된 파일의 삭제
os.path	exists()	파일 및 디렉토리가 존재하는지 확인
	isfile()	지정된 항목이 파일인지 확인
	isdir()	지정된 항목이 디렉토리인지 확인

Module	Related Methods	설명
	getsize()	지정된 디렉토리 또는 파일의 크기를 확인
	join()	디렉토리 이름과 파일 이름을 결합
shutil	copy()	파일의 복제
	copytree()	디렉토리 및 서브 디렉토리를 복제
	rmtree()	디렉토리 및 서브 디렉토리를 삭제
zipfile	ZipFile()	ZIP 파일을 오픈, 읽기 모드 ('r'), 쓰기 모드 ('w'), 첨부 모드 ('a')
	write()	전달된 파일을 압축하여 지정된 아카이브에 포함시킴
	namelist()	압축 파일에 포함된 파일들의 이름 목록을 반환
	extractall()	압축된 파일의 항목들을 추출
	close()	압축 (아카이브) 파일 파일을 닫음

9.4.2 디렉토리 확인, 생성, 복사, 삭제 - exists(), mkdir(), rmdir(), copy(), getsize(), walk(), join()

그림 9.22은 파이썬 프로그램에서 디렉토리와 파일의 존재여부 확인, 생성 및 삭제, 파일 복제 기능을 시험하는 예제 프로그램이다. Line 2~4에서는 파일에 관련된 함수들을 사용하기 위하여 os, os.path 및 shutil 모듈을 설치한다.

```
 1 :  # File and Directory Handling
 2 :  import shutil
 3 :  import os
 4 :  import os.path
 5 :
 6 :  PyTemp_dir = "C:/PyTemp"
 7 :  file_1 = "C:/PyTemp/test_file_1.txt"
 8 :  file_2 = "C:/PyTemp/test_file_2.txt"
 9 :  if os.path.exists(PyTemp_dir) == False:
10 :      print("Directory {} is not existing, so creating ...".format(PyTemp_dir))
11 :      os.mkdir(PyTemp_dir)
```

그림 9.22 파이썬 디렉토리 및 파일 관리 예제 프로그램 (part 1)

Line 6에서 설정된 디렉토리 이름은 시험용 텍스트 파일들이 생성될 디렉토리를 지정하며, line 7~8에서는 시험용 파일들의 이름을 설정한다. Line 9에서 os.path.exists() 함수를 사용하여 시험용 디렉토리 (C:/PyTemp)가 존재하는지 확인하고, 만약 존재하지 않으면 line 11에서 os.mkdir() 함수를 사용하여 디렉토리를 생성한다. Line 12~14에서는 line 7에서 설정한 파일 이름 file_1이 존재하는가를 확인하며, 만약 존재하면 그 파일을 삭제하고, 존재하지 않으면 존재하지 않는다는 메시지를 출력한다.

Line 19~23에서는 file_1을 쓰기 모드로 생성하여 "Test file 1." 텍스트 문자열을 출력하며, line 21에서 os.path.getsize() 함수를 사용하여 파일의 크기를 파악하며, line 22에서 화면으로 출력하며, 그림 9.23에서 확인할 수 있다.

```
12 : if os.path.exists(file_1) == True:
13 :     print("File already exists, so delete it now.")
14 :     os.remove(file_1)
15 : else:
16 :     print("{} is not existing.".format(file_1))
17 : print("Creating {}".format(file_1))
18 :
19 : with open(file_1, 'w') as f1:
20 :     f1.write("Test file 1.")
21 : file_size = os.path.getsize(file_1)
22 : print("File size of {} = {}".format(file_1, file_size))
23 : f1.close()
24 :
25 : print("\nCopy from {} to {}".format(file_1, file_2))
26 : shutil.copy(file_1, file_2)
27 : file_size = os.path.getsize(file_2)
28 : print("File size of {} = {}".format(file_1, file_size))
29 :
30 : print("\nFiles in {} :".format(PyTemp_dir))
31 : for dirName, subDirList, fnames in os.walk(PyTemp_dir):
32 :     for fname in fnames:
33 :         print(os.path.join(dirName, fname))
34 :
35 : print("\nDelete both test files and directory")
36 : os.remove(file_1)
37 : os.remove(file_2)
38 : os.rmdir(PyTemp_dir)
```

그림 9.22 파이썬 디렉토리 및 파일 관리 예제 프로그램 (part 2)

```
File already exists, so delete it now.
Creating C:/PyTemp/test_file_1.txt
File size of C:/PyTemp/test_file_1.txt = 12
Test file 1.

Copy from C:/PyTemp/test_file_1.txt to C:/PyTemp/test_file_2.txt
File size of C:/PyTemp/test_file_1.txt = 12

Files in C:/PyTemp :
C:/PyTemp\test_file_1.txt
C:/PyTemp\test_file_2.txt

Delete both test files and directory
```

그림 9.23 파이썬 디렉토리 및 파일 관리 예제 프로그램 실행결과

그림 9.22 line 25~28에서는 shutil.copy() 함수를 사용하여 file_1을 복사하여 file_2를 생성하며, os.path.getsize() 함수를 사용하여 파일의 크기를 확인하고, 이를 화면으로 출력한다. 그림 9.23에서 볼 수 있는 것과 같이 file_2의 크기는 file_1과 동일한 것을 확인할 수 있다.

Line 30~33에서는 PyTemp_dir 디렉토리에 포함된 서브 디렉토리와 파일들을 모두 찾아 반환하여 주는 os.walk() 함수를 사용하여 디렉토리 이름, 서브 디렉토리 리스트, 파일 이름 리스트를 받아 오며, 파일 리스트에 포함된 모든 파일들을 os.path.join() 함수를 사용하여 디렉토리 이름과 파일 이름을 결합하여 화면으로 출력한다. 그림 9.23에서 두 개의 파일들이 포함되어 있는 것을 확인할 수 있다.

Line 36~38에서는 두 개의 파일과 시험용 디렉토리를 모두 삭제하여 다음에도 파일 및 디렉토리 생성 및 삭제 실험을 같은 방법으로 수행할 수 있게 한다.

9.4.3 파일 압축 - ZipFile(), write(), namelist(), close()

파이썬 프로그램의 zipfile 모듈은 파일 압축에 관련된 기능을 제공하며, 그림 9.24는 zipfile 모듈을 사용하는 예제를 보여준다. Line 5에서는 zipfile을 설치하며, line 7~21에서는 그림 9.22와 동일하게 시험용 디렉토리와 2개의 파일을 시험적으로 생성한다.

```
 1 :  # ZipFile - ZipFile(), write(), namelist(), close()
 2 :  import os
 3 :  import os.path
 4 :  import shutil
 5 :  import zipfile
 6 :
 7 :  PyTemp_dir = "C:/PyTemp"
 8 :  file_1 = "C:/PyTemp/test_file_1.txt"
 9 :  file_2 = "C:/PyTemp/test_file_2.txt"
10 :  if os.path.exists(PyTemp_dir) == False:
11 :      print("Directory {} is not existing, so creating ...".format(PyTemp_dir))
12 :      os.mkdir(PyTemp_dir)
13 :
14 :  if os.path.exists(file_1) == False:
15 :      with open(file_1, 'w') as f1:
16 :          f1.write("Test file 1.")
17 :      f1.close()
18 :
19 :  if os.path.exists(file_2) == False:
20 :      print("\nCopy from {} to {}".format(file_1, file_2))
21 :      shutil.copy(file_1, file_2)
22 :
23 :  print("\nFiles in {} :".format(PyTemp_dir))
24 :  for dirName, subDirList, fnames in os.walk(PyTemp_dir):
25 :      for fname in fnames:
26 :          print(os.path.join(dirName, fname))
27 :
28 :  zf_name = "Q:/PyTemp_zip.zip"
29 :  zf = zipfile.ZipFile(zf_name, mode='w', compression=zipfile.ZIP_DEFLATED)
30 :  zf.write(file_1)
31 :  zf.write(file_2)
32 :  zf.close()
```

그림 9.24 ZipFile()을 사용한 압축 아카이브 파일 생성 예제 프로그램 (part 1)

Line 23~26에서는 생성된 디렉토리와 파일들을 os.walk() 함수를 사용하여 열거하고, 각 파일들을 디렉토리 이름과 함께 출력하며, 그림 9.25에서 확인할 수 있다. Line 28~32에서는 zipfile 모듈의 ZipFile() 함수를 사용하여 압축 파일을 쓰기 모드로 생성하며, line 30~31에서는 write() 함수를 사용하여 두 개의 파일을 차례로 아카이브 파일에 추가한다.

Line 34~39에서는 아카이브 파일을 읽기 모드로 개방하고, namelist() 함수를 사용하여 포함된 파일들의 이름 리스트를 받아온 후, 이를 출력한다. 그림 9.25에서 아카이브 압축 파일에 포함된 파일들이 line 30~31에서 write() 함수로 추가하였던 파일인 것을 확인할 수 있다.

```
33 :  zf = zipfile.ZipFile(zf_name, mode='r')
34 :  files = zf.namelist()
35 :  print("type(files) = ", type(files))
36 :  for file in files:
37 :      print("file in zf : ", file)
38 :  zf.close()
39 :
40 :  print("\nDelete both test files and directory")
41 :  os.remove(file_1)
42 :  os.remove(file_2)
43 :  os.rmdir(PyTemp_dir)
44 :  os.remove(zf_name)
```

그림 9.24 ZipFile()을 사용한 압축 아카이브 파일 생성 예제 프로그램 (part 1)

```
Directory C:/PyTemp is not existing, so creating ...

Copy from C:/PyTemp/test_file_1.txt to C:/PyTemp/test_file_2.txt

Files in C:/PyTemp :
C:/PyTemp\test_file_1.txt
C:/PyTemp\test_file_2.txt
type(files) =  <class 'list'>
file in zf :  PyTemp/test_file_1.txt
file in zf :  PyTemp/test_file_2.txt

Delete both test files and directory
```

그림 9.25 ZipFile()을 사용한 압축 아카이브 파일 생성 예제 프로그램 실행 결과

9.4.4 json 모듈

JSON(JavaScript Object Notation)은 속성-값 쌍(attribute-value pairs) 또는 "키-값 쌍"으로 이루어진 데이터 오브젝트를 전달하기 위해 사람들이 쉽게 읽을 수 있는 텍스트를 사용하는 개방형 표준 포맷이다. 따라서 파이썬 프로그램에서 생성한 JSON 파일을 다른 프로그램에서 읽어 사용할 수 있고, JSON 형식으로 준비된 파일을 인터넷으로 다른 컴퓨터장치로 보내서 다른 프로그램이 이를 처리할 수 있도록 구성할 수 있다. JSON은 JavaScript 언어를 기본으로 개발되어 JavaScript의 구문 형식을 따르지만 프로그래밍 언어에 독립적인 데이터 포맷이며, 따라서 구문 분석 및 JSON 데이터 생성은 C, C++, C#, Java, JavaScript, Pearl, Python 등의 다양한 프로그래밍언어에서 쉽게 구현할 수 있고 다양하게 사용되고 있다.

파이썬 프로그램에서는 json 모듈이 JSON 형식의 객체 정보 저장에 사용될 수 있으며, 텍스트 파일에 JSON 형식으로 저장하고 이를 다른 프로그램에서 활용할 수 있도록 준비할 수 있다. 그림 9.26은 json 모듈을 사용하여 파일에 저장하고, JSON 형식으로 저장된 정보를 읽어 사용할 수 있게 하는 예제 프로그램이다. JSON 형식의 객체 정보 저장 및 입력을 위하여 line 4에서 json 모듈을 설치한다.

```
 1 :  # json module for text file
 2 :  import os
 3 :  import os.path
 4 :  import json # JavaScript Object Notation
 5 :
 6 :  ListSize = 10000
 7 :  L1 = list(range(ListSize))
 8 :  print("L1[:10] = ", L1[:10])
 9 :  print("L1[ListSize-10:ListSize:1] = \n", L1[ListSize-10:ListSize:1])
10 :  f1 = open("L_json.txt", 'w')
11 :  json.dump(L1, f1)
12 :  f1.close()
13 :  f1_size = os.path.getsize("L_json.txt")
14 :  print("size of L_json.txt : ", f1_size)
15 :  print()
16 :
17 :  f2 = open("L_json.txt", 'r')
18 :  L2 = json.load(f2)
19 :  print("L2[:10] = ", L2[:10])
20 :  print("L2[ListSize-10:ListSize:1] = \n", L2[ListSize-10:ListSize:1])
21 :  f2.close()
```

그림 9.26 json (JavaScript Object Notation) 형식의 파일 입출력

Line 6~7에서 10,000개의 정수를 원소로 가지는 리스트를 생성하며, line 8~9에서 첫 부분 10개와 끝 부분 10개를 출력하면 그림 9.27에서 보는 것과 같이 정렬된 상태의 정수 데이터들을 볼 수 있다. Line 10에서 텍스트 파일 L_json.txt를 생성하고, line 11에서 json.dump() 함수를 사용하여 정수 리스트를 텍스트 파일에 저장한다. 10000개 정수 원소의 리스트가 저장된 파일의 크기를 os.path.getsize() 함수로 확인하면 그림 9.27에서 볼 수 있는 것과 같이 58,890바이트 이다.

그림 9.26 line 17~18에서는 L_json.txt 파일을 읽기 모드로 개방한 후, json.load() 함수를 사용하여 읽어 L2에 저장한다. Line 19~20에서 L2의 첫 부분 10개와 끝 부분 10개를 출력하여 보면 그림 9.27와 같이 JSON 형식으로 저장하기 이전의 정수 리스트의 내용과 동일한 것을 확인할 수 있다.

```
L1[:10] =  [0, 1, 2, 3, 4, 5, 6, 7, 8, 9]
L1[ListSize-10:ListSize:1] =
 [9990, 9991, 9992, 9993, 9994, 9995, 9996, 9997, 9998, 9999]
size of L_json.txt :  58890

L2[:10] =  [0, 1, 2, 3, 4, 5, 6, 7, 8, 9]
L2[ListSize-10:ListSize:1] =
 [9990, 9991, 9992, 9993, 9994, 9995, 9996, 9997, 9998, 9999]
```

그림 9.27 json (JavaScript Object Notation) 형식의 파일 입출력 결과

9.5 파일 입출력 기능 활용 예

9.5.1 파일 데이터의 입력 및 통계 분석

파일에 저장되어 있는 데이터를 읽고 다양한 통계 분석을 실행하여 다음 단계에서 활용할 수 있게 하거나, 다른 컴퓨터로 전달하여 추가적인 데이터 처리를 하게 하는 방법은 많은 응용 프로그램에서 활용되고 있다. 그림 9.28은 텍스트 파일에 저장된 학생들의 과목별 성적 정보를 읽고, 성적 합산 및 평균 점수 계산을 추가 수행한 후 결과파일에 저장하는 예제를 보여준다.

```
 1 : # Student data processing with text file input/output
 2 :
 3 : student_records = [
 4 :    ('Lee', 80, 90, 95),
 5 :    ('Kim', 85, 75, 70),
 6 :    ('Park', 70, 80, 90)  ]
 7 :
 8 : def gen_student_record_str(st_record):
 9 :       s =  "{:<5s}".format(st_record[0])
10 :       s += "{:5d}".format(st_record[1])
11 :       s += "{:5d}".format(st_record[2])
12 :       s += "{:5d}".format(st_record[3])
13 :       s += "{:5d}".format(st_record[4])
14 :       s += "{:6.2f}".format(st_record[5])
15 :       return s
16 :
17 : def fread_st_records(file_name):
18 :       data_list = []
19 :       f = open(file_name, 'r')
20 :       for line in f: #f2.readlines()
21 :             name, kor, eng, math = line.split()
22 :             tmp = [name, int(kor), int(eng), int(math)]
23 :             data_list.append(tmp)
24 :       f.close()
25 :       return data_list
26 :
27 : def fwrite_st_records(file_name, st_records):
28 :       f = open(file_name, 'w')
29 :       f.write("------------------------------\n")
30 :       f.write("{:<5s} {:^5}{:^5}{:^5}{:^5}{:^6}".format('name', 'kor', 'eng', 'math',
             'sum', 'avg'))
31 :       f.write("\n------------------------------\n")
32 :       for data in st_records:
33 :             s = gen_student_record_str(data)
34 :             s += '\n'
35 :             f.write(s)
36 :       f.write("------------------------------\n")
37 :       f.close()
38 :
```

그림 9.28 파일 데이터의 입출력 및 통계 분석 예제 (part 1)

Line 3~6에서 학생들의 이름, 성적을 튜플 리스트로 준비한다. Line 8~15의 gen_student_record_str() 함수에서는 인수로 전달된 student_record (st_record)에

포함된 학생 이름, 한국어 성적, 영어 성적, 수학 성적, 성적 합산, 성적 평균 데이터를 형식을 갖춘 문자열로 생성하여 반환한다. 학생 정보의 문자열 표현은 화면으로 출력하거나 텍스트 파일 출력에 사용될 수 있다.

```
39 : def calculate_st_records(st_records):
40 :     for i in range(len(st_records)):
41 :         name, kor, eng, math = st_records[i]
42 :         sumScore = kor + eng + math
43 :         st_records[i].append(sumScore)
44 :         st_records[i].append(sumScore/3.0)
45 :
46 : ##########################################
47 : #  Application
48 : f_st_name = "student_records.txt"
49 : f_st = open(f_st_name, 'w')
50 : st_count = 0
51 : for st in student_records:
52 :     print("student[{:2}] = {}".format(st_count, st))
53 :     st_str = "{:5s} {:3} {:3} {:3}\n".format(st[0], st[1], st[2], st[3])
54 :     f_st.write(st_str)
55 :     st_count += 1
56 : f_st.close()
57 :
58 : st_records = fread_st_records(f_st_name)
59 : print("\nStudent records read from {} :".format(f_st_name))
60 : for st in st_records:
61 :     print(st)
62 : calculate_st_records(st_records)
63 :
64 : print("\nAfter calculate_student_score(students)")
65 : for data in st_records:
66 :     s = gen_student_record_str(data)
67 :     print(s)
68 : fwrite_st_records("result_students.txt", st_records)
69 :
70 : print("\nContents of 'result_students.txt'")
71 : f_st = open(f_st_name, 'r')
72 : for line in f_st.readlines():
73 :     print(line, end='')
74 : f_st.close()
```

그림 9.28 파일 데이터의 입출력 및 통계 분석 예제 (part 2)

Line 17~25의 fread_st_records() 함수는 파일 이름 (file_name)을 인수로 전달받아 읽기 모드로 개방하며, 파일 객체 f에 대입시킨다. Line 18에서는 파일로부터 입력받은 데이터를 2중 리스트에 담을 수 있도록 data_list를 생성하며, line 20의 for line in f에서는 파일로부터 한 줄 단위로 문자열을 읽고 리스트 line에 대입한다. Line 21에서 line.split() 함수를 사용하여 리스트에 포함된 각 항목을 name, kor, eng, math 변수에 차례대로 대입한 후, line 22에서 kor, eng, math의 문자열을 int() 함수를 사용하여 정수형 데이터로 변환시키고, 이들을 원소로 새로운 리스트 tmp를 생성하여 2차원 리스트인 data_list에 추가하며, line 25에서 결과인 2중 리스트를 반환한다.

Line 27~37의 fwrite_st_records()는 파일 이름 (file_name)과 학생 정보 리스트 (st_records)를 인수로 전달받으며, 지정된 파일을 쓰기 모드로 개방하고, 학생 정보 리스트의 각 항목들을 gen_student_record_str() 함수를 사용하여 문자열로 생성한 후, 파일에 저장하여 준다.

Line 39~44의 calculate_st_records() 함수는 학생 정보가 담긴 2차원 리스트 st_records를 인수로 전달받고 각 학생의 성적 (kor, eng, math)인 정수 데이터의 합산 (sum)과 평균(avg)을 계산하여 해당 학생 정보에 추가한다.

Line 47 ~55에서는 student_records.txt 파일을 쓰기 모드로 생성하여 line 3~6에서 준비한 학생 정보를 저장한다. 만약 다른 프로그램에서 학생 정보를 별도로 생성하여 파일에 저장되어 있는 경우 이 부분은 생략할 수 있다.

```
student[ 0] = ('Lee', 80, 90, 95)
student[ 1] = ('Kim', 85, 75, 70)
student[ 2] = ('Park', 70, 80, 90)

Student records read from student_records.txt :
['Lee', 80, 90, 95]
['Kim', 85, 75, 70]
['Park', 70, 80, 90]

After calculate_student_score(st_records)
Lee      80   90   95  265 88.33
Kim      85   75   70  230 76.67
Park     70   80   90  240 80.00

Contents of 'result_students.txt'
--------------------------------
name   kor  eng math  sum  avg
--------------------------------
Lee      80   90   95  265 88.33
Kim      85   75   70  230 76.67
Park     70   80   90  240 80.00
--------------------------------
```

그림 9.29 파일 데이터의 입출력 및 통계 분석 예제 실행 결과

Line 57~61에서는 student_records.txt 파일에 저장된 학생 정보를 fread_st_records() 함수를 사용하여 읽어 들이고, st_records 2차원 리스트에 저장하도록 한다. Line 61에서는 calculate_st_records() 함수를 사용하여 st_records에 포함된 학생 성적의 합산 및 성적 평균을 계산하게 하며, line 64~ 66에서 계산된 학생 정보를 화면으로 출력하고, line 67에서는 result_students.txt에 저장한다. Line 69~73에서는 result_students.txt 파일의 내용을 읽어 화면으로 출력하여 학생 정보가 정확하게 처리되어 있는지 확인하도록 한다.

그림 9.28 파이썬 프로그램과 그림 9.29에서 살펴본 것과 같이 텍스트 파일에 저장된 정보를 읽어 다양한 통계 처리를 할 수 있으며, 아울러 전달된 2차원 리스트의 각 원소 리스트에 새로운 항목을 추가할 수 있는 융통성을 잘 활용할 수 있다.

9.5.2 파일 입출력 기능을 사용한 행렬 연산 - class Mtrx

파일에 저장되어 있는 데이터를 처리하는 다른 예로 그림 9.30에서 2차원 리스트를 기반으로 한 행렬 연산을 구현한 파이썬 프로그램 예를 보여준다. Line 6에서 class Mtrx를 정의하며, line 7~63에서 class Mtrx의 생성에 필요한 초기화 작업을 위한 __init__() 멤버함수, 화면 출력과 파일 출력을 위한 print() 및 fprint() 함수, 행렬의 덧셈, 뺄셈 및 곱셈 연산의 연산자 오버로딩을 위한 __add__(), __sub__(), __mul__() 멤버 함수 구현을 보여주고 있다.

```
 1 : # class MyMtrx with operator overloading and file input/output
 2 : import os
 3 : import os.path
 4 : import shutil
 5 : import sys
 6 :
 7 : class Mtrx:
 8 :     def __init__(self, name, n_row, n_col, list_data):
 9 :         self.name = name
10 :         self.n_row = n_row
11 :         self.n_col = n_col
12 :
13 :         self.rows = []
14 :         index = 0
15 :         for i in range(0, self.n_row):
16 :             list_row = []
17 :             for j in range(0, self.n_col):
18 :                 list_row.append(list_data[index])
19 :                 index = index + 1
20 :             self.rows.append(list_row)
21 :
22 :     def setName(self, name):
23 :         self.name = name
```

그림 9.30 행렬 연산을 위한 class Mtrx 구현과 응용 프로그램 (part 1)

Line 8~20의 __init__() 멤버함수는 행렬의 초기화를 위한 이름, 행의 개수, 열의 개수, 데이터 리스트를 전달받고 class Mtrx 인스탄스 멤버 데이터인 name, n_row, n_col의 초기값을 설정한다. 행렬의 각 행 (row)은 line 16~19에서 list_row로 편집하며, 이를 line 20에서 self.rows 리스트에 추가함으로써 지정된 행의 개수 (n_row) × 열의 개수 (n_col)의 행렬을 2차원 리스트로 구현한다. self.rows는 class Mtrx의 인스탄스 변수이며, 다양한 행렬의 연산에서 사용된다.

Line 22~23의 setName() 멤버함수는 행렬의 이름 (name)을 설정한다. Line 24~31의 __str__() 함수는 행렬을 print() 함수를 사용하여 출력할 때 사용되며, 행렬의 이름을 먼저 출력하고, 다음으로 각 행에 포함된 원소들을 한 줄에 출력하도록 문자열을 구성하여 준다. Line 32~39의 fprint() 함수는 행렬의 내용을 파일로 출력하며, 행렬의 이름과 함께 2차원 형식으로 표시될 수 있도록 한다. 그림 9.31의 출력 결과에서 3×3 행렬의 출력 결과를 볼 수 있다.

Line 41~47의 행렬 덧셈을 위한 __add__() 멤버 함수는 덧셈 ('+') 연산자 사용을 위한 연산자 오버로딩 함수로 구현되어 있으며, line 49~55의 행렬 뺄셈을 위한 __sub__() 멤버 함수는 뺄셈 ('−') 연산자 사용을 위한 연산자 오버로딩 함수로 구현되어 있다. 행렬의 덧셈과 뺄셈은 2중 for-loop으로 구성되어 있으며, self를 기준으로 other 행렬의 원소를 덧셈 또는 뺄셈하도록 되어 있고, 4장 4.3.4절의 2중 for-loop에서 설명하였던 그림 4.36의 내용과 동일하게 구현되어 있다.

```
24 :     def __str__(self):
25 :         s = self.name
26 :         s += "\n"
27 :         for i in range(0, self.n_row):
28 :             for j in range(0, self.n_col):
29 :                 s += "{0:>3}".format(self.rows[i][j])
30 :             s += "\n"
31 :         return s
32 :     def fprint(self, fout):
33 :         fout.write(self.name)
34 :         s = "\n"
35 :         for i in range(0, self.n_row):
36 :             for j in range(0, self.n_col):
37 :                 s += "{0:>3}".format(self.rows[i][j])
38 :             s += "\n"
39 :         fout.write(s)
40 :
41 :     def __add__(self, other): # operator overloading of '+'
42 :         list_res = []
43 :         for i in range(0, self.n_row):
44 :             for j in range(0, self.n_col):
45 :                 r_ij= self.rows[i][j] + other.rows[i][j]
46 :                 list_res.append(r_ij)
47 :         return Mtrx("R", self.n_row, self.n_col, list_res)
48 :
49 :     def __sub__(self, other): # operator overloading of '-'
50 :         list_res = []
51 :         for i in range(0, self.n_row):
52 :             for j in range(0, self.n_col):
53 :                 r_ij= self.rows[i][j] - other.rows[i][j]
54 :                 list_res.append(r_ij)
55 :         return Mtrx("R", self.n_row, self.n_col, list_res)
56 :
57 :     def __mul__(self, other): # operator overloading of '*'
58 :         list_res = []
59 :         for i in range(0, self.n_row):
60 :             for j in range(0, other.n_col):
61 :                 r_ij= 0
62 :                 for k in range(0, self.n_col):
63 :                     r_ij = r_ij + self.rows[i][k] * other.rows[k][j]
64 :                 list_res.append(r_ij)
65 :         return Mtrx("R", self.n_row, other.n_col, list_res)
```

그림 9.30 행렬 연산을 위한 class Mtrx 구현과 응용 프로그램 (part 2)

Line 57~65의 행렬 곱셈을 위한 __mul__() 멤버함수는 곱셈 ('*') 연산자의 사용을 위한 연산자 오버로딩 함수로 구현되어 있다. 행렬의 곱셈 연산은 3중 for-loop으로 구현되며, 4장의 그림 4.39에서 설명하였던 구조를 동일하게 구현하고 있다. 행렬의 곱셈에서 각 항목들은 $Res_{ij} = \sum_{k=0}^{SIZE-1} Self_{ik} * Other_{kj}$ 공식에 따라 계산이 수행되도록 구현되어 있고, 인덱스 i와 j를 사용하는 두 개의 for-loop에 추가하여, 그 내부에 인덱스 k를 사용하는 for-loop을 하나 더 구성하고 있다.

```
#####################################################################
#    Application program of class MyMtrx with operator overloading
#        and data file input

f_input = "input_data.txt"
f_output = "output_data.txt"
if os.path.exists(f_input) == True:
    print("Input data file ({}) is existing !!".format(f_input))
    print("If necessary, modify the inpt data file")
    os.startfile(f_input)
else:
    print("Input data file ({}) is not existing !!".format(f_input))
    print("Preparing input data file with default elements for two matrices data")
    with open(f_input, 'w') as f_in:
        s = " 3 3 \n"
        s += " 1 2 3 4 5 6 7 8 9 \n"
        s += " 3 3 \n"
        s += " 1 0 0 0 1 0 0 0 1 \n"
        f_in.write(s)
with open(f_input, 'r') as f_in:
    size_line1 = f_in.readline()
    print("size_line_1 : ", size_line1)
    sizeR, sizeC = size_line1.split()
    d1_num_rows = int(sizeR)
    d1_num_cols = int(sizeC)
    print("num_rows = {}, num_cols = {}"
      .format(d1_num_rows, d1_num_cols))
    data_line = f_in.readline()
    d1 = data_line.split()
    d1_data = []
    for x in d1:
        d1_data.append(int(x))
    print("d1_data : ", d1_data)

    size_line2 = f_in.readline()
    print("size_line_2 : ", size_line2)
    sizeR, sizeC = size_line2.split()
    d2_num_rows = int(sizeR)
    d2_num_cols = int(sizeC)
    print("num_rows = {}, num_cols = {}"
      .format(d1_num_rows, d1_num_cols))
    data_line = f_in.readline()
    d2 = data_line.split()
    d2_data = []
    for x in d2:
        d2_data.append(int(x))
    print("d2_data : ", d2_data)
f_in.close()
```

그림 9.30 행렬 연산을 위한 class Mtrx 구현과 응용 프로그램 (part 3)

그림 9.30 line 66~136은 행렬 연산을 위한 class Mtrx를 사용하는 예를 보여준다. Line 70, 71에서 입력파일과 출력파일의 파일 이름들을 설정하고, line 72에서 os.path.exists() 함수를 사용하여 입력 파일의 존재 여부를 확인한다. 만약 입력 파일이 미리 준비되어있으면 os.startfile() 함수를 사용하여 파일 입출력이 가능하도록 한다. 만약 입력 데이터 파일이 준비되어 있지 않으면 line 79~84에서 미리 준비한 3 × 3 크기의 행렬 2개를 파일에 준비하도록 한다. 파일에는 2개의 행렬의 크기 (행, 열)를 나타내는 2개정수와 행렬에 포함될 원소들을 1차원 배열 형식으로 포함하고 있다.

Line 85~97에서는 입력파일 (f_input)을 읽기 모드로 열고, 행렬의 크기를 나타내는 정수 2개가 저장되어 있는 첫 번째 줄을 읽어 첫 번째 행렬을 위한 d1의 행 크기 (d1_num_rows)와 열 크기 (d1_num_cols)의 값을 설정하고, line 92~96에서 행렬의 원소들이 포함되어 있는 두 번째 줄을 읽어 d1_data 리스트에 정수 데이터로 추가한다. d1_data는 line 97에서 화면으로 출력하며, 그림 9.30에서 확인할 수 있다.

Line 99~110에서는 같은 요령으로 두 번째 행렬을 위한 d2의 행 크기 (d2_num_rows)와 열 크기 (d2_num_cols) 및 행렬 원소 데이터 리스트 (d2_data)를 준비한다. Line 110에서 d2_data의 내용을 출력하고 있으며, 그림 9.31에서 원소들의 값을 확인할 수 있다.

Line 111에서는 입력 데이터 파일 f_in을 닫는다.

```
112 :
113 : m1 = Mtrx("M1", d1_num_rows, d1_num_cols, d1_data)
114 : print(m1)
115 : m2 = Mtrx("M2", d2_num_rows, d2_num_cols, d2_data)
116 : print(m2)
117 :
118 : m3 = m1 + m2
119 : m3.setName("M3 = M1 + M2")
120 : print(m3)
121 :
122 : m4 = m1 - m2
123 : m4.setName("M4 = M1 - M2")
124 : print(m4)
125 :
126 : m5 = m1 * m2
127 : m5.setName("M5 = M1 * M2")
128 : print(m5)
129 :
130 : with open(f_output, 'w') as f_out:
131 :     m1.fprint(f_out)
132 :     m2.fprint(f_out)
133 :     m3.fprint(f_out)
134 :     m4.fprint(f_out)
135 :     m5.fprint(f_out)
136 : f_out.close()
137 : os.remove(f_input)
```

그림 9.30 행렬 연산을 위한 class Mtrx 구현과 응용 프로그램 (part 4)

그림 9.30 line 113~116에서는 d1과 d2를 기반으로 class Mtrx의 인스턴스 m1과

m2를 생성하며, 파이썬 기본 함수인 print()를 사용하여 행렬의 내용을 화면으로 출력한다. 그림 9.30에서 행렬 m1과 m2가 2차원 배열 형식으로 출력된 것을 확인 할 수 있으며, 입력 데이터 파일 f_in에 포함되어 있던 데이터들로 구성되어 있는 것을 알 수 있다.

```
Input data file (input_data.txt) is not existing !!
Preparing input data file with default elements for two matrices data
size_line_1 :   3 3

num_rows = 3, num_cols = 3
d1_data :  [1, 2, 3, 4, 5, 6, 7, 8, 9]
size_line_2 :   3 3

num_rows = 3, num_cols = 3
d2_data :  [1, 0, 0, 0, 1, 0, 0, 0, 1]
M1
  1  2  3
  4  5  6
  7  8  9

M2
  1  0  0
  0  1  0
  0  0  1

M3 = M1 + M2
  2  2  3
  4  6  6
  7  8 10

M4 = M1 - M2
  0  2  3
  4  4  6
  7  8  8

M5 = M1 * M2
  1  2  3
  4  5  6
  7  8  9
```

그림 9.31 행렬 연산을 위한 class Mtrx 구현과 응용 프로그램의 실행의 화면 출력 결과

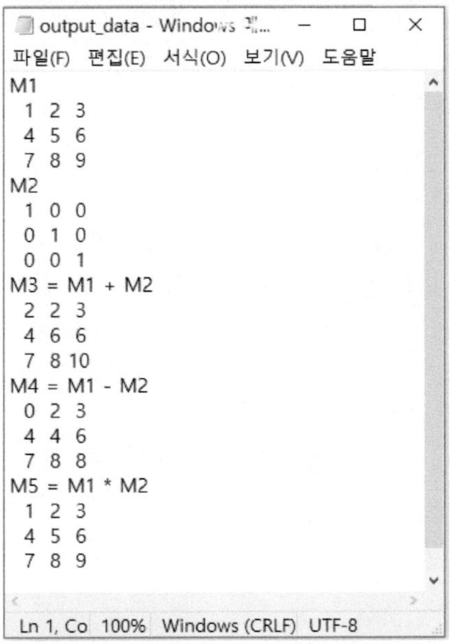

그림 9.32 행렬 연산을 위한 class Mtrx 구현과 응용 프로그램의 파일 출력 결과

Line 118~127에서는 행렬 m1과 m2의 덧셈, 뺄셈, 곱셈 연산을 '+', '−', '*' 연산자를 사용하여 계산을 하며, 그 결과를 m3, m4, m5에 각각 대입한다. Line 119, 123, 126에서는 행렬 m3, m4, m5의 이름으로 행렬의 덧셈, 뺄셈 및 곱셈의 연산 내용을 표현하는 문자열로 설정하도록 한다. Line 120, 124, 127에서 행렬 m3, m4, m5의 내용을 class Mtrx의 멤버 함수인 print()를 사용하여 화면으로 출력하며, 그림 9.30에서 정확한 행렬 연산 결과를 확인할 수 있다.

Line 130~134에서는 행렬 m1, m2와 이들의 덧셈, 뺄셈, 곱셈 연산의 결과인 m3, m4, m5의 내용을 출력 데이터 파일로 출력한다. 그림 9.32에서 파일(output_data.txt)로 출력된 결과를 볼 수 있으며, 이 내용은 그림 9.31에서 화면으로 출력하였던 m1~m5의 내용과 동일한 내용인 것을 확인할 수 있다.

9.6 이진 파일 (Binary File) 입력 및 출력

9.6.1 이진 파일의 open(), close(), write(), seek(), read(), tell()

텍스트 파일과는 달리 이진 파일 (binary file)에서는 파일에 저장 되어 있는 정보가 이진 코드 데이터들로 구성되어 있으며, 바이츠 (bytes)로 표현되는 것과 마찬가지로 볼 수 있다. 그림 9.33은 이진 파일을 생성하고, 이 이진 파일로 데이터를 출력하는 write(), 데이터를 입력하는 read(), 파일의 입출력 위치를 조정하는 seek(), 현재 위치를 알려 주는 tell() 함수들을 시범적으로 사용하는 예제 프로그램이다.

그림 9.33 line 5에서는 이진 파일에 저장할 바이츠 (bytes) 변수를 10진수 숫자 10개와 알파벳 26개로 구성된 문자열 "0123456789abcdefghijklmnopqrstuvwxyz"을 사용하여 생성하며, line 7에서 test.bin 파일을 'wb+' (이진 파일의 쓰기 및 갱신) 모드로 생성하고, line 8에서 바이츠 변수를 write() 함수를 사용하여 출력한다. Line 9에서 flush() 시킨 후, line 10에서 os.path.getsize() 함수를 사용하여 파일의 크기를 확인하면 그림 9.34에서 보는 것과 같이 36인 것을 확인할 수 있다.

Line 12~17에서는 test.bin 파일에 포함된 데이터를 f_bin.seek(i)와 f_bin.read(1) 함수를 사용하여 바이트 단위로 읽고 위치 정보와 함께 출력하며, 그림 9.33에서 확인할 수 있다. Line 20~32에서는 seek() 함수를 사용하여 파일 입출력 위치를 조정하며 read(1) 함수를 사용하여 1 바이트 씩 입력하여 출력하며, tell() 함수를 사용하여 위치를 확인한다.

Line 25의 seek(2, os.SEEK_CUR)은 현재 파일 입출력 위치 (10 + 1)에서 2바이트 만큼 전진시킨 위치이며, line 27에서 tell() 함수로 확인한 것과 같이 13인 것을 확인할 수 있다. Line 28의 seek(−1, os.SEEK_END)는 파일의 맨 마지막 위치를 의미하며, 35인 것을 확인할 수 있다. Line 30의 seek(−3, os.SEEK_END)은 파일의 끝에서 역으로 3번째 바이트를 의미하며, 그림 9.34에서 볼 수 있는 것과 같이 33번째인 것을 확인할 수 있다.

```
# Binary file open(), close(), write(), seek(), read(), tell()
import os
import os.path

TEST_STR_BYTES = b"0123456789abcdefghijklmnopqrstuvwxyz"
print("TEST_STR_BYTES = ", TEST_STR_BYTES)
f_bin = open("test.bin", 'wb+')
f_bin.write(TEST_STR_BYTES)
f_bin.flush()
f_bin_size = os.path.getsize("test.bin")
print("f_bin ({}) with size of {} bytes".format(f_bin, f_bin_size))
for i in range(f_bin_size):
    f_bin.seek(i)
    ch = f_bin.read(1)
    print("f_bin[{:2d}]: {} ".format(i, ch), end=" ")
    if ((i+1) % 5) == 0:
        print()
print()

SEEK_POS = 10
print("f_bin.seek({}) : {}".format(SEEK_POS, f_bin.seek(SEEK_POS)))
ch = f_bin.read(1)
print("10-th character in file test.bin : ", ch)
print("f_bin.tell() : ", f_bin.tell())
print("f_bin.seek(2, os.SEEK_CUR) : ", f_bin.seek(2, os.SEEK_CUR))
print("f_bin.read(1) : ", f_bin.read(1))
print("f_bin.tell() : ", f_bin.tell())
print("f_bin.seek(-1, os.SEEK_END) : ", f_bin.seek(-1, os.SEEK_END))
print("f_bin.read(1) : ", f_bin.read(1))
print("f_bin.seek(-3, os.SEEK_END) : ", f_bin.seek(-3, os.SEEK_END))
print("f_bin.read(1) : ", f_bin.read(1))
print("f_bin.tell() : ", f_bin.tell())
f_bin.close()
```

그림 9.33 이진 (binary) 파일의 open(), close(), seek(), read(), tell() 함수 실행 예제

```
TEST_STR_BYTES =  b'0123456789abcdefghijklmnopqrstuvwxyz'
f_bin (<_io.BufferedRandom name='test.bin'>) with size of 36 bytes
f_bin[ 0]: b'0'  f_bin[ 1]: b'1'  f_bin[ 2]: b'2'  f_bin[ 3]: b'3'  f_bin[ 4]: b'4'
f_bin[ 5]: b'5'  f_bin[ 6]: b'6'  f_bin[ 7]: b'7'  f_bin[ 8]: b'8'  f_bin[ 9]: b'9'
f_bin[10]: b'a'  f_bin[11]: b'b'  f_bin[12]: b'c'  f_bin[13]: b'd'  f_bin[14]: b'e'
f_bin[15]: b'f'  f_bin[16]: b'g'  f_bin[17]: b'h'  f_bin[18]: b'i'  f_bin[19]: b'j'
f_bin[20]: b'k'  f_bin[21]: b'l'  f_bin[22]: b'm'  f_bin[23]: b'n'  f_bin[24]: b'o'
f_bin[25]: b'p'  f_bin[26]: b'q'  f_bin[27]: b'r'  f_bin[28]: b's'  f_bin[29]: b't'
f_bin[30]: b'u'  f_bin[31]: b'v'  f_bin[32]: b'w'  f_bin[33]: b'x'  f_bin[34]: b'y'
f_bin[35]: b'z'
f_bin.seek(10) : 10
10-th character in file test.bin :  b'a'
f_bin.tell() :  11
f_bin.seek(2, os.SEEK_CUR) :  13
f_bin.read(1) :  b'd'
f_bin.tell() :  14
f_bin.seek(-1, os.SEEK_END) :  35
f_bin.read(1) :  b'z'
f_bin.seek(-3, os.SEEK_END) :  33
f_bin.read(1) :  b'x'
f_bin.tell() :  34
```

그림 9.34 이진 (binary) 파일의 open(), close(), seek(), read(), tell() 함수 실행 예제 결과

9.6.2 BytesIO

BytesIO 객체는 이진 파일의 입출력에서 버퍼링 기능을 사용할 수 있게 한다. 그림 9.35에서는 io 모듈을 설치한 후 line 5에서 BytesIO() 함수를 사용하여 이진 데이터의 버퍼링 기능을 사용할 수 있도록 준비한다. Line 6에서 BytesIO 객체인 f의 자료형을 확인하면 그림 9.36에서 보는 것과 같이 _io.BytesIO 객체인 것을 확인할 수 있다.

```
 1 :  # io.BytesIO
 2 :
 3 :  import io
 4 :
 5 :  f = io.BytesIO(b"abcdefghij")
 6 :  print("type(f) = ", type(f))
 7 :
 8 :  print("f.getvalue() : ", f.getvalue())
 9 :  buffer = f.getbuffer()
10 :  buffer[2:4] = b'34'
11 :  print("after modification, f.getvalue() : ", f.getvalue())
```

그림 9.35 BytesIO 객체를 사용한 이진 데이터 버퍼링

Line 8에서 f.getvalue()를 사용하여 f의 값을 출력하면 line 5에서 설정한 바이츠 객체의 데이터를 가지는 것으로 확인할 수 있다. Line 9에서는 f.getbuffer()를 사용하여 BytesIO 객체의 버퍼를 직접 사용할 수 있게 하며, line 10에서 버퍼의 2~3 번째 데이터를 '34'로 변경시킨다. 변경된 BytesIO 객체의 내용을 line 11에서 f.getvalue() 함수로 출력하면 line 5에서 설정하였던 BytesIO 객체의 내용 중 2개 바이트가 변경될 것을 확인할 수 있다.

```
type(f) =  <class '_io.BytesIO'>
f.getvalue() :  b'abcdefghij'
after modification, f.getvalue() :  b'ab34efghij'
```

그림 9.36 BytesIO 객체를 사용한 이진 데이터 버퍼링 실행 결과

9.6.3 pickle 모듈을 사용한 이진파일 입출력

파이썬 pickle 모듈은 파이썬 객체들의 직렬화 (serializing)과 역직렬화 (de-serializing)에 사용된다. 직렬화에서는 파이썬 객체의 구조와 데이터를 바이트 스트림으로 변환시켜 주며, 역직렬화는 바이트 스트림을 파이썬 객체로 역변화 시켜준다. 그림 9.37의 line 3에서 pickle 모듈을 설치하며, line 6~8에서 간단한 클래스 A를 생성하며, 클래스 속성으로 name과 value를 가진다.

Line 10~13에서는 클래스 A를 사용하여 객체 a를 생성하며, a의 클래스 멤버 데이터인 name과 value의 값을 출력한다. 그림 9.38에서 이 속성 값들이 정확하게 포함되어 있는 것을 확인할 수 있다. Line 15에서는 pickle_test.bin 이진 파일을 쓰기 모드로 생성하며 line 16에서 pickle.dump() 함수를 사용하여 클래스 A의 인스탄스 a를 pickle_test.bin 이진 파일로 덤프 시켜준다. Line 18에서 이진 파일 pickle_test.bin의 크기를

os.path.getsize() 함수로 확인하면 그림 9.38에서 볼 수 있는 것과 같이 21인 것을 알 수 있다.

Line 21~25에서는 이진 파일 pickle_test.bin으로 부터 pickle.load() 함수를 사용하여 변수 b로 설정한다. Line 23에서 b를 출력하면 그림 9.38에서 볼 수 있는 것처럼 class A의 객체인 것을 확인할 수 있고, line 24~25에서 객체 b의 name과 value를 출력하면 line 7~8에서 설정한 class A의 속성인 것을 확인할 수 있다.

```
 1 :  # pickle module for binary file
 2 :
 3 :  import pickle
 4 :  import os.path
 5 :
 6 :  class A:
 7 :      name = "ABCEDEF"
 8 :      value = 15
 9 :
10 :  a = A()
11 :  print("a : ", a)
12 :  print("a.name = ", a.name)
13 :  print("a.value = ", a.value)
14 :
15 :  f1 = open("pickle_test.bin", 'wb')
16 :  pickle.dump(a, f1)
17 :  f1.close()
18 :  f1_size = os.path.getsize("pickle_test.bin")
19 :  print("size of pickle_test.bin : ", f1_size)
20 :
21 :  f2 = open("pickle_test.bin", 'rb')
22 :  b = pickle.load(f2)
23 :  print("b : ", b)
24 :  print("b.name = ", b.name)
25 :  print("b.value : ", b.value)
26 :  f2.close()
```

그림 9.37 pickle 모듈을 사용한 이진 파일 입출력

```
a :  <__main__.A object at 0x032460D0>
a.name =  ABCEDEF
a.value =  15
size of pickle_test.bin :  21
b :  <__main__.A object at 0x036AAEB0>
b.name =  ABCEDEF
b.value :  15
```

그림 9.38 pickle 모듈을 사용한 이진 파일 입출력 결과

9.6.4 json 파일과 pickle 파일 포맷의 비교

파이썬 프로그램에서 객체를 직렬화하여 이진 파일에 저장하는 방법에는 json과 pickle이 있다. 그림 9.39는 배열과 리스트를 json과 pickle을 사용하여 이진 파일에 저장할 때, 파일의 크기를 비교하고 있다. Line 3~10에서 필요한 모듈들을 설치하며, line 12~15에서 중복되지 않은 정수 원소들을 가지는 배열을 생성하는 genRandArray()를 구현한다.

```
1 :  # Measurement of size (number of bytes) for array and list
2 :
3 :  from array import *
4 :  import random
5 :  from datetime import *
6 :  import time
7 :  import sys
8 :  import os
9 :  import json
10 : import pickle
11 :
12 : def genRandArray(arr, size):
13 :     for x in range(0, size):
14 :         arr.append(x)
15 :     random.shuffle(arr)
16 :
17 : array_size = 20000
18 : print("Generating an Array of {0} random integer elements
         ....".format(array_size))
19 : A = array('i')
20 : genRandArray(A, array_size)
21 : print("sys.getsizeof(A) : ", sys.getsizeof(A))
22 :
23 : print("Generating a List of {0} random integer elements
         ....".format(array_size))
24 : L = []
25 : genRandArray(L, array_size)
26 : print("sys.getsizeof(L) : ", sys.getsizeof(L))
27 :
28 : """
29 : f1 = open("A_json.txt", 'w')
30 : json.dump(A, f1) #  array object cannot be serialized by json
31 : f1.close()
32 : f1_size = os.path.getsize("A_json.txt")
33 : print("size of A_json.txt : ", f1_size)
34 : """
35 :
```

그림 9.39 json과 pickle의 비교 (part 1)

Line 12~16에서는 20000개의 정수를 가지는 배열 A를 생성하며, line 16에서 sys.getsizeof() 함수를 사용하여 파일 크기를 확인하며, 그림 9.40에서 84,056 바이트임을 알 수 있다. Line 18~21에서는 20000개의 원소를 가지는 리스트 L를 생성하며, sys.getsizeof() 함수를 사용하여 리스트 L의 크기를 확인하며, 그림 9.39에서 89,016 바이트임을 알 수 있다.

Line 17~21에서는 배열 A를 json.dump() 함수를 사용하여 텍스트 파일로 저장하고자 하는데 이 부분은 주석 처리를 해둔 것처럼 배열 객체를 json으로 직렬화 하는 것은 지원되지 않기 때문에 프로그램 실행 오류가 발생되게 된다. Line 24~28에서는 배열 A를 pickle.dump()로 직렬화하고, line 27에서 os.path.getsize() 함수를 사용하여 이진 파일의 크기를 확인하면, 그림 9.40에서 80,027바이트 임을 알 수 있다.

```
36 :  f2 = open("A_pickle.bin", 'wb')
37 :  pickle.dump(A, f2)
38 :  f2.close()
39 :  f2_size = os.path.getsize("A_pickle.bin")
40 :  print("size of A_pickle.bin : ", f2_size)
41 :
42 :  f3 = open("L_json.txt", 'w')
43 :  json.dump(L, f3)
44 :  f3.close()
45 :  f3_size = os.path.getsize("L_json.txt")
46 :  print("size of L_json.txt : ", f3_size)
47 :
48 :  f4 = open("L_pickle.bin", 'wb')
49 :  pickle.dump(L, f4)
50 :  f4.close()
51 :  f4_size = os.path.getsize("L_pickle.bin")
52 :  print("size of L_pickle.bin : ", f4_size)
```

그림 9.39 json과 pickle의 비교 (part 2)

Line 30~34에서는 리스트 L을 json.dump() 함수를 사용하여 직렬화시키며, line 33에서 파일 크기를 확인하면 128,890 바이트 임을 알 수 있다. Line 36~40에서는 동일한 리스트 L을 pickle.dump() 함수를 사용하여 직렬화시켜 이진 파일에 저장하는데, line 39에서 파일 크기를 확인하면 그림 9.40에서 59,790 바이트가 되는 것을 알 수 있다.

이 비교에서 json 모듈을 사용한 직렬화 보다 pickle 모듈을 사용하여 직렬화 하는 것이 파일 크기가 거의 절반으로 줄어드는 것을 확인할 수 있으며, 이는 json 모듈의 dump() 함수를 사용한 직렬화에서는 텍스트 파일 방식을 사용하여 직렬화를 하지만, pickle 모듈의 dump() 함수를 사용한 직렬화에서는 이진 코드를 사용하여 저장하기 때문이다.

```
Generating an Array of 20000 random integer elements ....
sys.getsizeof(A) :  84056
Generating a List of 20000 random integer elements ....
sys.getsizeof(L) :  89016
size of A_pickle.bin :  80072
size of L_json.txt :  128890
size of L_pickle.bin :  59790
```

그림 9.40 json과 pickle의 비교 결과

연습문제

9.1 다음 용어를 예를 들어 설명하라.

1) 프로그램의 데이터 입력 및 출력
2) 표준 입출력 장치
3) 파일 입출력
4) 텍스트 파일 (text file)

5) 이진 파일 (binary file)

9.2 파이썬 프로그램에서 파일 입출력 기능이 필요한 이유에 대하여 설명하라.

9.3 텍스트 파일과 이진 파일의 차이점에 대하여 설명하라.

9.4 파이썬 프로그램의 파일 입출력에서 자주 사용되는 디렉토리 (폴더) 위치를 지정하여, 그 디렉토리에 있는 파일들을 쉽게 입출력하도록 하는 경로 설정 방법을 예를 들어 설명하라.

9.5 파이썬의 파일 입출력에서 json 포맷과 pickle 포맷의 차이점에 대하여 설명하라.

실습문제

실습 9.1 최소 10개 국가의 기본 정보인 (국가 이름, 수도 이름, 인구수, 면적) 데이터를 텍스트 파일에 준비하고, 이 파일을 읽어 들인 후 순차적으로 화면에 출력하는 파이썬 프로그램을 작성하라.

(실행 예시)

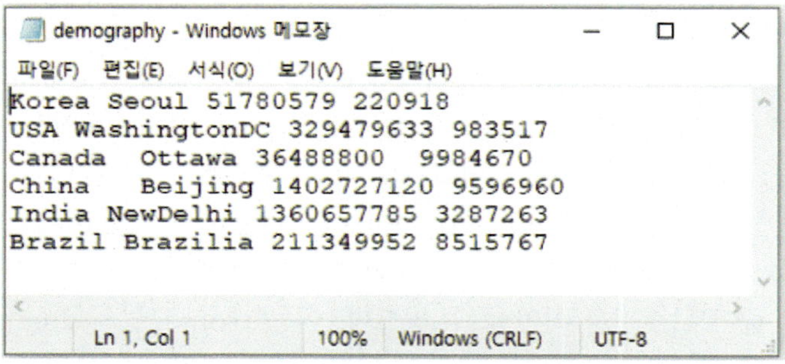


```
List of countries:
Country[ 0] : ('Korea', 'Seoul', 51780579, 220918)
Country[ 1] : ('USA', 'WashingtonDC', 329479633, 983517)
Country[ 2] : ('Canada', 'Ottawa', 36488800, 9984670)
Country[ 3] : ('China', 'Beijing', 1402727120, 9596960)
Country[ 4] : ('India', 'NewDelhi', 1360657785, 3287263)
Country[ 5] : ('Brazil', 'Brazilia', 211349952, 8515767)
```

실습 9.2 위 실습 9.1에서 읽어 들인 국가들의 기본 정보에서 인구 수를 기준으로 내림차순 정렬을 하고, 그 순서대로 국가 기본 정보를 출력하는 파이썬 프로그램을 작성하라.

(실행 예시)

```
List of countries sorted by demography(number of people):
Country[ 0] : ('China', 'Beijing', 1402727120, 9596960)
Country[ 1] : ('India', 'NewDelhi', 1360657785, 3287263)
Country[ 2] : ('USA', 'WashingtonDC', 329479633, 983517)
Country[ 3] : ('Brazil', 'Brazilia', 211349952, 8515767)
Country[ 4] : ('Korea', 'Seoul', 51780579, 220918)
Country[ 5] : ('Canada', 'Ottawa', 36488800, 9984670)
```

실습 9.3 최소 10명의 학생 정보인 (학생 이름, 학번, 과목1_점수, 과목2_점수, 과목

3_점수) 데이터를 텍스트 파일 student_records.txt에 준비하고, 이 파일을 읽어 들인 후, 각 학생의 평균점수를 계산하여 학생 정보에 추가하고, 각 과목별로 학생들의 성적을 종합하여 평균 점수를 계산한 후, 결과를 output.txt 텍스트 파일에 출력하는 파이썬 프로그램을 작성하라.

(실행 예시)

```
['Lee', 80, 90, 95, 90]
['Kim', 85, 75, 70, 95]
['Park', 70, 80, 90, 85]
['Yoon', 80, 85, 90, 85]
['Hong', 75, 85, 85, 80]

After calculate_scores(students)
name   kor  eng  math  sci  sum  avg
Lee  :  80,  90,  95,  90, 355, 88.75
Kim  :  85,  75,  70,  95, 325, 81.25
Park :  70,  80,  90,  85, 325, 81.25
Yoon :  80,  85,  90,  85, 340, 85.00
Hong :  75,  85,  85,  80, 325, 81.25

Average score of each class :
Kor_avg  = 78.00
Eng_avg  = 83.00
Math_avg = 86.00
Sci_avg  = 87.00
```

실습 9.4 행렬의 크기 num_rows과 num_columns을 정수 데이터로 지정하며, num_rows×num_columns 크기의 행렬 데이터들을 실수 자료형으로 포함하는 텍스트 파일을 준비하라. 텍스트 파일에선 2개의 행렬 데이터를 가지며, 각 행렬마다 행의 개수 (num_rows)과 열의 개수 (num_columns) 및 num_rows×num_columns개의 실수형 (float64) 행렬 원소를 가진다. 텍스트 파일로부터 2개를 행렬 크기 및 행렬 데이터를 읽어 mA와 mB에 각각 저장하고, mC = mA + mB, mD = mA - mB, mE = mA × mB를 각각 계산하여 출력 텍스트 파일 output.txt에 저장하도록 class Mtrx를 포함하는 파이썬 프로그램을 작성하라.

(실행 예시)

```
*matrix_data - Windows 메모장
파일(F)  편집(E)  서식(O)  보기(V)  도움말(H)
5   5
 1.0  2.0  3.0  4.0  5.0
 6.0  7.0  8.0  9.0 10.0
11.0 12.0 13.0 14.0 15.0
16.0 17.0 18.0 19.0 20.0
21.0 22.0 23.0 24.0 25.0
5 5
1.0 0.0 0.0 0.0 0.0
0.0 1.0 0.0 0.0 0.0
0.0 0.0 1.0 0.0 0.0
0.0 0.0 0.0 1.0 0.0
0.0 0.0 0.0 0.0 1.0
```

```
n_row = 5, n_col = 5
mA =
   1.0   2.0   3.0   4.0   5.0
   6.0   7.0   8.0   9.0  10.0
  11.0  12.0  13.0  14.0  15.0
  16.0  17.0  18.0  19.0  20.0
  21.0  22.0  23.0  24.0  25.0
n_row = 5, n_col = 5
mB =
   1.0   0.0   0.0   0.0   0.0
   0.0   1.0   0.0   0.0   0.0
   0.0   0.0   1.0   0.0   0.0
   0.0   0.0   0.0   1.0   0.0
   0.0   0.0   0.0   0.0   1.0
mC = mA + mB =
   2.0   2.0   3.0   4.0   5.0
   6.0   8.0   8.0   9.0  10.0
  11.0  12.0  14.0  14.0  15.0
  16.0  17.0  18.0  20.0  20.0
  21.0  22.0  23.0  24.0  26.0
mD = mA - mB =
   0.0   2.0   3.0   4.0   5.0
   6.0   6.0   8.0   9.0  10.0
  11.0  12.0  12.0  14.0  15.0
  16.0  17.0  18.0  18.0  20.0
  21.0  22.0  23.0  24.0  24.0
mE = mA * mB =
   1.0   2.0   3.0   4.0   5.0
   6.0   7.0   8.0   9.0  10.0
  11.0  12.0  13.0  14.0  15.0
  16.0  17.0  18.0  19.0  20.0
  21.0  22.0  23.0  24.0  25.0
```

실습 9.5 위 실습 9.4에서 생성된 mA, mB, mC, mD, mE를 pickle로 저장하고, 파

일의 크기를 실습 9.4에서 생성된 텍스트 파일 output.txt와 비교하라. 그리고 그 차이점에 대하여 설명하라.

(실행 예시)

```
Executing main()
n_row = 5, n_col = 5
mA =
  1.0   2.0   3.0   4.0   5.0
  6.0   7.0   8.0   9.0  10.0
 11.0  12.0  13.0  14.0  15.0
 16.0  17.0  18.0  19.0  20.0
 21.0  22.0  23.0  24.0  25.0
n_row = 5, n_col = 5
mB =
  1.0   0.0   0.0   0.0   0.0
  0.0   1.0   0.0   0.0   0.0
  0.0   0.0   1.0   0.0   0.0
  0.0   0.0   0.0   1.0   0.0
  0.0   0.0   0.0   0.0   1.0
mC = mA + mB =
  2.0   2.0   3.0   4.0   5.0
  6.0   8.0   8.0   9.0  10.0
 11.0  12.0  14.0  14.0  15.0
 16.0  17.0  18.0  20.0  20.0
 21.0  22.0  23.0  24.0  26.0
mD = mA - mB =
  0.0   2.0   3.0   4.0   5.0
  6.0   6.0   8.0   9.0  10.0
 11.0  12.0  12.0  14.0  15.0
 16.0  17.0  18.0  18.0  20.0
 21.0  22.0  23.0  24.0  24.0
mE = mA * mB =
  1.0   2.0   3.0   4.0   5.0
  6.0   7.0   8.0   9.0  10.0
 11.0  12.0  13.0  14.0  15.0
 16.0  17.0  18.0  19.0  20.0
 21.0  22.0  23.0  24.0  25.0
size of mA_json.txt =  819
size of mA_pickle.bin =  321
```

mA_json - Windows 메모장

파일(F) 편집(E) 서식(O) 보기(V) 도움말(H)

```
{
    "__MyMtrx__": {
        "n_row": 5,
        "n_col": 5,
        "rows": [
            [
                1.0,
                2.0,
                3.0,
                4.0,
                5.0
            ],
            [
                6.0,
                7.0,
                8.0,
                9.0,
                10.0
            ],
            [
                11.0,
                12.0,
                13.0,
                14.0,
                15.0
            ],
            [
                16.0,
                17.0,
                18.0,
                19.0,
                20.0
            ],
            [
                21.0,
                22.0,
                23.0,
                24.0,
                25.0
            ]
        ]
    }
}
```

10장 파이썬 Turtle 그래픽

학습목표

- 파이썬 Turtle Graphic에 대한 이해
- 터틀 그래픽에서의 키 이벤트와 마우스 이벤트에 대한 이해
- 터틀 그래픽의 애니메이션 기능 이해 및 활용 방법 습득

개요

10.1 파이썬 그래픽 모듈/패키지

10.1.1 Graphic User Interface (GUI)

최근 사용되는 컴퓨터 장치들에서는 다양한 버튼, 텍스트 입력창, 스크롤바, 아이콘 등의 그래픽 입력 기능을 사용하여 프로그램 실행을 제어하고 실행 결과를 그래프나 이미지 등으로 표현하여 매우 편리하게 사용할 수 있게 하고, 프로그램의 실행 결과를 쉽게 이해할 수 있게 한다. 이러한 장점 때문에 대부분의 프로그래밍 언어는 그래픽 사용자 접속 (graphic user interface, GUI) 기능을 제공하고 있다. 그러나 그래픽 사용자 접속 (GUI) 기능을 구현하는 것은 매우 복잡하며, 객체 지향형 프로그래밍 개념을 잘 이해하지 못하는 경우 이를 구현하는 것이 매우 어려워 중도에서 포기하는 경우가 많다.

파이썬 프로그래밍의 장점 중 하나가 초보자도 그래픽 기능을 쉽게 사용할 수 있도록 편리한 GUI 모듈과 패키지를 많이 제공하는 것이다. 객체 지향형 프로그래밍에 대한 이해가 없어도 간단한 예제 프로그램을 배운 첫 시간부터 간단한 도형 그리기가 가능하므로 간단한 알고리즘과 연계하여 재미있는 도형들을 직접 그릴 수 있게 할 수 있다. 파이썬은 단순한 정지 도형 뿐 아니라 간단한 기능을 조합하여 애니메이션을 쉽게 만들 수 있어 프로그래밍을 재미있게 배울 수 있다. 특히 간단한 알고리즘 구성 및 시각적인 그래픽 표현에서 사용할 수 있도록 교육적인 목적으로 개발되어 제공된 파이썬 터틀 (turtle) 그래픽은 쉽게 사용할 수 있게 하면서도 좋은 기능들을 제공하여 초보자 프로그래밍 교육에서 많이 활용된다. 보다 전문성 있는 그래픽 기능은 tkinter를 기반으로 구현할 수 있다.

10.1.2 파이썬 그래픽 모듈/패키지

(1) Turtle 그래픽

파이썬의 터틀 그래픽은 매우 단순한 2차원 평면상의 그래픽을 지원하며, 마치 거북이(turtle)가 명령에 따라 움직이며 흔적을 남기는 방식으로 2차원 도형을 그린다. 파이썬 터틀 그래픽 기능을 사용하기 위해서는 "import turtle" 명령어를 사용하여 터틀 모듈을 설치하여야 한다. 파이썬 터틀 모듈은 내부적으로 tkinter 패키지를 사용하여 구현되어 있다.

(2) tkinter

파이썬 프로그래밍에서 보다 전문적인 그래픽 기능을 구현하기 위해서는 tkinter 패키지를 사용하여야 한다. tkinter 패키지는 파이썬 프로그램에서 Tcl/Tk 그래픽 기능을 사용할 수 있도록 인터페이스 (wrapper) 기능을 제공한다. Tcl (Tool command language)는 범용 스크립트 언어이며, Tk (Tool kit)는 기본적인 GUI 위젯 라이브러리를 제공하는 공개 소프트웨어 소스 기반의 GUI tool kit로 많은 프로그래밍 언어에서 GUI 프로그래밍 인터페이스로 사용되는 것이다.

파이썬 프로그램의 tkinter를 사용하면 Tcl 스크립트 언어로 작성된 스크립트 프로그램을 실행할 수도 있으며, 스크립트 언어 기반으로 GUI 프로그래밍을 할 수 있다. tkinter 기반의 파이썬 GUI 프로그래밍에 대해서는 11장에서 상세히 설명한다.

(3) Matplotlib

Matplotlib는 파이썬에서 자료를 차트(chart)나 도표(plot)로 시각화(visulaization)하는 패키지이다. Matplotlib는 다음과 같은 정형화된 차트나 도표 이외에도 상세한 기능을 제공하는 API (application programming interface)를 사용한 다양한 시각화 기능을 제공한다 : 선형 도표(line plot), 분산형 도표(scatter plot), 윤곽선/등고선 도표 (contour plot), 표면형 도표 (surface plot), 막대 차트(bar chart), 막대그래프 (histogram), 박스형 도표(box plot). Matplotlib에 대해서는 13장에서 보다 상세하게 설명하며, 다양한 응용 프로그램을 사용하여 구체적으로 도표와 그래프를 생성하는 방법에 대하여 살펴본다.

(4) WxPython

WxPython은 파이썬 용 GUI toolkit이며, C++로 작성된 크로스 플랫폼 GUI 라이브러리인 wxWidgets들을 파이썬 프로그래밍 환경에서 사용할 수 있도록 wrapping 하여 파이썬 확장 모듈로 사용할 수 있도록 개발되었다.

(5) Kivy

Kivy는 파이썬 프로그램에서 기본적인 GUI 기능을 쉽게 구현할 수 있도록 제공되는 라이브러리이다. Kivy를 사용하여 간단한 버튼, 입력창, 표 등을 쉽게 구현할 수 있다.

10.2 Turtle 그래픽 개요

10.2.1 Turtle Graphic 클래스

파이썬 터틀 그래픽은 간단한 2차원 평면상에 다양한 그래픽 기능을 효율적으로 구현할 수 있도록 객체 지향형 프로그래밍 개념으로 설계 및 구현되어 있다. 그림 10.1은 터틀 그래픽에서 사용되는 클래스들의 상속 (inheritance) 관계와 함수 호출 (function invoke) 관계를 보여준다.

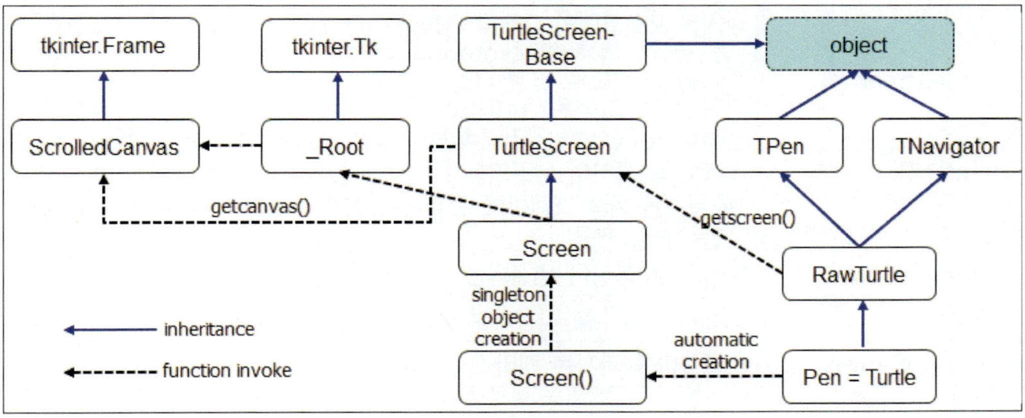

그림 10.1 Turtle Graphic 클래스 관계

표 10.1은 터틀 그래픽 클래스들에 대하여 세부적인 설명을 정리하여 준다. 터틀 그래픽에서 사용하는 모든 클래스는 object 클래스로부터 상속받아 생성되며, object 클래스는 파이썬에서 사용되는 모든 객체들이 공통적으로 상속받는 기본 클래스이다.

파이썬 object 클래스로부터 상속받는 터틀 그래픽 관련 클래스는 TPen, TNavigator, TurtleScreenBase가 있으며, class TPen와 class TNaviagator로부터 상속받는 class RawTurtle이 있으며, 이 RawTurtle은 TurtleScreen을 내부에 포함하고 있다. 파이썬 프로그램에서 그래픽 도형 그리기에 사용되는 터틀은 바로 이 class RawTurtle를 상속받아 생성되는 class Turtle이며, 그 내부에서 screen() 함수를 통하여 _Screen을 생성하여 파이썬 프로그램에서 사용할 수 있게 한다.

파이썬의 터틀 그래픽 기능은 내부적으로 tkinter 인터페이스를 통하여 Tcl/Tk 그래픽 패키지를 사용하며, 그림 10.1의 좌측 상단에서 볼 수 있는 것처럼 Frame과 이를 상속 받아 생성되는 ScrolledCanvas가 _Screen에 포함되어 파이썬 프로그램의 터틀 객체가 이들을 사용할 수 있게 한다.

표 10.1 Turtle Graphic Class

터틀그래픽 클래스	설명
object	파이썬 프로그램의 기본 객체
TPen	파이썬 프로그램 환경에서 그리기의 속성 (attribute) 들을 설정

터틀그래픽 클래스	설명
TNavigator	파이썬 프로그램 환경에서 그리기 객체의 움직임에 관련된 메소드 제공
RawTurtle	클래스 TPen과 Tnavigator로부터 상속받으며, 터틀 (turtle) 객체를 생성하는 부모 클래스 RawTurtle.getscreen() 함수를 사용하여 파이썬 프로그램에서 class TurtleScreen 객체를 받아올 수 있음
Turtle	파이썬 프로그램 환경에서 터틀 그리기 객체를 생성하기 위한 클래스
TurtleScreenBase	파이썬 기본 객체 (object)를 상속 받으며, 기본적인 그래픽 기능을 제공
TurtleScreen	파이썬 프로그램의 그래픽 기능을 위한 윈도우 스크린의 메소드들을 제공 (배경 색상 (background color), 배경 이미지 (background image), 윈도우 및 캔버스 크기) 파이썬 프로그램은 TurtleScreen.getcanvas() 함수를 사용하여 class ScrolledCanvas 객체 (default canvas)를 받아올 수 있음
tkinter.Tk	tkinter을 통하여 연결되는 Tk (tool kit)
_Root	Tk 클래스 기본 객체이며, 터틀 스크린에서 그래픽 객체들이 포함될 수 있는 환경 제공
tkinter.Frame	tkinter을 통하여 연결되는 그래픽 프레임
_Screen	Screen() 함수를 사용하여 생성되는 싱글톤 객체
ScrolledCanvas	스크롤바를 가지는 캔버스

```
1: # Turtle Graphics - window, screen
2:
3: import turtle
4: t = turtle.Turtle()   # create turtle.Pen()
5: print("turtle.mode() : ", turtle.mode())
6: turtle.title("My First Tutle Graphic")
7:
8: width = turtle.window_width()
9: height = turtle.window_height()
10: print("default: window width ({}), height ({})".format(width, height))
11:
12: turtle.setup(600, 400, 100, 100) #window width, height, startx, starty
13: width = turtle.window_width()
14: height = turtle.window_height()
15: print("after setup(600, 400), width ({}), height ({})".format(width, height))
16:
17: screen = turtle.getscreen()
18: scrn_size = turtle.screensize()
19: canv_width = screen.canvwidth
20: canv_height = screen.canvheight
21: print("default: screen size : ", scrn_size)
22: print("default: canvas width ({}), height({})".format(canv_width, canv_height))
```

그림 10.2 파이썬 터틀 그래픽 프로그램 – window, screen 기본 값 확인

그림 10.2는 파이썬 프로그램에서 터틀 그래픽 기능을 사용하기 위하여 가장 기본적인 윈도우와 스크린의 기본 값을 확인하고 있다. Line 3에서 그래픽 프로그래밍 기능을 사용하기

위하여 터틀 모듈을 import하며, line 4에서 turtle.Turtle() 클래스 객체를 생성하여 t에 대입시킨다.

Line 6에서는 turtle 모듈의 title()함수를 사용하여 윈도우의 타이틀을 "My First Turtle Graphic"으로 설정한다. Line 8~10에서는 윈도우의 기본크기를 확인하는데, 현재 설정된 크기는 기본값인 가로 960, 세로 810의 값을 가지는 것을 확인할 수 있다. Line 12~15에서는 turtle.setup() 함수를 사용하여 윈도우의 크기를 600×400으로 변경하며, 그 결과를 그림 10.3에서 확인할 수 있다.

```
turtle.mode() :  standard
initial window [width (960), height (810)]
after setup(600, 400), width (600), height (400)
screen size :  (400, 300)
canvas [width (400), height(300)]
>>>
```

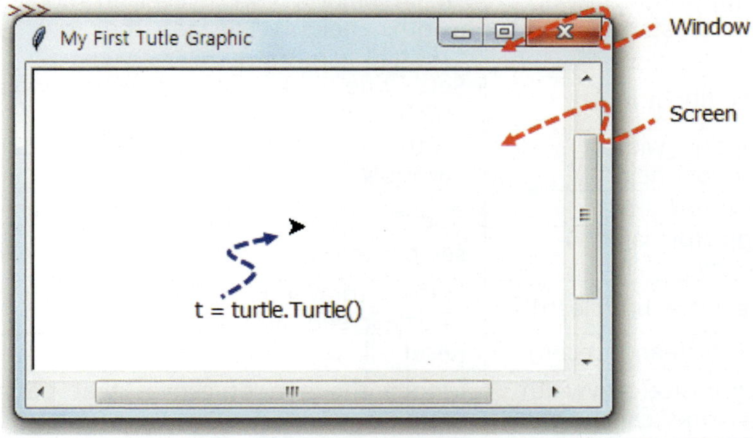

그림 10.3 파이썬 터틀 그래픽 프로그램 – window, screen 기본 값 확인 실행 결과

10.2.3 Window, Screen, Frame, canvas

실제 터틀 그래픽에서 도형들은 캔버스 상에 그려지는데, 캔버스는 윈도우 내부에 포함되는 스크린에 포함되어 있다. 스크린은 윈도우 내부에 포함되며, 스크린의 테두리 두께가 있으므로 실제 스크린에 포함되는 프레임 및 캔버스의 크기는 스크린의 크기보다 작은 영역의 크기가 된다. 그림 10.2 line 17~22에서는 스크린 크기와 캔버스 크기를 확인하는데, 현재 상태에서 스크린과 캔버스 모두 400×300의 크기인 것을 알 수 있다. 이 스크린 크기는 필요에 따라 turtle.screensize()로 스크린과 캔버스 크기를 변경할 수 있다.

표 10.2는 터틀 그래픽의 스크린에 관련된 메소드들을 설명하고 있다. bgcolor()와 bgpic()은 스크린의 배경 색상과 배경 그림을 설정할 때 사용된다. clearscreen() 메소드는 현재 스크린 상에 표시되어 있는 도형들과 터틀들을 지우고 초기화할 때 사용하며, resetscreen()은 스크린상의 모든 터틀 들을 초기화할 때 사용한다. screensize() 함수는 스크린에 포함되어 있는 캔버스의 크기를 재설정 할 수 있게 한다.

터틀 그래픽에서 사용하는 좌표계는 직각 좌표계 (cartesian coordinate)를 사용하며, 윈도우의 중앙이 원점 (0, 0)이며, 픽셀 단위 값으로 가로축과 세로축 위치가 지정된다. 기본적으로는 가로축이 X축, 세로축이 Y축으로 설정되고, 원점으로부터 화면의 상단으로 이동하면서 Y축 좌표가 증가되며, 원점을 기준으로 화면 하단으로 이동하면서 Y축 좌표값이 -값으로 증가된다. 원점 기준으로 오른쪽으로 이동하면 X축 좌표값이 +로 증가되며, 왼쪽으로 이동하면 X축 좌표값이 -로 증가한다. setworldcoordinates() 메소드는 사용자 정의 좌표계를 사용할 수 있게 하며, llx (lower left x), lly (lower left y), urx(upper right x), ury (upper right y)의 값으로 왼쪽 하단 꼭지점과 오른쪽 상단 꼭지점의 좌표를 지정하여 사용할 수 있게 한다.

표 10.2 Turtle Screen 관련 메소드

구분	터틀 스크린 함수/메소드	설명
윈도우 설정 및 초기화	setup(width, height, startx, starty)	(startx,starty) defines the position of main window (TkTopLevel) in monitor (width, height) define the size of TkChild window
	title(titleString)	Set title bar of main window (TkTopLevel)
	window_width() window_height()	width and height of TkChild child window
스크린 설정 및 초기화	bgcolor(*args)	set background color of TurtleScreen
	bgpic(picname = None)	set background picture of TurtleScreen
	clearscreen(), clear()	Erase drawings and turtle of TurtleScreen, and initialize
	resetscreen(), reset()	Reset all turtles on Screen
	screensize(canvwidth =None, canvheight =None, bg=None)	Modify the size of canvas that begins scroll bar Does not modify window size
캔버스	getcanvas()	Returns canvas of TurtleScreen for drawing with tkinter
좌표계 설정	setworldcoordinates (llx, lly, urx, ury)	Set user coordinate system
모드 설정	mode(mode=None)	Set mode : "standard", "logo", "world" standard: initial heading right, positive angle means counter clockwise logo: initial heading upward, positive angle means clockwise
	colormode(cmode= None)	cmode = 1.0 또는 255 RGB 컬러코드 값을 0~cmode범위 값으로 지정

mode() 메소드를 사용한 모드 설정에서 standard로 모드가 설정되면 터틀의 초기 방향이 오른쪽 (동쪽)을 향하며, 각도가 증가하는 것이 반시계 방향으로 각도가 증가하는 것을 의미하게 된다. 만약 모드를 logo로 설정하면 터틀의 초기 방향이 위쪽 (북쪽)을 향하게 되며, 각도가 증가하는 것은 시계 방향으로 각도가 증가하는 것으로 해석된다. colormode() 메소드에서 cmode는 1.0 또는 255의 값으로 설정될 수 있는데 이는 RGB 색상을 설정할

때 0~1.0의 실수로 표현하거나 0~255의 정수로 표현하는 색상 모드를 지정한다.

10.2.4 Turtle Shape, Size

파이썬 터틀 그래픽에서 사용할 수 있는 터틀의 기본 모양은 arrow, turtle, circle, square, triangle, classic 등이 있다. arrow는 화살촉 모양을 가지며, turtle은 거북이 모양, circle은 원, square는 정사각형, triangle은 삼각형, classic은 화살촉 모양을 의미한다. 터틀의 크기는 shapesize() 메소드와 전달되는 인수들을 사용하여 터틀 이동방향 기준으로 가로크기, 세로크기 및 선의 굵기를 변경할 수 있다. stretch_wid는 터틀 이동 방향에 수직인 가로 크기를 지정하고, stretch_len은 이동 방향의 세로 크기를 지정하며, outline은 선의 굵기를 지정한다.

표 10.3 터틀의 모양과 크기 관련 메소드

구분	터틀 모양, 크기에 관련된 함수/메소드	설 명
터틀의 모양	shape(name=None)	터틀의 모양을 이름으로 지정된 것으로 변경 (name의 예: 'arrow', 'turtle', 'circle', 'square', 'triangle', 'classic')
	shapesize(stretch_wid=None, stretch_len=None, outline=None)	터틀 크기를 설정. stretch_wid는 터틀의 이동 방향에 수직 방향의 크기를 설정하며, stretch_len은 터틀 이동방향의 크기를 설정. 터틀이 표준모드에서 위쪽 (90°)으로 이동할 때 stretch_wid는 터틀의 가로크기가 되며, stretch_len은 터틀의 세로 크기를 설정. outline은 선의 굵기를 설정.
터틀의 화면표시	hideturtle(), ht()	터틀 숨기기
	showturtle(), st()	터틀 보이기
	isvisible()	터틀이 보여지는 상태이면 True를 반환
터틀 방향 및 모양 변경	resizemode (rmode=None)	터틀 크기 재조정 모드를 설정: 'auto', 'user', 'noresize' auto: pen 굵기에 따라 크기 조절 user: shapesize()에 설정된 확장 비율에 따라 크기 조절 noresize: 터틀의 크기 변경 없음
	shearfactor (shear=None)	shear factor (도형의 기울어짐)를 설정 shear factor > 0 : 시계방향으로 기울어짐 shear factor == 0 : 진행방향으로 기울어짐 shear factor < 0 : 반시계방향으로 기울어짐
	tilt(angle)	터틀을 "angle" 각도만큼 기울임
	tiltangle(angle=None)	지정된 각도로 터틀을 회전
	shapetransform (t11=None, t12=None, t21=None, t22=None)	현재 터틀 모양의 지정된 값으로 변경하여 반환
터틀 객체 정보	get_shapepoly()	현재 터틀의 모양을 나타내는 다각형 좌표를 반환
	clone()	현재 위치의 터틀을 복사
	getturtle(), getpen()	터틀 객체를 반환
	getscreen()	현재 터틀이 그려진 터틀 스크린 객체를 반환
	setundobuffer(size)	undo() 메소드에서 사용되는 최대 undo 회수를 설정

그림 10.4는 파이썬 프로그램에서 기본적으로 사용할 수 있는 터틀 모양을 이름 (name)으로 설정하며, 지정된 위치에 표시한 후, 이들 터틀들을 시계방향으로 회전시켜 보는 기능을 시험한다. Line 7에서 터틀의 기본적인 이름으로 사용할 수 있는 종류를 열거하며, line 8에서 각 터틀의 위치를 (x, y) 좌표 튜플의 리스트로 설정한다. Line 10~16에서는 터틀을 차례로 생성하여 지정된 위치에 표시하며, 이를 리스트 turtles에 추가한다. 6가지의 기본 터틀 모양은 그림 10.5에서 보는 것과 같이 표시된다.

그림 10.4 line 18~24에서는 각 터틀을 turn_angle로 지정된 각도에 따라 right() 함수를 사용하여 오른쪽으로 회전시키는 간단한 애니메이션을 구현한다.

```
1: # Turtle Graphics - window, screen
2:
3: import turtle
4: import time
5: turtle.setup(300, 300, 0, 0) # window width, height, startx, starty
6: turtles = []
7: turtle_names = ['square', 'circle', 'triangle', 'turtle', 'arrow', 'classic']
8: turtle_positions = [(-75, 50), (0, 50), (75, 50), (-75, -50), (0, -50), (75, -50)]
9:
10: for i in range(len(turtle_names)):
11:     t = turtle.Turtle()   # create turtle.Pen()
12:     t.up()
13:     t.shape(name = turtle_names[i])
14:     t.setpos(turtle_positions[i])
15:     t.down()
16:     turtles.append(t)
17:
18: turn_angle = 5
19: for i in range(360//turn_angle): # repeat the rotation with given angle
20:     for t in turtles:
21:         t.up()
22:         t.right(turn_angle) # turn right by the given angle
23:         t.down()
24:     time.sleep(1)
```

그림 10.4 터틀의 기본 설정 모양 및 위치 설정 예

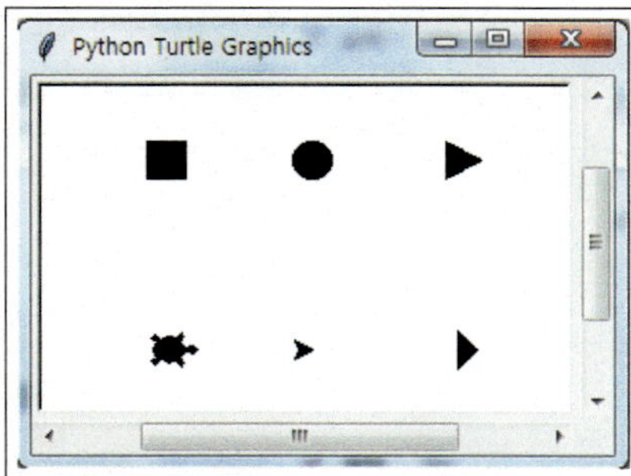

그림 10.5 터틀의 기본 설정 모양 및 위치 설정 예제 프로그램의 실행 결과

10.2.5 Turtle Movement, Draw

파이썬 프로그램의 터틀 그래픽에서 객체의 위치 설정, 이동 및 방향 전환은 표 10.4에서 설명하고 있는 메소드들을 사용하여 실행시킬 수 있다. seteposition(), setpos(), goto() 메소드는 터틀을 지정된 위치로 이동시킨다. 터틀이 이동하는 동안에 표시를 남기지 않기 위해서는 up() 메소드를 사용하여야 하며, 이동 후에 down() 메소드를 사용하여 다시 표시를 하도록 한다. 터틀의 방향 전환은 setheading() 메소드를 사용하여 지정된 방향으로 향하게 할 수 있으며, right()와 left() 메소드를 사용하여 현재의 방향으로부터 오른쪽 (시계방향) 또는 왼쪽 (반시계방향)으로 회전시킨다.

표 10.4 터틀의 이동에 관련된 메소드

구분	터틀 이동 및 그리기 관련 함수/메소드	설 명
위치 설정	setposition(x, y = None); setpos(); goto()	터틀을 지정된 좌표 위치 (x, y)로 이동 setpos() goto()와 동일함
	setx(x)	터틀의 X축 좌표를 x로 설정
	sety(y)	터틀의 Y축 좌표를 y로 설정
방향 전환	setheading(to_angle)	터틀의 진행 방향을 to_angle로 변경, seth()로도 가능 터틀의 모드를 mode()로 설정함에 따라 방향 기준이 달라짐: 표준 모드 (standard mode) - 0(동쪽), 90(북쪽), 180(서쪽), 270(남쪽); logo 모드 - 0(북쪽), 90(동쪽), 180(남쪽), 270(서쪽)
	right(angle)	터틀의 진행방향을 현재 방향으로부터 오른쪽 (시계방향)으로 'angle 만큼 회전. 회전각도 설정은 rt(), degree(), radians(), mode()에 따라 설정됨
	left(angle)	터틀의 진행방향을 현재 방향으로부터 왼쪽 (반시계방향)으로 'angle 만큼 회전. 회전각도 설정은 rt(), degree(), radians(), mode()에 따라 설정됨
이동	home()	터틀을 좌표 (0, 0)로 이동, 방향은 초기값으로 설정
	forward(dist),	터틀을 현재 진행방향으로 'dist'만큼 이동시킴. fd()로도 가능
	backward(dist)	터틀을 현재 진행방향으로 'dist' 만큼 후진 시킴, back()과 bk()로도 가능
이동 속도	speed(speed=None)	터틀의 이동속도를 설정 (설정값: 0 ~ 10) "fastest": 0; "fast": 10, "normal" : 6, "slow" : 3, "slowest" : 1
도형 그리기	circle(radius, extent = None, steps = None)	주어진 반경 (radius) 크기의 원을 그림. 만약 radius >0이면 반시계 방향으로 그리며, 만약 radius <0이면 시계방향으로 원을 그림. extent는 원이 그려질 각도를 나타내며, 180인 경우 반원을 그림. steps값은 반지름 radius의 원주 위에 설정되는 꼭지점의 개수를 설정하며, 다각형을 그릴 수 있도록 함. steps가 지정되지 않으면 원을 그림.
	dot(size=None, *color)	크기 (size)와 색상(color)의 점을 그림
스탬프	stamp()	터틀의 모양을 복사하고, 표시하며, stamp_id를 반환 clearstamp(stamp_id)로 삭제할 수 있음
	clearstamp(stampid)	stampid의 스탬프 (터틀 객체의 복사)를 삭제
	clearstamp(n=None)	만약 n = None이면 모든 스탬프들을 삭제. 만약 n> 0이면 n개의 스탬프를 삭제. 만약 n <0이면 마지막 n개의 스

구분	터틀 이동 및 그리기 관련 함수/메소드	설 명
		탬프를 삭제
실행 제어	undo()	마지막으로 수행한 터틀 움직임을 취소

home() 메소드는 터틀을 원점 좌표인 (0, 0)위치로 이동시키며, forward()는 지정된 거리 (distance)만큼 현재의 방향으로 터틀을 전진시키고, backward()는 지정된 거리만큼 후진시킨다. speed()는 터틀의 이동 속도를 조절하며, 0인 경우 가장 빠른 이동을 하고, 1~10의 값에 따라 점차 빠른 속도를 가진다.

터틀 메소드에서 circle(radius, steps)는 지정된 반지름 (radius) 크기의 원을 그린다. steps 값이 설정되면 steps 갯수의 꼭지점을 가지는 다각형을 그린다.

10.2.6 Turtle 객체 상태 (state), 펜 생성 및 조절, 방향 및 거리

터틀 객체의 상태, 각도, 방향 및 거리에 관련된 메소드들은 표 10.5에서 설명하고 있다. 기본적으로 터틀 객체는 움직이는 경로에 흔적을 남기는 개념이며, 따라서 펜을 사용하여 도형을 그리는 것과 동일하게 생각할 수 있다. pensize()와 pencolor() 메소드는 펜의 굵기와 펜의 색상을 설정한다. 터틀 펜의 색상은 RGB 코드로 설정되며, 파이썬에서 사용가능한 색상의 이름으로 설정할 수 있고, https://matplotlib.org/2.0.0/examples/color/named_colors.html에서 사용가능한 색상 이름들을 파악할 수 있다.

표 10.5 터틀 객체의 상태와 각도 설정

구분	터틀 상태, 각도에 관련된 함수/메소드	설 명
펜 생성, 설정	pen(pen=None, **pendict)	딕셔너리 pen으로 설정된 펜을 생성함. pendict는 키워드 인수임
	pensize(width=None)	펜의 굵기를 thickness로 설정. width()로도 가능.
	pencolor(*args)	펜 색상을 설정. 색상 이름의 예: “red”, “ff0000” (R, G, B value of 0~1 or 0~255)
펜 표시 조절	pendown()	펜을 내려 쓰기가 가능하게 함. 기본 설정으로 down() 상태임
	penup()	펜을 올려 도형 그리기가 나타나지 않게 함. up()으로도 가능.
	isdown()	만약 펜이 내려져 (down) 있으면 True를 반환
현재 위치 좌표	position()	터틀의 현재 위치, pos()로도 가능
	xcor()	터틀의 현재 위치 X좌표값
	ycor()	터틀의 현재 위치 Y좌표값
방향 및 거리	towards(x, y=None)	터틀의 현재 위치와 좌표 (x, y)간의 각도를 반환
	distance(x, y=None)	터틀의 현재 위치와 좌표 (x, y)간의 거리를 반환 x는 다른 터틀 객체가 지정될 수 있음
	heading()	터틀의 방향을 절대 각도로 반환
각도 계산	degrees(fullcircle=360.0)	터틀의 각도 단위를 설정. 기본값은 360임
	radians()	각도의 단위를 라디안으로 설정. degrees(2*math.pi)와 동일
도형 출력 관리	clear()	터틀 그리기를 삭제함. 단 터틀의 위치와 방향은 유지함
	reset()	터틀 그리기를 삭제하며, 터틀을 스크린의 중앙 (초기

구분	터틀 상태, 각도에 관련된 함수/메소드	설 명
		위치)로 이동시킴
문자열 출력	write(arg, move=False, align="left", font=("Arial", 8, "normal"))	인수 (arg)로 주어진 문자열을 지정된 맞춤 (align)과 지정된 폰트 (font)로 설정하여 출력

penup() 메소드는 터틀이 이동 중에 흔적을 남기지 않도록 하며, pendown() 메소드는 다시 흔적을 남기도록 한다. 터틀의 방향에 관련된 메소드인 towards()는 현재 위치로부터 (x, y) 좌표로 지정된 곳으로의 각도를 계산하여 주며, distance() 메소드는 현재 위치부터 인수로 전달된 (x, y) 좌표까지의 거리를 계산하여 준다. heading()은 현재 터틀이 어떤 방향으로 향하고 있는지에 대한 각도의 절대값을 알려 준다. degrees()는 각도의 단위를 설정하며, 0~360° 값의 각도로 표시되는 경우 인수가 360.0이 된다. radians()는 인수로 전달된 도(degree) 단위의 각도를 라디안 단위로 변환시켜준다.

write() 메소드는 인수로 전달된 문자열을 출력하며, 좌우 정렬 등을 align으로 설정하며, 사용되는 글씨 서체와 크기 등을 font 인수로 지정한다.

10.2.7 Turtle Color, Fill, 사용자 정의 도형

터틀 객체의 그리기 색상은 color() 메소드로 설정할 수 있으며, 도형의 채우기 색상은 fillcolor()로 설정한다. 도형의 색상 채우기는 begin_fill()과 end_fill()로 지정한다. 터틀 그래픽을 사용하여 다각형을 구성하는 방법은 begin_poly()와 end_poly()를 사용하여 터틀 객체가 이동한 위치를 기록하여 다각형을 구성할 수 있다. get_poly()는 가장 최근에 구성된 다각형을 반환하여 준다.

표 10.6 터틀의 색상, 채우기, 사용자 정의 도형 설정

구분	터틀의 색생과 채우기 관련 함수/메소드	설 명
도형 색상 채우기	color(*args)	터틀 펜의 색상을 설정
	fillcolor(*args)	도형의 채우기 색상을 설정
	filling()	만약 채우기 모드이면 True를 반환, 채우기 모드가 아니면 False를 반환
	begin_fill()	도형의 색상 채우기를 시작
	end_fill()	도형의 색상 채우기를 종료
다각형 생성	begin_poly()	다각형 꼭지점의 기록을 시작. 터틀의 현재위치가 시작 위치임.
	end_poly()	다각형 꼭지점의 기록을 종료. 터틀의 현재위치가 마지막 위치임.
	get_poly()	마지막으로 기록된 다각형을 반환하며, register_shape(), shape() 및 class Shape()에서 사용됨
복합 도형 생성	Shape. addcomponent()	다른 색상을 가진 다수의 다각형으로 구성된 복합 도형을 위한 class Shape 객체에 도형 객체를 추가
	register_shape()	복합도형 (compound shape)의 등록

Shape.addcomponent() 메소드는 다수의 도형들이 포함된 복합 도형을 생성할 수 있게

한다. register_shape()은 새로운 복합도형 (compound shape)을 등록할 때 사용하며, 등록된 복합 도형은 에니메이션에서 사용될 수 있다.

10.3 Turtle 그래픽 기본

10.3.1 터틀 그래픽의 좌표 (coordinate)

(1) turtle.Turtle(), shape(), setpos(), color(), up(), down(), write()

그림 10.6은 터틀 그래픽에서 사용되는 좌표에 대하여 쉽게 이해할 수 있도록 기본 좌표축을 그리며, 좌표를 표시하여 주는 예제 프로그램이다. Line 2에서 turtle 모듈을 설치하며, line 3~5에서 turtle.Turtle() 함수를 사용하여 터틀 객체인 pen을 생성하고, shape() 함수를 사용하여 기본 turtle 모양을 선택하며, color() 함수로 선 색상과 채우기 색상을 모두 black으로 설정한다.

Line 7~11에서는 turtle.Turtle() 함수를 사용하여 터틀 객체 cir을 생성하며, shape() 함수로 원(circle) 모양으로 설정하고, 크기를 가로 세로 각 5픽셀, 선 뚜께 3픽셀로 설정하며, 붉은 선 색상, 흰 채우기 색상을 설정한 후, 위치를 (0, 0)으로 설정한다.

Line 13~18에서는 4각형의 가로와 세로를 각각 800, 600픽셀로, 테두리를 20픽셀로 설정하며, 터틀 그래픽 윈도우의 정중앙에 (0, 0)을 pen.write() 함수를 사용하여 출력하도록 한다. Line 15~16에서는 가로축을 중앙 좌측 (−(width/2 + margin), 0)으로부터 중앙 우측 ((width/2 + margin), 0)까지 선으로 그리며, line 17~18에서는 세로축을 중앙 하단 (0, −(height + margin))으로부터 중앙 상단 (0, (height + margin))까지 선으로 그린다.

```
 1 :  # Turtle - coordinates, grid
 2 :  import turtle
 3 :  pen = turtle.Turtle()
 4 :  pen.shape('turtle')
 5 :  pen.color("black", "black") # black line, black fill
 6 :
 7 :  cir = turtle.Turtle()
 8 :  cir.shape('circle')
 9 :  cir.shapesize(5,5,3) # strech_width, strech_height, outline (thickness)
10 :  cir.color("red", "white") # red line, white filling
11 :  cir.setpos(0, 0)
12 :
13 :  width, height, margin = 800, 600, 20
14 :  pen.write((0, 0))
15 :  pen.up(); pen.setpos(-(width/2 + margin), 0); pen.down()
16 :  pen.setpos((width/2 + margin), 0)
17 :  pen.up(); pen.setpos(0, -(height/2 + margin)); pen.down()
18 :  pen.setpos(0, (height/2 + margin))
19 :
```

그림 10.6 터틀 그래픽에서 지정된 좌표를 사용한 기본 좌표축 그리기 및 좌표 표시 (part 1)

Line 20~23에서는 X 좌표축과 Y 좌표축의 끝 부분에 좌표값을 출력하며, line 25~33

에서는 가로 (width), 세로 (height) 크기의 정사각형을 푸른색 선으로 그리며, 각 꼭지점에 좌표값을 pen.write()을 사용하여 출력하여 화면상에 나타나는 픽셀단위 위치에 대하여 쉽게 이해할 수 있게 한다. 선을 그리거나 도형을 그리기 위하여 시작점까지 이동할 때에는 항상 pen.up()을 먼저 실행하여 이동 궤적이 표시되지 않게 하며, 시작 지점으로 부터 다음 지점까지 goto() 함수를 사용하여 이동하기 전에 pen.down()을 실행하여 도형이 그려지고 그 궤적이 표시되도록 한다. 그림 10.7은 실행 결과를 보여준다.

```
axis_ends = [(-width//2, 0), (width//2, 0), (0, height//2), (0, -height//2)]
for p in range(len(axis_ends)):
    pen.up(); pen.goto(axis_ends[p]); pen.down()
    pen.write(axis_ends[p])

pen.up();  pen.setpos(-width//2, -height//2); pen.down()
pen.color("blue", "red")

rectangle_ends = [(-width//2,-height//2), (width//2, -height//2),\
                  (width//2, height//2), (-width//2, height//2),\
                  (-width//2,-height//2)]
for p in range(len(rectangle_ends)):
    pen.goto(rectangle_ends[p])
    pen.write(rectangle_ends[p])

pen.up(); pen.home(); pen.down()
```

그림 10.6 터틀 그래픽에서 지정된 좌표를 사용한 기본 좌표축 그리기 및 좌표 표시 (part 1)

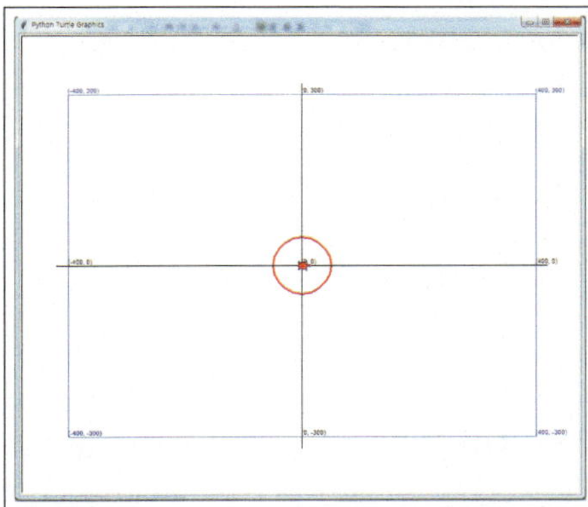

그림 10.7 터틀 그래픽에서 지정된 좌표를 사용한 기본 좌표축 그리기 및 좌표 표시 결과

(2) setworldcoordinate()을 사용한 터틀 그래픽

turtle 모듈의 setworldcoordinate() 함수는 터틀 그래픽 윈도우 상의 좌표를 사용자 필요에 따라 조정할 수 있게 하며, 픽셀 단위의 좌표 대신 사용자가 지정한 값으로 변경하여 도형들을 그릴 수 있게 한다. setworldcoordinate(llx, lly, urx, ury) 함수 호출에서 전달되는 인수들의 의미는 llx(캔버스의 왼쪽 하단 구석의 x 좌표), lly(캔버스의 왼쪽 하단 구석의 y 좌표), urx(캔버스의 오른쪽 상단 구석의 x 좌표), ury(캔버스의 오른쪽 상단 구석의 y 좌표)로 매핑하여 주며, 이렇게 하면 터틀 그래픽 윈도우의 중앙이 (0, 0) 대신 ((llx

+ urx)//2, (lly+ury)//2)의 좌표로 설정된다.

그림 10.8은 setworldcoordinate()을 사용하는 터틀 그래픽의 예를 보여준다. Line 2에서 turtle 모듈의 모든 함수들을 설치하고, line 4~7은 setworldcoordinate() 함수로 조정된 캔버스 상의 좌표에서 (x1, y1)으로부터 (x2, y2)로 선을 긋는 함수 line()을 구현한다. Line 9~11은 좌표 (x, y) 위치에 label을 표시하는 함수 putLabel()을 구현한다.

```
1: # Turtle - X, Y axis with grid marks
2: from turtle import *
3:
4: def line(x1, y1, x2, y2):
5:     #global g_pen
6:     g_pen.up(); g_pen.setpos(x1, y1)
7:     g_pen.down(); g_pen.setpos(x2, y2)
8:
9: def putLabel(x, y, label):
10:     g_pen.up();  g_pen.setpos(x, y); g_pen.down()
11:     g_pen.write(label)
12:
13: def drawGrid(x1, y1, x2, y2, step_x, step_y):
14:     line(x_min, 0, x_max, 0) # x axis
15:     line(0, y_min, 0, y_max) # y axis
16:     putLabel(x_max, -step_y*0.3, "X")
17:     putLabel(-step_x*0.3, y_max, "Y")
18:     x = x_min
19:     while x <= x_max:
20:         line(x, -step_y*0.1, x, step_y*0.1)
21:         putLabel(x, 0, "({}, 0)".format(x))
22:         x += step_x
23:     y = y_min
24:     while y <= y_max:
25:         line(-step_x*0.1, y, step_x*0.1, y)
26:         putLabel(0, y, "(0, {})".format(y))
27:         y += step_y
28:
```

그림 10.8 setworldcoordinate()을 사용한 터틀 그래픽의 좌표축 그리기 - line(), putLabel(), drawGrid() (part 1)

Line 13~27의 drawGrid() 함수는 X축과 Y축 좌표축선을 그리고, 좌표축선 끝에 X와 Y 표시를 하며, step_x, step_y의 간격에 따라 X축과 Y축 좌표축선 상에 눈금을 그리며, 눈금 위치의 좌표를 표시하도록 한다.

Line 30~36에서는 터틀 그래픽에서 사용하는 전역 변수들을 선언하고, setworldcoordinate()에서 설정할 좌표 값을 설정하며, drawGrid() 함수를 사용하여 X 좌표축 선 및 Y 좌표축 선상에 눈금 선을 표시하고, 각 눈금선 좌표 값을 표시하도록 한다.

그림 10.8에서 그린 좌표축선과 눈금 선은 그림 10.9에서 보는 것과 같으며, 터틀 그래픽 윈도우의 픽셀 단위 좌표가 아니라 setworldcoordinate()에서 설정한 좌표 범위에 따라 표시되는 것을 확인할 수 있다.

```
# --------------------
global g_pen, x_min, y_min, x_max, y_max, PI
PI = 3.141592
g_pen = Turtle()
x_max, y_max = 6, 2
x_min = -x_max; y_min = -y_max
setworldcoordinates(x_min*1.2, y_min*1.2, x_max*1.2, y_max*1.2)
drawGrid(x_min, y_min, x_max, y_max, 1, 0.5)
```

그림 10.8 setworldcoordinate()을 사용한 터틀 그래픽의 좌표축 그리기 - line(), putLabel(), drawGrid() (part 2)

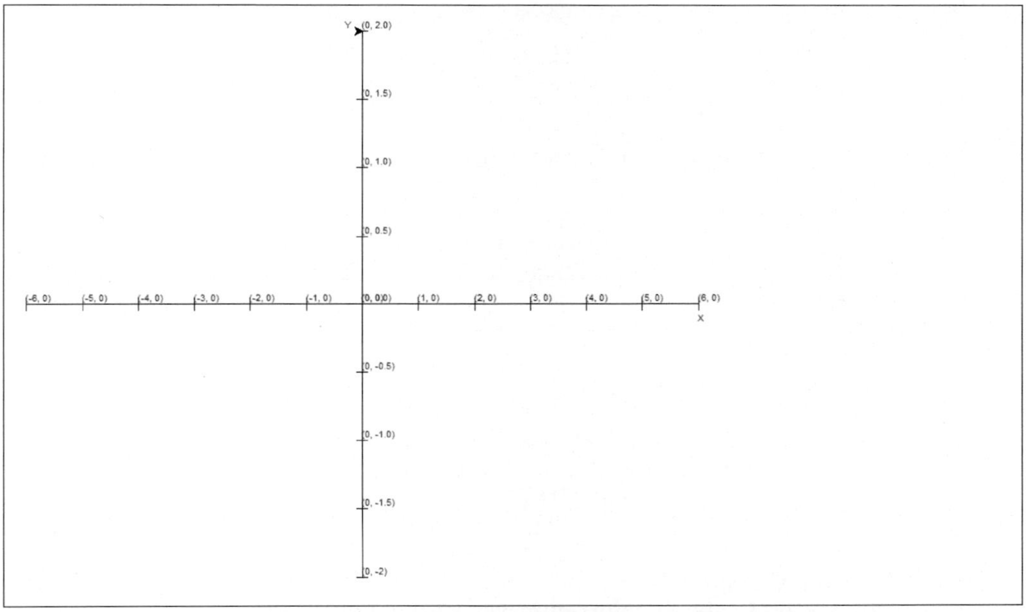

그림 10.9 setworldcoordinate()을 사용한 터틀 그래픽의 좌표축 그리기 실행 결과

10.3.2 간단한 도형 그리기 – circle(), forward(), right(), left()

(1) circle()을 사용한 원 및 다각형 그리기

파이썬 터틀 모듈을 사용하여 생성할 수 있는 터틀 객체의 circle() 함수는 단순히 원(circle) 만 그릴 수 있는 것이 아니라 steps 인수를 전달하여 다각형을 그릴 수도 있다. 그림 10.10은 circle() 함수를 사용한 다각형과 원 그리기 예제를 보여준다. Line 3의 turtle.setup(width, height) 함수에서는 터틀 윈도우의 가로와 세로 크기를 설정하며, line 4의 turtle.title() 함수에서는 터틀 그래픽 테두리에 표시되는 제목을 설정한다. Line 5의 turtle.mode("standard")는 도형 그리기의 초기 방향 설정을 오른쪽으로 설정한다.

Line 6~8에서 turtle.Turtle() 함수로 터틀 객체 t를 생성하며, pensize()로 선의 굵기를 설정하고, t.shape(name='classic')을 사용하여 터틀 객체를 기본 모양 (화살촉)으로 설정한다. Line 9에서는 원의 반지름 (radius)을 50픽셀로 설정한다.

Line 11~ 14에서는 다각형 도형의 중심 위치와 색상, 다각형 꼭지점 수를 튜플 리스트로 설정하며, line 16~23에서 for-반복문으로 그릴 수 있도록 준비한다. Line 16에서는 다각형 도형 정보의 튜플리스트 개수 만큼 for-loop이 반복될 수 있게 하며, line 17에서 각 다각형 도형의 정보를 튜플에 포함된 속성 데이터로 설정한다. Line 18에서는 t.up(); t.goto(x, y); t.setheading(180), t.down() 함수들을 사용하여 이동 중에는 궤적을 표시하지 않게 하며, 도형의 중심좌표 (x, y) 위치로 이동시키고, 터틀의 방향을 180° 로 설정하며, 이동한 뒤에는 궤적을 표시하게 한다. t.color(color_name)으로 원 또는 다각형의 색상을 설정한 후, t.circle(radius, steps) 함수를 사용하여 지정된 위치에 도형을 그린다. 만약 꼭지점의 개수가 3 이상이면 다각형으로 그리고, 2이하이면 원을 그리도록 한다.

그림 10.11은 터틀 객체의 circle() 함수를 사용한 다각형 및 원 그리기 실행 결과를 보여준다.

```
 1: # Turtle - Drawing polygons with circle
 2: import turtle
 3: turtle.setup(600, 500)
 4: turtle.title("Turtle graphic - drawing polygon with circle()")
 5: turtle.mode("standard") # mode standard sets initial heading right
 6: t = turtle.Turtle()
 7: t.pensize(2)
 8: t.up(); t.shape(name='classic'); t.down()
 9: radius = 50
10:
11: polygons = [(-225, 150, "red", 3), (-75, 150, "blue", 4),\
12:             (75, 150, "green", 5), (225, 150, "magenta", 6),\
13:             (-225, -50, "brown", 7),(-75, -50, "chocolate", 8),\
14:             (75, -50, "black", 9), (225, -50, "indigo", 0)]
15:
16: for i in range(len(polygons)):
17:     (pos_x, pos_y, shape_color, num_vertices) = polygons[i]
18:     t.up(); t.goto(pos_x, pos_y); t.setheading(180); t.down()
19:     t.color(shape_color)
20:     if num_vertices > 2:
21:         t.circle(radius, steps = num_vertices)
22:     else:
23:         t.circle(radius)
```

그림 10.10 터틀 객체의 circle() 함수를 사용한 다각형 및 원 그리기

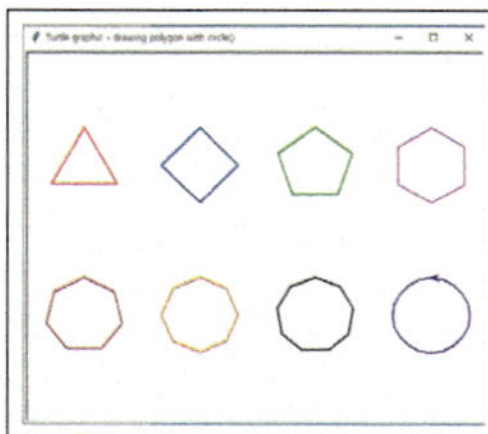

그림 10.11 터틀 객체의 circle() 함수를 사용한 다각형 및 원 그리기 실행 결과

(2) forward(), right(), left()를 사용한 도형 그리기

파이썬 터틀 그래픽으로 간단한 도형을 그리는 방법에는 터틀 객체를 현재의 위치에서 현재 설정된 방향으로 지정된 거리만큼 전진시키는 forward(distance)와 후진시키는 backward(distance), 왼쪽(반시계 방향)으로 방향을 전환하는 left(angle), 오른쪽 (시계방향)으로 방향을 전환하는 right(angle) 함수들을 사용하여 다양한 도형을 그릴 수 있다. 그림 10.12는 터틀 그래픽의 기본 함수들을 사용하여 도형 그리기 함수를 구현하는 예를 보여준다.

```
 1: #Simple Python Program for Shape Drawing with Text Inputs
 2:
 3: import turtle
 4: import math
 5:
 6: def draw_rectangle(t, cl="black", width=10, length=10):
 7:     t.up(); t.goto(t.xcor()-width//2, t.ycor()-length//2); t.down()
 8:     t.color(cl)
 9:     t.forward(width);     t.left(90)
10:     t.forward(length);    t.left(90)
11:     t.forward(width);     t.left(90)
12:     t.forward(length);    t.left(90)
13:
14: def draw_triangle(t, cl="black", side=10):
15:     t.up(); t.goto(t.xcor()-side//2, t.ycor()-side*math.sin(math.pi/3)/2); t.down()
16:     t.color(cl)
17:     t.forward(side);     t.left(120)
18:     t.forward(side);     t.left(120)
19:     t.forward(side);     t.left(120)
20:
21: def draw_circle(t, cl="black", radius=10):
22:     t.up(); t.goto(t.xcor(), t.ycor()-radius); t.down()
23:     t.color(cl)
24:     t.circle(radius)
25: # ---------------------
26: turtle.setup(600, 200)
27: tt = turtle.Turtle()
28: tt.shape('classic')
29: tt.pensize(3)
30:
31: tt.up(); tt.goto(-200, 0); tt.down()
32: draw_rectangle(tt, "red", 100, 87)
33:
34: tt.up(); tt.goto(0, 0); tt.down()
35: draw_triangle(tt, "blue", 100)
36:
37: tt.up(); tt.goto(200, 0); tt.down()
38: draw_circle(tt, "green", 50)
```

그림 10.12 도형 그리기 함수 만들기 - draw_rectangle(), draw_triangle(), draw_circle() - (part 1)

Line 6~12의 draw_rectangle() 함수는 전달되는 인수로 색상, 가로 (width), 세로 (length) 길이 정보를 전달받으며, 현재 위치를 중심으로 직사각형을 그린다. Line 7에서는 터틀의 현재 위치를 t.xcor()과 t.ycor()를 사용하여 파악하고, 사각형의 중심에 위치하도록 시작 위치를 (−width//2, −length//2)만큼 왼쪽−아래쪽으로 이동시키며, 지정된 선 색상으로 가로 길이만큼 전진하며, 왼쪽으로 90° 만큼 회전하고, 세로 길이만큼 전진한 후, 다시 왼쪽으로 90° 만큼 회전한다. 다음으로 가로 길이 만큼 전진한 후, 왼쪽으로 90° 만큼 회전하고, 세로 길이만큼 전진한 후, 다시 왼쪽으로 90° 만큼 회전하면 시작 위치에 도달하게 된다.

Line 14~19의 draw_triangle() 함수는 정삼각형을 그리는 함수이며, 함수 호출에서 삼각형의 색상 (cl)과 밑변 길이 (side)를 전달받는다. Line 15에서는 시작 지점의 좌표를 현재 터틀 위치에서 (−side//2, −side * math.sin(math.pi/3)/2) 만큼 이동시켜 삼각형이 현재 터틀 위치를 중심으로 그려지도록 한다. 터틀 객체를 변의 길이만큼 전진시킨 후, 왼쪽으로 120° 회전시키는 동작을 3번 반복함으로써 정삼각형을 간단하게 그릴 수 있다.

Line 21~24의 draw_circle() 함수는 인수로 전달된 색상과 반지름을 사용하여 원을 그리며, 원의 중심이 현재 터틀의 위치가 될 수 있도록 시작 위치를 (0, −radius) 만큼 이동시킨 후, 주어진 색상을 t.color(cl)로 설정하고, 주어진 반지름 (radius) 크기의 원을 t.circle(radius) 함수를 사용하여 그린다.

Line 25~38에서는 터틀 윈도우 크기를 600×200으로 설정하고, 펜 굵기를 3으로 설정한 후, 좌표 (−200, 0)에 100×87 크기의 붉은색 직 사각형을 그리며, 좌표 (0, 0) 위치에 한 변의 길이가 100인 푸른색 정삼각형을 그리고, 좌표 (200, 0)위치에 반지름이 50인 초록색 원을 그린다. 이 도형들을 그린 결과는 그림 10.13에서 보는 것과 같다.

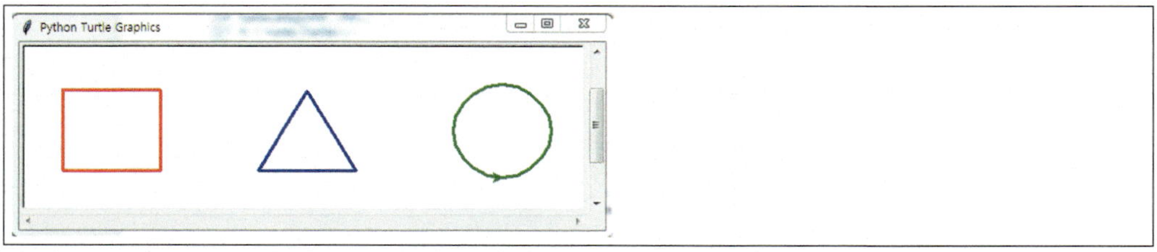

그림 10.13 도형 그리기 함수 - draw_rectangle(), draw_triangle(), draw_circle() - 실행 결과

(3) star 모양 그리기 - draw_star()

파이썬 터틀 그래픽을 사용하여 별 (star) 모양의 도형을 그리는 방법을 생각해 보는 것은 재미있는 알고리즘을 설계하는 예이다. 어린 시절에 별 모양을 그렸던 방법을 생각해 보면 일정한 길이의 직선을 그린 후 오른쪽으로 일정 각도로 회전하는 것을 다섯 번 반복하여 시작 위치로 돌아올 수 있게 하면 별을 그릴 수 있다. 이때 회전 각도를 모두 더하면 실제 360° × 2만큼 회전하게 되며, 따라서 직선을 한번 그은 후 회전하는 각도는 (360° ×2)/5 = 144° 가 되어야 한다.

그림 10.14는 터틀 그래픽을 사용하여 별을 그리는 함수 draw_star()를 구현하며, 이를 사용하여 다양한 색상과 크기의 별을 차례로 그리는 예를 보여준다. Line 8~17의 draw_star() 함수는 별의 선분 길이 (length), 선의 굵기와 색깔을 인수로 전달받으며, 별의 중심이 현재 터틀의 위치가 될 수 있도록 시작 좌표를 (−length//2, −length//6) 만큼

이동하여 그리도록 한다. 지정된 length만큼 전진한 후 오른쪽으로 (360° ×2)/5=144° 만큼 회전하는 것을 5번 반복하도록 한다.

```
 1 : # Simple Python Turtle Graphic Program to Draw a Star
 2 :
 3 : import turtle
 4 : turtle.setup(500, 500) #set width and height of canvas
 5 : t = turtle.Turtle()
 6 : t.shape('classic')
 7 :
 8 : def draw_star(length = 100, thickness = 3, cl = 'red'):
 9 :     t.pencolor(cl)
10 :     t.width (thickness)
11 :     t.penup() #pen up to prohibit drawing
12 :     t.goto(-length//2, length//6) # moving to starting position
13 :     t.pendown() #pen down to draw
14 :     for i in range(5):
15 :         t.forward(length)
16 :         t.right((360 * 2)/5)
17 :     t.penup()
18 :
19 : # -----------------
20 : length = 50
21 : thickness = 1
22 : colors = ['red', 'blue', 'green', 'cyan', 'orange', 'red', 'blue', 'black']
23 : for i in range(len(colors)):
24 :     draw_star(length, thickness, colors[i])
25 :     length += 50
26 :     thickness += 1
```

그림 10.14 터틀 그래픽을 사용하여 별 그리기 - draw_star()

Line 20~26에서는 별의 선 길이를 50, 선 굵기를 1부터 시작하게 하며, 별의 색상을 리스트로 준비한다. Line 23~26에서는 색상의 개수만큼 for-loop을 반복하며 별을 그리며, 별의 선 길이를 50씩 증가시키고, 선 굵기를 1씩 증가시키며, 색상 리스트에 있는 선 색깔로 선정하여 별을 그리도록 한다. 그림 10.15에 결과를 볼 수 있다.

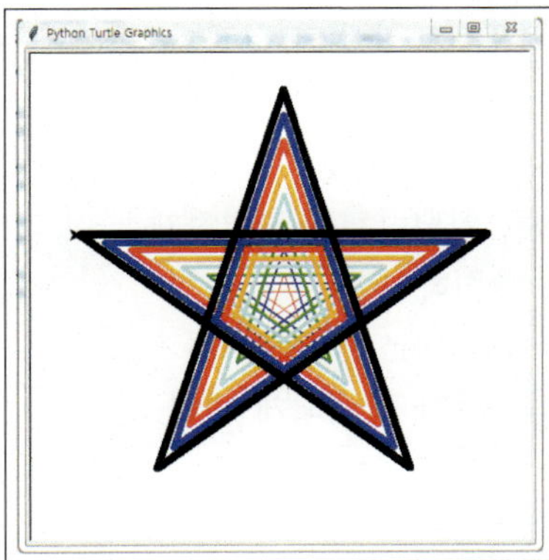

그림 10.15 터틀 그래픽을 사용하여 별 그리기 실행 결과

10.3.3 문자열 출력 – write()

파이썬 프로그램의 터틀 객체의 write() 함수를 사용하여 다양한 글자체와 글자크기의 텍스트 (문장)를 지정된 위치에 출력할 수 있다. write() 함수에서 설정할 수 있는 텍스트의 font, color, align 속성 값들은 표 10.7의 값들을 설정할 수 있다.

텍스트 출력에서 사용되는 글꼴은 write() 함수의 font 인수로 설정하며, font=(family, size, weight, slant, underline, overstrike) 형식으로 설정한다. 글꼴의 종류를 나타내는 family는 times, arial, tahoma 등을 설정할 수 있다. 글자의 크기를 나타내는 size는 폰트 단위로 설정하며, 보통 크기로 10~40 폰트의 정수로 설정한다. 글자를 진하게 나타나게 하는 weight는 normal 또는 bold로 지정할 수 있으며, 글자를 이탤릭체로 기울게 나타내고자 하면 slant를 italic으로 설정한다. 만약 글자를 밑줄과 함께 표시하고자 하면 underline = True로 설정하며, 텍스트에 취소선을 함께 표시하려면 overstrike = True로 설정한다.

표 10.7 write() 함수의 파라메터 - font, color, align

write() 함수의 파라메터	속성	설명
font	family	텍스트의 글꼴 (times, arial, tahoma)
	size	텍스트 글꼴의 크기
	weight	텍스트를 진하게 또는 보통 (bold, normal)
	slant	텍스트를 기울게 (roman, italic)
	underline	텍스트의 밑줄 (False, True)
	overstrike	텍스트의 취소선 (False, True)
align	정렬	텍스트의 정렬 (left, center, right)

그림 10.16은 터틀 객체의 write() 함수를 사용한 텍스트 출력 설정의 예들을 보여준다. 텍스트를 출력할 위치는 line 6~7의 jumpTo(t, x, y) 함수를 사용하며, 터틀 객체 t를 지정된 좌표 (x, y) 위치로 이동시켜 텍스트를 출력할 수 있게 한다. 텍스트의 색상은 line 10과 같이 t.color()를 사용하여 설정한다.

Line 11은 Times New Roman 글꼴과 글자크기 10폰트로 출력하게 하며, line 13은 Times New Roman 글꼴, 글자크기 10폰트, 굵게 (bold) 출력하게 한다. Line 15는 Arial 글꼴, 12 폰트, 보통으로 출력하게 하며, line 17은 Arial 글꼴, 12 폰트, 굵은 글씨체로 출력하게 한다. Line 19는 Tahoma 글씨체, 15폰트, 이탤릭체로 출력하게 하며, line 21은 Tahoma 글씨체, 15폰트, 굵게 (bold) 텍스트를 출력하게 한다.

Line 23~31에서는 align 파라메터를 'left', 'right', 'center'로 설정하여 텍스트 출력에서 기준위치에 왼쪽 정렬, 오른쪽 정렬, 중앙 정렬로 텍스트가 출력되게 한다.

```
# turtle, write()

import turtle
turtle.setup(600, 400)

def jumpTo(t, x, y):
    t.up(); t.setpos(x, y); t.down()

t = turtle.Turtle()
jumpTo(t, -150, 150); t.color("red")
t.write("(-150, 150), times 10pt", font=("times", 10))
jumpTo(t, -150, 125); t.color("red")
t.write("(-150, 125), times 10pt", font=("times", 10, "bold"))
jumpTo(t, -150, 100); t.color("blue")
t.write("(-150, 100), arial 12pt", font=("arial", 12, "normal"))
jumpTo(t, -150, 75); t.color("blue")
t.write("(-150, 75), arial 12pt", font=("arial", 12, "bold"))
jumpTo(t, -150, 50); t.color("green")
t.write("(-150, 50), tahoma 15pt", font=("tahoma", 15, "italic"))
jumpTo(t, -150, 25); t.color("red")
t.write("(-150, 25), tahoma 15pt, bold", font=("tahoma", 15, "bold"))
t.write("(-150, 0), tahoma 15pt, bold, left align", align="left", font=("tahoma", 15, "bold"))
jumpTo(t, -150, -25); t.color("blue")
t.write("(-150, -25), tahoma 15pt, italic bold, left align", align="left", font=("tahoma", 15, "italic bold"))
jumpTo(t, -150, -50); t.color("magenta")
t.write("(-150, -50), tahoma 15pt, bold, right align", align="right", font=("tahoma", 15, "bold"))
jumpTo(t, -150, -75); t.color("black")
t.write("(-150, -75), tahoma 15pt, bold, center align", align="center", font=("tahoma", 15, "bold"))
jumpTo(t, -150, -100); t.color("black")
t.write("(-150, -100), tahoma 15pt, bold, left align", align="left", font=("tahoma", 15, "bold"))
```

그림 10.16 터틀 객체의 write() 함수를 사용한 텍스트 출력

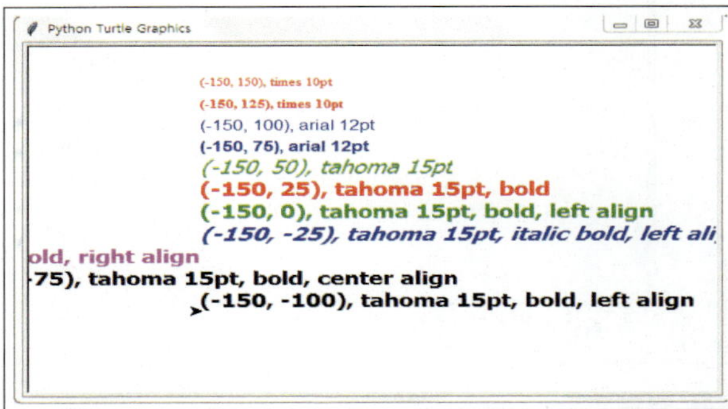

그림 10.17 터틀 객체의 write() 함수를 사용한 문장 출력 결과

10.3.4 입력 기능을 함께 가지는 다각형 그리기

(1) text input

터틀 그래픽에서 터틀 객체의 textinput() 함수를 사용하면 텍스트를 입력받고, 입력된 문자열을 int() 함수를 사용하여 정수형 데이터로 변환한 후 그 값에 따라 도형을 그릴 수 있다. 그림 10.18 line 9에서는 turtle.textinput() 함수를 사용하여 다각형의 꼭지점 개수를 입력받도록 하며, line 10에서 int() 함수로 꼭지점 개수를 정수형 데이터로 변환한 후, line 15~17에서 지정된 다각형을 그린다.

그림 10.19에서 텍스트 입력창의 모양과 다각형 출력 결과를 확인할 수 있다.

```
 1 :  # Sample program that draws a polygon with input N
 2 :  import turtle
 3 :
 4 :  # program section
 5 :  t = turtle.Turtle()
 6 :  t.shape('classic')
 7 :  t.width(5)# set pen thickness
 8 :  t.pencolor("red")
 9 :  s = turtle.textinput("", "Number of points in polygon?")
10 :  n = int(s)
11 :
12 :  t.up()
13 :  t.setpos(-100, -200) # move to bottom for increased space for drawing
14 :  t.down()
15 :  for i in range(n):
16 :      t.forward(200)
17 :      t.left(360/n)
```

그림 10.18 텍스트 입력창의 사용 예제

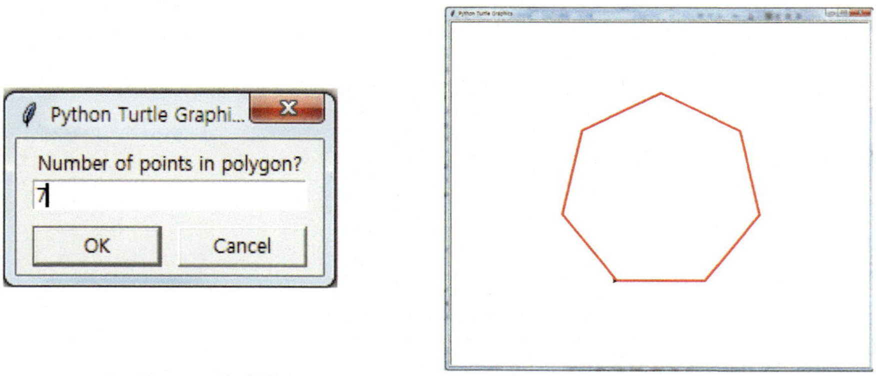

(a) 텍스트 입력창 (b) 텍스트 입력값을 사용한 다각형

그림 10.19 텍스트 입력창의 사용 예제 실행 결과

(2) 터틀 객체의 numinput()와 textinput() 함수를 사용한 그래픽

터틀 그래픽에서는 numinput() 함수를 사용하여 실수 (float)형 데이터를 입력받아 그래

픽에 사용할 수 있다. 그림 10.20 line 14~16에서는 turtle.numinput() 함수를 사용하여 원의 중심 좌표와 원의 반지름을 입력 받으며, 이를 사용하여 지정된 위치에 지정된 반지름 크기의 원을 그린다. numinput(title, prompt, default, minval, maxval) 함수에서는 title은 다이얼로드 입력창의 제목, prompt는 입력 안내 문구, default는 기본값, minval은 입력가능 최솟값, maxval은 입력가능 최댓값을 나타낸다. 그림 10.20에서는 textinput() 함수를 사용하여 꼭지점 개수와 원의 색상을 입력받아 지정된 도형을 그리는 예제를 구현하고 있다.

```
 1 :  # turtle graphic - numberinput()
 2 :
 3 :  import turtle
 4 :
 5 :  WIN_WIDTH = 500
 6 :  WIN_HEIGHT = 500
 7 :  MAX_RADIUS = 200
 8 :  turtle.title("Turtle graphic with numinput()")
 9 :  turtle.setup(WIN_WIDTH, WIN_HEIGHT)
10 :  t = turtle.Turtle()
11 :  t.shape('classic')
12 :  t.width(3)
13 :  t.pencolor('blue')
14 :  t.goto(0, 0); t.dot(5, 'red'); t.write((0, 0))
15 :  while True:
16 :      radius = turtle.numinput("input float", "radius in float : ",\
17 :          minval=0, maxval=WIN_WIDTH/2)
18 :      if radius == 0:
19 :          break
20 :      center_x = turtle.numinput("input float", "center_x : ",\
21 :          minval=-WIN_WIDTH/2, maxval=WIN_WIDTH/2)
22 :      center_y = turtle.numinput("input float", "center_y : ",\
23 :          minval=-WIN_HEIGHT/2, maxval=WIN_HEIGHT/2)
24 :      angle = turtle.numinput("input float", "extent(angle) : ", minval=0,\
          maxval=360)
25 :      num_vertices_str = turtle.textinput("input string", "num_vertices : ")
26 :      num_vertices = int(num_vertices_str)
27 :      color = turtle.textinput("input string", "color")
28 :      t.up(); t.goto(center_x, center_y); t.down()
29 :      t.dot(5, 'blue'); t.write((center_x, center_y))
30 :      t.up(); t.goto(center_x, center_y - radius); t.down()
31 :      t.pencolor(color)
32 :      if num_vertices == 0:
33 :          t.circle(radius, extent=angle)
34 :      else:
35 :          t.circle(radius, extent=angle, steps=num_vertices)
36 :      t.setheading(0); t.up(); t.goto(0, 0); t.down()
```

그림 10.20 터틀 객체의 numinput()을 사용한 그래픽

그림 10.20 line 14에서는 터틀 그래픽 윈도우의 중앙 위치에 좌표를 표시하여 상대적인 위치를 쉽게 비교할 수 있게 하며, line 16~17에서는 numinput() 함수를 사용하여 원의

반지름을 입력받는다. 만약 반지름이 0이면 while-loop을 종료하도록 한다. Line 20~23에서는 원의 중심점의 x좌표와 y좌표를 각각 입력 받으며, line 24에서는 원호의 각도를 입력받는다. Line 25~26에서는 circle() 함수에서 사용될 다각형 꼭지점 개수를 입력받기 위하여 문자열 입력 후, int() 함수를 사용하여 정수로 변환한다. Line 28~29에서는 지정된 원의 중심으로 이동하며, 입력 받은 원의 중심 좌표 위치에 푸른색 점을 찍고, 좌표 값을 표시한다. Line 30에서는 지정된 중심좌표에 원의 중심이 위치하도록 하기 위하여 (center_x, center_y - radius) 좌표로 이동하여 원을 그리기 시작하도록 한다.

그림 10.20 line 31에서는 지정된 색상을 터틀 객체의 펜색상으로 설정하며, line 32~33에서 만약 꼭지점 개수가 0인 경우 지정된 각도 만큼의 원호를 그린다. 만약 지정된 각도가 180이면 반원에 해당하는 원호가 그려지며, 360인 경우 전체 원이 그려진다. Line 34~35에서는 꼭지점 개수가 0이 아닌 경우 지정된 꼭지점 개수 만큼의 다각형이 그려진다. Line 36에서는 새로운 도형을 그릴 때 항상 동쪽 방향에서 시작하도록 setheading() 함수를 사용하여 0° (동쪽)으로 설정하며, 터틀 그래픽 윈도우의 중앙 위치 (0, 0)좌표로 이동하여 다음 도형을 그릴 준비를 하도록 한다.

그림 10.21은 터틀 객체의 그림 10.20 예제 프로그램을 사용하여 다양한 도형을 그린 예를 보여준다. 그림 10.21 좌측 상단은 원의 중심 위치 (-100, 100), 반지름 75의 원을 360° 만큼 그린 것이며, 터틀 그래픽 윈도우 중심점의 좌측 상단에 원이 그려진 것을 확인할 수 있다. 그림 10.21 우측 상단은 원의 중심 위치 (100, 100), 반지름 75의 원을 270° 만큼 그린 것이며, 터틀 그래픽 윈도우 중심점의 우측 상단에 원호가 그려진 것을 확인할 수 있다. 그림 10.21 좌측 하단은 반지름 75의 원주상에 꼭지점 개수 5의 다각형을 그린 것이며, 우측 하단은 반지름 75의 원주상에 꼭지점 개수 9의 다각형을 그린 것이다.

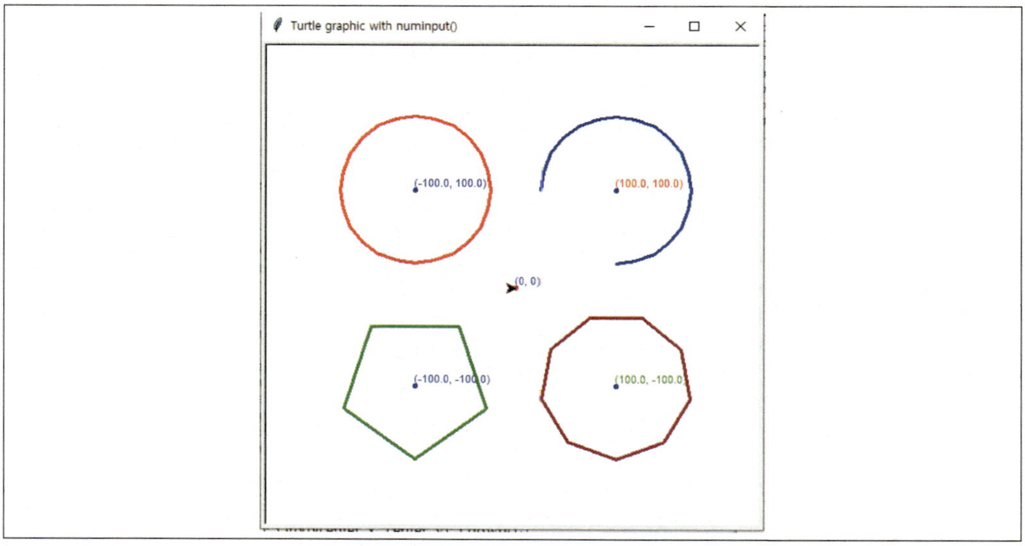

그림 10.21 터틀 객체의 numinput()을 사용한 그래픽 실행 결과

10.3.5 fillcolor(), begin_fill(), end_fill() 함수를 사용한 도형 색상 채우기

터틀 그래픽의 도형 그리기에서 fillcolor() 함수는 채우기 색상을 설정하며, begin_fill() 함수와 end_fill() 함수를 사용하여 색상 채우기를 실행할 수 있다. 그림 10.22는 터틀 그래픽의 circle() 함수를 사용하여 원 및 다각형을 그릴 때 fillcolor()로 채우기 색깔을 지정하고 begin_fill() 및 end_fill() 함수로 도형의 색상 채우기를 제어하는 예제 프로그램을 보여준다.

그림 10.22 line 7에서는 도형 그리기 및 색상 채우기에 사용될 색상들을 리스트 colors로 설정하고 있다. Line 13~28에서는 터틀 그래픽의 circle(radius, steps) 함수를 사용하여 다각형과 원을 차례로 그리며, line 16에서 fillcolor() 함수를 사용하여 채우기 색상을 설정하고, line 15에서 begin_fill() 함수로 도형의 색상 채우기를 시작하며, line 27에서 end_fill()로 도형의 색상 채우기를 종료시킨다.

색상 채우기를 함께 실행하는 도형 그리기에서는 다음에 그려지는 도형이 앞의 도형을 덮게 되므로 그림 10.22에서는 큰 도형을 먼저 그려서 바탕에 두고, 차츰 작은 도형을 이미 그려진 도형 위에 덮어 그리는 순서를 사용하고 있다. 그림 10.23에서 결과를 확인할 수 있다.

```
 1: # turtle - bgcolor(), color(), width(), fill()
 2:
 3: import turtle
 4: turtle.title("Turtle graphic drawing polygons with circle and coloring")
 5: t = turtle.Turtle()
 6: t.shape('classic')
 7: colors = ["red", "light green", "blue", "orange", "sky blue", "purple", "yellow"]
 8: num_vertices = len(colors)
 9: radius = 50
10: t.speed(1)
11: t.width(3)
12:
13: for i in range(num_vertices-1, -1, -1):
14:     circle_steps = i
15:     t.color('black')
16:     t.fillcolor(colors[i])
17:     t.begin_fill()
18:     if i == 0:
19:         t.up(); t.setposition(0, radius//2); t.down()
20:         t.circle(radius//2)
21:     elif i == 1 or i == 2:
22:         t.up(); t.setposition(0, radius * i); t.down()
23:         t.circle(radius * i)
24:     else:
25:         t.up(); t.setposition(0, radius * i); t.setheading(180); t.down()
26:         t.circle(radius * i, steps = circle_steps)
27:     t.end_fill()
28:     t.up(); t.setposition(0, 0); t.down() # return to the origin
```

그림 10.22 fillcolor(), begin_fill(), end_fill()을 사용한 도형의 색상 채우기

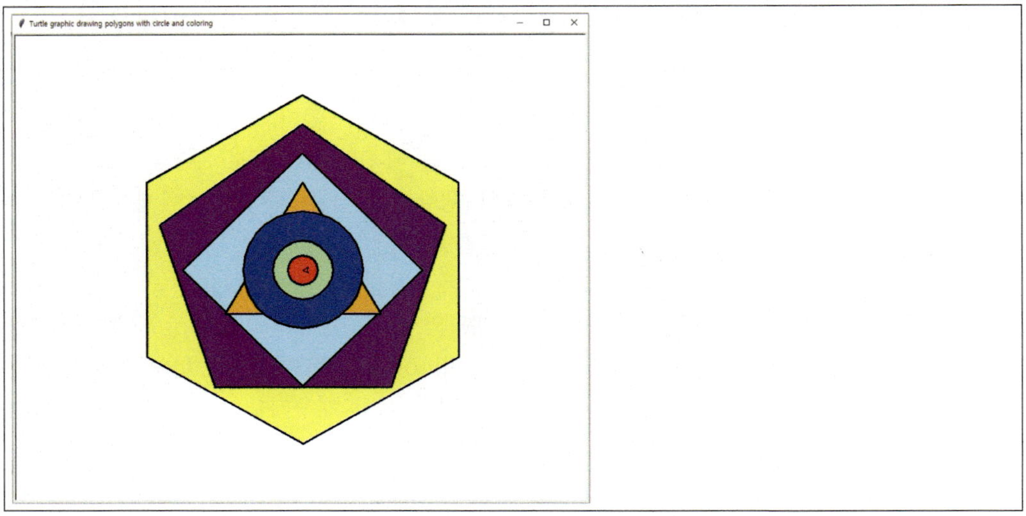

그림 10.23 fillcolor(), begin_fill(), end_fill()을 사용한 도형의 색상 채우기 실행 결과

10.3.6 sine, cosine 그래프

그림 10.24는 과학 기술 분야에서 많이 사용되는 삼각함수의 사인 및 코사인 파형을 파이썬 터틀 그래픽을 사용하여 그래프로 나타내는 방법을 보여주고 있다. Line 3~4에서는 삼각함수에 관련된 그래프를 터틀 그래픽으로 그리기 위하여 필요한 turtle 모듈과 math 모듈을 설치한다. Line 6에서는 삼각함수 계산에 사용되는 원주율 값을 기호 상수 PI로 설정한다.

Line 8~10의 함수 draw_line() 함수는 주어진 좌표 (x1, y1)으로부터 (x2, y2)까지 인수로 전달된 터틀 객체 g를 사용하여 선을 긋는다. Line 12~21의 plot() 함수에는 터틀 객체 g, 함수 f, 진폭 (amplitude) amp, 주파수 (frequency) freq, 위상각 (phase shift) ph_sft, 최소 x 값 min_x, 최대 x 값 max_x, x 증분 dx 들이 인수로 전달된다. Line 13~16에서는 삼각함수 그래프가 시작되는 위치에 진폭, 삼각 함수 이름, 주파수 및 위상각을 표시하여 어떤 삼각함수의 그래프인지 확인할 수 있게 한다. Line 17~21에서는 x 값을 min_x로부터 max_x에까지 dx 만큼씩 증가시키며 주어진 삼각함수 f와 진폭, 주파수, 위상각을 사용하여 y 값을 계산하며, (x, y) 좌표에 따라 궤적을 나타내어 그래프를 만든다.

Line 23~24에서는 지정된 좌표 (x, y)로 터틀 객체 g를 궤적을 그리지 않으면서 이동시킨다. Line 26~28에서는 지정된 좌표 (x, y)에 전달된 문자열을 출력한다. Line 29~43에서는 삼각함수 그래프를 위한 좌표축과 좌표축 상의 눈금을 표시하여 삼각함수의 그래프를 쉽게 비교할 수 있게 한다.

그림 10.24 line 45~64의 main() 함수는 삼각함수 그래프의 x_min, x_max값 및 y_min, y_max값을 설정하고 터틀 그래픽 윈도우를 setworldcoordinate() 함수를 사용하여 (x_min * 1.2, y_min * 1.2, x_max * 1.2, y_max * 1.2)로 설정한다. 이렇게 함으로써 삼각함수 그래프에서 상세하게 분석하고자 하는 범위를 터틀 그래픽 윈도우 전체에

표현하게 할 수 있으며, 필요에 따라 터틀 그래픽이 나타내는 부분을 조절할 수 있다.

```
# Turtle graphic - drawing sin(), cosine()

from turtle import *
from math import sin, cos

PI = 3.141592

def draw_line(g, x1, y1, x2, y2):
    g.up(); g.setpos(x1, y1)
    g.down(); g.setpos(x2, y2)

def plot(g, f, amp, freq, ph_sft, min_x, max_x, dx = 0.1):
    x = min_x   # in radian
    y = amp * f(freq*x + ph_sft)
    g.up(); g.setpos(x+0.1, y);
    g.write("{}*{}(2*PI*{} + {})".format(amp, f, freq, ph_sft))
    g.setpos(x, y); g.down();
    while x <= max_x:
        x += dx
        y = amp*f(freq*x + ph_sft)
        g.setpos(x, y)

def jumpTo(g, x, y):
    g.up();  g.setpos(x, y);    g.down()

def put_label(g, x, y, label):
    g.up();  g.setpos(x, y);   g.down()
    g.write(label)

def draw_grid(g, x_min, y_min, x_max, y_max, step_x, step_y):
    draw_line(g, x_min, 0, x_max, 0) # x axis
    draw_line(g, 0, y_min, 0, y_max) # y axis
    put_label(g, x_max, -step_y*0.3, "X")
    put_label(g, -step_x*0.3, y_max, "Y")
    x = x_min
    while x <= x_max:
        draw_line(g, x, -step_y*0.1, x, step_y*0.1)
        put_label(g, x, 0, "({}, 0)".format(x))
        x += step_x
    y = y_min
    while y <= y_max:
        draw_line(g, -step_x*0.1, y, step_x*0.1, y)
        put_label(g, 0, y, "(0, {})".format(y))
        y += step_y
```

그림 10.24 sine, cosine 그래프 (part 1)

```
45 : def main():
46 :     g = Turtle()
47 :     x_max = 6; x_min = -x_max
48 :     y_max = 2; y_min = -y_max
49 :     setworldcoordinates(x_min*1.2, y_min*1.2, x_max*1.2, y_max*1.2)
50 :     draw_grid(g, x_min, y_min, x_max, y_max, 1, 0.5)
51 :     g.width(3)
52 :     amplitude = 1.5
53 :     frequency = 1.0
54 :     phase_shift = 0.0 # in radian
55 :     g.color("red")
56 :     plot(g, sin, amplitude, frequency, phase_shift, x_min, x_max)
57 :
58 :     amplitude = 1.0
59 :     frequency = 2.0
60 :     #phase_shift = PI / 4.0 # in radian
61 :     phase_shift = 0.0
62 :     g.color("blue")
63 :     plot(g, cos, amplitude, frequency, phase_shift, x_min, x_max)
64 :     #g_pen.write("{}*cos(2*PI*{} + {})".format(amplitude, frequency,
          phase_shift))
65 :
66 : if __name__ == "__main__":
67 :     main()
```

그림 10.24 sine, cosine 그래프 (part 2)

Line 56에서는 plot() 함수를 사용하여 sin 그래프를 그리도록 하며, line 63에서는 cos 그래프를 그리도록 한다. 그림 10.25에 지정된 구간에서의 사인 함수 그래프 및 코사인 함수 그래프를 그린 결과를 볼 수 있다.

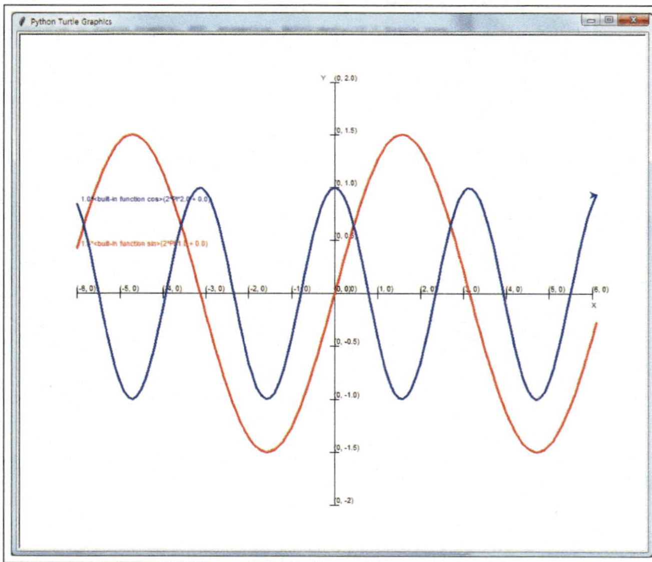

그림 10.25 sine, cosine 그래프 실행 결과

10.4 Turtle 그래픽 이벤트 처리

10.4.1 Turtle 이벤트 처리

터틀 그래픽이 실행되는 동안 마우스를 클릭하거나 키보드 입력을 하면 컴퓨터 시스템이 이벤트를 발생시키며 이에 따라 이벤트 처리 기능으로 등록된 함수가 실행된다. 표 10.8에서 열거하는 터틀 이벤트 처리 기능을 사용하면 사용자의 마우스 클릭과 키보드 입력에 그래픽 기능을 연계시켜 다이내믹한 프로그램을 만들 수 있다.

키 입력 관련 이벤트 처리에서 터틀 스크린 객체의 listen() 함수는 키보드 입력이 있는지 듣게하며, onkey(func, key)는 지정된 키 (예: ‘a' 등의 문자 키 입력, ' Right', 'Left', 'Up', 'Down' 등의 화살표 키) 입력이 발생되면 해당 func 함수가 실행되게 한다. onkeyrelease(func, key) 함수는 지정된 키가 눌려졌다 놓여 지면 func 함수가 실행되게 한다.

마우스 클릭에 관련된 이벤트 처리에서 onclick(func, btn, add) 함수는 마우스 버튼(1: 왼쪽 버튼, 3: 오른쪽 버튼)이 클릭될 때 func 함수가 실행되도록 매핑시킨다. add = True이면 새로운 바인딩을 추가하고 add = False이면 기존의 바인딩을 대체시킨다. onscreenclick(func, btn, add)은 터틀 스크린상에서 마우스 클릭이 발생하면 func 함수가 실행되게 한다. onrelease(func, btn, add) 함수는 마우스 버튼의 클릭 후 버튼이 놓여지면 발생하는 이벤트에 func 함수가 실행되게 한다. ondrag(func, btn, add) 함수는 마우스 버튼을 누른 채로 이동시키는 이벤트가 발생하면 func 함수가 실행되도록 매핑시킨다. onkeypress(func, key) 함수는 지정된 키가 눌려져 있으면 func 함수가 실행되도록 한다.

표 10.8 터틀의 이벤트 처리

구분	터틀 이벤트 처리 함수/메소드	설명
키 입력 관련	listen(xdummy=None, ydummy=None)	TurtleScreen에 집중하여 키보드 이벤트를 받을 수 있도록 대기시킴.
	onkey(func, key) onkeyrelease(func, key)	입력키의 <key-press> 이벤트와 <key-release>이벤트를 함수 func() 에 바인드 시킴. 키는 Tk'의 키 심볼과 동일함 (예: “a”, “space”, “Up”, “Down”, “Left”, “Right”)
	onkeypress(func, key=None)	입력키의 <key-press> 이벤트를 함수 func() 에 바인드시킴
마우스 클릭 관련	onclick(func, btn=1, add=None)	터틀 객체에 마우스가 클릭되는 것을 함수 func(x, y)에 연결시킴. 마우스 버튼 번호는 btn = 1 (left mouse button); btn = 3 (right mouse button)으로 매핑됨. 만약 add = True이면 새로운 바인딩을 추가. 만약 if add = False이면 이전에 바인딩되었던 내용을 교체시킴
	onscreenclick(func, btn=1, add=None)	<mouse-click>이벤트를 함수 func(x, y)에 바인딩시킴
	onrelease(func, btn=1, add=None)	터틀을 선택한 후 마우스가 release되는 이벤트를 함수 func(x, y)에 매핑시킴

구분	터틀 이벤트 처리 함수/메소드	설명
	ondrag(func, btn=1, add=None)	마우스 드래그 이벤트를 함수 func(x, y)에 매핑시킴
문자열, 숫자 입력	textinput(title, prompt)	다이얼로그 박스를 사용하여 문자열을 입력받고, 입력된 문자열을 반환함
	numinput(title, prompt, default=None, minval=None, maxval=None)	다이얼로그 박스로 숫자를 입력받고, 입력된 숫자를 반환
loop 제어	ontimer(func, t_ms=0)	t_ms 밀리초 (millisecondsset) 뒤에 함수 func()가 호출되도록 타이머를 설정
	mainloop()	이벤트 반복 구문을 시작하도록 하며, tkinter main-loop() 함수가 실행되도록 함
	done()	이벤트 반복구문을 종료함

문자열 및 숫자 입력 관련 이벤트 처리에서 textinput(title, prompt) 함수는 다이얼로그 박스를 생성하여 문자열을 입력받을 수 있게 하며, 입력받은 문자열을 반환시켜 준다. numinput() 함수는 다이얼로그 박스를 생성하여 숫자 (float 자료형)를 입력 받을 수 있게 하며, 입력받은 숫자를 float 실수형으로 반환하여 준다.

터틀 그래픽 반복 제어에서 ontimer(func, t_ms)는 t_ms 밀리초 마다 func 함수가 실행될 수 있게 한다. mainloop() 함수는 터틀 그래픽의 이벤트 반복문이 시작되도록 하며, tkinter의 main-loop 함수가 실행되도록 한다. done() 함수는 터틀 그래픽 이벤트 반복문이 종료되게 한다.

10.4.2 키보드 이벤트 처리

그림 10.26은 터틀 그래픽에서 키보드 이벤트를 사용하여 간단한 에니메이션이 실행되도록 하는 예제 프로그램이다. Line 4~6에서 터틀 그래픽의 turtle.Screen() 함수를 사용하여 스크린 객체 screen을 생성하며, 캔버스의 크기와 배경색을 설정한다. Line 8~10에서는 터틀 객체 t를 생성하고, 모양을 거북이 모양인 'trutle'로 선정한 후, 크기를 shapesize() 함수를 사용하여 설정한다.

Line 12~19에서는 거북이 모양의 터틀 객체를 반시계 방향으로 90° 회전시키는 turn_left_90(), 시계 방향으로 90° 회전시키는 turn_right_90(), 현재 거북이가 바라보고 있는 방향으로 10픽셀만큼 전진시키는 forward_10(), 거북이의 현재 방향에서 10픽셀만큼 후진시키는 backward_10() 함수를 선언한다.

Line 21~24에서는 키보드의 화살표 키 (Up, Down, Left, Right)가 눌려지면 turn_left_90(), turn_right_90(), forward_10(), backward_10() 함수를 각각 실행하게 터틀 스크린의 onkey() 함수를 사용하여 매핑 시킨다. Line 26~27은 터틀 스크린에 이벤트 발생을 청취하게 하며, 이벤트 반복문이 실행되도록 한다.

```
# turtle graphic - key input event handling

import turtle
screen = turtle.Screen()
screen.screensize(500, 500, 'light green')
turtle.setup(500, 500) #set canvas width, canvas height

t = turtle.Turtle()
t.shape('turtle')
t.shapesize(5)

def turn_left_90():
    t.left(90)
def turn_right_90():
    t.right(90)
def forward_10():
    t.forward(10)
def backward_10():
    t.backward(10)

screen.onkey(turn_left_90, "Up")
screen.onkey(turn_right_90, "Down")
screen.onkey(forward_10, "Right")
screen.onkey(backward_10, "Left")

screen.listen()
screen.mainloop()
```

그림 10.26 터틀 그래픽 키보드 이벤트 처리 프로그램 예제

그림 10.26을 실행시키면 그림 10.27에서 보는 것과 같이 거북이 모양의 터틀 객체가 생성되며, 키보드 입력에 따라 거북이가 움직이고, 움직인 궤적이 그려진다.

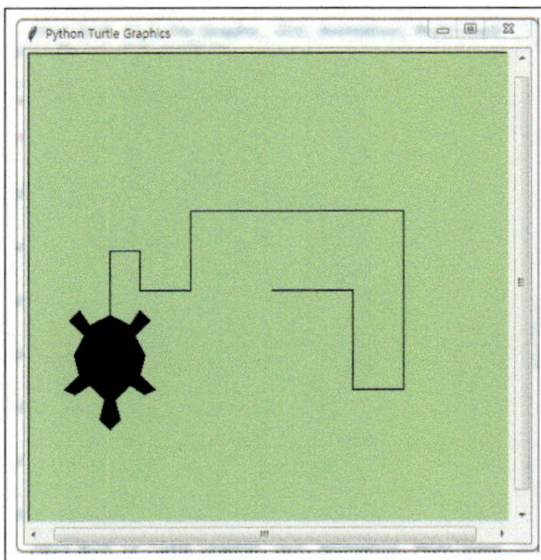

그림 10.27 터틀 그래픽 키보드 이벤트 처리 프로그램 예제 실행 결과

10.4.3 마우스 이벤트 처리

터틀 그래픽에서 마우스 이동 및 클릭에 따라 발생되는 이벤트를 사용하여 해당 위치에 도형과 문자열을 출력할 수 있다. 그림 10.28은 터틀 그래픽 마우스 이벤트 처리 예제 프로그램이다. Line 4~5에서 터틀 스크린 객체 screen을 생성하며, 크기와 배경색을 설정한다. Line 7~10에서는 터틀 객체 pointer를 생성하며, 채우기 색상과 선 색상을 'red'로 설정한다. Line 12~15에서는 지정된 좌표 (x, y)로 터틀 객체 pointer가 이동하게 하며, 이동하는 궤적을 선으로 나타내고, 이동한 위치에 붉은색 점과 (x, y)좌표를 문자열로 출력한다.

```
1 :  # Turtle animation with mouse event - onclick()
2 :  import turtle
3 :
4 :  screen = turtle.Screen()
5 :  screen.screensize(800, 600, 'sky blue')
6 :
7 :  pointer = turtle.Turtle()
8 :  pointer.color('red')
9 :  pointer.pencolor('red')
10 :  pointer.ht()
11 :
12 :  def teleport(x,y):
13 :      pointer.goto(x,y)
14 :      pointer.dot(10, 'red')
15 :      pointer.write((pointer.xcor(), pointer.ycor()))
16 :
17 :  def quitThis():
18 :      screen.bye()
```

그림 10.28 터틀 그래픽 마우스 이벤트 처리 프로그램 (part 1)

Line 17에서는 지정된 문자가 입력되었을 때 터틀 스크린 객체의 screen.bye() 함수를 사용하여 터틀 그래픽을 종료시키도록 한다. Line 19에서는 터틀 스크린 상에서 마우스 왼쪽 버튼 클릭이 발생하면 telephort() 함수가 실행되어 그 마우스 위치에서 점과 좌표 문자열을 출력하게 하고, 그 점으로 이동한 궤적을 표시하게 한다. Line 20에서는 'q' 문자가 입력되면 터틀 그래픽 이벤트 처리 프로그램이 종료되게 quitThis() 함수를 호출시킨다.

```
19 :  screen.onclick(teleport, btn=1)
20 :  screen.onkey(quitThis,'q')
21 :
22 :  pointer.dot(10, 'red')
23 :  pointer.write((pointer.xcor(), pointer.ycor()))
24 :
25 :  screen.listen()
26 :  screen.mainloop()
```

그림 10.28 터틀 그래픽 마우스 이벤트 처리 프로그램 (part 2)

Line 22~23에서는 터틀 그래픽 스크린 시작 위치 (중앙, 좌표 (0,0))에 점과 좌표값이 출력되게 한다. Line 25에서는 터틀 그래픽 스크린의 이벤트 발생을 듣게 하는 listen() 함수를 실행시키며, line 26에서는 이벤트 처리 프로그램의 반복이 실행되도록 mainloop() 함수를 실행시킨다. 그림 10.29에서 터틀 그래픽 마우스 이벤트 처리 실행 결과를 볼 수 있다.

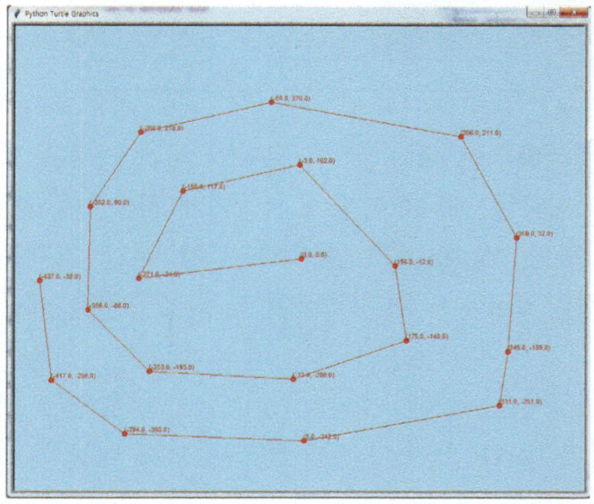

그림 10.29 터틀 그래픽 마우스 이벤트 처리 프로그램 실행 결과

10.5 Turtle 그래픽 기반 애니메이션

10.5.1 Turtle의 애니메이션 관련 메소드

파이썬 프로그램의 터틀 그래픽 애니메이션 기능을 사용하면 화면상에 동적으로 움직이는 도형들을 쉽게 구현할 수 있고, 표 10.9의 애니메이션 메소드들을 사용하여 다양한 알고리즘의 동작을 시각적으로 볼 수 있게 할 수 있다. 터틀 객체의 getshapes() 함수는 이미 등록되어 현재 사용가능 한 터틀 형상들의 리스트를 반환하며, register_shape() 함수는 새로운 터틀 형상을 등록하여 준다. turtles() 함수는 현재 터틀 스크린에 나타나 있는 터틀 객체들의 리스트를 알려 준다.

표 10.9 Turtle의 애니메이션 관련 메소드

구분	터틀 애니메이션 관련 함수/메소드	설명
터틀 객체	getshapes()	사용가능한 터틀 형상을 리스트로 반환
	register_shape(name, shape=None)	주어진 이름 (name)으로 터틀 형상을 등록. name의 터틀 형상은 gif파일, 문자열 및 형상의 좌표로 등록됨.
	turtules()	화면 (screen)에 표시되어 있는 터틀의 리스트를 제공
터틀 애니메이션	delay(delay=None)	애니메이션 제어를 위한 밀리초 단위의 지연을 설정
	tracer(n=None, delay=None)	tracer(False)은 애니메이션을 중지시키며, tracer(True)은 애니메이션을 가동시킴. 만약 n이 양수이면 화면은 매 n-번째 update에서 갱신됨. delay는 update 간격을 설정함
	update()	사전에 설정된 지연시간 뒤에 화면을 갱신 (update) 시킴
	bye()	터틀 그래픽 화면을 지움
	exitonclick()	스크린에서 마우스를 클릭하면 turtle.bye()가 실

구분	터틀 애니메이션 관련 함수/메소드	설명
		행되도록 함.

터틀 애니메이션에 관련된 메소드들로 delay() 함수는 애니메이션 동작의 시간 간격을 밀리초 단위로 설정하여 주며, tracer(n, delay) 함수는 애니메이션이 시작되게 하고, 매 n번째 update() 함수 실행 결과를 화면에 표시하며, update() 함수의 실행 시간 간격은 delay로 설정한다. update() 함수는 미리 설정된 delay만큼 지연하여 터틀 스크린을 새롭게 나타낸다.

터틀 그래픽의 bye() 함수는 터틀 그래픽 윈도우를 삭제하며, exitonclick() 함수는 터틀 그래픽 스크린 상에서 마우스 클릭이 발생하면 turtle.bye() 함수를 실행시켜 터틀 그래픽 윈도우를 삭제한다.

10.5.2 터틀을 사용한 기본 애니메이션 - bouncing ball

그림 10.30은 터틀 그래픽의 애니메이션 기능을 사용하여 공이 벽에 반사되며 계속 움직이는 물리 문제의 간단한 애니메이션 예제 프로그램이다. Line 8~10의 draw_line() 함수는 좌표 (x1, y1)에서 좌표 (x2, y2)까지 선을 그린다. Line 12~21의 draw_board() 함수는 꼭지점들이 좌표 (x1, y1)에서 좌표 (x2, y2)로 지정되는 직사각형을 그린다.

```
1: # Turtle graphic - animation of ball with delay()
2:
3: import turtle
4: from turtle import *
5:
6: turtle.title("Simple Simulation of Bouncing Ball with Turtle")
7:
8: def draw_line(pen, x1, y1, x2, y2):
9:        pen.up(); pen.setpos(x1, y1)
10:       pen.down(); pen.setpos(x2, y2)
11:
12: def draw_board(pen, x1, y1, x2, y2):
13:       pen.up()
14:       pen.setpos(x1, y1)
15:       pen.down()
16:       draw_line(pen, x1, y1, x2, y1)
17:       draw_line(pen, x2, y1, x2, y2)
18:       draw_line(pen, x2, y2, x1, y2)
19:       draw_line(pen, x1, y2, x1, y1)
20:       pen.up()
21:       pen.color("black")
```

그림 10.30 Bouncing Ball Animation (part 1)

그림 10.30 line 23~34에서는 터틀 그래픽 윈도우의 크기를 설정하고, 공 (ball)이 움직일 수 있는 보드 (board) 벽의 좌표들을 설정한다. Line 36~40에서는 터틀 객체 pen을 생성하고, 터틀 그래픽 스크린 크기와 바탕색을 설정한 후 draw_board() 함수를 사용하

여 공의 움직임을 표시할 보드를 그린다.

```
 1:
 2: line_width = 10
 3: turtle.setup(500, 500) # set window size
 4: win_width = turtle.window_width()
 5: win_height = turtle.window_height()
 6: max_x = win_width//2 - line_width
 7: max_y = win_height//2 - line_width
 8: min_x, min_y = -max_x, -max_y
 9: board_right = max_x - 2
10: board_left = min_x
11: board_top = max_y
12: board_bottom = min_y + 2
13: print("win_width, win_height = ({}, {})".format(win_width, win_height))
14:
15: pen = Turtle()
16: pen.pensize(line_width)
17: pen.color("blue")
18: screensize(max_x * 2, max_y * 2, "yellow") # modify the canvas size that begins
    scrollbar
19: draw_board(pen, board_left, board_bottom, board_right, board_top)
20: pen.ht() # hide turtle
21:
22: ball = Turtle()
23: ball.up(); ball.ht()
24: ball.shape("circle")
25: ball.color("red", "green")
26: ball.shapesize(stretch_wid=3, stretch_len=3, outline=3)
27: ball_radius = 25
28:
29: bouncing_margin = ball_radius + line_width
30: ball.speed(1) # slowest; speed 0~9, fastest movement 0
31:
32: # for test of ball positioning
33: ball.up(); ball.setpos(board_left+bouncing_margin, 0); ball.down()
34: ball.st()
35: delay(50)
36: print("Stage 1 : X_STEP == Y_STEP")
37: for i in range(3):
38:       print("round_{}".format(i))
39:       ball.setpos(0, board_bottom + bouncing_margin);
40:       ball.setpos(board_right-bouncing_margin, 0);
41:       ball.setpos(0, board_top - bouncing_margin);
42:       ball.setpos(board_left+bouncing_margin, 0);
```

그림 10.30 Bouncing Ball Animation (part 2)

Line 43~48에서는 터틀 객체 ball을 생성하며, 모양은 원 (circle)으로, 선 색상은 붉은색으로, 채우기 색상은 녹색으로 설정하며, 공의 반지름은 25로 설정한다. Line 50에서 실제 공이 움직일 때 공의 중심 좌표와 보드의 벽과의 거리를 계산하여 bouncing_margin으로 설정하고, 공이 벽을 지나가는 모습이 나타나지 않도록 한다.

Line 51에서 터틀 객체 ball의 speed(1) 함수를 사용하여 공의 움직임 애니메이션 속도를 설정한다. speed(spd) 함수에 전달되는 인수 spd는 애니메이션의 속도를 설정하며, 가장 늦은 속도로 설정하는 1부터 빠른 속도로 설정하는 9까지 선정할 수 있다. 0이면 가장 빠른 속도의 애니메이션이 실행되게 한다.

```
22: print("Stage 2 : X_STEP == 3 * Y_STEP")
23: ball_x, ball_y = ball.xcor(), ball.ycor()
24: delay(10)
25: X_STEP = 3
26: Y_STEP = -1
27: ball.up();
28: while True:
29:     ball_y += Y_STEP
30:     ball_x += X_STEP
31:     if (ball_y <= board_bottom + bouncing_margin):
32:         Y_STEP *= -1
33:         ball_y = board_bottom + bouncing_margin
34:     if (ball_y > board_top - bouncing_margin ):
35:         Y_STEP *= -1
36:         ball_y = board_top - bouncing_margin
37:     if (ball_x < board_left + bouncing_margin ):
38:         X_STEP *= -1
39:         ball_x = board_left + bouncing_margin
40:     if (ball_x > board_right - bouncing_margin ):
41:         X_STEP *= -1
42:         ball_x = board_right - bouncing_margin
43:     ball.setpos(ball_x, ball_y)
```

그림 10.30 Bouncing Ball Animation (part 3)

Line 54~63에서는 공을 보드의 아래쪽, 오른쪽, 위쪽, 왼쪽 벽으로 이동시켜 정상적으로 표시되는 가를 확인한다. 이 애니메이션 구간에서는 공의 수평 및 수직 이동 속도가 동일하게 설정되도록 되어 있어 공의 이동 궤적이 마름모꼴로 나타나게 된다.

Line 65~86에서는 X_STEP = 3, Y_STEP=−1로 설정되어 수평 이동 속도가 수직 이동 속도보다 빠른 공의 움직임으로 이동하게 하며, 공이 보드의 벽에 도달하면 반사가 되도록 X_STEP과 Y_STEP에 −1을 곱하여 방향을 전환시킨다. 공과 벽의 거리가 bouncing_margin보다는 같거나 크게 유지하여 공이 벽으로 들어가지 않게 한다.

그림 10.31에서 벽에 반사되는 공의 애니메이션 모습을 보여준다.

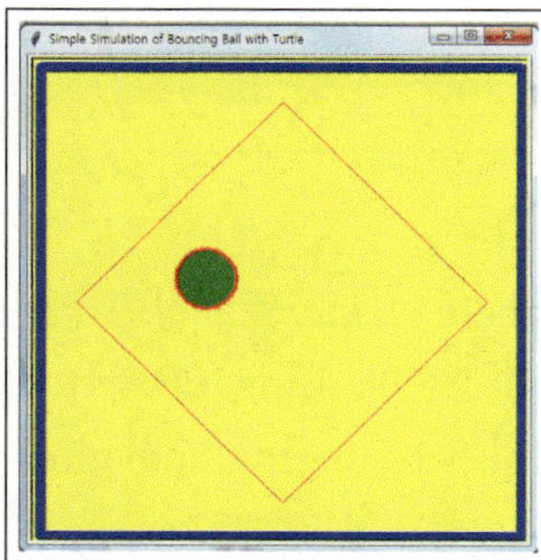

그림 10.31 Bouncing Ball Animation 실행 결과

10.5.3 Sorting 알고리즘의 애니메이션 - animateSelectionSort(), animateQuickSort()

다양한 프로그래밍 수업에서 기본적인 알고리즘으로 배우는 선택정렬과 퀵정렬이 실행되는 모습을 애니메이션으로 구현하는 것은 정렬 알고리즘이 실행되는 구간을 시각적으로 쉽게 파악할 수 있게 하고, 정렬 알고리즘의 성능 향상이 어떻게 이루어지는가에 대하여 쉽게 이해할 수 있게 한다. 그림 10.32는 대표적인 정렬 알고리즘인 선택정렬 (selection sort)과 퀵정렬 (quick sort)의 동작을 터틀 그래픽 애니메이션으로 표현하는 예제 프로그램이다. 이 예제 프로그램에서는 터틀 그래픽의 register_shape() 함수를 사용하여 새로운 터틀 형상을 등록하는 기능을 사용하고, 이 터틀 객체의 애니메이션 기능을 활용한다.

그림 10.32 line 7~10의 draw_rectangle() 함수는 인수로 직사각형의 높이 (height)와 폭 (width)을 전달받으며, 현재 위치에 지정된 폭과 높이의 직사각형을 그린다.

```
 1: # class Bar, AnimateQuickSorting
 2: from turtle import *
 3: from array import *
 4: import random
 5: import time
 6:
 7: def draw_rectangle(height, width):
 8:     seth(0) # set heading to right
 9:     lt(90);  fd(height);  lt(90);  fd(width)
10:     lt(90);  fd(height);  lt(90);  fd(width)
11:
12: def register_bar(height=1, width=1):
13:     reset(); up(); ht() # hide turtle
14:     begin_poly(); draw_rectangle(height, width); end_poly()
15:     poly = get_poly()
16:     register_shape("Bar", poly)
17:     down()
18:
19: def make_bar(height, width):
20:     tracer(False)
21:     bar = Turtle()
22:     bar.up(); ht() # hide turtle
23:     bar.shape("Bar")
24:     #color = random.choice(["red", "green", "blue", "yellow", "pink", "purple"])
25:     color = "gray"
26:     bar.color(color)
27:     bar.shapesize(height, width)
28:     return bar
29:
```

그림 10.32 정렬 알고리즘의 애니메이션 프로그램 - animateSelectionSort(), animateQuickSort() - (part 1)

Line 12~17의 register_bar() 함수는 인수로 직사각형의 높이와 넓이 데이터를 전달받고 draw_rectangle() 함수를 사용하여 다각형 그리기를 수행하며, 그 앞뒤에 begin_poly()함수와 end_poly() 함수를 실행하여 다각형 정보를 준비한 후, line 15에서

get_poly() 함수를 사용하여 다각형 정보 poly로 받아오고, line 16에서 register_shape() 함수를 사용하여 poly 다각형을 터틀 그래픽 형상 'Bar'로 등록한다.

Line 19~28의 make_bar() 함수에서는 터틀 그래픽 객체인 bar를 생성하며 터틀 객체 모양을 line 12~17에서 등록한 Bar로 설정하고, 색상은 회색 (gray)이 되게 하며, shapesize(stretch_wid, stretch_len, outline) 함수를 사용하여 높이와 넓이를 설정한다. shapesize() 함수의 인수에서 stretch_wid는 현재 터틀 객체가 향하고 있는 방향의 수직 방향으로 확장되는 값을 설정하며, stretch_len은 터틀 객체의 방향으로 확장되는 값을 설정한다. 파이썬 터틀 그래픽 객체의 기본 방향이 오른쪽이므로 실제 높이를 설정하는 값을 stretch_wid로 전달하고 있으며, 넓이를 설정하는 값을 stretch_len 인수로 전달하고 있다.

```
30: def printBarPositions(bar_list, Arr, arr_size):
31:     print("A : ", Arr)
32:     print("Bar_positions : ", end="")
33:     for k in range(len(bar_list)):
34:         bar = bar_list[k]
35:         x, y = bar.pos()
36:         print("{} ".format(x), end="")
37:     print()
38:
39: def swapBar(bar_list, i, j):
40:     temp_bar = bar_list[i]
41:     bar_list[i] = bar_list[j]
42:     bar_list[j] = temp_bar
43:     bar_list[i].setx(min_x + x_space * i)
44:     bar_list[j].setx(min_x + x_space * j)
45:     #bar_list[i].color("red")
46:     #bar_list[j].color("red")
```

그림 10.32 정렬 알고리즘의 애니메이션 프로그램 - animateSelectionSort(), animateQuickSort() - (part 2)

Line 30~37의 printBarPositions() 함수는 인수로 전달되는 bar_list와 배열 Arr의 데이터를 출력하여 정렬 중간 상태를 확인할 수 있게 하는 점검 기능을 제공한다. Line 39~46의 swapBar(bar_list, i, j) 함수는 bar_list에 포함된 터틀 객체들 중 i번째 막대기와 j번째 막대기의 위치를 서로 바꾸며 해당 터틀 객체의 x 좌표를 변경하여 준다. 이 x 좌표 변경은 애니메이션에서 해당 막대기의 위치를 변경하도록 한다.

그림 10.32의 line 47~68에서는 선택 정렬 (selection sort) 알고리즘의 실행 상태를 애니메이션으로 볼 수 있도록 터틀 그래픽 프로그램으로 구현하고 있다. Line 51~61 구간에서 2중 for-loop을 구성하며, 1.5.2절에서 설명하였던 선택정렬 알고리즘을 구현하고, line 53~61의 탐색 구간별로 제일 작은 값을 찾아 자리 바꿈을 실행한 뒤 line 61과 66에서 update() 함수를 실행하여 해당 터틀 그래픽 객체들인 bar 들의 위치도 변경시킨다. Line 65에서는 위치가 변경되어 정렬이 완료되는 bar의 색깔을 붉은색으로 변경시킨다.

```
47: def animateSelectionSort(bar_list, Arr, arr_size):
48:     tracer(False)
49:     #delay(1)
50:     #printBarPositions(bar_list, Arr, arr_size)
51:     for i in range(0, arr_size-1):
52:         min_j = i
53:         for j in range(i+1, arr_size):
54:             if (Arr[min_j] > Arr[j]):
55:                 min_j = j
56:         if (min_j != i):
57:             swapBar(bar_list, i, min_j)
58:             temp = Arr[min_j]
59:             Arr[min_j] = Arr[i]
60:             Arr[i] = temp
61:             update()
62:
63:         #print("Round({}) : ".format(i))
64:         #printBarPositions(bar_list, Arr, arr_size)
65:         bar_list[i].color("red")
66:         update()
67:         time.sleep(0.1)
68:     update()
```

그림 10.32 정렬 알고리즘의 애니메이션 프로그램 - animateSelectionSort(), animateQuickSort() - (part 3)

그림 10.32 line 69~91의 animatePartition() 함수에서는 퀵 정렬의 분할(partition) 함수를 터틀 그래픽 애니메이션 기능과 함께 구현한다. 이 분할 함수에서는 배열 arr에 포함된 원소들을 피봇 (pivot) 위치의 피봇 원소를 기준으로 값이 작은 그룹과 피봇 원소, 피봇 원소보다 값이 큰 그룹으로 재조정하여 준다. 별도의 메모리를 사용하지 않고 주어진 배열 내부에서 분할을 할 수 있도록 구현하고 있다.

Line 70~72에서 pivot 위치의 원소와 right 위치의 원소를 자리바꿈하여 피봇 원소를 일단 탐색 구간의 맨 끝에 위치시키고, line 73에서 해당 bar 터틀 객체들도 위치를 변경시킨다. Line 74에서는 new_pi 값을 left 값으로 초기 설정하고, line 75~84에서는 탐색 구간의 원소들을 피봇 원소와 비교하며, 만약 피봇 원소보다 같거나 작은 값을 가지는 경우 new_pi 위치 원소와 자리 바꿈을 하고, new_pi를 하나 증가 시킨다. 이렇게 함으로써 new_pi 위치 왼쪽의 원소들을 피봇 원소보다 같거나 작은 원소들로만 존재하도록 분할 시킨다. 분할 대상 구간의 분할 작업이 완료되면 line 86~88에서 right 위치로 옮겨 두었던 피봇 원소를 new_pi 위치의 원소와 자리 바꿈을 하게 되고, 결과적으로 new_pi 위치에 있는 피봇 원소를 기준으로 작은 값의 배열 원소들과 큰 값의 배열 원소들을 분할시켜준 배열을 가지게 된다. animatePatition() 함수는 배열 원소들이 자리바꿈을 할 때 해당 bar 객체들도 자리 바꿈을 하도록 하여 애니메이션에서 정렬되는 중간 상태를 시각적으로 확인할 수 있게 한다. animatePatition() 함수는 new_pi 인덱스값을 반환하여준다.

Line 93~106의 animateQuickSort() 함수는 분할 및 정복 방식으로 퀵 정렬 알고리즘을 구현하고 있다. 이 함수에는 정렬 대상 배열 arr, 정렬 구간을 설정하는 left, right과 함께 애니메이션에서 사용하는 bar_list가 인수로 전달된다. Line 99에서 left와 right 인덱스의 중간값을 피봇 인덱스 pi로 설정하며, line 100에서 animatePartition() 함수를 호출하여 피봇 인덱스 위치의 피봇 원소를 기준으로 작은 그룹과 큰 그룹으로 분할하며, 변경된 피봇 원소 위치를 new_pi로 반환 받는다. Line 101에서 위치가 결정된 피봇 원소에 해당하는 bar의 색상을 붉은색으로 변경한다.

```
69: def animatePartition(arr, left, right, pivot, bar_list):
70:     pv = arr[pivot]
71:     arr[pivot] = arr[right]
72:     arr[right] = pv
73:     swapBar(bar_list, pivot, right)
74:     new_pi = left
75:     i = left
76:     while (i<=right-1):
77:         if (arr[i] <= pv):
78:             temp = arr[i]
79:             arr[i] = arr[new_pi]
80:             arr[new_pi] = temp
81:             swapBar(bar_list, i, new_pi)
82:             update()
83:             new_pi += 1
84:         i += 1
85:         #time.sleep(0.1)
86:     temp = arr[new_pi]
87:     arr[new_pi] = arr[right]
88:     arr[right] = temp
89:     swapBar(bar_list, new_pi, right)
90:     update()
91:     return new_pi
92:
93: def animateQuickSort(arr, left, right, bar_list):
94:     tracer(False)
95:     #delay(1)
96:     #print("quickSort", left, right)
97:     if (left >= right):
98:         return
99:     pi = (left + right)//2
100:    new_pi = animatePartition(arr, left, right, pi, bar_list)
101:    bar_list[new_pi].color("red")
102:    #print("after partition : ", left, right, new_pi)
103:    if (left < new_pi -1):
104:        animateQuickSort(arr, left, new_pi-1, bar_list)
105:    if (new_pi + 1 < right):
106:        animateQuickSort(arr, new_pi+1, right, bar_list)
107:    #update()
```

그림 10.32 정렬 알고리즘의 애니메이션 프로그램 - animateSelectionSort(), animateQuickSort() - (part 3)

만약 피봇 원소보다 작은 그룹을 정렬하여야 할 경우 (즉, left < new_pi – 1)에는 line 104에서 animateQuickSort(arr, left, new_pi–1, bar_list) 함수를 재귀 호출하며, 해당 구간을 분할 및 정복 기법으로 정렬하게 한다. 같은 요령으로 피봇 원소보다 작은 그룹을 정렬하여야 할 경우 (즉, new_pi + 1 < right)에는 animateQuickSort(arr, new_pi+1, right, bar_list) 함수를 재귀 호출하며, 해당 구간을 분할 및 정복 기법으로 정렬하게 한다.

```
108: def main():
109:     global min_x, min_y, max_x, max_y, bar_width, A, array_size, x_space
110:     screen = Screen()
111:     screen.setup(850, 850, 800, 50) # width, height, startx, starty
112:     screen.screensize(800, 800)
113:     max_x = screen.window_width()//2 - 20
114:     max_y = screen.window_height()//2 - 20
115:     min_x = -max_x
116:     min_y = -max_y
117:     register_bar()
118:     array_size = 150
119:     bar_width = 3
120:     x_space = 5
121:     y_step = 5
122:
123:     A = array('i')
124:     for i in range(array_size):
125:         A.append(array_size - i)
126:     while True:
127:         menu_str = input("Input selection algorithm: 1. SelectionSort,
               2. QuickSort, 9. Quit : ")
128:         menu = int(menu_str)
129:         screen.resetscreen() # reset all turtles on screen
130:         random.shuffle(A)
131:         bar_list = []
132:         for i in range(array_size):
133:             height = A[i]*y_step+1
134:             bar = make_bar(height, bar_width)
135:             pos_x = min_x + x_space * i
136:             pos_y = min_y;
137:             bar.setpos(pos_x, pos_y)
138:             bar_list.append(bar)
139:         for i in range(array_size):
140:             bar_list[i].color("gray")
141:         update()
```

그림 10.32 정렬 알고리즘의 애니메이션 프로그램 - animateSelectionSort(), animateQuickSort() - (part 4)

그림 10.32 line 108~151의 main() 함수는 정렬 알고리즘의 애니메이션 함수들을 실행시켜 시각적으로 볼 수 있게 한다. Line 109~121에서는 터틀 그래픽 스크린 객체 screen을 생성하고, 크기를 설정하며, 터틀 그래픽 객체들의 표시 구간인 min_x, min_y와 max_x, max_y 값을 window_width()와 window_height() 함수를 사용하여 파악한 screen 객체의 크기를 기준으로 설정한다. Line 117에서는 register_bar() 함수를 사용하여 배열의 원소 값을 터틀 객체로 표시할 수 있는 bar 도형을 등록하며, line 118~121에서 배열의 크기와 bar의 넓이, x축 상의 bar 들 간의 간격 (x_space), 각 원소들의 값을 표시하는 bar의 높이 간격 (y_step)을 설정한다.

Line 123에서는 array 모듈의 array() 함수를 사용하여 정수형 배열을 생성하며, line

124~125에서 배열의 원소를 크기의 반대 순서로 저장한다. Line 126~128은 while-loop에서 메뉴 방식으로 정렬 알고리즘의 애니메이션 기능을 확인할 수 있게 한다. Line 129에서는 screen.resetscreen() 함수를 사용하여 터틀 그래픽 스크린에 표시되어 있는 터틀 객체들을 모두 지우고, 새로운 애니메이션이 시작되도록 한다.

Line 130에서는 현재 배열 A에 포함된 원소들을 shuffle() 함수를 사용하여 뒤섞어, 정렬이 되어 있지 않는 상태로 만들어 준다. Line 131에서는 리스트 객체 bar_list를 생성하며, line 132~ 138에서 배열 원소 값에 따라 높이가 결정된 막대기를 make_bar() 함수를 사용하여 터틀 객체 bar로 생성하며, 위치를 (pos_x, pos_y)에 설정하고, bar_list에 추가한다.

```
142:            if menu == 1:
143:                animateSelectionSort(bar_list, A, array_size)
144:            elif menu == 2:
145:                animateQuickSort(A, 0, array_size -1, bar_list)
146:            elif menu == 9:
147:                break
148:            else:
149:                print("Input menu({}) is not prepared yet".format(menu))
150:            menu_str = input("Hit any key to continue ...")
151:
152: if __name__ == "__main__":
153:     main()
```

그림 10.32 정렬 알고리즘의 애니메이션 프로그램 - animateSelectionSort(), animateQuickSort() - (part 4)

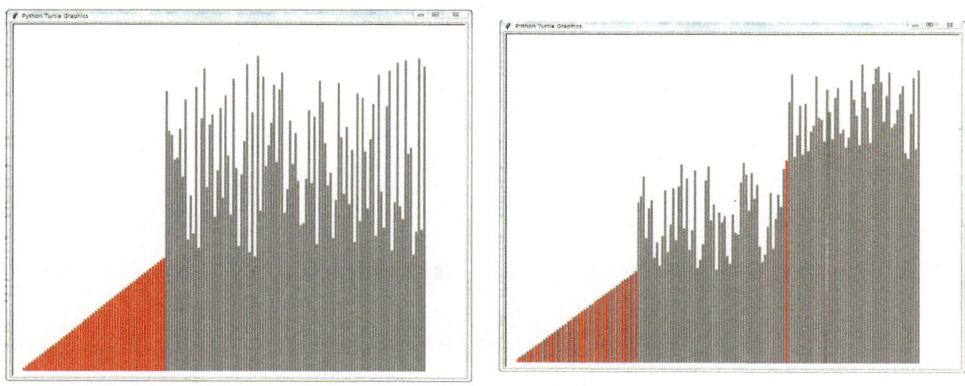

(a) selection sorting (b) quick sorting

그림 10.33 정렬 알고리즘의 애니메이션 프로그램 - animateSelectionSort(), animateQuickSort() - 실행 결과

Line 139~140의 for-loop에서 모든 bar들의 초기 색상을 gray로 설정한다. Line 141에서 update()를 실행하면 bar_list에 포함된 모든 터틀 객체들인 bar들이 화면에 표시되며, 초기 상태에서는 정렬이 되어 있지 않은 상태인 것을 확인할 수 있다.

Line 142~150에서는 메뉴 입력에 따라 해당 정렬 알고리즘이 애니메이션과 함께 실행되도록 animateSelectionSort() 함수와 animateQuickSort() 함수를 호출하여 준다.

Line 152~153은 이 파이썬 소스코드가 __main__에 해당하는 경우 main() 함수를 실행시켜 주며, line 142~150의 main() 함수가 실행되어 while-loop에서 입력되는 메뉴의 종류에 따라 해당 정렬 알고리즘의 애니메이션을 화면에서 그림 10.33과 같이 볼 수 있게 한다.

10.5.4 register_shape(), tracer()를 사용한 아날로그 시계

터틀 그래픽 기반의 애니메이션 구현에서는 기본적으로 register_shape() 함수를 사용하여 도형을 등록하고, 이 등록된 도형의 위치와 방향을 시간에 따라 변경하며, tracer() 함수를 사용하여 변경된 위치와 방향으로 이동하게 하는 방법을 사용한다. 그림 10.34는 터틀 그래픽의 애니메이션 기능을 사용하여 아날로그 시계를 구현하는 방법을 보여준다. Line 6~7의 jump() 함수는 이동 거리 (distance)를 인수로 전달받고, 현재 방향으로 이동 거리만큼 위치를 이동시킨다.

```
 1 : # Python Clock Animation Demo
 2 : import turtle
 3 : from turtle import *
 4 : from datetime import datetime
 5 :
 6 : def jump(distance):
 7 :     penup();     forward(distance);     pendown()
 8 :
 9 : def rectangle(width, height):
10 :     fd(width/2); lt(90)
11 :     fd(height);  lt(90);
12 :     fd(width);   lt(90);
13 :     fd(height);  lt(90);
14 :     fd(width/2)
15 :
16 : def make_hand_shape(name, width, height):
17 :     reset()
18 :     left(90); jump(-height*0.15); right(90)
19 :     begin_poly()
20 :     rectangle(width, height*1.15)
21 :     end_poly()
22 :     clock_hand = get_poly()
23 :     register_shape(name, clock_hand)
24 :
25 : def clockface(radius):
26 :     reset()
27 :     pensize(7)
28 :     for i in range(60):
29 :         jump(radius)
30 :         if i % 5 == 0:
31 :             fd(25)
32 :             jump(-radius-25)
33 :         else:
34 :             dot(3)
35 :             jump(-radius)
36 :         rt(6)
```

그림 10.34 터틀 그래픽을 사용한 아날로그 시계 구현 (part 1)

그림 10.34 line 9~14의 rectangle() 함수는 직사각형의 가로 (width)와 세로 (length)의 길이를 인수로 전달받아 현재 위치에 직사각형 가로 중심이 될 수 있게 한다. Line 16~23의 make_hand_shape() 함수는 아날로그 시계의 시 (hour), 분 (minute), 초 (second) 바늘을 만드는 기능을 제공한다. Line 17~18에서는 아날로그 시계의 시, 분, 초 바늘의 회전 기준 원점이 직사각형 높이의 15% 위치가 될 수 있도록 jump() 함수를 사용하여 이동시키며, 이 위치에서 rectangle() 함수를 사용하여 직사각형을 그린다. Line 19와 21에서는 begin_poly() 함수와 end_poly() 함수를 사용하여 직사각형을 다각형 (polygon)으로 구성하며, line 22에서 get_poly()를 사용하여 다각형 정보를 읽어 변수 clock_hand에 저장한 후, line 23에서 register_shape() 함수를 사용하여 애니메이션에서 사용하게될 도형으로 등록한다.

그림 10.34 line 25~36의 clockface() 함수는 아날로그시계의 바탕을 그린다. 시계 바탕에서 6° 단위로 i = 0~59의 값으로 반복하며 i가 5의 배수인 경우 짧은 직선으로 5분/초 단위의 시간을 알 수 있게 하고, 그 이외에는 점을 찍어 1분/초 단위 위치를 알려주도록 한다.

```
37 :  def setup():
38 :      global sec_hand, min_hand, hour_hand, writer
39 :      mode("logo")
40 :      make_hand_shape("sec_hand", 150, 5)
41 :      make_hand_shape("min_hand",  130, 10)
42 :      make_hand_shape("hour_hand", 110, 15)
43 :      clockface(160)
44 :      hour_hand = Turtle()
45 :      hour_hand.shape("hour_hand")
46 :      hour_hand.color("black", "black")
47 :
48 :      min_hand = Turtle()
49 :      min_hand.shape("min_hand")
50 :      min_hand.color("blue1", "blue1")
51 :
52 :      sec_hand = Turtle()
53 :      sec_hand.shape("sec_hand")
54 :      sec_hand.color("red", "red")
55 :
56 :      for hand in sec_hand, min_hand, hour_hand:
57 :          hand.resizemode("user")
58 :          hand.shapesize(1, 1, 3)
59 :          hand.speed(0)
60 :      ht() # hide turtle
61 :      writer = Turtle()
62 :      #writer.mode("logo")
63 :      writer.ht() # hide turtle
64 :      writer.pu() # pen up
65 :      writer.bk(85)
```

그림 10.34 터틀 그래픽을 사용한 아날로그 시계 구현 (part 2)

Line 37~65의 setup() 함수는 아날로그시계를 애니메이션으로 나타낼 수 있는 준비를 한다. Line 37에서는 아날로그 시계 구현에서 사용되는 전역 변수들을 선언하고 있으며, 시계 바늘 (sec_hand, min_hand, hour_hand)와 시계 바탕에 날짜 및 요일과 시간을 문자열로 출력하여 주는 writer가 전역 변수로 선언되어 있다. Line 40~42에서 make_hand_shape() 함수를 사용하여 초침, 분침, 시침을 각각 준비하며, 애니메이션 도형으로 등록하고, line 43에서는 clockface()를 호출하여 시계 바탕을 그리도록 한다. Line 44~54에서는 시침, 분침, 초침을 터틀 객체로 생성하며, make_hand_shape() 함수로 등록하였던 hour_hand, min_hand, sec_hand 도형으로 설정하며, 색상을 설정한다. Line 56~59에서는 애니메이션 도형인 시침, 분침, 초침의 resizemode를 user로 설정하여 shapesize()의 가로 및 세로 확장 비율에 따르도록 하며, shapsize(1, 1, 3) 함수를 사용하여 가로 및 세로 확장 비율은 1로 하고, outline을 3으로 설정하여 도형 그리기 선의 굵기를 설정한다. speed(0)은 애니메이션의 도형 이동 속도를 가장 빠른 속도로 설정한다.

Line 67~70의 getWeekDayName() 함수는 인수로 전달된 시간 객체 t의 요일을 weekday() 함수를 사용하여 찾고, 이를 사용하여 해당 요일의 영문 이름을 반환한다. Line 72~78의 getDateString() 함수는 인수로 전달된 날짜 (date)의 달 (month) 이름을 문자열 리스트로부터 찾고, 날짜의 영문 표기 방법인 월-일-년도 양식으로 문자열을 만들어 반환한다.

```
66 :  def getWeekDayName(t):
67 :      weekday_name = ["Monday", "Tuesday", "Wednesday",
68 :          "Thursday", "Friday", "Saturday", "Sunday"]
69 :      return weekday_name[t.weekday()]
70 :
71 :  def getDateString(date):
72 :      month_name = ["Jan.", "Feb.", "Mar.", "Apr.", "May", "June",
73 :                  "July", "Aug.", "Sep.", "Oct.", "Nov.", "Dec."]
74 :      yr = date.year
75 :      mn = month_name[date.month - 1]
76 :      dy = date.day
77 :      return "%s %d %d" % (mn, dy, yr)
78 :
```

그림 10.34 터틀 그래픽을 사용한 아날로그 시계 구현 (part 3)

그림 10.34 line 79~108의 tick() 함수는 ontimer() 함수를 사용하여 지정된 시간 이후 스스로 반복 실행하게 하는 함수이며, 현재 프로그램 실행 시간을 datetime.today() 함수를 사용하여 시간 정보를 받아오며 이를 사용하여 시분초, 연월일 정보를 사용할 수 있게 한다. Line 86~100에서는 요일 (weekday), 날짜 (월-일-년) 및 시간 (시:분:초)를 터틀 객체 writer의 write() 함수를 사용하여 시계 바탕에 표시되게 하며, line 101에서 tracer(Ture)를 사용하여 새로운 출력결과로 갱신되게 한다.

Line 102~104에서는 초침, 분침, 시침의 각도를 현재의 시간으로 변경시키며, line 106에서는 ontimer(tick, 100)으로 매 100 밀리초 마다 tick() 함수가 다시 실행되도록 한다.

Line 110~115의 main() 함수는 setup() 함수로 초기 설정을 완료한 후 tick() 함수를 실행시킨다. 일단 tick() 함수가 호출되면 이후에는 tick() 함수에 포함된 ontimer(tick, 100) 함수 실행에 의하여 스스로 호출하여 매 0.1초 (100 millisecond)

마다 계속 반복 실행된다.

```
79 :  def tick():
80 :      t = datetime.today()
81 :      sec = t.second + t.microsecond*0.000001
82 :      minute = t.minute + sec/60.0
83 :      hour = t.hour + minute/60.0
84 :      try:
85 :          tracer(False)  # Terminator can occur here
86 :          writer.clear()
87 :          writer.home()
88 :          writer.pencolor("darkred")
89 :          writer.forward(65)
90 :          writer.write(getWeekDayName(t),
91 :                       align="center", font=("Courier", 14, "bold"))
92 :          writer.back(150)
93 :          writer.pencolor("brown")
94 :          writer.write(getDateString(t),
95 :                       align="center", font=("Courier", 14, "bold"))
96 :          writer.back(30)
97 :          hhmmss = "(%2d : %2d : %2d)"%(hour, minute, sec)
98 :          writer.pencolor("red")
99 :          writer.write(hhmmss, align="center", font=("Tahoma", 14, "bold"))
100 :         writer.forward(115)
101 :         tracer(True)
102 :         sec_hand.setheading(6*sec + 90)  # or here
103 :         min_hand.setheading(6*minute + 90)
104 :         hour_hand.setheading(30*hour + 90)
105 :         tracer(True)
106 :         ontimer(tick, 100)
107 :     except Terminator:
108 :         pass  # turtle demo user pressed STO
109 :
110 : def main():
111 :     tracer(False)
112 :     setup()
113 :     tracer(True)
114 :     tick()
115 :     return "Analog clock demo"
116 :
117 : if __name__ == "__main__":
118 :     mode("logo")
119 :     turtle.setup(500, 500)
120 :     turtle.title("My Analog Clock with Python")
121 :     msg = main()
122 :     #print(msg)
123 :     mainloop()
```

그림 10.34 터틀 그래픽을 사용한 아날로그 시계 구현 (part 3)

그림 10.34 line 117~123은 터틀 그래픽을 설정하며, main() 함수를 실행하게 하고, 터틀 그래픽 애니메이션이 계속 반복 실행될 수 있게 한다. Line 118에서는 터틀 그래픽의 모드를 logo로 설정하는데, logo 모드에서는 도형의 각도가 증가할 때 시계 방향으로 회전하게 되어 아날로그 시계 구현을 더 쉽게 이해할 수 있게 한다.

그림 10.35는 그림 10.34 애니메이션 프로그램의 실행 결과를 보여준다.

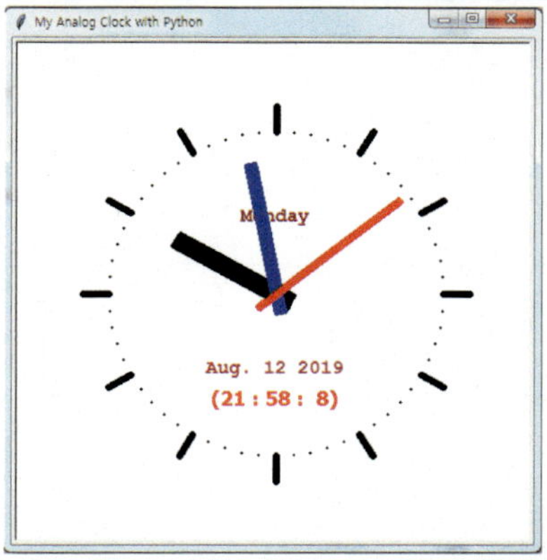

그림 10.35 터틀 그래픽을 사용한 아날로그 시계 실행 결과

연습문제

10.1 다음 용어를 예를 들어 설명하라.

1) GUI (graphic user interface)
2) window
3) screen
4) frame
5) canvas
6) Turtle
7) 좌표 (coordinate)

10.2 파이썬의 터틀 그래픽에서 텍스트 출력을 할 때 글자 폰트 종류, 폰트 크기, 글자 색상을 설정하는 방법에 대하여 설명하라.

10.3 파이썬의 터틀 그래픽에서 텍스트 출력을 할 때 출력 위치를 설정하고, 정렬(왼쪽 정렬, 중간 정렬, 오른쪽 정렬)시키는 방법에 대하여 설명하라.

10.4 파이썬 터틀 그래픽에서 도형의 선 색상과 채우기 색상을 설정하는 방법에 대하여 설명하라.

10.4 파이썬 터틀 그래픽 모듈의 키보드 이벤트 처리 방법에 대하여 설명하라.

10.5 파이썬 터틀 그래픽 기반의 애니메이션 기능을 구현하는 방법에 대하여 설명하라.

실습문제

실습 10.1 다각형 외접원의 중심좌표 (pos_x, pos_y), 반지름 (radius), 꼭지점 수 (n_vertices), 도형 색상 (shape_color)를 한 줄로 입력받고, 지정된 위치에 지정된 도형을 turtle 객체의 circle() 함수를 사용하여 반복적으로 그리는 터틀 그래픽 프로그램을 작성하라. 꼭지점 수가 3 미만인 경우 원 (circle)으로 그리도록 하며, 각 도형을 그린 후, 터틀 펜은 항상 (0, 0) 위치로 이동하여 대기하도록 하라.

원 및 다각형의 중심 좌표 위치에 크기 10인 붉은색 점 (dot)을 그리고, 중심 좌표값을 출력하며, turtle graphic window에 제목을 "Drawing polygons with turtle.circle"로 설정할 것.

(실행 예시 – Python Shell 입출력)

```
pos_x pos_y radius n_vertices shape_color = -200 100 70 5 red
pos_x pos_y radius n_vertices shape_color = 0 100 70 0 blue
pos_x pos_y radius n_vertices shape_color = 200 100 70 3 green
pos_x pos_y radius n_vertices shape_color = -200 -100 70 4 brown
pos_x pos_y radius n_vertices shape_color = 0 -100 70 5 black
pos_x pos_y radius n_vertices shape_color = 200 -100 70 9 magenta
pos_x pos_y radius n_vertices shape_color = 
```

(실행 예시 – 그래픽 출력)

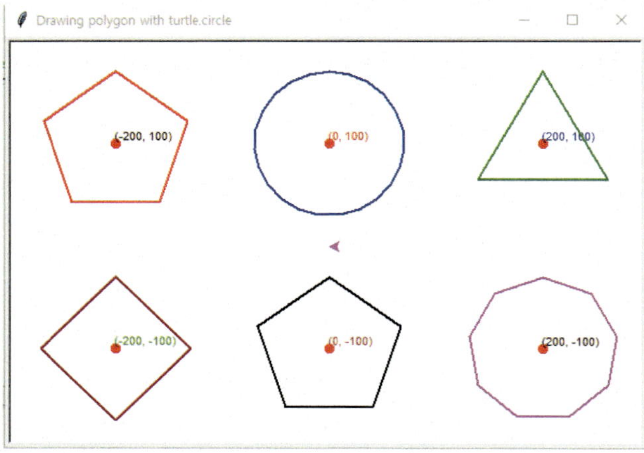

실습 10.2 $f(t) = A \cdot \sin(2\pi ft + \theta)$공식으로 주어지는 싸인파 그래프를 그리는 터틀 그래픽 프로그램을 작성하라. 그래프에는 가로축과 세로축을 나타내며, 진폭 (amplitude) A와 주파수 (frequency) freq 및 위상각차 (phase shift) theta는 키보드로부터 입력받도록 하라.

(실행 예시)

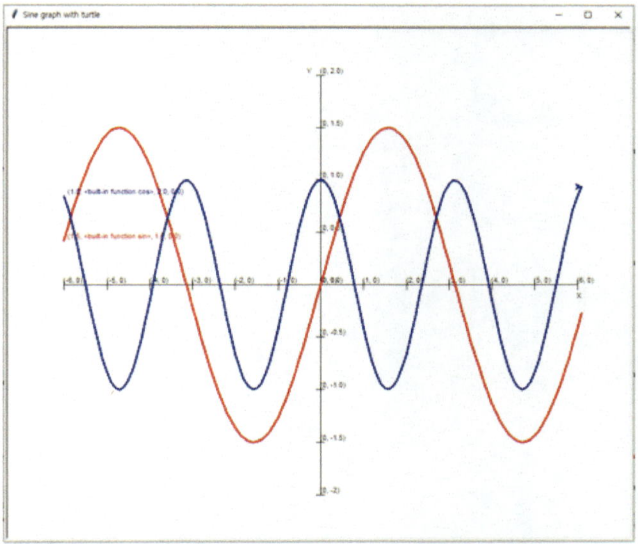

실습 10.3 터틀 (거북이)가 초기에 지정된 방향으로 일정 속도로 진행하게 하고, 터틀 그래픽의 키 보드 이벤트 기능을 사용하여 화살표 키 (상, 하, 좌, 우)를 입력받아 방향전환을 하여 계속 움직이는 애니메이션 프로그램을 작성하라.

(실행 예시)

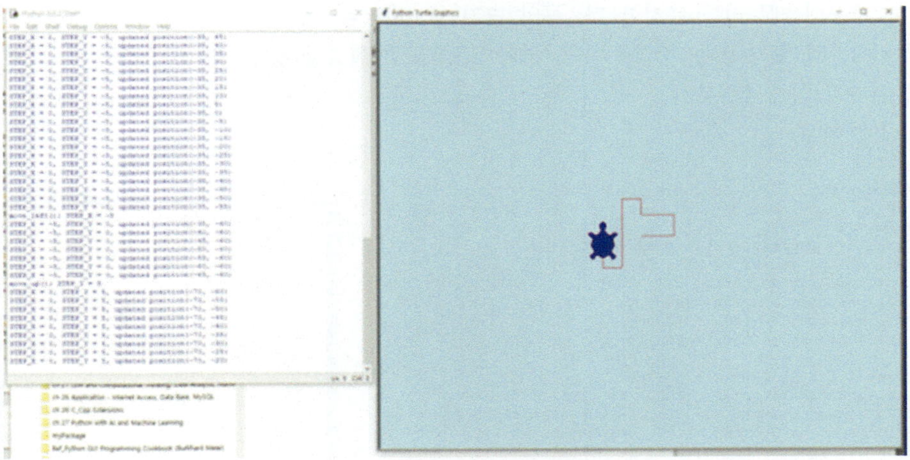

실습 10.4 터틀 그래픽의 마우스 이벤트를 사용하여 터틀 그래픽 스크린 내부의 위치에서 마우스 왼쪽 버튼 또는 오른쪽 버튼을 클릭하면 그 위치의 좌표값과 눌려진 버튼의 종류를 출력하는 파이썬 프로그램을 작성하라.

(실행 예시)

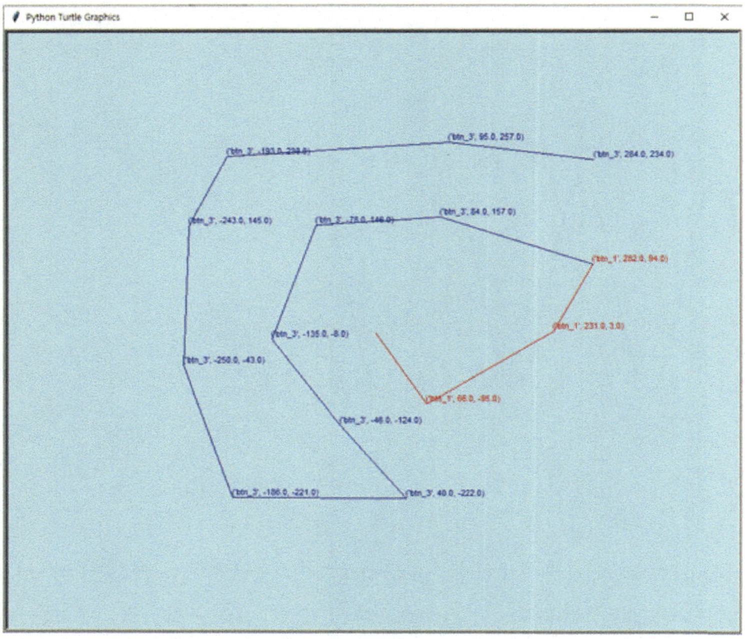

실습 10.5 당구대 위에서 공이 벽에 반사되며, 돌아다니는 시뮬레이션 하는 프로그램을 파이썬터틀그래픽의 애니메이션 기능을 사용하여 구현하라. 당구대의 크기는 (500 x 500)로 설정하고, 당구대 테두리를 표시할 것. 공의 크기는radius=50, 공의 의 초기 위치는당구대 좌측 중간, 공의 초기 이동 방향은 우측/하향 22.5도로 설정할 것. 공의 표면이 당구대 테두리로 들어가지 않게 할 것.

(실행 예시)

```
board_width, board_length = (500, 500)
min_x = -250, max_x = 250, min_y = -250, max_y = 250
line_width = 0
Stage 1 : Checking Horizontal Boundaries
Ball starts at left (-200, 0)
Ball bouncing at bottom (0, -200)
Ball bouncing at right (200, 0)
Ball bouncing at top (0, 200)
Ball bouncing at left (-200, 0)

Stage 2 : X_STEP == 2 * Y_STEP
Ball bouncing at right (200, -165.68542494923844)
Ball bouncing at bottom (117, -200.06515062620628)
Ball bouncing at left (-200, -68.6943007277273)
Ball bouncing at right (200, 96.99112422151013)
Ball bouncing at top (-49, 200.13030125241258)
Ball bouncing at left (-200, 137.45375208166092)
Ball bouncing at right (200, -28.231672867576776)
```

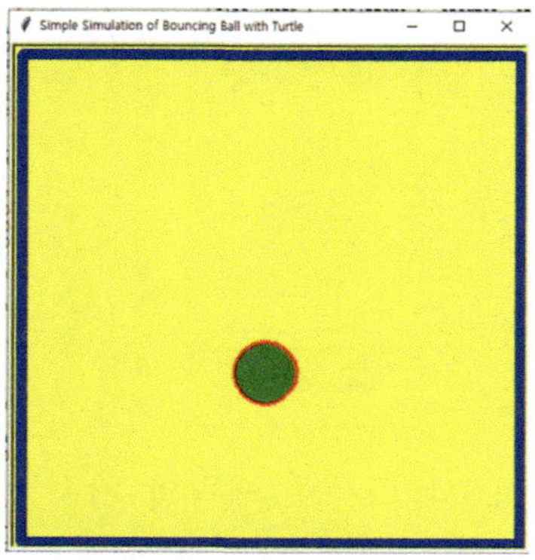

11장 tkinter Graphic User Interface (GUI)

학습목표

- 파이썬 tkinter GUI 기본 개념 이해
- tkinter GUI의 활용 방법 이해
- tkinter 기반 키보드 및 마우스 이벤트 활용 방법 이해
- tkinter 기반 애니메이션 구현 방법 습득

개요

11.1 Tcl Script GUI 프로그래밍

11.1.1 Script 프로그래밍

일반적으로 스크립트 언어 (script language)는 쉽게 배우고 상대적으로 단순한 구문을 사용하는 간단한 프로그램으로 응용 프로그램을 제어할 수 있도록 고안되었다. 스크립트 프로그래밍언어의 대표적인 예로서 Javascript 언어, Perl, Tcl/Tk 등이 있다. 스크립트 프로그램은 명령들을 파일에 미리 저장하여 두고 해당 파일 이름을 하나의 명령처럼 입력하였을 때 그 파일에 포함되어 있는 명령들이 차례로 수행되는 배치 (batch) 파일의 명령 목록을 의미하기도 한다.

스크립트 프로그램의 실행 시간은 일반적으로 컴파일된 프로그램의 실행시간보다 오래 걸리는데 그 이유는 모든 명령어가 기본 명령어 처리기에 의해 직접 처리되지 않고 다른 프로그램을 사용한 전처리 과정이 필요하기 때문이다. 스크립트 언어는 비교적 간단한 명령어들을 사용하여 제한된 능력을 가지는 프로그램을 작성하거나 기존에 개발되어 있는 프로그램들을 연결하여 통합기능을 구성하는 소프트웨어 종합 프로그램을 개발할 때 적합하다.

그림 11.1은 Tcl의 스크립트 인터프리터 기능을 사용하는 프로그램 예제를 보여준다. Line 3~4에서 tkinter의 Tcl()을 tcl로 설정한 후, line 6~9와 line 11~17에서 각각 스크립트로 작성된 script_sum과 script_fact를 정의한다. 3개의 연속적인 이중 따옴표를 스크립트 구간 앞과 뒤에 표시하여 문자열로 만들며, 이를 script_sum과 script_fact에 대입시킨다. Line 6~9의 스크립트 함수 sum은 전달된 인수 a와 b를 합산하여 결과를 반환하

며, line 12~17의 스크립트 함수 fact는 전달된 인수 n의 팩토리얼 값을 계산하여 반환한다.

script_sum과 script_fact는 일반적인 문자열로 사용될 수도 있으며, tcl 스크립트 인터프리터를 사용하여 프로그램 기능으로 사용할 수도 있다. 스크립트 함수의 경우 함수 이름 앞에 키워드 proc가 포함되며, 함수의 본문은 중괄호 ({})로 표시되고, 함수에 전달되는 인수가 복수일 경우 line 7에서 보는 것과 같이 별도의 중괄호 안에 차례로 나열한다. Line 8에서 보는 것과 같이 전달된 인수값을 읽기 위해서는 인수 이름 앞에 '$' 표시를 하여 값을 받아올 수 있으며, 계산을 수행하기 위해서는 expr{} 형식을 사용하고, 계산된 결과 값을 대입시키기 위해서는 set variable [expr{...}]의 형식을 사용한다.

```
 1 :  # Tcl interpreter - function, recursive function
 2 :
 3 :  import tkinter as tk
 4 :  tcl = tk.Tcl()
 5 :
 6 :  script_sum = """
 7 :  proc sum {a b} {
 8 :       set c [expr {$a + $b}]
 9 :       return $c } """
10 :
11 :  script_fact = """
12 :  proc fact n {
13 :       if {$n <= 1} {
14 :            return 1
15 :       }
16 :       return [expr $n * [fact [expr $n-1]]]
17 :  }"""
18 :
19 :  print("script_sum : ", script_sum)
20 :  tcl.eval(script_sum)
21 :  a = 12; b = 13
22 :  result = tcl.eval("sum {} {}".format(a, b))
23 :  print("sum ({}, {}) = {}".format(a, b, result))
24 :  print()
25 :
26 :  print("script_fact : ", script_fact)
27 :  n = 5
28 :  tcl.eval(script_fact)
29 :  result = tcl.eval("fact {}".format(n))
30 :  print("fact ({}) = {}".format(n, result))
```

그림 11.1 Tcl 스크립트 프로그래밍 예제

그림 11.1 line 19에서는 스크립트 프로그램 script_sum을 print() 함수를 사용하여 출력한다. Line 20에서는 tcl.eval() 함수를 사용하여 스크립트 함수 script_sum을 사용할 수 있도록 해석하며, line 22에서 인수 a와 b의 값을 포함하는 문자열을 생성하여 tcl.eval()로 스크립트 함수를 실행시키며, 그 결과를 반환받아 result에 대입시킨다. 실행된 결과는 그림 11.2에서 보는 것과 같이 합산된 결과를 출력한 것을 확인할 수 있다.

Line 26에서는 스크립트 함수 script_fact를 print() 함수를 사용하여 출력하며, line

28에서는 script_fact를 tcl.eval() 함수를 사용하여 해석한 후, line 29에서 n값이 포함된 문자열 fact n을 생성하고, tcl.eval() 함수를 사용하여 스크립트 함수를 실행시킨다. 실행된 결과는 그림 11.2에서 보는 것과 같이 주어진 n 값에 대한 펙토리얼 값을 정확하게 계산하여 출력한 것을 확인할 수 있다.

```
script_sum :
proc sum {a b} {
    set c [expr {$a + $b}]
    return $c }
sum (12, 13) = 25

script_fact :
proc fact n {
    if {$n <= 1} {
        return 1
    }
    return [expr $n * [fact [expr $n-1]]]
}
fact (5) = 120
```

그림 11.2 Tcl 스크립트 프로그래밍 예제 실행 결과

11.1.2 Tcl/Tk 및 tkinter

Tcl(tool command language)은 범용 스크립트 언어이며, Tk는 기본적인 GUI 위젯 라이브러리를 제공하는 오픈소스 크로스 플랫폼 GUI toolkit으로 많은 프로그래밍 언어에서 GUI 프로그래밍 인터페이스로 사용된다. Tcl/Tk는 Tcl과 Tk가 함께 통합되어 있다. tkinter 패키지는 Tcl/Tk를 사용할 수 있도록 파이썬 인터페이스(wrapper)를 제공한다. tkinter를 사용하여 Tcl 스크립트 언어를 실행할 수 있으며, GUI 프로그래밍을 할 수 있다. 파이썬 프로그램에서는 주로 tkinter를 사용하여 Tk GUI 프로그래밍을 한다. 파이썬 프로그램 환경인 IDLE의 사용자 인터페이스는 tkinter를 사용하여 구현되어 있다.

tkinter 패키지를 사용하기 위해서는 import tkinter, import tkinter as tk, from tkinter import * 등으로 tkinter 패키지를 설치하여야 한다. tkinter.TclVersion 명령으로 버전을 확인할 수 있다.

11.2 tkinter GUI 프로그래밍

11.2.1 tkinter – window

tkinter를 사용한 그래픽 프로그래밍에서 Tk의 응용프로그램 윈도우 객체는 tkinter.Tk() 함수를 사용하여 생성할 수 있으며, 표 11.1은 tkinter 윈도우에 관련된 메소드를 설명한다. tkinter.Tk()로 생성한 메인 윈도우 객체가 없을 때, Canvas, Frame, Button 등의 위젯 클래스 객체를 생성하면 메인 윈도우 객체가 자동적으로 생성된다. 이 경우 위젯 객체 w의 w.master는 그 위젯의 부모 윈도우를 의미한다.

표 11.1의 iconify() 함수는 윈도우를 아이콘화하여 작게 표시하며, deiconify()는 윈도우를 다시 펼쳐 화면에 표시한다. maxsize()와 minsize() 함수는 윈도우의 최대 크기와

최소 크기를 설정한다. overriderredirect() 함수에서 인수가 True이면 윈도우의 이동, 크기 조정, 아이콘화, 삭제 등을 방지하고, 인수가 False이면 원래 상태로 복구한다.

표 11.1 tkinter window 관련 메소드

메소드	설명
iconify(), deiconify()	윈도우를 아이콘화 (iconify)하여 작게 만들거나, 확장 시킴
geometry(newGeometry = None)	윈도우의 가로 및 세로 크기를 설정하며, 스크린에서의 위치를 설정. 포멧 "{width}x{hight}{±x}{±y}"
maxsize(width=None, height=None)	윈도우의 최대 크기를 설정
minsize(width=None, height=None)	윈도우의 최소 크기를 설정
overrideredirect(flag=None)	윈도우 덮어쓰기에 대한 설정. 만약 flag = True이면 윈도우의 이동, 크기 조절, 아이콘화, 숨기기 등이 실행되지 않게 하며, 만약 flag = False이면, 윈도우 이동 및 변경이 가능하게 함.
resizable(width=Node, height=None)	윈도우 크기 조절에 대한 설정. 만약 width = False이면 윈도우 가로 크기의 변경 금지. 만약 height = False이면 윈도우의 세로 크기 변경 금지
title(text=None)	윈도우의 제목을 주어진 문자열로 설정
withdraw()	윈도우를 숨김. 윈도우의 표시는 iconify()와 deiconify()에 의해 제어됨

resizable() 멤버함수에 인수가 False로 전달되면 가로 (width) 또는 높이 (height)의 크기 조절을 불가능하게 한다. title() 멤버함수는 윈도우의 제목을 인수로 전달된 문자열로 설정한다. withdraw() 함수는 윈도우를 화면에서 보이지 않게 한다.

(1) tkinter window 관리 예제

그림 11.3은 tkinter 윈도우 기본 관리 기능을 구현한 예를 보여준다. Line 3~5에서 tkinter 및 관련 모듈을 설치하며, line 8에서 Tk() 함수를 사용하여 window 객체를 생성한다. Line 9~11에서는 title() 함수를 사용하여 윈도우의 제목을 설정하고, geometry() 함수를 사용하여 윈도우의 크기를 가로 300 픽셀, 세로 300 픽셀로 설정하고, 화면상의 (100, 100) 위치에 나타나게 한 후 resizable() 함수에서 윈도우의 크기 변경을 방지한다.

Line 13~16의 ask_quit() 함수는 윈도우 우측 상단의 'X' 버튼을 사용하여 윈도우를 종료시킬 때 호출되며, 메시지 박스를 사용하여 윈도우 사용을 중지할 것인가를 다시 한번 더 확인한 후 "yes"가 입력되면 destroy() 함수를 사용하여 윈도우를 소멸시킨다.

Line 18~26에서는 윈도우에 포함되는 하나의 레이블 (Buttons)과 3개의 버튼을 생성하여 차례로 배치하는 예를 보여준다. 레이블 생성에서는 Label() 함수를 사용하며, 버튼 생성에서는 Button() 함수를 생성하고, pack() 함수를 사용하여 윈도우에 차례로 배치한다. 생성된 윈도우와 레이블과 버튼들이 배치된 모습은 그림 11.4에서 보는 것과 같다.

만약 "Test – Click Me !!" 버튼이 눌려지면 버튼에 표시되는 내용이 "<Test – Click Me !!>"과 '<' 및 '>' 문자가 앞뒤로 계속 추가되어 표시된다. 만약 ICONIFY 버튼이 눌려지면 윈도우를 작은 아이콘으로 생성하여 명령창에 위치하도록 하며, 명령 창의 윈도우 아이콘을 클릭하면 다시 화면에 나타난다. QUIT 버튼이 눌려지면 윈도우를 소멸시킨다.

```
 1 : # tkinter - window configurations
 2 :
 3 : import tkinter
 4 : from tkinter import *
 5 : from tkinter import messagebox
 6 :
 7 : global window
 8 : window = Tk()
 9 : window.title("window = Tk()")
10 : window.geometry("300x300+100+100")
       # "{w}x{h}{±x}{±y}", +/-x : from left/right end, +/-y: from top/bottom
11 : window.resizable(width=False, height=False) # prohibits window resizing
12 :
13 : def ask_quit():
14 :     result = messagebox.askquestion("Msg", "Quit ?")
15 :     if result == "yes":
16 :         window.destroy()
17 :
18 : label = Label(window, text="Buttons")
19 : label.pack()
20 : testBtn = Button(window, text="Test - Click Me !!", command=lambda
        root=window: window.test.configure(text="<%s>" % root.test['text']))
21 : testBtn.pack()
22 : window.test = testBtn
23 : iconBtn = Button(window, text="ICONIFY", command=window.iconify)
24 : iconBtn.pack()
25 : quitBtn = Button(window, text="QUIT", command=window.destroy)
26 : quitBtn.pack()
27 :
28 : window.protocol("WM_DELETE_WINDOW", ask_quit)
29 : window.mainloop()
```

그림 11.3 tkinter window 관리 예제 프로그램

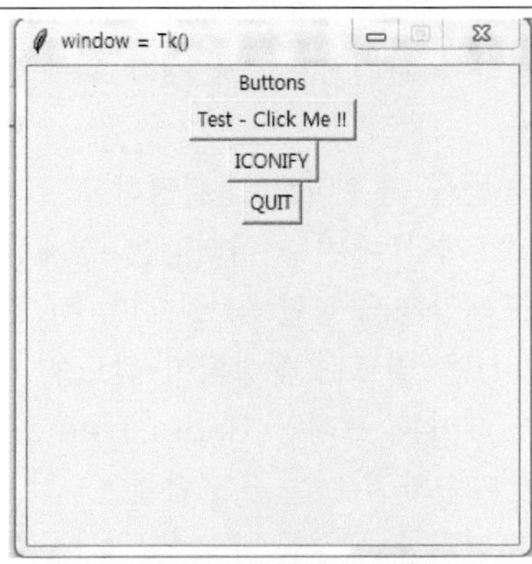

그림 11.4 tkinter window 기본 관리 프로그램 실행 결과

Line 28에서는 윈도우에서 발생하는 이벤트를 처리하기 위하여 protocol() 멤버 함수를 사용하며, 윈도우 우측 상단의 X' 버튼을 누르는 경우 ask_quit() 함수를 호출하도록 설정한다. Line 29는 윈도우의 mainloop() 함수를 사용하여 윈도우에 발생되는 이벤트들을 계속 처리할 수 있도록 반복시킨다.

11.2.2 Widget 클래스

그림 11.5는 tkinter에서 사용할 수 있는 widget (window gadget)들과 이 widget들의 상속 관계를 보여준다. 윈도우에서 사용될 수 있는 위젯들은 BaseWidget으로부터 상속받는 Widget 클래스를 상속 받으며, 윈도우 상에 배치하기 위하여 Pack, Grid, Place의 위치 관리자를 사용한다.

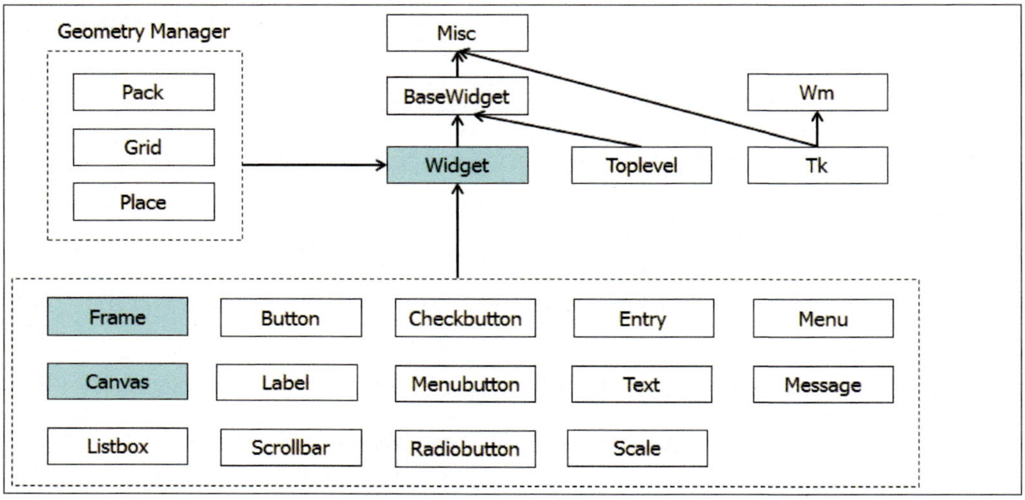

그림 11.5 tkinter widget 클래스

파이썬 tkinter에서 사용할 수 있는 위젯에는 프레임 (frame)과 캔버스 (canvas)가 있으며, 하나의 윈도우 내에 다수의 프레임을 구성할 수 있고, 각 프레임에는 다수의 캔버스가 구성될 수 있다. 또한 각 캔버스에 레이블, 버튼, 메뉴 등의 다양한 위젯들을 구성할 수 있다. 여러 위젯들을 캔버스로 그룹핑하여 관리함으로써 개별 위젯들의 위치를 체계적으로 관리할 수 있다.

표 11.2는 각 위젯들의 기능들을 세부적으로 설명하고 있다. 프레임은 다양한 위젯들을 포함할 수 있는 컨테이너이며, 프레임 주변을 나타내는 경계선과 배경색을 설정할 수 있다. 하나의 윈도우내에 여러 개의 프레임을 구성할 수 있으며, 각 프레임의 위치를 체계적으로 관리할 수 있다. 톱레벨 (toplevel)은 별도로 생성되어 윈도우 가장 앞에 표시되며, 다양한 위젯들을 포함하는 컨테이너이다. 레이블 프레임 (label frame)은 프레임의 둘레선과 제목을 표시하는 프레임이다. 캔버스는 다수의 위젯들을 포함할 수 있고 다양한 그래픽 도형 및 그래프를 그릴 수 있으며, 그래픽 편집기를 생성할 수 있고, 사용자 정의 위젯들을 구현할 수 있는 환경을 제공한다. PanedWindow는 내부에 크기 조정이 가능한 pane 들을 구성하여 위젯들을 포함할 수 있게 한다.

표 11.2 윈도우 Widget 클래스 기능

클래스	설명
Frame	컨테이너 위젯이며, 테두리와 배경을 설정할 수 있음. 응용 프로그램의 위젯들을 그룹으로 가질 수 있고, 다이얼로그 기능을 구성할 수 있음.
Toplevel	윈도우의 맨 위에 표시되어 있는 컨테이너 위젯.
LabelFrame	테두리와 제목을 가지는 프레임 위젯.
Canvas	구조화된 그래픽 위젯. 그래프나 도형을 생성하고, 그래픽 편집 기능과 사용자 정의 위젯을 생성하기 위하여 사용됨.
PanedWindow	크기를 조절할 수 있는 윈도우 창을 하위 위젯으로 포함하는 컨테이너 위젯.
Label	텍스트 문자열이나 이미지를 표시하는 위젯
Text	형식에 따라 표시되는 문자열. 다양한 스타일과 속성으로 포멧을 지정하는 문자열 표시. 이미지나 윈도우에 내장되어 사용될 수 있음
Entry	문자열 입력 필드
Spinbox	지정된 구간이나 순서가 설정된 집합으로 부터 항목을 선정할 수 있는 변형된 엔트리 위젯
Button	버튼 (Button): 단순 버튼이며 명령어나 다른 동작을 실행하게 함. 체크버튼 (CheckButton): 선택 또는 비선택의 두가지 값을 가질 수 있으며, 버튼을 클릭하여 이 상태를 전환 (toggle)시킬 수 있음. 메뉴버튼 (Menubutton): pulldown 메뉴를 구현. 라디오 버튼(Radiobutton): 다수의 선택가능 값 중에서 하나만 선택되도록 함. 버튼을 클릭하면 그 항목이 설정되며, 동일한 변수에 관련된 다른 라디오 버튼을 해제시킴.
Listbox	설정가능한 대안들을 열거함. Listbox는 라디오 버튼이나 체크 리스트로 구성될 수 있음.
Menu	메뉴 창. pulldown 또는 popup 메뉴를 구현하기 위하여 사용됨.
Message	문자열을 표시하며, label 위젯과 유사하나 주어진 넓이 또는 가로-세로 비율에 따라 자동적으로 줄바꿈 기능이 제공됨.
Scale	슬라이드를 옮겨서 값을 설정할 수 있게 함.
Scrollbar	캔버스, 엔트리, 리스트 박스 및 텍스트 위젯에서 사용할 수 있는 표준 스크롤 바.

파이썬 tkinter에서 사용할 수 있는 위젯인 레이블 (label)은 각 위젯의 이름을 표시하여 해당 항목이 어떤 역할을 하는지 알 수 있게 한다. 메시지 (message) 위젯은 문자열을 출력하여 주는 기능이며, 레이블과는 달리 긴 문장에서 자동으로 줄 바꿈 기능이 제공된다. 엔트리 (entry) 위젯은 텍스트 입력이 가능하게 한다. 엔트리의 역할은 레이블을 함께 사용하여 표시할 수 있다. 스핀박스 (spinbox)는 엔트리 위젯과 유사하나 입력되는 값이 설정된 범위내의 값이나 정렬된 값을 입력할 수 있게 한다.

버튼은 눌려졌을 때 지정된 동작이 수행될 수 있게 하며, 체크 버튼은 해당 항목을 선택할 수 있게 하며, 눌려졌을 때와 눌려지지 않았을 때를 구분할 수 있다. 메뉴 버튼은 메뉴들을 보여주고 선택할 수 있게 한다. 라디오 버튼은 다수의 항목 중 하나만 선택하고자 할 때 사용된다. 선택 가능한 항목 중에서 하나의 항목을 선택하면 이전에 선택되었던 다른 항목은 자동적으로 선택에서 제외된다. 리스트 박스는 다수의 선택 가능 항목들을 열거할 때 사용되며, 선택 기능은 체크 박스나 라디오 버튼으로 구현할 수 있다.

메뉴 위젯은 메뉴 창을 열어 pull-down 메뉴나 pop-up 메뉴들을 사용할 수 있게 한다. 스케일 (scale)은 슬라이드를 이동시켜 값을 조정할 수 있는 기능을 제공한다. 스크롤바는 캔버스, 엔트리, 리스트 박스 및 텍스트 위젯 등에서 사용되며, 지정된 크기를 초과하였을 때 자동으로 스크롤바를 사용하여 화면에 표시되지 않은 내용을 살펴볼 수 있게 한다.

11.2.3 Python Colors

파이썬 그래픽에서는 그림 11.6에서 볼 수 있는 것과 같이 다양한 색상을 사용할 수 있다. 파이썬 tkinter 그래픽에서 사용가능한 색상들에 대한 상세한 자료는 https://knowpapa.com/tkinter-colors/ 에서 살펴볼 수 있다. 이 색상들은 파이썬 프로그램과 함께 다른 프로그래밍 언어에서도 사용되는 색상 용어를 많이 포함하고 있다.

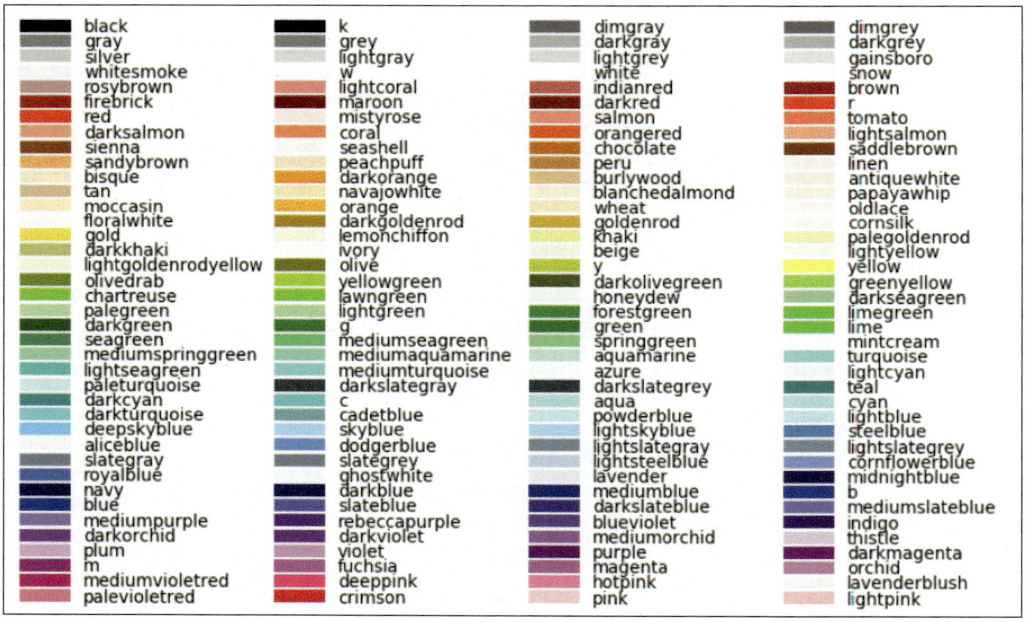

그림 11.6 파이썬 그래픽에서 사용할 수 있는 색상

11.3 tkinter GUI 프로그램의 프레임 (Frame)과 캔버스 (Canvas)

11.3.1 Frame, canvas

tkinter 그래픽 프로그램에서 가장 먼저 실행하여야 하는 내용은 윈도우를 설정하고 그 윈도우 내에 구성될 프레임들과 각 프레임 내에 구성될 캔버스들을 설정하며, 다양한 그래픽 기반 사용자 접속 기능들을 어떤 위젯을 사용하며, 그 위젯을 어느 곳에 배치할 것인가를 결정하는 것이다. tkinter 그래픽 프로그램에서 윈도우를 생성하고 기본 정보를 설정하는 방법은 11.2.1절에서 설명하였다.

표 11.3 Frame의 주요 속성

속 성	설 명
bd, borderwidth	프레임의 테두리 두께, 기본값은 0
bg, background	배경색, 기본값은 light gray
cursor	프레임에서 마우스 커서, 'arrow', 'man', 'plus', 'circle', 'dot', heart' 등
width, height	프레임의 가로와 세로 길이 grid_propagate(0)를 호출할 때에만 유효
padx, pady	프레임의 가로와 세로 패딩 화소 수
relief	프레임의 모습 스타일: FLAT(기본값), RAISED, SUNKEN, GROOVE, RIDGE

표 11.3은 윈도우 내에 생성되는 프레임들의 속성을 설명하고 있다. 프레임의 속성에서 bd (borderwidth)는 프레임의 테두리 두께를 나타내며, bg (background)는 배경색을 나타낸다. 프레임 배경색의 기본값은 light gray이다. cursor는 프레임 영역 내에서 사용되는 커서의 모양을 지정하며, 'arrow', 'man', 'plus', 'circle', 'dot', heart' 등을 설정할 수 있다. width와 height는 프레임의 가로와 세로 길이를 나타내고, padx와 pady는 프레임의 가로와 세로 패딩 화소수를 나타내며, 이는 프레임 사이 간격을 의미한다.

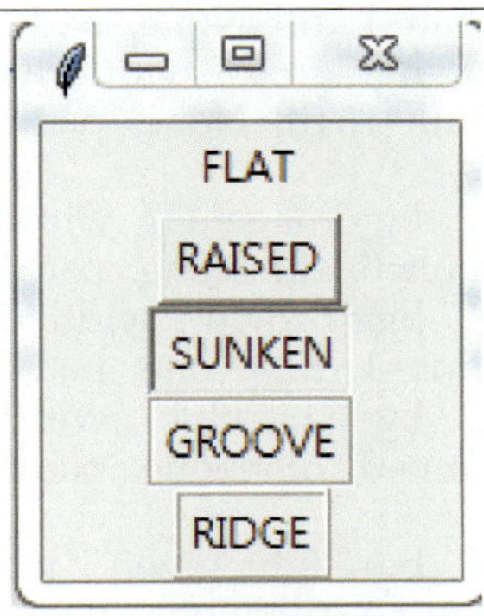

그림 11.7 tkinter widget의 relief type

tkinter 그래픽의 위젯 두드러짐 (relief) 속성은 프레임의 모습을 나타내며, FLAT, RAISED, SUNKEN, GROOVE, RIDGE 등을 설정할 수 있다. 그림 11.7에서 볼 수 있는 것과 같이 FLAT은 평평한 모습이며, RAISED는 도드라진 모습이고, SUNKEN은 푹 꺼진 모습이며, GROOVE는 둘레에 홈이 파져 있는 모습이고, ridge는 산등성이 모습으로 경계를 표시한다.

(2) window 내부에 frame 및 canvas 설치

그림 11.8은 윈도우를 생성한 후 프레임 (frame)과 캔버스 (canvas)를 생성하여 설치하는 예제를 보여준다. Line 3~9에서는 Tk() 함수를 사용하여 윈도우를 생성하고, 제목을

설정하며, geometry() 함수를 사용하여 윈도우 크기와 위치를 지정한 후, resizable() 함수를 사용하여 윈도우 크기의 변경을 금지한다.

```
1: # tkinter - window configurations
2:
3: import tkinter
4: from tkinter import *
5:
6: window = Tk()
7: window.title("window = Tk()")
8: window.geometry("600x600+200+100") # "{w}x{h}{±x}{±y}", +/-x : from left/right end, +/-y: from top/bottom
9: window.resizable(width=False, height=False) # prohibits window resizing
10:
11: frame1 = Frame(window, bg="light green", cursor="heart", bd=5, padx=10, pady=10, relief=GROOVE)
12: frame1.grid(row=0, column=0)
13: frame2 = Frame(window, bg="yellow", cursor="man", bd=5, padx=10, pady=10, relief=GROOVE)
14: frame2.grid(row=1, column=0)
15: frame3 = Frame(window, bg="yellow", cursor="plus", bd=5, padx=10, pady=10, relief=GROOVE)
16: frame3.grid(row=2, column=0)
17:
18: canvas_11 = Canvas(frame1, bg="lime", width=100, height=100)
19: canvas_11.grid(row=0, column=0, fill=None, padx=10, pady=10)
20: canvas_12 = Canvas(frame1, bg="orange", width=150, height=100)
21: canvas_12.grid(row=0, column=1, fill=None, padx=10, pady=10)
22: canvas_13 = Canvas(frame1, bg="grey", width=100, height=100)
23: canvas_13.grid(row=1, column=1, fill=None, padx=10, pady=10)
24:
25: canvas_21 = Canvas(frame2, bg="magenta", width=200, height=50)
26: canvas_21.grid(row=0, column=0, fill=None, padx=10, pady=10)
27: canvas_22 = Canvas(frame2, bg="brown", width=200, height=50)
28: canvas_22.grid(row=0, column=1, fill=None, padx=10, pady=10)
29: canvas_23 = Canvas(frame2, bg="sky blue", width=200, height=50)
30: canvas_23.grid(row=1, column=0, fill=None, padx=10, pady=10)
31:
32: canvas_31 = Canvas(frame3, bg="light green", width=400, height=50)
33: canvas_31.grid(row=0, column=0, fill=None, padx=10, pady=10)
```

그림 11.8 윈도우 내에 프레임 및 캔버스 설치

Line 11~16에서는 Frame() 함수를 사용하여 윈도우 내에 프레임을 3개 생성하며, 배경색, 커서 모양, 테두리 두께, 프레임 사이 간격, 두드러짐 속성들을 설정한다. grid() 함수에 제공되는 행 (row)과 열(column) 좌표값을 사용하여 생성된 프레임들을 윈도우 내에 지정된 좌표에 배치하고 있다.

Line 18~23에서는 프레임 1에 포함될 캔버스를 3개 생성하며, 각각 배경색, 가로 및 세로 크기를 설정하고, grid() 함수를 사용하여 프레임 내부에서의 위치를 행과 열 좌표로 지정한다. Line 26~31에서는 프레임 2에 포함될 캔버스 3개 생성하며, 각각 배경색, 가로 및 세로 크기를 설정하고, 프레임 1에서와 같은 요령으로 grid() 함수를 사용하여 프레임 내부에서의 위치를 행과 열 좌표로 지정한다.

Line 33~34에서는 프레임 3에 포함될 캔버스를 하나 생성하고, 배경색, 가로 및 세로 속성을 설정한 후, grid() 함수를 사용하여 프레임 3에 배치한다.

그림 11.9 윈도우 내에 프레임 및 캔버스 설치 결과

그림 11.8의 윈도우 내 프레임 및 캔버스 설치 결과는 그림 11.9에서 살펴볼 수 있다. 윈도우 내부에 설치된 3개의 프레임들은 모두 수직으로 순서에 맞게 설치되어 있으며, 프레임 1과 프레임 2에 포함된 캔버스들은 2 × 2 그리드 구조에서 지정된 행과 열의 위치에 배치되어 있는 것을 확인할 수 있다. 각 프레임의 둘레는 홈이 파져 있는 GROOVE 모습이며, 각 캔버스들 간의 간격은 padx 및 pady 속성으로 설정된 값에 따라 간격이 조정되어 있는 것을 볼 수 있다.

표 11.4 Entry 위젯의 주요 속성과 관련 함수

Entry 속성 및 관련함수	설 명
focus()	엔트리 위젯에서 직접 키보드 입력이 가능하도록 설정
bind()	엔트리 위젯에서 입력 값이 특정 내용 (예: 엔터키 : <Return>)인 이벤트가 발생할 때 실행되는 함수를 바인딩

(3) Entry의 속성

표 11.4는 엔트리 위젯의 주요 속성과 관련 함수를 정리하여 설명하고 있다. focus() 함수는 엔트리 위젯에서 직접 키보드 입력이 가능하도록 설정한다. bind() 함수는 엔트리 위젯에서 키보드 입력이 특정 이벤트 (예: Enter key 입력 시 <Return>)를 발생시킬 때 실행되는 함수를 바인딩 한다.

(4) Button의 속성

표 11.5는 버튼 위젯의 주요 속성과 관련함수를 정리하여 설명하고 있다. 버튼 위젯의 text 속성은 버튼에 표시되는 문자열을 설정한다. command 속성은 버튼이 눌려 졌을 때 발생되는 이벤트에서 실행되는 함수를 바인딩 한다.

표 11.5 Button 위젯의 주요 속성과 관련 함수

Button 속성 및 관련함수	설 명
text	버튼에 표시되는 문자열
command	버튼이 눌려지는 발생되는 이벤트에서 실행되는 함수를 바인딩

11.3.2 위젯들의 배치 관리자 (layout manager)

파이썬 tkinter 그래픽 프로그램에서 윈도우 내부에 설치되는 각 위젯들은 표 11.6에서 설명하고 있는 배치 관리자를 사용하여 컨테이너 내부에 배치한다. 배치 관리자가 압축 배치를 위한 pack(), 격자 배치를 위한 grid(), 절대 위치 배치를 위한 place() 함수를 사용하여 위치를 지정할 수 있다.

표 11.6 위젯들의 배치 관리자

배치 관리자		예제 및 설명
압축배치	pack()	pack(fill=BOTH, expand=True)
격자배치	grid()	grid(row=x, column=y, sticky=NSEW)
절대위치배치	place()	place(x=100, y=100)

(1) 압축 배치 (pack layout)

압축 배치에서는 제일 간단한 배치 관리 방식이며, 위젯들을 전체 면적이 압축되도록 최대한 붙여서 배치한다. 주로 위젯들을 세로축 순서로 배치하는데 사용된다. 그림 11.10은 압축 배치의 예를 보여준다. Line 2~6에서 윈도우를 생성하고 제목과 크기 및 화면상의 위치를 설정한다.

Line 8~10에서는 윈도우에 포함될 3개의 레이블을 생성하며, 레이블에 표시될 문자열과 배경색 및 글자색을 지정하고, pack() 함수를 사용하여 압축 배치를 한다. fill은 가로축 방향 (fill=X), 새로축 방향 (fill=Y), 또는 양방향 모두 윈도우를 채우도록 크기를 확장(fill=BOTH) 하는 것을 의미하며, fill=X로 설정한 것은 x축 방향으로 가득 채우도록 가로 크기를 키운다. padx 및 pady 값으로 레이블 간의 간격을 설정한다.

Line 13~15에서는 윈도우에 포함되는 3개의 레이블을 추가로 생성하며, 레이블에 표시되는 문자열과 배경색 및 글자색을 설정하며, 레이블간의 간격을 설정한다. 앞에서 생성된 레이블 1~3과는 달리 side=LEFT로 설정하여 왼쪽에서 오른쪽으로 차례대로 배치되게 한다.

Line 18~23에서는 리스트 박스를 생성하고, 100~500의 문자열을 리스트 박스에 차례대로 삽입하여 표시되게 한다. Line 25의 mainloop()은 윈도우에서 발생하는 이벤트를 처리할 수 있도록 반복문을 실행시킨다.

그림 11.10의 압축 배치 프로그램의 실행 결과는 그림 11.11에서 확인할 수 있다.

```
# tkinter - pack layout
from tkinter import *

window = Tk()
window.title("Testing Grid Layout")
window.geometry('400x300+100+200')

# fill option
label1 = Label(window, text="Label 1", bg="#E74C3C", fg="white").pack(fill=X, padx=10, pady=10)
label2 = Label(window, text="Label 2", bg="#2ECC71", fg="black").pack(fill=X, padx=10, pady=10)
label3 = Label(window, text="Label 3", bg="#F1C40F", fg="white").pack(fill=X, padx=10, pady=10)

# side option
label4 = Label(window, text="Label 4", bg="#34495E", fg="white").pack(fill=X, padx=10, pady=10, side=LEFT)
label5 = Label(window, text="Label 5", bg="#5DADE2", fg="black").pack(fill=X, padx=10, side=LEFT)
label6 = Label(window, text="Label 6", bg="#A569BD", fg="white").pack(fill=X, padx=10, side=LEFT)

# expand option
listbox = Listbox(window)
listbox.pack(fill=BOTH, expand=1)

L = [100, 200, 300, 400, 500]
for i in range(len(L)):
    listbox.insert(END, str(L[i]))

mainloop()
```

그림 11.10 압축 배치 (pack layout) 예제 프로그램 (part 1)

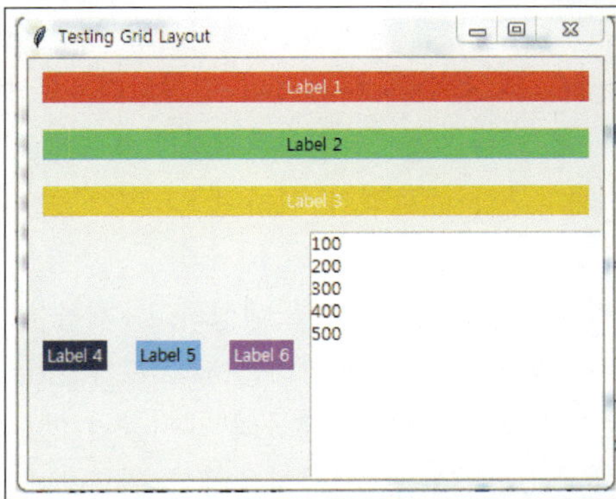

그림 11.11 압축 배치 (pack layout) 예제 프로그램의 실행 결과

(2) 격자 배치 (grid layout)

격자 배치는 위젯들을 행과 열로 위치를 지정하여 배치한다. 격자 배치 관리자를 사용하면 부모 윈도우나 프레임은 지정된 행과 열로 분할되고 각 위젯은 행과 열 인덱스로 지정되는 셀에 배치된다. 격자 배치 관리자는 윈도우나 프레임에 포함되는 위젯들의 행과 열 인덱스를 파악하고, 윈도우/프레임을 가득 채우도록 크기를 결정한다. 모든 행과 열이 동일한 폭과 높이가 될 필요는 없다.

격자 배치 관리자의 주요 옵션은 표 11.7에서 보는 것과 같다. 먼저 column과 row는 위젯이 삽입될 열과 행을 설정하며, 기본값 0으로부터 시작한다. columnspan은 위젯이 차지할 열의 개수를 나타내며, 별도로 지정하지 않으면 기본값 1로 설정되고, rowspan은 위젯이 차지할 행의 개수를 나타내며, 별도로 지정하지 않으면 기본값 1로 설정된다. in은 위젯이 놓일 위젯 객체를 지정하며, 기본값은 parent 위젯이다. padx, pady는 셀 주변의 패팅 화소를 나타내며, 기본 값은 0이다. sticky는 위젯을 셀에 어떻게 붙일 것인지 지정하며, N(위쪽), S(아래쪽), W(왼쪽), E(오른쪽)을 조합하여 지정한다. 기본값은 중앙에 위치하는 것이며, N/S/E/W는 셀의 경계에 붙이도록 한다.

표 11.7 grid() 메소드의 주요 옵션

grid() options	설 명
column	widget을 삽입할 열 (column), 기본값 0으로부터 시작
row	widget을 삽입할 행 (row), 0으로부터 시작, 기본값은 비어있는 첫 행
columnspan	widget이 차지할 열의 개수, 기본값 1
rowspan	widget이 차지할 행의 개수, 기본값 1
in	widget이 놓일 widget, 기본값은 parent
padx, pady	셀 주위의 패딩 화소, 기본값은 0
sticky	widget을 셀에 어떻게 붙일 것인지 지정. S, N, E, W를 조합하여 지정. 기본 값은 중앙에 위치, NSEW는 셀의 경계에 붙임

그림 11.12는 격자 배치의 예제 프로그램을 보여준다. Line 4~7의 fetch() 함수는 인수로 전달된 cells의 셀들로부터 입력된 데이터를 추출하여 화면에 출력한다. 실제 cells로 지정되는 셀들은 그림 11.13에서 보는 것과 같이 Name, Age, Address 항목의 데이터들이다.

Line 9~17의 make_form() 함수는 인수 fields에 포함된 항목들을 레이블로 사용하고, 이 항목에 대한 입력 기능을 제공하는 엔트리를 Entry() 함수를 사용하여 생성한다. 생성된 레이블과 엔트리는 grid() 함수를 사용하여 격자 구조로 배치를 하며, 셀 리스트에 포함시킨다. 함수 make_form()은 모든 fields 항목들의 레이블과 엔트리가 배치된 셀 리스트를 반환한다.

그림 11.12의 line 20~21에서는 Tk() 함수를 사용하여 윈도우를 생성하고, 제목을 설정한다. Line 22~23에서 Name, Age, Address의 항목들을 포함하는 리스트 fields를 준비하고, make_form() 함수를 사용하여 리스트 fields에 포함된 항목의 레이블과 엔트리가 차례로 포함된 cells를 반환받는다. Line 24에서 bind() 함수를 사용하여 윈도우에 커서가 있는 상태에서 Enter키 (즉, <Return>키)를 입력하면 cells의 각 항목별 입력 데이터를 읽어 화면으로 출력하도록 fetch() 함수를 호출하는 기능을 결합시킨다.

Line 25~28은 Fetch 버튼과 Quit 버튼을 생성하며, 3번째 행에 배치한다. Fetch 버튼이 눌려지면 fetch() 함수를 사용하여 입력된 데이터를 화면으로 출력하게 하고, Quit 버튼이 눌려지면 quit 명령어가 실행되며, 실제 프로그램 실행을 중지할 것인지 물어보는 팝업 창이 나타나고, Yes 값이 입력되면 프로그램 실행을 중지한다.

```
1 :  # Frame with Label and Entry Objects, using grid()
2 :  from tkinter import *
3 :
4 :  def fetch(cells):
5 :      print("Input data: ")
6 :      for i, e in enumerate(cells):
7 :          print("{0}:{1}".format(fields[i], e.get()))
8 :
9 :  def make_form(fields):
10 :     cells = []
11 :     for r, field in enumerate(fields):
12 :         label = Label(window, width=10, text = field)
13 :         entry = Entry(window)
14 :         label.grid(row=r, column=0, sticky=NSEW)
15 :         entry.grid(row=r, column=1, sticky=NSEW)
16 :         cells.append(entry)
17 :     return cells
18 :
19 : if __name__ == "__main__":
20 :     window = Tk()
21 :     window.title("Input Dialog with Label and Entry Objects")
22 :     fields = ("Name", "Age", "Address")
23 :     cells = make_form(fields)
24 :     window.bind("<Return>", (lambda event, e=cells: fetch(e)))
25 :     Button(window, text="Fetch", bg="green",
26 :             command = (lambda e=cells: fetch(e))).grid(row=3, column=0,
               sticky=NSEW)
27 :     Button(window, text="Quit", bg="Red",
28 :             command = quit).grid(row=3, column=1, sticky=NSEW)
29 :     print("grid size: ", window.grid_size())
30 :     window.grid_columnconfigure(1, weight=1)
31 :     window.grid_rowconfigure(0, weight=1)
32 :     window.mainloop()
```

그림 11.12 격자 배치 예제 프로그램

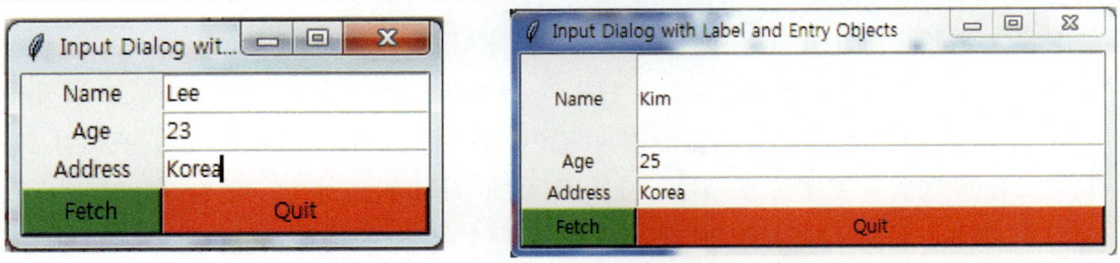

(a) 기본 모습

(b) 윈도우 크기가 가로 및 세로 방향으로 확장된 모습

그림 11.13 격자 배치 예제 프로그램의 실행 결과

Line 29에서는 윈도우의 그리드 크기 (열과 행의 개수)를 grid_size() 함수를 사용하여

파악한 후 출력하며, line 30~31에서는 grid_columnconfigure() 함수와 grid_rowconfigure() 함수를 사용하여 weight=1로 설정하여 0행, 1열의 셀이 윈도우 크기의 확장에 비례하여 커지도록 설정하고 있다. 그림 11.13에서 윈도우의 크기를 가로 및 세로로 확장하면 Name의 엔트리 셀이 윈도우의 크기에 비례하여 확장되는 것을 알 수 있다.

(3) 절대위치 배치 (place layout)

절대위치 배치 (place layout)는 위젯을 픽셀단위로 지정된 x, y 좌표 위치에 배치하도록 한다. 표 11.8은 절대 위치 배치를 위한 place() 메소드의 주요 옵션들을 설명하고 있다.

표 11.8 place() 메소드의 주요 옵션

place() options	설 명
anchor	widget의 기준 위치, N, E, S, W로 지정. 기본값은 NW, NE, SE, SW, CENTER 등 설정 가능
bordermode	위젯의 테두리를 INSIDE, OUTSIDE
x, y	widget의 위치
height, width	widget의 가로, 세로의 크기
relx, rely	parent widget의 상대 위치 0.0~1.0
relheight, relwidth	parent widget의 상대 크기 0.0~1.0

anchor는 위젯이 배치되는 기준 위치를 설정하며, N/S/E/W로 지정하고, 기본 값은 상단 좌측 (NW)이다. 하단좌측 (SW), 하단 우측 (SE), 상단 우측(NE), 중앙 (CENTER)등으로 설정할 수 있다. bordermode는 위젯 위치 설정이 테두리를 포함한 것인지를 지정하며, 내부 (INSIDE)로 설정하면 테두리를 제외한 내부 위치이며, 외부 (OUTSIDE)로 설정하면 테두리를 포함한 위치로 설정된다. relx와 rely는 부모 위젯의 상대위치를 0.0~1.0 범위의 값으로 표현하며, relheight와 relwidth는 부모 위젯 크기에 상대적인 크기를 0.0~1.0으로 설정한다.

그림 11.14는 하나의 윈도우내에 4개의 프레임을 생성하여 grid() 함수를 사용하여 격자형으로 배치하고, 각 프레임 내부에 레이블을 생성하여 절대위치로 배치하는 예제 프로그램이다. Line 5~7에서 윈도우를 생성하며, 기본 정보를 설정한다. Line 9~10에서는 프레임 f1을 생성하고, f1의 테두리 두께 20, 모양 GROOVE, 가로 200, 높이 100, 바탕색 yellow로 설정한 후, grid() 함수를 사용하여 윈도우 내부에 행 0, 열 0 위치에 배치한다. Line 11~12에서는 레이블 l1을 생성하며, 바탕색을 light green으로 설정하고, place() 함수를 사용하여 절대값 위치 좌표 (10, 10), bordermode = 'outside' 로 설정하여 배치한다. 그림 11.15에서 볼 수 있는 것과 같이 레이블 l1이 위치하는 곳이 프레임 f1의 테두리를 포함한 영역을 기준으로 좌표 (10, 10)에 위치하는 것을 확인할 수 있다.

Line 14~17에서는 프레임 f2와 레이블 l2를 생성한다. 프레임 f2는 윈도우 내부에 행 0, 열 1위치에 배치되며, 레이블 l2는 프레임 f2의 테두리를 제외한 내부 영역에서 좌표(10, 10)위치에 배치된다. 그림 11.15에서 볼 수 있는 것과 같이 레이블 l1과는 달리 레이블 l2는 프레임 f2내부에 위치하는 것을 확인할 수 있다.

Line 19~22에서는 프레임 f3을 생성하며, 윈도우 내부의 행 1, 열 0위치에 배치하며, 레이블 l3을 생성하며 relwidth와 relheight를 사용하여 레이블의 크기를 프레임 f3의 가로 및 세로의 절반 크기로 설정한다. 레이블의 위치는 anchor=NW로 좌측 상단에 배치한다. 그림 11.15에서 그 결과를 확인할 수 있다.

```
 1 :  # tkinter place() layout - testing bordermode, anchor, relwidth, relheight
 2 :
 3 :  from tkinter import *
 4 :
 5 :  window = Tk()
 6 :  window.title("window.geometry('500x300+100+100')")
 7 :  window.geometry("500x300+100+100")
 8 :
 9 :  f1 = Frame(window, borderwidth=20, relief=GROOVE, width=200, height=100,
        bg="yellow")
10 :  f1.grid(row=0, column=0)
11 :  l1 = Label(f1, text="position(10, 10)", bg="light green")
12 :  l1.place(x=10, y=10, bordermode="outside")
13 :
14 :  f2 = Frame(window, borderwidth=20, relief=GROOVE, width=200, height=100,
        bg="green")
15 :  f2.grid(row=0, column=1)
16 :  l2 = Label(f2, text="position(10, 10)", bg="white")
17 :  l2.place(x=10, y=10, bordermode="inside")
18 :
19 :  f3 = Frame(window, borderwidth=20, relief=GROOVE, width=200, height=100,
        bg="light blue" )
20 :  f3.grid(row=1, column=0)
21 :  l3 = Label(f3, text="Label", bg="red")
22 :  l3.place(bordermode="inside", anchor=NW, relwidth=0.5, relheight=0.5)
23 :
24 :  f4 = Frame(window, borderwidth=20, relief=FLAT, width=200,
        height=100, )
25 :  f4.grid(row=1, column=1)
26 :  l4 = Label(f4, text="Label", bg="light green")
27 :  l4.place(bordermode="inside", relwidth=1.0, relheight=1.0)
28 :
29 :  window.mainloop()
```

그림 11.14 place() 함수를 사용한 절대위치 배치 예제 프로그램

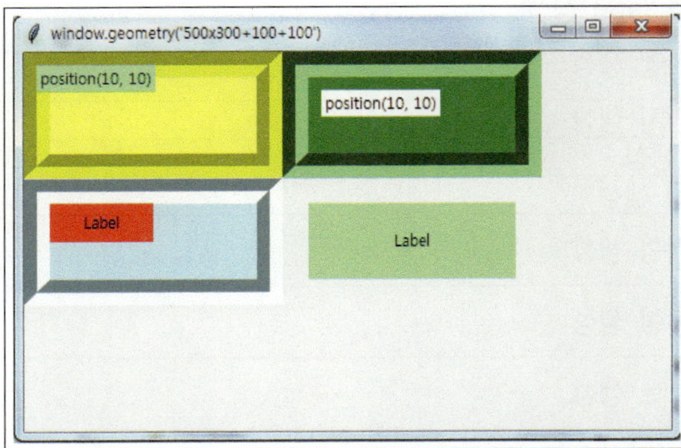

그림 11.15 place() 함수를 사용한 절대위치 배치 예제 프로그램 실행 결과

그림 11.14 line 24~27에서는 프레임 f4를 생성하여 윈도우 내부의 행 1, 열 1위치에

배치한다. 프레임 f4의 모양은 relief = FLAT으로 설정되어 있어 별도의 두드러진 모습이 아닌 평면의 모습을 가진다. 레이블 l4는 relwidth = 1.0, relheight = 1.0으로 생성되어 프레임 f4 내부에 가득 차는 크기로 설정되어 있다. 그림 11.15에서 결과를 각 레이블의 위치가 서로 다르게 배치되는 것을 확인할 수 있다.

11.3.3 캔버스 생성 및 활용

tkinter 그래픽 프로그램에서 사용할 수 있는 캔버스는 다양한 도형을 그릴 수 있고, 도형들의 위치를 이동시킬 수 있으며, 각 위젯에 이벤트 핸들러를 바인딩할 수 있는 기능을 제공한다. 표 11.9는 캔버스 객체의 메소드들을 설명하고 있다. after() 함수는 지정된 지연시간 밀리초 단위의 delay_ms 이후에 지정된 callback 함수가 호출되게 한다. callback=None으로 설정되면 sleep(delay_ms)으로 실행되며, 지정된 delay-ms 밀리초 만큼 프로그램 실행을 중지시킨다. bind() 함수는 sequence 이벤트에 대한 핸들러 func를 바인딩하며, add = '+' 으로 설정되어 있으면 기존의 핸들러에 func이 추가된다. bind_all() 함수는 응용 프로그램의 모든 위젯에 이벤트 핸들러 func를 추가한다. bind_class() 함수는 클래스 className로부터 생성된 모든 위젯에 이벤트 핸들러 func를 바인딩한다.

표 11.9 캔버스 객체의 메소드

canvas method	설 명
after(delay_ms, callback=None, *args)	delay_ms 밀리초 후에 callback 함수 호출; callback=None이면 sleep(delay_ms)으로 대기
bind(sequence=None, func=None, add=None)	sequence 이벤트에 대한 핸들러 func바인딩, add='+' 이면 기존 핸들러에 추가
bind_all(sequence=None, func=None, add=None)	응용 프로그램의 모든 위젯에 이벤트 핸들러 바인딩
bind_class(className, sequence=None, func=None, add=None)	className 이름의 모든 위젯에 이벤트 핸들러 func 바인딩
config(option=value, ...) configure(option=value, ...)	옵션 속성변경, w[option] = value
create_arc(bbox, **options)	원호 (arc) 생성
create_bitmap(position, **optiion)	비트맵 생성
create_image()	이미지 생성
create_line(coords, **options)	선 생성
create_oval(bbox, **options)	타원 생성
create_polygon(coords, **options)	다각형 생성
create_rectangle(bbox, **options)	사각형 생성
create_text(position, **options)	텍스트 생성
create_window(position, **options)	윈도우 생성
pos = canvas.	obj_name 객체의 현재 위치: pos[0]: x_0, pos[1]: y_0,

canvas method	설 명
coords(obj_name, pos)	pos[2]: x_1, pos[3]: y_1
destroy()	위젯 w와 그 위젯 상의 객체들을 모두 삭제
mainloop()	이벤트 처리 반복 구간을 시작
quit()	이벤트 처리 반복 구간을 중지
move(item, dx, dy)	item 객체를 dx, dy만큼 이동
update()	디스플레이를 갱신 (update)
update_idletasks()	다시 그리기 (redrawing), 크기 변경 (resizing) 등 디스플레이 갱신이 다음 갱신 전에 처리되도록 강제
winfo_geometry()	스크린상의 위치 및 크기를 문자열로 반환 w × h ± x ± y
winfo_width(), winfo_height()	픽셀단위의 가로와 세로크기
winfo_x(), winfo_y()	부모로부터 좌상단 (left, top)의 상대 위치

config()와 configure() 함수는 위젯의 옵션의 속성을 변경할 수 있게 한다. create_arc(), create_line(), create_oval(), create_polygon(), create_rectangle()은 각각 원호, 직선, 타원, 다각형, 사각형을 캔버스 상에 그린다. create_bitmap()과 create_image() 함수는 각각 비트맵과 이미지를 생성한다.

create_text()는 지정된 위치에 텍스트를 출력한다. create_window()는 지정된 위치에 윈도우를 생성한다. pos = canvas.coord(obj_name) 함수를 사용하여 객체 obj_name의 현재 위치를 받아올 수 있으며, pos 배열의 항목 들은 pos[0] = x_0, pos[1] = y_0, pos[2] = x_1, pos[3] = y_1의 좌표값을 나타낸다.

destroy() 함수는 지정된 위젯과 그 위젯 상의 객체들을 모두 삭제한다. mainloop()은 이벤트 처리 반복 구간을 시작하며, quit() 함수는 이벤트 처리 반복 구간을 중지한다. move() 함수는 지정된 객체를 지정된 구간 (dx, dy) 만큼 이동시킨다. update() 함수는 캔버스 상에 표시된 도형들을 갱신한다. update_idletasks()함수는 redrawing, resizing 등의 디스플레이 갱신이 다음 update() 함수 실행 이전에 처리되도록 강제시킨다. winfo_geometry() 함수는 스크린상의 위치 및 크기를 문자열로 반환하여 주며, 이는 윈도우의 geometry() 설정에서 사용하는 것과 같은 형식 ("width x height ± pos_x ± pos_y")을 사용한다. winfo_width(), winfo_height()는 윈도우 가로와 세로 크기를 픽셀단위로 알려 주며, winfo_x()와 winfo_y()는 부모 위젯으로부터 해당 위젯의 좌측 상단 (left-top) 상대 위치를 알려 준다.

그림 11.16은 프레임과 캔버스의 크기 변경 이벤트 발생에서 크기를 출력하는 예제 프로그램이다. Line 4~10의 onSize() 함수에는 프레임의 크기가 변경되는 이벤트가 발생하였을 때 변경된 프레임과 캔버스의 크기를 캔버스 상에 포함된 레이블 내용을 변경하여 그래픽 위젯 상에서 쉽게 크기를 확인할 수 있게 한다. 프레임과 캔버스의 변경된 크기를 파악하기 위해서는 해당 위젯의 update() 함수를 사용하여 정보를 갱신하고, winfo_width() 함수와 winfo_height() 함수를 사용하여 각각 가로와 세로의 크기를 받아온다. 실제 레이블의 표시 내용을 갱신하기 위해서는 configure() 함수를 사용하여 인수 text의 값을 재 설정함으로써 화면에 표시되는 내용을 변경할 수 있다.

```
 1 : # Frame and Canvas with Configure Event
 2 :
 3 : from tkinter import *
 4 : def onSize(event):
 5 :     if event.widget == frame:
 6 :         #print("frame size: {}x{}".format(event.width, event.height))
 7 :         frame.update()
 8 :         label_fr.configure (text = "frame size:
              {}x{}".format(frame.winfo_width(), frame.winfo_height()))
 9 :         canvas.update()
10 :         label_cnv.configure (text = "canvas size:
              {}x{}".format(canvas.winfo_width(), canvas.winfo_height()))
11 :
12 : if __name__ == '__main__':
13 :     global label_fr, label_cnv, frame, canvas
14 :     window = Tk()
15 :     window.title("Finding frame and canvas size at resizing events")
16 :     frame = Frame(window, bg="light green", bd=10, padx=50, pady=50,
17 :                 relief=GROOVE)
18 :     frame.pack(expand=YES, fill=BOTH)
19 :     canvas = Canvas(frame, bg="white", width=600, height=400)
20 :     canvas.pack(expand=YES, fill=BOTH, padx=10, pady=10)
21 :     frame.update()
22 :     label_fr = Label(canvas, text="frame size:
          {} x {}".format(frame.winfo_width(), frame.winfo_height()))
23 :     label_fr.grid(row=0, column=0, sticky=N)
24 :     canvas.update()
25 :     label_cnv = Label(canvas, text="canvas size:
          {} x {}".format(canvas.winfo_width(), canvas.winfo_height()))
26 :     label_cnv.grid(row=1, column=0, sticky=S)
27 :
28 :     window.bind_all("<Configure>", onSize)
29 :     window.mainloop()
```

그림 11.16 Frame, canvas의 크기 변경 이벤트 처리 프로그램

그림 11.16 line 13에서는 label_fr, label_cnv, fame, canvas를 전역변수로 지정하여 onSize() 함수에서도 이 값들을 간단하게 살펴볼 수 있게 한다. Line 14~15에서는 window를 Tk() 함수를 사용하여 생성하고, 제목을 설정한다. Line 16~18에서는 프레임을 생성하여 윈도우 내에 배치하고, 프레임의 크기 조정이 양방향으로 가능하도록 설정한다. Line 19~20에서는 프레임 내에 캔버스를 생성하고, 캔버스의 크기 조정이 양방향으로 가능하도록 설정한다.

Line 21~26에서는 label_fr와 label_cnv를 생성하고 각각 프레임의 크기와 캔버스의 크기를 표시하도록 한다. 현재 시점의 프레임 크기와 캔버스 크기를 확인하기 위해서는 winfo_width()와 winfo_height() 함수를 사용하여, 이 함수들이 실행되기 이전에 update() 함수를 사용하여 해당 위젯의 속성 값들이 갱신되도록 하여야 한다.

Line 28에서는 bind_all() 함수를 사용하여 윈도우 내에 포함된 모든 위젯들에 크기 변경의 <Configure> 이벤트에 대한 핸들러 onSize 함수를 바인딩한다. 이 바인딩에 따라 윈도우의 크기가 변경됨에 따라 프레임과 캔버스의 크기가 변경되면 <Configure>이벤트가 발생되고, 그 결과 변경된 프레임과 캔버스의 크기 정보가 갱신되어 그림 11.17에서 보는 것과 같이 표시된다.

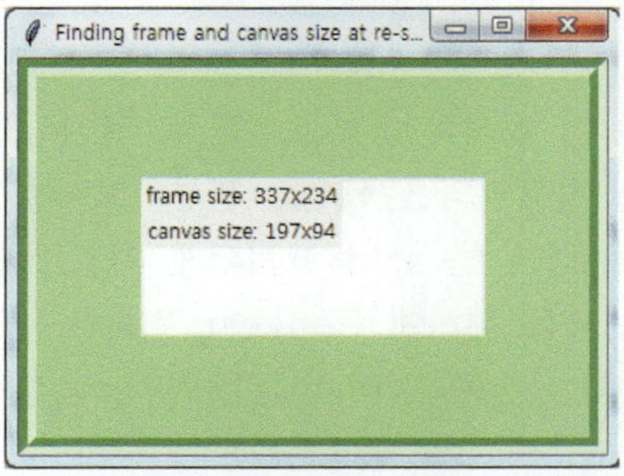

그림 11.17 Frame, canvas의 크기 변경 이벤트 처리 프로그램 실행 결과

11.3.4 섭씨와 화시 온도 변환 계산기 구현

tkinter 그래픽 기능을 사용한 간단한 응용 프로그램의 예로서 섭씨 (Celsius) 온도를 화씨 (Fahrenheit) 온도로 계산하여 주는 온도 변환 계산기를 그림 11.18에서 GUI 프로그램으로 구현하고 있다.

```
 1 : # Simple GUI for Temperature Converter
 2 :
 3 : from tkinter import *
 4 :
 5 : class App:
 6 :     def __init__(self, master):
 7 :         frame = Frame(master)
 8 :         frame.pack()
 9 :         Label(frame, text = 'deg C').grid(row=0, column=0)
10 :         self.c_var = DoubleVar()
11 :         self.c_var.set(0.0)
12 :         Entry(frame, textvariable=self.c_var).grid(row=0, column=1)
13 :         Label(frame, text='deg F').grid(row=1, column=0)
14 :         self.f_var = DoubleVar()
15 :         self.f_var.set(32.0)
16 :         Label(frame, textvariable=self.f_var).grid(row=1, column=1, sticky=W)
17 :         button = Button(frame, text='Convert', command=self.convert)
18 :         button.grid(row=2, columnspan=2)
19 :
20 :     def convert(self):
21 :         c = self.c_var.get()
22 :         self.f_var.set( c * 1.8 + 32)
23 :
24 : window = Tk()
25 : window.wm_title('Temp Converter')
26 : app = App(window)
27 : window.mainloop()
```

그림 11.18 Temperature Converter

Line 6~18에서 클래스 App의 초기 생성자 함수 __init__()을 구현하고 있으며, 클래스

App을 사용한 객체 생성에서 전달되는 부모 위젯인 master를 전달 받아 프레임을 생성하며, 프레임을 master에 pack() 함수를 사용하여 포함시킨다. Line 9에서는 레이블(deg_C)을 생성하고 grid() 함수를 사용하여 프레임의 행 0, 열 0 위치에 배치한다. Line 10~11에서는 더블 자료형의 c_var을 생성하고 초기값으로 0.0을 설정한 후, line 12에서 엔트리를 생성하며, c_var 값이 표시되게 하고, 행 0, 열 1 위치에 배치한다.

Line 14~15에서는 더블 자료형의 f_var을 생성하고, 초기값으로 32.0을 설정한 후, line 16에서는 레이블을 생성하여 f_var이 표시되게 하고, 행 1, 열 1 위치에 배치한다. Line 17~18에서는 온도 변환을 위하여 Convert 버튼을 생성하고, 이 버튼이 눌려지면 convert() 함수를 호출하도록 설정한다. 이 버튼은 행 2에 설치되며 열 0과 1의 2개 구간에 걸쳐 생성되도록 columnspan=2로 설정한다.

Line 20~22은 섭씨 온도에 대한 화씨 온도를 계산하고, 그 결과로 f_var 레이블의 값을 변경시켜 준다. 섭씨 온도를 화씨 온도로 변환하는 공식은 line 22에서 보는 것과 같이 temp_f = temp_c × 1.8 + 32의 공식을 사용한다.

그림 11.18 line 24~25에서는 윈도우를 생성하고 제목을 설정하며, line 26에서 class App의 객체를 생성하며, 인수로 윈도우를 전달한다. Line 27에서는 생성된 윈도우에서 이벤트가 발생하면 이를 처리할 수 있는 반복문을 실행시킨다. 온도 변환 계산기 프로그램의 실행 결과는 그림 11.19에서 보는 것과 같다.

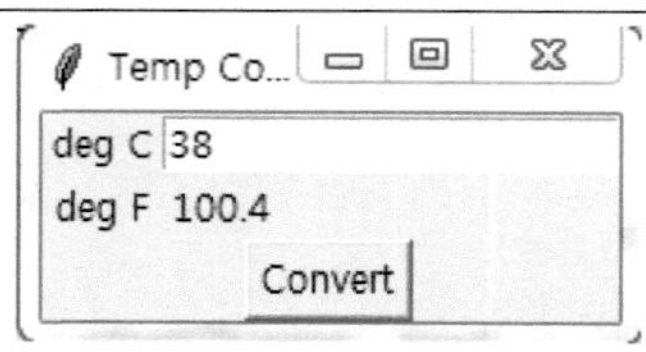

그림 11.19 Temperature Converter 실행 결과

11.3.5 간단한 계산기 만들기 – class Calculator

그림 11.20은 tkinter를 사용한 간단한 계산기를 구현하는 예를 보여준다. Line 5에서는 tkinter의 Frame을 상속받아 생성되는 클래스 Calculator를 정의하며, line 6~13에서 생성 및 초기 설정 기능을 구현하는 __init__() 멤버함수를 구현한다. Line 7에서 부모 클래스인 Frame의 __init__()을 호출하여 프레임을 생성하며, 프레임이 생성되면 자동적으로 윈도우가 생성된다. Line 8~10에서는 폰트 타입을 arial, 16 폰트, 굵은 글씨 (bold)로 설정하며, grid() 함수를 사용하여 격자형 구조의 행 0, 열 0에 배치하고, 윈도우 제목을 설정한다. Line 11~12에서는 윈도우의 가로 및 세로 크기 변경이 불가능하도록 설정하고, 이 윈도우 객체가 화면의 모든 윈도우들의 맨 앞에 항상 표시되게 wm_attributes()의 topmost를 1로 설정한다.

Line 13에서는 make_form() 멤버함수를 호출하여 계산기의 엔트리와 버튼들을 생성하고 배치하도록 한다. make_form() 멤버함수는 line 26~51에서 구현되어 있다.

Line 15~17의 update_expr() 멤버 함수는 계산기의 버튼이 눌려질 때 호출되며, 버튼에 해당하는 숫자나 연산자를 읽어 엔트리 위젯에 표시되어 있는 문자열 (strExpr) 뒤에 추가시켜 갱신된 내용이 표시되도록 하고, 커서 위치를 문자열의 맨 뒤로 조정한다. Line 19~24의 calc() 멤버 함수는 엔트리 위젯에 표시되어 있는 문자열 strExpr을 읽고 eval() 함수를 사용하여 계산을 수행하며, 그 결과값을 엔트리에 표시되는 문자열 strExpr의 새로운 내용으로 갱신한다. 만약 eval() 함수에서 연산을 수행하는 도중 문제가 발생하면 Error가 표시되게 한다.

```
 1 : # Simple Calculator
 2 : import tkinter as tk
 3 : from tkinter import *
 4 :
 5 : class Calculator(Frame): # Calculator inherits from tkinter Frame class
 6 :     def __init__(self):
 7 :         Frame.__init__(self) # Creation of Frame object automatically create
                                 # window as its parent(master)
 8 :         self.option_add("*Font", "arial 16 bold")
 9 :         self.grid(row=0, column=0)
10 :         self.master.title("My Simple Calculator") # set title of window
                               # that is its master(parent)
11 :         self.master.resizable(0,0)
12 :         self.master.wm_attributes("-topmost", 1) # Calculator appears at top
13 :         self.make_form()
14 :
15 :     def update_expr(self, c):
16 :         self.strExpr.set(self.strExpr.get() + c)
17 :         self.entry.icursor(len(self.strExpr.get()))
18 :
19 :     def calc(self):
20 :         try:
21 :             self.strExpr.set(eval(self.strExpr.get()))
22 :             self.entry.icursor(len(self.strExpr.get()))
23 :         except:
24 :             self.strExpr.set("Error")
25 :
```

그림 11.20 class Calculator (part 1)

Line 26~51에서 구현하는 make_form() 함수에서는 먼저 문자열 변수 (StringVar)인 strExpr을 클래스 Calculator의 데이터 멤버로 생성하고 엔트리를 생성하여 strExpr 내용이 표시되도록 한다. 엔트리 위젯은 행 0, 열 0에 배치되며, 5개 행에 걸쳐 표시되도록 columnspan = 5로 설정한다. sticky=NSEW는 해당 셀의 중앙에 위젯이 배치되도록 한다. bind() 함수는 이 엔트리 위젯에서 입력된 문자가 만약 엔터키 (<Return>)이면 calc() 멤버함수가 호출되도록 바인딩하며, focus() 함수는 이 엔트리에서 직접 문자와 연산자 입력이 가능하도록 설정한다.

Line 32~35에서는 숫자 1~9의 버튼을 한 줄에 3개씩 배치되도록 생성하며, 각 버튼에 해당 숫자가 표시되도록 하고, 그 버튼이 눌려지면 update_expr() 멤버함수가 호출되도록 버튼의 command 속성을 설정한다. Line 32의 enumerate() 함수를 사용하면 인수로 전달된 항목을 차례로 위치 순서 번호와 함께 문자열이 반환되며, line 33에서는 이 문자열에 포함된 각 문자를 순서 번호와 함께 차례로 반환 받아 버튼의 행 번호와 열 번호 및 버튼에 표시되는 문자로 사용한다. Line 35에서 grid() 함수를 사용하여 각 버튼의 행과 열 위치를 지정하여 격자 구조로 배치한다.Line 37~38에서는 0값의 버튼을 생성하며, 행 4, 열 0에 배치하며 2개의 행에 걸쳐 표시되도록 columnspan=2로 설정한다. Line 40~41에서는 소숫점('.') 버튼을 생성하여 행 4, 열 2에 배치한다. Line 43~45에서는 4칙 연산을 위한 "/ * − +" 연산자 부호 버튼을 차례로 생성하여 행 1~4 열 3 위치에 배치한다.

```
26 :        def make_form(self):
27 :            self.strExpr = StringVar()
28 :            self.entry = Entry(self, relief=SUNKEN, textvariable=self.strExpr)
29 :            self.entry.grid(row=0, column=0, columnspan=5, sticky=NSEW)
30 :            self.entry.bind("<Return>", lambda event, s=self: s.calc())
31 :            self.entry.focus()
32 :            for r, item in enumerate(("789", "456", "123")):
33 :                for c, ch in enumerate(item):
34 :                    btn = Button(self, text=ch,
                             command=(lambda s=self, c=ch: s.update_expr(c)))
35 :                    btn.grid(row=r+1, column=c, padx=2, pady=2, sticky=NSEW)
36 :
37 :            btn = Button(self, text="0",
                       command=(lambda s=self, c='0':s.update_expr(c)))
38 :            btn.grid(row=4, column=0, columnspan=2, padx=2, pady=2,
                         sticky=NSEW)
39 :
40 :            btn = Button(self, text=".",
                     command=(lambda s=self, c='.':s.update_expr(c)))
41 :            btn.grid(row=4, column=2, padx=2, pady=2, sticky=tk.NSEW)
42 :
43 :            for r, ch in enumerate("/*-+"):
44 :                btn = Button(self, text = ch,
                           command=(lambda s=self, c=ch:s.update_expr(c)))
45 :                btn.grid(row=r+1, column=3, padx=2, pady=2, sticky=NSEW)
46 :
47 :            btn = Button(self, text="C",
                      command=(lambda s=self, w=self.strExpr:w.set("")))
48 :            btn.grid(row=1, column=4, rowspan=2, padx=2, pady=2,
                     sticky=NSEW)
49 :
50 :            btn = Button(self, text="=", command=(lambda s=self:s.calc()))
51 :            btn.grid(row=3, column=4, rowspan=2, padx=2, pady=2,
                       sticky=NSEW)
52 :
53 :    if __name__ == '__main__':
54 :        Calculator().mainloop()
```

그림 11.20 class Calculator (part 1)

Line 47~48에서는 엔트리 위젯에 표시되어 있는 내용을 지우는 C (clear) 버튼을 생성하여 행 1 열 4에 배치하며, 2개의 행에 걸친 높이를 가지도록 rowspan=2로 설정한다. Line 50~51에서는 현재까지 엔트리 위젯에 입력된 문자열을 계산하도록 calc() 멤버 함수를 호출하는 대입 ('=') 버튼을 생성하며, 행 3, 열 4위치에 배치하고, 2개의 행에 걸친 높이를 가지도록 한다.

Line 54에서는 클래스 Calculator의 객체를 생성하고 mainloop()을 호출하여 이벤트 발생에 대한 처리를 반복적으로 수행할 수 있게 한다. 클래스 Calculator로 생성된 계산기의 실행 결과는 그림 11.21에서 보는 것과 같다.

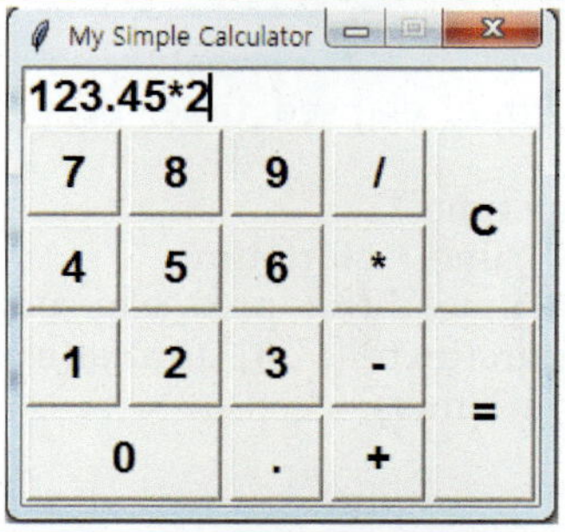

그림 11.21 class Calculator 실행 결과

11.3.6 스톱워치 만들기

tkinter 그래픽에서 시스템 시간 정보를 읽어 내어 스톱 워치를 만드는 방법을 그림 11.23에서 설명하고 있다. 이 스톱 워치에서는 시스템 시간을 읽어 올 수 있도록 line 2에서 time 모듈을 설치한다. Line 4~11에서 구현하는 runTimer() 함수는 먼저 전역 변수들을 선언하고, 스톱워치가 running 상태일 때 time 모듈의 time() 함수를 사용하여 현재 시간을 읽어 시작시간 (start_time)과의 시간 차이를 계산하여 경과시간 (elapsed_time)으로 기록하고, 시작 시간으로 부터 경과된 시간을 표시하는 레이블 timeText에 변경된 경과시간을 configure() 함수를 사용하여 소숫점 이하 3자리까지 표시한다. Line 9의 경과시간 계산에서 추가되는 prev_elapsed_time은 스톱워치의 실행 도중 stop 버튼을 눌러 잠시 정지시킨 후 start 버튼을 다시 눌러 계속 경과시간을 측정하는 시나리오를 위하여, 이전 단계까지의 경과시간을 기록한 데이터이다. Line 11에서는 이 runTimer() 함수가 10 밀리초 이후에 다시 실행되도록 설정하여 계속 새로운 경과 시간을 측정하여 스톱워치 timeText 레이블에 표시되도록 한다.

Line 13~18에서 구현하고 있는 start() 함수는 스톱워치가 running 상태가 아닐 경우, running 상태로 변경하고 start_time을 현재의 시간으로 다시 설정하고, 현재까지의 경과 시간 (elapsed_time)을 prev_elapsed_time으로 기록하여 누적된 경과시간을 계산할 수 있게 한다.

Line 20~23의 stop() 함수는 스톱워치의 running 상태를 False로 변경하고, 현재까지의 누적된 경과시간을 이전 경과 시간 (prev_elapsed_time)으로 기록한다.

Line 25~30의 reset() 함수에서는 running 상태를 False로 설정하고, 경과시간 elapsed_time과 이전 경과시간 prev_elapsed_time를 모두 0.0으로 설정한 후, 리셋된 경과시간을 timeText 레이블에 표시되도록 한다.

Line 33~34에서는 윈도우를 생성하고 제목을 설정한다. Line 36~39에서는 각 글로벌 변수들을 초기 상태로 설정한다. Line 39~40에서는 timeText 레이블을 생성하며, 초기 표시 값으로 0.000을 40 폰트 크기의 굵은 Arial 글자체로 표시하며, pack() 함수를 사용하여 윈도우에 포함시킨다.

```
1 : # Stop Watch
2 : import time
3 : from tkinter import *
4 : def runTimer():
5 :     global timer, start_time, elapsed_time, prev_elapsed_time
6 :     if (running):
7 :         cur_time = time.time()
8 :         time_diff = cur_time - start_time
9 :         elapsed_time = time_diff + prev_elapsed_time
10 :        timeText.configure(text="{:7.3f}".format(elapsed_time))
11 :    window.after(10, runTimer)
12 :
13 : def start():
14 :     global running, start_time, elapsed_time, prev_elapsed_time
15 :     if (running != True):
16 :         running = True
17 :         start_time = time.time()
18 :         prev_elapsed_time = elapsed_time
19 :
20 : def stop():
21 :     global running, prev_elapsed_time, elapsed_time
22 :     running = False
23 :     prev_elapsed_time = elapsed_time
24 :
25 : def reset():
26 :     global running, timer, elapsed_time, prev_elapsed_time
27 :     running = False
28 :     elapsed_time = 0.0
29 :     prev_elapsed_time = 0.0
30 :     timeText.configure(text="{:7.3f}".format(elapsed_time))
31 :
32 : # ------------------
33 : window = Tk()
34 : window.title("My Simple Stop Watch")
35 :
36 : running = False
37 : start_time = stop_time = time.time()
38 : prev_elapsed_time = elapsed_time = 0.0
39 : timeText = Label(window, height = 5, text="0.000", font=("Arial 40 bold"))
40 : timeText.pack(side = TOP)
```

그림 11.22 Stop watch (part 1)

Line 41~48에서는 3개의 버튼 (start, stop, reset)을 생성하여 pack() 함수에 side=LEFT로 설정하여 한 줄에 차례대로 설치되게 하며, 각 버튼이 눌려지면 각각 start(), stop(), reset() 함수가 호출되도록 버튼 위젯의 command 속성을 설정한다.

Line 50~52에서는 runTimer() 함수를 실행시키는데 runTimer() 함수는 한번 실행되면 line 11에서 보는 것과 같이 window 객체의 after() 함수를 사용하여 10밀리초가 경과한 후 반복적으로 runTimer() 함수를 실행하게 되어 있어 경과된 시간을 지속적으로 측정하여 timeText 위젯에 표시되도록 한다.

그림 11.23은 스톱워치의 실행 결과를 보여준다.

```
startButton = Button(window, width=10, text="Start", bg="green",
        command=start)
startButton.pack(side = LEFT)

stopButton = Button(window, width=10, text="Stop", bg="red",
        command=stop)
stopButton.pack(side = LEFT)

resetButton = Button(window, width=10, text="Reset", bg="yellow",
        command=reset)
resetButton.pack(side = LEFT)

if __name__ == '__main__':
    runTimer()
    window.mainloop()
```

그림 11.22 Stop watch (part 2)

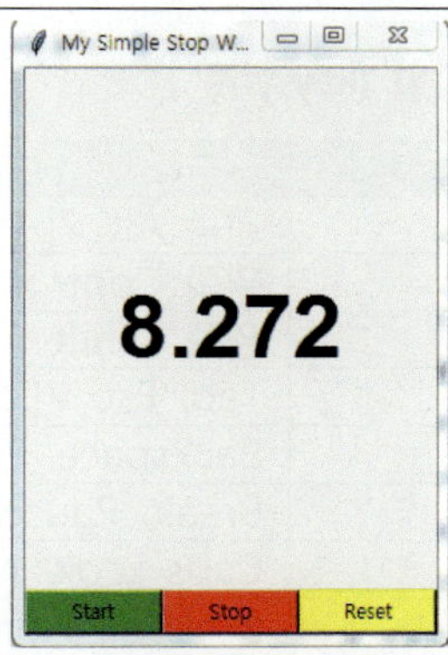

그림 11.23 Stop watch 실행결과

11.4 tkinter 키보드 및 마우스 이벤트 처리

tkinter 그래픽 프로그램에서 키보드와 마우스에서 발생하는 다양한 이벤트를 사용하여 그래픽 프로그램의 동작에 적용하면 사용자의 조작에 따라 반응하는 대화형 GUI 프로그램을 구성할 수 있다. 이번 절에서는 키보드와 마우스의 이벤트를 처리하는 방법에 대하여 상세히 살펴본다.

표 11.10은 tkinter에서 사용할 수 있는 키보드, 마우스, 위젯의 주요 이벤트들을 구분하여 설명하고 있다.

11.4.1 키보드 이벤트

표 11.10에서 살펴본 것과 같이 키보드 이벤트에는 키를 누르거나 키를 떼는 동작에 따라 이벤트가 발생하도록 되어 있다. 표 11.11은 키보드 이벤트를 발생시키는 키보드 문자 (keysym)들을 정리하여 설명하고 있다. 키보드의 각 문자 및 숫자, 특수 문자 및 특수 기능키 들은 개별적인 키보드

이벤트를 발생시킨다.

표 11.10 tkinter 주요 이벤트

이벤트 구분	이벤트 유형	설 명
키보드	KeyPress, Key	키 누름
	KeyRelease	키 뗌
마우스	Button	마우스 버튼 누름 (press)
	ButtonRelease	마우스 버튼 뗌 (up, release)
	Motion	마우스를 움직임
	B1-Motion, B3-Motion	마우스 버튼 1 (left), 마우스 버튼 3(right)
	Enter	마우스 포인터가 위젯으로 들어감
	Leave	마우스 포인터가 위젯을 벗어남
위젯	Configure	위젝의 크기가 변경됨
	Destroy	위젯이 삭제됨
	Expose	위젯 또는 응용 프로그램의 일부가 다른 윈도우에 가렸다 다시 보여짐

표 11.11 주요 키보드 입력 키의 문자열 (keysym)

키보드 입력 키의 문자열 (keysym)	설 명
Alt, Alt_L	왼쪽 Alt 키
Control, Control_L	왼쪽 Control 키
Shift_L, Shift_R	왼쪽 Shift 키
Tab, Escape	Tab, Esc 키
BackSpace	Backspace 키
Cancel, Pause	Break, Pause 키
Caps_Lock, Num_Lock	Caps_Lcok, Num_Lock
Insert, Delete, Home, End	Ins, Del, Home, End
Execute, Print	SysReq, PrintScreen
Left, Right, Down, Up	상, 하, 좌, 우 화살표 키
Next, Prior	Page Down, Page Up 키
A, ..., Z, a, ..., z, 0, ..., 9	영문 대소문자, 숫자 키
F1, ..., F12	Function 키
Return, Space	Enter, Space 키
KP_0, ..., KP_9	키패드 0~9
KP_Add, KP_Subtract, KP_Multiply, KP_Divide	키패드 +, -, *, /
KP_Left, KP_Right, KP_Down, KP_Up	키패드 상, 하 , 좌, 우 키
KP_Insert, KP_Delete, KP_Decimal	키패드 Insert, delete, 마침표
KP_Enter, KP_End, KP_Home, KP_Begin	키패드 Enter, End, Home, Begin
KP_Next, KP_Prior	키패드 Page Up, Page Down

표 11.12는 키보드 이벤트 객체의 속성을 설명하고 있다. 키보드 이벤트 객체의 속성에서 char는 입력된 키의 ASCII 문자를 나타내며, keycode는 입력된 키의 숫자 코드값을 나타낸다. keysym은 특수키를 포함한 키의 문자열을 나타내며 Shift_L, Caps_Lock, Ctrl_L, Alt_L 등 char 속성으로

나타나지 않는 특수키의 입력 내용을 파악할 때 사용할 수 있다. state는 키 입력에 함께 사용되는 Shift, Control (Ctrl), Alter (Alt) 등의 키 modifier 상태를 함께 파악할 수 있게 한다.

표 11.12 키보드 이벤트 객체의 속성

키보드 이벤트 속성	설 명
event.char	KeyPress, KeyRelease 이벤트에서의 ASCII 문자
event.keycode	KeyPress, KeyRelease 이벤트에서 숫자 코드값, 대소문자 구별 없음
event.keysym	특수키를 포함한 KeyPress, KeyRelease 이벤트에서 키의 문자열
event.width, event.height	Configure 이벤트에서 widget의 가로와 세로 크기
event.state	modifier 키의 상태, mask 비트 연산으로 체크 확인 0x0001 (shift), 0x0002(Caps_Lock), 0x0004(Ctrl), 0x0008 (Alt_L), 0x0010 (Num_Lock), 0x0100(Button1), 0x400(Button 3)

```
1 : # Handling Keyboard Events
2 : from tkinter import *
3 :
4 : def keyEvent(event):
5 :     if len(event.char) == 0:
6 :         input_char = event.keysym
7 :     else:
8 :         input_char = event.char
9 :     label_ky.configure(text="key input = {}, keycode = {}".format(input_char,
       event.keycode))
10 :    label_ky.update
11 :    ky_state = ""
12 :    if event.state & 0x0001:
13 :        ky_state += "Shift_L "
14 :    if event.state & 0x0002:
15 :        ky_state += "Caps_Lock "
16 :    if event.state & 0x0004:
17 :        ky_state += "Ctrl "
18 :    if event.state & 0x0008:
19 :        ky_state += "Alt_L "
20 :    if event.state & 0x0010:
21 :        ky_state += "Num_Lock "
22 :    if event.state & 0x0080:
23 :        ky_state += "Alt_R "
24 :    label_state.configure(text="key state = {} {}".format(event.state, ky_state))
25 :    label_state.update
26 :
```

그림 11.24 키보드 이벤트 처리 예제 프로그램 (part 1)

11.4.2 키보드 이벤트 응용 프로그램

그림 11.24는 키보드 이벤트 응용 프로그램의 예를 보여준다. Line 4~25에서 구현하고 있는 keyEvent는 키보드에서 입력 이벤트가 발생하였을 때 event를 인수로 전달받아

event에서 발생된 키의 문자 (event.char) 또는 특수키의 키 심볼 (event.keysym) 값을 읽어 레이블 label_ky에 출력하고, 키 입력에서 함께 사용된 Ctrl, Alt, Shift 등의 modifier 상태를 state 속성 정보를 파악하여 레이블 label_state에 출력한다.

Line 28~30에서는 윈도우를 생성하여 크기를 geometry() 함수로 설정하고, title() 함수를 사용하여 제목을 설정한다. Line 31~32에서는 윈도우에 포함되는 프레임을 생성하여 grid() 함수로 설치한다. Line 33~38에서는 두 개의 레이블 (label_ky와 label_state)를 생성하고 프레임에 grid() 함수를 사용하여 차례로 설치한다.

그림 11.24 line 40에서는 윈도우에 발생되는 키 입력에 따른 이벤트 발생시 keyEvent() 함수를 호출하여 이벤트 발생 상황을 출력하게 한다. Line 41은 윈도우의 이벤트 처리를 반복 실행할 수 있도록 mainloop()을 시작하게 한다.

그림 11.24의 키보드 이벤트 처리 예제 프로그램의 실행 결과는 그림 11.25에서 살펴볼 수 있다. 각 키 입력에서 출력가능한 문자 및 숫자 이외에도 제어 문자와 키 입력에서 함께 사용된 Shift, Alt, Ctrl 등의 modifier 상태도 함께 출력하여 정확한 키보드 이벤트를 파악할 수 있게 한다.

```
27 :  # main loop
28 :  window = Tk()
29 :  window.geometry("400x200+100+100")
30 :  window.title("Showing Keyboard Event")
31 :  frame = Frame(window, bg="light yellow", bd = 5, padx=5, pady=5,
        relief=GROOVE)
32 :  frame.pack(expand=YES, fill=BOTH)
33 :  label_ky = Label(frame, text="key input = {}".format(""),)
34 :  label_ky.update()
35 :  label_ky.grid(row=0, column=0, sticky=NSEW)
36 :  label_state = Label(frame, text="key state = {}".format(""), anchor="w")
37 :  label_state.update()
38 :  label_state.grid(row=1, column=0, sticky=NSEW)
39 :
40 :  window.bind("<Key>", keyEvent)
41 :  window.mainloop()
```

그림 11.24 키보드 이벤트 처리 예제 프로그램 (part 1)

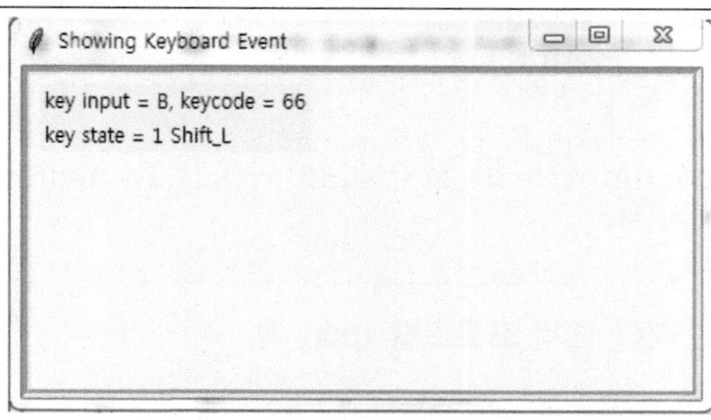

그림 11.25 키보드 이벤트 처리 예제 프로그램 실행 결과

11.4.3 마우스 이벤트

GUI 기반 사용자 인터페이스에서는 마우스를 사용하여 위젯을 선택하거나 버튼을 눌러 원하는 동작을 실행시키는 경우가 많이 있다. 아울러 마우스 버튼을 클릭한 상태로 이동시켜 도형을 그리거나 해당 도형의 위치를 변경할 수 도 있다. 이러한 마우스 이벤트에서 사용할 수 있는 속성과 이벤트 종류들은 표 11.13에서 보는 것과 같다.

표 11.13 마우스 이벤트 속성 및 이벤트 종류

구분	마우스 이벤트 속성 및 종류	설 명
마우스 이벤트 속성	event.state	마우스 입력 modifier의 상태, mask 비트 연산으로 체크 확인: 0x0100(Button1), 0x400(Button 3)
	event.num	마우스 버튼 메시지에서의 버튼 번호
	event.widget	이벤트가 발생한 위젯
	event.x, event.y	마우스 이벤트에서 마우스의 위치 (위젯의 upper-left가 원점)
	event.x_root, event.y_root	마우스 이벤트에서 마우스의 위치 (스크린의 upper-left 가 원점)
마우스 이벤트 종류	<Button-1>	마우스 왼쪽 버튼을 누를 때
	<Button-2>	마우스 휠 버튼을 누를 때
	<Button-3>	마우스 오른쪽 버튼을 누를 때
	<Button-4>	scroll up
	<Button-5>	scroll down
	<MouseWheel>	mouse wheel 회전
	<B1-Motion>	마우스 왼쪽 버튼을 누르고 이동할 때
	<B2-Motion>	마우스 휠 버튼을 누르고 이동할 때
	<B3-Motion>	마우스 오른쪽 버튼을 누르고 이동할 때
	<ButtonRelease-1>	마우스 왼쪽 버튼을 뗄 때
	<ButtonRelease-2>	마우스 휠 버튼을 뗄 때
	<ButtonRelease-3>	마우스 오른쪽 버튼을 뗄 때
	<Double-Button-1>	마우스 왼쪽 버튼을 더블 클릭할 때
	<Double-Button-2>	마우스 휠 버튼을 더블 클릭할 때
	<Double-Button-3>	마우스 오른쪽 버튼을 더블 클릭할 때
	<Enter>	위젯 안으로 마우스 포인터가 들어 왔을 때
	<Leave>	위젯 밖으로 마우스 포인터가 나갔을 때
	<FocusIn>	위젯 안으로 Tab키를 사용하여 들어 왔을 때
	<FocusOut>	위젯 안으로 Tab키를 사용하여 나갔을 때
	<Configure>	위젯 모양이 수정되었을 때

마우스 이벤트에서의 event.state는 마우스 입력에서 어떤 버튼이 눌려져 있는지를 파악할 수 있게 하며, event.num은 어떤 마우스 버튼에서 이벤트가 발생하였는지 확인할 수 있는 정보를 제공 한다. event.widget은 마우스 이벤트가 발생한 위젯을 알려 준다. event.x와 event.y는 마우스 이벤트가 발생한 좌표를 해당 위젯의 상단 좌측 원점을 기준으로 알려주며, event.x_root와 event.y_root는 해당 스크린의 상단 좌측 원점을 기준으로 상대적 위치 좌표를 알려 준다.

<Button-1>~<Button-5>는 마우스 왼쪽 버튼, 휠 버튼, 오른쪽 버튼을 누르거나, scroll-up 및 scroll-down에서 각각 발생하는 이벤트를 의미한다. <MouseWheel>은 마우스 휠이 회전할 때 발행하는 이벤트이며, <ButtonRelease-1>~<ButtonRelease-3>은 마우스 왼쪽 버튼, 휠 버튼 및 오른쪽 버튼을 뗄 때 발생하는 이벤트이다. <Double-Button-1>~<Double-Button-3>은 마우스 왼쪽 버튼, 휠 버튼 및 오른쪽 버튼을 두 번 연속 클릭할 때 발생하는 이벤트이다.

<Enter> 및 <Leave>는 마우스가 지정된 위젯 영역 안으로 이동하였을 때와 영역을 벗어 났을 때 각각 발생하는 이벤트이며, <FocusIn>과 <FocusOut>은 탭을 사용하여 위젯 안으로 들어갔을 때와 위젯을 떠났을 때 각각 발생하는 이벤트이다. <Configure>는 위젯의 모양이 변경되었을 때 발생하는 이벤트이다.

11.4.4 마우스 이벤트 핸들링 프로그램

그림 11.26은 마우스 이벤트를 처리하는 프로그램 예제를 보여준다. 이 프로그램 예제에서는 마우스가 프레임 영역 안으로 들어가는 이벤트와 프레임 영역을 벗어나는 이벤트를 구분하여 상태를 보여주며, 프레임 내부로 들어 왔을 때 마우스의 위치 좌표를 출력하여 주며, 마우스의 왼쪽 버튼이 눌려지거나 놓였을 때 그 상태를 보여준다.

그림 11.26 Line 4~6에서는 마우스가 지정된 위젯 범위로 들어갈 때 발생하는 이벤트를 처리하며, 해당 위젯을 event.widget 속성을 읽어 마우스가 해당 위젯으로 들어갔다는 메시지를 출력한다. Line 8~10은 마우스가 지정된 위젯 범위를 벗어났을 때 발생하는 이벤트를 처리하며, 해당 위젯을 event.widget 속성을 읽어 마우스가 해당 위젯을 벗어났다는 메시지를 출력한다.

Line 12~14의 move_position() 함수는 위젯에 <Motion> 이벤트가 발생한 경우 바인딩되어 호출되는 함수이며, 이 함수에서는 마우스의 이동 위치를 event.x와 event.y로 읽어 출력한다. Line 15~17과 line 19~21에 각각 구현되어 있는 button_1_pressed() 함수와 button_1_released() 함수는 마우스의 왼쪽 버튼이 눌려졌을 때와 떨어졌을 때 각각 발생하는 이벤트를 처리하며 해당 마우스 버튼의 상태를 출력한다.

Line 24~26에서는 윈도우를 생성하며, 크기를 설정하고, 제목을 설정하고, line 27~34에서는 윈도우 내부에 설치되는 프레임을 생성하여 윈도우에 pack() 함수를 사용하여 설치한 후, 이 프레임에 마우스 이벤트 <Enter>, <Leave>, <Motion>, <Button-1>, <ButtonRelease-1>을 각각 mouse_enter(), mouse_leave(), move_position(), button_1_pressed(), button_1_released() 함수에 바인딩 시켜, 해당 이벤트가 발생되었을 때 호출되게 하여 마우스의 상태 변경 내용을 출력하게 한다.

Line 35~38에서는 마우스가 특정 위젯 영역에 들어가거나 벗어났을 때의 상황을 출력하도록 레이블 label_mouse_enter를 생성하여 프레임에 포함시킨다. Line 40~43에서는 마우스가 특정 위젯 영역 내부에서 이동할 때 이동 위치 좌표를 출력할 수 있도록 레이블 label_pos를 생성하여 프레임에 포함시킨다.

Line 45~48에서는 마우스 버튼이 눌러지거나 떨어질 때 발생하는 이벤트를 출력할 수 있도록 레이블 label_mouse_btn을 생성하여 프레임에 포함시킨다. 이렇게 생성된 3개의 레이블들은 프레임 내부에서의 마우스 동작 상태를 표시하도록 한다.

그림 11.26의 마우스 이벤트 핸들링 예제 프로그램의 실행 결과는 그림 11.27에서 보는 것과 같이 화면에 출력된다. 이 마우스 이벤트 핸들링 예제 프로그램은 어떤 마우스 이벤트가 발생되는지, 그리고 어떤 함수를 어떻게 바인딩하여 처리할 수 있는지에 대한 구조를 잘 보여주며, 마우스 이벤트를 활용할 수 있는 방법을 잘 이해할 수 있도록 한다.

```
# Handling Mouse Events
from tkinter import *

def mouse_enter(event):
    label_mouse_enter.configure(text = "Mouse entered into {}“\
     .format(event.widget))
    label_mouse_enter.update()

def mouse_leave(event):
    label_mouse_enter.configure(text = "Mouse left from {}“\
     .format(event.widget))
    label_mouse_enter.update()

def move_position(event):
    label_pos.configure(text = "Mouse position: ({}, {})".format(event.x, event.y))
    label_pos.update()
def button_1_pressed(event):
    label_mouse_btn.configure(text = "Mouse button {} is pressed".format(event.num))
    label_mouse_btn.update()

def button_1_released(event):
    label_mouse_btn.configure(text = "Mouse button {} is released".format(event.num))
    label_mouse_btn.update()

# main loop
window = Tk()
window.geometry("400x200+100+100")
window.title("Showing Mouse Events")
frame = Frame(window, bg="light yellow", bd=5, padx=5, pady=5, relief=RIDGE)
frame.pack(expand=YES, fill=BOTH)

frame.bind('<Enter>', mouse_enter)
frame.bind('<Leave>', mouse_leave)
frame.bind('<Motion>', move_position)
frame.bind('<Button-1>', button_1_pressed)
frame.bind('<ButtonRelease-1>', button_1_released)
mouse_motion = ""
label_mouse_enter = Label(frame, text = "Mouse motion: ({})".format(mouse_motion))
label_mouse_enter.config(bg='yellow', font=('times', 12, 'italic'))
label_mouse_enter.pack()

```

그림 11.26 마우스 이벤트 핸들링 프로그램 (part 1)

```
pos_x = pos_y = 0
label_pos = Label(frame, text = "Mouse position: ({}, {})".format(pos_x, pos_y))
label_pos.config(bg='lightgreen', font=('times', 12, 'italic'))
label_pos.pack()

btn_motion = ""
label_mouse_btn = Label(frame, text = "Mouse Button Motion:
    ({})".format(btn_motion))
label_mouse_btn.config(bg='orange', font=('times', 12, 'italic'))
label_mouse_btn.pack()

window.mainloop()
```

그림 11.26 마우스 이벤트 핸들링 프로그램 (part 2)

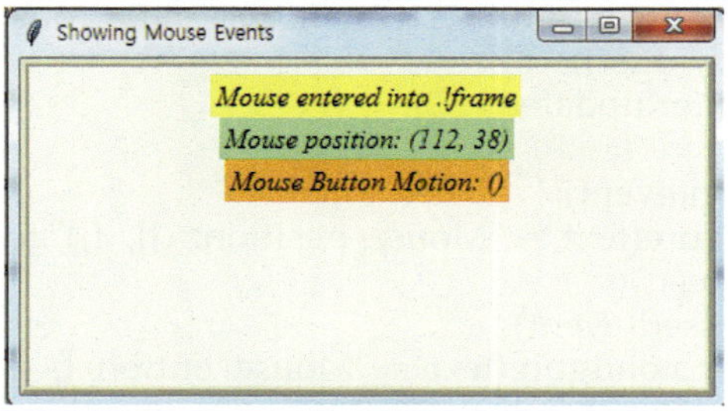

그림 11.27 마우스 이벤트 핸들링 프로그램 실행 결과

11.5 tkinter 그래픽 프로그램에서의 메뉴 생성 및 활용

11.5.1 메뉴 위젯 생성

그래픽 기반 사용자 인터페이스에서는 대부분 하나의 윈도우 창 내부에 다수의 메뉴 탭들이 구성되어 다양한 기능들을 체계적으로 사용할 수 있도록 구성하고 있다. 예를 들어 대부분의 워드 프로세서 프로그램에서는 선택 가능한 메뉴들로 파일, 편집, 보기, 입력/삽입, 서식/페이지 레이아웃, 참조, 검토 등이 제공되며, 각 메뉴마다 세부적인 서브 메뉴 또는 개별 기능을 수행할 수 있는 옵션들을 제공하고 있다. tkinter 그래픽 프로그래밍에서도 메뉴를 생성하고, 세부적인 기능 들을 위하여 서브 메뉴를 추가하며, 다양한 선택 기능들을 설정할 수 있게 한다.

표 11.14에서는 메뉴 위젯을 생성할 때 사용할 수 있는 주요 옵션들을 보여준다. 메뉴 위젯 옵션에는 배경색 (background color), 기본 텍스트 글자체 (text font), 전경색 (foreground color), 배경 이미지, 메뉴 분리 항목 생성 여부 (tearoff) 등이 있다.

표 11.14 메뉴 위젯의 주요 옵션

menu widget option	설 명
bg	배경색 (background color)
font	기본 텍스트 글자체 (text font)
fg	전경색 (foreground color)
image	이미지
tearoff	tearoff = 1(기본값) : 메뉴 분리 항목 생성 tearoff = 0 : 분리항목 없음

표 11.15는 메뉴 위젯에서 사용할 수 있는 주요 멤버함수들을 설명하고 있다. Menu() 함수는 메뉴 바를 생성하거나 이미 생성된 메뉴 바에 메뉴 항목을 생성할 때 사용된다. add_command() 함수는 메뉴에 항목을 추가할 때 사용되며, add_radiobutton(), add_checkbutton()은 메뉴에 라디오 버튼 또는 체크 버튼을 추가할 때 사용된다. add_cascade()는 메뉴 바에 새로운 메뉴 항목을 추가할 때 사용된다. 예를 들어 편집기에 있는 다양한 메뉴 탭들을 추가 생성할 때 add_cascade() 함수를 사용한다.

add_separator() 함수는 메뉴 항목 사이에 구분선을 추가할 때 사용하며, add() 함수는 지정된 type의 메뉴 항목을 추가할 때 사용된다. delete는 지정된 구간 (startindex~endindex)의 메뉴항목(들)을 삭제하며, entryconfig() 함수는 지정된 인덱스의 메뉴 항목의 옵션을 변경할 때 사용된다. index()는 지정된 이름 (item)의 메뉴 항목 인덱스를 반환하고, insert_separator(index) 함수는 index 위치에 구분선을 추가하며, invoke(index)는 인덱스로 지정된 항목의 명령함수를 호출한다. type(index) 함수는 index 메뉴 항목의 타입 (예: cascade, checkbutton, radiobutton, command, separator, tearoff)을 반환한다.

표 11.15 메뉴 위젯의 주요 멤버 함수

menu widget method	설명
Menu()	메뉴 탭 및 메뉴 항목 생성
add_command(option)	메뉴항목의 추가
add_radiobutton(options)	라디오 버튼 메뉴 항목 추가
add_checkbutton(options)	체크버튼 메뉴항목 추가
add_cascade(options)	부모 메뉴에 계층적으로 메뉴 생성
add_separator()	구분 선 추가
add(type, options)	type의 메뉴 항목 추가
delete(startindex[, endindex])	startindex에서 endindex까지의 메뉴 항목 삭제
entryconfig(index, options)	메뉴 항목 중 인덱스로 지정된 항목의 옵션 변경
index(item)	item 이름의 메뉴 항목 인덱스 반환
insert_separator(index)	index 위치에 구분선 추가
invoke(index)	index 항목의 명령함수 호출
type(index)	index 항목의 타입 반환: "cascade", "checkbutton", "command", "radiobutton", "separator", "tearoff"

11.5.2 메뉴 생성과 서브 메뉴 추가 예제

기본적인 메뉴 바와 메뉴 탭들을 생성하고 세부적인 메뉴 항목들을 구성하는 방법을 그림 11.28의 프로그램 예제에서 설명한다. Line 3~4에서는 tkinter 패키지와 messagebox 모듈을 설치한다. Line 6~7의 onFileNew() 함수는 파일 메뉴 중 New 항목이 선택되었을 때 실행되며, 단순히 New 항목이 선정되었다는 것을 콘솔 화면에 출력한다. Line 9~12에서 구현하는 onFileExit() 함수는 파일 메뉴 중 Exit 항목이 선택되었을 때 실행되며, 메시지 박스를 사용하여 프로그램 실행을 중단할 것인지를 확인한 후 yes가 선택되면 윈도우를 삭제하고 프로그램 실행을 종료한다.

Line 14~24의 onGraphic() 함수는 Graphic 메뉴에서 radioButton으로 세부 항목이 선택되면 실행되며, 선택된 항목을 drawType.get() 함수로 받아온 후 그 값에 따라 해당 도형의 이름을 출력한다. 그림 11.28에서는 실제 도형을 그리지는 않고 메뉴의 항목이 선정되었을 때 실행되는 내용을 어떻게 처리하는가를 파악할 수 있게 한다.

Line 25~27에서 makeMenu() 함수는 메뉴를 생성할 윈도우를 인수 master로 전달받고, Menu() 함수를 사용하여 메뉴 위젯을 생성한 후 menuBar에 대입시키고, 윈도우(master)의 config() 함수를 사용하여 메뉴 창으로 등록한다. Line 29~32에서는 Menu() 함수를 사용하여 메뉴 창에 등록될 filemenu를 생성하며, 이름을 file로 설정하고, add_command() 함수를 사용하여 New와 Exit 항목을 차례로 추가하며, 해당 항목이 선택되었을 때 각각 onFileNew() 함수와 onFileExit() 함수가 호출되도록 filemenu의 command 속성을 설정한다. Line 32에서는 filemenu를 add_cascade()를 사용하여 부모인 메뉴 창 menuBar에 계층적으로 등록한다.

Line 34~41에서는 Menu() 클래스로 graphic 메뉴를 생성하며, add_radiobutton() 함수를 사용하여 Line, Rectangle, Oval 항목을 차례로 생성하고, 해당 항목의 인덱스 값을 각각 설정한 후, 이 항목이 선정되면 onGraphic() 함수가 호출될 수 있도록 command 속성을 설정한다. Line 41에서 add_cascade() 함수를 사용하여 graphic 메뉴를 부모 메뉴 창 menuBar에 등록한다.

Line 43~49에서는 Tk() 함수를 사용하여 윈도우를 생성하고 제목을 설정한다. 이 프로그램의 전역 변수인 drawType을 정수형으로 생성하고, 기본 값을 1로 설정하며, makeMenu() 함수를 사용하여 메뉴 위젯을 생성한 후, window.mainloop()을 실행하여 윈도우 상에 발생하는 이벤트들을 계속 처리할 수 있도록 반복문을 실행시킨다.

그림 11.28의 메뉴 생성 및 활용 예제 프로그램의 실행 결과는 그림 11.29에서 보는 것과 같이 윈도우의 메뉴 바에 File과 Graphic 메뉴 위젯이 생성되어 있으며, File 메뉴 창에는 New와 Exit 항목이 열거되고, Graphic 메뉴 창에는 Line, Rectangle, Oval 항목이 radioButton으로 열거되어 있다. 각 항목을 선정하면 사전에 바인딩 된 함수가 실행된다. 예를 들어 File 메뉴의 Exit을 선정하면 그림 11.29 (b)와 같은 메시지 박스가 생성되어 프로그램 종료를 다시 한번 확인한 후, “예(Y)” 버튼이 눌려지면 윈도우를 제거하고 프로그램을 종료한다.

```
# tkinter - Menu Widget

from tkinter import *
from tkinter import messagebox

def onFileNew():
    print("select New")

def onFileExit():
    result = messagebox.askquestion("Exit Confirm", "Quit ?")
    if result == "yes":
        window.destroy()

def onGraphic():
    DT = drawType.get()
    print("drawType = ", DT)
    if DT == 1:
        print(" (line)")
    elif DT == 2:
        print(" (Rectangle)")
    elif DT == 3:
        print(" (Oval)")
    else:
        print(" (Undefined type)")

def makeMenu(master):
    menuBar = Menu(master)
    master.config(menu = menuBar) # menu pane of window

    filemenu = Menu(menuBar, title = "file")
    filemenu.add_command(label="New ...", command=onFileNew)
    filemenu.add_command(label="Exit", command=onFileExit)
    menuBar.add_cascade(label="File", menu=filemenu)

    graphic = Menu(menuBar, tearoff=0)
    graphic.add_radiobutton(label="Line", variable=drawType, value=1,
                            command=onGraphic)
    graphic.add_radiobutton(label="Rectangle", variable=drawType, value=2,
                            command=onGraphic)
    graphic.add_radiobutton(label="Oval", variable=drawType, value=3,
                            command=onGraphic)
    menuBar.add_cascade(label="Graphic", menu=graphic)

if __name__ == "__main__":
    window = Tk()
    window.title("My GUI with Menu")
    drawType = IntVar();
    drawType.set(1)
    makeMenu(window)
    window.mainloop()
```

그림 11.28 기본적인 메뉴 생성 및 활용 예제

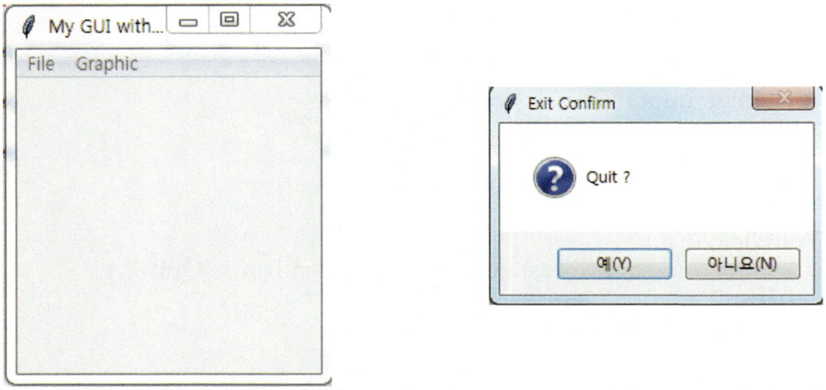

(a) 메뉴들이 포함된 윈도우

(b) 파일 메뉴에서 Exit을 선택하였을 때 확인 메시지 창

그림 11.29 기본적인 메뉴 생성 및 활용 예제 프로그램 실행 결과

11.5.3 메뉴 위젯과 마우스 버튼 기능을 사용하는 그래픽

그림 11.30은 메뉴 위젯과 마우스 이벤트를 사용한 그래픽 예제를 보여준다. Line 3~4에서는 tkinter와 colorchooser를 설치하여 사용할 수 있도록 한다. Line 6~7의 onFileNew() 함수는 파일 메뉴에서 New 항목이 선택되었을 때 캔버스 (canvas)에 그려져 있는 모든 도형들을 삭제하여 깨끗하게 지운다.

Line 9~13의 onGraphicType() 함수는 Graphic 메뉴 중 submenu1에서 도형의 종류를 선택할 때 호출되며, 선택된 항목의 인덱스를 drawType.get() 함수를 사용하여 받아온다. 인덱스 값이 1 (Line, 직선)이면 submenu2 (펜 색상을 설정하는 메뉴이며, line 93~98에서 생성)의 state를 Disable로 설정하여 펜 색상 선정 기능을 사용할 수 없도록 설정하며, 인덱스 값이 1이 아니면 state를 Normal로 설정하여 펜 색상 선정이 가능하도록 한다. 이 함수는 서브 메뉴의 선정에 따라 다른 서브 메뉴 사용을 중지시키거나 허용하는 기능을 보여주기 위하여 구성된 것이다.

Line 15~21의 setPenColor() 함수는 Graphic 메뉴 중 submenu2에서 penColor를 선정할 때 호출되며, colorVar[0] 변수에 설정된 색상으로 penColor를 설정하여 도형을 그릴 때 선택된 색상의 선을 그릴 수 있게 한다.

Line 23~30의 setFillColor() 함수는 Graphic 메뉴의 submenu3에서 도형의 채우기 색상 (fill color)이 선정될 때 호출되며, colorVar[1] 변수에 설정된 채우기 색상 종류를 fillColor에 설정한다. 만약 colorVar[1]에 설정된 색상이 None이 아니면 (예: Color) colorchooser 모듈의 askcolor() 함수를 사용하여 색상표에서 사용자가 선정한 채우기 색상을 사용하도록 fillColor 변수를 설정한다. askcolor() 함수는 색상 RGB 값을 튜플 ((r, g, b), '#rrggbb')의 포맷으로 반환하며, askcolor()[1]은 '#rrggbb' 항목으로, 이는 RGB 색상 값을 16진수 2자리씩으로 표현한 것이다.

```
# Graphic Drawing with Menu

from tkinter import *
from tkinter.colorchooser import *

def onFileNew():
    canvas.delete("all")

def onGraphicType():
    if drawType.get() == 1:
        submenu2.entryconfig(0, state=DISABLED)
    else:
        submenu2.entryconfig(0, state=NORMAL)

def setPenColor():
    global penColor
    c1 = colorVar[0].get()
    if c1 == "None":
        penColor = ""
    else:
        penColor = c1

def setFillColor():
    global fillColor
    c2 = colorVar[1].get()
    if c2 == "None":
        fillColor = ""
    else:
        fillColor = askcolor()[1]
        #askcolor() returns a tuple((r, g, b), '#rrggbb')

def onMouseLeftDown(event):
    global last_x, last_y
    global current_obj, selected
    x, y = event.x, event.y
    if not event.widget.find_withtag(CURRENT):
        if drawType.get() == 1:
            current_obj = canvas.create_line(x, y, x, y, fill=penColor, width=2)
        elif drawType.get() == 2:
            current_obj = canvas.create_rectangle(x, y, x, y, outline=penColor,
                                    fill=fillColor, width=2)
        else:
            current_obj = canvas.create_oval(x, y, x, y, outline=penColor,
                                    fill=fillColor, width=2)
        selected = False
        drawObjects[current_obj]=(penColor, fillColor)
        canvas.tag_bind(current_obj, "<Any-Enter>", onMouseEnter)
        canvas.tag_bind(current_obj, "<Any-Leave>", onMouseLeave)
    else:
        selected = True
    last_x, last_y = x, y
```

그림 11.30 메뉴 위젯과 마우스 이벤트를 사용한 그래픽 예제 (part 1)

```
50 :  def onMouseMove(event):
51 :      global last_x, last_y
52 :      if selected:
53 :          dx = event.x - last_x
54 :          dy = event.y - last_y
55 :          canvas.move(CURRENT, dx, dy)
56 :      else:
57 :          canvas.coords(current_obj, last_x, last_y, event.x, event.y)
58 :
59 :  def onMouseEnter(event):
60 :      canvas.itemconfig(CURRENT, fill="red", width=4)
61 :
62 :  def onMouseLeave(event):
63 :      objectType = canvas.type(CURRENT)
64 :      current_obj = event.widget.find_withtag(CURRENT)
65 :      ID = current_obj[0]
66 :      color1, color2 = drawObjects[ID]
67 :      if objectType == "line":
68 :          canvas.itemconfig(CURRENT, fill=color1, width=2)
69 :      else:
70 :          canvas.itemconfig(CURRENT, outline=color1, fill=color2, width=2)
71 :
```

그림 11.30 메뉴 위젯과 마우스 이벤트를 사용한 그래픽 예제 (part 2)

Line 32~49의 onMouseLeftDown() 함수는 윈도우 내에 포함된 캔버스 영역에서 마우스의 왼쪽 버튼이 눌려졌을 때 (즉, <Button-1> 이벤트가 발생하였을 때) 호출되도록 line 123에서 바인딩 된 함수이다. Line 34에서는 이벤트가 발생한 마우스 위치 좌표를 event.x와 event.y로 부터 읽어 x, y에 기록한다. Line 36에서는 event.widget으로 이벤트가 발생한 캔버스 (canvas)를 찾는다. 이 캔버스의 find_withtag(CURRENT) 함수를 사용하여 마우스 왼쪽 버튼을 눌러 선택한 캔버스 내의 아이템을 찾았을 때, 선정된 아이템이 없으면 submenu1에서 선정된 drawType 값에 따라 canvas의 create_line(), create_rectangle(), create_oval() 함수를 사용하여 새로운 도형을 그린 후, 이를 current_obj에 저장한다.

새로운 도형을 그릴 때 미리 선정된 penColor와 fillColor를 사용한다. onMouseLeftDown() 함수에서는 일단 새로운 도형을 마우스 왼쪽 버튼이 눌려진 위치에 생성한 후, 전역 변수인 selected를 False로 설정하며, line 43에서 새롭게 생성된 도형 current_obj를 딕셔너리 자료형 객체인 drawObjects[]에 (penColor, fillColor) 튜플과 함께 등록한다. Line 44~45에서는 새롭게 생성된 도형 current_obj의 영역에 마우스가 들어오거나 나가는 경우 각각 onMouseEnter() 함수와 onMouseLeave() 함수가 호출되도록 tag_bind() 함수를 사용하여 바인딩 한다. 새롭게 생성된 도형의 크기가 변경되는 것은, 마우스의 왼쪽 버튼을 누른 채로 이동을 시키면 <B1-Motion> 이벤트가 발생되어 line 50~57의 onMouseMove() 함수가 실행되고, 도형의 크기가 변경된다.

Line 124에서 캔버스 내에서의 <B1-Motion> 이벤트 발생시 onMouseMove() 함수가 호출되도록 바인딩한 결과에 따라 line 50~57에서 구현된 onMouseMove() 함수가 호출된다. 만약 전역 변수인 selected가 True 상태라면, 기존에 생성되었던 도형이 선택되어 위치를 이동하는 중이므로 현재의 커서 위치 (event.x, event.y)와 이전의 커서 위치 (last_x, last_y)의 차이를 계산하여 dx, dy에 저장하고, 이 변화량만큼 해당 아이템을 이동시킨다.

만약 전역변수 selected가 False 상태라면, 새로운 도형이 추가되고 크기가 조정되고 있는 중이므로 canvas.coords() 함수를 사용하여 x0 = last_x, y0 = last_y, x1 = event.x, y1 = event.y로 해당 아이템 current_obj의 기준 좌표 (좌측 상단 및 우측 하단 좌표)를 재 설정하여 도형의 크기를 변경한다.

Line 59~60의 onMouseEnter() 함수는 해당 도형의 채우기 색상을 red로 변경하고 테두리 선의 두께를 4로 조정하여 어떤 도형이 선택되었는지 쉽게 알아 볼 수 있게 한다.

Line 62~70의 onMouseLeave() 함수는 캔버스 내의 어떤 도형 영역으로부터 마우스가 이탈할 때 발생되며, 해당 도형 아이템의 종류를 canvas.type(CURRENT)로 확인하여 objectType에 기록하고, 해당 도형 아이템을 event.widget.find_withtag (CURRENT)로 찾아내어 current_obj에 기록한다. current_obj 객체의 0번째 정보를 읽어 ID를 확인하고, drawObjects[ID]에 저장되어 있는 (penColor, fillColor) 정보를 읽어 각각 color1, color2에 저장한다. 만약 objectType이 line이라면 선의 색깔을 color1 (즉 penColor)로 설정하며, 선의 두께를 2로 재조정한다. 만약 onjectType이 line이 아닌 rectangle이나 oval이라면, 테두리 선 색상을 color1으로, 채우기 색상을 color2로, 테두리 선 굵기는 2로 재조정한다.

Line 72~105에서 구현되어 있는 makeMenu() 함수는 윈도우 내에 메뉴바를 생성하고, 메뉴바 내에 file 메뉴와 graphic 메뉴를 생성하며 다양한 추가 항목과 서브 메뉴를 생성한다. Line 72에서는 윈도우를 인수 master로 전달 받으며, line 74에서 윈도우에 포함되는 menuBar를 생성하고, line 75에서 윈도우의 menu 속성으로 구성한다.

Line 77~80에서는 menuBar에 포함되는 filemenu를 생성하며, 세부 항목으로 New와 Exit을 생성하며, 해당 항목이 선택되었을 때 각각 onFileNew와 윈도우의 destroy 함수가 실행되도록 설정한다. 이렇게 생성된 filemenu는 add_cascade() 함수를 사용하여 menuBar에 추가된다.

Line 82~83에서는 graphic 메뉴를 생성하고, 이를 menuBar의 menu 속성으로 추가한다. Line 85~88에서는 submenu1을 생성하고, 세부 항목으로 Line, Rectangle, Oval을 생성하며, 각 항목의 variable 속성을 drawType으로 설정하고, 1~3의 값을 가지게 하며, 이 항목이 선택되었을 때 onGraphicType() 함수가 호출되게 command 속성을 설정한다. Line 90에서는 add_cascade() 함수를 사용하여 submenu1을 graphic 메뉴의 Create 이름의 세부 메뉴로 등록한다. Line 91에서는 graphic 메뉴의 세부 메뉴사이에 분리 선을 추가한다.

Line 93~98에서는 penColor를 선정하는 submenu2를 생성하고, 세부적인 항목으로 None, Black, Red, Green, Blue의 색상을 선정할 수 있는 항목들을 add_radiobutton() 함수를 사용하여 추가하며, variable 속성을 colorVar[0]으로 설정하고, 값은 각각 None, Black, Red, Green, Blue의 색상 이름으로 설정한다. 만약 submenu2의 항목이 선정되면 setPenColor() 함수가 호출되도록 command 속성을 설

정한다. Line 100~101에서 submenu2를 graphic 메뉴의 Pen Color 세부 메뉴로 등록하고, 서브 메뉴간에 구분선을 추가한다.

```
72 :  def makeMenu(master):
73 :      global drawType, submenu2
74 :      menuBar = Menu(master)
75 :      master.config(menu=menuBar)
76 :
77 :      filemenu = Menu(menuBar, tearoff=0)
78 :      filemenu.add_command(label="New", command=onFileNew)
79 :      filemenu.add_command(label="Exit", command=master.destroy)
80 :      menuBar.add_cascade(label="File", menu=filemenu)
81 :
82 :      graphic = Menu(menuBar, tearoff=0)
83 :      menuBar.add_cascade(label="Graphic", menu=graphic)
84 :
85 :      submenu1 = Menu(graphic, tearoff=0)
86 :      submenu1.add_radiobutton(label="Line", variable=drawType, value=1,
            command=onGraphicType)
87 :      submenu1.add_radiobutton(label="Rectangle", variable=drawType,
            value=2, command=onGraphicType)
88 :      submenu1.add_radiobutton(label="Oval", variable=drawType, value=3,
            command=onGraphicType)
89 :
90 :      graphic.add_cascade(label="Create", menu=submenu1)
91 :      graphic.add_separator()
92 :
93 :      submenu2 = Menu(graphic, tearoff=0) # pen color
94 :      submenu2.add_radiobutton(label="None", variable=colorVar[0],
            value="None", state=DISABLED, command=setPenColor)
95 :      submenu2.add_radiobutton(label="Black", variable=colorVar[0],
            value="Black", state=DISABLED, command=setPenColor)
96 :      submenu2.add_radiobutton(label="Red", variable=colorVar[0],
            value="Red", state=DISABLED, command=setPenColor)
97 :      submenu2.add_radiobutton(label="Green", variable=colorVar[0],
            value="Green", state=DISABLED, command=setPenColor)
98 :      submenu2.add_radiobutton(label="Blue", variable=colorVar[0],
            value="Blue", state=DISABLED, command=setPenColor)
99 :
100 :     graphic.add_cascade(label="Pen Color", menu=submenu2)
101 :     graphic.add_separator()
102 :
103 :     submenu3 = Menu(graphic, tearoff=0)
104 :     submenu3.add_radiobutton(label="None", variable=colorVar[1],
            value="None", command=setFillColor)
105 :     submenu3.add_radiobutton(label="Color", variable=colorVar[1],
            value="Color", command=setFillColor)
106 :
107 :     graphic.add_cascade(label="Fill Color", menu=submenu3)
```

그림 11.30 메뉴 위젯과 마우스 이벤트를 사용한 그래픽 예제 (part 3)

Line 103~105에서는 채우기 색상 (fillColor)를 선정하는 submenu3을 생성하고, 세부 항목으로 None과 Color를 add_radiobutton() 함수를 사용하여 추가하며, variable

속성을 colorVar[1]으로 설정하고, 값으로 None과 Color를 각각 설정한다. 이 항목이 선정되면 setFillColor() 함수가 호출될 수 있도록 command 속성을 설정한다.

Line 107에서는 submenu3을 graphic 메뉴의 Fill Color 세부 메뉴로 등록한다.

Line 109~126에서는 메뉴와 마우스 동작을 사용한 그래픽 프로그램의 준비와 실행을 종합 관리하는 기능을 구현하고 있다. Line 110~111에서 윈도우를 생성한 후 제목을 설정한다. Line 112~113에서는 drawType 변수를 정수 자료형으로 생성하고, 초기값으로 1을 설정한다.

Line 115에서는 딕셔너리 객체인 drawObjects를 준비하며, line 116~118에서 penColor와 fillColor 색상을 지정하기 위한 colorVar 리스트를 생성하며, penColor를 설정하는 colorVar[0]은 black으로, fillColor를 설정하는 colorVar[1]은 None으로 초기값을 설정한다. Line 119에서 setPenColor() 함수와 setFillColor() 함수를 호출하여 각각 penColor와 fillColor 변수를 설정한다.

Line 121에서는 makeMenu() 함수를 호출하여 window에 메뉴 위젯을 생성하며, 앞에서 설명한 세부 메뉴들을 구성한다.

Line 122~125에서는 윈도우에 포함되는 캔버스를 생성하며, 윈도우에 pack() 배치관리 함수를 사용하여 추가하고, <Button-1> 이벤트 (마우스 좌측 버튼이 눌려질때 발생)와 <B1-Motion> 이벤트 (마우스 좌측 버튼을 누른채로 이동할 때 발생)에 대하여 각각 onMouseLeftDown() 함수와 onMouseMove() 함수가 호출되도록 설정한다.

Line 126에서는 윈도우에 발생하는 이벤트들을 처리할 수 있도록 mainloop() 함수를 호출한다. 그림 11.30에서 구현한 메뉴 위젯과 마우스 이벤트를 사용한 그래픽 예제 프로그램의 실행 결과는 그림 11.31에서 보는 것과 같다.

```
108 : ##############################################
109 : if __name__ == "__main__":
110 :       window = Tk()
111 :       window.title("Simple Graphic")
112 :       drawType = IntVar();
113 :       drawType.set(1)
114 :
115 :       drawObjects = {}
116 :       colorVar = [StringVar(), StringVar()] # penColor, fillColor
117 :       colorVar[0].set("black") # penColor
118 :       colorVar[1].set("None"); # fillColor
119 :       setPenColor(); setFillColor()
120 :
121 :       makeMenu(window)
122 :       canvas = Canvas(window, width=600, height=800)
123 :       canvas.pack(expand=YES, fill=BOTH)
124 :       canvas.bind("<Button-1>", onMouseLeftDown)
125 :       canvas.bind("<B1-Motion>", onMouseMove)
126 :       window.mainloop()
```

그림 11.30 메뉴 위젯과 마우스 이벤트를 사용한 그래픽 예제 (part 4)

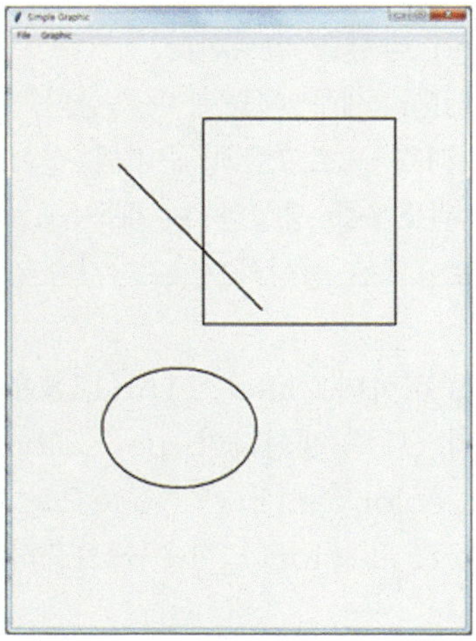

그림 11.31 메뉴 위젯과 마우스 이벤트를 사용한 그래픽 예제 실행결과

11.6 tkinter 그래픽 응용 프로그램

11.6.1 막대 그래프

다양한 분야에서 가장 많이 사용되는 그래프에는 막대그래프와 꺾은선 그래프가 있다. 막대그래프는 서로 비교하고 싶은 값들을 막대기의 높이로 나타내어 시각적으로 비교할 수 있게 하며, 꺾은선 그래프는 변화 추세를 분석하고자 할 때 많이 사용되며, 가로축의 기준값이 변경됨에 따라 세로축의 값이 어떻게 따라서 변화하는 가를 쉽게 파악할 수 있게 한다.

그림 11.32는 tkinter 패키지의 캔버스 모듈을 사용하여 막대그래프를 구성하는 예를 보여준다. Line 3~6에서는 윈도우를 생성하고 제목을 설정하며, 윈도우 내에 포함되는 캔버스를 생성하고, pack() 함수를 사용하여 윈도우의 위쪽으로 압축배치 한다.

Line 8~26의 bar_chart_init() 함수는 막대그래프를 그리기 위한 기본 준비로서 가로축과 세로축을 그리고, 세로축의 눈금을 그려서 막대기의 높이가 어느 정도인지 쉽게 판단할 수 있게 한다. 우선 line 10~14에서 그래프가 표시되는 영역의 X 좌표 구간과 Y 좌표 구간을 설정하며, X축에서 각 막대 그래프의 간격, Y축에서 세로축 눈금 간격, 막대기의 폭을 설정한다. Line 15~18에서는 X축과 Y축을 그리고, 그축의 끝 부분에 'X' 와 'Y' 를 각각 표시한다. Line 19~26에서는 Y축에 눈금을 그리고, 각 눈금 옆에 값을 표시한다.

Line 28~34의 draw_bar() 함수는 막대그래프로 표시하여야 하는 항목의 순서, 높이, 이름을 전달받아 X축 상의 위치를 계산하여 x_0에 저장하고, y_0는 Y_base 값으로 설정하며, 이 기준위치로부터 폭이 Bar_width이며, 높이가 height인 직 사각형을 canvas의 create_rectangle() 함수를 사용하여 그린다. 아울러 X축의 해당 항목 아래에 그 막대기(직사각형)의 가운데 아랫부분에 이름을 함께 표시하도록 한다.

Line 37~41은 막대그래프를 초기화하고, 그래프로 그릴 항목들의 높이를 bars 리스트에 정리하고, 이름을 names 리스트에 정리하며, for 반복문을 사용하여 draw_bar() 함수를 호출하여 캔버스에 막대그래프를 표시하도록 한다. 전체 막대그래프 출력 결과는 그림 11.33에서 보는 것과 같다

```
# tkinter - bar chart
from tkinter import *
window = Tk()
window.title("tkinter - bar chart")
canvas = Canvas(window, bg="white", width=700, height=600)
canvas.pack(side="top")

def bar_chart_init():
    global X_base, Y_base, X_max, Y_max, x_interval, y_interval, Bar_width
    Y_base, Y_max = 500, 100
    X_base, X_max = 100, 600
    x_interval = 50
    y_interval = 50
    Bar_width = 20
    canvas.create_line(X_base - 10, Y_base, X_max, Y_base) # x- axis
    canvas.create_line(X_base, Y_base + 10, X_base, Y_max) # y-axis
    canvas.create_text(X_max + 15, Y_base, font="Times 12", text="X")
    canvas.create_text(X_base, Y_max - 15, font="Times 12", text="Y")
    y = y_interval
    #draw grids on Y-axis
    while True:
        canvas.create_line(X_base - 5, Y_base - y, X_base + 5, Y_base - y)
        canvas.create_text(X_base - 20, Y_base - y, font="Times 10",
          text="{}".format(y))
        y += y_interval
        if (Y_base - y) < Y_max:
            break

def draw_bar(x_loc, height, name):
    x_0 = x_interval // 2 + X_base + x_interval * x_loc
    y_0 = Y_base
    x_1 = x_0 + Bar_width
    y_1 = y_0 - height
    canvas.create_rectangle(x_0, y_0, x_1, y_1, fill="blue")
    canvas.create_text(x_0 + Bar_width//2, y_0 + 10, font="Times 10", text=name,
      anchor="center")

# --------------------
bar_chart_init()
bars = [150, 50, 200, 350, 250, 300, 250, 200, 150, 100]
names = ['abc', 'xyz', 'cc', 'd', 'eeee', 'ff', 'gg', 'hhhh', 'iii', 'j']
for i in range(len(bars)):
    draw_bar(i, bars[i], names[i])
```

그림 11.32 tkinter canvas 메소드를 사용한 막대그래프 그리기 (part 1)

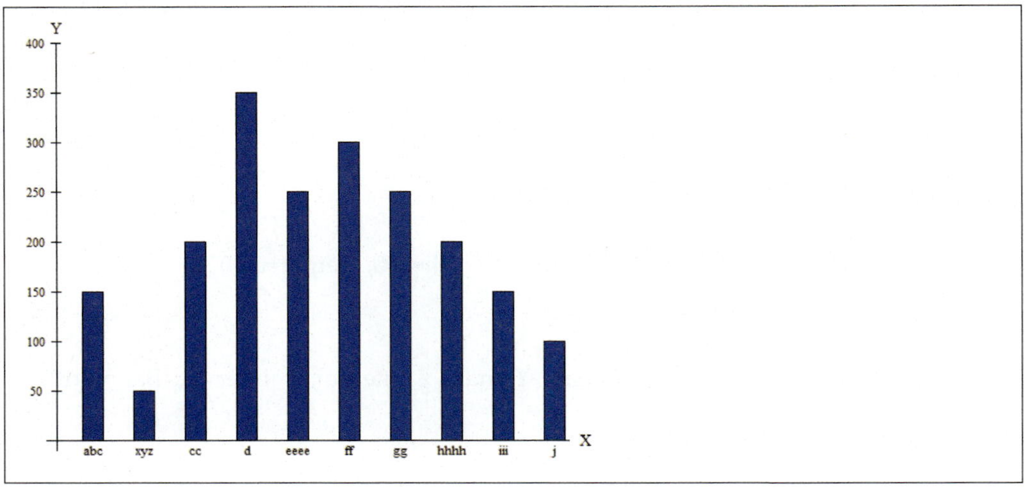

그림 11.33 tkinter canvas 메소드를 사용한 막대그래프 그리기 결과

11.6.2 꺾은선 그래프

그림 11.34는 기준 값의 변화에 따라 종속 값의 변화 추세를 파악할 수 있도록 하는 꺾은선 그래프를 그리는 방법을 보여준다. Line 3~6에서는 tkinter 모듈을 설치하고, 윈도우를 생성한 후 제목을 설명하며, 배경색과 크기를 지정한 캔버스를 생성하여 윈도우에 포함시킨다.

Line 8~33의 line_graph_init()에서는 꺾은선 그래프를 그리기 위한 기본 준비를 수행한다. 먼저 X축과 Y축을 그리고,축에 일정 간격의 눈금을 그리고, 그 눈금 옆 또는 아래에 값을 표시하여 기준 값의 크기와 위치를 파악하게 한다.

Line 35~39의 mark_point() 함수는 X축 상의 순서와 꺾은선 그래프의 꼭지점의 좌표 정보를 전달받아 해당 위치에 원형 표시를 하며, 그 표시 아래에 이름을 출력하도록 한다. makr_point() 함수를 사용하여 표시된 결과는 그림 11.35에서 확인할 수 있다.

그림 11.34 line 42~59에서는 line_graph_init() 함수를 사용하여 꺾은선 그래프를 준비하며, 꺾은선 그래프로 표현할 값을 points 리스트에 준비하고 각 꼭지점의 이름을 names 리스트에 준비한다. Line 47~49에서는 리스트 points에 포함된 정보를 꺾은선 그래프로 표시하기 위한 꼭지점 좌표 (x, y) 정보를 튜플로 준비하여 point_coords 리스트에 포함시킨다. Line 50~57에서는 각 꼭지점 사이를 직선으로 연결하고, line 58~59에서는 mark_point() 함수를 사용하여 꼭지점 위치에 작은 원을 그리도록 한다.

그림 11.34에서 생성한 꺾은선 그래프는 그림 11.35와 같은 출력 결과를 가진다.

```
# tkinter - line graph
from tkinter import *
window = Tk()
window.title("tkinter - line graph using canvas methods")
canvas = Canvas(window, bg="white", width=700, height=600)
canvas.pack(side="top")

def line_graph_init():
    global X_base, Y_base, X_max, Y_max, x_interval, y_interval, mark_size
    Y_base, Y_max = 500, 100
    X_base, X_max = 100, 600
    x_interval = 50
    y_interval = 50
    mark_size = 5
    canvas.create_line(X_base - 10, Y_base, X_max, Y_base) # x- axis
    canvas.create_line(X_base, Y_base + 10, X_base, Y_max) # y-axis
    canvas.create_text(X_max + 15, Y_base, font="Times 12", text="X")
    canvas.create_text(X_base, Y_max - 15, font="Times 12", text="Y")
    #draw grids on X-axis
    x = x_interval // 2
    while True:
        canvas.create_line(X_base + x, Y_base + 5, X_base + x, Y_base - 5)
        x += x_interval
        if (X_base + x) > X_max:
            break
    y = y_interval
    #draw grids on Y-axis
    while True:
        canvas.create_line(X_base - 5, Y_base - y, X_base + 5, Y_base - y)
        canvas.create_text(X_base - 20, Y_base - y, font="Times 10",
          text="{}".format(y))
        y += y_interval
        if (Y_base - y) < Y_max:
            break

def mark_point(x_loc, point_coords):
    x = point_coords[x_loc][0]
    y = point_coords[x_loc][1]
    canvas.create_oval(x - mark_size//2, y + mark_size//2, x + mark_size//2,
      y - mark_size//2, outline="blue", width=5)
    canvas.create_text(x + mark_size//2, y + 10, font="Times 10",
      text=names[x_loc], anchor="center")

# --------------------
line_graph_init()
point_coords = []
points = [150, 50, 200, 350, 250, 300, 250, 200, 150, 100]
names = ['abc', 'xyz', 'cc', 'd', 'eeee', 'ff', 'gg', 'hhhh', 'iii', 'j']
x = X_base + x_interval // 2
for i in range(len(points)):
    point_coords.append((x, Y_base - points[i]))
    x += x_interval
```

그림 11.34 tkinter canvas 메소드를 사용한 꺾은선 그래프 그리기 (part 1)

```
for i in range(len(point_coords)):
    if i == len(point_coords)-1:
        break
    x1 = point_coords[i][0]
    y1 = point_coords[i][1]
    x2 = point_coords[i+1][0]
    y2 = point_coords[i+1][1]
    canvas.create_line(x1, y1, x2, y2, width=2, fill = 'red')
for i in range(len(points)):
    mark_point(i, point_coords)
```

그림 11.34 tkinter canvas 메소드를 사용한 꺾은선 그래프 그리기 (part 2)

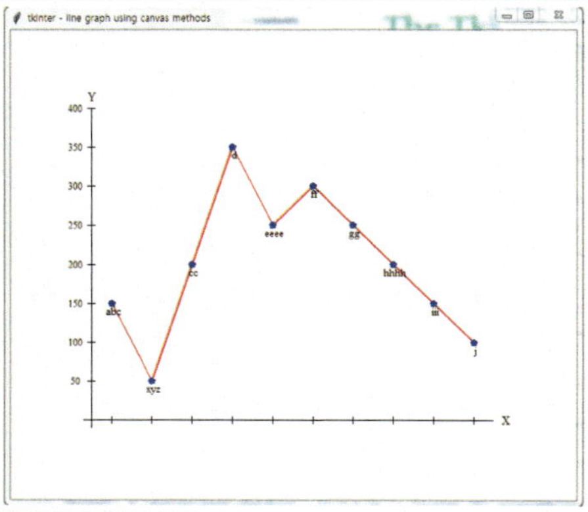

그림 11.35 tkinter canvas 메소드를 사용한 꺾은선 그래프 그리기 결과

11.7 tkinter 기반 애니메이션

11.7.1 하노이 탑 (Hanoi Tower)

tkinter 그래픽 프로그래밍을 활용하여 애니메이션을 구성하면 실제 프로그램의 객체가 어떻게 이동하며 문제가 해결되어 가는지 쉽게 파악할 수 있게 한다. 그림 11.36은 재귀함수 호출을 사용하는 알고리즘의 좋은 예제로서 하노이 탑 문제의 해답을 애니메이션 구현하여 쉽게 파악할 수 있게 한다.

이 애니메이션 프로그램에서는 하노이 탑을 3개의 캔버스에 구현하며, 하노이 탑에 사용되는 원반은 line 13~23에서 class Disk로 구현한다. Line 14~17의 __init__() 멤버함수에서는 원반에서 사용되는 멤버 데이터로 크기를 나타내는 지름 (diameter), 원반 두께 (length), 색상 (colr)를 생성하며, 초기값을 설정한다. setTower() 멤버함수는 그 원반이 어떤 탑 (tower)에 놓여있는지 구분하도록 tower를 데이터 멤버로 생성하고, 인수로 전달된 값을 설정한다.

Line 25~71의 class Tower은 탑을 구현하며 3개의 캔버스에 각각 하나씩 구현된다. Line 26~30의 __init__() 멤버함수는 탑의 데이터 멤버들인 name, disks[] 리스트, 캔버스, 캔버스 식별자를 생성하고, 초기값을 설정한다.

addDisk() 멤버함수는 탑에 원반을 추가하며, getLength() 함수는 현재 탑에 몇 개의 원반들이 쌓여 있는지 개수를 알려 준다. top() 멤버함수는 탑에 쌓여있는 원반들 중 가장 위에 있는 원반의 직경을 반환한다. 만약 쌓여있는 원반이 없는 경우 None을 반환한다. pop() 멤버함수는 탑에 쌓여있는 원반들 중 가장 위에 있는 원반을 반환하며, 만약 탑에 원반이 없는 경우 None을 반환한다.

```
 1: # Turtle graphic - animation of HanoiTower with delay()
 2:
 3: import turtle
 4: from turtle import *
 5: from tkinter import *
 6: import time
 7:
 8: #turtle.title("Turtle Simulation of Honoi Tower with tkinter")
 9: Disk_thickness = 30
10: Canvas_Width = 300
11: Canvas_Height = 300
12: Colors = ["red", "green", "blue", "orange", "yellow", "purple"]
13: class Disk(object):
14:     def __init__(self, size, length, color):
15:         self.diameter= size
16:         self.length = length
17:         self.color = color
18:     def setTower(self, tower):
19:         self.tower = tower
20:     def __str__(self):
21:         return "Disk_{}".format(self.diameter)
22:     def __repr__(self):
23:         return "Disk_{}".format(self.diameter)
24:
25: class Tower(object):
26:     def __init__(self, name, canvas, cv_id):
27:         self.name = name
28:         self.disks = []
29:         self.canvas = canvas
30:         self.cv_id = cv_id
31:     def addDisk(self, disk):
32:         self.disks.append(disk)
33:     def getLength(self):
34:         return len(self.disks)
35:     def top(self):
36:         if len(self.disks) <= 0:
37:             return None
38:         disk = self.disks[-1]
39:         if disk == None:
40:             return None
41:         else:
42:             return disk.diameter
```

그림 11.36 하노이 탑 애니메이션 (part 1)

Line 51~60의 drawTower() 함수는 탑에 포함된 원반들을 이 탑이 사용하는 캔버스 중앙에 차례로 나타내며, create_rectangle() 함수를 사용하여 원반의 크기인 diameter

를 가로 크기, length를 세로 크기의 직사각형으로 표시한다. Line 62~73의 __str__() 멤버함수는 탑의 기본 정보와 탑에 포함된 원반들의 정보를 문자열로 나타내어 반환한다. 이 멤버함수는 class Tower의 객체를 print() 함수로 출력할 때 사용된다.

```
43:     def pop(self):
44:         if len(self.disks) > 0:
45:             disk = self.disks[-1]
46:             self.disks.pop(-1)
47:             return disk
48:         else:
49:             return None
50:
51:     def drawTower(self):
52:         cv = self.canvas
53:         x0 = Canvas_Width // 2
54:         y0 = Canvas_Height - 50
55:         for i in range(len(self.disks)):
56:             disk = self.disks[i]
57:             if disk == None:
58:                 continue
59:             cv.create_rectangle(x0 - disk.diameter//2, y0 - i*disk.length, x0\
60:                 + disk.diameter//2, y0 - (i+1)*disk.length, fill=disk.color)
61:
62:     def __str__(self):
63:         r_str = ""
64:         r_str += self.name + " : "
65:         if len(self.disks) <= 0:
66:             r_str += "Empty"
67:             return r_str
68:         for i in range(len(self.disks)):
69:             disk = self.disks[i]
70:             if disk == None:
71:                 continue
72:             r_str += str(self.disks[i].diameter) + "  "
73:         return r_str
```

그림 11.36 하노이 탑 애니메이션 (part 2)

Line 74~94의 initHanoiTower() 함수는 하노이 탑 애니메이션의 초기화를 담당한다. Line 76~77에서 윈도우를 생성하고 제목을 설정한 후, line 79~86에서 3개의 캔버스를 차례로 생성하고, 윈도우의 왼쪽으로부터 차례로 배치한다. Line 86~88에서는 class Tower의 객체를 3개 생성하고, 각 캔버스에 하나씩 배치하며, line 92~94에서 인수로 전달된 원반 개수 (n)만큼 원반을 생성하여 Tower_1에 차례로 추가한다. 원반의 생성 순서는 크기가 큰 것부터 생성하며, 따라서 원반을 담아두는 리스트의 앞 부분은 큰 원반이 저장되고, 리스트의 맨 끝에 가장 작은 원반이 위치하게 된다.

Line 96~115의 HanoiTower() 함수는 실제 하노이 탑 문제 해결을 애니메이션과 함께 풀어가는 재귀 알고리즘을 구현한다. 이 함수가 호출될 때 전달되는 인수로는 원반 개수와 3개의 탑 (tower_from, tower_tmp, tower_to)이며, tower_from으로부터 n개의 원반을 tower_to로 옮겨야 하며, tower_tmp를 임시 저장소로 사용할 수 있다. Line 96~105에서는 이동시킬 원반이 1개일 때 tower_from으로부터 원반을 하나 tower_to로 옮긴 후

tower_from의 캔버스와 tower_to의 캔버스를 지운 후 다시 그려서 원반이 옮겨진 모습을 볼 수 있게 한다.

```
74: def initHanoiTower(n):
75:     global Tower_1, Tower_2, Tower_3, window
76:     window = Tk()
77:     window.title("Hanoi Tower with {} disks".format(n))
78:
79:     canvas_1 = Canvas(window, bg="light blue", width=Canvas_Width,
          height= Canvas_Height)
80:     canvas_1.pack(side="left")
81:
82:     canvas_2 = Canvas(window, bg="light blue", width=Canvas_Width,
          height= Canvas_Height)
83:     canvas_2.pack(side="left")
84:
85:     canvas_3 = Canvas(window, bg="light blue", width=Canvas_Width,
          rmfoheight= Canvas_Height)
86:     canvas_3.pack(side="left")
87:
88:     Tower_1 = Tower("Tower_1", canvas_1, 1)
89:     Tower_2 = Tower("Tower_2", canvas_2, 2)
90:     Tower_3 = Tower("Tower_3", canvas_3, 3)
91:
92:     for i in range(n, 0, -1):
93:         disk = Disk(i*Canvas_Width//10, Disk_thickness, Colors[i%len(Colors)])
94:         Tower_1.addDisk(disk)
95:
96: def HanoiTower(n, tower_from, tower_tmp, tower_to):
97:     global Tower_1, Tower_2, Tower_3, window
98:     if (n == 1):
99:         if tower_from.getLength() > 0:
100:            disk = tower_from.pop()
101:            tower_to.addDisk(disk); disk.setTower(tower_to)
102:        print("{} is moved from({}) to({})".format(disk,
                 tower_from.name, tower_to.name))
103:        tower_from.canvas.delete("all"); tower_from.drawTower()
104:        tower_to.canvas.delete("all"); tower_to.drawTower()
105:        update();   time.sleep(1)
106:    else:
107:        HanoiTower(n-1, tower_from, tower_to, tower_tmp)
108:        if tower_from.getLength() > 0:
109:            disk = tower_from.pop()
110:            tower_to.addDisk(disk); disk.setTower(tower_to)
111:        print("{} is moved from({}) to({})".format(disk,
                 tower_from.name, tower_to.name))
112:        tower_from.canvas.delete("all"); tower_from.drawTower()
113:        tower_to.canvas.delete("all"); tower_to.drawTower()
114:        update(); time.sleep(1)
115:        HanoiTower(n-1, tower_tmp, tower_from, tower_to)
```

그림 11.36 하노이 탑 애니메이션 (part 3)

만약 이동시킬 원반의 개수가 2개 이상이면 line 107~115의 구간이 실행되며, 이 경우 먼저 line 107에서 HanoiTower(n−1, tower_from, tower_to, tower_tmp)를 호출

하여 tower_from의 가장 위에 있는 원반을 tower_tmp로 옮기게 하고, line 106~108에서는 tower_from에 원반이 남아 있는 경우 맨 위의 원반을 tower_to로 옮긴다. Line 112~114에서는 tower_from과 tower_to를 지우고 새로 그린다.

Line 115에서는 HanoiTower(n−1, tower_tmp, tower_from, tower_to)를 호출하여 tower_tmp에 옮겨져 있는 n−1개의 원반을 tower_to로 옮기게 하여, 전체 n개의 원반들이 tower_to로 옮겨가게 한다.

Line 117에서는 하노이 탑 애니에니션에서 사용할 원반의 개수를 설정하고, line 120에서 애니메이션을 초기화 준비한 후, line 121에서 HanoiTower() 함수를 호출하여 애니메이션을 포함한 재귀함수 호출로 알고리즘을 실행하게 한다. 그림 11.37은 애니메이션의 중간 및 최종 결과 모습을 보여준다.

```
116: #--------------
117: Num_disks = 5
118: if __name__ == "__main__":
119:     delay(10)
120:     initHanoiTower(Num_disks)
121:     HanoiTower(Num_disks, Tower_1, Tower_2, Tower_3)
```

그림 11.36 하노이 탑 애니메이션 (part 4)

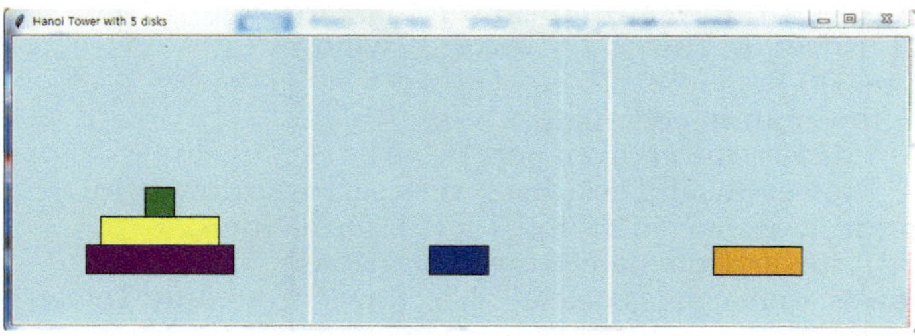

(a) 실행 중간

(b) 최종 결과

그림 11.37 하노이 탑 애니메이션 실행결과

11.7.2 Bouncing Ball with key input control

그림 11.38은 당구공과 같은 물체가 일정한 영역의 테두리 안에서 이동하는 물리적 운동

을 시각적으로 보고 쉽게 이해할 수 있도록, tkinter 윈도우 캔버스의 함수를 사용하여 애니메이션으로 구현하는 예제를 보여준다. Line 3~4에서는 tkinter 모듈과 messagebox 모듈을 설치한다.

Line 5~8의 ask_quit() 함수는 messagebox의 askquestion() 함수를 사용하여 프로그램 실행을 중단할 것인가를 메시지 박스로 다시 한번 더 물어본 후 yes가 입력되면 윈도우를 삭제하고 프로그램을 중단시킨다. Line 10~19의 change_direction() 함수에서는 키보드에서 화살표 키 (←, →, ↑, ↓)를 입력 받았을 때 공의 이동 방향을 화살표에 따라 변경시킨다. 공의 이동방향은 DX (direction in X axis), DY (direction in Y axis)로 설정되며, 왼쪽 또는 오른쪽 화살표가 입력되면 DY = 0로 설정하여 Y축 방향으로의 수직 이동은 없게 하고, X축 이동은 왼쪽 (DX = −STEP) 또는 오른쪽 (DX = STEP)이 될 수 있도록 설정한다. 위쪽 또는 아래쪽 화살표가 입력되면 DX=0으로 설정하여 X축 방향으로의 수평 이동은 없게 하고 위쪽 (DY = −STEP) 또는 아래쪽 (DY = STEP)으로 설정한다.

```
1 :  # animation of bouncing ball with direction change control by key input
2 :
3 :  from tkinter import *
4 :  from tkinter import messagebox
5 :  def ask_quit():
6 :      result = messagebox.askquestion("Message", "Quit")
7 :      if result == "yes":
8 :          window.destroy()
9 :
10 :  def change_direction(event):
11 :      global DX, DY
12 :      if event.keysym == "Left":
13 :          DX = -STEP; DY = 0
14 :      elif event.keysym == "Right":
15 :          DX = STEP; DY = 0
16 :      elif event.keysym == "Up":
17 :          DX = 0; DY = -STEP
18 :      else:   #if event.keysym == "Down":
19 :          DX = 0; DY = STEP
20 :
21 :  def init():
22 :      global window, canvas, DX, DY, STEP
23 :      window = Tk()
24 :      canvas = Canvas(window, width=600, height=400)
25 :      canvas.pack(expand=YES, fill=BOTH)
26 :      canvas.create_oval(300, 200, 350, 250, fill="red", tag="Ball")
27 :      STEP = 5
28 :      DX, DY = STEP, 0
29 :      window.protocol("WM_DELETE_WINDOW", ask_quit)
30 :      window.bind("<KeyPress-Left>", change_direction)
31 :      window.bind("<KeyPress-Right>", change_direction)
32 :      window.bind("<KeyPress-Up>", change_direction)
33 :      window.bind("<KeyPress-Down>", change_direction)
```

그림 11.38 Animation of bouncing ball with direction change by key input (part 1)

Line 21~33의 init() 함수는 Tk() 함수를 사용하여 윈도우를 생성하고 윈도우에 포함되는 캔버스를 생성한 후, 캔버스의 create_oval() 함수를 사용하여 붉은색 공 (Ball)을 생성한다. STEP=5로 설정하여 애니메이션이 한번 진행될 때마다 5픽셀 단위로 이동하게 하고, DX, DY = STEP, 0으로 설정하여 수평 X축 방향으로 이동하도록 설정한다. Line 29에서는 윈도우를 닫으려고 할 때 ask_quit() 함수를 호출하게 한다. Line 30~33에서는 키보드의 화살표 키에서 이벤트가 발생할 때 change_direction() 함수가 호출되게 설정한다.

```
34 :  def animate():
35 :      global DX, DY
36 :      canvas.move("Ball", DX, DY)
37 :      pos = canvas.coords("Ball")
38 :      if pos[0] < 0 or pos[2] > canvas.winfo_width():
39 :          DX *= -1
40 :      if pos[1] < 0 or pos[3] > canvas.winfo_height():
41 :          DY *= -1
42 :      canvas.update_idletasks()
43 :      canvas.update()
44 :      canvas.after(30, animate)
45 :
46 :  if __name__ == '__main__':
47 :      init()
48 :      animate()
49 :      mainloop()
```

그림 11.38 Animation of bouncing ball with direction change by key input (part 2)

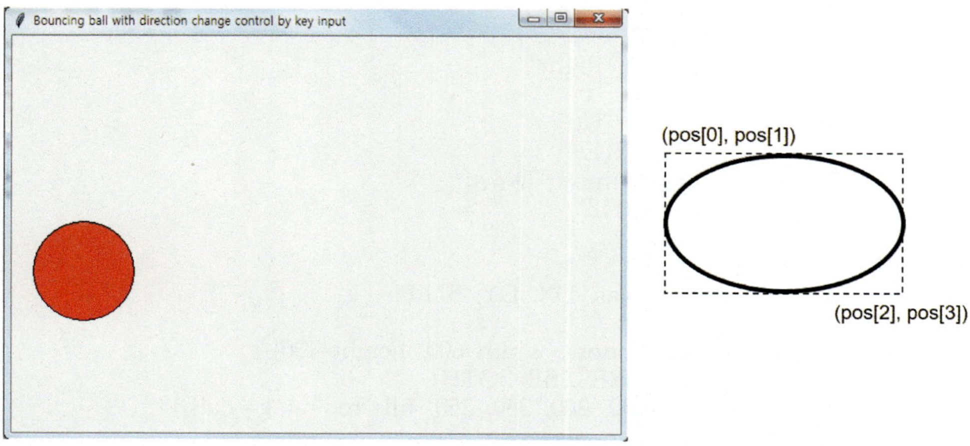

(a) Bouncing Ball의 애니메이션 결과

(b) canvas.coords() 함수에서 사용되는 좌표

그림 11.39 Animation of bouncing ball with direction change by key input 실행결과

Line 34~44의 animate() 함수에서는 canvas.move() 함수를 사용하여 공을 DX, DY 만큼 이동하게 하고, 공이 윈도우의 좌우측 경계에 도달하면 DX *= −1로 X축 상의 진

행 방향을 반대로 변경하며, 공이 윈도우의 상하측 경계에 도달하면 DY *= −1로 Y축 상의 진행 방향을 반대로 변경한다. Line 37에서는 canvas.coords() 함수를 사용하여 현재 공의 위치 좌표를 받아오며, 그림 11.39 (b)에서 보는 것과 같이 좌측 상단의 x, y 좌표와 우측 하단의 x, y 좌표를 pos[] 리스트로 제공한다. Line 38~39에서는 공 (ball)의 왼쪽 및 오른쪽 면이 왼쪽 및 오른쪽 벽에 도달 한 것을 파악하여 공의 수평 움직임 방향을 전환시켜 주며, line 40~41에서는 공의 위, 아래 측면이 위 아래 벽에 도달하는 경우, 수직 움직임 방향을 전환시켜 준다. Line 42~44에서는 변경된 도형을 모두 갱신하며, after() 함수를 사용하여 30 밀리초 뒤에 animate() 함수가 다시 실행되게 하여 애니메이션을 계속 실행하게 한다.

Line 46~49에서는 init() 함수와 animate() 함수를 호출하여 공이 윈도우 경계에서 반사되어 굴러다니는 동작의 애니메이션이 실행되게 하고, 윈도우에서 발생하는 이벤트를 처리할 수 있도록 mainloop()을 실행시킨다.

그림 11.38의 애니메이션 프로그램 실행 결과로 그림 11.39에서 보는 것과 같은 애니메이션을 볼 수 있다.

연습문제

11.1 다음 용어를 예를 들어 설명하라.

1) 스크립트 프로그램
2) Tcl/Tk
3) tkinter
4) widget
5) pack layout
6) grid layout
7) place layout
8) 키보드 이벤트
9) 마우스 이벤트

11.2 스크립트 프로그램이 일반 C/C++ 프로그램과 다른 점에 대하여 설명하라.

11.3 파이썬 터틀 그래픽과 tkinter 그래픽의 차이점에 대하여 설명하라.

11.4 tkinter widget 클래스에 대하여 설명하라.

11.5 위젯들의 배치 관리자 (layout manager) 기능에 대하여 예를 들어 설명하라.

11.6 tkinter의 키보드 이벤트 종류를 열거하고, 각 이벤트에 대하여 설명하라.

11.7 tkinter의 마우스 이벤트 종류를 열거하고, 각 이벤트에 대하여 설명하라.

11.8 tkinter의 위젯 이벤트 종류를 열거하고, 각 이벤트에 대하여 설명하라.

실습문제

실습 11.1 학생의 이름과 국어, 영어, 수학 과목별 성적을 입력 받아 반환하여 주는 tkinterGUI 프로그램을 작성하라. 이 tkinterGUI 프로그램의 title은 “Input Dialog with Label and Entry Objects”로 설정하라. GUI에 포함되는 객체들은격자 배치 (grid layout)를 사용하여 아래 예시와 같이 구성하라. “Fetch” 버튼을 누르면, 각 입력 엔트리의 값을 읽어 출력하여 주며, “Quit” 버튼을 누르면 GUI 프로그램을 종료하게 한다.

(실행 예시)

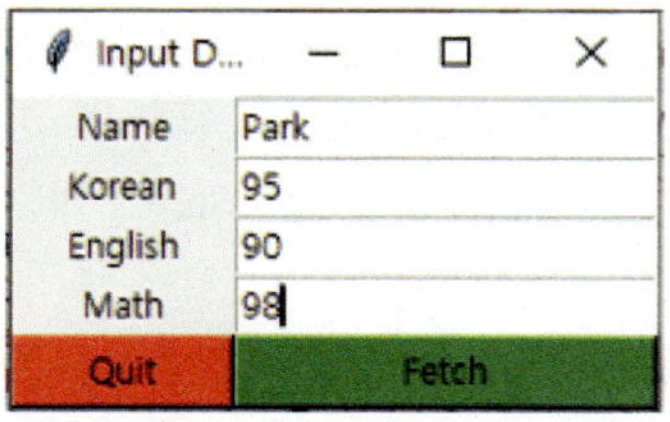


```
Input data:
Name:Park
Korean:95
English:90
Math:98
```

실습 11.2 거리를 나타내는 단위인 Km와 mile의 양방향 변환 계산기를 구현하라. 이 변환기에는 Km 단위 거리와 Mile 단위 거리를 입력할 수 있는 entry가 있으며, Km와 Mile을 나타내는 lable이 표시되고, “Km->Mile” 버튼과 “Km<- Mile” 버튼이 표시된다. Km단위 값을 입력한 후, “Km->Mile” 버튼을 누르면 계산된 mile 단위 값이 mile 엔트리에 나타나게 하고, mile 단위 값을 입력한 후 “Km<- Mile” 버튼을 누르면 계산된 Km 단위 값이 Km 엔트리에 나타나게 하라. 참고로 1 mile은 1.60934 Km 이다.

(실행 예시)

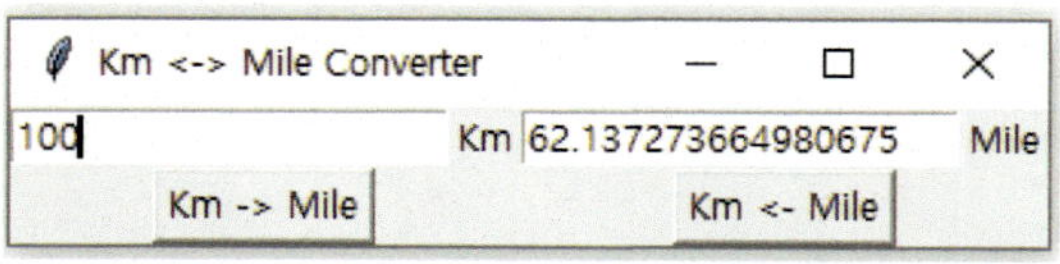

실습 11.3 Start, Pause, Reset 메뉴를 가지는 스톱워치를 tkinterGUI 프로그램으로 구현하라. 이 스톱 워치는소수점 이하 3자리를 사용하여 milli-second 단위 표시의경과 시간을 알려 준다. Reset 버튼은 전체 시간을 0초로 리셋시키며, Start 버튼은 경과된 시간을 측정하도록 한다. Pause 버튼은 경과시간 측정을 일시 정지시키며, pause 상태에서 다시 Start 버튼을 누르면 앞서 측정되었던 경과 시간에 추가하여 경과시간을측정하여 준다.

(실행 예시)

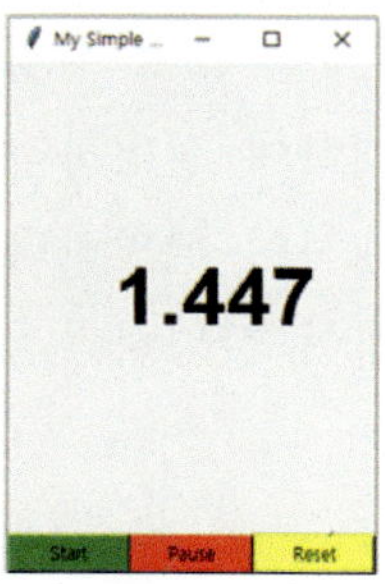

실습 11.4 항목 이름과 값이 차례로 저장되어 있는 입력 데이터 파일 (input_data.txt)로 부터 데이터를 입력 받아 (name, value) 튜플리스트를 만들고, 이 튜플리스트에 포함된 항목의 이름과 값을 막대그래프로 표시하는 파이썬프로그램을 작성하라.

막대그래프의 세로 축에는 50 픽셀 단위로 눈금을 표시하며, 각 막대 그래프의 아래에는 해당 항목의 이름을 표시하라.

(실행 예시)

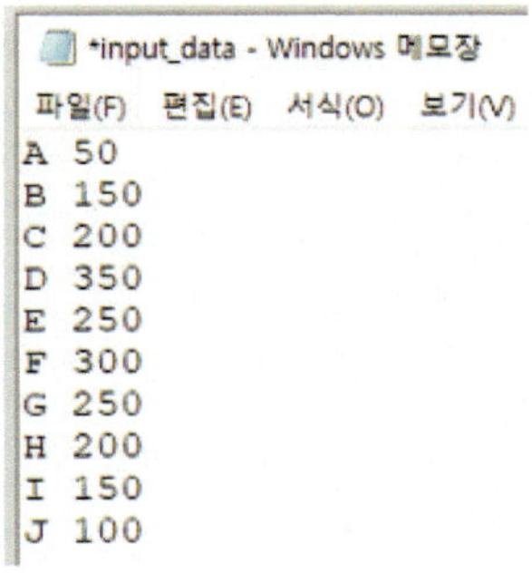

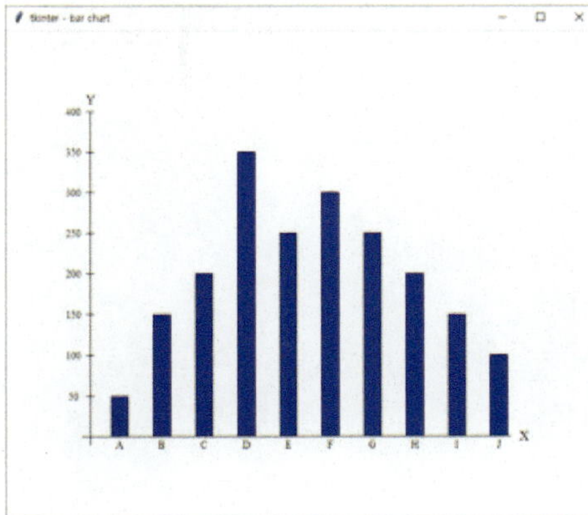

실습 11.5 600 x 400 픽셀 크기의 테이블 위에서 공이 벽면에 반사되며 이동하는 시뮬레이션 기능을 파이썬 tkinter그래픽 프로그램으로 구현하라. 공의 크기는 지름 80 픽셀로 하며, 공은 색깔은 붉은색으로 할 것. 공의 최초 시작 위치는 테이블의 좌측 상단에서 우측 하단 45° 방향으로 이동하게 하며, 벽면에서 반사되게 할 것. 공이 이동 중에 키보드로 부터 화살표 키 입력을 받으면, 수평 또는 수직 방향으로 이동하도록 할 것. Esc (escape) 키를 입력 받으면 45° 방향으로 이동하게 할 것. 키 입력을 쉽게 파악할 수 있도록 Python shell에 출력할 것.

(실행 예시)

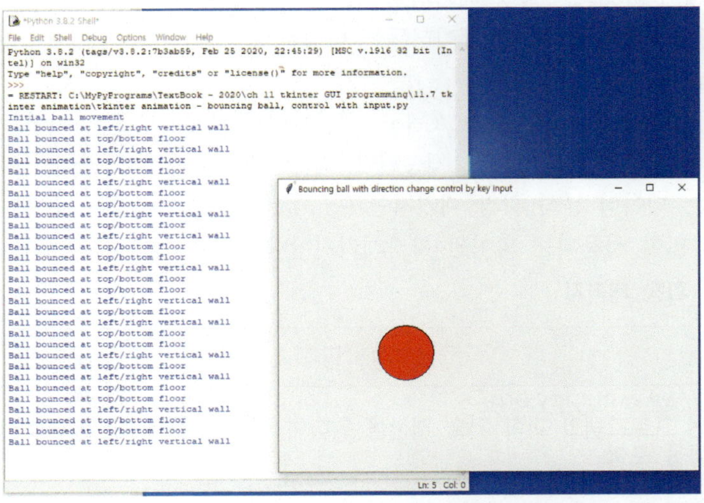

12장 파이썬 확장 패키지 (1) - NumPy, 유니버설 함수

학습목표

- 파이썬 확장 패키지에 대한 이해
- NumPy 확장 패키지 기능 및 활용법 이해
- 유니버설 함수의 기능 및 활용법 이해

개요

12.1 파이썬 확장 패키지
12.2 NumPy
12.3 유니버설 함수 (Universal Function)
12.4 선형대수 관련 유니버설 함수 및 응용

12.1 파이썬 확장 패키지

파이썬 프로그래밍에서는 기본적인 패키지 이외에 확장 패키지를 추가로 설치하여 다양한 기능과 향상된 성능을 활용할 수 있다. 파이썬은 다양한 프로그래밍 언어로 구현된 패키지와 모듈을 파이썬 환경에서 쉽게 설치하여 사용할 수 있는 체계를 지원하기 때문에 매우 다양한 패키지와 모듈들이 지속적으로 개발되고 공개 소프트웨어로 보급되고 있다.

12.1.1 대표적인 파이썬 확장 패키지

파이썬에서 많이 사용되는 대표적인 확장 패키지들을 표 12.1에서 간단하게 설명하고 있다. 과학기술 계산에서 많이 사용되는 확장 패키지로 NumPy와 SciPy가 있으며, 함께 사용되는 Matplotlib는 계산을 통하여 생산된 데이터들을 다양한 차트(chart)나 플롯(plot)으로 시각화(visulaization)하는 패키지이다.

영상처리에서 많이 사용되는 OpenCV는 C/C++ 개발되었던 프로그램을 파이썬 환경에서 사용될 수 있도록 파이썬 확장패키지로 제공된다. 인공지능 분야에서 많이 사용되는 TensorFlow와 Keras, 데이터 분석 확장 패키지인 Pandas, 그리고 다양한 통계분석 패키지인 R도 대표적으로 많이 사용되는 파이썬 확장패키지이다.

표 12.1 대표적인 파이썬 확장 패키지

파이썬 확장 패키지	설 명
NumPy	http://www.numpy.org/ 파이썬 프로그램의 과학 기술 계산을 위하여 필요한 확장 패키지이며, 다음 기능들을 포함: - 우수한 성능의 다차원 배열 - 다양한 함수, 유니버설 함수 - C/C++ 및 Fortran 프로그램 모듈을 결합할 수 있는 기능

	- 선형대수, 퓨리에 변환, 랜덤 숫자 생성 및 응용 기능
SciPy	https://www.scipy.org/ SciPy ("싸이 파이"로 발음)는 파이썬 기반의 수학, 과학, 공학 분야 프로그램을 오픈 소스 소프트웨어로 설계, 구현 및 활용할 수 있는 환경 제공. NumPy, SciPy, Matplotlib, IPython, Sympy, pandas 등의 사용 환경 제공
Matplotlib	https://matplotlib.org/ Matplotlib은 문서 및 서적 출판에서 사용가능한 품질의 2차원 그래프 및 도형 출력 라이브러리이며, 전문 인쇄용 출력 포맷 지원. Matplotlib은 파이썬 스크립트, IPython 쉘, Jupyter 노트북, 웹 응용 서버 등에서 사용할 수 있으며, 다수의 그래픽 사용자 접속 툴 킷에서 사용가능.
OpenCV	https://opencv.org/ OpenCV는 실시간 영상 처리가 가능하도록 계산 능력을 강화시킨 C/C++ 라이브러리이며, 멀티 코어 병렬 처리 기능을 활용함. OpenCL 기능을 사용하여 다양한 신호처리 가속 하드웨어 모듈을 활용할 수 있게 함. OpenVS는 BSD 라이센스로 제공되며 교육용 및 상업용에서 무료로 사용 가능. C++, 파이썬, Java 접속 기능이 제공되며, Windows, Linux, Mac OS, iOS 및 Android 환경에서 사용 가능.
TensorFlow	인공지능 분야에 많이 사용되는 확장 패키지
R	통계 분석에 많이 사용되는 확장 패키지
Pandas	데이터 분석 확장 패키지 https://pandas.pydata.org/pandas-docs/stable/
Keras	파이썬으로 구현된 딥러닝 라이브러리이며, TensorFlow위에서 딥러닝 모델을 쉽게 구성할 수 있게 함

12.1.2 pip 패키지 설치 및 갱신 (upgrade)

(1) PIP 패키지

파이썬의 확장 패키지를 설치하기 위해서는 먼저 파이썬 패키지 관리자인 pip를 최신 버전으로 업그레이드하여야 한다. pip는 Python Package Index (PyPI) 저장소로부터 지정된 파이썬 패키지를 다운로드 받아 설치하여 주는 프로그램이다.

(2) PIP의 설치 및 upgrade

그림 12.1에서 보는 것과 같이 Windows 운영체제 환경의 cmd 창에서 "python -m pip install —upgrade pip" 명령을 입력하면 최신 pip 버전으로 업그레이드하여 준다.

```
C:\Users\PC>python -m pip install --upgrade pip
Collecting pip
  Downloading https://files.pythonhosted.org/packages/30/db/9e38760b32e3e7f40cce46dd5fb107b8c73840df38f0046d8e6514e675a1/pip-19.2.3-py2.py3-none-any.whl (1.4MB)
    100% |████████████████████████████████| 1.4MB 922kB/s
Installing collected packages: pip
  Found existing installation: pip 18.1
    Uninstalling pip-18.1:
      Successfully uninstalled pip-18.1
Successfully installed pip-19.2.3
```

그림 12.1 pip 패키지 설치

12.1.3 NumPy/SciPy 패키지 설치

과학기술분야의 계산에 많이 사용되는 프로그램 모듈들을 포함하고 있는 scipy 패키지를 설치하기 위해서는 그림 12.2에서 보는 것과 같이 Windows 운영체제 환경의 cmd 창에서 "python -m pip install —upgrade scipy" 를 실행하면 NumPy와 SciPy 패키지를 설치하여 준다.

```
C:\Users\PC>python -m pip install --upgrade scipy
Collecting scipy
  Downloading https://files.pythonhosted.org/packages/e1/9e/454b2dab5ee21f66ebf02ddbc63c5f074b21c44e
66e1a509b38566cac9d9/scipy-1.3.1-cp37-cp37m-win32.whl (27.1MB)
     |████████████████████████████████| 27.1MB 6.8MB/s
Collecting numpy>=1.13.3 (from scipy)
  Downloading https://files.pythonhosted.org/packages/a8/ce/36f9b4fbc7e675a7c8a3809dd5902e24cecfcdbc
006e8a7b2417c2b830a2/numpy-1.17.2-cp37-cp37m-win32.whl (10.8MB)
     |████████████████████████████████| 10.8MB 6.4MB/s
Installing collected packages: numpy, scipy
Successfully installed numpy-1.17.2 scipy-1.3.1

C:\Users\PC>
```

그림 12.2 scipy 패키지 설치

12.2 NumPy

12.2.1 NumPy 패키지 개요

NumPy 패키지는 행렬 (matrix)이나 대규모 다차원 배열을 쉽게 처리할 수 있는 자료구조 기능을 지원하며, 다양한 수치해석과 통계분석 기능을 제공하는 파이썬 라이브러리이다. NumPy는 Numarray와 Numeric이라는 오래된 Python 패키지를 계승해서 나온 수학 및 과학 연산을 위한 파이썬 패키지이다. 대표적으로 다양한 종류의 배열을 구성할 수 있는 ndarray 자료구조가 제공되며, 주어진 데이터에 대한 통계분석과 수치해석, 선형시스템 해석 등의 다양한 기능을 제공한다. NumPy 패키지의 대부분 함수들은 C나 Fortran으로 구현되어 최적화된 상태로 널리 사용되고 있던 함수들을 기반으로 구현되어 있기 때문에 매우 우수한 성능을 제공한다.

NumPy 패키지는 주로 SciPy 패키지에 포함되어 Matplotlib 등과 함께 사용되는 것이 일반적이다.

12.2.2 ndarray 사용에 관련된 멤버함수 및 NumPy 함수

ndarray는 NumPy에서 사용할 수 있는 다차원 배열의 자료형이며, 다양한 과학기술분야 응용문제 해결에 많이 사용된다. 표 12.2는 ndarray에서 제공하는 함수들을 설명한다. ndim() 멤버함수는 다차원 배열 ndarray의 차원 (dimension) 정보를 제공한다. shape() 멤버함수는 다차원 배열의 각 차원의 크기를 알려 주며, size()는 다차원 배열에 포함된 전체 배열원소 개수를 알려 준다.

표 12.2 ndarray에서 제공하는 멤버 함수

ndarray 메소드	설명
ndarray.ndim()	배열의 차원 (dimension)을 설정. 배열의 차원은 axes 또는 rank라고도 함.
ndarray.shape()	배열의 각 차원 크기를 튜플로 반환
ndarray.size()	배열의 전체 원소 개수
ndarray.dtype()	배열 원소의 자료형 (예: numpy.int32, numpy.int16, numpy.float64)

ndarray.itemsize()	배열 원소 자료형의 크기 (바이트 수)
ndarray.data()	배열의 버퍼 (이 버퍼를 직접 사용하지는 않음)

dtype()은 배열에 포함되는 원소들의 자료형을 알려 주며, ndarray에서 사용가능한 자료형은 표 12.3에서 설명한다. itemsize()는 배열 원소 자료형이 몇 바이트 크기인가를 알려 준다. data() 멤버함수는 ndarray에서 사용하는 버퍼를 알려 준다.

표 12.3은 ndarray에서 사용 가능한 자료형 들을 설명한다. 정수 (integer) 자료형으로 1바이트, 2바이트, 4바이트, 8바이트 크기의 정수 자료형 int8, int16, int32, int64를 사용할 수 있다. 실수 (float) 자료형으로는 2바이트, 4바이트, 8바이트, 16 바이트 크기의 부동 소수점 실수 자료형 float16, float32, float64, float128을 사용할 수 있다.

표 12.3 ndarray에서 사용가능한 자료형

자료형	typestr 설정	설명
int8	i1	1-바이트 (8-비트) 부호사용 정수
uint8	u1	1-바이트 (8-비트) 부호없는 정수
int16	i2	2-바이트 (16-비트) 부호사용 정수
uint16	u2	2-바이트 (16-비트) 부호없는 정수
int32	i4	4-바이트 (32-비트) 부호사용 정수
uint32	u4	4-바이트 (32-비트) 부호없는 정수
int64	i8	8-바이트 (64-비트) 부호사용 정수
uint64	u8	8-바이트 (64-비트) 부호없는 정수
float16	f2	2-바이트 (16비트) 실수 (float)
float32	f4, f	4-바이트 (32비트) 실수 (float)
float64	f8, d	8-바이트 (64비트) 실수 (float)
float128	f16, g	16-바이트 (128비트) 실수 (float)
complex64	c8	실수부와 허수부 각각 4-bytes (32-bit)로 구성된 복소수
complex128	c16	실수부와 허수부 각각 8-bytes (64-bit)로 구성된 복소수
complex256	c32	실수부와 허수부 각각 16-bytes (128-bit)로 구성된 복소수
bool	?	부울 데이터 (True 또는 False)
object	O	파이썬 객체 (object)
string_, bytes_	S	문자열 (string)
unicode_, str_	U	유니코드 문자열 (unicode string)
void	V	raw data (void)

복소수 (complex number)를 위한 자료형으로 실수부와 허수부를 4바이트로 표현하는 complex64, 8바이트로 표현하는 complex128, 16바이트로 표현하는 complex256이 있다. bool은 True와 False의 값을 가질 수 있는 부울린 자료형이며, object는 파이썬 객체를 나타내는 자료형이다. string_과 bytes_ 자료형은 문자열 (string)을 표현하며,

unicode_와 str_은 유니코드 문자열을 표현한다. void란 자료형이 지정되어 있지 않은 객체의 형태를 의미한다.

표 12.4는 ndarray 생성에 관련된 NumPy 함수들을 설명한다. array() 함수는 2차원 리스트를 인수로 전달받아 2차원 ndarray를 생성한다. arange(N) 함수는 range() 함수와 유사하게 0~N-1의 값을 생성하여 1차원 배열로 구성하여 준다. range() 함수에서는 정수형 인수만을 전달받지만 arange(start, end, stride) 함수는 실수형 인수를 전달받아 [start~end] 구간의 실수를 stride 간격으로 생성하여 1차원 배열 ndarray를 구성하여 준다.

zeros(shape, dtype=float, order='C')와 ones(shape, dtype=float, order='C') 함수에서 shape은 (N, M) 튜플 형식으로 N×M 크기의 배열을 설정하며, dtype은 배열 원소의 자료형을 설정한다. order = 'C' 인 경우 C-program style로 행 (row) 우선 순서 (row-major order)르 원소를 생성하며, order='F' 이면 Fortran-program style로 열 (column) 우선 순서 (column-major order)로 원소를 생성한다. zeros() 함수는 N×M 크기의 모두 0.0 인 2차원 배열을 생성하여 반환하며, ones() 함수는 원소가 모두 1.0 인 배열을 생성하여 준다.

empty(shape, dtype=float, order='C') 함수는 초기화 되지 않은 shape 차원의 ndarray 배열 객체를 생성하여 반환하며, full(shape, fill_value, dtype=None, order='C') 함수는 fill_value로 초기화된 shape 크기의 ndarray 배열 객체를 생성하여 반환한다. identity(R, dtype=None) 함수는 R×R 크기의 2차원 정방 (square) 행렬에서 대각선 원소만 1.0이고 나머지 원소들은 모두 0.0인 단위행렬 (identity matrix)을 생성하여 준다. eye(R, C=None, k=0, dtype='float') 함수는 R×C 행렬에서 대각선으로부터 k만큼 떨어진 원소들만 1.0이며, 나머지 원소들은 모두 0.0인 ndarray 배열 객체를 생성하여 반환한다. C가 설정되지 않으면 행렬의 크기가 R×R로 설정된다.

linspace(start, end, num=50, endpoint=True, retstep=False, dtype=None) 함수는 start~end 범위에서 등간격으로 num개 샘플을 생성하여 배열 구성하여 준다. endpoint=True이면 end를 포함하며, retstep=True이면 (samples, step) 튜플을 반환하고, dtype=None이면 나머지 인수로 자료형을 추정한다.

logspace(start, end, num=50, endpoint=True, base=10.0, dtype=None) 함수는 start~end 범위를 log 스케일에서 등간격으로 샘플을 생성하여 배열 원소로 사용하는 ndarray 배열 객체를 생성하여 반환한다. 배열 요소 값은 base**start~base**end 구간의 값을 가지며, 배열 요소 간격은 ln(samples)/ln(base)로 설정된다. 이 함수는 y=np.linspace(start, stop), np.power(base, y). astype(dtype)을 적용한 값과 동일한 결과를 가진다.

meshgrid(X, Y) 함수는 1차원 행렬인 좌표벡터 (coordinate vectors) X와 Y를 사용하여 2차원 배열인 좌표 행렬 (coordinate matrices)을 반환한다. meshgrid() 함수는 사각형 영역을 구성하는 가로 X축의 점들과 세로 Y축의 점을 나타내는 두 벡터를 인수로 전달 받아서 이 사각형 영역을 이루는 조합 (x, y)를 출력한다. 결과는 그리드 포인트의 x값만을 표시하는 행렬과 y값만을 표시하는 행렬 두개로 분리하여 출력한다.

dtype은 ndarray 배열의 자료형을 지정한다. ‘<’ 는 little–endian byte order를 나타내며, ‘>’ 는 big–endian byte order를 의미한다. ‘i’ 는 integer, ‘f’ 는 float을 의미하고, 숫자는 원소 자료형의 바이트 수를 나타낸다. 예를 들어 “<i4” 는 little–endian, 4–byte integer를 의미하며, itemsize = 4, name = “int32” 를 의미한다. “>i4” 는 big–endian, 4–byte integer를 의미하며, itemsize = 4, name = “int32” 를 의미한다.

표 12.4 ndarray 생성에 관련된 NumPy 함수

ndarray 생성관련 NumPy 함수	설명
np.array([[], ...])	2차원 리스트를 사용한 ndarray 생성
np.arange(N) np.arange(start, end, stride)	range() 함수와 유사하며, 0..N-1의 1차원 배열 생성 start~end 구간의 실수를 stride 간격으로 생성
np.zeros(shape, dtype=float, order='C')	shape은 (N, M) 튜플 형식으로 N x M 배열의 크기를 지정하며, 배열의 원소가 모두 0.0인 배열을 생성. dtype은 배열원소의 자료형 지정. order='C'이면 C-program style로 행 (row) 우선 순서 (row-major order)로 원소 생성. order='F' 이면 Fortran-program style로 열 (column) 우선 순서 (column-major order)로 원소 생성
np.ones(shape, dtype=float, order='C')	shape은 (N, M) 튜플 형식으로 N x M 배열의 크기를 지정하며, 배열의 원소가 모두 1.0인 배열을 생성. dtype은 배열원소의 자료형 지정. order='C'이면 C-program style로 행 (row) 우선 순서 (row-major order)로 원소 생성. order='F' 이면 Fortran-program style로 열 (column) 우선 순서 (column-major order)로 원소 생성.
np.empty(shape, dtype=float, order='C')	초기화 되지 않은 shape 차원의 ndarray 배열 객체를 생성하여 반환
np.full(shape, fill_value, dtype=None, order='C')	fill_value로 초기화된 shape 차원의 ndarray 배열 객체를 생성하여 반환
np.identity(R, dtype=None)	R x R 크기의 dtype 자료형 원소로 구성된 2차원 정방 (square) 행렬에서 대각선 원소만 1.0이며, 나머지 원소들은 모두 0.0인 단위 행렬 (identity matrix) 생성
np.eye(R, C=None, k=0, dtype='float')	R x C 크기의 행렬에서 대각선에서 k 만큼 떨어진 대각선 원소들만 1.0이며, 나머지 원소는 모두 0.0인 행렬 생성. 만약 C가 설정되지 않으면 행렬의 크기가 R x R로 설정됨
np.linspace(start, end, num=50, endpoint=True, retstep=False, dtype=None)	start~end 범위에서 등간격으로 num 개 샘플을 생성하여 배열 구성. endpoint=True이면 end를 포함. retstep=True이면 (samples, step) 튜플을 반환. dtype=None이면 나머지 인수로 자료형을 추정
np.logspace(start, end, num=50, endpoint=True, base=10.0, dtype=None)	행렬의 원소 값이 start~end 범위를 log 스케일에서 등간격으로 샘플을 생성. 배열 요소 값은 base**start~base**end 구간의 값을 가짐. 배열 요소 간격은 ln(samples)/ln(base)로 설정됨. y=np.linspace(start, stop), np.power(base, y). astype(dtype)을 적용한 값과 동일
np.power(a, E)	배열 a의 각 원소를 배열 E의 각 원소값으로 지수승 계산

ndarray 생성관련 NumPy 함수	설명
X = np.linspace() Y = np.linspace() np.meshgrid(X, Y)	좌표벡터 (coordinate vectors) X와 Y를 기반으로 2차원 함수 의 좌표값 쌍 (x, y), 즉 그리드의 행렬 (coordinate matrices)로 반환
np.dtype()	ndarray 배열의 자료형 지정 "<i4": little endian, 4-byte integer (itemsie 4, name 'int32') ">i4": big endian, 4-byte integer "f": float

표 12.5는 ndarray의 분할에 관련된 NumPy 함수들을 설명한다. vstack() 함수는 수직 (row wise)으로 배열을 차례로 쌓아 새로운 배열을 생성한다. vsplit() 함수는 수직 (행 기준) 방향 등간격으로 분리한다. hstack() 함수는 수평 (column wise)으로 배열을 차례로 쌓아 하나의 배열을 생성한다. hsplit() 함수는 수평 (열 기준) 방향 등간격으로 분리하여 새로운 배열을 생성한다.

표 12.5 ndarray 분할에 관련된 NumPy 함수

ndarray 분할관련 NumPy 함수	설명
np.vstack()	열을 기준으로 수직 방향으로 배열을 차례로 쌓아 새로운 배열을 생성
np.hstack()	행을 기준으로 수평 방향으로 배열을 차례로 연결시켜 새로운 배열을 생성
np.vsplit()	열을 기준으로 수직 방향으로 배열을 등분하여 새로운 배열을 생성
np.hsplit()	행을 기준으로 수평 방향으로 배열을 등분하여 새로운 배열을 생성

표 12.6 ndarray 배열의 모양 (shape) 변경에 사용되는 NumPy 함수

ndarray 변환관련 NumPy 함수	설명
np.reshape(shape, order='C')	주어진 배열을 shape 모양의 배열로 변환
np.ravel()	다차원 배열을 1차원 배열로 변환
np.flatten()	다차원 배열을 1차원 배열로 변환
np.transpose()	전치행렬을 반환
np.swapaxes()	전치행렬을 반환

표 12.6은 ndarray의 모양 (shape) 변경에 사용되는 NumPy 함수들을 설명한다. reshape(shape, order=' C') 함수는 인수로 전달된 shape 모양으로 배열을 변경한다. 예를 들어 10개의 원소를 가지는 1차원 배열 A에 대하여 B = A.reshape((2, 5))를 수행하면 B는 2×5 모양의 2차원 배열로 생성된다. ravel() 함수와 flatten() 함수는 다차원 배열을 1차원 배열로 변환시킨다.

transpose() 함수와 swapaxis() 함수는 주어진 행렬에 대한 전치행렬 (transposed matrix)을 구하여 2차원 배열로 반환한다.

표 12.7은 배열 ndarray의 원소들에 접근하고, 부분 배열을 생성하는 인덱싱과 슬라이싱에 관련된 함수들을 설명한다. 배열의 원소에 접근할 때에는 A[n]과 같이 인덱스를 사용하

여 접근할 수 있다. A[0]은 0번째 원소를 의미하며, A[−1]은 마지막 원소를 의미한다.

주어진 배열의 부분 배열에 접근하는 슬라이싱에서는 A[start:end:stride]으로 표현하며, start으로부터 end 이전까지 stride 간격으로 인덱스를 계산하여 배열 원소에 대하여 주어진 연산을 수행한다. 예를 들어 A[:5] = 10은 A[0]에서 A[4]까지를 10으로 변경한다. B = A[:5].copy()는 A[:5] 슬라이싱 결과를 깊은 복사 (deep copy)하여 새로운 배열 B를 생성한다.

sum() 함수는 주어진 배열의 원소들에 대한 합산 결과를 반환하며, rowsum()은 2차원 배열의 각 행들의 합산 결과를 1차원 배열로 반환한다.

표 12.7 ndarray 인덱싱과 슬라이싱에 관련된 NumPy 함수

ndarray 인덱싱과 슬라이싱 관련 NumPy 함수	설명
A[n] A[0], A[-1]	ndarray 행렬 A의 원소를 인덱스로 지정
A[start:end:stride]	ndarray 행렬 A의 원소들 중 start에서 end직전까지 stride 간격으로 지정된 원소들로 구성된 부분 배열
A.sum()	ndarray 행렬 A의 원소들의 합산
A.rowsum()	ndarray 행렬 A의 행을 기준으로 원소들을 합산

표 12.8 ndarray의 연산

연산	ndarray 수학연산	설명
산술	B = A+n	행렬 A의 각 원소에 n을 더함
	B = A-n	행렬 A의 각 원소에 n을 뺌
	B = A*n	행렬 A의 각 원소에 n을 곱함
	B = A/n	행렬 A의 각 원소에 n을 나눔 (실수 나눗셈)
	B = A//n	행렬 A의 각 원소에 n을 나눔 (정수 나눗셈)
	B = A%n	행렬 A의 각 원소에 n으로 모듈로 계산
	B = A**n	행렬 A의 각 원소에 n 지수승
	B = abs(A*n+m)	행렬 A의 각 원소에 연산을 한 후, 절대값을 계산
관계	A < n	행렬 A의 모든 원소가 n보다 작으면 True
	A > n	행렬 A의 모든 원소가 n보다 크면 True
논리	any()	행렬 A의 원소중 하나라도 True이면 결과는 True; 모든 원소가 False 이면 결과는 False
	all()	행렬 A의 모든 원소가 True이면 결과는 True; 원소 하나라도 False 이면 결과는 False

표 12.8은 ndarray의 산술연산, 관계연산, 논리 연산을 설명한다. 산술 연산에서는 주어진 배열에 대하여 덧셈, 뺄셈, 곱셈, 나눗셈, 정수 나눗셈, 모듈로, 지수승 등의 연산을 수행하며, 관계 연산에서는 상대적 크기 비교 (<, <=, >, >=, !=, ==) 연산을 수행한다. 논리 연산에서 any()는 배열에 포함된 원소 중 하나라도 True이면 결과값 True를 반환하며, 만약 모든 원소가 False이면 결과값으로 False가 반환된다. all() 함수는 배열에 포함된 모든 원소들이 모두 True일 때에만 결과값 True를 반환하며, 하나라도 False이면 결과값 False를 반환한다.

12.2.3 ndarray의 생성

(1) 2차원 리스트를 사용한 ndarray 생성

그림 12.4는 NumPy의 array() 메소드에 3개의 정수 리스트 (각 리스트는 5개의 원소 포함)를 인수로 전달하여 3×5 크기의 ndarray 2차원 배열을 그림 12.5에서 보는 것과 같이 생성한다. Line 4에서 dtype = np.int32로 설정하여 배열 원소 자료형을 int32로 설정하며, 이는 "i4"에 해당하고, 4바이트 크기의 정수 (integer)를 의미한다. Line 6~11에서 배열 A의 속성 (dtype, ndim, shape, size, itemsize, data)을 차례로 출력하며, 그림 12.5에서 결과를 확인할 수 있다.

```
 1 :  # NumPy ndarray
 2 :
 3 :  import numpy as np
 4 :  A = np.array([[1, 2, 3, 4, 5], [6, 7, 8, 9, 10], [11, 12, 13, 14, 15]],
              dtype=np.int32) #dtype = "i4"
 5 :  print("A : \n", A)
 6 :  print("A.dtype : ", A.dtype)
 7 :  print("A.ndim : ", A.ndim)
 8 :  print("A.shape : ", A.shape)
 9 :  print("A.size : ", A.size)
10 :  print("A.itemsize : ", A.itemsize)
11 :  print("A.data : ", A.data)
```

그림 12.4 array() 함수와 리스트를 사용한 ndarray 생성

```
A :
 [[ 1  2  3  4  5]
 [ 6  7  8  9 10]
 [11 12 13 14 15]]
A.dtype :  int32
A.ndim :  2
A.shape :  (3, 5)
A.size :  15
A.itemsize :  4
A.data :  <memory at 0x03A38828>
```

그림 12.5 array() 함수와 리스트를 사용한 ndarray 생성 결과

(2) arange() 함수를 사용한 ndarray 생성

그림 12.6은 arange() 함수를 사용하여 ndarray를 생성하는 예를 보여준다. 3.2.2절에서 설명하였던 range(start, stop [, step]) 함수를 사용하여 start로부터 stop 직전까지 step 단위로 증가시키며 원소를 생성하였던 것과 유사하게, arange(start, stop, step) 함수에서도 start로부터 stop 직전까지 step 단위로 증가시키며 원소를 생성하여 반환한다. 차이점으로 range(start, stop [, step])에서는 start, stop, step이 모두 정수형으로 설정되어야 하나, arange(start, stop [, step])에서는 float형 실수값이 사용될 수 있다.

Line 3~5에서는 arange(3)을 사용하여 [0 1 2]의 정수형 배열 원소를 생성하였으며,

line 7~9에서는 arange(3.0)을 사용하여 [0.0 1.0 2.0]의 실수형 원소를 생성하였다. Line 11~13에서는 arange(3, 10)으로 [3 4 5 6 7 8 9]의 원소를 가지는 ndarray 배열 객체를 생성하였고, line 15~17에서는 arange(3, 10, 2)로 [3 5 7 9]의 홀수 값만 원소로 가지는 ndarray 배열 객체를 생성하였다.

```
1 : # NumPy - creation of ndarray with arange(n)
2 : import numpy as np
3 : A = np.arange(3)
4 : print("A : ", A)
5 : print("A.type : ", A.dtype)
6 :
7 : B = np.arange(3.0)
8 : print("B : ", B)
9 : print("B.type : ", B.dtype)
10 :
11 : C = np.arange(3, 10)
12 : print("C : ", C)
13 : print("C.type : ", C.dtype)
14 :
15 : D = np.arange(3, 10, 2)
16 : print("D : ", D)
17 : print("D.type : ", D.dtype)
18 :
19 : E = np.arange(0.0, 5.0, 0.2)
20 : print("E : ", E)
21 : print("E.type : ", E.dtype)
22 :
23 : F = range(0.0, 5.0, 0.2)
24 : print("F : ", F)
25 : print("F.type : ", F.dtype)
```

그림 12.6 arange()를 사용한 ndarray의 생성

```
A :  [0 1 2]
A.type :  int32
B :  [0. 1. 2.]
B.type :  float64
C :  [3 4 5 6 7 8 9]
C.type :  int32
D :  [3 5 7 9]
D.type :  int32
E :  [0.  0.2 0.4 0.6 0.8 1.  1.2 1.4 1.6 1.8 2.  2.2 2.4 2.6 2.8 3.
3.2 3.4
 3.6 3.8 4.  4.2 4.4 4.6 4.8]
E.type :  float64
Traceback (most recent call last):
  File "C:\MyPyPackage\TextBook - 2019\ch 12 Extension Packages - NumP
y, Universal Func, Matplot\NumPy\(2) ndarray.py", line 24, in <module>
    F = range(0.0, 5.0, 0.2)
TypeError: 'float' object cannot be interpreted as an integer
```

그림 12.7 arange()를 사용한 ndarray의 생성 결과

Line 19~21에서는 arange(0.0, 5.0, 0.2)로 0.0 이상~5.0 미만의 구간에서 0.2씩 증가시키며 실수형 데이터를 생성하여 배열 원소로 사용하는 실수형 ndarray 배열 객체를 생성하며, 결과는 그림 12.7에서 보는 것과 같이 정상적으로 생성되는 것을 확인할 수 있다.

Line 23~25에서는 range(0.0, 5.0, 0.2)로 start, stop, step 인수를 실수형 데이터로 설정하였으며, 이 경우 프로그램이 실행될 때 그림 12.7에서 보는 것과 같이 실행 오류가 발생되는 것을 확인할 수 있다. 다시 말하면 range(start, stop, step) 함수에서는 정수형 데이터만 인수로 전달하여야 하며, 실수형 데이터를 사용할 수 없다는 것으로 range() 함수와 arange() 함수의 차이점을 확인할 수 있다.

(3) zeros(), ones(), empty(), full() 함수를 사용한 ndarray 생성

그림 12.8에서는 zeros(shape, dtype=float, order=' C') 함수를 사용하여 ndarray를 생성하는 예를 보여준다. ndarray 배열 객체의 모양은 shape 인수가 설정하며, dtype이 배열 원소의 자료형을 설정한다. Line 4~5에서 zeros(6)은 모든 배열원소가 0.0인 1×6 크기의 1차원 배열을 생성하며, 배열 원소의 자료형은 실수 (float)이다.

```
 1 :  # NumPy ndarray - zeros()
 2 :  import numpy as np
 3 :
 4 :  A1 = np.zeros(6)
 5 :  print("A1 : \n", A1)
 6 :
 7 :  A2 = np.zeros((2, 3))
 8 :  print("A2 : \n", A2)
 9 :
10 :  A3 = np.zeros((2, 3), dtype=np.int32)
11 :  print("A3 : \n", A3)
12 :
13 :  A4 = np.zeros((3, 2), dtype=np.int32)
14 :  print("A4 : \n", A4)
15 :
16 :  A5 = np.zeros((3, 4), dtype=np.int64, order='C')
17 :  print("A4 : \n", A5)
```

그림 12.8 zeros()를 사용한 ndarray의 생성

```
A1 :
 [0. 0. 0. 0. 0. 0.]
A2 :
 [[0. 0. 0.]
 [0. 0. 0.]]
A3 :
 [[0 0 0]
 [0 0 0]]
A4 :
 [[0 0]
 [0 0]
 [0 0]]
A4 :
 [[0 0 0 0]
 [0 0 0 0]
 [0 0 0 0]]
```

그림 12.9 zeros()를 사용한 ndarray의 생성 결과

Line 7~8에서 zeros((2, 3))은 모든 배열원소가 0.0인 2×3 크기의 2차원 실수형 배열을 생성하며, line 10~11에서 zeros((2,3), dtype=np.int32) 함수를 사용하여 모든 배열원소가 0인 2×3 크기의 2차원 정수 배열을 생성한다.

Line 13~14에서는 zeros((3, 2), dtype=np.int32) 함수를 사용하여 모든 배열원소가 0인 3×2 크기의 2차원 정수 배열 A4를 생성하며, line 16~17에서는 zeros((3, 4), dtype=np.int64, order='C') 함수를 사용하여 모든 배열원소가 0인 3×4 크기의 2차원 정수 배열 A5를 생성한다. A4와 A5는 정수 자료형의 바이트 크기가 int32와 int64로 차이가 나며, order=' C' 로 C-program 스타일로 행우선 순서 (row-major order)로 원소를 설치하도록 설정되어 있는 것이다. 그림 12.9에서 실행 결과들을 확인할 수 있다.

그림 12.10에서는 ones(shape, dtype=float, order=' C') 함수를 사용하여 ndarray를 생성하는 예를 보여준다. ndarray 배열 객체의 모양은 shape 인수가 설정하며, dtype이 배열 원소의 자료형을 설정한다. Line 4~5에서는 ones((2, 3))으로 모든 배열원소가 1.0인 2×3 크기의 2차원 실수형 배열을 생성하며, line 7~8에서는 zeros((2, 3))은 모든 배열원소가 0.0인 2×3 크기의 2차원 실수형 배열을 생성한다.

```
 1 :  # NumPy ndarray - ones(), empty(), full()
 2 :  import numpy as np
 3 :
 4 :  B1 = np.ones((2, 3))
 5 :  print("B1 : \n", B1)
 6 :
 7 :  B2 = np.zeros((2, 3))
 8 :  print("B2 : \n", B2)
 9 :
10 :  B3 = np.empty((2, 3))
11 :  print("B3 : \n", B3)
12 :
13 :  B4 = np.full((2, 3), 10, dtype=None, order='C')
14 :  print("B4 : \n", B4)
```

그림 12.10 ones(), empty(), full()를 사용한 ndarray의 생성

```
B1 :
 [[1. 1. 1.]
 [1. 1. 1.]]
B2 :
 [[0. 0. 0.]
 [0. 0. 0.]]
B3 :
 [[0. 0. 0.]
 [0. 0. 0.]]
B4 :
 [[10 10 10]
 [10 10 10]]
```

그림 12.11 ones(), empty(), full()를 사용한 ndarray의 생성 결과

Line 10~11에서는 empty(shape, dtype=float, order=' C') 함수를 사용하여 초기화 되지 않은 2×3 크기의 ndarray 배열 객체 B3을 생성한다. Line 13~14에서는 full(shape, fill_value, dtype=None, order=' C') 함수를 사용하여 fill_value = 10으로 초기화된 2×3 크기의 배열 객체 B4를 생성한다. B3와 B4를 print() 함수를 사용하여 출력한 결과는 그림 12.11에서 확인할 수 있다.

(4) identity(), eye() 함수를 사용한 ndarray 생성

그림 12.12는 identity() 함수와 eye() 함수를 사용하여 ndarray 배열 객체를 생성하는 예를 보여준다. Line 4~5에서는 identity(3)을 사용하여 3×3 크기의 ndarray 단위 행렬 객체 C1을 생성한다. identity() 함수에서 dtype를 별도로 설정하지 않으면 배열 원소는 실수 (float) 자료형으로 설정되며, 대각선 배열 원소들은 1.0으로 설정되고 그 이외의 원소들은 모두 0.0으로 설정되는 것을 그림 12.13에서 확인할 수 있다.

Line 7~8에서는 eye(3, dtype=int) 함수를 사용하여 정수 자료형 원소를 가지는 단위 행렬 D1을 생성하고 있다. eye() 함수에서 k를 별도로 설정하지 않았기 때문에 k=0의 기본 값이 사용되었고, 이는 대각선 원소들을 1로 설정하고, 그 외의 원소들은 0으로 설정하는 단위행렬 (identity matrix)과 동일한 행렬인 것을 그림 12.13에서 D1을 확인할 수 있다.

```
 1 :  # NumPy ndarray - identity(), eye()
 2 :  import numpy as np
 3 :
 4 :  C1 = np.identity(3)
 5 :  print("C1 : \n", C1)
 6 :
 7 :  D1 = np.eye(3, dtype=int)
 8 :  print("D1 : \n", D1)
 9 :
10 :  D2 = np.eye(3, k=1, dtype=int)
11 :  print("D2 : \n", D2)
12 :
13 :  D3 = np.eye(3, k=-1, dtype=int)
14 :  print("D3 : \n", D3)
```

그림 12.12 identity(), eye() 를 사용한 ndarray의 생성

```
C1 :
 [[1. 0. 0.]
 [0. 1. 0.]
 [0. 0. 1.]]
D1 :
 [[1 0 0]
 [0 1 0]
 [0 0 1]]
D2 :
 [[0 1 0]
 [0 0 1]
 [0 0 0]]
D3 :
 [[0 0 0]
 [1 0 0]
 [0 1 0]]
```

그림 12.13 identity(), eye() 를 사용한 ndarray의 생성 결과

Line 10~11과 line 13~14에서는 eye(R, C=None, k=0, dtype='float') 함수에서 k=1과 k=−1로 각각 설정하며, dtype은 int로 설정하여 D2와 D3을 생성하고 있다. k=1인 경우 대각선 위쪽으로 1 자리씩 떨어져 있는 원소들이 모두 1이 되며, 그 외의 원소들은 모두 0이 된다. k=−1인 경우, 대각선 아래쪽으로 1자리씩 떨어져 있는 원소들이 1이 되며, 그 외의 원소들은 0이 된다. 그림 12.13에서 D2와 D3을 D1과 비교하여 확인할 수 있다.

(5) linspace(), logspace() 함수를 사용한 ndarray 생성

그림 12.14에서는 linespace()와 logspace() 사용하여 ndarray 배열 객체를 생성하는 예를 보여준다.

```
 1 :  # NumPy ndarray - linspace(), logspace()
 2 :  import numpy as np
 3 :
 4 :  E1 = np.linspace(0.0, 10.0, num=5)
 5 :  print("E1 : \n", E1)
 6 :
 7 :  E2 = np.linspace(0.0, 10.0, num=5, endpoint=False, retstep=True)
 8 :  print("E2 : \n", E2)
 9 :
10 :  E3 = np.logspace(0.1, 1, num=10)
11 :  print("E3 : \n", E3)
12 :
13 :  E4 = np.linspace(0.1, 1, num=10)
14 :  print("E4 : \n", E4)
15 :
16 :  E5 = np.power(10, E4).astype('float64')
17 :  print("E5 : \n", E5)
```

그림 12.14 linspace()와 logspace()를 사용한 ndarray 생성

Line 4~5에서는 linspace(start, end, num=50, endpoint=True, retstep=False, dtype=None) 함수를 사용하여 start~stop 구간을 등 간격으로 num 분할하여 배열의 원소로 사용하며, endpoint를 별도로 설정하지 않을 경우 기본값인 endpoint=True로 설정되어 end 값이 포함되는 총 num 개의 원소를 생성하고, 이를 배열 원소로 ndarray 배열 객체를 생성한다. linespace(0.0, 10.0, num=5)인 경우, 0.0에서 10.0까지의 구간을 4등분하고, 각 구간 시작점과 마지막 10.0을 원소로 하는 실수 자료형 배열을 생성한다. 그림 12.15에서 [0.0 2.5 5.0 7.5 10.0]의 5개 원소가 포함된 1차원 배열이 생성된 것을 확인할 수 있다.

Line 7~8에서 linspace(0.0, 10.0, num=5, endpoint=False, retstep=True) 함수를 실행하면 0.0에서 10.0 구간을 5 등분하여 각 구간 시작점을 원소로 하는 실수 자료형 1차원 배열을 생성한다. 그림 12.15에서 [0.0 2.0 4.0 6.0 8.0] 원소들이 포함된 배열과 step 값이 2.0인 것을 튜플로 반환하고 있는 것을 확인할 수 있다.

Line 10~11에서는 logspace(start, end, num=50, endpoint=True, base=10.0, dtype=None) 함수를 사용하며, start = 0.1, end=1.0, num=10으로 설정하여 0.1~10.0 범위를 log 스케일에서 등간격으로 샘플링하고 각 샘플을 배열 요소 값으로 사용한다. 배열 요소 값은 10**0.1~10**1.0 구간의 값을 가진다. 그림 12.15에서 E3의 원소들을 확인할 수 있다.

Line 13~14에서는 linspace(0.1, 1, num=10) 함수를 사용하여 0.1에서 10.0 구간을 10등분하여 각 구간 시작점과 마지막 1.0을 원소로 포함하는 실수 자료형 1차원 배열 E4를 생성한다. 그림 12.15에서 E4가 [0.1~1.0] 구간에서 총 10개의 등간격 실수형 원소를 가지는 배열로 생성된 것을 확인할 수 있다.

Line 16~17에서는 power(10, E4).astype('float64') 함수를 실행하여 10**0.1, 10**0.2~10**1.0의 값을 원소로 하는 E5를 생성한다. 그림 12.15에서 E5의 원소 값들을 확인할 수 있다.

```
E1 :
 [ 0.    2.5   5.    7.5  10. ]
E2 :
 (array([0., 2., 4., 6., 8.]), 2.0)
E3 :
 [ 1.25892541  1.58489319  1.99526231  2.51188643  3.16227766  3.98107171
  5.01187234  6.30957344  7.94328235 10.        ]
E4 :
 [0.1 0.2 0.3 0.4 0.5 0.6 0.7 0.8 0.9 1. ]
E5 :
 [ 1.25892541  1.58489319  1.99526231  2.51188643  3.16227766  3.98107171
  5.01187234  6.30957344  7.94328235 10.        ]
```

그림 12.15 linspace()와 logspace()를 사용한 ndarray 생성 결과

```
 1 :  # NumPy - creation of ndarray with meshgrid()
 2 :  import numpy as np
 3 :
 4 :  X = np.arange(3)
 5 :  Y = np.arange(5)
 6 :
 7 :  A,B = np.meshgrid(X, Y) #
 8 :  print("X : \n", X)
 9 :  print("Y : \n", Y)
10 :  print("type(A)={}, A.ndim = {}".format(type(A), A.ndim))
11 :  print("A : \n", A)
12 :  print("type(B)={}, B.ndim = {}".format(type(B), B.ndim))
13 :  print("B : \n", B)
14 :
15 :  C = [list(zip(a, b)) for a, b in zip(A, B)]
16 :  print("C = [list(zip(a, b)) for a, b in zip(A, B)] : \n", C)
17 :  print("type(C) : ", type(C))
```

그림 12.16 meshgrid()를 사용한 ndarray 생성

(6) meshgrid() 함수를 사용한 ndarray 생성

meshgrid() 함수는 사각형 영역을 구성하는 가로 X축의 점들과 세로 Y축의 점을 나타내는 두 벡터 (X, Y)를 인수로 전달 받아서 이 사각형 영역을 이루는 조합 (a, b)를 출력한다. 결과는 그리드 포인트의 x좌표 값만을 표시하는 행렬 A와 좌표 값만을 표시하는 행렬 B 두 개로 분리하여 출력한다.

그림 12.16은 meshgrid() 함수를 사용하여 2개의 2차원 배열 ndarray 객체 A와 B를 생성하는 예를 보여준다. Line 4~5에서 X와 Y를 각각 arange(3)과 arange(5)를 사용하여 각각 [0 1 2]와 [0 1 2 3 4]로 생성한 후, line 6에서 meshgrid(X, Y) 함수를 사용하여 좌표벡터 (coordinate vectors) X와 Y의 2차원 좌표 행렬 (coordinate matrices) A와 B를 각각 생성하여 반환한다. Line 11에서 C = [list(zip(a, b)) for a, b in zip(A, B)] 연산을 수행하면 2차원 리스트 C는 좌표 행렬 A와 B로 생성되는 조합 (a, b)를 원소로 하는 2차원 리스트로 생성되는 것을 확인 할 수 있다.

```
X :
 [0 1 2]
Y :
 [0 1 2 3 4]
type(A)=<class 'numpy.ndarray'>, A.ndim = 2
A :
 [[0 1 2]
 [0 1 2]
 [0 1 2]
 [0 1 2]
 [0 1 2]]
type(B)=<class 'numpy.ndarray'>, B.ndim = 2
B :
 [[0 0 0]
 [1 1 1]
 [2 2 2]
 [3 3 3]
 [4 4 4]]
C = [list(zip(a, b)) for a, b in zip(A, B)] :
 [[(0, 0), (1, 0), (2, 0)], [(0, 1), (1, 1), (2, 1)], [(0, 2),
(1, 2), (2, 2)], [(0, 3), (1, 3), (2, 3)], [(0, 4), (1, 4), (2
, 4)]]
type(C) :  <class 'list'>
```

그림 12.17 meshgrid()를 사용한 ndarray 생성의 결과

그림 12.18은 meshgrid() 함수를 사용하여 ndarray를 생성하면서 sparse = True로 설정하여 희소 행렬 (sparse matrix)를 생성하는 예제를 보여준다.

```
# NumPy ndarray - meshgrid(), sparse matrix
import numpy as np

na, nb = 3, 2
A = np.linspace(0, 10, na)
B = np.linspace(0, 10, nb)
X, Y = np.meshgrid(A, B)
print("na : {}, nb : {}".format(na, nb))
print("A : \n", A)
print("B : \n", B)
print("X : \n", X)
print("Y : \n", Y)

Z = np.sqrt(X**2 + Y**2)
print("Z : \n", Z)

X_sp, Y_sp = np.meshgrid(A, B, sparse=True)
print("X_sp : \n", X_sp)
print("Y_sp : \n", Y_sp)

Z_sp = np.sqrt(X_sp**2 + Y_sp**2)
print("Z_sp : \n", Z_sp)
```

그림 12.18 meshgrid()를 사용한 sparse ndarray 생성)

희소 행렬이란 행과 열 인덱스로 주어지는 행렬 원소들 중에서 실제 행렬 원소가 존재하지 않는 경우가 많이 있는 경우, 전체 행렬의 공간을 효율적으로 관리하기 위하여 별도의 행렬 원소 관리 기능을 포함하는 경우를 의미한다. 보통 희소 행렬의 경우 행과 열 인덱스 튜플 (row, column)을 키 키 (key)로 설정하고, 해당 원소를 값 (value)으로 설정하는 딕셔너리 자료구조를 사용하여 구현하는 경우에 많이 사용된다.

그림 12.18 line 4~6에서는 linspace() 함수를 사용하여 0.0~10.0 구간을 10.0이 포함되는 x축 값 3개와 2개를 선정하여 nparray A와 B를 생성하고, line 7에서 meshgrid() 함수를 사용하여 2차원 좌표 행렬 X와 Y를 생성한다. 1차원 행렬 A, B와 2차원 행렬 X와 Y의 내용은 line 9~12에서 출력하며, 결과는 그림 12.19에서 확인할 수 있다. Line 14~15에서는 2차원 행렬 X와 Y에 대한 연산을 수행하고, 그 결과를 2차원 행렬 Z에 담은 후, 출력한다.

Line 17에서는 1차원 행렬 A와 B를 사용하며 meshgrid() 함수를 사용하여 2차원 좌표행렬 X_sp와 Y_sp를 생성하는데, line 7과 다른 점은 sparse=True로 설정하여 희소 행렬을 생성하게 하는 것이다. X_sp, Y_sp의 내용은 그림 12.19에서 볼 수 있는 것과 같이 X, Y와 동일하며, line 21에서 실행한 연산 결과도 line 14에서 실행한 연산과 동일한 결과를 가지는 것을 확인할 수 있다.

```
na : 3, nb : 2
A :
 [ 0.  5. 10.]
B :
 [ 0. 10.]
X :
 [[ 0.  5. 10.]
 [ 0.  5. 10.]]
Y :
 [[ 0.  0.  0.]
 [10. 10. 10.]]
Z :
 [[ 0.          5.          10.        ]
 [10.          11.18033989 14.14213562]]
X_sp :
 [[ 0.  5. 10.]]
Y_sp :
 [[ 0.]
 [10.]]
Z_sp :
 [[ 0.          5.          10.        ]
 [10.          11.18033989 14.14213562]]
```

그림 12.19 meshgrid()를 사용한 sparse ndarray 생성의 결과

(7) dtype()을 사용한 ndarray 배열원소의 자료형 설정 및 ndarray 배열 생성

ndarray 배열을 생성할 때 dtype() 함수를 사용하여 배열 원소의 자료형을 설정할 수 있다. 표 12.9는 np.dtype()에서 자료형을 지정하는 유형들을 예를 들어 설명하고 있다. dtype() 자료형 지정에서는 array-protocol 자료형 문자열로 i4(4-바이트, 32-비트 정수), f8(64-비트 부동소수점 실수), c16 (128-비트 부동소수점 복소수), a25 (25자 길이, 0으로 끝나는 바이츠), U25 (25자의 unicode 문자열)등의 약자를 사용한다.

파이썬 프로그래밍 언어 기본 자료형을 NumPy에서 정의한 자료형으로 np.int32 (32-비트 정수), complex128(128-비트 복소수)를 사용하여 dtype() 함수로 설정할 수 있다. 복수의 바이트로 구성되는 숫자의 바이트 저장 순서를 지정하는 경우 '<' (little endian), '>' (bigendian), '=' (native, hardware-default) 등을 array-protocol 자료형과 함께 사용하여 바이트 저장 순서를 설정할 수 있다.

표 12.9 dtype의 자료형 지정방법

자료형 지정 유형	예, 설명
array-protocol type strings	dt = np.dtype('i4') # 32-bit 부호 사용 정수 dt = np.dtype('f8') # 64-bit 부동소수점 실수 dt = np.dtype('c16') # 128-bit 복소수 (부동소수점 실수부 및 허수부) dt = np.dtype('a25') # 0으로 종료되는 25-바이트 dt = np.dtype('U25') # 25-문자 유니코드 문자열
array scalar type	dt = np.dtype(np.int32) # 32-비트 정수 dt = np.dtype(np.complex128) # 128-비트 복소수 (부동소수점 실수부 및 허수부)
byte-order, built-in data type	바이트 저장순서: '<' (little endian), '>' (big endian), '=' (native, 하드웨어 기본설정)
	내장 자료형: i4 (32-비트 정수), f8 (64-비트 부동소수점), 'c16 (64-비트 복소수), a25(0으로 종료되는 25-바이트), U25 (25-문자 문자열)

	dt = np.dtype("<i4") # little endian, 4-byte (32-bit) 정수
	dt = np.dtype(">i4") # big endian, 4-byte (32-bit) 정수

(flexible_dtype, itemsize)	dt = np.dtype((np.void, 10)) # 10바이트 크기의 데이터 블록 np.dtype(('U', 10)) # 10-문자의 유니코드 문자열
(fixed_dtype, shape)	dt = np.dtype((np.int32, (2,2))) # 2×2 정수 서브 배열

[(field_name, field_dtype, field_shape), ...]	dt = np.dtype([('big', '>i4'), ('little', '<i4')]) # fields big (big-endian 32-bit integer) and little (little-endian 32-bit integer)
	dt = np.dtype([('R','u1'), ('G','u1'), ('B','u1'), ('A','u1')]) # fields R, G, B, A, each being an unsigned 8-bit integer

{'names': ..., 'formats': ..., 'offsets': ..., 'titles': ..., 'itemsize': ...}	dt = np.dtype({'names': ['r','g','b','a'], 'formats': [uint8, uint8, uint8, uint8]}) # r, g, b, a 항목은 각각 8-비트 부호없는 정수
	dt = np.dtype({'names': ['r','b'], 'formats': ['u1', 'u1'], 'offsets': [0, 2], 'titles': ['Red pixel', 'Blue pixel']}) # 8-비트 부호없는 정수로 표현된 r과 b 항목 (제목을 포함), 첫 항목은 바이트 0에 위치, 두 번째 항목은 바이트 2에 위치

(base_dtype, new_dtype)	dt = np.dtype((np.int32,{'real':(np.int16, 0),'imag':(np.int16, 2)})) # 32-비트 정수, 첫 2바이트 정수는 실수부, 나중 2바이트 정수는 허수부 dt = np.dtype((np.int32, (np.int8, 4))) # 8-비트 정수 4개를 서브 배열로 해석되는 32-비트 정수 dt = np.dtype(('i4', [('r','u1'),('g','u1'),('b','u1'),('a','u1')])) # 부호없는 r, g, b, a 항목으로 구성된 4바이트 정수

그림 12.20에서는 다양한 자료형의 튜플을 배열 원소로 구성하는 ndarray 배열을 생성하는 방법을 보여준다. Line 5에서 dtype("<i4")로 little endian, 4-byte integer 자료형으로 dt를 설정한 후, line 6~8에서 dt의 바이트 저장순서, 배열 원소의 크기, 자료형 이름 등을 출력한다. 그림 12.21에서 바이트 저장 순서는 "=" 으로 native (hardware default)를 의미하며, 배열 원소의 크기는 4바이트, 이름은 int32로 출력된 것을 확인할 수

있다.

```
 1 : # NumPy ndarray - dtype, byteorder
 2 : import numpy as np
 3 : import sys
 4 :
 5 : dt1 = np.dtype('<i4')
 6 : print("dt1.byteorder : ", dt1.byteorder)
 7 : print("dt1('<i4').itemsize : ", dt1.itemsize)
 8 : print("dt1.name : ", dt1.name)
 9 :
10 : dt2 = np.dtype([('u_str', np.unicode_, 10)])
11 : print("dt2 (unicode).itemsize : ", dt2.itemsize)
12 : B = np.array([('Engineer'), ('Scientist')], dtype=dt2)
13 : print("B : ", B)
14 : print("B.size : ", B.size)
15 :
16 : dt3 = np.dtype([('title', np.string_, 10)])
17 : print("dt3(string_).itemsize : ", dt3.itemsize)
18 : C = np.array([('Engineer'), ('Scientist')], dtype=dt3)
19 : print("C : ", C)
20 : print("C.size : ", C.size)
21 : print("sys.getsizeof(C) : ", sys.getsizeof(C))
22 :
23 : dt4 = np.dtype([('name', np.string_, 16), ('scores', np.float64, (2, ))])
24 :
25 : D = np.array([('Kim', (80.0, 90.0)), ('Lee', (70.0, 80.0)), ('Park', (85.0, 92.0))],
       dtype=dt4)
26 : print("dt4.itemsize : ", dt4.itemsize)
27 : print("dt4['name'].itemsize : ", dt4['name'].itemsize)
28 : print("D : ", D)
29 : print("D.size : ", D.size)
30 : print("sys.getsizeof(D) : ", sys.getsizeof(D))
31 : print("D[0] : ", D[0])
32 : print("D[0]['name'] : ", D[0]['name'])
33 : print("D[0]['scores'] : ", D[0]['scores'])
34 :
35 : print("type(D[0]) : ", type(D[0]))
36 : print("type(D[0]['name']) : ", type(D[0]['name']))
37 : print("type(D[0]['scores']) : ", type(D[0]['scores']))
```

그림 12.20 dtype()을 사용한 ndarray 배열원소 자료형 지정

Line 10에서는 np.unicode_ 자료형 10 크기의 'u_str' 이름의 자료형 dt2를 생성하며, line 11에서 itemsize를 출력하면 40인 것을 확인할 수 있다. Line 12~14에서 dt2 자료형의 원소를 가지는 배열 B를 생성하며, 그 내용과 크기를 출력한다. 그림 12.21에서 배열 B의 원소값 (문자열)과 개수 2개를 확인할 수 있다.

Line 16에서는 'title' 이름으로 np.string_ 문자 10자를 포함하는 자료형 dt3을 설정하고, line 17에서 itemsize를 확인하며, 그림 12.19에서 dt3의 itemsize가 10바이트인 것을 확인할 수 있다. Line 10에서 np.unicode_ 문자 10자로 구성하였을 때 40바이트 였던 것과 비교하면 np.string_ 문자 10자로 구성하는 것이 바이트 수가 작은 것을 알 수 있다. Line 18에서는 dt3 자료형으로 2개의 튜플 원소를 포함하는 배열 C를 생성하며, line

20~21에서 C.size와 sys,getsizeof(C)를 출력하여 C의 원소 개수가 2이며, 전체 크기가 68인 것을 그림 12.21에서 확인할 수 있다.

```
dt1.byteorder :  =
dt1('<i4').itemsize :  4
dt1.name :  int32
dt2 (unicode).itemsize :  40
B :  [('Engineer',) ('Scientist',)]
B.size :  2
dt3(string_).itemsize :  10
C :  [(b'Engineer',) (b'Scientist',)]
C.size :  2
sys.getsizeof(C) :  68
dt4.itemsize :  32
dt4['name'].itemsize :  16
D :  [(b'Kim', [80., 90.]) (b'Lee', [70., 80.]) (b'Park', [85., 92.])]
D.size :  3
sys.getsizeof(D) :  144
D[0] :  (b'Kim', [80., 90.])
D[0]['name'] :  b'Kim'
D[0]['scores'] :  [80. 90.]
type(D[0]) :  <class 'numpy.void'>
type(D[0]['name']) :  <class 'numpy.bytes_'>
type(D[0]['scores']) :  <class 'numpy.ndarray'>
```

그림 12.21 dtype() 지정을 사용한 ndarray 생성 결과

Line 23에서는 np.string_ 자료형 문자 16자로 구성되는 'name'과 64비트 실수(np.float64) 자료형 2×1 크기의 'scores'가 포함되는 자료형 dt4를 설정하며, line 9에서 dt4를 자료형 (dtype)으로 하는 2개의 튜플을 포함하는 배열 D를 생성한다. Line 25에서 dt4의 itemsize가 32바이트 (즉, 16바이트×2개)이며, 배열 D의 원소 개수가 3, D의 전체 크기가 144바이트 인 것을 확인할 수 있다. Line 30~36에서 각 배열 원소 속성을 각각 출력하며, 그림 12.21에서 결과를 확인할 수 있다. 예를 들어 dt4에 포함된 'name' 속성은 np.string_으로 설정하였는데, type() 함수를 사용하여 확인된 자료형은 numpy.bytes_로 표시되는 것을 알 수 있다.

12.2.4 ndarray의 통합과 분할 - vstack(), hstack(), vsplit(), hsplit()

NumPy의 ndarray는 vstack() 함수를 사용하여 열을 기준으로 수직 방향으로 배열을 차례로 쌓아 새로운 배열을 생성할 수 있으며, hstack() 함수를 사용하여 행을 기준으로 수평 방향으로 배열을 차례로 연결시켜 새로운 배열을 생성할 수 있다. 아울러, vsplit() 함수를 사용하여 열을 기준으로 수직 방향으로 배열을 등분하여 새로운 배열을 생성할 수 있으며, hsplit() 함수를 사용하여 행을 기준으로 수평 방향으로 배열을 등분하여 새로운 배열을 생성할 수 있다.

그림 12.22는 vstack()과 split() 함수를 사용하여 ndarray 행렬을 통합 및 분할시키는 예를 보여준다. Line 4~5에서는 1×3 크기의 1차원 행렬 A와 B를 생성하고, line 6에서 vstack() 함수를 사용하여 수직 방향으로 A와 B를 차례로 쌓아 2×3 크기의 2차원 행렬 C를 생성한다. 생성된 결과를 line 9에서 출력하며, 그림 12.23에서 확인할 수 있다.

```
1 :  # NumPy ndarray - vstack(), split()
2 :  import numpy as np
3 :
4 :  A = np.array([1, 2, 3])
5 :  B = np.array([4, 5, 6])
6 :  C = np.vstack((A, B))
7 :  print("A : ", A)
8 :  print("B : ", B)
9 :  print("C : ", C)
10 :
11 :  D = np.vstack(([1, 2, 3], [4, 5, 6], [7, 8, 9], [10, 11, 12]))
12 :  print("D : \n", D)
13 :
14 :  E = np.split(D, 2)
15 :  print("E : \n", E)
16 :
17 :  F = np.split(D, [2, 3])
18 :  print("F : \n", F)
```

그림 12.22 vstack()과 split()을 사용한 ndarray의 통합과 분할

Line 11에서는 4개의 1×3 행렬 4개를 vstack() 함수를 사용하여 수직 방향으로 쌓아 4×3 크기의 2차원 행렬 D를 생성하며, line 12에서 출력한다. 출력된 4×3 크기의 2차원 행렬 D는 그림 12.23에서 확인할 수 있다.

Line 14에서는 4×3 크기의 2차원 행렬 D를 split() 함수를 사용하여 2등분하여 2개의 2×3크기의 2차원 행렬로 분리시키고, 이들을 원소로 하는 행렬 E를 생성한 후, line 15에서 출력한다. 그림 12.23에서 수직 방향으로 2등분된 2×3 크기의 행렬들을 확인할 수 있다.

Line 17에서는 4×3 크기의 2차원 행렬 D를 split() 함수를 사용하여 분할하며, shape [2, 3]을 지정하여 D[0:2], D[2:3], D[3:0]으로 분리하여, 이들 분리된 배열들을 원소로 하는 행렬 F를 생성한 후 출력한다. 그림 12.23에서 2×3, 1×3, 1×3 크기의 배열로 구분된 원소를 가지는 배열이 생성된 것을 확인할 수 있다.

```
A :  [1 2 3]
B :  [4 5 6]
C :  [[1 2 3]
 [4 5 6]]
D :
 [[ 1  2  3]
 [ 4  5  6]
 [ 7  8  9]
 [10 11 12]]
E :
 [array([[1, 2, 3],
       [4, 5, 6]]), array([[ 7,  8,  9],
       [10, 11, 12]])]
F :
 [array([[1, 2, 3],
       [4, 5, 6]]), array([[7, 8, 9]]), array([[10, 11, 12]])]
```

그림 12.23 vstack()과 split()을 사용한 ndarray의 통합과 분할 결과

그림 12.24는 hstack()과 hsplit() 함수를 사용한 ndarray의 통합과 분할하는 예를 보여준다.

```
# NumPy ndarray - hstack(), hsplit()
import numpy as np

A = np.array([1, 2, 3])
B = np.array([4, 5, 6])
C = np.hstack((A, B))
print("A : ", A)
print("B : ", B)
print("C : ", C)

D = np.array([[1], [2], [3]])
E = np.array([[4], [5], [6]])
F = np.hstack((D, E))
print("D : \n", D)
print("E : \n", E)
print("F : \n", F)

G = np.arange(8).reshape(2,4)
print("G : \n", G)

H = np.hsplit(G, 2)
print("H : \n", H)

K = np.hsplit(G, [2, 3])
print("K : \n", K)
```

그림 12.24 hstack() 및 hsplit() 함수를 사용한 ndarray의 통합과 분할

```
A :  [1 2 3]
B :  [4 5 6]
C :  [1 2 3 4 5 6]
D :
 [[1]
 [2]
 [3]]
E :
 [[4]
 [5]
 [6]]
F :
 [[1 4]
 [2 5]
 [3 6]]
G :
 [[0 1 2 3]
 [4 5 6 7]]
H :
 [array([[0, 1],
       [4, 5]]), array([[2, 3],
       [6, 7]])]
K :
 [array([[0, 1],
       [4, 5]]), array([[2],
       [6]]), array([[3],
       [7]])]
```

그림 12.25 hstack()과 hsplit() 함수를 사용한 ndarray의 통합과 분할 결과

Line 4~5에서는 2개의 1×3 크기의 배열 A, B를 생성하며, hstack() 함수를 사용하여 수평 방향으로 차례로 배치하여 1×6 크기의 배열 C를 생성한다.

Line 11~12에서는 3×1 크기의 2차원 배열 D와 E를 생성한 후, hstack() 함수를 사용하여 수평 방향으로 차례로 배치하여 3×2 크기의 2차원 배열 F를 생성한 후, 차례로 출력한다. 생성된 2차원 배열 F의 내용은 그림 12.25에서 확인할 수 있다.

Line 18~19에서는 arage(8)을 사용하여 1×8 크기의 1차원 배열을 생성한 후, reshape(2, 4) 함수를 사용하여 2×4 크기의 2차원 배열 G를 생성하고, 이를 출력한다. 생성된 2차원 배열 G는 그림 12.25에서 보는 것과 같다. Line 21에서는 hsplit(G, 2) 함수를 사용하여 2차원 배열 G를 수평 방향으로 2등분하여 3차원 행렬 H를 생성한다. Line 22에서 3차원 행렬 H의 구성을 출력하며, 그림 12.25에서 확인할 수 있다.

Line 24에서는 2차원 배열 G를 shape[2, 3]을 지정하여, G[0:2], G[2:3], G[3:0]으로 수평 분할시킨다. 수평 분할된 결과는 각각 2×3, 2×1, 2×1크기로 구성되며 그림 12.25에서 결과를 확인할 수 있다.

12.2.5 ndarray의 reshape() 및 transpose() 함수를 사용한 모양 변경

ndarray 다차원 행렬은 reshape() 함수를 사용하여 다른 크기로 모양을 변경할 수 있으며, transpose() 함수를 사용하여 전치 행렬 (transposed matrix)을 구할 수 있다. 그림 12.26은 reshape(), ravel(), flatten() 함수를 사용하여 ndarray 행렬 모습 (shape)을 변경하는 예를 보여준다. Line 4에서는 arange(10) 함수를 사용하여 1×10 크기의 1차원 배열 A를 생성하며, line 5~7에서 배열 A의 속성을 출력한다. 배열 A의 ndim은 1로서 1차원 배열인 것을 확인할 수 있고, shape은 (10,)으로 1×10 크기의 1차원 배열인 것을 확인할 수 있다.

Line 9에서는 1×10 크기의 1차원 배열 A를 reshape((2, 5))를 사용하여 2×5크기의 2차원 배열 B로 생성하며, line 10~12에서 속성을 확인한다. 그림 12.27에서 q배열 B의 ndim은 2이며, shape이 (2, 5)로서 2×5크기의 2차원 배열인 것을 확인할 수 있다.

Line 14에서는 1×10 크기의 1차원 배열 A를 reshape((5, -1)) 함수를 사용하여 5×2 크기의 2차원 배열 C를 만든다. reshape((5, -1))에서 '-1'은 다른 좌표축 값의 크기에 따라 적절히 계산하도록 설정하는 것이며, 이렇게 생성된 결과는 배열 A의 경우 A.shape(5, 2)를 실행하여 모양을 변경시킨 것과 동일한 결과를 가진다. 그림 12.27의 출력 결과에서 이를 확인할 수 있다.

Line 22와 24에서는 ravel() 함수와 flatten() 함수를 사용하여 2×5 크기의 2차원 배열 B를 1차원 배열로 구성된 결과를 생성하며, 각각 1×10 크기의 1차원 배열 D와 E에 저장한다. ndarray.ravel() 함수와 numpy.ravel() 함수는 필요할 때에만 복사한 배열을 생성하고, ndarray.flatten() 함수는 항상 복사한 배열을 생성한다.

```
# NumPy ndarray - shape(), reshape()
import numpy as np

A = np.arange(10)
print("A : ", A)
print("A.ndim : ", A.ndim)
print("A.shape : ", A.shape)

B = A.reshape((2, 5))
print("B : ", B)
print("B.ndim : ", B.ndim)
print("B.shape : ", B.shape)

C = A.reshape((5, -1))
print("C : \n", C)
print("A : ", A)

A.shape = (5, 2)
print("After A.shape(5, 2) ==> A : \n", A)

print("B : \n", B)
D = B.ravel()
print("D ( = B.ravel())  : ", D)
E = B.flatten()
print("E ( = B.flatten()): ", E)
```

그림 12.26 reshape(), ravel(), flatten() 함수를 사용한 ndarray 행렬 모습 변경

```
A :  [0 1 2 3 4 5 6 7 8 9]
A.ndim :  1
A.shape :  (10,)
B :  [[0 1 2 3 4]
 [5 6 7 8 9]]
B.ndim :  2
B.shape :  (2, 5)
C :
 [[0 1]
 [2 3]
 [4 5]
 [6 7]
 [8 9]]
A :  [0 1 2 3 4 5 6 7 8 9]
After A.shape(5, 2) ==> A :
 [[0 1]
 [2 3]
 [4 5]
 [6 7]
 [8 9]]
B :
 [[0 1 2 3 4]
 [5 6 7 8 9]]
D ( = B.ravel())  :  [0 1 2 3 4 5 6 7 8 9]
E ( = B.flatten()):  [0 1 2 3 4 5 6 7 8 9]
```

그림 12.27 reshape(), ravel(), flatten() 함수를 사용한 ndarray 행렬 모습 변경 결과

그림 12.28은 transpose() 함수를 사용하여 전치 행렬을 생성하는 예를 보여준다. 먼저 line 4에서 arange(15)를 사용하여 0~14의 정수 값을 가지는 1차원 배열을 만든 후, 이를 reshape(5, 3)으로 5×3 크기의 2차원 배열로 변환시킨 후, 이를 출력하면 그림 12.29에서 보는 것과 같은 모양이 된다.

Line 7에서 A.T로 2차원 배열 A의 전치 행렬을 구하여 B에 저장하며, line 10에서는

A.transpose() 함수를 사용하여 전치 행렬을 구하여 C에 저장한다. 2차원 배열 B와 C는 그림 12.29에서 확인할 수 있는 것과 같이 동일한 내용을 가진다.

```
# NumPy ndarray - transpose()
import numpy as np

A = np.arange(15).reshape(5, 3)
print("A : \n", A)

B = A.T
print("B (A.T) : \n", B)

C = A.transpose()
print("C (A.transpose()) : \n", C)
```

그림 12.28 transpose() 함수를 사용한 전치 행렬의 생성

```
A :
 [[ 0  1  2]
 [ 3  4  5]
 [ 6  7  8]
 [ 9 10 11]
 [12 13 14]]
B (A.T) :
 [[ 0  3  6  9 12]
 [ 1  4  7 10 13]
 [ 2  5  8 11 14]]
C (A.transpose()) :
 [[ 0  3  6  9 12]
 [ 1  4  7 10 13]
 [ 2  5  8 11 14]]
```

그림 12.29 transpose() 함수를 사용한 전치 행렬의 생성 결과

12.2.6 ndarray의 indexing, slicing, ix_(), sum(), rowsum()

NumPy의 ndarray의 배열 원소들은 인덱스를 사용하여 개별적으로 접근할 수 있으며, 슬라이싱을 사용하여 일부 구간의 원소들을 분리하여 별도로 처리할 수 있다. 그림 12.30은 ndarray에 대한 인덱싱과 슬라이싱 예를 보여준다. Line 3에서 arange() 함수를 사용하여 10개의 원소를 가지는 배열을 생성하며, line 6~7에서 A[0] 및 A[-1] 인덱싱을 사용하여 첫 번째 원소와 마지막 원소를 출력한다. Line 8의 A[:5]는 A[0]~A[4]의 5개 원소를 차례로 출력하며, line 9의 A[::2]는 배열 A의 A[0]~A[9] 원소 중 짝수 인덱스의 원소만을 차례로 출력한다.

Line 11의 A[:5]는 A[0]~A[4] 원소 값을 모두 10으로 설정하며, line 13의 A[5:]는 A[5]~A[9] 원소들만 슬라이싱으로 골라 복사하여 배열 B를 생성한다. 이렇게 슬라이싱을 사용하여 배열을 복사하는 경우 얕은 복사 (shallow copy)가 된다. Line 14에서 배열 B의 내용을 출력하며, 그림 12.31에서 확인할 수 있다.

Line 15에서는 배열 B에 인덱싱을 사용하여 B[0] 원소를 20으로 설정하며, 원소의 값을 수정한 후 결과를 line 16에서 A를 출력하는데, 그림 12.31에서 확인할 수 있는 것과 같이 B[0]을 수정할 때 A[5] 값이 변경된 것을 확인할 수 있다. 이는 얕은 복사에 의하여 배열 B가 생성되었기 때문에 배열 B를 수정하면 원본인 배열 A가 함께 수정된다는 것을 알 수 있다.

```
1 :  # NumPy ndarray indexing, slicing
2 :  import numpy as np
3 :  A = np.arange(10)
4 :  print("A : \n", A)
5 :
6 :  print("A[0] : ", A[0])
7 :  print("A[-1] : ", A[-1])
8 :  print("A[:5] : ", A[:5])
9 :  print("A[::2] : ", A[::2])
10 :
11 :  A[:5] = 10
12 :  print("After A[:5] = 10 ==> A : \n", A)
13 :  B = A[5:] # shallow copy
14 :  print("B (A[5:]) : \n", B)
15 :  B[0] = 20
16 :  print("After B[0]=20 ==> A : \n", A)
17 :
18 :  C = A[5:].copy()
19 :  C[0] = 30
20 :  print("After C[0]=20 ==> C : \n", C)
21 :  print("A : \n", A)
```

그림 12.30 ndarray에 대한 indexing과 slicing

```
A :
 [0 1 2 3 4 5 6 7 8 9]
A[0] :  0
A[-1] :  9
A[:5] :  [0 1 2 3 4]
A[::2] :  [0 2 4 6 8]
After A[:5] = 10 ==> A :
 [10 10 10 10 10  5  6  7  8  9]
B (A[5:]) :
 [5 6 7 8 9]
After B[0]=20 ==> A :
 [10 10 10 10 10 20  6  7  8  9]
After C[0]=30 ==> C :
 [30  6  7  8  9]
A :
 [10 10 10 10 10 20  6  7  8  9]
```

그림 12.31 ndarray에 대한 indexing과 slicing 결과

Line 18에서는 A[5:].copy() 함수를 사용하여 배열 A의 원소 A[5]~A[9]을 깊은 복사 (deep copy) 하여 배열 C를 생성한다. Line 19에서 C[0]을 30으로 변경하고 난 후, line 20에서 C를 출력하면 변경된 C[0]이 30으로 변경되었다는 것을 확인할 수 있다. 그러나 line 21에서 배열 A를 출력하면 A[5]는 30으로 변경되지 않았다는 것을 확인할 수 있는데, 이는 배열 C를 생성할 때 ndarray의 copy() 함수를 사용하여 깊은 복사를 하였기 때문이며, 두 개의 ndarray가 별도의 메모리 블록을 사용하기 때문에 하나를 변경하여도 다른 배열이 따라서 변경되지는 않는다.

그림 12.32는 2차원 ndarray 배열에 인덱스 배열을 사용하여 원소값들을 변경하거나 새로운 배열을 생성하는 예를 보여준다. Line 4에서는 0~11을 원소값으로 하는 1차원 배열을 생성한 후 reshape(4, 3) 함수를 사용하여 4×3 크기의 2차원 배열 A를 생성한다.

```
 1 : # NumPy 2-Dimensional ndarray index array
 2 : import numpy as np
 3 :
 4 : A = np.arange(12).reshape((4, 3))
 5 : print("A : \n", A)
 6 :
 7 : B = np.array([2, 1, 0])
 8 : print("B = np.array([2, 1, 0]) : \n", B)
 9 :
10 : C = A[B] # row 2, row 1, row 0 of array A
11 : print("C = A[B]) : \n", C)
12 :
13 : C[np.array([2, 2, 1])] = -1 # set elements in row 2 and row 1 as -1
14 : print("After (C[np.array([2, 2, 1])] = -1) ==> C : \n", C)
15 :
16 : D = A[np.array([0, 1, 2]), np.array([0, 1, 2])] #A[[0, 1, 2,], [0, 1, 2]]
17 : print("D (A[np.array([0, 1, 2]), np.array([0, 1, 2])]): \n", D)
18 :
19 : E = A[np.ix_(np.array([0, 1, 3]), np.array([0, 1, 2]))]# A[np.ix_([0,1,3], [0,1,2])]
20 : print("E (A[np.ix_(np.array([0, 1, 3]), np.array([0, 1, 2])]): \n", E)
```

그림 12.32 ndarray에 대한 인덱스 배열 및 ix_() 함수 사용

```
A :
 [[ 0  1  2]
 [ 3  4  5]
 [ 6  7  8]
 [ 9 10 11]]
B = np.array([2, 1, 0]) :
 [2 1 0]
C = A[B]) :
 [[6 7 8]
 [3 4 5]
 [0 1 2]]
After (C[np.array([2, 2, 1])] = -1) ==> C :
 [[ 6  7  8]
 [-1 -1 -1]
 [-1 -1 -1]]
D (A[np.array([0, 1, 2]), np.array([0, 1, 2])]):
 [0 4 8]
E (A[np.ix_(np.array([0, 1, 3]), np.array([0, 1, 2])]):
 [[ 0  1  2]
 [ 3  4  5]
 [ 9 10 11]]
```

그림 12.33 ndarray에 대한 ix_() 결과

Line 7에서는 리스트 [2, 1, 0]을 원소로 하는 1차원 배열 B를 생성하며, line 8에서 출력하여 그 내용을 확인한다. Line 10에서는 A[B] 형식으로 ndarray 2차원 배열 A에 1차원 배열 B를 인수로 사용하여 2행, 1행, 0행을 배열 원소로 하는 2차원 배열 C를 생성한 후, line 11에서 출력한다. 그림 12.33에서 2차원 배열 C의 원소들을 확인할 수 있다.

Line 13~14에서는 2차원 배열 C의 2행, 2행 및 1행의 원소값을 -1로 설정하며, 출력하여 확인할 수 있게 한다. 그림 12.33에서 2차원 배열 C의 1행과 2행의 원소값이 모두 -1로 변경된 것을 확인할 수 있다.

Line 16~17에서는 2차원 배열 A의 (0, 0), (1, 1), (2, 2) 원소를 추출하여 1차원 배열 D를 생성한 후 출력한다. 그림 12.33에서 볼 수 있는 것과 같이 2차원 배열 A의 (0, 0), (1, 1), (2, 2) 원소 3개로 구성되어 있는 것을 볼 수 있다.

Line 19~20에서는 np.in_() 함수를 사용하여 배열 A는 (0,0), (0,1), (0,2), (1,0), (1,1), (1,2), (3,0), (3,1), (3,2) 원소를 추출하여 3×3 크기의 2차원 배열 E를 생성한 수 출력한다. 그림 12.33에서 볼 수 있는 것과 같이 2차원 배열 A의 해당 원소들로 구성된 3×3 크기의 2차원 배열 E를 확인할 수 있다.

그림 12.34는 ndarray의 sum() 및 ix()함수의 사용에 대한 예제 프로그램을 보여준다. Line 3~4에서는 0~11 범위의 정수를 4×3 크기의 2차원 배열로 생성하여 A에 대입한 후, 이를 출력한다. Line 6에서는 2차원 배열 A의 원소값이 3보다 같거나 작은 원소들을 -1로 변경하며, 변경된 내용을 출력하여 확인할 수 있게 한다.

```
 1 :  # NumPy 2-Dimensional ndarray - sum(), sum(-1), with ix_()
 2 :  import numpy as np
 3 :  A = np.arange(12).reshape((4, 3))
 4 :  print("A : \n", A)
 5 :
 6 :  A[A<=3] = -1
 7 :  print("After A[A<=3] = -1 ==> A : \n", A)
 8 :
 9 :  total_sum = A.sum() # sum all elements
10 :  print("total_sum (A.sum()) : \n", total_sum)
11 :
12 :  rowsum = A.sum(-1) # sum for each row
13 :  print("rowsum (A.sum(-1)) : \n", rowsum)
14 :
15 :  rows = A.sum(-1)>0
16 :  print("rows (A.sum(-1)>0) : \n", rows)
17 :
18 :  columns = [0, 2]
19 :  print("columns : ", columns)
20 :
21 :  C = np.ix_(rows, columns)
22 :  print("C : ", C)
23 :  B = A[C]
24 :  print("B (A[np.ix_(rows, columns)]) : \n", B)
```

그림 12.34 ix_(), sum(), rowsum()

Line 9~10에서는 sum() 함수를 사용하여 2차원 배열 A의 모든 원소들의 합산 결과를 계산하며, 이를 출력한다. 그림 12.35에서 합산 결과를 확인할 수 있다. Line 12~13에서는 sum(-1) 함수를 사용하여 2차원 배열 A의 각 행별로 합산을 계산하여 출력하며, 그림 12.35에서 행 0~행 3의 합산 결과가 -3, 8, 21, 30인 것을 확인할 수 있다.

그림 12.34 line 15~16에서는 각 행의 합산 결과가 0보다 큰 값인지 비교하며, 결과를 리스트 rows에 저장한다. 결과는 그림 12.35에서 볼 수 있는 것과 같이 [False True True True]이며, 행 0 합산만이 0보다 작은 값인 것을 확인할 수 있다.

Line 18에서는 [0, 2] 원소를 가지는 리스트 columns을 생성하며, line 21~24에서 ix_(rows, columns) 함수를 사용하여 2차원 행렬 A의 원소들 중 행 0은 제외하고 (False), 행 1~행 3의 열 0과 열 2원소들 (즉, (1,0), (1,2), (2, 0), (2, 2), (3, 0), (3, 2) 원소들)만을 추출하여 2차원 배열 B를 구성하고 이를 출력한다. 그림 12.35에서 결과를 확인할 수 있다.

```
A :
 [[ 0  1  2]
 [ 3  4  5]
 [ 6  7  8]
 [ 9 10 11]]
After A[A<=3] = -1 ==> A :
 [[-1 -1 -1]
 [-1  4  5]
 [ 6  7  8]
 [ 9 10 11]]
total_sum (A.sum()) :
 56
rowsum (A.sum(-1)) :
 [-3  8 21 30]
rows (A.sum(-1)>0) :
 [False  True  True  True]
columns :  [0, 2]
C :  (array([[1],
       [2],
       [3]], dtype=int32), array([[0, 2]]))
B (A[np.ix_(rows, columns)]) :
 [[-1  5]
 [ 6  8]
 [ 9 11]]
```

그림 12.35 ix_(), sum(), rowsum() 결과

12.2.7 ndarray에 대한 수학 연산 - add, sub, mult, div

그림 12.36은 ndarray에 대한 수학 연산 기능을 수행하며, 그 결과를 출력하여 확인한다. Line 3~4에서 0~9의 원소를 가지는 2×5 크기의 2차원 행렬 A를 성성하며, line 6에서 각 원소에 10을 더하는 덧셈 연산을 수행하고, line 9에서는 행렬 A의 각 원소에 10을 빼는 뺄셈 연산을 수행하며, line 12, 15, 18에서는 각각 곱셈 연산, 실수형 나눗셈 연산, 정수형 나눗셈 연산을 각각 수행한다. Line 21에서는 모듈로 연산을 수행하며, 연산 수행 결과는 그림 12.37에서 확인할 수 있다.

Line 24에서는 2차원 행렬 A의 각 원소 값을 제곱하는 연산을 수행하며, line 26에서는 행렬 A의 각 원소 값에 10을 곱한 후 50을 빼는 연산을 수행하며, line 29에서는 행렬 A의 각 원소 값에 10을 곱한 후 50을 뺀 후, 절대값을 계산하는 연산을 수행한다. 그림 12.37에서 연산 결과들을 확인할 수 있다.

```
# NumPy ndarray arithmetic operations - add, sub, mult, div
import numpy as np
A = np.arange(10).reshape(2, 5)
print("A : \n", A)

B = A+10
print("B (A+10) : \n", B)

C = A-10
print("C (A-10) : \n", C)

D = A*10
print("D (A*10) : \n", D)

E = A/10
print("E (A/10) : \n", E)

F = A//2
print("F (A//2) : \n", F)

G = A%2
print("G (A%2) : \n", G)

H = A**2
print("H (A**2) : \n", H)

K = A*10 - 50
print("K (A*10 - 50) : \n", K)

M = abs(A*10 - 50)
print("M (abs(A*10 - 50)) : \n", M)
```

그림 12.36 ndarray에 대한 연산

```
A :
 [[0 1 2 3 4]
 [5 6 7 8 9]]
B (A+10) :
 [[10 11 12 13 14]
 [15 16 17 18 19]]
C (A-10) :
 [[-10  -9  -8  -7  -6]
 [ -5  -4  -3  -2  -1]]
D (A*10) :
 [[ 0 10 20 30 40]
 [50 60 70 80 90]]
E (A/10) :
 [[0.  0.1 0.2 0.3 0.4]
 [0.5 0.6 0.7 0.8 0.9]]
F (A//2) :
 [[0 0 1 1 2]
 [2 3 3 4 4]]
G (A%2) :
 [[0 1 0 1 0]
 [1 0 1 0 1]]
H (A**2) :
 [[ 0  1  4  9 16]
 [25 36 49 64 81]]
K (A*10 - 50) :
 [[-50 -40 -30 -20 -10]
 [  0  10  20  30  40]]
M (abs(A*10 - 50)) :
 [[50 40 30 20 10]
 [ 0 10 20 30 40]]
```

그림 12.37 ndarray에 대한 연산 실행 결과

12.3 NumPy 유니버설 함수 (Universal Function)

12.3.1 NumPy Universal function의 methods

NumPy 모듈은 다양한 유니버설 함수를 제공하며, 이 함수를 사용하여 인수로 주어지는 배열의 원소들에 대하여 다양한 수학 연산을 수행할 수 있다. 유니버설 함수에는 배열에 적용할 수 있는 기본 산술 연산, 삼각함수 연산, 비트 단위 연산, 논리 연산, 실수 (real number) 관련 연산, 집합 (set) 연산, 배열의 파일 입출력 연산, 배열의 정렬 및 탐색 관련 함수, 난수 관련 함수, 통계처리 및 선형대수 함수 등이 포함되어 있다.

표 12.10은 NumPy의 기본적인 유니버설 함수들을 설명하고 있다. ufunc.reduce() 함수는 다차원 행렬에서 지정된축 (axis)을 기준으로 ufunc 연산을 수행하여 다차원 배열의 차원을 하나 줄이며, reduceat() 함수는 지정된축을 기준으로 지정된 인덱스에 따라 ufunc 연산을 수행하여 다차원 배열의 차원을 하나 줄인다. 2차원 배열인 경우 axis 지정은 0 (column), 1 (row)이며, 3차원 배열인 경우의 axis 지정은 0 (depth), 1 (column), 2(row)를 의미한다.

ufunc.accumulate() 함수는 주어진 배열에 주어진 인덱스에 따라 합산을 한다. ufunc.outer() 함수는 주어진 배열 A와 B에 대하여 ufunc 함수를 각 배열 원소에 실행한다. ufunc.at() 함수는 주어진 배열에 주어진 인덱스에 따라 ufunc 함수를 실행한다.

표 12.10 유니버설 함수

메소드	설 명
ufunc.reduce(A axis=0, dtype=None, out=None, keepdims=False)	유니버설 함수 ufunc를 배열 A의 지정된 축 (axis)에 따라 적용 (2차원배열의 axis 지정: 0 column, 1 row; 3차원 배열의 axis 지정: 0 depth, 1 column, 2 row)
ufunc.reduceat(A, indices, axis=0, dtype=None, out=None)	배열 A를 지정된 축(axis) 방향으로 차원을 줄임
ufunc.accumulate(A, axis=0, dtype=None, out=None)	배열 A에 유니버설 함수 ufunc를 지정된 축 (axis)에 따라 적용한 결과 합산
ufunc.outer(A, B)	배열 A와 B의 각 원소에 대하여 유니버설 함수 ufunc를 수행
ufunc.at(A, indices, b=None)	유니버설 함수 ufunc를 배열 A의 지정된 인덱스 (indices) 원소에 대하여 수행하며 b 연산수를 사용

그림 12.38 line 4에서는 10개의 원소를 가지는 1차원 배열 A를 생성하며, line 6에서는 np.add.reduce() 함수를 사용하여 1차원 배열 A에 덧셈 연산을 수행하여 배열 원소의 합산을 계산하여 sum_array에 대입시키며, line 7에서 이를 출력한다. 그림 12.39에서 결과를 확인할 수 있다.

Line 9~10에서는 0~19의 값을 가지는 원소들로 구성된 4×5 크기의 2차원 배열 B을 생성하며, 이를 출력한다. 2차원 배열 B는 그림 12.39에서 결과를 확인할 수 있는 것과 같이 4×5 크기의 2차원 배열 원소들을 가진다.

```
1 : # universal function - reduce()
2 :
3 : import numpy as np
4 : A = np.arange(10) # 1 dimensional array
5 : print("A : \n", A)
6 : sum_array = np.add.reduce(A)
7 : print("a = np.add.reduce(A) : ", sum_array)
8 :
9 : B = np.arange(20).reshape((4, 5)) # 2 dimensional array
10 : print("B : \n", B)
11 : sum_axis_0 = np.add.reduce(B, 0) # sum axis 0 (column)
12 : sum_axis_1 = np.add.reduce(B, 1) # sum axis 1 (row)
13 : print("sum_axis_0 (column) :\n", sum_axis_0)
14 : print("sum_axis_1 (row) :\n", sum_axis_1)
15 :
16 : C = np.arange(64).reshape((4,4,4)) # 3 dimensional array
17 : print("C : \n", C)
18 : sum_axis_0 = np.add.reduce(C, 0) # axis 0 (depth)
19 : sum_axis_1 = np.add.reduce(C, 1) # axis 1 (column)
20 : sum_axis_2 = np.add.reduce(C, 2) # axis 2 (row)
21 : print("sum_axis_0 (depth):\n", sum_axis_0)
22 : print("sum_axis_1 (column):\n", sum_axis_1)
23 : print("sum_axis_2 (row):\n", sum_axis_2)
```

그림 12.38 ndarray에 add()와 reduce()를 적용한 예

```
A :
 [0 1 2 3 4 5 6 7 8 9]
a = np.add.reduce(A) :  45
B :
 [[ 0  1  2  3  4]
 [ 5  6  7  8  9]
 [10 11 12 13 14]
 [15 16 17 18 19]]
sum_axis_0 (column) :
 [30 34 38 42 46]
sum_axis_1 (row) :
 [10 35 60 85]
C :
 [[[ 0  1  2  3]
  [ 4  5  6  7]
  [ 8  9 10 11]
  [12 13 14 15]]

 [[16 17 18 19]
  [20 21 22 23]
  [24 25 26 27]
  [28 29 30 31]]

 [[32 33 34 35]
  [36 37 38 39]
  [40 41 42 43]
  [44 45 46 47]]

 [[48 49 50 51]
  [52 53 54 55]
  [56 57 58 59]
  [60 61 62 63]]]
```

```
sum_axis_0 (depth):
 [[ 96 100 104 108]
 [112 116 120 124]
 [128 132 136 140]
 [144 148 152 156]]
sum_axis_1 (column):
 [[ 24  28  32  36]
 [ 88  92  96 100]
 [152 156 160 164]
 [216 220 224 228]]
sum_axis_2 (row):
 [[  6  22  38  54]
 [ 70  86 102 118]
 [134 150 166 182]
 [198 214 230 246]]
```

그림 12.39 ndarray에 add()와 reduce()를 적용 결과

Line 11에서는 2차원 배열 B에 대하여축 0 (열)을 기준으로 덧셈 연산을 수행하여 1차원 배열 sum_axis_0을 생성한다. 그림 12.39에서 확인할 수 있는 것 과 같이 1×4크기의 1차원 배열 sum_axis_0은 각 열의 원소들을 합산한 결과를 가진다. Line 12에서는 2차원 배열 B에 대하여축 1 (행)을 기준으로 덧셈 연산을 수행하여 1×4 크기의 1차원 배열 sum_axis_1을 생성한다. 그림 12.39에서 확인할 수 있는 것 과 같이 1차원 배열 sum_axis_1은 각 행의 원소들을 합산한 결과를 가진다.

Line 16에서는 4×4×4 크기의 3차원 배열 C를 생성하며 0~63의 값을 가지도록 한다. Line 18~20에서는 3차원 배열을 지정된축 (0: depth, 1: column, 2: row) 방향으로 덧셈 연산을 수행하여 2차원 배열을 생성한 후, line 21~23에서 결과를 출력하며 그림 12.39에서 결과를 확인할 수 있다.

12.3.2 수학 연산을 위한 universal functions

표 12.11은 narray 다차원 배열에 대한 수학 연산 관련 유니버설 함수들을 설명하고 있다. 이 유니버설 함수들을 사용하면 별도의 반복문을 구성하지 않고 쉽게 다차원 배열(행렬)들에 대한 연산을 수행할 수 있다. 수학 연산 관련 유니버설 함수에는 덧셈, 뺄셈, 곱셈, 나눗셈 등의 기본적인 4칙 연산과 지수함수, 로그함수, 제곱근, 제곱승 등의 다양한 함수가 포함되어 있다.

표 12.11 수학연산 관련 universal functions

수학연산 메소드	설 명
add(X, Y[, out])	배열 X와 Y를 더함 (덧셈)
subtract(X, Y[, out])	배열 X에서 Y를 뺌 (뺄셈)
multiply(X, Y[, out])	배열 X에 Y를 곱함 (곱셈)
divide(X, Y[, out]) true_divide(X, Y[, out])	X / Y (배열의 실수 나눗셈)
floor_divide(X, Y[, out])	X // Y (배열의 정수 나눗셈)
logaddexp(X, Y[, out])	log(exp(X) + exp(Y)) 지수승 덧셈에 대한 로그
logaddexp2(X, Y[, out])	log2(2**X + 2**Y) 2의 지수승 덧셈에 대한 밑이 2인 로그
negative(X[, out])	-X (부호 반전)
power(X, Y[, out])	X ** Y (X의 Y 지수승)
remainder(X, Y[, out]) mod(X, Y[, out])	X % Y연산의 나머지이며, 부호는 Y의 부호
fmod(X, Y[, out])	X % Y 연산의 나머지이며, 부호는 X의 부호
absolute(X[, out])	배열 X의 절대값
rint(X[, out])	반올림된 정수 (가장 가까운 정수); 자료형은 변경없음
sign(X[, out])	부호를 반환: -1, 0, 1
conj(X[, out])	켤레 복소수를 반환
exp(X[, out])	지수 (exponent), exp(X)
exp2(X[, out])	2**X
log(X[, out])	자연 로그 (natural log)
log2(X[, out])	log_2

수학연산 메소드	설 명
log10(X[, out])	log_10
expm1(X[, out])	exp(X) -1
log1p(X[, out])	log(1+X)
sqrt(X[, out])	X의 제곱근
square(X[, out])	X의 제곱 (X**2)
reciprocal(X[, out])	1/X
ones_like(X[, dtype, order, subok])	배열 X와 동일한 모양 및 자료형을 반환

그림 12.40은 2차원 배열에 대한 덧셈 연산 예제를 보여준다. Line 4에서 0.0~8.0의 원소값을 가지는 2차원 배열 x1을 생성하고, line 6에서 add() 함수를 사용하여 x2 = x1 + x1을 수행한다. Line 8에서는 out 인수를 x1으로 지정하여 x1 = x1 + x2를 수행하며, 결과를 출력한다. 그림 12.41에서 실행 결과를 확인할 수 있다.

```
1: # universal function - add
2:
3: import numpy as np
4: x1 = np.arange(9.0).reshape((3, 3))
5: print("x1 = \n", x1)
6: x2 = np.add(x1, x1)
7: print("x2 = np.add(x1, x1) : \n", x2)
8: np.add(x1, x2, x1)
9: print("x1 after np.add(x1, x2, x1) : \n", x1)
```

그림 12.40 add() 유니버설 함수

```
x1 =
 [[0. 1. 2.]
 [3. 4. 5.]
 [6. 7. 8.]]
x2 = np.add(x1, x1) :
 [[ 0.  2.  4.]
 [ 6.  8. 10.]
 [12. 14. 16.]]
x1 after np.add(x1, x2, x1) :
 [[ 0.  3.  6.]
 [ 9. 12. 15.]
 [18. 21. 24.]]
```

그림 12.41 add() 유니버설 함수 실행 결과

그림 12.42는 ndarray 2차원 배열인 A에 대하여 유니버설 함수 square()와 sqrt() 함수를 실행시켜 새로운 2차원 배열 sq_A와 sqrt_A를 생성시키는 예를 보여준다. 그림 12.43에서 보는 것과 같이 sq_A와 sqrt_A는 2차원 배열 A의 각 원소에 대하여 제곱승 및 제곱근을 계산한 결과 값을 원소로 하는 2차원 배열이 생성된 것을 확인할 수 있다.

그림 12.44에서는 0.0~9.0의 값을 원소로 가지는 2차원 배열을 준비한 후, power(),

sqrt(), reciprocal(), log10() 함수를 사용하여 각각 계산한 결과를 출력한다. 그림 12.45에서 계산된 결과를 확인할 수 있다.

```
# universal function - square(), sqrt()

import numpy as np

A = np.arange(9.0).reshape((3, 3))
sq_A = np.square(A)
sqrt_A = np.sqrt(A)
print("A = ", A)
print("sq_A = ", sq_A)
print("sqrt_A = ", sqrt_A)
```

그림 12.42 ndarray 2차원 배열에 대한 유니버설 함수 square(), sqrt()

```
A =  [[0. 1. 2.]
 [3. 4. 5.]
 [6. 7. 8.]]
sq_A =  [[ 0.  1.  4.]
 [ 9. 16. 25.]
 [36. 49. 64.]]
sqrt_A =  [[0.         1.         1.41421356]
 [1.73205081 2.         2.23606798]
 [2.44948974 2.64575131 2.82842712]]
```

그림 12.43 ndarray 2차원 배열에 대한 유니버설 함수 square(), sqrt() 실행 결과

```
# universal function - square(), sqrt()

import numpy as np

A = np.arange(9.0).reshape((3, 3))
pow_3_A = np.power(A, 3.0)
recip_A = np.reciprocal(A)
log10_A = np.log10(A)
print("A = ", A)
print("pow_3_A = ", pow_3_A)
print("recip_A = ", recip_A)
print("log10_A = ", log10_A)
```

그림 12.44 square(), power(), sqrt(), log10() 유니버설 함수

```
A =  [[0. 1. 2.]
 [3. 4. 5.]
 [6. 7. 8.]]
pow_3_A =  [[  0.   1.   8.]
 [ 27.  64. 125.]
 [216. 343. 512.]]
recip_A =  [[       inf 1.         0.5       ]
 [0.33333333 0.25       0.2       ]
 [0.16666667 0.14285714 0.125     ]]
log10_A =  [[      -inf 0.         0.30103   ]
 [0.47712125 0.60205999 0.69897   ]
 [0.77815125 0.84509804 0.90308999]]
```

그림 12.45 square(), power(), sqrt(), log10() 유니버설 함수 실행 결과

12.3.3 삼각함수 연산을 위한 universal function

표 12.12는 삼각함수에 관련된 유니버설 함수를 설명하고 있다. 삼각함수 관련 유니버설 함수에는 sin(), cos(), tan()과 역 삼각함수인 arcsin(), arccos(), arctan()이 있고, 하이퍼블릭 삼각함수인 sinh(), cosh(), tanh() 함수, 하이퍼블릭 역삼각함수들인 arcsinh(), arccosh(), arctanh() 함수들이 제공된다. 삼각함수 관련 유니버설 함수들에서는 라디안 (radian) 단위의 각도로 표현되어야 한다. 0~360° 단위의 degree단위와 radian 단위 간의 변경은 deg2rad() 함수와 rad2deg() 함수를 사용하여 변경할 수 있다.

표 12.12 삼각함수 연산 관련 universal function

삼각함수 관련 메소드	설명
sin(x[, out]) cos(x[, out]) tan(x[, out])	사인 함수, 코사인 함수, 탄젠트 함수
arcsin(x[, out]) arccos(x[, out]) arctan(x[, out]) arctan2(x1, x2[, out]	역 사인함수, 역 코사인 함수, 역 탄젠트 함수
hypot(x1, x2[, out])	(x1**2 + x2**2)의 제곱근
sinh(x[, out]) cosh(x[, out]) tanh(x[, out])	쌍곡선 사인, 쌍곡선 코사인, 쌍곡선 탄젠트
arcsinh(x[, out]) arccosh(x[, out]) arctanh(x[, out])	역 쌍곡선 사인, 역 쌍곡선 코사인, 역 쌍곡선 탄젠트
deg2rad(x[, out])	도(°) 단위 각도를 라디안 단위로 변환
rad2deg(x[, out])	라디안 단위 각도를 도(°) 단위로 변환

```
# universal function - deg2rad(), sin(), cos(), tan()

import numpy as np

print("{:^8} {:^8} {:^8} {:^8} {:^8}"\
        .format("deg", "rad", "sin_r", "cos_r", "tan_r"))
for deg in np.arange(0.0, 361.0, 15.0):
    r = np.deg2rad(deg)
    sin_r = np.sin(r)
    cos_r = np.cos(r)
    tan_r = np.tan(r)
    print("{:8.2f} {:8.2f} {:8.2f} {:8.2f} {:8.2f}"\
            .format(deg, r, sin_r, cos_r, tan_r))
```

그림 12.46 sin(), cos(), tan() 함수의 활용

그림 12.46은 0.0도~360.0도 사이의 각도를 15도 간격으로 나누고, 이 각도들을 deg2rad() 함수를 사용하여 라디안 단위로 변경한 후 sin(), cos(), tan() 함수를 사용하여 계산하고 결과를 출력한다. 그림 12.47에서 결과 값들을 확인할 수 있다.

```
deg       rad      sin_r    cos_r    tan_r
  0.00     0.00     0.00     1.00     0.00
 15.00     0.26     0.26     0.97     0.27
 30.00     0.52     0.50     0.87     0.58
 45.00     0.79     0.71     0.71     1.00
 60.00     1.05     0.87     0.50     1.73
 75.00     1.31     0.97     0.26     3.73
 90.00     1.57     1.00     0.00 16331239353195370.00
105.00     1.83     0.97    -0.26    -3.73
120.00     2.09     0.87    -0.50    -1.73
135.00     2.36     0.71    -0.71    -1.00
150.00     2.62     0.50    -0.87    -0.58
165.00     2.88     0.26    -0.97    -0.27
180.00     3.14     0.00    -1.00    -0.00
195.00     3.40    -0.26    -0.97     0.27
210.00     3.67    -0.50    -0.87     0.58
225.00     3.93    -0.71    -0.71     1.00
240.00     4.19    -0.87    -0.50     1.73
255.00     4.45    -0.97    -0.26     3.73
270.00     4.71    -1.00    -0.00 5443746451065123.00
285.00     4.97    -0.97     0.26    -3.73
300.00     5.24    -0.87     0.50    -1.73
315.00     5.50    -0.71     0.71    -1.00
330.00     5.76    -0.50     0.87    -0.58
345.00     6.02    -0.26     0.97    -0.27
360.00     6.28    -0.00     1.00    -0.00
```

그림 12.47 sin(), cos(), tan() 함수의 활용 결과

그림 12.48에서는 −180.0도~181.0도 사이의 각도를 45도 간격으로 나누어 배열 deg에 담고, 이 각도들을 deg2rad() 함수를 사용하여 라디안 단위로 변경해서 배열 rad에 담은 후, 이 배열을 sin(), cos(), tan() 함수에 인수로 전달하여 계산 결과를 각각 sin_rad, cos_rad, tan_rad 배열에 저장한다.

```
# universal function - deg2rad(), sin(), cos(), tan()

import numpy as np

deg = np.arange(-180.0, 181.0, 45.0)
print("deg = ", deg)
rad = np.deg2rad(deg)
print("rad = ", rad)

sin_rad = np.sin(rad)
cos_rad = np.cos(rad)
tan_rad = np.tan(rad)
print("sin_rad = ", sin_rad)
print("cos_rad = ", cos_rad)
print("tan_rad = ", tan_rad)
```

그림 12.48 배열에 대한 sin(), cos(), tan() 함수의 활용

그림 12.49에서 deg, rad, sin_rad, cos_rad, tan_rad 배열의 값들을 확인할 수 있다.

```
deg =  [-180. -135.  -90.  -45.    0.   45.   90.  135.  180.]
rad =  [-3.14159265 -2.35619449 -1.57079633 -0.78539816  0.          0.78539816
  1.57079633  2.35619449  3.14159265]
sin_rad =  [-1.22464680e-16 -7.07106781e-01 -1.00000000e+00 -7.07106781e-01
  0.00000000e+00  7.07106781e-01  1.00000000e+00  7.07106781e-01
  1.22464680e-16]
cos_rad =  [-1.00000000e+00 -7.07106781e-01  6.12323400e-17  7.07106781e-01
  1.00000000e+00  7.07106781e-01  6.12323400e-17 -7.07106781e-01
 -1.00000000e+00]
tan_rad =  [ 1.22464680e-16  1.00000000e+00 -1.63312394e+16 -1.00000000e+00
  0.00000000e+00  1.00000000e+00  1.63312394e+16 -1.00000000e+00
 -1.22464680e-16]
```

그림 12.49 배열에 대한 sin(), cos(), tan() 함수의 활용 결과

12.3.4 비트 단위 연산을 위한 유니버설 함수 – bitwise_and(), bitwise_or(), bitwise_xor(), invert(), left_shift(), right_shift()

표 12.13은 비트 단위 연산을 위한 유니버설 함수들을 열거한다. 주어진 인수에 대한 비트단위 AND, OR, XOR 연산을 위하여 bitwise_and(), bitwise_or(), bitwise_xor() 함수가 있으며, 반전 (invert)을 위한 invert(), 좌우측 자리이동을 위한 shift_left(), shift_right() 함수를 사용할 수 있다.

표 12.13 비트 단위 연산 관련 universal function

비트단위 연산 메소드	설 명
bitwise_and(x1, x2[, out])	비트 단위 AND (x1 AND x2)
bitwise_or(x1, x2[, out])	비트 단위 OR (x1 OR x2)
bitwise_xor(x1, x2[, out])	비트 단위 XOR (x1 XOR x2); exclusive OR
invert(x[, out])	NOT x
left_shift(x1, x2[, out])	x1을 x2 비트 단위만큼 왼쪽으로 시프트
right_shift(x1, x2[, out])	x1을 x2 비트 단위만큼 오른쪽으로 시프트

```
 1 :  # universal function bitwise_and(), bitwise_or(), bitwise_xor()
 2 :
 3 :  import numpy as np
 4 :
 5 :  A = 0x0D #00001101
 6 :  B = 0x0E #00001110
 7 :  C = 0x89 #10001001
 8 :
 9 :  print("A (0000 1101) = 0x{:02X}".format(A))
10 :  print("B (0000 1110) = 0x{:02X}".format(B))
11 :  print("C (1001 0011) = 0x{:02X}".format(C))
```

그림 12.50 유니버설 비트 연산 (bitwise_and, bitwise_or, bitwise_xor, invert, left_shift, right_shift) 예제 (part 1)

그림 12.50은 유니버설 비트 연산 함수를 사용하는 예를 보여준다. Line 5~7에서 16진

수 값을 가지는 정수 A, B, C를 준비하고, 이를 line 9~11에서 16진수로 출력한다. 그림 12.51에서 출력된 값을 확인할 수 있다.

Line 13~18에서는 bitwise_and(), bitwise_or(), bitwise_xor(), invert(), left_shift(), right_shift() 함수를 사용하여 비트 단위 연산을 수행하여 그 결과를 각각 D, E, F, G, L, R에 저장하고, line 20 ~25에서 출력한다. 그림 12.51에서는 각 비트단위 연산 결과를 확인할 수 있다.

```
12 :  D = np.bitwise_and(A, B)
13 :  E = np.bitwise_or(A, B)
14 :  F = np.bitwise_xor(A, B)
15 :  G = np.invert(A)
16 :  L = np.left_shift(C, 1)
17 :  R = np.right_shift(C, 1)
18 :
19 :  print("D (A and B) = 0x{:02X}".format(D))
20 :  print("E (A or B) = 0x{:02X}".format(E))
21 :  print("F (A xor B) = 0x{:02X}".format(F))
22 :  print("G (invert A) = 0x{:02X}".format(G))
23 :  print("L (left_shift C, 1) = 0x{:02X}".format(L))
24 :  print("R (right_shift C, 1) = 0x{:02X}".format(R))
```

그림 12.50 유니버설 비트 연산 (bitwise_and, bitwise_or, bitwise_xor, invert, left_shift, right_shift) 예제 (part 2)

```
A (0000 1101) = 0x0D
B (0000 1110) = 0x0E
C (1001 0011) = 0x89
D (A and B) = 0x0C
E (A or B) = 0x0F
F (A xor B) = 0x03
G (invert A) = 0x-E
L (left_shift C, 1) = 0x112
R (right_shift C, 1) = 0x44
```

그림 12.51 유니버설 비트 연산 (bitwise_and, bitwise_or, bitwise_xor, invert, left_shift, right_shift) 예제 실행 결과

12.3.5 논리 연산을 위한 유니버설 함수 – logical_and(), logical_or(), logical_xor(), logical_not()

논리적인 연산을 위한 유니버설 함수에는 표 12.14에서 보는 것과 같이 논리적 AND, OR, XOR, NOT 연산을 위한 logical_and(), logical_or(), logical_xor() 함수가 있다.

표 12.14 논리 연산 및 관계 연산 관련 universal function

논리연산 메소드	설 명
logical_and(x1, x2[, out])	x1와 x2의 논리곱
logical_or(x1, x2[, out])	x1와 x2의 논리합
logical_xor(x1, x2[, out])	x1와 x2의 배타적 논리합

logical_not(x[, out])	x의 반전 (NOT)

그림 12.52는 논리적 연산을 NumPy 유니버설 함수를 사용하여 실행하는 예를 보여준다. Line 5~6에서는 2개의 리스트 A, B를 준비하며, line 8~9에서 출력하여 그 내용을 확인하게 한다. Line 11~14에서는 리스트 A, B에 대한 논리적 연산을 logical_and(), logical_or(), logical_xor(), logical_not() 연산을 수행하고, line 16~19에서 출력한다. 그림 12.53에서 결과들을 확인할 수 있다.

```
 1 :  # universal function logical_and(), logical_or(), logical_xor(), logical_not()
 2 :
 3 :  import numpy as np
 4 :
 5 :  A = [False, False, True, True]
 6 :  B = [False, True, False, True]
 7 :
 8 :  print("A = ", A)
 9 :  print("B = ", B)
10 :
11 :  C = np.logical_and(A, B)
12 :  D = np.logical_or(A, B)
13 :  E = np.logical_xor(A, B)
14 :  F = np.logical_not(A)
15 :
16 :  print("C (logical A and B) = ", C)
17 :  print("D (logical A or B) = ", D)
18 :  print("E (logical A xor B) = ", E)
19 :  print("F (logical not A) = ", F)
```

그림 12.52 유니버설 함수를 사용한 논리적 연산

```
A =  [False, False, True, True]
B =  [False, True, False, True]
C (logical A and B) =  [False False False  True]
D (logical A or B) =  [False  True  True  True]
E (logical A xor B) =  [False  True  True False]
F (logical not A) =  [ True  True False False]
```

그림 12.53 논리연산 유니버설 함수를 사용한 논리적 연산 결과

상대적인 크기를 비교하는 관계 연산을 위한 유니버설 함수에는 표 12.15에서 보는 것과 같이 greater(), greater_equal(), less(), less_equal(), not_equal(), equal()이 있다.

표 12.15 관계 연산 관련 universal function

관계연산 메소드	설명
greater(x1, x2[, out])	x1 > x2
greater_equal(x1, x2[, out])	x1 >= x2
less(x1, x2[, out])	x1 < x2

less_equal(x1, x2[, out])	x1 <= x2
not_equal(x1, x2[, out])	x1 != x2
equal(x1, x2[, out])	x1 == x2

그림 12.54는 관계 연산 유니버설 함수들을 사용하여 상대적인 크기를 확인하는 예제를 보여준다.

```
1 :  # universal function logical_and(), logical_or(), logical_xor(), logical_not()
2 :
3 :  import numpy as np
4 :
5 :  A = [5, 100, 18, 77]
6 :  B = [8, 100, 15, 50]
7 :
8 :  print("A = ", A)
9 :  print("B = ", B)
10 :
11 :  C = np.greater(A, B)
12 :  D = np.greater_equal(A, B)
13 :  E = np.less(A, B)
14 :  F = np.less_equal(A, B)
15 :  G = np.equal(A, B)
16 :  H = np.not_equal(A, B)
17 :
18 :  print("C (greater(A, B)) = ", C)
19 :  print("D (greater_equal(A, B)) = ", D)
20 :  print("E (less(A, B)) = ", E)
21 :  print("F (less_equal(A, B)) = ", F)
22 :  print("G (equal(A, B)) = ", G)
23 :  print("H (not_equal(A, B)) = ", H)
```

그림 12.54 관계연산 유니버설 함수를 사용 예제

```
A =  [5, 100, 18, 77]
B =  [8, 100, 15, 50]
C (greater(A, B)) =  [False False  True  True]
D (greater_equal(A, B)) =  [False  True  True  True]
E (less(A, B)) =  [ True False False False]
F (less_equal(A, B)) =  [ True  True False False]
G (equal(A, B)) =  [False  True False False]
H (not_equal(A, B)) =  [ True False  True  True]
```

그림 12.55 관계연산 유니버설 함수를 사용 예제 실행결과

그림 12.54 line 5~9에서는 2개의 정수 리스트 A, B를 준비하고 그 내용을 출력한다. Line 11~16에서는 greater(), greater_equal(), less(), less_equal(), equal(), not_equal() 유니버설 함수를 사용하여 리스트 A, B의 관계를 연산한 후, line 18~23에서 결과를 출력한다. 그림 12.55에서 실행 결과를 확인할 수 있다.

12.3.6 min, max 연산을 위한 유니버설 함수

유니버설 함수 maximum(), minimum()을 사용하면 주어진 배열의 원소들을 차례로 비교하여 큰 값과 작은 값을 찾아 새로운 배열을 만들어 준다. maximum()과 minimum() 함수는 주어진 배열의 원소가 동일한 개수를 가져야 한다.

유니버설 함수인 fmax()와 fmin()은 서로 다른 크기의 배열에 대한 비교 연산을 수행할 수 있다. fmax()와 fmix()에서는 비교할 상대 원소가 존재하지 않는 경우 (즉, NaN의 경우)는 NaN이 아닌 원소를 반환한다. fmax()와 fmin()을 사용하면 서로 다른 차원의 배열을 비교할 수 있다. 예를 들어 1차원 배열과 2차원 배열을 비교하여 큰 원소들 또는 작은 원소들로 구성된 배열을 새롭게 생성할 수 있다.

표 12.16 min, max 연산을 위한 유니버설 함수

min, max 연산 메소드	설 명
maximum(x1, x2[, out])	배열 x1와 x2에서 큰 원소를 선택하여 배열을 생성
minimum(x1, x2[, out])	배열 x1와 x2에서 작은 원소를 선택하여 배열을 생성
fmax(x1, x2[, out])	배열 x1와 x2에서 큰 원소를 선택하여 배열을 생성 만약 비교대상이 없으면 원소가 있는 항목을 사용
fmin(x1, x2[, out])	배열 x1와 x2에서 작은 원소를 선택하여 배열을 생성 만약 비교대상이 없으면 원소가 있는 항목을 사용

```
1 :  # universal function logical_and(), logical_or(), logical_xor(), logical_not()
2 :
3 :  import numpy as np
4 :
5 :  A = [5, 100, 18, 77]
6 :  B = [8, 95, 15, 50]
7 :  C = np.maximum(A, B)
8 :  D = np.minimum(A, B)
9 :
10 :  print("A = ", A)
11 :  print("B = ", B)
12 :  print("C = ", C)
13 :  print("D = ", D)
14 :
15 :  E = [[1, 0], [0, 1]] # eye matrix
16 :  F = [0.5, 2]
17 :  G = np.fmax(E, F)
18 :  H = np.fmin(E, F)
19 :
20 :  print("E = ", E)
21 :  print("F = ", F)
22 :  print("G (fmax(E, F)) = ", G)
23 :  print("H (fmin(E, F)) = ", H)
```

그림 12.56 유니버설 함수 maximum(), minimum(), fmax(), fmin()의 사용

그림 12.56은 유니버설 함수 maximum(), minimum(), fmax(), fmin()을 사용하는 예를 보여준다. Line 5~8에서는 1차원 배열 A, B를 준비하고, maximum()과

minimum() 함수로 각 배열의 원소를 비교하여 큰 원소 또는 작은 원소를 선정하여 새롭게 배열을 구성하고, 각각 배열 C와 D에 저장한다. Line 10~13에서 결과를 출력하며, 그림 12.57에서 결과를 확인할 수 있다.

Line 14~17에서는 2차원 배열 E와 1차원 배열 F를 준비하고, 유니버설 함수 fmax()와 fmin()을 사용하여 새로운 배열 G와 H를 생성한다. fmax()에서는 2차원 배열 E의 각 행별 원소를 1차원 배열 F의 원소들과 차례로 비교하여 큰 원소를 선정하며, fmix에서는 작은 원소를 선정한다. Line 19~22에서 연산 결과를 출력하며, 그림 12.57에서 확인할 수 있다.

```
A =  [5, 100, 18, 77]
B =  [8, 95, 15, 50]
C =  [  8 100  18  77]
D =  [ 5 95 15 50]
E =  [[1, 0], [0, 1]]
F =  [0.5, 2]
G (fmax(E, F)) =  [[1.  2. ]
 [0.5 2. ]]
H (fmin(E, F)) =  [[0.5 0. ]
 [0.  1. ]]
```

그림 12.57 유니버설 함수 maximum(), minimum(), fmax(), fmin()의 사용 결과

12.3.7 실수 (real number) 유니버설 함수

NumPy의 실수 관련 유니버설 함수는 표 12.17에 열거되어 있다. 기본적으로 실수 (real number) 자료형인가를 확인하는 함수들로 isreal(), iscomplex(), isfinite(), isinf(), isnan() 함수들이 있으며, 부호에 관련된 함수들로 signbit(), copysign() 함수가 있다.

modf() 함수는 실수에 포함된 정수 부분과 소수 부분을 분리하여 반환하여 주며, frexp() 함수는 실수 x를 컴퓨터 내부에서 저장하는 x=mantissa * 2 ** exponent의 형식에서 가수부 (mantissa)와 지수부 (exponent)를 반환하여 준다.

floor()함수는 주어진 실수 배열의 각 원소값보다 작은 정수 중 가장 큰 정수를 원소로 하는 배열을 생성하여 주며, ceil() 함수는 주어진 실수 배열의 각 원소값보다 큰 정수 중 가장 작은 정수를 원소로 하는 배열을 생성하여 준다. trunc() 함수는 주어진 실수 배열의 원소값에서 소수 부분을 생략한 정수를 원소로 하는 배열을 생성하여 준다.

표 12.17 실수 (real number) 관련 유니버설 함수

실수 연산 메소드	설 명
isreal(x)	만약 x가 실수이면 True를 반환
iscomplex(x)	만약 x가 복소수이면 True를 반환
isfinite(x[, out])	만약 x가 np.inf이나 np.nan이 아니면 True를 반환
isinf(x[, out])	만약 x가 np.inf이나 np.nan이면 True를 반환
isnan(x[, out])	만약 x가 np.nan이면 True를 반환

실수 연산 메소드	설 명
signbit(x[, out])	만약 부호비트가 설정되어 있으면 (x <0), True를 반환
copysign(x1, x2[, out])	x1의 부호를 x2의 부호로 복사
modf(x[, out1, out2])	배열 x의 각 원소의 정수값 (integral part)와 소수값 (fractional part)을 배열로 반환 만약 배열 원소가 음수이면 정수값과 소수값이 음수가 됨
ldexp(x1, x2[, out])	x1 * 2**x2
frexp(x[, out1, out2])	배열 x의 각 원소에 대하여 x=mantissa * 2 ** exponent관계의 (가수부, 지수부)인 (mantissa, exponent) 튜플을 반환
fmod(x1, x2[, out])	x1 % x2의 나머지를 반환하며, 부호는 x1의 부호로 설정
floor(x[, out])	x보다 같거나 작으면서 가장 큰 정수
ceil(x[, out])	x보다 같거나 크면서 가장 작은 정수
trunc(x[, out])	x의 원소값에 소수점 이하 값을 버린 정수를 반환

그림 12.58은 실수 (real number)에 관련된 유니버설 함수를 사용하는 예를 보여준다. Line 5~6에서는 실수값을 원소로 하는 배열을 생성하여 출력하고 그 내용을 확인할 수 있게 한다. Line 8~10에서는 modf() 함수를 사용하여 실수 원소값의 정수값과 소수값을 분리하여 두 개의 배열로 만들고, 이를 출력한다. 그림 12.59에서 볼 수 있는 것과 같이, 생성된 배열 B_fract와 B_integral에는 소수부 (fractional part)의 값의 배열과 정수부 (integral part) 값의 배열이 포함되어 있다.

```
1 :  # universal function - real number
2 :
3 :  import numpy as np
4 :
5 :  A = [1.1, 2.2, 3.3, 4.4, -5.5, -6.6, -7.7, -8.8, -9.9, -10.15]
6 :  print("A = ", A)
7 :
8 :  B_fract, B_integral = np.modf(A) # get fractional and integral parts
9 :  print("B_fract = ", B_fract)
10 :  print("B_integral = ", B_integral)
11 :
12 :  C = np.floor(A)
13 :  print("C = np.floor(A) = ", C)
14 :
15 :  D = np.ceil(A)
16 :  print("D = np.ceil(A) = ", D)
17 :
18 :  E = np.trunc(A)
19 :  print("E = truc(A) = ", E)
20 :
21 :  F_mantissa, F_exponent = np.frexp(A)
22 :  print("F_matissa = ", F_mantissa)
23 :  print("F_exponent = ", F_exponent
```

그림 12.58 실수 관련 유니버설 함수의 예제

Line 12~13에서는 floor() 함수를 사용하여 배열 A의 실수형 원소값보다 작은 정수 중 가장 큰 정수를 찾아 배열 C에 저장하며, 그 결과를 출력한다. 그림 12.59에서 볼 수 있는 것과 같이 양수인 경우 소수점 이하 소수부를 삭제한 값이 되며, 음수인 경우 그 음수 원소값보다 바로 다음으로 작은 정수가 선정된 것을 확인할 수 있다. 예를 들어 -5.5의 floor 값은 -6.0이 된다.

Line 15~16에서는 ceil() 함수를 사용하여 주어진 실수형 원소값보다 바로 다음으로 큰 정수를 찾아 배열 D를 생성한다. 예를 들어 4.4의 ceil 값은 5가 되며, −5.5의 ceil 값은 -5.0이 된다. Line 18에서는 truc() 함수를 사용하여 실수값의 소수 부분을 삭제한 값을 원소로 하는 배열을 생성한다. 예를 들어 truc(4.4)는 4가 되며, truc(−5.5)는 -5가 된다.

Line 21~23에서는 frexp() 함수를 사용하여 주어진 실수값을 x=mantissa * 2 ** exponent의 형식으로 표현할 때의 가수부 (mantissa)와 지수부 (exponent)를 각각 원소로 하는 두 개의 배열 F_mantissa와 F_exponent로 생성하고, 그 내용을 출력한다. 그림 12.59에서 그 내용을 확인할 수 있다.

```
A =  [1.1, 2.2, 3.3, 4.4, -5.5, -6.6, -7.7, -8.8, -9.9, -10.15]
B = np.modf(A)
B_fract =  [ 0.1    0.2    0.3    0.4   -0.5   -0.6   -0.7   -0.8   -0.9   -0.15]
B_integral =  [  1.    2.    3.    4.   -5.   -6.   -7.   -8.   -9.  -10.]
C = np.floor(A) =  [  1.    2.    3.    4.   -6.   -7.   -8.   -9.  -10.  -11.]
D = np.ceil(A) =  [  2.    3.    4.    5.   -5.   -6.   -7.   -8.   -9.  -10.]
E = truc(A) =  [  1.    2.    3.    4.   -5.   -6.   -7.   -8.   -9.  -10.]
F_matissa =  [ 0.55       0.55       0.825      0.55       -0.6875    -0.825     -0.9625
 -0.55      -0.61875   -0.634375]
F_exponent =  [1 2 2 3 3 3 3 4 4 4]
```

그림 12.59 실수 관련 유니버설 함수의 예제 실행 결과

12.3.8 집합 연산을 위한 유니버설 함수

NumPy 유니버설 함수에는 집합 (set)에 관련된 함수들을 표 12.18에서 열거한 것과 같이 제공한다. unique() 함수는 주어진 배열에 포함된 원소에서 중복된 값을 제외한 원소들을 정렬된 상태로 반환하여 준다. isin(B, A) 함수는 배열 B에 있는 원소가 배열 A에 포함되어 있는지 확인하여 준다.

intersect1d(A, B) 함수는 주어진 배열 A와 B에 대하여 교집합 (intersection of sets) 연산을 수행하여 중복된 원소를 제외한 원소들을 정렬된 상태로 포함하는 배열을 반환하여 준다. setdiff1(A, B) 함수는 배열 A에서 배열 B를 뺀 결과 원소들을 정렬하여 배열로 반환하여 준다.

union1d(A, B) 함수는 배열 A와 배열 B의 원소들에 대한 합집합 (union) 연산을 수행하여 중복된 원소들을 제외하고 정렬된 상태의 배열을 반환한다. setxor1d(A, B) 함수는 주어진 1차원 배열 A와 B에 대하여 배타적 OR 연산을 수행하고, 중복된 원소들을 제외한 후 정렬된 결과를 배열로 반환한다. 즉, 주어진 배열 A와 B에 모두 포함되지 않고 하나에만 포함된 중복되지 않은 원소를 정렬하여 배열로 만들어 준다.

표 12.18 집합 (set) 연산을 위한 유니버설 함수

잡합 연산 메소드	설명
unique(ar, return_index=False,	배열 ar의 중복된 요소를 제거하고, 정렬하여 반환.

잡합 연산 메소드	설명
return_inverse=False, return_counts=False)	return_index가 True이면 반환된 배열의 원소가 위치한 곳의 인덱스를 반환 return_inverse가 True이면 역순으로 정렬 return_counts가 True이면 중복되지 않는 원소의 개수를 반환
isin(ar1, ar2, assume_unique=False, invert=False)	배열 ar1의 원소가 배열 ar2에 존재하는지를 True와 False로 표시하여 반환. 순서는 ar1의 순서에 따름.
intersect1d(ar1, ar2, assume_unique=False)	배열 ar1과 ar2의 교집합 (intersection)을 구하고, 중복된 원소들을 제거한 후 정렬하여 반환.
setdiff1d(ar1, ar2, assume_unique=False)	배열 ar1과 ar2의 차집합 (difference)을 구하여 반환. 배열 ar1에는 존재하지만 배열 ar2에는 존재하지 않는 원소들을 반환.
union1d(ar1, ar2)[source]	배열 ar1과 ar2의 합집합 (union)을 구하여 중복 원소를 제거하고, 정렬하여 반환
setxor1d(ar1, ar2, assume_unique=False)	배열 ar1과 ar2의 배타적 OR 연산을 수행하며, 두 배열 중에 한 쪽에만 포함되는 원소를 정렬하여 반환.

그림 12.60은 집합 연산에 관련된 유니버설 함수의 사용 예를 보여준다. Line 5에서 중복된 원소가 포함되며 정렬되지 않은 리스트를 사용하여 1차원 배열 A를 생성하며, line 8~9에서 unique() 함수를 사용하여 중복된 원소를 제외시키고 정렬된 결과를 얻어 출력한다. Line 10에서는 unique() 함수의 인수 return_index를 True로 설정하여 중복되지 않은 원소들의 배열 A_U와 그 원소들의 위치를 인덱스로 나타내는 배열 indx를 각각 생성하며, line 12~13에서 출력한다. 배열 A_U와 배열 indx는 그림 12.60에서 확인할 수 있다.

그림 12.60 line 15에서는 1~7의 값을 원소로 가지는 1차원 배열 B를 생성하며, line 16~18에서 isin(B, A) 함수를 사용하여 배열 B의 원소들이 배열 A에 포함되어 있는지 확인 하여 True 또는 False를 원소로 하는 배열 C를 생성하고, 그 결과를 출력한다.

Line 20~21에서는 intersect1d(A, B) 함수를 사용하여 배열 A와 배열 B의 교집합을 산출하고, 그 결과를 출력한다. Line 23~24에서는 union1d(A, B) 함수를 사용하여 배열 A와 배열 B의 합집합을 산출하여 그 결과를 출력한다. intersect1d() 함수와 union1d() 함수는 모두 중복된 원소를 제거하며, 정렬된 상태로 교집합과 합집합의 결과를 산출한다.

Line 26~27에서는 setdiff1d(A, B) 함수를 사용하여 집합 A와 집합 B의 차집합을 계산하며, 배열 A의 원소에서 배열 B의 원소를 제거한 결과를 배열 F에 저장하고, 이를 출력한다. 그림 12.61에서 확인하면 배열 F의 내용은 공집합인 것을 알 수 있다. 그 이유는 배열 A에 포함되어 있는 원소들은 모두 배열 B에 포함되어 있기 때문에 차집합이 공집합이 되는 것을 확인할 수 있다. Line 29~30에서는 setdiff1d(B, A)를 실행하여 배열 B의 원소로부터 배열 A의 원소를 제거한 후에 남아 있는 원소들을 차집합의 결과로 산출하고, 이를 배열 G에 저장한 후, 이를 출력한다. 그림 12.61에서 확인할 수 있는 것과 같이 배열 G에는 [6, 7] 이 포함되어 있는 것을 알 수 있다.

Line 32~33에서는 setxor1d(A, B) 함수를 사용하여 배열 A와 배열 B에 모두 포함되어 있는 원소를 제거한 나머지의 원소들을 산출하여 배열 H에 저장하며, 이를 출력한다. 그림 12.61에서 확인할 수 있는 것과 같이 배열 H에는 [6, 7] 이 포함되어 있는 것을 알 수 있다.

```
# universal function - set

import numpy as np

A = np.array([5, 1, 2, 4, 3, 3, 4, 4, 4, 2])
print("A :\n", A)

A_unique = np.unique(A)
print("A_unique = np.unique(A) :\n", A_unique)
A_U, indx = np.unique(A, return_index=True)
print("A_U, indx = np.unique(A, return_index=True) ...")
print("A_U : ", A_U)
print("index :\n", indx)

B = np.array([1, 2, 3, 4, 5, 6, 7])
C = np.isin(B, A)
print("B = ", B)
print("C = np.isin(B, A) = ", C)

D = np.intersect1d(A, B)
print("D = np.intersect1d(A, B) = ", D)

E = np.union1d(A, B)
print("E = np.union1d(A, B) = ", E)

F = np.setdiff1d(A, B)
print("F = np.setdiff1d(A, B) = ", F)

G = np.setdiff1d(B, A)
print("G = np.setdiff1d(B, A) = ", G)

H = np.setxor1d(A, B)
print("H = np.setxor1d(A, B) = ", H)
```

그림 12.60 집합 관련 유니버설 함수 사용 예제

```
A :
 [5 1 2 4 3 3 4 4 4 2]
A_unique = np.unique(A) :
 [1 2 3 4 5]
A_U, indx = np.unique(A, return_index=True) ...
A_U :  [1 2 3 4 5]
index :
 [1 2 4 3 0]
B =  [1 2 3 4 5 6 7]
C = np.isin(B, A) =  [ True  True  True  True  True False False]
D = np.intersect1d(A, B) =  [1 2 3 4 5]
E = np.union1d(A, B) =  [1 2 3 4 5 6 7]
F = np.setdiff1d(A, B) =  []
G = np.setdiff1d(B, A) =  [6 7]
H = np.setxor1d(A, B) =  [6 7]
```

그림 12.61 집합 관련 유니버설 함수 사용 예제 실행 결과

12.3.9 배열의 파일 입력 및 출력

많은 데이터 처리 프로그램에서 중간 결과를 파일에 저장하고 그 데이터 파일을 다른 프로그램에서 읽어 추가적인 처리를 하도록 구성하는 경우가 많이 있다. NumPy의 배열을 파일에 저장하거나 저장된 파일로부터 배열을 읽을 수 있도록 표 12.19에서 열거하고 있는 유니버설 함수들이 제공된다. load() 함수는 인수로 전달된 파일로부터 배열이나 파이썬 객체를 읽으며, save() 함수는 인수로 전달된 배열을 지정된 파일에 저장한다. load() 함수 별도의 지정이 없으면 pickle 파일 형식으로 읽고, 문자는 ASCII 자료형으로 설정된다. save() 함수에서도 별도의 지정이 없으면 pickle 파일 형식으로 저장하도록 한다.

표 12.19 배열의 입력 및 출력 관련 universal functions

배열 입출력 메소드	설명
load(file, mmap_mode=None, allow_pickle=True, fix_imports=True, encoding=‘ASCII’)	.npy, .npz 또는 pickle 파일로 부터 배열이나 pickle 객체를 읽어 설치.
save(file, arr, allow_pickle=True, fix_imports=True)	배열 arr을 NumPy .npy 포멧의 이진 파일 (binary file)로 저장
savez(file, *args, **kwds)	인수로 전달된 여러개의 배열을 압축되지 않은 하나의 .npz 포멧의 파일에 저장. 만약 키워드 인수가 전달되지 않으면 파일 이름은 ‘arr_0’, ‘arr_1’, 등으로 설정됨. 만약 키워드가 지정되는 인수가 전달되면 파일 이름은 주어진 키워드로 설정.
savez_compressed(file, *args, **kwds)	인수로 전달된 여러개의 배열을 압축된 하나의 .npz 포멧의 파일에 저장. 만약 키워드 인수가 전달되지 않으면 파일 이름은 ‘arr_0’, ‘arr_1’, 등으로 설정됨. 만약 키워드가 지정되는 인수가 전달되면 파일 이름은 주어진 키워드로 설정.
loadtxt(fname, dtype=<type ‘float’>, comments=‘#’, delimiter=None, converters=None, skiprows=0, usecols=None, unpack=False, ndmin=0)	텍스트 파일로 부터 데이터를 읽어 설치. 텍스트 파일의 각 행의 데이터 개수는 동일하여야 함.
savetxt(fname, X, fmt=‘%.18e’, delimiter=‘ ‘, newline=‘\n’, header=“, footer=“, comments=‘#’)	배열을 텍스트 파일에 저장.

savez() 함수는 여러 개의 배열을 압축되지 않은 상태로 하나의 파일에 저장할 수 있게 하며, savez_compressed() 함수는 여러 개의 배열을 압축된 상태로 하나의 파일에 저장할 수 있게 한다.

loadtxt() 함수는 텍스트 파일로부터 데이터를 읽으며, savetxt() 함수는 배열을 텍스트 파일에 저장한다. loadtxt() 함수에서 별도의 지정이 없으면 자료형은 float 실수형으로 설정된다. 그림 12.62는 NumPy 배열의 내용을 텍스트 파일에 저장하는 savetxt() 함수와 텍스트 파일에 저장된 데이터를 읽어 배열을 생성하는 loadtxt() 함수의 사용 예제 프로그램을 보여준다. 먼저 line 4에서는 파일 크기를 확인할 수 있는 getsize() 함수를 사용하기 위해 os.path 모듈을 설치한다.

Line 5~6에서 파일이름을 상수로 설정하고, line 8에서는 0.0~8.0 범위의 값을 가지는 2차원 배열을 생성하며, line 11에서 savetxt() 함수를 사용하여 nparray_txt.txt 파일에 저장한다.

```
 1 : # NumPy universal function - savetxt(), loadtxt()
 2 :
 3 : import numpy as np
 4 : import os.path # for os.path.getsize()
 5 :
 6 : fname_1 = "nparray_txt.txt"
 7 : fname_2 = "nparray_pickle.npy"
 8 : A = np.arange(9.0).reshape(3, 3)
 9 : print("A = ", A)
10 :
11 : np.savetxt(fname_1, A)
12 : B = np.loadtxt(fname_1)
13 : print("B = ", B)
14 :
15 : np.save(fname_2, A)
16 : C = np.load(fname_2)
17 : print("C = ", C)
18 :
19 : print("size of {} = {}".format(fname_1, os.path.getsize(fname_1)))
20 : print("size of {} = {}".format(fname_2, os.path.getsize(fname_2)))
```

그림 12.62 배열의 파일 저장 및 장착을 위한 savetxt() 함수와 loadtxt() 함수 활용 예

```
A =  [[0. 1. 2.]
 [3. 4. 5.]
 [6. 7. 8.]]
B =  [[0. 1. 2.]
 [3. 4. 5.]
 [6. 7. 8.]]
C =  [[0. 1. 2.]
 [3. 4. 5.]
 [6. 7. 8.]]
size of nparray_txt.txt = 228
size of nparray_pickle.npy = 200
```

그림 12.63 배열의 파일 저장 및 장착을 위한 savetxt() 함수와 loadtxt() 함수 활용 결과

Line 12에서는 loadtxt() 함수를 사용하여 nparray_txt.txt 파일에 저장되어 있는 데이터를 읽어 배열 B를 생성하고, line 13에서 그 내용을 출력한다. 그림 12.63에서 배열 A의 내용과 배열 B의 내용이 동일한 것을 확인할 수 있다.

Line 15에서는 save() 함수를 사용하여 배열 A의 내용을 .npy 포맷으로 저장하며, line 16~17에서 이 파일을 읽어 배열 C를 생성한 후, 그 내용을 출력하여 내용을 확인할 수 있게 한다. 그림 12.63에서 확인할 수 있는 것과 같이 배열 C는 배열 A, B와 동일한 내용을 포함하고 있는 것을 확인할 수 있다.

Line 19~20에서는 nparray_txt.txt 파일과 nparray_pickle.npy 파일의 크기를 getsize() 함수를 사용하여 확인하면, 그림 12.63에서 볼 수 있는 것과 같이 텍스트 파일보다는 pickle 포맷을 사용하는 .npy 파일의 크기가 조금 작은 것을 확인할 수 있다.

12.3.10 난수 (random number) 관련 유니버설 함수

많은 과학 기술 분야 프로그램에서는 다양한 모의 실험 (simulation)을 수행하기 위하여 난수를 생성하여 사용한다. NumPy에서는 표 12.20에서 열거하는 것과 같이 다양한 방식으로 난수를 발생시켜 배열로 생성하여 주는 함수들을 제공한다. seed() 함수는 난수 발생에서 사용하는 seed 값을 설정하도록 하여, 매번 모의실험을 할 때 다른 난수를 사용할 수 있게 한다.

rand() 함수는 0.0~1.0 구간에서 균등 분포로 생성된 실수형 난수 값을 주어진 행렬의 크기에 따라 생성하여 준다. random() 함수는 0.0~1.0 사이의 실수형 난수를 지정된 size 개수만큼 생성하여 1차원 배열로 만든다. uniform(low, high, size) 함수는 지정된 구간 low~high에서 균일 분포된 값을 size 개수만큼 생성하여 배열을 구성한다. randint(low, high, size) 함수는 low~high 구간의 정수형 난수 size 개를 생성하여 배열을 구성한다.

표 12.20 난수 (random number) 관련 유니버설 함수

난수 생성 메소드	설명
seed(seed=None)	난수발생기의 seed를 초기화
rand(d0, d1, ..., dn)	[0, 1) 구간에서 균일 분포의 난수를 발생하여 주어진 크기의 (다차원) 배열로 생성하여 반환. [0, 1) 구간은 0을 포함하나 1은 포함하지 않음.
random(size=None)	[0.0, 1.0) 구간에서 균일 분포를 가지는 실수형 난수를 지정된 size 개수만큼 1차원 배열로 생성하여 반환
uniform(low=0.0, high=1.0, size=None)	[low, high) 구간에서 균일 분포의 난수를 size개수 만큼 발생하여 반환. [low, high) 구간은 low는 포함하나 high는 포함하지 않음.
randint(low, high=None, size=None)	[low, high] 구간의 np.int 자료형의 정수형 난수 size개수를 생성하여 반환. 만약 high가 설정되어 있지 않으면 [1, low] 구간에서 난수 발생. [low, high] 구간은 low와 high를 모두 포함.
randn(d0, d1, ..., dn)	평균 0, 표준편차 1인 표준 정규 분포 ("standard normal" distribution)의 실수형 (float) 난수를 지정된 크기의 배열로 생성하여 반환. 만약 인수가 전달되지 않으면 실수형 난수 1개가 생성되어 반환.
normal(loc=0.0, scale=1.0, size=None)	평균값 loc, 분산 scale로 설정된 정규 (가우시안) 분포를 가지는 size개의 난수를 생성하여 반환.
multivariate_normal(mean, cov[, size])	평균 mean, 공분산 (covariance) cov인 다변량 정규분포 (multivariate normal distribution)를 가지는 난수를 size개 발생하여 반환.
shuffle(x)	배열 x의 원소들의 위치를 뒤섞어 줌. 다차원 배열의 경우 첫 번째 축 (axis)에 따라 위치를 뒤섞어 줌.
permutation(x)	배열 x의 순서를 뒤섞어 줌. 다차원 배열의 경우 첫 번째 축 (axis)에 따라 순서를 뒤섞어 줌.

randn() 함수는 표준 정규 분포의 난수를 지정된 크기의 배열로 생성하여 반환한다. normal(loc, scale, size) 함수는 평균값 (loc)과 표준편차 (scale)으로 설정된 가우스

분포의 난수를 size개수 만큼 생성하여 배열을 구성하여 준다. multivariate_normal(mean, cov, size) 함수는 평균(mean)과 공분산(cov) 값이 배열로 설정되는 표준 정규 분포에서 size 개수 만큼의 난수를 생성하여 배열로 구성하여 준다.

shuffle() 함수는 주어진 배열의 원소 위치를 뒤섞어 주며, permutation() 함수는 순서를 변경한다.

```
 1 : # universal function - rand, random, uniform, normal
 2 :
 3 : import numpy as np
 4 : import sys
 5 :
 6 : rand_seed = np.random.randint(0, sys.maxsize)
 7 : np.random.seed(rand_seed)
 8 :
 9 : A = np.random.rand(10)
10 : print("A = ", A)
11 :
12 : A_3_5 = np.random.rand(3, 5)
13 : print("A_3_5 = ", A_3_5)
14 :
15 : B = np.random.random(10)
16 : print("B = ", B)
17 :
18 : C = np.random.randint(low=0, high=101, size=20)
19 : print("C = ", C)
20 :
21 : D = np.random.uniform(low=0.0, high=100.0, size=10)
22 : print("D = ", D)
23 :
24 : mu, sigma = 0, 0.1
25 : G = np.random.normal(mu, sigma, size=20)
26 : print("G = ", G)
27 : print("mean of G = ", np.mean(G))
```

그림 12.64 난수 (random number) 생성 관련 유니버설 함수 활용 예

그림 12.64는 난수 생성에 관련된 유니버설 함수를 활용하는 예를 보여준다. Line 6~7에서는 0~sys.maxsize 구간의 난수 하나를 임의로 생성하여 rand_seed로 설정하고, seed() 함수를 사용하여 seed 값을 설정한다.

Line 9~10에서는 rand() 함수를 사용하여 10개의 난수를 생성하고 이들을 1차원 배열 A로 구성하여 출력한다. rand() 함수를 사용하여 생성되는 난수는 0.0~1.0 범위의 크기를 가진다. Line 12~13에서는 rand() 함수를 사용하여 3×5 크기의 2차원 배열 A_3_5을 생성하고, 이를 출력한다. 그림 12.65에서 2차원 배열 A_3_5가 실수형 데이터를 가지는 2차원 배열로 구성되어 있는 것을 확인할 수 있다.

Line 15~16에서는 random() 함수를 사용하여 0.0~1.0 구간의 실수형 난수를 생성하여 배열을 구성하고, 이를 출력한다. Line 18~19에서는 randint() 함수를 사용하여 주어진 low~high 구간의 정수를 size만큼 난수로 생성하여 배열을 구성하여 준다. Line 21~22에서는 uniform() 함수를 사용하여 low~high 구간에서 균등하게 분포하는 난수를

size 개수만큼 생성하여 배열 D로 만들어 준다.

Line 24~26에서는 평균 (mu), 분산(sigma)의 값을 설정하고, 이를 normal() 함수에 전달하여 지정된 평균값과 분산값의 확률 특성을 가지는 정규 분포의 난수를 지정된 size 개수만큼 생성하여 배열 G를 구성하여 준다. Line 27에서는 mean() 함수를 사용하여 생성된 정규 분포의 난수들의 평균이 mu로 설정된 값에 근접한 것을 확인할 수 있게 한다.

```
A =  [0.24400123 0.4961855  0.69169215 0.24037517 0.80312092 0.9269676
 0.36430486 0.47691139 0.1990254  0.14225605]
A_3_5 =  [[0.61713324 0.82152735 0.53510264 0.86838258 0.74231848]
 [0.4292318  0.30019487 0.39330619 0.83567155 0.4675284 ]
 [0.67983423 0.51891154 0.77287396 0.92431057 0.61941976]]
B =  [0.41134151 0.94401835 0.49952232 0.14666339 0.89952706 0.14924025
 0.72588495 0.78012366 0.89976232 0.30170976]
C =  [11 20 65 30 46 10 53 34 57 58 60 85 79 22 40 19 84 80 39 57]
D =  [22.39855711 77.66540139 95.15109635 77.70254992 53.19593874 36.15994444
 39.89212351 74.75147755 10.28486026 42.0759485 ]
G =  [ 0.05090733 -0.22908843  0.09425201  0.2139011  -0.10470627  0.2126067
 -0.04807227 -0.0827589   0.09611783 -0.12961167 -0.18144982  0.05382353
 -0.17903711  0.1912438   0.08031017  0.10048249 -0.16175672 -0.03160004
 -0.02047333 -0.12187029]
mean of G =  -0.009838994516206827
```

그림 12.65 난수 (random number) 생성 관련 유니버설 함수 활용 결과

12.3.11 배열의 정렬 및 탐색을 위한 유니버설 함수

다차원 배열의 원소들을 정렬하거나 탐색하는 기능을 표 12.21에서 열거하는 유니버설 함수로 구현할 수 있다. sort() 함수는 주어진 배열을 정렬하며, 기본적으로 퀵정렬 기능을 사용한다. ndarray.sort() 함수는 다차원 배열을 지정된축 (axis)에 따라 정렬한다. 별도로 축이 지정되지 않으면 마지막축을 기준으로 정렬한다.

searchsorted(A, key) 함수는 정렬되어 있는 배열 A로부터 key 원소를 탐색하고, 그 위치를 반환한다. 해당 key 원소가 포함되어 있지 않은 경우, 이 배열에 key 원소가 삽입될 위치가 반환된다.

where(condition, x, y) 함수는 지정된 배열에서 주어진 조건을 만족하면 x를, 만족하지 않으면 y로 처리하며, 해당 원소 또는 지정된 값을 반환하여 준다. 만약 조건만 지정되어 있는 경우 condition.nonzero()를 반환하여 준다. extract(condition, A) 함수는 주어진 배열 A에서 지정된 조건 condition을 만족하는 배열 원소들만을 추출하여 반환하여 준다.

표 12.21 배열 (array)의 정렬 및 탐색 관련 유니버설 함수

array/ndarray 관련 메소드	설 명
sort(a, axis=-1, kind='quicksort', order=None)	배열을 별도의 공간을 사용하지 않고 정렬 시켜 줌. 축 (axis)은 정렬을 수행하는 기준 축을 의미하며, axis=-1로 설정하는 경우 다차원 배열의 마지막 축을 기준으로 함. kind는 정렬 알고리즘을 정의하며, 별도로 지정되지 않는 경우 quicksort을 사용함. order는 배열의 원소가 다수의 세부 항목을 가질 경우 어떤 항목을 기준으로 정렬할 것인지를 지정.
ndarray.sort(axis=-1, kind='quicksort', order=None)	ndarray 배열을 별도의 공간을 사용하지 않고 정렬 시켜 줌. 축 (axis)은 정렬을 수행하는 기준 축을 의미하며, axis=-1로 설정하는 경우 다차원 배열의 마지막 축을 기준으로 함. kind는 정렬 알고리즘을 정의하며, 별도로 지정되지 않는 경우 quicksort을 사

array/ndarray 관련 메소드	설 명
	용함. order는 배열의 원소가 다수의 세부 항목을 가질 경우 어떤 항목을 기준으로 정렬할 것인지를 지정.
searchsorted(A, v, side='left', sorter=None)[source]	배열 A에서 원소 v를 찾아 그 위치 인덱스를 반환. 만약 배열 A에 원소 v가 포함되어 있지 않으면, 반환되는 인덱스 앞에 원소 v를 삽입할 때 배열 A가 정렬된 상태를 유지할 수 있는 인덱스를 찾아 반환.
where(condition[, x, y])	조건 condition에 따라 배열 x 또는 y의 원소를 반환. 만약 조건이 만족되면 x로부터, 조건이 만족되지 않으면 y로부터 원소를 반환. 만약 조건만 지정된 경우 condition.nonzero()를 반환.
extract(condition, arr)[source]	배열 arr로부터 지정된 조건 (condition)을 만족하는 원소들을 골라 반환. np.compress(ravel(condition), ravel(arr))과 동일한 결과 생성. 만약 조건 (*condition*)이 부울 대수이면 np.extract()는 arr[condition]과 동일한 결과 생성.

그림 12.66은 배열의 정렬 관련 유니버설 함수를 사용하는 예를 보여준다. Line 5~7에서는 0~9 범위의 값을 원소로 하는 1차원 배열 A를 생성하고, shuffle() 함수를 사용하여 뒤섞어 준 후, 이를 출력한다.

Line 9~11에서는 sort() 함수를 사용하여 배열 A의 원소들을 정렬한 결과를 배열 A_sorted에 담아 주며, 배열 A와 배열 A_sorted를 모두 출력한다. 배열 A_sorted는 정렬된 상태를 보여주며, 그림 12.67에서 보면 배열 A는 sort() 함수가 실행되어도 원래의 상태를 유지하고 있는 것을 확인할 수 있다.

```
 1 :  # universal function - array sorting
 2 :
 3 :  import numpy as np
 4 :
 5 :  A = np.arange(10)
 6 :  np.random.shuffle(A)
 7 :  print("A :\n", A)
 8 :
 9 :  A_sorted = np.sort(A)
10 :  print("A_sorted = np.sort(A) :\n", A_sorted)
11 :  print("A after 'A_sorted = np.sort(A)' :\n", A)
12 :
13 :  np.random.shuffle(A)
14 :  print("A - after re-shuffling :\n", A)
15 :  A.sort()
16 :  print("A - after sorting by A.sort() :\n", A)
```

그림 12.66 정렬 관련 유니버설 함수의 활용

Line 13에서는 shuffle() 함수를 사용하여 배열 A를 다시 뒤섞어 주며, line 15에서는 nparray.sort() 함수를 사용하여 배열 A를 정렬시킨다. nparray.sort() 함수는 실제 배열 A의 원소들의 위치를 정렬된 순서로 재조정하며, line 16에서 출력된 결과를 그림 12.67에서 확인할 수 있다. 즉, A.sort()는 B = np.sort(A)와는 달리 배열 A의 원소들을 정렬된 순서로 위치를 재조정한다.

```
A :
 [3 4 0 6 8 9 7 5 1 2]
A_sorted = np.sort(A) :
 [0 1 2 3 4 5 6 7 8 9]
A after 'A_sorted = np.sort(A)' :
 [3 4 0 6 8 9 7 5 1 2]
A - after re-shuffling :
 [1 2 6 3 5 0 7 4 8 9]
A - after sorting by A.sort() :
 [0 1 2 3 4 5 6 7 8 9]
```

그림 12.67 정렬 관련 유니버설 함수의 활용 결과

그림 12.68은 유니버설 함수 where()와 extract()의 사용 예제를 보여준다. Line 4~5에서 0~11 범위의 값을 가지는 3×4 크기의 2차원 배열 A를 생성하고, 출력하여 내용을 확인하게 한다.

```
 1 : # universal function - where, extract
 2 :
 3 : import numpy as np
 4 : A = np.arange(12).reshape(3, 4)
 5 : print("A :\n", A)
 6 :
 7 : not_multiple_4 = np.mod(A, 4) != 0
 8 : print("not_multiple_4 = \n", not_multiple_4)
 9 :
10 : B = np.where(not_multiple_4, A, -1)
11 : print("B = np.where(not_multiple_4, A) = \n", B)
12 :
13 : C = np.extract(not_multiple_4, A)
14 : print("C = np.extract(not_multiple_4, A) = \n", C)
```

그림 12.68 유니버설 함수 where()와 extract() 함수의 사용 예제

```
A :
 [[ 0  1  2  3]
 [ 4  5  6  7]
 [ 8  9 10 11]]
not_multiple_4 =
 [[False  True  True  True]
 [False  True  True  True]
 [False  True  True  True]]
B = np.where(not_multiple_4, A) =
 [[-1  1  2  3]
 [-1  5  6  7]
 [-1  9 10 11]]
C = np.extract(not_multiple_4, A) =
 [ 1  2  3  5  6  7  9 10 11]
```

그림 12.69 유니버설 함수 where()와 extract() 함수의 사용 결과

Line 7에서는 배열에 적용할 조건식을 생성하며, 배열 A의 원소값이 4의 배수가 아닌 조건을 mod() 함수를 사용하여 구성하고, not_multiple_4에 설정한다. Line 8에서 조건식

not_multiple_4을 출력하면, 배열 A의 원소를 주어진 조건식에 따라 검사한 후 True 또는 False 결과값으로 구성된 2차원 배열인 것을 알 수 있다.

Line 10~11에서는 where(not_multiple_4, A, −1) 함수를 사용하여 주어진 조건식 not_multiple_4이 True이면 A의 원소를 그대로 사용하며, 주어진 조건식을 만족하지 않는 경우 -1의 값을 가지는 2차원 배열 B를 생성하고 출력한다. 그림 12.69에서 4의 배수인 경우 해당 원소 값이 -1로 변경된 2차원 배열 B를 확인할 수 있다.

Line 13~14에서는 extract(not_multiple_4, A) 함수를 사용하여 주어진 조건식 not_multiple_4을 만족하는 원소만을 추출하여 배열 C를 생성하고, 이를 출력한다. 그림 12.69에서 4의 배수가 생략되고 나머지 9개의 원소만을 가지는 배열 C를 확인할 수 있다.

12.3.12 통계처리 관련 유니버설 함수

많은 과학 기술 분야 프로그램에서는 배열에 포함되어 있는 데이터의 통계 분석을 통하여 다양한 정보를 파악하도록 구성된다. NumPy에서는 표 12.22에서 설명하고 있는 통계처리 관련 유니버설 함수들을 제공하여 데이터 통계 분석 프로그램을 쉽게 구현할 수 있게 한다.

amin()과 amax()는 주어진 배열의 원소 중 최솟값과 최댓값을 찾아 반환하며, argmin()과 argmax()는 주어진 배열의 최솟값 원소와 최댓값 원소의 인덱스를 반환한다.

sum() 함수는 주어진 배열을 주어진축에 따라 원소들을 합산하여 반환한다. cumsum()은 각 원소를 차례대로 누적한 값을 원소로 구성하여 반환한다. cumsum() 함수에서 axis 값이 지정되면 해당축을 기준으로 누적된 값을 원소로 구성하여 반환한다. cumprod() 함수는 주어진 axis에 따라 누적 곱셈을 실행한 값을 원소로 구성하여 반환한다.

표 12.22 통계처리 관련 유니버설 함수

통계처리 연산 메소드	설 명
amin(a, axis=None, out=None, keepdims=False)	배열 a의 최솟값을 찾아 반환
amax(a, axis=None, out=None, keepdims=False)	배열 a의 최댓값을 찾아 반환
argmin(a, axis=None, out=None)	배열 a에서 주어진 축 (axis)에 따라 최솟값을 찾고 그 인덱스를 반환
argmax(a, axis=None, out=None)[source]	배열 a에서 주어진 축 (axis)에 따라 최댓값을 찾고 그 인덱스를 반환
sum(a, axis=None, out=None, keepdims=False)	배열 a의 원소들을 주어진 축 (axis)에 따라 합산하여 반환
cumsum(a, axis=None, out=None, keepdims=False)	배열 a의 원소들을 주어진 축 (axis)에 따라 원소들의 누적 합산(cumulative sum)을 계산하여 반환
cumprod(a, axis=None, out=None, keepdims=False)	배열 a의 원소들을 주어진 축 (axis)에 따라 원소들의 누적 곱셈(cumulative product)을 계산하여 반환
median(a, axis=None, out=None, keepdims=False)	배열 a에서 지정된 축 (axis)을 기준으로 중간 (median) 원소를 찾아 반환.
average(a, axis=None, out=None, keepdims=False)	배열 a에서 지정된 축 (axis)을 기준으로 가중치가 고려된 평균 (weighted average)를 계산하여 반환
mean(a, axis=None, dtype=None, out=None, keepdims=False) [source]	배열 a에서 지정된 축 (axis)을 기준으로 산술 평균 (arithmetic mean)을 계산하여 반환.
var(a, axis=None, dtype=None, out=None, ddof=0,	배열 a에서 지정된 축 (axis)을 기준으로 분산 (variance)를 계산하여 반환.

통계처리 연산 메소드	설 명
keepdims=False)	
std(a, axis=None,dtype=None, out=None, ddof=0, keepdims=False)	배열 a에서 지정된 축 (axis)을 기준으로 표준편차 (standard deviation)를 계산하여 반환.
cov(m, y=None, rowvar=1, bias=0, ddof=None, fweights =None, aweights=None) [source]	주어진 배열 m의 공분산 (covariance)을 계산하여 반환.
histogram(a, bins=10, range=None, normed=False, weights=None, density=None)	주어진 배열 a에서 데이터 집합 (bins)의 도수 분포도 (histogram)을 계산하여 반환.
histogram2d(x, y, bins=10, range=None, normed=False, weights=None, density=None)	주어진 배열 x와 y로부터 2차원 도수 분포도를 계산하여 반환.
histogramdd(sample, bins=10, range=None, normed=False, weights=None)	주어진 샘플 데이터 sample에 대한 다차원 도수 분포도를 계산하여 반환.

median() 함수는 주어진 배열에서 지정된축에 따라 중간값을 찾아 반환하며, average() 함수는 지정된축에 따라 가중치가 고려된 평균값을 계산하고, mean() 함수는 지정된축에 따라 산술 평균값을 계산하여 반환한다. var() 함수는 지정된 축에 따라 분산값을 계산하며, std() 함수는 표준편차를 계산한다. cov() 함수는 공분산 (covariance)을 계산하여 준다.

histogram() 함수는 주어진 배열의 데이터 집합의 도수 분포도를 계산하며, histogram2d() 함수는 2차원 데이터 표본에 대한 2차원 도수 분포도를 계산한다. histogramdd()는 주어진 샘플 데이터에 대하여 다차원 도수 분포도를 계산한다.

```
# universal function - amin, amax, sum, cumsum, cumprod

import numpy as np
A = np.arange(1, 13).reshape(3, 4)
print("A :\n", A)

A_min, A_max = np.amin(A), np.amax(A)
print("A_min = {}, A_max = {}".format(A_min, A_max))

B = np.sum(A)
print("B = np.sum(A) = ", B)

C = np.cumsum(A)
print("C = cumsum(A) = ", C)

C_1 = np.cumsum(A, axis=1)
print("C_1 = cumsum(A, axis=1) = \n", C_1)

D = np.cumprod(A, axis=1)
print("D = cumprod(A, axis=1) = \n", D)
```

그림 12.70 유니버설 함수 amin(), amax(), sum(), cumsum(), cumprod() 함수 예제

그림 12.70에서는 유니버설 함수인 amin(), amax(), sum(), cumsum(),

cumprod() 함수를 사용하는 예제를 보여준다. Line 4에서는 1~12의 값을 가지는 3×4 크기의 2차원 배열을 준비하고 line 7~8에서 amin()과 amax() 함수를 사용하여 최솟값과 최댓값을 찾아 출력한다. 그림 12.71에서 결과를 확인할 수 있다.

Line 10~11에서는 sum(A) 함수를 사용하여 2차원 배열 A의 원소들의 합산을 계산하여 출력한다. Line 13~14에서는 cumsum(A) 함수를 사용하여 배열 A의 원소들을 누적한 값을 원소로 하는 배열 C를 생성하여 출력하며, line 16~17에서는 cumsum(A, axis=1) 함수에 axis를 1로 설정하여 행별로 누적합산을 한 원소들을 가지는 2차원 배열 C_1을 생성하여 출력한다. 그림 12.71에서 1차원 누적 원소의 배열 C와 2차원 배열 C_1을 확인할 수 있다.

Line 19~20에서는 cumprod(A, axis=1) 함수를 사용하여 각 행별로 누적 곱셈을 실행한 값을 원소로 하는 2차원 배열을 생성하여 출력하며, 그림 12.71에서 결과를 확인할 수 있다.

```
A :
 [[ 1  2  3  4]
 [ 5  6  7  8]
 [ 9 10 11 12]]
A_min = 1, A_max = 12
B = np.sum(A) =  78
C = cumsum(A) =  [ 1  3  6 10 15 21 28 36 45 55 66 78]
C_1 = cumsum(A, axis=1) =
 [[ 1  3  6 10]
 [ 5 11 18 26]
 [ 9 19 30 42]]
D = cumprod(A, axis=1) =
 [[    1     2     6    24]
 [    5    30   210  1680]
 [    9    90   990 11880]]
```

그림 12.71 유니버설 함수 amin(), amax(), sum(), cumsum(), cumprod() 함수 예제 결과

그림 12.72에서는 배열의 합산, 중간값, 평균값, 분산 및 표준편차를 구하는 예를 보여준다. Line 4에서는 1차원 배열을 생성하고, line 7~8에서 amin()과 amax() 함수를 사용하여 최솟값과 최댓값을 찾아 출력한다. Line 10~11에서는 sum() 함수를 사용하여 원소들의 합산 결과를 찾아 출력한다.

그림 12.72 line 13~14에서는 median() 함수를 사용하여 배열 A의 중간 원소를 찾아 출력한다. Line 16~17에서는 average() 함수를 사용하여 주어진 배열의 평균값을 계산하여 출력하며, line 19~20에서는 mean() 함수를 사용하여 주어진 배열의 평균값을 계산하여 출력한다.

Line 22~23에서는 var(A) 함수를 사용하여 배열 A의 분산을 계산하여 출력하며, line 25~26에서는 std(A) 함수를 사용하여 배열 A의 표준편차 (standard deviation)를 계산하여 출력한다. 그림 12.73에서 배열 A의 분산 및 표준 편차를 확인할 수 있다.

그림 12.74는 주어진 배열의 데이터 집합의 도수 분포도를 계산하여 주는 histogram() 함수와 2차원 데이터 표본에 대한 2차원 도수 븐포도를 계산하여 주는 histogram2d() 함

수를 예제 프로그램으로 보여준다. Line 5에서는 15개의 원소를 가지는 1차원 배열 A를 준비하며, line 8에서는 histogram() 함수를 사용하여 배열 A의 도수 분포 hist와 구간 bin_edges 배열을 구하며, line 9~11에서 출력한다. 그림 12.75에서 hist와 bin_edges 배열의 값을 확인할 수 있다.

```
 1 : # universal function - sum, average, mean, var, std
 2 :
 3 : import numpy as np
 4 : A = np.array([9, 0, 8, 1, 7, 3, 6, 5, 4])
 5 : print("A :\n", A)
 6 :
 7 : A_min, A_max = np.amin(A), np.amax(A)
 8 : print("A_min = {}, A_max = {}".format(A_min, A_max))
 9 :
10 : A_sum = np.sum(A)
11 : print("np.sum(A) = ", A_sum)
12 :
13 : A_median = np.median(A)
14 : print("np.median(A) = ", A_median)
15 :
16 : A_avg = np.average(A)
17 : print("np.average(A) = ", A_avg)
18 :
19 : A_mean = np.mean(A)
20 : print("np.mean(A) = ", A_mean)
21 :
22 : A_var = np.var(A)
23 : print("np.var(A) = ", A_var)
24 :
25 : A_std = np.std(A)
26 : print("np.std(A) = ", A_std)
```

그림 12.72 유니버설 함수 sum(), median(), average(), mean(), var(), std()의 활용

```
A :
 [9 0 8 1 7 3 6 5 4]
A_min = 0, A_max = 9
np.sum(A) =  43
np.median(A) =  5.0
np.average(A) =  4.777777777777778
np.mean(A) =  4.777777777777778
np.var(A) =  8.395061728395061
np.std(A) =  2.8974232912011773
```

그림 12.73 유니버설 함수 sum(), median(), average(), mean(), var(), std()의 활용 결과

Line 13~14에서는 2차원 데이터의 x축과 y축 bin_edges를 설정하며, line 15~16에서는 normal() 함수를 사용하여 평균값 2, 표준편차 1의 정규분포로부터 20개의 x축 데이터와 20개의 y축 데이터를 생성한다. Line 17~20에서 x, y 및 xedges와 yedges를 출력하며, 그림 12.75에서 값들을 확인할 수 있다.

```
 1 :  # universal function - sum, average, mean, var, std
 2 :
 3 :  import numpy as np
 4 :
 5 :  A = np.array([9, 1, 8, 2, 7, 3, 6, 5, 4, 0, 10, 2, 1, 3, 2])
 6 :  print("A :\n", A)
 7 :
 8 :  hist, bin_edges = np.histogram(A)
 9 :  print("hist, bin_edges = np.histogram(A)")
10 :  print("hist = ", hist)
11 :  print("bin_edges = ", bin_edges)
12 :
13 :  xedges = [0, 1, 2, 3, 4, 5]
14 :  yedges = [0, 1, 2, 3, 4, 5]
15 :  x = np.random.normal(2, 1, 20) # loc (mean) 2, scale (stdev) 1, size 20
16 :  y = np.random.normal(2, 1, 20) # loc (mean) 1, scale (stdev) 1, size 20
17 :  print("x = ", x)
18 :  print("y = ", y)
19 :  print("xedges = ", xedges)
20 :  print("yedges = ", yedges)
21 :  H2, xedges, yedges = np.histogram2d(x, y, bins=(xedges, yedges))
22 :  print("H2, xedges, yedges = np.histogram2d(x, y, bins=(xedges, yedges))")
23 :  print("H2 = ", H2)
```

그림 12.74 유니코드 histogram(), histogram2d()의 활용 예제

Line 21에서는 histogram2d() 함수를 사용하여 x, y 및 xedges와 yedges에 대한 2차원 도수 분포도를 산출하여 H2에 저장하며, line 23에서 출력된 2차원 도수 분포도는 그림 12.75에서 확인할 수 있다.

```
A :
 [ 9  1  8  2  7  3  6  5  4  0 10  2  1  3  2]
hist, bin_edges = np.histogram(A)
hist =  [1 2 3 2 1 1 1 1 1 2]
bin_edges =  [ 0.  1.  2.  3.  4.  5.  6.  7.  8.  9. 10.]
x =  [1.83052197 2.30433083 3.12672634 1.15565324 1.59608822 3.08620305
 1.1102755  3.38221038 1.54513549 2.20177909 1.0788024  2.7159699
 2.75869553 1.01887239 2.26681391 1.96099885 1.8478004  1.96989256
 3.09712453 1.48222203]
y =  [ 1.10815084  2.08195967  3.09162207  1.25624487 -0.63935648  0.97587842
  1.49339834  2.97381046  1.05308785  0.91578687  1.09376376  2.67768622
  2.88668331  2.72304496  3.11892581  1.51071737  1.91668711  1.32073017
  1.55299715  1.55503299]
xedges =  [0, 1, 2, 3, 4, 5]
yedges =  [0, 1, 2, 3, 4, 5]
H2, xedges, yedges = np.histogram2d(x, y, bins=(xedges, yedges))
H2 =  [[0. 0. 0. 0. 0.]
 [0. 9. 1. 0. 0.]
 [1. 0. 3. 1. 0.]
 [1. 1. 1. 1. 0.]
 [0. 0. 0. 0. 0.]]
```

그림 12.75 유니코드 histogram(), histogram2d()의 활용 예제 결과

12.4 선형대수 관련 유니버설 함수 및 응용

12.4.1 선형대수 관련 유니버설 함수

NumPy에서는 표 12.23에서 설명하는 선형대수 (linear algebra) 관련 유니버설 함수들을 제공하여 다양한 선형 시스템 해법을 위한 프로그램을 쉽게 구현할 수 있게 한다. dot() 함수는 1차원 두 배열의 곱셈을 계산하며, vdot() 함수는 복소수로 표현된 두 벡터의 곱셈을 계산하여 준다. inner() 함수는 두 배열의 내적 (inner product)을 계산하며, outer() 함수는 두 배열의 외적 (inner product)을 계산하여 준다.

matmul() 함수는 행렬의 곱셈 계산을 수행한다. 만약 행렬이 2차원 이상일 경우 dot() 연산 대신 matmul() 연산을 사용하는 것을 권장한다. cholesky() 함수는 숄레스키 (Cholesky) 분해 연산을 수행하며, qr() 함수는 행렬의 qr 벡터화를 수행하고, svd() 함수는 Singular Value Decomposition을 수행한다.

eig() 함수는 Eigen value 및 Eigen Vector 연산을 수행하며, det() 함수는 행렬의 행렬식 (determinant)를 계산한다. inv() 함수는 역행렬을 계산하며, pinv() 함수는 Moor-Penrose 유사 역행렬을 계산한다.

solve(A, B) 함수는 계수행렬 (coefficient matrix) A와 소스 벡터 B로 표현된 선형 시스템 $AX = B$의 해 X를 구한다. lstsq(A, B) 함수는 최소 자승해 (least squares solution) 방법을 사용하여 근사 선형 방정식 $y = mx + c$의 기울기 m와 편차 c를 산출하여 준다. lstsq(A, B) 함수에 전달되는 계수행렬 (coefficient matrix) A는 정방행렬 (square matrix)이 아닐 수 있으며, 정방행렬로 주어지고 미지수의 개수에 해당하는 독립적인 연립방정식이 주어지면 정확한 해를 구할 수 있다.

표 12.23 선형대수 (linear algebra) 관련 유니버설 함수

선형대수 연산 메소드	설명
dot(a, b, out=None)	배열 a와 b의 곱셈 (dot product) 결과를 반환. 만약 a와 b가 1차원 배열이면 벡터의 내적에 해당함. 만약 a와 b가 2차원 배열이면 행렬 곱셈 matmul() 함수 (a @ b)의 사용을 권장함. 만약 a와 b 중 하나가 배열이 아닌 스칼라 값이면 numpy.multiply(a, b) 함수 (a * b)의 사용을 권장함. 만약 a가 N-차원 배열이며, *b*가 1-차원 배열이면 a의 마지막 축 (axis)을 기준으로 배열 a와 b의 원소끼리 곱셈을 한 후 합산. 만약 a가 N-차원 배열이며 *b* 가 M-차원 배열 (단, M ≥ 2) 인 경우, 배열 a의 마지막 축과 배열 b의 2~마지막 축을 기준으로 곱셈을 한 후 합산: dot(a, b)[i, j, k, m] = sum(a[i, j,:] * b[k, :,m])
vdot(a, b)	두 벡터 a, b의 곱셈 (dot product)결과를 반환. vdot(*a*, *b*) 함수는 dot(*a*, *b*) 함수와 달리 복소수 계산을 제공함. 만약 첫 번째 인수 a가 복소수인 경우 곱셈 계산에서 a의 켤레복소수를 사용함. vdot은 행렬의 곱셈 기능을 제공하지 않으며, 다차원 배열의 인수를 1차원으로 변환한 후 곱셈을 수행함. 따라서 vdot() 함수는 벡터에 대해서만 사용하여야 함.

선형대수 연산 메소드	설명
inner(a, b)	두 배열 a, b의 내적 (inner product)을 계산 및 반환. 1차원 배열에 대한 곱셈을 수행하며, 복소수 계산을 하지 않음. 다차원 배열의 경우 마지막 축을 기준으로 곱셈-합산 (sum product)를 수행함.
outer(a, b)	두 벡터의 외적 (outer product)을 수행.
matmul(a, b, out=None)	두 배열의 행렬 곱셈을 수행. 만약 a, b가 모두 2-차원 배열인 경우, 행렬 곱셈을 계산. 만약 a, b 중 어느 하나라도 N-차원 배열 (N >2)인 경우, 마지막 두 인덱스를 기반으로 한 행렬이 쌓여 있는 것으로 간주함. 만약 첫 번째 인수가 1차원 배열이면 차원에 1을 더하여 행렬 (2차원)으로 만들어 곱셈을 계산한 후 추가된 1을 제거함. 만약 두 번째 인수가 1차원 배열이면 그 차원에 1을 더하여 행렬 (2차원)으로 만들어 곱셈을 계산한 후 추가된 1을 제거함. 스칼라에 대한 곱셈을 허용하지 않으며, 대신 * 연산자를 사용하여야 함.
cholesky(a)	정방행렬 a의 숄레스키 분해 (Cholesky decomposition) 연산 결과를 반환.
qr(A, mode= 'reduced')	행렬 A의 qr 벡터화를 수행하며, orthonormal인 *q* 와 upper-triangular인 *r*을 반환 .
svd(A, full_matrices=1, compute_uv=1)	특이값 (singular value) 분해.
eig(A)	정방행렬 A의 eigenvalues와 right eigenvectors를 계산.
det(A)	행렬 A의 행렬식 (determinant)을 계산.
inv(A)	행렬 A의 역행렬 (inverse)을 계산. 계산된 역행렬 *ainv*는 dot(*A*, ainv) = dot(ainv, *A*) = eye(*A*.shape[0])의 특성을 만족함.
pinv(A, rcond=le-15)	행렬 A의 (Moore-Penrose) pseudo-inverse을 계산.
solve(A, B)	선형 방정식 *AX = B*의 해 *X*를 산출함.
lstsq(A, B, recond=-1)	선형 행렬 공식 *AX = B* 에 대한 최소 자승해 (least-squares solution) *X*를 산출. 즉, *// B - AX //^2* 의 값이 최소가 되는 해 X를 산출.

12.4.2 행렬의 연산 - 벡터의 내적, 외적

그림 12.75는 선형대수 관련 유니버설 함수 중 dot(), vdot()의 사용 예제를 보여준다. Line 5~6에서 2개의 1차원 배열 A, B를 준비하고 line 7에서 dot() 함수를 사용하여 배열의 곱셈 연산을 실행하여 결과를 C에 대입한다. Line 8~10에서 연산 결과를 출력하며, 그림 12.76에서 결과 값들을 확인할 수 있다.

Line 11~12에서는 2개의 복소수 벡터 VA와 VB를 준비하며, line 13~14에서 vdot() 함수를 사용하여 VA와 VB의 곱셈 및 VB와 VA의 곱셈 연산을 각각 실행한다. 복소수에 대한 vdot(v1, v2) 연산에서는 첫번째 복소수 v1의 켤레복소수 v1_conj와 두번째 복소수 v2를 곱하기 때문에, 전달되는 복소수의 순서가 바뀌면 결과가 달라진다. Line 15~18에서 vdot() 연산 결과를 출력하며, 그림 12.76에서 결과를 확인할 수 있다.

```
# universal function for linear algebra - dot(), vdot()

import numpy as np

A = np.array([1.0, 2.0, 3.0])
B = np.array([1.0, 2.0, 3.0])
C = np.dot(A, B)
print("A = ", A)
print("B = ", B)
print("C = np.dot(A, B) = ", C)
VA = np.array([1+2j, 3+4j])
VB = np.array([5+6j, 7+8j])
VC = np.vdot(VA, VB)
VD = np.vdot(VB, VA)
print("VA = ", VA)
print("VB = ", VB)
print("VC = np.vdot(VA, VB) = ", VC)
print("VD = np.vdot(VB, VA) = ", VD)
```

그림 12.75 선형 대수 관련 유니버설 함수 - dot(), vdot() 예제

```
A =  [1. 2. 3.]
B =  [1. 2. 3.]
C = np.dot(A, B) =  14.0
VA =  [1.+2.j 3.+4.j]
VB =  [5.+6.j 7.+8.j]
VC = np.vdot(VA, VB) =  (70-8j)
VD = np.vdot(VB, VA) =  (70+8j)
```

그림 12.76 선형 대수 관련 유니버설 함수 - dot(), vdot() 예제 실행 결과

```
 1: # universal function for linear algebra - inner(), outer()
 2:
 3: import numpy as np
 4:
 5: A = np.array([1.0, 2.0, 3.0])
 6: B = np.array([1.0, 2.0, 3.0])
 7: C = np.inner(A, B)
 8: print("A = ", A)
 9: print("B = ", B)
10: print("C = np.inner(A, B) = ", C)
11:
12: D = np.outer(A, B)
13: print("D = np.outer(A, B) = \n", D)
```

그림 12.77 선형 대수 관련 유니버설 함수 - inner(), outer() 예제

그림 12.77에서는 벡터의 내적 (inner product)과 외적 (outer product) 계산을 위한 선형대수 관련 유니버설 함수인 inner()와 outer() 함수의 응용 예제를 보여준다. Line 5~6에서 2개의 1차원 배열 A와 B를 준비한 후, line 7에서 inner() 함수를 사용하여 내적을 계산하고, 결과를 C에 저장한다. Line 8~10에서 내적 연산 결과를 출력하며, 그림 12.78에서 값들을 확인할 수 있다.

Line 12~13에서는 배열 A와 B에 대한 외적 연산을 outer() 함수를 사용하여 계산하며, 결과를 출력한다. 그림 12.78에서 외적 결과를 확인할 수 있다.

```
A =  [1. 2. 3.]
B =  [1. 2. 3.]
C = np.inner(A, B) =  14.0
D = np.outer(A, B) =
 [[1. 2. 3.]
 [2. 4. 6.]
 [3. 6. 9.]]
```

그림 12.78 선형 대수 관련 유니버설 함수 - inner(), outer() 예제 실행 결과

12.4.3 행렬 곱셉, 행렬식 (determinant), 역행렬

그림 12.79는 2차원 배열로 구성된 행렬의 곱셈, 행렬식, 역행렬을 계산하기 위한 matmul(), det(), inv(), pinv() 함수 사용 예를 보여준다.

```
 1: # universal function for linear algebra - matmul(), det(), inv(), pinv()
 2:
 3: import numpy as np
 4: EPSILON = 0.0000001
 5:
 6: A = np.array(([1, 3, 3], [1, 4, 3], [1, 3, 4]))
 7: #A = np.array(([1, 2, 3], [4, 5, 6], [7, 8, 9]))
 8: E = np.array(([1, 0, 0], [0, 1, 0], [0, 0, 1]))
 9:
10: A_det = np.linalg.det(A)
11: A_inv = np.linalg.inv(A)
12: A_pinv = np.linalg.pinv(A)
13:
14: B = np.matmul(A, E)
15: C = np.matmul(A, A_inv)
16: D = A.dot(A_inv)
17:
18: print("A = \n", A)
19: print("E = \n", E)
20: print("A_det = ", A_det)
21: print("B= np.matmul(A, E) = \n", B)
22:
23: if A_det < EPSILON:
24:     print("Matrix inversion is not available for this matrix")
25: else:
26:     print("A_inv = \n", A_inv)
27:     print("A_pinv = \n", A_pinv)
28:     print("C= np.matmul(A, A_inv) = \n", C)
29:     print("D= A.dot(A_inv) = \n", D)
```

그림 12.79 선형 대수 관련 유니버설 함수 - matmul(), det(), inv(), pinv() 예제

Line 6에서는 3×3 크기의 2차원 행렬 A를 준비하며, line 8에서는 단위행렬 E를 준비한다. Line 10에서는 행렬 A의 행렬식 (determinant)를 계산하며, line 11~12에서는 행렬 A의 역행렬 A_inv과 Moor-Penrose 유사 역행렬 A_pinv를 계산한다.

Line 14에서는 행렬 A와 단위행렬 E를 matmul() 함수로 곱셈을 하여 행렬 B를 생성하는데, 정상적인 결과로 행렬 A와 행렬 B는 동일한 내용을 가져야 하며, line 21에서 행렬 B를 출력한 결과로 그림 12.80에서 확인할 수 있다. Line 15~16에서는 행렬 A와 역행렬 A_inv를 matmul() 함수와 dot() 함수를 사용하여 계산한다. 만약 행렬 A의 행렬식이 0에 가까운 값이면 역행렬이 존재하지 않기 때문에 line 4에서 설정한 EPSILON 상수값을 기준으로 역행렬 계산이 정상적으로 이루어졌는가를 line 23에서 확인한 후, line 25~29에서 역행렬 및 역행렬과의 곱셈 결과를 출력한다. 만약 행렬식의 값이 EPSILON 보다 작은 경우 역행렬은 매우 큰 오차를 가지게 되어 의미가 없으므로 계산 결과를 무시하게 된다. 그림 12.80에서 확인할 수 있는 것과 같이 행렬 A와 역행렬 A_inv를 곱한 결과인 행렬 C와 D는 단위 행렬인 것을 확인할 수 있다.

```
A =
 [[1 3 3]
 [1 4 3]
 [1 3 4]]
E =
 [[1 0 0]
 [0 1 0]
 [0 0 1]]
A_det =  1.0
B= np.matmul(A, E) =
 [[1 3 3]
 [1 4 3]
 [1 3 4]]
A_inv =
 [[ 7. -3. -3.]
 [-1.  1.  0.]
 [-1.  0.  1.]]
A_pinv =
 [[ 7.00000000e+00 -3.00000000e+00 -3.00000000e+0(
 [-1.00000000e+00  1.00000000e+00 -7.77156117e-16]
 [-1.00000000e+00 -2.22044605e-16  1.00000000e+00]
C= np.matmul(A, A_inv) =
 [[1. 0. 0.]
 [0. 1. 0.]
 [0. 0. 1.]]
D= A.dot(A_inv) =
 [[1. 0. 0.]
 [0. 1. 0.]
 [0. 0. 1.]]
```

그림 12.80 선형 대수 관련 유니버설 함수 - matmul(), det(), inv(), pinv() 예제 실행결과

```
 1: # universal function for linear algebra - eig()
 2:
 3: import numpy as np
 4:
 5: A = np.array([[1, 2, 3], [3, 2, 1], [1, 0, -1]])
 6: eig_w, eig_v = np.linalg.eig(A)
 7:
 8: print("A = \n", A)
 9: print("eig_w, eig_v = np.linalg.eig(A)")
10: print("eig_w = \n", eig_w)
11: print("eig_v = \n", eig_v)
```

그림 12.81 선형 대수 관련 유니버설 함수 - eig() 예제

12.4.4 행렬의 Eigen value, Eigen Vector

그림 12.81은 주어진 행렬의 Eigen value와 Eigen vector를 계산하는 eig() 함수를 사용하는 예를 보여준다. Line 5에서 3×3 크기의 2차원 행렬 A를 준비한 후, line 6에서 linalg.eig() 함수를 사용하여 Eigen value (eig_w)와 Eigen vector(eig_v)를 계산하

고, 그 결과를 line 8~11에서 출력한다. Eigen value와 Eigen vector의 계산 결과는 그림 12.82에서 확인할 수 있다.

```
A =
 [[ 1  2  3]
 [ 3  2  1]
 [ 1  0 -1]]
eig_w, eig_v = np.linalg.eig(A)
eig_w =
 [ 4.31662479e+00 -2.31662479e+00  1.93041509e-17]
eig_v =
 [[ 0.58428153  0.73595785  0.40824829]
 [ 0.80407569 -0.38198836 -0.81649658]
 [ 0.10989708 -0.55897311  0.40824829]]
```

그림 12.82 선형 대수 관련 유니버설 함수 - eig() 예제 실행 결과

12.4.5 선형 시스템의 해법 – solve()

선형방정식의 계수행렬 (coefficient matrix)이 n×n 정방행렬 (square matrix)로 정리되는 문제의 해(solution)를 NumPy 모듈의 linalg.solve() 함수를 사용하여 쉽게 구할 수 있다. 예를 들어 다음과 같은 선형 방정식이 주어질 때,

$$AX = Y,$$

$$A = \begin{bmatrix} a_{11} & a_{12} & \cdots & a_{1n} \\ a_{21} & a_{22} & \cdots & a_{2n} \\ \vdots & \vdots & \ddots & \vdots \\ a_{n1} & a_{n2} & \cdots & a_{nn} \end{bmatrix}, \quad X = \begin{bmatrix} x_1 \\ x_2 \\ \vdots \\ x_n \end{bmatrix}, \quad Y = \begin{bmatrix} y_1 \\ y_2 \\ \vdots \\ y_n \end{bmatrix}$$

n×n 크기의 계수 행렬 A와 n×1 크기의 행렬 Y를 인수로 전달하면 X = linalg.solve(A, Y) 함수 실행으로 해가 담긴 행렬 X를 받을 수 있다.

```
 1: # universal function for linear algebra - solve()
 2:
 3: import numpy as np
 4:
 5: A = np.array([[1, 1, 1], [2, 3, 1], [1, -1, -1]])
 6: Y = np.array([4, 9, -2])
 7: X = np.linalg.solve(A, Y)
 8: Y1 = np.matmul(A, X)
 9:
10: print("A = \n", A)
11: print("Y = ", Y)
12: print("X = np.linalg.solve(A)")
13: print("X = ", X)
14: print("Y1 = np.matmul(A, X) = ", Y1)
```

그림 12.83 선형 대수 관련 유니버설 함수 - solve() 예제

그림 12.83에서는 linalg.solve() 함수를 사용하여 선형시스템 해를 구하는 예를 보여 준다. Line 5에서는 3×3 크기의 계수행렬 A를 준비하며, line 6에서는 행렬 Y를 준비하고,

line 7에서 linalg.solve() 함수를 호출하여 해를 구하여 행렬 X에 저장한다. Line 8에서는 n×n 크기의 행렬 A와 n×1 크기의 행렬 X를 matmul() 함수로 곱하여 행렬 Y1을 생성하고, line 10~14에서 이들을 출력하여 확인하도록 한다. 그림 12.84에서 출력된 결과를 보면 Y1은 Y와 동일한 것을 확인할 수 있다.

```
A =
 [[ 1  1  1]
 [ 2  3  1]
 [ 1 -1 -1]]
Y =  [ 4  9 -2]
X = np.linalg.solve(A)
X =  [1. 2. 1.]
Y1 = np.matmul(A, X) =  [ 4.  9. -2.]
```

그림 12.84 선형 대수 관련 유니버설 함수 - solve() 예제 실행결과

12.4.6 Linear Square System – lstsq()

X-Y 좌표로 주어진 데이터에 대하여 가장 근접하는 직선 방정식은 NumPy 모듈의 linalg.lstsq() 함수를 사용하여 구할 수 있다. 이 함수는 최소 자승 오차의 직선방정식을 산출하여 준다. 그림 12.85는 lstsq() 함수를 사용하여 최소 자승 오차 직선방정식을 구하는 예를 보여 준다.

```
 1: # universal function for linear algebra - lstsq()
 2:
 3: import numpy as np
 4: import matplotlib.pyplot as plt
 5:
 6: X = np.array([0, 1, 2, 3])
 7: B = np.array([-1, 0.2, 0.9, 2.1])
 8: A = np.vstack([X, np.ones(len(X))]).T
 9: m, c = np.linalg.lstsq(A, B, rcond=None)[0]
10: print("X = ", X)
11: print("B = ", B)
12: print("A = \n", A)
13: print("m, c = np.linalg.lstsq(A, B, rcond=None)[0]")
14: print("m = ", m)
15: print("c = ", c)
16:
17: plt.plot(X, B, 'o', label = 'Original Data', markersize=10)
18: plt.plot(X, m*X + c, 'r', label = 'Estimated by lstsq()')
19: plt.legend()
20: plt.show()
```

그림 12.85 선형 대수 관련 유니버설 함수 - lstsq() 예제

Line 6~7에서는 X축 데이터와 Y축 데이터를 각각 행렬로 준비하며, line 8에서 vstack() 함수를 사용하여 배열 X의 각 원소와 1.0을 각각 가지는 2차원 배열 [[x_0, 1], [x_1, 1], ... , [x_{n-1}, 1]]을 구성한 후, transpose 기능 (T)을 사용하여 n×2 크기의 계수행렬 A를 생성한다. Line 9에서 linalg.lstsq() 함수를 사용하여 직선 방정식

$y = m \cdot x + c$의 기울기 m과 y축 편차 c를 산출한다. Line 10~15에서 산출된 값들을 출력하며, line 17~20에서 Matplotlib 모듈을 사용하여 원래 주어진 데이터의 좌표들과 산출된 직선 방정식에 따른 직선을 비교할 수 있도록 한다. 그림 12.87에서 주어진 데이터에 최소 자승 오차로 근접한 직선 방정식을 찾았음을 확인할 수 있다.

```
X =  [0 1 2 3]
B =  [-1.   0.2  0.9  2.1]
A =
 [[0. 1.]
 [1. 1.]
 [2. 1.]
 [3. 1.]]
m, c = np.linalg.lstsq(A, B, rcond=None)[0]
m =  0.9999999999999999
c =  -0.9499999999999997
```

그림 12.86 선형 대수 관련 유니버설 함수 - lstsq() 예제 실행결과

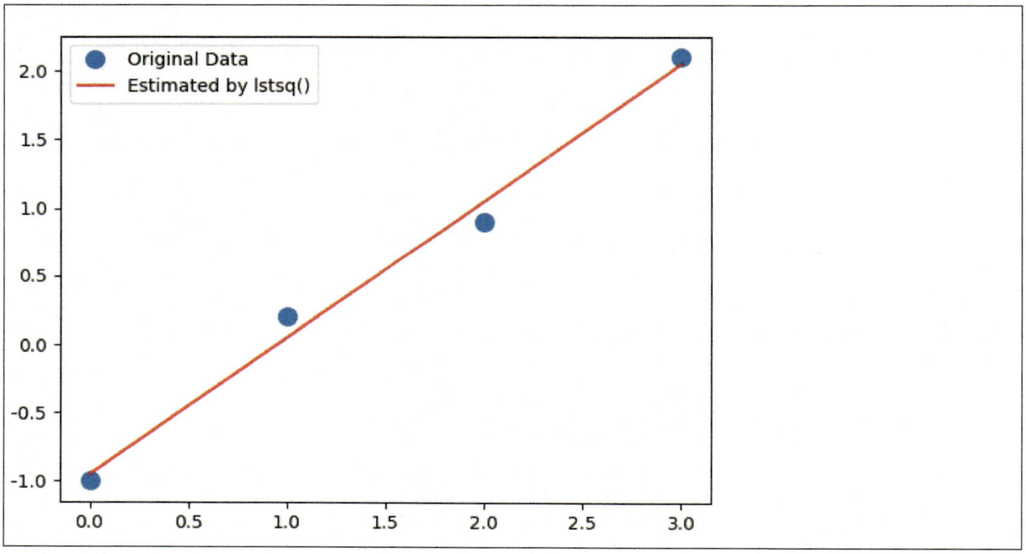

그림 12.87 선형 대수 관련 유니버설 함수 - lstsq() 예제의 matplotlib 출력 결과

연습문제

12.1 다음 용어를 예를 들어 설명하라.

1) 파이썬 확장 패키지
2) pip 패키지
3) NumPy 패키지
4) SciPy 패키지
5) Matplotlib 패키지
6) ndarray
7) universal function

12.2 파이썬 확장 패키지인 NumPy, SciPy, Matplotlib의 주요 기능에 대하여 설명하라.

12.3 NumPy의 arange(start, end, stride) 함수와 reshape() 함수를 사용하여 2차원 ndarray를 생성하는 방법에 대하여 설명하라.

12.4 NumPy의 linspace() 함수와 logspace() 함수를 사용하여 ndarray를 생성하고, 그 차이점을 설명하라.

12.5 통계처리에 관련된 유니버설 함수에 대하여 설명하라.

12.6 선형대수 (linear algebra)에 관련된 유니버설 함수에 대하여 설명하라.

실습문제

실습 12.1 10개의 정수형 데이터를 입력받고, NumPy 확장 패키지의 함수들을 사용하여 최소값, 최대값, 합 (sum), 평균, 표준편차 (standard deviation)을 찾아 출력하고, 오름차순으로 정렬하여 출력하라.

(실행 결과 예시)

```
input 10 integers : 9 8 7 6 5 4 3 2 1 0
L =  [9, 8, 7, 6, 5, 4, 3, 2, 1, 0]
min_L =  0
max_L =  9
sum_L =  45
mean_L =  4.5
std_L =  2.8722813232690143
sorted_L =  [0 1 2 3 4 5 6 7 8 9]
```

실습 12.2 NumPy의 arange() 함수를 사용하여 1000, 10000, 100,000개의 배열 원소를 가지는 ndarray 객체를 각각 생성하고, random.shuffle() 함수를 사용하여 순서를 뒤섞은 후, sort() 함수를 사용하여 정렬하며, 배열의 첫 부분과 마지막 부분을 샘플로 출력하라. 그리고, sort() 함수를 사용한 정렬에 걸린 시간을 milli-second 단위로 측정하여 함께 출력하라.

(실행 결과 예시)

```
Input n (size of ndarray, -1 to quit) : 1000000
Array A =
     0      1      2      3      4      5      6      7      8      9
    10     11     12     13     14     15     16     17     18     19
    20     21     22     23     24     25     26     27     28     29
  . . . . . .
999970 999971 999972 999973 999974 999975 999976 999977 999978 999979
999980 999981 999982 999983 999984 999985 999986 999987 999988 999989
999990 999991 999992 999993 999994 999995 999996 999997 999998 999999

After random.shuffle(A) =
145858 189943 390127 921551  74884  38582 129602 775931 572795 621664
125557 653960 125756 348800 611747 145490 972763 729509 333299 399697
714711 612753 921129 677112 511632 984776 723362 339198 172332 875393
  . . . . . .
370885 931138 572278  68290 240626 306428  45010 757619 720693  20244
678142 696341 403776 197597 815604 113434 741503   4179 487163 910984
220266 958460 561131 350214 555568 131347  20071 864317 284821 895775

After A.sort() :
     0      1      2      3      4      5      6      7      8      9
    10     11     12     13     14     15     16     17     18     19
    20     21     22     23     24     25     26     27     28     29
  . . . . . .
999970 999971 999972 999973 999974 999975 999976 999977 999978 999979
999980 999981 999982 999983 999984 999985 999986 999987 999988 999989
999990 999991 999992 999993 999994 999995 999996 999997 999998 999999
total elapsed time to sort 1000000 integers : 52.886247634887695 [milli-sec]
```

```
Input n (size of ndarray, -1 to quit) : 10000000
Array A =
      0       1       2       3       4       5       6       7       8       9
     10      11      12      13      14      15      16      17      18      19
     20      21      22      23      24      25      26      27      28      29
  . . . . . .
9999970 9999971 9999972 9999973 9999974 9999975 9999976 9999977 9999978 9999979
9999980 9999981 9999982 9999983 9999984 9999985 9999986 9999987 9999988 9999989
9999990 9999991 9999992 9999993 9999994 9999995 9999996 9999997 9999998 9999999

After random.shuffle(A) =
6884628 6529870  996134 4463121 4555017 3453819 8745953 1043136 3726911 1562644
1338992 8304576 9849241 5410254 4402811  919267   57154 9878415 7612849 6619268
4021366 9897494 6516320 3136539 6126645 7995598 8321306 3938283 3676126 9059233
  . . . . . .
 861474 9682632 7586936 9204269 5842736 8852571 5014760 5428557 8784506 3721231
7511978 9227886  518117  582050  282151 6992782 7389281 8965840 7607158 7340237
 118447  605283 9166937 9710499 7144718 2453735  956859 7797468 2760846 2753808

After A.sort() :
      0       1       2       3       4       5       6       7       8       9
     10      11      12      13      14      15      16      17      18      19
     20      21      22      23      24      25      26      27      28      29
  . . . . . .
9999970 9999971 9999972 9999973 9999974 9999975 9999976 9999977 9999978 9999979
9999980 9999981 9999982 9999983 9999984 9999985 9999986 9999987 9999988 9999989
9999990 9999991 9999992 9999993 9999994 9999995 9999996 9999997 9999998 9999999
total elapsed time to sort 10000000 integers : 609.3978881835938 [milli-sec]
```

실습 12.3 NumPy의 normal(mu, sigma, size) 함수를 사용하여 정규분포 (normal distribution)의 난수를10000개 생성하여 ndarrayG저장하라. 이 배열 G에 포함된 배열

원소들의 통계 분석을 위하여 유니버설 함수인 mean(), var(), std()를 사용하고, 그 결과를 normal() 함수의 난수배열 생성에서 사용한 mu과 sigma의 값과 어떤 관계가 있는지 확인하라.

(실행 결과 예시)

```
mu and sigma(in float): 0.0 3.0
size of array : 10000
mu = 0.0, sigma = 3.0
Sample of G = np.random.normal(0.0, 3.0, 10000) =
  -0.25   -5.80    0.54   -8.62    1.75    1.49   -2.07   -4.32    3.64   -0.77
  -2.96   -2.75   -0.01   -0.58   -1.24   -5.64   -2.96    2.18   -1.86    0.28
   0.05   -8.22    2.53    0.35    4.62   -8.01   -1.21   -1.22   -1.19    1.99
    . . . . . .
  -1.24   -0.82    5.70   -4.19   -2.19   -1.30    1.42    0.28    1.79   -1.24
   4.32   -0.33   -1.70   -2.93   -4.38    1.69   -1.20   -4.14    1.25   -2.27
  -0.14   -1.13    1.40   -5.19    0.36    1.60    2.95   -4.78   -1.95   -0.39
mean of G =  0.0038243740303382325
var of G =  9.175296027158913
std of G =  3.029075110848015

mu and sigma(in float): 10.0 5.0
size of array : 100000
mu = 10.0, sigma = 5.0
Sample of G = np.random.normal(10.0, 5.0, 100000) =
   9.80    5.54    2.40   13.44   12.35   13.34   14.39   11.55   14.69    6.00
   9.81   13.73    2.65   21.89    5.35    8.47    3.01   14.33    8.88   15.17
   8.71   10.72   14.00   19.58    3.90    5.15   14.19   15.11    8.69   19.69
    . . . . . .
   4.57   13.53    8.16   13.20   21.56    3.39   15.09    6.57    7.86   11.75
   1.48    9.34    7.93   10.10    4.61   12.05   11.16   15.97   -0.08   10.37
   9.65   10.82   -7.00   13.66   14.15   17.85    8.23   13.58   11.36   17.63
mean of G =  10.004056512923496
var of G =  24.94104174510298
std of G =  4.994100694329559
```

실습 12.4 텍스트 파일에 7×7 개수의 정수들을 저장하고, 이 데이터들을 loadtxt() 함수를 사용하여 입력 받아 2차원 ndarrayA를 생성하고, 선형대수 관련 유니버설 함수인 inv()를 사용하여 역행렬A_inv를 생성하라. 다음으로 matmul() 함수를 사용하여 행렬 곱셈 E = A×A_inv을 계산하고 출력하라.

(실행 결과 예시)

```
A =
 [[1. 2. 3. 4. 5. 6. 7.]
 [9. 8. 7. 6. 5. 4. 3.]
 [3. 7. 5. 1. 0. 1. 2.]
 [4. 1. 0. 2. 8. 3. 7.]
 [9. 7. 3. 2. 1. 6. 5.]
 [7. 5. 3. 1. 2. 4. 6.]
 [1. 3. 5. 7. 9. 8. 7.]]
A_det =  25380.00000000005
A_inv =
 [[-0.08380615  0.08877069 -0.15957447 -0.04255319 -0.06382979  0.21631206
  -0.00591017]
 [ 0.1356974  -0.06052009  0.29787234  0.21276596  0.31914894 -0.58156028
  -0.13711584]
 [-0.4644208  -0.03416076 -0.11702128 -0.29787234 -0.44680851  0.84751773
   0.40307329]
 [ 0.99030733  0.36146572 -0.0212766   0.12765957  0.19148936 -0.81560284
  -0.70449173]
 [-0.53246651 -0.12663515  0.04255319  0.07801418 -0.04964539  0.18676123
   0.37194641]
 [-0.52395587 -0.22450749 -0.08510638 -0.15602837  0.09929078  0.29314421
   0.47832939]
 [ 0.5786446   0.09558708  0.04255319  0.07801418 -0.04964539 -0.1465721
  -0.40583136]]
E= np.matmul(A, A_inv) =
 [[ 1.00000000e+00 -1.11022302e-16 -1.11022302e-16 -3.33066907e-16
  -1.11022302e-16  2.22044605e-16  4.44089210e-16]
 [ 0.00000000e+00  1.00000000e+00  0.00000000e+00  1.11022302e-16
  -5.55111512e-17  3.33066907e-16  0.00000000e+00]
 [ 0.00000000e+00 -5.55111512e-17  1.00000000e+00 -2.77555756e-17
   8.32667268e-17 -5.55111512e-17 -4.44089210e-16]
 [ 8.88178420e-16  0.00000000e+00 -2.22044605e-16  1.00000000e+00
  -1.66533454e-16  2.22044605e-16 -8.88178420e-16]
 [ 4.44089210e-16 -1.66533454e-16 -1.94289029e-16  2.22044605e-16
   1.00000000e+00  1.11022302e-16  0.00000000e+00]
 [ 0.00000000e+00 -1.11022302e-16 -4.44089210e-16  3.33066907e-16
  -1.11022302e-16  1.00000000e+00 -4.44089210e-16]
 [ 0.00000000e+00  3.33066907e-16  1.66533454e-16  0.00000000e+00
   1.66533454e-16 -8.88178420e-16  1.00000000e+00]]
```

실습 12.5 NumPy 패키지에 포함된 libspace() 함수를 사용하여 -10 ~+10 구간에서 100개의 등 간격 값을 가지의 원소들을 배열 X에 포함시켜라. 그리고 배열 X의 각 원소들에 대하여 $y(x) = x^2 - 2x + 3$의 공식에 따라 y 값을 계산하고, 이 y값에 random.normal(0, 10.0)으로 생성된 난수 값을 더하여, 배열 Y의 원소값으로 설정하라. 이렇게 준비된 배열 X와 배열 Y를 NumPy의 linalg 모듈의 lstsq() 함수를 사용하여 최소 자승 오차 방정식을 구하고, 그 계수들을 출력하라.

(실행 결과 예시)

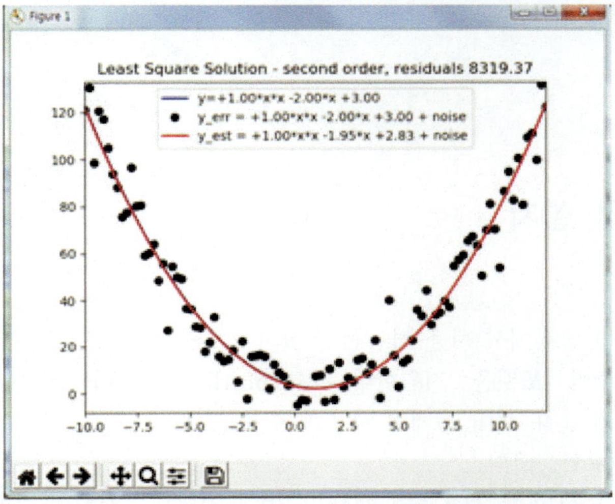

13장 파이썬 확장 패키지 (2) - Matplotlib, SciPy,

학습목표

- Matplotlib 기능 및 활용에 대한 이해
- SciPy 기능 및 활용에 대한 이해

개요

13.1 Matplotlib 개요 및 설치

13.1.1 Matplotlib 개요

Matplolib 모듈은 문서 및 서적 출판에서 사용 가능한 품질의 2차원 그래프 및 도형 출력 라이브러리이며 전문 인쇄용 출력 포맷을 지원한다. Matplotlib는 파이썬 스크립트, IPython 쉘, Jupyter 노트북, 웹 응용 서버 등에서 사용할 수 있으며, 다수의 그래픽 사용자 접속 툴킷 (tool kit)에서 사용가능하다.

파이썬 프로그래밍과 함께 Matplotlib를 사용하면 계산 및 연산 결과들을 2차원 평면상에 그래프로 표시할 수 있어 시각적으로 쉽게 이해할 수 있게 한다. 특히 주어진 데이터에 대한 통계 분석 결과나 최소 오차의 근사방정식 등을 데이터와 함께 표시함으로써 이해를 돕고, 구현된 알고리즘에 따라 어떤 차이가 나는가를 쉽게 이해할 수 있게 한다.

Matplotlib의 pyplot 모듈에서 지원하는 그래프의 종류는 표 13.1에서 설명하는 함수를 사용하여 선, 막대, 돗수 분포, 산포도 그래프와 3차원 와이어 프레임, 곡면 및 등고선 그래프 등을 출력할 수 있다.

표 13.1 Matplotlib.pyplot의 그래프 종류

Matplotlib.pyplot 함수	설명
plot()	선 그래프
bar()	막대그래프
hist()	돗수 분포 그래프 및 분포도 계산
scatter()	2차원 및 3차원 산포도 그래프
plot_wireframe()	3차원 와이어 프레임 그래프
plot_surface()	3차원 곡면 그래프
contour()	3차원 등고선 그래프

13.1.2 Matplotlib 설치

다른 파이썬 모듈들과 마찬가지로 Matplotlib 모듈도 파이썬 패키지 관리자인 pip를 사용하여 설치한다. 우선 pip를 최신 버전으로 업그레이드하기 위하여 그림 13.1에서 보는 것과 같이 윈도우의 cmd 명령창에서 “>python -m pip install —upgrade pip” 명령을 사용하여야 한다. 다음으로 Matplotlib를 설치하기 위하여 “>python -m pip install —upgrade matplotlib”를 실행한다.

```
C:\Users\Administrator>python -m pip install --upgrade pip
Requirement already up-to-date: pip in c:\users\administrator\appdata\local\programs\python\python37-32\li

C:\Users\Administrator>python -m pip install --upgrade matplotlib
Collecting matplotlib
  Downloading https://files.pythonhosted.org/packages/3f/16/4500e22ea8d11f4946bd902695d0113f82a0aaca45f352
in32.whl (8.7MB)
    100% |████████████████████████████████| 8.7MB 290kB/s
Collecting pyparsing!=2.0.4,!=2.1.2,!=2.1.6,>=2.0.1 (from matplotlib)
  Downloading https://files.pythonhosted.org/packages/71/e8/6777f6624681c8b9701a8a0a5654f3eb56919a01a78e12
any.whl (59kB)
    100% |████████████████████████████████| 61kB 232kB/s
Collecting kiwisolver>=1.0.1 (from matplotlib)
  Downloading https://files.pythonhosted.org/packages/63/95/6e03c1e40776851eda7af2e9b014bcf510e3205033c33b
n32.whl (44kB)
    100% |████████████████████████████████| 51kB 595kB/s
Requirement already satisfied, skipping upgrade: numpy>=1.10.0 in c:\users\administrator\appdata\local\pro
from matplotlib) (1.15.3)
Collecting python-dateutil>=2.1 (from matplotlib)
  Downloading https://files.pythonhosted.org/packages/74/68/d87d9b36af36f44254a8d512cbfc48369103a3b9e474be
-none-any.whl (225kB)
    100% |████████████████████████████████| 235kB 398kB/s
Collecting cycler>=0.10 (from matplotlib)
  Downloading https://files.pythonhosted.org/packages/f7/d2/e07d3ebb2bd7af696440ce7e754c59dd546ffe1bbe732c
y.whl
Requirement already satisfied, skipping upgrade: setuptools in c:\users\administrator\appdata\local\progra
m kiwisolver>=1.0.1->matplotlib) (40.6.2)
Collecting six>=1.5 (from python-dateutil>=2.1->matplotlib)
  Downloading https://files.pythonhosted.org/packages/73/fb/00a976f728d0d1fecfe898238ce23f502a721c0ac0ecfe
hl
Installing collected packages: pyparsing, kiwisolver, six, python-dateutil, cycler, matplotlib
Successfully installed cycler-0.10.0 kiwisolver-1.0.1 matplotlib-3.0.2 pyparsing-2.3.0 python-dateutil-2.7

C:\Users\Administrator>
```

그림 13.1 pip upgrade 및 matplotlib 설치

13.1.3 Matplolib의 기본 함수 및 인수

(1) 기본 그래프 작성

Matplotlib 모듈의 plot() 함수에 1차원 배열 Y를 전달하여 그래프를 그리면 X축에 x = 0~len(Y)-1의 좌표값에 따라 Y[x]의 값을 선으로 연결하는 그래프를 그릴 수 있다. plot() 함수에는 표 13.2에서 보는 것과 같이 인수로 전달되는 내용에 따라 다양하게 직선 그래프를 그릴 수 있다.

표 13.2 Matplotlib.pyplot plot() 함수

Matplotlib. pyplot 함수	설명
plot()	plot(y) : 배열 y와 x=[0, 1, ..., len(y)-1], 기본 선 스타일, 기본 색상
	plot(x, y) : 배열 x, y, 기본 선 스타일, 기본 색상
	plot(y, fmt) : 배열 y와 x=[0, 1, ..., len(y)-1], 포맷 문자열 fmt
	plot(x, y, fmt) : 배열 x, y, 포맷 문자열 fmt
	plot(x1, y1, fmt1, x2, y2, fmt2, ...) : (배열 x1, y1, 포맷 문자열

Matplotlib. pyplot 함수	설명
	fmt1), (배열 x2, y2, 포맷 문자열 fmt2), ...

그림 13.1에서 기본 그래프를 작성하는 예를 보여 준다. Line 4에서는 matplotlib.pyplot 모듈을 import 시켜 Matplotlib 함수를 사용할 수 있도록 준비한다. Line 6~7에서 1차원 배열 X와 Y를 계산하여 준비하며, line 9에서 plot(Y) 함수를 사용하여 1차원 배열 Y에 대한 그래프를 그리도록 한다. Line 11~12에서는 title() 함수를 사용하여 그래프의 제목을 표시하며, grid() 함수를 사용하여 그래프에 그리드 표시가 되도록 한다. Line 13에서 show() 함수를 사용하여 그래프가 화면에 표시되도록 한다. 그림 13.2에 그래프의 작성 및 표현 결과를 보여준다.

Line 10에서 보여주는 plot(X, Y)를 실행하도록 하면 그림 13.2 (b)에서 보는 것과 같이 X축의 값이 인수로 전달된 1차원 배열 X의 값을 표시하게 된다.

```
 1 :  # matplotlib - basic plot
 2 :
 3 :  import numpy as np
 4 :  import matplotlib.pyplot as plt
 5 :
 6 :  X = np.arange(-10, 11)
 7 :  Y = X**2
 8 :
 9 :  plt.plot(Y)
10 :  #plt.plot(X, Y)
11 :  plt.title("Simple Plot")
12 :  plt.grid(True)
13 :  plt.show()
```

그림 13.1 Matplotlib의 기본 그래프 작성 예

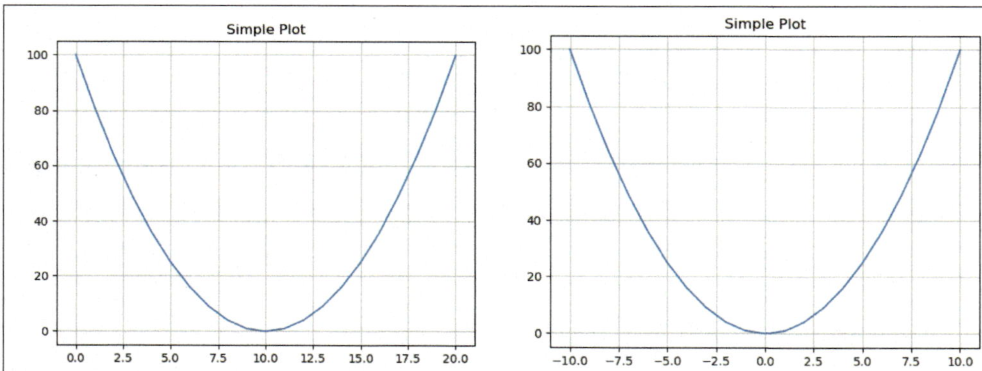

(a) plot(Y) (b) plot(X, Y)

그림 13.2 Matplotlib의 기본 그래프 작성 결과

(2) 그래프의 마커 및 색상 지정

그림 13.1에서 보여준 그래프 작성 프로그램에서는 그래프 상에 마커나 색상을 사용하지 않았으나 그래프 상에 마커와 그래프의 색상을 추가함으로써 좀 더 복잡한 그래프를 쉽게

이해할 수 있도록 한다. Matplotlib의 그래프 작성에서 표 13.3에서 열거하는 다양한 마커를 사용할 수 있다. 가장 기본적인 마커 모양으로 원, 삼각형, 8각형, 4각형, 5각형, 별표, +, x, 마름모 (다이아몬드), 작은 마름모, 수직선, 수평선 등을 지정할 수 있다.

Matplotlib의 그래프 작성에서는 표 13.4에서 설명하는 색상 단축 문자를 사용하여 색상을 설정할 수 있다. 기본적인 색상으로 청색 (blue), 흑색(black), 녹색(green), 적색(red), cyan, magenta, 황색 (yellow) 및 백색(white)을 단축 문자로 설정할 수 있다.

표 13.3 Matplotlib의 주요 마커

marker	설명	marker	설명
'o'	circle	'+'	plus
'v', '^', '<', '>'	triangle_down, up, left, right	'x'	x
'8'	octagon	'D'	diamond
's'	square	'd'	thin_diamond
'p'	pentagon	'|'	vertical line (vline)
'*'	star (asterisk)	'_'	horizontal line (hline)

표 13.4 Matplotlib의 색상 단축 문자

색상 단축 문자	설명	색상 단축 문자	설명
'b'	blue	'k'	black
'g'	green	'm'	magenta
'r'	red	'y'	yellow
'c'	cyan	'w'	white

(3) 그래프의 추가 속성 설정

Matplotlib의 그래프 작성에서 추가적인 정보를 설정할 수 있으며 표 13.4에서 설명하는 키워드를 사용하여 투명도, 애니메이션, 색상, 채우기 스타일, 레이블, 선 스타일, 선 두께, 마커, 마커 색상, 마커 크기 등의 다양한 속성을 추가적으로 설정할 수 있다.

표 13.5 Matplotlib.pyplot.plot() 함수의 키워드 인수 kwargs

Line2D의 속성	설명
alpha	투명도 값 (실수): 0.0(투명)~1.0(불투명)
animated	True, False
color	색상 (표 13.4 참조)
fillstyle	채우기 스타일: 'full', 'left', 'right', bottom', 'top', 'none'
label	레이블
linestyle	선스타일: 'solid', 'dashed', 'dashdot', 'dotted', '-', '--', '-.', ':', 'None', '',
linewidth	선뚜께
marker	마커
markeredgecolor	마커 색상
markersize	마커 크기

그림 13.3의 line 9에서는 plot(X, Y, "b-", X, Y, "ro") 함수를 사용하여 푸른색 실선

에 붉은색 원형 마커를 그리도록 한다. 추가된 그래프 속성이 포함된 그래프는 그림 13.4에서 확인할 수 있다.

```
# matplotlib - basic plot

import numpy as np
import matplotlib.pyplot as plt

X = np.arange(-10, 11)
Y = X**2

plt.plot(X, Y, "b-", X, Y, "ro") # blue solid line, red circle marker
plt.title("Simple Plot")
plt.grid(True)
plt.show()
```

그림 13.3 그래프에 마커와 선스타일을 지정

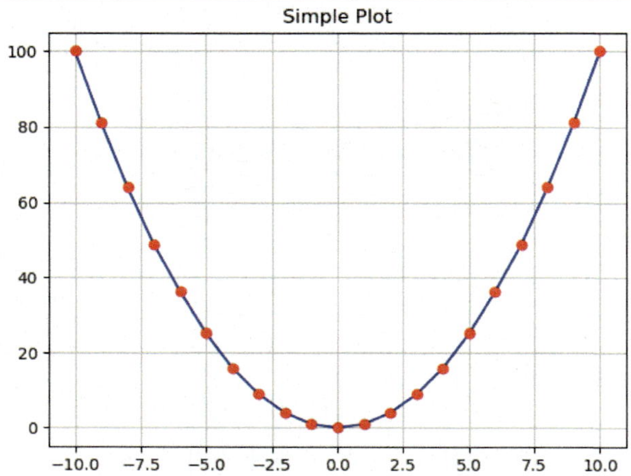

그림 13.4 그래프에 마커와 선스타일을 지정 실행 결과

(4) X, Y축 레이블 및 legend 설정

그림 13.5에서는 그래프의 X, Y축 레이블 및 legend 설정 기능이 추가된 예를 보여준다. Line 9에서 label 키워드를 사용하여 "y=x**2"를 설정한다. Line 11~13에서 xlabel() 및 ylabel() 함수를 사용하여 지정된 레이블을 설정하게 하며, legend() 함수를 사용하여 그래프에서 사용된 범례를 loc = "best"로 설정하여 가장 적절한 위치에 표시되도록 한다.

그림 13.6에서 X, Y축 레이블 및 범례 설정이 추가된 결과를 보여준다.

```
# matplotlib - basic plot

import numpy as np
import matplotlib.pyplot as plt

X = np.arange(-10, 11)
Y = X**2 #np.array([25, 16, 9 ])

plt.plot(X, Y, "b-", X, Y, "ro", label="y=x**2")

plt.xlabel("X")
plt.ylabel("Y")
plt.legend(loc="best")
plt.title("Simple Plot")
plt.grid(True)
plt.show()
```

그림 13.5 X, Y축 레이블 및 범례 설정

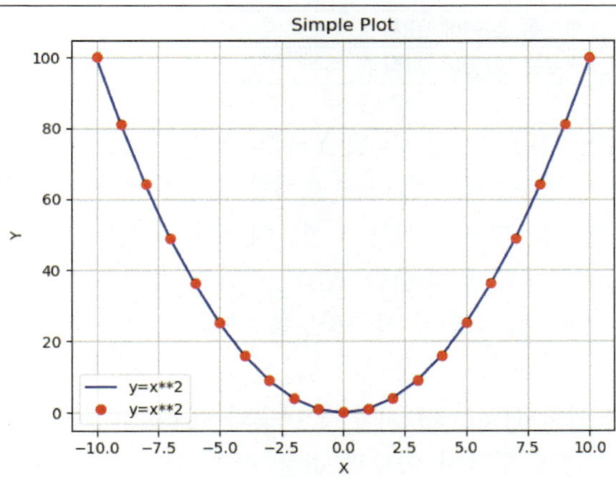

그림 13.6 X, Y축 레이블 및 범례 설정 결과

13.1.3 그래프 속성 설정 - figure(), subplot(), bar(), scatter(), plot()

Matplotlib의 pyplot 모듈에서는 표 13.6에서 설명하고 있는 함수들을 사용하여 그래프 속성을 설정할 수 있다. figure() 함수는 도형의 번호 지정, 가로 세로의 인치 단위 도형 크기, 도형 해상도 (resolution), 배경색, 테두리색, 테두리 표시, 도형 클래스 등을 세부적으로 설정할 수 있다. subplot() 함수에서는 하나의 도형내에 다수의 서브 도형들이 포함될 때 서브 도형들의 배치를 지정하도록 nrows, ncols, index를 3자리 수로 지정할 수 있다.

표 13.6 Matplotlib의 pyplot 모듈의 그래프 속성 설정 함수

그래프 속성 설정	설명
figure()	figure(num=None, figsize=None, dpi=None, facecolor=None, edgecolor=None, frameon=True, FigureClass=<class 'matplotlib.figure.Figure'>, clear=False, **kwargs) num : 도형/그래프 번호 지정, num이 설정되어 있지 않으면 새로운

그래프 속성 설정	설명
	도형/그래프 생성 figsize : 인치 단위의 가로, 세로 크기; 지정되지 않으면 기본 값으로 (6.4, 4.8) 크기 사용 dpi : resolution of figure facecolor : 배경색; edgecolor : border color (테두리 색) frameon : 그래프의 테두리 표시 FigureClass : Figure의 서브 클래스이며, 사용자 지정 Figure 인스탄스 지정 clear : 만약 True로 설정되어 있고, 이전에 도형이 그려져 있으면 지움
subplot(*args, **kwargs)	*args에 3자리수 정수 또는 3개의 분리된 정수를 사용하여 subplot의 위치 (nrows, ncols, index)를 지정
axis(x_min, x_max, y_min, y_max)	그래프의 X 좌표축 및 Y 좌표축 범위 지정
grid()	그래프의 가로, 세로 그리드 표시 설정
title()	그래프의 제목 설정
suptitle()	다수의 서브 플롯 들이 포함되어 있는 경우, 전체 제목 설정
xlabel()	X축 레이블 설정
ylabel()	Y축 레이블 설정
show()	그래프를 화면에 표시
savefig()	그래프를 파일에 저장

axis() 함수는 도형이 그려질 때 X축 및 Y축의 최솟값과 최댓값을 지정할 수 있게 한다. grid() 함수는 그래프의 가로, 세로 그리드 표시를 설정하며, title() 함수는 도형의 제목을 설정하고, suptitle() 함수는 다수의 서브 도형들이 포함되어 있는 도형의 전체 제목을 설정할 수 있게 한다. xlabel()와 ylabel() 함수는 각각 X축과 Y축의 레이블을 설정한다. show() 함수는 도형/그래프를 화면에 표시하도록 하며, savefig()는 도형/그래프를 파일에 저장하도록 한다.

그림 13.7은 하나의 삽화 (figure) 내부에 다수의 subplot들이 포함되는 예를 보여준다. Line 5~6에서 각각 그래프 항목의 이름과 값을 리스트로 준비하고, line 8에서 figure() 함수를 사용하여 삽화의 크기를 6×6인치로 설정한다. Line 10, 13, 16, 19에서는 subplot() 함수를 사용하여 nrows=2, ncols=2로 설정하며, 각각 인덱스값을 1~4로 설정하여 2×2 격자 구조로 배치하도록 한다. Line 11, 14, 17, 20에서는 각각 bar(), scatter(), plot(), plot() 함수를 사용하여 막대 그래프, 점 그래프, 선 그래프를 그릴 수 있도록 설정한다.

```
1 :  # Matplotlib: figure(), subplot(), bar(), scatter(), plot()
2 :
3 :  import matplotlib.pyplot as plt
4 :
5 :  names = ['group_a', 'group_b', 'group_c']
6 :  values = [1, 10, 100]
```

그림 13.7 막대그래프, 점, 직선 그래프 예제 (part 1)

Line 22에서는 suptitle() 함수를 사용하여 삽화 전체에 대한 제목을 설정하도록 하고, line 23에서 show() 함수를 사용하여 화면에 표시되도록 한다. 그림 13.7 프로그램 예제를 사용하여 그려진 삽화의 모습은 그림 13.8에서 보는 것과 같다.

```
plt.figure(figsize=(6, 6)) # figure size 6 x 6 inches

plt.subplot(221)# nrows, ncols, index
plt.bar(names, values)

plt.subplot(222) # nrows, ncols, index
plt.scatter(names, values)

plt.subplot(223) # nrows, ncols, index
plt.plot(names, values)

plt.subplot(224) # nrows, ncols, index
plt.plot(names, values, "b-", names, values, "ro")

plt.suptitle('Categorical Plotting: Bar(), Scatter(), Plot()')
plt.show()
```

그림 13.7 막대그래프, 점, 직선 그래프 예제 (part 2)

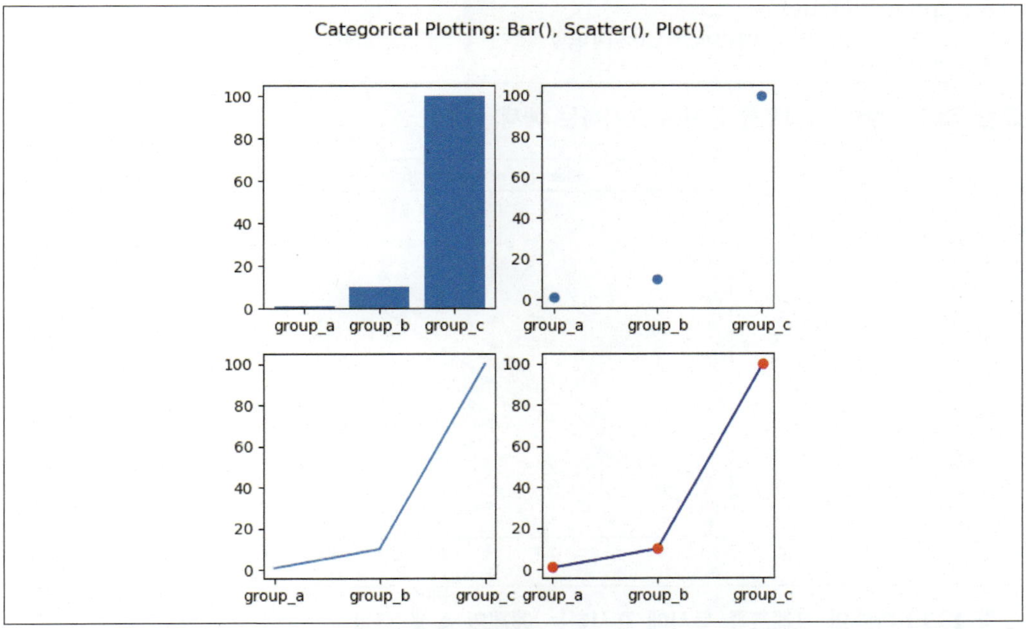

그림 13.8 막대그래프, 점, 직선 그래프 실행 결과

13.2 Matplotlib의 활용

13.2.1 다수의 선형 그래프를 동시에 표현

그림 13.9는 다수의 선형 그래프를 동시에 표현하는 방법을 보여준다. Line 6에서는 0~4의 값을 가지는 X축의 값의 배열을 arange() 함수를 사용하여 생성하며, line 7~9에서는 Yi = X*2 + Ci 연산을 사용하여 3개의 Y축 데이터를 생성한다. Line 10~12에서는

plot() 함수를 사용하여 선형 그래프를 각각 그리며, 각 그래프에는 선 색상과 마커 모양 및 색상을 다르게 설정하여 쉽게 구분할 수 있게 한다.

```
1 :  # matplotlib - linear
2 :
3 :  import numpy as np
4 :  import matplotlib.pyplot as plt
5 :
6 :  X = np.arange(5)
7 :  Y1 = X*2 + 1.0 #np.array([1, 3, 5, 7, 9])
8 :  Y2 = X*2 + 1.5 #np.array([1.5, 3.5, 5.5, 7.5, 9.5])
9 :  Y3 = X*2 + 2.0 #np.array([2, 4, 6, 8, 10])
10 : plt.plot(X, Y1, "b-", X, Y1, "bo") # blue line, blue circle marker
11 : plt.plot(X, Y2, "r--", X, Y2, "rD") # red dash, red diamond marker
12 : plt.plot(X, Y3, "m-.", X, Y3, "ms")
        # magenta dotted dash, magenta square marker
13 :
14 : plt.xlabel("X")
15 : plt.ylabel("Y1, Y2, Y3")
16 : plt.title("Example of matplotlib")
17 : plt.grid(True)
18 : #plt.savefig("matplot_13_09.png")
19 : plt.show()
```

그림 13.9 다수의 그래프를 동시에 표시하는 예제

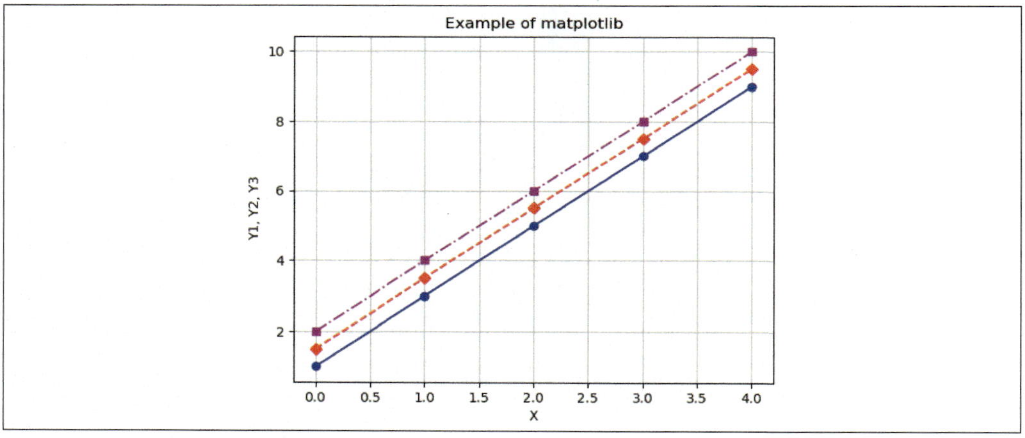

그림 13.10 다수의 그래프를 동시에 표시하는 예제의 실행 결과

Line 14~15에서는 xlabel() 및 ylabel() 함수를 사용하여 X축과 Y축의 레이블을 표시하며, line 16에서 title() 함수를 사용하여 제목을 설정한다. Line 17에서는 grid(True) 함수를 사용하여 그래프의 가로, 세로 눈금선이 표시되도록 한다.

그림 13.10에서 볼 수 있는 것과 같이 3개의 선형 그래프가 동일한 좌표축 상에 그려지며, 서로 다른 선 색상과 마커 모양 및 색상을 다르게 표현하여 각 선형 그래프의 변화를 쉽게 파악할 수 있게 하고 있다.

13.2.2 2차 방정식 그래프

그림 13.11은 2차 방정식 그래프를 표현하는 예제를 보여준다. Line 6에서는 X축 기준 값을 linspace(start= −1, stop= 1, num= 51) 함수를 사용하여 -1~+1 사이 구간을 50개의 등분으로 나누고 각 등분 기준 값을 원소로 하는 1차원 배열 x를 생성한다. Line 7에서는 y = x**2 함수를 사용하여 Y축 값을 계산하여 1차원 배열 y를 생성한다.

```
1 :  # matplotlib - square
2 :
3 :  import numpy as np
4 :  import matplotlib.pyplot as plt
5 :
6 :  x = np.linspace(start = -1, stop = 1, num = 51)
7 :  y = x**2
8 :  plt.plot(x, y, "b-", x, y, "ro") # blue solid line, red circle marker
9 :  plt.axis([-1, 1, 0, 1]) # xmin = -1, xmax = 1, ymin = 0, ymax = 1
10 :
11 :  plt.xlabel("x")
12 :  plt.ylabel("y")
13 :  plt.title("Example of matplotlib - y = x**2")
14 :  plt.grid(True)
15 :  #plt.savefig("matplot_002_square.png")
16 :  plt.show()
```

그림 13.11 이차 방정식 그래프

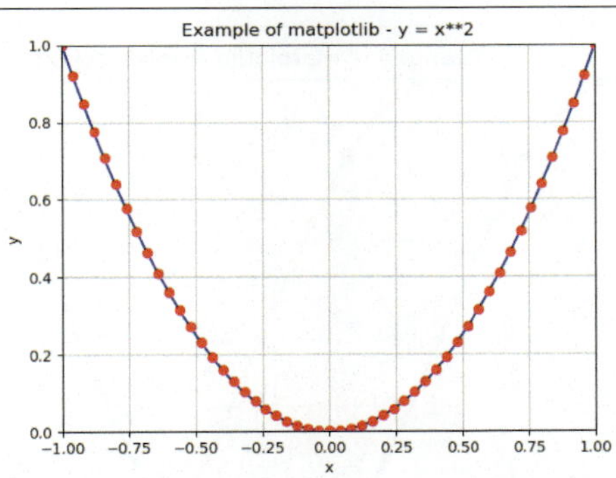

그림 13.12 이차 방정식 그래프 실행 결과

Line 8에서는 plot() 함수를 사용하여 푸른색 실선의 선형 그래프를 그리도록 하고, 붉은색 원형 마커를 표시하도록 한다. Line 9에서는 axis() 함수를 사용하여 그래프의 X축 및 Y축의 좌표값의 최댓값 및 최솟값을 각각 설정한다.

Line 11~14에서는 X축 및 Y축 레이블을 표시하고, 제목을 설정하며, 눈금선 (grid)를 표시하도록 한다. Line16의 show() 함수에서 화면에 표시하도록 한 그래프는 그림 13.12에서 보는 모습이 된다.

13.2.3 sine 및 cosine 그래프

그림 13.13은 삼각함수의 sine 및 cosine 그래프를 Matplotlib로 그리는 예제 프로그램

을 보여준다. Line 6에서는 linspace() 함수를 사용하여 0~2.0 * PI 구간을 40등분하여 각 구간 기준값을 원소로 하는 1차원 배열 x를 생성한다. Line 7에서는 sin() 및 cos() 함수를 사용하여 배열 x의 각 원소값에 대한 sine 및 cosine 값을 계산하고 1차원 배열 sin_x 및 cos_x을 생성한다.

```
 1 :  # matplotlib - sin(x), cos(x)
 2 :
 3 :  import numpy as np
 4 :  import matplotlib.pyplot as plt
 5 :
 6 :  x = np.linspace(0, 2*np.pi, num=41)
 7 :  sin_x, cos_x = np.sin(x), np.cos(x)
 8 :  plt.plot(x, sin_x, "k--", x, sin_x, "ro", label="sin(x)")
 9 :  plt.plot(x, cos_x, "b-", x, cos_x, "b*", label="cos(x)")
10 :
11 :  xmin, xmax, ymin, ymax = x[0], x[-1], -1, 1
12 :  plt.axis([xmin, xmax, ymin, ymax])
13 :  plt.xlabel("x(radian)")
14 :  plt.ylabel("sin(x), cos(x)")
15 :  plt.title("Example of matplotlib - sin(x), cos(x)")
16 :  plt.grid(True)
17 :  plt.legend(loc="best")
18 :  #plt.savefig("matplot_003_sin_cos.png")
19 :  plt.show()
```

그림 13.13 삼각함수 sin 및 cos 그래프 그리기

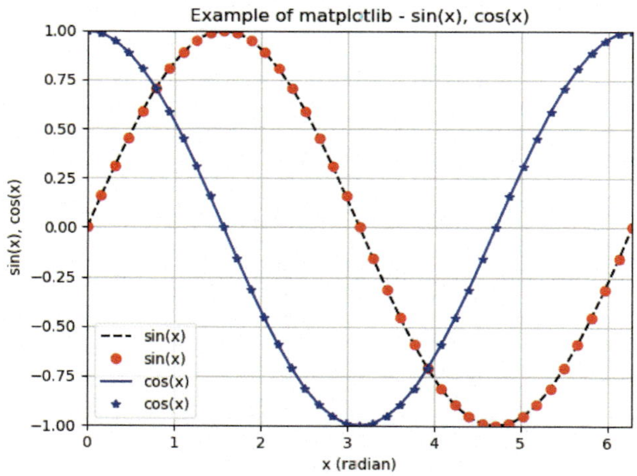

그림 13.14 삼각함수 sin 및 cos 그래프 그리기 실행 결과

Line 8~9에서는 plot() 함수를 사용하여 sin_x 및 cos_x의 그래프를 x 기준값에 따라 그리도록 하고, 각 그래프의 직선 색상과 마커 색상을 다르게 설정하며, label을 설정한다. Line 11~12에서는 X축의 최솟값 및 최댓값을 각각 x[0] 및 x[−1]로 설정하고, Y축의 최솟값 및 최댓값을 각각 -1과 1이 되도록 설정한다. Line 13~14에서는 X축과 Y축의 레이블을 설정하며, line 15에서는 제목을 설정한다.

Line 16에서는 grid(True)로 눈금선이 표시되도록 하며, line 17에서 legend(loc= "best")로 설정하여 가장 적절한 곳에 범례 (legend)가 표시되도록 한다. Line 19에서 show() 함수를 사용하여 화면에 표시되는 그래프는 그림 13.14에서 보는 것과 같은 모습이 된다.

13.2.4 정규분포 그래프

통계 분석에서 많이 볼 수 있는 정규분포 (normal Gaussian distribution)를 이해할 때 평균값 (mean)과 표준편차(standard deviation) 값을 달리하면서 그래프를 그려보면 평균과 표준편차가 어떤 영향을 주게 되는지 쉽게 이해할 수 있게 된다. 그림 13.15는 정규분포 그래프를 동일한 평균값에 대하여 표준편차값을 달리하면서 비교하도록 하는 프로그램 예제를 보여준다.

```
 1 : # matplotlib - Normal, Gaussian Distribution
 2 :
 3 : import numpy as np
 4 : import matplotlib.pyplot as plt
 5 :
 6 : def gauss(mu, sigma, x):
 7 :     y = 1.0/(sigma*np.sqrt(2*np.pi))*np.exp(-((x - mu)**2)/(2*sigma**2))
 8 :     return y
 9 :
10 : mu, sigma = 0, 2
11 : x = np.linspace(-4*sigma, 4*sigma, num=101)
12 : y1 = gauss(mu, sigma, x)
13 : plt.plot(x, y1, color="red", label="sigma=2")
14 :
15 : mu, sigma = 0, 1
16 : y2 = gauss(mu, sigma, x)
17 : plt.plot(x, y2, color="green", label="sigma=1")
18 :
19 : mu, sigma = 0, 0.5
20 : y3 = gauss(mu, sigma, x)
21 : plt.plot(x, y3, color="blue", label="sigma=0.5")
22 :
23 : plt.title("Normal Distribution - sigma 0.5, 1, 2")
24 :
25 : plt.legend(loc="best")
26 : plt.grid(True)
27 : #plt.savefig("matplot_GaussDist.png")
28 : plt.show()
```

그림 13.15 정규 분포 (Gauss Distribution) 그래프 그리기

Line 6~8에서는 정규분포 공식에 따라 지정된 평균값, 표준편차에 대하여 주어진 x값에 대한 y값을 계산하여 반환하는 함수 gauss()를 선언한다. Line 10~13에서는 평균 0, 표준 편차 2에 대하여 정규분포 그래프를 그리도록 한다. Line 11에서 X축의 기준 값을 -8~+8의 구간을 100 등분하며, 각 구간 기준 값을 원소로 하는 1차원 배열 x를 생성하고, line 12~13에서는 배열 x의 각 원소에 해당하는 정규분포 값을 함수 gauss()를 사용하여 계산하고, 그 결과들을 1차원 배열 y1에 저장한 후, plot() 함수를 사용하여 선형 그래프를 그린다. Line 13에서는 선형 그래프의 label에 표준편차인 sigma값을 표시하게 하여 표준편차별로 그래프를 쉽게 구분할 수 있게 한다. Line 15~17과 line 19~21에서도 같은 요령으로 평균, 표준편차를 각각 (0, 1), (0, 0.5)의 값으로 설정한 정규 분포 그래프를 그리도록 한다.

그림 13.15에서 그린 정규분포 그래프는 그림 13.16에서 보는 결과를 가진다.

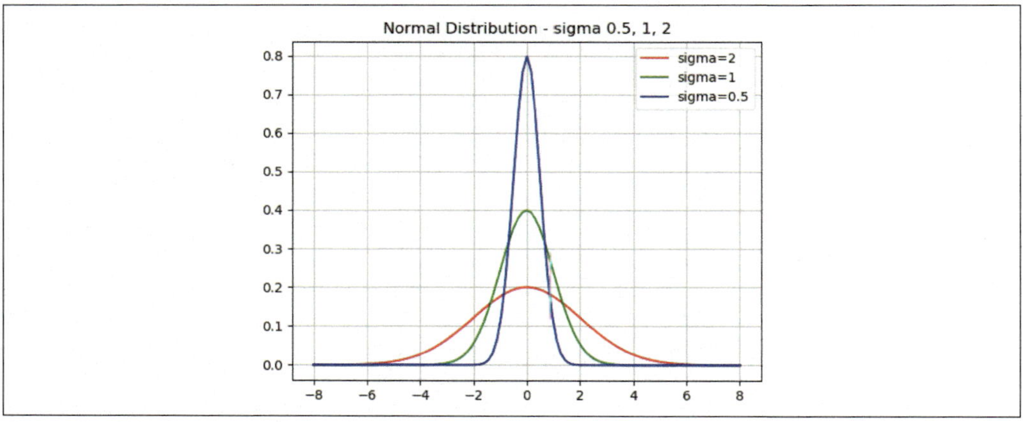

그림 13.16 정규 분포 (Gauss Distribution) 그래프 그리기 결과

13.2.5 Least square solution 예제 – linalg.lstsq()

데이터의 통계 분석 방법으로 주어진 데이터들이 어떤 직선이나 곡선에 근접하고 있는지를 확인하는 방법으로 최소 자승법 (least square method)이 있다. 즉 주어진 데이터들을 f(x)=ax + b와 같은 공식의 직선으로 모델링하거나 f(x) = ax^2 + bx + c와 같은 2차 방정식 (또는 포물선)으로 모델링하는 것이 좋은지 판단하기 위하여, 주어진 데이터 (xi, yi)와 모델 공식 f(x)의 해당 위치값 간의 오차 (residual) ri = yi – f(xi)가 최소화될 수 있는 모델 공식의 파라메터들을 찾아내는 것이 중요하다. 최소 자승법에서는 각 위치에서의 오차 (residual)의 제곱의 합 ($\sum_{i=1}^{n} r_i^2 = \sum_{i=1}^{n} (y_i - f(x_i)^2)$)이 최소화될 수 있는 파라메터 (a, b, c)를 결정한다는 것이다. 12장에서 설명한 NumPy에서는 lstsq() 유니버설 함수를 사용하여 최소 자승법 해를 쉽게 찾을 수 있다.

(1) 근사 1차 선형 방정식 산출

그림 13.17은 lstsq() 함수를 사용하여 최소 자승법으로 1차원 방정식의 해를 찾고, 주어진 데이터와 최소 자승법으로 파악된 직선을 그래프로 표시하여 비교하는 예제를 보여준다. Line 6에서는 −10~+10 범위를 100개의 등 간격으로 구분하여 각 구간별 기준 위치를 원소로 하는 1차원 배열 X를 생성한다. Line 7~8에서는 1차방정식 (직선)의 기울기 (slop)와 Y축 편차 (offset)를 설정하며, 이 직선 방정식에 배열 X의 값을 대입하여 산출되는 값으로 1차원 배열 Y를 생성한다.

Line 9에서는 인위적으로 오류를 포함한 모의 실험 데이터를 생성하기 위하여 random.normal() 함수를 사용하여 정규분포를 갖는 오차를 배열 X의 원소 개수만큼 생성하여 배열 noise를 만들고, line 10에서 배열 Y에 noise가 더해진 배열 Y_noise을 생성한다. Line 11에서는 vstack() 함수를 사용하여 배열 X의 각 원소 x_i와 1.0을 각각 가지는 2차원 배열 [[x_0, 1], [x_1, 1], ... , [x_{n-1}, 1]]을 구성한 후, transpose 기능 (T)을 사용하여 n×2 크기의 계수행렬 A를 생성한다.

```
 1: # Least square solution - linear
 2:
 3: import numpy as np
 4: import matplotlib.pyplot as plt
 5:
 6: X = np.linspace(-10.0, 10.0, num=101)
 7: slop, offset = 2, -5
 8: B = slop*X + offset
 9: noise = np.random.normal(0, 10.0, X.size) # preparation of noise
10: B_noise = B + noise # B with noise
11: A = np.vstack([X, np.ones(len(X))]).T
12: #print("X = ", X)
13: #print("B = ", B)
14: #print("A = \n", A)
15:
16: p, residuals, r, s = np.linalg.lstsq(A, B_noise, rcond=None)
17: slop_est, offset_est = p # estimated slop and offset
18: B_est =  slop_est * X + offset_est
19:
20: plt.plot(X, B, "b-", label="y={:+.2f}x {:+.2f}".format(slop, offset))
21: plt.plot(X, B_noise, "ko", label="b_noise = {:+.2f}x {:+.2f} + noise".format(slop,
  offset))
22: plt.plot(X, B_est, "r-", label="b_est = {:+.2f}x {:+.2f}".format(slop_est, offset_est))
23:
24: plt.title("Least Square Solution - residuals {:.2f}".format(residuals[0]))
25: plt.legend(loc="best")
26: plt.show()
```

그림 13.17 lstsq()를 사용한 최소 자승법 (least square method) 선형 방정식 산출 예제

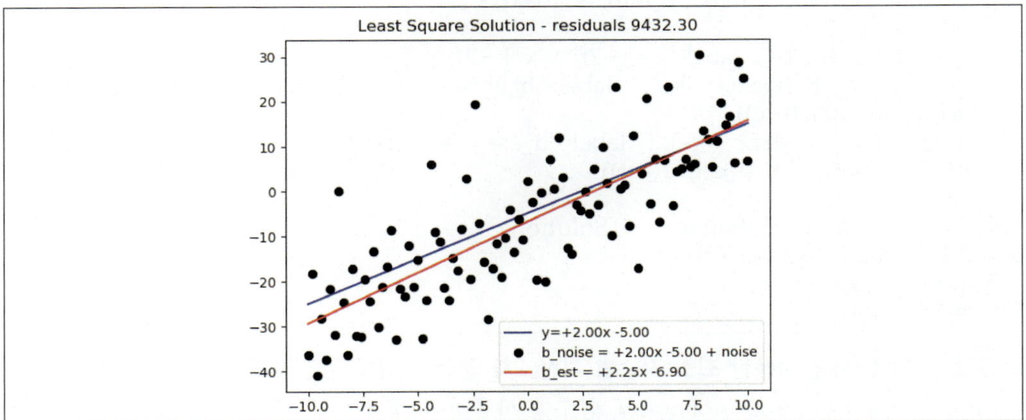

그림 13.18 lstsq()를 사용한 최소 자승법 (least square method) 선형 방정식 산출 결과

Line 16~17에서 linalg.lstsq() 함수를 사용하여 근사 직선방정식 $y = m \cdot x + c$의

기울기 m (slop_est)과 y축 편차 c (offset_est)를 산출한다. Line 18에서는 linalg.lstsq() 함수를 사용하여 산출한 근사 직선 방정식으로 계산된 값들을 원소로 하는 1차원 배열 B_est를 생성한다.

Line 20~22에서는 3개의 그래프 (X, B), (X, B_noise), (X, B_est)를 하나의 삽화(figure)내에 표현하며, 각 그래프의 색상을 다르게 설정하여 쉽게 비교할 수 있게 한다. 그림 13.18에 출력된 결과를 볼 수 있다.

(2) 근사 2차 선형 방정식 산출

그림 13.19는 NumPy의 lstsq() 함수를 사용하여 최소 자승법을 기반으로 한 2차 선형 방정식을 산출하는 예제를 보여준다. Line 6에서 −10~+12 범위를 등간격으로 100개 구간으로 나눈 후 각 구간의 기준 값을 원소로 하는 1차원 배열 X를 생성한다. Line 7~8에서는 2차방정식을 설정하고, 이 2차방정식에 1차원 배열 X의 각 원소를 대입하여 산출되는 값을 원소로 하는 배열 B를 생성한다.

```
 1: # Least square solution - 2nd order
 2:
 3: import numpy as np
 4: import matplotlib.pyplot as plt
 5:
 6: X = np.linspace(-10.0, 12.0, num=101)
 7: a, b, c = 1, -2, 3
 8: B = a*X*X + b*X + c
 9: noise = np.random.normal(0, 10.0, X.size) # preparation of noise
10: B_noise = B + noise # Y with noise
11: A = np.vstack([X*X, X, np.ones(len(X))]).T
12:
13: p, residuals, r, s = np.linalg.lstsq(A, B_noise, rcond=None)
14: a_est, b_est, c_est = p # estimated slop and offset
15: B_est =  a_est*X*X + b_est*X + c_est
16: x_min, x_max = X[0], X[-1]
17: y_min, y_max = np.amin(B_noise), np.amax(B_noise)
18: plt.axis([x_min, x_max, y_min, y_max])
19:
20: plt.plot(X, B, "b-", label="y={:+.2f}*x*x {:+.2f}*x {:+.2f}".format(a, b, c))
21: plt.plot(X, B_noise, "ko", label="b_noise = {:+.2f}*x*x {:+.2f}*x {:+.2f} +
  noise".format(a, b, c))
22: plt.plot(X, B_est, "r-", label="b_est = {:+.2f}*x*x {:+.2f}*x {:+.2f} +
  noise".format(a_est, b_est, c_est))
23:
24: plt.title("Least Square Solution - second order, residuals
  {:.2f}".format(residuals[0]))
25: plt.legend(loc="best")
26: plt.show()
```

그림 13.19 lstsq()를 사용한 최소 자승법 기반 2차 선형 방정식 산출 예제

Line 9에서는 random.normal() 함수를 사용하여 배열 X의 개수 만큼에 해당하는 잡음(noise)를 평균 0, 표준 편차 10.0의 정규 분포로 생성하고, 이를 배열 noise에 저장한다.

Line 10에서는 배열 B의 원소에 배열 noise의 원소를 더하여 새로운 배열 B_noise를 생성한다. Line 11에서는 vstack() 함수를 사용하여 배열 X의 각 원소 x_i와 1.0을 각각 가지는 2차원 배열 $[[x_0^2, x_0, 1], [x_1^2, x_1, 1], \ldots, [x_{n-1}^2, x_{n-1}, 1]]$을 구성한 후, transpose 기능 (T)을 사용하여 n×3 크기의 계수행렬 A를 생성한다. 그림 13.17에서의 계수 행렬은 n×2 크기였는데 그림 13.18에서는 n×3으로 변경되어 있는 점에 주의하여야 한다.

Line 13~14에서는 linalg.lstsq() 함수를 사용하여 근사직선포물선 방정식 $y = ax^2 + bx + c$의 계수 a_est, b_est, c_est를 산출한다. Line 15에서는 linalg.lstsq() 함수를 사용하여 산출한 근사 직선 방정식으로 계산된 값들을 원소로 하는 1차원 배열 B_est를 생성한다. 그림 13.19 line 16~18에서는 그래프를 그릴 삽화의 크기를 지정하기 위하여 배열 X의 최솟값과 최댓값, B_noise의 최솟값과 최댓값을 각각 xmin, xmax, ymin, ymax로 설정한 후, axis() 함수를 사용하여 그래프의 좌표 영역을 설정한다. Line 20 ~22에서는 B, B_noise, B_est에 대한 값을 plot() 함수를 사용하여 범례와 함께 그래프로 표시하며, 그림 13.20에서 보는 것과 같은 내용을 화면에 출력한다.

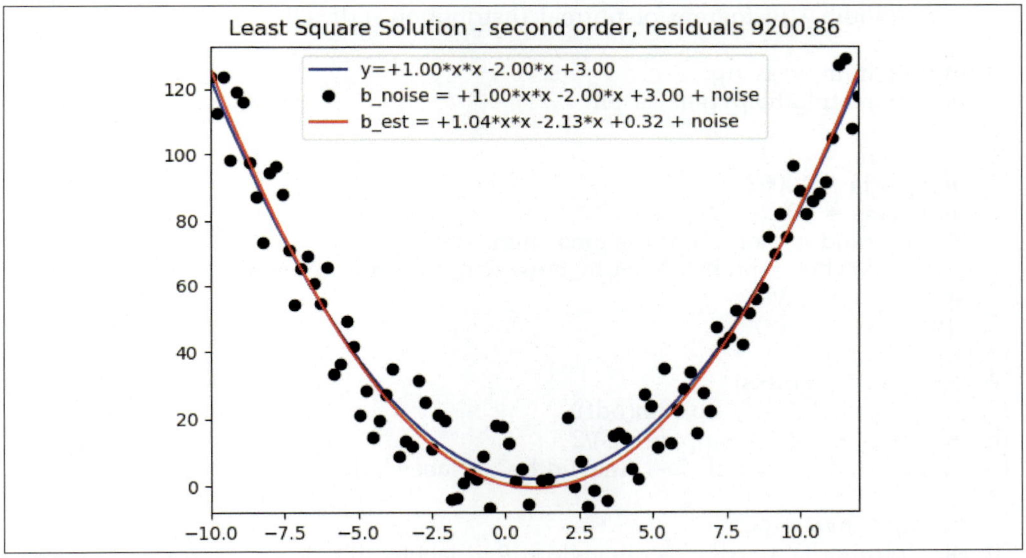

그림 13.20 lstsq()를 사용한 최소 자승법 (least square method) 2차 선형 방정식 산출 결과

13.2.6 히스토그램 (막대그래프)

데이터 통계분석에서 발생빈도를 확률로 계산하고, 이 확률의 분포도와 누적분포도를 분석하는 기능을 많이 활용한다. 그림 13.21은 정규 분포로 생성된 난수들의 발생확률분포도와 누적분포도를 그래프로 표현하는 예제 프로그램을 보여준다. Line 6~8에서는 평균 0.0, 표준편차 1.0, 데이터 개수 10000, 데이터분석 구간수 (num_bins) 50으로 설정하고, line 9에서 정규분포를 가지는 원소를 10000개 난수로 생성하여 배열 X에 저장한다.

Line 10에서는 hist() 함수를 사용하여 각 구간별 값을 녹색 막대그래프로 표시하며, 확률분포도 정보를 반환 받는다. hist() 함수로 부터 반환된 ys는 각 분석 구간의 발생확률 값이며, 주어진 배열 X의 원소들을 num_bins +1개의 구간으로 나누어 발생된 확률분포 값을 의미하고, 반환된 xs는 num_bins +1개로 구분된 각 구간의 기준값을 의미한다.

Line 14~15에서 각 구간별 확률분포 값을 각 구간의 간격으로 곱하면 해당 구간의 확률 밀도함수 (pdf, probability density function)를 구할 수 있고, 이를 모두 합산하여 출력하면 1.0이 된다. 즉, 모든 구간에서의 발생확률의 총 합은 1.0이 되어 정상적으로 발생 확률이 계산된 것을 확인할 수 있다. Line 16~17에서는 num_bins의 각 구간별 중심 값을 x좌표로 설정하고, y값을 pdf로 설정한 "pdf" 그래프를 폭 2.0의 청색 선그래프로 표시한다.

Line 19~20에서는 cumsum() 함수를 사용하여 확률분포 (pdf)를 누적시켜 누적확률분포 (cdf, cumulative density function)를 생성한 후 붉은색 점선 그래프로 표시되게 한다. Line 22~30에서는 그래프의 X축 및 Y축 범위를 지정하고, X축 및 Y축의 레이블을 표시하며, 그래프에서 사용된 범례 (legend)를 표시하게 하여 그림 13.22와 같은 그래프가 표시되도록 한다.

```
 1: # matplotlib - histogram of normal distribution, pdf, cdf
 2:
 3: import numpy as np
 4: import matplotlib.pyplot as plt
 5:
 6: mu, sigma = 0, 1
 7: num_data = 10000
 8: num_bins = 50
 9: X = np.random.normal(mu, sigma, num_data)
10: ys, xs, patches = plt.hist(X, num_bins, density=True, color='g', label='histogram')
11: #print("ys = ", ys)
12: #print("xs = ", xs)
13:
14: pdf = ys*np.diff(xs)
15: print("sum_pdf = ", np.sum(pdf))
16: middle_x = xs[:-1] + np.diff(xs)/2
17: plt.plot(middle_x, pdf, 'b-', linewidth=2.0, label='pdf')
18:
19: cdf=np.cumsum(pdf)
20: plt.plot(middle_x, cdf, 'r--', linewidth=2.5, label='cdf')
21:
22: xmin, xmax = np.amin(X), np.amax(X)
23: plt.xlim(xmin, xmax)
24: plt.xlabel('x')
25: plt.ylabel('Probability(x)')
26: plt.title("Histogram of NormalDistribution({}, {})".format(mu, sigma))
27: plt.grid(True)
28: plt.legend(loc='best')
29: #plt.savefig("Histo_NormalDist.png")
30: plt.show()
```

그림 13.21 정규분포의 히스토그램, 분포도, 누적 분포도 계산 및 그래프 작성

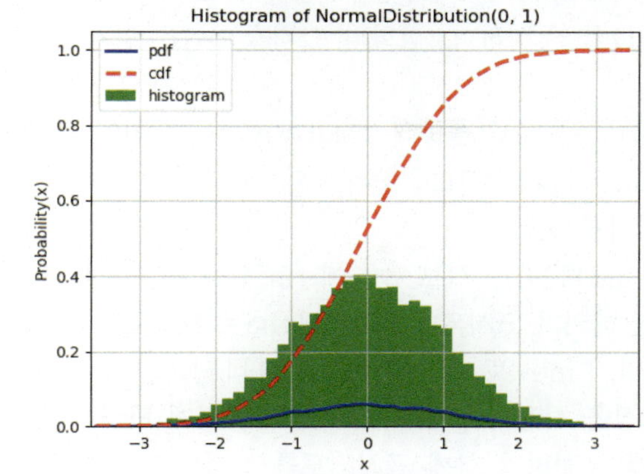

그림 13.22 정규분포의 히스토그램, 분포도, 누적 분포도 계산 및 그래프 작성 결과

13.2.7 2차원 데이터의 산포도 (scatter) 그리기

2차원 데이터가 어떻게 분포되어 있는지 그래프로 표현하는 것은 Matplotlib의 scatter() 함수를 사용하여 쉽게 표현할 수 있다. 그림 13.23은 scatter를 사용한 2차원 데이터의 산포도를 그리는 예제를 보여준다. Line 6~8에서는 random.normal() 함수를 사용하여 평균 0, 표준편차 1의 정규분포 데이터 100개의 x좌표와 평균 10, 표준편차 2의 정규분포 데이터 100개의 y좌표를 각각 생성한다.

```
1: # matplotlib - histogram of normal distribution, pdf, cdf
2:
3: import numpy as np
4: import matplotlib.pyplot as plt
5:
6: N = 100
7: x = np.random.normal(0, 1, N)
8: y = np.random.normal(10, 2, N)
9:
10: fig, ax = plt.subplots(2, 2)
11: plt.rc('figure', figsize=(6, 6))
12: fig.suptitle("Scatter diagram")
13:
14: ax[0][0].plot(x, y, "o")
15: ax[0][1].scatter(x, y, color='b', s=10, marker='+')
16:
17: colors = np.random.rand(N)
18: ax[1][0].scatter(x, y, c=colors, s=10, marker="o", alpha=.4)
19:
20: size1 = np.random.randint(1, 100, size=N)
21: ax[1][1].scatter(x, y, c=colors, s=size1, marker="o", alpha=.4)
22:
23: plt.show()
```

그림 13.23 2차원 데이터의 산포도 그리기 예제

Line 10~12에서는 subplot() 함수를 사용하여 2×2 격자 구조의 서브 플롯 4개(ax[0][0]~ax[1][1])를 구성하며, 삽화의 크기를 6×6 인치 크기로 설정하고, 삽화의 제목을 설정한다.

Line 14에서는 ax[0][0] 서브 플롯의 x좌표와 y좌표 위치에 원 (circle)을 표시하도록 하며, line 15에서는 ax[0][1] 서브 플롯의 x좌표와 y좌표 위치에 크기 10의 '+' 모양의 청색 마커가 표시되게 한다.

Line 17~18에서는 ax[1][0] 서브 플롯에 rand() 함수를 사용하여 설정한 색상을 사용하여 크기 10의 원형 마커가 표시되게 하며, alpha=.4는 겹치는 마커들의 투명도를 조절하여 함께 표시되게 한다. Line 20~21에서는 ax[1][1] 서브 플롯에 rand() 함수를 사용하여 설정한 크기와 색상을 사용하여 원형 마커가 표시되게 하며, alpha=.4로 설정하여 겹치는 마커들의 투명도를 조절하여 함께 표시되도록 한다.

위 프로그램으로 작성된 2차원 데이터의 산포도 그래프는 그림 13.24에서 확인할 수 있다.

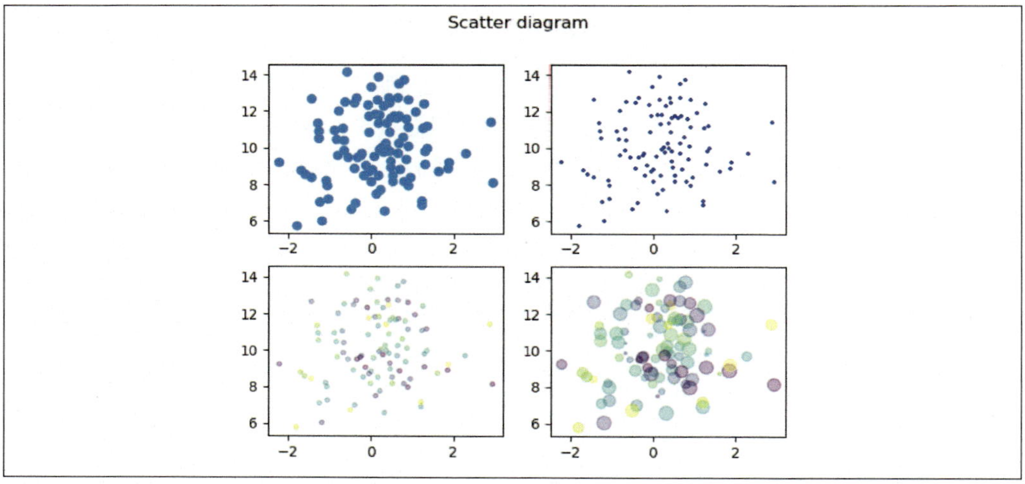

그림 13.24 2차원 데이터의 산포도 그리기 예제 실행 결과

13.2.8 막대그래프와 pie 차트

파이썬 확장 패키지인 Matplotlib의 bar() 함수를 사용하면 막대그래프를 쉽게 생성할 수 있으며, pie() 함수를 사용하면 파이차트를 쉽게 생성할 수 있다. 막대그래프는 시각적으로 상대적인 비교를 쉽게 할 수 있게 하며, 파이 차트는 각 구성요소가 전체 항목에서 얼마나 많은 양를 차지하는가를 시각적으로 쉽게 파악할 수 있는 장점을 제공하여 준다. 따라서 막대그래프나 파이 차트를 용도에 맞게 잘 사용하면 시각적으로 좋은 정보 전달 능력을 제공하게 된다.

그림 13.25는 Matplotlib의 bar() 함수를 사용하여 막대그래프를 작성하는 예를 보여준다. Line 4~5에서 막대그래프의 각 항목 별 데이터와 레이블을 정리하며, 이 예는 다양한 에너지원으로부터 얼마나 많은 에너지를 생산하는가를 비교하여 분석할 수 있는 자료를 사용한다. Line 7에서는 막대그래프의 x축 항목들을 리스트로 구성하며, line 8에서 bar() 함

수를 사용하여 지정된 항목 (energy)에 대한 막대그래프를 지정된 색상으로 표시한다. Line 9~10에서는 가로축 및 세로축의 제목을 표시하며, line 11에서 전체 그래프의 제목을 표시하고, line 12에서 가로축의 각 막대 그래프 항목별로 레이블을 표시하도록 한다. 그림 13.25로 생성된 막대그래프는 그림 13.27 (a)에서 확인할 수 있다.

```
 1 :  # Bar chart with Matplotlib
 2 :  import matplotlib.pyplot as plt
 3 :
 4 :  energy = [5, 6, 15, 22, 24, 8]
 5 :  x = ['Nuclear', 'Hydro', 'Gas', 'Oil', 'Coal', 'Biofuel']
 6 :
 7 :  x_pos = [i for i, _ in enumerate(x)]
 8 :  plt.bar(x_pos, energy, color=('r', 'g', 'b', 'm', 'c', 'k'))
 9 :  plt.xlabel("Energy Source")
10 :  plt.ylabel("Energy Output (GJ)")
11 :  plt.title("Energy output from various fuel sources")
12 :  plt.xticks(x_pos, x)
13 :  plt.show()
```

그림 13.25 막대그래프 소스코드

```
1 :  # Pie chart with Matplolib
2 :  import matplotlib.pyplot as plt
3 :
4 :  energy = [5, 6, 15, 22, 24, 8]
5 :  x = ['Nuclear', 'Hydro', 'Gas', 'Oil', 'Coal', 'Biofuel']
6 :
7 :  plt.title("Energy output from various fuel sources")
8 :  plt.pie(energy, labels=x)
9 :  plt.show()
```

그림 13.26 파이차트 소스코드

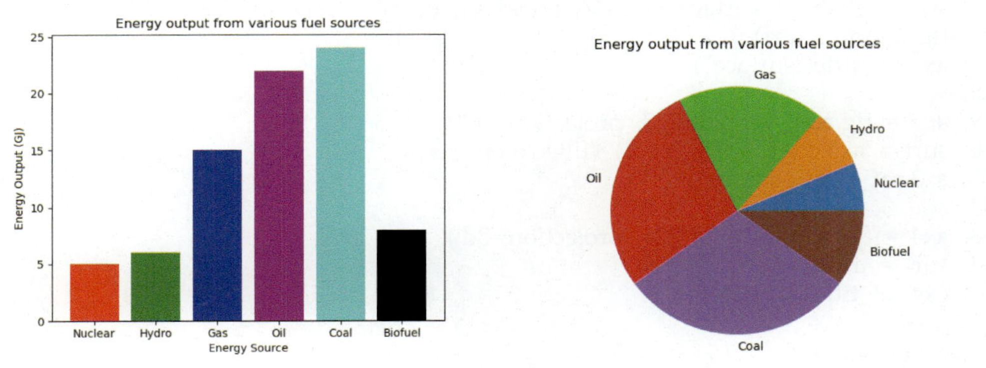

(a) 막대그래프 (b) 파이차트

그림 13.27 막대그래프와 파이차트 결과

그림 13.26은 그림 13.25에서 사용하였던 데이터를 사용하여 파이차트를 생성하는 예를 보여준다. Line 3~4는 그림 13.25의 line 4~5와 동일한 데이터를 사용하고 있다. Line

7에서는 파이차트의 제목을 표시하며, line 8에서 주어진 energy 데이터와 레이블을 사용하여 파이차트를 생성한다. 생성된 파이차트는 그림 13.27 (b)에서 확인할 수 있다.

13.2.9 3차원 그래프

분석대상 데이터가 3차원일 경우 3차원 그래프로 표현하여 시각적으로 쉽게 이해할 수 있게 하는 것이 필요하다. Matplotlib의 mpl_toolkits.mplot3d 모듈을 사용하면 3차원 그래프를 쉽게 구현할 수 있다. 그림 13.28은 3차원 그래프를 출력하는 예제를 보여준다.

```
 1: # matplotlib - 3D graphic
 2:
 3: import numpy as np
 4: import matplotlib.pyplot as plt
 5:
 6: from matplotlib import clmap
 7: from mpl_toolkits.mplot3d import Axes3D
 8: fig = plt.figure(figsize=(8, 8))
 9: fig.suptitle("$f(x,y) = x^2+y^2$", color='b', fontsize=20)
10:
11: x = np.linspace(-5, 5, 7)
12: y = np.linspace(-5, 5, 7)
13: X, Y = np.meshgrid(x, y)
14: Z = X**2 + Y**2
15:
16: print("X = ", X)
17: print("Y = ", Y)
18: print("Z = \n", Z)
19:
20: ax1 = fig.add_subplot(221, projection='3d')
21: surf = ax1.plot_wireframe(X, Y, Z)
22: ax1.set_title("wireframe")
23:
24: ax2 = fig.add_subplot(222, projection='3d')
25: surf = ax2.plot_surface(X, Y, Z, rstride=1, cstride=1, cmap=clmap.RdPu)
26: fig.colorbar(surf)
27: ax2.set_title("surface")
28:
29: ax3 = fig.add_subplot(223, projection='3d')
30: surf = ax3.contourf(X, Y, Z) #filled contours
31: ax3.set_title("contour")
32:
33: ax4 = fig.add_subplot(224, projection='3d')
34: surf = ax4.scatter(X, Y, Z)
35: ax4.set_title("scatter")
36:
37: plt.grid(True)
38: #plt.savefig("matplot_3D graphic.png", bbox_inches='tight')
39: plt.show()
```

그림 13.28 3차원 그래프 출력 예제

Line 6~7에서 matplotlib로 부터 clmap (color map)을 설치하며, mpl_toolkits.mplot3d로 부터 Axes3D를 설치한다.

Line 8~9에서는 삽화의 크기와 제목을 설정한다. Line 11~14에서는 −5~+5 범위를 7개의 등간격 구간으로 나눈 값을 원소로 하는 1차원 배열 x와 y를 생성하며, meshgrid() 함수를 사용하여 2차원 배열 X와 Y를 생성하고, 각 배열의 원소를 제곱하여 덧셈한 결과를 원소로 하는 2차원 배열 Z를 생성한다. Line 16~18에서 출력하여 2차원 배열 X, Y, Z의 내용을 확인할 수 있다.

Line 19~21에서는 삽화 fig에 2×2 격자 구조를 추가하며, 1 (0, 0)위치에 projection='3d'로 설정된 서브플롯 ax1을 추가하고, plot_wireframe() 함수를 사용하여 2차원 배열 X, Y, Z의 값에 대한 와이어 프레임 형태의 3차원 그래프를 출력한다.

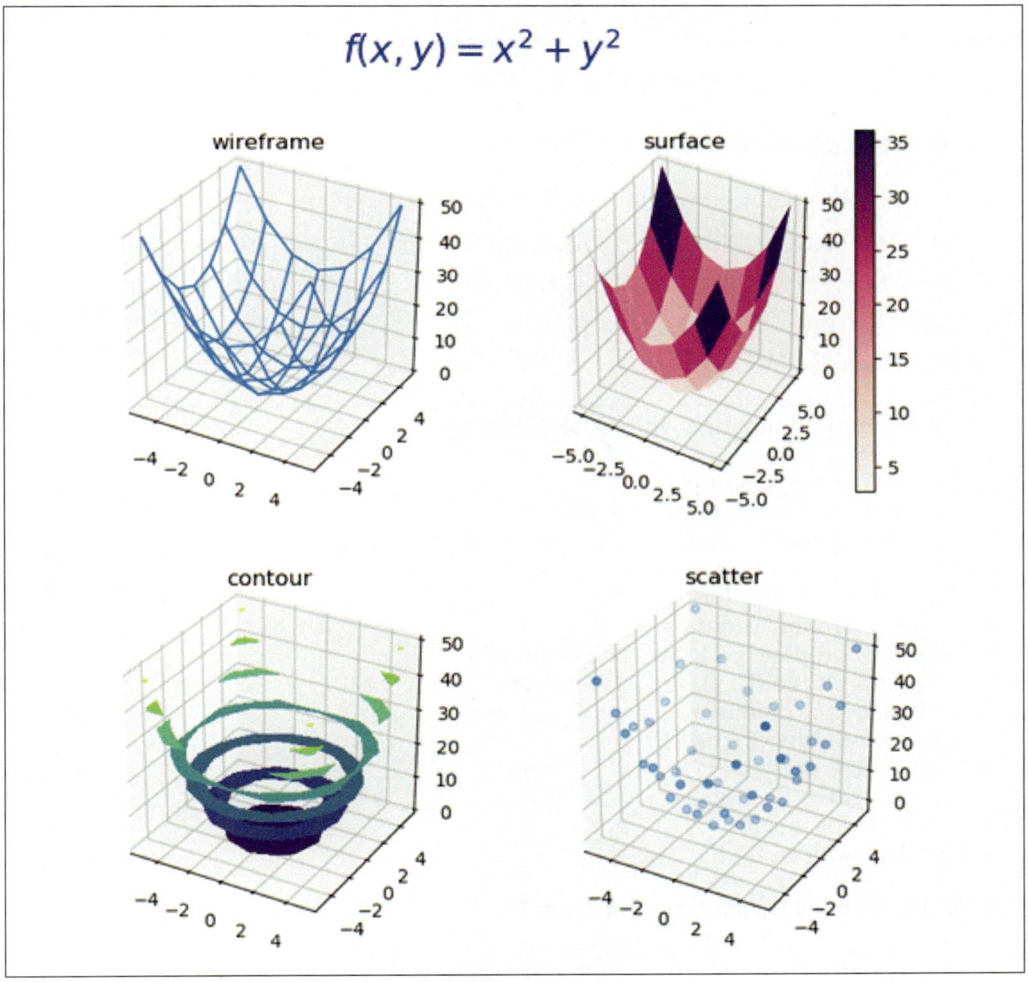

그림 13.29 3차원 그래프 출력 예제 실행 결과

Line 23~26에서는 삽화 fig의 2 (0, 1) 위치에 서브플롯 ax2을 추가하고, plot_surface() 함수를 사용하여 표면형 3차원 그래프를 출력한다. 표면의 색상은 컬러 맵을 사용하도록 설정하며, fig 삽화내의 표면형 3차원 그래프에 컬러 바가 추가 표시되도록 한다.

Line 28~30에서는 삽화 fig의 3 (1, 0) 위치에 서브플롯 ax3을 추가하고, contour() 함수를 사용하여 등고선형 3차원 그래프를 출력한다. Line 32~24에서는 삽화 fig의 4 (1, 1) 위치에 서브플롯 ax4를 추가하고, scatter() 함수를 사용하여 산포도 형식의 그래프를 출력하도록 한다.

그림 13.28에서 출력시킨 삽화는 그림 13.26에서 보는 것과 같은 모습이 된다. 그림 13.29의 좌측 상단은 wireframe의 형태로 3차원 그래프를 그린 것이며, 각 좌표 점을 선으로 연결하여 3개의축에 따른 변화 추세를 파악할 수 있게 한다. 우측 상단의 surface 그래프는 각 좌표점을 연결하는 선들이 구성하는 면을 색상의 변화로 표현하여 입체감이 잘 표현되도록 한다. Contour 그래프는 동일한 세로축 값의 좌표들을 등고선으로 표현하며, scatter 그래프는 각 좌표를 점으로 표현하여 분산된 상태를 파악할 수 있게 한다.

13.2.10 Matplotlib.animation

Matplotlib 패키지의 animation 모듈은 간단한 애니메이션을 구현할 수 있는 메소드를 제공한다. 그림 13.30은 Matplotlib의 animation 모듈의 FuncAnimation을 사용하여 간단한 애니메이션을 구현한 예를 보여준다. Line 4에서는 Matplotlib 패키지의 pyplot 모듈을 설치하며, line 5에서는 Matplotlib 패키지의 animation 서브패키지로부터 FuncAnimation을 import시킨다.

```
 1 :  # Example animation with Matplotlib.animation
 2 :
 3 :  import numpy as np
 4 :  import matplotlib.pyplot as plt
 5 :  from matplotlib.animation import FuncAnimation
 6 :
 7 :  fig, ax = plt.subplots()
 8 :  xdata, y1data, y2data = [], [], []
 9 :  ln_1, = plt.plot([], [], 'ro', label="sin(x)")
10 :  ln_2, = plt.plot([], [], 'bd', label="cos(x)")
11 :  plt.xlabel("x(radian)")
12 :  plt.ylabel("sin(x), cos(x)")
13 :  plt.grid(True)
14 :  start, end = 0, 4*np.pi
15 :  num_steps = 256
16 :  plt.legend(loc="best")
```

그림 13.30 Matplotlib.animation 예제 (part 1)

Line 7에서는 서브플롯을 생성하여 ax에 저장하며, line 8에서는 xdata, y1data와 y2data를 각각 리스트로 생성한다. Line 9에서는 PyPlot 모듈의 plot() 메소드를 사용하여 애니메이션에 사용되는 Line2D 객체 ln_1과 ln_2를 설정한다. 이 플롯의 마커는 "ro" 및 "bd"로 설정되어 붉은색 원과 푸른색 마름모로 표시되며, 레이블은 "sin(x)" 및 "cos(x)"로 설정된다. Line 10~11에서는 X축 및 Y축의 제목을 각각 "x(radian)", "sin(x), cos(x)"로 표시하며, line 13에서는 X축 및 Y축의 좌표를 눈금선으로 표시하도록 한다. Line 14에서는 시작 시점과 끝 시점을 각각 설정하며, line 15에서 시작 지점과 끝 지점간에 총 256개의 구간을 정의한다. Line 15는 legend() 함수를 사용하여 범례 위치를 설정한다. 범례위치를 best로 설정하는 것은 가장 적절한 위치에 범례를 표시하도록 하는 것이다.

Line 17~20의 init() 함수는 애니메이션이 표시되는 그래프 플롯의 X축 및 Y축의 최솟값과 최댓값을 설정한다. Line 22~28의 update() 함수는 xn을 전달받아 xdata에 추가하고, sin(xn)과 cos(xn)을 계산하여 각각 y1data와 y2data에 추가한 후, Line2D 객체인 ln_1, ln_2의 데이터로 설정하여 변화된 부분이 애니메이션으로 나타나게 한다.

```
17 :  def init():
18 :      ax.set_xlim(start, end)
19 :      ax.set_ylim(-1.2, 1.2)
20 :      return ln_1, ln_2
21 :
22 :  def update(xn):
23 :      xdata.append(xn)
24 :      y1data.append(np.sin(xn))
25 :      y2data.append(np.cos(xn))
26 :      ln_1.set_data(xdata, y1data)
27 :      ln_2.set_data(xdata, y2data)
28 :      return ln_1, ln_2
29 :
30 :  ani = FuncAnimation(fig, update, frames=np.linspace(start, end, num_steps),
31 :                      init_func=init, blit=True)
32 :  plt.show()
```

그림 13.30 Matplotlib.animation 예제 (part 2)

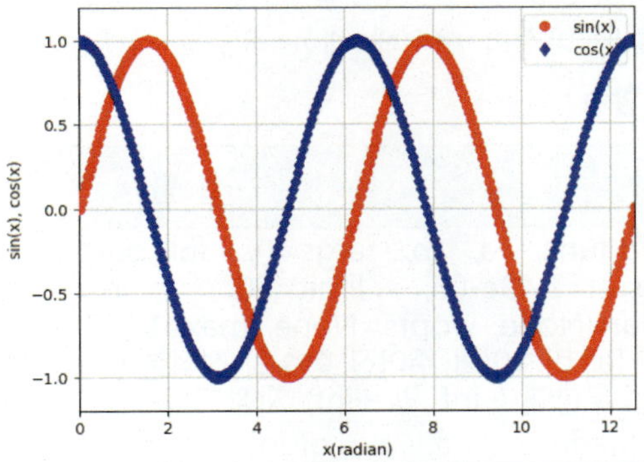

그림 13.31 Matplotlib.animation 예제 실행 결과

그림 13.30 line 28에서는 Matplotlob의 animation 모듈의 FuncAnimation() 메소드를 사용하여 애니메이션이 실행되도록 한다. FuncAnimation()에 인수로 전달되는 frames은 start~end를 num_steps개의 등간격 구간으로 나누어 update() 함수를 실행시켜 xdata와 y1data 및 y2data에 새로운 원소값을 추가한 후 새로운 값의 좌표에 애니메이션이 실행되도록 한다. 그림 13.31은 Matplotlib 패키지의 animation 모듈을 사용한 애

니메이션 결과를 보여준다.

13.3 SciPy

13.3.1 SciPy 개요

SciPy는 과학 컴퓨팅과 기술 컴퓨팅에서 사용되는 기능을 제공하는 파이썬 라이브러리이다. Scipy는 기본적으로 Numpy, Matplotlib, pandas, Sympy 등과 함께 동작하며, 수치적분 루틴과 미분방정식 해석기, 방정식의 근을 구하는 알고리즘, 표준 연속/이산 확률분포와 다양한 통계관련 도구들을 제공한다. SciPy는 NumPy를 기반으로 적분 (integral), 최적화 (optimization), 보간 (interpolation), 선형 대수 (linear algebra), 신호처리 (signal processing), 통계처리 (statistics), 다차원 영상처리, 클러스터링 등을 구현한 고수준 수학 라이브러리이다. NumPy와 Scipy를 함께 사용하는 경우 확장 애드온을 포함한 MATLAB을 대체할 수 있는 기능을 사용할 수 있다.

13.3.2 적분 (integration)

SciPy의 integrate 모듈은 적분계산을 위하여 표 13.7에서 열거하는 것과 같이 quad(), dblquad(), tplquad(), nquad() 등의 다양한 적분함수를 제공한다. quad(func, a, b)는 지정된 구간 [a, b]에서 주어진 함수 func에 대한 정적분을 계산하여 결과값을 반환한다. 구간 [a, b]에서 a와 b는 무한대 (-inf 및 +inf) 값을 지정할 수 있다. dblquad(func, a, b, gfun, hfun) 함수는 주어진 함수 func(y, x)에 대하여 x = a..b, y=gfun(x) .. hfun(x) 구간에 대하여 이중적분을 계산하며, 적분 계산 결과값과 함께 오차의 추정치를 반환한다. tplquad(func, a, b, gfun, hfun, qfun, rfun) 함수는 주어진 함수 func(z, y, x)에 대하여 x = a..b, y=gfun(x) .. hfun(x), z=qfun(x, y) .. rfun(x, y) 구간에 대하여 삼중적분을 계산하며, 적분계산 결과 값과 함께 오차의 추정치를 반환한다. nquad() 함수는 다수의 변수에 대한 적분을 실행한다.

표 13.7 SciPy 적분 관련 함수

scipy.integrate 함수	설 명
quad()	quad(func, a, b, args=(), full_output=0, epsabs=1.49e-08, epsrel=1.49e-08, limit=50, points=None, weight=None, wvar=None, wopts=None, maxp1=50, limlst=50) 구간 [a, b]사이의 주어진 함수의 정적분 (definite integral)을 계산; a와 b는 무한대 (-inf 및 +inf) 지정 가능.
dblquad()	dblquad(func, a, b, gfun, hfun, args=(), epsabs=1.49e-08, epsrel=1.49e-08) 2변수 함수의 2중 정적분을 계산. 적분값과 오차의 추정치를 반환. 구간을 지정할 때 -inf 및 +inf 지정 가능.
tplquad()	tplquad(func, a, b, gfun, hfun, qfun, rfun, args=(), epsabs=1.49e-08, epsrel=1.49e-08) Return the triple integral of func(z, y, x) from x = a..b, y = gfun(x)..hfun(x), and z = qfun(x,y)..rfun(x,y)
nquad()	nquad(func, ranges, args=None, opts=None, full_output=False)[source]

그림 13.32는 SciPy의 integrate() 함수를 사용하여 적분을 하는 예제를 보여준다. Line 4에서는 scipy.integrate 모듈로부터 quad, dblquad, nquad 함수를 설치하며, line 6에서 적분을 하는 함수 fx1을 람다 함수로 정의한다.

Line 7에서는 quad() 함수를 사용하여 적분 대상 함수 fx1을 0~10 구간에 대한 정적분을 실행하며, 적분 결과 a1과 예상 오차 e1을 반환하고, line 8, 9에서 이를 각각 출력한다. 그림 13.33에서 적분 결과가 $\int_0^{10} x^2 dx = \left[\frac{1}{3}x^3 + C\right]_0^{10} = (10^3 - 0) = \frac{1000}{3}$ 인 것을 확인할 수 있다.

Line 11~14에서는 $f(x) = \sin(x)$ 함수를 설정하며, line 12에서 quad() 함수를 사용하여 0~π 구간에 대한 적분을 실행하고, 적분 결과 a2와 예상 오차 e2를 반환하여, 출력한다. 그림 13.33에서 $\int_0^{\pi} \sin(x) = [-\cos(x) + C]_0^{\pi} = 1 - (-1) = 2$ 인 것을 확인할 수 있다.

```
 1 :  # SciPy.integrate - quad()
 2 :
 3 :  import numpy as np
 4 :  from scipy.integrate import quad, dblquad, nquad
 5 :
 6 :  fx1 = lambda x:x**2
 7 :  a1, e1 = quad(fx1, 0, 10)
 8 :  print("a1 = {}".format(a1))
 9 :  print("e1 = {}\n".format(e1))
10 :
11 :  fx2 = lambda x:np.sin(x)
12 :  a2, e2 = quad(fx2, 0, np.pi)
13 :  print("a2 = ", a2)
14 :  print("e2 ={}\n".format(e2))
15 :
16 :  fx3 = lambda x, a, b, c:a*x**2 + b*x + c
17 :  a3, e3 = quad(fx3, 0, 2, args=(3, 2, 1))
18 :  print("a3 = {}".format(a3))
19 :  print("e3 = {}\n".format(e3))
```

그림 13.32 SciPy integrate 함수를 사용한 적분 예제

```
a1 = 333.33333333333326,
e1=3.700743415417188e-12

a2 = 2.0,
e2=2.220446049250313e-14

a3 = 14.000000000000002,
e3=1.5543122344752194e-13
```

그림 13.33 SciPy integrate 함수를 사용한 적분 실행 결과

Line 16에서는 $f(x) = ax^2 + bx + c$ 를 설정하며, line 17에서 quad() 함수를 사용하여 0~2 구간에 대한 적분을 실행하고, line 18~19에서 출력한다. 그림 13.33에서 $\int_0^2 (3x^2 + 2x + 1)dx = \left[\frac{3}{3}x^3 + \frac{2}{2}x^2 + x\right]_0^2 = 14$의 값이 정확하게 계산된 것을 확인할 수 있다.

그림 13.34에서는 dblquad() 함수를 사용한 2중 정적분과 nquad() 함수를 사용한 다중 적분을 실행하는 예제를 보여준다. Line 4에서는 scipy.integrate 모듈로부터 dlequad, tplquad, nquad 함수를 각각 설치한다. Line 6에서는 $f(x, y) = xy^2$ 함수를 설정하며, line 7에서 dblquad() 함수를 사용하여 x=0~2, y=0~1구간에 대하여 $\int_0^1 \int_0^2 xy^2 dxdy$ 2중 정적분을 실행한다.

```
1 :  # SciPy - dblquad(), nquad()
2 :
3 :  import numpy as np
4 :  from scipy.integrate import quad, dblquad, tplquad, nquad
5 :
6 :  fxy4 = lambda x, y:x*y**2
7 :  a4, e4 = dblquad(fxy4, 0, 1, lambda y:0, lambda y:2)
8 :  print("a4 = {}".format(a4))
9 :  print("e4 = {}\n".format(e4))
10 :
11 :  a5, e5 = dblquad(fxy4, 0, 1, lambda y:2*y, lambda y:2)
12 :  print("a5 = {}".format(a5))
13 :  print("e5 = {}\n".format(e5))
14 :
15 :  def bounds_y():
16 :      return [0, 1]
17 :  def bounds_x(y):
18 :      return [2*y, 2]
19 :  a6, e6 = nquad(fxy4, [bounds_x, bounds_y])
20 :  print("a6 = {}".format(a6))
21 :  print("e6 = {}".format(e6))
```

그림 13.34 SciPy의 dblquad() 함수와 nquad() 함수를 사용한 적분 연산 예

Line 8~9에서 출력한 결과를 그림 13.35에서 보면 $\int_0^1 \int_0^2 xy^2 dxdy = \int_0^1 \left[\frac{1}{2}x^2\right]^{2_0} (y^2)dy = \int_0^1 2y^2 dy = \left[\frac{2}{3}y^3\right]_0^1 = \frac{2}{3}$인 것을 확인할 수 있다.

Line 11에서는 동일한 함수 $f(x, y) = xy^2$를 $x = 2y \sim 2, y = 0 \sim 1$ 구간에 대하여 2중 적분을 실행한다. Line 12~13에서 출력한 적분 결과는

$$\int_0^1 \int_{2y}^2 xy^2 dxdy = \int_0^1 \left[\frac{1}{2}x^2\right]_{2y}^2 (y^2)dy = \int_0^1 2(1-y^2)y^2 dy = 2\left[\frac{1}{3}y^2 - \frac{1}{5}y^5\right]_0^1$$

$= \frac{2}{3} - \frac{2}{5} = \frac{4}{15}$ 인 것을 확인할 수 있다.

Line 15~18에서는 y와 x축의 범위를 각각 [0, 1]와 [2y, 2] 리스트로 반환하는 함수로 정의하고, line 19에서 nquad() 함수를 사용하여 $f(x,y) = xy^2$ 함수에 대하여 다중 정분을 실행하도록 한다. Line 20 ~21에서 출력된 적분 결과값과 예상 오류값은 line 11에서 적분한 결과값과 동일한 것을 확인할 수 있다.

```
a4 = 0.6666666666666667
e4 = 2.2108134835808843e-14

a5 = 0.26666666666666666
e5 = 5.546974543905651e-15

a6 = 0.26666666666666666
e6 = 5.546974543905651e-15
```

그림 13.35 SciPy의 dblquad() 함수와 nquad() 함수를 사용한 적분 연산 예

13.3.3 미분 (differentiation)

파이썬 프로그램에서의 미분 (differentiation)은 별도의 함수가 제공되지 않고 NumPy의 diff() 함수를 활용하여 주어진 함수의 미분을 계산할 수 있다. 그림 13.36은 NumPy의 diff() 함수를 활용한 미분 계산의 예를 보여준다. Line 6~7에서는 0~2π (라디안 단위) 구간을 360개의 등간격으로 나눈 값을 가진 theta 배열로 생성하고 sin() 함수를 사용하여 theta 배열 원소값에 대한 sin() 함수값을 계산하여 배열 y를 생성한다.

```
1 :  # NumPy - diff()
2 :
3 :  import numpy as np
4 :  import matplotlib.pyplot as plt
5 :
6 :  theta = np.linspace(0, 2*np.pi, num=360)
7 :  y = np.sin(theta)
8 :  d_theta = 2.0*np.pi / 360.0
9 :  y_diff = np.diff(y) / d_theta
10 :  y_diff = np.append(y_diff, y_diff[-1])
11 :
12 :  plt.xlabel("theta (radian)")
13 :  plt.ylabel("sin(theta), sin'(theta)")
14 :  plt.plot(theta, y, "r-", label="sin(theta)")
15 :  plt.plot(theta, y_diff, "b--", label="d(sin(theta)/d(theta))")
16 :  plt.title("Example differentiation")
17 :  plt.legend(loc="best")
18 :  plt.show()
```

그림 13.36 NumPy diff() 함수를 활용한 미분 계산 예

Line 8~10에서는 2π값을 360으로 나눈 d_theta값을 설정하고, 배열 y의 각 구간별 차이를 diff() 함수를 사용하여 계산한 후 d_theta로 나누어 미분을 계산하고, 그 결과값을 원소로 하는 배열 y_diff를 생성한다. diff() 함수는 주어진 배열 y의 원소들 간의 간격을 계산하여 배열로 만들어 주기 때문에 주어진 배열 y의 개수보다 하나 작은 배열 크기를 반환하므로, line 10에서 y_diff 배열의 마지막 원소를 하나 더 추가하여 y와 동일한 배열 크기가 되도록 한다.

Line 12~18에서는 배열 theta에 대한 배열 y (sin(θ) 값)와 배열 y_diff (sin(θ)의 미분 값)을 Matplotlib를 사용하여 함께 나타낸 결과이며, sin(θ)의 미분 값이 cos(θ)로 계산되는 것을 시각적으로 확인할 수 있다.

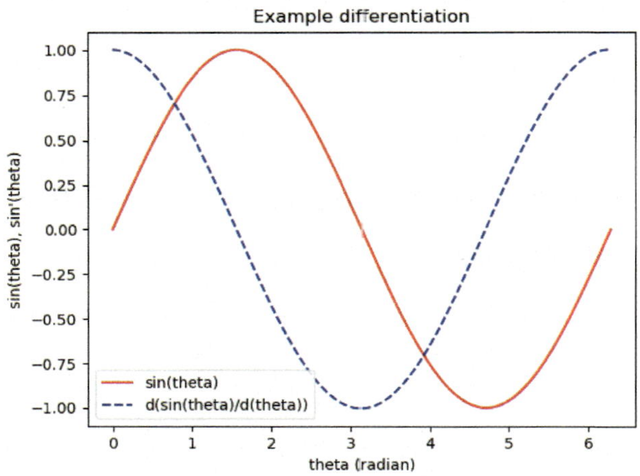

그림 13.37 NumPy diff() 함수를 활용한 미분 계산실행 결과

13.3.4 데이터 보간 (interpolation)

통계적 혹은 실험적으로 구해진 불연속적인 데이터 점들을 통계적으로 분석하여 그 점들 사이의 값을 추정하고, 근사함수(f(x))를 찾아내는 통계적 기법을 데이터 보간 (data interpolation)이라고 한다. SciPy에서는 interpolate 모듈을 제공하며, interp1d() 함수와 interp2d() 함수를 사용하여 보간함수를 산출하여 준다. 그림 13.38은 SciPy의 interpolate 모듈의 interp1d() 함수를 사용하여 보간 함수를 산출하는 예를 보여준다.

Line 4에서는 scipy의 interpolate 모듈을 설치하며, line 6~9에서는 인수로 전달되는 배열 x의 각 원소에 대하여 함수 $y = ax^3 + bx^2 + cx + d$ 값을 계산하고, 이를 배열 y1의 각 원소와의 차이 절대값을 계산하여 배열 e를 만들고, 이 절대값 차이를 합산하여 반환하는 함수 error()를 선언한다.

Line 11~12에서는 -10~10을 10개의 등간격 구간으로 나누어 배열 x를 생성하고, line 12~14에서는 $y = \frac{1}{4}x^3 + \frac{3}{4}x^2 - \frac{3}{2}x - 2$의 3차 방정식을 설정하고, 이를 Matplotlib를 사용하여 그래프를 그린다.

Line 17에서는 interpolate.interp1d() 함수를 kind = 'linear'로 설정하여 선형 보간함수 f1을 산출하며, line 18~21에서 보간 함수 f1의 그래프를 붉은색 직선 그래프로 표시하고, 보간함수 f1에 따라 계산된 ynew와 y의 차이를 함수 error()를 사용하여 계산하여 출력한다. 그림 13.39에서 붉은색 직선으로 붉은색 점 간을 연결한 것이 선형 보간으로 표시된 것이다. 그림 13.40에서 선형 보간 함수의 누적 오차인 e1 값을 확인할 수 있다.

```
 1 : #SciPy - interpolate
 2 : import matplotlib.pyplot as plt
 3 : from scipy import interpolate
 4 :
 5 : def error(x, y1):
 6 :     y =  a*x**3 + b*x**2 + c*x + d
 7 :     e = np.absolute(y - y1)
 8 :     return np.sum(e)
 9 :
10 : N = 10
11 : x = np.linspace(-10, 10, N)
12 : a, b, c, d = 1/4, 3/4, -3/2, -2
13 : y = a*x**3 + b*x**2 + c*x + d
14 : plt.plot(x, y, 'ro')
15 :
16 : f1 = interpolate.interp1d(x, y, kind="linear")
17 : xnew = np.arange(x[0], x[-1], 0.1)
18 : ynew = f1(xnew)
19 : plt.plot(xnew, ynew, 'r-', label="linear")
20 : e1 = error(xnew, ynew)
21 : print("e1 = ", e1)
22 :
23 : f2 = interpolate.interp1d(x, y, kind='nearest')
24 : ynew = f2(xnew)
25 : plt.plot(xnew, ynew, 'g-', label="nearest")
26 : e2 = error(xnew, ynew)
27 : print("e2 = ", e2)
28 :
29 : f3 = interpolate.interp1d(x, y, kind='quadratic')
30 : ynew = f3(xnew)
31 : plt.plot(xnew, ynew, 'b-', label="quadratic")
32 : e3 = error(xnew, ynew)
33 : print("e3 = ", e3)
34 :
35 : f4 = interpolate.interp1d(x, y, kind='cubic')
36 : ynew = f4(xnew)
37 : plt.plot(xnew, ynew, 'k-', label="cubic")
38 : e4 = error(xnew, ynew)
39 : print("e4 = ", e4)
40 :
41 : plt.legend(loc="best")
42 : plt.xlabel("x")
43 : plt.ylabel("$y=ax^3+bx^2+cx+d$", fontsize=10)
44 : plt.title("1D Interpolation")
45 : plt.savefig("SciPy_Interpolation.png", bbox_inches='tight')
46 : plt.show()
```

그림 13.38 SciPy interpolate 모듈을 사용한 보간법 예제

Line 24에서는 interpolate.interp1d() 함수를 kind = 'nearest' 로 설정하여 보간 함수 f2를 구한다. Line 25~26에서는 -10~10 구간을 0.1 간격으로 생성한 배열 xnew의 값을 f2에 대입하여 ynew를 계산한 후, 이를 녹색 선형그래프로 표현한다. 그림 13.39에서 볼 수 있는 것과 같이, 배열 x와 배열 y의 좌표값으로 표현된 각 구간에서 y좌표

값을 유지하는 형태로 표현된다.

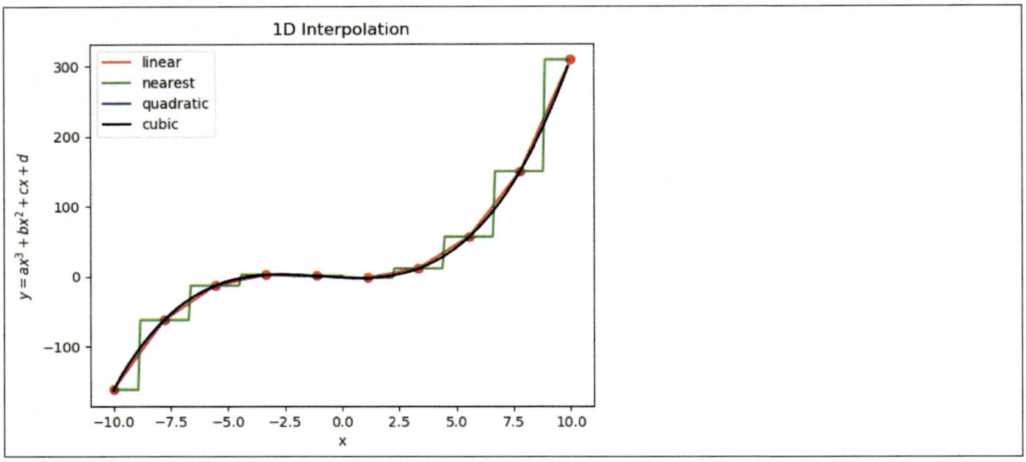

그림 13.39 SciPy interpolate 모듈을 사용한 보간법 예제 실행 결과 (그래프 출력)

```
e1 =  623.3174238683134
e2 =  2696.210988340226
e3 =  36.4537389862419
e4 =  1.6944234914901407e-12
```

그림 13.40 SciPy interpolate 모듈을 사용한 보간법 예제 실행 결과 (화면 출력)

그림 13.38 line 29에서는 interpolate.interp1d() 함수에 kind = ‘quadratic’으로 설정하여 2차 방정식 기반의 보간 함수 f3를 산출하며, line 30에서는 배열 xnew의 원소를 f3에 대입하여 ynew를 생성하고, 푸른색 선형그래프로 표현한다. 그림 13.39에서 볼 수 있는 것과 같이 quadratic 방식의 보간 함수는 linear나 nearest보다 훨씬 더 부드러운 곡선으로 오차가 줄어드는 것을 알 수 있다.

Line 35에서는 interpolate.interp1d() 함수에 kind = ‘cubic’으로 설정하여 3차 방정식 기반의 보간 함수 f4를 산출하며, line 36에서 배열 xnew의 원소를 f4에 대입하여 ynew를 생성하고, 검은색 선형 그래프로 표현한다. Line 21, 27, 32, 38에서 각 보간 함수에서의 오차 합산을 계산하여 출력한 결과를 그림 13.40에서 비교할 수 있는데, cubic 방식의 보간 함수가 가장 작은 오차를 나타내는 것을 알 수 있다. 이는 주어진 데이터 집합에 대하여 보다 근접한 근사 함수로 표현하기 위해서는 고차 방정식으로 표현되어야 하는 것을 알 수 있다.

13.3.5 선형대수 (linear algebra)

파이썬 프로그래밍에서는 NumPy의 유니버설 함수에서 제공하는 선형대수 관련 함수 이외에 SciPy의 linalg 모듈이 제공하는 선형대수 함수들을 사용할 수 있으며, 이들을 사용하여 다양한 선형대수 연산을 쉽게 구현할 수 있다. 표 13.8은 SciPy linalg 모듈이 제공하는 대표적인 함수들을 설명하고 있다. SciPy linalg의 함수들에 대한 보다 상세한 정보는 SciPy.org (https://docs.scipy.org/doc/scipy/reference/linalg.html)에서 살펴볼 수 있다.

표 13.8 대표적인 SciPy Linalg 함수

SciPy linalg 함수	설명
inv()	역행렬 계산
solve()	선형연립방정식 해 산출
det()	행렬식 계산
lstsq()	최소 자승해
pinv()	유사 역행렬 계산
eig() eigvals()	정방행렬의 eigen value 계산
lu()	행렬의 LU decomposition
cholesky()	행렬의 Cholesky decomposition
qr()	QR decomposition
expm()	행렬의 exponential 계산
sinm()	행렬의 sine 계산
sqrtm()	행렬의 제곱근 계산

(Note: https://docs.scipy.org/doc/scipy/reference/linalg.html)

그림 13.41은 SciPy linalg의 lu() 함수와 solve_triangular() 함수를 사용한 선형 시스템 해법 예제를 보여준다. SciPy linalg의 lu()와 lu_factor() 함수는 치환행렬(permutation matrix)을 갖는 LU 분해를 수행한다. Line 4에서는 SciPy 패키지에서 linalg 모듈을 설치하여 선형 대수 관련 함수들을 사용할 수 있도록 준비한다.

Line 6~12의 forward_sub() 함수는 하-삼각행렬 L에 대하여 전방대입 (forward substitution)으로 Ly = b의 해 y를 산출하여 반환한다. Line 14~19의 backward_sub() 함수는 상-삼각행렬 U에 대하여 후방 대입 (backward substitution)으로 Ux = y의 해 x를 반환한다.

Line 21은 3×3 크기의 2차원 정방 계수행렬 (coefficient matrix) A를 준비하며, line 23에는 1차원 배열 b를 준비하여 Ax = b로 주어지는 선형 시스템의 해 x를 구할 수 있도록 준비한다. 이 선형 시스템의 해 산출은 다음과 같은 연산에 따라 수행된다.

$$
\begin{aligned}
Ax &= b \\
PLUx &= b \\
LUx &= P^T b, P^{-1} = P^T
\end{aligned}
$$

$$
\begin{aligned}
Ly &= P^T b \\
Ux &= y
\end{aligned}
$$

Line 25에서는 P, L, U = linalg.lu(A)를 사용하여 계수 행렬 A를 P, L, U로 분해하며, line 26~28에서 각각 출력하여 확인할 수 있게 한다. Line 29에서는 dot() 함수를 사용하여 $P^T b$를 계산하여 b1에 저장하며, line 31에서 forward_sub() 함수를 사용하여 L b1에 대하여 전방 대입을 수행하여 y를 계산하고, line 32에서 backward_sub() 함수를 U와 y에 대한 후방 대입을 수행하며, x를 산출한다.

Line 35에서는 solve_triangular() 함수를 사용하여 L과 b1에 대하여 $Ly = b1$의 해 y를 산출하며, line 36에서 solve_triangular() 함수를 U와 y에 대하여 수행하여

$Ux_2 = y$의 해 x_2를 산출한다. 그림 13.42에서 볼 수 있는 것과 같이 x와 x2는 동일한 값을 가지며 동일한 해를 산출한 것을 확인할 수 있다.

```
# SciPy - Linear Algebra - LU factor

import numpy as np
from scipy import linalg

def forward_sub(L, b):
    n = len(b)
    y = np.zeros(n)
    y[0] = b[0]
    for k in range(1, n):
        y[k] = (b[k] - np.dot(L[k, 0:k], y[0:k]))/L[k,k]
    return y

def backward_sub(U, y):
    n = len(y)
    x = np.zeros(n)
    for k in range(n-1, -1, -1):
        x[k] = (y[k] - np.dot(U[k, k+1:n], x[k+1:n]))/U[k,k]
    return x

A = np.array([[1., 4., 1.], [1., 6., -1.], [2., -1., 2.]])
print("A = \n", A)
b = np.array([7, 13, 5])

P, L, U = linalg.lu(A)
print("P = \n", P)
print("L = \n", L)
print("U = \n", U)

b1 = np.dot(P.T, b)
y = forward_sub(L, b1)
x = backward_sub(U, y)
print("x = ", x)

y = linalg.solve_triangular(L, b1, lower=True) #unit_diagonal=True
x2 =  linalg.solve_triangular(U, y)
print("x2=", x2)
```

그림 13.41 SciPy linalg lu() 함수와 solve() 함수를 사용한 선형시스템 해법

```
A = 
 [[ 1.  4.  1.]
 [ 1.  6. -1.]
 [ 2. -1.  2.]]
P = 
 [[0. 0. 1.]
 [0. 1. 0.]
 [1. 0. 0.]]
L = 
 [[1.         0.         0.        ]
 [0.5        1.         0.        ]
 [0.5        0.69230769 1.        ]]
U = 
 [[ 2.         -1.          2.        ]
 [ 0.          6.5        -2.        ]
 [ 0.          0.          1.38461538]]
x =  [ 5.  1. -2.]
x2= [ 5.  1. -2.]
```

그림 13.42 SciPy linalg lu() 함수와 solve() 함수를 사용한 선형시스템 해법 결과

연습문제

13.1 다음 용어를 예를 들어 설명하라.

1) 최소 자승법 (least square method)
2) 히스토그램
3) 분포도, 산포도
4) 누적 분포도
5) 정규 분포 (normal distribution)
6) 적분 (integration)
7) 미분 (differentiation)
8) 데이터 보간 (interpolation)
9) 선형대수 (linear algebra)

13.2 Matplotlib 패키지의 plot() 함수를 사용하여 기본적인 2차원 그래프를 그리며, 그래프의 마커와 색상을 지정하고, X축과 Y축의 레이블 지정 및 범례 (legend)를 지정하는 방법에 대하여 설명하라.

13.3 Matplotlib 패키지의 figure() 함수와 subplot() 함수를 사용하여 2×3 격자 구조의 6개 그래프를 함께 구성하는 방법에 대하여 설명하라.

13.4 SciPy 패키지를 사용하여 적분 (integration)을 수행하는 방법에 대하여 설명하라.

13.5 SciPy 패키지가 제공하는 선형대수 (linear algebra) 관련 함수에 대하여 설명하라.

실습문제

실습 13.1 $f(t) = A \cdot \sin(2\pi ft + \theta)$ 공식으로 주어지는 싸인파그래프를 Matplotlib 패키지의 pyplot모듈을 사용하여 그래프로 그리는 함수 sine_graph()를 작성하라. 이 함수 sine_graph(amp, freq, theta, pattern)에는 A (amplitude), freq(frequency), theta가 인수로 전달된다. A, freq는 1과 2의 값을 가지도록 하고, theta는 0, $\pi/2$, π의 값을 가지도록 구성하여 그래프로 비교하라. patter은 그래프의 모양을 나타내며, “ro”, “bo”, “go” 등을 사용하라.
(실행 결과 예시)

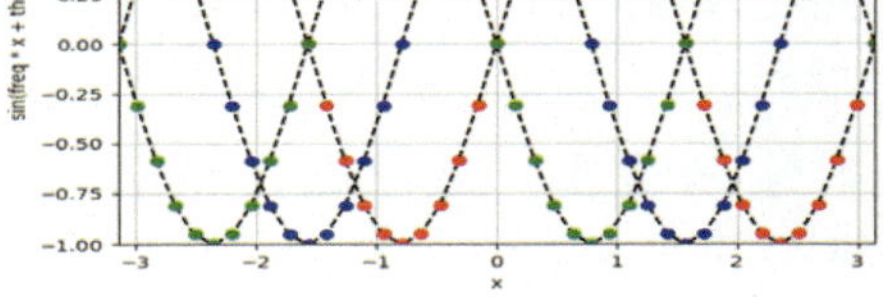

실습 13.2 배열/리스트 X, 주어진 평균 (mean) mu와 표준편차 (standard deviation) sigma를 인수로전달받아,X의 각 원소 x에 대한 정규 분포 (normal distribution) 값을 계산하여 배열/리스트 Y를 생성하여 반환하여 주는 함수 gauss(mu, sigma, X)를 구현하라.

main() 함수에서 −8 ~ +8 구간을 100개의 등 간격으로 나누는 리스트 X를 만들고, mu = 0일 때 sigma=0.5, 1, 2에 대하여 함수 gauss(mu, sigma, X)를 사용하여 −8 ~ +8 구간에 대한 정규 분포 값을 생성하고, 생성된 정규 분포 그래프를 각각 Matplotlib를 사용하여 그래프 (normal_distribution_graph_1)로 표현하고, 동일한 mu값에 대하여 sigma 값이 달라질 때 어떤 변화가 있는지 비교 설명하라.

또한, sigma = 1일 때 mu = −2.0, 0.0, +2.0에 대하여 gauss(mu, sigma)를 사용하여 x=−8 ~ +8 구간에 대한 정규 분포 값을 생성하고, 생성된 정규 분포 그래프를 각각 Matplotlib를 사용하여 별도의 그래프(normal_distribution_graph_2) 로 표현하고,동일한 sigma 값에 대하여 mu값이 달라질 때 어떤 변화가 있는지 비교 설명하라.

(실행 결과 예시)

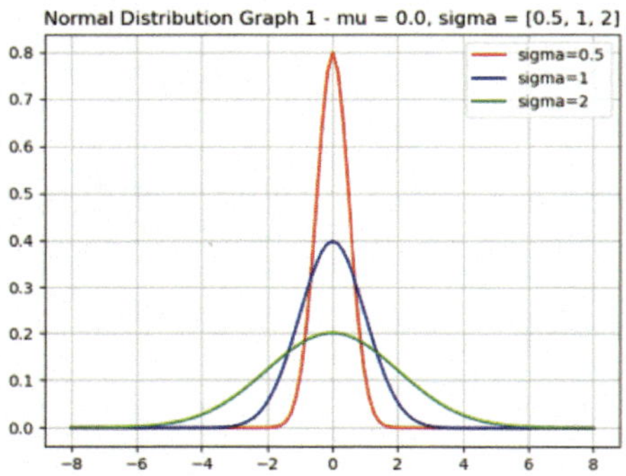

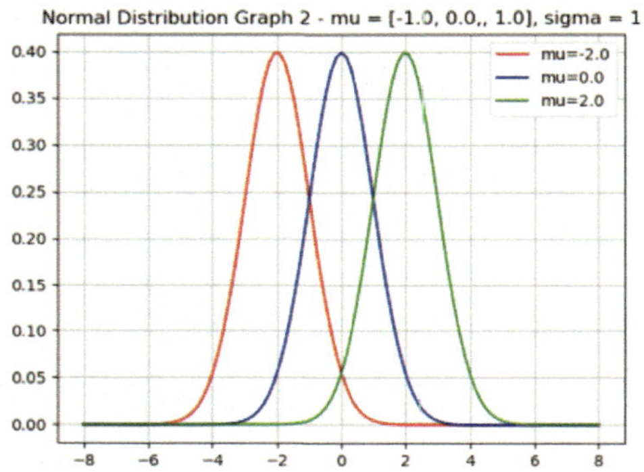

실습 13.3 함수 $f(x)$가 주어질 때, 이 함수를 x에 대하여 미분을 계산하는 함수 df()를 작성하고, f(x)와 df(f(x))의 그래프를 동일한 x값에 대하여 나타내도록 구성하라. 그리고, f(x)의 변화가 df()에 어떤 영향을 주는가에 대하여 설명하라.
(실행 결과 예시)

실습 13.4 함수 $f(x) = ax^3 + bx^2 + cx + d$를 계산하는 파이썬 함수 Y = func(X, a, b, c, d)를 구현하라. 인수 X는 -10~10 구간을 10 등분한 값을 원소로 가지는 배열이며, a, b, c, d는 모두 정수형 데이터로 전달된다. X와 Y로 주어지는 점들을 그래프에 나타내고, 이 점들에 대한 데이터 보간을 SciPy 패키지의 interoplate.interp1d() 함수를 사용하여 산출하라. 데이터 보간의 유형 (kind)를 각각 linear, quadratic, cubic으로 구분하여 그래프로 나타내고, 그 결과들에 대하여 설명하라.

실습 13.5 다음 직병렬 전자회로에 대한 선형 방정식을 만들고, SciPy 패키지의 linalg 모듈의 solve() 함수를 사용하여 해를 구하라.

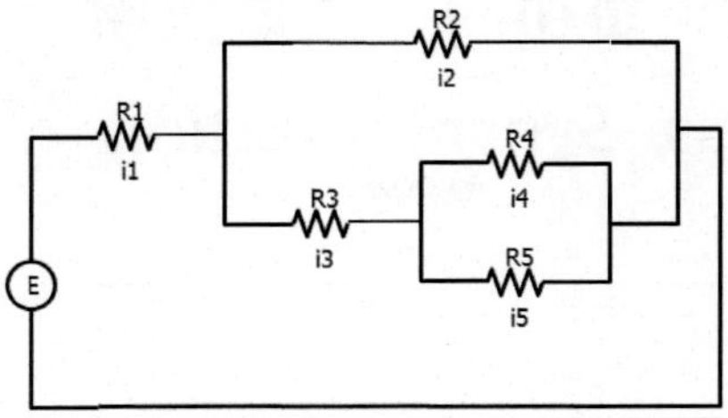

E = 100 V
R1 = 10 Ω
R2 = 10 Ω
R3 = 5 Ω
R4 = 10 Ω
R5 = 10 Ω

14장 동시처리/병렬처리 구조의 파이썬 프로그램 - Coroutine, Thread, Multiprocess, Synchronization

학습목표

- 파이썬의 병렬처리 방법에 대한 이해
- 코루틴 (coroutine) 구조 및 실행에 대한 이해
- Thread 구성 및 실행에 대한 이해
- 다중 프로세스 (multi-process) 구조 및 실행에 대한 이해
- 병렬 처리 구조에서의 동기화에 대한 이해

개요

14.1 동시처리 (Concurrent Processing)와 병렬처리 (Parallel Processing)

14.1.1 동시처리/병렬처리의 필요성

현재 사용 중인 대부분의 컴퓨터 장치에서 수행되는 업무를 살펴보면, 동시에 다양한 업무가 병렬로 진행된다. 예를 들어 데스크 탑 PC에서 문서 편집을 하고 있는 도중에 인쇄 명령을 내리면 출력 기능이 수행되는데, 이때 파일을 검색하거나 E-mail을 수신하는 기능이 동시에 수행될 수 있다. 즉 임의의 한 시점에 하나의 업무만 수행되는 것이 아니라, 다수의 업무가 동시에 진행되고 있는 것을 알 수 있다. 또 다른 예로서 인터넷 전화 프로그램에서 양방향 통신이 가능하기 위해서는 상대방 음성 정보를 수신하면서 동시에 본인의 음성을 송신할 수 있어야 하므로, 음성 출력 기능과 음성 입력 및 송신 기능이 동시에 실행되어야 한다.

특히 최근에 개발되어 사용되고 있는 CPU 장치들은 대부분 멀티코어 기능을 탑재하고 있으며, 다수의 코어들을 동시에 사용할 수 있어 다수의 태스크가 동시에 실행될 수 있게 한다. 일반적으로 프로그램이 실행되는 단계에서는 운영체제가 하나의 프로세스 (process)로 생성하여 실행될 수 있게 관리하며, 다수의 다른 프로세스들과 CPU를 시간적으로 나누어 사용

하면서 프로그램이 실행된다. 스레드 (thread)란 CPU가 독립적으로 처리하는 하나의 작업 단위이다. 일반적으로 스레드는 특별한 기능을 전문적으로 처리하도록 구현하며, 병렬처리 기능이 필요한 프로그램을 구현할 때 세부 기능들을 각 기능에 전문적인 스레드로 나누어서 실행시키면 전체 시스템의 동작을 병렬처리가 가능한 효율적인 구조로 구현할 수 있다.

14.1.2 파이썬에서의 동시처리/병렬처리의 구현 방법

파이썬 프로그램에서는 표 14.1에서 보는 것과 같은 방법으로 동시처리와 병렬처리 기능을 구현할 수 있다. 코루틴 (coroutine)은 대등한 관계의 함수들이 상대방을 호출하며, 완전히 종료하지 않은 상태로 상대 함수를 실행하게 하며, 그 함수의 일부 기능이 실행된 후 다시 되돌아와 계속 실행할 수 있게 하는 함수 구조이다. 즉 코루틴에는 함수의 진입점 (entry point)이 다수 존재하며, 대화형으로 데이터를 서로 주고 받으며 작업을 수행한다. Corutine은 제네레이터 또는 async 함수로 구현할 수 있다.

Coroutine의 가장 간단한 구현 방법이 제네레이터 함수로 구성하는 방법이며, 지정된 구간의 정수 값을 iterator로 사용할 수 있도록 순차적으로 생성하여 주는 range() 함수가 제네레이터 함수로 구현되어 있다.

아울러, C/C++ 프로그램에서와 마찬 가지로 파이썬 프로그램에서도 스레드 (thread)와 다중프로세스 (multi-process) 구조의 동시처리 (concurrent processing)/병렬 처리 (parallel processing)를 구현할 수 있다.

표 14.1 파이썬 프로그램에서의 동시처리/병렬처리 구현 방법

파이썬에서의 동시처리/병렬처리 구현 방법	설 명
코루틴 (coroutine)	coroutine은 대화 방식으로 값을 서로 주고 받으며 작업을 수행. 진입점 (entry point)가 여러 곳일 수 있으며, 종료될 수도 있고, 멈추었다가 다시 시작할 수 있음. Coroutine은 제네레이터 또는 async 함수로 구현할 수 있음
제네레이터 함수 (generator function)	generator 함수는 순차적으로 데이터를 생성하여 주며, 데이터를 생성하는 generator 함수는 yield를 사용하여 데이터를 전달하고, 사용자 함수에서 next() 함수를 사용하여 다음 데이터를 요청할 때 까지 기다림.
스레드 (thread)	하나의 함수에 다수의 스레드를 생성하여 세부적인 업무를 담당하게 함. 스레드는 별도의 스택과 레지스터를 가지며, 실행 코드, 데이터 및 파일은 공유함.
멀티프로세스 (multi-process)	다수의 프로세스를 구성하여 병렬처리할 수 있게 함. 하나의 CPU에 다수의 코어가 포함되는 경우 각 코어는 개별적인 프로세스를 실행시킬 수 있으며, 하나의 멀티코어 CPU가 다수의 프로세스를 병렬처리로 실행시킬 수 있음.

14.1.3 멀티태스킹, 다중 프로세스와 멀티 스레드

프로세스 (process)란 프로그램이 실행되는 단계를 의미하며, 하나의 컴퓨터 CPU 상에는 다수의 프로세스가 실행될 수 있도록 운영체제가 프로세스 관리를 한다. 그림 14.1에서 순차적 프로세스 처리와 동시/병렬 처리 구조를 비교하여 설명한다. 그림 14.1 (a)는 하나의 CPU에서 다수의 프로세스들을 순차적으로 처리하는 단일 태스크 처리 방식을 보여주며,

하나의 프로그램 실행이 완료된 후, 다른 프로그램의 실행이 시작되는 경우이다.

그림 14.1 (b)는 동시처리/병렬처리 기능을 사용하여 다수의 프로세스/스레드가 병렬로 실행되는 멀티 태스킹 개념을 보여준다. 이 동시처리/병렬처리에서는 여러개의 프로세스 또는 스레드가 CPU를 공유하면서 병렬로 진행하거나 멀티코어 CPU의 각 코어를 개별 프로세스에 할당하여 병렬 처리를 수행하는 구조를 의미한다.

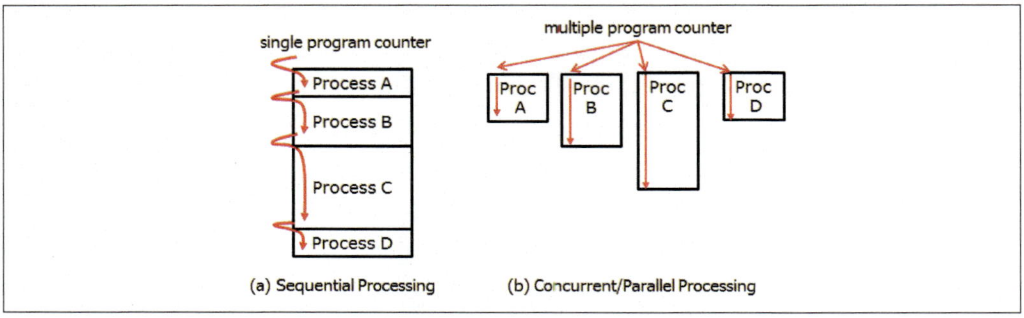

그림 14.1 멀티태스킹 처리 개념

그림 14.2는 프로세스와 스레드의 관계를 보여준다. 그림 14.2 (a)는 하나의 프로세스 내부에 하나의 스레드만 구성하여 동작하는 경우를 나타내며, 그림 14.2 (b)는 하나의 프로세스 내부에 다수의 스레드를 구성하여 작은 단위의 업무들이 병렬처리될 수 있게 구성한 것이다.

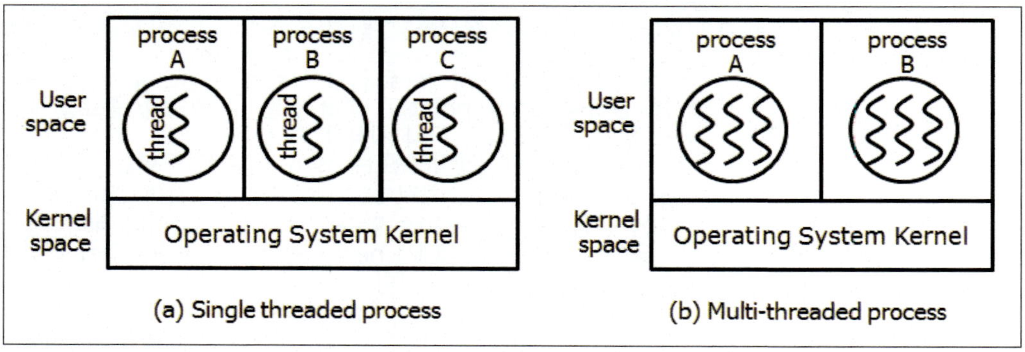

그림 14.2 프로세스와 스레드의 관계

그림 14.3은 프로세스와 스레드의 시스템 자원 공유 관계를 설명하고 있다. 하나의 프로세스에는 프로그램 실행코드와 데이터 (지역변수, 전역 변수 등), 파일, 레지스터, 프로세스 스택 등이 준비되어 사용되며, 하나의 스레드로 구성된 프로세스에서는 스레드가 프로세스 스택을 모두 사용하게 된다. 만약 하나의 프로세스에 다수의 스레드가 내부적으로 포함되는 경우 각 스레드에는 별도의 스레드 스택과 레지스터가 준비되며, 프로그램 실행코드, 데이터 및 파일은 모든 스레드가 공유하게 된다.

다중 스레드를 포함하는 프로세스에서는 각 스레드는 공유되는 데이터를 사용하여 정보를 서로 교환하게 되며, 스레드간 정보 교류를 위하여 파이프 (pipe)나 큐(queue)를 설치하여 효율적인 정보 교환이 수행되도록 한다.

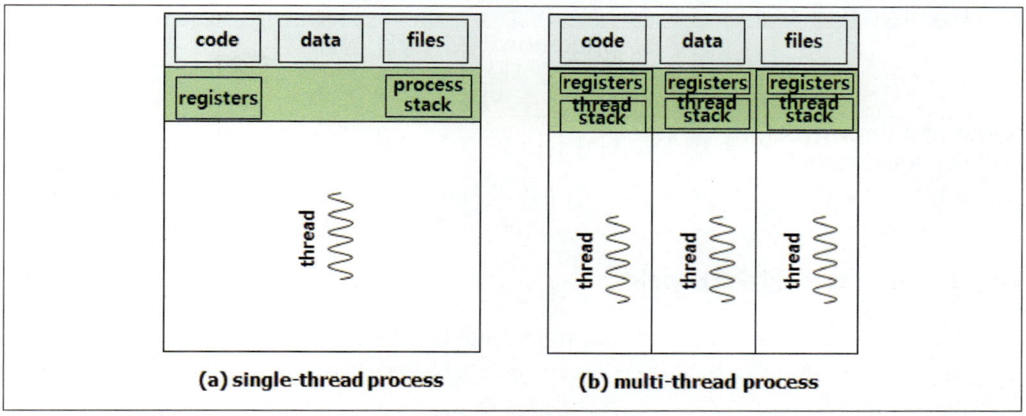

그림 14.3 프로세스와 스레드의 시스템 자원 공유 관계

14.2 제네레이터 함수와 제네레이터 수식

14.2.1 Generator 함수의 기본 메소드

제네레이터 (generator) 함수는 일반 함수와 같은 구조를 가지나 return을 사용하여 결과 값을 반환하는 대신 yield문을 사용하여 반복자 (iterator)를 생성하며 중간 결과값을 전달하고, 그 지점에서 정지하였다가 호출 함수에서 다시 next() 함수 또는 send() 함수를 사용하여 제네레이터의 반복자가 재개되며, yield문까지 실행이 진행된다. 표 14.2는 제네레이터의 메소드를 설명한다.

제네레이터의 next() 메소드는 제네레이터 함수를 시작시키거나 yield에 의하여 멈추어 있는 지점에서 실행을 재개 (resume)시킨다. next() 메소드는 for-loop 또는 내장함수 next()의 실행에서 호출된다. send() 메소드는 제네레이터 함수의 실행을 재개시키며, 인수로 지정된 value를 제네레이터 함수의 (yield)에 전달하고, 제네레이터의 yield에 의해 전달되는 데이터를 받는다. 제네레이터의 반복자 (iterator)가 중지되어 있는 경우 StopIteration 예외 상황을 발생시킨다. next() 내장 함수 대신 send() 메소드를 사용하여 제네레이터를 시작시킬 수 있다.

throw(type) 메소드는 제네레이터에 type의 예외상황 (exception)을 발생시켜 예외처리를 할 수 있게 한다. close() 메소드는 제네레이터 함수를 중지시키며 GeneratorExit을 발생시킨다.

표 14.2 Generator 메소드

Generator method	설 명
generator.__next__()	제네레이터 함수를 시작 (start) 시키거나, yield에 의해 멈추어 있는 지점에서 실행을 재개 (resume) 시킴. 이 메소드는 for-loop 또는 내장함수 next()의 실행에서 호출됨
generator.send(value)	제네레이터 함수의 실행을 재개 시키고 value를 제네레이터 함수의 (yield)에 전달. send() 함수는 제네레이터가 yield를 사용하여 전달하는 데이터를 받음. 제네레이터의 반복자 (iterator)가 중지된

Generator method	설 명
	경우 StopIteration 예외상황을 발생시킴 next() 내장 함수 대신 send(None) 메소드를 사용하여 제네레이터를 시작 시킬 수 있음
generator.throw(type[, value[, traceback]])	제네레이터에 type의 예외 상황을 발생시킴
generator.close()	제네레이터 함수를 중지시키고, GeneratorExit을 발생시킴

14.2.2 Generator 함수와 yield

그림 14.3은 제네레이터 함수 구조로 myRange() 함수를 구현하고, 이를 사용하는 예를 보여준다. Line 3에서 myRange() 함수는 인수로 n을 전달 받으며, line 4~7에서 i의 값이 n보다 작은 동안에는 i를 yield를 사용하여 호출한 함수에 전달한다. 제네레이터 함수는 return으로 결과 값을 전달하는 대신 yield를 사용하여 중간 결과 값을 전달하며, yield를 수행한 후에는 다음 요청이 올 때까지 기다리게 된다. 만약 i값이 n보다 같거나 크게 되는 경우 myRange() 함수는 종료된다.

그림 14.3 line 9~10은 제네레이터 함수를 사용하는 프로그램의 예제이며, for-loop에서 호출하는 사용자 함수에서는 myRange()를 반복적으로 호출하여 0~4의 정수를 차례로 전달받아 사용한다.

```
1 :  # Generator function with yield
2 :
3 :  def myRange(n):
4 :      i = 0
5 :      while i < n:
6 :          yield i #using yield instead of return
7 :          i += 1
8 :
9 :  for i in myRange(5):
10 :     print("returned value from myRange(n) : {:2d}".format(i))
```

그림 14.3 Generator 함수 예 – myRange()

```
returned value from myRange(n) :  0
returned value from myRange(n) :  1
returned value from myRange(n) :  2
returned value from myRange(n) :  3
returned value from myRange(n) :  4
```

그림 14.4 Generator 함수 예 – myRange() 실행 결과

그림 14.5는 피보나치 수열을 생성하는 함수 genFibo()를 제네레이터 함수로 구현한 예를 보여준다. Line 4에서는 피보나치 수열 생성에서 사용하는 변수 a, b를 0과 1로 초기화 시키며, line 5~7에서는 피보나치 수열을 차례로 yield를 사용하여 전달한 후, a=b, b=a+b로 갱신하여 다음 차례의 피보나치 수열을 미리 준비하여 둔다.

그림 14.5 line 8~14에서는 for-loop 내부에서 genFibo() 함수를 반복적으로 호출하

여 피보나치 수열 값을 차례로 받아온 후 이를 출력하고, i값이 20보다 같거나 크게 되면 종료한다. 그림 14.6에서 실행 결과를 확인할 수 있다.

```
# Generator Function for Fibonacci Series

def genFibo():
    a, b = 0, 1
    while True:
        yield a #using yield instead of return
        a, b = b, a+b
i = 1
for f in genFibo():
    s = "{:2d}-th Fibonacci Series : {:10d}".format(i, f)
    print(s)
    i += 1
    if i > 20:
        break
```

그림 14.5 genFibo()

```
 1-th Fibonacci Series :          0
 2-th Fibonacci Series :          1
 3-th Fibonacci Series :          1
 4-th Fibonacci Series :          2
 5-th Fibonacci Series :          3
 6-th Fibonacci Series :          5
 7-th Fibonacci Series :          8
 8-th Fibonacci Series :         13
 9-th Fibonacci Series :         21
10-th Fibonacci Series :         34
11-th Fibonacci Series :         55
12-th Fibonacci Series :         89
13-th Fibonacci Series :        144
14-th Fibonacci Series :        233
15-th Fibonacci Series :        377
16-th Fibonacci Series :        610
17-th Fibonacci Series :        987
18-th Fibonacci Series :       1597
19-th Fibonacci Series :       2584
20-th Fibonacci Series :       4181
```

그림 14.6 genFibo() 및 응용 프로그램의 실행 결과

14.2.3 제네레이터 함수가 (yield)를 사용하여 데이터를 수신

제네레이터 함수는 yield를 사용하여 생성된 데이터를 호출자 (caller)에게 전달하며, (yield)를 사용하여 호출자가 next() 함수를 사용하여 전달하는 데이터를 받아올 수 있다. 그림 14.7은 제네레이터 함수가 대입 연산자 오른쪽의 (yield)를 사용하여 데이터를 수신하는 예를 보여준다. Line 3~13에서 구현되어 있는 echoMsg() 함수에서 line 6~11의 while 무한 반복문이 실행되면 먼저 (yield)를 사용하여 메시지를 수신받도록 대기하게 된다. Line 15에서 echoMsg() 함수를 genMsg로 설정한 후, line 16에서 next() 함수를 사용하여 echoMsg() 제네레이터가 구동되게 한다.

Line 18에서 send() 함수를 사용하여 제네레이터 함수 echoMsg()로 “First message” 문자열을 전달하면 echoMsg() 함수에서는 line 8의 (yield)를 통하여 메시지를 받아 msg에 저장하고, 이를 출력한 후, 다시 (yield)에서 대기하게 된다.

Line 19에서는 throw() 함수를 사용하여 echoMsg() 제네레이터 함수에게 예외처리

상황을 전달하며, 이 예외처리 상황은 line 10~11에서 except에 의해 처리되며, 그 예외 처리에서 전달된 오류 메시지를 출력하게 된다.

Line 20에서는 다시 send() 함수를 사용하여 echoMsg() 제네레이터에게 "Last message" 문자열을 전달하며, 이 문자열은 제네레이터 함수의 (yield)에 의해 수신된 후, 출력된다. Line 21에서 close() 함수를 사용하여 제네레이터 함수를 종료시키면 line 12~13에서 설정되어 있는 try-finally 구조에서 finally 부분이 실행되며, 제네레이터 함수가 종료되었다는 메시지를 출력한 후 제네레이터 함수 echoMsg()가 종료된다.

```
1 :  # Generator function that receives data from outside using (yield)
2 :
3 :  def echoMsg():
4 :      print("Starting echoMsg() generator ....")
5 :      try:
6 :          while True:
7 :              try:
8 :                  msg = (yield) # data received using (yield)
9 :                  print("Received message : ", msg)
10 :             except Exception as e:
11 :                 print("Exception : ", e)
12 :     finally:
13 :         print("Generator function is closed now")
14 :
15 : genMsg = echoMsg()
16 : next(genMsg)
17 :
18 : genMsg.send("First message")
19 : genMsg.throw(TypeError, "Exception message !")
20 : genMsg.send("Last message")
21 : genMsg.close()
```

그림 14.7 (yield)를 사용한 generator 함수의 데이터 수신

```
Starting echoMsg() generator ....
Received message :  First message
Exception :  Exception message !
Received message :  Last message
Generator function is closed now
```

그림 14.8 (yield)를 사용한 generator 함수의 데이터 수신 실행결과

14.2.4 yield from

제네레이터 함수는 또 다른 제네레이터 함수로부터 생성된 데이터를 from을 사용하여 받고, 이를 yield를 사용하여 전달할 수 있다. 그림 14.9는 제네레이터 함수에 yield와 from을 함께 사용하는 예를 보여준다. Line 3~5의 제네레이터 함수 genListUpDown(n) 함수는 line 4에서 yield from range(n)에서 또 다른 제네레이터 함수 range()로부터 0~n-1의 정수를 차례로 전달받아 line 7에서 list() 함수를 실행할 때 원소로 사용될 수 있게 한다. Line 4에서 0~n−1의 정수가 차례로 생성된 후에는 line 5에서 n~1의 정수가 차례로 생성되어 전달된다.

그림 14.9의 실행 결과는 그림 14.10에서 확인할 수 있다.

```
1 :  # Generator Function with yield from
2 :
3 :  def genListUpDown(n):
4 :      yield from range(n)
5 :      yield from range(n, 0, -1)
6 :
7 :  L = list(genListUpDown(5))
8 :  print("List generated with genListUpDown(5) :\n", L)
```

그림 14.9 yield와 from을 함께 사용한 예

```
List generated with genListUpDown(5) :
 [0, 1, 2, 3, 4, 5, 4, 3, 2, 1]
```

그림 14.10 yield와 from을 함께 사용한 예의 실행 결과

14.2.5 제네레이터 수식 (Generator Expression)

제네레이터 수식 (generator expression)은 반복자 (iterator)를 반환하는 수식이며 소괄호 ()안에 for 문이 포함된 형태이다. 제네레이터 수식은 리스트를 생성하는 list() 함수와 유사하나 대괄호 [] 대신 소괄호 ()를 사용한다. 제네레이터 함수 또는 제네레이터 수식을 사용하면 데이터를 리스트에 미리 만들어 두지 않고, 실행 도중에 동적으로 생성하여 사용할 수 있으므로 메모리 사용량을 최소화하며 프로그램을 실행시킬 수 있는 장점을 제공한다.

```
1 :  # Generator expression
2 :
3 :  genList = (x*x for x in range(5))
4 :
5 :  print("genList : ", genList)
6 :  L = list(genList)
7 :  print("L : ", L)
```

그림 14.11 Generator Expression 예

그림 14.11은 제네레이터 수식을 사용하는 예를 보여준다. Line 3에서 제네레이터 수식 genList를 생성하는데 대입 연산자 =의 오른쪽에 (x*x for x in range(5))로 선언되어 있어 0~4의 x값에 대하여 x^2이 전달되도록 한다. Line 5에서 genList를 출력하면 그림 14.12에서 볼 수 있는 것과 같이 generator object <genexpr>이라는 것을 확인할 수 있다.

Line 6에서 list() 내장 함수의 소괄호안에 genList를 포함시키면 line 3에서 설정된 제네레이터 수식이 실행되면서 0~4의 정수를 제곱한 0~16이 생성되고, 리스트의 원소로 포함되는 것을 확인할 수 있다.

```
genList :  <generator object <genexpr> at 0x02C0B430>
L :  [0, 1, 4, 9, 16]
```

그림 14.12 Generator Expression 예제 프로그램의 실행 결과

14.3 코루틴 (Coroutine)

대부분의 컴퓨터 프로그램 수행은 복잡한 큰 작업을 세부적인 단위 작업으로 나누어 실행하도록 구성하며, 각 단위 작업은 모듈과 서브루틴 함수 (function) 단위로 구현되어 있다. 각 프로세스의 메인 함수는 단위 작업을 구현하는 서브루틴 함수를 호출하며 주어진 임무를 수행하고, 각 서브 루틴은 하나의 진입점으로부터 실행을 시작하여 return에 의하여 결과값을 반환하며 종료하게 된다. 파이썬 프로그램에서 일반 함수는 서브 루틴으로 실행된다.

서브루틴과는 달리 coroutine에서는 다수의 진입점을 가질 수 있고, 대화형으로 서로 데이터를 주고 받으며 작업을 수행하며, return에 의하여 값을 반환하는 대신 그림 14.13에서 보는 것과 같이 yield를 사용하여 데이터를 전달하고, 대입 연산자 오른쪽에 있는 yield를 사용하여 데이터를 전달받는다.

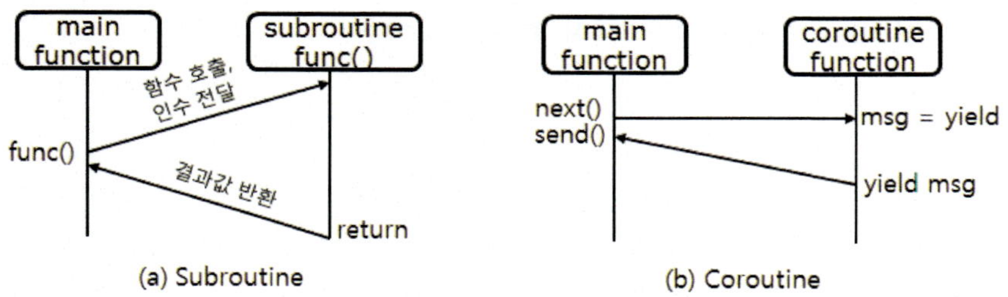

그림 14.13 subroutine과 coroutine의 개념 비교

14.3.1 async를 사용한 파이썬 coroutine 생성

그림 14.14는 파이썬 프로그램에서 async를 사용하여 코루틴을 구성하는 예제를 보여준다. Line 3에서는 types를 설치하며, line 5에서 함수 데코레이터 @types.coroutine을 사용하여 myRange() 함수를 코루틴으로 설정한다. myRange(n) 함수는 line 7~10에서 인수로 주어진 n값에 따라 0~n−1 범위의 정수를 yield를 사용하여 전달한다.

Line 12~14에서는 async 키워드를 사용하여 coroutine1() 함수를 코루틴으로 설정하며, line 14에서 await 명령어에 따라 myRange() 코루틴을 반복 호출하며 생성된 값을 반환한다. Line 16에서는 코루틴 coroutine1(5)을 c1 객체로 생성하며, line 18~23에서 코루틴 c1의 멤버함수 send()를 None 인수를 설정하여 호출하며, 그 결과로서 myRange() 코루틴이 생성하여 주는 0~n−1 구간의 정수를 차례로 출력한다. Line 16에서 n을 5로 설정하기 때문에 myRange() 코루틴은 5번의 호출에 대해서 0~4까지의 정수를 생성하여 반환하며, 6번째 호출에서는 myRange() 코루틴이 이미 종료상태에 있다는 StopIteration 예외상황이 발생하게 된다.

```
# Co-routine and await()

import types

@types.coroutine
def myRange(n):
    i = 0
    while i < n:
        yield i
        i += 1

async def coroutine1(n=1):
    print("coroutinel is executing ...")
    await myRange(n)

c1 = coroutine1(5)
print("c1 : ", c1)
print("c1.send(None) : ", c1.send(None))
print("c1.send(None) : ", c1.send(None))
print("c1.send(None) : ", c1.send(None))
print("c1.send(None) : ", c1.send(None))
print("c1.send(None) : ", c1.send(None))
print("c1.send(None) : ", c1.send(None))
```

그림 14.14 async를 사용한 파이썬 코루틴 예제

```
c1 :  <coroutine object coroutine1 at 0x02C2D780>
coroutinel is executing ...
c1.send(None) :  0
c1.send(None) :  1
c1.send(None) :  2
c1.send(None) :  3
c1.send(None) :  4
Traceback (most recent call last):
  File "C:\MyPyPackage\Z-TextBook (Python) - 2019-8
iprocess\co-routine\Co-routine and await().py", lin
    print("c1.send(None) : ", c1.send(None))
StopIteration
```

그림 14.15 async를 사용한 파이썬 코루틴 실행 결과

14.3.2 async/await 구조의 Coroutine 생성

파이썬 3.4부터는 일반적인 비동기 프로그램을 위한 asyncio 모듈이 사용될 수 있게 되었으며, 함수를 async/await 구조의 코루틴으로 구성할 수 있다. 그림 14.16은 async 모듈을 사용하여 async/await 구조의 코루틴을 구성하는 예제를 보여준다. Line 2에서 asyncio 모듈을 설치하여 비동기 코루틴을 사용할 수 있는 준비를 한다.

Line 7~23에서는 FIFO 큐를 클래스로 구현하고 있다. Line 8~11의 클래스 Queue 초기 생성자는 데이터 저장 버퍼 items를 리스트로 구현하며, 인수 args로 전달된 item들을 items에 추가한다. Line 14~17에서는 FIFO 큐의 기본 입출력 함수인 enqueue() 함수와 dequeue() 함수를 구현하는데, enqueue() 함수는 새로운 데이터 항목 (item)을 리스트 items의 맨 끝에 추가하도록 하며, dequeue() 함수는 items의 맨 처음 항목을 pop(0) 함수를 사용하여 추출하고, 이를 반환하여 FIFO (first in first out) 기능이 구현되도록 한다.

```
 1 : # Simulator with concurrent processing and shared queue
 2 : import asyncio
 3 : import random
 4 : import time
 5 : from datetime import datetime
 6 :
 7 : class Queue:
 8 :     def __init__(self, *args):
 9 :         self.items = []
10 :         for item in args:
11 :             self.items.append(item)
12 :     def is_empty(self):
13 :         return self.items ==[]
14 :     def enqueue(self, item):
15 :         self.items.append(item)
16 :     def dequeue(self):
17 :         return self.items.pop(0)
18 :     def size(self):
19 :         return len(self.items)
20 :     def __repr__(self):
21 :         return str(self.items)
22 :     def print(self):
23 :         print("queue items : ", self.items)
24 :
25 : async def DataGen(queue, target_num_data_gen):
26 :     count = 0
27 :     while count < target_num_data_gen:
28 :         gen_data = random.randint(1, 100)
29 :         count = count + 1
30 :         print("DataGen::count ({0}), gen_data {1}".format(count, gen_data))
31 :         while queue.size() >= 5:
32 :             print("Queue size ({0}) >= 5".format(queue.size()))
33 :             await asyncio.sleep(1)
34 :         queue.enqueue(gen_data)
35 :         await asyncio.sleep(0.1)
36 :
```

그림 14.16 async와 await asyncio.sleep() 기반의 Coroutine과 shared queue (part 1)

Line 18~19의 size() 함수는 현재 리스트 items에 저장되어 있는 데이터 item들의 개수를 반환하여 주며, line 20~23의 __repr__() 함수와 print() 함수는 FIFO 큐에 포함된 데이터들을 출력하여 큐의 내부 구성을 파악할 수 있게 한다.

Line 25~35에서는 DataGen() 함수를 async/await 구조의 비동기식 코루틴으로 동작하게 한다. Line 27~35의 while-loop에서는 인수로 전달되는 target_num_data_gen 개수의 정수 데이터 gen_data를 randint() 함수를 사용하여 1~100 범위의 정수로 생성한다. Line 31~33에서는 큐에 포함된 데이터 개수가 큐의 용량 (5)를 초과하지 않게 관리하며, 만약 큐의 size() 멤버함수를 사용하여 데이터 개수를 파악한 후 용량인 5인 경우, 현재의 큐 크기를 출력하고 await asyncio.sleep(1)을 사용하여 1초 동안 대기하도록 한다. Line 34에서 queue의 enqueue() 멤버함수를 사용하여 gen_data를 저장하고 0.1초를 대기하게 한다.

```
24 :  async def DataProcessor(queue, target_num_data):
25 :      count = 0
26 :      print("Consumer::begin data processing .... ")
27 :      while count < target_num_data:
28 :          while (queue.size() <= 0):
29 :              print("Consumer:: queue.size() <= 0, waiting")
30 :              await asyncio.sleep(1)
31 :          if (queue.size() > 0):
32 :              print("Consumer:: queue.size({0}) > 0".format(queue.size()))
33 :              rcv_data = queue.dequeue()
34 :          if rcv_data != None:
35 :              count = count + 1
36 :              print("Consumer::processed_data : ", rcv_data)
37 :          else:
38 :              print("Consumer::dequeued NULL data ")
39 :          await asyncio.sleep(0.1)
40 :
41 :  Target_Num_Data = 10
42 :  queue = Queue()
43 :  dataProc = DataProcessor(queue, Target_Num_Data)
44 :  dataGen = DataGen(queue, Target_Num_Data)
45 :
46 :  loop = asyncio.get_event_loop()
47 :  tasks = [
48 :      asyncio.ensure_future(dataProc),
49 :      asyncio.ensure_future(dataGen)
50 :      ]
51 :  loop.run_until_complete(asyncio.wait(tasks))
52 :  loop.close()
53 :  print("Simulation completed !!")
```

그림 14.16 async와 await asyncio.slee()기반의 Coroutine과 shared queue (part 2)

Line 24~39에서는 FIFO 큐로부터 데이터를 읽고 처리하는 DataProcessor() 함수를 async/await 구조의 코루틴으로 구현한다. Line 27~39의 while-loop은 처리된 데이터 개수가 인수로 전달된 target_num_data개만큼 처리할 때까지 반복 수행하게 된다. Line 28~30에서는 queue에 저장되어 있는 데이터가 없는 경우 1초 동안 대기하도록 하고 다시 큐의 크기를 확인한다. Line 31~33에서는 큐에 데이터가 1개 이상 포함되어 있는 경우 이를 queue.dequeue() 함수를 사용하여 추출한다. 만약 추출된 데이터가 None 객체가 아닌 경우 처리된 데이터 개수 count를 증가시키며, 만약 None 객체인 경우 NULL 데이터를 추출하였다는 내용을 출력한다.

Line 41에서 전체 데이터 처리 개수 Target_Num_Data를 10으로 설정하며, line 42~44에서 클래스 Queue의 객체 queue를 생성하고, DataProcessor() 함수와 DataGen() 함수를 각각 dataProc 객체와 dataGen 객체로 생성한다. Line 46에서 asynio 모듈의 get_event_loop() 함수를 사용하여 비동기 코루틴의 관리자 loop을 생성

하고, line 47~50에서 코루틴 객체인 dataProc와 dataGen을 asyncio.ensure_future() 함수를 사용하여 asyncio의 테스크 리스트 tasks를 생성한다. 이렇게 생성된 테스크들은 line 51에서 loop.run_until_complete() 함수를 사용하여 실행시키며, asyncio.wait(tasks) 함수를 사용하여 테스크들이 모두 종료될 때까지 대기하도록 한다. Line 52에서 테스크들의 실행이 종료되면 loop을 close() 멤버 함수를 사용하여 종료 시킨다. 그림 14.16의 코루틴 실행 과정의 출력 결과는 그림 14.17에서 확인할 수 있다.

```
DataProc::begin data processing ....
DataProc:: queue is empty now, waiting
DataGen::count (1), gen_data 75
DataGen::count (2), gen_data 3
DataGen::count (3), gen_data 79
DataGen::count (4), gen_data 8
DataGen::count (5), gen_data 84
DataProc:: queue is not empty, current length(5) > 0, queue.dequeue()
DataProc::processed_data :  75
DataGen::count (6), gen_data 57
DataProc:: queue is not empty, current length(5) > 0, queue.dequeue()
DataProc::processed_data :  3
DataGen::count (7), gen_data 49
DataProc:: queue is not empty, current length(5) > 0, queue.dequeue()
DataProc::processed_data :  79
DataProc:: queue is not empty, current length(4) > 0, queue.dequeue()
DataProc::processed_data :  8
DataGen::count (8), gen_data 80
DataProc:: queue is not empty, current length(4) > 0, queue.dequeue()
DataProc::processed_data :  84
DataProc:: queue is not empty, current length(3) > 0, queue.dequeue()
DataProc::processed_data :  57
DataGen::count (9), gen_data 36
DataProc:: queue is not empty, current length(3) > 0, queue.dequeue()
DataProc::processed_data :  49
DataProc:: queue is not empty, current length(2) > 0, queue.dequeue()
DataProc::processed_data :  80
DataGen::count (10), gen_data 82
DataProc:: queue is not empty, current length(2) > 0, queue.dequeue()
DataProc::processed_data :  36
DataProc:: queue is not empty, current length(1) > 0, queue.dequeue()
DataProc::processed_data :  82
Simulation completed !!
```

그림 14.17 async와 await asyncio.slee() 기반의 Coroutine과 shared queue 실행 결과

14.3.3 @asyncio.coroutine 함수 데코레이터를 사용한 코루틴 생성

asyncio모듈의 @asyncio.coroutine 데코레이터를 사용하여 제네레이터 기반 코루틴 함수를 구성할 수 있다. 다만 한가지 미리 알아두어야 하는 것은 @asyncio.coroutine 데코레이터를 사용하는 제네레이터 기반 코루틴 지원은 파이썬 3.10에서는 폐지[1]될 예정이므로, 현재 구현되어 있는 데코레이터 기반 코루틴을 이해할 때에는 이 절에서 설명하는 내용을 참고하고, 실제 코루틴을 구현할 때에는 14.3.2절에서 설명하였던 async/await 구조의 코루틴 구현 방법을 사용하는 것을 권장한다.

---

1) https://docs.python.org/ko/3/library/asyncio-task.html 참조

그림 14.18은 asyncio 모듈을 설치하고, @asyncio.coroutine 데코레이터를 사용하여 코루틴 함수를 구성하는 예제를 보여준다. Line 2에서는 asyncio 모듈을 설치하여 비동기 프로그램을 구현할 수 있게 한다.

```
 1 : # Simulator with concurrent processing
 2 : import asyncio
 3 : import random
 4 : import time
 5 : from datetime import datetime
 6 :
 7 : Target_Num_Data = 10
 8 :
 9 : @asyncio.coroutine
10 : def RandDataGen(queue):
11 :     count = 0
12 :     while count < Target_Num_Data:
13 :         gen_data = random.randint(1, 100)
14 :         count = count + 1
15 :         print("DataGen::count ({0}), gen_data {1}".format(count, gen_data))
16 :         queue.send(gen_data)
17 :         time.sleep(1)
18 :
19 : @asyncio.coroutine
20 : def FIFO_Queue(target):
21 :     buffer = []
22 :     round = 0
23 :     #print('Q::target = ', target)
24 :     next(target) # forward target to the "yield" position
25 :     while True:
26 :         buf_len = len(buffer)
27 :         if buf_len > 0:
28 :             Q_data = buffer.pop(0)
29 :             print("Q::Forwarded Q_data {0}".format(Q_data))
30 :             target.send(Q_data)
31 :         if buf_len < 5:
32 :             rcv_data = (yield)
33 :             buffer.append(rcv_data)
34 :         round = round + 1
```

그림 14.18 @asyncio.coroutine을 사용한 코루틴 구성 예제 (part 1)

Line 7에서는 데이터 생성 및 처리 개수 Target_Num_Data를 10으로 설정하며, line 9, 19, 35에서는 그 뒤에 def로 선언된 함수들을 코루틴으로 동작할 수 있게 한다. Line 8~17에서 구현하는 RandDataGen(queue) 함수는 1~100 구간의 난수를 randint() 함수를 사용하여 생성하며, 이를 인수로 전달된 queue에 send() 함수를 사용하여 전달한 후, time.sleep(1) 함수로 1초를 쉬게 한다.

Line 20~34에서 구현된 Queue(target) 함수는 코루틴 RandDataGen()과 Consumer() 사이에 공유되는 FIFO 큐를 구현한다. Line 21에서는 큐의 데이터 저장을 위하여 리스트 buffer를 준비하며, line 24에서 next(target) 함수를 호출하여 target으로 지정된 코루틴을 시작시킨다. Line 25~34에서는 FIFO 큐의 기능을 능동적으로 수행하며, line 27~30에서 FIFO 큐의 버퍼인 buffer에 데이터가 존재하는 경우 리스트의 맨 앞에 있는 데이터를 pop(0)으로 읽고, 이를 target.send() 함수를 사용하여 전달한다. Line 31~33에서는 만약 FIFO 큐의 버퍼에 여유 공간이 있으면 (즉, 버퍼 길이가 5 미만인 경우), rcv = (yield)를 사용하여 전달되어 온 데이터를 읽고, 이를 리스트 buffer의 append() 함수를 사용하여 리스트 끝 위치에 추가한다.

```
35 :  @asyncio.coroutine
36 :  def Consumer(num_data):
37 :      count = 0
38 :      print("Consumer::begin data processing .... ")
39 :      while count < num_data:
40 :          rcv_data = (yield)
41 :          if rcv_data != None:
42 :              count = count + 1
43 :              print("Consumer::processed_data : ", rcv_data)
44 :          time.sleep(0.5)
45 :
46 :  dataProc = Consumer(Target_Num_Data)
47 :  queue = FIFO_Queue(dataProc)
48 :  dataGen = RandDataGen(queue)
49 :
50 :  loop = asyncio.get_event_loop()
51 :  tasks = [
52 :      asyncio.ensure_future(dataProc),
53 :      asyncio.ensure_future(queue),
54 :      asyncio.ensure_future(dataGen)
55 :      ]
56 :  loop.run_until_complete(asyncio.wait(tasks))
57 :  loop.close()
58 :  print("Simulation completed !!")
```

그림 14.18 @asyncio.coroutine을 사용한 코루틴 구성 예제 (part 2)

Line 36~44에서는 Consumer() 코루틴을 구현한다. Consumer() 함수에서는 데이터 처리 개수가 num_data 미만일 경우 line 40에서 rcv_data = (yield)를 사용하여 전달되어 온 데이터를 수신하며, 이를 출력한 후 0.5초 동안 sleep하도록 한다.

Line 46~48에서는 Consumer() 코루틴을 dataProc 객체로 생성하고, FIFO_Queue() 코루틴을 queue로 생성하며, RandDataGen() 코루틴을 dataGen 객체로 생성한다.

Line 50에서 asyncio 모듈의 get_event_loop() 함수를 loop 객체로 설정하며, line 51~55에서 3개의 코루틴을 asyncio 모듈의 ensure_future() 함수를 사용하여 테스크 리스트에 등록시키며, line 56에서 run_until_complete() 함수를 사용하여 테스크 리스트 tasks에 등록된 코루틴들이 실행되도록 하고, 그 코루틴들의 실행이 종료될 때까지 wait() 함수로 기다린다. 모든 태스크들이 실행 종료를 하면 line 57에서 asyncio의 event_loop인 loop을 종료시킨다.

그림 14.18에서 구성한 3개의 코루틴들의 실행 결과는 그림 14.19에서 보는 것과 같다. 이 결과에서 보면 RandGenData() 코루틴이 차례로 생성한 데이터들이 FIFO 큐를 거쳐

Consumer() 코루틴에서 정상적으로 처리된 것을 확인할 수 있다.

```
DataGen::count (1), gen_data 10
Q::Forwarded Q_data 10
Consumer::processed_data :  10
DataGen::count (2), gen_data 4
Q::Forwarded Q_data 4
Consumer::processed_data :  4
DataGen::count (3), gen_data 26
Q::Forwarded Q_data 26
Consumer::processed_data :  26
DataGen::count (4), gen_data 12
Q::Forwarded Q_data 12
Consumer::processed_data :  12
DataGen::count (5), gen_data 74
Q::Forwarded Q_data 74
Consumer::processed_data :  74
DataGen::count (6), gen_data 8
Q::Forwarded Q_data 8
Consumer::processed_data :  8
DataGen::count (7), gen_data 73
Q::Forwarded Q_data 73
Consumer::processed_data :  73
DataGen::count (8), gen_data 25
Q::Forwarded Q_data 25
Consumer::processed_data :  25
DataGen::count (9), gen_data 11
Q::Forwarded Q_data 11
Consumer::processed_data :  11
DataGen::count (10), gen_data 43
Q::Forwarded Q_data 43
Consumer::processed_data :  43
Simulation completed !!
```

그림 14.19 @asyncio.coroutine을 사용한 코루틴 구성 예제 실행 결과

14.4 파이썬 스레드 (Python Thread)

파이썬 프로그래밍 환경에서의 동시처리 기능 구현을 위하여 threading 모듈이 제공되며, 스레드 구조의 프로그램의 구현이 가능하다. 하나의 파이썬 프로그램에서 다수의 스레드를 생성하고, 이 스레드들이 자원을 공유하며 지정된 임무를 수행하게 하는 구조를 사용함으로써 소프트웨어 모듈들의 개발을 쉽게 할 수 있으며, 시스템 기능 관리에서도 객체 지향형 프로그래밍의 장점을 활용할 수 있다.

14.4.1 파이썬 스레드

파이썬 프로그래밍 환경에서의 스레드 생성 및 관리 기능은 표 14.3에서 설명하는 함수들을 사용하여 구현할 수 있다. 우선 파이썬 스레드를 생성 및 관리하기 위해서는 threading 모듈을 설치하여야 한다. 파이썬 스레드의 생성은 threading.Thread(target, name, args)을 사용하여 생성한다. target 인수에서 지정하는 이름의 함수가 스레드로 생성되며, 스레드의 이름은 name으로 설정되고, 스레드 함수에 전달되는 인수는 args로 전달한다.

파이썬 스레드의 'name' 속성은 스레드의 이름을 문자열 (string)으로 표현한 것이며, getName()과 setName() 함수로 읽거나 변경할 수 있다. getName()/setName() 대신 직접 name 속성을 사용하는 것을 권장한다.

스레드의 데몬 (daemon) 속성은 그 스레드가 데몬 스레드로 동작하는지를 나타낸다. 데몬 스레드란 백그라운드에서 실행되는 스레드이며, daemon = True로 설정하여 실행을 시킨 데몬스레드는 메인 스레드가 종료되면 즉시 종료된다. 데몬 스레드로 설정되어 있지 않은 스레드는 메인 스레드가 종료되어도 계속 생존하여 주어진 조건에 따라 스스로 실행을 종료하게 된다. daemon의 기본 값은 False로 설정된다.

생성된 스레드는 start() 메소드를 사용하여 실행시킨다. run() 메소드는 threading.Thread 객체를 상속받아 생성되는 파생 스레드 클래스에서 실제 실행을 수행하는 메소드이며, start() 메소드는 내부적으로 run()메소드를 호출하게 된다. join() 메소드는 실행을 시작한 스레드가 종료할 때 까지 스레드를 생성시킨 스레드 생성자를 기다리게 한다. is_alive()는 해당 스레드가 아직 동작하고 있는지 확인하여 준다.

표 14.3 파이썬 스레드 관련 threading 모듈의 함수/메소드, 속성

threading 모듈 함수/메소드, 속성	설명
Thread(target, name, args)	스레드 생성 (스레드 함수는 target으로 설정, 이름은 name으로 설정, 스레드 함수에 전달되는 인수들은 args로 설정)
name	스레드의 이름
daemon	스레드가 데몬으로 실행될 것인가를 설정하며, 스레드의 start()가 실행되기 이전에 설정되어야 함 (기본 설정값은 daemon = False) 데몬 스레드는 백그라운드에서 실행되며 메인스레드가 종료할 때 함께 종료됨
start()	스레드의 동작이 시작되도록 하며 내부적으로 run() 메소드가 호출하여 줌
run()	start()에 의하여 내부적으로 호출되며 스레드를 실행시킴
join()	스레드가 종료될 때까지 join() 메소드를 호출한 메인스레드의 진행을 중지시키고 대기하게 함
is_alive()	스레드가 활성화되어 실행상태에 있는지 확인
get_ident()	현재 실행중인 스레드의 식별자 (identifier)를 반환
active_count()	현재 활성화 상태로 실행중인 스레드의 개수를 파악
current_thread()	현재 실행중인 스레드의 객체를 반환
enumerate()	현재 실행중인 모든 스레드의 객체 리스트를 반환
main_thread()	메인스레드 객체를 반환
settrace()	threading 모듈에 의해 생성된 스레드들의 추적 (trace) 기능을 설정
setprofile()	threading 모듈에 의해 생성된 스레드들의 프로파일링 기능을 설정
stack_size()	새로운 스레드를 생성할 때 스택 크기를 알려줌

get_ident()는 실행 중인 스레드의 식별자를 알려 준다. active_count()는 현재 실행 (active) 상태인 스레드의 개수를 알려 주며, current_thread()는 현재 실행 중인 스레드

를 알려 주며, enumerate() 함수는 현재 실행 상태인 스레드들의 리스트를 제공한다. main_thread()는 메인 스레드를 반환하여 주며, 정상적인 상황에서 메인 스레드는 파이썬 인터프리터가 실행된 스레드를 의미한다.

settrace() 함수는 threading 모듈로부터 생성된 스레드들의 트레이스 기능을 설정한다. setprofile() 함수는 threading 모듈로부터 생성된 스레드들의 프로파일 기능을 설정한다. stack_size() 함수는 새로운 스레드를 생성할 때 사용되는 스택의 크기를 알려 준다.

파이썬 스레드에서 임계 구역 (critical section)의 설정과 관리 기능은 표 14.4에서 설명하고 있는 함수를 사용하여 구현할 수 있다. 파이썬에서 임계 구역 설정은 Lock() 함수를 실행하여 세마포 객체인 lock을 생성하며, lock.acquire() 함수를 사용하여 임계 구역 진입을 선언하며, lock.release() 함수를 사용하여 임계 구역 진출을 선언한다. lock.acquire()와 lock.release() 함수에서는 blocking 인수를 True (기본값) 또는 False로 선언할 수 있으며, blocking 인수가 True로 선언되어 있으면 해당 임계구역을 acquire() 한 이후에 release() 할 때까지 임계구역에 다른 스레드가 진입할 수 없게 통제한다.

표 14.4 임계구역 관리를 위한 함수/메소드 - Lock

임계구역 관리 함수/메소드	설명
Lock()	파이썬 스레드간의 공유자원 사용에 대한 임계구역 설정.
lock.acquire()	임계구역을 사용할 수 있도록 잠금 (lock)을 확보하도록 함. acquire() 메소드 호출에서 blocking = True로 설정되었을 때 지정된 잠금을 다른 스레드가 확보하고 있는 상태이면 그 잠금이 해제될 때 까지 대기한 후 잠금을 확보하고 True를 반환함. acquire() 메소드 호출에서 blocking = False로 설정되었을 때 지정된 잠금을 다른 스레드가 확보하고 있는 상태이면 대기하지 않고 False를 반환함.
lock.release()	임계구역을 관리하는 잠금 (lock)을 해제시키며, 그 잠금을 확보한 스레드와 다른 스레드가 호출할 수 있음. 만약 잠금이 locked 상태에 있으면 unlocked 상태로 변경시키며, 이 잠금을 기다리고 있는 스레드 하나를 선정하여 잠금을 확보할 수 있게함.

14.4.2 파이썬 스레드 생성 및 관리

그림 14.20은 파이썬 스레드를 생성하고 관리하는 예제를 보여준다. Line 2에서 threading 모듈을 설치하여 스레드 관리 기능을 사용할 수 있도록 준비한다. Line 6~19에서는 스레드로 실행시킬 함수 Sample_Thread()를 구현한다. Sample_Thread() 함수에는 스레드의 이름 (thrd_name), 임계 구역 세마포 lock, 스레드의 반복 구문 실행 회수인 loop_count가 인수로 전달된다. Line 8~9에서는 lock.acquire() 함수를 실행하여 임계 구역의 진입 및 진출을 설정하며 스레드의 실행이 시작되었음을 알려 준다.

Line 11~16의 while-loop에서는 count 값을 출력하며, 임계구역 세마포 lock을 활용하여 출력 내용이 뒤섞이지 않도록 관리한다. count 값은 매번 while 반복문이 실행될 때마다 1씩 증가하며, 한번 출력이 된 후에 0.5초 동안 sleep한 후 다음 반복이 실행된다. 스레드가 sleep() 함수를 실행하면 운영체제는 다른 스레드가 실행될 수 있도록 스레드 스케줄링을 실행한다. 스레드 내부에서의 while-loop의 실행이 종료되면 line 17~19에서 스레드의 종료를 알려 주는 출력을 하고, 이 출력에서도 임계구역의 세마포 lock을 사용하여 출력 내용이 뒤섞이지 않도록 관리한다.

```
 1 : # Simple multi-tasking with Python threads and Lock for Synchronization
 2 : import threading
 3 : import time
 4 : import asyncio
 5 :
 6 : def Sample_Thread(thrd_name, lock, loop_count):
 7 :     count = 0
 8 :     lock.acquire()
 9 :     print("Thread ({0}) activated \n".format(thrd_name))
10 :     lock.release()
11 :     while count < loop_count:
12 :         lock.acquire()
13 :         print("Thread ({0}) - count ({1}) . . . . .\n".format(thrd_name, count))
14 :         lock.release()
15 :         count += 1
16 :         time.sleep(0.5)
17 :     lock.acquire()
18 :     print("Thread ({0}) is terminating \n".format(thrd_name))
19 :     lock.release()
20 :
21 : def main():
22 :     lock = threading.Lock() # creating a lock
23 :     loop_count = 10
24 :     thread_A = threading.Thread(target = Sample_Thread, name='A',
             args=('A', lock, loop_count))
25 :     thread_B = threading.Thread(target = Sample_Thread, name='B',
             args=('B', lock, loop_count))
26 :     thread_C = threading.Thread(target = Sample_Thread, name='C',
             args=('C', lock, loop_count))
27 :
28 :     threads = []
29 :     threads.append(thread_A)
30 :     threads.append(thread_B)
31 :     threads.append(thread_C)
32 :
33 :     for t in threads:
34 :         lock.acquire()
35 :         print("Activating thread {0}\n".format(t))
36 :         t.daemon = True
37 :         t.start()
38 :         t.join(timeout = 1.0)
39 :         print("Thread {0} activated\n".format(t))
40 :         lock.release()
```

그림 14.20 Python Thread with lock (part 1)

Line 21~52의 main() 함수에서는 스레드의 생성 및 관리 기능을 구현한다. Line 22에서는 스레드 간의 동기화를 위한 임계 구역 세마포 lock을 threading.Lock() 함수를 사용하여 생성한다. Line 24~26에서는 3개의 스레드 (thread_A, thread_B, thread_C)를 threading.Thread() 함수를 사용하여 생성하며, Thread() 함수의 인수인 target, name, args를 사용하여 각 스레드의 실행 함수, 스레드 이름, 스레드 실행 함수에 전달되는 인수를 설정한다. Line 28~31에서는 스레드들을 함께 관리하기 위한 리스트 threads를 생성하며, thread_A, thread_B, thread_C를 차례로 포함시킨다.

```
41 :
42 :         print("Waiting for all threads to be terminated ....\n")
43 :         while True:
44 :             flag = False
45 :             for t in threads:
46 :                 if t.is_alive():
47 :                     flag = True
48 :             if flag == False:
49 :                 break
50 :             else:
51 :                 print("There is at least on thread still alive\n")
52 :             time.sleep(1)
53 :         print("All threads are terminated now !!")
54 :
55 :     if __name__ == '__main__':
56 :         main()
```

그림 14.20 Python Thread with lock (part 2)

```
Activating thread <Thread(A, initial)>

Thread <Thread(A, started daemon 70404)> activated

Activating thread <Thread(B, initial)>

Thread <Thread(B, started daemon 72064)> activated

Activating thread <Thread(C, initial)>

Thread <Thread(C, started daemon 72556)> activated

Waiting for all threads to be terminated ....
Thread (B) activated


There is at least on thread still alive
Thread (B) - count (0) . . . . .


Thread (C) activated

Thread (C) - count (0) . . . . .

Thread (A) activated

Thread (A) - count (0) . . . . .

Thread (B) - count (1) . . . . .

Thread (C) - count (1) . . . . .
```

(a) 실행결과 (첫 부분)

```
There is at least on thread still alive

Thread (B) - count (8) . . . . .

Thread (C) - count (8) . . . . .

Thread (A) - count (8) . . . . .

Thread (B) - count (9) . . . . .

Thread (B) is terminating

Thread (A) - count (9) . . . . .

Thread (A) is terminating

Thread (C) - count (9) . . . . .

Thread (C) is terminating

All threads are terminated now !!
```

(b) 실행결과 (끝 부분)

그림 14.21 Python Thread with lock – 실행 결과

Line 33~40에서는 threads 리스트에 포함되어 있는 스레드를 각각 데몬으로 설정하고, start() 함수를 사용하여 실행시키며, join() 함수를 사용하여 이 스레드가 실행을 종료할 때까지 메인 스레드가 대기하도록 한다. 다만 join(timeout = 1.0) 함수에서 timeout을 1.0초로 설정하였기 때문에 1.0초 이후에는 메인 스레드가 실행을 계속 수행하여 다른 스레드를 생성할 수 있게 한다.

Line 42~51의 while-loop은 스레드 중에서 실행 상태에 있는 스레드가 남아 있는지 확인하며, 모든 스레드가 종료될 때까지 대기하도록 한다. 만약 실행상태의 스레드가 하나라도 남아 있으면 이 상태를 출력하며 1초 동안 sleep한 후 다시 while 반복을 실행하도록 한다.

그림 14.20에서 다중 스레드의 실행에서 진행상황을 출력한 내용은 그림 14.21에서 확인할 수 있다.

14.4.3 threading.Thread를 상속받은 스레드 클래스 생성

파이썬 프로그래밍에서 스레드를 생성하는 방법으로 threading.Thread를 상속받는 클래스를 사용할 수 있다. 그림 14.22는 스레드 클래스를 생성하는 예제를 보여준다. Line 6에서는 Inherited_Thread 클래스를 선언할 때 threading.Thread를 상속 받도록 설정하여 스레드 클래스로 구성한다. Line 7~9의 __init__() 함수에서는 threading.Thread.__init__() 함수를 실행시켜 부모 클래스인 threading.Thread의 생성자가 실행되도록 하며, 속성 my_name을 생성하여 스레드 이름을 사용할 수 있게 한다.

```
 1: # thread with inheritance from threading.Thread
 2:
 3: import threading
 4: import time
 5:
 6: class Inherited_Thread(threading.Thread):
 7:     def __init__(self, name):
 8:         threading.Thread.__init__(self)
 9:         self.my_name = name
10:     def run(self):
11:         my_id = threading.get_ident()
12:         print("{} is running now, identifier = {}\n"
              .format(self.my_name, my_id))
13:         count = 0
14:         while count < 10:
15:             print("{} - count ({})\n".format(self.my_name, count))
16:             count = count + 1
17:             time.sleep(1)
18:
19: t_A = Inherited_Thread("Inherited Thread A")
20: t_A.start()
21: t_A.join(timeout = 1.0)
22: t_B = Inherited_Thread("Inherited Thread B")
23: t_B.start()
24: t_B.join(timeout = 1.0)
25: print("main thread is terminating....\n")
```

그림 14.22 threading.Thread를 상속받아 스레드를 생성하는 예제

Line 10~17의 run() 멤버 함수는 threading.get_ident() 함수를 사용하여 자신의 스

레드 식별자를 확인하여 이를 출력한다. 다음으로 line 14~17의 while-loop을 사용하여 count 변수를 0~9까지 차례로 출력하고, 하나씩 증가시키며 1초 동안 sleep한 후 다음 반복 구문을 수행하게 한다.

```
Inherited Thread A is running now, identifier = 75100

Inherited Thread A - count (0)

Inherited Thread B is running now, identifier = 75868
Inherited Thread A - count (1)

Inherited Thread B - count (0)

main thread is terminating....
Inherited Thread A - count (2)

Inherited Thread B - count (1)
```

(a) 실행결과 (시작 부분)

```
Inherited Thread A - count (6)
Inherited Thread B - count (5)

Inherited Thread A - count (7)
Inherited Thread B - count (6)

Inherited Thread A - count (8)
Inherited Thread B - count (7)

Inherited Thread A - count (9)
Inherited Thread B - count (8)

Inherited Thread B - count (9)
```

(b) 실행결과 (끝 부분)

그림 14.23 threading.Thread를 상속받아 스레드를 생성하는 예제의 실행 결과

Line 19~24에서는 Inherited_Thread 클래스를 사용하여 2개의 스레드 객체를 생성하고, start() 멤버 함수를 실행시켜 스레드의 동시처리가 시작하도록 한다. join() 함수에서 time_out=1.0으로 설정하였기 때문에 1초 뒤에는 메인 스레드가 다음 작업을 수행할 수 있으며, 따라서 line 25에서 메인 스레드가 종료한다는 출력을 한 후에도 2개의 스레드는 계속 실행 상태에 남아 있을 수 있게 된다.

메인 스레드와 추가 생성된 2개의 스레드로부터의 출력 결과는 그림 14.23에서 확인할 수 있다. 그림 14.23 (a) 부분에서 2개의 스레드가 생성되고, 실행이 시작된 후 "main thread is terminating ..."이 출력되는 것을 확인할 수 있으며, 그 이후에도 thread_A와 thread_B가 계속 실행되는 것을 알 수 있다.

```
1 :  # thread with inheritance from threading.Thread
2 :
3 :  import threading
4 :  import time
5 :
6 :  # include here the class Inherited_Thread() of Fig 14.22
7 :
8 :  t_A = Inherited_Thread("Inherited Thread A")
9 :  t_A.start()
10 : t_B = Inherited_Thread("Inherited Thread B")
11 : t_B.start()
12 : t_A.join()
13 : t_B.join()
14 : print("main thread is terminating....\n")
```

그림 14.24 스레드의 join() 함수 설정 비교

그림 14.24는 그림 14.22에서 구현하였던 class Inherited_Thread를 사용하며 (line 6 위치에 class Inheritance_Thread를 추가하여 구현하기 바람.) line 12~13에서

join() 함수를 실행할 때, time_out 인수를 설정하지 않아 각 스레드가 완료될 때까지 메인 스레드가 진행할 수 없게 제한하는 기능을 구현하였으며, join() 함수 사용을 비교할 수 있게 하였다.

그림 14.24의 실행 결과는 그림 14.25에서 볼 수 있으며, "main thread is terminating ...." 출력 결과가 모든 스레드가 종료된 후에 출력되는 것을 알 수 있다.

```
Inherited Thread A is running now, identifier = 75836
Inherited Thread B is running now, identifier = 76416

Inherited Thread A - count (0)
Inherited Thread B - count (0)

Inherited Thread A - count (1)

Inherited Thread B - count (1)

Inherited Thread A - count (2)
Inherited Thread B - count (2)
```

(a) 실행결과 (시작 부분)

```
Inherited Thread A - count (7)
Inherited Thread B - count (7)

Inherited Thread A - count (8)
Inherited Thread B - count (8)

Inherited Thread A - count (9)
Inherited Thread B - count (9)

main thread is terminating....
```

(b) 실행결과 (끝 부분)

그림 14.25 스레드의 join() 함수 설정 비교 결과

14.4.4 스레드의 동기화를 위한 임계 구역 관리 – 세마포 (semaphore) lock

다수의 스레드가 동시에 병렬 수행을 하고 있는 경우 각 스레드가 처리하는 공유데이터에 대하여 임계구역 (critical section)으로 관리하도록 구성하여야 한다. 파이썬 프로그램에서는 임계 구역 관리를 위하여 threading 모듈의 Lock() 함수를 사용하여 세마포 (semaphore)를 생성하고, 이를 사용하여 스레드 간의 동기화를 유지하도록 한다.

그림 14.26과 그림 14.28은 파이썬 스레드에서 임계 구역 관리 기능을 포함하지 않는 경우와 임계 구역 관리 기능을 포함하는 경우를 비교할 수 있는 예제 프로그램을 보여준다. 그림 14.26의 line 5에서는 다수의 스레드가 공유하는 공유 자원으로 글로벌 변수 x를 선언하며, line 7~9에서 이 전역 변수 x에 1을 더하는 함수 increment()를 구현한다.

Line 11~16에서는 스레드로 구현될 thread_task() 함수를 구현하며, 이 함수에서는 increment() 함수를 지정된 회수 (num_round)만큼 실행시켜 전역 변수 x의 값을 변경시키는 기능을 수행한다. Line 11의 thread_task() 함수 호출에서 임계 구역 관리를 위한 세마포 lock을 전달받으며, increment() 함수를 호출하기 이전에 임계 구역 설정을 할 수 있는 준비를 하고 있다. 그림 14.26에서는 임계 구역 설정 및 관리 기능의 유무에 따라 차이점을 파악할 수 있도록 하기 위하여 line 13, 16에서 lock.acquire() 함수 호출과 lock.release() 호출을 차단시켜 두었다.

그림 14.26 line 17~35의 main_task() 함수에서는 전역 변수 x의 초기값을 0으로 설정하며, threading.Lock() 함수를 사용하여 임계 구역 관리를 위한 세마포 lock을 생성하고, line 21~23에서 threading.Thread() 함수를 사용하여 thread_task() 함수를 3개의 스레드로 각각 생성한다. 각 스레드는 round_per_thread = 1000000으로 설정된 회수만큼 전역 변수 x를 증가시키게 된다.

```
 1 : # Python Thread without Lock for Synchronization
 2 : import threading
 3 : import time
 4 :
 5 : x = 0 # global variable x
 6 :
 7 : def increment(): # function to increment global variable x
 8 :     global x
 9 :     x += 1
10 :
11 : def thread_task(lock, num_round):
12 :     for i in range(num_round):
13 :         #lock.acquire()
14 :         increment()
15 :         #time.sleep(0.1)
16 :         #lock.release()
17 :
18 : def main_task():
19 :     global x
20 :     x = 0 # set the global variable x as 0
21 :     lock = threading.Lock()  # creating a lock
22 :     round_per_thread = 1000000
23 :     # creating threads
24 :     t1 = threading.Thread(target=thread_task, args=(lock, round_per_thread))
25 :     t2 = threading.Thread(target=thread_task, args=(lock, round_per_thread))
26 :     t3 = threading.Thread(target=thread_task, args=(lock, round_per_thread))
27 :
28 :     # start threads
29 :     t1.start()
30 :     t2.start()
31 :     t3.start()
32 :
33 :     # wait until threads finish their job
34 :     t1.join()
35 :     t2.join()
36 :     t3.join()
37 :
38 : if __name__ == "__main__":
39 :     for i in range(10):
40 :         main_task()
41 :         print("Iteration {0}: x = {1}".format(i, x))
```

그림 14.26 임계 구역 관리 기능이 포함되지 않는 파이썬 스레드 예제 (part 1)

Line 26~28에서는 각 스레드에 start() 함수를 실행하여 스레드가 작동을 시작하도록 하며, line 31~33에서 스레드의 종료 시점까지 메인 스레드가 대기하도록 한다. Line 35~38에서는 main_task() 함수를 10번 반복 실행하면서 각 실험 결과를 출력하도록 한다. 각 스레드가 정상적으로 round_per_thread 만큼 증가시킨다면 최종 결과는 3000000이 되어야 하는데, 그림 14.27에서 확인할 수 있는 10번 실행 결과에서 매 번 실행할 때마다 최종 결과는 다른 값을 가지는 것을 알 수 있다.

```
Iteration 0: x = 2464479
Iteration 1: x = 1990694
Iteration 2: x = 2372297
Iteration 3: x = 2060474
Iteration 4: x = 1914380
Iteration 5: x = 2595856
Iteration 6: x = 2100076
Iteration 7: x = 2149753
Iteration 8: x = 2340063
Iteration 9: x = 2175996
```

그림 14.27 임계 구역 관리 기능이 포함되지 않는 파이썬 스레드 예제의 실행 결과

그림 14.27에서 3개의 스레드가 정상적으로 전역 변수 x를 증가시킨 결과를 얻을 수 없는 이유는 그림 14.26 line 13, 16에서 공유 자원 (즉, 전역 변수 x)을 사용할 때 임계 구역으로 설정하지 않았기 때문이며, 하나의 스레드가 전역 변수 x 값의 증가를 위한 increment() 함수 실행을 완전히 수행 완료하기 이전에 다른 스레드가 동일한 x값에 대하여 계산을 수행하고 그 결과를 중첩하여 기록하기 때문이다.

```
def thread_task(lock, num_round):
    for i in range(num_round):
        lock.acquire()
        increment()
        #time.sleep(0.1)
        lock.release()
```

그림 14.28 임계 구역 관리 기능이 포함된 파이썬 스레드 예제

```
Iteration 0: x = 3000000
Iteration 1: x = 3000000
Iteration 2: x = 3000000
Iteration 3: x = 3000000
Iteration 4: x = 3000000
Iteration 5: x = 3000000
Iteration 6: x = 3000000
Iteration 7: x = 3000000
Iteration 8: x = 3000000
Iteration 9: x = 3000000
```

그림 14.29 임계 구역 관리 기능이 포함된 파이썬 스레드 예제의 실행 결과

그림 14.28은 그림 14.26에서의 문제점을 해결하기 위하여 lock.acquire() 및 lock.release() 함수를 수행하도록 그림 14.26 line 11~16의 thread_task() 함수를 재구성한 결과를 보여준다. 이 수정된 함수에서는 공유자원인 전역 변수 x의 값에 대한 increment()를 수행하는 동안 다른 스레드가 전역 변수 x에 대한 increment() 함수 실행을 할 수 없도록 동기화 시킨다.

그림 14.28의 thread_task() 함수로 변경한 후의 실행 결과는 그림 14.29에서 볼 수 있는 것과 같이 10번의 실험에 모두 3000000의 결과값을 생성하는 것을 확인할 수 있다.

14.5 파이썬 멀티프로세스

파이썬 프로그래밍 환경에서 다수의 프로세스를 생성하여 동시처리/다중처리 기능을 구현할 수 있다. 파이썬의 multiprocessing 모듈의 Process() 함수는 프로세스를 생성하여 준다. 파이썬 프로세스들은 pipe나 queue를 사용하여 데이터를 서로 교환할 수 있다.

14.5.1 multiprocessing module

표 14.5는 파이썬 멀티프로세스 생성 및 관리에 관련된 multiprocessing 모듈의 함수와 메소드를 설명한다. multiprocessing 모듈의 Process(target, name, args) 함수는 프로세스를 생성하며, 프로세스로 생성될 함수를 target으로 설정하고, 그 프로세스의 이름은 name으로, target 함수에 전달되는 인수들은 args로 설정한다.

Process() 함수를 사용하여 생성된 프로세스의 속성으로 name은 프로세스의 이름, pid는 프로세스 식별자 (process identifier), exitcode는 프로세스 종료시 반환되는 종료 코드, authkey는 인증키를 나타낸다. 생성된 프로세스는 start() 함수를 사용하여 구동되며, join() 함수를 사용하여 프로세스를 구동시킨 스레드를 해당 프로세스가 종료할 때까지 대기하도록 한다. 프로세스의 is_alive() 멤버 함수를 사용하여 그 프로세스가 활성화된 상태인가를 확인할 수 있으며, terminate() 함수를 사용하여 프로세스를 종료시킬 수 있다.

표 14.5 파이썬 멀티프로세스 관련 함수/메소드와 속성

multiprocessing 모듈 함수/메소드, 속성	설 명
Process(group=None, target=None, name=None, args=(), kwargs={})	프로세스 생성 (프로세스 생성 대상 함수는 target으로 설정, 이름은 name으로 설정, target 함수에 전달될 인수는 args로 설정)
name	프로세스의 이름 속성
daemon	프로세스가 데몬인지를 설정하는 속성
pid	프로세스 식별자 (process identifier)
exitcode	프로세스 종료 코드
authkey	인증 키
run()	프로세스 실행
start()	프로세스를 외부에서 실행시키며, 내부적으로 run() 멤버 함수를 실행
join()	프로세스를 생성시킨 스레드를 포로세스가 종료할 때까지 대기하게 함
is_alive()	프로세스가 실행 중인가를 확인
terminate()	프로세스를 종료시킴

multiprocessing 모듈을 사용하여 생성된 프로세스들 간에 데이터 상호교환이 필요한 경우 multiprocessing 모듈의 Pipe() 함수를 사용하여 파이프를 생성시켜 프로세스들을 연결시키거나 Queue() 함수를 사용하여 큐를 생성시켜 프로세스들을 연결시킬 수 있다.

표 14.6은 multiprocessing 모듈의 Pipe 관련 함수와 메소드를 설명한다. multiprocessing.Pipe() 함수는 파이프를 생성하며 Connection 객체의 (conn1, conn2) pair를 반환한다. conn1은 데이터 수신에 사용되며, conn2는 데이터 송신에 사용된다. 파이프의 send() 멤버 함수를 사용하여 데이터를 송신하게 되며, 파이프의 recv() 멤버 함수를 사용하여 데이터를 수신한다.

표 14.6 multiprocessing 모듈의 Pipe 관련 함수

multiprocessing 모듈 Pipe 관련 함수/메소드, 속성	설 명
conn1, conn2 = Pipe()	파이프를 생성하며, Connection 객체의 (conn1, conn2)를 반환. conn1을 사용하여 데이터를 수신하며, conn2를 사용하여 데이터를 송신함.
send()	파이프를 통하여 데이터를 송신
recv()	파이프를 통하여 데이터를 수신

표 14.7 multiprocessing 모듈의 Queue 관련 함수

multiprocessing 모듈 Queue 관련 함수/메소드, 속성	설 명
Queue()	큐를 생성.
put(obj[, block[, timeout]])	큐를 통하여 데이터 (obj)를 전송. 만약 block=True로 설정되어 있는 경우 큐가 가득차 있으면 빈 공간이 확보될 때 까지 대기. timeout이 양수로 설정되어 있으면 해당 시간까지만 대기.
put_nowait()	큐를 통하여 데이터 (obj)를 전송하며, 큐가 가득차 있는 경우 대기하지 않고 즉시 return 함.
get([block[, timeout]])	큐를 통하여 데이터를 수신. 만약 block=True로 설정되어 있는 경우 큐가 비어 있으면 데이터가 도착할 때 까지 대기. timeout이 양수로 설정되어 있으면 해당 시간까지만 대기.
get_nowait()	큐를 통하여 데이터를 수신하며, 큐가 비어 있는 경우 기다리지 않고 즉시 return 함.
empty()	큐가 비어 있는 지 확인
full()	큐가 가득차 있는지 확인

표 14.7은 multiprocessing 모듈의 Queue 관련 함수와 메소드를 설명한다. Queue() 함수는 프로세스들이 공유할 수 있는 큐를 생성하여 반환한다. 큐는 put(obj[, block[, timeout]]) 함수를 사용하여 데이터를 전송한다. 만약 block=True로 설정되어 있고 큐가 가득차 있는 상태이면 빈 공간이 확보될 때까지 대기한다. 만약 timeout이 양수 값으로 설정되어 있으면 그 시간까지만 대기하며, 그 시간이 경과할 때까지 빈 공간이 확보되지 않으면 Queue.Full 예외상황이 발생된다. put_nowait()을 사용하면 큐를 통하여 데이터를 전송할 때 큐가 가득 차있는 경우 대기하지 않고 즉시 return한다.

Queue에서 수신을 받는 것은 get() 함수를 사용하여 실행된다. 만약 block=True로 설정되어 있고 큐가 비어있는 경우, 데이터가 도착할 때까지 대기한다. 만약 timeout이 양수 값으로 설정되어 있으면 그 시간까지만 대기하며, 그 대기 시간이 경과할 때까지 큐가 비어 있으면 Queue.Empty 예외상황이 발생된다. get_nowait() 함수를 사용하여 큐로부터 수신 받을 수 있는데 만약 큐가 비어있을 경우 대기하지 않고 즉시 return한다.

14.5.2 Process와 pipe

그림 14.30은 multiprocessing 모듈의 Process() 함수를 사용하여 다중 프로세스를 생성하고, Pipe() 함수로 파이프를 생성하여 프로세스를 연결시켜 데이터를 교환할 수 있게 하는 예제를 보여준다. Line 2 multiprocessing 모듈의 Process와 Pipe를 설치한다.

```
 1: # Multiprocessing with Process() and pipe
 2: from multiprocessing import Process, Pipe
 3: import time
 4:
 5: def proc(title, conn, max_count, interval):
 6:     conn.send('pro_{}:: is executing now'.format(title))
 7:     for i in range(max_count):
 8:         msg = conn.recv()
 9:         conn.send('pro_{}:: received from parent {}'.format(title, msg))
10:         time.sleep(interval)
11:     time.sleep(1) # sleep() in proc()
12:     conn.send('pro_{}:: is terminating now'.format(title))
13:
14: def main():
15:     connA_parent, connA_child = Pipe()
16:     pA = Process(target=proc, args=("A", connA_child, 10, 0.1))
17:     pA.start()
18:     print("main():: proc_A was spawned")
19:     connB_parent, connB_child = Pipe()
20:     pB = Process(target=proc, args=("B", connB_child, 15, 0.2))
21:     pB.start()
22:     print("main():: proc_B was spawned")
23:     a = 0; b = 0
24:     while (1):
25:         if(pA.is_alive() == True):
26:             msg_A = connA_parent.recv()
27:             print('[A_{:2d}] {}'.format(a, msg_A))
28:             connA_parent.send(a)
29:             a = a+1
30:         if(pB.is_alive() == True):
31:             msg_B = connB_parent.recv()
32:             print('[B_{:2d}] {}'.format(b, msg_B))
33:             connB_parent.send(b)
34:             b = b+1
35:         if (pA.is_alive() == False) and (pB.is_alive() == False):
36:             print("main() - before join() ::
                  both proc_A and proc_B are not_alive now")
37:             break;
38:         time.sleep(0.2) # main() is waiting
```

그림 14.30 multiprocessing Process()와 Pipe()을 사용한 다중 프로세스 예제 (part 1)

Line 5~13에서는 프로세스로 실행시킬 함수 proc(title, conn, max_count, interval)을 구현하는데, 전달되는 인수로는 프로세스의 이름 (title), 파이프 (conn), 데이터 처리 개수 (max_count)와 데이터 처리 간격 (interval) 등이 포함되어 있다. Line 6에서는 파이프 conn의 send() 멤버 함수를 사용하여 해당 프로세스가 실행되고 있다는 메시지를 메인 스레드로 전달하여 출력될 수 있게 한다. Line 7~10에서는 max_count로 설정된 회수만큼 메인 스레드로부터 recv() 함수를 사용하여 메시지를 전달 받으며, 이를 다시 conn.send() 함수를 사용하여 메인 스레드로 전달하여 출력하게 한다. max_count 만큼의 메시지 교환이 완료되면 해당 프로세스가 종료한다는 메시지를 conn 파이프의 send() 멤버함수를 사용하여 메인 스레드로 전달한다.

Line 14~47에서는 main() 함수를 구현하고 있으며, 다중 프로세스를 생성하고 이들을 파이프로 연결하여 병렬처리 구조로 실행할 수 있게 한다. Line 15에서는 Pipe() 함수를 사용하여 파이프를 생성하며 (conn_parent, conn_child)를 반환받는다.

Line 16에서 Process() 함수를 사용하여 프로세스를 생성하며, target를 proc로 설정하여 line 5~12에서 구현한 proc() 함수를 프로세스로 실행하도록 하고, args에 Pipe()를 사용하여 생성한 파이프의 conn_child를 전달하여 프로세스가 메인 스레드와 데이터를 교환할 때 사용하도록 하고, 프로세스가 지정된 데이터 교환 회수 (max_count)와 시간 간격 (interval) 설정하여 프로세스의 실행을 제어한다. Line 17에서는 프로세스의 start() 함수를 사용하여 프로세스를 실행시킨다. Line 19~21에서는 동일한 방법으로 파이프 connB를 생성하며, 프로세스 pB를 생성하고 실행시킨다.

```
39:     pA.join()
40:     pB.join()
41:     while (1):
42:         if (pA.is_alive() == False) and (pB.is_alive() == False):
43:             print("main() - after join() :: both proc_A and
                   proc_B are not_alive now")
44:             break
45:         time.sleep(0.2) # main() is waiting
46:     connA_parent.close()
47:     connB_parent.close()
48:
49: if __name__ == '__main__':
50:     main()
```

그림 14.30 multiprocessing Process()와 Pipe()을 사용한 다중 프로세스 예제 (part 2)

Line 24~38에서는 while-loop의 구조에서 프로세스 pA와 pB의 실행 상태를 확인하고, 해당 프로세스로부터 응답 메시지를 반환받아 출력하며, 프로세스로 메시지를 보낸다. Line 35에서 만약 프로세스 pA와 pB가 모두 alive 상태가 아니면 while-loop을 빠져나가도록 한다.

Line 39~40에서는 프로세스 pA와 pB의 join() 함수를 사용하여 프로세스가 정상적으로 종료될 때 까지 대기하도록 하며, line 41~45에서 프로세스가 모두 종료된 것을 확인한 후, line 46~47에서 파이프를 close() 시킨다. 그림 14.30의 다중 프로세스 실행 중간 결과는 그림 14.31에서 확인할 수 있다.

```
main():: proc_A was spawned
main():: proc_B was spawned
[A_ 0] pro_A:: is executing now
[B_ 0] pro_B:: is executing now
[A_ 1] pro_A:: received from parent 0
[B_ 1] pro_B:: received from parent 0
[A_ 2] pro_A:: received from parent 1
[B_ 2] pro_B:: received from parent 1
[A_ 3] pro_A:: received from parent 2
[B_ 3] pro_B:: received from parent 2
[A_ 4] pro_A:: received from parent 3
[B_ 4] pro_B:: received from parent 3
[A_ 5] pro_A:: received from parent 4
[B_ 5] pro_B:: received from parent 4
[A_ 6] pro_A:: received from parent 5
[B_ 6] pro_B:: received from parent 5
[A_ 7] pro_A:: received from parent 6
[B_ 7] pro_B:: received from parent 6
[A_ 8] pro_A:: received from parent 7
[B_ 8] pro_B:: received from parent 7
[A_ 9] pro_A:: received from parent 8
[B_ 9] pro_B:: received from parent 8
[A_10] pro_A:: received from parent 9
[B_10] pro_B:: received from parent 9
[A_11] pro_A:: is terminating now
[B_11] pro_B:: received from parent 10
[B_12] pro_B:: received from parent 11
[B_13] pro_B:: received from parent 12
[B_14] pro_B:: received from parent 13
[B_15] pro_B:: received from parent 14
[B_16] pro_B:: is terminating now
main() - before join() :: both proc_A and proc_B are terminated now
main() - after join() :: both proc_A and proc_B are terminated now
```

그림 14.31 multiprocessing Process()와 Pipe()을 사용한 다중 프로세스 예제 실행결과

14.5.3 Process와 Queue

그림 14.32는 multiprocessing 모듈의 Process()를 사용하여 프로세스를 생성하고, Queue()를 사용하여 큐를 생성하여 프로세스간의 데이터 전달이 가능한 다중 프로세스 시스템을 구성하는 예를 보여준다.

Line 2에서 multiprocessing 모듈을 mp로 설치하여 다중 프로세스 프로그램 구성을 할 수 있게 준비한다. Line 5~ 10에서 프로세스로 실행하게 하는 함수 func()를 구현하며, 이 함수는 프로세스의 이름 (title), 큐 (q), 데이터 처리 개수 (num_data)를 인수로 전달받는다. Line 8~10에서는 0~num_data -1의 정수 데이터를 q.put() 함수를 사용하여 메인 스레드로 전달한다.

Line 16~45에서는 main() 함수를 구현한다. 먼저 line 17에서 set_start_method('spawn') 함수를 사용하여 프로세스를 spawn 방식으로 생성하도록 한다. Line 18에서 multiprocessing의 Queue() 함수를 사용하여 큐 qA를 생성하며, line 19에서 Process() 함수를 사용하여 함수 func()를 새로운 프로세스 pA로 생성하며, line 20에서 pA.start() 함수를 사용하여 프로세스를 실행시킨다. Line 22에서 큐 qA의 get() 함수를 사용하여 프로세스 pA로부터 데이터를 전달받아 출력하도록 한다.

```
# Multiprocessing with Process() and queue
import multiprocessing as mp
import time

def func(title, q, num_data):
    q.put('func({}):: is executing now'.format(title))
    time.sleep(1)
    for i in range(num_data):
        q.put('func({})::gen_data({})'.format(title, i))
        time.sleep(1)

target_count_A = 5
target_count_B = 3

def main():
    mp.set_start_method('spawn')
    qA = mp.Queue()
    pA = mp.Process(target=func, args=("proc_A", qA, target_count_A))
    pA.start()
    print("proc_A is spawned now")
    print(qA.get())

    qB = mp.Queue()
    pB = mp.Process(target=func, args=("proc_B", qB, target_count_B))
    pB.start()
    print("proc_B is spawned now")
    print(qB.get())

    countA = 0
    countB = 0
    while (1):
        if pA.is_alive() == True:
            print("{} is alive now".format(pA))
            if countA < target_count_A:
                print(qA.get())
                countA += 1
        if pB.is_alive() == True:
            print("{} is alive now".format(pB))
            if countB < target_count_B:
                print(qB.get())
                countB += 1
        if (pA.is_alive() == False) and (pB.is_alive() == False):
            break
        time.sleep(0.1)
    #      """
    pA.join()
    pB.join()
    print("Both proc_A and proc_B are terminated now")

if __name__ == '__main__':
    main()
```

그림 14.32 multiprocessing Process()와 Queue()를 사용한 다중 프로세스 예

```
proc_A is spawned now
func(proc_A):: is executing now
proc_B is spawned now
func(proc_B):: is executing now
<Process(Process-1, started)> is alive now
func(proc_A)::gen_data(0)
<Process(Process-2, started)> is alive now
func(proc_B)::gen_data(0)
<Process(Process-1, started)> is alive now
func(proc_A)::gen_data(1)
<Process(Process-2, started)> is alive now
func(proc_B)::gen_data(1)
<Process(Process-1, started)> is alive now
func(proc_A)::gen_data(2)
<Process(Process-2, started)> is alive now
func(proc_B)::gen_data(2)
<Process(Process-1, started)> is alive now
<Process(Process-1, started)> is alive now
func(proc_A)::gen_data(3)
<Process(Process-2, started)> is alive now
<Process(Process-1, started)> is alive now
func(proc_A)::gen_data(4)
<Process(Process-1, started)> is alive now
<Process(Process-1, started)> is alive now
<Process(Process-1, started)> is alive now
<Process(Process-1, started)> is alive now
<Process(Process-1, started)> is alive now
<Process(Process-1, started)> is alive now
<Process(Process-1, started)> is alive now
<Process(Process-1, started)> is alive now
<Process(Process-1, started)> is alive now
Both proc_A and proc_B are terminated now
```

그림 14.33 multiprocessing Process()와 Queue()를 사용한 다중 프로세스 실행 결과

Line 24~28에서는 동일한 방법으로 큐 qB를 생성하며, 프로세스 pB를 생성하고 pB.start() 함수를 사용하여 실행시킨다. Line 28에서 큐 qB의 get() 함수를 사용하여 프로세스 pB로부터 데이터를 전달받아 출력하도록 한다. Line 22과 line 28에서 프로세스 pA 및 pB로 전달받는 첫 번째 정보는 각 프로세스가 실행하고 있다는 메시지이며, 그림 14.33에서 확인할 수 있다.

Line 32~45에서는 프로세스 pA와 pB가 활성화 상태로 실행되고 있는가를 확인하며, 활성화되어 있는 프로세스로부터 메시지를 전달받아 출력하고, 두 프로세스가 모두 비활성화 되면 while-loop을 빠져나가도록 한다. Line 47~48에서는 프로세스 pA와 pB의 join() 함수를 실행하여 각 프로세스가 정상적으로 종료할 때까지 메인 스레드가 대기하도록 한다.

14.6 파이썬 멀티스레드 응용

14.6.1 멀티스레드 기반 양방향 전이중 소켓 통신 구현

멀티스레드를 사용하여 동시/병렬 처리가 구현되어야 하는 기능으로 정보통신에서 수신과 송신이 동시에 이루어져야하는 양방향 전이중 통신 (birectional full duplex communication)이 있다. 예를 들어 전화통화를 할 때 상대방의 음성을 들으면서 동시에 내 목소리를 상대측으로 전송하는 기능이다. 그림 14.34에서 보는 것과 같이 영상 전화에서 상대방의 모습을 실시간으로 보면서 내 모습을 카메라를 사용하여 상대방으로 보내는 것이 양방향 전이중 통신이다. 이러한 양방향 전이중 통신 기능은 반드시 멀티스레드 또는 멀티 프로세스 구조로 구현하여야 한다. 즉, 마이크로폰에서 음성 정보를 입력받고, 카메라에서 영상을 입력받아 송신하는 기능과 상대편으로부터 수신된 음성 정보를 스피커로 출력하고, 수신된 영상 정보를 화면에 출력하는 4개의 기본 기능이 동시/병렬 처리되어야 하는 것이다.

그림 14.35는 멀티스레드 구조의 양방향 전이중 통신 기능을 파이썬의 인터넷 소켓 기능으로 구현하는 예를 보여준다. Line 2~7 에서는 양방향 전이중 통신 기능을 tkinter GUI와 함께 구현할 수 있도록 필요한 모듈을 설치한다. Line 2의 socket 모듈은 인터넷 소켓 통신을 위한 모듈이며, threading과 Thread는 멀티 스레드로 구현하기 위하여 필요한 모듈이다. Line 5~7에서는 GUI를 사용하는 양방향 전이중 인터넷 통신을 구현하기 위하여

tkinter 모듈 및 관련 항목들을 설치한다.

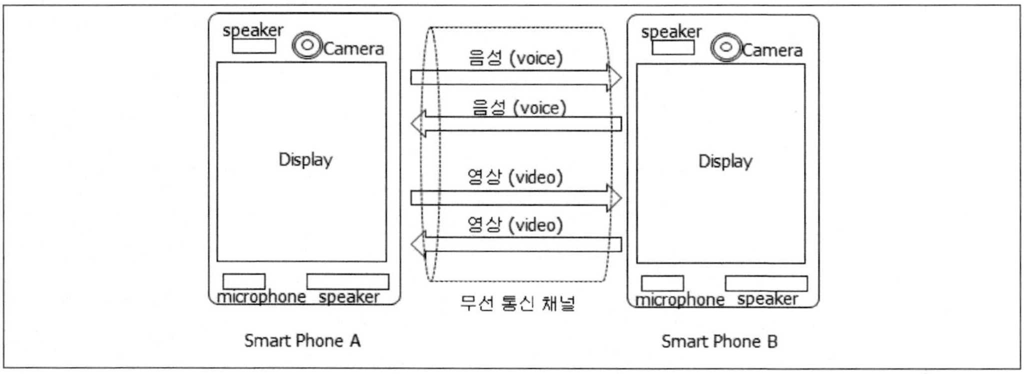

그림 14.34 양방향 전이중 (Bidirectional Full-duplex) 영상전화 개념도

```
 1: # Multi-thread, GUI, Socket
 2: import socket, sys, threading
 3: from threading import Thread # for testing multi-thread
 4: from time import  sleep #for sleep in thread
 5: import tkinter as tk
 6: from tkinter import ttk, scrolledtext
 7: from tkinter import * # for END
 8:
 9: LocalHost = "127.0.0.1"
10: SocketChat_PortNumber = 24000
11:
12: class SocketChatting:
13:     def __init__(self):
14:         self.win = tk.Tk() # Create instance
15:         self.win.title("Multi-thread-based Socket Chatting")
16:         self.createWidgets()
17:
18:         # Start TCP/IP server in its own thread
19:         serv_thread = Thread(target=self.TCPServer, daemon=True)
20:         serv_thread.start()
21:
22:         cli_thread = Thread(target=self.TCPClient, daemon=True)
23:         cli_thread.start()
```

그림 14.35 멀티스레드 기반 Socket Chatting (part 1)

Line 12~142에서는 인터넷 소켓을 사용하여 양방향 동시 문자 통신을 할 수 있는 class SocketChatting를 구현하고 있다. Line 13~16에서는 class SocketChatting의 초기화 함수 __init__()에서 tkinter의 Tk() 함수를 사용하여 윈도우를 생성하고, 이 윈도우의 제목을 설정하며, createWidgets() 함수를 호출하여 GUI를 사용하는 인터넷 소켓 통신 응용 서비스를 구성한다. createWidgets() 함수는 line 79~142에서 구현되어 있으며 각종 GUI 위젯들을 설치하여 사용자 인터페이스를 구현한다. Line 19~23에서는 Thread() 함수를 사용하여 TCPServer() 멤버함수와 TCPClient() 멤버함수를 각각 데몬 스레드로 구성하며, start() 함수를 사용하여 스레드를 실행시킨다.

Line 24~37에서는 스레드로 동작하는 TCP 서버 기능을 구현하고 있다. Line 26에서 socket 모듈의 socket() 함수를 사용하여 AF_INET 형식의 소켓 주소를 사용하는 SOCK_STREAM (TCP 프로토콜을 사용하는 연결형 소켓)을 생성한다.

```
24:     # TCP server
25:     def TCPServer(self):
26:         self.servSock = socket.socket(socket.AF_INET, socket.SOCK_STREAM)
27:         self.servSock.bind((LocalHost, SocketChat_PortNumber))
              # bind socket to (IP_addr(local_host), port_number)
28:         self.servSock.listen(1)
29:         self.conn, self.cliAddr = self.servSock.accept()
30:         print("TCP Server is connected to client\n")
31:         self.scr_servDisplay.insert(tk.INSERT,"TCP server is connected to
              client\n" )
32:         while True:
33:             servRecvMsg = self.conn.recv(512).decode()
34:             if not servRecvMsg:
35:                 break
36:             self.scr_servDisplay.insert(tk.INSERT,">> " + servRecvMsg)
37:         self.conn.close()
38:
39:     #TCP client
40:     def TCPClient(self):
41:         self.cliSock = socket.socket(socket.AF_INET, socket.SOCK_STREAM)
42:         self.cliSock.connect((LocalHost, SocketChat_PortNumber))
             # send connect request to TCP server
43:         print("TCP Client is connected to server\n")
44:         self.scr_cliDisplay.insert(tk.INSERT,"TCP client is connected to
              server\n" )
45:         while True:
46:             cliRecvMsg = self.cliSock.recv(8192).decode()
47:             if not cliRecvMsg:
48:                 break
49:             self.scr_cliDisplay.insert(tk.INSERT,">> " + cliRecvMsg)
50:         self.cliSock.close()
```

그림 14.34 멀티스레드 기반 Socket Chatting (part 2)

Line 27에서는 이 TCP 서버 소켓을 IP주소 127.0.0.1, 포트 번호 24000에 바인드 시킨다. Line 28에서 listen() 함수를 사용하여 TCP client 측에서 연결 요청이 오는 것을 기다리도록 하며, 연결 요청이 오면 line 29의 accept() 함수를 사용하여 승인하게 하고, 설정된 연결 (conn)과 TCP client의 주소 (cliAddr)를 받아 온다. Line 31에서는 client와 연결되었다는 내용을 실행 화면과 GUI에 출력한다. Line 32~35의 while-loop에서는 TCP client와 연결되어 있는 conn의 recv() 함수를 사용하여 최대 512 문자 크기의 메시지를 수신하여 servRecvMsg에 저장하고, 이를 GUI scr_servDisplay에 insert() 함수를 사용하여 출력한다. 만약 servRecvMsg가 NULL 메시지면 while-loop을 빠져나가 conn을 닫고 스레드를 종료하도록 한다.

Line 40~50에서는 스레드로 동작하는 TCP client 기능을 구현한다. Line 41에서는 AF_INET 형식의 소켓 주소를 사용하는 SOCK_STREAM 연결형 소켓 cliSock을 생성하며, line 42에서는 connect() 함수를 사용하여 local host (127.0.0.1)의 port 24000에 연결 설정을 요청한다. Line 43에서는 TCP 서버로 연결된 상태를 출력한다. Line 45~48의 while-loop에서는 cliSock 소켓으로 수신되는 메시지를 recv() 함수를 사용하여 읽고, 이를 GUI 창인 scr_cliDisplay에 insert() 함수를 사용하여 출력한다. 만약 cliSock 소켓으로 수신된 메시지 cliRecvMsg가 NULL이면 while-loop을 빠져 나가면서 스레드를 종료하도록 한다.

Line 51~55에서는 GUI 기반의 소켓 통신 프로그램이 종료할 때 호출되는 _quit() 함수를 구현하며, _quit()이 실행되면 사용하였던 윈도우의 quit() 함수와 destroy() 함수를 차례로 실행시켜 정상적으로 GUI 모듈이 삭제되도록 한다.

Line 58~65의 connect_server() 함수는 소켓 통신 GUI에서 "connect" 버튼이 눌려지면 실행되는 call-back 함수이다. 먼저 scr_cliDisplay 영역에 상대방으로 연결을 설정하고 있다는 메시지를 출력한 후, 자신의 IP 주소와 상대편 (peer)의 IP 주소를 차례로 출력한다. Line64에서는 socket() 함수를 사용하여 AF_INET 형식의 소켓 주소를 사용하는 SOCK_STREAM (TCP 프로토콜을 사용하는 연결형 소켓)을 생성하고, connect() 함수를 사용하여 local host (127.0.0.1)의 port 24000에 연결 설정을 요청한다.

```
51:     #Exit GUI cleanly; definition of quit()
52:     def _quit(self):
53:         self.win.quit()
54:         self.win.destroy()
55:         exit()
56:
57:     # Modified Button Click Function
58:     def connect_server(self):
59:         self.scr_cliDisplay.insert(tk.INSERT,"Connecting to peer ....")
60:         self.myIpAddr = self.myAddr.get()
61:         self.peerIpAddr = self.peerAddr.get()
62:         self.scr_cliDisplay.insert(tk.INSERT, "My IP Address : " +
              self.myIpAddr + '\n')
63:         self.scr_cliDisplay.insert(tk.INSERT, "Peer's IP Address : " +
              self.peerIpAddr + '\n')
64:         self.sock = socket.socket(socket.AF_INET, socket.SOCK_STREAM)
65:         self.sock.connect((self.peerIpAddr, SocketChat_PortNumber))
                # send connect request to TCP server
```

그림 14.34 멀티스레드 기반 Socket Chatting (part 3)

Line 67~71의 cli_send() 함수는 소켓 통신 GUI의 client 측 send 버튼이 눌려지면 호출된다. 이 함수에서는 먼저 scr_cliInput 입력 박스에 입력되어 있는 문자열을 get() 함수를 사용하여 받아온 후 msgToServer에 저장한다. Line 69에서는 scr_cliDisplay에 입력된 문자열을 insert() 함수를 사용하여 출력하며, line 70에서 cliSock의 send() 함수를 사용하여 전송 문자열을 바이츠로 변환하여 전송한다. Line 71에서는 입력창을 delete() 함수를 사용하여 지운다.

Line 73~77의 serv_send() 함수는 소켓 통신 GUI의 server 측 send 버튼이 눌려지면 호출된다. 이 함수에서는 먼저 scr_servInput 입력 박스에 입력되어 있는 문자열을 get() 함수를 사용하여 읽어온 후 msgToCli에 저장하고, 이를 scr_servDisplay에 insert() 함수를 사용하여 출력한다. Line 76에서는 소켓연결 conn의 send() 함수를 사용하여 client측으로 전송 대상 메시지를 바이츠로 변경하여 전송하며, line 78에서 scr_servInput 입력 창을 delete() 함수를 사용하여 지운다.

```
66:      #define callback for myMsg_enter()
67:      def cli_send(self): #from mySelf to peer/server
68:          msgToServer = str(self.scr_cliInput.get(1.0, END))
69:          self.scr_cliDisplay.insert(tk.INSERT,"<< " + msgToServer)
70:          self.cliSock.send(bytes(msgToServer.encode()))
71:          self.scr_cliInput.delete('1.0', END) #clear scr_msgInput scrolltext
72:
73:      def serv_send(self): # from server send message to client
74:          msgToCli = str(self.scr_servInput.get(1.0, END))
75:          self.scr_servDisplay.insert(tk.INSERT,"<< " + msgToCli)
76:          self.conn.send(bytes(msgToCli.encode()))
77:          self.scr_servInput.delete('1.0', END) #clear scr_msgInput scrolltext
78:
79:      def createWidgets(self):
80:          ########################################
81:          # Add a frame in self.win
82:          frame = ttk.LabelFrame(self.win, text="Frame (Socket-based Text
                 Message Chatting)")
83:          frame.grid(column=0, row=0, padx=8, pady=4)
84:
85:          #Add a LabelFrame of myAddr, peerAddr, Connect Button in frame
86:          frame_addr_connect = ttk.LabelFrame(frame, text="")
87:          frame_addr_connect.grid(column=0, row=0, padx=40, pady=20,
                 columnspan=2)
88:
89:          # Add labels (myAddr, peerAddr) in the frame_addr_connect
90:          myAddr_label = ttk.Label(frame_addr_connect, text="MyAddr")
91:          myAddr_label.grid(column=0, row=0, sticky='W') #
92:          peerAddr_label = ttk.Label(frame_addr_connect,
                 text="Peer(Server)Addr")
93:          peerAddr_label.grid(column=1, row=0, sticky='W') #
94:
95:          # Add a Textbox Entry widgets (myAddr, peerAddr) in the
                 frame_addr_connect
96:          self.myAddr = tk.StringVar()
97:          self.myAddr_entry = ttk.Entry(frame_addr_connect, width=12,
               textvariable=self.myAddr)
98:          self.myAddr_entry.insert(END, LocalHost)
99:          self.myAddr_entry.grid(column=0, row=1, sticky='W')
100:
101:         self.peerAddr = tk.StringVar()
102:         self.peerAddr_entry = ttk.Entry(frame_addr_connect, width=12,
                 textvariable=self.peerAddr)
103:         self.peerAddr_entry.insert(END, LocalHost)
104:         self.peerAddr_entry.grid(column=1, row=1, sticky='W')
105:
```

그림 14.34 멀티스레드 기반 Socket Chatting (part 4)

Line 79~140에서는 GUI 기반의 소켓 통신에 사용되는 다양한 위젯들을 생성하는

createWidgets() 함수를 구현한다. Line 81에서는 GUI에 포함되는 LabelFrame() 함수를 사용하여 프레임 frame을 생성하며 grid() 함수를 사용하여 배치를 한다. Line 85~86에서는 LabelFrame() 함수를 사용하여, 소켓 연결 설정을 위한 주소들을 표시하고 입력받게 하는 frame_addr_connect을 생성하고, grid() 함수를 사용하여 격자형 배치를 한다.

Line 90~93에서는 frame_addr_connect내에 자신의 주소 (myAddr) 레이블과 상대편 주소 (peerAddr) 레이블을 생성하여 격자형으로 배치하며, line 96~99에서는 myAddr의 표시 및 입력을 위하여 Entry() 항목을 생성하고, 격자형으로 행 1 열 0 위치에 배치한다. Line 101~104에서는 상대편 주소 peerAddr의 입력을 위한 peerAddr_entry를 Entry() 함수를 사용하여 생성하고, 격자형으로 행 1 열 1위치에 배치한다.

```
106:    # Add a connect_button
107:    connect_button = ttk.Button(frame_addr_connect, text="Connect",
            command=self.connect_server)
108:    connect_button.grid(column=3, row=1)
109:    connect_button.configure(state='disabled') # for local
110:
111:    # Add ScrolledText fields of display and input in both client side and
          server side
112:    cliDisplay_label = ttk.Label(frame, text="Socket Client Display")
113:    cliDisplay_label.grid(column=0, row=1 )
114:    scrol_w, scrol_h = 40, 20
115:    self.scr_cliDisplay = scrolledtext.ScrolledText(frame, width=scrol_w,
          height=scrol_h, wrap=tk.WORD)
116:    self.scr_cliDisplay.grid(column=0, row=2, sticky='WE') #, columnspan=3
117:
118:    cliInput_label = ttk.Label(frame, text="Input Text Message (Myself) :")
119:    cliInput_label.grid(column=0, row=3 )
120:
121:    self.scr_cliInput = scrolledtext.ScrolledText(frame, width=40, height=3,
            wrap=tk.WORD)
122:    self.scr_cliInput.grid(column=0, row=4) #, columnspan=3
123:
124:    servDisplay_label = ttk.Label(frame, text="Socket Server Display")
125:    servDisplay_label.grid(column=1, row=1 )
126:    self.scr_servDisplay = scrolledtext.ScrolledText(frame, width=scrol_w,
          height=scrol_h, wrap=tk.WORD)
127:    self.scr_servDisplay.grid(column=1, row=2, sticky='E') #, columnspan=3
128:
129:    servInput_label = ttk.Label(frame, text="Input Text Message (Server) :")
130:    servInput_label.grid(column=1, row=3 )
131:
132:    self.scr_servInput = scrolledtext.ScrolledText(frame, width=40, height=3,
            wrap=tk.WORD)
133:    self.scr_servInput.grid(column=1, row=4) #, columnspan=3
```

그림 14.34 멀티스레드 기반 Socket Chatting (part 4)

Line 107~109에서는 소켓 연결을 실행시키는 버튼 connect_button을 생성하여 격자형으로 행 1 열 3 위치에 배치한다. connect_button을 'disable' 상태로 설정하여 기본 초기화 상태에서는 connect_button이 사용되지 않도록 설정한다.

Line 111~115에서는 텍스트 채팅에서 송신 및 수신된 문자열을 출력할 수 있도록 ScrolledText() 함수를 사용하여 텍스트 출력창 scr_cliDisplay를 생성하며, 스크롤이 발생하는 크기 scrol_w, scrol_h를 설정하고, 격자형으로 행 2 열 0에 배치한다. Line 117~121에서는 ScrolledText() 함수를 사용하여 텍스트 입력을 위한 입력창을 생성하며, 이를 위한 레이블 cliInput_label을 생성한다.

Line 123~132에서는 ScrolledText() 함수를 사용하여 텍스트 출력창 scr_servDisplay를 생성하며, 텍스트 입력을 위한 입력창 scr_servInput을 생성하고 관련 레이블을 생성하여 격자형으로 배치한다.

```
134:        # Add Buttons (cli_send, serv_send)
135:        cli_send_button = ttk.Button(frame, text="Send Message to Server",
              command=self.cli_send)
136:        cli_send_button.grid(column=0, row=5, sticky='E')
137:
138:        serv_send_button = ttk.Button(frame, text="Send Message to Client",
                command=self.serv_send)
139:        serv_send_button.grid(column=1, row=5, sticky='E')
140:
141:        #Place cursor into the message input scrolled text
142:        self.scr_cliInput.focus()
143:
144: #====================
145: # Start GUI
146: #====================
147: sockChat = SocketChatting()
148: sockChat.win.mainloop()
```

그림 14.34 멀티스레드 기반 Socket Chatting (part 5)

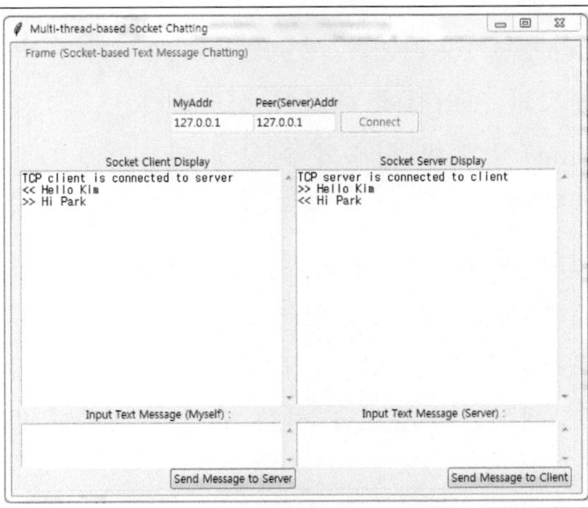

그림 14.35 멀티스레드 기반 Socket Chatting 실행 결과

Line 135~139에서는 client 측과 server 측의 입력창에 입력된 텍스트를 전송하기 위하여 Button() 함수를 사용하여 cli_send_button과 serv_send_button을 생성하며, 그 버튼을 누를 때 cli_send 함수 및 serv_send 함수가 각각 호출되도록 설정한다. Line 147~148에서는 SocketChatting 클래스의 인스턴스 sockChat을 생성하며, sockChat에 포함되어 있는 self.win 윈도우 객체의 mainloop()을 실행시켜 GUI 기반으로 동작할 수 있게 한다.

그림 14.34에서 구현된 멀티스레드, tkinter GUI 기반 소켓 채팅 프로그램의 실행 결과는 그림 14.35에서 보는 것과 같다.

연습문제

14.1 다음 용어를 예를 들어 설명하라.

1) 동시처리 (concurrent processing)
2) 병렬처리 (parallel processing)
3) 멀티태스킹
4) 제네레이터 함수
5) 프로세스 (process)
6) 스레드 (thread)
7) yield
8) 코루틴 (coroutine)
9) 함수 수식자 (function decorator)
10) 멀티프로세스
11) 임계구역 (critical section)
12) 파이프 (pipe)

14.2 동시처리(concurrent processing)와 병렬처리 (parallel processing)이 필요한 이유에 대하여 설명하라.

14.3 파이썬에서 동시처리/병렬처리 기능을 구현하는 방법에 대하여 설명하라.

14.4 프로세스와 스레드의 차이점에 대하여 설명하라.

14.5 코루틴 (coroutine)이 일반 함수와 어떻게 다른지에 대하여 설명하라.

14.6 파이썬 프로그래밍에서 코루틴을 구성하는 방법에 대하여 설명하라.

14.7 파이썬 스레드간의 동기화 및 임계 구역 설정 방법에 대하여 설명하라.

14.8 파이썬 스레드간에 데이터를 전달하는 방법에 대하여 설명하라.

14.9 파이썬 멀티프로세스를 구성하는 방법에 대하여 설명하라.

14.10 파이썬 멀티프로세스간에 통신을 하는 방법에 대하여 설명하라.

실습문제

실습 14.1 다음 그림은 파이썬 스레드를 사용한 병렬처리 구조를 보여준다. 난수 발생기와 프린터는 스레드로 구현하여야 하며, myQueue는 리스트를 사용하여 클래스로 구현하여야 한다. 난수 발생기는 주기적으로 난수를 생성하여 큐에 삽입한다. 하나의 난수를 생성한 후, 0.1~0.5초 동안 sleep하도록 한다. myQueue는 최대 5개의 숫자를 저장할 수 있으며, 5개 이상의 숫자는 저장할 수 없다. 프린터 스레드는 큐로부터 데이터를 추출하여 화면으로 출력하며, 하나의 데이터를 처리한 후 0.1~1 초 동안 sleep한다.

총 20개의 난수를 생성한 후에 난수 발생기는 종료하며, 프린터도 총 20개의 데이터를 처리한 후에 종료한다.

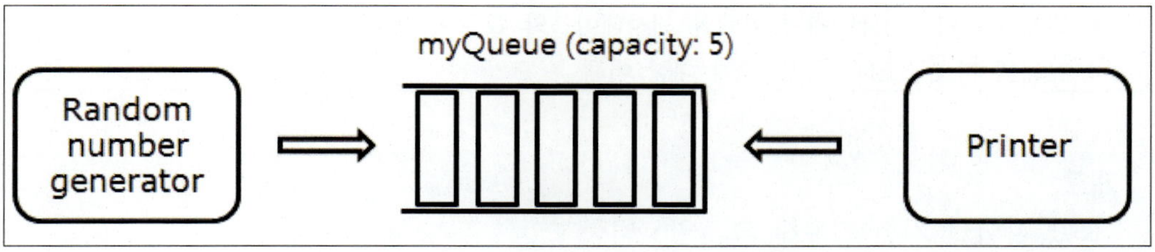

실습 14.2 다음 그림은 파이썬 스레드 기반의 병렬처리, pipe를 사용한 양방향 데이터 전달, 송신 및 수신 기능을 별도의 스레드로 구현하는 문자 채팅 응용프로그램의 구조를 보여준다. Text Chatter는 클래스로 구현하며, 현재 전달된 문자 메시지를 표시하는 디스플레이 출력창이 ScrolledText()로 구현되어야 하며, 문자 입력을 위한 text input이 ScrolledText()로 구현되어야 한다. 입력된 문자열의 전송은 tx 버튼을 누를 때 전송되도록 한다. Text chatter 간의 문자열 전송은 파이썬이 제공하는 pipe를 사용하여 구현한다.

Text chatting에서 문자 메시지의 전송은 txThrd 및 rxThrd의 구분된 스레드로 구현되어 양방향 동시 전송 (bidirectional full-duplex)이 가능하도록 구현하여야 한다.

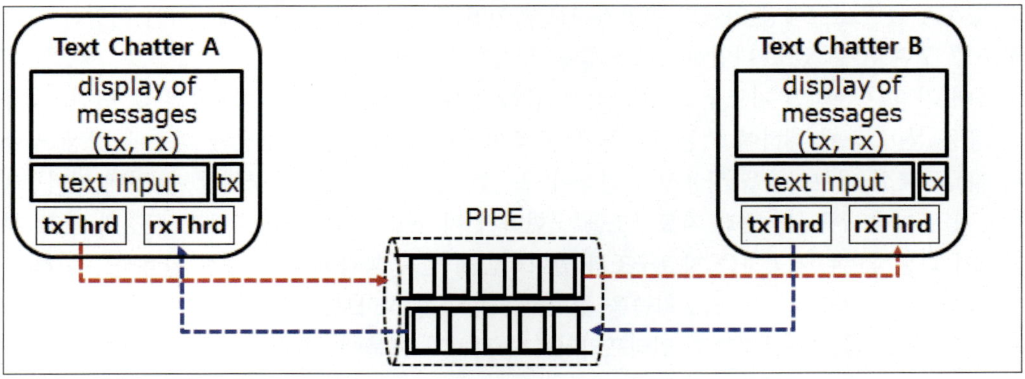

15장 파이썬 기반 자료구조와 알고리즘

학습목표

- 알고리즘과 자료구조에 대한 이해
- 파이썬 제공 기본 자료구조와 알고리즘 이해 및 이들의 활용 방법 이해
- 분할 정보 기본 개념 및 응용 방법 이해
- 동적 프로그래밍 기본 개념 및 응용 방법 이해
- 해시 (hash) 기본 개념 이해와 해시테이블의 활용 방법 이해
- 그래프 자료구조와 알고리즘에 대한 이해

개요

15.1 파이썬 기반 자료구조와 알고리즘

프로그래밍의 궁극적인 목적은 컴퓨터를 사용하여 다양한 문제를 보다 신속 정확하고 효율적으로 해결할 수 있도록 하는 것이다. 이를 위하여 사용 프로그래밍 언어의 장점을 잘 활용하고 문제에 가장 효율적이며 적합한 자료구조와 알고리즘을 사용하여 구현할 수 있어야 한다. C/C++ 프로그래밍 언어와 마찬가지로 파이썬 프로그래밍 언어를 사용하여 다양한 자료구조를 구현할 수 있고 다양한 알고리즘을 구성할 수 있다.

특히 가장 기본적인 자료구조들과 알고리즘들에 대한 기본 구성, 동작, 장점 및 단점, 적합한 응용 분야 등에 대하여 기본지식을 잘 갖추고 있으면 다양한 응용문제 해결에 가장 적합한 자료구조와 알고리즘을 사용하여 성능이 우수한 응용 프로그램을 구현할 수 있게 된다. 파이썬 프로그래밍에서는 직접 자료구조를 구현하기 이전에 파이썬 프로그래밍 환경과 확장 패키지가 기본적으로 제공하는 자료구조와 알고리즘을 먼저 파악한 후 최대한 활용하도록 하며, 제공되지 않는 자료구조와 알고리즘을 구현하는 방안을 찾아보도록 권고한다. 이러한 권고는 파이썬 프로그램은 기본적으로 인터프리터로 동작하기 때문에 실제 파이썬 프로그램으로 구현된 자료구조와 알고리즘의 성능이, C/C++로 구현되어 파이썬 모듈로 제공되는 자료구조 및 알고리즘 라이브러리의 성능보다 뒤떨어질 수 있기 때문이다. C/C++ 프로그램을 사용하여 자료구조와 알고리즘을 구현하고, 이를 사용자 정의 패키지/모듈로 사용할 수 있게 하는 방법은 16장에서 설명한다.

15.1.1 파이썬 제공 기본 자료구조

표 15.1은 대표적인 자료구조와 특성을 설명하고 있다. 먼저 일반적인 소프트웨어 시스템 개발에서 가장 기본적인 자료구조의 예로서는 단순 배열이 있다. 대부분의 프로그램에서는 이 단순배열 (simple array)을 기본으로 사용하여 간단한 알고리즘을 구현하고 있다. 예를 들어 단순 배열에 저장된 항목들을 순서에 따라 정렬하거나, 단순배열에 있는 특정 항목을 탐색하고, 특정 범위에 해당하는 항목들을 차례로 출력하는 등의 알고리즘을 구현할 수 있다. 그리고 단순 배열을 사용하여 간단한 스택이나 큐, 우선순위 큐 등의 자료구조를 만들어 사용하기도 한다. 그렇지만 프로그램의 복잡도가 증가함에 따라서 구조체 (struct)를 사용하게 되고, 그 구조체가 배열 형태로 만들어지는 구조체 배열 (struct array)을 사용하게 된다.

표 15.1 대표적인 자료구조와 특성

자료구조	특성
단순 배열	컴파일 단계에서 크기가 지정되어 변경되지 않는 크기의 배열.
동적 배열	프로그램 실행 단계에서 크기가 지정되며, 프로그램 실행 중에 크기를 변경할 수 있는 배열.
구조체 배열	구조체로 배열원소가 지정되는 배열.
연결형 리스트	확장성이 있으며, 단일연결형 또는 이중 연결형으로 구성 가능. 다양한 컨테이너 자료구조의 내부적인 자료구조로도 활용됨.
스택	Last In First Out (LIFO) 특성을 가짐. 배열 또는 연결형 리스트로 구현할 수 있음.
큐	First In First Out (FIFO) 특성을 가짐. 배열 또는 연결형 리스트로 구현할 수 있음.
우선순위 큐	컨테이너 내부에 가장 우선순위가 높은 데이터 항목을 추출할 수 있도록 관리하며, 배열 또는 자기 참조 구조체로 구현할 수 있음.
이진 탐색 트리	컨테이너 내부에 포함된 데이터 항목들을 정렬된 상태로 관리하여야 할 때 매우 효율적임. 단순 이진 탐색 트리의 경우 편중될 수 있으며, 편중된 경우 검색 성능이 저하되기 때문에, 밸런싱이 필요함.
해시테이블 (Hash Table)	컨테이너 자료구조에 포함된 항목들을 문자열 (string) 또는 긴숫자를 키 (key)로 사용하여 관리하여야 하는 경우, key로부터 해시값을 구하고, 이 해시값을 배열의 인덱스로 사용함.
Map	key와 항목 간에 1:1 관계가 유지되어야 하는 경우에 사용되며, 해쉬테이블을 기반으로 구현할 수 있음.
Dictionary	key와 항목 간에 1:N 관계가 유지되어야 하는 경우에 사용되며, 해쉬테이블을 기반으로 구현할 수 있음.
trie	텍스트 검색을 신속하게 처리하며, 예측 구문 (predictive text) 제시, longest prefix matching 등에 활용됨.
그래프	정점 (vertex)/노드 (node)로 개체 (object)가 표현되고, 간선 (edge)/링크(link)들을 사용하여 개체 간의 관계를 표현하는 경우에 적합함. 그래프를 기반으로 경로 탐색, 최단 거리 경로 탐색, 신장트리 (spanning tree) 탐색 등에 활용됨.

또한 더욱 복잡한 자료구조를 구성하기 위해서는 자기참조 구조체 (self-reference struct)를 사용하여야 한다. 이 자기참조 구조체는 자기 자신과 동일한 형태의 구조체를 가리키는 포인터를 내부적으로 포함하고 있는 것을 의미하며, 이 자기참조 구조체를 기반으로 만들어져 있는 자료구조의 예로서 연결형 리스트 (linked list), 이진탐색트리 (binary search tree), 스킵리스트 (skip list), 트라이 (trie) 등이 있다. 연결형 리스트를 활용하여 만들어지는 자료구조에는 큐 (queue)와 스택 (stack)이 있다. 연결형 리스트, 이진트리 (binary tree) 및 이진탐색트리(binary search tree), 힙(heap), 우선순위 큐(priority queue), 맵(map), 사전(dictionary), trie, 그래프(graph)등은 다양한 알고리즘에서 많이 사용되는 대표적인 자료구조들이다.

표 15.2는 파이썬 프로그래밍 환경이 제공하는 기본 자료구조에 대하여 설명하고 있다. 기본 자료형으로 다수의 속성 원소를 가지는 복소수 (complex), 바이트 배열 (bytearray), 리스트, 튜플, 딕셔너리 (dict), 집합 (set)이 있으며, 배열에 관련된 자료형으로 array 모듈의 배열 (array)과 NumPy 패키지가 제공하는 다차원 배열 (ndarray)이 있다.

파이썬 queue 모듈은 FIFO (first in first cut) queue와 스택과 같이 LIFO (last in first out) 방식을 동작하는 LifoQueue, 우선순위에 따라 내부정렬 기능을 제공하는 PriorityQueue 자료구조를 제공한다. collections 모듈은 namedtuple, OrderedDict, Counter, deque (double ended queue) 자료구조를 제공한다.

sortedcontainer 모듈은 정렬이 유지되는 리스트인 SortedList, 정렬이 유지되는 딕셔너리인 SortedDict, 정렬이 유지되는 집합인 SortedSet 자료구조를 제공한다.

표 15.2 파이썬 제공 기본 자료구조와 특성

패키지/모듈	파이썬 제공 자료구조	관련 built-in 모듈, 기능 설명
기본 자료형	complex	복소수
	bytearry	바이트 배열
	list	리스트
	tuple	튜플
	dict	딕셔너리
	set	집합
array	array	기본 배열 (7.5 절 참조)
NumPy	ndarray	다차원 배열
queue	queue	FIFO 큐 (7.5 절 참조)
	lifo queue	stack과 같이 Last In First Out (LIFO) 기능 제공
	priority queue	(key, item)의 tuple을 저장하며, key 값이 작을수록 우선순위가 높은 순서를 유지
collections	namedtuple	키 (key)가 설정되는 튜플
	OrderedDict	정렬 기능이 포함되는 dict
	Counter	개수 파악하는데 특화된 클래스
	deque	double ended queue
sortedcontainer (7.5 절 참조)	SortedList	정렬이 유지되는 list
	SortedDict	정렬이 유지되는 dict
	SortedSet	정렬이 유지되는 집합 (set)

15.1.2 파이썬 제공 기본 알고리즘

문제해결을 위한 프로그램 설계 및 구현에서 가장 먼저 수행해야 하는 것이 그 문제 해결에 가장 적절한 자료구조와 알고리즘을 구상하는 것이며, 15.1.1 절에서 설명한 자료구조를 기반으로 구현할 수 있는 알고리즘을 선택하여야 한다. 자료구조와 알고리즘은 서로 매우 긴밀한 상관 관계를 가지며, 특정 알고리즘을 구현하기 위하여 가장 적절한 자료구조를 선택할 수 있어야 가장 적은 시스템 자원을 사용하며 가장 신속하게 결과를 얻을 수 있는 프로그램을 구현할 수 있다.

표 15.3 대표적인 알고리즘과 주요기능

알고리즘	주요 기능	전체 항목의 개수가 N인 경우의 알고리즘 복잡도
순차 탐색	배열이나 연결형리스트에 포함되어 있는 항목을 차례대로 탐색	$O(N)$
이진 탐색	배열에 포함되어 있는 항목의 탐색 구간을 절반씩 줄여가며 탐색	$O(Log_2N)$
선택정렬	배열에 포함되어 있는 항목의 탐색 구간을 하나씩 줄여가며, 가장 작은(또는 큰) 항목을 찾아 그 구간의 맨 앞에 두는 동작을 반복하여 전체 항목들을 정렬. 배열에	$O(N^2)$
퀵정렬	배열에 포함되어 있는 항목의 탐색 구간을 중간 지점의 피봇 (pivot)을 중심으로 큰 항목들과 작은 항목들로 구분하여 정돈하며, (평균적으로) 절반씩 줄어든 탐색 구간에 대하여 재귀 함수 실행	$O(NLog_2N)$
해시	문자열과 같이 길이가 일정하지 않는 키 (key)를 사용하여 해시값을 생성하고, 이를 배열의 인덱스나 데이터 항목이 저장되어 있는 그룹(버킷)을 찾는데 사용	해시코드 종류와 충돌 해결 방법에 따라 달라짐
그래프 깊이우선 탐색 (DFS)	그래프에서 지정된 시작 정점으로부터 목적지 정점까지의 경로를 깊이 우선 방식으로 탐색. 목적지까지의 탐색 시간은 상대적으로 빠를 수 있으나, 탐색된 경로가 최단 거리를 보장하지는 않음	$O(N+V)$
그래프 넓이우선탐색 (BFS)	그래프에서 지정된 시작 정점으로부터 목적지 정점까지의 경로를 넓이 우선 방식으로 탐색. 탐색된 경로는 경유하는 간선수가 최소인 것을 보장함	$O(N+V)$
최단거리 경로 탐색	간선 (edge)에 가중치 (weight)이 지정된 그래프에서 시작 정점으로부터 목적지 정점까지의 경로 중에서 전체 거리가 가장 짧은 경로를 탐색. 탐색된 경로는 최단거리인 것을 보장함	$O(N+V)$
최소비용 신장트리 탐색	주어진 그래프에서 사용되는 간선들의 총 거리 (또는 가중치)가 가장 작으면서 모든 노드 (정점)들을 연결할 수 있는 최소비용 신장트리 (minimum spanning tree)를 탐색	$O(N+V)$

표 15.3은 대표적인 알고리즘과 주요 기능에 대하여 설명한다. 프로그래밍을 배울 때 대표적인 알고리즘을 잘 이해하고 기본 기능과 장점 및 단점을 잘 파악하고 있는 것이 매우 중요하다. 대표적인 정보 검색을 위한 알고리즘에는 정렬되어 있지 않은 데이터를 대상으로 실시되는 순차탐색 (sequential search)과 정렬된 데이터를 대상으로 실시되는 이진탐색 (binary search)이 있으며, 기본 정렬 (sorting)알고리즘으로 선택정렬 (selection sorting)과 퀵정렬 (quick sorting)이 있다.

문자열과 같이 길이가 일정하지 않은 기준값을 키 (key)로 사용하는 알고리즘에서 해시값 (hash value)을 생성하고, 이를 배열의 인덱스나 데이터 항목이 지정되어 있는 그룹 (버킷)

을 찾는데 사용하는 분야에서는 해시 (hash) 알고리즘 많이 사용하고, 해시 알고리즘으로 생성된 값은 맵 (map)이나 딕셔너리 (dictionary) 자료구조에서 해당 항목의 탐색 기능에 사용된다.

그래프 자료구조를 기반으로 하는 알고리즘에서는 그래프의 깊이우선탐색 (depth first search), 넓이우선탐색 (breath first search), 최단거리경로탐색 (shortest path search), 최소비용신장트리 (minimum spanning tree) 탐색 알고리즘 등이 포함된다. 그래프 자료구조는 일상 생활에서 많이 사용되는 네비게이션과 다양한 자료들의 연관성 분석 등에서 많이 사용되며, 관련 알고리즘이 좋은 성능을 제공할 수 있어야 한다.

파이썬 프로그래밍 환경은 다양한 알고리즘을 함수로 제공하며 이를 활용하여 기본 기능을 쉽게 구현할 수 있다. 파이썬 프로그래밍 환경에서 제공되는 기본 함수들과 확장 패키지의 함수들은 대부분 C/C++ 및 Java 프로그램으로 구현되어 있으며, 인터프리터를 사용하지 않고 컴파일러로 생성된 실행코드로 제공되므로 실제 우수한 성능을 제공한다.

표 15.4는 파이썬에서 제공하는 기본 알고리즘들을 설명하고 있다. 파이썬 프로그래밍의 정규식 (regular expression) 모듈은 문자열에 관련된 기본 알고리즘을 많이 제공한다. 예를 들어 주어진 문자열로부터 지정된 패턴을 탐색하거나 주어진 패턴에 따라 문자열을 분할 또는 다른 문자열로 치환하는 함수를 다양하게 제공한다. bisect 모듈은 시퀀스 자료형에 대하여 이진분할 알고리즘을 사용하여 주어진 배열로부터 지정된 키 (key) 원소를 찾는 bisect() 함수와 리스트에 주어진 원소를 순서에 맞추어 삽입하는 insort() 함수를 제공한다.

파이썬의 기본 내장 함수로 리스트 자료형에 대한 정렬 (sort) 알고리즘이 제공되며, NumPy 모듈에서도 다차원 배열에 대한 정렬 알고리즘 함수가 제공되고, 정렬되어 있는 배열로부터 주어진 키 (key) 원소를 찾아 주는 searchSorted() 함수가 제공된다.

표 15.4 파이썬 제공 기본 알고리즘와 특성

패키지/모듈	파이썬 제공 알고리즘	관련 built-in 모듈, 기능 설명
re (regular expression)	search()	주어진 문자열에 포함된 패턴을 탐색
	match()	주어진 문자열로부터 지정된 패턴의 매칭을 확인
	fullmatch()	주어진 문자열로부터 지정된 패턴의 완전 매칭을 확인
	split()	주어진 문자열을 지정된 패턴으로 분할
	findall()	주어진 문자열에서 지정된 패턴을 모두 찾음
	sub()	주어진 문자열의 지정된 패턴을 지정된 대체 문자열로 치환
기본 내장 함수	sort()	List 정렬
heapq	heappush() heappop() heapreplace()	힙 큐 (우선순위 큐) 알고리즘
bisect	bisect(A, x)	시퀀스 자료형 (예: 리스트)에 대하여 이진 분할 알고리즘을 사용하며, 배열 A로부터 x의 위치를 찾아 반환
	insort(A, x)	리스트 A에 x를 순서에 맞추어 삽입

패키지/모듈	파이썬 제공 알고리즘	관련 built-in 모듈, 기능 설명
NumPy	ndarray.sort()	다차원 배열에 대한 정렬
	searchSorted()	정렬되어 있는 배열 A로부터 key 원소를 탐색하고, 그 위치를 반환
NumPy Universal	amin()	주어진 배열에서 최솟값을 반환
	amax()	주어진 배열에서 최댓값을 반환
	fmax()	서로 다른 크기의 다차원 배열에서 큰 원소를 골라 배열을 구성
	fmin()	서로 다른 크기의 다차원 배열에서 작은 원소를 골라 배열을 구성
	where(condition[, x, y])	주어진 조건 (condition)에 따라 x 또는 y를 반환
	extract(condition, A)	주어진 조건을 만족하는 원소를 추출하여 반환
	shuffle()	주어진 배열의 원소 순서를 뒤섞어 줌
	sum()	주어진 배열의 합산 계산
	average()	주어진 배열의 평균 계산
	mean()	주어진 배열의 평균 계산
	var()	주어진 배열의 분산 (variance) 계산
	std()	주어진 배열의 표준 편차 (standard deviation) 계산
	cov()	주어진 배열의 공분산 (covariance)를 계산

NumPy 모듈의 유니버설 함수에는 주어진 배열에 대한 최댓값, 최솟값을 찾아 주는 함수 amax(), amin(), fmax(), fmin()가 제공되며, 주어진 조건에 따라 원소를 반환하거나 추출하는 where()와 extract() 함수가 제공된다. 아울러 주어진 배열의 원소를 뒤섞어 주는 shuffle(), 주어진 배열의 통계 분석을 위한 sum(), average(), mean(), var(), std(), cov()함수가 제공된다.

15.1.3 time() 함수를 사용한 실행 시간 측정

알고리즘의 설계 및 구현에서 반드시 포함하여야 할 사항으로 그 알고리즘의 성능을 측정하고 분석하는 것이 있다. 특히 큰 규모의 데이터를 대상으로 알고리즘이 실행되어야 하는 경우, 다양한 조건에 대하여 실행 시간을 측정하고 분석하는 것이 중요하다. 그림 15.1은 파이썬 함수의 실행 시간을 측정하는 예제를 보여준다. 파이썬의 time 모듈의 time() 함수는 현재의 시각을 알려 주며, 이를 사용하여 함수의 실행에 걸린 경과시간을 측정할 수 있다.

그림 15.1 line 3~11에서는 주어진 함수의 실행에 걸린 경과시간을 측정하여 결과값과 함께 반환하여 주는 데코레이터 함수 PTM (processing time measurement)()을 구현한다. Line 3에서 PTM() 함수 호출에 전달된 측정대상 함수 func에 인수 n이 전달되면, line 5에서 time() 함수를 사용하여 함수 func()의 실행 직전 시간을 측정하여 t_before에 기록하고, line 6에서 해당 함수를 실행한 후 그 결과값을 ret에 저장하며, line 7에서 함수 func()의 실행 직후의 시각을 측정하여 t_after에 기록한다.

```
 1 : #function decorator - @checkTime
 2 : import time
 3 : def PTM(func): #ProcessingTimeMeasure
 4 :     def wrapper(n): # n is argument
 5 :         t_before = time.time()
 6 :         ret = func(n)
 7 :         t_after = time.time()
 8 :         t_elapse = t_after - t_before
 9 :         #print("Execution time : {0}".format(t_elapse))
10 :         return ret, t_elapse
11 :     return wrapper
12 :
13 : def rFibo(n):
14 :     if n <= 1:
15 :         return n
16 :     return rFibo(n-1) + rFibo(n-2)
17 :
18 :
19 : rFibo_wPTM = PTM(rFibo) # rFibo with processing time measurement
20 : for n in range(1, 46, 1):
21 :     fibo_n, t_elapse = rFibo_wPTM(n)
22 :     print("rFibo({0:3d}) = {1:10d}, elapsed_time {2:15.5f}".format(n, fibo_n,
     t_elapse))
```

그림 15.1 time() 함수를 사용한 파이썬 함수의 실행 시간 측정 예제

```
rFibo(  1) =          1, elapsed_time     0.00000
rFibo(  2) =          1, elapsed_time     0.00000
rFibo(  3) =          2, elapsed_time     0.00000
rFibo(  4) =          3, elapsed_time     0.00000
rFibo(  5) =          5, elapsed_time     0.00000
rFibo(  6) =          8, elapsed_time     0.00000
rFibo(  7) =         13, elapsed_time     0.00000
rFibo(  8) =         21, elapsed_time     0.00000
rFibo(  9) =         34, elapsed_time     0.00000
rFibo( 10) =         55, elapsed_time     0.00000
rFibo( 11) =         89, elapsed_time     0.00000
rFibo( 12) =        144, elapsed_time     0.00000
rFibo( 13) =        233, elapsed_time     0.00000
rFibo( 14) =        377, elapsed_time     0.00000
rFibo( 15) =        610, elapsed_time     0.00100
rFibo( 16) =        987, elapsed_time     0.00000
rFibo( 17) =       1597, elapsed_time     0.00100
rFibo( 18) =       2584, elapsed_time     0.00200
rFibo( 19) =       4181, elapsed_time     0.00200
rFibo( 20) =       6765, elapsed_time     0.00300
 • • •
rFibo( 40) =  102334155, elapsed_time    46.50066
rFibo( 41) =  165580141, elapsed_time    75.15730
rFibo( 42) =  267914296, elapsed_time   122.29999
rFibo( 43) =  433494437, elapsed_time   197.50330
rFibo( 44) =  701408733, elapsed_time   319.26926
rFibo( 45) = 1134903170, elapsed_time   516.40754
```

그림 15.2 파이썬 함수의 실행 시간 측정 예제 실행 결과

Line 8에서는 t_after에서 t_before를 빼는 연산을 수행하여 t_elapse에 저장한다. 이 t_elapse는 함수 func() 이 실행될 때 경과된 시간을 측정한 값이며, line 10에서 계산 결과값 ret와 함께 경과된 시간 측정 값 t_elapse를 반환한다.

Line 13~16에서는 측정대상 함수의 예제로 재귀함수 호출 방식으로 구현된 rFibo() 함수를 구현한다. Line 19에서는 PTM() 함수를 호출하여 경과시간 측정이 함께 수행되는

rFibo_wPTM 객체가 생성되며, line 20 ~22에서는 1~46까지의 값에 대한 피보나치 수열 계산 함수를 실행하며, 경과시간을 측정하고 결과값과 함께 출력한다. 그림 15.2에서 피보나치 수열의 결과값 계산에 걸린 시간을 함께 확인할 수 있으며, 피보나치 수열 계산에 전달된 정수 값이 커질수록 계산량이 증가하고, 따라서 전체 결과 시간이 지수함수적으로 증가하는 것을 확인할 수 있다.

15.1.4 memory_profiler 모듈의 profile 데코레이터를 사용한 메모리 사용량 측정

알고리즘의 실행 시간 측정과 함께 메모리 사용량을 측정하는 것도 매우 중요하다. 특히, 시스템 메모리 용량이 제한적인 임베디드 시스템에 포함되는 알고리즘의 경우 메모리 사용량이 주어진 시스템 메모리 용량을 초과하지 않도록 자료구조를 구현하여야 한다. 그림 15.3은 파이썬 프로그래밍에서 memory_profiler를 사용하여 메모리 사용량을 측정하는 예를 보여준다.

Line 6에서 memory_profiler 모듈의 profile을 설치하며, line 8과 line 13에서 함수 func_a()와 func_b()에 profile을 함수 데코레이터로 설정하여 해당 함수 실행에서 사용된 메모리 정보를 제공하도록 한다. Line 18~19에서 함수 func_a()와 func_b()를 호출하면 그림 15.4에서 보는 것과 같이 프로그램 실행에서 사용하였던 메모리 사용량을 함께 출력하여 준다.

```
1 :  # memory profiling
2 :  # for this program, the memory_profiler must be installed
3 :
4 :  import numpy as np
5 :  import random
6 :  from memory_profiler import profile
7 :
8 :  @profile
9 :  def func_a():
10 :     a = np.random.randn(500, 500)
11 :     return a**2
12 :
13 :  @profile
14 :  def func_b():
15 :     a = np.random.randn(1000, 1000)
16 :     return a**2
17 :
18 :  def main():
19 :     a = func_a()
20 :     b = func_b()
21 :     return [a, b]
22 :
23 :  ############################
24 :  # Application
25 :  if __name__ == '__main__':
26 :     main()
```

그림 15.3 파이썬 프로그램의 메모리 사용량 측정 예제 (pat 1)

```
Filename: E:\MyPyPackage\TextBook - 2019-8\ch 15 Data Structure, Algorithm, Perf
ormance Measurement\14.1 performance measurement\(4) memory profile.py

Line #    Mem usage    Increment   Line Contents
================================================
     7     24.8 MiB     24.8 MiB   @profile
     8                             def func_a():
     9     26.7 MiB      1.9 MiB       a = np.random.randn(500, 500)
    10     28.7 MiB      1.9 MiB       return a**2

Filename: E:\MyPyPackage\TextBook - 2019-8\ch 15 Data Structure, Algorithm, Perf
ormance Measurement\14.1 performance measurement\(4) memory profile.py

Line #    Mem usage    Increment   Line Contents
================================================
    12     26.8 MiB     26.8 MiB   @profile
    13                             def func_b():
    14     34.4 MiB      7.6 MiB       a = np.random.randn(1000, 1000)
    15     42.1 MiB      7.6 MiB       return a**2
```

그림 15.4 파이썬 프로그램의 메모리 사용량 측정 예제 실행 결과

15.1.5 정렬 알고리즘 성능 측정 및 분석 예제 – selectionSort(), quickSort()

알고리즘의 성능 측정 및 분석 예제로 기본적인 정렬 알고리즘인 선택정렬 (selection sorting) 알고리즘을 파이썬으로 직접 구현하고 배열의 크기에 따라 걸리는 실행시간을 측정하여 비교해 보도록 하자.

선택정렬은 그림 15.5에서 보여주는 절차에 따라 단계적으로 진행된다. 선택정렬의 맨 첫 단계 (round 0)에서는 주어진 배열의 원소들 중 가장 작은 값을 가진 원소를 전체 구간 (인덱스 0~N−1)에서 찾아, 이를 배열의 인덱스 0 위치의 원소와 자리바꿈을 하여 전체 배열의 원소 중에서 가장 작은 값의 원소가 맨 첫 번째 위치에 저장되도록 한다. 다음 단계 (round 1)에서는 배열의 인덱스 1~N−1 구간에 있는 원소들 중 가장 작은 값을 가진 원소를 찾아 인덱스 1 위치에 저장하도록 자리바꿈 (swap)을 실행한다. 이러한 단계를 N−1번 실행하면 전체 원소들을 값의 크기 순서로 정렬할 수 있다. 경우에 따라서는 각 검색 구간의 맨 첫 번째 원소의 값이 가장 작은 경우가 있을 수 있으며, 이 경우에는 자리바꿈이 실행되지 않게 된다. 선택정렬에서 각 단계별로 그 구간에서의 가장 작은 원소를 찾기 위하여 필요한 값의 비교 회수는 N−1, N−2, N−3, . . . 2, 1로 표현되며, 이들을 모두 합하면 $(N-1)(N-2)/2 = (N^2 - 3N + 2)/2$이 되어 배열의 크기 N의 제곱에 비례하는 값을 가지게 된다. 따라서 정렬 대상이 되는 원소들의 개수가 매우 큰 경우에는 선택정렬의 성능이 낮을 수 있다.

그림 15.6 (part 1)은 정렬 알고리즘의 성능 측정을 위하여 배열을 생성하는 예제를 보여준다. genRandArray() 함수에서는 인수로 배열 arr와 배열의 크기 size를 전달 받으며 line 9~10에서 0~size−1의 정수를 차례로 배열 arr에 담고 line 11에서 shuffle() 함수를 사용하여 순서를 뒤섞어 준다.

그림 15.6 (part 2)는 큰 배열의 맨 처음과 맨 마지막의 일부분만 출력하는 printArraySample()을 보여준다. 이 함수에 전달되는 인수로는 배열 arr, 한 줄에 몇 개의 배열 원소를 출력할 것인지를 설정하는 per_line, 맨 처음과 맨 마지막의 샘플 출력 줄 수 sample_lines가 포함되어 있다. Line 4~11에서는 배열의 맨 처음 부분에서 한 줄에

per_line 개의 배열 원소를 sample_lines 줄 만큼 출력한다.

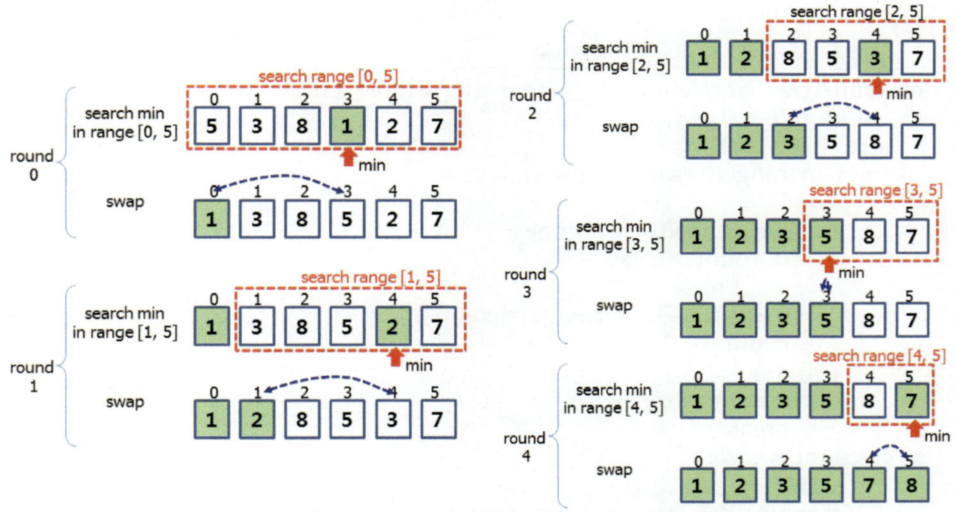

(a) 선택정렬 (part 1) (b) 선택정렬 (part 2)

그림 15.5 선택정렬 (selection sort) 알고리즘

```
 1: # Measurements of elapsed time for selection sorting algorithm
 2: import time, random
 3: import numpy as np
 4: from array import *
 5:
 6: MAX_ARR_SIZE = 20000
 7:
 8: def genRandArray(arr, size):
 9:     for x in range(0, size):
10:         arr.append(x)
11:     random.shuffle(arr)
12:
```

그림 15.6 배열 (part 1) - 배열의 생성 – genRandArray()

Line 14~27에서 만약 배열의 원소 개수 size가 배열의 첫 부분에서 출력한 count = sample_lines×per_line보다 큰 경우, 배열의 마지막 부분에서도 최대 sample_lines×per_line 개수의 배열 원소를 차례로 출력하도록 한다. 만약 남아있는 개수가 sample_lines×per_line 보다 작은 경우 남아 있는 배열 원소만을 출력하도록 line 17에서 count를 설정한다. Line 30~39에서는 배열의 마지막 부분에서도 한 줄에 per_line 개의 배열 원소를 sample_lines 줄만큼 출력하도록 한다.

그림 15.6 (part 3) 에서 구현하고 있는 선택정렬은 그림 15.5에서 설명한 것과 같이 2중 for-loop으로 구성되며, line 9에서는 정렬 대상 구간의 시작 위치를 인덱스 i로 설정하며 line 43~45의 내부 for-loop에서 i+1~size-1 구간의 원소 중 가장 작은 값을 찾아

그 위치를 min에 저장한다. 만약 내부 for-loop에서 찾은 최솟값 원소의 위치 min이 i와 다른 경우, 이들 arr[i]와 arr[min] 원소 위치를 서로 교환하여 작은 원소의 순서대로 정렬되게 한다.

```
13: def printArraySample(arr, per_line = 10, sample_lines = 3):
14:     count = 0
15:     size = len(arr)
16:     for i in range(0, sample_lines):
17:         s = ""
18:         for j in range(0, per_line):
19:             if count > size:
20:                 break
21:             s += "{0:>7} ".format(arr[count])
22:             count += 1
23:         print(s)
24:         if count >= size:
25:             break
26:     if count < size:
27:         print('. . . . . .')
28:         if count < (size - per_line * sample_lines):
29:             count = size - per_line * sample_lines
30:         for i in range(0, sample_lines):
31:             s = ""
32:             for j in range(0, per_line):
33:                 if count >= size:
34:                     break
35:                 s += "{0:>7} ".format(arr[count])
36:                 count += 1
37:             print(s)
38:             if count >= size:
39:                 break
```

그림 15.6 배열 (part 2) - 배열의 샘플 출력 – printArraySample()

```
40: def selectionSort(arr, size):
41:     for i in range(0, size-1):
42:         min = i
43:         for j in range(i+1, size):
44:             if (arr[min] > arr[j]):
45:                 min = j
46:         if (min != i):
47:             arr[i], arr[min] = arr[min], arr[i]
48:
```

그림 15.6 배열 (part 3) - 선택정렬 - selectionSort()

그림 15.6 (part 4)는 선택정렬 알고리즘을 구현한 selectionSort()의 실행에 걸리는 시간을 측정하며 분석할 수 있도록 한다. Line 50~67의 while-loop에서 배열의 크기를 입력받아 지정된 크기의 정수 배열을 준비하고, 선택정렬에 걸린 시간을 측정하여 출력한다. Line 51에서 array('i')로 정수형 배열 A를 설정하며, line 53에서 배열의 크기를 입력 받은 후 line 56에서 genRandArray(A, Arr_size) 함수를 사용하여 배열 A에 중복되지 않은 난수가 Arr_Size개 포함되도록 한다. Line 56~58에서는 생성된 배열을

printArraySample() 함수를 사용하여 샘플 출력하며 배열의 상태를 확인할 수 있게 한다.

Line 62에서 selectionSort() 함수를 호출하여 생성된 배열 Arr의 원소들을 정렬하도록 하며, line 59과 61에서 time 모듈의 time() 함수를 사용하여 선택정렬 함수 호출 직전의 시간 t1과 직후의 시간 t2를 기록하며, line 67에서 경과시간 time_elapsed를 계산하고 line 68에서 출력한다.

```
49: #   main()
50: while True:
51:     A = array('i')
52:     print("Performance Measurements of Selection Sorting ")
53:     Arr_Size = int(input("Array Size (-1 to quit) = "))
54:     if (Arr_Size == -1):
55:         break
56:     genRandArray(A, Arr_Size)
57:     print("Before Selection-Sorting :")
58:     printArraySample(A, 10, 3)
59:
60:     # Testing Selection Sorting
61:     t1 = time.time()
62:     selectionSort(A, Arr_Size)
63:     t2 = time.time()
64:     print("After Selection-Sorting :")
65:     printArraySample(A, 10, 3)
66:     time_elapsed = t2 - t1
67:     print("Selection sorting of {} integers took {} sec".format(Arr_Size,
            time_elapsed))
```

그림 15.6 배열 (part 4) - 선택정렬 알고리즘의 구현 및 성능 측정 - selectionSort()

그림 15.7에서는 selectionSort() 함수를 사용하여 선택정렬을 수행하며 초기 상태의 배열과 정렬된 배열을 출력한 결과를 보여주며, 측정된 시간을 확인할 수 있다. 배열의 크기가 1000일 때 0.06초가 걸렸으나, 배열의 크기가 10,000인 경우 6.46초로 증가하고 있는 것을 확인할 수 있다. 그림 15.8에서는 배열의 크기가 50,000인 경우에 선택정렬을 수행할 때 걸리는 경과시간은 162.69초로, 급격히 증가하는 것을 확인할 수 있다.

선택정렬 알고리즘의 경우 2중 for-loop을 사용하며 앞에서 설명한 것과 같이 정렬에 필요한 비교 회수가 배열의 크기 N의 제곱에 비례하는 값을 가지게 되어 있으며, 실제 측정 결과에서 이러한 추세를 확인할 수 있다. 따라서 정렬 대상이 되는 배열 원소들의 개수가 매우 큰 경우에는 선택정렬의 성능이 매우 낮을 수 있어, 성능이 우수한 알고리즘 구조를 사용해야 한다

```
Performance measurement of selection-sorting
Array Size (-1 to quit) = 1000
Before Selection Sorting :
    789     182     383     539     557      22      23     744     365     161
    430     368     167     394     601     253     720     102     711     755
    581     247     870     717     603     982      92     847     977     765
. . . . . .
    967      44     649     851     330     298     305     764     986     623
    678     390     131     273     793     691      33     185     548     542
    324     738     607     916      61     427     456     624     140     164
After Selection Sorting :
      0       1       2       3       4       5       6       7       8       9
     10      11      12      13      14      15      16      17      18      19
     20      21      22      23      24      25      26      27      28      29
. . . . . .
    970     971     972     973     974     975     976     977     978     979
    980     981     982     983     984     985     986     987     988     989
    990     991     992     993     994     995     996     997     998     999
Selection sorting of 1000 integers took 0.06100344657897949 sec

Performance measurement of selection-sorting
Array Size (-1 to quit) = 10000
Before Selection Sorting :
   6430    3278    4499    6304    5063    6510    4281    3711    5019    3480
   9974    5235     199    3940      89    3046    1384    3168    7031    2131
   2484    3248    8015    8047     540    3439    9713    9915     151    5522
. . . . . .
   1296    9799    7229    1262    3718     412    5219    5993    9676    6437
   7038    1195    6242    4780    7621    6973    3122    8894    2305    6728
   9032    7589    5597    9476    5437    1718    7489    8501    4133    4164
After Selection Sorting :
      0       1       2       3       4       5       6       7       8       9
     10      11      12      13      14      15      16      17      18      19
     20      21      22      23      24      25      26      27      28      29
. . . . . .
   9970    9971    9972    9973    9974    9975    9976    9977    9978    9979
   9980    9981    9982    9983    9984    9985    9986    9987    9988    9989
   9990    9991    9992    9993    9994    9995    9996    9997    9998    9999
Selection sorting of 10000 integers took 6.464369773864746 sec
```

그림 15.7 선택정렬 알고리즘에 대한 성능 측정 및 분석 결과 (Array Size : 1000, 10000)

```
Performance measurement of selection-sorting
Array Size (-1 to quit) = 50000
Before Selection Sorting :
  11445    7846   17291   32271    1915   45142   34818   27493   16723   17656
  35342   41815   21936   23852   34607   31580    2081   20657   28802   28441
    652   43479    2458      68   15177   41334   18344   23534   37566    4059
. . . . . .
  40975   34657    8870    1286   47508   43560   11227   26834   36178   26933
   6151   15241     656   13220   23140    8023    7685    7409   42127   27279
  26308   30462   36422   20790   14519   17890    3958   44436   24678   30284
After Selection Sorting :
      0       1       2       3       4       5       6       7       8       9
     10      11      12      13      14      15      16      17      18      19
     20      21      22      23      24      25      26      27      28      29
. . . . . .
  49970   49971   49972   49973   49974   49975   49976   49977   49978   49979
  49980   49981   49982   49983   49984   49985   49986   49987   49988   49989
  49990   49991   49992   49993   49994   49995   49996   49997   49998   49999
Selection sorting of 50000 integers took 162.69230556488037 sec
```

그림 15.8 선택정렬 알고리즘에 대한 성능 측정 및 분석 결과 (Array Size : 50000)

15.2 분할 및 정복 (Divide and Conquer)

15.2.1 분할 및 정복 기법

분할 및 정복 (divide and conquer) 기법은 큰 규모의 문제를 해결할 때 위에서부터 아래로 분할 (top-down divide)을 하여 작은 단위의 문제를 쉽게 해결하도록 하고, 이 작은 단위의 결과를 모아서 전체 문제의 해결 결과를 얻도록 한다. 분할과 정복 기법에서는 top-down 분할 방식으로 구성된 작은 단위의 문제는 개별적으로 하나의 문제로 다루어 진다. 분할과 정복 방법으로 알고리즘의 성능을 향상시키는 대표적인 예로 퀵정렬 (quick sort)과 병합정렬 (merge sort)이 있다.

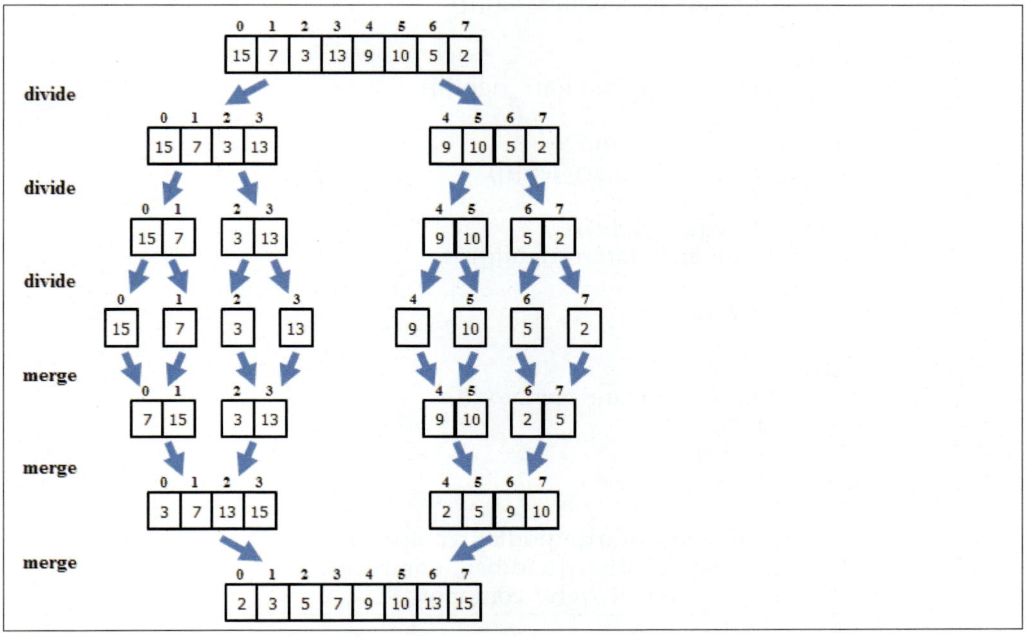

그림 15.9 병합정렬 (merge sort)의 개념도

15.2.2 병합정렬 (Merge Sort)

그림 15.9는 병합정렬 알고리즘의 개념을 그림으로 표현하고 있다. 병합정렬은 먼저 주어진 배열을 재귀함수를 통해 절반씩 계속 분할 (divide)하여 각 원소가 하나씩 남아 있는 상태로 만든 뒤, 단계적으로 병합 (merge)을 실행하면서 크기 순서로 정리한다. 그림 15.9에서 전반부는 주어진 배열을 3번에 걸쳐 계속 절반씩 분할하는 것이며, 후반부는 각 배열을 병합시킬 때 크기 순서대로 병합시켜 나가는 절차를 수행한다. 분할 절차가 완료된 후, 단계적 병합에서는 각 배열이 부분적으로 정렬된 상태이기 때문에 선택정렬에서와 같이 모든 구간을 계속 비교할 필요는 없게 되며, 병합 대상 배열의 인덱스를 순차적으로 증가시키며 둘 중에 작은 원소를 선택하는 것으로 병합이 이루어 질 수 있다.

그림 15.10은 병합정렬 알고리즘을 파이썬 프로그램으로 구현한 예를 보여준다. 그림 15.10 line 21에서 mergeSort() 함수가 실행되면서 정렬 대상 배열인 arr와 정렬에서의

비교 기능을 지정하는 compare가 인수로 전달된다. 정렬에서의 compare 기능이 별도로 지정되지 않으면 operator 모듈의 lt (less than) 비교 연산이 기본 비교기능으로 사용되며, 오름차순 (increasing order, non-decreasing order)으로 정렬된다. 만약 mergeSort() 함수로 전달된 배열의 원소 개수가 1개라면 더 이상의 정렬이 필요 없는 경우이므로 전달된 배열을 별도의 처리 없이 반환한다.

```
1 :  # mergeSort()
2 :  def merge(arr_left, arr_right, compare):
3 :      arr_result = []
4 :      i, j = 0, 0
5 :      while i < len(arr_left) and j < len(arr_right):
6 :          if compare(arr_left[i], arr_right[j]):
7 :              arr_result.append(arr_left[i])
8 :              i += 1
9 :          else:
10 :              arr_result.append(arr_right[j])
11 :              j += 1
12 :      while (i < len(arr_left)):
13 :          arr_result.append(arr_left[i])
14 :          i += 1
15 :      while (j < len(arr_right)):
16 :          arr_result.append(arr_right[j])
17 :          j += 1
18 :      return arr_result
19 :
20 :  import operator
21 :  def mergeSort(arr, compare=operator.lt):
22 :      if len(arr) < 2:
23 :          return arr[:]
24 :      else:
25 :          middle = len(arr) // 2
26 :          left = mergeSort(arr[:middle], compare)
27 :          right = mergeSort(arr[middle:], compare)
28 :          return merge(left, right, compare)
```

그림 15.10 병합정렬 함수 – mergeSort()

그림 15.8 line 25~28는 전달된 배열을 절반씩 나누어 mergeSort() 함수를 재귀호출(recursive call)하도록 구성한다. 먼저 배열 길이의 절반을 정수 나눗셈을 사용하여 계산하고, 배열의 전반부인 arr[:middle]에 대하여 mergeSort() 함수를 재귀 호출하여 정렬하도록 한다. 이 때 재귀 호출된 mergeSort() 함수는 다시 line 28에서 주어진 배열을 절반씩 나누어 mergeSort()를 재귀호출하며, 이러한 반복적인 재귀함수 호출은 정렬 대상 배열의 길이가 1 이하일 때 까지 반복된다. 주어진 배열의 분할은 배열의 원소 개수가 1이면, line 22~23에서 mergeSort() 재귀함수 호출로부터 반환되며, line 28에서 merge() 함수가 호출된다. Line 2~18에서 구현되는 merge() 함수는 두 개의 배열 arr_left와 arr_right를 전달받아 compare에서 지정하는 비교 방식에 따라 오름차순 또는 내림차순으로 정렬하며, 전달된 두 개의 배열 중 작은 값 (오름차순일 때) 또는 큰 값의 원소를 해당 배열로부터 추출하고, 이를 새로운 배열 arr_result에 담는다. arr_result에 담기는 원소들은 주어진 compare 기준에 따라 오름차순 또는 내림차순으로 정렬된 상태가 된다. Line

5~17에서 구성되는 배열 원소의 선택 기능이 2중 for-loop이 아니라 각 배열을 한번 씩 차례로 접근하는 기능을 수행하므로 병합정렬의 복잡도는 선택정렬의 복잡도보다 낮아질 수 있다.

15.2.3 퀵정렬 (Quick Sort)

분할 및 정복 방식으로 정렬을 수행하는 또 다른 알고리즘으로 퀵정렬 (quick sorting)이 있다. 퀵정렬은 그림 15.11에서 보는 것과 같이 지정된 정렬구간의 중간위치 원소를 피봇 (pivot)으로 선정하고, 이 피봇 원소 (pivot element)보다 작은 원소들과 피봇 원소보다 큰 원소들을 피봇 원소를 중심으로 구분하여 정돈하도록 한다. 예를 들어 그림 5.11 (part 1)에서 총 20개의 원소가 포함된 배열에 대하여 퀵정렬을 실행하면 첫 번째 정렬구간은 [0, 19]로 설정되고, 정렬구간의 중간지점인 인덱스 (0 + 19) / 2 = 9를 피봇으로 선정한다. 다음으로 분할 (partition) 절차에서는 이 피봇 원소 값 pv = 46을 기준으로 더 작은 원소들을 피봇 원소 왼쪽 (인덱스가 작은 쪽)으로 정돈하게 하고, 피봇보다 큰 원소들은 피봇 오른쪽 (인덱스가 큰 쪽)으로 정돈하게 한다.

일단 정렬 구간에서의 피봇 선정, 피봇을 기준으로 한 분할 절차가 완료되면, 이 정렬 구간에서 피봇보다 작은 원소들이 포함된 그룹에 대하여 퀵정렬을 재귀함수 호출을 통하여 수행하고, 다음으로 피봇보다 큰 원소들이 포함된 그룹에 대하여 퀵정렬 함수를 재귀함수 호출을 통하여 수행한다.

그림 15.11의 예에서 전체 구간 [0, 19]에 대한 퀵정렬이 수행된 후, 첫 번째 구간의 피봇보다 작은 원소들의 집합인 구간 [0, 8]에 대하여 퀵정렬이 수행되고, 이 내부에서 다시 구간 [0,0], [2,8]에 대한 퀵정렬이 수행되며, 다시 [2,4], [6,8] 구간에 대한 퀵정렬이 재귀함수 호출에 따라 계속 진행된다.

그림 15.11에서 재귀함수 호출에 따른 각 구간에서의 퀵정렬 수행 (피봇 선정, 분할) 절차 및 그 결과를 보여준다. 그림 15.11 (part 2)에서 보여주는 절차가 완료되면 구간 [0, 8]의 정렬이 모두 완료되며, 재귀함수 호출이 시작되었던 첫 번째 퀵정렬 구간 [0,19] 중에서 피봇 (인덱스 9)과 그 피봇보다 작은 원소들의 정렬이 완료된 상태가 된다. 그림 15.11 (part 3)과 (part 4)는 첫 번째 퀵정렬 구간 [0,19] 중에서 피봇 (인덱스 9)보다 큰 원소들에 대한 정렬을 수행하는 절차를 보여준다.

퀵정렬에서는 정렬 대상 배열의 중간 값인 피봇을 선정한 후 큰 단위에서 피봇 값보다 작은 원소들 그룹과 피봇 값보다 큰 원소들의 그룹으로 분할하고, 각 그룹 내에서 다시 그 그룹의 중간 값을 피봇으로 선정한 후 피봇 값보다 작은 그룹, 피봇, 피봇 값보다 큰 그룹으로 분할시키는 작업을 계속 반복수행하며, 분할 대상 조각이 하나의 원소를 가질 때 재귀함수 호출로부터 반환된다. 이러한 반복적인 분할 작업의 수행과 분할된 구간 내부에서의 비교에 따른 위치 조정을 함으로써 전체 구간을 반복적으로 비교하여야 하는 부담을 줄일 수 있으며, 전체적인 정렬 알고리즘의 성능을 향상시킬 수 있게 된다.

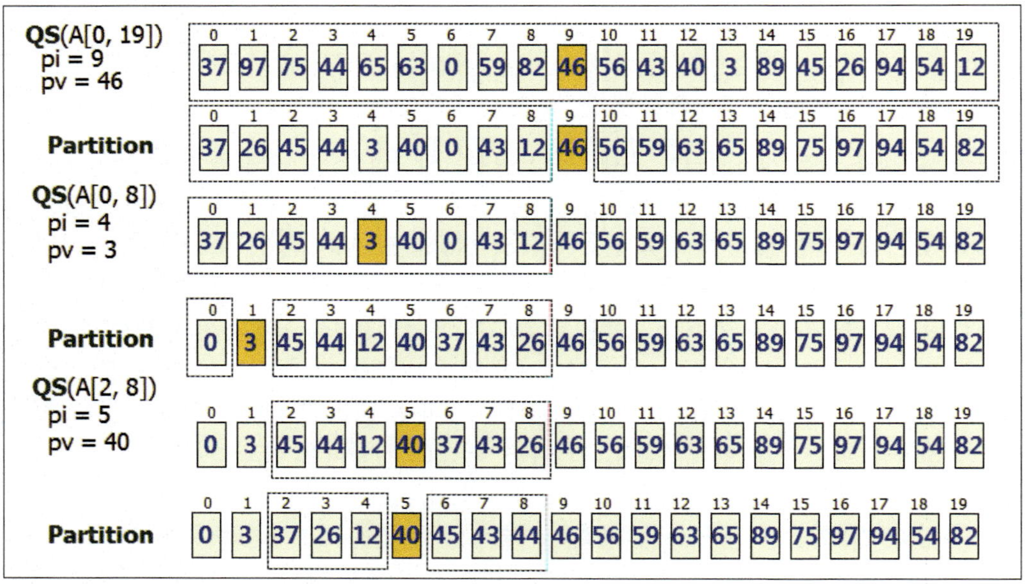

그림 15.11 (part 1) 퀵정렬의 진행 단계 1

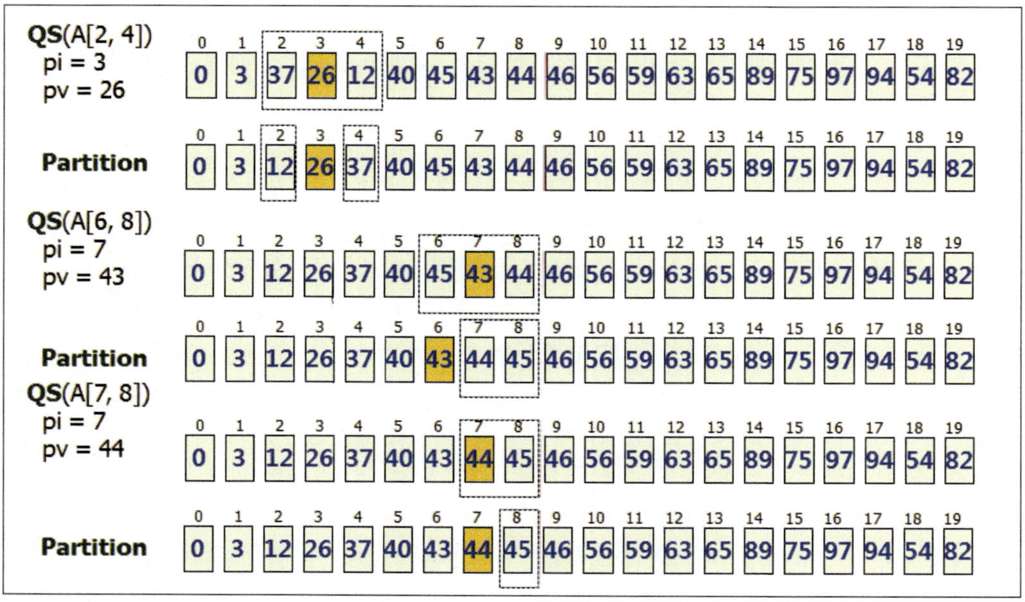

그림 15.11 (part 2) 퀵정렬의 진행 단계 2

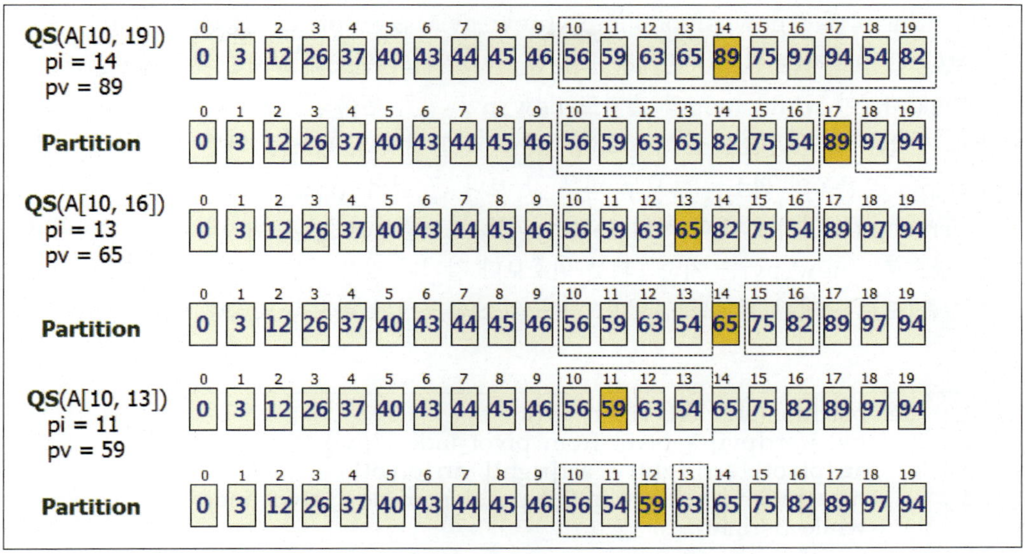

그림 15.11 (part 3) 퀵정렬의 진행 단계 3

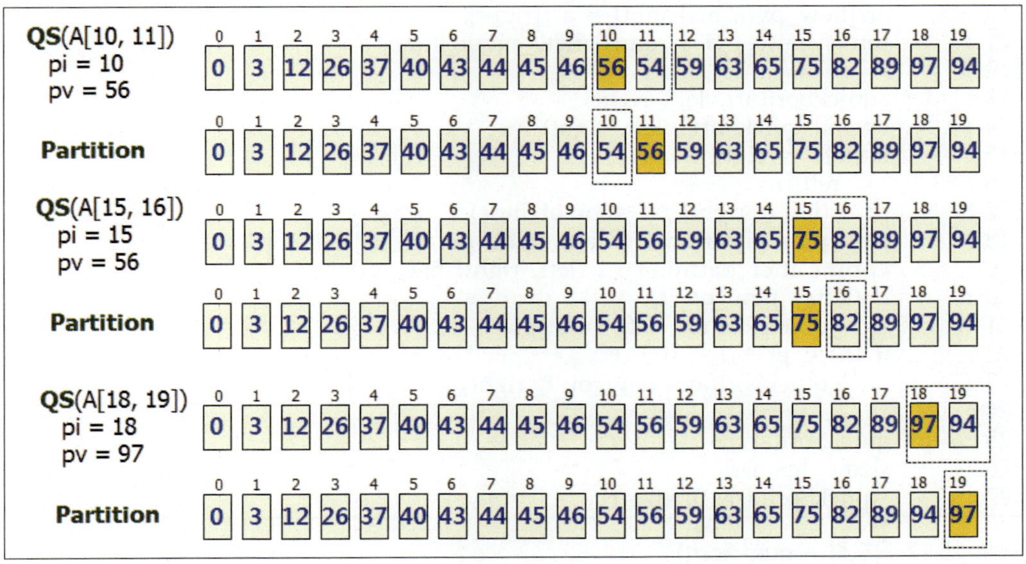

그림 15.11 (part 4) 퀵정렬의 진행 단계 4

그림 15.12는 퀵정렬 알고리즘을 구현하는 quickSort() 함수 구현을 보여준다. 이 quickSort() 함수는 별도의 메모리 공간을 더 사용하지 않고 배열 원소들이 저장되어 있는 배열 arr상에서 분할이 이루어지도록 한다. Line 1~11에서 구현되어 있는 partition() 함수는 주어진 배열 arr의 [left, right]을 지정된 피봇 인덱스 (pivot)의 원소값 pv = arr[pivot]을 기준으로 작은 그룹, pv, 큰 그룹으로 위치를 재 조정한다. Line 3에서는 피

봇 인덱스 위치의 원소 (즉, 피봇 원소)를 배열의 맨 오른쪽인 arr[right] 위치에 대피시켜 둔다. Line 4에서 new_pivot_index (new_pvi) 값을 left로 설정한 후, line 5~9에서 pv보다 같거나 작은 원소가 존재하면 new_pvi 위치의 원소와 교체한 후, new_pvi를 하나 증가시킨다. 이 while_loop의 결과로 new_pvi 위치 왼쪽의 원소들은 모두 피봇 값 보다 같거나 작은 값의 원소들로 구성되며, new_pvi 위치의 원소는 피봇 값보다 큰 값이고, new_pvi 오른쪽의 원소들은 모두 피봇 값 보다 큰 값의 원소들로 구성된다. Line 10에서는 arr[right] 위치에 대피 시켜 두었던 피봇 원소를 new_pvi 위치의 원소와 자리바꿈을 하게함으로써 new_pvi를 기준 (피봇 원소보다 같거나 작은 그룹, 피봇 원소, 피봇 원소보다 큰 그룹)으로 분할된 결과를 얻으며, 피봇 원소의 조정된 위치를 나타내는 new_pvi를 반환한다.

```
 1 : def partition(arr, left, right, pvi):
 2 :     pv = arr[pvi] # pivot from pivot_index (pvi)
 3 :     arr[pivot], arr[right] = arr[right], arr[pivot]
 4 :     new_pvi = i = left # initial position of new_pivot_index
 5 :     while (i<right):
 6 :         if (arr[i] <= pv):
 7 :             arr[i], arr[new_pvi] = arr[new_pvi], arr[i]
 8 :             new_pvi += 1
 9 :         i += 1
10 :     arr[new_pvi], arr[right] = arr[right], arr[new_pvi]
11 :     return new_pvi # return new_pivot_index
12 :
13 : def _quickSort(arr, left, right):
14 :     #print("quickSort", left, right)
15 :     if (left >= right):
16 :         return
17 :     pi = (left + right)//2  # pivot_index
18 :     new_pi = partition(arr, left, right, pi)
19 :     #print("after partition : ", left, right, new_pi)
20 :     if (left < new_pi -1):
21 :         _quickSort(arr, left, new_pi-1)
22 :     if (new_pi + 1 < right):
23 :         _quickSort(arr, new_pi+1, right)
24 :
25 : def quickSort(arr):
26 :     size = len(arr)
27 :     _quickSort(arr, 0, size-1)
```

그림 15.12 퀵정렬 – quickSort()

Line 13~23의 _quickSort() 함수는 주어진 배열 arr에 대하여 재귀함수 호출을 반복적으로 사용하며 분할 및 정복 방식으로 정렬 기능을 수행한다. Line 17에서 정렬 대상 구간의 중간 지점을 피봇 원소 인덱스 pi (pivot_index)로 설정하고 partition() 함수를 호출한다. partition() 함수의 반환 결과는 피봇 원소를 기준 (피봇 원소보다 같거나 작은 그룹, 피봇 원소, 피봇 원소보다 큰 그룹)으로 분할된 결과를 담고 있는 arr와 피봇 원소의 조정된 위치를 나타내는 new_pi를 전달 받는다. Line 20~21에서는 left~new_pi−1 사이에 정렬 대상 원소들이 남아 있으면 _quickSort(arr, left, new_pi−1)로 재귀호출을 한다. Line 22~23에서는 new_pi+1~right 구간에 정렬 대상 원소가 남아 있는 경우 _quickSort(arr, new_pi+1, right)로 재귀호출을 하여 분할 및 정복 방식으로 정렬이 수행되도록 한다. Line 25~27의 quickSort(arr) 함수는 응용 프로그램에서 퀵정렬 함수를 호출하기 위한 인터페이스이며, 내부적으로 _quickSort() 재귀함수를 호출하여 퀵정렬을 수행한다.

15.2.4 선택정렬, 병합정렬, 퀵정렬의 성능 비교

그림 15.13은 정렬 알고리즘을 동일한 조건으로 비교하는 성능 측정 및 분석 프로그램이다. Line 10에서 성능측정 대상 배열의 크기를 입력받으며, line 13에서 genRandArray() 함수를 사용하여 배열을 준비한다.

```
 1: # include selectionSort(), mergeSort(), and quickSort() here
 2:
 3: ##################################
 4: #   main()
 5: Selection_Sort_Limit = 50000
 6:
 7: while True:
 8:     A = array('i')
 9:     print("\nComparisons of sorting algorithms")
10:     Arr_Size = int(input("Array Size (-1 to quit) = "))
11:     if Arr_Size == -1:
12:         break
13:     genRandArray(A, Arr_Size)
14:
15:     # Testing Selection Sorting
16:     if Arr_Size <= Selection_Sort_Limit:
17:         np.random.shuffle(A)
18:         print("\nBefore Selection-Sort of A :")
19:         printArraySample(A, 10, 3)
20:         t1 = time.time()
21:         selectionSort(A, Arr_Size)
22:         t2 = time.time()
23:         print("After Selection-Sort of A .....")
24:         printArraySample(A, 10, 3)
25:         time_elapsed = t2 - t1
26:         print("Selection sorting took {} sec".format(time_elapsed))
27:
28:     # testing MergeSorting
29:     np.random.shuffle(A)
30:     print("\nBefore mergeSort of A :")
31:     printArraySample(A, 10, 3)
32:     t1 = time.time()
33:     A = mergeSort(A)
34:     t2 = time.time()
35:     print("After mergeSort of A :")
36:     printArraySample(A, 10, 3)
37:     time_elapsed = t2 - t1
38:     print("Merge sorting took {} sec".format(time_elapsed))
```

그림 15.13 선택정렬, 병합정렬과 퀵정렬의 성능 비교 시험 프로그램 (part 1)

Line 16~26에서는 선택정렬 함수 selectionSort() 함수를 실행시키며 경과시간을 측정하여 출력한다. 이 선택정렬 함수는 배열의 크기가 50,000이상인 경우 시간이 너무 많이 걸리기 때문에 50,000개 이하일 경우에만 실행하도록 설정하고 있다.

Line 28~38에서는 동일한 조건으로 병합정렬 함수 mergeSort()를 호출하여 주어진 배열의 정렬을 수행하며, 경과시간을 측정하여 출력한다. Line 39~49에서는 퀵정렬 함수 quickSort()를 호출하여 동일한 조건의 배열에 대하여 정렬을 수행하며, 경과시간을 측정하여 출력하도록 한다.

```
39:    # testing Quick Sorting
40:    np.random.shuffle(A)
41:    print("\nBefore quickSort of A :")
42:    printArraySample(A, 10, 3)
43:    t1 = time.time()
44:    quickSort(A)
45:    t2 = time.time()
46:    print("After quickSort of A :")
47:    printArraySample(A, 10, 3)
48:    time_elapsed = t2 - t1
49:    print("Quick sorting took {} sec".format(time_elapsed))
```

그림 15.13 선택정렬, 병합정렬과 퀵정렬의 성능 비교 시험 프로그램 (part 2)

```
Comparisons of sorting algorithms
Array Size (-1 to quit) = 50000

Before Selection-Sort of A :
  6474  41803  24792  20585  22518  44125  14276  26634  40677  27161
  5539  15984  13529  21107  49495  17788  37550   5546  42543   3356
 24415  25049  35814  39279  42914  27340  14947  21702  39603    404
. . . . . .
 26904  40702  39365  35066  34299  11666  25125   5129  13175  27276
 11964  19756  12907  32020  21094  20576  34793  39001    690  30211
  9556  15289  42638   2807  41409  37095  28904   5524  10569  29487
After Selection-Sort of A .....
     0      1      2      3      4      5      6      7      8      9
    10     11     12     13     14     15     16     17     18     19
    20     21     22     23     24     25     26     27     28     29
. . . . . .
 49970  49971  49972  49973  49974  49975  49976  49977  49978  49979
 49980  49981  49982  49983  49984  49985  49986  49987  49988  49989
 49990  49991  49992  49993  49994  49995  49996  49997  49998  49999
Selection sorting took 162.7523090839386 sec

Before mergeSort of A :
 45329  22833  30770  10548   7519  15913  25843  15258  46617  36439
 41948  42919   2036   2943  12202  14881  15281  20465   5712  29055
 20427  28275  31639  33963  48635   1542  37731  17353  24930   3721
. . . . . .
 44866  18458   9261  42462  24875   1439  24116   9496  25223  35046
  6858  24389  46413  20529   6449  40314  40825  27221   8820  41730
 48328  32678  25919  30126   3310  41241  18719  17335   5395    867
After mergeSort of A :
     0      1      2      3      4      5      6      7      8      9
    10     11     12     13     14     15     16     17     18     19
    20     21     22     23     24     25     26     27     28     29
. . . . . .
 49970  49971  49972  49973  49974  49975  49976  49977  49978  49979
 49980  49981  49982  49983  49984  49985  49986  49987  49988  49989
 49990  49991  49992  49993  49994  49995  49996  49997  49998  49999
Merge sorting took 0.3760213851928711 sec

Before quickSort of A :
 15690  41542  33439  32009  29165    893  28443  14138  31803  13724
 18356  32186   8722  11082  10942   5545   5799  35622  34902  27670
 49531  13965   3159  45090  39159   7324  38329  25071   7948  33927
. . . . . .
 20729  44008  15996  13964   6675  34597  23085  25201  43462  40802
 16946  15870  29657   6254   9951  46218  41316  21640   7706  49944
 37201  19442  29066   3140  46780  30706  31915  19512  25058  23370
After quickSort of A :
     0      1      2      3      4      5      6      7      8      9
    10     11     12     13     14     15     16     17     18     19
    20     21     22     23     24     25     26     27     28     29
. . . . . .
 49970  49971  49972  49973  49974  49975  49976  49977  49978  49979
 49980  49981  49982  49983  49984  49985  49986  49987  49988  49989
 49990  49991  49992  49993  49994  49995  49996  49997  49998  49999
Quick sorting took 0.2760159969329834 sec
```

그림 15.14 (part 1) 정렬 알고리즘 성능 비교 시험 결과 (array size = 50000)

그림 15.14 (part 1)과 (part 2)는 정렬 알고리즘의 성능 비교 결과를 보여준다. 정수

배열의 크기가 50,000일 때 선택정렬은 162.75초가 걸렸으며, 병합정렬은 0.376초, 퀵정렬은 0.276초가 걸리는 것을 확인할 수 있다. 그림 15.14 (part 2)에서는 배열의 크기가 10,000,000인 경우에서 병합정렬과 퀵정렬을 비교한 결과를 보여주며, 병합정렬이 221.954초, 퀵정렬이 203.713초가 걸려 퀵정렬이 좀 더 빠른 성능을 보여주는 것을 확인할 수 있다.

```
Comparisons of sorting algorithms
Array Size (-1 to quit) = 10000000
Before mergeSort of A :
9547088 4417187 2317665 5125825 6206365 9602326 9622119 1316037 4588314 7584138
3699788 5841225 8917493 6690172 4378012 9993406   92644 6265465 9524485 9545939
9063511 2876482 8636414 6051833 2927119 2754844 8214433 5845381 9313663 9365550
. . . . . . .
6329362 2044235 3052639 9743794 2612072 5031698 7755313 7354658 1319930 5345667
2856152 4323639 8385678 5756762 4236739 6401596 3956124   38413 6544556 9078220
2747379 8574108 3352393 6220859 2201008 7130264 7948007 3991450 2297329 2645579
After mergeSort of A :
      0       1       2       3       4       5       6       7       8       9
     10      11      12      13      14      15      16      17      18      19
     20      21      22      23      24      25      26      27      28      29
. . . . . . .
9999970 9999971 9999972 9999973 9999974 9999975 9999976 9999977 9999978 9999979
9999980 9999981 9999982 9999983 9999984 9999985 9999986 9999987 9999988 9999989
9999990 9999991 9999992 9999993 9999994 9999995 9999996 9999997 9999998 9999999
Merge sorting took 221.95369482040405 sec
Before quickSort of A :
6089264 6651166 5375360 9531759 5437317 2129999 6236515 8727404 5166246 5484859
5207525 7804783 9174550 2685052 9444409 3938173 9481449 3091774 8991363 6724499
8511642 4421126 3872055 9890708 7608966 3565180 4201186 1425490 9836011 4088049
. . . . . . .
7864042 3156508 4993475  870865 6440670 8755582 9009106 9753307 8836343 9385691
 230571 1285199 5025941 6110813 7386340 2749141  766103 9643782 3380659 4744010
 131592 9380752 9348658 9287592 9476857 9918243 6313255 8187178 1014683 6806792
After quickSort of A :
      0       1       2       3       4       5       6       7       8       9
     10      11      12      13      14      15      16      17      18      19
     20      21      22      23      24      25      26      27      28      29
. . . . . . .
9999970 9999971 9999972 9999973 9999974 9999975 9999976 9999977 9999978 9999979
9999980 9999981 9999982 9999983 9999984 9999985 9999986 9999987 9999988 9999989
9999990 9999991 9999992 9999993 9999994 9999995 9999996 9999997 9999998 9999999
Quick sorting took 203.71265149116516 sec
```

그림 15.14 (part 2) 정렬 알고리즘 성능 비교 시험 결과 (array size = 10000000)

15.3 동적 계획법 (Dynamic Programming)

15.3.1 동적 계획법 기법

동적 계획법 (dynamic programming)은 동적 프로그래밍이라고도 하며, 다단계 의사 결정에서 각 단계에 따라 동적으로 변화하는 결정을 만드는 방법을 사용하도록 하는 것이다. 즉, 어떤 문제가 여러 단계로 반복되는 부분 문제로 이루어져 있을 때, 각 단계에 있는 부분 문제의 답을 기반으로 전체 문제의 답을 구하는 방법을 의미한다. 동적 계획법은 분할 및 정복 (divide and conquer)과는 다른 문제 해결 방법을 사용한다.

분할과 정복 기법에서는 top-down 분할 방식으로 구성된 작은 단위의 문제는 개별적으로 하나의 문제로 다루어질 수 있는 구조를 가지도록 하는데 동적 프로그래밍 기법에서는 각 단계의 문제들은 그 이전 단계의 문제들의 해결 결과에 의존하도록 구성되며, 동일한 문제를 여러 번 다시 해결하느라 시간을 허비하지 않도록 한번 해결한 적이 있는 단계별 문제의 답을 테이블에 저장하여 두고 이를 사용함으로써 전체 알고리즘 실행 시간을 단축시킨다.

C/C++ 프로그래밍에서는 각 단계별 문제의 답을 저장하기 위하여 정적 지역 변수 (static local variable)를 주로 사용하며, 파이썬 프로그래밍에서는 메모이제이션 데코레이터를 사용하여 계산 결과를 저장하여 재활용할 수 있게 한다.

15.3.2 동적 계획법 구조의 재귀 피보나치 함수

그림 15.15는 메모이제이션 함수을 데코레이션으로 설정하는 재귀 피보나치 함수의 구성 및 성능 측정 방법을 예제 프로그램으로 보여준다. Line 4~14에서 구현하는 dynFibo() 함수는 딕셔너리 memo를 먼저 준비하고, 함수 func의 인수인 n을 키로 meno 딕셔너리에 값이 포함되어 있으면 그 memo[n]의 값을 반환하며, 키 n에 대한 값이 memo에 포함되어 있지 않는 경우 dynFibo(n)을 실행하여 fibo_n을 계산하고, 그 결과를 memo[n]에 저장한 후 fibo_값을 반환하게 하여, 동일한 계산을 반복하여 수행하지 않도록 한다.

```
 1: #Recursive Fibonacci in dynamic programming structure
 2: import time
 3:
 4: memo = dict()
 5: def dynFibo(n): # dynamic programming Fibonacci
 6:     if n in memo:
 7:         return memo[n]
 8:     elif n <= 1:
 9:         memo[n] = n
10:         return n
11:     else:
12:         fibo_n = dynFibo(n-1) + dynFibo(n-2)
13:         memo[n] = fibo_n
14:     return fibo_n
15:
16: def srFibo(n): # simple recursive Fibonacci
17:     if n <= 1:
18:         return n
19:     else:
20:         return srFibo(n-1) + srFibo(n-2)
21:
22: #####################################################
23: # Application
24: def main_Fibo(mode, start, end, step):
25:     for n in range(start, end, step):
26:         t_before = time.time()
27:         fibo_n = dynFibo(n) if mode == "dyn" else srFibo(n)
28:         t_after = time.time()
29:         t_elapse = t_after - t_before
30:         t_elapse_ms = t_elapse * 1000
31:         print("Fibo({:3d}) = {:25d}, took {:10.2f} ms"\
32:               .format(n, fibo_n, t_elapse_ms))
33:
34: if __name__ == '__main__':
35:     print("Calculation of Fibonacci Series")
36:     mode = input("mode (dyn or sr) = ")
37:     (start, end, step) = tuple(map(int, (input("start end step = ").split(' '))))
38:     main_Fibo(mode, start, end, step)
```

그림 15.15 메모이제이션 함수 데코레이터를 사용하는 재귀 피보나치 함수 – mrFibo()

Line 16~20에서 구현하는 srFibo(n) 함수는 동적 계획법의 메모 기능을 사용하지 않는 단순 재귀함수 구조로 구현되어 있다.

Line 24~32의 main_Fibo() 함수에서는 피보나치 수열 계산을 어떤 방식으로 할 것인지를 mode로 입력받도록 하고, start~end 구간에서 step 간격으로 지정된 정수 값 n에 대한 피보나치 수열을 계산하기 위한 값을 입력 받도록 한다. 실제 지정된 mode에 따라 피보나치 수열을 계산할 때 걸린 시간을 time 모듈의 time() 함수를 사용하여 측정하고, 계산에 걸린 경과시간을 milli-second 단위로 출력하도록 한다. Line 34~38에서는 피보나치 수열 계산에 사용될 모드와 start, end, step의 값을 입력받아 main_Fibo() 함수를 호출한다.

그림 15.16에서는 메모이제이션 기능을 사용하는 재귀 피보나치 함수의 실행 결과를 보여준다. n값이 0~100인 경우에도 동적 계획법의 메모기능을 사용한 dynFibo() 함수의 실행시간이 거의 0.0 밀리초에 해당하는 것을 알 수 있다.

그림 15.17은 메모이제이션 기능의 효과를 직접 비교할 수 있도록 동적 프로그래밍의 메모 기능이 없는 srFibo() 함수를 n = 0~45 구간에서 피보나치 수열 값을 계산하도록 한 것이며, n=45인 경우 416,664 milli-second의 매우 긴 실행 시간이 발생하는 것을 볼 수 있다. 이 결과는 동적 계획법 (dynamic programming)의 효율성을 잘 보여 주고 있다.

```
Calculation of Fibonacci Series
mode (dyn or sr) = dyn
start end step = 0 101 5
Fibo(  0) =                        0, took       0.00 ms
Fibo(  5) =                        5, took       0.00 ms
Fibo( 10) =                       55, took       0.00 ms
Fibo( 15) =                      610, took       0.00 ms
Fibo( 20) =                     6765, took       0.00 ms
Fibo( 25) =                    75025, took       0.00 ms
Fibo( 30) =                   832040, took       0.00 ms
Fibo( 35) =                  9227465, took       0.00 ms
Fibo( 40) =                102334155, took       0.00 ms
Fibo( 45) =               1134903170, took       0.00 ms
Fibo( 50) =              12586269025, took       0.00 ms
Fibo( 55) =             139583862445, took       0.00 ms
Fibo( 60) =            1548008755920, took       0.00 ms
Fibo( 65) =           17167680177565, took       0.00 ms
Fibo( 70) =          190392490709135, took       0.00 ms
Fibo( 75) =         2111485077978050, took       0.00 ms
Fibo( 80) =        23416728348467685, took       0.00 ms
Fibo( 85) =       259695496911122585, took       0.00 ms
Fibo( 90) =      2880067194370816120, took       0.00 ms
Fibo( 95) =     31940434634990099905, took       0.00 ms
Fibo(100) =    354224848179261915075, took       0.00 ms
```

그림 15.16 동적 계획법 구조의 재귀 피보나치 함수 실행 결과

```
Calculation of Fibonacci Series
mode (dyn or sr) = sr
start end step = 0 46 5
Fibo(  0) =                    0, took       0.00 ms
Fibo(  5) =                    5, took       0.00 ms
Fibo( 10) =                   55, took       0.00 ms
Fibo( 15) =                  610, took       0.00 ms
Fibo( 20) =                 6765, took       1.99 ms
Fibo( 25) =                75025, took      26.94 ms
Fibo( 30) =               832040, took     305.16 ms
Fibo( 35) =              9227465, took    3386.96 ms
Fibo( 40) =            102334155, took   37591.45 ms
Fibo( 45) =           1134903170, took  416664.23 ms
```

그림 15.17 동적 계획법 기능이 없는 재귀 피보나치 함수 실행 결과

15.4 Heap Priority Queue, Heap Sorting

15.4.1 Heap과 Heap Order

많은 수의 데이터를 저장하면서, 우선순위를 나타내는 지정된 키 (key)값에 따라 데이터를 추출할 수 있게 하는 기능은 우선순위를 고려한 응용 프로그램에서 아주 많이 사용되는 기능이다. 예를 들어 컴퓨터 시스템 내부에서 다양한 상황(event)들이 발생하였을 때, 가장 시급히 처리하여야 하는 (즉, 우선순위가 가장 높은) 상황을 선정하여 이를 먼저 처리하도록 하는 것은 꼭 필요한 기능이다. 또 다른 예로서 인터넷의 교환기능을 담당하는 IP 패킷 라우터에서 패킷들을 처리할 때, 현재 큐에 저장되어 있는 패킷들 중에서 우선순위가 높은 패킷을 먼저 전달하고 다음 우선순위의 패킷을 처리하도록 구성함으로써, 차별화된 서비스를 제공할 수 있다.

우선순위를 고려하여 데이터를 저장하는 자료구조로 힙 (heap)이 있다. 힙 자료구조에서는 새로운 데이터가 추가될 때, 내부 저장순서를 조절하여 항상 우선순위가 가장 높은 데이터를 추출할 수 있도록 데이터를 저장하여야 한다. 그러나 힙 내부에 저장되어 있는 모든 데이터들이 정렬되어 있을 필요는 없다. 다만 가장 우선순위가 높은 데이터를 신속하게 추출할 수 있는 기능이 제공되어야 한다. 힙을 구현하는 방법으로 그림 15.18에서 보는 완전이진트리를 사용할 수 있다.

힙 구조에서 각 노드는 key와 데이터 값을 가지는 엔트리를 저장하며, key 값이 낮을수록 우선순위가 높은 것으로 해석하게 된다. 힙에 포함되어 있는 노드들은 항상 부모노드의 우선순위보다는 같거나 낮아야 하며, 자식노드들의 우선순위 보다는 같거나 높아야 한다. 이를 힙순서 (heap order)라고 한다.

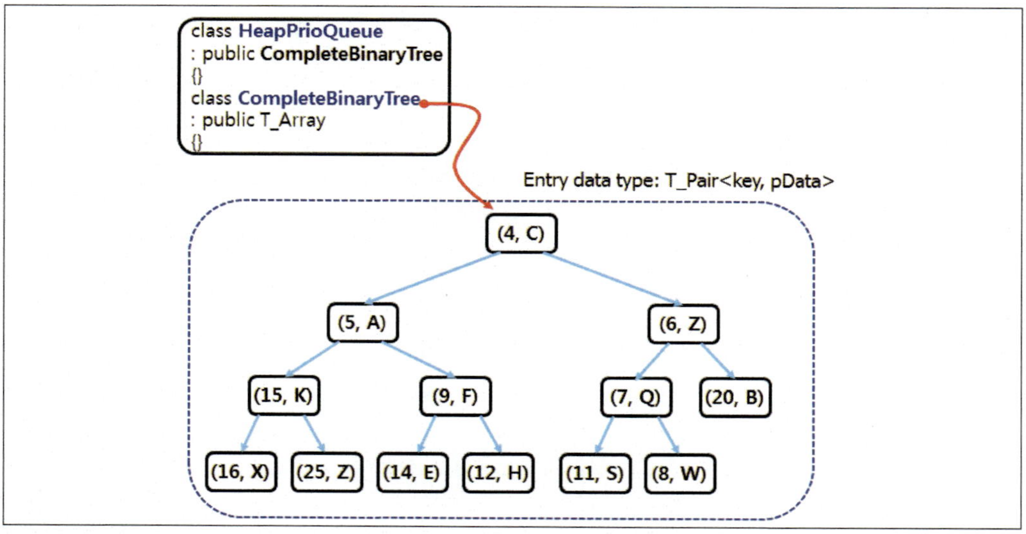

그림 15.18 CompleteBinaryTree 기반의 우선순위 큐

15.4.2 완전이진트리 (Complete Binary Tree)

배열이나 리스트를 기반으로 구현되는 기본 자료 구조 중에서 완전이진트리 (complete binary tree)는 이진트리 (binary tree)와 유사한 구성을 가지지만 전혀 다른 특성을 가지며, 우선순위 큐 (priority queue)를 구현할 때 주로 사용된다. 완전이진트리는 그림 15.19에서 보는 것과 같이, 기본적으로 이진트리와 같이 하나의 부모노드에 최대 두 개의 자식노드가 접속되는 구조를 가진다. 그러나 이진트리와는 달리 항상 새로운 노드가 추가될 때, 현재의 level에서 모든 자식노드들이 다 채워질 때까지는 왼쪽에서 오른쪽으로 채워지며, 항상 마지막으로 채워진 노드를 last node가 가리키고 있다.

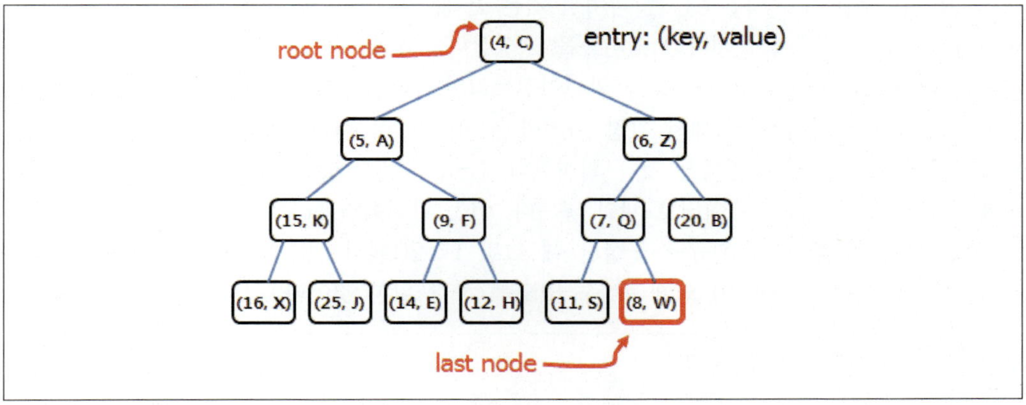

그림 15.19 완전이진트리 (Complete Binary Tree)

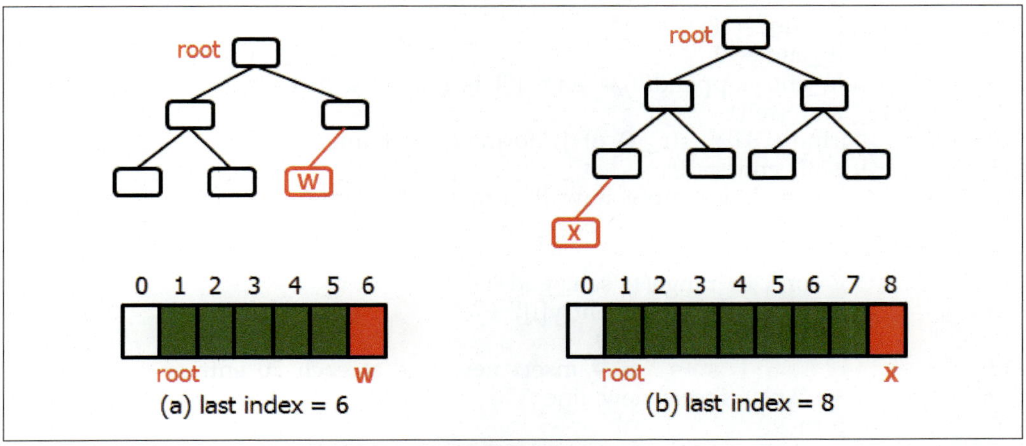

그림 15.20 배열을 기반으로 한 완전이진트리의 구현

그림 15.20에서 보는 것과 같이 완전이진트리를 배열을 기반으로 구현할 때 배열의 인덱스 0의 항목은 사용하지 않고, 인덱스 1에 root노드를 배치한 후 다음 노드들은 차례로 배치를 한다. 이렇게 하는 경우 루트노드의 두 자식노드들의 인덱스는 각각 2와 3이 되며, 이것는 부모노드인 root노드의 인덱스값의 두 배 (즉, 2i)와 두 배에 1일 더한 (즉, 2i + 1)의 값을 가지는 관계가 있다. 배열을 기반으로 구현된 완전이진트리에서는 모든 노드와 그 자식

노드 간에는 이러한 관계가 유지되며, index i로 지정되는 노드의 자식노드들의 인덱스는 각각 2i와 2i+1로 쉽게 계산할 수 있고, 그 노드 (index i)의 부모노드는 i/2로 쉽게 계산할 수 있다.

완전이진트리에서 하나의 노드 (index i)가 왼쪽 자식노드를 가지고 있는가, 또는 오른쪽 자식노드를 가지고 있는가는 그 노드의 index값의 두 배 (2i)또는 두 배에 1을 더한 값 (2i+1)을 현재 완전이진트리의 last node index값과 비교하면 쉽게 판단할 수 있다.

15.4.3 완전이진트리의 파이썬 클래스 구현

그림 15.21은 완전이진트리를 파이썬 클래스로 구현하는 예를 보여준다. Line 3에서 클래스 CompleteBinaryTree()는 파이썬 기본 클래스인 object를 상속받아 생성되는 것을 선언하며, line 4~7에서 데이터 멤버들을 생성한다. _entry는 실제 데이터들이 저장될 공간이며 리스트로 생성하고, _root는 완전이진트리의 루트노드 인덱스를 나타내며 1로 설정한다. _end는 완전이진트리에서 가장 마지막 데이터가 저장되어 있는 곳을 나타내며, 0은 저장되어 있는 데이터가 없다는 것을 의미한다. Line 8에서 append() 함수를 사용하여 0번째 데이터를 의미없는 데이터로 채워 넣는다. 이는 완전이진트리에서 루트노드를 인덱스 1로 설정함으로써 힙우선순위큐를 구성할 때 그림 15.20에서 설명한 것과 같이 부모노드와 자식노드들의 인덱스 계산이 쉽게 될 수 있도록 하기 위한 것이다.

```
 1: # Complete Binary Tree
 2:
 3: class CompleteBinaryTree(object):
 4:     def __init__(self):
 5:         self._entry = [] # list
 6:         self._root = 1
 7:         self._end = 0
 8:         self._entry.append(0) # entry[0] is not used in complete binary tree
 9:     def __str__(self):
10:         #print("CBT::__str__() of {}".format(self._name))
11:         if self._end == 0:
12:             s = "{} is empty now !!".format(self._name)
13:         else:
14:             s = ''
15:             for i in range(1, self._end+1):
16:                 s += str(self._entry[i]) + ' '
17:                 if i % 20 == 0:
18:                     s += '\n' # insert new line at each 20 entries
19:         s += '\n' # insert new line
20:         return s
```

그림 15.21 Class CompleteBinTree()

Line 9~17에서 구현하는 __str__() 멤버 함수는 클래스 CompleteBinaryTree() 객체를 출력할 때 화면으로 출력되는 문자열 내용을 편집하여 반환한다. 완전이진트리 객체의 출력 내용은 현재 포함되어 있는 데이터를 차례로 출력하며, 만약 비어 있으면 empty인 상태를 출력한다.

15.4.3 힙우선순위큐의 파이썬 클래스 구현

힙우선순위큐 (heap priority queue)는 부모노드의 우선순위가 자식노드의 우선순위보다 같거나 높아야 한다는 힙순서 (heap order)를 유지하는 특성을 가진다. 힙우선순위큐를 구현하는 방법으로 완전이진트리를 사용하면 간단하며 성능이 우수한 장점을 가질 수 있다.

(1) Heap의 엔트리 추가와 up-heap bubbling

힙에 새로운 엔트리를 추가할 때, 우선 현재 가장 마지막에 있는 end 노드의 다음 위치에 새로운 노드를 추가하고 엔트리를 저장한다. 그러나 새롭게 추가된 엔트리의 우선순위가 기존에 저장되어 있는 부모노드의 우선순위와 비교하였을 때 힙 순서 (heap order)를 만족하지 않을 가능성이 있기 때문에, 그림 15.22 (c)~(h)에서 보는 것과 같이, root노드에 도달할 때까지 상위 부모노드와의 우선순위를 검사하여 만약 heap order가 만족 되지 않으면 이들의 위치를 상호 교환하는 up-heap bubbling을 하여야 한다.

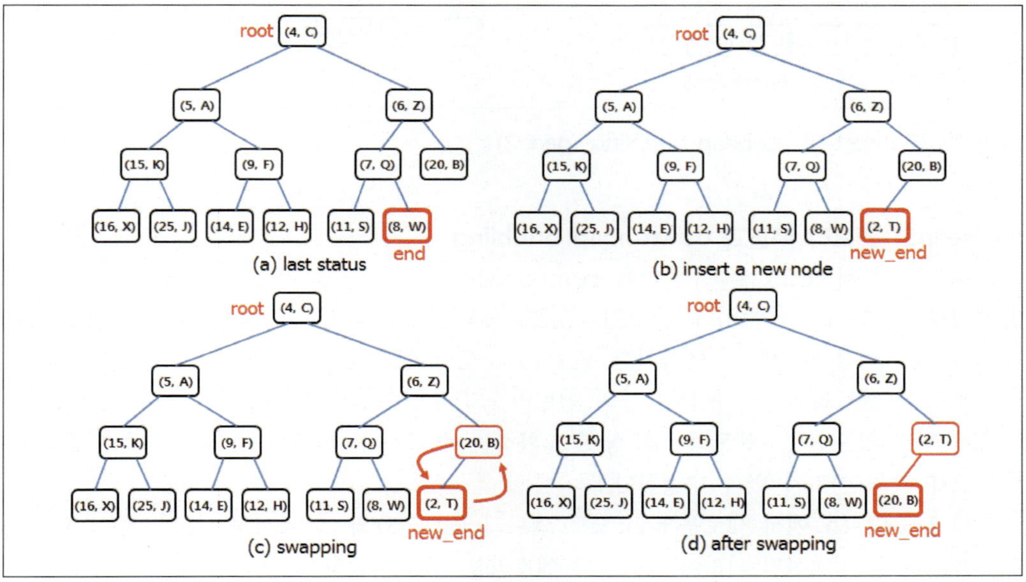

그림 15.22 insert 및 up-heap bubbling (part 1)

그림 15.22 (b)에서와 같이 새롭게 추가된 엔트리의 key값이 2이므로, 현재의 부모노드의 key값 20보다 작아 우선순위가 더 높은 엔트리가 자식노드 위치에 배치되어 있는 것을 확인하게 된다. 따라서 새롭게 추가된 엔트리와 현재의 부모노드의 엔트리의 자리를 swap시켜 상호 교환을 하게 되고, 그림 15.22 (d) 상태가 된다.

그 다음 옮겨진 위치에서 다시 상위 부모노드와 우선순위를 비교하게 되는데, 현재 그림 8.34 (e)에서 보는 것과 같이 부모노드의 엔트리 (6, Z)의 우선순위가 낮은 상태이므로 이들을 다시 맞교환을 하게 되고, 그림 15.22 (f) 상태가 된다. 이러한 절차를 root노드에 도달할 때까지 반복하게 되며, 그림 15.22 (g)에서 상위 부모노드인 root노드와 우선순위를 비교하여 최종적으로 맞교환을 하게 되고, 결국 그림 15.22 (h) 상태가 된다. 따라서 새롭게 추가된 엔트리가 현재까지 힙 내부에 포함되어 있던 모든 엔트리보다 더 우선순위가 높았기 때문에 up−heap bubbling을 통하여 root노드 위치에 저장되는 것이다.

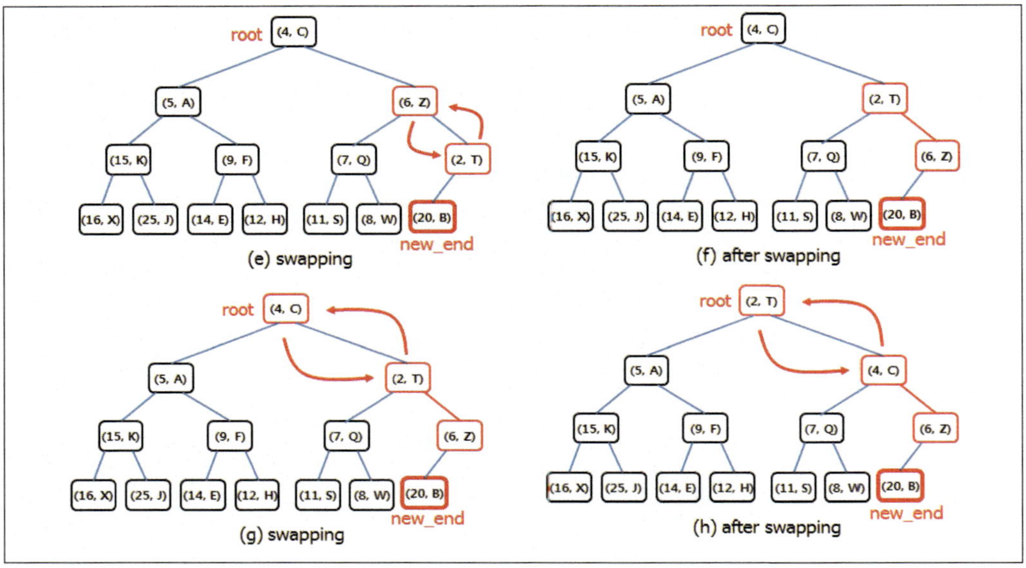

그림 15.22 insert 및 up-heap bubbling (part 2)

(2) Heap의 엔트리 추출과 down-heap bubbling

Heap으로부터 엔트리를 추출하는 removeMin에서는 항상 root노드에 있는 엔트리를 먼저 반환할 수 있도록 준비하고, 그림 15.23 (a)에서 보는 것과 같이 현재 힙의 end 노드에 있는 엔트리를 root노드로 복사한 후 end 노드의 엔트리를 삭제한다. 이 상태에서 root 노드에 있는 엔트리와 그 자식노드들의 엔트리들의 우선순위를 비교하여, 만약 heap order가 만족되지 않으면 그 엔트리들을 상호 교환하는 down−heap bubbling을 더 이상의 자식노드가 없을 때까지 반복 수행한다.

그림 15.23 (b)에서 새로운 root노드 엔트리 (20, B)와 그 자식노드들의 엔트리인 (5, A), (6, Z)를 비교하기 위하여 자식노드 엔트리를 상호 비교하여 상대적으로 우선순위가 더 높은 엔트리 (5, A)를 선정하고, 이를 현재의 root노드 엔트리 (20, B)와 비교하게 된다. 비교 결과 왼쪽 자식노드의 엔트리의 우선순위가 더 높다는 판단을 하고 그림 8.35 (c)에서 보는 것과 같이 맞교환을 하게 되며, 그 결과는 그림 15.23 (d) 상태가 된다. 즉 새로운 root노드위치에 엔트리 (5, A)가 배치된다. 이는 현재 힙에 포함되어 있는 모든 엔트리 중 가장 우선순위가 높은 것이며, 다음 번 removeMin()에서 이 엔트리가 선택되어 반환된다.

이어서 그림 15.23 (e), (f), (g)의 절차를 수행하면서, 더 이상 자식노드가 존재하지 않을 때까지 계속 하위 자식노드들의 엔트리와 우선순위를 비교하여, 자신 보다 더 우선순위가 높은 경우 맞교환을 하면서, 전체 힙의 heap order가 정확하게 유지될 수 있게 한다.

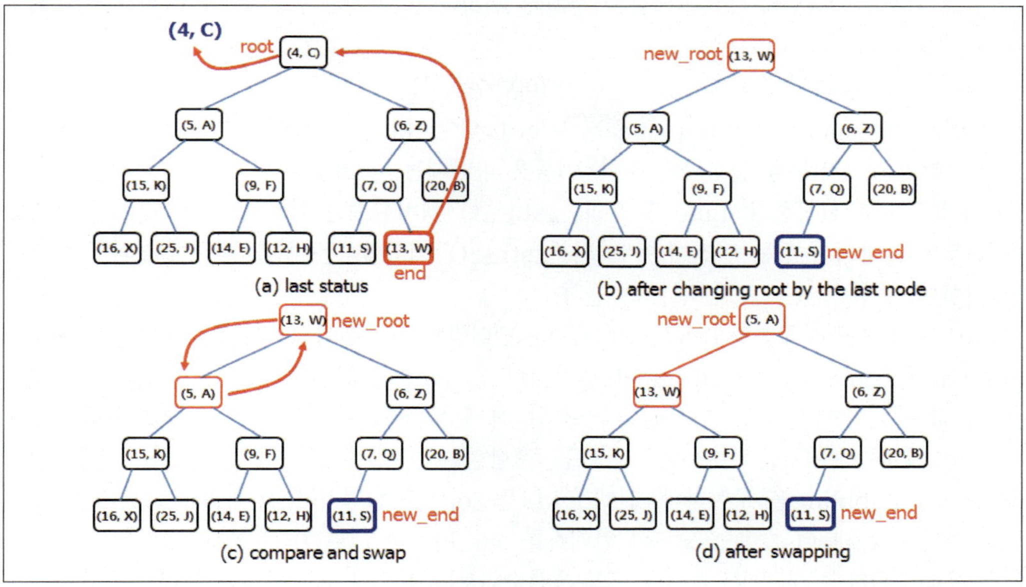

그림 15.23 removeMin()과 down-heap bubbling (part 1)

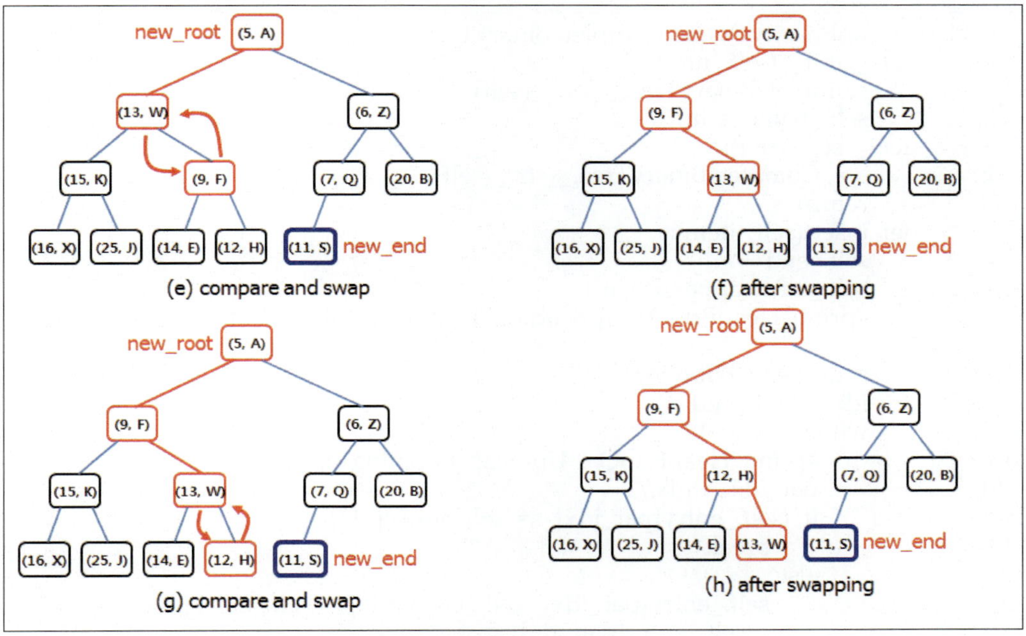

그림 15.23 removeMin()과 down-heap bubbling (part 2)

(3) 힙우선순위큐의 클래스 구현

우선순위 큐를 완전이진트리를 기반으로 구현하기 위하여, 그림 15.24에서 보는 바와 같이 class HeapPriorityQueue를 구현한다. class HeapPriorityQueue는 class CompleteBinaryTree를 상속 받으며, class CompleteBinaryTree는 그림 15.21에서

본 것과 같이 그 내부에 엔트리들을 저장하기 위하여 리스트로 구현된 _entry 데이터 멤버를 가지고 있다.

Line 2~4에서 구현하는 __init__() 멤버함수에서는 class HeapPriorityQueue()의 부모 클래스인 class CompleteBinaryTree()의 __init__() 생성자를 호출하여 완전이진트리의 데이터 멤버들을 설정하게 하며, 이름을 나타내는 _name 데이터 멤버를 전달된 인수 nm의 문자열로 설정한다. Line 5~7의 __str__() 멤버함수는 힙우선순위큐 객체를 출력할 때 내부에 포함되어 있는 완전이진트리의 __str__() 멤버함수를 호출하여 그 결과를 반환하도록 한다.

Line 8~23에서 구현하고 있는 insert() 멤버함수는 완전이진트리를 상속받아 구현되는 우선순위큐에 새로운 항목 (item)이 추가시키는 기능을 구현한다. 우선 line 9~10에서는 _end 값을 1 증가시키며, _entry 리스트의 맨 뒤에 전달된 항목 item을 첨가한다.

Line 14~22에서는 새로운 항목을 포함한 힙우선순위큐의 힙순서를 재조정하는 up-heap bubbling을 구현한다. 인덱스 idx를 _end로 설정하여, 현재 방문하고 있는 노드의 인덱스 idx로부터 그 부모노드의 인덱스를 par_idx = idx //2로 계산하고, 만약 부모노드의 우선순위가 현재 방문 중인 노드의 우선순위보다 같거나 높으면 while-loop을 중지한다. 그러나 만약 부모노드의 우선순위가 낮으면 두 노드의 항목을 서로 교환하며, 이러한 비교를 루트노드에 도달할 때까지 계속 반복한다.

```
 1: class HeapPriorityQueue(CompleteBinaryTree):
 2:     def __init__(self, nm):
 3:         CompleteBinaryTree.__init__(self)
 4:         self._name = nm
 5:     def __str__(self):
 6:         s = CompleteBinaryTree.__str__(self)
 7:         return s
 8:     def insert(self, item):
 9:         self._end += 1
10:         self._entry.append(item)
11:         #print("HeapPrioQ : appending {} at index {}".format(item, self._end))
12:
13:         # up-heap bubbling
14:         idx = self._end
15:         while idx != 1:
16:             #print("HeapPrioQ : Up-heap bubbling at idx({})".format(idx))
17:             par_idx = idx//2
18:             if (self._entry[par_idx] <= self._entry[idx]):
19:                 break
20:             else:
21:                 self._entry[par_idx], self._entry[idx] = self._entry[idx],
                      self._entry[par_idx]
22:             idx = par_idx
23:         return self._end
24:
```

그림 15.24 class HeapPriorityQueue() (part 1)

Line 25에서는 현재 우선순위큐에 포함된 항목 중 가장 우선순위가 높은 항목인

_entry[1]을 추출하여 반환하는 getHeapMin()을 구현한다. getHeapMin()에서는 가장 우선순위가 높은 항목을 읽기만 하며, 제거하지는 않는다.

```
25:     def getHeapMin(self):
26:         return self._entry[1] # return entry at ROOT(1) position
27:
28:     def removeMin(self):
29:         if self._end == 0:
30:             return None
31:         item_root = self._entry[1]
32:         self._entry[1] = self._entry[self._end]
33:         self._end -= 1
34:         if self._end == 0: # now CBT became empty
35:             return item_root
36:
37:         # down-heap bubbling
38:         idx = 1 # start from Root
39:         while idx * 2 <= self._end:
40:             idx_c = idx * 2
41:             idx_rc = idx * 2 + 1
42:             if idx_rc <= self._end:
43:                 if self._entry[idx_rc] < self._entry[idx_c]:
44:                     idx_c = idx_rc
45:             if self._entry[idx] < self._entry[idx_c]:
46:                 break
47:             else:
48:                 self._entry[idx], self._entry[idx_c] = self._entry[idx_c],
                      self._entry[idx]
49:             idx = idx_c
50:         return item_root
```

그림 15.24 class HeapPriorityQueue() (part 2)

Line 28~50에서 구현하고 있는 removeMin() 멤버함수는 현재 우선순위큐에 포함된 항목 중 가장 우선순위가 높은 항목인 _entry[1]을 추출하여 반환하며, _entry[1] 항목을 삭제하고 힙우선순위큐를 재구성하는 기능을 구현한다. Line 29~33에서는 우선순위큐가 비어 있지 않을 때 _entry[1] 항목을 item_root에 저장하고, _entry[self._end] 항목을 _entry[1] 위치에 복사하며, _end 값을 하나 줄인다. Line 34~35에서는 만약 _entry[]에 포함되어 있는 항목이 더 이상 남아 있지 않고 (즉, _end가 0이 되는) empty 상태가 되면 item_root을 반환하며 함수를 종료한다.

만약 힙우선순위에 남아 있는 항목이 있는 경우 line 38~49에서 down-heap bubbling을 실행한다. 먼저 idx를 1로 설정하여 line 32에서 _end 위치에 있던 항목을 _root 위치로 이동한 상태인 완전이진트리의 루트노드로 부터 자식노드들과 우선순위를 비교하여 조정할 수 있게 한다. 각 노드의 인덱스 idx로부터 왼쪽 및 오른쪽 자식노드들의 인덱스인 idx_c, idx_rc를 계산하고, line 43~44에서 두 자식노드 중 우선순위가 높은 자식노드를 선정하여 idx_c로 설정한다. Line 45~46에서는 만약 현재 방문중인 idx 위치의 노드가 자식노드보다 우선순위가 높을 경우 while-loop을 중단한다. 만약 현재 방문중인 idx 위치의 노드의 우선순위가 자식노드의 우선보다 낮은 경우, 그 자식노드와 자리바꿈을 하며,

그 자식노드 위치로 이동하여 while-loop을 계속 수행한다. Line 39~49에서 구현되어 있는 down-heap bubbling의 while-loop은 더 이상 자식노드가 없을 때 까지 반복되어 전체 힙우선순위큐의 힙순서를 재조정한다.

15.4.4 힙우선순위큐의 응용 - heap sorting

그림 15.25는 힙우선순위큐의 응용으로 힙정렬을 구현하는 예를 보여준다. Line 5에서는 클래스 HeapPriorityQueue()의 객체 hpriQ를 생성하며, line 7~10에서 NUM_DATA~1의 정수 데이터를 차례로 hpriQ에 삽입한다. 삽입되는 정수값이 점차 작아지는 순서이며, 우선순위가 점차 높아지는 순서로 삽입하여 힙우선순위큐 내부의 재조정이 정상적으로 이루어지는가를 확인할 수 있게 한다. Line 10에서 출력된 결과는 그림 15.26에서 살펴볼 수 있으며, 우선순위가 더 높은 항목이 새롭게 삽입되었을 때 내부적으로 up-heap bubbling이 실행되면서 재조정되는 것을 확인할 수 있다.

```
 1: ############################
 2: # main()
 3: NUM_DATA = 5
 4:
 5: hpriQ = HeapPriorityQueue("Heap Priority Queue")
 6: print("hpriQ = ", hpriQ)
 7: for item in range(NUM_DATA, 0, -1):
 8:     print("hpriQ.insert({}) ...".format(item))
 9:     hpriQ.insert(item)
10:     print("hpriQ = ", hpriQ)
11:
12: for i in range(0, NUM_DATA):
13:     item = hpriQ.removeMin()
14:     print("RemoveMin() of hpriQ = ", item)
15:     print("hpriQ = ", hpriQ)
```

그림 15.25 Heap Priority 큐의 응용 – Heap Sorting

```
hpriQ =  Heap Priority Queue is empty now !!
hpriQ.insert(5) ...
hpriQ =  5
hpriQ.insert(4) ...
hpriQ =  4 5
hpriQ.insert(3) ...
hpriQ =  3 5 4
hpriQ.insert(2) ...
hpriQ =  2 3 4 5
hpriQ.insert(1) ...
hpriQ =  1 2 4 5 3
RemoveMin() of hpriQ =  1
hpriQ =  2 3 4 5
RemoveMin() of hpriQ =  2
hpriQ =  3 5 4
RemoveMin() of hpriQ =  3
hpriQ =  4 5
RemoveMin() of hpriQ =  4
hpriQ =  5
RemoveMin() of hpriQ =  5
hpriQ =  Heap Priority Queue is empty now !!
```

그림 15.26 Heap Priority 큐의 응용 – Heap Sorting 결과

Line 12~15에서는 힙우선순위큐 hpriQ의 removeMin() 멤버함수를 사용하여 가장 우선순위가 높은 항목을 추출하며, 우선순위가 가장 높은 항목을 추출한 뒤에 down-heap bubbling으로 힙우선순위큐를 재조정하는가를 확인할 수 있도록 출력한다. 출력된 결과는 그림 15.26에서 볼 수 있는 것과 같이 항상 힙우선순위큐에 남아 있는 항목 중 가장 우선순위가 높은 항목을 추출하는 것을 확인할 수 있으며, down-heap bubbling에 의하여 항목들의 위치가 재조정되는 것을 알 수 있다.

그림 15.26에서 힙우선순위큐의 응용 프로그램으로 구현된 기능은 힙정렬 (heap sorting) 기능을 제공한다. 힙정렬에서는 정렬대상 데이터들을 차례로 힙우선순위큐에 삽입한 후, 힙우선순위큐의 removeMin() 멤버함수를 사용하여 가장 우선순위가 높은 항목 (즉, 값이 가장 작은 항목)으로부터 차례로 추출하여 다른 배열에 저장하면 오름차순으로 정렬된 결과를 얻게 된다.

15.5 Hash, Hash Table, Map 자료구조

15.5.1 Hash Table

다양한 길이의 문자열로 주어지는 검색어를 사용하여 방대한 자료를 검색해야 하는 경우 자료구조에 포함된 각 항목들을 주어진 검색어로 직접 비교하는 것은 시간이 오래 걸리며 전체 검색시간이 길어진다. 미리 검색어가 정렬되어 있는 상태에서 신속하게 검색할 수 있는 자료구조로 이진 탐색 트리를 생각할 수 있으나 미리 저장되어야 하는 검색어 개수가 수십 만개 이상으로 매우 많은 경우 이진탐색트리 높이가 매우 큰 값을 가지게 되어 검색어에 도달할 때까지 많은 단계의 비교해야 하므로 검색시간이 길어지는 문제가 발생할 수 있다.

또한 검색어에 포함되는 문자 또는 문장의 길이가 길어질 경우 각 트리노드에서마다 긴 검색어의 처음부터 비교를 다시 실행하여야 하는 문제가 있다. 이와 같이 길이가 다양한 문자열을 검색어로 지정하고 기존의 검색어 집합으로부터 신속하게 찾아내어야 하는 문제를 해결하는 방법으로 다양한 길이의 문자열을 일정한 길이의 숫자로 변환하고 이 숫자를 사용하여 해당 검색어가 포함된 검색어 그룹을 찾은 후 그 그룹 내에서 해당 검색어를 가진 항목을 찾아보는 것이 빠른 방법이 된다.

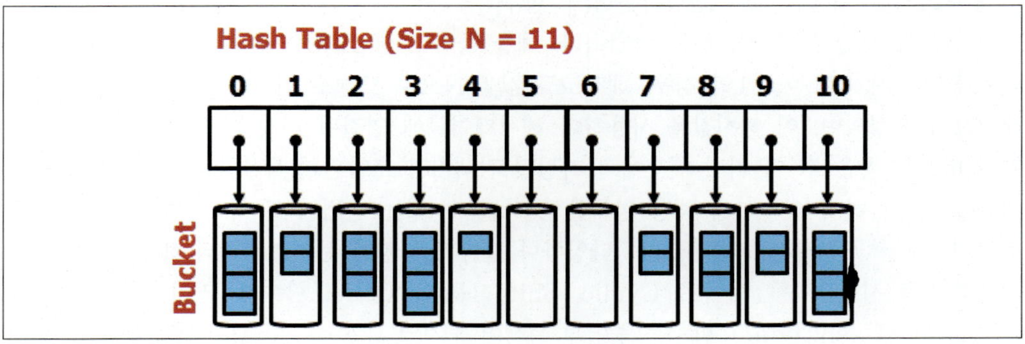

그림 15.27 Hash Table

예를 들어 그림 15.27에서 볼 수 있는 것과 같이 검색어 전체 항목들을 일정한 기준에 따라 버킷 (bucket)으로 구분하고, 이 버킷들을 해시테이블 (hash table)로 연결하여 매우 많은 데이터 항목들을 관리하는 검색 시스템 구조를 생각할 수 있다. 이 구조에서 다양한 길이를 가지는 검색 키워드나 검색 문자열을 사용하여 해시테이블 크기로 지정된 범위의 값을 생성하고, 이 해시값을 해시테이블의 인덱스로 사용하여 버킷을 찾는 기능을 구현할 수 있다.

15.5.2 Hash 함수

임의의 길이의 데이터로부터 일정한 길이의 데이터로 매핑하는 함수를 해시함수 (hash function)라고 하며 해시함수로부터 얻어지는 값을 해시코드라고 한다. 그림 15.28은 해시함수의 처리과정을 나타낸다. 먼저 해시함수에 전달되는 값은 임의의 길이를 가지는 문자열이 될 수 있으며 예를 들어 신문기사에서의 키워드나 인터넷 검색창에서 사용하는 질의어 등이 될 수 있다. 이 검색어 문자열을 짧을 수도 있고 매우 긴 문장으로 구성될 수도 있다. 해시함수 내부에서는 일단 주어진 키워드로부터 32비트 크기의 해시코드를 생성한다.

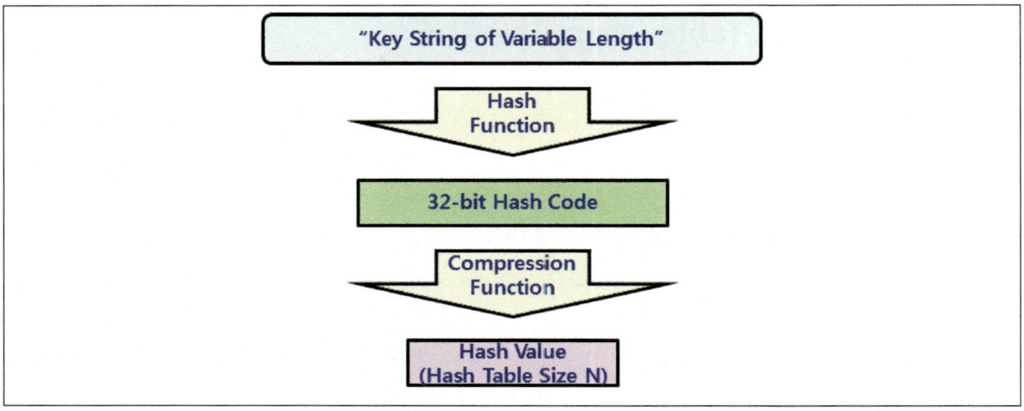

그림 15.28 Hash 함수

해시함수를 사용하여 생성된 해시코드 값은 32비트에 해당하며 총 42억개 이상의 값을 가질 수 있기 때문에 이 해시코드 값을 그대로 사용하지 않고 해시테이블의 크기에 맞추어 해시값(hash value)을 생성한 후 사용하는 것이 일반적이다. 이렇게 32비트 해시코드값을 작은 크기의 해시값으로 변환하는 과정을 해시코드 압축 (compression)이라고 한다.

해시코드로부터 해시값을 생성하는 압축 함수 중 가장 쉬운 구현 방법으로는 해시테이블의 크기 값으로 모듈로 연산을 하는 방법이다. 예를 들어 그림 15.27에서 보는 것과 같이 해시테이블의 크기가 N = 11인 경우, 해시코드 값을 N으로 모듈로 연산을 하면 0~10 범위의 해시값이 생성되며, 이 해시값을 사용하여 해시테이블에 연결된 버킷들 중 지정된 검색어를 가진 버킷을 찾은 후 이 버킷 내부에서 지정된 검색어가 포함된 항목을 찾는 것이 전체 검색 시간을 최소화하며 신속하게 해당 항목을 찾아갈 수 있는 방법이 될 수 있다.

해시함수를 구현하는 방법은 매우 다양하나 길이가 다양한 문자열로부터 해시코드를 얻는 기본적인 해시함수 중 하나로 Cyclic Shift Hash Code 함수가 많이 사용된다. 이 CyclicShiftHashCode() 함수는 주어진 검색어 문자열 (key string)에 포함된 각 문자를 0으로 초기화된 지역변수 해시코드 (haseCode)에 더하며, 이 해시코드를 5비트 자리만큼 왼쪽으로 이동 (shift) 시킨 값과 27비트 자리만큼 오른쪽으로 이동시킨 값을 비트 단위

OR 연산을 통해 새로운 해시코드 값을 얻는다. 이러한 절차를 검색어 문자열에 포함된 모든 문자에 대하여 반복 실행하며 최종적으로 32비트 크기의 해시코드가 생성되면 이를 반환한다.

15.5.3 해시테이블을 사용한 map 자료구조

그림 15.29는 해시테이블을 사용한 map 자료구조를 구현하는 예이다.

(1) class Entry

Line3~14에서는 자료구조 map에서 저장하는 항목을 키와 값을 포함하는 클래스 Entry()로 구현한다. class Entry의 데이터 멤버는 line 4~6의 __init__() 멤버함수에서 설정하고 초기화하는 _key와 _value가 있다. Line 7~12에서는 엔트리의 비교 연산에서 사용되는 연산자 ==, !=, <의 연산자 오버로딩을 구현하며, 이들은 모두 엔트리의 키를 기준으로 비교하도록 구현되어 있다.

Line 13~14에서 구현하는 __str__() 멤버함수는 class Entry의 객체를 출력할 때 사용되는 멤버함수이며, 엔트리에 포함된 _value 값을 문자열로 변환하여 반환한다.

```
 1: # Hash Table, Map
 2:
 3: class Entry:
 4:     def __init__(self, k, v):
 5:         self._key = k
 6:         self._value = v
 7:     def __eq__(self, other):
 8:         return self._key == other.__key
 9:     def __ne__(self, other):
10:         return not (self == other)
11:     def __lt__(self, other):
12:         return (self._key < other._key)
13:     def __str__(self):
14:         return str(self._value)
```

그림 15.29 Hash Map (part 1) - class Entry()

(2) CyclicShiftHashCode()

Line 15~21에서는 해시테이블에서 사용되는 해시코드 계산을 위한 CyclicShiftHashCode() 함수를 구현한다. CyclicShiftHashCode() 함수는 인수로 str_key를 전달받으며, 32비트 크기의 해시코드를 생성하여 반환한다. 해시코드 생성에서는 h를 0으로 초기화한 후, line 18~20에서 비트 단위 쉬프트, 비트 단위 AND와 비트 단위 OR 연산을 사용하여 cyclic shift hash code로 계산하며, 이 h에 str_key에 포함된 각 문자 ch의 ord(ch) 값을 더하여 새로운 h로 만든다. 이 for-loop은 str_key에 포함된 모든 문자에 대하여 반복 실행하며, 전달된 str_key의 길이에 상관없이 항상 32비트 크기의 해시코드를 생성하여 준다.

```
15: def CyclicShiftHashCode(str_key): # str_key is string
16:     mask = (1 << 32) -1 # limit to 32-bit integers
17:     h = 0
18:     for ch in str_key:
19:         h = (h << 5 & mask) | (h >> 27) # cyclic shift hash code
20:         h += ord(ch)
21:     return h
```

그림 15.29 Hash Map (part 2) - CyclicShiftHashCode()

(3) class Bucket()

Line 22~46은 해시 맵 자료구조에서 사용하는 버킷을 class Bucket()으로 구현하고 있다. class Bucket은 class Entry를 상속받으며, line 23~24의 __init__() 생성자에서 리스트로 구현되는 _bucket 멤버를 생성한다. Line 25~29의 _getitem() 멤버함수는 키 문자열 k를 전달받고 리스트인 _bucket에 포함되어 있는 항목 중에서 키값이 k인 항목 item을 찾아 item의 _value를 반환한다. Line 30~33의 _setitem() 멤버함수는 키문자열 k를 전달받고 리스트인 _bucket에 포함되어 있는 항목 중에서 키값이 k인 항목 item을 찾아 item의 _value를 인수로 전달된 v로 변경한다. 만약 for-loop에서 키 k를 가지는 항목을 찾지 못하면 그 버킷의 맨 뒤에 새로운 항목 Entry(k, v)을 리스트의 append() 함수를 사용하여 추가한다.

```
22: class Bucket(Entry):
23:     def __init__(self):
24:         self._bucket = [] # implement bucket using list
25:     def _getitem(self, k):
26:         for item in self._bucket:
27:             if k == item._key:
28:                 return item._value
29:         return None
30:     def _setitem(self, k, v):
31:         for item in self._bucket:
32:             if k == item._key:
33:                 item._value = v
34:                 return
35:         self._bucket.append(Entry(k, v))
36:     def _delitem(self, k):
37:         for j in range(len(self._bucket)):
38:             if k == self._bucket[j]._key:
39:                 self._bucket.pop(j)
40:                 return 1
41:             return None
42:     def __len__(self):
43:         return len(self._bucket)
44:     def __iter__(self): # provides iterator as generator function
45:         for item in self._bucket:
46:             yield item._key
```

그림 15.29 Hash Map (part 3) - class Bucket()

Line 36~41에서는 지정된 항목을 버킷으로부터 삭제하는 _delitem() 멤버함수를 구현한다. _delitem() 함수에서는 _bucket 리스트 내에 포함된 항목을 검사하여 _key값이 인수로 전달된 키 k와 동일한 항목을 찾아 그 항목을 리스트의 pop() 멤버함수를 사용하여 삭제한다.

Line 42~43의 __len__() 멤버함수는 버킷의 길이, 즉 버킷에 포함된 항목의 개수를 반환한다. Line 44~46의 __iter__() 멤버함수는 버킷의 항목 item을 차례대로 열거할 수 있도록 item의 _key를 yield로 반환하는 제네레이터 함수로 구현하고 있다.

(4) class HashMap()

Line 47~81에서는 해시테이블을 사용하여 구현하는 class HashMap()을 보여준다. Line 48~51의 class HashMap 생성자 __init__()에서는 인수로 전달되는 해시테이블 항목 수인 table_size에 따라 해시맵의 데이터 멤버인 _hash_tbl을 table_size 개수의 None 객체를 포함하는 리스트로 생성한다. 이 None 객체는 해시맵에 새로운 항목 item이 추가될 때 새로운 class Bucket의 객체를 포함시키고, 그 버킷 내부에 item을 추가하도록 구현되어 있다. _num_entry는 해시맵에 포함된 항목의 개수를 나타내며, _prime은 해시값 계산에서 사용되는 소수 (prime number)를 의미하며, 주어진 키 값들에 대하여 버킷들의 크기가 적절히 균형을 이루도록 해시값을 생성하게 한다.

Line 52~53의 _hash_value() 함수는 CyclicShiftHashCode()를 주어진 키 k에 대하여 해시코드 값을 계산하고, 그 해시코드 값에 대하여 소수 _prime과 table_size로 모듈로 연산을 하여 해시테이블의 인덱스를 계산하여 반환한다.

Line 54~55의 __len__() 멤버함수는 _num_entry 값을 반환한다.

Line 56~60의 _getitem() 멤버함수는 인수로 키 문자열 k를 전달받아 그 키값을 가진 항목이 포함된 버킷을 찾기 위하여, _hash_value() 함수로 해시값을 계산하여 hv에 대입한다. 이 해시값 hv을 _hash_tbl의 인덱스로 사용하면 line 58에서와 같이 bucket = _hash_tbl[hv]으로 버킷을 찾고, 그 버킷의 _getitem() 함수를 사용하여 item의 _value를 전달받아 이를 반환한다.

Line 61~66의 _setitem() 멤버함수는 인수로 키 문자열 k를 전달받아 해시값을 계산하여 해당 버킷을 찾고, 그 버킷의 _setitem() 함수를 사용하여 해당 항목의 값을 새로운 값 v로 변경한다. Line 67~71의 _delitem() 멤버함수는 인수로 키 문자열 k를 전달받아 해시값을 계산하여 해당 버킷을 찾고, 그 버킷의 _delitem() 함수를 사용하여 해당 항목을 삭제한다.

Line 72~81의 __str__() 멤버함수는 class HashMap 객체에 대한 print() 함수의 출력에 사용되는 출력 문자열을 생성하여 반환한다. 해시 맵의 출력 문자열은 해시맵에 포함된 모든 버킷들을 검사하여 비어 있지 않은 버킷들마다 포함된 항목들을 한 줄에 출력하는 형식으로 문자열을 만들어 반환한다.

```
class HashMap(Bucket):
    def __init__(self, table_size=11, prm=109345121):
        self._hash_tbl = capacity * [None]
        self._num_entry = 0
        self._prime = prm
    def _hash_value(self, k):
        return CyclicShiftHashCode(k) % self._prime % table_size
    def __len__(self):
        return self._num_entry
    def _getitem(self, k):
        hv = self._hash_value(k)
        print("key({}) => hash_tbl[{}]".format(k, hv))
        bucket = self._hash_tbl[hv]
        return bucket._getitem(k)
    def _setitem(self, k, v):
        hv = self._hash_value(k)
        if self._hash_tbl[hv] is None:
            self._hash_tbl[hv] = Bucket()
        bucket = self._hash_tbl[hv]
        bucket._setitem(k, v)
    def _delitem(self, k):
        hv = self._hash_value(k)
        bucket = self._hash_tbl[hv]
        bucket._delitem(k)
        self._num_entry -= 1
    def __str__(self):
        s = ''
        for h in range(len(self._hash_tbl)):
            bucket = self._hash_tbl[h]
            if bucket is not None:
                s += "bucket[{:2d}] : ".format(h)
                for item in bucket:
                    s += str(item) + ", "
                s += "\n "
        return s
```

그림 15.29 Hash Map (part 3) - class HashMap()

15.5.4 Hash Map의 응용 예

Line 85~99는 해시맵을 사용하여 정보를 관리하는 예를 보여준다. Line 85에서는 HashMap_TableSize를 설정하며, line 87에서 class HashMap()의 객체 hsMap을 생성한다. hsMap의 해시테이블 크기는 HashMap_TableSize에서 지정한 값으로 설정된다.

Line 88에서는 해시맵에 추가할 학생들의 정보 레코드를 (이름, 학번, 학과명) 튜플 리스트로 구성하고, student_records로 설정한다.

Line 89~92에서는 student_records에 포함된 각 학생별 레코드 st_record를 추출하여 첫번째 항목인 이름을 st_record[0]으로 읽어내고, 이를 키로 사용하는 _setitem() 함수를 사용하여 hsMap에 포함시킨다. 모든 학생 레코드가 추가된 후 line 93에서 hsMap의 내용을 출력한다. 그림 15.30에서 해시맵의 각 버킷별로 포함되어 있는 학생 레코드를 확인할 수 있다.

```
82: ################################
83: #   main()
84:
85: HashMap_TableSize = 7
86: print("Creating a HashMap of capacity ({})".format(HashMap_Capacity))
87: hsMap = HashMap(table_size = HashMap_TableSize)
88: student_records = [("Kim Y-S", 2018, "ICE"), ("Park S-J", 2019, "CS"), \
            ("Hong C-H", 2017, "EE"), ("Lee W-S", 2016, "ME"),\
            ("Yoon C-M", 2015, "ICE"), ("Moon J-K", 2018, "CHEM")]
89: for i in range(len(student_records)):
90:     st_record = student_records[i]
91:     st_name = st_record[0]
92:     hsMap._setitem(st_name, st_record)
93: print("Current HashMap Internal Structure:\n", hsMap)
94:
95: print("Checking entry searching in HashMap")
96: for i in range(len(student_records)):
97:     st_name = student_records[i][0]
98:     st_record = hsMap._getitem(st_name)
99:     print("key ({}) : Value ({})".format(key, st_record))
```

그림 15.29 Hash Map (part 4) - main

Line 95~99에서는 해시맵에 포함된 학생 레코드를 탐색하는 기능을 시험한다. Line 96~99의 for-loop에서는 student_records에 포함된 각 학생 레코드의 첫번째 항목인 학생 이름을 st_name = student_records[i][0]로 읽어내어 이를 키로 사용하며, st_record = hsMap._getitem(st_name) 함수를 실행하여 학생 레코드를 반환받아 이를 출력한다. 그림 15.30에서 각 학생의 레코드가 포함된 _hash_tbl[hv] (즉, 버킷)을 정확하게 찾아낸 결과와 함께 그 학생의 정보를 출력하는 것을 확인할 수 있다.

```
Creating a HashMap of capacity (7)
Current HashMap Internal Structure:
 bucket[ 2] : Kim Y-S, Yoon C-M, Moon J-K,
 bucket[ 3] : Park S-J, Hong C-H,
 bucket[ 4] : Lee W-S,

Checking entry searching in HashMap
key(Kim Y-S) => hash_tbl[2]
key (Kim Y-S) : Returned Value (('Kim Y-S', 2018, 'ICE'))
key(Park S-J) => hash_tbl[3]
key (Park S-J) : Returned Value (('Park S-J', 2019, 'CS'))
key(Hong C-H) => hash_tbl[3]
key (Hong C-H) : Returned Value (('Hong C-H', 2017, 'EE'))
key(Lee W-S) => hash_tbl[4]
key (Lee W-S) : Returned Value (('Lee W-S', 2016, 'ME'))
key(Yoon C-M) => hash_tbl[2]
key (Yoon C-M) : Returned Value (('Yoon C-M', 2015, 'ICE'))
key(Moon J-K) => hash_tbl[2]
key (Moon J-K) : Returned Value (('Moon J-K', 2018, 'CHEM'))
```

그림 15.30 Hash Map 실행 결과

15.6 그래프 자료구조와 알고리즘

15.6.1 그래프의 정점 (vertex)와 간선 (edge)

우리가 잘 알지 못하는 길을 찾아갈 때 사용하는 네비게이션 (navigation)은 각 지점간의 거리를 자료구조로 관리하고, 현재위치에서 목표 지점까지 이동할 수 있는 경로 중에 가장 거리가 짧거나 시간이 적게 걸리는 경로를 찾아 안내를 하여 주는 기능을 제공한다. 이 네비게이션에서 기본적으로 사용되는 자료구조가 바로 그래프이다. 그래프는 이외에도 여러 곳을 경유하여 목적지까지 이동을 하는 경우, 최단 거리의 항공편을 안내하여 주거나 가장 비용이 저렴한 경로를 찾기 위해서도 사용된다. 그래프 자료구조는 전자회로 모듈들을 배치하여야 하는 PCB (printed circuit board)에서 어떤 모듈을 어떻게 배치하여야 하는가를 결정할 때에도 사용되며, 정보들 간의 상호 연관 관계를 나타내거나 사람들의 인적 관계를 표현할 때에도 사용된다.

그래프는 그림 15.31에서 보는 것과 같이 정점 (vertex)과 정점들을 연결하는 간선 (edge)으로 구성된다. 그래프의 정점과 간선은 노드 (node)와 링크 (link)로도 불린다. 간선은 방향성을 가지지 않는 무방향성 간선 (undirected edge)으로 표현되거나, 방향성을 가지는 방향성 간선 (directed edge)으로 표현된다. 방향성이 없는 간선의 예로서는 도로망에서 각 도시의 기준 지점간의 거리를 나타내는 경우 방향성이 없는 단순 거리 값으로만 표현하는 경우이다. 그러나 이 도로를 경유하여 이동을 하는 경우 걸리는 시간을 나타낼 때 방향에 따라 걸리는 시간이 다를 수 있으므로 간선은 방향성을 가질 수 있게 된다.

각 간선에는 가중치 (weight)가 지정될 수 있으며, 이 가중치는 비용 (cost), 물리적인 거리 (distance), 시간 (duration) 등의 다양한 의미로 해석될 수 있다. 예를 들어 도로망을 나타내는 그래프에서 두 정점을 연결하는 간선에 지정된 가중치는 그 두 지점간의 물리적 거리 (distance)를 나타낼 수도 있고, 그 지점 간을 이동할 때 걸리는 시간 (duration), 또는 비용 (cost)을 나타낼 수도 있다. 그래프의 간선에 가중치를 설정하는 경우, 이 그래프를 가중치 그래프 (weighted graph)라고 한다.

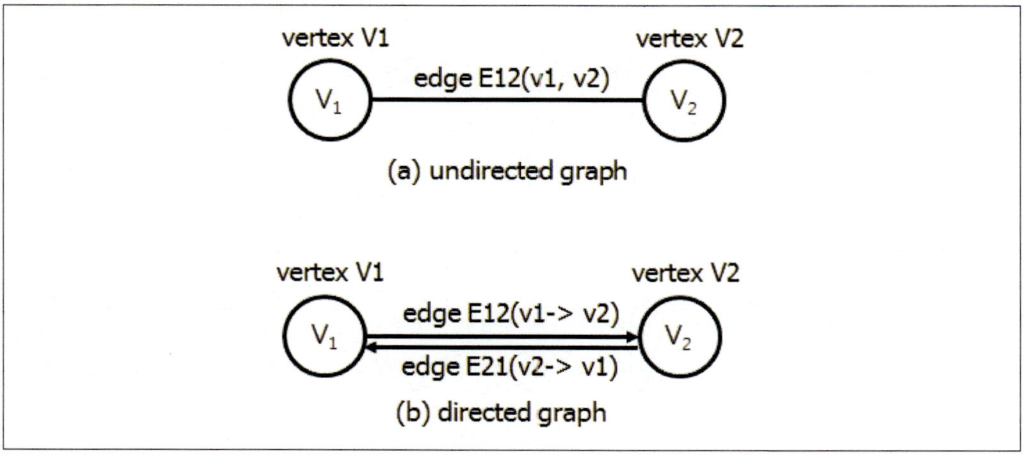

그림 15.31 그래프의 정점 (Vetex), 간선 (edge), 가중치 (weight)

15.6.2 그래프의 연결성 표현

일반적으로 그래프 자료구조의 정점들 간의 연결성을 표현하는 방법으로는 인접행렬 (adjacency matrix)이나 인접리스트 (adjacency list)를 주로 사용한다. 그림 15.32 (b)에서 보여 주는 인접행렬은 정점의 개수 크기에 해당하는 2차원 배열을 구성하고, 정점 V_i에서 정점 V_j을 연결하는 간선이 존재하면 그 간선의 주소를 가지게 하며, 만약 해당 간선이 존재하지 않으면 NULL이 포함되게 한다. 이렇게 2차원 배열을 사용하면 특정 정점으로부터 다른 정점을 연결하는 간선을 찾을 때, 정점들의 식별자 (id)를 2차원 배열의 인덱스로 사용함으로써 빠르고 쉽게 찾을 수 있다는 장점이 있다. 그러나 그래프에 포함된 각 정점들의 개수가 많은 반면 각 정점들에 연결된 간선들의 개수가 작은 경우, 2차원 배열에서 사용되지 않는 항목이 많이 존재하게 되어 메모리가 낭비되는 단점이 있다.

그림 15.32 (c)에서와 같이 인접리스트를 사용하여 그래프에 포함된 정점들의 연결성을 표현하는 경우 간선들의 주소를 나타내는 포인터들을 담을 수 있는 리스트를 각 정점마다 개별적으로 가지게 하는 것이다. 예를 들어 그림 15.32의 예에서 정점 X에는 4개의 간선이 연결되어 있으며, 이를 위하여 간선 b, d, g, h의 주소를 가리키는 포인터를 연결형 리스트 (EdgeList 구조체)로 구성하고, 이 리스트들을 가리키는 포인터 배열을 EdgeList **adj_list로 관리하게 함으로써 구현이 가능하다. 이 인접리스트는 대규모 그래프에서도 효율적으로 사용될 수 있어 일반적으로 많이 사용되는 구현 방법이다.

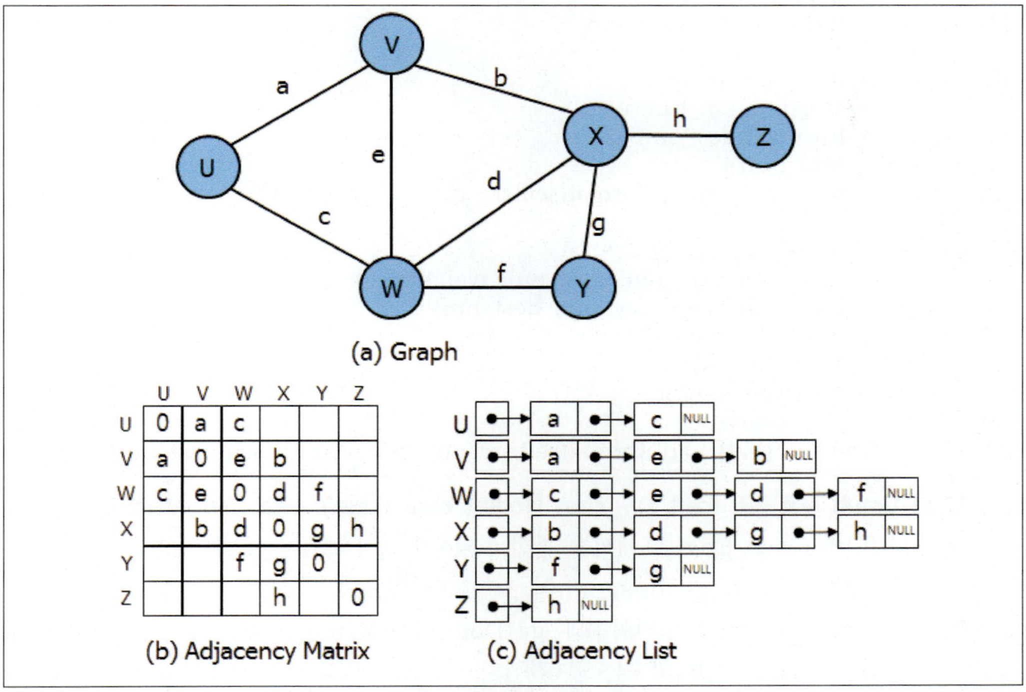

그림 15.32 그래프의 연결성 표현 - 인접행렬 (Adjacency Matrix)과 인접리스트 (Adjacency List)

15.6.3 그래프 자료구조의 파이썬 클래스 구현

(1) class Node(), class Edge(), class WeightedEdge()

그래프 자료구조를 파이썬으로 구현하기 위하여 그림 15.33에서는 class Node(), class Edge(), class WeightedEdge()를 각각 구현한다. Line 3~9에서 구현하고 있는 class Node에는 데이터 멤버로 name이 있으며, 그 이름을 읽을 때 사용하는 getName() 멤버함수와 class Node의 객체를 print() 함수로 출력할 때 사용되는 문자열을 __str__() 멤버함수에서 생성하여 반환한다. class Node의 출력에 사용되는 문자열에는 그 그래프 노드의 이름을 포함한다.

```
1: # Graph with DFS, BFS, Dijkstra, MST(MinimumSpanningTree)
2: import sys # for sys.maxsize as PLUS_INF
3: class Node(object):
4:     def __init__(self, name):
5:         self.name = name
6:     def getName(self):
7:         return self.name
8:     def __str__(self):
9:         return self.name
10:
11: class Edge(object):
12:     def __init__(self, src_nm, dest_nm):
13:         self.src_nm = src_nm
14:         self.dest_nm = dest_nm
15:     def getSource_nm(self):
16:         return self.src_nm
17:     def getDestination_nm(self):
18:         return self.dest_nm
19:     def __str__(self):
20:         return "({:3}->{:3})".format(self.src_nm, self.dest_nm)
21:
22: class WeightedEdge(Edge):
23:     def __init__(self, src_nm, dest_nm, weight=1.0):
24:         Edge.__init__(self, src_nm, dest_nm)
25:         self.weight = weight
26:     def getWeight(self):
27:         return self.weight
28:     def __str__(self):
29:         return "{}->({})->{}".format(self.src_nm, self.weight, self.dest_nm)
```

그림 15.33 Graph 자료구조 (part 1) - class Node(), class Edge(), class WeightedEdge()

Line 11~20의 class Edge()에서는 간선 edge의 시작노드 (src)와 끝노드 (dest)의 이름인 데이터 멤버 src_nm과 dest_nm이 포함되어 있으며, 간선의 시작노드와 끝노드를 찾아주는 getSource_nm() 멤버함수와 getDestination_nm() 함수가 구현되어 있다. class Edge의 __str__() 멤버함수는 "(간선의 시작노드 이름 -> 간선의 끝노드 이름)" 형식으로 문자열을 만들어 반환하여 준다.

Line 22~29의 class WeightedEdge() 함수는 그래프의 간선에 가중치 (weight)가 설정되는 가중치 간선을 나타내기 위한 클래스이다. class WeightedEdge()는 class

Edge를 상속받아 구현되며, class Edge가 포함하는 시작노드 src, 끝노드 dest에 추가하여 간선의 가중치 weight를 생성하고 인수로 전달된 weight값으로 설정한다. getWeight() 함수는 간선의 가중치를 반환하며, __str__() 멤버함수는 "(간선의 시작노드 -> (간선의 가중치) -> 간선의 끝노드)" 형식으로 문자열을 만들어 반환하여 준다.

(2) 방향성 그래프를 위한 class Digraph()

그림 15.34에서는 그래프의 간선들이 방향성을 가지는 방향성 그래프 (digraph)를 class Digraph()로 구현한다. Line 2~7의 __init__() 생성자에서는 class Digraph()의 데이터 멤버인 nodes와 node_names를 리스트로 생성하고, 각 가중치 간선들의 리스트인 wedges를 생성한다. 아울러 line 6에서 그래프의 연결성(connectivity)을 쉽게 파악할 수 있도록 adjacencyList를 {시작노드 이름 : 인접노드의 이름 리스트}의 딕셔너리로 구성하며, line 7에서 각 간선의 가중치를 쉽게 찾아 볼 수 있도록 {(시작노드이름, 끝노드이름) : 가중치} 구조의 딕셔너리로 구성한다.

Line 9~16에서 방향성 그래프에 노드를 추가하는 addNode() 멤버함수를 구현하며, nodes 리스트 내에 추가 대상 node가 이미 포함되어 있으면 예외상황을 발생시킨다. 만약 추가 대상 노드가 포함되어 있는 않으면 리스트 nodes에 새로운 node를 추가하며, node_names 리스트에 노드의 이름을 추가하고, 인접리스트인 딕셔너리 adjacencyList에 노드의 이름 (node_nm)을 키로 사용하는 adjacencyList[node_nm]에 빈 리스트를 추가한다.

Line 18~25의 addEdge() 함수에서는 방향성 그래프에 새로운 가중치 간선 weighted_edge를 추가하는 기능을 구현한다. 먼저 그 간선의 시작노드 이름 src_nm과 끝노드 이름 dest_nm을 getSource_nm()와 getDestination_nm() 함수를 사용하여 찾고, nodes 리스트에 이 노드들이 포함되어 있는지 확인하며, 만약 노드가 포함되어 있지 않으면 예외상황을 발생 시킨다. 간선의 양 끝노드들이 모두 nodes에 포함되어 있는 경우 wedges에 추가하고, 딕셔너리 adjacencyList에서 src_nm을 키로 사용하여 리스트 adjacencyList[src_nm]를 찾은 후 dest_nm을 추가한다.

Line 27~28의 getNeighbors() 함수는 인수로 주어진 노드 node의 인접노드들을 리스트 adjacencyList[node_nm]에 포함된 노드들을 찾아 반환하여 준다. Line 29~30의 getAdjacencyList() 멤버함수는 인접리스트인 adjacencyList를 반환하여 준다. Line 31~34의 getNode_NMs()와 getWEdges()는 각각 노드 이름들의 리스트인 node_names와 가중치 간선들의 리스트인 wedges를 반환하여 준다. Line 35~39의 getEdgeWeight() 함수는 (시작노드 이름, 끝노드이름)의 튜플을 사용하여 딕셔너리 edgeWeights에 포함되어 있는 해당 간선의 가중치를 찾아 반환한다.

Line 40~42에서 구현되어 있는 printConnectivity() 함수는 그래프에 포함된 노드 이름 node_nm을 node_names로부터 하나씩 열거하여 인접리스트 정보를 가지는 딕셔너리 adjacencyList로부터 adjacencyList[node_nm] 리스트에 포함된 노드 이름들을 출력하도록 하여 그래프의 연결성을 보여준다.

Line 44~50에서 구현되어 있는 __str__() 멤버함수는 class Digraph() 객체를

print() 함수로 출력할 때 사용되는 문자열을 생성하며, 그래프에 포함된 모든 노드들을 nodes로 부터 찾고, 각 노드에 연결된 인접노드들을 edges로 부터 찾아 "(시작노드 -> 끝노드)" 형식으로 출력하는 문자열을 생성하여 준다.

```
class Digraph(object):
    def __init__(self):
        self.nodes = [] # list of Node(v_id, v_names)
        self.node_names = []
        self.wedges = []  # list of weighted_edges
        self.adjacencyList = {} # dict of {src_nm:list of node_names)
        self.edgeWeights = {} # dictionary of {edge(src_nm, dest_nm):weight}

    def addNode(self, node):
        if node in self.nodes:
            raise ValueError("Duplicated node")
        else:
            self.nodes.append(node)
            node_nm = node.getName()
            self.node_names.append(node_nm)
            self.adjacencyList[node_nm] = []

    def addEdge(self, weighted_edge):
        src_nm = weighted_edge.getSource_nm()
        dest_nm = weighted_edge.getDestination_nm()
        if not (src_nm in self.node_names and dest_nm in self.node_names):
            raise ValueError("Node not in graph")
        self.wedges.append(weighted_edge)
        self.adjacencyList[src_nm].append(dest_nm)
        self.edgeWeights[(src_nm, dest_nm)] = weighted_edge.getWeight()
    def getNeighbors(self, node_nm):
        return self.adjacencyList[node_nm]
    def getAdjacencyList(self):
        return self.adjacencyList
    def getNode_NMs(self):
        return self.node_names
    def getWEdges(self):
        return self.wedges
    def getEdgeWeight(self, edge):
        if (edge.src_nm, edge.dest_nm) in self.edgeWeights:
            return self.edgeWeights[(edge.src_nm, edge.dest_nm)]
        else:
            None

    def printConnectivity(self):
        for node_nm in self.node_names:
            print(" AdjacencyList[{}] = {}".format(node_nm,
             self.adjacencyList[node_nm]))

    def __str__(self):
        result = ''
        for src in self.nodes:
            for dest in self.edges[src]:
                result = result + '(' + src.getName() + '->'\
                         + dest.getName() + ')' + '\n'
            return result[:-1] # omit final newline
```

그림 15.34 class Digraph()

```
def printPath(path):
    result = ''
    for i in range(len(path)):
        result += str(path[i])
        if i != len(path) -1:
            result += '->'
    return result
```

그림 15.35 printPath()

(3) printPath()

그림 5.35에 구현되어 있는 printPath() 함수는 그래프 상에서 어떤 시작노드로 부터 목적지 노드까지의 경로 path를 노드들의 리스트로 전달받아 이를 "시작노드 A -> 노드 B -> .... -> 끝노드 Z"의 형식으로 출력 할 수 있도록 문자열을 구성하여 준다.

15.6.4 가중치 그래프 (Weighted Graph)

실제 많은 그래프 응용 분야에서는 간선에 가중치를 부여하여 실질적인 상황을 고려하여 가장 좋은 조건의 경로를 찾도록 한다. 예를 들어 각 도시를 연결하는 도로망을 그래프 자료구조로 표현하고 이를 기반으로 최단거리 경로를 찾는 경우 각 도시는 노드로 표현되며, 노드를 연결하는 도로는 간선 (edge)으로 표현되고, 각 간선의 가중치 (weight)는 그 도로의 거리로 나타낼 수 있다. 또 다른 예로서 각 도로에서 발생하는 교통 정체를 고려하여 물리적 거리 대신 경과시간을 가중치로 표현하는 경우 네비게이션에서 가장 시간이 적게 걸리는 경로를 찾을 수 있게 된다.

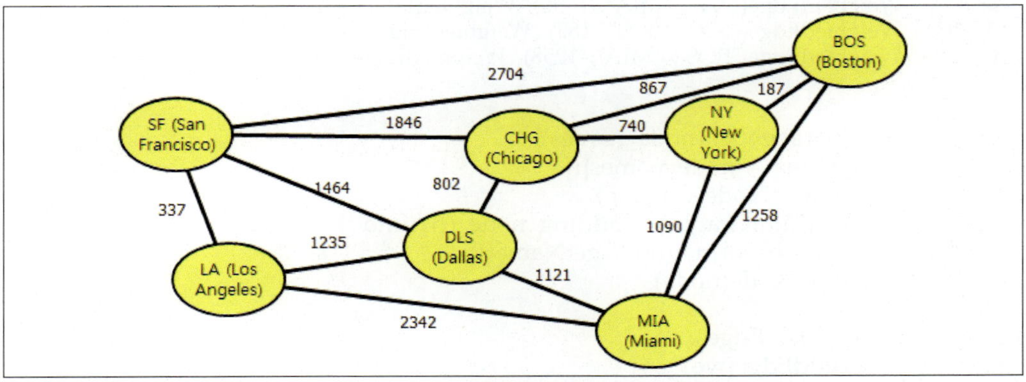

그림 15.36 미국 주요 도시 간 도로망 연결을 모델링한 그래프 예제

그림 15.36은 가중치 그래프의 예로서 미국의 주요 도시들을 연결하는 도로망을 그래프로 표현한 예를 보여준다. 주요 도시들의 이름이 노드에 표시되어 있고 도시를 연결하는 간선 위에 그 도시간 거리가 가중치로 표시되어 있다. 그림 15.36의 그래프 표현에서는 각 간선에 방향성은 별도로 구분하지 않고 양 방향 모두 동일한 가중치를 사용하도록 구성하고 있다. 만약 그래프의 간선에 방향성을 부여하면 각 간선이 시작노드 -> 끝노드로 화살표로 표현하며, 방향에 따라 다른 가중치를 가지도록 설정하게 된다.

그림 15.37은 그림 15.36에서 설명한 미국 주요 도시간 도로망의 그래프 자료구조 구성을 위한 그래프 초기화 함수 initGraph()의 예를 보여준다. initGraph(G) 함수 호출에서 인수로 전달되는 G는 그래프 class Digraph()의 객체이며, line 2에서 주요 도시의 이름을 문자열 리스트 node_names로 설정한다. Line 3~17에서는 각 도시간의 거리를 그래프 G의 가중치 간선으로 구성하기 위하여 class WeightedEdge()의 객체들로 생성하고, 이들을 리스트 wEdges에 포함시킨다. 파이썬 프로그램에서 보다 간결하게 처리하기 위하여 WeightedEdge() 클래스의 시작노드와 끝노드는 도시의 이름을 직접 사용하도록 구성되어 있다.

Line 3~17에서 구성하고 있는 WeightedEdge의 리스트에서는 각 도시를 연결하는 간선에 방향성을 별도로 구분하지 않고, 동일한 가중치를 부여하고 있다. 만약 그래프의 간선에 방향성을 부여하면 line 4~16에서 각 시작 도시 -> 끝 도시의 간선을 방향에 따라 구분하고 다른 가중치를 부여하면 된다.

```
 1: def initGraph(G):
 2:     node_names = ["SF", "LA", "DLS", "CHG", "MIA", "NY", "BOS"]
 3:     wEdges = \
 4:     [ WeightedEdge("SF", "LA", 337), WeightedEdge("LA", "SF", 337),\
 5:       WeightedEdge("SF", "DLS", 1464), WeightedEdge("DLS", "SF", 1464),\
 6:       WeightedEdge("SF", "BOS", 2704), WeightedEdge("BOS", "SF", 2704),\
 7:       WeightedEdge("SF", "CHG", 1846), WeightedEdge("CHG", "SF", 1846),\
 8:       WeightedEdge("LA", "DLS", 1235), WeightedEdge("DLS", "LA", 1235),\
 9:       WeightedEdge("LA", "MIA", 2342), WeightedEdge("MIA", "LA", 2342),\
10:       WeightedEdge("DLS", "MIA", 1121), WeightedEdge("MIA", "DLS", 1121),\
11:       WeightedEdge("DLS", "CHG", 802), WeightedEdge("CHG", "DLS", 802),\
12:       WeightedEdge("CHG", "NY", 740), WeightedEdge("NY", "CHG", 740),\
13:       WeightedEdge("CHG", "BOS", 867), WeightedEdge("BOS", "CHG", 867),\
14:       WeightedEdge("NY", "MIA", 1090), WeightedEdge("MIA", "NY", 1090),\
15:       WeightedEdge("NY", "BOS", 187), WeightedEdge("BOS", "NY", 187),\
16:       WeightedEdge("BOS", "MIA", 1258), WeightedEdge("MIA", "BOS", 1258),\
17:     ]
18:
19:     for i in range(len(node_names)):
20:         v_name = node_names[i]
21:         node = Node(v_name)
22:         print("initGraph() :: adding node ({}) into
              Graph".format(node.getName()))
23:         G.addNode(node)
24:
25:     for we in wEdges:
26:         G.addEdge(we)
27:     return G
```

그림 15.37 미국 주요도시 간 도로망 그래프 정보의 초기화 예 - initGraph()

Line 19~23에서는 문자열 리스트인 node_names에 포함된 각 도시 이름을 하나씩 추출하여 line 21에서 class Node() 객체로 만들고, line 23에서 그래프 G의 멤버함수 addNode()를 사용하여 그래프에 추가시킨다. Line 25~26에서는 가중치 간선 리스트인 wEdges로부터 간선을 하나씩 열거하여 그래프 G의 멤버 함수 addEdge()를 사용하여 그래프에 추가한다. Line 27에서는 초기화가 완료된 그래프를 반환한다.

15.6.5 그래프 깊이우선탐색 (Depth First Search)

(1) 깊이우선탐색 (DFS)의 개요

그래프 자료구조에서 탐색 알고리즘은 지정된 시작 위치 (정점)에서부터 연결된 간선과 이 간선을 통하여 인접되어 있는 정점들을 차례대로 검색하는 기능을 수행한다. 그래프의 탐색은 크게 깊이우선탐색 (Depth First Search)과 넓이우선탐색 (Breadth First Search)으로 나누어지며, 깊이우선탐색은 가능한 한 더 많은 정점들을 우선적으로 탐색할 수 있게 하는 기능을 수행하며, 넓이우선탐색은 현재 정점에서 도달할 수 있는 모든 인접노드들을 다 살펴본 후, 점차 다음 단계에 있는 정점들을 살펴보는 기능을 수행한다. 15.6.5절에서는 깊이우선탐색 (DFS) 알고리즘을 먼저 살펴보고, 15.6.6절에서 넓이우선탐색 (BFS) 기능을 상세하게 살펴보기로 한다.

깊이우선탐색 (DFS)에서는 그래프에 포함된 정점들의 초기상태를 아직 방문하여 선택되지 않았다는 의미로 "unexplored"로 설정한다. 시작 위치로 지정된 정점을 선정하여 Visited로 상태를 변경하고, 이 선정된 정점에 연결되어 있는 간선 중 하나를 선정하여 그 간선을 통하여 인접되어 있는 정점의 상태를 확인한다. 만약 인접된 정점이 아직 방문/선정되어 있지 않는 unexplored 상태라면, 그 정점을 연결하고 있는 간선을 discovery 유형으로 설정하여 이 discovery 간선을 통하여 새로운 정점에 도달하였다는 표시를 한다. 만약 그 간선을 통하여 인접된 이웃 정점이 이미 이전에 방문하였던 정점 (즉, visited 상태)이라면, 그 간선은 back 유형으로 설정하여 이미 이전에 방문하였던 정점으로 연결되어 있는 간선이라는 표시를 한다. 일단 unexplored 상태의 새로운 정점을 찾았다면, 그 정점에 연결되어 있는 간선들을 통하여 인접된 다른 정점들을 우선적으로 계속 찾아가게 한다.

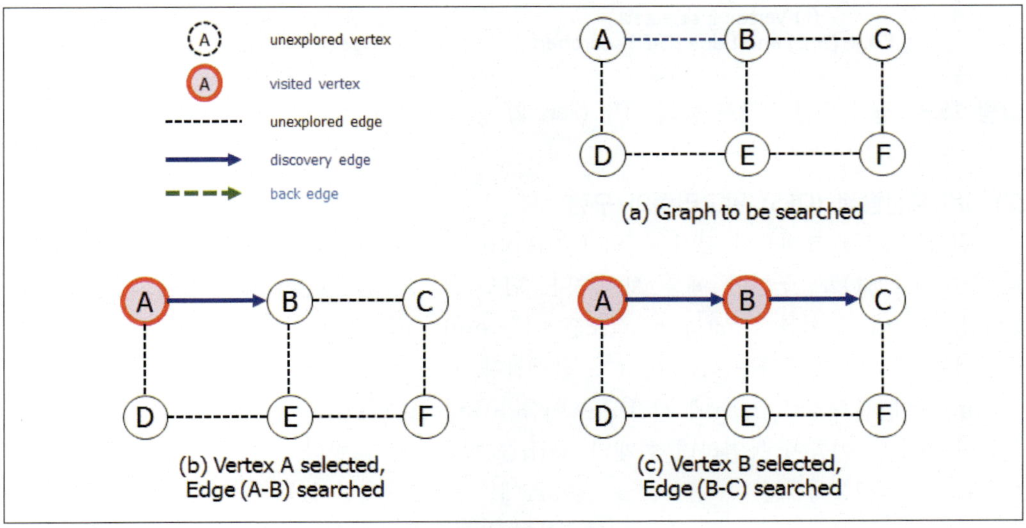

그림 15.38 깊이 우선 그래프 탐색 예제 (Part 1)

그림 15.38의 예에서 정점 A로부터 깊이우선탐색을 시작하면 정점 A, B, C, F, E가 차

례로 선정되어 Visited 상태로 변경되며, 이 경로상의 모든 간선들은 discovery 유형이 된다. 정점 E에서는 정점 B로 연결된 간선과 정점 D로 연결된 간선이 존재하는데, 정점 E가 선정된 시점에서는 정점 B가 이미 이전에 방문/선정된 상태이므로 간선 (E−B)는 back 유형이 되고, 아직 방문/선정되지 않은 정점 D로의 간선은 discovery 유형이 된다. 마찬가지로 정점 D을 방문/선정하였을 때, 간선 (D−A)는 이미 방문/선정된 정점 A로 연결되어 있기 때문에 back 유형이 된다.

그림 15.38의 예에서 시작위치인 정점 A로부터 discovery 간선을 따라 이동하면 그래프에 포함된 모든 정점들을 차례로 방문할 수 있게 되어, 이 시작점으로부터 도달할 수 있는 정점들을 모두 신속하게 파악할 수 있게 한다. 다만 그래프를 깊이우선탐색 (DFS) 방식으로 탐색하는 경우, 시작점으로부터 목적지 정점까지의 경로가 최단 거리를 보장하지 않는다는 단점이 있는 반면, 목적지까지 도달할 수 있는가를 신속하게 검사할 수 있는 장점을 제공한다.

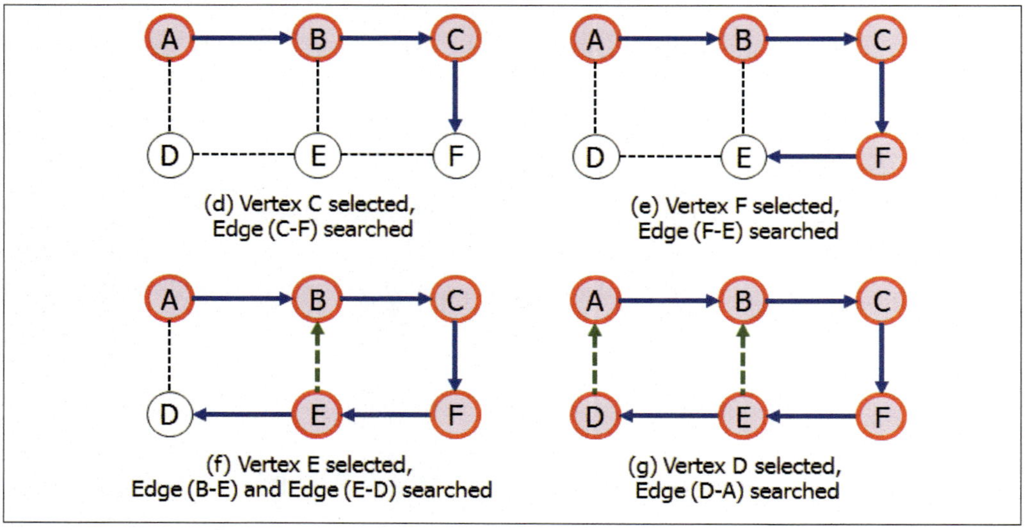

그림 15.38 깊이 우선 그래프 탐색 예제 (Part 2)

(2) 깊이우선탐색 (DFS) 알고리즘의 구현

그림 15.39는 그래프의 깊이우선탐색 (depth first search) 알고리즘을 파이썬 프로그램 함수 DFS()로 구현한 예를 보여준다. 함수 DFS()의 호출에서는 탐색 대상 그래프 graph, 시작노드 이름 start_nm, 끝노드 이름 end_nm, 탐색 결과 경로를 저장할 path와 최단거리 경로를 저장하는 shortest가 전달된다.

Line 3에서는 경로 path에 시작노드 이름을 추가한다. Line 5~6에서는 만약 시작노드 이름과 끝노드 이름이 동일하면 현재의 path를 반환하도록 한다.

Line 7~12에서는 시작노드 start에 연결되어 있는 이웃노드 이름들을 getNeighbors(begin_nm) 함수를 사용하여 차례로 열거하고, 현재까지 탐색된 경로 path 상에 존재하지 않는 이웃노드 node를 경유하여 목적지 노드 end까지 도달할 수 있는 경로를 line 9에서 DFS() 함수의 재귀호출을 통하여 찾도록 하고, line 8의 len(path) < len(shortest) 조건에 따라 가장 경유 노드수가 작은 최단 거리 경로인 shortest를 구성하여 반환하여 준다.

```
 1: def DFS(graph, begin_nm, end_nm, path, shortest):
 2:     #print("DFS:: begin({}), end({})".format(begin_nm, end_nm))
 3:     path.append(begin_nm)
 4:     #print("Current DFS path : ", printPath(path))
 5:     if begin_nm == end_nm:
 6:         return path
 7:     for node_nm in graph.getNeighbors(begin_nm):
 8:         if node_nm not in path: # avoid cycle
 9:             if shortest == None or len(path) < len(shortest):
10:                 newPath = DFS(graph, node_nm, end_nm, path, shortest)
11:                 if newPath != None:
12:                     shortest = newPath
13:     return shortest
```

그림 15.39 깊이우선탐색 (DFS) 알고리즘의 구현

15.6.6 그래프 넓이우선탐색 (Breadth First Search)

(1) 넓이우선탐색 (BFS)의 개요

앞서 15.6.5절에서 살펴보았던 깊이우선탐색과는 달리 그래프의 넓이우선탐색에서는 시작위치 노드에 직접 연결되어 있는 모든 간선을 차례로 모두 탐색하여, 한 번의 간선 이동으로 직접 이동할 수 있는 모든 노드들을 level 1으로 구분하고, 이 level 1에 포함된 정점들을 차례로 모두 탐색하여, 추가적인 한 번의 간선 이동으로 이동할 수 있는 노드들을 level 2로 구분하는 방법으로 탐색을 한다.

그림 15.40에서는 2×3 메시 토폴로지 그래프에서 정점 A로부터 시작하여 그래프를 넓이 우선으로 탐색하는 예를 보여주고 있다. 먼저 시작노드에 직접 연결되어 있는 간선들을 통하여 인접되어 있는 (아직 방문한 적이 없는) 정점들을 방문할 때, 이 간선들을 DISCOVERY 유형으로 표시하며 한 번의 간선 이동으로 도달할 수 있는 정점들을 level 1 그룹에 포함시킨다.

시작노드에 직접 인접한 노드들을 모두 level 1 그룹에 포함시킨 후, 이 level 1 그룹의 노드들을 하나씩 방문하여 각 노드마다 연결되어 있는 간선들을 열거하며, 이 간선을 통하여 연결되어 있는 인접노드가 만약에 아직 방문한 적이 없다면 level 2 그룹에 포함시키고, 그 간선은 DISCOVERY 유형으로 설정한다. 만약 level 1에 인접한 노드가 이전에 이미 방문한 적이 있는 노드라면, 그 간선은 CROSS 유형으로 설정한다. Level 1의 모든 노드들의 인접노드들을 방문하여 level 2 그룹이 구성되면, 다시 level 2 그룹 노드들을 차례로 방문하여 그 다음 level 그룹을 구성하고, 사용된 간선들을 DISCOVERY 또는 CROSS 상태로 설정하며 이러한 절차를 모든 노드들이 다 탐색될 때까지 진행한다.

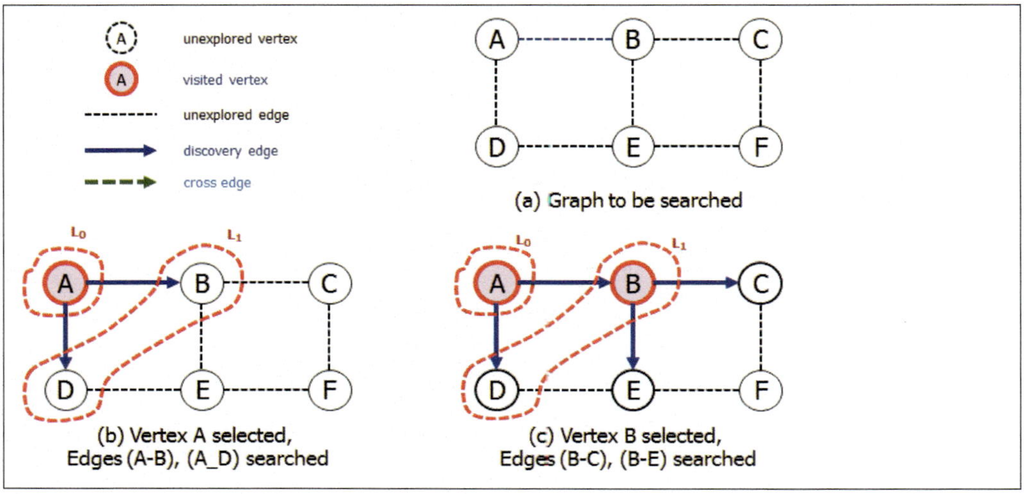

그림 15.40 넓이우선탐색 (Bread First Search) 예제 절차 (part 1)

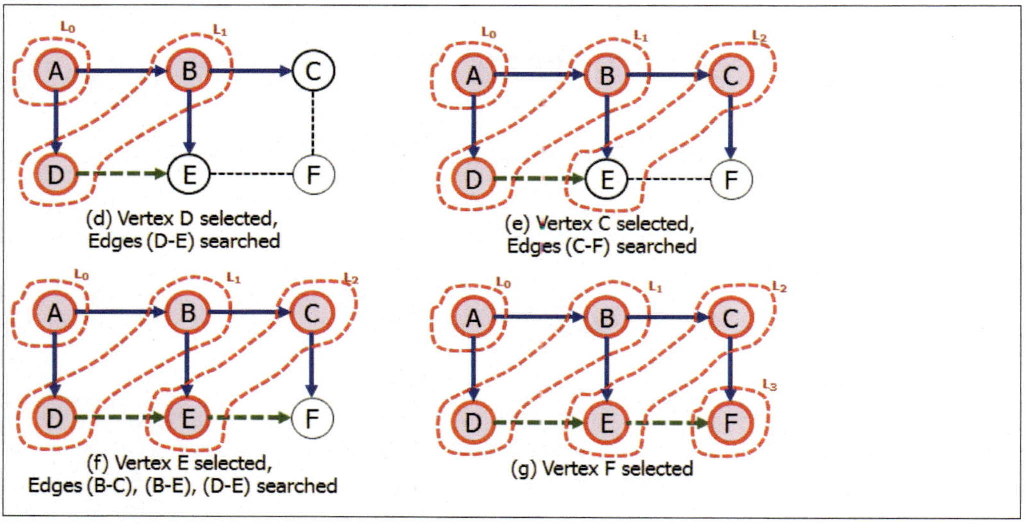

그림 15.40 넓이우선탐색 (Bread First Search) 예제 절차 (part 2)

(2) 넓이우선탐색 (BFS) 알고리즘의 구현

그림 15.41은 넓이우선탐색 알고리즘을 파이썬 함수 BFS()로 구현하고 있다. BFS() 함수에는 시작노드 이름과 끝노드 이름이 인수로 전달된다. Line 2~3에서는 시작노드 이름을 리스트 initPath에 포함시키고, 리스트 initPath를 이중 리스트인 pathQueue에 포함시킨다. pathQueue는 각각 리스트로 구성된 다수의 경로 (path)들을 이중 리스트로 구성하고 있다. Line 4~14의 while-loop은 pathQueue가 비어 있지 않는 동안 계속 반복 실행하며, 이 while-loop 내부에서 목적지까지 도달하지 못하면 line 15에서 None 객체를 반환하게 된다.

```
 1: def BFS(graph, start_nm, end_nm):
 2:     initPath = [start_nm]
 3:     pathQueue = [initPath]
 4:     while len(pathQueue) != 0:
 5:         #print("Round ({:2d}) - pathQueue : ".format(count), end=' ')
 6:         tmpPath = pathQueue.pop(0)
 7:         #print(" - current tmpPath: {}".format(printPath(tmpPath)))
 8:         lastNode_nm = tmpPath[-1]
 9:         if lastNode_nm == end_nm:
10:             return tmpPath
11:         for nextNode_nm in graph.getNeighbors(lastNode_nm):
12:             if nextNode_nm not in tmpPath:
13:                 newPath = tmpPath + [nextNode_nm]
14:                 pathQueue.append(newPath)
15:     return None
```

그림 15.41 넓이우선탐색 (BFS) 그래프 알고리즘의 구현

Line 8에서는 현재 pathQueue에 포함되어 있는 경로들 중 맨 처음 경로를 추출하여 tmpPath에 저장하고, line 9에서 tmpPath의 마지막 노드 이름을 추출하여 lastNode_nm에 저장한다. Line 9에서 만약 lastNode_nm이 목적지 노드 이름 end_nm이면 목적지까지의 경로를 포함하고 있는 tmpPath를 반환하고 BFS()가 종료된다.

Line 11~14에서는 lastNode_nm의 이웃노드 이름들을 getNeighbors() 함수를 사용하여 차례로 찾아내어 nextNode_nm에 저장하고, 이 nextNode_nm이 tmpPath에 포함되어 있지 않으면 이를 tmpPath에 추가하여 newPath를 생성한 후 pathQueue에 추가한다.

그림 15.41 line 4~14의 while-loop에서 pathQueue에 포함되어 있는 경로들을 하나씩 tmpPath로 추출하여 그 다음 노드를 추가한 새로운 newPath를 만든 후 pathQueue의 맨 뒤에 추가함으로써 현재 노드에서 도달할 수 있는 모든 다음 레벨 경로를 탐색하도록 한다. 이러한 과정에서 가장 먼저 목적지 노드에 도달하는 경로를 찾을 수 있게 되고, 이를 line 9~10에서 반환할 수 있게 된다.

그림 15.41의 BFS() 함수에서는 시작노드로부터 끝노드까지 가장 간선의 수가 작은 경로를 찾아 반환하게 되며, 그 간선의 거리 (즉, 가중치)에 대해서는 별도로 고려하지 않는다.

15.6.7 가중치 그래프에서의 최단 거리 경로 탐색 알고리즘 – Dijkstra()

앞서 15.6.6절에서 설명한 그래프의 넓이우선탐색 (BFS) 알고리즘에서는 시작노드에서부터 끝노드까지의 경로를 찾을 때 간선의 개수가 가장 작은 경로를 찾아 반환하며, 각 간선의 가중치 (거리 또는 시간)를 고려하지 않기 때문에 전체 경로상의 가중치 합산 결과가 항상 최소가 되는 경로를 찾아 주지는 않는다. 실제 많은 그래프 응용에서는 경로에 포함된 간선의 개수보다는 간선의 가중치 합산 결과가 최소가 되는 것이 더 좋은 조건의 경로가 되는 경우가 많이 있다.

그래프에 포함된 간선의 가중치를 고려하여 가중치 합산이 가장 최소가 되는 경로를 찾는 최단 거리 경로 탐색 알고리즘으로 Dijkstra 알고리즘이 있다. Dijkstra 알고리즘에서는 시작노드로부터 그래프에 포함된 다른 도시에 가장 최단 거리 경로를 사용하여 도달할 수 있는 경로를 찾아 나가며, 각 도시에 도달하는 경로의 최소 비용을 기록한다. 만약 이전에 탐색된 도시라도 더 작은 비용으로 도달할 수 있는 경로가 발견되면 그 경로를 사용하도록 갱신하며, 그 도시에 도달하기 위한 최소 비용을 갱신하면서 반복 수행하여, 목적지 도시에 도달하면 알고리즘 수행을 종료한다.

그림 15.42는 그래프의 최단거리 경로 탐색을 위한 Dijkstra 알고리즘을 파이썬 프로그램으로 구현한 예를 보여준다. Line 1~2에서는 sys 모듈이 제공하는 sys.maxsize를 PLUS_INF로 설정하며, 그래프 상에서 서로 연결되어 있는 않는 도시의 거리를 PLUS_INF로 설정할 때 사용한다.

Line 4에서 함수 Dijkstra(G, start_nm, end_nm)의 호출에서는 그래프 G, 시작노드 이름 start_nm, 끝노드 이름 end_nm이 전달되는 인수로 전달된다. Line 5의 errorInLoop은 Dijkstra 알고리즘의 실행 도중 연결되어 있지 않는 노드가 존재하는가를 확인하기 위한 플래그로 사용되며, 초기값은 False로 설정된다.

```
 1: import sys
 2: PLUS_INF = sys.maxsize # define as max of integer
 3:
 4: def Dijkstra(G, start_nm, end_nm):
 5:     errorInLoop = False
 6:     nodeAccWeight= {} # dictionary of {node:accumulated_weight_from_start}
 7:     nodeStatus = {} # current node status, selected (True), not_selected (False)
 8:     prevNodes_nm = {} # previous node in the path from the start to the end
 9:     selectedNodes = []
10:     remainingNodes = []
11:     wEdges = G.getWEdges()
12:     for node_nm in G.node_names:
13:         e = Edge(start_nm, node_nm)
14:         if node_nm == start_nm:
15:             eWeight = 0
16:         else:
17:             eWeight = G.getEdgeWeight(e)
18:             if eWeight == None:
19:                 eWeight = PLUS_INF
20:         print(" Initial weight of edge ({}) = eWeight({}): ".format(e, eWeight))
21:         nodeAccWeight[node_nm] = eWeight
22:         nodeStatus[node_nm] = False # not selected yet
23:         prevNodes_nm[node_nm] = start_nm
24:         if node_nm != start_nm:
25:             remainingNodes.append(node_nm)
26:     nodeAccWeight[start_nm] = 0
27:     nodeStatus[start_nm] = True
28:     selectedNodes.append(start_nm)
```

그림 15.42 Dijkstra() (part 1)

Line 6의 nodeAccWeight는 지정된 시작노드로부터 각 노드까지의 경로에 포함된 누적 가중치 (accumulated weight)를 {노드이름 : 시작노드로 부터의 누적 가중치} 항목으로 저장하는 딕셔너리로 구성된다. Line 7의 nodeStatus는 각 노드의 현재 상태를 나타내며,

Dijkstra 알고리즘에서 선택되었으면 True로 설정되며, 아직 선택되지 않았으면 False로 설정된다. Line 8의 prevNodes_nm은 현재 상태에서 각 노드에 도달하기 위한 경로상에서 그 노드의 직전 노드의 정보를 {node_nm : prev_node_nm} 항목들의 딕셔너리로 구성한다. 각 노드의 직전 노드 정보는 prevNodes_nm[node_nm] 형태로 간단하게 딕셔너리의 항목을 검색할 수 있다.

Line 9의 selectedNodes는 현재까지 Dijkstra 알고리즘이 선택 완료한 노드들의 이름을 리스트로 구성한 것이며, line 10의 remainingNodes는 아직 선택되지 않은 노드들의 이름을 리스트로 구성한 것이다. 알고리즘의 초기 상태에서는 시작노드를 제외한 모든 노드들은 remainingNodes에 포함된다. Line 11에서는 그래프 G의 getWEdges() 멤버 함수를 사용하여 가중치 간선들의 정보를 받아와 wEdges에 저장한다.

Line 12~25에서는 그래프에 포함된 모든 노드들에 대하여 초기화 작업을 실행한다. Line 13에서는 시작노드로부터 각 노드에 이르는 가상적인 간선을 e = Edge(start_nm, node_nm)로 구성하며, line 14~15에서 만약 현재 처리 중인 node가 시작노드인 경우 e의 가중치 eWeight를 0으로 설정한다. 만약 node가 시작노드가 아닌 경우에는 그래프 G의 함수 getEdgeWeight()을 사용하여 그 간선의 가중치를 읽어 eWeight에 설정한다. G.getEdgeWeight()에서는 그래프의 초기 상태에서 실제 간선이 존재하고 가중치가 설정되어 있는 경우에는 정상적인 값을 반환하며, 만약 실제 간선이 존재하지 않고 시작노드로부터 해당 노드까지의 경로가 존재하지 않는 경우에는 None 객체가 반환되며, 이 경우 eWeight는 line 18~19에서 PLUS_INF로 설정하여 연결되어 있지 않은 것으로 설정한다.

Line 21에서는 현재 처리 중인 노드 node의 누적 가중치를 eWeight 값으로 설정한다. 이 때 설정되는 각 노드별 누적 가중치 nodeAccWeight 딕셔너리는 초기 상태에서 시작노드로부터 직접 연결되어 있는 노드는 무한대가 아닌 값을 가지며, 직접 연결되어 있지 않는 노드들은 무한대의 값을 가지게 된다. Line 22에서 node의 상태를 "선택되어 있는 않은 상태" 인 False로 설정하고, line 23에서 node의 직전 노드를 start_nm으로 설정한다.

Line 24~25에서 시작노드가 아닌 노드들은 remainingNodes에 포함시킨다.

Line 26~28에서 시작노드의 누적 가중치는 0으로 설정하며, 시작노드의 상태는 선택된 상태인 True로 설정하고, 선택된 노드들의 리스트인 selectedNodes에 시작노드를 포함시킨다.

Line 30~64의 while-loop는 remainingNodes 리스트에 남아 있는 노드가 하나도 없을 때까지 반복하며, 남아 있는 노드 중 누적 가중치가 가장 작은 노드를 선택하고 새롭게 선택된 노드를 경유하여, 선택되지 않고 남아 있는 다른 노드에 도달하는 경로가 기존의 경로보다 더 좋은 조건 (즉, 더 작은 누적 가중치)을 제공하는 가를 검토하여, 더 좋은 조건인 경우 경로를 갱신하도록 한다.

Line 34~38에서는 remainingNodes 리스트에서 남아 있는 노드 n을 차례로 검사하여 가장 작은 누적 가중치 minAccWeight를 가진 노드 minNode를 선택한다. 만약 remainingNodes에 남아 있는 노드가 존재하는 상태에서 minNode가 None이 되었다면 그래프에 연결되어 있지 않는 노드가 존재하는 것을 의미하며, line 39~43에서 에러 상태

errorInLoop를 True로 설정하고 line 64~65에서 함수 Dijkstra()를 종료하도록 한다.

```
29:     count = 1
30:     while len(remainingNodes) != 0:
31:         #print(">>> Round {} :".format(round))
32:         minAccWeight = PLUS_INF
33:         minNode = None
34:         for n in remainingNodes:
35:             nAccWeight = nodeAccWeight[n]
36:             if nAccWeight != None and nAccWeight < minAccWeight:
37:                 minNode = n
38:                 minAccWeight = nodeAccWeight[n]
39:         if minNode == None:
40:             print("No minNode was selected at this round !!")
41:             print("Error - graph is not fully connected !!")
42:             errorInLoop = True
43:             break
44:         else:
45:             #print(" -- newly selected minNode : {}".format(minNode))
46:             selectedNodes.append(minNode)
47:             # edge relaxations
48:             minAccWeight = nodeAccWeight[minNode]
49:             for rn in remainingNodes:
50:                 if rn == minNode:
51:                     continue
52:                 e = Edge(minNode, rn)
53:                 eWeight = G.getEdgeWeight(e)
54:                 #print(" -- eWeight({}->{}):{}".format(minNode, rn, eWeight))
55:                 if eWeight == None:
56:                     continue
57:                 if nodeAccWeight[rn] > minAccWeight + eWeight:
58:                     nodeAccWeight[rn] = minAccWeight + eWeight
59:                     prevNodes_nm[rn] = minNode
60:             if minNode == end_nm: # if reached to destination
61:                 break
62:             remainingNodes.remove(minNode)
63:         count += 1
64:     if errorInLoop == True:
65:         return None
66:
67:     print(" prevNode : ", prevNodes_nm)
68:     path = [end_nm]
69:     cur_node_nm = end_nm
70:     while cur_node_nm in selectedNodes:
71:         #print("Current path : ", path)
72:         if cur_node_nm == start_nm:
73:             break
74:         else:
75:             cur_node_nm = prevNodes_nm[cur_node_nm]
76:             path.insert(0,cur_node_nm)
77:             #print("Current path : ", path)
78:     return path, nodeAccWeight[end_nm]
```

그림 15.42 Dijkstra() (part 2)

Line 44~62에서는 선택된 minNode에 대한 처리를 수행한다. Line 46에서 minNode를 selectedNodes에 추가하며, line 48~59에서 남아있는 다른 노드들에 대하여 더 좋은 조건의 경로 여부를 파악하고, 더 좋은 조건으로 변경시켜 주는 간선 완화 (edge relaxation) 작업을 실행한다.

Line 48에서는 minNode의 누적 가중치를 minAccWeight로 설정하고, line 49~59에서 아직 선택되지 않은 노드 rn을 차례로 열거하며, line 52~56에서 minNode를 거쳐 노드 rn에 도달할 수 있는 간선이 있는가를 확인한다. 만약 minNode를 거쳐 rn에 도달할 수 있는 간선이 없는 경우에는, line 56에서 다음 for-loop 반복을 실행하도록 한다. Line 57~59에서는 만약 minNode를 경유하여 rn에 도착하는 경로의 누적 가중치가 더 작은 경우 rn의 누적 가중치를 minNode의 누적 가중치 (minAccWeight)에 (minNode, rn)의 간선 가중치 (eWeight)를 더한 값으로 변경하며, rn의 직전 노드를 minNode로 재 설정한다. Line 48~59의 edge relaxation 절차를 통하여 시작노드에 직접 연결되어 있지 않은 노드들도 중간 경유 노드를 통하여 도달할 수 있는 경로를 찾게 되고 누적 가중치 비용이 더 작은 경로가 다시 탐색되었을 때 더 좋은 조건으로 변경할 수 있게 된다.

Line 60~61에서는 만약 minNode가 끝노드 (end) 인 경우 while-loop을 중단하도록 한다. Line 67~76에서는 시작노드 (start)로부터 끝노드 (end)까지 도달하는 경로 상의 노드들을 prevNodes_nm 리스트로부터 차례로 찾아 리스트 path를 구성하는 예를 보여준다. Line 77에서는 시작노드에서 끝노드까지의 경로 path와 그 경로의 누적된 가중치를 반환한다.

15.6.8 그래프 탐색 알고리즘의 비교

그림 15.43은 앞에서 설명한 3가지 종류의 그래프 탐색 알고리즘 (깊이우선탐색 DFS, 넓이우선탐색 BFS, 가중치 그래프의 최단 거리 경로 탐색 Dijkstra)들을 동일한 그래프를 대상으로 실행시켜 비교하도록 한다.

Line 1~8에서는 앞에서 설명한 각 그래프 탐색 알고리즘을 수행하기 위한 함수로 구성하고 있다. Line 12에서는 class Digraph()를 사용하여 그래프 객체 G를 생성하고, line 13에서 initGraph() 함수를 사용하여 탐색 대상 그래프를 준비한다. Line 14~15에서는 초기화가 완료된 그래프 G의 노드들의 이름을 getNode_NMs() 멤버 함수를 사용하여 받아 오며, node_names 리스트에 저장한 후 이를 출력한다.

Line 16~23에서는 그래프 G에 포함된 간선들을 getWEdges() 멤버함수를 사용하여 받아 온 후 edges에 저장하고, line 10에서 5로 설정된 EdgesPerLine() 개씩 한 줄에 출력한다. 각 간선의 출력에서는 간선에 설정되어 있는 가중치를 함께 출력한다. Line 24~25에서는 그래프 G의 연결 상태를 printConnectivity() 멤버함수를 사용하여 출력한다. 그래프의 초기화 결과인 노드들과 간선들, 그리고 연결상태의 출력 결과는 그림 15.44 첫 부분에서 확인할 수 있다.

Line 27~28에서는 그래프 G에서 탐색 기능을 비교하도록 시작노드 (LA)와 끝노드 (BOS)를 설정한다. 실제 기능 시험에서는 다양한 노드로 변경하면서 기능 시험을 할 수 있다. Line 29~31에서는 깊이우선탐색 (DFS) 알고리즘을 사용하여 LA에서 BOS까지의 경로를 탐색하며, 결과를 출력한다. 그림 15.44에서 볼 수 있는 것과 같이 DFS는 LA -> SF -> DLS -> MIA -> NY -> CHG -> BOS의 경로를 탐색한 것을 확인할 수 있다. 그래프의 깊이우선탐색에서는 일단 탐색 순서에 따라 무조건 가장 멀리 탐색할 수 있는 경로들을 찾아가기 때문에 탐색 결과는 간선의 개수가 작거나 누적 가중치가 작은 경로를 보장하지는 않는다는 것을 파악할 수 있다.

```
 1: def searchSP_DFS(graph, start_nm, end_nm):
 2:     return DFS(graph, start_nm, end_nm, [], None)
 3:
 4: def searchSP_BFS(graph, start_nm, end_nm):
 5:     return BFS(graph, start_nm, end_nm)
 6:
 7: def searchSP_Dijkstra(graph, start_nm, end_nm):
 8:     return Dijkstra(graph, start_nm, end_nm)
 9:
10: EdgesPerLine = 5
11: if __name__ == "__main__":
12:     G = Digraph()
13:     initGraph(G)
14:     node_names = G.getNode_NMs()
15:     print("Nodes : ", node_names)
16:     edges = G.getWEdges()
17:     print("Edges :")
18:     eCount = 0
19:     for e in edges:
20:         print("   {}".format(e), end=', ')
21:         eCount += 1
22:         if eCount % EdgesPerLine == 0:
23:             print()
24:     print("\nConnectivity:")
25:     G.printConnectivity()
26:
27:     start_nm = G.nodes[1].getName()
28:     end_nm = G.nodes[6].getName()
29:     print("\nTrying DFS : ({} -> {})".format(start_nm, end_nm))
30:     path_DFS = searchSP_DFS(G, start_nm, end_nm)
31:     print("Path ({} -> {}) found by DFS : {}".format(start_nm, end_nm,
           path_DFS))
32:
33:     print("\nTrying BFS : ({} -> {})".format(start_nm, end_nm))
34:     path_BFS = searchSP_BFS(G, start_nm, end_nm)
35:     print("Path ({} -> {}) found by BFS : {}".format(start_nm, end_nm,
           path_BFS))
36:
37:     print("\nTrying ShortestPath_Dijkstra : ({} -> {})".format(start_nm, end_nm))
38:     path_Dijkstra, path_cost = searchSP_Dijkstra(G, start_nm, end_nm)
39:     print("ShortestPath_Dijkstra ({} -> {}): {}, path_cost={}".format(start_nm,
        end_nm, path_Dijkstra, path_cost))
```

그림 15.43 그래프 자료구조 및 알고리즘 시험 프로그램

Line 33~35에서는 넓이우선탐색 (BFS) 알고리즘을 사용하여 LA에서 BOS까지의 경로를 탐색하며, 결과를 출력한다. 그림 15.44에서 볼 수 있는 것과 같이 BFS는 LA -> SF -> BOS의 경로를 탐색 결과로 제공하며, 이 경로는 LA에서 BOS까지 가장 작은 개수의 간선을 사용하여 도달할 수 있는 경로이다. 넓이우선탐색 알고리즘은 간선의 개수가 가장 작은 경로를 탐색하여 주며, 실제 각 간선의 가중치를 고려하지 않기 때문에 BFS로 선택된 경로가 누적 가중치가 가장 작은 최단거리 경로를 보장하지는 않는다.

Line 37~39에서는 Dijkstra 알고리즘을 사용하여 LA에서 BOS까지의 경로를 탐색하며, 경로와 함께 경로 비용을 함께 출력한다. 그림 15.44에서 볼 수 있는 것과 같이 Dijkstra 알고리즘은 LA->DLS->CHG->BOS의 경로를 탐색 결과로 제공한다. 이 경로는 BFS에 의하여 탐색된 경로보다는 간선의 개수가 많지만 실제 누적된 가중치의 값은 가장 작은 2904를 가지는 것을 알 수 있다.

```
initGraph() :: adding node (SF) into Graph
initGraph() :: adding node (LA) into Graph
initGraph() :: adding node (DLS) into Graph
initGraph() :: adding node (CHG) into Graph
initGraph() :: adding node (MIA) into Graph
initGraph() :: adding node (NY) into Graph
initGraph() :: adding node (BOS) into Graph
Nodes :  ['SF', 'LA', 'DLS', 'CHG', 'MIA', 'NY', 'BOS']
Edges :
  SF ->(337)->LA,    LA ->(337)->SF,    SF ->(1464)->DLS,    DLS->(1464)->SF,    SF ->(2704)->BOS,
  BOS->(2704)->SF,    SF ->(1846)->CHG,    CHG->(1846)->SF,    LA ->(1235)->DLS,    DLS->(1235)->LA,
  LA ->(2342)->MIA,    MIA->(2342)->LA,    DLS->(1121)->MIA,    MIA->(1121)->DLS,    DLS->(802)->CHG,
  CHG->(802)->DLS,    CHG->(740)->NY,    NY ->(740)->CHG,    CHG->(867)->BOS,    BOS->(867)->CHG,
  NY ->(1090)->MIA,    MIA->(1090)->NY,    NY ->(187)->BOS,    BOS->(187)->NY,    BOS->(1258)->MIA,
  MIA->(1258)->BOS,
Connectivity:
 AdjacencyList[SF] = ['LA', 'DLS', 'BOS', 'CHG']
 AdjacencyList[LA] = ['SF', 'DLS', 'MIA']
 AdjacencyList[DLS] = ['SF', 'LA', 'MIA', 'CHG']
 AdjacencyList[CHG] = ['SF', 'DLS', 'NY', 'BOS']
 AdjacencyList[MIA] = ['LA', 'DLS', 'NY', 'BOS']
 AdjacencyList[NY] = ['CHG', 'MIA', 'BOS']
 AdjacencyList[BOS] = ['SF', 'CHG', 'NY', 'MIA']

Trying DFS : (LA -> BOS)
Path (LA -> BOS) found by DFS : ['LA', 'SF', 'DLS', 'MIA', 'NY', 'CHG', 'BOS']

Trying BFS : (LA -> BOS)
Path (LA -> BOS) found by BFS : ['LA', 'SF', 'BOS']

Trying ShortestPath_Dijkstra : (LA -> BOS)
 Initial weight of edge (LA ->SF ) = 337:
 Initial weight of edge (LA ->LA ) = 0:
 Initial weight of edge (LA ->DLS) = 1235:
 Initial weight of edge (LA ->CHG) = 2147483647:
 Initial weight of edge (LA ->MIA) = 2342:
 Initial weight of edge (LA ->NY ) = 2147483647:
 Initial weight of edge (LA ->BOS) = 2147483647:
 prevNode :  {'SF': 'LA', 'LA': 'LA', 'DLS': 'LA', 'CHG': 'DLS', 'MIA': 'LA', 'NY': 'CHG', 'BOS': 'CHG'}
ShortestPath_Dijkstra (LA -> BOS): ['LA', 'DLS', 'CHG', 'BOS'], path_cost =2904
```

그림 15.44 그래프 자료구조 및 알고리즘 시험 프로그램 실행 결과

연습문제

15.1 다음 용어를 예를 들어 설명하라.

1) 자료구조
2) 알고리즘
3) 자료구조/알고리즘의 성능 측정 및 분석
4) 분할과 정복
5) 동적 프로그래밍 (동적 계획법)
6) 해시 (hash)
7) 그래프 자료구조
8) depth first search (DFS)
9) breadth first search (BFS)

10) Shortest Path
11) Minimum Spanning Tree

15.2 파이썬이 제공하는 기본 자료구조를 열거하고, 각 기본 자료구조의 특징과 응용 분야에 대하여 설명하라.

15.3 파이썬이 제공하는 기본 알고리즘을 열거하고, 각 기본 알고리즘의 특징과 응용 분야에 대하여 설명하라.

15.4 파이썬 time 모듈을 사용하여 함수의 실행 시간을 측정하는 방법에 대하여 예를 들어 설명하라.

15.5 분할 및 정복 기법을 사용하여 알고리즘을 구현하는 경우 성능이 향상되는 원리에 대하여 예를 들어 설명하라.

15.6 동적 프로그래밍 기법을 사용하여 알고리즘을 구현하는 경우 성능이 향상되는 원리에 대하여 예를 들어 설명하라.

15.7 힙우선순위큐에서 up-heap bubbling과 down-heap bubbling의 동작 절차에 대하여 설명하라.

15.8 해시테이블 (hash table)을 사용하여 문자열 자료형의 키 값에 대한 탐색 성능을 향상시킬 수 있는 원리에 대하여 설명하라.

15.9 출발지에서 목적지까지의 최단 거리 경로 찾기에서 많이 사용되는 네비게이션 기능은 어떤 자료구조를 사용하고, 어떤 알고리즘으로 구현할 수 있는지에 대하여 설명하라.

실습문제

실습 15.1 피보나치 수열은 $F_0 = 0$, $F_1 = 1$, $F_{n+2} = F_{n+1} + F_n$의 관계식을 가지며, 일반적으로 재귀함수 (recursive function) 구조로 구현된다. 그러나 40~100 번째의 피보나치 수열을 계산하기 위해서는 단순 재귀 함수 구조에서는 실행 시간이 매우 길어지므로 실행시간을 단축시킬 수 있도록 동적 계획법 (dynamic programming) 방법을 사용하여야 한다. 동적 프로그래밍 방법을 사용하는 피보나치 수열 계산 함수 dynFibo()를 파이썬으로 구현하라. 피보나치 수열 계산 함수를 호출하는 응용 프로그램에서는 쉽게 성능측정을 할 수 있도록 start, end, step을 입력받아 지정된 구간의 피보나치 수열을 출력하도록 하고(예: start = 1, end = 110, step = 5), 피보나치 수열 계산의 실행 시간을 milli-second (ms) 단위로 측정하여 출력하라.

(실행 결과 예시)

```
Calculation of Fibonacci Series in Dynamic Programming
Start, End, Step = 1 110 5
dynFibo(  1) =                          1, took    0.00 ms
dynFibo(  6) =                          8, took    0.00 ms
dynFibo( 11) =                         89, took    0.00 ms
dynFibo( 16) =                        987, took    0.00 ms
dynFibo( 21) =                      10946, took    0.00 ms
dynFibo( 26) =                     121393, took    0.00 ms
dynFibo( 31) =                    1346269, took    0.00 ms
dynFibo( 36) =                   14930352, took    0.00 ms
dynFibo( 41) =                  165580141, took    0.00 ms
dynFibo( 46) =                 1836311903, took    1.03 ms
dynFibo( 51) =                20365011074, took    0.00 ms
dynFibo( 56) =               225851433717, took    0.00 ms
dynFibo( 61) =              2504730781961, took    0.00 ms
dynFibo( 66) =             27777890035288, took    0.00 ms
dynFibo( 71) =            308061521170129, took    0.00 ms
dynFibo( 76) =           3416454622906707, took    0.00 ms
dynFibo( 81) =          37889062373143906, took    0.00 ms
dynFibo( 86) =         420196140727489673, took    0.00 ms
dynFibo( 91) =        4660046610375530309, took    0.00 ms
dynFibo( 96) =       51680708854858323072, took    0.00 ms
dynFibo(101) =      573147844013817084101, took    0.00 ms
dynFibo(106) =     6356306993006846248183, took    0.00 ms
```

실습 15.2 연(year), 월(month), 일(day)의 데이터 속성을 가지는 class Date를 구현하라. class Date의 생성자 (initiator), 데이터 멤버의 접근자 (accessor)와 변경자 (mutator)를 구현하라. 변경자에서는 데이터 속성의 값이 설정/변경될 때 정상적인 범위의 값으로 설정/변경되는지 확인하는 기능을 포함하도록 하고, 생성자 __init__() 함수에서는 각 데이터 속성의 변경자를 사용하여 초기값 설정을 하도록 하라.

(main() 함수 및 shell 입출력 예시)

```
def main():
    dates = [
        Date(2000, 9, 15),
        Date(2020, 2, 30),
        Date(2020, 6, 27),
        Date(1997, 2, 20),
        Date(2001, 5, 2),
        Date(2001, 5, 1),
        Date(1999, 3, 1)
        ]
    print("dates before sorting : ")
    printDates(dates)
    #
    sorted_dates = mergeSort(dates)
    print("\ndates after mergeSorting : ")
    printDates(sorted_dates)
```

```
*** Error in date setting (2020, 2, 30)
dates before sorting :
(2000- 9-15)
(2020- 2- 1)
(2020- 6-27)
(1997- 2-20)
(2001- 5- 2)
(2001- 5- 1)
(1999- 3- 1)

dates after mergeSorting :
(1997- 2-20)
(1999- 3- 1)
(2000- 9-15)
(2001- 5- 1)
(2001- 5- 2)
(2020- 2- 1)
(2020- 6-27)
```

class Date 객체에 대하여 print() 함수로 출력할 때 사용되는 문자열을 제공하기 위한 기능을 __str__() 함수로 구현하라. 아울러, class Date 객체의 비교에 사용되는 '<' (less than) 연산자의 연산자 오버로딩을 위한 __lt__() 함수를 구현하라.

class Date 객체의 리스트를 출력하기 위한 printDates() 함수를 구현하라. 주어진 리스트의 원소들을 정렬하기 위한 병합 정렬하기 위한 mergeSort() 함수를 구현하라. main() 함수에서는 아래 예시와 같이 class Date 객체의 리스트를 준비하라.

실습 15.3 아래 그림에서 나타낸 것과 같이 이벤트를 우선순위에 따라 처리하는 기능을 시험하기 위한 시뮬레이터를 구현하라. 이벤트 (event)는 구조체 또는 클래스로 구현되며, 정수 (integer) 자료형인 이벤트 일련번호와 이벤트 우선순위의 정보를 가진다.

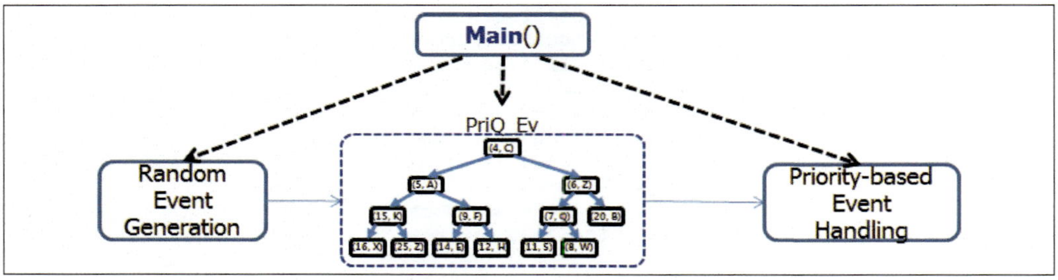

이벤트 생성 함수는 지정된 N개의 이벤트 (event_id = 0~999)를 생성하며, 각 이벤트의 우선순위 (event_priority)가 0~99의 값을 가지도록 난수 (random number)로 생성 하며, 생성된 이벤트를 이벤트를 저장할 수 있는 우선순위 큐 (priority queue)에 저장한다. 이벤트 처리 함수는 우선순위 큐에 저장되어 있는 이벤트 중 우선순위가 가장 높은 상위 M개를 추출하여 출력한다.
이벤트 생성 및 우선순위 큐 삽입 및 상위 우선순위 이벤트 추출까지 걸린 경과시간을 milli-second (ms) 단위로 측정하여 출력한다.
(실행 결과 예시)

```
Generated_event : (title(ev_0), priority(7))
Generated_event : (title(ev_1), priority(2))
Generated_event : (title(ev_2), priority(2))
Generated_event : (title(ev_3), priority(1))
Generated_event : (title(ev_4), priority(5))
Generated_event : (title(ev_5), priority(1))
Generated_event : (title(ev_6), priority(3))
Generated_event : (title(ev_7), priority(1))
Generated_event : (title(ev_8), priority(5))
Generated_event : (title(ev_9), priority(4))
after inserting 10 events, priQ_event :
priQ_event.get() :  (1, 'ev_3')
priQ_event.get() :  (1, 'ev_5')
priQ_event.get() :  (1, 'ev_7')
priQ_event.get() :  (2, 'ev_1')
priQ_event.get() :  (2, 'ev_2')
priQ_event.get() :  (3, 'ev_6')
priQ_event.get() :  (4, 'ev_9')
priQ_event.get() :  (5, 'ev_4')
priQ_event.get() :  (5, 'ev_8')
priQ_event.get() :  (7, 'ev_0')
```

실습 15.4 아래 그림과 같이 10개 이내의 주요 도시간의 연결 도로와 거리 정보를 그래프로 표현하고, 시작 (start) 도시 이름을 지정할 때 그 시작 도시를 기준으로 다른 모든 도시에 도달하는 최단 거리 경로를 찾아 출력하는 파이썬 프로그램 작성하라.

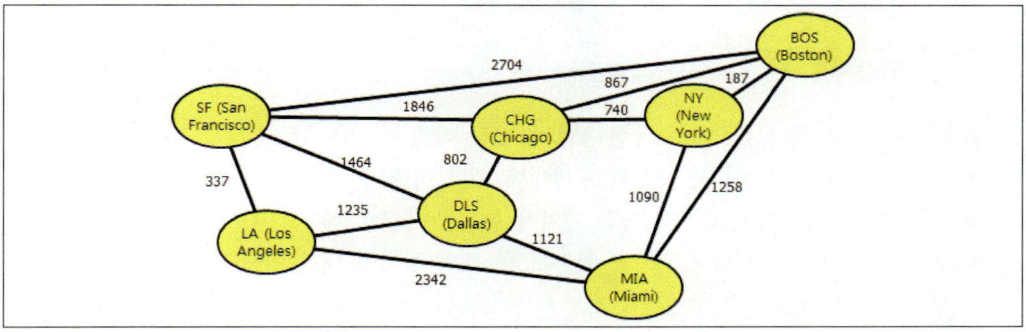

(실행 결과 예시)

```
initGraph() :: adding node (SF) into Graph
initGraph() :: adding node (LA) into Graph
initGraph() :: adding node (DLS) into Graph
initGraph() :: adding node (CHG) into Graph
initGraph() :: adding node (MIA) into Graph
initGraph() :: adding node (NY) into Graph
initGraph() :: adding node (BOS) into Graph
Nodes :  ['SF', 'LA', 'DLS', 'CHG', 'MIA', 'NY', 'BOS']
Edges :
  SF ->(337)->LA,   LA ->(337)->SF,   SF ->(1464)->DLS,   DLS->(1464)->SF,   SF ->(2704)->BOS,
  BOS->(2704)->SF,   SF ->(1846)->CHG,   CHG->(1846)->SF,   LA ->(1235)->DLS,   DLS->(1235)->LA,
  LA ->(2342)->MIA,   MIA->(2342)->LA,   DLS->(1121)->MIA,   MIA->(1121)->DLS,   DLS->(802)->CHG,
  CHG->(802)->DLS,   CHG->(740)->NY,   NY ->(740)->CHG,   CHG->(867)->BOS,   BOS->(867)->CHG,
  NY ->(1090)->MIA,   MIA->(1090)->NY,   NY ->(187)->BOS,   BOS->(187)->NY,   BOS->(1258)->MIA,
  MIA->(1258)->BOS,
Connectivity:
 AdjacencyList[SF] = ['LA', 'DLS', 'BOS', 'CHG']
 AdjacencyList[LA] = ['SF', 'DLS', 'MIA']
 AdjacencyList[DLS] = ['SF', 'LA', 'MIA', 'CHG']
 AdjacencyList[CHG] = ['SF', 'DLS', 'NY', 'BOS']
 AdjacencyList[MIA] = ['LA', 'DLS', 'NY', 'BOS']
 AdjacencyList[NY] = ['CHG', 'MIA', 'BOS']
 AdjacencyList[BOS] = ['SF', 'CHG', 'NY', 'MIA']

Trying DFS : (LA -> BOS)
Path (LA -> BOS) found by DFS : ['LA', 'SF', 'DLS', 'MIA', 'NY', 'CHG', 'BOS']

Trying BFS : (LA -> BOS)
Path (LA -> BOS) found by BFS : ['LA', 'SF', 'BOS']

Trying ShortestPath_Dijkstra : (LA -> BOS)
 Initial weight of edge (LA ->SF ) = 337:
 Initial weight of edge (LA ->LA ) = 0:
 Initial weight of edge (LA ->DLS) = 1235:
 Initial weight of edge (LA ->CHG) = 2147483647:
 Initial weight of edge (LA ->MIA) = 2342:
 Initial weight of edge (LA ->NY ) = 2147483647:
 Initial weight of edge (LA ->BOS) = 2147483647:
 prevNode :  {'SF': 'LA', 'LA': 'LA', 'DLS': 'LA', 'CHG': 'DLS', 'MIA': 'LA', 'NY': 'CHG', 'BOS': 'CHG'}
ShortestPath_Dijkstra (LA -> BOS): ['LA', 'DLS', 'CHG', 'BOS'], path_cost =2904
```

16장 사용자 정의 패키지/모듈과 C/C++ 확장 모듈

학습목표

- 사용자 정의 패키지와 모듈 구현 방법에 대한 이해
- 사용자 정의 패키지와 모듈의 배포 방법에 대한 이해
- 파이썬 프로그램의 C/C++ 확장 패키지 통합에 대한 이해
- Visual Studio에서의 C/C++ 확장 모듈 개발 방법에 대한 이해
- 파이썬 기반 알고리즘 구현과 C/C++ 확장 기반 알고리즘 구현의 성능 측정 및 비교

개요

16.1 사용자 정의 패키지와 모듈
16.2 사용자 정의 패키지의 배포
16.3 파이썬 프로그램의 C/C++ 확장 패키지 통합
16.4 Visual Studio에서의 C/C++ 확장 모듈 개발
16.5 파이썬 기반 컥정렬과 C/C++ 확장 기반 컥정렬의 성능 비교

16.1 사용자 정의 패키지와 모듈

16.1.1 site-packages 폴더

파이썬 프로그래밍 환경에서 추가 확장 패키지를 설치하면 파이썬 기본 설치 폴더 아래에 있는 site-package 폴더 ("~Python37-32/Lib/Site-packages")에 설치된다. 이 site-packages 디렉토리 및 하부 디렉토리에 포함된 파일들은 그림 16.1의 파이썬 프로그램을 사용하여 출력할 수 있다. 이 프로그램에서는 sys 및 os 모듈을 사용할 수 있도록 line 3~4에서 sys와 os모듈을 설치한다.

```
1 :  # Modules in Python37-32\Lib\site-packages
2 :
3 :  import sys
4 :  import os
5 :  site_pkgs_dir = r"C:\Users\Administrator\AppData\Local\Programs
   \Python\Python37-32\Lib\site-packages"
6 :  print("Files in {} : ".format(site_pkgs_dir))
7 :  for dirName, subDirList, fnames in os.walk(site_pkgs_dir):
8 :      for fname in fnames:
9 :          print(os.path.join(dirName, fname))
```

그림 16.1 파이썬 site-packages 디렉토리 및 하부 디렉토리의 파일 출력 예제

Line 5에서는 파이썬 프로그래밍 환경 설정에서 기본적으로 사용하는 site-packages 디렉토리의 경로를 site_pkgs_dir에 설정하며, line 7에서 os.walk() 함수를 사용하여

site_pkgs_dir 및 그 하부 디렉토리에 포함된 모든 디렉토리 이름, 서브 디렉토리 목록, 파일 이름을 받아온 후, line 8~9에서 os.path.join() 함수를 사용하여 파일 이름에 디렉토리 이름을 추가하고, 그 결과를 출력한다. site-packages 디렉토리 및 하부 디렉토리에 포함되어 있는 파일들의 출력 결과는 그림 16.2에서 보는 것과 같다.

```
Files in C:\Users\Administrator\AppData\Local\Programs\Python\Python37-32\Lib\site-packages :
C:\Users\Administrator\AppData\Local\Programs\Python\Python37-32\Lib\site-packages\cycler.py
C:\Users\Administrator\AppData\Local\Programs\Python\Python37-32\Lib\site-packages\easy_install.py
C:\Users\Administrator\AppData\Local\Programs\Python\Python37-32\Lib\site-packages\fact-1.0-py3.7.egg-info
C:\Users\Administrator\AppData\Local\Programs\Python\Python37-32\Lib\site-packages\kiwisolver.cp37-win32.pyd
C:\Users\Administrator\AppData\Local\Programs\Python\Python37-32\Lib\site-packages\matplotlib-3.1.1-py3.7-nspkg.pth
C:\Users\Administrator\AppData\Local\Programs\Python\Python37-32\Lib\site-packages\memory_profiler.py
C:\Users\Administrator\AppData\Local\Programs\Python\Python37-32\Lib\site-packages\mprof.py
C:\Users\Administrator\AppData\Local\Programs\Python\Python37-32\Lib\site-packages\myFact.py
C:\Users\Administrator\AppData\Local\Programs\Python\Python37-32\Lib\site-packages\myPackage-1.0-py3.7.egg-info
C:\Users\Administrator\AppData\Local\Programs\Python\Python37-32\Lib\site-packages\pefile.py
C:\Users\Administrator\AppData\Local\Programs\Python\Python37-32\Lib\site-packages\peutils.py
C:\Users\Administrator\AppData\Local\Programs\Python\Python37-32\Lib\site-packages\pylab.py
C:\Users\Administrator\AppData\Local\Programs\Python\Python37-32\Lib\site-packages\pyparsing.py
C:\Users\Administrator\AppData\Local\Programs\Python\Python37-32\Lib\site-packages\README.txt
C:\Users\Administrator\AppData\Local\Programs\Python\Python37-32\Lib\site-packages\six.py
C:\Users\Administrator\AppData\Local\Programs\Python\Python37-32\Lib\site-packages\virtualenv.py
C:\Users\Administrator\AppData\Local\Programs\Python\Python37-32\Lib\site-packages\altgraph\Dot.py
C:\Users\Administrator\AppData\Local\Programs\Python\Python37-32\Lib\site-packages\altgraph\Graph.py
C:\Users\Administrator\AppData\Local\Programs\Python\Python37-32\Lib\site-packages\altgraph\GraphAlgo.py
C:\Users\Administrator\AppData\Local\Programs\Python\Python37-32\Lib\site-packages\altgraph\GraphStat.py
C:\Users\Administrator\AppData\Local\Programs\Python\Python37-32\Lib\site-packages\altgraph\GraphUtil.py
C:\Users\Administrator\AppData\Local\Programs\Python\Python37-32\Lib\site-packages\altgraph\ObjectGraph.py
C:\Users\Administrator\AppData\Local\Programs\Python\Python37-32\Lib\site-packages\altgraph\__init__.py
```

그림 16.2 site-packages 디렉토리 및 하부 디렉토리의 파일들을 출력한 결과 (첫 부분 일부)

파이썬 프로그래밍 환경이 기본적으로 제공하는 패키지 및 모듈 이외에 사용자가 직접 구현하고 준비한 파이썬 프로그램 모듈들을 사용자 정의 패키지와 모듈로 구성하여 사용할 수 있으면 이미 개발되어 있는 사용자 정의 파이썬 모듈들을 파이썬 기본 패키지 및 모듈처럼 import 시켜 매우 편리하게 사용할 수 있게 된다.

16.1.2 사용자 정의 패키지 및 모듈의 준비

(1) 사용자 정의 패키지 폴더 준비

사용자 정의 패키지를 추가하고, 이를 파이썬 프로그램에서 import 시켜 사용하는 예제를 만들어 보자. 먼저 C:/ 폴더 아래에 MyPyPackage 폴더를 만든 후, 그 아래에 myAlgorithms 폴더를 만든다. 그림 16.3은 MyPyPackage와 myAlgorithms 폴더가 계층적으로 만들어진 모습을 보여준다.

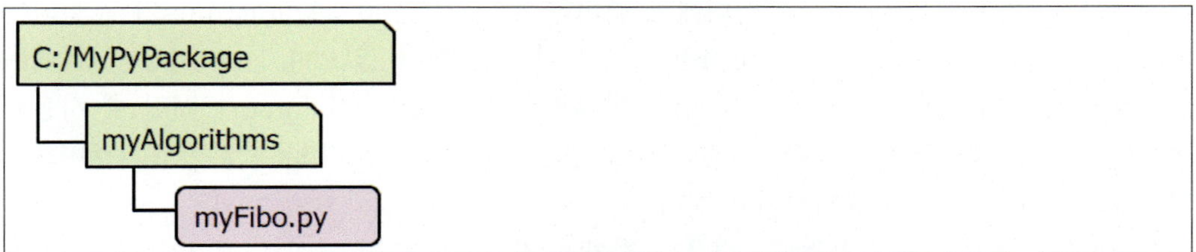

그림 16.3 사용자 정의 패키지와 모듈 구성을 위한 폴더 구조

(2) 사용자 정의 모듈 준비

다음으로 myAlgorithms 폴더에 myFibo.py 파이썬 프로그램을 그림 16.4와 같이 작성하여 추가한다. 이 피보나치 수열 계산 프로그램은 성능 향상을 위하여 동적 계획법 (dynamic programming) 구조에서 memo 기능을 사용하도록 구성되어 있으며, 이러한 기능을 고려하여 함수 이름을 dynFibo()로 설정하였다.

```
# C:/MyPyPackage/myAlgorithms/myFibo.py

memo = dict()
def dynFibo(n):
    if n in memo:
        return memo[n]
    elif n <= 1:
        memo[n] = n
        return n
    else:
        fibo_n = dynFibo(n-1) + dynFibo(n-2)
        memo[n] = fibo_n
        return fibo_n
```

그림 16.4 myFibo.py

(3) 사용자 정의 모듈의 초기화 프로그램 (__init__.py) 준비

다음으로 myAlgorithms 폴더에 설치되어 있는 모듈들을 사용할 수 있도록 MyPyPackage 설치에서 함께 수행하게 하는 초기화 프로그램 (__init__.py)을 그림 16.5와 같이 준비한다. 이 초기화 프로그램은 myAlgorithms 폴더에 포함되어 있는 모듈들을 차례로 추가할 수 있게 하며, "from myAlgorithms import *" 명령이 수행될 때 포함되어야 하는 모듈들을 그림 16.5 line 2의 리스트로 열거하며, line 4에서 이들을 차례로 포함시킨다. Line 2와 line 4에서 열거되는 모듈의 이름은 파이썬 프로그램 파일명과 동일하여야 한다.

```
1 :  # C:/MyPyPackage/myAlgorithms/__init__.py
2 :  __all__ = ['myFibo']
3 :  print("C:/MyPyPackage/myAlgorithms/__init__.py --> importing myFibo")
4 :  from . import myFibo
```

그림 16.5 myFibo 모듈 import를 위한 __init__.py 초기화 프로그램

(4) 사용자 정의 패키지의 초기화를 위한 __init__.py 프로그램 준비

지금까지 C:/MyPyPackage 폴더에서 준비한 패키지에는 myAlgorithms가 포함되어 있고, 그 myAlgorithms에는 myFibo 모듈이 포함되어 있으며, myFibo 모듈에는 dynFibo 함수가 포함되어 있는 상태이다. 이렇게 준비된 패키지를 import 시킬 때 사용되는 초기화 기능을 위하여 그림 16.6에서 보는 __init__.py 초기화 프로그램을 준비하여 MyPyPackage 폴더에 포함시켜야 한다.

이 패키지 초기화 프로그램에는 사용자 정의 패키지에 포함되는 서브 패키지들을 열거하며, 이들이 import될 때 추가적으로 실행되어야 하는 사항들이 포함될 수 있다. 즉, 하나의 패키지에는 다수의 서브 패키지가 포함될 수 있고, 각 패키지에는 파일 단위로 구현되어 있는 모듈들이 포함되어 있게 된다.

다수의 서브 패키지와 모듈들이 포함되어 있는 패키지를 파이썬 프로그램이 설치할 때 그 패키지에서 정의되어 있는 __init__.py 초기화 프로그램이 실행되면서 서브 패키지들을 차례로 import 시켜준다.

```
#C:/MyPyPackage/__init__.py
__all__ = ['myAlgorithms']
print("C:/MyPyPackage/__init__.py -> importing myAlgorithms")
from . import myAlgorithms
```

그림 16.6 myPackage의 초기화를 위한 __init__.py 프로그램 준비

(5) 사용자 정의 패키지 (myPyPackage)의 import

사용자 정의 패키지로 준비된 myPyPackage에 포함되어 있는 myAlgorithms 서브 패키지의 MyFibo 모듈을 파이썬 프로그램에 포함시키고, 이 MyFibo 모듈의 mrFibo() 함수를 사용하는 응용 프로그램의 예제를 그림 16.7에서 보여준다. 사용자 정의 패키지를 포함시키기 위해서는 우선 그 패키지가 저장되어 있는 경로를 sys.path.append() 함수를 사용하여 등록하며, 이후 import myPyPackage 명령을 사용하여 사용자 지정 패키지를 포함시킬 수 있다. 다음으로는 myPyPackage에 포함되어 있는 서브 패키지 myAlgorithms를 포함시키야 하며, 이 서브 패키지에 포함되어 있는 myFibo 모듈을 포함시켜야 한다.

패키지, 서브 패키지를 차례로 포함시킬 때 myPyPackage 폴더와 myAlgorithms 폴더에는 __pycache__ 폴더가 자동적으로 생성되며, 이 폴더 내에 해당 패키지 및 서브 패키지의 파이썬 프로그램들이 바이트 코드로 컴파일되어 저장된다.

```
 1: # Testing my package
 2:
 3: import os
 4: import sys
 5: myPackage_dir = 'C:'
 6: sys.path.append(myPackage_dir)
 7:
 8: import MyPyPackage
 9: from MyPyPackage import myAlgorithms
10: from MyAlgorithms import *
11:
12: dynFibo = myAlgorithms.myFibo.dynFibo
13:
14: for n in range(10, 20):
15:     f_n = dynFibo(n)
16:     print("myFibo({:3d}) : {:8d}".format(n, f_n))
```

그림 16.7 사용자 정의 패키지와 서브 패키지 및 모듈의 사용 프로그램 예

일반적으로 서브 패키지와 모듈의 이름들이 긴 경우 파이썬 프로그램에서 그대로 사용하기에는 불편하며, 그림 16.7 line 12에서 보는 것과 같이 패키지 및 모듈 이름과 함수 이름을 좀 더 짧은 이름으로 재 정의하여 사용하는 것이 편리하다. 예를 들어 서브 패키지 myAlgorithms에 포함된 myFibo 모듈의 dynFibo() 함수를 dynFibo로 재정의하여 line 15에서와 같이 사용하는 것이 프로그램 소스코드 작성에서 간편하기 때문에 더욱 편리하게 사용할 수 있다.

그림 16.8은 사용자 정의 패키지와 모듈을 사용하는 그림 16.7 파이썬 프로그램의 실행

결과를 보여준다. 이 실행 결과의 첫 부분에서는 그림 16.7 line 8에서 사용자 정의 패키지인 MyPyPackage가 import될 때 MyPyPackage 디렉토리에 있는 __init__.py 프로그램이 실행되면서 myAlgorithms 서브 패키지를 import 시키고, myAlgorithms 디렉토리에 있는 __init__.py 프로그램이 실행되면서 myFibo 모듈을 import 시키는 것을 알 수 있다.

```
C:/MyPyPackage/__init__.py -> importing myFibonacci, myArray, mySorting
myFibo::__init__.py --> importing myFibo
myArray::__init__.py() executed ..
  --> importing myArray module
mySorting::__init__.py() executed ..
  --> importing module selectionSort, quickSort, mergeSort
myFibo( 10) :      55
myFibo( 11) :      89
myFibo( 12) :     144
myFibo( 13) :     233
myFibo( 14) :     377
myFibo( 15) :     610
myFibo( 16) :     987
myFibo( 17) :    1597
myFibo( 18) :    2584
myFibo( 19) :    4181
```

그림 16.8 사용자 정의 패키지와 서브 패키지 및 모듈의 사용 프로그램의 실행 결과

현재까지 완성된 MyPyPackage의 전체 디렉토리 구조는 그림 16.9에서 보는 것과 같다. 사용자 지정 패키지 폴더와 각 서브 폴더에는 __init__.py가 포함되어 있어야 하며, 사용자 응용 프로그램에서 패키지와 모듈을 import할 때 __pycache__ 폴더가 자동적으로 생성되어 컴파일 된 실행코드를 포함하고 있게 된다. 이 실행코드는 각 패키지나 모듈이 import될 때 마다 다시 생성되는 것은 아니며, 처음 import될 때 한 번 생성되고, 이 후 해당 파이썬 프로그램 소스코드가 변경되면 다시 생성된다.

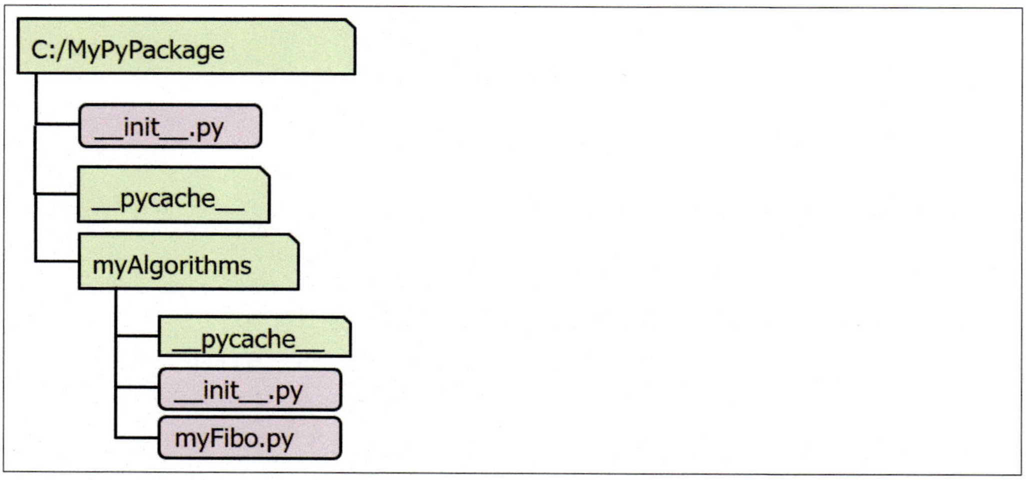

그림 16.9 사용자 응용 프로그램에서 import가 실행된 후의 폴더 계층적 구조

그림 16.9에서 MyPyPackage 패키지 내부에 추가적인 서브 패키지들을 추가할 수 있으며, 각 서브 패키지 내부에 모듈을 추가할 수 있다.

16.1.3 사용자 정의 패키지 및 모듈의 확장

이 절에서는 앞서 생성한 사용자 정의 패키지와 모듈을 확장하는 방법에 대하여 설명한다. 즉, 이미 구성되어 있는 사용자 정의 패키지에 서브 패키지를 추가하는 방법에 대하여 살펴보고, 이미 구성되어 있는 패키지에 모듈을 추가하는 절차에 대하여 상세히 살펴본다.

(1) myArray 서브 패키지 추가 – genRandArray(), shuffleArray(), printArray(), printArraySample()

C:/MyPyPackage에 저장된 사용자 정의 패키지에 myAlgorithms 서브 패키지를 구성하고, myFibo 모듈을 포함된 상태에서 추가적으로 사용자 정의 서브 패키지와 모듈들을 구성하는 예를 살펴보기로 하자.

먼저 MyPyPackage 사용자 정의 패키지에 2개의 서브 패키지 myArray와 mySorting을 추가하기 위하여 서브 디렉토리를 생성하고, myArray 폴더에 그림 16.10에서 보여주는 MyArray.py를 포함하며, 그림 16.11의 __init__.py 초기화 프로그램을 포함하도록 한다. 다음으로 mySorting 서브 디렉토리에는 그림 16.12의 MySorting.py 파일을 포함하며, 그림 16.13의 __init__.py 초기화 프로그램을 포함하도록 한다.

```
#C:/MyPyPackage/myArray/MyArray.py
from array import *
import random

def genRandArray(arr, size):
    for x in range(0, size):
        arr.append(x)
    random.shuffle(arr)

def shuffleArray(arr):
    #size = len(arr)
    random.shuffle(arr)

def printArray(arr, per_line=10):
    count = 0
    size = len(arr)
    while count < size:
        s = "{0:>7},".format(arr[count])
        count += 1
        i = 1
        while (i < per_line) and (count < size):
            s += "{0:>7},".format(arr[count])
            count += 1
            i += 1
        print(s)
```

그림 16.10 MyArray.py (part 1)

그림 16.11은 파이썬 프로그램에서 많이 사용되는 배열 관련 함수들을 사용자 정의 패키지 내에 myArray 서브 패키지로 포함시키며, myArray 서브 패키지 내에 MyArray 모듈로 포함되도록 구성한다. MyArray 모듈 내에는 그림 16.10에서 구현하고 있는

genRandArray(), shuffleArray(), printArray(), printArraySample() 등이 포함된다. 이 함수들은 모두 이전의 예제 프로그램들에서 사용해 본 적이 있는 배열 관련 함수들이며, 사용자 정의 패키지로 구성하여 다양한 응용 프로그램 작성에서 편리하게 사용하도록 구성하는 것이다.

```

def printArraySample(arr, per_line = 10, sample_lines = 3):
    count = 0
    size = len(arr)
    for i in range(0, sample_lines):
        s = ""
        for j in range(0, per_line):
            if count > size:
                break
            s += "{0:>7} ".format(arr[count])
            count += 1
        print(s)
        if count >= size:
            break
    if count < size:
        print('. . . . . .')
        if count < (size - per_line * sample_lines):
            count = size - per_line * sample_lines
        for i in range(0, sample_lines):
            s = ""
            for j in range(0, per_line):
                if count >= size:
                    break
                s += "{0:>7} ".format(arr[count])
                count += 1
            print(s)
            if count >= size:
                break
```

그림 16.10 MyArray.py (part 2)

```
1 :  #C:/MyPyPackage/myArray/__init__.py
2 :  #__init__.py
3 :  __all__ = ['MyArray']
4 :  print("myArray::__init__.py() executed ..")
5 :  print("  --> importing myArray module ")
6 :  from . import MyArray
```

그림 16.11 myArray 폴더에 포함되는 __init__.py

그림 11.16은 myArray 디렉토리에 포함되어 myArray 서브 패키지가 import 될 때 실행하는 초기화 작업을 포함하는 __init__.py 파이썬 소스 코드이다. Line 3에서 myArray 서브 패키지에 포함되는 모듈이 MyArray인 것을 __all__ 속성에 설정하며, line 6에서 MyArray 모듈을 설치하도록 한다.

(2) mySorting 서브 패키지 추가 – selectionSort(), quickSort()

그림 16.12는 MyPyPackage 패키지 내의 myAlgorithms 서브 패키지에 포함된

MySort 모듈을 구현하며, 내부에 selectionSort()와 quickSort() 함수를 포함하고 있다. Line 4~11은 선택정렬 알고리즘을 selectionSort() 함수로 구현하고 있다. 선택정렬 알고리즘은 15.1절에서 설명한 바가 있으며, 2중 for-loop으로 구성되어 있다. Line 5의 외부 for-loop에서는 0~size-1까지 차례대로 남아 있는 정렬 구간의 기준 시작 위치를 지정하며, line 6~9의 내부 for-loop에서 i~size-1까지의 정렬 대상 구간에서 가장 작은 원소를 찾는다. 만약 정렬 대상 구간에서 찾은 가장 작은 원소의 위치 min이 i가 아니라면 arr[i]와 arr[min]의 자리를 서로 교환하게 하여 오름차순으로 정렬될 수 있도록 한다.

```
 1 : #C:/MyPyPackage/myAlgorithms/MySort.py
 2 : from array import *
 3 :
 4 : def selectionSort(arr, size):
 5 :     for i in range(0, size-1):
 6 :         min = i
 7 :         for j in range(i+1, size):
 8 :             if (arr[min] > arr[j]):
 9 :                 min = j
10 :         if (min != i):
11 :             arr[i], arr[min] = arr[min], arr[i]
12 :
```

그림 16.12 MySort.py (part 1) - selectionSort()

Line 13~45에서는 퀵정렬을 구현한다. 퀵정렬 (quick sorting)은 15.2절에서 설명하였던 내용이며, 분할 및 정복 방식으로 정렬 대상 구간을 나누어 분할 처리함으로써 정렬에 걸리는 시간을 줄이는 구조를 가진다. Line 13~23에서는 분할 기능을 구현하는 _partition(arr, left, right, pivot) 함수이다.

```
13 : def _partition(arr, left, right, pvi):
14 :     pv = arr[pvi]
15 :     arr[pvi], arr[right] = arr[right], arr[pvi]
16 :     new_pvi = i = left
17 :     while (i <= right-1):
18 :         if (arr[i] <= pv):
19 :             arr[i], arr[new_pvi] = arr[new_pvi], arr[i]
20 :             new_pvi += 1
21 :         i += 1
22 :     arr[new_pvi], arr[right] = arr[right], arr[new_pvi]
23 :     return new_pvi
24 :
```

그림 16.12 MySort.py (part 2) - _partition()

_parition(arr, left, right, pivot) 함수 호출에는 정렬 대상 배열 arr과 정렬 대상 구간을 나타내는 left와 right, 분할 기준값 위치를 지정하는 pvi (pivot_index)가 인수로 전달된다. Line 14에서는 분할 기준값인 arr[pvi]을 pv에 저장하고, line 15에서 피봇 원소값 arr[pvi]을 정렬 대상 구간의 맨 오른쪽 원소인 arr[right]와 서로 교환하여 대피시켜 둔다. Line 16에서는 new_pvi와 i를 left로 설정하여 정렬 대상 구간의 가장 왼쪽부터 정리하도록 한다. Line 17~21의 while-loop에서는 인덱스 i가 left~right-1 구간에 대하여

반복 실행하며, 인덱스 i위치의 원소값이 피봇값보다 같거나 작으면 arr[i]와 arr[new_pvi]를 서로 교환하고 new_pvi에 1을 더한다. Line 21에서 인덱스 i에 1을 더하며 i가 right-1보다 같거나 작을 때 까지 반복수행 한다. Line 17~21의 while-loop이 수행되면서 left~new_pvi 위치의 원소들은 피봇 값보다 같거나 작은 원소들로 구성되며, new_pvi+1~right-1 위치의 원소들은 피봇 값 (pv)보다 큰 원소들로 나누어진다. 인덱스 i가 right에 도달하면 while-loop을 벗어나며, line 22에서 arr[new_pvi]와 arr[right]의 원소를 서로 교환한다. 이 절차를 완료하면 left~new_pvi 원소들은 모두 피봇 값보다 같거나 작은 값들로 구성되며, new_pvi+1~right 위치의 원소들은 모두 피봇 값보다 큰 원소들로 구성되어 분할이 완료된다. Line 23에서는 새롭게 분할 정리된 상태에서 피봇 값의 위치인 new_pvi를 반환한다.

```
25 : def _quickSort(arr, left, right):
26 :     #print("quickSort", left, right)
27 :     if (left >= right):
28 :         return
29 :     pi = (left + right)//2 # select pivot index
30 :     new_pi = _partition(arr, left, right, pi)
31 :     #print("after partition : ", left, right, new_pi)
32 :     if (left < new_pi -1):
33 :         _quickSort(arr, left, new_pi-1)
34 :     if (new_pi + 1 < right):
35 :         _quickSort(arr, new_pi+1, right)
36 :
37 : def quickSort(arr):
38 :     size = len(arr)
39 :     _quickSort(arr, 0, size-1)
```

그림 16.12 MySort.py (part 3) - quickSort()

Line 25~35에서는 퀵정렬의 재귀함수 구조를 _quikSort() 함수로 구현한다. _quickSort(arr, left, right) 함수 호출에서 arr은 정렬대상 배열이며, 정렬대상 구간을 left 및 right 인덱스로 지정한다. Line 29에서 left와 right의 중간 위치를 pi (pivot index)로 설정한다. Line 30에서 _partition(arr, left, right, pi) 함수 호출을 통하여 pi 위치의 피봇 원소를 기준으로 피봇 원소보다 같거나 작은 그룹, 피봇 원소, 피봇 원소보다 큰 그룹으로 분할하며, 새롭게 조정된 피봇 원소 위치를 new_pi로 전달받는다.

Line 32~33에서는 만약 left~new_pi-1 구간에 정렬 대상이 남아 있으면 이 구간에 대한 퀵정렬을 수행하기 위하여 _quickSort(arr, left, new_pi-1) 함수 호출을 한다. Line 34~35에서는 만약 new_pi+1~right 구간에 정렬 대상이 남아 있으면 이 구간에 대한 퀵정렬을 수행하도록 _quickSort(arr, new_pi+1, right) 함수 호출을 한다.

Line 37~39에서는 퀵정렬을 위한 외부로부터의 인터페이스로서 quickSort() 함수를 구현하며, 정렬 대상 배열의 크기 size를 찾아 _quickSort(arr, 0, size-1) 함수 호출을 통하여 퀵정렬이 수행되도록 한다.

그림 16.13은 MyPyPackage 패키지에 포함된 mySorting 서브패키지의 MySort 모듈을 위한 __init__.py 초기화 프로그램 모듈을 보여준다. mySorting 서브 패키지의

MySort 모듈에는 selectionSort와 quickSort 함수가 포함되어 있으며, line 3에서 이 두 함수를 __all__에 포함시키고, line 6에서 selectionSort와 quickSort를 차례로 import 시키게 한다.

```
1 :  #C:/MyPackage/myAlgorithms/__init__.py
2 :  #__init__.py
3 :  __all__ = ['selectionSort', 'quickSort']
4 :  print("myAlgorithms::__init__.py() executed ..")
5 :  print("  --> importing module selectionSort, quickSort")
6 :  from . import selectionSort, quickSort
```

그림 16.13 mySort 폴더에 포함되는 __init__.py

(3) myArray와 mySorting 서브 패키지 활용 프로그램

그림 16.14는 myPyPackage에 추가된 myAlgorithms와 myArray 서브 패키지의 모듈들을 사용하는 프로그램 예제를 보여준다. 이 파이썬 응용 프로그램에서는 사용자 정의 패키지가 설치되어 있는 경로를 sys.path.append() 함수를 사용하여 추가한 후 myPyPackage에 포함된 서브 패키지들을 "from MyPyPackage import myArray, myAlgorithms" 명령을 사용하여 추가시킨다.

추가된 서브 패키지들은 사용하기에 편리하도록 짧은 이름으로 설정하여 사용하도록 하며, 주어진 배열에 난수를 발생시키기 위한 genRandArray() 함수와 배열을 출력시키기 위한 printArray(), 정렬하기 위한 selectionSort() 함수와 quickSort() 함수를 각각 사용하고, 그 결과를 출력한다.

```
# Testing myPyPackage with myArray, myAlgorithms

import os
import sys
MyPyPackage_dir = 'C:/'
sys.path.append(MyPyPackage_dir)

#import myPyPackage
from MyPyPackage import myArray, myAlgorithms

myArr = myArray.MyArray
selectionSort = myAlgorithms.selectionSort
quickSort = myAlgorithms.quickSort
from array import * # importing built-in array module
SIZE = 50
A = array('i')
myArr.genRandArray(A, SIZE)
print("Array A :")
myArr.printArray(A)
```

그림 16.14 myArray와 mySort 서브 패키지의 활용 예제 프로그램 (part 1)

그림 16.15는 myArray와 myAlgorithms 서브 패키지 활용 프로그램의 실행 결과를 보여주며, 중복되지 않는 정수들의 난수 배열 생성, 선택정렬 및 퀵정렬이 정상적으로 수행되

는 것을 확인할 수 있다.

```
selectionSort.selectionSort(A, SIZE)
print("After Selection Sorting, A :")
myArr.printArray(A)

myArr.shuffleArray(A)
print("After Shuffling, A :")
myArr.printArray(A)

quickSort.quickSort(A)
print("After QuickSorting, A :")
myArr.printArray(A)
```

그림 16.14 myArray와 mySort 서브 패키지의 활용 예제 프로그램 (part 2)

```
C:/MyPyPackage/__init__.py -> importing myFibonacci, myArray, mySorting
myFibo::__init__.py --> importing myFibo
myArray::__init__.py() executed ..
  --> importing myArray module
mySorting::__init__.py() executed ..
  --> importing module selectionSort, quickSort, mergeSort
Array A :
     27,      49,      14,      30,      17,      24,      44,      11,      26,      10,
     36,       7,      37,      23,      39,      22,      34,      45,      48,      29,
     18,      25,       5,      16,      13,       2,       8,      35,      12,       1,
     41,       3,      28,       4,      33,      20,       6,      38,      19,      31,
     15,       0,      43,      21,      42,      46,      47,      40,      32,       9,
After Selection Sorting, A :
      0,       1,       2,       3,       4,       5,       6,       7,       8,       9,
     10,      11,      12,      13,      14,      15,      16,      17,      18,      19,
     20,      21,      22,      23,      24,      25,      26,      27,      28,      29,
     30,      31,      32,      33,      34,      35,      36,      37,      38,      39,
     40,      41,      42,      43,      44,      45,      46,      47,      48,      49,
After Shuffling, A :
     39,      28,      16,       4,      44,      15,      11,      26,      36,      46,
     37,       7,      19,      49,      27,      38,       0,      30,      45,       1,
     48,      31,      18,      34,      42,      17,      33,      24,      12,       3,
     13,      47,       9,       6,      41,       2,      25,      14,      10,      32,
      8,      35,      40,      20,      22,      43,      21,      29,      23,       5,
After QuickSorting, A :
      0,       1,       2,       3,       4,       5,       6,       7,       8,       9,
     10,      11,      12,      13,      14,      15,      16,      17,      18,      19,
     20,      21,      22,      23,      24,      25,      26,      27,      28,      29,
     30,      31,      32,      33,      34,      35,      36,      37,      38,      39,
     40,      41,      42,      43,      44,      45,      46,      47,      48,      49,
```

그림 16.15 myArray와 myAlgorithms 서브 패키지의 활용 예제 프로그램의 실행 결과

16.2 사용자 정의 패키지의 배포

16.2.1 pyinstaller

16.1절에서는 파이썬 프로그램 개발자가 스스로 만든 사용자 정의 패키지를 자신의 컴퓨터에 설치하여 사용하는 예를 보았다. 만약 이렇게 개발된 사용자 정의 패키지를 오픈 소스 프로그램으로 배포하여 다른 사용자들이 쉽게 설치하여 사용할 수 있도록 만들기 위해서는 사용자 정의 패키지/모듈을 배포용 파일로 생성하여 제공하여야 한다.

사용자 정의 패키지에 포함된 파이썬 프로그램 소스코드는 .py 확장자를 가진 스크립트 파일이며, 이 파일을 실행시킬 때에는 반드시 프로그램 실행 환경에서 그 소스코드 실행에 필요한 올바른 파이썬 버전이 설치되어 있어야 한다. 파이썬 프로그램을 윈도우즈 환경에서 사용할 수 있는 실행 파일 (.exe)을 생성하여 배포하기 위해서는 pyinstaller를 사용하여야 한다. 그림 16.16은 pyinstaller를 pip 명령을 사용하여 설치하는 예를 보여준다.

```
C:₩Users₩Administrator>python -m pip install --upgrade pip
Collecting pip
  Downloading https://files.pythonhosted.org/packages/8d/07/f7d7ced2f97ca3098c16565efbe6b15fafcba53e8d9bdb431e09140514b0/pip-19.2.2-py2.py3-none-any.whl (1.4MB)
     |████████████████████████████████| 1.4MB 243kB/s
Installing collected packages: pip
  Found existing installation: pip 19.2.1
    Uninstalling pip-19.2.1:
      Successfully uninstalled pip-19.2.1
Successfully installed pip-19.2.2

C:₩Users₩Administrator>pip install pyinstaller
Requirement already satisfied: pyinstaller in c:₩users₩administrator₩appdata₩local₩programs₩python₩python37-32₩lib₩site-packages (3.5)
Requirement already satisfied: altgraph in c:₩users₩administrator₩appdata₩local₩programs₩python₩python37-32₩lib₩site-packages (from pyinstaller) (0.16.1)
Requirement already satisfied: setuptools in c:₩users₩administrator₩appdata₩local₩programs₩python₩python37-32₩lib₩site-packages (from pyinstaller) (40.6.2)
Requirement already satisfied: pywin32-ctypes>=0.2.0 in c:₩users₩administrator₩appdata₩local₩programs₩python₩python37-32₩lib₩site-packages (from pyinstaller) (0.2.0)
Requirement already satisfied: pefile>=2017.8.1 in c:₩users₩administrator₩appdata₩local₩programs₩python₩python37-32₩lib₩site-packages (from pyinstaller) (2019.4.18)
Requirement already satisfied: future in c:₩users₩administrator₩appdata₩local₩programs₩python₩python37-32₩lib₩site-packages (from pefile>=2017.8.1->pyinstaller) (0.17.1)

C:₩Users₩Administrator>
```

그림 16.16 pyinstaller 설치

16.2.2 setup file

사용자 정의 파이썬 패키지의 배포판 파일 생성을 위해서는 그림 16.17에서 보는 것과 같은 setup 파일을 준비하여야 한다.

```
# C:/MyPyLib/setupMyPyLib.py
#   used to distribute MyPyLib

from distutils.core import setup
setup(name='YTK-PyLib',
        version='1.0',
        description='Distribution Utilities',
        author='YT Kim',
        author_email='ytk@abc.ac.kr',
        url='https://www.python.org',
        py_modules=['myArray', 'myAlgorithms'],
        )
```

그림 16.17 배포용 파일 생성을 위한 setup file

그림 16.17의 setup 파일에는 사용자 정의 패키지의 이름, 버전, 간단한 설명인 description, 저자 (author), 저자 연락처 E-mail 주소, 관련 정보를 찾아 볼 수 있는 홈페이지 URL 주소, 이 패키지에 포함되어 있는 모듈 이름들에 대한 정보를 제공한다.

```
>>> import os
>>> os.chdir('C:/MyPyLib')
>>> os.system('python setupMyPyLib.py sdist')
0
>>> os.system('python setupMyPyLib.py install')
0
>>> os.system('python setupMyPyLib.py bdist')
0
>>> os.system('python setupMyPyLib.py bdist_wininst')
0
>>>
```

그림 16.18 사용자 정의 패키지의 배포용 파일 생성

16.2.3 배포용 파일 생성

사용자 정의 패키지의 배포용 파일 생성은 그림 16.18에서 보는 것과 같은 절차에 따라 파이썬 실행 shell에서 sdist, install, bdist, bdist_wininst 명령을 수행한다. 이 명령 수행에서 그림 16.17의 setup 파일을 사용하게 된다.

그림 16.19는 그림 16.18에서 설명한 절차에 따라 사용자 정의 패키지의 배포용 파일을 생성한 결과를 보여준다. C:/MyPyLib 디렉토리 내에는 build와 dist 서브 디렉토리가 추가로 생성되어 있는 것을 확인할 수 있다. dist 디렉토리는 배포용 파일들이 포함되어 있는 디렉토리이며, build 디렉토리는 bdist에 의하여 생성된다.

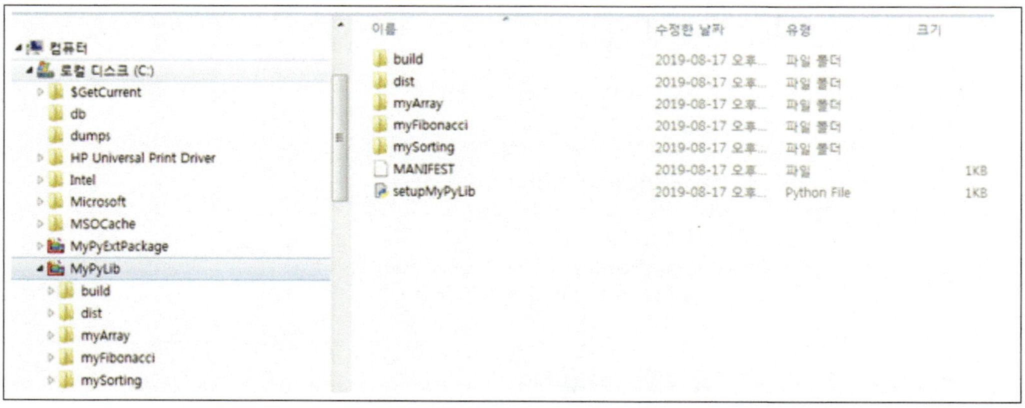

그림 16.19 사용자 정의 패키지의 배포용 파일 생성 결과

그림 16.20은 dist 디렉토리 내부의 구성을 보여준다. dist 디렉토리에는 사용자 정의 패키지를 배포용으로 생성한 압축된 파일들이 포함되어 있으며, 이 압축 파일에는 다수의 서브 디렉토리를 거쳐 site-packages 디렉토리에 도달하는 계층적 디렉토리 구조를 확인할 수 있다.

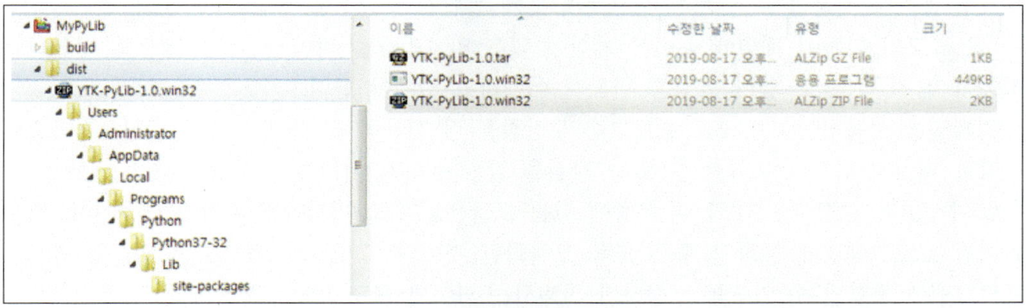

그림 16.20 사용자 정의 패키지의 배포용 파일 생성 결과 (2) - dist 디렉토리 내용

16.3 파이썬 프로그램의 C/C++ 확장 패키지 통합

16.3.1 파이썬 프로그램을 기반으로 한 모듈 통합

파이썬 프로그래밍이 가지는 가장 큰 장점은 C, C++, Java 등의 다양한 프로그래밍언어로 구현되어 있는 모듈들을 파이썬 프로그래밍 환경에서 쉽게 통합할 수 있다는 것이다. 파이썬 프로그래밍 환경에서는 다양한 GUI 패키지/모듈 함수, NumPy/SciPy의 과학 기술 계산 함수, Matplotlib의 고품질 그래프 출력 기능, OpenCV 패키지의 영상처리, TensorFlow 패키지의 인공지능, R패키지의 빅데이터 처리 기능 등을 활용할 수 있게 한다.

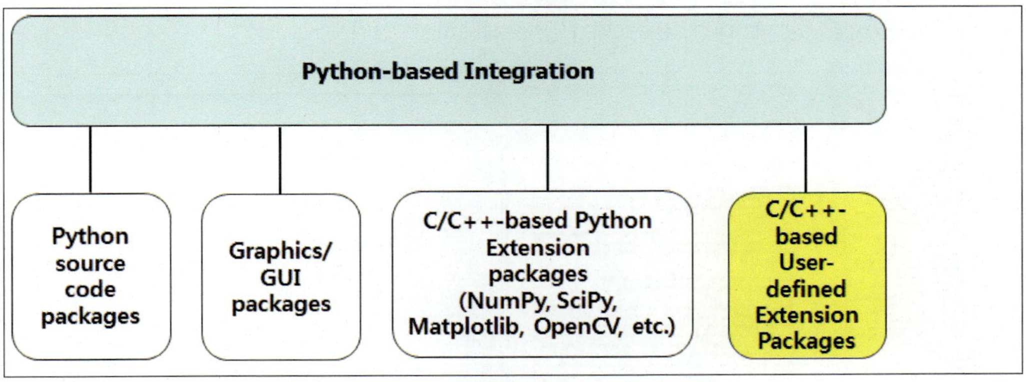

그림 16.21 파이썬 프로그램을 기반으로 한 모듈 통합

그림 16.21은 파이썬 프로그램을 기반으로 한 다양한 모듈 통합 개념을 보여준다. 파이썬 기본 패키지는 C/C++로 구현되어 있으며, tkinter GUI 모듈들도 C++로 구현되어 있다, 또한 NumPy와 SciPy 확장 패키지의 다양한 수학 및 과학 기술 분야 함수들도 C/C++ 로 구현되어 있다. 파이썬 프로그래밍의 환경에서 대부분의 기본 모듈들이 C/C++로 구현되어 있는 것은 프로그램 실행에서의 성능을 고려하여 실행 단계에서 프로그램 소스코드를 한 줄 한 줄 번역 (interpretation)하면서 실행하여야 하는 부담을 줄이기 위한 것이다.

파이썬 프로그래밍에서는 다만 복잡한 C/C++ 문법에 따라 함수/모듈들을 호출하여 전체 기능을 구현하지 않고 사용자가 좀 더 쉽게 구성할 수 있도록 단순화된 문법의 스크립트 프로그램 소스를 사용할 수 있도록 함으로써 쉽게 통합 프로그램을 구성할 수 있게 한다. 그러나 큰 규모의 다차원 배열에서 반복 계산이 많은 알고리즘을 파이썬 프로그램으로 구현하면 성능이 매우 나쁠 수 있다는 점을 반드시 이해하고 있어야 한다.

컴파일을 사용하는 C/C++ 프로그램의 장점을 잘 활용하며, 파이썬 프로그램을 기반으로 다양한 패키지/모듈의 통합할 수 있는 장점을 잘 활용하기 위하여 그림 16.21의 구조를 활용할 수 있다. 그림 16.21의 맨 우측에 있는 모듈은 C/C++ 기반의 패키지/모듈이며, 이를 파이썬 프로그래밍에 포함될 수 있도록 모듈화한 것이다. C/C++ 프로그램 모듈을 파이썬 프로그램에 통합될 수 있도록 구성하기 위해서는 파이썬 프로그래밍 환경에 import 시킬 수 있는 정보를 제공하여야 하며, 함수의 호출과 결과값 반환에서 파이썬 프로그래밍의 모듈간 접속 표준을 따를 수 있도록 구현하여야 한다.

16.3.2 C/C++ 기반의 파이썬 확장

(1) 파이썬의 C/C++ 확장

수학, 과학 및 기술 분야의 다양한 응용 문제 해결에서 우수한 알고리즘 성능을 요구하기 때문에 컴파일러를 사용하여 실행코드를 미리 생성하여 주는 C/C++ 프로그램 모듈을 파이썬에서 사용할 수 있도록 구성하는 방법으로 구현하게 된다. 또한 하드웨어 제어 기능이 함께 구현되어야 하는 임베디드 시스템의 프로그래밍에서도 C/C++ 프로그램 모듈을 파이썬 프로그램에 통합하여 사용하도록 하는 방법을 많이 활용한다.

파이썬의 C/C++ 모듈 확장에 대해서는 파이썬 공식 문서 (https://docs.python.org/3/extending/extending.html)에서 설명하고 있으며, Python/C API (application program interface)에 대한 표준 매뉴얼도 제공하고 있다.

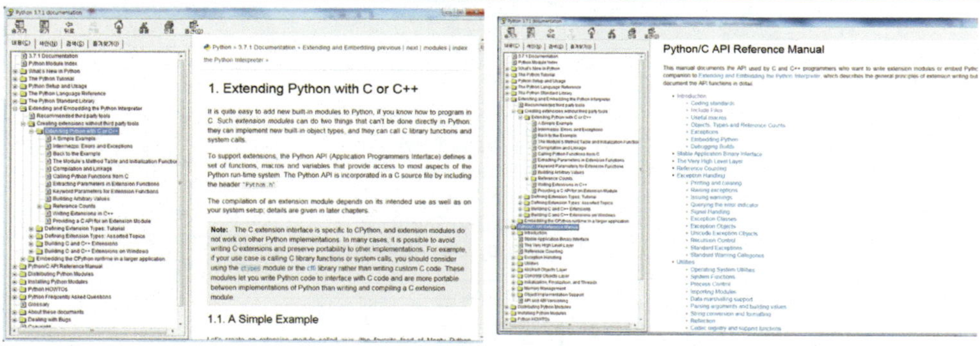

(a) Extending Python with C or C++

(b) Python/C API Reference Manual

그림 16.22 파이썬의 C/C++ 확장에 관련된 파이썬 공식 문서 (https://docs.python.org/3/extending/extending.html)

(2) 파이썬 환경에서 실행될 수 있는 C/C++ 확장 모듈 준비

C/C++ 프로그램 모듈이 파이썬 환경에서 실행될 수 있게 하기 위해서는 그림 16.23에서 설명하는 단계에 따라 준비하여야 한다. 먼저 파이썬 환경에서 실행하게 될 C/C++함수

를 line 2~9에서 보여주는 구조로 구현한다. 파이썬 환경에서 확장모듈로 사용하게 될 C/C++ 함수는 객체지향형 개념으로 구성되어야 하며, PyObject를 상속받아 생성되는 구조를 가져야 하고, 함수호출에서 전달받는 인수도 PyObject의 포인터로 전달되어야 하며, 반환되는 결과값도 PyObject의 포인터 자료형이며 static으로 선언되어야 한다.

다음으로 PyMethodDef 구조체 배열을 준비하여야 한다. 그림 16.23 line 12~18에서 볼 수 있는 것과 같이 PyMethodDef 구조체는 {파이썬에서 메소드로 사용될 이름, 해당 C/C++ 함수, 함수의 형식, 관련 문서}를 내부 항목으로 구성한다. 메소드 이름은 파이썬 환경에서 해당 함수를 호출할 때 사용하게 될 함수 이름을 정의하며, 해당 C/C++ 함수 이름에 연결된다. 함수의 형식은 C/C++ 확장함수 호출에서 인수전달이 어떻게 구성되어 있는지 나타낸다. METH_NOAGRS는 해당 메소드 호출에서 별도의 인수 전달이 없는 경우를 의미하여, METH_VARARGS는 해당 메소드 호출에서 가변 인수가 전달된다는 것을 의미한다. 메소드 관련 문서는 해당 함수에 대하여 간단하게 설명하는 내용이 포함된다. PyMethodDef 구조체 배열의 마지막 항목은 센티널로서 {NULL, NULL, 0, NULL}로 표시되어 있어야 한다.

```
 1 :  /* 확장용 C/C++ 함수 구현 */
 2 :  static PyObject* PyCppExt_Func1(PyObject* self, PyObject* args)
 3 :  {
 4 :
 5 :  }
 6 :  static PyObject* PyCppExt_Func2(PyObject* self, PyObject* args)
 7 :  {
 8 :
 9 :  }
10 :
11 :  /* PyMethodDef 구조체의 메소드 목록 준비*/
12 :  static PyMethodDef extMethods[] =
13 :  {
14 :     /* pyMethodName, C/C++ function, functionType, Docs */
15 :     {"method_1", PyCppExt_Func1, METH_NOARGS, "method_1 doc"},
16 :     {"method_2", PyCppExt_Func2, METH_VARARGS, "method_2 doc"},
17 :     {NULL, NULL, 0, NULL}
18 :  };
19 :
20 :  /* PyModuleDef 구조체의 파이썬 모듈 정의 */
21 :  static struct PyModuleDef extModule =
22 :  {
23 :     PyModuleDef_HEAD_INIT,
24 :     "PyCppExt", # name of module
25 :     "extension module for array sorting", # module description
26 :     -1, # -1 the module state is global
27 :     extMethods
28 :  };
29 :
30 :
```

그림 16.23 파이썬 환경에서 실행될 수 있는 C/C++ 확장 모듈 준비 (part 1)

```
31 :  /* 파이썬 모듈의 생성 및 초기화 함수 준비 */
32 :  PyMODINIT_FUNC PyInit_CppExt(void)
33 :  {
34 :     PyObject *m;
35 :     PyCppExt = PyModule_Create(&extModule);
36 :     if (PyCppExt == NULL)
37 :        return NULL;
38 :     CppExt_Error = PyErr_NewException("PyCppExt.error", NULL, NULL);
39 :     Py_INCREF(CppExt_Error);
40 :     PyModule_AddObject(PyCppExtMod,"PyCppExt_Exception",
           CppExt_Error);
41 :     return PyCppExt;
42 :  }
```

그림 16.23 파이썬 환경에서 실행될 수 있는 C/C++ 확장 모듈 준비 (part 1)

다음 단계는 line 21~28과 같이 PyModuleDef 구조체 변수를 준비하여야 하며, 첫 번째 항목으로 PyModuleDef_HEAD_ INIT을 포함하며, 파이썬 환경에서 사용하게 될 모듈 이름, 모듈을 간단하게 설명하는 문자열, 모듈의 상태 (−1은 global을 의미), 그리고 위 단계에서 준비한 PyMethodDef 구조체 배열이 포함된다.

마지막 준비로 C/C++ 확장 모듈이 파이썬 환경에서 실행될 수 있도록 파이썬 객체로 생성하는 PyInit_CppExt() 함수를 준비하여야 한다. 이 함수의 이름은 line 31에서 보는 것과 같이 PyInit_에 파이썬 모듈 이름이 결합된 형식을 가지며, line 21~28에서 구현하였던 PyModuleDef 구조체 변수인 파이썬 모듈 정보를 인수로 사용하는 PyModule_Create() 함수를 사용하여 파이썬 객체 cppExtMod을 생성한다. 생성된 파이썬 객체 cppExtMod는 PyModule_AddObject() 함수를 사용해서 추가하여 파이썬 프로그램 환경에서 사용할 수 있도록 하고, 이를 반환하여 준다.

(3) 파이썬 프로그램에서 C/C++ 확장 모듈의 메소드에 전달한 인수의 파싱 및 사용

그림 16.23에서 설명한 절차에 따라 구현된 C/C++ 확장모듈의 메소드를 구현하는 파이썬 확장용 C/C++ 함수는, 파이썬 프로그램에서 호출하여 지정된 기능을 수행하게 된다. 이 확장용 C/C++ 함수를 호출할 때 전달되는 인수는 일반적인 C/C++ 함수 호출에서의 인수 전달과는 다르게, 파이썬 객체 (PyObject)의 주소로 전달되며, C/C++ 함수 내부에서 PyArg_ParseTuple() 함수를 사용하여 인수들을 추출하여야 한다.

PyArg_ParseTuple() 함수 원형은 그림 16.24 line 6에서 보는 것과 같은 "int PyArg_ParseTuple(PyObject *args, char *format, ...);" 기본 형식을 가진다. args는 C/C++ 확장 모듈의 메소드 구현 함수를 호출할 때 전달되는 인수를 의미하며, 파이썬 객체인 args를 의미한다. 문자열로 설정되는 format은 args에 포함된 인수들이 어떤 자료형인가를 지정하고, 표 16.1의 형식 지정 문자들이 사용되며, 인수 자료형을 열거한 문자열로 정의된다.

그림 16.24 line 6~11에서는 다양한 PyArg_ParseTuple() 함수 사용 예제를 보여준다. Line 7의 경우 인수 형식 지정 문자열이 NULL 문자열로 설정되어 전달되는 인수가 없다는 것을 의미한다. 이러한 C/C++ 확장 함수는 PyMethodDef 구조체의 메소드 목록

에서 함수의 형식을 METH_NOARGS로 설정한 경우에 해당한다. Line 8의 경우 인수 형식 지정 문자열이 "s"로 설정되어 문자열 자료형의 인수가 전달된다는 것을 의미하며, 파이썬 프로그램에서 func("string argument") 형식으로 호출한 경우에 대응한다.

Line 9의 경우 인수 형식 지정 문자열이 "lls"로 설정되어 2개의 long 자료형 인수와 하나의 문자열 인수가 전달되는 것을 의미한다. 이는 파이썬 프로그램에서 func(1, 2, "third argument") 형식으로 호출한 경우에 대응한다. Line 10에서는 인수 형식 지정 문자열이 "(ii)s#"으로 설정되어 있으며, 이는 2개의 정수형 인수, 1개의 문자열 인수와 그 문자열이 저장된 버퍼의 크기가 제공되는 것을 의미한다.

Line 11의 PyArg_ParseTuple() 함수 호출에서는 인수 형식 지정 문자열이 "OO"로 설정되어 있으며 이는 2개의 파이썬 객체가 인수로 전달되는 경우에 사용된다. 예를 들어 파이썬 프로그램에서 2개의 2차원 배열을 인수로 전달하는 경우, 이 방법으로 인수들을 추출할 수 있다.

```
 1 : int ok, i, j, size;
 2 : long k, l;
 3 : char *s;
 4 : PyArrayObject *pyMa, *pyMb;
 5 :
 6 : /* int PyArg_ParseTuple(PyObject *arg, char *format, ...);  */
 7 : ok = PyArg_ParseTuple(args, ""); /* No arguments */ /* Python call: f() */
 8 : ok = PyArg_ParseTuple(args, "s", &s); /* A string */ /* Possible Python call:
     f('string argument!') */
 9 : ok = PyArg_ParseTuple(args, "lls", &k, &l, &s); /* Two longs and a string */
     /* Possible Python call: f(1, 2, 'third argument') */
10 : ok = PyArg_ParseTuple(args, "(ii)s#", &i, &j, &s, &size); /* A pair of ints and
     a string, whose buffer size is also provided */  /* Possible Python call: f((1,
     2), 'three') */
11 : ok = PyArg_ParseTuple(args, "OO", &pyMa, &pyMb); /* */
```

그림 16.24 PyArg_ParseTuple() 함수의 사용 형식 예제

표 16.1은 PyArg_ParseTuple() 함수 호출에 사용되는 인수 형식 지정에 사용되는 문자 및 문자열을 설명한다.

표 16.1 PyArg_ParseTuple() 함수의 인수 형식 지정 문자 및 문자열

포맷 문자열	설명
"s"	(string or Unicode object) [char *]
"s#"	(string, Unicode or any read buffer compatible object) [char *, int]
"z"	(string or None) [char *]
"z#"	(string or None or any read buffer compatible object) [char *, int]
"u"	(Unicode object) [Py_UNICODE *]
"u#"	(Unicode object) [Py_UNICODE *, int]

포맷 문자열	설명
"es"	(string, Unicode object or character buffer compatible object) [const char *encoding, char **buffer]
"es#"	(string, Unicode object or character buffer compatible object) [const char *encoding, char **buffer, int *buffer_length]
"b"	(integer) [char]
"h"	(integer) [short int]
"i"	(integer) [int]
"l"	(integer) [long int]
"c"	(string of length 1) [char]
"f"	(float) [float]
"d"	(float) [double]
"D"	(complex) [Py_complex]
"O"	(object) [PyObject *]
"O!"	(object) [*typeobject*, PyObject *]
"O&"	(object) [*converter*, *anything*]
"S"	(string) [PyStringObject *]
"U"	(Unicode string) [PyUnicodeObject *]
"t#"	(read-only character buffer) [char *, int]
"w"	(read-write character buffer) [char *]
"w#"	(read-write character buffer) [char *, int]
"(items)"	(tuple) [matching-items]
"|"	파이썬 함수 호출에서 전달되는 인수의 나머지 부분은 선택항목
":"	포맷 지정 문자열의 끝을 표시
";"	포맷 지정 문자열의 끝을 표시

(4) C/C++ 확장 함수에서 실행 결과의 반환 객체 생성

C/C++ 확장함수의 실행결과를 파이썬 프로그램으로 반환하기 위해서는 먼저 Py_BuildValue(), PyArray_simpleNewFromData() 등의 함수를 사용하여 파이썬 객체를 생성하고, 이 파이썬 객체를 반환하여야 한다. 그림 16.25는 C/C++ 확장 함수의 실

행 결과를 반환하기 위한 파이썬 객체 생성 예를 보여준다.

Line 1~8에서 구현된 extFuncA() 예제 함수에서는 line 5에서 Py_BuildValue() 함수를 사용하여 파이썬 객체를 생성하고 있으며, 생성되는 파이썬 객체의 자료형 지정 문자열을 "s"로 설정하여 문자열 파이썬 객체가 생성되는 것을 지정하고 있다. PyObject 자료형으로 생성된 pyObj는 Py_BuildValue() 함수 호출에서 전달된 문자열을 포함하는 파이썬 객체이며, line 6~7에서 Py_INCREF() 함수를 사용하여 pyObj 객체의 참조 개수를 증가시킨 후 이를 파이썬 프로그램으로 반환한다.

Py_BuildValue() 함수에 표 16.2의 형식 지정 문자열을 사용하여 문자열 이외에도 유니코드 문자열, 문자 (char), short, int, long, float, double 등의 다양한 종류의 파이썬 객체를 생성할 수 있다.

Line 10~17에서 설명하는 extFuncB() 함수에서는 파이썬 배열 객체를 PyArray_SimpleNewFromData() 함수를 사용하여 생성하며, 이를 반환하는 예를 보여준다.

```
 1 :  static PyObject* extFuncA(PyObject *self, PyObject *args)
 2 :  {
 3 :      PyObject *pyObj = NULL;
 4 :      . . . .
 5 :      pyObj = Py_BuildValue("s", "Usage : myArray.square1DintArr(mA)");
 6 :      Py_INCREF(pyObj);  // increment the reference count
 7 :      return pyObj;
 8 :  }
 9 :
10 :  static PyObject* extFuncB(PyObject *self, PyObject *args)
11 :  {
12 :      PyArrayObject *pyArrayObj = NULL;
13 :      . . . .
14 :      pyArrayObj = PyArray_SimpleNewFromData(nd, dims, NPY_FLOAT64,
            mD);
15 :      Py_INCREF(pyArrayObj);  // increment the reference count
16 :      return pyArrayObj;
17 :  }
```

그림 16.25 C/C++ 확장 함수의 실행 결과를 반환하기 위한 파이썬 객체 생성 예

표 16.2는 Py_BuildValue() 함수에서 사용되는 형식 지정 문자열을 설명한다. 형식지정 문자열은 생성되는 파이썬 객체의 자료형을 설정하며, 대표적인 자료형으로 문자열 (s), 문자열 또는 None (z), 유니코드 문자열 (u), 정수 (i), 문자 (b), short 정수 (h), long 정수 (l), double형 실수 (d), float형 실수 (f), 파이썬 객체 (O)가 있다. 문자열과 유니코드 문자열을 설정하는 s와 u 다음에 #가 설정한 형식 지정 문자열은 해당 문자열이 저장된 버퍼의 크기를 함께 설정한 파이썬 객체를 생성할 때 사용한다.

표 16.2 Py_BuildValue() 함수에서 사용되는 형식 지정 문자열

형식 지정 문자열	설명
"s" (string) [char *]	Py_BuildValue("s", "myArray methods: add, sub, mul, array, square");

형식 지정 문자열	설명
"s#" (string) [char *, int]	문자열 및 문자열이 저장된 버퍼의 길이 지정
"z" (string or None) [char *]	문자열 또는 None
"u" (Unicode string) [Py_UNICODE *]	유니코드 문자열
"u#" (Unicode string) [Py_UNICODE *, int]	유니코드 문자열 및 문자열이 저장된 버퍼의 길이 지정
"i" (integer) [int]	정수 (integer)
"b" (integer) [char]	문자 (바이트)
"h" (integer) [short int]	short 정수
"l" (integer) [long int]	long 정수
"d" (float) [double]	double 실수
"f" (float) [float]	float 실수
"O" (object) [PyObject *]	PyArrayObject *pyMa; pyMa = PyArray_SimpleNewFromData(nd, dims, NPY_FLOAT64, mA); Py_BuildValue("O", pyMa);

(5) Py_INCREF() 함수를 사용한 생성 파이썬 객체의 참조 개수 증가

C/C++ 확장 모듈에서 실행 결과를 프로그램으로 전달하기 위하여 파이썬 객체를 생성한 후 반환하기 직전에 반드시 수행하여야 하는 것이, Py_INCREF() 함수를 사용하여 해당 파이썬 객체의 참조 개수를 증가시켜 0보다 큰 값으로 설정하는 것이다. 파이썬 프로그램 환경에서는 garbage collection 기능을 사용하여 사용되지 않는 (즉, 참조되지 않는) 파이썬 객체들을 주기적으로 삭제하는 기능을 사용하여 메모리 허비를 방지하는데, 반환 데이터를 포함하고 있는 파이썬 객체의 참조 개수가 0인 경우 삭제 대상이 되어 반환 기능이 제대로 수행되지 못할 경우가 있다. 따라서 반환 데이터의 파이썬 객체의 참조 개수를 0보다 큰 값으로 설정하여 정상적으로 반환 데이터가 C/C++ 확장 프로그램 모듈로부터 파이썬 프로그램으로 전달되도록 하기 위하여 반드시 Py_INCREF() 함수를 수행하여야 한다.

16.4 C/C++ 기반 사용자 정의 확장 패키지/모듈의 구현

C/C++ 기반 파이썬 확장 패키지/모듈을 구현하는 방법으로 Microsoft Windows 운영체제 환경에서 Visual Studio를 사용하여 개발하거나, Linux 운영체제 환경에서 GNU C/C++ 컴파일러를 사용하여 개발할 수 있다.

16.4.1 Visual Studio에서의 C/C++ 확장 모듈 개발

(1) Visual Studio 2017에서의 파이썬 확장 프로젝트 생성

Visual Studio 2017에서 C/C++ 파이썬 확장 모듈을 생성하기 위해서는, 우선 Visual Studio에서 C/C++ 프로젝트를 생성하고 프로젝트 환경을 파이썬 확장 모듈 개발에 필요한 항목들로 설정하여야 한다.

그림 16.26은 Visual Studio 2017을 기준으로 작성하였으며, Visual Studio의 버전에 따라 메뉴 구성을 조금 달라질 수 있다는 점을 미리 밝혀 둔다. Visual Studio에서의 첫 번째 단계는 그림 16.26 (a)와 같이 빈 프로젝트를 생성하고, (b)와 같이 DLL (동적 연결 라이브러리)로 생성되게 설정한다.

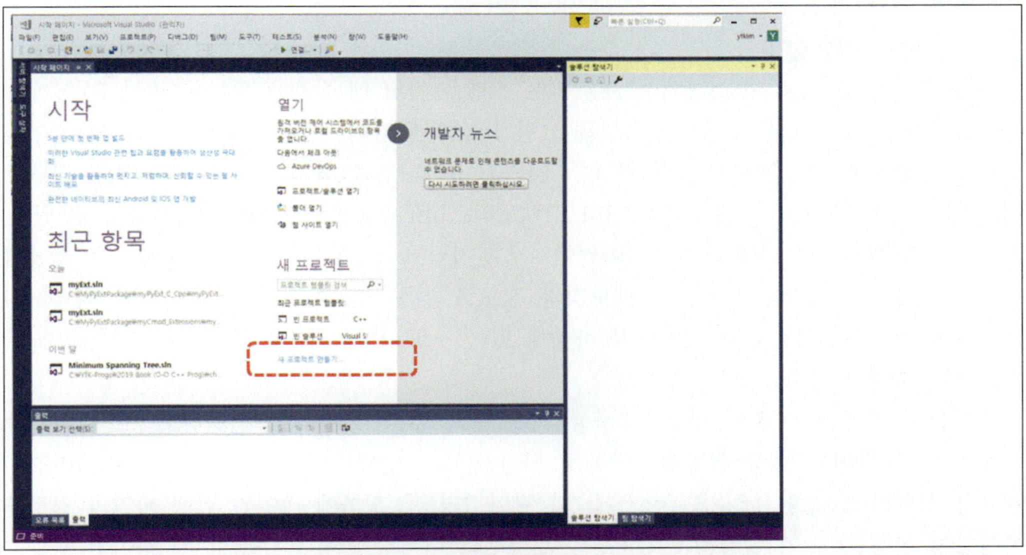

그림 16.26 Visual Studio 2017에서의 파이썬 확장 프로젝트 생성 (part 1) - 빈 프로젝트 생성

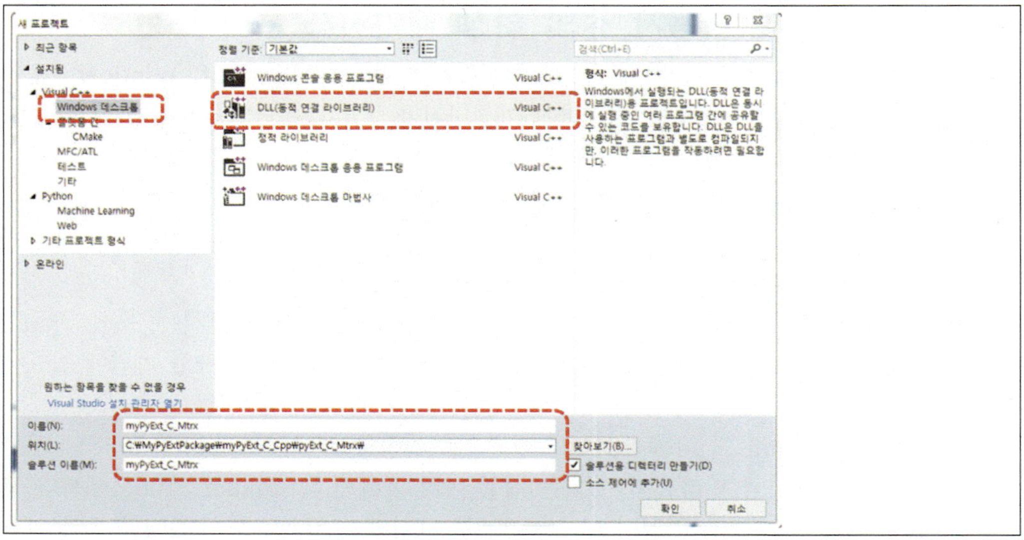

그림 16.26 Visual Studio 2017에서의 파이썬 확장 프로젝트 생성 (part 2) - DLL (동적연결 라이브러리)로 생성

(2) 프로젝트 속성 설정

다음 절차로 Visual Studio의 "프로젝트" 탭을 열고 맨 아래에 있는 "속성(P)" 메뉴를 클릭하여 C/C++ 프로젝트의 속성을 그림 16.27과 같이 설정하여야 한다. 먼저 "구성 속성" 항목에 있는 "VC++ 디렉토리" 항목을 선택하면 그림 16.27과 같은 포함 디렉토리 (include directory)와 라이브러리 디렉토리 (library directory)를 설정할 수 있다. 포함 디렉토리 항목은 파이썬이 설치되어 있는 디렉토리를 찾아서 "~/Python37-32/include" 디렉토리의 경로로 설정하여야 한다. 라이브러리 디렉토리도 파이썬이 설치되어 있는 디렉토리 하부에 있는 ~/Python37-32/libs" 디렉토리의 경로로 설정하여야 한다.

다음으로 프로젝트 속성 탭의 "구성 속성 -> 일반" 항목을 선택하고 그림 16.28 (part 1)와 같이 "대상 확장명" 항목을 ".pyd" 로 설정하며, "구성속성 -> 디버깅" 메뉴를 선택하고, 그림 16.28 (part 2)와 같이 "명령" 항목에 파이썬 실행 파일의 경로를 복사하여 설정한다. 이 설정은 C/C++ 프로그램의 디버깅 명령을 수행할 때 파이썬 프로그램으로 실행될 수 있게 설정하는 것이다.

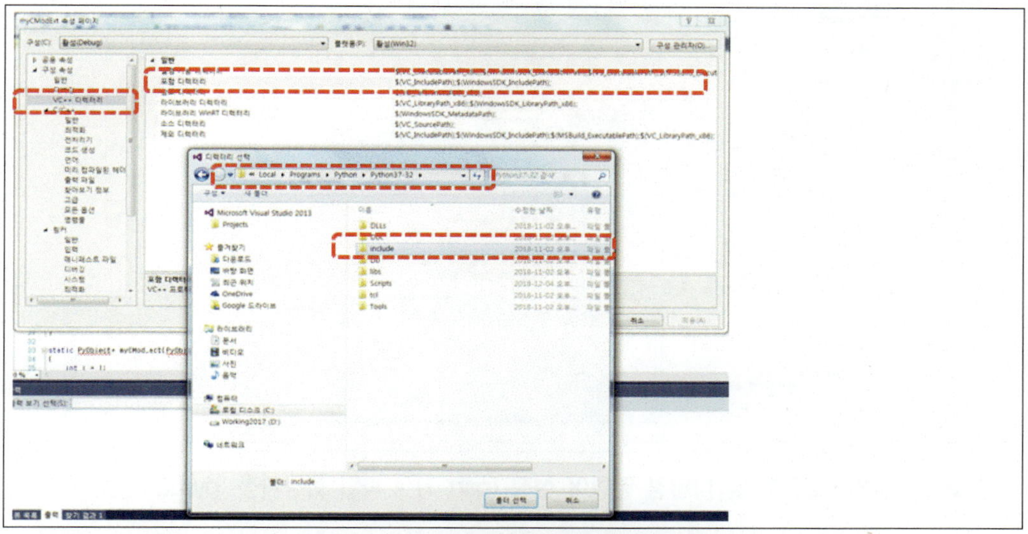

그림 16.27 프로젝트 속성 설정 (part 1) - 포함 디렉토리 (include directory)에 파이썬 include 디렉토리 포함

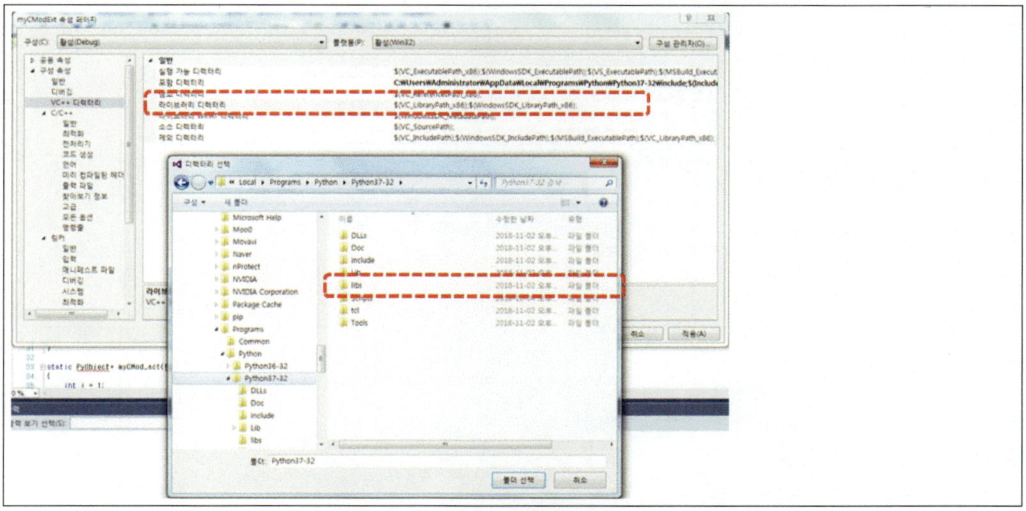

그림 16.27 프로젝트 속성 설정 (part 2) - 라이브러리 디렉토리에 파이썬 라이브러리 디렉토리를 포함

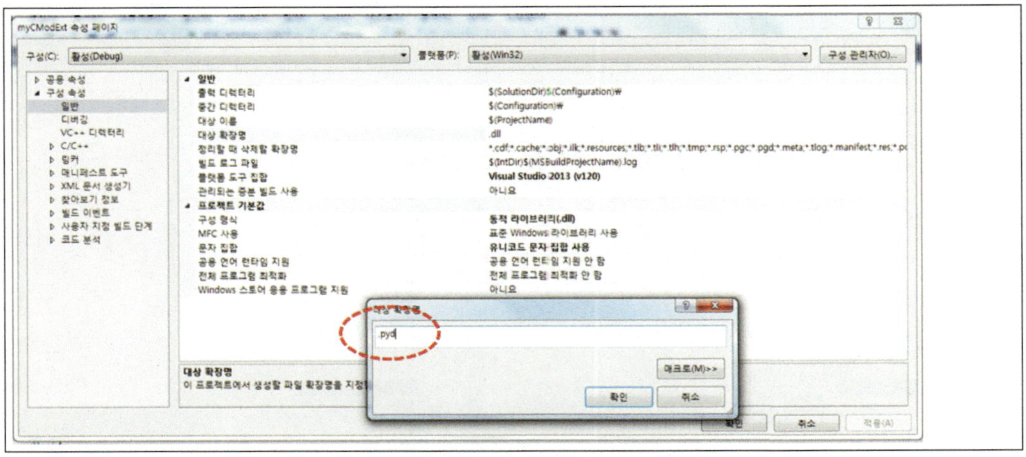

그림 16.28 파일 확장자 및 디버깅 명령어 설정 (part 1) - 파일 확장자를 .pyd로 설정

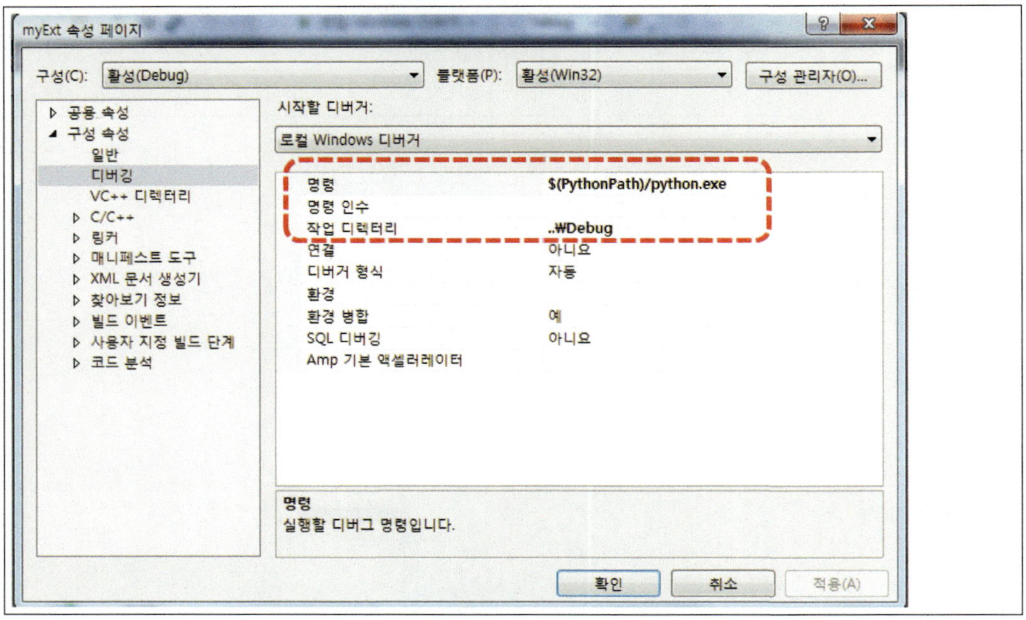

그림 16.28 파일 확장자 및 디버깅 명령어 설정 (part 2) - 디버깅 명령어를 python.exe로 설정

프로젝트의 속성들을 파이썬 확장 모듈 개발에 필요한 항목들로 정확하게 설정이 완료되면 그림 16.29 (part 1)에서 보는 것과 같이 컴파일 결과로 .pyd 실행 파일이 생성되는 것을 확인할 수 있으며, 그림 16.29 (part 2)에서 보는 것과 같이 개발 중인 프로젝트의 debug 디렉토리에서 확장 패키지가 파이썬 프로그램으로 생성되어 있는 것을 확인할 수 있다.

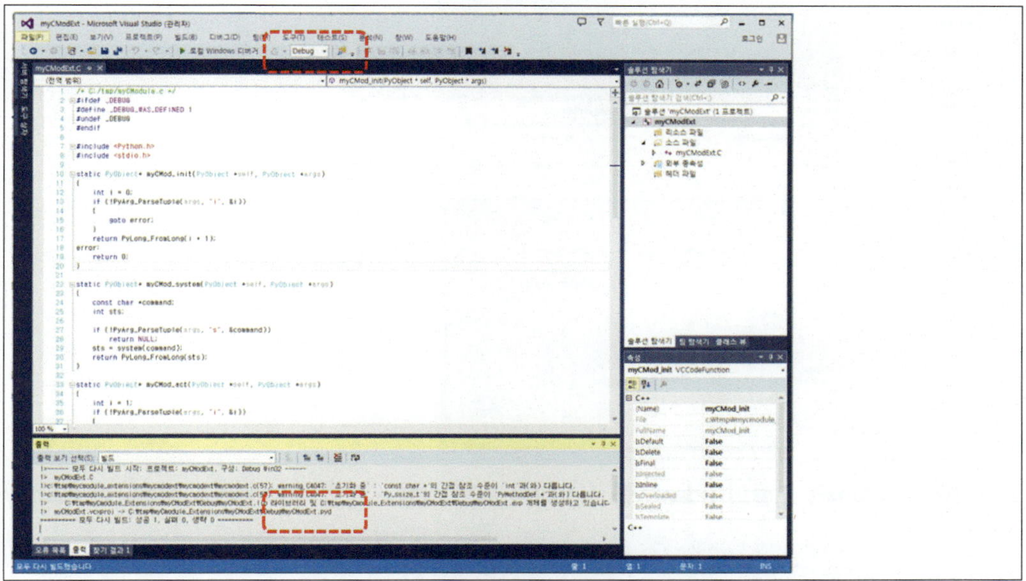

그림 16.29 실행 파일 생성 및 파이썬 코드 확인 (part 1) - C/C++ 컴파일에서 .pyd 확장자 생성 확인

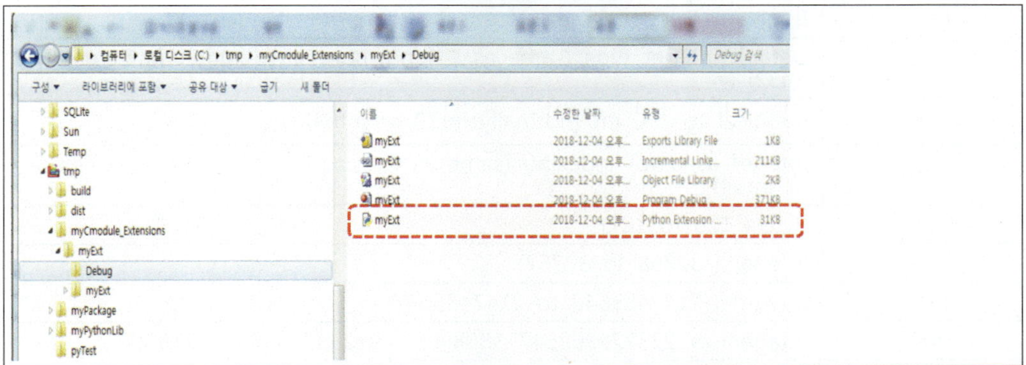

그림 16.29 실행 파일 생성 및 파이썬 코드 확인 (part 2) - 생성된 파이썬 코드 확인

(3) NumPy 모듈과 연동을 위한 추가 설정

C/C++ 파이썬 확장 모듈에서 NumPy가 제공하는 ndarray를 사용하기 위해서는 NumPy에서 사용하는 다양한 자료형, 구조체와 클래스를 사용할 수 있도록 관련 라이브러리 항목들이 추가되어야 하며, 그림 16.30에서 보는 것과 같이 프로젝트 속성에 관련 항목들을 추가하여야 한다. 먼저 ndarray 관련 라이브러리를 사용할 수 있도록 "VC++ 디렉토리 -> 포함 디렉토리"에 이미 설정하였던 파이썬의 include 디렉토리 ("~/Python37-32/include")에 추가로 그NumPy 디렉토리를 추가하여야 한다.

표 16.3은 NumPy에서 사용가능한 자료형을 보여준다. 이 NumPy 자료형 들은 NumPy 모듈의 다차원 배열 ndarray를 전달받아 C/C++ 확장 모듈에서 우수한 성능으로 처리할 수 있기 위하여 반드시 사용하여야 한다.

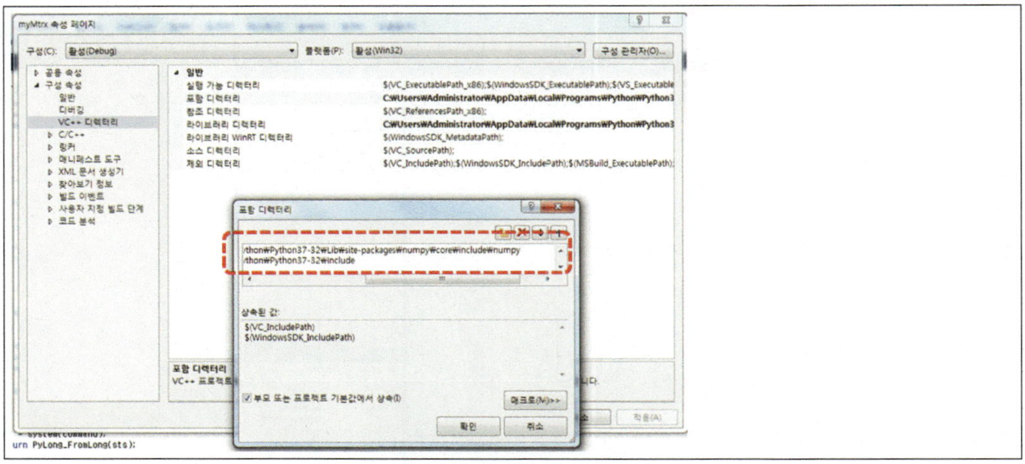

그림 16.30 NumPy 모듈의 ndarray를 사용하기 위한 설정 - 포함 (include) 디렉토리에 numpy 추가

표 16.3 NumPy에서 사용가능한 자료형

NumPy 의 사용 가능 자료형	설명
bool_	Boolean (True or False) stored as a byte
int_	Default integer type (same as C long; normally either int64 or int32)
intc	Identical to C int (normally int32 or int64)
intp	Integer used for indexing (same as C ssize_t; normally either int32 or int64)
int8	Byte (-128 to 127)
int16	Integer (-32768 to 32767)
int32	Integer (-2147483648 to 2147483647)
int64	Integer (-9223372036854775808 to 9223372036854775807)
uint8	Unsigned integer (0 to 255)
uint16	Unsigned integer (0 to 65535)
uint32	Unsigned integer (0 to 4294967295)
uint64	Unsigned integer (0 to 18446744073709551615)
float_	Shorthand for float64.
float16	Half precision float: sign bit, 5 bits exponent, 10 bits mantissa
float32	Single precision float: sign bit, 8 bits exponent, 23 bits mantissa
float64	Double precision float: sign bit, 11 bits exponent, 52 bits mantissa
complex_	Shorthand for complex128.
complex64	Complex number, represented by two 32-bit floats (real and imaginary components)
complex128	Complex number, represented by two 64-bit floats (real and imaginary components)

(4) 파이썬 프로그램에서 C/C++ 확장 모듈로 전달된 인수의 사용 준비

파이썬 프로그램에서 C/C++ 확장 모듈의 메소드를 호출할 때 전달하는 인수는 PyObject *args로 전달되며, 이는 파이썬 객체로 만들어진 인수들이 저장되어 있는 주소가 전달되는 것이다. DLL (동적 라이브러리 연결) 구조로 구현되어 실행되는 C/C++ 확장 모듈에서는 args로부터 전달된 인수를 추출하고, 지정된 C/C++ 함수에서 이를 사용할 수 있도록 준비하여야 한다. 일반적으로 파이썬 C/C++확장모듈에서 많이 사용되는 인수 형식은 표 16.1에서 설명하였던 인수의 자료형을 사용하며, 과학 기술 계산용 C/C++ 확장 모듈에서는 NumPy 패키지에서 사용하는 다차원 배열 (ndarray)를 인수로 전달하는 경우가 많이 있다.

C/C++ 확장 모듈에서 인수를 추출하는 방법을 이해하기 위해서는 기본적인 정보인 PyObject와 PyArrayObject의 구조를 이해할 필요가 있다. PyObject의 기본 구조는 그림 16.31에서 보는 것과 같다. PyObject는 구조체 _object를 기반으로 하며, 자기참조 구조체 구조로 여러개의 PyObject가 연결형 리스트를 구성할 수 있다. PyObject에 포함된 속성인 refcnt는 현재 이 파이썬 객체의 참조 개수를 나타내며, ob_type은 파이썬 객체의 자료형을 나타낸다. 파이썬의 ob_type 정보를 파악하면 파이썬 객체가 어떤 자료형인가를 알 수 있다.

```
typedef struct _object {
    struct _object *_ob_next; //_PyObject_HEAD_EXTRA
    struct _object *_ob_prev; //_PyObject_HEAD_EXTRA
    Py_ssize_t ob_refcnt; //PyObject_HEAD
    struct _typeobject *ob_type; //PyObject_HEAD
} PyObject;
```

그림 16.31 파이썬 PyObject 구조체

```
typedef struct PyArrayObject
{
    PyObject_HEAD
    char *data;
    int nd; /* number of dimensions */
    npy_intp *dimensions;
    npy_intp *strides;
    PyObject *base;
    PyArray_Descr *descr;
    int flags;
    PyObject *weakreflist;
} PyArrayObject;
```

그림 16.32 파이썬 PyArrayObject 구조체

그림 16.32에서 보여주는 PyArrayObject 구조체는 다차원 배열 객체를 구성할 때 사용되며, NumPy의 ndarray도 PyArrayObject로 구성되어 있다. PyArrayObject 구조체의 속성으로 PyObject_HEAD는 PyObject에 포함되어 있는 refcnt와 ob_type을 포함하는 매크로 선언이다. char 포인터인 data는 배열 원소들이 저장되어 있는 주소이며, nd

는 배열의 차원을 나타낸다. 예를 들어 1차원 배열인 경우 nd = 1이며, 2차원 배열인 경우 nd = 2가 된다. dimensions은 배열의 각 차원의 크기가 얼마인가를 나타낸다. 예를 들어 3 × 4 크기의 2차원 배열인 경우 nd = 2, dimensions[0] = 3, dimensions[1] = 4의 값을 가지며, 따라서 배열의 전체 원소 개수는 dimensions[0] × dimensions[1]으로 계산할 수 있다.

strides는 배열의 각 차원에서 원소가 어떤 간격으로 존재하는가를 나타낸다. descr은 배열의 세부 속성을 나타내는 정보이며, descr의 속성인 type_num은 배열 원소의 자료형을 나타내며, NumPy에서 선언하고 있는 자료형 값으로 표현된다. 예를 들어 정수형 배열인 경우 type_num = NPY_INT32, double형 실수 배열인 경우 type_num = NPY_FLOAT64가 기본값으로 설정된다. C/C++ 확장 모듈에서 PyObject로 전달되는 다차원 배열을 처리할 때 먼저 PyArrayObject의 descr->data_num 정보를 확인하고, 그 자료형에 따라 정수 또는 double 형의 연산을 수행하도록 구현하여야 한다.

16.4.2 Visual Studio에서의 C/C++ 확장 모듈 구현 예 – PyCppExt 모듈

(1) PyCppExt.cpp 파일 구성

그림 16.33은 파이썬 C/C++ 확장 모듈을 Visual Studio에서 구현하는 예를 보여준다. PyCppExt 파일은 파이썬 프로그램으로부터 1차원 배열을 전달 받고, 이 배열의 원소들의 순서를 뒤섞어 주는 shuffleArray(), 선택정렬 알고리즘을 구현한 selectionSort(), 퀵정렬 알고리즘을 구현한 quickSort() 메소드를 파이썬 프로그램에서 사용할 수 있도록 PyCppExt 모듈을 생성하기 위한 C/C++ 소스코드이다. Line 3의 stdafx.h 파일은 Visual Studio에서 DLL 실행파일을 만들 때 필요한 항목으로, Visual Studio에서 DLL 생성 프로젝트를 구성하면 소스코드 편집에서 자동적으로 포함된다. Line 4~7의 _DEBUG 관련 설정은 Visual Studio에서 파이썬 C/C++ 확장 모듈을 디버깅할 때 python.exe가 사용되어야 하며, 이 때 관련 설정들이 정상적으로 구성될 수 있도록 한다.

Line 11~14에서는 <Python.h> 헤더 파일과 파이썬 프로그램 환경에서 사용하는 배열 관련 헤더파일들을 포함시킨다. 이 헤더 파일들이 정상적으로 포함되기 위해서는 프로젝트 속성 설정에서 포함 디렉토리 (include directory)의 설정에 "~/Python37~32/include"와 NumPy의 include 디렉토리 (~/Python37~32/Lib/site-packages/numpy/core/include가 함께 포함되어 있어야 한다.

Line 20~40은 PyCppExt 확장 모듈을 파이썬 프로그램에서 호출하는 기능 시험을 할 수 있도록 구성한 함수이며, 파이썬 프로그램에서 PyCppExt.init("sample string")으로 호출하는 함수이다. Line 20의 함수 호출에서 전달되는 인수는 파이썬 객체 self와 args가 전달되며, line 26~27에서 args에 포함된 인수의 자료형을 확인하는 기능을 시험적으로 구현하고 있다.

Line 29에서는 PyArg_Parse() 함수를 사용하여 PyCppExt.init("test command") 함수호출에서 전달된 문자열 인수를 추출하고, 그 주소를 지역 변수 command에 저장되도록 한다. PyArg_Parse() 함수가 정상적으로 수행되고, 인수를 추출하면 line 30~33에서 문자열 retString을 sprintf() 함수를 사용하여 준비하고, line

38~39에서 Py_BuildValue() 함수를 사용하여 문자열 retString의 파이썬 객체 ret를 생성하여 반환한다.

```
 1 :  // PyCppExt.cpp : DLL 응용 프로그램.
 2 :
 3 :  #include "stdafx.h"
 4 :  #ifdef _DEBUG
 5 :  #define _DEBUG_WAS_DEFINED 1
 6 :  #undef _DEBUG
 7 :  #endif
 8 :
 9 :  #include <stdio.h>
10 :  #include <random>
11 :  #include <Python.h>
12 :  #include <arrayobject.h>
13 :  #include <ndarrayobject.h>
14 :  #include <bytearrayobject.h>
15 :
16 :  void quickSort_int(int *array, int size, int left, int right, int level);
17 :  void quickSort_double(double *array, int size, int left, int right, int level);
18 :  static PyObject *PyCppExt_Error;
19 :
20 :  static PyObject* PyCppExt_init(PyObject *self, PyObject *args)
21 :  {
22 :     const char *command;
23 :     char retString[100];
24 :     int ok = 0;
25 :     PyObject *ret;
26 :     PyTypeObject* obj_type = args->ob_type;
27 :     const char* args_type = obj_type->tp_name;
28 :
29 :     ok = PyArg_ParseTuple(args, "s", &command);
30 :     if (ok != 0)
31 :     {
32 :             sprintf(retString, "PyCppExt_init() was invoked with
                  args_type(%s), arg(%s)", args_type, command);
33 :     }
34 :     else
35 :     {
36 :             printf(retString, "Calling PyCppExt_init() must be :
                  PyCppExt_init(\"Test String\")");
37 :     }
38 :     ret = Py_BuildValue("s", retString);
39 :     return ret;
40 :  }
```

그림 16.33 PyCppExt.cpp (part 1) - PyCppExt_init()

(2) ShuffleArray()

그림 16.33 line 41~93에서는 배열을 전달받고 그 배열에 포함된 원소들을 뒤섞어 주는 shuffling 기능을 구현하는 함수 PyCppExt_ShuffleArray() 함수를 보여준다. Line 47에서 PyArg_ParseTuple() 함수를 사용하여 인수로 전달된 args에 포함된 파이썬 객체

의 주소를 pyObj에 저장한다. 만약 PyArg_ParseTuple() 함수에서 정상적으로 인수를 추출하면 line 52에서 배열의 차원을 확인하여 nd 값으로 설정하며, 배열의 각 차원의 크기를 파이썬 배열 객체의 dimensions[]로부터 읽어 dims[] 배열에 저장하며, line 57~59에서 전체 배열의 원소 개수를 파악한다.

Line 61에서는 파이썬 배열 객체의 descr->type_num 속성 값을 읽어 배열 원소의 자료형을 파악하고, 자료형에 따라 수행되는 연산을 다르게 구분할 수 있게 한다. 만약 정수형 배열인 경우 line 62~75에서 shuffling 기능을 수행하며, double 자료형 배열인 경우 line 75~90에서 double 자료형으로 shuffling 기능을 수행한다.

```
41 :  static PyObject* PyCppExt_ShuffleArray(PyObject *self, PyObject *args)
42 :  {
43 :      PyArrayObject *pyObj = NULL;
44 :      int i, j, ok, size, n, m, nd;
45 :      int dims[2];
46 :
47 :      ok = PyArg_ParseTuple(args, "O", &pyObj);
48 :      if (ok == 0)
49 :      {
50 :              return Py_BuildValue("s", "Usage :
                    myArray.square1DintArr(mA)");
51 :      }
52 :      nd = pyObj->nd;
53 :      for (i = 0; i < nd; i++)
54 :      {
55 :              dims[i] = pyObj->dimensions[i];
56 :      }
57 :      size = dims[0];
58 :      for (i = 1; i < nd; i++)
59 :              size *= dims[i];
60 :      srand(time(0));
61 :      if (pyObj->descr->type_num == NPY_INT32)
62 :      {
63 :              int *mA;
64 :              int temp;
65 :
66 :              mA = (int *)pyObj->data;
67 :              for (i = 0; i < size; i++)
68 :              {
69 :                      n = rand() % size;
70 :                      m = rand() % size;
71 :                      temp = mA[n];
72 :                      mA[n] = mA[m];
73 :                      mA[m] = temp;
74 :              }
75 :      }
```

그림 16.33 PyCppExt.cpp (part 2) - ShuffleArray()

배열의 원소들을 뒤섞어 주는 shuffling은 rand() 함수를 사용하여 0~size-1 구간의 정수 2개를 임의로 생성하고 이들을 인덱스로 하여 배열원소의 위치를 서로 교환한다.

파이썬 함수로부터의 C/C++ 확장 함수 호출에서 배열 원소의 자료형이 double일 때 NPY_FLOAT64로 descr의 type_num이 설정된다. Line 76~90에서는 double 형 원소로 구성된 배열의 shuffling 기능을 구현하는 예를 보여준다. shuffling 기능의 구현 구조는 line 61~75와 동일하며, 다만 배열 원소의 자료형이 double 자료형이므로 line 78~79에서 설정한 포인터와 변수의 자료형이 double로 변경되어 있다.

Line 91에서는 배열이 포함되어 있는 파이썬 객체 pyObj의 참조 개수를 하나 증가시키고, line 92에서 변경된 배열의 내용을 포함하는 파이썬 객체를 생성하여 반환한다.

```
76 :      else if (pyObj->descr->type_num == NPY_FLOAT64)
77 :      {
78 :              double *mA;
79 :              double temp;
80 :
81 :              mA = (double *)pyObj->data;
82 :              for (i = 0; i < size; i++)
83 :              {
84 :                      n = rand() % size;
85 :                      m = rand() % size;
86 :                      temp = mA[n];
87 :                      mA[n] = mA[m];
88 :                      mA[m] = temp;
89 :              }
90 :      }
91 :      Py_INCREF(pyObj);
92 :      return Py_BuildValue("O", pyObj);
93 :  }
```

그림 16.33 PyCppExt.cpp (part 3) - ShuffleArray()

(3) SelectionSort()

Line 94~170에서는 선택정렬 알고리즘을 파이썬 C/C++ 확장 모듈에서 구현하는 방법을 보여준다. Line 99에서 PyArg_ParseTuple() 함수를 사용하여 전달된 인수 args로부터 파이썬 객체의 주소를 찾아 pyObj에 저장하며, line 104~111에서 배열의 전체 원소 개수를 파악한다.

Line 113에서는 파이썬 객체의 descr->type_num을 검사하여 배열 원소의 자료형을 확인하여 그 자료형에 따라 구분된 처리 기능을 수행하도록 한다. 만약 정수 자료형 배열인 경우 descr->type_num 값이 NPY_INT32이며, line 113~136에서 정수형 배열에 대한 선택정렬 기능을 구현한다.

선택정렬 기능은 15장에서 설명하였던 기능 구조와 동일하나 C/C++ 문법에 따라 구현되어 있으며, 2중 for-loop으로 구성되어 있다. Line 117에서 배열 원소들이 저장되어 있는 주소인 pyObj->data 값을 mA로 저장하여 1차원 배열로 사용할 수 있게 한다. Line 118의 외부 for-loop에서는 정렬의 시작 기준을 인덱스 i로 설정하며, line 121~127의 내부 for-loop에서는 정렬 대상 구간에 있는 배열 원소 중 가장 작은 원소를 찾아 그 위치를 min에 저장한다. Line 128~134에서 min 값이 i와 다른 경우에는 정렬 대상 구간의 시작 첫 번째 원소인 mA[i]보다 더 작은 원소가 min 위치에 존재하는 것으로 파악되었다는 것을 의미하여, 따라서 이들의 위치를 서로 교환하여 오름차순의 정렬이 이루어 지게 한다.

```
94 :  static PyObject* PyCppExt_SelectionSort(PyObject *self, PyObject *args)
95 :  {
96 :     PyArrayObject *pyObj = NULL;
97 :     int i, j, ok, n, m, nd;
98 :     int dims[2];
99 :     ok = PyArg_ParseTuple(args, "O", &pyObj);
100 :    if (ok == 0)
101 :    {
102 :            return Py_BuildValue("s", "Usage :
              myArray.square1DintArr(mA)");
103 :    }
104 :    nd = pyObj->nd;
105 :    for (i = 0; i < nd; i++)
106 :    {
107 :            dims[i] = pyObj->dimensions[i];
108 :    }
109 :    n = dims[0];
110 :    for (i = 1; i < nd; i++)
111 :            n *= dims[i];
112 :
113 :    if (pyObj->descr->type_num == NPY_INT32)
114 :    {
115 :            int *mA, temp, min;
116 :
117 :            mA = (int *)pyObj->data;
118 :            for (i = 0; i < n - 1; i++)
119 :            {
120 :                    min = i;
121 :                    for (int j = i; j < n; j++)
122 :                    {
123 :                            if (mA[j] < mA[min])
124 :                            {
125 :                                    min = j;
126 :                            }
127 :                    }
128 :                    if (min != i)
129 :                    {
130 :                            /* swap mA[i] and mA[min] */
131 :                            temp = mA[i];
132 :                            mA[i] = mA[min];
133 :                            mA[min] = temp;
134 :                    }
135 :            }
136 :    }
137 :
```

그림 16.33 PyCppExt.cpp (part 4) - SelectionSort()

Line 118~135의 외부 for-loop은 정렬 시작 기준인 인덱스 i의 값이 0~n-1에 대하여 순차적으로 정렬 기능이 수행되도록 한다.

만약 전달된 배열의 자료형이 double 인 경우 pyObj->descr->type_num 값이

NPY_FLOAT64가 되며, line 138~162에서 double 자료형으로 선택정렬 기능이 수행되도록 구현되어 있다. Line 138~162는 line 113~136과 동일한 구조를 가지며, 단지 line 140에서 선언되어 있는 지역 변수 mA와 temp의 자료형이 double로 변경되어 있다.

```
138 :     else if (pyObj->descr->type_num == NPY_FLOAT64)
139 :     {
140 :             double *mA, temp;
141 :             int min;
142 :
143 :             mA = (double *)pyObj->data;
144 :             for (i = 0; i < n - 1; i++)
145 :             {
146 :                     min = i;
147 :                     for (int j = i; j < n; j++)
148 :                     {
149 :                             if (mA[j] < mA[min])
150 :                             {
151 :                                     min = j;
152 :                             }
153 :                     }
154 :                     if (min != i)
155 :                     {
156 :                             /* swap mA[i] and mA[min] */
157 :                             temp = mA[i];
158 :                             mA[i] = mA[min];
159 :                             mA[min] = temp;
160 :                     }
161 :             }
162 :     }
163 :     else
164 :     {
165 :             return Py_BuildValue("s", "Error in myArray_square() : given
                       data type is not supported yet !!");
166 :     }
167 :
168 :     Py_INCREF(pyObj);
169 :     return Py_BuildValue("O", pyObj);
170 : }
```

그림 16.33 PyCppExt.cpp (part 5) - SelectionSort()

Line 163~166에서는 정수형 또는 더블형 배열이 아닌 경우에 대한 오류 처리를 하고 있다. Line 168에서는 정렬이 수행된 배열을 포함하고 있는 pyObj의 참조 개수를 증가시키며, line 169에서 파이썬 객체를 생성하여 반환한다.

(4) 정수 배열에 대한 퀵정렬 - quickSort_int()

Line 171~211에서는 퀵정렬 기능을 파이썬 C/C++ 확장 모듈에서 구현하는 예를 보여준다. 퀵정렬은 15장에서 기본 개념에 대해서는 설명한 것과 같이 분할 및 정복 (divide and conquer) 기법을 사용하여 선택정렬보다 훨씬 빠른 정렬 성능을 제공한다. Line 177에서는 파이썬 프로그램으로부터 PyCppExt 모듈의 quickSort() 함수를 호출할 때 전달한 인수를 추출하며, line 182~189에서 배열의 크기를 파악한다.

```
171 : static PyObject* PyCppExt_QuickSort(PyObject *self, PyObject *args)
172 : {
173 :     PyArrayObject *pyObj = NULL, *pyMa;
174 :     int i, j, ok, n, m, nd;
175 :     int dims[2];
176 :
177 :     ok = PyArg_ParseTuple(args, "O", &pyObj);
178 :     if (ok == 0)
179 :     {
180 :             return Py_BuildValue("s", "Usage :
                    myArray.square1DintArr(mA)");
181 :     }
182 :     nd = pyObj->nd;
183 :     for (i = 0; i < nd; i++)
184 :     {
185 :             dims[i] = pyObj->dimensions[i];
186 :     }
187 :     n = dims[0];
188 :     for (i = 1; i < nd; i++)
189 :             n *= dims[i];
190 :     if (pyObj->descr->type_num == NPY_INT32)
191 :     {
192 :             int *mA;
193 :
194 :             mA = (int *)pyObj->data;
195 :             quickSort_int(mA, n, 0, n - 1);
196 :     }
197 :     else if (pyObj->descr->type_num == NPY_FLOAT64)
198 :     {
199 :             double *mA;
200 :
201 :             mA = (double *)pyObj->data;
202 :             quickSort_double(mA, n, 0, n - 1);
203 :     }
204 :     else
205 :     {
206 :             return Py_BuildValue("s", "Error in myArray_square() : given
                    data type is not supported yet !!");
207 :     }
208 :
209 :     Py_INCREF(pyObj);
210 :     return Py_BuildValue("O", pyObj);
211 : }
```

그림 16.33 PyCppExt.cpp (part 6) - QuickSort()

Line 190과 line 197에서는 pyObj->descr->type_num 값을 기준으로 배열 원소의 자료형이 정수형인 경우와 double 실수형인 경우를 구분하여 각각 quickSort_int() 함수와 quickSort_double() 함수에서 처리하도록 한다. Line 204~207에서는 정수형 또는 더블형 배열이 아닌 경우에 대한 오류 처리를 하며, line 209에서 정렬된 배열 원소들을 포함하는 pyObj 객체에 대한 참조 개수를 증가시키고, line 210에서 Py_BuildValue() 함수를 사용하여 파이썬 객체를 생성한 후 이를 반환한다.

Line 212~244에서는 퀵정렬 알고리즘의 partition 기능을 수행하기 위한 함수 partition_int()를 구현하고 있다. 이 함수는 파이썬 프로그램으로부터 PyCppExt 모듈의 quickSort() 함수를 호출할 때 전달된 배열이 정수형일 때 사용되며, quickSort_int() 함수에 의하여 호출된다.

```
212 : int partition_int(int *array, int size, int left, int right, int pivotIndex)
213 : {
214 :     int pivotValue; // pivot value
215 :     int newPivotIndex; // store index
216 :     int temp;
217 :     int i, new_pvi, r;
218 :
219 :     pivotValue = array[pivotIndex];
220 :     temp = array[pivotIndex];
221 :     array[pivotIndex] = array[right];
222 :     array[right] = temp; // Move pivot to end
223 :
224 :     new_pvi = i = left; // new pivot index
225 :     r = right - 1;
226 :     while (i <= r)
227 :     {
228 :             if (array[i] <= pivotValue))
229 :                     temp = array[i];
230 :                     array[i] = array[new_pvi];
231 :                     array[new_pvi] = temp;
232 :                     new_pvi++;
233 :             }
234 :             i++;
235 :     }
236 :     /* swap array[nPI] and array[right]; */
237 :     if (new_pvi != right)
238 :     {    // Move pivot to its final place
239 :             temp = array[new_pvi];
240 :             array[new_pvi] = array[right];
241 :             array[right] = temp;
242 :     }
243 :     return new_pvi;
244 : }
```

그림 16.33 PyCppExt.cpp (part 7) - partition_int()

partition_int() 함수는 주어진 배열 array의 [left, right]에서 피봇 인덱스(pivotIndex)로 지정된 피봇 원소값 pivotValue = array[pivotIndex]을 기준으로 피봇보다 작은 그룹, 피봇 (pivotValue), 피봇보다 큰 그룹으로 위치를 재조정한다. Line 220~222에서는 피봇 인덱스 위치의 원소 (즉, 피봇 원소)를 배열의 맨 오른쪽인 array[right] 위치에 대피시켜 둔다. Line 224에서 new_pivot_index (new_pvi) 값을 left로 설정한 후, line 228~233에서 pivotValue보다 같거나 작은 원소가 존재하면 new_pvi 위치의 원소와 교환한 후, new_pvi를 하나 증가시킨다. 이 while_loop의 결과로

new_pvi 위치 왼쪽의 원소들은 모두 피봇값보다 같거나 작은 값의 원소들로 구성되며, new_pvi 위치의 원소는 피봇 값보다 큰 값이고, new_pvi 오른쪽의 원소들은 모두 피봇값보다 큰 값의 원소들로만 구성된다. Line 237~242에서는 array[right] 위치에 대피 시켜 두었던 피봇 원소를 new_pvi 위치의 원소와 자리바꿈을 하게함으로써 new_pvi를 기준(피봇 원소보다 같거나 작은 그룹, 피봇 원소, 피봇 원소보다 큰 그룹)으로 분할된 결과를 얻으며, 피봇 원소의 조정된 위치를 나타내는 new_pvi를 반환한다.

Line 245~268은 정수형 배열에 대한 퀵정렬 알고리즘을 구현하는 quickSort_int() 함수를 보여준다. 이 함수 호출에는 정렬 대상 배열인 array, 배열의 크기 size, 정렬대상 구간을 지정하는 left와 right 인덱스가 인수들로 전달된다. 만약 left가 right보다 같거나 큰 경우 정렬 구간이 없는 상태이므로 line 249~251에서 퀵정렬 기능의 수행 없이 반환된다.

Line 254에서는 정렬 대상 구간이 존재하는 경우 left와 right의 중간 지점을 pI (pivot index)로 설정하고, line 257에서 partition_int(array, size, left, right, pI) 함수를 호출하여 array[pI] 원소를 피봇으로 설정하여 피봇보다 같거나 작은 그룹, 피봇, 피봇보다 큰 그룹으로 분할하도록 한다.

```
245 : void quickSort_int(int *array, int size, int left, int right)
246 : {
247 :     int pI, newPI; // pivot index
248 :
249 :     if (left >= right) {
250 :             return;
251 :     }
252 :     else if (left < right) { // subarray of 0 or 1 elements already sorted
253 :             //select a pI (pivotIndex) in the range left ≤ pI ≤ right
254 :             pI = (left + right) / 2;
255 :     }
256 :
257 :     newPI = partition_int(array, size, left, right, pI);
258 :     // element at newPivotIndex (newPI) is now at its final position
259 :
260 :     if (left < (newPI - 1)) {
261 :             quickSort_int(array, size, left, newPI - 1);
262 :             // recursively sort elements on the left of pivotNewIndex
263 :     }
264 :     if ((newPI + 1) < right) {
265 :             quickSort_int(array, size, newPI + 1, right);
266 :             // recursively sort elements on the right of pivotNewIndex
267 :     }
268 : }
```

그림 16.33 PyCppExt.cpp (part 8) - quickSort_int()

partiton_int() 함수로부터 반환되는 값인 newPI는 지정된 피봇 원소가 이동한 위치를 나타내며, 이 위치를 기준으로 왼쪽 구간은 피봇보다 같거나 작은 그룹, 오른쪽 구간은 피봇보다 큰 그룹으로 분할된 결과를 array가 가지게 된다. 만약 left~newPI -1 구간에 정렬 대상이 남아 있는 경우 line 261에서 quickSort_int(array, size, left, newPI - 1) 재귀함수 호출을 실행하며, 이 구간에 대한 퀵정렬이 수행되도록 한다. 만약 newPI+1~right

구간에 정렬 대상이 남아 있는 경우 line 265에서 quickSort_int(array, size, newPI + 1, right) 재귀 함수 호출을 하며, 이 구간에 대한 퀵정렬이 수행되도록 한다.

(5) double 실수 배열에 대한 퀵정렬 - quickSort_double()

Line 269~302의 partition_double() 함수는 double 자료형의 실수 배열에 대한 퀵정렬을 수행할 때 내부적으로 실행되는 분할기능을 구현하고 있다. 함수 partition_double()은 앞서 설명하였던 partition_int()와 기능 구조가 동일하며, 단지 line 273에서 사용되는 temp가 double형으로 선언되어 있는 것 이외에는 모두 동일하다.

```
269 : int partition_double(double *array, int size, int left, int right, int pivotIndex)
270 : {
271 :     int pivotValue; // pivot value
272 :     int newPivotIndex; // store index
273 :     double temp;
274 :     int i, new_pvi, r;
275 :
276 :     pivotValue = array[pivotIndex];
277 :
278 :     temp = array[pivotIndex];
279 :     array[pivotIndex] = array[right];
280 :     array[right] = temp; // Move pivot to end
281 :
282 :     new_pvi = i = left; // new pivot index
283 :     r = right - 1;
284 :     while (i <= r)
285 :     {
286 :             if (array[i] <= pivotValue))
287 :                     temp = array[i];
288 :                     array[i] = array[new_pvi];
289 :                     array[new_pvi] = temp;
290 :                     new_pvi++;
291 :             }
292 :             i++;
293 :     }
294 :     /* swap array[nPI] and array[right]; */
295 :     if (new_pvi != right)
296 :     {   // Move pivot to its final place
297 :             temp = array[new_pvi];
298 :             array[new_pvi] = array[right];
299 :             array[right] = temp;
300 :     }
301 :     return new_pvi;
302 : }
```

그림 16.33 PyCppExt.cpp (part 9) - partition_double()

Line 303~326에서 구현하고 있는 quickSort_double() 함수는 파이썬 프로그램에서 PyCppExt 확장 모듈의 quickSort() 함수를 호출 할 때 전달된 배열이 double 자료형일 경우 실행된다. quickSort_double() 함수는 앞서 설명하였던 quickSort_int() 함수와 동일한 구조를 가지며, 단지 line 303의 함수 호출에서 전달되는 array 인수가 double * 포인터 자료형으로 설정된 것 이외에는 모두 동일하다.

```
303 : void quickSort_double(double *array, int size, int left, int right)
304 : {
305 :     int pI, newPI; // pivot index
306 :
307 :     if (left >= right) {
308 :             return;
309 :     }
310 :     else if (left < right) { // subarray of 0 or 1 elements already sorted
311 :             //select a pI (pivotIndex) in the range left ≤ pI ≤ right
312 :             pI = left + (right - left) / 2;
313 :     }
314 :
315 :     newPI = partition_double(array, size, left, right, pI);
316 :     // element at newPivotIndex (newPI) is now at its final position
317 :
318 :     if (left < (newPI - 1)) {
319 :             quickSort_double(array, size, left, newPI - 1);
320 :             // recursively sort elements on the left of pivotNewIndex
321 :     }
322 :     if ((newPI + 1) < right) {
323 :             quickSort_double(array, size, newPI + 1, right);
324 :             // recursively sort elements on the right of pivotNewIndex
325 :     }
326 : }
```

그림 16.33 PyCppExt.cpp (part 10) - quickSort_double()

(6) PyCppExt_Methods[], PyCppExt_Module, PyInit_PyCppExt 선언

파이썬 C/C++ 확장 모듈 구현의 마지막 단계로서 확장 모듈이 제공하는 메소드들의 리스트를 구성하고, 모듈을 설정하며, PyInit 초기화 기능이 실행되어 확장 모듈을 파이썬 객체로 생성시킨 후, 이를 등록시켜주어야 한다. Line 327~333에서는 PyCppExt_Methods[] 구조체 배열에 파이썬 확장 모듈인 PyCppExt에서 제공하는 init(), shuffleArray(), selectionSort(), quickSort() 메소드들을 차례로 정리하며, 해당 함수들을 설정하고, 인수 전달 형식을 설정하며, 간단한 설명을 제공한다.

Line 335~341에서는 파이썬 확장 모듈 PyCppExt의 PyModuleDef 구조체를 설정하며, 실제 파이썬 프로그래밍 환경에서 import 시켰을 때 사용하게될 확장 모듈의 이름과 이 확장 모듈에서 제공하는 메소드 들의 정보를 설정한다. 메소드들의 정보는 앞서 line 327~333에서 생성하여 두었던 PyCppExt_Methods[] 배열에서 제공하도록 구성되어 있다.

Line 343~354에서는 파이썬 모듈 초기화 함수인 PyMODINIT_FUNC 구조의 PyInit_PyCppExt() 함수를 구현하고 있다. Line 347에서 PyModule_Create() 함수를 사용하여 인수로 전달되는 PyCppExt_Module을 파이썬 모듈로 생성하고 그 주소를 반환받아 pyObj_CppExt에 설정한다. Line 350에는 PyErr_NewException() 함수를 사

용하여 예외처리 상황의 객체를 생성하고, line 352에서 PyModule_AddObject() 함수를 사용하여 파이썬 모듈로 생성된 PyCppExt 모듈을 파이썬 프로그래밍 환경에 추가한다.

```
327 : static PyMethodDef PyCppExt_Methods[] = {
328 :     { "init", PyCppExt_init, METH_VARARGS, "Init myExt module" },
329 :     { "shuffleArray", PyCppExt_ShuffleArray, METH_VARARGS, "Shuffling of
          given array" },
330 :     { "selectionSort", PyCppExt_SelectionSort, METH_VARARGS, "Selection
          Sorting of given array" },
331 :     { "quickSort", PyCppExt_QuickSort, METH_VARARGS, "Quick Sorting of
          given array in place" },
332 :     { NULL, NULL, 0, NULL }
333 : };
334 :
335 : static struct PyModuleDef PyCppExt_Module = {
336 :     PyModuleDef_HEAD_INIT,
337 :     "PyCppExt",
338 :     "This is Python C++ Extension Module",
339 :     -1,
340 :     PyCppExt_Methods
341 : };
342 :
343 : PyMODINIT_FUNC PyInit_PyCppExt(void)
344 : {
345 :     PyObject *pyObj_CppExt;
346 :
347 :     pyObj_CppExt = PyModule_Create(&PyCppExt_Module);
348 :     if (pyObj_CppExt == NULL)
349 :             return NULL;
350 :     PyCppExt_Error = PyErr_NewException("pyCppExt.error", NULL, NULL);
351 :     Py_INCREF(PyCppExt_Error);
352 :     PyModule_AddObject(m, "PyCppExt_Exception", PyCppExt_Error);
353 :     return pyObj_CppExt;
354 : }
355 :
356 : #ifdef _DEBUG_WAS_DEFINED
357 : #define _DEBUG 1
358 : #endif
```

그림 16.33 PyCppExt.cpp (part 11) - PyCppExt_Methods[], PyCppExt_Module, PyInit_PyCppExt

16.5 파이썬 기반 퀵정렬과 C/C++ 확장 기반 퀵정렬의 성능 비교

파이썬 프로그래밍 환경에서 C/C++ 확장 모듈을 추가하고 이를 활용하는 것은 파이썬 프로그래밍이 가지는 장점과 C/C++ 프로그램이 가지는 장점을 모두 잘 활용하고, 이를 통하여 가장 좋은 성능의 소프트웨어 시스템이 구성될 수 있도록 하기 위한 것이다. 이 절에서는 16.4절에서 준비한 C/C++ 확장 모듈인 PyCppExt 모듈을 16.1절에서 준비한 사용자 정의 패키지 MyPyExtPackage의 MyArray 모듈 및 MySort 모듈과 통합하여 사용하는 예를 설명한다.

16.5.1 파이썬 기반 퀵정렬과 C/C++ 확장 기반 퀵정렬의 성능 비교

그림 16.34는 C/C++ 확장 모듈인 PyCppExt 모듈과 사용자 정의 파이썬 확장 패키지인 MyPyExtPackage를 함께 사용하여 퀵정렬 구현 방법에 따른 성능을 비교하는 프로그램 예제를 보여준다. Line 3~6에서는 파이썬 프로그래밍 환경의 기본 모듈과 확장 모듈들을 설치하며, line 7~10에서는 "C:/" 디렉토리에 저장되어 있는 사용자 정의 파이썬 확장 패키지인 MyPyExtPackage로부터 모든 모듈들을 import 시키도록 하고, C/C++ 확장 모듈인 PyCppExt을 설치하도록 한다.

```
1 :  # Testing PyCppExt Package
2 :
3 :  import sys
4 :  import random
5 :  import time
6 :  import numpy as np
7 :  sys.path.append("C:/")
8 :  from MyPyExtPackage import *
9 :  from array import *
10 : import PyCppExt
11 :
12 : print("PyCppExt.init() : ", PyCppExt.init("test command"))
13 :
14 : while True:
15 :     arr_Size = int(input("\ninput array size (-1 to quit) = "))
16 :     if arr_Size == -1:
17 :         break
18 :     A = np.arange(arr_Size)
19 :     PyCppExt.shuffleArray(A)
20 :     MyArray.MyArray.printArraySample(A, arr_Size, 10, 3)
21 :     print("Invoke PyCppExt.quickSort(A) ...")
22 :     t_before = time.time()
23 :     PyCppExt.quickSort(A)
24 :     t_after = time.time()
25 :     t_elapse_ms = (t_after - t_before) * 1000
26 :     print("PyCppExt.sort() for array of {} integers took {}
          [msec]".format(arr_Size, t_elapse_ms))
27 :     print("After sorting :")
28 :     MyArray.MyArray.printArraySample(A, arr_Size, 10, 3)
```

그림 16.34 C 확장 기반 QuickSorting 함수와 파이썬 기반 QuickSorting 함수의 성능 비교 (part 1)

Line 12에서 PyCppExt 모듈의 init() 메소드를 호출하여 정상적으로 설치되어 있는지 확인한다. Line 15에서 배열의 크기를 입력 받아, NumPy 모듈의 np.arange() 함수를 사용하여 배열로 생성하고, PyCppExt 모듈의 shuffleArray() 메소드를 사용하여 뒤섞은 후, line 20에서 MyArray 모듈의 printArraySample() 함수를 사용하여 배열의 첫 부분과 끝 부분만을 샘플로 출력한다.

Line 23에서는 C/C++로 구현되어 있는 PyCppExt 모듈의 quickSort() 메소드를 사

용하여 퀵정렬을 수행하고, 퀵정렬에 걸린 시간을 측정하여 출력하며, 정렬된 결과를 printArraySample() 함수를 사용하여 출력한다.

Line 29~39에서는 동일한 조건으로 구성된 배열에 대하여 파이썬으로 구현되어 있는 MySort 모듈의 quickSort() 함수를 사용하여 퀵정렬을 수행한다. Line 33~35에서는 위에서와 동일하게 퀵정렬에 걸린 시간을 측정하여 출력하며, 정렬된 결과를 printArraySample() 함수를 사용하여 출력한다.

```
29 :        print("Shuffling Array :")
30 :        PyCppExt.shuffleArray(A)
31 :        MyArray.MyArray.printArraySample(A, arr_Size, 10, 3)
32 :        print("Invoke MySort.MySort.quickSort(A) ...")
33 :        t_before = time.time()
34 :        MyAlgorithms.MySort.quickSort(A, arr_Size)
35 :        t_after = time.time()
36 :        t_elapse_ms = (t_after - t_before) * 1000
37 :        print("MyAlgorithms.MySort.quickSort() for array of {} integers took {}
               [msec]".format(arr_Size, t_elapse_ms))
38 :        print("After sorting :")
39 :        MyArray.MyArray.printArraySample(A, arr_Size, 10, 3)
```

그림 16.34 C 확장 기반 QuickSorting 함수와 파이썬 기반 QuickSorting 함수의 성능 비교 (part 2)

16.5.2 성능 비교 결과 및 분석

그림 16.35에서 배열의 크기를 100,000으로 설정하였을 때의 퀵정렬 성능 비교와 배열의 크기를 10,000,000으로 설정하였을 때의 퀵정렬 성능 비교 결과를 볼 수 있다. 배열의 크기가 100,000인 경우 C/C++로 구현되어 있는 PyCppExt 모듈의 quickSort() 메소드는 9 밀리초 (milli-second, msec)이 걸렸는데, 파이썬 코드로 구현되어 있는 MySort 모듈의 quickSort() 메소드는 723 msec가 걸린 것을 알 수 있다. 두 퀵정렬 메소드 모두 정확하게 오름차순으로 정렬된 결과를 보여준다. C/C++로 구현한 quickSort() 메소드보다 파이썬으로만 구현한 quickSort()가 80배 정도 더 많은 시간이 걸린 것을 알 수 있다.

그림 16.35 (part 2)에서 보여주는 배열 크기 10,000,000의 경우, PyCppExt 모듈의 quickSort() 메소드는 749 밀리초가 걸렸으며, 파이썬 코드로 구현되어 있는 MySort 모듈의 quickSort() 메소드는 94312.4 밀리초가 걸린 것으로 측정되어, C/C++로 구현한 quickSort() 메소드보다 파이썬으로만 구현한 quickSort()가 125배 정도 더 많은 시간이 경과된 것을 알 수 있다.

이 성능 비교 실험 결과를 통하여 파이썬 코드 기반의 퀵정렬보다 C/C++ 기반의 퀵정렬이 더 우수한 성능을 제공하는 것을 알 수 있다. 이는 파이썬 프로그램의 경우 실행 단계에서 인터프리터 방식으로 프로그램이 실행되기 때문에 실행 시간이 길어지는 단점이 발생하나 C/C++ 기반 확장 프로그램에서는 컴파일러를 사용하여 실행코드가 미리 만들어져 있는 상태에서 실행하기 때문에 실행 시간이 단축되는 장점이 제공되는 것이다.

```
input array size (-1 to quit) = 100000
   1269   12450   24815   25836   24747   30514   29202   13259    3085     105
  23134    4040   21193    3083   18392    5482   30127   13818   19838   16633
  29415   31774   24595   16621   13908   24245   29917   17381   12141   11443
. . . . . .
  99970   99971   99972   99973   99974   99975   99976   99977   99978   99979
  99980   99981   99982   99983   99984   99985   99986   99987   99988   99989
  99990   99991   99992   99993   99994   99995   99996   99997   99998   99999
Invoke PyCppExt.quickSort(A) ...
PyCppExt.sort() for array of 100000 integers took 9.000539779663086 [msec]
After sorting :
      0       1       2       3       4       5       6       7       8       9
     10      11      12      13      14      15      16      17      18      19
     20      21      22      23      24      25      26      27      28      29
. . . . . .
  99970   99971   99972   99973   99974   99975   99976   99977   99978   99979
  99980   99981   99982   99983   99984   99985   99986   99987   99988   99989
  99990   99991   99992   99993   99994   99995   99996   99997   99998   99999
Shuffling Array :
   1269   12450   24815   25836   24747   30514   29202   13259    3085     105
  23134    4040   21193    3083   18392    5482   30127   13818   19838   16633
  29415   31774   24595   16621   13908   24245   29917   17381   12141   11443
. . . . . .
  99970   99971   99972   99973   99974   99975   99976   99977   99978   99979
  99980   99981   99982   99983   99984   99985   99986   99987   99988   99989
  99990   99991   99992   99993   99994   99995   99996   99997   99998   99999
Invoke MySort.MySort.sort(A) ...
MySort.MySort.quickSort() for array of 100000 integers took 723.0415344238281 [msec]
After sorting :
      0       1       2       3       4       5       6       7       8       9
     10      11      12      13      14      15      16      17      18      19
     20      21      22      23      24      25      26      27      28      29
. . . . . .
  99970   99971   99972   99973   99974   99975   99976   99977   99978   99979
  99980   99981   99982   99983   99984   99985   99986   99987   99988   99989
  99990   99991   99992   99993   99994   99995   99996   99997   99998   99999
```

그림 16.35 C/C++ 기반 QuickSorting 함수와 파이썬 기반 QuickSorting 함수의 성능 비교 (part 1)

```
input array size (-1 to quit) = 10000000
  28287   12672   20813   12802   24621   16928   27328    5193   16306     642
  14558    1857   22230   16360   16776   14644   15559   23003    7039    6085
    238   13846   21781    6164     443   19163   26943   18659   26677   18876
. . . . . .
9999970 9999971 9999972 9999973 9999974 9999975 9999976 9999977 9999978 9999979
9999980 9999981 9999982 9999983 9999984 9999985 9999986 9999987 9999988 9999989
9999990 9999991 9999992 9999993 9999994 9999995 9999996 9999997 9999998 9999999
Invoke PyCppExt.quickSort(A) ...
PyCppExt.sort() for array of 10000000 integers took 749.0427494049072 [msec]
After sorting :
      0       1       2       3       4       5       6       7       8       9
     10      11      12      13      14      15      16      17      18      19
     20      21      22      23      24      25      26      27      28      29
. . . . . .
9999970 9999971 9999972 9999973 9999974 9999975 9999976 9999977 9999978 9999979
9999980 9999981 9999982 9999983 9999984 9999985 9999986 9999987 9999988 9999989
9999990 9999991 9999992 9999993 9999994 9999995 9999996 9999997 9999998 9999999
Shuffling Array :
  22785    6050    6836   24923   24816   14589   18063    2352    9907   18789
  14597   27017   16358   17439   16646    9750   10012   20957   17782   31580
   4189   25191    7425   29761   13623   13958    6482   24808   18767   31327
. . . . . .
9999970 9999971 9999972 9999973 9999974 9999975 9999976 9999977 9999978 9999979
9999980 9999981 9999982 9999983 9999984 9999985 9999986 9999987 9999988 9999989
9999990 9999991 9999992 9999993 9999994 9999995 9999996 9999997 9999998 9999999
Invoke MySort.MySort.quickSort(A) ...
MySort.MySort.quickSort() for array of 10000000 integers tock 94312.39461898804 [msec]
After sorting :
      0       1       2       3       4       5       6       7       8       9
     10      11      12      13      14      15      16      17      18      19
     20      21      22      23      24      25      26      27      28      29
. . . . . .
9999970 9999971 9999972 9999973 9999974 9999975 9999976 9999977 9999978 9999979
9999980 9999981 9999982 9999983 9999984 9999985 9999986 9999987 9999988 9999989
9999990 9999991 9999992 9999993 9999994 9999995 9999996 9999997 9999998 9999999
```

그림 16.35 C/C++ 기반 QuickSorting 함수와 파이썬 기반 QuickSorting 함수의 성능 비교 (part 2)

아울러, 위 예제 프로그램을 통하여 파이썬 코드 기반의 프로그램과 C/C++ 기반 확장 프로그램이 통합되어 편리하게 사용될 수 있다는 점도 함께 파악할 수 있다. 이는 파이썬이 제공하는 큰 장점인 다양한 패키지의 활용 가능성과 C/C++가 제공하는 우수한 성능을 함께 사용할 수 있는 가능성을 확인할 수 있는 것이다. 실제 실무에서 활용되는 많은 프로그램들이

C/C++ 및 Java로 구현되어 있는 경우가 많이 있으며, 이들을 파이썬 환경에서 통합함으로써 각 프로그래밍 언어가 제공하는 장점을 최대한 활용하고 짧은 개발 기간과 적은 개발 비용으로 목표 시스템을 구현할 수 있다.

연습문제

16.1 다음 용어를 예를 들어 설명하라.

1) 패키지
2) 모듈
3) 메소드
4) 사용자 정의 패키지와 모듈
5) distutils
6) 파이썬 C/C++ 확장 모듈
7) PyObject
8) PyArg_ParseTuple()
9) PyMethodDef
10) PyModuleDef
11) PyMODINIT_FUNC
12) PyArrayObject
13) Py_BuildValue

16.2 사용자 정의 패키지와 모듈을 구현하는 절차에 대하여 예를 들어 설명하라.

16.3 사용자 정의 패키지의 배포 방법에 대하여 설명하라.

16.4 파이썬 C/C++ 확장 모듈의 구현 방법에 대하여 설명하라.

16.5 파이썬 C/C++ 확장 모듈을 사용하여 성능을 개선시킬 수 있는 방법을 예를 들어 설명하고, 어떻게 성능이 개선되는지에 대하여 설명하라.

실습문제

실습 16.1 N개의 배열 원소를 가지는 ndarray를 전달받아 다양한 배열 관련 연산을 수행하는 C/C++ 확장 모듈 myArray를 구현하라. myArray 모듈에는 중복되지 않는 big rand (N이 32767보다 크며, 0~N−1의 정수)를 생성하여 제공하여 주는 메소드 genBigRandArray(), 퀵정렬 알고리즘으로 정렬하여주는 sortArray()를 제공할 수 있도록 구현하라. myArray 모듈을 포함시켜 사용하는 파이썬 응용 프로그램을 구현하고, sortArray() 메소드를 사용하여 N (N=100, 10000, 100000, 1000000)개의 정수 배열을 정렬할 때 걸리는 경과 시간을 측정하여 N과 함께 출력하라.

실습 16.2 N×N 크기의 행렬 2개를 파이썬 프로그램으로 전달받고, 전달된 행렬의 덧셈, 뺄셈, 곱셈 계산을 위한 C/C++ 확장 모듈 myMatrix를 구현하라. 이 확장 모듈은 addMtrx(), subMtrx(), mulMtrx() 메소드를 제공하여야 한다. 파이썬 프로그램에서 데이터 파일 (input.txt)로부터 2개의 행렬 데이터를 읽어 ndarray mA, mB로 생성하고, myMatrix의 addMtrx(), subMtrx(), mulMtrx() 메소드를 사용하여 계산 결과를 반환 받은 후 이를 출력파일 (output.txt)에 출력하라.

실습 16.3 N개의 배열 원소를 가지는 ndarray를 전달받아 최소 자승 해 (least square solution)를 찾아 주는 C/C++ 확장 모듈 myLSTSQ를 구현하라. myLSTSQ 모듈은 근사 직선 방정식과 2차 선형 방정식을 산출하도록 구현하라.

실습 16.4 도시들 간의 도로망을 표현하는 그래프 정보를 전달받아 지정된 시작 도시로부터 모든 도시를 차례로 방문한 뒤 시작 도시로 되돌아오는 Traveling Saleman Problem(TSP)의 해 (solution)를 구하여 반환하는 메소드를 포함하는 C/C++ 확장 모듈 myGraph를 구현하라. myGraph 모듈의 findTSP()는 주어진 그래프 정보를 기반으로 지정된 시작노드로부터 모든 도시를 차례로 방문한 뒤 시작노드로 돌아오는 경로 중 최단거리 경로를 찾아 반환하여야 한다.

참고문헌

<자료구조와 알고리즘 참고문헌>

[1] Kent D. Lee, Steve Hubbard, Data Structures and Algorithms with Python, Springer, 2015.

[2] 김영탁, 자료구조와 알고리즘을 함께 배우는 C 프로그래밍, 배움터, 2018. 3.

[3] 김영탁, 자료구조와 알고리즘을 함께 배우는 C++ 프로그래밍, 배움터, 2018. 9.

[4] Walter Savitch, Kenrick Mock, Absolute C++, 6th Ed, Pearson, 2016.

[5] 박상현, 뇌를 자극하는 알고리즘, 한빛미디어, 2016.

[6] Michael T. Goodrich, Roberto Tamassia, David Mount, Data Structures and Algorithms in C++, 2nd Ed, John Wiley & Sons, 2011.

[7] Horowitz, Sahni, Mehta, Fundamentals of Data Structures, 2nd Ed., Silicon Press, 2007.

[8] 천인국, 공용해, C 언어로 쉽게 풀어 쓴 자료구조, 생능출판사, 2009.

[9] 주우석, C/C++로 배우는 자료구조론, 한빛아카데미, 2016.

[10] 유석종, 자료구조 개념 및 구현, 휴먼싸이언스, 2018

<Python 참고문헌>

[1] Kent D. Lee, Steve Hubbard, Data Structures and Algorithms with Python, Springer, 2015.

[2] Nikhil Ketakar, Deep Learning with Python, Apress, 2017.

[3] Antonio Gulli, AmitaKappor, SujitPal, Deep Learning with TensorFlow2 and Keras, Packt, 2019.

[4] 김성호, 컴퓨팅 사고력을 키워주는 파이썬 프로그래밍 (Python Programming with Computational Thinking), Global, 2018.

[5] 김동근, 쉽게 배우는 파이썬 프로그래밍, 가메출판사, 2017.

[6] 천인국, 어서와 파이썬은 처음이지, 인피니티 북스, 2018.

[7] 나카쿠키 켄지 (심효섭 옮김), 엔지니어를 위한 파이썬, 제이펍, 2018.

[8] 바스티앙 스야딘, 루카 마싸론, 알베르토 보스체티 (이미정 옮김), 파이썬으로 배우는 대규모 머신 러닝 (Large Scale Machine Learning with Python), Packet, 에이콘, 2018.

[9] 안드레아스 뮐러, 세라 가이도 (박해선 옮김), 파이썬 라이브러리를 활용한 머신 러닝 (Introduction to Machine Learning with Python), 한빛미디어, 2018.

[10] 김영근 역, Wes MrKinney, Python for Data Analysis (파이썬 라이브러리를 활용한 데이터 분석), 한빛 미디어, 2013.

[11] Y.Daiel Liang (길준민, 정재화 옮김), 파이썬 (Introduction to Programming using Python), 생능출판/Pearson, 2016.

[12] 스티븐 로트 / 심지연 옮김, 객체 지향형 파이썬 프로그래밍, Packet, 2017.

[13] Learning Python, Mark Lutz, O'Reilly, 2013.

[14] Simon Monk, Programming the Raspberry Pi – Getting Started with Python, McGraw Hill, 2016.

[15] Y. Daniel Lian, Introduction to Programming Using Python, Pearson, 2013.

[16] 한혁수, 창의적 프로그래밍을 위한 파이썬, 생능출판사, 2016.

<Python On-line Manual>

[1] Python Software Foundation, https://www.python.org/.

[2] Python Tutorial, https://docs.python.org/3/tutorial/.

[3] Summary of Turtle Methods, http://interactivepython.org/runestone/static/IntroPythonTurtles/Summary/summary.html.

[4] https://matplotlib.org/3.1.1/api/animation_api.html

인덱스 (Index)